CW00498035

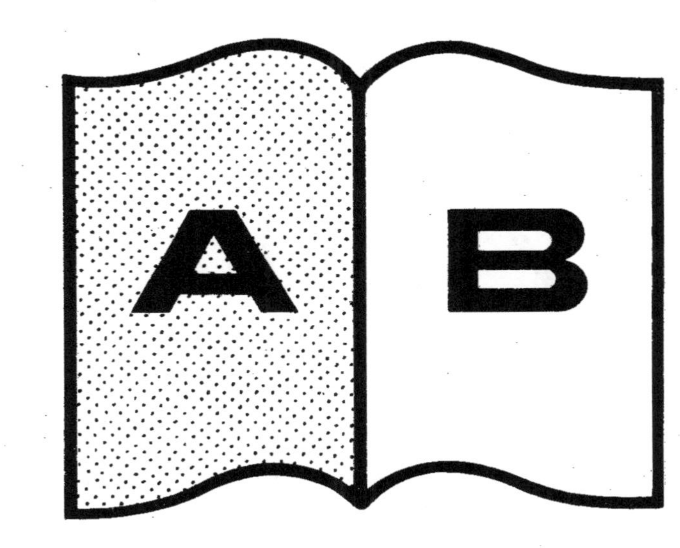
A
B

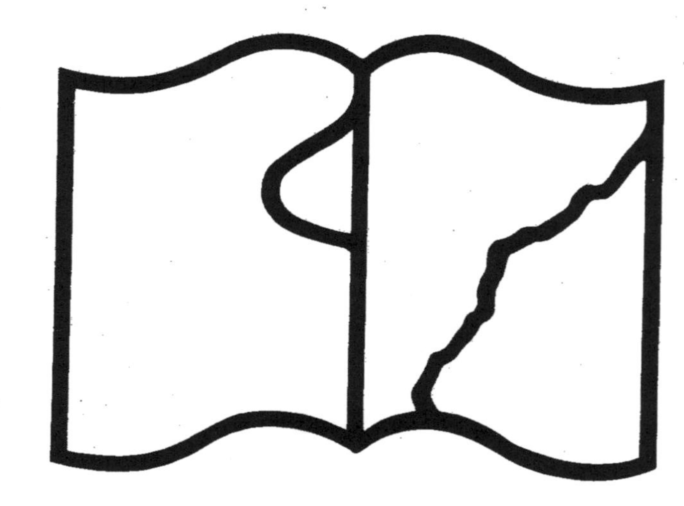

ŒUVRES

DE MESSIRE

ANTOINE ARNAULD,

DOCTEUR DE LA MAISON ET SOCIÉTÉ

DE SORBONNE

ŒUVRES

DE MESSIRE

ANTOINE ARNAULD,

DOCTEUR DE LA MAISON ET SOCIÉTÉ

DE SORBONNE.

TOME HUITIEME,

Contenant les Nombres X, XI, XII, & les cinq premieres Parties du nombre XIII de la premiere Classe.

A PARIS, & se vend à *LAUSANNE*,

Chez SIGISMOND D'ARNAY & COMPAGNIE.

M. DCCLXXVII.

Les Ouvrages contenus dans ce Volume sont :

1°. DE LA LECTURE DE L'ÉCRITURE SAINTE, contre les paradoxes extravagants & impies de M. MALLET, Docteur de Sorbonne, Chanoine & Archidiacre de Rouen, dans son Livre intitulé : *De la Lecture de l'Écriture Sainte en langue vulgaire.*

2°. DÉFENSE des Versions de l'Écriture Sainte, des Offices de l'Église & des ouvrages des Peres, & en particulier de la nouvelle Traduction du Bréviaire ; contre la Sentence de l'Official de Paris du 10 Avril 1688. Avec l'Avocat du public, contre la Requête du Promoteur, du 3 Mai.

3°. REGLES pour discerner les bonnes & mauvaises Critiques des Traductions de l'Écriture Sainte en françois, pour ce qui regarde la langue ; avec des Réflexions sur cette maxime, que *l'Usage est le tyran des langues vivantes.*

4°. DIFFICULTÉS proposées à M. STEYAERT, Docteur & Professeur en Théologie en l'Université de Louvain, I. II. III. IV. & V[e]. Parties.

PRÉFACE HISTORIQUE ET CRITIQUE,

Des Ouvrages de Monsieur Arnauld, contenus dans ce Volume.

ARTICLE I.

De la lecture de l'Ecriture Sainte, contre les paradoxes extravagants & impies du Sieur Mallet, dans son livre *de la lecture de l'Ecriture Sainte en langue vulgaire*. (I. Classe N°. 10.)

LEs égarements & les traits multipliés d'ignorance & de mauvaise foi qu'on a vus dans le Volume précédent, ne furent pas les seules fautes dont le Sieur Mallet se rendit coupable. Il y joignit encore dans la suite de nouvelles erreurs & des impiétés qui pourroient surprendre dans un Docteur, si on ne connoissoit la foiblesse de l'esprit humain. Ces erreurs & ces impiétés prenoient leur source dans la politique de la cabale Molinienne, qui, comme on sait, a toujours eu pour principe d'entretenir les peuples dans une superstitieuse stupidité, pour les dominer avec plus d'empire. C'est pour cela que ses suppots leur ont constamment interdit la lecture des Livres saints, & l'intelligence des Offices de l'Eglise, aussi-bien qu'une connoissance approfondie de la Religion. Le Docteur Mallet avoit la tête remplie de ces préjugés criminels, & pour les étayer, il publia l'année 1679, son traité *de la Lecture de l'Ecriture Sainte en langue vulgaire*, qui mit le comble à ses excès. Car au lieu d'y enseigner uniquement, comme il auroit dû, suivant le titre de son Livre & le systême du parti, que les versions de la Bible, dans l'idiome de chaque peuple, doivent être proscrites de l'Eglise & défendues aux fideles, il alla plus loin, & soutint „ que l'intention de Dieu & des Ecrivains Canoniques a été que les Ecri„ tures Saintes, tant de l'Ancien que du Nouveau Testament, en quelque „ langue qu'elles fussent écrites, ne devoient pas être lues par les peuples, „ mais seulement par les Prêtres & les Docteurs de la Synagogue & de l'E„ glise, qui leur en donneroient telle connoissance qu'ils jugeroient à pro„ pos. „ Tel est l'abyme dans lequel fut précipité ce Grand Vicaire, par de malheureuses préventions. Mais à ces erreurs de l'esprit il ajouta deux mauvaises qualités du cœur, la bassesse & la lâcheté, en dirigeant son ouvrage contre les Traducteurs de Mons, tandis qu'il laissoit tranquilles tous ceux qui les avoient précédés dans la même carriere, quoiqu'ils eussent plus mérité son animadversion & sa disgrace. Car il n'ignoroit pas assurément, non plus que toute la faction dont il étoit l'organe & l'Interprete, que M. de Marolles, M. Godeau, Evêque de Vence, le P. Amelotte & le P. Véron avoient établi, dans les Préfaces qui sont à la tête de leurs Traductions du Nouveau Testament, le droit qu'ont tous les fideles sans distinction, de lire la parole de Dieu dans leur langue maternelle, avec plus de force, de développement & d'étendue, que n'avoient fait MM. de Port-Royal. Il savoit également que cette doctrine étoit celle du Clergé de France, puisque M. Godeau l'avoit annoncée au nom même de l'Eglise Gallicane, sans avoir été contredit, & que les trois autres Traducteurs avoient dédié leurs Versions aux Evêques de ce Royaume, qui n'avoient fait aucune difficulté d'accepter leurs dédicaces. Pourquoi donc ne lança-t-il ses traits que contre les Auteurs de la Traduction de Mons, qui avoient écrit avec plus de réserve? C'est que d'un côté, ils étoient sans crédit & sans appui au milieu de la persécution, & que de l'autre, on vouloit faire passer pour erronée, & même pour une erreur dangereuse la doctrine précieuse qu'attaquoit le Sieur Mallet. On crut donc qu'il importoit dans ce moment de dissimuler qu'elle étoit autorisée par le Clergé de France, & qu'il valoit mieux la rendre odieuse, en la présentant comme une opinion particuliere à ceux qu'on nomme Jansénistes. Voilà la vraie raison de son injuste procédé.

Lorsque son ouvrage parut, M. Arnauld, qui n'avoit pas encore achevé la *Nouvelle Défense du Nouveau Testament de Mons*, commença d'abord par réclamer contre ces paradoxes extravagants & impies, *pour empêcher*, disoit-il, *qu'on n'introduisît dans l'Eglise une erreur qui la deshonoreroit*. (*a*) Mais ne croyant pas cette réclamation suffisante, il entreprit de les réfuter formellement, par le Livre intitulé: *De la lecture de l'Ecriture Sainte* &c, qui fut achevé dès les premiers mois de l'année 1680, & approuvé par M. Cuyper, Archiprêtre de Bruxelles & Censeur des Livres. Cependant cet écrit ne put voir le jour que vers la fin de la même année, peu de mois après la mort de celui qui y avoit donné occasion. On l'imprima la premiere fois à Anvers, chez Simon Matthieu, *in*-8°; & en 1682 il fut réimprimé *in*-12, suivant la copie d'Anvers, sans autre indication. Mais comme il sortoit la premiere fois de la presse, & avant qu'il s'en répandît aucun exemplaire dans le public, l'Auteur voulut le relire, pour voir s'il ne s'y feroit pas glissé quelque faute. Il y en trouva une qu'il n'avoit pas apperçue lorsqu'il livra son manuscrit à l'Imprimeur. C'est qu'il y parloit du Docteur Mallet, comme s'il eût été le premier Auteur des impertinences dont il avoit rempli sa méchante production, tandis qu'il pouvoit les avoir prises, d'un pitoyable livre qu'il n'avoit pas encore lu lorsqu'il composa le sien. Il se crut donc obligé d'y ajouter un Avis au Lecteur, qui fournit une preuve de la candeur de son ame, & de son amour pour la justice & pour la vérité. " J'avoue, dit-il, que j'ai eu tort de regarder le Sieur
„ Mallet comme le premier Auteur des impertinences dont son livre est plein.
„ Il y en a plusieurs qui lui sont propres, & ce sont les plus grossiers. Mais
„ j'ai découvert par le livre dont je viens de parler, que souvent il n'a fait
„ que suivre aveuglément cinq ou six Auteurs du siecle passé, dont il est hon-
„ teux au nôtre d'avoir conservé les ouvrages, tant ils sont indignes du soin
„ qu'on à pris de les tirer de l'oubli où nos ancêtres, plus sages que nous, les
„ avoient laissés ensevelis. „

(*a*) Nouvelle Défense, livre 12, chap. 11.

Le livre *pitoyable* dont il veut parler eſt un Recueil de divers écrits, intitulé : *Collectio quorumdam gravium Auctorum, qui ex professo, vel ex occasione, sacræ Scripturæ, aut divinorum Officiorum, in vulgarem linguam translationes damnarunt.* C'eſt un volume *in*-4°. qui parut en 1661 à Paris, *chez Antoine Vitré.* L'éditeur étoit Louis *Doni d'Attichi*, d'abord Minime, & enſuite ſucceſſivement Evêque de Riez & d'Autun, mort à Dijon le 2 Juillet 1664, (*a*). Cette Collection avoit été donnée, à ce que prétendoit l'Auteur, par l'ordre & le commandement du Clergé de France. (*Jussu ac mandato Cleri Gallicani edita.*) Mais dans la vérité, il n'y avoit que quelques Evêques aſſemblés à Paris qui en euſſent été les Promoteurs.

Ecrit du même Docteur, contre un Recueil intitulé : *Collectio quorumdam Auctorum* &c.

M. Arnauld, dans ſa lettre du 13 Janvier 1681, parle d'un *Examen* qu'il avoit commencé de cette Collection, qu'il n'interrompit, dit-il, qu'avec regret, *parce que c'étoit la ſuite naturelle du livre de la Lecture de l'Ecriture Sainte contre Mallet.* Il le reprit quelque temps après, & l'acheva, comme nous l'apprenons d'une autre lettre de M. Erneſt Ruth-dans, du 24 Janvier 1683, adreſſée à M. de Neercaſſel. Voici ce qu'il en dit :

" Je me ſuis apperçu, en regardant dans mes papiers, que je n'avois point „ un petit écrit qui à pour titre à peu près : *Jugement d'un Théologien ſur un* „ *livre intitulé ; Recueil de divers Auteurs qui ont condamné les verſions de l'E-* „ *criture Sainte en langue vulgaire.* J'ai eu l'honneur de lire cet écrit en pré- „ ſence de Monſeigneur un après ſoupé, & il le retint, ayant témoigné être „ bien aiſe de le relire où d'en prendre une copie. Cet écrit eſt fort petit : c'eſt „ un original, écrit de la main de M. Davy (Arnauld), qui à envie de le „ faire imprimer au plutôt. Il me l'avoit confié en partant (de Bruxelles) pour „ le lire, & m'avoit beaucoup recommandé de le rapporter, d'autant plus qu'il „ n'y en a point de copie. C'eſt pourquoi je vous ſupplie très-humblement, „ Monſeigneur, d'avoir la bonté de me le renvoyer par la poſte à la premiere „ occaſion, afin que M. Davy n'en ſoit pas en peine, & qu'il en puiſſe faire „ au plutôt l'uſage qu'il ſouhaite. „

On ignore ce que ce manuſcrit eſt devenu ; & malgré toutes nos recherches nous n'avons pu le recouvrer. Mais il y a tout lieu de croire que M. Arnauld à inſéré dans *ſa Défenſe des verſions* &c., (*b*) dont nous allons parler, une partie, au moins, de ce qu'il avoit dit dans le *Jugement* que M. Erneſt regrettoit. Il y parle en effet, & aſſez au long, de la Collection de M. d'Attichi. On peut y ajouter ce qu'il en dit encore dans ſes Difficultés propoſées à Monſieur Steyaert.

(*b*) On lit dans le *Diarium Minimorum*, au ſecond Juillet, un Eloge beaucoup trop faſtueux de ce Prélat.

(*c*) IV. Nullité &c. §. 1. p. 282. & ſuiv. VI. *Nullité* &c.

ARTICLE II.

Défense des versions de l'Ecriture Sainte, des Offices de l'Eglise & des ouvrages des Peres; & en particulier de la Nouvelle Traduction du Bréviaire, &c. contre la Sentence de l'Official de Paris, du 10 Avril 1688. (I. Classe, n. xi.)

I. Occasion de cet ouvrage. Débit de *l'année Chrétienne* arrêté.

CE nouvel ouvrage de M. Arnauld ne doit point être séparé de ceux qu'il a composés pour la défense de la Traduction du Nouveau Testament de Mons, & en faveur de la lecture de l'Ecriture Sainte en langue vulgaire. Il y combat les mêmes adversaires; ceux qui par les mêmes préjugés, & par la même aversion pour les traductions de l'Ecriture & des saints Offices, avoient eu la témérité de faire censurer en 1660. le Missel Romain traduit par M. de Voisin, qui avoient tant déclamé depuis contre la Version de Mons, & qui en 1688, se souleverent contre celle du Bréviaire Romain, par M. le Tourneux, dont nous allons rendre compte.

Outre leur antipathie contre ces sortes de traductions, les adversaires dont nous parlons avoient des raisons particulieres qui les indisposoient contre celle du *Bréviaire Romain.* L'Auteur, si connu, si recommandable par sa rare piété, son humilité profonde, son amour ardent pour la pénitence, étoit en même-temps grand Orateur & habile Ecrivain. On s'empressoit de l'entendre lorsqu'il prêchoit; on le lisoit avec avidité lorsqu'il avoit mis quelque ouvrage au jour. Il étoit lié d'ailleurs très-étroitement avec les Théologiens de P. R. Il écrivoit suivant leurs principes, & avec une égale solidité. C'en étoit par conséquent beaucoup plus qu'il ne falloit pour mériter la haine & la persécution des Jésuites & de leurs dévots. Ils avoient commencé à remuer contre lui dès qu'il eut donné les premiers volumes de son *Année Chrétienne*; ouvrage si généralement estimé, & que l'on recherche encore avec un empressement toujours nouveau. On sait que l'on y trouve la traduction du Missel Romain, avec d'excellentes explications des Epîtres & des Evangiles, qui se lisent dans le courant de l'année. M. Arnauld nous apprend, (*a*) & on le savoit déja d'ailleurs, que M. le Tourneux avoit entrepris ce travail *à la priere d'une personne de grand mérite* (Paul Pelisson de Fontanier) *très-zélé pour la conversion des hérétiques* (du nombre desquels il avoit été lui-même), *& que Louis XIV honoroit de sa confiance.* Mais cette considération ne fut pas capable d'arrêter ceux qui prétendoient que tout pliât devant eux. Ils firent d'abord agir le Nonce pour faire suspendre le débit de l'ouvrage, quoique celui-ci n'y improuvât proprement que la traduction de l'Ordinaire de la Messe, qui est à la tête. M. de Harlay, Archevêque de Paris, ne tarda pas à se joindre au Nonce. Il fit écrire à M. le Tourneux par l'Abbé *de Lavaux*, qu'on se plaignoit que dans *son* Année Chrétienne *il avoit inséré la version du Missel de Voisin, défendue à Rome & par l'Assemblé du Clergé de France; & que dans la version des Epîtres & Evangiles, il avoit affecté de se servir de la Version de Mons, défendue à Rome, & par feu M. l'Archevêque de Paris, dont la défense subsistoit encore, & ôtée à M. le Dauphin, malgré M. de Montausier* (*b*) M. le Tourneux, qui étoit alors retiré à

(*a*) Défense des Versions, V. Nullité, à la fin.

(*b*) Mémoire de l'Abbé de Lavaux, & Réponse de M. le Tourneux, dans le Supplément du Nécrol. de Port-Royal, au Recueil de pieces, p. 82. & suiv.

ſon Prieuré de Villers, répondit à M. de Lavaux, le 19 Mai 1686, que ſi l'on avoit pris la peine de confronter ſa traduction du Miſſel avec celle de M. de Voiſin, on ſe ſeroit bientôt apperçu de la différence qui eſt entre les deux ; qu'à l'égard de la verſion des Epîtres & Evangiles il ne s'étoit point ſervi de celle de Mons ; mais d'une autre qui avoit été ſi peu défendue, que depuis deux ou trois ans elle avoit été approuvée de nouveau, puiſqu'on l'avoit employée dans le nouveau Miſſel de Paris. " Encore, ajoutoit M. le Tourneux, n'ai-je pas ſuivi cette verſion ſervilement ; je travaillois ſeulement deſſus, & la changeois où je croyois qu'elle dût être changée, réduiſant tout à la Vulgate, & faiſant comme une nouvelle traduction, dont j'avois moi-même à répondre. "

Ces raiſons étoient ſans replique ; mais la paſſion ne raiſonne point : malgré cette juſtification, les plaintes continuerent, & M. le Tourneux vint lui-même plaider ſa cauſe. Il vit M. de Harlay le ſoir du 27 Novembre de la même année 1686 ; (c) & quoique, ſelon quelques Hiſtoriens, le Prélat l'eût fort mal accueilli, la vérité ſe fit jour au travers de ſa mauvaiſe humeur ; & très-peu de temps après cette viſite, il permit au Libraire de continuer la vente de l'*Année Chrétienne*. Le Nonce lui-même y conſentit quand, par égard pour ſa fauſſe délicateſſe, on en eut ſupprimé la Traduction du Canon de la Meſſe (d). M. le Tourneux mourut ſubitement le lendemain 28 Novembre 1686, âgé ſeulement de 46 ans & cinq mois. (e)

II. Cenſure de la traduction du Bréviaire Romain.

L'année ſuivante parut la Traduction du Bréviaire Romain, munie du Privilege & des Approbations ordinaires. Ce n'étoit pas la premiere fois qu'on l'avoit traduit en françois. L'Abbé de Marolles en avoit déja donné une verſion l'année 1659, en 4. vol. in-8°. Mais ce trop fécond Traducteur avoit eu la précaution de dédier ſon livre au Cardinal Mazarin ; auſſi ne reçut-il aucune attaque ſous une telle protection. Il n'en fut pas ainſi de la Traduction de M. le Tourneux. Elle avoit pour elle la fidélité, l'exactitude & la pureté du ſtyle, qu'on chercheroit en vain dans celle de M. de Marolles ; mais elle avoit contre elle ſon Auteur même, ſes ſentiments & ſes liaiſons avec P. R. Les Jéſuites toujours attentifs à ce qui ſortoit ou paroiſſoit ſortir de cette ſainte Maiſon, s'intriguerent pour faire condamner l'ouvrage. Ils gagnerent ſans peine le Sieur Chéron, Official de Paris, qui par leur crédit avoit obtenu l'Abbaye de Chalade, au Dioceſe de Verdun, de cinq à ſix mille livres de rente, le Prieuré de S. Jean de Brou, & une penſion du Clergé de quatre mille livres. Quand l'amour de ſes intérêts perſonnels fait diſparoître celui qu'on doit à la vérité, on ſe prête ſans répugnance aux manœuvres les plus injuſtes : cet Eccléſiaſtique en fournit un triſte exemple. Toujours diſpoſé à ſervir aveuglément ſes bienfaiteurs, il dreſſa comme ils voulurent une Sentence *portant condamnation de la Traduction du Bréviaire Romain en langue françoiſe*, datée du 10 Avril 1688, & rendue ſur une *Remontrance* du Promoteur. Elle fut imprimée dans le même temps chez Muguet, & envoyée aux Curés, qui eurent tous la foibleſſe de la lire le Dimanche ſuivant au Prône de la Meſſe Paroiſſiale. Et comme une faute en attire communément une autre, pluſieurs Prédicateurs,

(c) Mémoires hiſtoriques ſur P. R. tom. 3. p. 30.
(d) Motifs de droit, du P. Queſn., p. 177.
(e) Voyez ſon éloge dans une Lettre de M. de Sainte-Marthe, écrite à Madame du Fargis, Abbeſſe de Port-Royal, ſur la mort même de M. le Tourneux, dans le Supplément du Nécrol. de Port-Royal, p. 78. & ſuiv.

entre autres le vieux *Chamillard* (*f*) qui n'eſt guere connu, que par les perſécutions qu'il a faites à P. R. en prirent occaſion de ſe déchaîner, contre toutes les traductions de l'Ecriture Sainte, des Offices de l'Egliſe, & des Ouvrages des SS. Peres. Le Sieur Chamillard alla même juſqu'à comparer tous ces Traducteurs à Luther & à Calvin.

On peut voir dans les Lettres de M. Arnauld (*g*) le triſte & affligeant tableau du ſcandale que ces déclamations inſenſées, & la Sentence qui y donnoit lieu, occaſionnerent parmi les fideles, ſur-tout chez les Nouveaux Convertis. En effet, quels troubles ne devoit pas porter dans la conſcience des derniers la conduite de ces Miniſtres flottants au gré de toutes les opinions ! Un mois auparavant ils les exhortoient vivement à lire les Livres Saints en langue vulgaire, & aujourd'hui ils leur prêchent de ne les pas lire. Comment concilier une alternative ſi contradictoire ? Notre Docteur qui travailloit alors à la ſuite de la *Morale pratique des Jéſuites*, fut ſi ſenſiblement touché de ce ſcandale, qu'il *quitta tout*, comme il l'écrivit alors à M. du Vaucel, (*h*) *pour faire voir l'injuſtice, les impertinences & les erreurs de la* Sentence de l'Official ; *afin de prévenir les hérétiques, qui ne manqueroient point*, ajoute-t-il, *d'attribuer à l'Egliſe Romaine une ſi méchante piece, & d'en faire de grands triomphes, ſi elle n'étoit déſavouée & combattue par des Catholiques.* Le mal qu'il redoutoit étoit même déja commencé, comme on le voit par la Gazette de Hollande du 26 Avril, dont M. Arnauld rapporte les paroles au même endroit.

III. Publication du livre de la Défenſe des Verſions &c.

L'illuſtre Docteur ne tarda pas à remplir ſa promeſſe ; car ſa *Défenſe des verſions &c.* parut dès le mois d'Août de la même année 1688, imprimée ſelon le titre à Cologne chez Nicolas Schouten ; mais plus vraiſemblablement en Hollande. La Sentence de l'Official étoit fondée ſur quatre moyens, expoſés dans la Remontrance du Promoteur. M. Arnauld les examine l'un après l'autre, & fait voir qu'il n'y en a aucun qui ne contienne des Nullités & des erreurs intolérables.

Ces moyens étoient 1°. Que la traduction dont il s'agit n'avoit point été approuvée par M. l'Archevêque, ni par aucune perſonne commiſe de ſa part, comme il eſt ordonné, ajoutoit-on, par le Concile de Trente, & par celui de la Province de Sens tenu à Paris en 1528 : 2°. Que cette traduction étoit anonyme, & que les Conciles & les Ordonnances du Roi défendoient d'imprimer, vendre & débiter de ces ſortes de livres : 3°. Que toutes les verſions en langue vulgaire de l'Ecriture Sainte, des Ouvrages des SS. Peres & des Offices divins, qui ne ſont point approuvées par les Evêques, ont été rejetées : 4°. Enfin, que celle du Bréviaire Romain non ſeulement n'étoit pas fidelle, mais qu'elle contenoit même des erreurs & des héréſies, particuliérement *celles*, diſoit-on, *qui ont été condamnées de nos jours & dans le dernier ſiecle.* M. Arnauld répond que les réglements dont on parle dans le premier moyen, n'ont jamais été obſervés en France ; que par conſéquent ils ne peuvent y avoir aucune force ; qu'à l'égard du Concile de la Province de Sens, M. de Perefixe ayant voulu s'en prévaloir contre la traduction du Nouveau Teſtament de Mons, on lui avoit fait voir, & d'une maniere invincible, que ſa prétention étoit ſans fondement ; que ſon Ordonnance ne pouvoit être adoptée, & qu'en effet, malgré tout ſon crédit, il n'avoit pu trouver perſonne

(*f*) Voyez la Lettre du 30 Avril 1688.

(*g*) Voyez entr'autres celles du 30 Avril, 24 Mai, 14 Juin, 8 Juillet, & 13 Août 1688.

(*h*) Lettre du 30 Avril 1688.

qui eût voulu la soutenir. Que le Concile de Trente n'est point reçu en France, quant aux réglements qui concernent les livres; que le Parlement de Paris, à qui il appartient de faire de ces sortes de réglements, par son Arrêt rendu en 1668, ne demande rien de plus pour l'impression des livres Théologiques, sinon, " qu'ils aient le Privilege du Roi, ou la permission des Officiers, & qu'ils soient approuvés par deux Docteurs, dont l'un au moins soit un séculier de la Faculté de Paris. " Qu'on s'y étoit conformé pour la traduction du Bréviaire Romain, & qu'ainsi on ne pouvoit sans injustice la supprimer, comme ayant été imprimée contre les Edits & les Ordonnances. En répondant au troisieme moyen, il s'étend sur les défenses faites autrefois de lire certaines traductions des Livres saints, & des divins Offices. Il prouve que l'Official a abusé de ces défenses pour envelopper toutes les traductions de ce genre dans la même condamnation; que les raisons de ces anciennes proscriptions sont nulles maintenant, & ne peuvent être admises; & il accuse ce troisieme moyen " d'être un attentat criminel qui va à ruiner ce que Louis XIV à fait de plus édifiant & de plus utile pour les Nouveaux Convertis, pour l'instruction desquels il a fait imprimer un grand nombre de Nouveaux Testaments & de Pseautiers en françois, & d'Heures en la même langue, aussi-bien que d'autres livres à leur usage qu'on leur donne en la place de ceux qu'on leur a ôtés; à quoi l'on dit que Sa Majesté a dépensé des sommes immenses. " Pour répondre aux infidélités, erreurs & héréfies prétendues, dont l'Official accusoit la traduction de M. le Tourneux, dans son quatrieme moyen, M. Arnauld met en parallele sur deux colonnes cette version avec d'autres traductions autorisées par l'Archevêque de Paris; d'où il résulte que celle que l'on condamnoit leur étoit parfaitement conforme, & qu'on trouve dans celles-ci, presque toujours terme pour terme, ce que l'on censuroit dans l'autre comme erroné ou comme hérétique.

M. Arnauld accusoit aussi *d'incompétence* la Sentence de l'Official, par cette raison, que les Officiaux ne sont pas juges de la Doctrine, n'y des matieres qui regardent la foi, telles qu'étoient celles dont il s'agissoit. Mais le Promoteur, pour couvrir ce défaut, avoit présenté à M. de Harlay une nouvelle *Remontrance*, qui fut suivie le même jour d'une Ordonnance de ce Prélat, qui n'est dans le fond qu'un abrégé de la Sentence de son Official. Cette nouvelle batterie, aussi mal dresséeque la premiere, fut renversée par une seconde Partie que M. Arnauld ajouta au livre de la *Défense des versions*, & qu'il intitula : *l'Avocat du Public contre les vains efforts que le Promoteur a fait pour justifier dans une seconde Remontrance du 3 Mai, les excès de la premiere du 10 Avril.*

IV. Deux Lettres de M. le Tellier, Archevêq. de Reims, sur le même sujet.

L'observation de M. Arnauld étoit si solide, que M. le Tellier, Archevèque de Reims, crut devoir y insister dans deux lettres qu'il écrivit à M. Courcier Théologal de Paris, qui lui avoit envoyé la Sentence de M. Chéron, de la part même de M. de Harlay. Comme ces deux lettres, dont on assure que les originaux ont été déposés à la Bibliotheque du Roi, (*i*) n'ont pas été imprimées, nous croyons que le public les lira ici avec plaisir.

La premiere est datée de Reims le 21 Avril 1688. " J'ai reçu la vôtre du 17, dit le Prélat, avec la Censure de l'Official de Paris, que j'ai lue & examinée fort attentivement. Il est constant que le Concile de Trente, dans la Session quatrieme, *decreto de lectione & usu sacrorum Librorum*, à défendu d'imprimer *quosvis libros de rebus sacris*, sans nom d'Auteur. Le Promoteur

(*i*) Mémoires historiques sur P. R. tom. 3. p. 31.

„ devoit ajouter, qu'il défend dans le même Décret, de les débiter & de s'en „ servir, s'ils n'ont été examinés & approuvés par l'Ordinaire : tellement que „ la traduction dont il est question, ayant été imprimée, comme le dit le même „ Promoteur, sans nom d'Auteur & sans la permission de M. l'Archevêque de „ Paris, elle a pu être supprimée (*k*) indépendamment du Concile de Latran „ que le Promoteur cite mal-à-propos : les décisions de ce Concile, à l'ex„ception de ce qui regarde le Concordat, ne devant être d'aucune considé„ration en France. M. de Paris aime nos maximes, de maniere que ses Offi„ciers n'ont pas dû prendre droit sur un Concile qui les a si universellement „ condamnées. Pour ce qui est de la traduction en elle-même, je ne l'ai pas „ lue : ainsi ne pouvant pas encore en juger par moi-même, je suppose qu'elle „ est mauvaise puisque le Sieur Chéron déclare qu'il la condamne par l'ordre „ de M. de Paris, au jugement duquel je m'en rapporte volontiers. Je ne puis „ avoir pour lui la même déférence quant à la forme de cette Sentence. Car je „ ne comprends pas comment on veut qu'un Official statue sur la doctrine, en „ présence de son Archevêque, qui en est assurément le seul juge dans son „ Diocese. Du reste, je soutiens que l'Eglise n'a jamais défendu de traduire „ la Bible & les divins Offices, & qu'au contraire, selon l'esprit de cette sainte „ Mere, on peut mettre ces traductions entre les mains de tous ses enfants, „ pourvu qu'elles soient approuvées par les Ordinaires. Je soutiens aussi qu'il „ est très-pernicieux d'insinuer aux Nouveaux Convertis qu'on doit avoir *hor*„*reur de toutes les Traductions de l'Ecriture Sainte, des Offices Eclésiastiques &* „ *des Peres*. Cette proposition, qui tend à priver les fideles de la lecture & „ de l'intelligence de l'Ecriture, est insoutenable; car elle est contraire à l'E„criture elle-même, & à la Tradition. Nous avons eu dans notre siecle trois „ versions françoises du Nouveau Testament, par M. l'Evêque de Vence, par „ le P. Véron, par le P. Amelotte, sans compter celle de Mons qui n'est pas „ défendue dans mon Diocese. La Faculté de Théologie de Louvain en a „ donné une au Public. On a imprimé depuis quelques années plusieurs livres „ de l'Ancien Testament, au vu & au su de M. de Paris (avec les explica„tions de M. de Sacy.) J'ai dans ma Bibliotheque une version du Missel „ du regne de Charles V. Roi de France. Elle est du nommé Raoul de Presles, „ qui a traduit aussi la Bible dans le même temps. Il me semble que M. de „ Harlay Archevêque de Rouen, a traduit la plus grande partie du Missel; & „ si je ne me trompe, M. de Paris a fait imprimer depuis peu un livre fran„çois composé par le même Archevêque de Rouen, qui étoit son Oncle „ dans lequel ce Prélat explique les cérémonies de la Messe. Je ne vois pas „ d'ailleurs comment on peut accorder cette Sentence du Sieur Chéron, „ avec l'ordre que M. l'Archevêque de Paris a donné depuis la révocation de „ l'Edit de Nantes, pour l'impression de plus de cinquante mille exemplaires „ du Nouveau Testament & des Pseaumes, qui ont été distribués par ses soins „ par tout le Royaume. Voilà ce que je pense sur la Sentence du Sieur Chéron „ que vous m'avez envoyée par ordre de M. de Paris. Je vous prie de l'en „ remercier de ma part, &c.

La seconde lettre de M. le Tellier, datée du 28 Avril 1688, est conçue en ces termes :

„ Par

(*k*) Il faut lire la Réponse à ce raisonnement, dans la *Défense des Versions : premiere Nullité*, &c.

„ Par ma lettre du 21 de ce mois, je vous ai mandé ce que je pensois de
„ la Sentence de l'Official de Paris. J'ai depuis reconnu que dans le livre qui
„ a le titre dont vous trouverez une copie figurée dans ce paquet, l'Oraison
„ pour la paix & celles du 12, du 19 & du 22 Dimanche d'après la Pente-
„ côte, sont traduites dans les mêmes termes qui sont censurés dans la Sen-
„ tence, comme *contenants plusieurs erreurs & hérésies condamnées par l'Eglise.*
„ Ce sont les termes du dispositif de la Sentence, page 2. Tellement qu'en
„ 1686. M. de Paris à donné aux Nouveaux Convertis de son Diocèse, pour
„ leur instruction, la même traduction *in terminis*, dans laquelle son Promo-
„ teur & son Official viennent de trouver des erreurs & des hérésies, parti-
„ culiérement, disent-ils, celles qui ont été condamnées de nos jours, & dans
„ le dernier siecle. Ce sont les propres termes de la Remontrance du Promo-
„ teur, page 1. de la Sentence. L'Oraison de la paix (*l*) est en deux endroits,
„ page 188 & 208. de l'édition du livre dont je viens de vous parler, que
„ j'ai entre mes mains, parce qu'on m'en a envoyé par ordre du Roi, une
„ grande quantité que j'ai distribués en différents endroits de mon Diocese.
„ Celle du 12 Dimanche, à la page 114; celle du 19, à la page 116; celle du
„ 22 à la page 124. Je vous prie de me mander comment on accorde une telle
„ contradiction, aussi-bien que celle qui résulte de tant de prieres de l'Eglise
„ que M. de Paris a données dans le même livre aux nouveaux Catholiques,
„ nonobstant laquelle son Promoteur leur insinue, qu'on doit avoir horreur
„ de toutes les traductions des Offices Ecclésiastiques.

V. Autres suffrages en faveur des versions.

C'est ce qui faisoit dire aussi dans le même temps à M. Bossuet, en écri-
„ vant à M. de Reims; " que ce seroit à M. de Paris & à son Official de
„ répondre au Sieur Jurieu; ou plutôt qu'on devroit leur imposer silence tou-
„ chant une matiere sur laquelle ils n'ont écrit que pour scandaliser l'Eglise, &c. „
C'est M. Arnauld qui rapporte ces paroles du grand Bossuet. (*m*) Le jugement de ces deux illustres Prélats leur étoit commun avec presque tous les *autres Evêques de France.* (*n*) La Sentence de l'Official & l'Ordonnance de M. de Paris les avoient presque tous révoltés. Mais trop foibles où trop timides pour venger hautement la vérité outragée, *chacun se regardoit*, dit M. Arnauld, *& personne n'osoit ouvrir la bouche.* Le Libraire même, qui avoit un privilege en bonne forme, & ceux qui avoient approuvé l'ouvrage, garderent le silence. Ils pouvoient se plaindre; prendre la voie de l'appel simple ou de l'appel comme d'abus; mais la crainte de quelque ordre qu'on auroit pu surprendre à la religion du Roi les obligea de se taire. M. Arnauld fut le seul qui réclama par son livre de la *Défense des versions* &c, qui couvrit de confusion les adversaires de la traduction si témérairement censurée, & contraignit enfin M. de Paris lui-même, à en permettre la vente. (*o*) L'Auteur du Journal intitulé, *Nou-*

(*l*) La condamnation de cette Oraison donna lieu à ces quatre vers:

> Peut-on espérer que jamais
> Ils cessent de troubler la terre,
> Si de l'Oraison pour la paix
> Ils font même un sujet de guerre?

(*m*) Lettre à M. du Vaucel du 13 Août 1688.
(*n*) Au même du 3 Juin 1688.
(*o*) Mémoires historiques de P. R. tom. 3. p. 31.

velles de la République des Lettres (*p*) avoit prévu que l'ouvrage de M. Arnauld produiroit cet effet. " Les Auteurs de cette condamnation, dit-il, n'en esperent „ pas eux-mêmes un grand succès, parce que quelque persuadés qu'ils soient „ de la bonté de leur cause, ils ne le sont pas moins que le Bureau n'est pas „ pour eux. „ La *Défense des versions avoit été reçue avec un applaudissement général à la Cour & à la Ville;* & (six mois après la Sentence de l'Official) *le Bréviaire traduit en françois se vendoit autant & plus que s'il n'avoit point été flétri par ces impertinentes Censures.* (*q*)

Ce qu'il y a de certain, c'est que *l'horreur* que la Sentence de l'Official supposoit qu'on avoit toujours eue, & que l'on avoit encore *pour toutes les traductions de l'Ecriture Sainte, des Offices de l'Eglise,* &c. ne se trouvoit que chez les Jésuites, & leurs aveugles partisans. La Sorbonne étoit revenue de ses anciens préjugés sur cette matiere; & M. de Harlay, avec tout son crédit, ne put obtenir de ce Corps qu'il condamnât la traduction du Bréviaire, comme l'assemblée des quinze Prélats de 1660 l'avoit fait consentir à censurer celle du Missel Romain. M. de Noailles, depuis Cardinal, qui succéda immédiatement à M. de Harlay en 1695, loin de marcher sur les traces de son Prédécesseur, signala le commencement de son Episcopat, en faisant imprimer la traduction du Missel de son Diocese, pour laquelle il obtint un Privilege, & qu'il avoua nommément, en faisant graver ses armoiries sur les exemplaires. C'est ce qu'a fait encore depuis feu M. de Vintimille, successeur de M. de Noailles, non seulement pour la traduction de son nouveau Missel, mais aussi pour celle de son Nouveau Bréviaire; & personne n'ignore que ces sortes de traductions sont en usage aujourd'hui dans toute l'Eglise de France, sans que personne ose les improuver, au moins publiquement.

ARTICLE III.

DE L'ÉCRIT INTITULÉ;

Regles pour discerner les bonnes & les mauvaises critiques des Traductions de l'Ecriture Sainte, &c. (I. Classe, n. XII.)

ON a déja vu dans la Préface Historique du Tome VII. (Article 6 n. 10) que M. Arnauld composa cet ouvrage pour défendre la Traduction de Mons, contre les emportements du P. Bouhours, consignés dans ses *Nouvelles Remarques sur la langue françoise.* Mais il ne fut pas le premier qui s'éleva contre les déclamations scandaleuses de ce fameux Jésuite. M. Thoynard, savant Orléannois, connu très-avantageusement dans la République des Lettres (*a*) avoit déja discuté ces Remarques par un écrit particulier, dans lequel il avoit pris le titre d'*Abbé Albigeois*, & qu'il donna comme imprimé à Paris en 1693. Il est intitulé : *Discussion des Remarques nouvelles du P. Bouhours sur la langue françoise; pour défendre ou pour condamner plusieurs passages de la Version du Nouveau Testament de Mons, & principalement ceux que le P. Bouhours y a repris.*

L'Auteur n'y est pas toujours l'apologiste de la version attaquée par le Jé-

(*p*) Nouvelles de la République des Lettres, mois de Sept. 1688. Art. VI.

(*q*) Lettre de M. Arnauld à M. du Vaucel, du 29 Octobre 1688.

(*a*) On connoît en particulier son excellente Concorde des quatre Evangiles, *in-folio*, en grec & en latin, avec de savantes notes sur la Chronologie & sur l'Histoire.

ſuite; quelquefois il la blâme; mais plus ſouvent il la loue & en prend la défenſe. (*b*) Il y a une ſorte de bizarrerie dans ſa critique comme dans ſes louanges : ce qui n'empêche pas qu'on n'y trouve des remarques excellentes, & beaucoup d'érudition. M. Thoynard ayant fait préſent d'un exemplaire de ſon livre au P. Edme de Riviere, ſon compatriote, ce Jéſuite entreprit d'y répondre, & ſaiſit cette occaſion pour attaquer en même-temps M. Arnauld. C'eſt ce qu'il fit dans ſon *Apologie* (ironique) *de M. Arnauld & du P. Bouhours, contre l'Auteur déguiſé ſous le nom de l'Abbé Albigeois.* La raillerie fait preſque tout le fond de cet écrit, & elle en fait preſque auſſi tout le mérite, s'il peut y en avoir à railler aſſez fadement dans une matiere auſſi grave. Pour ce qui eſt de l'érudition, on peut en juger par le mépris qu'il fait de la langue hébraïque, & par ce qu'il dit d'un Concile aſſemblé, ſelon lui, à Smyrne contre les Photiniens, quoiqu'il ne s'en ſoit jamais tenu dans cette ville.

M. Arnauld ne perdit ſon temps, ni à relever nommément la critique de M. Thoynard, ni à repouſſer les ridicules ironies du P. de Riviere. Il voulut ſe rendre utile à tout Lecteur ſenſé; ce qu'il a fait par ſon écrit des *Regles*, qui feroit honneur aux plus judicieux Académiciens. (*c*) Son deſſein n'étoit pas cependant de le rendre public : il ſe contenta d'en laiſſer prendre des copies; & il ne fut imprimé que long-temps après ſa mort, en 1707, *in*-12, à Paris chez Huguier. C'eſt un petit volume; mais que de choſes précieuſes ne renferme-t-il pas! Si l'on peut croire que le P. de Riviere ait parlé ſincérement, il faudra dire que cet ouvrage ne lui a pas été connu, puiſque, contre toute vérité, il ne ceſſe de dire & de répéter dans ſa Lettre du 3 Décembre 1694. intitulée : *Les ſujets d'emportements que M. Thoynard donne à M. Arnauld* (*d*), que ce Docteur *ne pouvoit répondre à ſes adverſaires, que des injures & des vivacités pleines de fureur.* Il eſt certain que la modération regne par-tout dans le livre des *Regles*, & que l'Auteur n'y dit que des raiſons. Nous en faiſons juges ceux qui l'ont lu, ou qui ſe donneront la peine de le lire. C'eſt un des derniers ouvrages ſortis de la plume de M. Arnauld. Il paroît en avoir conçu le deſſein vers le mois d'Avril 1694, quatre mois avant ſa mort. (*e*) On peut joindre aux *Regles* qu'il y établit, celles qu'il expoſe avec tant de ſageſſe à M. d'Andilly, dans ſa Lettre du 26 Août 1666, au ſujet des corrections propoſées pour la Traduction du Nouveau Teſtament de Mons.

II. Mémoire de M. Arnauld, ſur le projet d'une réviſion de la Verſion de Mons.

Journ. du 16 Novembre 1693.

Cet Illuſtre Docteur fut toujours dans une diſpoſition contraire à celle de ſes Cenſeurs. Quelques réponſes qu'il leur fit, quelque ſolides, quelque convaincantes qu'elles fuſſent, il eſt extrêmement rare qu'ils rendiſſent les armes. Pour lui, toujours prêt à reconnoître la vérité, dès qu'on la lui montroit, il ne ſe faiſoit aucune peine d'avouer qu'il s'étoit trompé, auſſi-tot qu'on le lui faiſoit clairement appercevoir. Sans ſortir de la diſpute qui nous donne lieu de faire cette obſervation, nous avons une preuve palpable de ce que nous avançons. L'écrit de M. Thoynard, & le compte que l'on en rendit alors dans le Journal des Savants de Paris, ayant fait quelque impreſſion ſur pluſieurs perſonnes reſpectables, M. Arnauld s'expliqua ſur cela dans un Mémoire qu'il adreſſa à Madame de Fontpertuis, le 25 Décembre 1693, & dont nous avons l'original ſous les yeux. Il y déclare ouvertement, que, loin de mépriſer M. Thoynard &

(*b*) Gouget, Biblioth. franç. tom. I. p. 165. & 166.
(*c*) Biblioth. fr. ut ſupra.
(*d*) Cette Lettre ſert de ſeconde Partie à l'*Apologie* que l'on cite ici.
(*e*) Lettre du 5 Avril 1694.

le P. Bouhours, il est très-disposé à se rendre à tout ce qu'il peut y avoir de raisonnable dans leurs Critiques, & de travailler en conséquence, à une nouvelle révision du Nouveau Testament de Mons. Le même Mémoire nous apprend qu'en effet il fit consulter sur ce sujet MM. Racine & Dubois, de l'Académie françoise. Et l'on a lieu de croire que ce fut sur leurs réponses qu'il composa l'écrit des *Regles*, &c.

Voici ce Mémoire: il est trop court pour le mettre ailleurs qu'ici.

" En quelque lieu que l'on travaille à la revue de la Version de Mons, il
" seroit bien utile de faire une chose qui m'est venue dans l'esprit. Ce seroit
" de prier M. Dubois, ou M. Racine, s'ils en avoient le loisir, de lire le livre
" qui critique cette Version & le P. Bouhours, que nous vous priâmes hier
" de nous envoyer, & de marquer en peu de mots ce qu'ils pensent; c'est-à-
" dire, s'ils croient que ce que cet Auteur reprend est bien ou mal repris; car
" en ce dernier cas, il ne faudroit rien changer. Je ne saurois juger de la so-
" lidité de sa critique par ce qu'en rapporte le Journal des Savants; si ce
" n'est que je ne puis me rendre à ce qu'il décide magistralement, après M.
" Simon, que *armamenta navis*, dans les Actes, n'a point dû être traduit par
" l'*équipage du Vaisseau*. On n'a pas ignoré que ce mot d'*équipage*, en parlant
" d'un Vaisseau, se prend d'ordinaire pour les Matelots. Mais est ce une preuve
" qu'il n'a jamais signifié autre chose, & qu'ayant signifié autrefois ce qu'on
" entend en latin par *armamenta navis*, il ne le signifie plus? Toutes les
" versions françoises, Protestantes & Catholiques, ayant traduit cet endroit
" des Actes par ce mot d'*équipage*, il faut bien que tous ces Traducteurs, &
" des millions de personnes, qui n'ont point trouvé à redire à cette traduction
" avant M. Simon, aient cru que ce mot signifioit autre chose que les Mate-
" lots, puisqu'on ne pouvoit s'imaginer qu'on eût jeté les Matelots dans la mer,
" étant bien clair, par l'endroit même des Actes, qu'ils demeurerent tous dans
" le Vaisseau. Que signifie qu'un mot a différentes significations dans une
" langue, sinon qu'il est joint à deux différentes idées dans l'esprit de ceux qui
" parlent cette langue, selon les différentes rencontres où on l'emploie? Or
" c'est ce qu'on ne peut nier qui ne soit vrai du mot d'*équipage*. Il est donc
" vrai, & c'est ce qu'on n'a jamais nié, qu'il signifie les Matelots; mais il n'est
" pas vrai, qu'il ne signifie jamais autre chose que les Matelots. C'est ce qu'on
" avoit dit à M. Simon; (*f*) & à quoi le P. Bouhours, qui a voulu justifier
" sa Censure, s'est bien gardé de répondre. Pour ce qui est du mot d'*agrêts*,
" que ce nouvel Auteur veut qu'on substitue à celui d'*équipage*, c'est ce que
" M. Simon ni le P. Bouhours ne s'étoient pas avisés de dire. Je ne sais si
" l'Académie sera de son avis: car il me semble que c'est une de ses *Regles*,
" de n'employer point dans les livres qui doivent être lus & entendus du com-
" mun du monde, les mots qui sont tellement propres à quelques arts, & à
" quelque profession, qu'ils ne sont entendus que par ceux qui savent ces
" arts, ou qui sont de cette profession. Or je pense que le mot d'*agrêts* est de
" cette sorte; & qu'il n'y a guere que les gens de Marine qui l'entendent. Il
" n'est point dans le Dictionnaire de Richelet, (*g*) & Furetiere l'écrit *agreils*;
" & il remarque, que ce qu'on appelle ainsi sur l'Océan, est appellé *sartie*
" sur la Méditerranée, & qu'on les nomme aussi *agrés*, ou *agresils*. Cela ne fait-
" il pas assez entendre, que, de quelque maniere qu'on l'eût écrit, presque per-

(*f*) Difficultés proposées à M. Steyaert, VI. Part. LXVI. Diffic.
(*g* Il est dans les dernieres éditions.

„ ſonne ne l'auroit entendu? Je ne ſais auſſi ſi l'Académie ſeroit de ſon avis,
„ ſur ce qu'il voudroit qu'on eût traduit *de vice Abia*, par le mot de *Claſſe* :
„ ce mot de *Claſſe* en françois, n'étant pas d'un trop bel uſage, & ne marquant
„ rien de ce qu'avoit de particulier cette diviſion des Prêtres, faite par David
„ en vingt-quatre familles, qui ſervoient tour-à-tour dans le Temple".

Nous n'avons ni la réponſe de M. Racine, ni celle de M. Dubois à ce Mémoire: il paroît ſeulement, par une Lettre que M. Arnauld écrivit à Madame de Fontpertuis, le 25 Décembre de la même année 1693, qu'il s'occupa ſur la fin de ſes jours, de la réviſion annoncée de la Traduction de Mons; puiſque, dans cette lettre, c'eſt ſur le travail que demandoit cette réviſion, qu'il s'excuſe de ne point entreprendre ce qu'on lui avoit demandé, de revoir *le Cathéchiſme d'Orléans.*

ARTICLE IV.

OUVRAGE INTITULÉ;

Difficultés propoſées à Monſieur Steyaert, Docteur & Profeſſeur en Théologie, de la Faculté de Louvain, ſur l'Avis donné par lui à Monſieur l'Archevêque de Cambrai, pour lui rendre compte de ſa commiſſion, d'informer des bruits répandus contre la doctrine & la conduite des Prêtres de l'Oratoire de Mons en Hainault. (I. claſſe N°. XIII.)

QUoique cet ouvrage, diviſé en neuf Parties, renferme diverſes matieres, cependant l'objet de la plus grande partie, ayant un rapport eſſentiel avec celles qui ſont traitées dans les écrits de M. Arnauld, dont nous venons de rendre compte, nous avons cru que ſa place naturelle étoit dans cette premiere Claſſe des ouvrages de notre illuſtre Docteur. Nous liſons dans une de ſes Lettres à M. du Vaucel, (*a*) à quelle occaſion & par quels motifs il l'entreprit. "Je ne
„ puis travailler, dit-il, qu'à ce que j'ai entrepris, qui eſt de mettre en pou-
„ dre l'Avis de M. Steyaert, par un écrit qui aura pour titre: *Difficultés &c.*
„ On a cru que cela étoit de la derniere importance; parce qu'en défendant
„ les PP. de l'Oratoire de Mons, ce ſera défendre tous les gens de bien du
„ Dioceſe de Malines, que le nouvel Archevêque a deſſein d'exterminer au-
„ tant qu'il ſera en lui, ſous prétexte de Rigoriſme & de Janſéniſme, &c. „
On peut voir encore pluſieurs autres Lettres, où M. Arnauld s'explique de même.

§. I.

De la premiere & de la ſeconde Partie des Difficultés &c.

I. De l'*Avis* ou *Lettre* de M. Steyaert, à M. l'Archevêque de Cambrai, qui donna lieu à cet ouvrage.

Nous commençons le compte que nous avons à rendre de cet ouvrage par l'*Avis* même qui y a donné lieu. Il paroît néceſſaire d'en parler, pour faciliter au Lecteur l'intelligence de cette ſolide & importante Réfutation. Cet *Avis*, en forme de Lettre, eſt du mois de Juillet 1690; & quoiqu'il ne ſoit ſigné que de M. Steyaert, il eſt certain qu'on lui avoit aſſocié deux autres perſonnes, en qualité de Commiſſaires, dans l'affaire qui occaſionna cette miſérable production;

(*a*) Lettre du 15 Décembre 1690.

Guillaume *Bassery*, Vicaire Apostolique de Bois-le-Duc, nommé à l'Evêché de Bruges, & *Zacharie Maës* Archiprêtre du Diocese de Cambrai. L'Avis ou Lettre a été réimprimé en 1691, à Louvain, chez Denique; (*a*) & c'est l'édition que nous avons suivie. Comme cette seconde édition ne fut faite qu'après que M. Arnauld eût publié une partie de ses *Difficultés*, le Sieur Steyaert ajouta à son premier titre les mots suivants, pour *toute apologie contre le libelle intitulé, Difficultés proposées &c.* Il y joignit aussi des notes courtes & très-superficielles, avec une Préface où il se défend d'être le seul Auteur de l'*Avis*, quoiqu'il passât alors pour constant, que les deux autres Commissaires n'y avoient eu nulle part.

II. Idée du Sieur Steyaert.

Cette Lettre est une déclaration de guerre du Sieur Steyaert contre ses anciens amis. On sait que dans le temps que le *College du Pape* à Louvain, étoit dans son plus grand lustre, ce Docteur y avoit demeuré plusieurs années sous la direction de MM. *van-Viane & Huygens*; qu'il avoit accompagné le premier à Rome, avec le P. *Lupus*, savant Religieux Augustin, dans la célebre Députation de 1677; qu'à son retour d'Italie, il avoit été favorablement reçu à Paris, par MM. de Port-Royal, qu'il y avoit vu M. Arnauld, & que, depuis, il lui avoit écrit avec les plus grands sentiments d'estime & d'affection. Mais ses dispositions changerent avec ses intérets. Revenu à Louvain, il fit sa cour à l'Internonce de Bruxelles, & aux Ministres de la Cour de Rome; &, pour mériter leur amitié ou leur appui, il commença par se déclarer en faveur des prétentions ultramontaines. Nous donnerons dans la seconde Classe de cette Collection (N°. XXVII. XXVIII. & XXIX.) les écrits que M. Arnauld fit contre lui à cette occasion, en 1686. & 1687.

Comme un faux pas conduit à un autre, M. Steyaert, persuadé qu'il ne conserveroit pas la bienveillance des partisans outrés de la Cour de Rome, s'il n'obtenoit aussi celle des Jésuites, ne tarda pas pas à se livrer à ces Religieux, s'affoiblit avec eux sur les matieres les plus importantes de la Morale Chrétienne, & porta l'excès jusqu'à se rendre partie contre ceux dont il avoit été ci-devant le Disciple ou le Défenseur, MM. *Huygens*, *Hennebel* & autres. Il leva enfin tout-à-fait le masque, lorsqu'il vit M. Humbert de Précipiano, monté sur le Siege de Malines. Comme ce Prélat ne voyoit absolument rien que par les yeux des Jésuites, qui le gouvernerent pendant tout son Episcopat, il s'asservit pareillement à toutes leurs volontés, & leur sacrifia sans réserve ses lumieres & ses anciennes liaisons. Ces Peres étoient en 1690, dans une situation embarrassante. Les premiers volumes de la *Morale Pratique*, en les dévoilant, les avoient fort humiliés; la Dénonciation de leurs hérésies sur le Péché Philosophique, & sur l'Amour de Dieu, & la condamnation que le Pape Alexandre VIII. venoit d'en faire, avoient mis le comble à cette humiliation. D'un autre côté, ils voyoient avec douleur, que les Peres de l'Oratoire gagnoient du terrain dans les Pays-bas; que l'on s'empressoit à leur y procurer de nouveaux établissements; qu'ils s'attiroient l'affection des peuples par leur conduite réguliere, & par leurs talents, & qu'ils se faisoient écouter de ceux à qui les vérités de l'Evangile étoient encore cheres. Toutes ces vues étoient affligeantes pour eux. Mais plus ils se voyoient dans l'humiliation, plus ils firent de tentatives pour faire au moins quelque diversion qui leur fût avantageuse.

(*a*) Cette Lettre a été réimprimée en 1703, chez le même, dans le second volume des Opusc. de M. Steyaert, p. 205. & suiv. Elle a pour titre : *Epistola Commissariorum, in causa celebri Montensi, de sedandis Ecclesiæ Belgicæ turbis, ad Ill. ac Rev. D. Archiepiscopum Ducem Cameracensem, pro omni Apologia adversus libellum cui titulus*: DIFFICULTÉS PROPOSÉES A M. STEYAERT. On la trouvera à la fin de la XV. Diffic.

La vérité ne pouvoit les servir ; ils eurent recours à la calomnie : avec ces armes qu'ils ont toujours si habilement maniées, ils attaquerent ouvertement les PP. de l'Oratoire de Mons, & leur susciterent des affaires très-sérieuses ; en quoi M. Steyaert les seconda de son mieux.

Dirigé par ses nouveaux Maîtres, dont il s'étoit rendu l'esclave, il dressa l'*Avis* dont nous avons parlé ; & de quelles couleurs ne charge-t-il pas la peinture qu'il y fait des troubles qui agitoient l'Eglise des Pays-bas ! Il est vrai qu'une partie de ces troubles n'étoit que trop réelle ; & il savoit bien que les seuls auteurs de ces maux étoient ceux-mêmes à qui il prêtoit sa plume. Mais sa politique & son ambition le lui faisoient dissimuler. Disons plus : elles le portoient à n'en accuser que ceux qui en étoient seulement les victimes ; c'est-à-dire, les prétendus Jansénistes, & les Peres de l'Oratoire, qui, attachés aux mêmes vérités, s'intéressoient aux écrits faits pour leur défense. Son *Avis* n'est qu'une déclamation violente contre ceux qu'il auroit dû respecter, & contre des ouvrages qu'il ne blâmoit avec aigreur, que parce qu'on ne pouvoit rien y opposer de sensé. Tel étoit en particulier le livre de la *Morale Pratique*, dont les portraits trop fidelles l'irritoient d'autant plus, qu'il étoit forcé d'y reconnoître ceux auxquels il s'étoit dévoué. Il n'y a presque point d'objet controversé entre les Jésuites & les Théologiens de Port-Royal, qu'il n'ait fait entrer dans son Avis, & sur lequel il ne se déclare en faveur de ses nouveaux amis. Il n'en excepte ni la lecture de l'Ecriture Sainte en langue vulgaire, ni même celle *du seul Nouveau Testament, ni la Version de Mons.*

Cette proscription fut portée plus loin encore dans la Sentence (*a*) que les Jésuites surprirent au Conseil de Mons, le 12 Juin de la même année. Elle tombe sur une multitude d'autres bons livres, & même sur les Dénonciations des Jésuites touchant le Péché Philosophique.

III. Affaire des Peres de l'Oratoire de Mons, qui fait le sujet de l'*Avis* de M. Steyaert.

A l'égard de l'affaire particuliere, qui concernoit les Peres de l'Oratoire de Mons, laquelle étoit l'objet le plus direct de l'*Avis* du Sieur Steyaert, & qui fait aussi la *matiere des trois premieres Parties des Difficultés* : voici en quoi elle consistoit.

Il y avoit déja quelque temps que le Baron de *Surlet*, Chanoine & Archidiacre de l'Eglise de Liege, & quelques autres personnes de piété, avoient conçu le dessein de fonder dans cette ville, une Maison de retraite, sous la direction des PP. de l'Oratoire (*b*). Ce qu'ils avoient projetté, ils voulurent l'exécuter au commencement de 1690. M. de Surlet écrivit au P. François *Piquery*, Prévôt de la Congrégation Walone, qui faisoit sa résidence à Mons, pour lui demander quelques-uns de ses Confreres, capables de répondre à ses vues, & à celles de ses associés. On en envoya deux, le P. *Delwarde*, & un autre pour concerter d'abord cette affaire avec le Baron. On fut bientôt d'accord sur les points proposés ; & lorsqu'il ne fut plus question que du consentement du Chapitre de Liege, M. de Surlet le demanda, le premier Février, & l'obtint à l'unanimité des voix, comme il paroît par l'Acte Capitulaire qui en fut dressé. Mais à peine les Jésuites en furent-ils informés, qu'ils firent tout ce qu'ils purent pour traverser cette bonne œuvre : ils se hâterent de composer deux Mémoires ; l'un pour le Chapitre de Liege, & l'autre pour les Bourg-mestres

(*a*) Cette Sentence se trouve dans le Recueil intitulé : *Causa Quesnelliana*, *in*-8°. pag. 407.

(*b*) Chronic. Oratorii D. J. apud Belgas, Auctore Swertio, *in*-4°. p. 146. & seq. Motifs de Droit du P. Quesnel, p. 151. 164.

de la même ville. On juge aisément dans quel goût ils les firent. Ils y représentoient les Peres de l'Oratoire, comme des hommes d'une doctrine dangereuse; & pour se dispenser de donner, d'une pareille calomnie, les preuves qu'ils n'avoient point, ils ajoutoient qu'ils ne prétendoient donner qu'un *avis*, & non intenter une accusation; & qu'ils renvoyoient pour une plus ample instruction au Magistrat de Mons, & à l'Abbé de *Lobbe*.

Le Mémoire pour le Chapitre fut remis par le P. *Diserin*, Jésuite, à l'Ecolâtre de Liege, qui le tint si secret, qu'on ne put jamais en avoir communication. Mais les Peres de l'Oratoire eurent au moins connoissance de celui qui étoit destiné pour les Bourg-mestres (*c*). Ces derniers, de même que le Chapitre, agirent en conséquence de la délation qu'on leur avoit faite. Ils écrivirent à ceux qu'on leur avoit indiqués, & les prierent de s'expliquer clairement sur le contenu de ces Mémoires.

La réponse de l'Abbé de *Lobbe*, ne les rendit pas plus savants. Homme foible & timide, incapable de contredire les Jésuites, il répondit qu'il ne connoissoit pas les Peres de l'Oratoire, qu'il n'avoit eu aucune liaison avec eux, & qu'il avoit seulement entendu dire qu'on répandoit contre eux diverses accusations. A l'égard des Echevins de Mons, une partie eut horreur de toute cette manœuvre, & refusa ouvertement de s'y prêter (*d*). Quelques autres écouterent plus leur ressentiment personnel que la voix de la justice & de la vérité. Irrités de ce que les Peres de l'Oratoire avoient obtenu un Décret du Conseil privé, pour faire rendre la liberté à une pieuse fille, qu'ils retenoient injustement dans les fers; gagnés d'ailleurs par les adversaires des PP. de l'Oratoire, & en particulier par les sollicitations du P. *Rabier*, ils répondirent, tant au Chapitre qu'aux Bourg-mestres, conformément à l'intention des Auteurs des Mémoires, que les accusés étoient ennemis du culte de la Sainte Vierge; qu'ils ne la croyoient pas Mere de Dieu, mais seulement du Christ, comme les Nestoriens; qu'ils suivoient des maximes outrées & désespérantes dans le Tribunal de la Pénitence; qu'on les accusoit de révéler le secret de la Confession, &c. Ils firent même une espece d'information, qu'ils remirent à M. l'Archevêque de Cambrai, dont les Actes sont datés du 4 Mars 1690.

Comme les accusations intentées par les Fabricateurs des deux Mémoires, ne concernoient que la doctrine, les Peres de l'Oratoire se plaignirent au Conseil privé de Bruxelles, des informations faites à leur sujet, devant les Magistrats de Mons, comme incompétentes, irrégulieres, & faites au préjudice de la Puissance Ecclésiastique (*e*). Dès le 20 de Février précédent, ce Conseil avoit déja ordonné aux Magistrats de Mons, de suspendre toute procédure contre les Peres de l'Oratoire. Mais sur les plaintes de ceux-ci, auxquelles se joignirent celles de l'Internonce de Bruxelles, il renvoya l'affaire à M. l'Archevêque de Cambrai, qui en étoit le Juge naturel; & par ses Lettres du 18 Mars, il chargea le Conseil Souverain de Mons, de s'opposer aux assemblées & aux informations illégitimes des Magistrats.

Les Peres de l'Oratoire ne se contenterent pas de se plaindre; ils crurent qu'ils devoient se justifier publiquement des fausses accusations que l'on formoit contre eux. C'est ce qu'ils firent par un écrit (*f*) très-solide, qu'ils présenterent

(*c*) Chronic. suprà, p. 146.
(*d*) XVII. Difficulté proposée à M. Steyaert.
(*e*) Motifs de Droit du P. Q. p. 153.
(*f*) Le P. Quesnel en est l'Auteur, il le dit dans son Motif de Droit. p. 151.

ſenterent le 29 Mars au Chapitre de Liege (*c*). Cet écrit, intitulé; *Remontrance juſtificative des Prêtres de l'Oratoire de Jeſus*, étoit accompagné d'une atteſtation de l'Archevêque de Cambrai; d'une déclaration de l'Evêque de Namur, & d'une permiſſion ou approbation du Cenſeur ordinaire. L'Apologie des accuſés y étoit miſe dans le plus grand jour; & l'on y montroit évidemment la différence de l'eſprit & de l'eſſence de la Congrégation de l'Oratoire, d'avec toute autre Communauté réguliere.

Mais plus la vérité ſe faiſoit voir de toutes parts dans cet écrit, plus ceux qui l'avoient approuvé méritoient d'attention & de reſpect, plus il irrita ceux des Magiſtrats de Mons, que les Jéſuites conduiſoient, & qui ne pouvant y rien répondre de ſolide, trouverent plus court de le condamner au feu. Une conduite ſi injuſte donna lieu à un ſecond écrit, intitulé: *Mémoire pour les Prêtres de l'Oratoire*, qui fit beaucoup d'impreſſion, & engagea le Conſeil à rendre le 24 Avril une Ordonnance, pour arrêter les informations irrégulieres, que l'on continuoit, dans l'intention d'opprimer des innocents pourſuivis par des ennemis puiſſants & irréconciliables. Cette Ordonnance mortifia les Jéſuites. Pour s'en dédommager ils engagerent le Tribunal même qui l'avoit rendue, à donner une Sentence contre divers ouvrages théologiques, qui déplaiſoient à la Société, parmi leſquels il y en avoit pluſieurs qui venoient des Evêques les plus reſpectables. Ils n'y laiſſerent pas oublier les *Dénonciations* de l'erreur monſtrueuſe *du Péché Philoſophique*, ſi chere à leur Société. Cette Sentence eſt du 12 Juin 1690 (*d*).

Pendant ces mouvements, Jacques Théodore de Brias, Archevêque de Cambrai, nomma trois Commiſſaires, pour prendre connoiſſance de cette affaire, avec charge d'examiner en particulier ce qu'on nomme dans le pays une *Etiquette*; c'eſt-à-dire, une eſpece de Requête qui contenoit quarante chefs d'accuſation contre les Peres de l'Oratoire. Ces trois Commiſſaires ſont ceux que nous avons nommés plus haut, & dont le Sieur Steyaert, l'un d'eux, a prétendu préſenter le jugement dans l'*Avis* dont il s'agit ici. Il faut voir dans les Difficultés que M. Arnauld lui propoſe, combien ſa conduite étoit odieuſe & indigne d'un Prêtre; avec quelle force, quelle clarté, quelle évidence notre Auteur y conſtate l'innocence des accuſés, & la noirceur des intrigues des Jéſuites & des Magiſtrats de Mons. Le pieux & ſavant Théologien M. Opſtraët a fait auſſi ſur cet Avis des notes qui s'accordent parfaitement bien avec les Difficultés de M. Arnauld.

La déciſion de M. Steyaert ne regla pas entiérement le jugement de M. de Brias. Ce Prélat, par ſa Sentence du 3 Octobre 1690, conſtata l'innocence des Peres de l'Oratoire; mais il eut la foibleſſe d'y épargner ceux qui les avoient calomniés, & d'y ſuivre en pluſieurs points l'*Avis* du Sieur Steyaert, qui ne méritoit dans ſa totalité; qu'une Cenſure rigoureuſe (*e*). Malgré ces exceſſifs ménagements, cette Sentence n'en irrita pas moins les Jéſuites. Ces hommes qu'on offenſoit toujours quand on ne leur cédoit point aveuglément ſur tout, firent éclater leur mauvaiſe humeur. Juſques-là ils ne s'étoient donnés en

(*c*) Chronic. ut ſuprà, p. 147.

(*d*) Le P. Queſnel avoit commencé contre cette Sentence, un écrit qu'il ſupprima par reſpect; qu'on lui enleva, en 1703, & dont on lui fit depuis un crime. Voyez ce qui en eſt dit dans *l'Anatomie de la Sentence de Malines*, &c. p. 61. & ſuiv.

(*e*) Chronic. ſupra, p. 148. Voyez ſur cette Ordonnance la Lettre de M. Arnauld, du 3. Novembre 1690. & la XV. Difficulté.

apparence que comme des simples *moniteurs*, & sembloient avoir refusé le titre d'*accusateurs*. Mais dès que le Prélat eut prononcé, ils changerent de personnage; ou plutôt ils montrerent à découvert celui dont ils s'étoient réellement revêtus, mais plus secrettement. Ils dresserent une Requête pour demander justice au Conseil Souverain de Mons, contre l'Ordonnance de M. de Brias; trouverent moyen de faire signer cette Requête par quelques Religieux Mendiants fort peu connus, & même méprisés dans leur Ordre, & ils oserent la présenter au Conseil. Quoiqu'ils se fussent déclarés en beaucoup d'occasions contre la nécessité du *Placet* du Souverain, pour la publication des Décrets Ecclésiastiques, ils avançoient hardiment dans cette Requête, que la Sentence de M. de Cambrai n'avoit pu être publiée sans l'attache de Sa Majesté Catholique.

Le Conseil de Mons admit la Requête; la renvoya le 13 Octobre au Sieur Maës, Doyen du Vicariat, & lui ordonna d'en dire son avis dans trois jours. Il y a lieu de croire que l'Archevêque de Cambrai auroit poursuivi l'insolence des Jésuites avec plus de chaleur, s'il n'eût point été arrêté par les circonstances où les affaires de la guerre le réduisoient alors. A son défaut le Sieur *Pillardi*, qui tenoit par *interim* à Bruxelles la place de l'Internonce, présenta Requête au Conseil privé, pour se plaindre du Décret du Conseil de Mons. Cette Requête fut favorablement accueillie: le Tribunal qui la reçût, ordonna à celui de Mons, *de dire dans trois jours, par quelle autorité il empêchoit la publication de la Sentence d'un Archevêque, dans une cause purement ecclésiastique.* (*f*). Cette question embarrassa le Conseil, qui aima mieux reculer, & faire dire à M. Maës qu'il avoit tout pouvoir de publier la Sentence de M. l'Archevêque de Cambrai.

Les Jésuites, pour éviter les suites de cet échec, s'adresserent à un autre Tribunal. Ils déférerent les Peres de l'Oratoire à celui du S. Office. Mais cette dénonciation n'y fit presque aucune impression: la calomnie qui en étoit le fondement étoit trop évidente (*g*). Les Cardinaux qui le composoient, le firent sentir au Pape Alexandre VIII; & le Cardinal *Ottoboni* fut chargé de sa part, de mander à l'Archevêque de Cambrai, que Sa Sainteté approuvoit sans restriction la conduite qu'il avoit tenue dans l'affaire qui lui avoit été déférée. Le Pere Tyrse Gonzalès, Général des Jésuites, qui affectoit une certaine modération, écrivit aussi au Provincial de sa Société, dans le Pays Wallon, pour lui ordonner d'assurer M. de Cambrai, qu'il avoit été aussi surpris qu'affligé de la témérité que ses confreres de Mons avoient eue, de présenter contre son Ordonnance une Requête au Conseil de cette ville. Le Général exigeoit en même temps du Provincial, qu'il désavouât cette Requête, & qu'il constatât ce désaveu par un Acte en bonne forme, qui seroit remis au Prélat. Nous ignorons si cet ordre fut exécuté. Mais il est certain que les poursuites & les calomnies des Jésuites contre les Peres de l'Oratoire ne discontinuerent point. Le fameux P. *Deschamps*, l'un d'eux, si connu par sa misérable Histoire latine de la prétendue Hérésie Jansénienne, sacrifiant, à son ordinaire, la vérité connue aux passions de sa Société, publia, sous le nom supposé de *Louis Benoît*, trois écrits qui sont oubliés depuis long-temps. Le premier intitulé: *Jugement légitime porté contre les Prêtres de l'Oratoire de Mons*; le second, *Plainte d'un ami de Louis Benoît, sur ce qu'on le cite à Cambrai*; & le troisieme, *L'Oratoire de Mons convaincu de tous les troubles du Hainault.* Ces libelles, qui portoient avec

(*f*) XV. Diffic. propos. à M. Steyaert, p. 520.
(*g*) Lettre de M. du Vaucel à M. van Hussen, du 21 Oct. 1690.

eux leur propre réfutation, furent réfutés néanmoins par plusieurs écrits: tels sont, la *Réponse au libelle de Louis Benoît*: *la Découverte des calomnies*, &c: *le Roman séditieux du Nestorianisme renaissant &c*, & plusieurs autres, qui confondirent les Jésuites, sans les retirer de leur aveuglement. Plein de leur esprit le P. *Porter*, Récollet Irlandois, s'avisa de publier un Mémoire sur les trente-une Propositions condamnées par le Pape Alexandre VIII, dans lequel il osa, contre toute vérité, attribuer à un Pere de l'Oratoire, la vingt-quatrieme Proposition censurée; en quoi il fut imité par un autre de ses confreres, dans des *Réflexions abrégées* sur le même Décret, & par M. Steyaert, dans les *Notes* qu'il crut devoir joindre à cette Censure. Une imputation si calomnieuse fit naître un nouvel écrit, daté du mois de Novembre 1691, intitulé: *Inscription en faux des Peres de l'Oratoire &c*, & une Ordonnance de M. l'Archevêque de Cambrai, qui condamna tous les libelles Jésuitiques, dont on vient de parler, comme *scandaleux*, *calomnieux*, *injurieux à la piété & à la Religion des Peres de l'Oratoire*, &c. Cette Ordonnance est du 12 Novembre 1692.

§. 2.

De la troisieme Partie des Difficultés proposées à M. Steyaert.

Cette troisieme Partie n'est point une suite des deux premieres. Elle ne concerne que *l'administration du Sacrement de Pénitence*: ainsi nous renvoyons ailleurs ce qui ne regarde que la dispute qui y à donné lieu. Nous dirons cependant un mot des motifs qui avoient engagé M. Steyaert à attaquer les Prêtres de l'Oratoire sur ce point de doctrine & de discipline. Ce Docteur, comme nous l'avons déja observé avoit eu ses raisons pour se rapprocher, depuis quelque temps, des partisans de la morale relâchée. Il en avoit déja donné des preuves sensibles dans ses Theses sur le *Sacrement de Pénitence*, du 9 Octobre 1687, & dans celle du 9 Janvier suivant, sur *l'administration des Sacrements*, *sur le Rituel Romain*, *& sur les Manuels*. Il ne s'étoit pas contenté d'y établir de fausses maximes & d'y introduire une méthode pernicieuse, touchant les sources où l'on doit puiser l'esprit & les regles de l'Eglise sur une matiere si importante: il y avoit montré de plus un chagrin & une mauvaise humeur que rien ne peut excuser, contre les Auteurs & les Ouvrages qui avoient discuté ce point avec le plus d'exactitude & de solidité. Dans d'autres Theses qu'il fit soutenir au mois de Novembre 1689, il s'éleva avec indécence contre l'admirable Ouvrage de M. de Neercassel, intitulé, *l'Amour Pénitent*. Il parut à ce sujet sous le nom de *Didace van Vreeswych*, une lettre latine, aussi forte que judicieuse. Dans une Dispute du 19 du même mois, il mit le comble à tant d'excès, par la hardiesse avec laquelle il ne craignit pas d'avancer qu'un Prêtre tombé la nuit dans le crime de fornication, pouvoit être absous, & monter quelques heures après à l'Autel, s'il étoit par état obligé de célébrer nos Saints Mysteres: décision scandaleuse qui fut combattue avec zele, par le Docteur Hennebel, dans ses Theses *de Sacerdote lapso*, qu'il fit soutenir les 19 Janvier & 16 Mars 1690, au College de Viglius, & dans celle du mois de Juillet suivant intitulée: *Systema Sacramenti Pœnitentiæ*, &c. Telles furent les démarches qui l'approchant insensiblement des Jésuites & de leurs sectateurs, le conduisirent à se déclarer sans détour contre les PP. de l'Oratoire dans *l'Avis* dont on à parlé, à les accuser de *Rigorisme*, pour se venger des traits qu'on avoit lancé contre ses propres relâchements, & à envelopper dans cette accusation chimérique, tous les Théologiens de France & des Pays-Bas, à qui l'on appliquoit, pour les rendre odieux aux ignorants, le masque du prétendu Jansénisme.

Quelque indigne que fût cette conduite, pour un homme qui se vantoit d'être versé dans dans l'Écriture & dans la Tradition, qui avoit en effet des talents, & qui étoit capable de réussir quand il avoit pour lui la vérité, M. Steyaert porta plus loin encore son dévouement pour ses nouveaux amis : il alla jusqu'à dénoncer cette même année aux Cours de Rome & d'Espagne, les plus respectables d'entre les Théologiens de Louvain ses confreres. Il forma contre eux des accusations, de la réalité desquelles il est presque impossible de croire qu'il fût intimement persuadé; mais qui ayant été fortement appuyées par les Jésuites, occasionnerent deux ans après, la célebre députation de M. Hennebel vers le Pape Innocent XII. Ce n'est point ici le lieu d'en faire l'histoire. Il suffit de dire, ce que tout le monde sait, que l'issue n'en fut nullement favorable à M. Steyaert. Dieu permit même que cet accusateur de ses freres fût humilié par ses propres excès; son dogme impie sur la fornication révolta tellement toute l'Université de Louvain, qu'il fut dénoncé, par un écrit public, *au Souverain Pontife, aux Evêques, aux Princes & aux Magistrats*. Tel étoit le Sieur Steyaert, que M. Arnauld ménagea cependant d'abord, pour ne pas éteindre une mêche qui fumoit encore.

§. 3.

De la quatrieme & cinquieme Partie des Difficultés proposées à M. Steyaert : sur la lecture de l'Ecriture Sainte en langue vulgaire.

I. M. Arnauld réuni à M. de Néercassel, pour prendre la défense de la lecture de l'Ecriture Sainte.

L'objet de ces deux Parties est la lecture de l'Ecriture Sainte en langue vulgaire. Dans le Traité *de la Lecture de l'Ecriture Sainte contre les paradoxes du Sieur Mallet*, dont nous avons parlé ci-dessus, M. Arnauld s'étoit principalement attaché à réfuter son adversaire sur ce que celui-ci avoit avancé contre la lecture de l'Ecriture Sainte en général; telle qu'elle a été dictée par le Saint Esprit aux Ecrivains Canoniques. Il a eu un autre objet dans les deux Parties des Difficultés dont il s'agit; c'est de prouver le droit qu'ont tous les fideles de lire les saints Livres dans la langue qu'ils peuvent entendre. M. de Néercassel Archevêque d'Utrecht avoit déja traité ce sujet, du moins en partie, dans son excellent livre, *De la lecture de l'Ecriture Sainte*, écrit en latin, & publié au mois de Janvier 1677: ouvrage estimé & recherché en Italie même; loué avec justice dans le Journal Italien de l'Abbé *Nazari* de cette même année; & enfin traduit depuis en françois par M. le Roy Abbé de Haute-Fontaine, & plusieurs fois réimprimé en cette langue. (*a*)

Peu de temps après la publication de cet écrit, M. de Néercassel eut une nouvelle occasion de traiter plus à fond ce qui concerne la lecture de l'Ecriture Sainte en langue vulgaire. Elle lui fut fournie par le fameux P. *Hazard* Jésuite. Ce zélé partisan des mauvais sentiments de sa Société, & qui se croyoit destiné à les soutenir, avoit entrepris de prouver en 1685, que la lecture des saints Livres n'est pas seulement *inutile à tous les Séculiers & aux ignorants*;

(*a*) On a plusieurs éditions de cette traduction, avec des corrections & des additions de M. de Néercassel & de M. Arnauld. Lettre de M. de Pont-Château à M. de Néercassel, 21 Décembre 1678, & la Rép. de ce Prélat, du 11 Janvier 1679.

mais qu'elle leur est même nuisible. Son ouvrage étoit écrit en flamand, afin que ses paradoxes fussent plus facilement connus du simple peuple. N'osant toutefois s'en rendre garant, il publia son livre sous le nom emprunté de Suivius. Son but étoit de séduire les ignorants; mais l'extravance de ses principes produisit un effet tout contraire. Il n'en imposa point aux Catholiques, & il scandalisa les Protestants. (*b*) L'édition de son Libelle fut saisie par ordre des Magistrats de Leyde, qui en distribuerent comme en triomphe les exemplaires à la *Bourse*, en insultant à l'Eglise Romaine, & en lui attribuant les excès d'un particulier qu'elle désavouoit. Ils ne furent pas long-temps à découvrir d'où sortoit cette indigne production. Par les informations qu'ils firent faire, on sut que c'étoit le Supérieur des Jésuites de Hollande qui avoit remis le manuscrit à l'Imprimeur, s'en réservant 1200 exemplaires pour les vendre à son profit. M. Arnauld apprenant ces fâcheuses nouvelles en fut extrêmement affligé. Il auroit voulu que pour venger la Catholicité outragée, M. de Néercassel déférât à Rome le Libelle Jésuitique, & ce parti paroissoit assez judicieux. Mais M. de Néercassel, qui connoissoit mieux que lui la foiblesse de cette Cour, sur-tout par rapport à la Société, n'osa pas hazarder une démarche dont il n'avoit lieu d'espérer aucun succès : il aima mieux prendre le parti de réfuter l'ouvrage du prétendu *Suivius*. Sa réfutation, écrite aussi en flamand est intitulée : *La parole de Dieu vengée, contre les outrages d'un certain livre publié sous le nom d'Antoine Suivius.* Elle fut imprimée à Anvers, avec l'approbation de quatre des principaux membres du Clergé de Hollande. Le Prélat ne crut pas devoir y mettre son nom. Mais on ne fut pas long-temps sans savoir à qui on en étoit redevable. M. Arnauld desiroit qu'on en fit une traduction latine; & M. de Castorie étoit plus en état que bien d'autres de s'en acquitter au gré du public. Ses occupations l'en empêcherent : il en chargea M. Van Erkel; mais nous ignorons si cet ami du Prélat & de M. Arnauld a rempli leurs vœux.

II. Ordonnances de quelques Evêques des Pays-bas, refutées dans les *Difficultés.*

Le P. Hazard qui n'auroit pas dû avoir un seul lecteur, trouva cependant un défenseur, ou du moins un imitateur, dans M. de Précipiano, alors Evêque de Bruges. Ce Prélat, sollicité par les Jésuites, & voulant bien apparemment se deshonorer par complaisance pour eux, donna cette même année 1685, une Ordonnance contre la lecture de l'Ecriture Sainte en langue vulgaire, dont on peut voir l'occasion & les suites dans les Lettres de M. Arnauld. (*c*)

Les Jésuites devenus plus hardis par cet exemple, engagerent d'autres Evêques de la Province à suivre la même voie. Mais après environ quatre années de tentatives, ils ne purent gagner que M. Albert de Hornes, Evêque de Gand, qui ne leur étoit pas moins livré que M. de Précipiano. Sa premiere Ordonnance sur ce sujet, dans le goût de celle de l'Evêque de Bruges, est du mois de Juillet 1689. On peut voir ce que M. Arnauld en dit dans sa lettre du 4. Août suivant. Ce Prélat en publia une seconde le 7. Septembre 1691. Il paroît par les Actes du Procès fait en l'Officialité de Malines à dom Gabriel *Gerberon*, que ce pieux & savant Benédictin répondit à cette derniere Ordonnance. Son écrit est intitulé : *Difficultés adressées à M. l'Evêque de Gand* (de Hornes) *par les Catholiques de son Diocese* (*d*). Dom Gerberon avoua qu'il l'avoit composé pour montrer au Prélat, combien sa défense générale de lire

(*b*) Lettres de M. de Néercassel à M. Arnauld, du 3 & 10 Août 1685.
(*c*) Lettres du 4 Fév. 6 & 31 Juill. 1685.
(*d*) *Processus Officii Fiscalis Curiæ Ecclesiasticæ Mechliniensis* &c. in-4°. p. 18.

l'Ecriture Sainte en langue vulgaire, occasionnoit de scandales parmi les hérétiques; & combien elle étoit opposée aux sentiments des PP. que l'Eglise Romaine ne contredisoit pas. Cet écrit a été quelquefois attribué à M. Arnauld en le confondant avec la réfutation qu'il a faite de la même Ordonnance, dans la huitieme Partie des Difficultés proposées à M. Steyaert (91. Difficulté) qu'il annonça a M. du Vaucel (e) devoir faire imprimer à part. Il l'adressa à M. Steyaert; parce que ce transfuge avoit inspiré à Monsieur de Gand, aussi-bien qu'à deux autres Evêques des Pays-Bas le dessein de défendre la lecture de l'Ecriture Sainte en langue vulgaire, & qu'il passoit même pour avoir composé l'Ordonnance de l'Archevêque de Malines sur ce sujet: il s'étoit d'ailleurs déclaré très-ouvertement contre cette même lecture dans ses *Aphorismes*, dans ses *Theses*, & dans son *Avis* contre les Peres de l'Oratoire. M. Arnauld a consacré la quatrieme Partie de ses *Difficultés*, &c. à la défense d'une vérité qu'on ne cherchoit pas seulement à obscurcir, mais à anéantir; & l'on peut dire qu'il a réussi à la mettre dans tout son jour, à l'établir sur les fondements les plus solides, & à faire disparoître cet amas de chicanes & de paradoxes sous lequel on avoit tenté de l'ensevelir. Il ne s'en tint pas à cette premiere victoire. Comme pour étayer le nouveau systême, on abusoit de la quatrieme Regle de *l'Index*, autorisée successivement par Pie IV, Sixte V. & Clément VIII, il employa la cinquieme Partie de ses *Difficultés* à dissiper l'illusion que cette IV. Regle entretenoit dans l'esprit de beaucoup de monde. Et comme il avoit affaire à des prodiges d'opiniâtreté, s'il est permis d'employer cette expression, il fut obligé de revenir encore sur la même matiere dans la huitieme & la neuvieme Partie du même ouvrage. Quant à l'Ordonnance de M. de Précipiano, il auroit pu également la mettre en poudre; mais il n'en dit que peu de chose, parce qu'elle avoit déja été réfutée par trois Lettres que M. Giles de Witte, Doyen de Notre Dame de Malines avoit écrites à cet Archevêque, pour s'excuser de la publier.

II. Autres écrits sur le même sujet.

Ces Lettres sont du 6. Février, 5. & 24 Mars 1691. L'Auteur y fait sentir que l'Ordonnance de ce Prélat est également préjudiciable au bien du peuple & à l'honneur de l'Eglise. Ce double motif étoit plus que suffisant pour la rejeter. Elle donna lieu à divers autres écrits très-solides, qui viendroient à l'appui de ceux de M. Arnauld s'ils en avoient besoin. Le premier avoit pour titre: *Dissertatio Theologica de Lectione & usu Scripturæ sacræ, adversùs ea quæ de eo argumento edidit Martinus Steyaert in suis Aphorismis.* Cette dissertation fut imprimée en 1691 à Cologne, chez Nicolas Schouten: le dernier article est une apologie de la Version de Mons. Le second intitulé: *Quæstio juris*: 1°. *An Caroli V. edictis lectio Scripturæ sacræ populo prohibita sit?* 2°. *An Virgines Binchianæ pœnas incurrerint à Carolo V. statutas in eos qui simul convenientes legebant Evangelium, vel alium Scripturæ sacræ librum.* Cet écrit est court; mais solide. Le Rédacteur du Procès de Dom Gerberon, qu'on a cité plus haut, l'attribue à ce savant Bénédictin. (f) 3°. *Apologia pro Huberto Gautio sacræ Theologiæ in Antuerpiensi seminario Professore, contra Jesuitarum calumnias.* Cette Apologie où l'on trouve des choses très-utiles sur la matiere de la lecture de l'Ecriture Sainte, sur-tout page 32 & suivantes, fut imprimée en 1710, pour réfuter le Libelle qui avoit paru la même année à Liege, sous ce titre: *Reflexiones breves ad Tractatum Theologicum de promiscuâ in linguâ vernaculâ Scrip-*

(e) Lettre du 5. Octobre 1691.
(f) Procell. Officii Fiscalis, &c. p. 19.

turæ sacræ lectione, dictatum à R. D. Huberto Gautio, &c. On voit par les lettres de M. Arnauld que cette dispute enfanta encore d'autres écrits pour & contre la lecture de l'Ecriture Sainte en langue vulgaire : mais nous ne croyons pas devoir entrer sur cela dans un plus grand détail. Il nous suffit d'observer que tous les adversaires du sentiment si solidement défendu par M. Arnauld, tels que le Jésuite Hazard, Martin Harney, le Docteur Steyaert, &c. se copioient mutuellement, ennuyoient par leurs redites, n'opposoient que des mots vuides de sens aux raisons les plus péremptoires, & ne répondoient souvent que par des injures grossieres, & par l'imputation du prétendu Jansénisme, qui a toujours été le refrein ordinaire de ceux qui n'ont eu rien de bon à répondre. (*h*)

§. 4

De la sixieme, septieme & huitieme Partie des Difficultés proposées à M. Steyaert.

La plupart des écrits dont on a parlé dans les § précédents, attaquant non seulement les Traductions de l'Ecriture Sainte en langue vulgaire, mais encore la Version du Nouveau Testament de Mons en particulier, M. Arnauld se vit engagé à revenir sur cette matiere, quoiqu'il l'eût déja si amplement & si solidement discutée. Il crut important de prévenir les mauvais effets qu'auroient pu produire les déclamations insérées contre cette version, dans les Ordonnances de l'Archevêque de Malines, & de l'Evêque de Gand, & les traits outrageants que le Sieur Steyaert avoit lancés contre elle dans son *Avis*. D'ailleurs les Jésuites venoient de faire insérer la condamnation de cette version dans un Décret du Conseil de Mons, du 12 Juin 1690; quoiquelle eût été précédemment autorisée par le Privilege de Charles II, du 24 Juillet 1666, par un Arrêt du Conseil de Malines du 10 Juillet 1668, & par un double Privilege que Fricx, Libraire de Bruxelles, avoit obtenu en 1675, tant du Conseil privé, que du Conseil Souverain de Brabant. Enfin il étoit aussi question d'entrer en lice avec un nouvel adversaire, qui pouvoit en imposer par son nom & par une espece de célébrité que son érudition lui avoit acquise. Nous voulons parler de Richard Simon, ci-devant membre de la Congrégation de l'Oratoire de France. Ce Censeur, qui passoit auprès de bien des gens pour un Ecrivain redoutable, avoit attaqué la Version de Mons dans son Histoire Critique des Versions du Nouveau Testament; & le Sieur Steyaert s'étoit autorisé de son jugement pour la décrier. Il étoit important de lui enlever cet appui; & de lui montrer les faux raisonnements de M. Simon. Voilà ce qui porta M. Arnauld à s'occuper de la Version de Mons dans la sixieme & septieme Partie de ses *Difficultés*. Il y adresse toujours la parole à M. Simon ainsi que dans la huitieme, quoiqu'il y soit aussi question des emportements de M. Steyaert sur le même sujet. Il n'y répete point cependant ce qu'il avoit dit dans ses précédents écrits contre le P. Maimbourg & le Sieur Mallet. La Version de Mons étoit assez justifiée sur les passages attaqués par ces deux Auteurs. Il se borne donc à justifier la forme de cette version, & l'authenticité des premieres approbations qu'elle avoit reçues; à démontrer la nullité des Censures dont on avoit prétendu la flétrir, & à faire évanouir les chicanes & les mauvaises difficultés que le Sieur Steyaert avoit renouvellées. Outre quantité

(*r*) Voyez entr'autres les Lettres 35 & 53, de M. Van-der Schuer, mort Chanoine de l'Eglise Catholique d'Utrecht, le 15 Janvier 1719.

de faits que M. Arnauld à répandus dans cette partie de son Ouvrage, il n'a pas négligé de relever les faux principes avancés par M. Simon sur l'inspirations des Livres saints. C'est une espece de digression; mais dont aucun Lecteur instruit ne lui sut mauvais gré. Elle occupe sept *Difficultés* de la septieme Partie, depuis la LXVIII inclusivement jusqu'à la LXXIV. M. Simon tenta de se défendre dans son *Histoire des Commentateurs* &c. chapitre 46 & 60; dans le Tome troisieme de son *Histoire Critique* &c, & dans ses *Nouvelles Observations sur les Textes & les Versions du N. T.*, qui furent imprimées à Paris en 1694. Mais on le laissa s'applaudir seul de son triomphe imaginaire. Il n'avoit plus à craindre la plume de M. Arnauld qui mourut cette année même; & quand ce Docteur auroit été encore en état de répliquer, on doute qu'il eût perdu son temps à faire de nouveaux efforts pour ramener dans le droit chemin un homme qui s'en écartoit presque à chaque pas; *qui avoit plus de mémoire & de lecture que de jugement; qui prenoit parti dans les plus grandes choses sur les plus petites raisons du monde, & qui avoit une hardiesse incroyable à avancer ses imaginations, sans se mettre en peine du préjudice qu'en pouvoit recevoir la Religion.* C'est le portrait qu'en fait M. Arnauld après un autre savant, & dont tous les traits ont été parfaitement justifiés depuis par l'Illustre M. Bossuet dans sa *Défense de la Tradition*, &c.

§. 5.

De la Neuvieme Partie des Difficultés proposées à M. Steyaert.

I. Importance de cette neuvieme Partie.

Cette Neuvieme Partie est la derniere de l'Ouvrage de M. Arnauld. Il y traite principalement de la prohibition des livres; & rien n'étoit plus convenable, après tout ce qu'il avoit dit dans les autres Parties, des Décrets donnés si témérairement, soit contre la lecture de l'Ecriture en général, soit contre celle de l'Ecriture en langue vulgaire, soit enfin contre la Version particuliere du Nouveau Testament de Mons. Quand on a lu cette neuvieme Partie, on seroit bien fâché que M. Arnauld se fût rendu à l'avis de certains amis qui le détournoient de discuter cette matiere, tant il l'a traitée avec supériorité; tant les principes qu'il y pose & qu'il y développe, sont solides & importants. Il n'y en a aucun qui ne serve également à éclairer ceux qui ne s'obstinent point à fermer les yeux à la lumiere, à inspirer le respect & la docilité pour les défenses faites dans l'esprit & selon les regles de l'Eglise, & à porter un jugement équitable de celles qui n'ont point ce caractere. Si quelques amis que l'illustre Docteur avoit à Rome, conçurent d'abord quelque allarme au sujet de cette neuvieme Partie, s'ils craignoient que Rome, dont la délicatesse & les préjugés leur étoient bien connus, n'en fût blessée & mécontente, & que cet Ouvrage n'y altérât l'estime & le respect que l'on avoit pour sa personne : s'ils auroient desiré qu'il eût au moins publié cette neuvieme Partie séparément des autres; qu'il en eût fait un écrit isolé, & que l'on pût douter qu'il en fût l'Auteur, ces frayeurs chimériques n'ébranlerent pas M. Arnauld. Il rejetta sans hésiter ces conseils trop timides; & persuadé de l'importance & de la solidité des principes qu'il établissoit, aussi bien que de la nécessité de les rendre populaires, il ne voulut pas en manquer l'occasion : il crut même qu'il étoit du bien de la chose de s'en montrer l'Auteur à découvert. *L'Ouvrage*, disoit-il à ses amis, *feroit moins d'impression si l'Auteur en étoit ignoré.* (g) Tout ce qu'il

(g) Lettre à M. du Vaucel, du 7 Déc. 1691.

ce qu'il fut possible d'obtenir de lui, fut que la publication de cette neuvieme Partie seroit suspendue quelque temps. Mais ce temps fut court; & l'applaudissement général qu'elle reçut dès qu'elle vit le jour, désabusa ses amis des vaines frayeurs dont ils s'étoient trop occupés.

Cet applaudissement fut tel, que toutes les intrigues des Jésuites de Rome, qui en poursuivirent la condamnation avec toute la chaleur dont ils étoient capables, furent absolument inutiles. Il faut voir, sur ce qui concerne cette neuvieme Partie, les Lettres mêmes de M. Arnauld à M. du Vaucel, écrites dans le temps; & sur-tout celle du 7. Décembre 1691, du 3. Octobre 1692, & du 17. Juin 1694. (*h*)

II. Elle donne lieu à une belle lettre de M. Duguet.

Cette neuvieme partie donna lieu à M. Duguet de former le plan d'un Ouvrage très-important sur cette matiere. On peut voir ce qu'il en dit dans le fragment d'une de ses lettres sous le nom de *Dom Isolé*, que les Jésuites ont fait imprimer dans leur Libelle intitulé : *Le P. Quesnel séditieux, &c.* (page 76 & suivantes.) Nous disons un fragment, (*i*) car ce n'est qu'une partie de celle que M. Duguet avoit écrite au Pere Quesnel en 1703. Cette lettre fut enlevée à celui-ci avec ses autres papiers, pour passer dans les mains des Jésuites. Voici ce fragment. " Je lis depuis quelques jours certaines *Réflexions* „ qui me plaisent infiniment. (*k*) Elles seroient bien de votre goût, à moins „ qu'il ne soit fort changé. Les plus grandes vérités y sont marquées en cent „ manieres, mais toutes fortes. Il ne les faut point chercher; elles sont approchées de si près, qu'on ne peut en éviter la vue : & non seulement les „ vérités, mais certains hommes y paroissent au naturel. Peut-être s'en fâcheront-ils, & je le crains; mais je suis bien d'avis de ne les point ménager, & de ne rien affoiblir. Le secret peut les tromper. Ils se trouveront „ exposés aux yeux du public, sans oser avouer que ce soient leurs portraits : „ mais pour cela le secret ne sauroit être trop grand. Quoique tout l'ouvrage soit admirable, je ne laisse pas d'oser retoucher certains petits endroits, „ & si j'avois plus d'espace, je serois peut-être plus hardi. Mais toutes les „ pages sont si chargées, les renvois si fréquents, les intervalles des lignes „ si serrés, qu'on ne sait où placer un mot quand on en a effacé un autre. „ Je dois même vous avouer que les yeux se lassent & s'éblouissent en s'attachant avec soin sur un papier si plein & si brouillé, sur-tout quand on „ veut examiner les choses.

„ Je l'ai déja dit, les hommes peuvent tout approuver, pourvu qu'ils ne „ soient point avertis : & je leur permettrai de se plaindre, pourvu qu'il „ n'en soit plus temps.

„ Les disputes des Théologiens (continue M. Duguet) servent trop à la „ suprême autorité des Papes, pour espérer qu'ils s'appliquent à les finir. Je „ n'attends rien de leur politique depuis long-temps. Ils vont à leur fin par „ toute sorte de moyens. On leur fait plaisir de les prendre pour Juges, de „ leur soumettre tout, de les regarder comme les arbitres souverains de la justice & de la vérité. Ils commencent par prendre droit sur cela; & le reste

(*h*) Elle est citée avec éloge par Gianone, dans son Apologie, p. 192. & 200.

(*i*) M. Duguet a témoigné dans plusieurs occasions, qu'il regrettoit beaucoup que les Jésuites n'eussent donné qu'un fragment de cette Lettre, dont il n'avoit pas retenu copie; & qu'il regardoit comme importante.

(*k*) Ces *Réflexions* sont vraisemblablement celles qui forment la neuvieme Partie des Difficultés proposées à M. Steyaert, qui n'étoit encore que manuscrite.

„ devient ce qu'il peut. Il est aussi persuadé que vous (Dom Isolé parle de lui „ en tierce personne) de la persécution domestique de l'Eglise; & il en est aussi „ touché. Il ajoute que toute sa vie seroit très-utilement employée à faire voir „ les abus d'une puissance arbitraire, & plus que souveraine dans les Papes; „ à montrer combien les fondements en sont foibles; combien on a employé „ de moyens peu légitimes pour y parvenir; combien ce seul point a changé „ la discipline de l'Eglise, avili l'Episcopat, dégradé les Conciles, anéanti „ tout ordre & toute Hiérarchie, mis en proie les Bénéfices, réveillé la cupi„ dité, fait mépriser les loix les plus saintes, multiplié les flatteurs, introduit „ l'ignorance, substitué les formalités aux Canons, mis en péril la doctrine. „ Mais il tremble quand il fait réflexion à la lumiere, à la sagesse, à l'exac„ titude, au désintéressement, à la vertu de quiconque entreprendra un si „ grand Ouvrage. Il faudroit un Ange pour traiter tant de matieres sans y „ faire de grandes fautes. „

M. Duguet ne trouve, ni dans le Clergé, ni dans les Parlements, ni dans la Cour les dispositions nécessaires pour appuyer le dessein qu'il a, de mettre des bornes au pouvoir des Souverains Pontifes.

" Le Clergé, dit-il, est trop intéressé, & par-là trop aisé à désunir. Les „ Parlements sont suspects, & ne sont pas assez habiles. La Cour est trop „ inconstante, & trop remuée par des vues contraires. Elle a de trop étroites „ liaisons avec Rome pour n'en être pas esclave tôt ou tard; & elle est ca„ pable, en divers temps, d'être ferme ou foible jusqu'à l'excès ". Dom Isolé ne perd pas courage pour cela; & continuant à parler en tierce personne: " il „ m'a chargé, dit-il, de vous supplier de prier pour lui &c, de porter M. „ *Davy* * à mettre sur le papier ce qui lui viendra dans l'esprit sur toutes „ les questions contestées d'un si ample traité; mais en un mot seulement, „ parce qu'on l'entendra bien, & sur des feuilles qui demeurent secretes. „ Il vous demande aussi, mon cher Frere, la même grace; mais à condition „ qu'elle ne vous ôtera pas un moment, & qu'elle ne vous coûtera que des „ paroles abrégées, sans ordre, sans explications, & sur tout ce que vous „ voudrez. „

[margin: ...nauld.]

Avant que de finir cet Article, nous devons avertir qu'il y a eu deux éditions des neuf Parties des *Difficultés*, &c. La premiere de 1691, à Cologne chez Pierre le Grand; c'est la meilleure & la plus exacte: la seconde de 1698, & de 1700.

ARTICLE V.

Dissertation Critique, touchant les exemplaires grecs sur lesquels M. Simon prétend que l'ancienne Vulgate a été faite. &c. (I. Classe, n. XIV.)

Avant que de quitter Richard Simon, M. Arnauld voulut examiner la qualité des exemplaires grecs, sur lesquels ce fameux Critique s'étoit imaginé que l'ancienne Vulgate du Nouveau Testament avoit été faite. Il discuta en même-temps ce que l'on devoit juger du manuscrit grec du Calviniste Théodore de Beze, dont la premiere partie est à Cambridge, & la seconde à Paris dans la Bibliotheque du Roi. Et comme c'étoit un point de Critique très-important, que personne n'avoit encore traité à fond, & que M. Simon bâtissoit ſur ce manuſcrit un grand nombre de fauſſes propoſitions, dont il tiroit des conſéquences dangereuſes, M. Arnauld en fit l'objet d'une Diſſertation particuliere, afin qu'on pût l'imprimer à part, & l'envoyer plus facilement aux Savants de diverſes Nations, pour avoir leur avis. (n) Dans cette vue, il fit tirer deux ou trois cents exemplaires ſéparément de la ſeptieme Partie de ſes *Difficultés*, à la ſuite de laquelle cette Diſſertation devoit être. On l'y trouve en effet, au moins dans la premiere édition. Mais comme l'Auteur y traite une matiere qui paroît avoir peu d'analogie avec le Nouveau Teſtament de Mons, & la queſtion de la lecture de l'Ecriture Sainte, principaux ſujets de ſa diſpute avec MM. Simon & Steyaert, nous avons cru que ſa place la plus naturelle feroit à la ſuite des Difficultés.

M. Baſnage de Beauval donna de cette Diſſertation une aſſez bonne notice, dans ſon *Hiſtoire des Ouvrages des Savants*, du mois de Septembre 1691, article V. Il y revint au mois d'Octobre 1692, page 67; & au mois de Janvier 1696, page 220; en parlant de *l'Hiſtoire Critique des principaux Commentateurs du Nouveau Teſtament*, par Simon. On peut encore conſulter ſur cette matiere, les *Remarques* de dont Martianay Bénédictin, *ſur l'Ancienne verſion italique de S. Matthieu*, imprimées à Paris en 1695. M. Nicole qui avoit lu cette Diſſertation en porte ainſi ſon jugement, dans ſa lettre 91. " Je ne „ penſe pas, dit-il, qu'il y ait aucun partage ſur le point dont il s'agit dans „ l'écrit de M. Arnauld, ni qu'il y ait déſormais deux ſentiments ſur le ma„ nuſcrit de Cambridge. Mais qui n'admirera la foibleſſe des jugements humains? „ Un manuſcrit aura été plus de deux cents ans l'objet de la vénération de „ tous les Savants, & déſormais il deviendra tellement l'objet de leur mépris, „ que je ne ſais ſi quelqu'un ſera aſſez hardi pour l'alléguer. Voilà ce que „ gagnent ces gens qui font de ſi belles conjectures, & à qui il paroît pro„ bable, que 500 ans durant, l'Egliſe ait été pleine de manuſcrits de l'Evan„ gile, remplis de corruptions faites à deſſein, ſans que perſonne s'en ſoit „ plaint. Si cela étoit poſſible, qu'elles preuves auroit-on pu tirer de tels ma„ nuſcrits pour la Religion? &c. „

ARTICLE VI.

Réflexions ſur les avantages que l'Egliſe à retirés des Ecrits de M. Arnauld, ſur la lecture de l'Ecriture Sainte & des verſions, & ſur le ſuccès de la Traduction de Mons.

I. Triomphe de la vérité ſur cette matiere.

LEs Conteſtations nées au ſujet de la lecture de l'Ecriture Sainte en général, de ſa lecture en langue vulgaire, & de la Verſion de Mons en particulier, que nous avons expoſées en détail dans les Préfaces Hiſtoriques de cette premiere Claſſe, ont eu le même ſort que les diſputes dont M. Nicole fait l'énumération dans les *Lettres imaginaires*. Ces controverſes ont beaucoup ſervi à manifeſter la vérité; & celle-ci, quoique ſouvent contredite, & violemment attaquée, n'eſt ſortie qu'avec plus d'éclat & de ſplendeur des aſſauts qui lui ont été livrés. Ses défenſeurs ſont à la vérité demeurés dans l'oppreſſion; c'eſt

(n) Lettre de M Arnauld à M. du Vaucel du 7 Décembre 1691.

leur appanage ordinaire dans ce lieu d'éxil & d'épreuve. Mais leur cause n'en a pas été moins victorieuse. On sait depuis long-temps, & l'on ne peut se le cacher, que c'est aux travaux de Messieurs de Port-Royal sur cette matiere, & en particulier à ceux de M. Arnauld, que l'Eglise de France est redevable du zele qui s'y est répandu, depuis près d'un siecle, pour la lecture de l'Ecriture Sainte, & de l'attention qu'on a eue, & qu'on continue d'avoir, de la mettre en langue vulgaire, entre les mains des fideles, sans distinction d'âge, de sexe & de profession.

II. Témoignage de M. Bossuet.

Dès la fin du siecle dernier, l'illustre Evêque de Meaux, cette grande lumiere de l'Eglise, rendoit un témoignage authentique à l'utilité des Versions de l'Ecriture Sainte, dans un écrit qu'il regardoit, au rapport de M. Bossuet, Evêque de Troyes son Neveu (*a*) comme *le meilleur morceau de Théologie qui fût sorti de sa plume* si féconde. On sent bien que nous voulons parler de la *Justification du Nouveau Testament avec des Réflexions morales.* Ce livre des *Réflexions* sembloit cependant n'avoir pas besoin d'apologie. Tout le monde sait qu'il fut d'abord publié avec la permission de M. Felix Vialart, Evêque de Châlons, si distingué par la sainteté de sa vie, & qu'ensuite il fut donné plus complet avec de pareils témoignages des plus célebres Evêques de France, & en particulier de M. de Noailles, successeur de M. Vialart sur le Siege de Châlons, & depuis Archevêque de Paris, & Cardinal. " C'étoit alors dit le „ grand Bossuet, (*b*) & c'est encore l'esprit de M. de Châlons, d'admettre les „ fideles, autant qu'il étoit possible, à la lecture des Saints Livres, sous la „ conduite & avec la bénédiction de leurs Conducteurs. Ce Prélat est bien „ éloigné de croire que ce soit les en priver, que de les leur présenter de „ cette sorte; mais au contraire, que c'est leur assurer mieux le profit de „ cette lecture dans l'ordre de l'obéissance. Mais quoiqu'il estime fort & qu'il „ conseille cette soumission, il ne semble pas que *l'Eglise soit en état de l'exiger*, depuis qu'on a répandu dans le Royaume tant de versions approuvées „ de l'Evangile & de toute l'Ecriture Sainte, qu'il a même fallu distribuer à „ tous les Nouveaux Catholiques pour leur instruction nécessaire. „

III. Témoignage de Monsieur de Montgaillard, Evêque de S. Pons.

M. Persin de Montgaillard, Evêque de S. Pons, a rendu à peu près dans le même temps, un témoignage semblable à la pratique dont nous parlons, & il a eu de plus l'équité & la générosité de faire sentir, qu'on en avoit la principale obligation aux Ecrits de M. Arnauld. C'est dans l'Instruction Pastorale du mois de Sept. 1696, où il censure plusieurs écrits des Récollets de son Diocese. Le P. *Ruppé*, l'un de ces Religieux, avoit mis au jour sous le titre très-impropre de *Réflexions Chrétiennes*, une espece de Libelle, moitié dévôt, moitié satyrique, dans lequel il avoit copié (page 11-----45) une partie des déclamations insensées du Jésuite Maimbourg, du Sieur Mallet, & du P. Maximin, Capucin de Lyon, tant contre la lecture de l'Ecriture Sainte en langue vulgaire, que contre le Nouveau Testament de Mons. M. de S. Pons fut indigné de la hardiesse du Récollet, & il en prit occasion de traiter ces trois importantes questions. *Si c'est par l'esprit de l'Eglise de Geneve & de Hollande, ou de celle de Jesus-Christ qu'on exhorte toutes sortes de personnes de lire les Livres sacrés, & principalement ceux du Nouveau Testament.* 2°. *Si les mêmes raisons qui ont porté autrefois les Saints Peres à exhorter le commun des fideles à la lecture de l'Ecriture Sainte, subsistent encore aujourd'hui, & s'ils se sont apperçus des*

(*a*) Instruct. de M. de Troyes, contre les Auteurs du Journal de Trevoux.
(*b*) Justification des Réflexions morales.

inconvénients qu'on allegue à présent, pour ne la pas permettre indifféremment. 3°. *Si le Concile de Trente, en déclarant l'édition de la Vulgate authentique, la déclare seule canonique, légitime, & exempte d'erreur, & les Originaux hébreux & grecs altérés.* Comme M. Arnauld avoit déja examiné, discuté, approfondi les mêmes questions, M. de Montgaillard puisa dans les écrits de ce Docteur ce qu'il avoit à dire sur le même sujet; & en relevant avec force les égarements de ceux qui lui avoient donné lieu de revenir sur cette matiere, il leur fit sentir combien ils étoient, ou aveugles de n'avoir pas vu la lumiere où elle étoit déja, ou misérablement prévenus en faveur de leur mauvaise doctrine, puisqu'ils n'en avoient pas profité. Il finit par ces paroles dignes de remarque : (*a*) " Enfin je me consolerai de vos invectives avec le Doc-
„ teur qui m'a fourni une partie de ce que je viens de dire, M. Arnauld, à
„ qui le très-Saint Pape Innocent XI. fit des graces particulieres pour recon-
„ noître sa piété, sa science & sa fermeté, & de qui plusieurs Cardinaux,
„ qui sont encore dans le sacré College, ont honoré les cendres par des éloges
„ singuliers. „

Il dit ailleurs (*b*) en parlant du même Récollet " : On sait bien qu'il ne
„ fait que copier le P. Maximin & M. Mallet, en ce où il y a quelque doc-
„ trine que M. Arnauld a éclaircie. „ Et après avoir fait de ces éclaircissements un usage convenable pour confondre ce Religieux, il ajoute (*c*). " Si l'Auteur
„ des libelles en veut savoir davantage, qu'il lise la réponse que le Cardi-
„ nal Bellarmin fit à de Bruges sur ce sujet, qu'il voie même ce que M. Ar-
„ nauld à écrit contre M. Mallet; & que ses compagnons, au nom desquels
„ il écrit, reconnoissent après cela jusqu'à quel excès leur proposition est in-
„ jurieuse à l'Eglise universelle „. Cette proposition étoit de savoir s'il y avoit eu, même dans les premiers siecles, des originaux authentiques de l'Ecriture Sainte; ce qui étoit nié par ces scientifiques Récollets. (*d*)

IV. Témoignage du Corps des Evêques de France, en 1714 1720, &c.

La doctrine de l'Eglise sur la nécessité & l'utilité de la lecture de l'Ecriture Sainte, devint de plus en plus si notoire dans l'Eglise de France, que les quarante Prélats de l'Assemblée de 1714 furent obligés de lui rendre hommage, quelque intérêt qu'ils eussent d'ailleurs de déguiser cette vérité, ou du moins de ne point s'expliquer en sa faveur. Combien d'autres preuves du même fait ne pourrions nous pas recueillir ici si c'en étoit le lieu? Mais pour abréger, bornons nous à quelques-unes des plus précises.

M. Guy de Séve de Rochechouart, Evêque d'Arras, donna sur ce sujet, le 11. Mars 1719, un Mandement qu'il adressa aux Maîtres & Maîtresses d'Ecole de son Diocese, & qui, quoique très-court mérite une attention particuliere. Après y avoir exposé en peu de mots, mais énergiquement, les avantages de la lecture du Nouveau Testament en particulier, il parle en ces termes dans son dispositif. " A ces causes, nous exhortons tous les Maîtres & toutes
„ les Maîtresses d'Ecole, & nous l'ordonnons particulierement à ceux & celles des

(*a*) Instr. de M. de S. Pons, *in*-4°. p. 123.
(*b*) ibid. p. 137.
(*c*) Ibid. p. 142.
(*d*) M. de S. Pons envoya ses Instructions à Rome, d'où l'on espéroit recevoir quelque marque d'approbation. M. Bossuet écrivoit à ce sujet à M. de la Broüe, Evêque de Mirepoix, le 6 Novembre 1700, en ces termes : " Il est vrai que Rome s'éclaire; & ce
„ sera un grand sujet de joie, si elle commence à voir clair sur les Versions de la Bible en
„ langue françoise, & sur les lectures des Livres saints. M. de S. Pons aura rendu un grand
„ service à l'Eglise, s'il peut sur ce sujet important la rendre traitable".

„ Villes de notre Diocese, d'avoir entre leurs livres chacun un Nouveau
„ Testament traduit en françois..... Faites, leur dit-il, de la lecture de ce
„ Livre sacré, vos chastes délices, & la nourriture de vos ames. Qu'elle con-
„ solation pour nous, que tous les fideles de notre Diocese qui le peuvent
„ lire avec fruit, s'y portassent avec ardeur ! Inspirez-en l'amour aux enfants
„ dont vous prenez soin. Vous pouvez même le faire lire à ceux qui seroient
„ en état & capables d'en profiter, comme S. Jérôme le conseilloit autrefois
„ à une mere vertueuse, &c. „

M. le Cardinal de Noailles, dans son Instruction Pastorale du 14 Janvier de la même année 1719, dit expressément, que l'Eglise de France *recommande cette Sainte lecture* (de l'Ecriture Sainte) *à tous les Chrétiens*. Mais en même temps il fait un aveu, très-humiliant pour ceux qui en sont l'objet; c'est que l'usage est très-différent en Italie, où *la lecture des Livres saints est interdite aux simples fideles*, à moins qu'ils n'en demandent une permission expresse; ce qui arrive fort rarement.

Dans la seconde Partie de la même Instruction, où cette matiere est traitée avec plus d'étendue, cette Eminence ajoute. " C'est un usage de l'Eglise de
„ France, conforme à la doctrine qui est selon la piété, & que le Saint Esprit
„ nous enseigne dans les Livres saints, aux principes des Peres de l'Eglise,
„ & à la pratique de toute l'antiquité, non seulement de permettre, mais même
„ de recommander en général à tous les fideles, de s'appliquer à la lecture
„ de l'Ecriture Sainte. „ Et cette maxime le même Cardinal l'expose & la prouve au long dans un article exprès, où il démontre *les grands avantages de cette lecture*, *& les établit par les Livres saints eux-mêmes*, *& par les Saints Docteurs*.

Le Corps de doctrine de 1720, auquel M. de Noailles à eu beaucoup de part, & qui a été adopté par cent Evêques de France, tient le même langage. On peut voir ce que les quatre Evêques, Appellants de la Bulle *Unigenitus*, en disent dans leur solide & savant Mémoire de 1719; aussi-bien que feu M. Colbert, Evêque de Montpellier, dans les écrits qui lui sont particuliers. Nous ne citerons que sa belle Lettre adressée au Roi en 1728, où il reconnoît d'une maniere si expresse, que si l'usage salutaire dont il est question, s'est si fortement affermi & étendu dans l'Eglise de France, elle en est redevable aux écrits de Port-Royal, & singuliérement à ceux de M. Arnauld.

V. Tentatives pour l'abrogation de la 4eme. Regle de l'Index. Elle est adoucie par Benoit XIV.

Nous avons commencé à voir depuis plusieurs années quelque changement sur cette importante pratique jusques dans l'Italie, & dans les autres Pays sujets au Tribunal de l'Inquisition : peut-être est-ce l'aurore d'un grand jour. On sait qu'à leur égard la quatrieme Regle de l'Index formoit une Loi que personne n'osoit enfreindre, quoique les motifs qui lui donnerent l'existence n'aient plus lieu depuis long-temps. M. Arnauld, qui connoissoit la plaie profonde qu'elle faisoit à l'Eglise, s'en plaignoit souvent à ses amis, & tâchoit par ses lettres & par ses ouvrages, d'en faire connoître le danger. Il pressa M. de Neercassel, en 1678, d'en solliciter l'abrogation. Quelques amis de la vérité, qui étoient alors à Rome, se joignirent à eux; entr'autres le Comte Casoni, proche parent du pieux & savant Favoriti, Secretaire des Brefs sous Innocent XI, qui lui succéda dans cette dignité, & fut revêtu de la Pourpre Romaine par Clément XI. Tous ces Théologiens réunirent leurs instances auprès du Pontife & des Cardinaux les plus instruits, pour les engager à ôter de la Maison du Seigneur cette pierre de scandale; mais ils ne gagnerent rien : ils frapperent rudement l'idole, mais ils ne purent l'abattre.

C'est proprement Benoît XIV, dont la mémoire sera toujours précieuse dans l'Eglise, qui commença le premier à diminuer le mal, sans néanmoins le guérir entiérement. C'est lui qui fit insérer l'addition suivante aux observations de Clément VIII. sur cette quatrieme Regle. " On permet l'usage des versions „ de la Bible en langue vulgaire, pourvu qu'elles soient approuvées par le Saint „ Siege, ou publiées par ses soins, & que les notes qui y seront jointes soient „ tirées des écrits des Saints Peres de l'Eglise, ou de ceux de Savants Ecri- „ vains Catholiques. *Quod si hujusmodi Bibliorum versiones vulgari linguâ fuerint ab Apostolicâ Sede aprobatæ aut editæ, cum annotationibus desumptis ex Sanctis Ecclesiæ Patribus, vel ex doctis Catholicisque viris, conceduntur.* Cette addition a été faite par un Décret de la Congrégation de l'Index du 13 Juin 1757, & se lit à la page 6 *de l'Index Librorum prohibitorum*, revu & réimprimé en 1758; *par l'ordre* de Bénoît XIV. Ce grand Pape avoit aussi ordonné de faire une traduction italienne de l'Ecriture Sainte, qu'il vouloit rendre populaire; mais la mort ne lui permit point de voir la fin de ce travail; & les préventions connues de son Successeur l'auront sans doute fait suspendre. Néanmoins plusieurs Savants d'Italie se sont occupés de cet important objet. Il y a déja quelques années que le Nouveau Testament a été traduit, & imprimé à Turin, avec les permissions ordinaires. Et tout récemment on vient de mettre au jour à Venise la Bible entiere, sous ce titre : *La sacra Biblia vulgarizata da Nicolò Materni, approvata dalla sacra Congregazione dell' Inquisizione l'anno 1567, ridotta allo stile moderno, e arrichita di note; edizione* XXIX *Veneziana.* Venezia, *appresso l'Erede di Nicolò Pezzana, con licenza de' Superiori e privilegio.* Le premier volume est de 1773, & les autres, au nombre de sept *in*-8°., ont suivi successivement. On y trouve le Décret de la Congrégation de l'*Index*, dont on vient de parler; une savante Préface, où l'Editeur répond très-solidement à tout ce qui pourroit blesser encore la délicatesse de quelques Courtisans Romains; & enfin la permission des Censeurs de Padoue. Mais afin qu'on ne puisse douter que c'est à M. Arnauld que les Italiens sont en partie redevables de la lumiere qui se répand parmi eux sur cette matiere, l'Editeur a fait imprimer aussi, avec toutes les permissions requises, & du même format, le livre : *Della lettura della Scrittura santa, contra i paradossi stravaganti ed empii del Mallet, Doctore di Sorbona : Opera di Antonio Arnaldo, Doctore di Sorbona, tradotta del francese.* Il y a joint encore les *Conclusioni di Bernardo Zegero Van-Espen sopra lo stesso argomento.* Ces deux ouvrages forment un volume qui sert d'Avant-propos à la Traduction de la Bible. Le titre perdu est conçu en ces termes : *Lettura della sacra Biblia a tutti, in lingua vulgare permessa e raccomandata.* Ensuite le Traducteur rend compte, dans une Préface très-bien écrite, des motifs qui engagerent M. Arnauld à s'élever contre les impiétés du Sieur Mallet; & l'Université de Louvain à faire les Conclusions qu'il a cru devoir joindre au livre de notre Docteur.

VI. Nouveaux Témoignages en faveur de la Traduction de Mons.

A mesure que l'on est parvenu à mieux connoître la nécessité & l'utilité de la lecture de l'Ecriture Sainte en langue vulgaire, on a abjuré les anciennes préventions contre la Version du Nouveau Testament de Mons, que l'ignorance & la partialité n'avoient que trop long-temps entretenues & fomentées. A peine ces préventions subsistent-elles aujourd'hui dans l'esprit de ceux mêmes qui par intérêt & par engagement, se sont déclarés contre les illustres & savants Auteurs de cette Version. Richard Simon lui-même sembloit s'en être éloigné, du moins en partie, dès 1702. Dans la Préface de sa Traduction du Nouveau Testament, qui fut imprimée cette même année avec Privilege & Approbation, on voit un homme qui revient en quelque sorte sur ses pas, & qui ne peut s'empêcher de rendre une certaine justice à MM. de Port-Royal. *On ne sauroit trop louer*, dit-il, *M. de Sacy, le Pere Amelotte de l'Oratoire, MM. de Port-Royal, & les R. P. Jésuites de Paris.* Il est vrai que cette association doit sembler un peu bizarre; mais elle ne paroîtra extraordinaire qu'à ceux qui ne connoissent pas combien cet Ecrivain étoit singulier, & souvent peu conséquent. Il ajoute: " Il auroit été cependant à souhaiter „ que ces savants Traducteurs eussent eu une plus grande connoissance des „ langues originales, & de ce qui appartient à la Critique. Car quoiqu'ils ne „ fassent profession que de mettre en notre langue le latin de la Vulgate, „ ils ont dû avoir toujours les yeux sur l'hébreu de l'Ancien Testament, & „ sur le grec du Nouveau en traduisant ces livres. „ Eh! n'est-ce pas ce qu'ont fait MM. de Port-Royal? M. Simon devoit-il, pouvoit-il même l'ignorer; puisqu'il est évident qu'une des principales chicanes qui leur ont été faites, est d'avoir eu trop d'égard aux textes originaux? Dans la même Préface, M. Simon donne de grands éloges aux Regles établies par M. de Sacy, pour la traduction des Livres saints, & il a raison.

VII. Editions multipliées du N. T. de Mons.

Au reste la Version de Mons, tant attaquée, tant combattue, & par un si grand nombre d'adversaires, s'est toujours soutenue, a été constamment recherchée, & l'est encore. " Les Censures qu'on en avoit portées, dit Bayle, „ (*a*) perdirent d'abord presque tout leur poids. On se disoit à soi-même: „ Si le Pape a eu raison de condamner ce Livre, pourquoi en permet-on le „ débit? Pourquoi n'y a-t-il que sept Prélats qui en aient défendu la lecture? „ On en concluoit qu'il n'avoit été défendu qu'à cause de quelques circonstances purement extérieures, indépendantes du mérite de l'ouvrage. " Car, ajou- „ toit-on, s'il l'avoit été pour l'infidélité de la traduction, il ne pourroit „ pas être aujourd'hui permis, sans une trahison manifeste des intérêts de „ l'Eglise. „

Une multitude d'éditions qui se succédoient sans relâche, donnoit de jour en jour un nouveau poids aux réflexions de ce Journaliste. Il s'en fit une à Mons, en 1684, où l'on joignit le latin de la Vulgate à côté du françois, & qu'on donnoit pour la vingt-cinquieme. Le frontispice porte qu'elle a été *revue & corrigée de nouveau*; & s'il faut en croire le P. le Long, les amis de M. Arnauld étoient persuadés que ce Docteur en avoit pris le soin (*b*). Richard Simon (*c*) dit au contraire qu'un de ses amis, qui avoit examiné cette édition, lui avoit rapporté que ce qu'on y avoit retouché ou changé, lui avoit paru de si petite importante, qu'il ne le croyoit pas digne de M. Arnauld. Mais nous pouvons assurer que l'ami réel ou imaginaire de ce Critique étoit un homme sans intelligence, ou sans aucune droiture. Nous avons confronté cette vingt-cinquieme édition avec plusieurs des précédentes, & nous y avons trouvé des changements considérables, sur-tout dans les Epîtres de S. Paul; & comme elle a été faite dans le Pays qu'habitoit alors M. Arnauld, il n'est guere douteux qu'il ne soit l'Auteur de ces changements.

Elle ne fut pas la derniere: car le P. le Long en compte plus de trente jusqu'en

(*a*) Nouvelles de la République des Lettres, Mai 1685.
(*b*) Le Long Biblioth. Sacra, supra.
(*c*) Biblioth. Critiq. T. 3. p. 181.

jusqu'en 1707, en y comprenant celle qui fut faite à Paris cette même année, avec la permission expresse du Cardinal de Noailles, qui exigea seulement qu'on en retranchât les différences du grec avec la Vulgate. Et on n'aura pas de peine à s'en rapporter au témoignage de cet estimable Auteur, si on veut jetter les yeux sur l'Avant-propos de la troisieme édition de l'*Examen* du Docteur Mallet. Chacun sait, y est-il dit, „ que cette Traduction a été imprimée en toutes manieres; en beaux caracteres, pour les riches; en caracteres très-communs, pour les pauvres; avec des notes, pour les savants, sans notes, pour le simple peuple; en petit papier, pour être portée plus facilement; en plus grand, pour être gardée dans les Bibliotheques, en françois seulement, pour ceux qui n'entendent que cette langue; & avec le grec & le latin, pour ceux qui sont capables de confronter les textes. Enfin, je ne sais s'il y a aucune Province du Royaume où elle n'ait été imprimée, pour être ainsi répandue par-tout. „ Nous laissons au Lecteur le soin de réfléchir sur cette aveu, que le dépit, & la force de la vérité arrachoient à l'Editeur de ce Libelle.

DE LA LECTURE
DE
L'ÉCRITURE SAINTE

CONTRE

LES PARADOXES EXTRAVAGANTS ET IMPIES

De M. MALLET, *Docteur de Sorbonne, Chanoine & Archidiacre de Rouen*,

Dans son livre intitulé :

DE LA LECTURE DE L'ÉCRITURE SAINTE EN LANGUE VULGAIRE.

Suivant la Copie imprimée, avec Approbation,

A ANVERS, Chez SIMON MATTHIEU, au Pelican.

MDCLXXXII (*a*).

(*a*) La premiere Edition est de 1680.

DE LA LECTURE
DE
L'ÉCRITURE SAINTE
CONTRE

LES PARADOXES EXTRAVAGANTS ET IMPIES

De M. MALLET, *Docteur de Sorbonne, Chanoine & Archidiacre de Rouen,*

Dans son livre intitulé:

DE LA LECTURE DE L'ÉCRITURE SAINTE EN LANGUE VULGAIRE.

Suivant la Copie imprimée, avec Approbation,

A ANVERS, Chez SIMON MATTHIEU, au Pelican.

MDCLXXXII (*a*).

(*a*) La premiere Edition est de 1680.

AVIS.

CEtte réfutation du dernier ouvrage de M. Mallet étoit faite avant sa mort. Mais quoiqu'il ne soit plus en état, ou d'entreprendre de se justifier des excès qu'on lui reproche, ou de profiter des avertissements qu'on lui donne, on a cru la devoir laisser comme elle a été composée d'abord pendant son vivant. Car s'il ne peut plus ou se défendre lui-même, ou rétracter ses erreurs, il a donné au public & à la Sorbonne des garants qui le peuvent & le doivent faire en sa place. C'est un ordre établi dans la Faculté de Théologie de Paris, de rendre les Approbateurs responsables de ce qu'il y a de méchant dans les livres qu'ils lui ont demandé la permission d'approuver. Celui de M. Mallet l'a été par quatre Docteurs, en comptant celui qui l'a lu pour lui en faire obtenir le privilege. Il y en a trois de ces quatre qui sont, ou qui ont été Professeurs en Théologie dans une Ecole aussi célebre qu'est la Sorbonne, & il n'y en a encore qu'un (a) *qui soit allé, aussi-bien que lui, en rendre compte au tribunal de Dieu. Ceux qui restent sont donc obligés, ou de soutenir ce qu'ils ont approuvé avec tant d'éloges & tant de témoignages d'estime pour l'Auteur & pour le livre, en disant de l'un, qu'il s'est rendu* recommandable par plusieurs autres ouvrages, *& de l'autre qu'il est rempli* de très-savantes & très-curieuses recherches de l'antiquité touchant les Livres sacrés; *ou de réparer l'injure qu'ils ont faite à l'Eglise en approuvant tant de scandaleuses rêveries, s'ils se trouvent dans l'impuissance de s'en justifier, comme il ne paroît pas possible qu'ils ne s'y trouvent.*

Il n'y a qu'un point où ils pourront peut-être se plaindre avec quelque fondement que j'ai traité M. Mallet avec injustice. C'est en ce que je puis en avoir parlé en divers endroits, comme s'il étoit le premier Auteur de plusieurs choses fort impertinentes, que j'ai reconnu depuis qu'il peut avoir prises d'un pitoyable livre (b) *que je n'avois pas vu. Mais je veux bien aussi leur donner l'exemple de ce que l'on doit faire quand on est tombé dans quelque faute. Je reconnois donc celle-là. J'ai eu tort d'avoir regardé M. Mallet comme le premier auteur de toutes les extravagances dont son livre est plein. Il y en a quelques-unes qui lui sont propres; & ce sont les plus grossieres. Mais j'ai découvert, par le livre dont je viens de parler, que souvent il n'a fait que suivre aveuglément cinq ou six Auteurs du siecle passé, dont il est honteux au nôtre d'avoir conservé les ouvrages, tant ils sont indignes du soin qu'on a pris de les tirer de l'oubli où nos ancêtres, plus sages que nous, les avoient laissés ensevelis. Que si les amis de M. Mallet prétendoient le sauver par-là du juste blâme qu'il a mérité par les absurdités & les folies qu'il a eu la hardiesse d'attribuer à l'Eglise, il sera aisé de les confondre, en leur faisant voir, qu'il est honteux à des Docteurs de Sorbonne de ne savoir pas que c'est des Saints Peres, & non pas de ces Auteurs de trois jours, sans jugement & sans lumiere, qu'il faut prendre le vrai esprit de l'Eglise, & que, selon l'Evangile, un aveugle ne laisse pas d'être coupable de l'imprudence qui le fait tomber dans la fosse, pour avoir suivi des guides aveugles.*

(*a*) [Le Pere Tubœuf Prieur des Carmes de Pont-Audemer.]
(*b*) [Il y a apparence que c'est le livre intitulé: *Collectio Auctorum translationes, Scripturarum in linguas vulgares damnantium*, imprimé en 1661.]

I.
CLAS.
N°. X.

APPROBATIO.

AUctor hujus Tractatûs *de Lectione Sacræ Scripturæ*, contra D. Mallet Doctorem Sorbonicum &c. non tantùm summa fide & exactitudine aut examinat probationes quibus præfatus Doctor egregium hoc paradoxum suum (nec Dei nec Canonicorum Scriptorum fuisse mentem, ut plebs indocta divinas Scripturas legeret, sed id Sacerdotibus tantummodò ac Doctoribus reservatum) stabilire frustra nititur; sed & dum nonnisi continuas ejus hallucinationes imò & mera deliria Deo & Ecclesiæ injuriosa, piisque fidelibus perniciosa perspicuè ac solidè demonstrat, filiis Testamentum Patris sui, quod D. Mallet manibus eorum excutere temerario ausu præsumpserat, fideliter restituere conatur. Quapropter cum nihil astruat quod fidei aut bonis moribus adversetur publico per prelum utilis erit. Ita censeo Bruxellis 28. Octobris 1680.

J. D. CUYPER. S. T. L.

Archipresbyter Bruxell. Lib. Censor.

I.
CLAS.
N°. X.

PREFACE.

De ce qu'on a dessein de traiter dans cet ouvrage.

ON n'a pas dessein présentement de répondre à tout le livre de M. Mallet, *de la Lecture de l'Ecriture Sainte en langue vulgaire.* On veut seulement représenter ce qu'il a de plus extravagant & de plus impie. Et pour mieux comprendre à quoi on se borne, il faut remarquer deux choses. L'une, qu'il y a comme deux livres dans ce nouvel ouvrage de M. Mallet, & que ne contenant que trente & un Chapitres, les vingt-deux premiers sont le premier de ces deux livres, & les neuf derniers le second. L'autre, qu'il n'y a que ces neuf derniers chapitres qui aient rapport au titre général du livre; parce que ce n'est que dans cette fin qu'il traite de l'Ecriture traduite en langue vulgaire; au lieu que, dans les vingt-deux premiers, il parle toujours de l'Ecriture en elle-même, & telle qu'elle a été dictée par le S. Esprit aux Ecrivains Canoniques. Je déclare donc, que ce n'est qu'à cette premiere partie que je m'attache présentement, & que je réserve à une autre occasion à parler de celle qui regarde la défense de lire l'Ecriture Sainte en langue vulgaire, à moins qu'on n'en ait une permission par écrit de l'Inquisiteur ou de l'Evêque.

Je dirai seulement sur ce dernier point, que M. Mallet y agit, à son ordinaire, de très-mauvaise foi, en se proposant les Traducteurs de Mons pour ses adversaires dans cette question, s'il est défendu de lire l'Ecriture Sainte en françois sans une permission particuliere. Car des cinq Versions françoises qui se sont faites en ce siecle; par le Pere Véron, M. l'Abbé de Marolles, M. l'Evêque de Vence, le Pere Amelotte & les Traducteurs de Mons, il n'y en a point qui aient été plus retenus sur ce sujet que ces derniers, qui se sont contentés de représenter en général le grand fruit que l'on peut tirer de la lecture de l'Ecriture Sainte, quand on la lit avec humilité & avec piété, sans être entrés dans cette question particuliere, si on a besoin pour cela de permission ou non; au lieu que les autres ont plus fait entendre qu'on n'en avoit pas besoin.

On ne peut se déclarer plus fortement contre ceux qui veulent interdire l'Ecriture Sainte aux simples fideles, qu'a fait Mr. de Marolles. Il dédie sa troisieme édition à tous les Evêques de France, & leur ayant représenté que l'accueil favorable que l'on avoit fait aux deux premieres, faisoit connoître *le goût que les peuples avoient pris à la lecture de ce livre, & que comme elle ne pouvoit être qu'utile à plusieurs, il y avoit sujet d'en espérer beaucoup de succès*, il s'éleve avec zele contre un certain Auteur emporté, de l'humeur de M. Mallet, qui ayant entrepris de montrer qu'on devoit défendre au peuple la lecture des livres sacrés, l'avoit fait par un écrit qu'il avoit publié sous ce titre scandaleux: LE SANCTUAIRE FERMÉ AUX PROFANES. *Dieu soit béni*, dit cet Abbé, *de ce que la lampe n'est point cachée sous le boisseau, & de ce que le voile étant rompu, le Pere des lumieres a bien voulu que les mysteres nous fussent révélés. Je suis ravi de joie de ce qu'enfin le pain étant laissé en la pos-*

I. CLAS. N°. X.

session des étrangers, n'est plus arraché d'entre les mains des enfants naturels. Ceux qui leur donnent le nom de profanes *les connoissent mal. Ils ne sauroient être enfants & profanes en même temps. Les profanes, à proprement parler, sont les impies & les payens qui se moquent de nos mysteres, & qui trouvent du scandale & de la folie en la croix de Jesus Christ. Donner à vos peuples une consolation si salutaire que celle-ci, ce n'est point donner aux chiens les choses saintes; ou bien il faudroit, par la même raison, leur dénier l'usage des Sacrements, parce qu'ils en peuvent abuser.*

Il s'étend bien plus au long sur cette matiere dans sa Préface, & il y propose expressément cette question; *s'il est nécessaire, ou même convenable, que toutes sortes de personnes aient la liberté d'ouir & de lire les Ecritures en langue vulgaire?* & il entreprend de prouver, par l'autorité & l'exemple des SS. Peres, & par toutes sortes d'Auteurs anciens & nouveaux, qu'on ne doit point ôter cette liberté. Pourquoi donc M. Mallet ne l'attaque-t-il pas plutôt que les Traducteurs de Mons, qui n'ont point parlé, à beaucoup près, si affirmativement?

M. l'Evêque de Vence ne fait pas moins connoître quel est son sentiment sur cette matiere, quoiqu'il ne l'ait pas traitée avec étendue. Car ayant dédié son livre à tous les fideles indifféremment, la maniere dont il leur parle ne pouvoit être ni plus épiscopale, ni plus chrétienne, ni plus contraire aux pensées de M. Mallet. *Voici*, leur dit-il, *le Testament du Fils de Dieu votre Pere & votre Juge, que je vous offre. Je ne puis douter que la lecture ne vous en soit agréable. Vous verrez qu'il vous y laisse un patrimoine tout divin, qui est sa vérité, & qu'il en fait le partage d'une façon admirable. Car encore qu'elle soit une, il l'accommode toutefois* à la condition & aux devoirs de chacun; *afin que tous, en pratiquant ses préceptes, vivent en paix, & puissent parvenir à la possession de son héritage, qui est la vie éternelle. Le Fils de Dieu a pris soin de nous y enseigner clairement & distinctement tout ce que nous lui devons, aussi-bien que tout ce que nous devons à notre prochain, & à nous-mêmes. C'est ce que contiennent les Evangiles. Les Epîtres Apostoliques en sont un commentaire, & une explication plus étendue & plus distincte, qui ne laisse rien dans la vie chrétienne, que nous devons mener sur la terre, qui n'y soit expliqué, & dont la regle ne s'y trouve. C'est donc le livre que* vous devez étudier nuit & jour: *c'est le livre que vous devez, non pas écrire sur vos mains, ni avoir continuellement devant vos yeux, mais que vous devez imprimer dans vos cœurs...... Recevez donc, avec ce cœur nouveau, ce Nouveau Testament que je vous présente.* Lisez-le avec ce cœur. *Il vous fera bientôt connoître que les autres livres, en comparaison de celui-ci, ne vous content que des fables. Il portera dans vos esprits la véritable lumiere, qui ne vous éblouira pas par un faux éclat, mais qui vous éclairera d'une maniere effective & assurée. Il ne vous flattera point, mais il vous fera connoître quels vous êtes, & quels vous devez être.*

Est-ce là donner l'idée que donne M. Mallet de l'Ecriture Sainte en langue vulgaire? Est-ce la représenter, ainsi que fait ce Docteur, comme un livre dangereux aux simples, & qui leur pourroit plutôt nuire que profiter? Mais puisque ce pieux & savant Prélat est si contraire aux prétentions de cet Ecrivain, pourquoi ne l'a-t-il pas attaqué aussi-bien que les Traducteurs de Mons? A-t-il oublié cette parole de S. Jacques: *Si personas accipitis, peccatum operamini, redarguti à lege quasi transgressores?* *II. v. 9.*

Mais il ne devoit pas non plus épargner le Pere Amelotte. Car ce Pere fait fort bien entendre dans sa Préface, quoique d'une maniere mystérieuse, à son ordinaire, que s'il y a eu autrefois des défenses de lire la Bible en langue vulgaire, elles ne subsistent plus maintenant, les circonstances qui avoient porté à les faire étant changées. Il distingue trois sortes de temps; celui des Saints Peres, où tout le monde la pouvoit lire, & étoit exhorté à le faire; celui de la naissance des dernieres hérésies, où on a fait distinction entre les Laïques, en permettant aux uns, & défendant aux autres la lecture des livres sacrés; & le temps présent, où il marque assez clairement que la raison du second temps étant cessée, on en est revenu à l'usage du premier.

L'Eglise, dit-il, *se gouverne différemment selon les temps & selon les lieux, dans la distribution qu'elle fait de cette viande céleste à ses enfants. Quelquefois elle la commet toute entiere aux fideles, même dans leurs maisons particulieres, ainsi que la loi laissoit l'usage de l'Agneau Paschal à chacun des Israélites; & il y a des conjonctures, où elle les excite même à célébrer souvent ce banquet, sachant que, selon S. Paul, la fête de l'immolation de notre Agneau est perpétuelle.* C'est à quoi il rapporte les exhortations que fait souvent S. Chrysostôme à tous les fideles indifféremment de lire l'Ecriture Sainte. Voilà le premier de ces trois temps. Et voici le second. *Quelquefois elle fait grande distinction entre les Laïques à qui elle communique ces pains sacrés, que Dieu destine pour les Prêtres, & pour ceux que la docilité & la constance dans la foi rend dignes d'être leurs domestiques.* Mais c'est lorsque *la contagion de certaines hérésies s'échauffe, & que le démon déchaîné mene les peuples comme il lui plait, avec un frein d'erreur qu'il met dans leur bouche.*

Aujourd'hui néanmoins, (c'est le dernier de ces trois temps) *que la gloire de Jesus Christ sur nos autels consume les ténebres & éblouit les yeux des Sacramentaires*, (cela veut dire, dans un style plus commun & moins mystique, que la raison du second temps est cessée, parce que l'hérésie n'est plus si contagieuse, & que l'on n'est plus si tenté qu'on étoit alors de lire l'Ecriture Sainte avec un esprit d'orgueil & d'indépendance, sans se vouloir soumettre au jugement de l'Eglise dans les difficultés qui s'y rencontrent) *quelque liberté que l'Eglise me donne de traduire la Bible pour la consolation des personnes vertueuses, qui ne savent pas les langues consacrées par le titre de la croix, & pour servir même quelquefois aux doctes par la lumiere que toute langue donne à une autre, on ne prétend pas pour cela mettre la Liturgie au même rang que l'Ecriture Sainte.*

Il a voulu marquer par-là, comme il paroît par la suite, que la liberté qu'il reconnoît qu'a tout le monde de lire l'Ecriture Sainte, ne doit pas s'étendre à la lecture de la Messe en françois: ce qu'on voit bien qu'il n'a dit, que pour ne pas choquer quelques Evêques de ses amis de l'Assemblée de 1661, à qui le Cardinal Mazarin, par une raison d'intrigue & de politique qu'on a sue des Prélats mêmes de cette assemblée, fit condamner le Missel traduit en françois par M. de Voisin. Mais c'est cela même qui fait voir encore plus clairement, qu'il a prétendu que sa traduction du Nouveau Testament pourroit être lue par toutes sortes de personnes. Car il ne parle ici de la Liturgie, dont il ne s'agissoit point, que pour prévenir l'objection qu'il a bien vu qu'on lui pourroit faire; qu'il n'y a pas d'apparence que l'Eglise trouve bon maintenant, que toutes sortes de personnes lisent l'Ecriture en langue vulgaire, puisque des Evêques, depuis peu de temps, ont trouvé mauvais qu'on donnât à lire au peuple la Messe en françois. Il lui a plu de supposer qu'ils n'avoient

I. CLAS. N°. X.

pas tort dans ce dernier point ; & c'est par-là qu'il s'est trouvé obligé de chercher de mauvaises raisons, qui fissent voir qu'il n'y avoit point de conséquence à tirer de l'un à l'autre ; & qu'il ne s'ensuivoit pas qu'on ne pût laisser le peuple dans la liberté, qu'il a toujours eue du temps des SS. Peres, de lire la Bible en toutes sortes de langues, quoiqu'on ne jugeât pas à propos de lui laisser lire la Messe en langue vulgaire.

On ne lui sauroit attribuer une autre pensée, sans lui imputer un manquement de sens commun, qui ne seroit pas supportable. Car s'il avoit cru qu'on auroit besoin de permission pour lire sa traduction du Nouveau Testament, comme il s'est imaginé qu'on en avoit besoin pour lire le Missel en françois de M. de Voisin, ç'auroit été une impertinence de faire un discours de deux pages, où il entreprend de prouver, que quand il s'agit de savoir ce que l'on doit ou ce que l'on ne doit pas laisser lire au peuple, il ne faut pas mettre la Liturgie au même rang que l'Ecriture Sainte ; étant plus clair que le jour que cette différence prétendue ne lui pouvoit servir qu'à faire voir, que la lecture de la Liturgie en langue vulgaire peut être défendue au peuple, lorsqu'il a toute liberté de lire l'Ecriture Sainte en la même langue, & qu'elle lui auroit été entiérement inutile, s'il avoit cru qu'il fallût avoir permission pour l'un & pour l'autre. Le Pere Amelotte auroit donc été un plus digne objet de la colere de M. Mallet que les Traducteurs de Mons, si ce Docteur n'avoit plus de passion de charger ceux qu'il a entrepris de rendre odieux, de tout ce qu'il prend pour crime, que de soutenir ce qu'il appelle la conduite de l'Eglise, qui est que le peuple ne doit point lire l'Ecriture Sainte. Car si ce dernier point eût été son principal but, il auroit dû ne pas laisser sans réponse la Préface du Nouveau Testament du Pere Amelotte, qui étant approuvée par beaucoup d'Evêques, est si capable de persuader le contraire de ce qu'il soutient, à toutes les personnes qui le lisent.

Il ne reste plus que le Pere Véron. Mais c'est celui que M. Mallet étoit plus obligé de prendre à partie ; puisqu'on ne peut combattre plus hautement qu'il a fait le sentiment de ce Docteur, ni opposer à ses prétendus inconvénients, de plus fortes considérations & plus capables de toucher tous ceux qui aiment véritablement le salut des ames.

Il fait un Avant-propos entier dans sa version du Nouveau Testament pour traiter cette question, & il lui donne pour titre, ce que M. Mallet devroit regarder comme une grande hardiesse : *la lecture de la Bible en françois non défendue à aucun.* Et voici comme il le commence.

J'ai fait tout ce que dessus aux fins que chacun puisse plus librement vaquer à la lecture du Livre de vie. Mais sur cela, il faut que je résolve briévement cette question, s'il est besoin de quelque congé, permission, ou faculté particuliere, *au moins aux artisans ou aux femmes, ou autres simples fideles, pour lire la Bible, ou si le simple peuple, même les femmes, la peuvent lire sans demander ce congé de l'Evêque, ni même de son Curé, ou Confesseur.*

Les Ministres n'ont attiré & ne maintiennent présentement en leur parti en France plusieurs milliers de simple peuple par autre prétexte plus spécieux, qu'en leur disant & redisant, tant en leurs prêches qu'en leurs livres, avec grandes exagérations, que la Bible est un livre défendu parmi les Catholiques ; que le Concile de Trente, & un certain Index expurgatif *défendent la lecture d'icelle ; c'est-à-dire, crient-ils, ils cachent aux enfants le Testament de leur Pere ; que c'est c'est ôter la lumiere qui dresse nos actions; nous soustraire le Livre de vie: bref, que c'est un signe évident que la Bible est contraire aux Papistes, & que l'Eglise Romaine & ses Docteurs le savent bien, puisqu'ils font inhibition de cette lecture. J'entends ces reproches continuellement aux prêches de Charenton: & si nos Docteurs s'y trouvoient ou lisoient les livres de nos adversaires, ils tâcheroient d'ôter cette pierre d'achoppement au pauvre peuple; au moins ne l'affermiroient-ils pas, ou ne la grossiroient-ils pas en leurs livres & quelquefois en leurs Prônes, pour n'être pas occasion de la perte de tant d'ames, & pour ne pas faire tant de préjudice à l'Eglise, laquelle ils pensent servir par leurs sentiments scrupuleux, & qui ne se peuvent soutenir en bonne Théologie, ni en aucune assemblée de Théologiens, comme je le démontrerai ci-après.*

I. CLAS. N°. X.

Il propose ensuite l'opinion de ceux qui croient qu'on ne peut lire la Bible en françois sans permission, & il la réfute en ces termes.

Mais je m'étonne de ces gens, & porté d'un juste zele pour la Religion Catholique, & pour la conversion de tant de milliers de pauvres abusés, je dis premiérement, qu'il est certain que le Concile de Trente n'a jamais défendu la Bible, ni requis telle permission pour la lire, ni donné aucune permission de faire telle défense, ou pour en traiter.

Ce qu'ayant prouvé, il fait voir que le fondement de cette opinion populaire n'est qu'une regle de l'*Index*, qu'il montre fort bien n'être point reçue en France: & il le montre par une observation qui ne reçoit point de réponse. C'est que ce même *Index* défend, sous les mêmes peines, de lire les livres de Controverse des Auteurs Catholiques écrits en langue vulgaire, à moins qu'on n'en ait permission de l'Inquisiteur ou de l'Evêque. Or il n'y a personne en France qui croie que les Catholiques aient besoin de permission pour lire les livres françois de Controverse des Cardinaux du Perron, de Berulle & de Richelieu, non plus que ceux du Pere Véron lui-même, & ceux qu'on a faits de nouveau pour la défense de l'Eucharistie, & pour convaincre les Calvinistes d'avoir renversé la morale de J. C. par leurs erreurs touchant la Justification. Et les Catholiques des Pays-bas ont la même liberté de lire les livres flamands faits par des Catholiques sur les matieres controversées. *Pourquoi donc*, dit-il, *auroit-on plutôt besoin de permission pour lire l'Ecriture Sainte en langue vulgaire, que pour les livres de Controverse; l'un & l'autre étant défendu également par cette regle de* l'Index?

Je conclus donc derechef, ajoute-t-il, *de tout ce que dessus: que chacun du peuple peut lire la Bible Françoise d'une version Catholique en France, sans être obligé à demander aucune permission, par aucune loi ou regle ecclésiastique qui y oblige. Je dis par aucune loi ecclésiastique. Car le dire de S. Pierre demeurera en son entier: Entre les Epitres de notre frere Paul, dit ce Saint*, il y a quelques choses difficiles à entendre que les ignorants & peu fermes tordent, comme aussi les autres Ecritures, à leur propre perdition. *Ces ignorants & peu fermes ou infirmes en la foi, doivent sans doute prendre garde à eux, & pour cela suivre la direction de leurs Supérieurs..... comme les malades suivent le jugement de leurs Médecins; même à s'abstenir de la chair & du vin, nourriture très-salutaire de soi-même. Ainsi en ces cas &c. Hors le cas de ce péril, ignorance, instabilité, ou infirmité en la foi, qui n'est pas général, & auquel les Ecritures & la raison naturelle nous enseignent de devoir pourvoir par la seule direction; il n'y a aucune obligation de demander congé, permission, ou direction pour lire*

2. Pet. 3. 16.

I. CLAS. N°. X.

la sainte Bible d'une traduction Catholique, comme est par exemple celle des Docteurs de Louvain, de Besse, de Frison, & la présente, à la lecture desquelles tout fidele est exhorté, même dès sa premiere jeunesse. L'exemple de Timothée, rapporté avec approbation & louange par S. Paul, y convie un chacun.

Voilà ce qu'auroit dû combattre un homme qui auroit voulu agir dans cette dispute avec un peu de sincérité & d'honneur. Voilà l'adversaire que M. Mallet devoit entreprendre de réfuter. Il prend pour une grande erreur, de dire que la lecture de l'Ecriture Sainte en langue vulgaire n'est défendue à personne: & le Pere Véron soutient que c'est une vérité incontestable, sur-tout en France, & il le prouve par de très-bonnes raisons. C'est ce qu'il a fait, non dans une feuille volante qui pourroit s'être perdue, & que M. Mallet pourroit prétendre n'avoir pas vue, mais à la tête de la traduction du Nouveau Testament dédiée à l'Assemblée du Clergé. Il ne traite point cette question en passant, mais de propos délibéré, comme nous l'avons fait voir. Y eut-il donc jamais un procédé plus indigne & plus lâche que celui de M. Mallet, qui voulant représenter comme un grand mal, que les Laïques lisent le Nouveau Testament en françois sans en avoir obtenu permission, s'en prend à des gens qui ne se sont point expliqués sur cela, comme aux auteurs de ce prétendu désordre, & dissimule honteusement ce qu'en a dit un Jésuite long-temps avant leur traduction, avec une force & une liberté, qui le devoit faire condamner par les Evêques auxquels il offroit sa traduction, si ce qu'il assuroit si hautement avoit été aussi mauvais que M. Mallet le veut faire croire? Mais il ne falloit pas s'attendre qu'il agît d'une autre sorte; parce que s'il avoit nommé le Pere Véron, il auroit, d'une part, beaucoup nui par-là au dessein qu'il a de faire retomber tout ce qu'il condamne sur les prétendus Jansénistes, & qu'il se seroit, de l'autre, trouvé engagé de réfuter pied à pied les preuves solides de cet Auteur si célebre dans les Controverses, & si zélé pour la conversion des hérétiques.

Mais, comme j'ai déja dit, ce n'est pas présentement à quoi je m'arrête. Car on peut faire sur cette matiere trois questions différentes.

La premiere, si les Ecritures Saintes n'ont été faites, selon l'intention de Dieu & des Ecrivains Canoniques, que pour être lues par les Prêtres & par les Docteurs, & non par le peuple?

La seconde, si le peuple ayant ordinairement toute liberté de les lire, on a eu dans le dernier siecle de bonnes raisons, à cause des circonstances particulieres du temps, de restreindre cette liberté, en exigeant des permissions par écrit pour ceux qui les voudroient lire en langue vulgaire.

La troisieme, si on peut dire que ces défenses n'ont plus de lieu maintenant, les raisons qui les ont fait faire ne subsistant plus; comme le Cardinal de Richelieu paroît assez l'insinuer dans son livre de Controverses, en disant, *que cette défense n'a été que pour un temps;* comme le Pere Amelotte l'a marqué plus clairement, & le Pere Véron encore davantage; comme M. l'Evêque de Castorie vient de l'enseigner dans la seconde édition de son livre *de la Lecture de l'Ecriture Sainte*, & comme Ferrarius, très-savant Jésuite l'a assuré dès le commencement de ce siecle, dans ses Prolégomenes sur l'Ecriture, page 136. au regard de l'Allemagne, *où nous voyons*, dit-il, *que les Evêques, les Curés & les Confesseurs, non seulement ne blâment pas ceux qui lisent les versions allemandes du Nouveau Testament d'Eckius ou de Dietembergius, sans en avoir demandé la permiſſion, mais qu'ils trouvent très-bon qu'ils le faſſent & qu'ils les en louent.*

I. CLAS. N°. X.

Je ne veux point entrer dans ces deux dernieres queſtions, qui regardent la deuxieme partie du livre de M. Mallet. Je me renferme uniquement dans la première, qu'il a priſe pour le ſujet de ſa premiere partie. C'eſt donc cette premiere partie du livre de ce Docteur que je prétends examiner ; & que je ſoutiens être pleine de paradoxes impies & d'erreurs inſoutenables, dont la capitale, qui ne lui eſt pas échappée, mais qu'il répete en pluſieurs endroits, & qu'il tâche de prouver par un grand nombre de très-méchantes raiſons, eſt ; Que l'intention *de Dieu & des Ecrivains Canoniques a été que les Ecritures Saintes, tant de l'Ancien que du Nouveau Teſtament, ne fuſſent pas lues par le peuple, mais ſeulement par les Prêtres & par les Docteurs de la Synagogue & de l'Egliſe, qui en donneroient au peuple telle connoiſſance qu'ils jugeroient à propos.*

Je ne prétends pas ſeulement que cette doctrine ſe peut tirer de ſes paroles par conſéquence. Je prétends qu'il l'enſeigne en termes exprès ; que c'eſt l'unique ſujet qu'il traite en ces vingt-deux chapitres qui ſont les deux tiers de ſon livre, & qu'il y fait toutes ſortes d'efforts pour l'établir, tant à l'égard des Livres Sacrés de l'Ancien Teſtament, qu'à l'égard de ceux du Nouveau. Mais comme il traite ſéparément ces deux points, (j'entends ce qui regarde l'Ancien & le Nouveau Teſtament) les ſeize premiers chapitres étant employés à la preuve du premier, & les cinq ſuivants à celle du ſecond ; & que de plus il emploie le vingt-deuxieme à établir ſes rêveries ſur l'un & ſur l'autre par l'autorité des Peres, nous ſuivrons auſſi, pour un plus grand éclairciſſement, la même diviſion ; & ce ſeront les trois choſes que nous traiterons dans les trois Livres de cet Ouvrage.

DE LA LECTURE DE L'ÉCRITURE SAINTE.

LIVRE PREMIER:

Touchant la lecture des Livres de l'Ancien Testament.

CHAPITRE PREMIER.

Exposition en abrégé des paradoxes extravagants & impies de M. Mallet, sur le sujet des livres de l'Ancien Testament.

J'Ai déja dit dans la Préface de cet ouvrage, que le dessein de M. Mallet dans la premiere partie de son Livre étoit de prouver; que l'intention *de Dieu & des Ecrivains Canoniques a été que les Ecritures Saintes, tant de l'Ancien que du Nouveau Testament, ne fussent pas lues par le peuple, mais seulement par les Prêtres & par les Docteurs de la Synagogue & de l'Eglise, qui en donneroient au peuple telle connoissance qu'ils jugeroient à propos.*

I. CLAS. N°. X.

Toutes les personnes tant soit peu instruites des vérités de la Religion, trouveront sans doute cela si étrange, qu'ils auront de la peine

I. CLAS. N°. X.

à croire qu'un Docteur de Sorbonne ait osé avancer une telle rêverie dans un livre public. Mais peut-on rien desirer de plus exprès, que ce que dit M. Mallet à la fin du 3. chapitre, page 18, après avoir rapporté deux passages du Deuteronome, dans l'un desquels il est dit, *que les Prêtres liront les paroles de la Loi devant tous les enfants d'Israël, en l'année Sabbatique, à la fête des Tabernacles;* & dans l'autre, *que les Lévites mettront la Loi à côté de l'Arche?* "Il paroît, dit-il, par ces paroles du Texte sacré, que la volonté de Moyse a été de rendre les Prêtres dépositaires de ses livres, *& d'en interdire la connoissance au peuple autrement que par leur ministere:* ce qui a fait dire au Prophete Malachie: *Les lévres du Prêtre garderont la science, & c'est de sa bouche qu'ils demanderont de l'apprendre.* Car si les Prêtres sont dépositaires de la science de la Loi, & si les peuples dans l'Ancien Testament ne la devoient apprendre que de leur bouche, ils n'en devoient donc pas prendre connoissance par eux-mêmes, *& par la lecture des Livres sacrés".* Je pense que l'on voit assez la fausseté de cette conséquence. Car c'est comme si on disoit qu'on ne doit pas permettre à un enfant de lire son Catéchisme, ni à un écolier de lire Virgile, parce qu'ils ont besoin l'un & l'autre que leurs Maîtres les leur expliquent pour les mieux entendre. Mais nous en sommes présentement à justifier le fait que j'ai avancé, qui est que M. Mallet enseigne cela, & il ne s'agit pas à cette heure de savoir s'il a raison de l'enseigner.

Deut. 31. 11. & 26.

Il passe plus avant dans ce qui suit immédiatement ce que je viens de rapporter. Car il prétend qu'il est de *droit divin*, que le peuple ne lise point les Livres sacrés. Et pour montrer que cela ne lui échappe point par inadvertence, mais qu'il ne dit rien qu'après y avoir bien pensé, il met ce titre à la fin du chapitre 3. *Conclusion de ce qui a été dit aux 3. Chapitres précédents.* Et voici ce qu'il prétend y avoir établi. *Le lecteur*, dit-il, *pourroit déja conclure du peu que nous venons de dire, que l'on n'a pas* accordé au peuple de l'Ancien Testament la lecture des Livres sacrés. *Car s'il est vrai que la raison nous dicte qu'il ne faut pas découvrir à tout le monde les mysteres de la Religion, si ce secret est de* droit divin *& conforme à la conduite de Dieu, & si ç'a été aussi l'intention de Moyse en nous donnant les livres de la Loi, il s'ensuit nécessairement que les sages d'entre les Hébreux n'ont pas jugé à propos de communiquer les livres de l'Ecriture au peuple.*

Il fait une semblable conclusion à la fin du 16. chap. pour faire voir qu'il avoit fort bien prouvé, dans ces 16. premiers chapitres, que la lecture des Livres sacrés de l'Ancien Testament étoit interdite au peuple.

ſt aiſé, dit-il, *de conclure de ce que j'ai dit ci-deſſus, que ce n'a pu l'uſage de l'Ancien Teſtament, de donner à lire au peuple les livres 'Ecriture ſainte.*

I. Clas. N°. X.

:t comme les preuves qu'il en avoit apportées lui paroiſſent convain-:es, il a cru que ſes lecteurs ſeroient pleinement perſuadés de ſon doxe, s'il les réduiſoit toutes en peu de mots: & nous croyons auſſi devoir repréſenter de la même ſorte après lui, en les diſtinguant ſeu-ent par des chifres, afin qu'on les remarque mieux, & que nous ons enſuite plus de moyen de les réfuter toutes l'une après l'autre. Cet *uſage*, dit-il, *de donner à lire au peuple les livres ſacrés n'a pu introduit.* 1°. *Parce que les Prêtres & les Docteurs de la Loi auroient contre le bon ſens & les principes de la raiſon.*

2°. *Parce que la Sageſſe de Dieu n'a pas jugé à propos de déclarer peuple beaucoup de myſteres qu'il a tenus ſecrets.*

3° *Parce que Moyſe ne s'eſt pas expliqué nettement, & qu'il n'a parlé peuple qu'obſcurément & la face voilée.*

4°. *Parce qu'il eſt fort probable que les livres de la Loi n'ont pas été com-és en la langue vulgaire des Juifs.*

5° *Parce qu'il eſt très-certain qu'entre les livres ſacrés, il y en a plu-:rs qui ont été écrits en des langues inconnues au peuple.*

6°. *Parce que les Juifs ont été plus de ſix cents ans ſans avoir aucun livre l'Ecriture en langue maternelle.*

7°. *Parce qu'il eſt encore probable que Moyſe a écrit ſes livres en des ca-cteres nouveaux qu'il avoit inventés exprès*

8°. *Parce que, de temps en temps, on en a encore inventé de nou-aux, afin d'en rendre la lecture impoſſible à ceux qui en ſeroient dignes.*

9°. *Parce que ces livres ont été ſi rares, qu'au temps du Roi Joſias, on porta à ce Prince comme une nouvelle découverte.*

10°. *Parce qu'il y en avoit ſi peu d'exemplaires, que les SS. Peres ont cru 'ils avoient tous été brûlés dans l'incendie des archives du Temple & de la lle de Jeruſalem.*

11°. *Parce que les Gentils les recherchoient avec beaucoup de ſoin, & que : Prêtres au contraire empêchoient autant qu'ils pouvoient, qu'ils ne mbaſſent entre leurs mains.*

12°. *Enfin, ç'a été ſi peu la penſée des Docteurs de la Loi & des plus ſages entre les Hébreux de rendre les livres ſacrés populaires, qu'ils n'en rmettoient pas généralement la lecture même aux diſciples qu'ils ſeignoient.*

Voilà toutes ſes preuves pour montrer qu'on ne permettoit pas au

I. CLAS. N°. X.

peuple de lire les livres de l'Ancien Teſtament. Il en eſt ſi ſatisfait qu'il répete de nouveau la concluſion qu'il en avoit tirée, pour en faire remarquer la force.

Toutes ces raiſons, dit-il, *jointes enſemble ſont, à mon avis, plus que ſuffiſantes* pour convaincre tout homme raiſonnable, *que ce n'a pas été la coutume de l'Ancien Teſtament, de mettre les livres de l'Ecriture Sainte entre les mains du peuple.*

Mais je ne doute point que tout ce qu'il y a d'habiles gens dans l'Egliſe ne préviennent déja la réfutation qu'on en va faire, & qu'ils ne diſent en eux-mêmes, que la ſeule expoſition de ces preuves doit faire juger *à tout homme raiſonnable*, qu'il n'y a jamais rien eu de plus abſurde que ce que M. Mallet entreprend d'établir : que la lecture des Livres ſacrés étoit interdite au commun des Juifs ; & que jamais rien n'a été prouvé par des raiſons plus extravagantes. C'eſt ce qu'il me ſera bien facile de juſtifier.

Mais avant cela, pour prévenir ceux qui peuvent avoir été trompés par l'eſtime qu'une certaine cabale faiſoit de M. Mallet, il eſt bon de leur oppoſer une autorité qu'ils ſeront forcés de préférer à celle de leur Docteur. C'eſt ce que dit M. l'Evêque de Meaux, dans ſon excellent Diſcours ſur l'Hiſtoire Univerſelle 2. Partie n. 3. *Juſques au temps du Meſſie*, dit cet Illuſtre Prélat, *le Peuple de Dieu, dans toutes les difficultés, ne ſe fonde que ſur Moyſe. Comme Rome révéroit les loix de Romulus, de Numa & des XII. Tables ; comme Athenes recouroit à celles de Solon ; comme Lacédémone conſervoit & reſpectoit celles de Licurgue, le peuple Hébreu alléguoit ſans ceſſe celles de Moyſe. Au reſte le Législateur y avoit ſi bien réglé toutes choſes, que jamais on n'a eu beſoin d'y rien changer. C'eſt pourquoi le Corps du droit Judaïque n'eſt pas un recueil de diverſes loix faites dans des temps & dans des occaſions différentes. Moyſe, éclairé de l'eſprit de Dieu, avoit tout prévu. On ne voit point d'Ordonnances ni de David, ni de Salomon, ni de Joſaphat, ni d'Ezéchias ; quoique tous très-zélés pour la juſtice. Les bons Princes n'avoient qu'à faire obſerver la Loi de Moyſe, & ſe contentoient d'en recommander l'obſervance à leurs ſucceſſeurs. Y ajouter ou retrancher un ſeul article, étoit un attentat que le Peuple eût regardé avec horreur. On avoit beſoin de la Loi à chaque moment, pour régler non ſeulement les fêtes, les ſacrifices, les cérémonies, mais encore toutes les autres actions publiques & particulieres ; les jugements, les contrats, les mariages, les ſucceſſions, les funérailles, la forme même des habits, & en général tout ce qui regarde les mœurs. Il n'y avoit point d'autre livre où l'on étudiât les préceptes*

préceptes de la bonne vie. Il falloit le feuilleter & le méditer nuit & jour; en recueillir les ſentences, les avoir toujours devant les yeux. C'étoit là que les enfants apprenoient à lire. La ſeule regle d'éducation qui étoit donnée à leurs parents, étoit de leur apprendre, de leur inculquer, de leur faire obſerver cette ſainte Loi, qui ſeule pouvoit les rendre ſages dès l'enfance. Ainſi elle devoit être entre les mains de tout le monde. Outre la lecture aſſidue que chacun en devoit faire en particulier, on en faiſoit tous les ſept ans, dans l'année ſolemnelle de la rémiſſion & du repos, une lecture publique, & comme une nouvelle publication, à la fête des Tabernacles, où tout le Peuple étoit aſſemblé durant huit jours. Moyſe fit dépoſer auprès de l'Arche l'original du Deutéronome; c'étoit un abrégé de toute la Loi. Mais de peur que dans la ſuite des temps, elle ne fût altérée par la malice ou par la négligence des hommes, outre les copies qui couroient parmi le peuple, on en faiſoit des exemplaires authentiques, qui, ſoigneuſement revus & gardés par les Prêtres & les Lévites, tenoient lieu d'originaux. C'eſt ce que tout le monde a cru, juſqu'à M. Mallet & quelques Auteurs du dernier ſiecle, qui n'étoient pas plus ſages que lui. Voyons donc leurs vains efforts contre une vérité ſi certaine.

CHAPITRE II.

Examen de la premiere preuve: Que les Prêtres & les Docteurs de la Loi auroient agi contre le bon ſens & la raiſon, s'ils avoient laiſſé lire au peuple les livres ſacrés.

CEtte premiere preuve eſt l'abrégé de ce qu'il a traité dans le premier chapitre, qui a pour titre: *De la conduite des anciens Philoſophes touchant la communication de leur doctrine & de leurs livres.* Il prétend y prouver que les livres ſacrés, tant de l'Ancien que du Nouveau Teſtament (car cette premiere preuve eſt générale, & ce n'eſt que dans le 2. Chap. qu'il commence à traiter de ce qui regarde en particulier le Vieux Teſtament) ne doivent point être lus par le peuple; *parce que les anciens Philoſophes avoient un grand ſoin de cacher au peuple leurs maximes & leurs livres: parce que Platon diſoit, en regardant çà & là, prenez garde que perſonne ne nous entende, que ceux que nous avons admis à nos myſteres: parce que les Egyptiens avoient coutume de mettre dans leurs temples la figure d'un Sphinx, pour avertir le peuple qu'en fait de Religion il ne devoit attendre que des énigmes: parce que les Romains qui étoient les plus grands politiques du monde tenoient ce ſecret de leur Religion ſi inviolable, qu'un*

I. CLAS. N°. X.

particulier ayant eu la témérité de le violer, en faisant voir quelque chose de leurs livres sacrés, l'Empereur le condamna aussi-tôt à mort, comme un criminel de leze Majesté divine, qui avoit fait injure à ses Dieux. Et parce qu'enfin toutes les nations de la terre tant soit peu policées, ont toujours gardé inviolablement cette maxime, de traiter fort obscurément devant le peuple des mysteres de leurs Religions. Tout cela lui paroît si fort, qu'il ose dire, qu'il faut manquer de bon sens pour ne reconnoître pas que c'est une insupportable profanation de l'Ecriture Sainte, que de la laisser lire à des ignorants & à des femmes.

C'est avoir, dit-il page 3. *bien peu de vénération pour l'Ecriture Sainte, que de la vouloir mettre indifféremment entre les mains de tout le monde, & de prétendre qu'elle doit être traduite en toutes sortes de langues: afin que les ignorants, aussi-bien que les grands esprits, & les plus déréglés d'entre les hommes, aussi-bien que les plus sages, en prennent connoissance par eux-mêmes, & en sachent les mysteres. Cette profanation de la parole de Dieu paroît d'elle-même si déraisonnable, que ce seroit assez d'avoir un peu de bon sens pour en comprendre l'injustice.*

Souffrira-t-on dans l'Eglise un tel excès d'insolence, & une si scandaleuse condamnation de tous les Peres? Il faudra donc que tous ceux qui prendront pour vrai ce que dit Mallet ne regardent plus ces hommes divins, que comme des gens, qui, par un manquement visible de raison & de bon sens, ont exposé les Ecritures divines à une continuelle profanation. S. Jérôme, qu'on en a cru jusques-ici un si grand vénérateur, en aura été un profanateur inexcusable, puisque s'étant aveuglé soi-même, pour ne pas voir qu'elles ne devoient être lues que par les savants, par les grands esprits & par les plus sages, il recommande aux meres de les faire lire aux plus jeunes de leurs filles. Et S. Chrysostôme aura encore plus contribué à cette profanation, en exhortant si souvent tout le monde à cette lecture, sans excepter qui que ce soit, & marquant en particulier, *l'artisan, le serviteur, la pauvre veuve, & le plus ignorant.* Est-ce que nous sommes en un temps où l'on peut dire impunément toutes choses, quelque méchantes & scandaleuses qu'elles puissent être, pourvu qu'on soit appuyé d'une faction puissante, & qu'on fasse profession d'en vouloir à des gens qu'on tâche, par toutes sortes de moyens, de rendre odieux?

Mais examinons un peu chacune de ces grandes raisons, qui ont persuadé à M Mallet que les Peres n'avoient pas de sens commun, d'avoir ainsi laissé profaner l'Ecriture, en la laissant lire à des ignorants & à des femmes.

Je commencerai par les petites, que je n'ai pas marquées, & qui suivent immédiatement ce que je viens de rapporter de la profanation des Ecritures, si elles étoient lues par tout le monde. *Car qui ne sait*, dit-il, *que, dans l'usage des hommes, c'est la rareté qui donne le prix aux choses, que c'est la difficulté d'avoir un bien qui en fait naître l'estime, que c'est le secret que l'on garde dans les grandes affaires, qui en imprime le respect; & qu'une faveur qui n'est refusée à personne ne produit ordinairement que l'ingratitude & le mépris?*

Mais tout cela n'est qu'une déclamation d'écolier, qu'il ne faut qu'appliquer à un autre sujet, pour lui en faire reconnoître à lui-même l'absurdité. Car, qui empêchera qu'un esprit bourru n'emploie ces mêmes raisons pour prouver qu'on ne doit point dire si souvent la Messe, & y laisser aller publiquement toutes sortes de personnes; mais qu'il la faut dire que 5. ou 6 fois l'année, & n'y admettre que des personnes choisies, qui n'y aillent qu'en secret, comme font les Catholiques en Angleterre? Car qui ne sait, dira-t-il aussi-bien que M. Mallet, *que dans l'usage des hommes, c'est la rareté qui donne le prix aux choses; que c'est la difficulté d'avoir un bien qui en fait naître l'estime; que c'est le secret qu'on garde dans les grandes affaires qui en imprime le respect; & qu'une faveur qui n'est refusée à personne, ne produit ordinairement que l'ingratitude & le mépris?* M. Mallet n'a qu'à se répondre à lui-même ce qu'il répondroit à ce prétendu réformateur. Voyons donc les autres raisons sur lesquelles il s'est plus arrêté & qu'il a plus étendues; au lieu que, pour ces premieres, il lui faut faire grace: c'est un lieu commun qui lui est venu dans l'esprit: il s'en est déchargé sans prendre assez garde à l'application qu'il en feroit, ni si on n'en pouvoit point tirer des conséquences fâcheuses.

La premiere de ces grandes raisons est, que les Philosophes avoient grand soin de cacher au peuple leurs maximes & leurs livres. Donc la raison & le bon sens doivent faire croire, que l'intention de Moyse & des Apôtres a été, que leurs livres ne fussent lus ni du peuple Juif ni du peuple Chrétien. Belle conséquence! Comme si Moyse & les Apôtres avoient été obligés de se conduire par les mêmes regles que ces Sages du Paganisme, que S. Paul dit n'avoir été regardés de Dieu que comme des fous? Il est néanmoins si malheureux en preuves, que l'exemple même de ces Philosophes, bien loin de lui être favorable, prouve tout le contraire de ce qu'il prétend. Car s'ils ont voulu cacher quelques-unes de leurs maximes, ç'a été en ne les écrivant pas, ou en les écrivant obscurément, & non pas en empêchant que le peuple ne lût les livres dans lesquels ils les auroient écrites. Et comment l'auroient-ils empêché? Les Bibliotheques & les boutiques des Libraires en étoient

I. Clas. N°. X.

pleines. Les lisoit donc qui vouloit; & les femmes comme les autres. Que si Platon dit agréablement dans un de ses Dialogues: *prenez garde que personne ne nous entende, que ceux que nous avons admis à nos mysteres*, il faut être bien simple pour ne pas voir que c'est un jeu d'esprit, pour faire plus estimer ce qu'il alloit dire, comme étant une chose fort mystérieuse. Car de s'imaginer qu'il parlât sérieusement, & que ce fût tout de bon qu'il ne vouloit pas que cela fût su par d'autres que par les initiés à ces mysteres philosophiques, ce seroit comme si on prétendoit qu'Horace vouloit aussi tout de bon cacher aux profanes, ce qu'il dit comme Prêtre des Muses, dans l'Ode qu'il commence ainsi.

> *Odi profanum vulgus & arceo,*
> *Favete linguis: carmina non prius*
> *Audita Musarum Sacerdos*
> *Virginibus puerisque canto.*

On voit fort bien que l'un & l'autre se jouoit, puisque le premier, en publiant son Dialogue, & le dernier son Ode, ont assez témoigné par-là qu'ils étoient fort aises que tout le monde connût ce qu'ils feignoient de vouloir cacher aux profanes. Et on ne peut douter que ce n'ait aussi été le but de tous les Philosophes qui publioient leurs livres de Philosophie, & qu'ils ne souhaitassent qu'ils fussent lus de toutes sortes de personnes, hommes & femmes, jeunes & vieux, savants & ignorants, & de ceux-mêmes qu'ils appelloient fous, à cause qu'ils se laissoient emporter à leurs passions, parce qu'ils prétendoient que cette lecture les pourroit faire devenir gens de bien & les guérir de leur folie.

C'est ce que nous voyons dans un Poëte payen, qui parlant de lui-même comme peu sage & peu réglé dans ses mœurs, ne laisse pas de témoigner qu'il s'applique sérieusement à la lecture des livres de ces Philosophes, pour en devenir plus homme de bien, & conseille la même lecture à ses amis, comme utile à tout le monde, & parce, dit-il, qu'il est honteux que l'on prenne tant de soin pour conserver la santé de son corps, ou pour accroître son bien, & qu'on en prenne si peu pour guérir son ame de ses passions & de ses vices par l'étude de la Sagesse.

Ne faut-il donc pas que ce soit M. Mallet qui n'ait pas *de sens commun*, d'avoir voulu prouver par la conduite des Philosophes, que c'est profaner les livres sacrés, que de les laisser lire indifféremment à toutes sortes de personnes; au lieu que rien n'étoit plus capable de le détromper de ses fausses idées, que l'exemple de ces Sages du Paganisme, dont les payens regardoient les livres de la même sorte que nous regardons ceux de l'Ecriture, comme leur étant très-utiles pour devenir sages & vertueux ? Car s'ils croyoient que la lecture de ces livres pouvoit servir aux plus déréglés pour les faire rentrer en eux-mêmes, & les aider à quitter leurs déréglements, qui peut penser sans impiété que la lecture de l'Evangile ne puisse pas avoir le même effet sur un homme, je ne dis pas seulement peu réglé, mais tout-à-fait vicieux & engagé dans des habitudes criminelles; si Dieu, reveillant en lui ce reste de foi, qui peut n'être pas tout-à-fait éteint dans les plus grands pécheurs, il le lit avec respect, & avec un commencement de desir, quoiqu'encore bien foible, de sortir de son malheureux état ?

Ce n'est donc pas avoir de la vénération pour l'Ecriture Sainte, comme se l'imagine faussement M. Mallet; mais c'est en connoître bien peu l'esprit, & la fin pour laquelle Dieu l'a donnée aux hommes, que de vouloir qu'elle soit profanée quand elle est lue par les ignorants, aussi-bien que par les savants. Car ce qu'on peut dire être la principale cause des illusions de M. Mallet, est qu'il paroît ne savoir pas que les Saintes Ecritures, & sur-tout celles du Nouveau Testament, sont encore plus pour le cœur que pour l'esprit; pour faire goûter Dieu, que pour le faire connoître; pour inspirer la charité, que pour donner des lumieres; pour fortifier les ames tentées, pour soutenir les pusillanimes, pour consoler celles qui sont affligées, pour porter à rentrer dans la voie celles qui en seroient sorties, que pour satisfaire les savants; ce qui étant seul ne leur pourroit être, selon l'Apôtre, qu'une occasion de vanité.

Et qu'on ne pense pas que ce soit là une spiritualité sans fondement. C'est une vérité de foi, puisque c'est S. Paul qui nous l'apprend, & qui met en cela la principale utilité des Ecritures, au regard des Chrétiens, sans même parler de la connoissance qu'elles leur donnent des mysteres; pour nous insinuer peut-être, que le commun des fideles n'en a pas tant de besoin pour cela, parce qu'ils les peuvent apprendre par la voix de l'Eglise & de leurs Pasteurs. Ecoutons donc cet Apôtre dans l'Epître aux Romains, chap. 15. *Que chacun de vous*, dit-il, *tâche de satisfaire son prochain dans ce qui est bon & qui le peut édifier; puisque Jesus Christ ne s'est point satisfait lui-même; mais il dit à son Pere dans l'Ecriture: Les injures qu'on vous a faites sont tombées sur moi. Car tout ce qui est écrit a été écrit pour notre instruction, afin que nous concevions une espérance ferme par la patience, & par la consolation que nous donnent les Ecritures.* Il faut bien remarquer cette liaison. Ce *Car* n'est pas sans mystere. S. Paul voulant porter les fideles à ne se point satisfaire eux-mêmes, mais à ne songer qu'à s'édifier les uns les autres, allégue pour cela un passage des Pseaumes, qu'il explique de J. C. quoiqu'il pût sembler que David l'avoit dit de lui-même: & il en prend occasion de leur montrer le fruit qu'ils peuvent tirer de la lecture des livres saints, non pour en devenir plus savants, mais pour être consolés dans leurs afflictions, soutenus dans les maux de cette vie par la patience qu'ils leur inspirent, & fortifiés dans les tentations par une vive espérance des biens à venir qu'ils leur font concevoir. Qui est bien rempli de cette vérité apostolique, n'aura garde de trouver que ce soit manquer de respect & de vénération pour les Ecritures divines, que de souhaiter qu'elles soient lues *par les ignorants aussi-bien que par les savants, par les femmes aussi-bien que par les plus grands esprits, & même par les personnes déréglées, aussi-bien que par les plus sages.*

Car est-ce manquer de respect envers les livres sacrés, que de desirer qu'ils soient employés aux fins pour lesquelles S. Paul nous assure qu'ils nous ont été donnés? Or M. Mallet osera-t-il dire, que les pauvres gens, les ignorants & les femmes, qu'il juge si indignes de lire les Ecritures, n'ont pas autant de besoin que les savants & les grands esprits, d'y aller chercher de la force dans leurs foiblesses, du secours dans leurs tentations, de la consolation dans leurs afflictions, de la patience dans leurs maux, de quoi fortifier leur foi quand elle chancelle, réveiller leur espérance des biens à venir, quand ceux de ce monde les attirent, donner une nouvelle vigueur à leur amour, quand ils appréhendent qu'il ne s'affoiblisse? Et quant aux personnes déréglées, n'est-il pas dit de la Loi du Seigneur, qui est la même chose que sa parole, qu'elle convertit les ames, *lex Domini immaculata convertens animas?* Ce n'est pas que la lettre seule le puisse faire; mais c'est que Dieu se plaît souvent à y joindre son esprit, & que ce seroit le tenter, que de négliger les moyens extérieurs, sous prétexte qu'ils ne font rien sans la grace intérieure.

Mais quelle apparence, dira-t-il, de mettre une chose aussi sainte qu'est l'Ecriture en des mains si indignes? N'est-ce point la profaner? C'est donc aussi profaner les Sermons que d'y admettre toutes sortes de personnes, & d'exhorter les gens les plus déréglés de s'y trouver, dans l'espérance qu'ils en pourront être touchés. La parole vivante & qui procédoit immédiatement de la personne divine de Jesus Christ, lorsqu'il étoit sur la terre, n'étoit-elle pas encore plus digne de respect, ou pour mieux dire, plus adorable que celle qui est écrite dans l'Evangile? Cependant a-t-il cru que, pour ne la point profaner, il ne la devoit adresser qu'aux savants, qu'aux grands esprits & aux sages; comme M. Mallet prétend que c'est profaner celle qui est écrite, que d'en permettre la lecture aux ignorants, aux petits esprits tels qu'il croit que font ordinairement ceux des femmes, & aux personnes déréglées? Bien loin de cela, ce divin Sauveur déclare que c'est à ces derniers & non aux premiers, qu'il est venu annoncer les mysteres de son Royaume. Il dit que *le Saint Esprit l'a envoyé prêcher l'Evangile aux pauvres; & il rend graces à son Pere, de ce qu'il avoit caché les vérités qu'il prêchoit aux sages & aux prudents, & qu'il les avoit révélées aux simples & aux petits.* Il n'a pas dédaigné d'entretenir une sainte femme qui l'écoutoit étant à ses pieds, & se trouvoit si ravie d'entendre cette divine parole, qu'elle en étoit toute hors d'elle & en avoit perdu toute autre pensée. Et un Chrétien, un Docteur nous osera dire, que l'Evangile seroit profané s'il étoit lu par des femmes? Qu'auroit-il donc dit, s'il avoit vu Notre Seigneur en faire part aux Publicains, aux pécheurs, & aux femmes débauchées, & dire à de prétendus justes qui le trouvoient mauvais, *que ces Publicains & ces femmes débauchées les précéderoient dans le Royaume de Dieu?* Il en auroit sans doute murmuré aussi-bien que les Pharisiens. Mais qu'il prenne pour lui ce que celui qui est venu sauver les pécheurs a dit à ceux-là, pour appaiser leurs murmures; que *ce ne sont point les malades qui ont besoin de Médecin.* N'est-ce pas le même Jesus Christ qui parloit alors dans sa chair mortelle, qui parle encore dans son Evangile? Pourquoi donc ne veut-on pas qu'il y parle encore aux pécheurs, pour les porter à se convertir, comme il leur parloit en ce temps-là?

Mais il y en a, dit M. Mallet, qui en abuseront, comme S. Pierre nous l'assure en nous avertissant, que *les ignorants & peu fermes dans la foi abusent de l'Ecriture à leur ruine, & la détournent en de mauvais sens.* Et n'y en avoit-il point qui abusoient des prédications de Jesus Christ? N'ont-elles pas été à plusieurs une occasion de devenir plus méchants? Ne lui ont-elles pas attiré l'envie des Pharisiens & des Docteurs de la Loi, qui, après l'avoir traité de blasphémateur, n'ont point cessé de le persécuter jusqu'à ce qu'ils l'aient fait mourir? C'est ce qui avoit été prédit à sa sainte Mere par le saint vieillard Siméon, *qu'il seroit pour la ruine & pour la résurrection de plusieurs en Israël* C'est aussi le sort de l'Evangile écrit & prêché, lu & entendu. *Il a été,* comme dit l'Apôtre 2. Cor. 2. 16. & il sera jusques à la fin du monde, *aux uns odeur de mort pour la mort, & aux autres odeur de vie pour la vie.* Auroit-on osé dire à S. Paul: Il vaut donc mieux que vous ne le prêchiez pas pour n'être pas l'occasion de la perte de plusieurs; comme on dit ici: Il vaux mieux que la plus grande partie des Chrétiens soit privée de la consolation & des avantages qu'ils en pourroient tirer en le lisant, que

I. CLAS. N°. X.

de donner lieu à quelques-uns d'en faire un mauvais usage ? Et qu'auroit-il répondu, sinon ce qu'il dit au même lieu : *Qu'il rend graces à Dieu de ce qu'il répand par lui l'odeur de la connoissance du nom de J. C. & qu'encore que ce qui est aux uns odeur de vie soit aux autres odeur de mort*, cela n'empêche pas que pour lui, il ne soit toujours devant Dieu *la bonne odeur de Jesus Christ, soit à l'égard de ceux qui se perdent, soit à l'égard de ceux qui se sauvent ?*

Il dit en un autre endroit (1. Cor. 1. 18.) *que la parole de la croix est une folie pour ceux qui se perdent, qu'elle est un scandale aux Juifs & une folie aux Gentils.* Cela l'a-t-il empêché de prêcher Jesus crucifié & aux Juifs & aux Gentils ? Cela lui a-t-il donné la pensée qu'ont eue de certaines gens dans ce dernier siecle, qui, prêchant l'Evangile dans la Chine, & voyant que ces peuples avoient de l'éloignement de reconnoître pour Dieu un homme mort sur un gibet, ne leur annonçoient d'abord qu'un Jesus glorieux, & leur cachoient même le Crucifix ? Non certainement. Cette considération de l'abus que plusieurs faisoient de la prédication de Jesus mort sur la croix pour notre salut, ne l'empêchoit pas de dire (ibid. v. 22). *Les Juifs demandent des miracles, & les Gentils cherchent la sagesse, & pour nous, nous prêchons Jesus Christ crucifié, qui est un scandale aux Juifs & une folie aux Gentils, mais qui est la force de Dieu & la sagesse de Dieu à ceux qui sont appellés, soit Juifs ou Gentils.*

Cependant voilà où en est réduit M. Mallet. Il prétend que, parce que la lecture des livres sacrés pouvoit être un sujet d'achoppement à quelques-uns du peuple Juif & du peuple Chrétien, on a dû l'interdire généralement à l'un & à l'autre peuple, & ne la permettre qu'aux Prêtres & aux Docteurs de la Synagogue & de l'Eglise ; & il est si prévenu de cette folle pensée, qu'il ose dire, que c'est manquer de vénération pour l'Ecriture Sainte, que de n'être pas de son sentiment, & que c'est approuver *une profanation si déraisonnable, qu'il ne faut qu'avoir un peu de bon sens pour en découvrir l'injustice.*

Mais d'où vient que ce même bon sens ne le fait pas raisonner de la même sorte sur les autres sujets semblables ? Est-ce qu'il n'y a que la lecture des livres sacrés dont on puisse abuser ? N'est-il pas au contraire manifeste qu'il n'y a rien de si saint, dont la malice des hommes n'abuse ? Il devroit donc proposer aussi de fermer toutes les Eglises. Car combien s'y fait-il de profanations ? Il devroit représenter qu'il seroit à propos que l'on ne dît plus tant de messes, pour empêcher que Dieu n'y fût offensé par les irrévérences impies de tant de méchants Chrétiens. Il devroit sur-tout faire en sorte que l'on ne communiât plus,

ou

ou qu'on ne le fît qu'une fois l'an. Car combien les péchés des Communions sacrileges sont-ils d'une part, plus fréquents, & de l'autre plus horribles que ceux qu'il craint tant que ne fassent les ignorants & les femmes en lisant l'Ecriture Sainte?

Mais si jamais le déréglement de l'esprit de l'homme a paru, c'est dans cette rencontre, où l'on voit que les mêmes personnes qui trouvent si mauvais que les femmes mêmes dévotes lisent le Nouveau Testament, & qui condamnent les Directeurs qui le leur conseillent, admettent & poussent même à la sainte table les femmes les plus indévotes, les plus immodestes & les plus mondaines. Ils n'appréhendent point que des pécheurs impudents, qui leur viennent demander l'absolution pour porter au saint Autel des impuretés toutes récentes, n'y trouvent la mort. Ils ne craignent point où il y a tant de sujet de craindre, ou plutôt d'être assuré que ces pécheurs ne sauroient trouver que leur condamnation, en traitant J. C. d'une maniere si indigne, quelqu'absous qu'ils se croient être: & ils sont ici les religieux & les timides, & une crainte vague que Dieu ne soit offensé par l'abus que l'on feroit de sa parole, les retient & les rend séveres, lorsqu'il s'agit de laisser à des personnes simples ou à des femmes ignorantes, mais pieuses, ou à des hommes de bon sens, mais qui ne savent *que la langue de leurs nourrices*, la consolation de lire l'Ecriture Sainte. Cependant il y a bien de la différence entre l'un & l'autre; & le premier demande bien une autre préparation que le dernier. Pour recevoir dignement l'Eucharistie, nous devons être en état de sainteté. *Sancta Sanctis.* Mais ce que Dieu a voulu qui fût un moyen pour nous faire entrer en cet état, ou nous le faire recouvrer si nous en étions déchus, ne peut demander nécessairement que nous y soyons pour en user sans péché. Or on ne peut douter que l'Ecriture Sainte ne soit un moyen pour cela; soit qu'on la lise soi-même, soit qu'on l'entende lire. La conduite de toute l'ancienne Eglise nous en assure, & la séparation de la Liturgie en deux parties, ce qui se disoit depuis le commencement jusqu'à l'offrande s'appellant la messe des Cathécumenes, & depuis l'offrande jusques à la fin, la messe des fideles, en est une preuve manifeste. Car au lieu qu'elle n'admettoit à cette derniere partie que les fideles qui étoient en état de participer à son sacrifice, & qu'elle faisoit sortir les Cathécumenes, les Energumenes & les pénitents, qui, étant séparés de la communion, étoient aussi privés de la vue des mysteres: elle souffroit que tout le monde fût présent jusques à l'offrande; parce que c'étoit dans cette premiere partie que se faisoit la lecture de l'Ecriture Sainte & la prédication de l'Evangile de laquelle elle ne vouloit priver personne.

I. CLAS. N°. X.

Il n'y a qu'une disposition qui en rende indigne, qui est celle que Jesus Christ a marquée par ces paroles : (Matth. 7. 6.) *Ne donnez point le Saint aux chiens, & ne jettez point les perles devant les pourceaux, de peur qu'ils ne les foulent aux pieds, & que se tournant vers vous ils ne vous déchirent ;* par où Notre Seigneur a voulu marquer, sous les figures de ces deux sortes d'animaux qui étoient en une grande exécration parmi les Juifs, ceux qui non seulement témoignent le mépris qu'ils font des vérités de l'Evangile par l'impureté de leur vie, mais qui sont prêts de déchirer ceux qui les leur annonceroient.

C'est aussi le passage que M. Mallet a mis à la tête de son livre, comme étant le fondement de tout ce qu'il avoit à dire. Cependant il est difficile de voir comment il en a pu faire l'application, soit à la premiere partie de son livre, soit à la derniere. Car son dessein, dans la premiere, étant de prouver qu'on n'a point laissé lire l'Ecriture ni au commun des Juifs ni au commun des Chrétiens, il n'a pu se servir pour cela de ces paroles de J. C. qu'en raisonnant en cette maniere.

Jesus Christ nous défend de donner le Saint au chiens, & de jeter les perles devant les pourceaux. Or si on en excepte les Prêtres & les Docteurs de la Synagogue & de l'Eglise, tous les autres Juifs & tous les autres Chrétiens ont dû être regardés, & l'ont été en effet, comme des chiens & des pourceaux. On n'a donc pas dû, & on ne l'a pas fait aussi, leur donner le Saint, ni jeter les perles devant eux, comme on auroit fait si on leur avoit donné l'Ecriture à lire.

Et son dessein dans la deuxieme partie étant de montrer, qu'en même temps qu'on permet indifféremment à tout le monde de lire l'Ecriture en latin, on ne doit pas en user de même envers ceux qui ne sachant pas le latin, ne la pourroient lire qu'en langue vulgaire, il n'a pu aussi se servir pour cela de ces mêmes paroles de Jesus Christ, qu'en raisonnant en cette autre maniere.

Jesus Christ nous défend de donner le Saint aux chiens, & de jeter les perles devant les pourceaux. Or les femmes & les ignorants qui ne savent que *la langue de leurs nourrices*, quoiqu'ils aient de la piété & qu'ils cherchent Dieu en simplicité de cœur, doivent être regardés comme des chiens & des pourceaux. Ainsi on ne doit pas leur laisser lire l'Ecriture Sainte, qu'ils ne pourroient lire qu'en langue vulgaire.

Je laisse à juger à toutes les personnes de bon sens si ces raisonnements seroient justes. Voyons maintenant la seconde partie de cette premiere preuve.

I. CLAS. N°. X.

CHAPITRE III.

Examen de la seconde partie de la premiere preuve prise du secret que gardoient les payens pour cacher les mysteres de leurs Religions.

CEci est encore pis que ce qu'il a dit des Philosophes. Car encore y avoit-il de bonnes choses dans leurs livres, au lieu que toutes les Religions des Payens n'étoient que des inventions des Démons, qui se faisoient rendre les honneurs qui n'étoient dûs qu'au vrai Dieu.

Omnes Dii gentium dæmonia.

Les Payens avoient de grandes raisons de cacher aux peuples leurs prétendus mysteres. Ce n'étoit souvent que des brutalités & des infamies, que la pudeur seule obligeoit de cacher, comme Clement d'Alexandrie le fait voir dans son premier livre des Tapisseries, des mysteres de Venus, de Bacchus, de Cerès, & de la grande Déesse : ou de cruelles immolations de victimes humaines; comme il parut à Alexandrie dans le temple de Serapis, qui ayant été donné au Patriarche par Théodose pour en faire une Eglise, comme on y vouloit faire quelques réparations, on y trouva en creusant des grottes sombres, plus propres à cacher des crimes, qu'à y célébrer des mysteres de Religion; ce qui porta les Gentils à exciter une sédition pour empêcher les ouvriers de travailler, parce qu'ils ne vouloient pas qu'on fouillât ces endroits secrets, où l'on trouvoit des têtes de corps humains découpés, qui avoient servi à leurs abominables sacrifices : ou c'étoit des histoires qu'ils avoient intérêt de tenir secrettes, parce qu'elles faisoient voir que leurs Dieux n'étoient que des hommes qui avoient eu même beaucoup de vices : ou des superstitions si mal concertées & si ridicules que tous les gens d'esprit s'en moquoient, comme on voit dans les livres de Ciceron de la Divination : ou enfin des secrets de politique, qui leur servoient à mener les peuples par où ils vouloient, à quoi le secret étoit entiérement nécessaire. Et c'est peut-être ce qui a fait dire à S. Paul, en parlant aux Corinthiens (1. Cor. 12. 2.) *qu'étant payens ils se laissoient entraîner selon qu'on les menoit vers les idoles muettes.* Quelle honte donc de prendre ce secret des payens pour une raison de cacher, non seulement aux Juifs, mais aux Chrétiens mêmes, les mysteres de leur salut, ou plutôt de ne pas vouloir qu'ils en apprennent rien par la lecture des Saintes Lettres ! Car c'est uniquement de ce dernier point dont

I. CLAS. N°. X.

il s'agit, & non pas de cacher, ou de ne pas cacher, au commun des Chrétiens, les mysteres de leur Religion.

C'est pourquoi cet exemple est doublement vicieux & impertinemment allégué; parce que d'une part, il n'y a nulle conséquence à tirer de ce que faisoient des politiques qui n'avoient pour but que de faire servir la Religion à leurs intérêts, à ce que doivent faire les Prêtres & les Ministres de la véritable Religion, qui ne doivent avoir pour fin que le salut des peuples: & que de l'autre, M. Mallet n'oseroit dire que la raison pourquoi il juge que le peuple ne doit pas lire l'Ecriture, ce soit parce qu'on lui doit cacher les mysteres de la Religion. Cette pensée seroit impie & ne seroit propre qu'à justifier la négligence de tant de Pasteurs qui laissent les pauvres peuples de la campagne dans l'ignorance des mysteres de la foi, parce qu'ils pourroient dire qu'il n'y a point de mal en cela, puisque, selon M. Mallet, *c'est une maxime que le bon sens a toujours fait observer aux nations les plus policées, de cacher aux peuples les mysteres de leurs Religions.* Qu'il parle donc nettement, & qu'il déclare s'il prétend autoriser la conduite des Pasteurs négligents, par l'exemple des Prêtres payens, qui cachoient aux peuples ce qui regardoit le culte de leurs Dieux. Mais on est bien assuré qu'il ne l'oseroit faire & qu'il sera obligé de reconnoître, que bien loin que l'Eglise veuille que l'on cache aux Chrétiens, quels qu'ils soient, les mysteres de la Religion, son intention est qu'on leur apprenne dès leur enfance ce que la Religion a de plus élevé, de plus incompréhensible & de plus contraire en apparence au sens humain, & qu'ainsi ce ne pourroit être pour leur cacher ces mysteres qu'on ne voudroit pas qu'ils lussent l'Ecriture Sainte. Car qu'y trouveroient ces ignorants & ces femmes à qui M. Mallet en veut interdire la lecture, de plus étonnant & de plus au-dessus de l'intelligence humaine, que ce qu'ils ont déja vu dans les Catéchismes? un seul Dieu en trois personnes, un Dieu fait homme & mourant pour nous sur la croix; le péché originel, la résurrection des corps réduits en poudre ou en cendre, l'éternité des peines pour un seul péché mortel, & toutes les merveilles du Sacrement de l'Eucharistie.

Il faut donc qu'il avoue que cet exemple des payens cachants leurs mysteres, ne lui peut servir de rien pour établir cette rêverie; que l'intention non seulement de Moyse à l'égard du commun des Juifs, mais aussi des Apôtres à l'égard du commun des Chrétiens, a été qu'ils ne lussent point l'Ecriture Sainte. A quoi on peut ajouter que parmi les payens mêmes, on ne cachoit rien des mysteres à ceux qui y étoient *initiés*. Or il ne s'agit ici que de baptisés, qui sont *tous initiés* aux mysteres u Christianisme, puisque c'est le nom même qui leur est donné par les Peres, *sequamur autem initiati quæ dicuntur*. On ne peut donc leur rien ôter par cet exemple de ce qui regarde la connoissance des mysteres de leur Religion.

I. CLASS. N°. X.

C'est pourquoi rien n'est plus mal à propos que de citer sur cela de grands passages de S. Clement d'Alexandrie, comme font quelques autres, pour prouver qu'on ne doit pas laisser lire l'Ecriture Sainte en langue vulgaire au commun des Chrétiens. Car cet ancien Pere ne parle du silence des Payens au regard des mysteres de leur Religion, que pour justifier la conduite que tenoient les Ministres de l'Eglise, non envers les Chrétiens & les baptisés, mais envers ceux, ou qui étoient payens, ou qui, commençant à croire en J. C. n'étoient pas encore régénérés par le Sacrement du Baptême, par lequel seul on entre dans l'Eglise & on participe à ses mysteres. Et de plus, ces mysteres que les Prêtres chrétiens ne vouloient pas que l'on divulgât aux étrangers, étoient les Sacrements, & particuliérement celui de l'Eucharistie; & ce n'étoit point les Ecritures Saintes, que bien loin de cacher aux enfants de l'Eglise, ils n'empêchoient pas même qui ne fussent entendues par les Payens & par les Catéchumenes, tout le monde étant admis, comme je l'ai déja remarqué, à cette partie de la Messe en laquelle on lisoit les Ecritures. Ainsi tous ces passages de S. Clément d'Alexandrie, & d'autres semblables des autres Peres sur le secret des mysteres, sont doublement mal allegués. Car, d'une part, ces mysteres dont ils recommandent le secret, ne sont point les Ecritures Saintes qu'ils trouvoient très-bon qui fussent lues par toutes sortes de personnes: & de l'autre, ce ne sont point les baptisés à qui ils vouloient que l'on cachât les mysteres.

Mais je ne puis, avant que de finir ce point, que je ne dise un mot d'un exemple barbare des payens, qu'il propose pour appuyer ce qu'il prétend, qu'on ne doit pas laisser lire au peuple les Livres sacrés. *Les Romains*, dit-il, *qui étoient les plus grands politiques du monde, tenoient ce secret de leur religion si inviolable, qu'un particulier ayant eu la témérité de le violer, en faisant voir quelque chose de leurs Livres sacrés, l'Empereur le condamna aussi-tôt à mort comme un criminel de leze Majesté divine, qui avoit fait injure à ses Dieux.* Les paroles de Valere Maxime lib. I. c. I. auquel il nous renvoie reviennent encore mieux à son sujet; quoiqu'apparemment il ne les ait pas lues, n'étant pas possible, s'il les avoit lues, qu'il eût pris le Roi Tarquin pour un Empereur. *Tarquinius Rex M. Tullium Duumvirum, quod librum secreta civilium sacrorum continentem custodiæ suæ commissum corruptus Petronio Sabino describendum dedisset, culeo insutum in mare abjici jussit: idque supplicii genus*

I. CLAS. N°. X.

multò post parricidis lege irrogatum est. A quoi cet exemple peut-il servir, sinon à faire croire aux simples que les livres des Ecritures canoniques devoient demeurer sous le même secret, & que ceux qui les ont rendus populaires en les donnant à transcrire, comme avoit fait ce Duumvir ceux de la religion des Romains, avoient mérité qu'on les jetât dans la mer enfermés dans un sac, comme criminels de leze-Majesté divine? Je sais bien qu'il n'oseroit dire que ce soit là sa pensée. Ce seroit lui-même qui mériteroit ce supplice s'il étoit assez hardi pour avancer une si grande impiété. Mais qu'il reconnoisse donc par-là quel est son égarement, de nous alléguer la conduite des payens qui se jouoient de la Religion, & qui ne la regardoient que comme un secret de politique qu'il falloit cacher au peuple, pour la regle de ce que doivent faire des Chrétiens au regard des Ecritures divines, qui ont pour fin le salut du moindre de ceux que Dieu appelle par une grace singuliere à la véritable Religion.

CHAPITRE IV.

Examen de la deuxieme preuve: Que ce n'a pu être l'usage de l'Ancien Testament de donner à lire au peuple les livres de l'Ecriture Sainte, parce que Dieu n'a pas jugé à propos de déclarer au peuple beaucoup de mysteres qu'il a tenus secrets.

SI M. Mallet avoit entrepris de donner un exemple insigne d'un méchant raisonnement il ne s'y pouvoit mieux prendre. Je n'exagere point, je le dis sérieusement: je ne sais s'il s'est jamais rien trouvé de semblable en matiere d'absurdité. On ne sauroit lire son second chapitre, où il étend cette preuve, qu'on ne reconnoisse, pour peu qu'on ait de bon sens, qu'en demeurant d'accord de tout ce qu'il dit, on n'en peut tirer de conséquence raisonnable à l'égard de la lecture des livres de Moyse par le peuple Juif, qui ne soit directement opposée à celle qu'il en tire.

Car que veut-il prouver? On n'a pas besoin de le deviner, il le dit lui même en ces propres termes; *Que ce n'a pu être l'usage de l'Ancien Testament de donner à lire au peuple les livres de l'Ecriture Sainte.* Et quel est l'antécédent d'où il prétend tirer cette conséquence? Le voici. *Tout l'Ancien Testament*, dit-il, *s'est passé en figures; & Dieu n'y a parlé à son peuple des grands mysteres qu'il devoit accomplir dans la plénitude des temps, que dans l'obscurité des paraboles. Par exemple, lorsqu'il a voulu quer quelque chose du Sacrement du Baptême, qui devoit effacer le péché; celui de l'Eucharistie, qui devoit être la nourriture de nos ames, & de trée du Royaume des cieux, qui est la récompense de nos mérites, il n'a jugé à propos de s'en expliquer nettement, mais il s'est contenté de leur poser trois énigmes. Il les a fait passer par la mer rouge, il les a nourris s le désert d'une manne céleste, & il leur a fait espérer l'entrée dans la e promise. Car comme le texte sacré nous enseigne, la mer rouge a été igure du Baptême; la manne descendue du ciel celle de l'Eucharistie, & trée dans la terre promise celle de l'entrée des élus dans le ciel.* Il dit uite qu'il leur a encore proposé d'autres énigmes; comme celle du ctuaire, qui étoit la figure du Paradis, & celle du Serpent d'airain, où il a voulu marquer la guérison parfaite des plaies mortelles de péchés, que le souverain Médecin de nos ames nous devoit accorder l'arbre de la croix. *En un mot*, ajoute-t-il, *si nous exceptons quelques sonnes choisies, qui ont été selon le cœur de Dieu & à qui il a parlé claiment de ses mysteres, Dieu a caché ordinairement dans l'Ancien Testant la vérité de ses promesses sous le voile & l'obscurité des énigmes.*

Il n'y a rien de plus véritable que tout cela; & M. Mallet seroit gne de grandes louanges, s'il n'avoit jamais rien écrit que de semblable. is qu'en peut conclure autre chose tout homme de bon sens, finon 'il n'étoit donc pas à craindre que les Juifs, à qui Dieu vouloit cacher mysteres qui ne devoient être proposés ouvertement qu'au temps du essie, les connussent par la lecture des livres de Moyse; puisqu'ils oient tellement cachés sous le voile & l'obscurité des paraboles & des igmes, qu'à l'exception de quelques personnes choisies, à qui Dieu les soit connoître par une grace particuliere, il n'étoit pas possible qu'ils ssent compris par ce peuple grossier & charnel.

Mais il plaît à M. Mallet de raisonner tout autrement. Dieu, dit-il, caché ses mysteres sous le voile & l'obscurité des paraboles & des igmes dans les livres de l'Ancien Testament: donc il n'a pas voulu e le commun des Juifs lussent ces livres, parce que son dessein étoit 'ils ne connussent pas les mysteres. Y eut-il jamais de conséquence us mal tirée, & n'est-ce pas tout le contraire? Car si ces mysteres, ue Dieu ne vouloit pas encore découvrir aux Juifs, eussent été proosés clairement & sans énigmes dans les livres du Vieux Testament, e seroit alors qu'on auroit raison de dire que le dessein de Dieu ne ouvoit être qu'ils fussent lus par les Juifs; parce qu'en les lisant ils ussent découvert ce qu'il leur vouloit cacher. Mais de conclure du dessein que Dieu avoit de leur cacher ses mysteres, qu'ils ne doivent pas ire des livres où il ne les avoit exprès proposés que sous des énigmes

I. CLAS. N°. X.

obscures, qui ne devoient s'expliquer qu'au temps du Messie, c'est en vérité un si étrange renversement d'esprit, que je ne puis assez m'en étonner. Et cependant nous allons voir qu'il continue dans le même égarement en la preuve suivante, & qu'il y ajoute même encore quelque chose de plus surprenant.

CHAPITRE V.

Examen de la troisiéme preuve: Que ce n'a pu être l'usage de l'Ancien Testament de donner à lire au peuple les Livres sacrés, parce que Moyse ne s'est pas expliqué nettement, & qu'il n'a parlé qu'obscurément & la face voilée.

ON voit assez que c'est encore le même paralogisme, mais qui est plus grossier, en ce qu'il se fonde sur un passage de S. Paul, qui, non seulement par conséquence, mais en termes exprès, dit tout le contraire de ce qu'il prétend. *Moyse*, dit M. Mallet, *étant descendu de la Montagne après s'être entretenu avec Dieu, & étant obligé de parler au peuple pour lui dire quelque chose des grands mysteres que Dieu lui avoit révélés, le texte sacré nous assure qu'il couvrit son visage, & qu'il ne lui parla que la face voilée, pour l'avertir de ne lui pas demander de s'expliquer clairement, parce que la parole de Dieu portée au peuple devoit être une parole obscure & voilée: ce qui a fait dire à S. Paul que ce voile de Moyse n'étoit pas encore ôté de son temps, & que les Juifs en avoient encore le cœur couvert lorsqu'ils entendoient lire les livres de la Loi: tant il est vrai que ç'a été la conduite de Dieu dans l'Ancien Testament de parler au peuple avec obscurité & sous le voile des énigmes.*

Voilà une exclamation bien à propos! Qui a jamais douté que ce n'ait été la conduite de Dieu dans l'Ancien Testament, de parler au peuple avec obscurité & sous le voile des énigmes? Mais le même Saint Paul qui nous a découvert que cela a été figuré par le voile dont Moyse couvroit son visage, a-t-il appris à M. Mallet que Dieu eût contrevenu au dessein qu'il a eu de parler au peuple Juif avec obscurité & sous le voile des énigmes, s'il lui eût permis de lire les livres de Moyse? C'est de quoi seul il est question; & c'est ce que M. Mallet a été si éloigné de trouver dans S. Paul, qu'il y a trouvé tout le contraire. Car le voile qui cache aux Juifs les mysteres que Dieu n'a voulu révéler que par le Messie, demeurera sur leur cœur tant qu'ils ne se convertiront point à

Jesus

Jesus Christ, quelque soin qu'ils prennent de lire les livres de Moyse. C'est ce que nous assure l'Apôtre, au lieu même que M. Mallet en rapporte. *Car jusqu'aujourd'hui même*, dit-il, (2. Cor. 3. 14.) *lorsqu'ils lisent le Vieux Testament, ce voile demeure toujours sur leur cœur sans être levé, parce qu'il ne s'ôte que par Jesus Christ. Ainsi jusques à cette heure, lorsqu'on leur lit Moyse, ils ont un voile sur le cœur. Mais quand leur cœur se tournera vers le Seigneur, le voile en sera ôté.* Quel est donc l'aveuglement de M. Mallet? Il prétend qu'afin que les mysteres fussent cachés aux Juifs, on n'avoit pas dû permettre qu'ils lussent les livres de l'Ancien Testament; & il allegue pour le prouver un passage de S. Paul, qui fait voir qu'ils avoient toute liberté de les lire; mais que, quoiqu'ils les lussent, les mysteres ne leur en étoient pas moins cachés, tant qu'ils ne se convertissoient point à Jesus Christ.

I. CLAS. N°. X.

Mais la signification même de ce voile qui couvroit le visage de Moyse, étoit un mystere caché pour les Juifs, que S. Paul nous a révélé. Car ce qu'en dit M. Mallet n'a pas le moindre fondement: *Que Moyse couvroit son visage & ne parloit au peuple que la face voilée, pour l'avertir de ne lui pas demander de s'expliquer clairement, parce que la parole de Dieu, portée au peuple, devoit être une parole obscure & voilée.* On voit bien son dessein. De ce qui a été particulier au peuple Juif, à qui Dieu a voulu ne parler que par énigmes, il en a prétendu faire une maxime générale, qui convînt aussi au peuple chrétien, en disant indéfiniment; *que la parole de Dieu, portée au peuple, doit être une parole obscure & voilée.* Mais rien n'est plus mal fondé que tout cela. Car il est faux, d'une part, que les Juifs aient dû prendre ce voile de Moyse pour un avertissement qu'il leur donnoit, *de ne lui pas demander de s'expliquer plus clairement*, puisque l'Ecriture nous témoigne que la raison pourquoi il leur parloit le visage voilé, c'est *que les enfants d'Israël ne pouvoient regarder son visage à cause de la gloire & de la lumiere dont il éclatoit:* & S. Paul témoigne, de l'autre, que cela convient si peu au peuple chrétien, que ce voile sera ôté du cœur des Juifs mêmes quand ils se convertiront à J. C. *Cum conversus fuerit ad Dominum, auferetur velamen.*

Voilà à quoi M. Mallet a réduit ses deux premieres preuves, en les récapitulant toutes à la fin du chap. 16. Mais je ne sais pourquoi il n'y fait point de mention de celle qu'il apporte dans le chapitre 3, vu qu'elle a un peu plus de couleur que les autres. Et c'est pourquoi je ne la dissimulerai point, & j'en ai même déja parlé. Elle consiste, comme on l'a vu, en deux passages du Deutéronome, qui sont tous deux du chap. 31. Il est dit dans l'un, *que les Lévites avoient reçu ordre de*

I. CLASSE No. X.

Dieu de mettre le livre de la Loi à côté de l'Arche de l'Alliance : ce qui ne lui peut servir de rien, à moins qu'il n'en voulût conclure que le livre de la Loi n'étoit qu'en ce lieu, & qu'ainsi le commun des Juifs n'avoit garde de le pouvoir lire ; ce qui seroit une ridicule fausseté. Car cela prouve seulement que l'original du livre de la Loi avoit été mis, par l'ordre de Moyse, à côté de l'Arche ; mais cela ne prouve pas qu'on n'en eût pas fait des copies, qui pouvoient être lues, tant par les Prêtres, que par le peuple. Par l'autre passage il est commandé aux Prêtres de lire le livre de la Loi dans les années de rémission, autrement appellées Sabbatiques, qui ne venoient que de sept en sept ans, & à la fête des Tabernacles, devant tout le peuple, tant hommes que femmes, enfants & étrangers ; afin que l'entendant ils apprissent à craindre le Seigneur. D'où M. Mallet conclut, *que la volonté de Moyse a été de rendre les Prêtres dépositaires de ses livres, & d'en interdire la connoissance au peuple, autrement que par leur ministere.* Que n'en conclut-il donc aussi, que la volonté de Moyse étoit que les Juifs n'entendissent parler de la loi de Dieu, & de toutes les ordonnances qu'ils étoient obligés de garder sous de si grandes peines, que de sept en sept ans ? Que s'il n'oseroit pas avouer cette conséquence, parce qu'outre qu'elle est ridicule en elle-même, elle est manifestement contraire à ce que dit S. Jacques dans les Actes, chap. 15. v. 21 ; *que de toute ancienneté chaque jour de Sabbath on lisoit les livres de Moyse dans les Synagogues :* qu'il reconnoisse donc, que comme ce seroit un artifice de Sophiste, qu'il condamneroit lui-même, de changer en cette rencontre une proposition simplement affirmative en une exclusive, qui enferme une négation tacite, en voulant faire passer ces deux propositions pour la même chose : l'une, *il étoit ordonné aux Prêtres de lire les livres de Moyse de sept en sept ans à la fête des Tabernacles devant tout le peuple tant hommes que femmes, enfants & étrangers :* l'autre, *c'étoit seulement en ce jour-là, & de sept en sept ans, qu'on lisoit à tous les Juifs sans distinction d'âge ni de sexe, les Livres de Moyse :* qu'il reconnoisse, dis-je, qu'il fait le même sophisme, quand il prétend que ce soit la même chose de commander aux Prêtres de lire au peuple les livres de Moyse, & d'en interdire la lecture au peuple : comme si c'étoient deux choses contraires, de les entendre lire lorsqu'on les lisoit dans les Synagogues, & de les lire soi-même, pour se mieux souvenir de ce qu'on avoit entendu. Si M. Mallet n'a pas assez de sens commun pour comprendre combien cela est ridicule, on ne lui en peut pas donner. Mais on peut bien l'avertir, qu'au moins S. Chrysostôme n'a pas trouvé que ce fût une marque que les Laïques ne doivent pas lire les Ecritures Saintes dans leur maison, de ce qu'on les leur lit dans l'Eglise ; puisqu'en même-temps qu'il les exhorte de s'y rendre en diligence & d'y écouter avec soin la lecture des Ecritures Saintes, il les exhorte aussi de les lire dans leurs maisons.

Il n'est pas plus raisonnable en ce qu'il rapporte du Prophete Malachie, *que les levres du Prêtre garderont la science, & que c'est de sa bouche qu'on demandera de l'apprendre.* C'est encore le même sophisme. Il nous représente, comme contraires, deux choses qui s'allient fort bien ensemble ; de lire l'Écriture Sainte pour s'en nourrir & s'en édifier ; & de consulter les Prêtres dans les difficultés que l'on y rencontre : ou bien écouter ce que les Prêtres en disent dans leurs prédications, & les lire ensuite pour mieux retenir les instructions que l'on a reçues, & s'en servir pour régler sa vie. N'est-ce pas ce qui se fait dans toutes sortes de sciences ? Et qui a jamais cru, que, parce que nous avons besoin d'un maître qui nous explique les livres qui en traitent, il ne nous doive pas être permis de lire nous-mêmes ces livres, ou avant qu'on nous les explique, pour en avoir les premieres notions, ou après qu'on nous les a expliqués, pour nous les mettre plus fortement dans l'esprit? Il n'y eut donc jamais de conséquence plus absurde que celle de M. Mallet. Les Juifs devoient rechercher de la bouche des Prêtres la science de la Loi : ils n'avoient donc pas la liberté de lire les Livres sacrés. Et cependant il n'est pas le seul qui se serve de cette méchante preuve, tant la préoccupation & le faux zele troublent le jugement & font raisonner de travers.

CHAPITRE VI.

Examen de la quatrieme preuve : Que ce n'a pu être l'usage de l'Ancien Testament de donner à lire au peuple les livres de l'Ecriture Sainte, parce qu'il est fort probable que les livres de la Loi n'ont pas été composés en la langue vulgaire des Juifs.

SI ce livre avoit paru sans nom d'Auteur, on seroit tenté de croire qu'il a été fait par un libertin, qui a voulu semer dans le monde beaucoup de nouvelles opinions, qui seroient fort propres, y étant reçues, à affoiblir les preuves dont on se sert pour persuader la vérité de la Religion à ceux qui sont assez malheureux pour en douter. Ce que nous avons déja vu qui y est dit dans le premier chapitre, qu'on a dû cacher

I. CLAS. N°. X.

au peuple les mysteres de la Religion, tant Judaïque que Chrétienne; *parce que les Romains, qui étoient les plus grands politiques du monde*, en usoient ainsi, n'est-il point capable de faire tomber insensiblement dans la pensée qu'ont ces impies, que toutes les Religions ne sont que des inventions de politique? Mais ce qu'il dit ici ne peut être propre qu'à ruiner le plus fort argument que l'on ait pour confirmer la vérité de la Religion que Dieu a établie par Moyse. Car tout dépend de montrer que les miracles qu'il est dit dans ces livres que Dieu a faits par ce Prophete sont véritablement arrivés. Or quel moyen d'en douter raisonnablement, quand on voit que Moyse fait ressouvenir de ces merveilles dans le Deutéronome, & en prend à témoin une multitude incroyable d'hommes & de femmes qui les avoient vues?

Mais combien cet argument perdroit-il de sa force, en supposant qu'il est probable qu'il n'a point écrit ces livres en la langue vulgaire des Juifs, mais en une langue qui leur étoit *inconnue*, comme M. Mallet prétend qu'il est fort probable, & que c'est de-là qu'il conclut que le commun des Juifs ne les pouvoit lire? Il a donc pu écrire, dira un libertin, ce qu'il a voulu dans ses livres, sans que le peuple le pût démentir, puisqu'il les a exprès écrits en une langue que le peuple n'entendoit pas, & qu'il a rendu par-là toute sa conduite suspecte de fausseté.

Mais, graces à Dieu, cela ne peut guere nuire; parce qu'il n'y a rien de plus contraire au bon sens, ni de plus éloigné de toute sorte de vraisemblance, que cette ridicule supposition de M. Mallet, que les livres de Moyse aient été écrits dans une langue inconnue au commun des Juifs. Il ne faut, pour en être convaincu, qu'examiner les preuves qu'il en apporte. Voici la principale, que je réduirai en forme d'argument, afin qu'on en juge mieux.

Une Grammaire (ce sont ses propres termes) *suppose une langue inconnue : car il est inoui que l'on apprenne par regles & par principes la langue de son pays.*

Or Moyse, donnant les livres de la Loi, a composé en même temps une Grammaire hébraïque pour enseigner aux Juifs la langue dans laquelle ils étoient écrits; comme Clément Alexandrin nous l'assure, sur le témoignage d'Eupolemus, qui dit, dans son livre des Rois de la Judée, que Moyse a été le premier Sage, & que ç'a été le premier qui a composé une Grammaire à l'usage des Juifs.

Il y a donc bien de l'apparence que Moyse a composé ses livres dans une langue inconnue au peuple.

Et par conséquent, *son intention a été que le peuple ne lût point ses livres. Et ainſi ce n'a pu être l'uſage de l'Ancien Teſtament de donner à lire au peuple les livres de l'Ecriture Sainte.*

I. Clas. N°. X.

Cet argument eſt digne de M. Mallet, n'y ayant rien, ni majeure, ni mineure, ni conſéquence qui ne ſoit faux.

La majeure eſt fauſſe; & ce qui lui fait dire, *qu'il eſt inoui qu'on apprenne par regles & par principes la langue de ſon pays*, eſt qu'il croit que tout ce qui lui eſt *inoui* l'eſt à tout le monde: comme ſi tout le monde devoit ignorer ce que M. Mallet ignore. Qu'il apprenne donc, ce qu'il ne ſavoit pas encore quand il faiſoit le chapitre que nous examinons (car il l'a pu apprendre depuis, par un paſſage qu'il cite de M. Lizet) que les Grecs & les Romains avoient des maîtres en Grammaire, pour apprendre à leurs enfants par principes & par regles les langues de leur pays: que c'eſt par la Grammaire que Quintilien remarque qu'on commençoit à former à Rome les Orateurs: que c'eſt des regles de la Grammaire qu'il dit qu'il ne faut pas trop s'y amuſer & y donner trop de temps, mais ſe contenter de les apprendre en paſſant ſans s'y arrêter; *non obſtant hæ diſciplinæ per illas euntibus; ſed in illis hærentibus*: & enfin, que S. Auguſtin avoit fait une Grammaire latine dans le temps qu'il ſe diſpoſoit au Baptême, qui aſſurément ne devoit ſervir qu'à ceux qui avoient déja appris cette langue de leurs nourrices.

La mineure n'eſt pas moins fauſſe. Car c'eſt une rêverie que Moyſe ait fait une Grammaire à l'uſage des Juifs. M. Mallet ne ſe l'eſt imaginé que parce qu'il a cru ridiculement, que ces paroles de Clément d'Alexandrie qu'il cite en latin, *Eupolemus dicit Moyſen Grammaticam primùm tradidiſſe Judæis* ſignifioient que Moyſe avoit fait une Grammaire à l'uſage des Juifs, au lieu que s'il avoit lu ce paſſage dans l'original, où il y a ... γραμματικὴν πρῶτον Ἰουδαίοις παραδοῦναι, καὶ παρὰ Ἰουδαίων Φοίνικας παραλαβεῖν Ἕλληνας δὲ παρὰ Φοινίκων, il auroit reconnu qu'elles ſignifient ſeulement, que Moyſe a été à l'égard des Juifs, & les Juifs à l'égard des Phœniciens, ce que les Phœniciens ont été à l'égard des Grecs, c'eſt-à-dire, qu'il leur a appris l'art d'écrire, l'art des lettres, qui s'appellent γραμματα en grec: & cela eſt ſi vrai, que c'eſt dans ce dernier ſens que lui-même rapporte ce paſſage d'Eupolemus en deux autres endroits de ſon livre. Car, en la page 62, il cite ce paſſage d'Euſebe dans ſa Préparation Evangélique. *Nous liſons dans Eupolemus, que Moyſe a été un homme très-ſage, & que c'eſt le premier qui a donné les lettres aux Juifs.* Et en la page 64, il en cite un autre d'un Commentateur de S. Auguſtin ſur la Cité de Dieu. *Moyſe a été l'Auteur des lettres hébraïques. C'eſt ce qu'Eupolemus, Artapanus & d'autres Auteurs profanes ont écrit, à ſavoir que Moyſe a été un homme très-ſage, & qu'il a inventé les lettres qu'il*

I. CLAS. N°. X.

a données aux Juifs. Or quand cela feroit bien certain, il ne s'enfuivroit pas que la langue que parloit Moyfe, ou dans laquelle il écrivoit fes livres, fût différente de celle que parloit le peuple Juif, mais feulement que les Juifs étoient avant Moyfe comme les Grecs avant Cadmus, qui parloient leur langue, mais qui ne l'écrivoient point; & comme étoient auffi tous les peuples de l'Amérique, dont chacun parloit fa langue fans qu'aucun la fût écrire.

La conféquence a cela de particulier, que, quand la majeure & la mineure feroient vraies, elle ne laifferoit pas d'être fauffe. Car s'il étoit vrai, comme le fuppofe M. Mallet, que Moyfe, en donnant aux Juifs les livres de la Loi, eût compofé en même-temps une Grammaire hébraïque pour leur enfeigner la langue dans laquelle fes livres étoient écrits, il n'avoit donc pas intention de leur ôter la connoiffance de fes livres, qui eft cependant ce que M. Mallet en veut conclure, tant il a d'inclination à raifonner de travers.

L'autre preuve de M. Mallet eft de même nature; c'eft-à-dire, qu'elle eft très-propre à ruiner ce qu'il veut établir. Il nous renvoie à je ne fais quels Auteurs qu'il ne lui plaît pas de nommer; & voici comme il les fait parler. *Il eft vrai, difent-ils, que Moyfe a écrit fes livres en hébreu, & que la langue hébraïque étoit pour lors la langue vulgaire des Juifs. Mais comme fes livres ont été écrits dans la pureté de cette langue, il ne s'enfuit nullement que la langue des Livres de Moyfe ait été en ce temps-là la langue des Hébreux: au contraire il y a quelque fujet de préfumer que pour lors le peuple parloit une langue corrompue, & que l'hébreu dans fa pureté lui étoit une langue affez inconnue.*

Si un Iroquois ou un Topinambou parloit de la forte, on ne s'en étonneroit pas. Mais qui peut comprendre qu'un homme de foixante ans ou environ, qui doit favoir ce qui fe paffe dans le monde, & ce qui s'y eft toujours paffé en matiere de langues, nous vienne dire comme une chofe bien probable, que lorfque la même langue fe parle par les uns dans fa pureté, & par les autres d'une maniere corrompue, ces premiers ne doivent pas être entendus des derniers; & que les livres faits dans la pureté d'une langue font des énigmes pour ceux qui parlent mal cette même langue?

Eft-ce qu'il ne fait pas combien il eft plus facile d'entendre une langue que de la parler, & que cent mille perfonnes entendent bien le latin, qui auroient beaucoup de peine à le parler, ou ne le parleroient que très-mal?

Eft-ce qu'il ne fait pas en fecond lieu, que ceux qui parlent une langue dans fa pureté font entendus fans peine de ceux qui la parlent mal, & que ce ſont ceux qui la parlent purement qui ont un peu plus de peine à entendre ceux qui la parlent d'une maniere corrompue? Un Picard entend facilement un Pariſien; mais un Pariſien ne comprend pas ſi facilement le langage d'un Picard.

Eſt-ce enfin qu'il ne ſait pas, que lorſqu'une langue nous eſt étrangere, & que nous n'en avons pas une parfaite connoiſſance, nous entendons beaucoup plus facilement ce que nous liſons, que ce qui nous eſt dit de vive voix?

Veut-il quelque choſe de plus ſenſible? Peut-il nier que dans les villes de Normandie, de Picardie, de Languedoc, de la Guyenne, & des Provinces Wallonnes du Pays-bas, le commun du Peuple n'y parle un fort mauvais françois, & bien différent de celui qu'on parle à la Cour? Cependant, que le Prédicateur de la Cour le plus poli y aille prêcher, eſt ce qu'il n'y ſera pas entendu; & les femmes n'y liſent-elles point les livres de dévotion les mieux écrits en françois? Lui en faut-il davantage pour l'obliger à reconnoître, qu'avouant, comme il fait, que la langue hébraïque que parloit Moyſe, & dans laquelle il a fait ſes livres, étoit la langue vulgaire de tous les Juifs; mais que Moyſe la parloit dans ſa pureté, au lieu que le commun des Juifs la parloit fort mal; cette différence n'a point dû faire que le commun des Juifs n'ait point entendu Moyſe, lorſqu'il leur parloit, & encore moins qu'ils n'aient pu entendre les livres qu'il leur a laiſſés, afin qu'ils n'oubliaſſent point ce qu'il leur avoit dit de la part de Dieu?

Mais eſt-il néceſſaire de réfuter une ſi grande rêverie? Et la peut-on ajuſter, ayant un peu de ſens commun, avec la maniere dont Moyſe s'eſt conduit avec les Juifs? Le Deutéronome, par exemple, n'eſt qu'un récit de ce que Moyſe dit au peuple d'Iſraël avant que de le quitter, Dieu lui ayant prédit qu'il mourroit, & que ce ne ſeroit pas lui qui introduiroit ſon peuple dans la terre promiſe. Eſt-ce qu'il ne leur parloit pas l'hébreu dans ſa pureté? Ils entendoient donc cet hébreu dans ſa pureté, dont M. Mallet veut faire une langue inconnue au peuple Juif. Car il ne dira pas que Moyſe leur parloit dans le deſſein qu'ils ne l'entendiſſent pas, comme il oſe dire qu'il leur laiſſoit des livres de leur Religion écrits exprès d'une ſorte qu'ils n'y pourroient rien comprendre.

Se réduira-t-il à dire qu'il leur parloit un hébreu corrompu pour ſe faire entendre, mais qu'il écrivoit enſuite les diſcours qu'il leur avoit faits dans un autre ſorte d'hébreu, afin qu'ils ne les puſſent lire? Oſeroit-il attribuer à Moyſe une conduite ſi bizarre, & qui auroit été ſi capable de donner de mauvais ſoupçons contre lui à un peuple ſi ſujet

I. CLAS. N°. X.

à se révolter, & qu'un prétexte si plausible auroit pu engager à · séditions semblables à celles de Dathan & de Coré? Mais pourquoi l· parloit-il, & pourquoi écrivoit-il ce qu'il leur avoit dit, sinon p· renouveller davantage dans l'esprit de ce peuple dur, la mémoire · merveilles que Dieu avoit faites en sa faveur, & l'obligation qu'il av de s'attacher à son service? Pourquoi donc ayant bien voulu que peuple pût entendre ce qu'il leur disoit, auroit-il voulu qu'il ne · lire les mêmes choses qu'il leur laissoit par écrit? J'ai honte de m'arré à de si grandes extravagances. Je dirai seulement un mot de son dern Cantique, parce que c'est une preuve démonstrative pour faire v que M. Mallet appelle *probable* la chose du monde la plus visiblem fausse. Car il n'y a rien dans tous les livres de Moyse, d'écrit plus nob ment & d'un style plus élevé que ce grand Cantique, qu'il ordonna a Juifs *d'écrire & d'apprendre par cœur, & de le chanter souvent*, · *qu'il leur servît de témoignage contre eux-mêmes, s'ils abandonnoient culte de Dieu.* Il supposoit donc certainement qu'ils l'entendroient, p· que son intention étoit, qu'en le chantant, ils en fussent touchés. Et dis la même chose de tout le reste de la Loi; puisqu'il rapporte · même, dans le chapître 32. du Deutéronome, qu'il dit a tous les enfa d'Israël *ad universum Israel*, ce qui fait la conclusion de tous les · cours qu'il leur avoit tenus en leur faisant une nouvelle publication la Loi. “ Faites attention à toutes les choses que je viens de vous di „ & ayez soin de faire en sorte que vos enfants les observent, & qu „ accomplissent tout ce qui est écrit dans cette Loi. Car ce n'est pas „ vain que cela vous est commandé; mais c'est afin que chacun de v· „ vive en l'accomplissant.” *Complevitque omnes sermones istos loquens universum Israel, & dixit ad eos: Ponite corda vestra in omnia verba q ego testificor hodie; ut mandetis ea filiis vestris custodire & facere, implere universa quæ scripta sunt legis hujus, quia non incassum præce sunt vobis, sed ut singuli in eis viverent.* Est-ce là le discours d'un hom qui auroit eu intention que les choses qu'il avoit écrites, ne fussent lues de la plus grande partie de ceux à qui il commandoit si étro ment de les observer?

CHAPITI

CHAPITRE VII.

Examen de la cinquieme preuve & de la sixieme. Que ce n'a pu être l'usage de l'Ancien Testament de donner à lire au peuple les livres de l'Ecriture Sainte; parce qu'il est très-certain qu'entre les Livres sacrés, il y en a plusieurs qui ont été écrits en des langues inconnues au peuple; & parce que les Juifs ont été plus de six cents ans sans avoir aucun livre de l'Ecriture en leur langue maternelle.

JE joins ces deux preuves ensemble, parce qu'elles ne sont fondées que sur la même hypothese, qui est que la langue hébraïque n'a plus été la langue vulgaire des Juifs depuis la captivité de Babylone, ayant été changée en celle qu'on a appellée caldaïque ou syriaque, ou hierosolymitaine, parce que c'étoit celle qui se parloit à Jerusalem.

Car de cette supposition il en tire sa cinquieme preuve; que les livres des trois derniers Prophetes, Zacharie, Aggée & Malachie, ayant été écrits en hébreu, aussi bien que celui d'Esther, l'Ecclésiastique & le premier des Machabées, ils n'ont pu être entendus par le peuple Juif. Et pour la sixieme, que le retour de la captivité de Babylone ayant précédé de six cents ans la naissance de Notre Seigneur, les Juifs ont été pendant un si long-temps, sans avoir les livres de la Loi en leur langue maternelle.

Mais l'une & l'autre de ces deux preuves a deux défauts essentiels. Car tout ce que cela pourroit prouver, est que les Juifs auroient pu, par un accident extraordinaire, comme est le changement de leur langue, & non par aucune ordonnance ou de Moyse ou de leurs Docteurs, être hors d'état de pouvoir lire les Livres sacrés. Or je soutiens deux choses. La premiere, que quand cela seroit, ce n'est point de quoi il s'agit. La seconde, qu'il n'est pas vrai que le commun des Juifs ait été en l'état qu'il dit. Ce sont les deux points qu'il faut examiner.

Je dis donc pour le premier que M. Mallet s'est engagé de prouver, *que ce n'a point été l'usage de l'Ancien Testament de donner à lire au peuple les livres de l'Ecriture Sainte, & que la volonté de Moyse a été de lui en interdire la lecture.* Or c'est ce que ce changement de langue arrivé depuis la captivité de Babylone, ne prouve en aucune sorte. Car 1°. est-ce Moyse où les Prophetes qui l'ont suivi, qui ont voulu que la langue fût changée afin que le peuple ne pût lire les livres de la Loi? 2°. Cela même suppose que le peuple lisoit ces livres lorsqu'il les pouvoit entendre, puisqu'il a fallu que la langue fût changée afin qu'il ne les lût plus.

I. CLAS. N°. X.

3°. Enfin ce sont deux choses très-différentes, que le peuple ne pût lire ce qu'il n'entendoit point à cause du changement de la langue, & qu'on lui défendit de le lire, soit qu'il l'entendît ou qu'il ne l'entendît pas. Or c'est de ce dernier dont il s'agit & non pas du premier. Un exemple éclaircira tout ceci. Si quelqu'un avoit entrepris de prouver, que l'intention de l'Eglise a toujours été que le peuple n'entendît rien à ce qui se dit dans les Liturgies & dans le reste du service public, le pourroit-il faire par cette raison, que depuis que les langues dans lesquelles s'est institué d'abord le service public, comme le latin dans l'Occident, le grec dans l'Orient, l'ancien arménien dans l'Arménie, l'ancien éthiopien dans le Royaume d'Ethiopie, le syriaque dans la Mésopotamie, qui étoient alors les langues vulgaires de ces pays-là, ont cessé de l'être, le peuple n'a plus entendu ce qui se disoit dans les Liturgies? Non certainement; comme il se voit par la réponse que fait le Cardinal du Perron dans sa Replique, Livre dernier, chapitre I. au reproche que faisoit le Roi d'Angleterre aux Catholiques, de ce qu'ils se servoient d'une langue inconnue au peuple dans le service public. Car il demeure d'accord qu'autrefois le peuple entendoit ce qui se disoit aux Liturgies, & que s'il ne l'entend point maintenant, cela n'est point arrivé par aucun dessein que l'Eglise ait eu d'ôter au peuple la connoissance de ce qui se dit dans le service public, mais pour d'autres raisons qu'il explique, & dont je pourrai parler en un autre lieu.

Rien n'est plus aisé que d'appliquer cela au sujet dont il s'agit, & de montrer que comme le changement arrivé aux langues vulgaires dans lesquelles le service public de l'Eglise avoit été premiérement institué, n'est pas une preuve que l'Eglise soit bien aise que le peuple n'y entende rien; puisqu'au contraire, elle approuve fort qu'il fasse ce qu'il pourra pour entendre encore aujourd'hui ce que ce changement lui a rendu moins intelligible: il en est de même du changement arrivé à la langue hébraïque depuis la captivité de Babylone. Car il ne prouve pas davantage, que les Prêtres & les Docteurs Juifs fussent bien aises, que le peuple ne lût point les Livres sacrés, ayant toujours approuvé qu'il fît ce qu'il pourroit pour les entendre; ce qui ne lui étoit point si difficile que M. Mallet se l'imagine, comme nous l'allons voir dans le chapitre suivant.

I. Clas. N°. X.

CHAPITRE VIII.

Eclairciſſement de pluſieurs fauſſes conſéquences que tire M. Mallet du changement de la langue hébraïque en ſyriaque.

POur bien comprendre la fauſſeté des conſéquences de M. Mallet, il faut faire ſix ou ſept obſervations.

La premiere eſt, que la langue ſyriaque, qui, dans l'uſage du peuple Juif, a ſuccédé à la langue hébraïque, eſt la langue caldaïque que l'on parloit à Babylone, mais qui étoit commune auſſi aux Syriens & aux Aſſyriens, comme il ſe voit en ce que, du même mot hébreu *Aram*, qui ſignifie les peuples de la Syrie, parce qu'ils venoient d'Aram fils de Sem, ſe forme le mot d'*Aramith*, qui ne marque pas ſeulement la langue que parloient les Syriens, mais auſſi celle que parloient tant les Aſſyriens que les Caldéens. Le premier paroît par la priere que font les Juifs à Rabſacès 4. Reg. 18. 26. & Iſa. 36. 11. de leur parler en ſyriaque, parce qu'ils entendoient bien cette langue ; ce qu'ils expriment en ces termes : *Loquere nobis Aramicè*, ce que les Septante ont traduit par συριςί, & S. Jérôme par *ſyriacè*, & *ſyrâ linguâ*. Et le ſecond ſe prouve, par ce qui eſt dit dans Daniel, chap. 1. verſ. 4. que l'on lui faiſoit apprendre à lui, & à ſes compagnons la langue des Caldéens. Et dans le chap. 2. verſ. 4. il eſt dit des Sages que Nabuchodonoſor fit venir pour expliquer ſon ſonge, qu'ils lui parlerent *Aramicè*, c'eſt-à-dire, συριςί, comme ont encore traduit les Septante, & *ſyriacè*, comme a traduit S. Jérôme. Et on ne peut pas douter que ce ne fût la langue caldaïque, puiſque Daniel lui-même, voulant rapporter les propres termes de ces Sages, & tout ce qui ſe paſſa enſuite entre lui, ſes compagnons & ce Roi, rapporte tout cela en caldaïque. Il eſt donc indubitable que la langue ſyriaque & caldaïque n'ont été originairement qu'une même langue, qui ſe trouve dans ſa pureté en ſix chapitres de Daniel, depuis le deuxieme, à commencer par le quatrieme verſet juſques à la fin du ſeptieme, & dans quelques chapitres du premier d'Eſdras, depuis le huitieme verſet du chap. 4. juſques au 27. du chap. 7. Mais tout le monde convient que la langue qui devint vulgaire parmi les Juifs, depuis le retour de la captivité, n'étoit pas purement caldaïque, mais étoit mêlée de caldaïque & d'hébreu ; & c'eſt pour cette raiſon qu'elle eſt toujours appellée hébraïque dans tout le Nouveau Teſtament, Joan. chap. 5. verſ. 2. & chap. 19. verſ. 13. 17.

I. CLAS. N°. X.

20. Luc., chap. 23. verſ. 38. Act. chap. 21. verſ. 40. & chap. 22. verſ. 2. & chap. 26. verſ. 14 A quoi il faut ajouter, qu'elle a reçu encore depuis quelque changement : de ſorte que la langue ſyriaque de la verſion du Nouveau Teſtament, n'eſt pas tout-à-fait la même qui ſe parloit dans la Judée du temps de J. C. & des Apôtres.

II. Quand les Juifs n'auroient plus parlé que cette nouvelle langue depuis le retour de la captivité de Babylone, il ne s'enſuit pas qu'ils euſſent perdu toute l'intelligence de l'ancienne, qui avoit tant de mots communs avec la nouvelle, ou au moins fort approchants. Ces changements de langue ne ſe font pas tout d'un coup, & il eſt preſque impoſſible qu'avant que la nouvelle ait tout-à-fait pris le deſſus, il n'y ait un certain temps, & même aſſez long, pendant lequel l'une & l'autre s'entend preſque par tout le monde. Il faut que cela ſoit arrivé ainſi dans le changement du latin au françois : car il a commencé à ſe former avant S. Bernard, puiſque je crois qu'il y a des écrits françois dès ce temps-là, & que certainement il y en a d'un peu après; comme il paroît par l'Hiſtoire de Villehardouin. Cependant on ne peut douter que, du temps de ce Pere, le latin ne fût encore entendu communément de preſque tout le monde; puiſque c'eſt la langue en laquelle il écrivoit aux femmes & aux hommes de toutes ſortes de conditions, & en laquelle il prêchoit à tous ſes Religieux, parmi leſquels on dit qu'il y avoit quatre cents Convers, qui n'étoient, pour la plupart, que des artiſans ou payſans convertis à Dieu. C'eſt donc un ſophiſme à M. Mallet, de ſuppoſer que le commun des Juifs, depuis la captivité de Babylone, n'entendoient plus l'hébreu dans lequel ſont écrits les Livres ſaints; parce qu'une nouvelle langue commença à ſe former en ce temps-là, qui tenoit beaucoup de l'hébraïque. Car il ne faut point douter que, du temps de S. Bernard, le commun du peuple ne parlât le vieux françois tel que nous le voyons dans Villehardouin, & cependant on ne laiſſoit pas d'entendre encore le latin.

III. On ne ſauroit dire certainement quand l'ancienne langue hébraïque n'a plus été entendue du commun des Juifs. Mais il y a beaucoup de preuves qui font voir que ce n'a point été ſi-tôt que l'on penſe. Car 1°. les derniers chapitres du Livre de Daniel ont été écrits la 3. année de Cyrus; c'eſt-à-dire, deux ans après le retour de la captivité. Et on ne ſauroit apporter de raiſon plus vraiſemblable, de ce que ce Prophete ayant commencé par écrire en hébreu, a écrit en caldaïque depuis le 4. verſet du 2. chap. juſques à la fin du 7. & qu'il reprend l'hébreu dans les 5 derniers chapitres, dont quelques-uns ont été écrits depuis le retour de la captivité, que celle qu'en donne Grotius : *Que ce qui est écrit en caldaïque regardoit principalement les Caldéens, & que ce qui est écrit en hébreu regardoit principalement les Juifs.* Or cela n'auroit aucune vraisemblance, si en ce temps-là les Juifs avoient déja oublié leur langue & qu'ils ne l'entendissent plus. Car en ce cas-là il auroit été beaucoup mieux que Daniel eût continué d'écrire en caldaïque, qui étoit, comme on le suppose, la langue vulgaire des Juifs.

2°. Le Livre d'Esther ne peut avoir été écrit plutôt que sous Darius fils d'Hystaspe, & 28 ans au moins depuis le retour de la captivité. Pourquoi donc Mardochée, qu'on en croit l'Auteur, l'auroit-il écrit en hébreu, lui qui demeuroit à Susan dans la Perse, si les Juifs pour qui il l'écrit, & à qui il ordonne de célébrer une nouvelle fête, n'avoient plus en ce temps-là aucune connoissance de la langue hébraïque?

3°. Le premier Livre d'Esdras contient l'histoire de 82 ans, depuis le premier de Cyrus jusques au 20. d'Artaxerxès longue-main. Et le second, qui est aussi appellé Néhémie, parce que c'est Néhémie qui en est l'Auteur, va jusques à plus de 100 ans depuis le retour de la captivité. Pourquoi l'un & l'autre auroient-ils écrit en hébreu & non en caldaïque, (comme le sont trois ou quatre chapitres du premier d'Esdras, où il s'agit de l'opposition, que firent aux Juifs les Officiers du Roi de Perse, qui parloient cette langue,) si les Juifs n'entendoient plus alors la langue hébraïque?

4°. Il en est de même des trois derniers Prophetes qui contiennent de très-belles Prophéties touchant le Messie, qu'il étoit fort important que les Juifs connussent, & dont le dernier qui est Malachie, n'a écrit que plus de 90 ans depuis le retour de la captivité. Quelle apparence qu'ils eussent écrit en hébreu, si cette langue étoit alors inconnue aux Juifs? Car on ne peut pas dire que ç'ait été par respect envers la langue hébraïque, puisque cette raison auroit dû porter Daniel à ne pas écrire en caldaïque une grande partie de son livre, non plus qu'Esdras plusieurs chapitres du sien.

5°. Enfin je m'étonne que tous ceux qui ont supposé que les Juifs avoient cessé de parler leur ancienne langue, aussi-tôt après le retour de la captivité de Babylone, ne se soient pas au moins objecté, comme une difficulté à laquelle ils devoient répondre, ce qui est dit dans le second d'Esdras, chapitre dernier, verset 24, que les enfants des Juifs qui avoient épousé des étrangeres parloient *Azoticè*, & ne pouvoient parler *Judaicè*. Il y a dans l'hébreu *Asdodith* & *Judith*. Car il faut remarquer que le même mot *Judith* est opposé à *Aramith* dans le 4. des Rois 18. 26. où il y a en latin: *Precamur ut loquaris nobis syriacè, & non loquaris nobis judaicè*; & qu'*Aramith*, dans le I. d'Esdras 4. 7. signifie,

I. CLAS. N°. X.

aussi-bien que dans le 4. des Rois, & le 2. de Daniel la langue caldaïque ou syriaque, qui est celle qui a succédé à la judaïque, que l'on parloit avant la captivité. Or si c'étoit déja cette langue syriaque ou caldaïque que les Juifs parloient ordinairement du temps de Néhémie, il auroit dit de ces enfants nés de ces mariages avec des étrangeres, qu'ils parloient *Azoticè* (Asdodith) & qu'ils ne savoient pas parler *Aramith*; puisque selon ce que ces Auteurs supposent, les Juifs de ce temps-là parloient *Aramith*; c'est-à-dire syriaque, & ne parloient plus *Jehudith*, c'est-à-dire en la langue que ce mot signifie certainement dans le livre 4. des Rois 13. 26. au 2. des Paral. 32. 18. & en Isaïe 36. 11. Et ce qui me paroît fortifier cette preuve, est que le 2. d'Esdras, dans lequel cela est rapporté, est écrit lui-même en hébreu; c'est-à-dire en la langue qui est appellée *Jehudith* dans le 4. des Rois, dans le 2. des Paralip. & dans Isaïe. Il semble donc que Néhémie a voulu marquer que ces enfants ne parloient point la langue des Juifs dans laquelle il écrivoit, laquelle je ne vois pas qu'on eût pu appeller autrement que *Jehudith*, & qu'il n'y a guere d'apparence qu'il ait voulu qu'on entendît par-là, qu'ils ne parloient pas la langue qui est appellée *Aramith* dans le 4. chapitre du I. d'Esdras, & qui est visiblement opposée à celle dans laquelle sont écrits les 3. premiers chapitres de ce livre, aussi-bien que les derniers depuis la fin du septieme. En un mot est-il croyable que la même langue syriaque soit appellée *Aramith* & *Jehudith*, dans le même livre selon les Juifs? Car les Juifs ne faisoient qu'un livre des deux d'Esdras, comme S. Jérôme le témoigne dans sa Préface sur les livres des Rois. Voilà les raisons qui peuvent faire croire que les Juifs n'ont point cessé, sitôt que l'on pense, de parler & d'entendre leur ancienne langue. Mais cela n'empêche pas qu'ils n'aient eu aussi, durant la captivité, la connoissance & l'usage de la langue caldaïque, n'y ayant point d'impossibilité qu'un même peuple parle & entende deux différentes langues; la sienne propre, & celle du pays dans lequel il seroit en captivité.

IV. Mais en quelque temps qu'il soit arrivé que le commun des Juifs n'aient plus entendu l'ancien hébreu, il ne faut pas s'imaginer, comme M. Mallet, qu'ils aient perdu par-là tout moyen de lire l'Ecriture Sainte. Car Dieu y a pourvu par les versions qu'il en a fait faire en ce temps-là. Celle des Septante, dont nous parlerons dans la suite, a été si célebre qu'elle a presque effacé la mémoire des autres, sur-tout parmi les Chrétiens de l'Occident. Mais les Syriens prétendent que la traduction qu'ils ont de l'Ancien Testament en leur langue est faite avant J. C. Ils n'en apportent point d'autres preuves que la tradition de leurs Eglises. Mais il est certain qu'ils en ont une, que l'on croit fort ancienne;

I. Clas. N°. X.

faite sur le texte hébreu, & non sur le grec, qui a été suivie par tous les Auteurs de toutes les autres traductions orientales. Cette conformité avec l'hébreu paroît principalement dans les Pseaumes, & en quelques autres livres. Il n'y a pas d'apparence à ce que disent quelques-uns d'eux, qu'elle ait été faite du temps de Salomon, à la priere du Roi Hiram. Mais voici quelle a pu être l'origine de cette ancienne traduction. Quand la langue hébraïque a commencé à n'être plus guere entendue, après la lecture du texte hébreu dans les Synagogues, chaque verset étoit expliqué en langue vulgaire, qui étoit alors la caldaïque. Or comme il eût été dangereux de laisser à chaque lecteur la liberté de traduire la Sainte Ecriture en sa maniere, ces versions furent mises en écrit par autorité publique, dont on ne peut desirer de plus grande preuve, que de ce qu'il se trouve encore aujourd'hui d'anciens exemplaires de ces versions caldaïques après chaque verset hébreu. La langue caldaïque étant donc presque la même que la syriaque, il fut fort aisé aux Juifs dispersés en Syrie de l'accommoder à leur usage; & ainsi cette version ayant reçu quelques changements, selon les différences de ces deux langues, elle est venue jusqu'à nous telle qu'elle est maintenant. Voilà ce que croient de fort habiles gens dans les langues orientales. Il y en a d'autres qui prouvent qu'il y avoit une version de la Bible en caldaïque avant Jesus Christ, par un passage de Philon, au livre second de la vie de Moyse, qui dit, que la Loi fut traduite par les Septante de caldaïque en grec. Mais comme il n'y a nulle apparence qu'ils ne l'aient pas traduite sur l'original hébreu, il faut que Philon ait pris caldaïque pour hébraïque, comme il paroît aussi en ce qu'il avoit dit auparavant, *que la Loi du commencement étoit écrite en caldaïque* (τὸ παλαιὸν ἐγράφησαν οἱ νόμοι γλώσσῃ χαλδαϊκῇ) *& qu'elle est demeurée long-temps en cette langue, pendant lequel sa beauté n'étoit point connue des étrangers.* Par où il est clair qu'il a voulu marquer la premiere langue en laquelle les livres de Moyse ont été écrits d'abord, & par conséquent l'hébraïque.

V. Il est bien étrange que M. Mallet, qui fait un grand discours pour montrer, que la Paraphrase caldaïque ne donnoit pas moyen aux Juifs de lire les Livres sacrés, n'ait pas dit un seul mot en ce lieu-là de la version des Septante, qu'il devoit bien plutôt s'objecter s'il avoit eu un peu de bonne foi. Car voulant prouver que les Juifs, pendant les six cents ans qui se sont passés depuis la captivité de Babylone jusques à J. C., n'ont eu aucun livre de l'Ecriture en leur langue maternelle, il faudroit, où qu'il eût cru que la version des Septante n'a été faite qu'après J. C.; ce qu'on ne peut pas lui attribuer, ou qu'il n'ait pas su que, dans cet intervalle de temps, la langue grecque a été la langue maternelle

I. CLAS. N°.X. d'une infinité de Juifs disperfés dans le monde ; ce qui feroit une autr sorte d'ignorance qui n'eft guere moindre. Car qui ne fait que depui les conquêtes d'Alexandre, les Grecs étant maîtres de toute l'Afie jufque dans les Indes, leur langue fe répandit par-tout, & devint plus com mune en la plupart de ces pays-là que celles qui y avoient été vulgaire auparavant ? Et comme la Judée avoit été foumife à cet Empire des Grecs il ne faut point douter que le grec n'y fût auffi devenu une langue trè commune. C'eft ce qui fe voit par les deux livres des Machabées, où le Juifs ayant tous les jours à traiter avec les Gouverneurs des Rois de Syrie il n'y a point d'apparence qu'ils ne le fiffent pas en grec. Mais on en une preuve indubitable dans le martyre des fept Freres, qui eft rapport au fecond livre des Machabées, chap. 7. Car ce qui fait voir que to les difcours entr'eux & le Roi Antiochus fe faifoient en grec, c'e que leur mere, fe voulant moquer du Roi qui la preffoit d'exhorter l dernier de fes fils de fe rendre à ce qu'on defiroit de lui, l'Hiftorie remarque, qu'elle lui parla en la langue du pays, *patria voce*, c'eft-à-di en fyriaque ; ce qui eft une preuve manifefte que jufques-là tout ce qu'o avoit dit s'étoit dit en grec.

VI. Il faut de plus remarquer, que les Juifs s'étant extrêmement mu tipliés depuis la captivité, il y en avoit un très-grand nombre qui étoie hors la Paleftine, étant répandus dans l'Egypte & diverfes Provinces c l'Afie, comme il paroît par ce qui eft dit dans le fecond chapitre d Actes, qu'ils étoient venus de tous ces lieux-là pour célébrer à Jerufale la fête de la Pentecôte : d'où vient auffi que S. Paul étoit de Tarfe e Cilicie, & S. Barnabé de l'Ifle de Chypre. Or tous ces Juifs-là, qui r demeuroient point dans la Paleftine, avoient le grec pour leur lang maternelle, d'où vient même qu'on les appelle *Hellénistes*, parce qu' lifoient la Bible en grec, & faifoient en cette langue tous les exercic de leur Religion. C'eft ce que nous apprend encore ce qui eft dit da le fixieme chap. des Actes, qu'il fe fit un murmure des Juifs Grecs cont les Juifs Hébreux Ελληνίςων πρὸς τὺς Εβραίυς.

VII. Enfin, l'exemple des Juifs d'aujourd'hui devoit avoir appris à M Mallet, que des livres de Religion peuvent être lus communément par plus grande partie d'un peuple, quoiqu'ils ne foient pas écrits en la lang vulgaire de ce peuple : car la langue hébraïque n'eft la langue vulgaire d'a cun des Juifs qui font préfentement dans le monde. La langue allemande e la langue vulgaire des Juifs d'Allemagne ; la françoife de ceux de Metz, l'it lienne de ceux d'Italie, la polonoife ou l'efclavonne de ceux de P logne. Conclura-t-on de-là qu'ils ne lifent pas les Ecritures du Vie Teftament dans la langue originale, parce que ce n'eft pas leur langu vulgaire

vulgaire? Ce doit être la pensée de M. Mallet & cependant il n'y a rien de plus faux. Car en partie par étude & en partie par un certain usage qu'ils ont entr'eux, la plupart des Juifs entendent assez l'hébreu pour lire en hébreu les livres du Vieux Testament. Et ce qui est bien certain est, qu'étant très-attachés à leurs anciennes traditions, bien loin qu'ils interdisent au peuple cette lecture, comme ils devroient faire si les rêveries de M. Mallet avoient quelque fondement, ils font tout ce qu'ils peuvent pour rendre plus de personnes capables de lire ces Livres sacrés.

Après ces observations tout ce que dit M. Mallet dans cette 5. & 6. preuve tombe par terre & n'a aucune vraisemblance.

Les trois derniers Prophetes, dit-il, aussi-bien que le livre d'Esther, sont écrits en hébreu. Or les Juifs en ce temps-là ne parloient pas hébreu, mais syriaque. Cela peut être, quoique l'on ne sache pas précisément le temps que la langue syriaque est devenue vulgaire parmi les Juifs. Donc ces trois Prophetes & l'Auteur du livre d'Esther, que l'on croit être Mardochée, n'ont pas voulu que leurs livres fussent lus par le commun des Juifs, les ayant écrits en une langue que le peuple n'entendoit pas. C'est ce qu'il suppose sans preuve & sans raison. Car quand les Juifs auroient déja commencé à parler cette nouvelle langue qui tenoit beaucoup de l'hébreu, il se peut faire que la plupart d'entre eux parloient l'une & l'autre, ou qu'au moins parlant l'une, ils les entendoient toutes deux, comme on a vu par les observations précédentes, que cela ne peut presque arriver autrement dans ces changements de langue qui se font peu à peu. Et ainsi demeurant d'accord avec M. Mallet *que s'il y a quelques livres de l'Ecriture Sainte qui aient dû être écrits en la langue vulgaire du peuple*, ou dans une langue que le peuple entende, soit qu'elle lui soit vulgaire ou non, *ce sont les Prophéties dans lesquelles Dieu reprend son peuple, & l'avertit de ses devoirs avec menaces de le punir très-sévérement s'il transgresse ses commandements*; au lieu qu'il ajoute, que cela n'a pas empêché que les trois derniers Prophetes n'aient écrit en hébreu, qu'il suppose que le peuple n'entendoit pas, pour en conclure, selon sa nouvelle erreur, que l'intention de Dieu en donnant aux hommes les livres de l'Ecriture Sainte, n'a pu être de les communiquer au peuple, sinon par le ministere des Prêtres & des Docteurs de la loi: tout homme de bon sens reconnoîtra qu'il est bien plus raisonnable d'en conclure, comme nous avons déja fait que ces trois Prophetes n'auroient point écrit en hébreu mais en syriaque, s'ils n'avoient su que l'hébreu étoit encore entendu des Juifs.

Mais, outre ce que j'ai dit dans la troisieme observation, je trouve

I. CLAS. N°. X.

une preuve positive de l'intelligence qu'avoient les Juifs de l'ancienne langue hébraïque depuis le retour de la captivité de Babylone dans ce que nous lisons au second Livre d'Esdras chapitre 8. Il y est dit, *que tout le peuple étant assemblé, pria Esdras de se faire apporter le livre de la Loi de Moyse que le Seigneur avoit donné aux Enfants d'Israël : qu'Esdras se le fit apporter le premier jour du septieme mois devant toute la multitude, composée d'hommes, de femmes, & de tous ceux qui étoient en âge de pouvoir comprendre, & qu'il le lut depuis le matin jusques à midi devant les hommes, les femmes & les enfants capables d'entendre, & que les oreilles de tout le peuple étoient attentives au livre de la Loi;* & aures omnis populi erant erectæ ad librum. Ce qui ne peut signifier, comme a fort bien remarqué Vatable dans ses notes, sinon qu'ils écoutoient avec grande attention ce qu'Esdras leur lisoit dans ce livre. Il n'y a point là d'équivoque : tout y est plus clair que le jour. Le peuple demande qu'on fasse apporter le livre de la Loi. Tout un peuple a-t-il ce desir & cette curiosité pour un livre écrit dans une langue qu'il n'entendroit point? Quand une lecture de cette sorte fait partie du service public, le peuple ne laisse pas d'assister à ce service, quoique cette lecture puisse l'ennuyer. Mais se trouveroit-il beaucoup de Chrétiens qui demanderoient comme une faveur, qu'on leur lût cinq ou six heures durant le livre de l'Ecriture Sainte en grec ou en hébreu? Peut-être aussi que ces Juifs ne savoient ce qu'ils demandoient, & qu'ils eurent le loisir de s'ennuyer d'entendre lire pendant toute une matinée, un livre qu'ils n'entendoient point. C'est ce que doit croire M. Mallet. Mais l'Ecriture témoigne tout le contraire. Elle représente tout ce peuple, hommes, femmes, enfants dans une attention merveilleuse à la lecture qu'Esdras leur faisoit du livre de la Loi de Moyse. Ils entendoient donc ce qu'on leur lisoit; & il falloit bien qu'ils l'entendissent, puisqu'ils en étoient tellement touchés qu'ils fondoient en larmes, comme il est dit dans la suite, & qu'Esdras & les Princes du peuple furent obligés de les consoler. Je sais bien qu'il y en a qui ont dit que le peuple n'entendoit pas ce qu'on lui lisoit, mais qu'Esdras le lui traduisoit au lieu de lire. Mais on ne voit pas sur quoi cela peut être fondé. Car à qui persuadera-t-on *que lire un livre* signifie dire en une autre langue le contenu de ce qui est dans ce livre, & qu'avoir *les oreilles attentives à ce livre*, ce soit n'y avoir aucune attention, parce qu'on n'y comprend rien; mais avoir seulement attention à ce qui nous est dit à l'occasion de ce livre? On n'appuie cette prétention, que sur le mot *d'interpretantes*, qui est au vers. 10. Mais outre que Vatable, dans ses notes, prétend que selon l'hébreu, cela veut dire seulement que Néhémie, Esdras, & les Lévites portoient le peuple à faire attention à la loi, *intelligere faciebant, id est attendere faciebant;* quand cela voudroit dire qu'ils leur expliquoient la loi, on ne pourroit pas conclure de-là qu'ils la leur traduisoient en une autre langue. S. Chrysostôme traduisoit-il S. Paul en une autre langue pour le faire entendre au peuple d'Antioche ou de Constantinople, quand il le leur expliquoit dans ses Sermons? Il est donc certain qu'on ne pourroit pas dire raisonnablement de tout un Peuple, que ses oreilles étoient attentives au livre de la loi, si ce livre eût été écrit en une langue qu'ils n'eussent pas entendue: mais qu'il ne s'ensuit nullement qu'il fût écrit dans une langue inconnue, quand après l'avoir lu on le leur auroit expliqué. Car il arrive tous les jours qu'après avoir lu un livre de science ou de Religion écrit dans une langue très-connue à celui à qui on le lit, on ne laisse pas de l'expliquer & de l'interpréter en d'autres termes, ou par un discours plus étendu afin de le faire mieux comprendre. Enfin ce que je prétends, que le peuple Juif entendoit l'hébreu des livres de Moyse, au moins en ce temps-là, est encore confirmé par ce qui est dit au chapitre 9. vers. 2. & 3. que les Enfants d'Israël s'étant séparés des étrangers confesserent leurs péchés, & les péchés de leurs peres, & qu'ils lisoient la loi de Dieu quatre fois le jour, & quatre fois ils louoient & adoroient le Seigneur leur Dieu. *Legerunt in volumine legis Domini Dei sui quater in die, & quater confitebantur & adorabant Dominum Deum suum.* Ensuite de quoi il est dit ce que faisoient les Lévites, & de quelle sorte ils rendoient gloire à Dieu. Et le reste du chapitre est employé à rapporter un grand discours que l'on fit au peuple pour l'exhorter à louer Dieu; ce que l'Ecriture a distingué manifestement de la lecture qu'on leur avoit faite de la loi, ou qu'ils en avoient faite eux-mêmes. Et comme ce seroit sans raison que l'on prétendroit que ce grand discours du chap. 9. ne soit pas rapporté en mêmes termes qu'il avoit été fait, il faut bien qu'ils entendissent l'hébreu, puisque c'est en hébreu qu'on leur parloit. Mais revenons à M. Mallet.

Après avoir parlé des trois derniers Prophetes, il ajoute: *Jesus, fils de Sirach, a composé en même-temps le livre de l'Ecclésiastique, qui est rempli d'excellentes instructions pour toutes sortes d'états, & ce livre a été encore composé en hébreu au rapport de S. Jérôme.*

On ne peut faire plus de fautes en parlant d'un Auteur qu'en fait ici M. Mallet: premiérement sa chronologie est admirable, de vouloir que Jesus fils de Sirach qui vivoit du temps de Ptolémée Evergete, c'est-à-dire environ trois cents ans depuis le retour des Juifs de la captivité de Babylone, ait écrit au même-temps que ces trois Prophetes, qui ont écrit peu de temps après le retour de cette captivité.

I. CLAS. N°. X.

Secondement, il cite S. Jérôme pour nous apprendre que ce livre a été composé d'abord en hébreu, comme si on avoit besoin d'autre témoin pour cela que du Prologue même de ce livre.

Troisiémement, il prend pour certain que ce livre a été composé d'abord dans l'ancien hébreu, & non dans la nouvelle langue des Juifs qui s'appelloit aussi hébreu, comme il paroît par tant d'endroits du Nouveau Testament que j'ai marqués dans ce même chapitre; au lieu qu'il est incomparablement plus croyable que ce livre, aussi-bien que le premier des Machabées, a été écrit en la langue vulgaire des Hébreux, c'est-à-dire, en syriaque. *Credebile est* (dit Bellarmin, qui est le grand Auteur de M. Mallet), *librum* 1. *Machabæorum*, *& Ecclesiasticum linguâ vulgari Hebræorum, id est syriaca scriptos fuisse, qui tamen non extant hoc tempore nisi græcè.*

Quatriémement, il ignore ou il dissimule, que ce livre a été traduit en grec par le petit fils de l'Auteur; ce qui le rendoit intelligible à une infinité de Juifs qui étoient répandus par tout l'Orient, dont le grec étoit la langue maternelle; de sorte que ce livre en toutes manieres est très-mal propre à prouver ce que prétend M. Mallet, *que l'intention de Dieu en donnant aux hommes les livres de l'Ecriture Sainte, n'a pu être de les communiquer au peuple, sinon par le ministere des Prêtres & des Docteurs de la Loi*, puisqu'il est faux que ce livre n'ait été écrit qu'en une langue inconnue au peuple, & connue seulement de ces Prêtres & de ces Docteurs.

Il en est de même des deux livres des Machabées dont le premier apparemment, comme j'ai dit, a été écrit en la langue vulgaire des Hébreux, & a été aussi-tôt traduit en grec; puisque toute l'Eglise Grecque l'a toujours eu en cette langue, aussi-bien que le second: ce qui les a mis l'un & l'autre en état d'être lus d'une infinité de Juifs, comme nous venons de dire.

On voit donc de combien de faussetés, de dissimulations & d'ignorances sont composées ces deux preuves, & le peu de raison que M. Mallet a eu d'en conclure d'une part, que pendant l'espace de six cents ans, c'est-à-dire, depuis le retour de la captivité de Babylone jusqu'à Jesus Christ (qui n'est que de 533. ans) *les Juifs ont été sans avoir les livres de la Loi en une langue que le commun d'eux pût entendre*; & de l'autre, *que l'intention de Dieu en donnant aux hommes les Ecritures Saintes n'étoit point qu'elles fussent lues par le peuple.* Car ce dernier ne se pourroit pas soutenir, quand même, par accident, le peuple ne les auroit pas lues pendant quelque temps. Et le premier est évidemment faux, tant à cause de la version des Septante qui pouvoit être lue & entendue, & l'étoit en effet par une infinité de Juifs, qu'à cause d'autres versions en caldaïque & en syriaque, que de très-bonnes raisons font croire aux savants avoir été en usage avant le temps de J. C.

On peut objecter contre cet usage des versions parmi les Juifs, qu'ils célebrent un Jeûne par un sentiment de douleur, pour la traduction de la Loi, & qu'ils défendent de lire certaines sections de l'Ecriture sinon en hébreu. Mais la raison de la tristesse qu'ils témoignent par ce jeûne en se souvenant de la premiere traduction de la Loi, est que ce peuple a toujours considéré l'usage des langues étrangeres comme une marque de servitude; & ce ne peut être pour les versions en elles-mêmes, qu'ils n'ont garde de condamner, les ayant eux-mêmes autorisées en tant de manieres. Car outre la Paraphrase caldaïque, & ces traductions qui se lisoient comme nous avons dit dans les Synagogues, celle des Septante étoit lue par tous les Juifs Hellénistes. Et depuis la ruine de Jerusalem, ils ont traduit toute la Bible en arabe, en grec vulgaire, en persan, en espagnol, & on a entre les mains toutes ces traductions imprimées pour leur usage à Constantinople en caracteres hébreux.

Il est vrai néanmoins qu'ils attribuent une sainteté particuliere au texte qu'ils ne croient pas trouver dans les versions, & qu'étant accoutumés depuis plusieurs siecles à réciter tous les jours certaines prieres de la Sainte Ecriture en langue hébraïque, cette coutume a passé en loi. Et comme ils sont mystérieux, ils en ont donné plusieurs raisons spécieuses, au lieu que c'est le simple usage qui a établi cette coutume, comme celle de réciter l'Oraison Paschale en langue caldaïque, parce que la captivité ayant donné lieu à la cérémonie de cette Pâque sans victime telle qu'ils la célebrent présentement, ils ont conservé les paroles de la langue même qui étoit en usage parmi eux, lorsqu'ils établirent cette cérémonie.

CHAPITRE IX.

Examen de la septieme preuve: Que ce n'a pu être l'usage de l'Ancien Testament de donner à lire au peuple le livre de l'Ecriture Sainte; parce qu'il est probable que Moyse a écrit ses livres avec des caracteres nouveaux qu'il a inventés exprès, afin que le vulgaire ne les pût lire.

C'Est la même impiété que celle de la quatrieme preuve, & qui se trouve déja réfutée par avance. Car, puisque Moyse parlant à tout le peuple d'Israël, lui commanda d'écrire son Cantique & de l'apprendre par

I. CLAS. N°. X.

cœur, il faut ou que ce Cantique ait été écrit avec d'autres caracteres que tout le reste de la Loi, ce qui est ridicule à penser, ou que les livres de la Loi fussent écrits avec des caracteres connus du peuple.

Mais voyons comment M. Mallet s'y prend pour donner de la probabilité à ce paradoxe. C'est ce qu'il traite dans son neuvieme chapitre qui commence ainsi. *Ç'a été si peu la pensée de Moyse de rendre ses livres populaires, & de les mettre entre les mains du vulgaire, qu'il n'a pu même le prétendre, s'il est vrai ce que disent quelques Historiens, que les Hébreux pour lors ne savoient ni lire ni écrire, qu'ils n'avoient pas encore de lettres & de caracteres à leur usage, & que c'est Moyse qui a été l'inventeur des lettres hébraïques.*

Il faut avouer que M. Mallet a un art tout particulier de tirer des conséquences que jamais autre que lui ne s'aviseroit de tirer. Car qui auroit cru que cette conséquence fût raisonnable ? Moyse, selon plusieurs Auteurs, a inventé les lettres hébraïques, les Juifs avant lui ne sachant ni lire ni écrire : donc il n'a pu avoir la pensée de rendre ses livres populaires, & de les mettre entre les mains du vulgaire. Il faudroit donc raisonner de même de Cadmus, qu'il n'a pu avoir la pensée que les livres que feroient les Grecs deviendroient populaires & seroient mis entre les mains du vulgaire, parce qu'avant lui les Grecs ne savoient ni lire ni écrire, & que c'est lui qui leur a appris cet art. Si cette absurdité ne frappe d'abord tout le monde, je ne sais comment la rendre plus palpable. Il faut sans doute que M. Mallet ait supposé l'une ou l'autre de ces deux choses, quoiqu'il ne les ait pas exprimées : l'une, que qui ne sait ni lire ni écrire ne le peut jamais apprendre : l'autre, que Moyse a eu un soin tout particulier d'empêcher que les Juifs n'apprissent à lire ce qu'il avoit écrit pour leur instruction. Mais le mal pour lui est qu'il établit tout le contraire. Car il cite & approuve ce que dit S. Augustin dans la Cité de Dieu, livre dix-huit, chapitre 39. *S. Augustin*, dit-il, *remarque que Moyse a donné des Maîtres d'Ecole au peuple de Dieu pour lui apprendre les Lettres dont la connoissance lui étoit nécessaire pour lire les Livres sacrés.* Quand donc il auroit inventé de nouvelles lettres pour écrire les livres de la Loi, ce n'auroit pas été, comme le prétend M. Mallet, afin que le vulgaire ne les pût lire, puisque, selon S. Augustin, (que lui-même nous allegue pour confirmer ce qu'il avoit dit,) *c'étoit Moyse même qui avoit donné au peuple de Dieu des Maîtres d'Ecole, pour lui apprendre les lettres dont la connoissance lui étoit nécessaire pour lire les Livres sacrés.* Mais, au lieu que ce passage lui devoit ouvrir les yeux, il ne s'apperçoit seulement pas qu'il ruine tout ce qu'il vouloit établir ; & il finit son chapitre dans le même égarement qu'il l'avoit commencé, en disant : *Que c'est peut-être à cause de cet exemple de Moyse, que ses Successeurs & les plus sages d'entre les Hébreux, ont jugé à propos de changer, de temps en temps, les caracteres de l'Ecriture Sainte, & d'en inventer de nouveaux, pour en ôter la connoissance à ceux qui en pouvoient abuser* ; c'est-à-dire, au peuple. *C'est ce qu'il est*, dit-il, *nécessaire d'examiner, pour faire voir combien l'esprit de Dieu a été éloigné dans l'Ancien Testament, de rendre les Livres sacrés populaires, & de les mettre entre les mains de tout le monde.* Suivons-le donc dans cet examen ; c'est-à-dire : continuons à découvrir ses faussetés & ses rêveries.

CHAPITRE X.

Examen de la huitieme preuve : Que ce n'a pu être l'usage de l'Ancien Testament de donner à lire au peuple les livres de l'Ecriture Sainte, parce que, de temps en temps, on a inventé de nouveaux caracteres, afin d'en rendre la lecture impossible à ceux qui en seroient indignes ; c'est-à-dire au vulgaire.

IL marque deux de ces changements. L'un du temps de Roboam, & l'autre du temps d'Esdras. Mais il n'insiste pas sur le premier, & il a raison. Car, il n'est fondé que sur un passage de Genebrard, qui s'est laissé tromper par un Rabbin, de qui il a pris cette fable : *Que les Juifs, du temps de Roboam, pour n'avoir point de commerce dans les choses de la Religion avec les schismatiques des dix Tribus, changerent la forme de leurs lettres, & prirent les quarrées en quittant les samaritaines.* Quand cela seroit, M. Mallet n'en pourroit tirer aucun avantage, puisque, selon Genebrard & son Rabbin, la cause de ce changement n'auroit point été d'empêcher les pieux Israélites de lire les Livres sacrés, mais seulement de se séparer par-là de ceux qui avoient fait schisme. Mais cette histoire n'a nulle vraisemblance ; parce que les Rois de Juda avoient au contraire beaucoup d'intérêt que les Israélites des dix Tribus lussent les Livres sacrés, pour y voir la condamnation de leur séparation sacrilege du temple de Dieu. Et ainsi tout se réduit au changement de caracteres qui se fit après la captivité de Babylone, dont M. Mallet parle en ces termes dans son chapitre 12 : *Il faut que la pensée d'Esdras ait été bien éloignée de celles de quelques personnes de ce temps, qui veulent que l'Ecriture Sainte soit traduite en toutes sortes de langues, afin que tout le monde la puisse lire, puisque ce Prophete, qui a été inspiré de Dieu, & qui a pu rendre les Livres sacrés d'une maniere qui fût à l'usage du*

I. CLAS. N°. X.

peuple, a mieux aimé néanmoins leur en ôter la connoissance, en les écrivant avec des lettres nouvellement inventées, & qui ne pouvoient être lues que des savants, de maniere que le commun peuple n'y pouvoit rien comprendre.

Il y a, dans ce discours un fait certain, & une divination de M. Mallet, non seulement incertaine, mais tout-à-fait fausse & injurieuse à Esdras. Le fait certain, & qu'on n'a pas eu besoin d'apprendre de ce Docteur, est que les caracteres hébreux que nous avons aujourd'hui, & qui étoient du temps de Notre Seigneur, ne sont pas les mêmes que ceux dont la Bible étoit écrite avant la captivité de Babylone. *Il est certain*, dit S. Jérome dans son Prologue sur les livres des Rois, *qu'après que le temple fut rebâti sous Zorobabel, Esdras, Docteur de la Loi, trouva d'autres lettres dont on se sert encore aujourd'hui. Car jusques à ce temps-là les Samaritains & les Hébreux n'avoient que les mêmes caracteres.* On le prouve ordinairement parce qu'on a encore d'anciennes pieces de monnoie des Juifs, sur lesquelles on voit de ces premiers caracteres qu'on appelle samaritains, parce qu'ils avoient été retenus par ces peuples que les Rois d'Assyrie avoient mis dans la ville de Samarie & en d'autres du Royaume d'Israël, dont il est dit dans le quatrieme livre des Rois chap. 17, qu'ils méloient le culte de leurs faux dieux avec celui du vrai Dieu. On n'en peut avoir de meilleures preuves que le Pentateuque appellé Samaritain parce qu'il étoit à l'usage de ces peuples, qui est écrit en ces anciens caracteres, dans lesquels aussi le Pere Morin l'a fait imprimer dans la Bible de M. le Jay, comme il l'a été depuis en la même forme dans les Polyglottes d'Angleterre. Or ces caracteres sont fort différents des hébreux d'aujourd'hui. Et une preuve que ces anciennes lettres, appellées depuis samaritaines, n'étoient pas celles dont on se servoit du temps de Notre Seigneur, est ce qu'il dit en S. Matth. 5. 18. *iota unum aut unus apex non præteribit à lege donec omnia fiant.* Car il paroît par-là, que, du temps de J. C., l'*iod*, qui répond à l'*iota* grec, étoit une fort petite lettre, comme elle est encore aujourd'hui dans l'alphabet hébreu; ce qui fait que S. Irénée l'appelle une demi-lettre: au lieu que c'est tout le contraire dans l'alphabet samaritain, l'*iod* en étant une des plus grandes lettres; car elle ressemble à notre *m* & a trois jambages. On demeure donc d'accord que les lettres anciennes dont les Livres sacrés étoient écrits, ont été changées en de nouvelles, & que c'est Esdras qui a été l'auteur de ce changement, ou, comme l'a cru Eusebe, pour avoir moins de commerce avec les Samaritains, qui avoient conservé les anciens caracteres; ou plutôt, parce que ces nouvelles lettres étant celles des Caldéens, auxquelles les Juifs étoient accoutumés

I. CLAS. N°. X.

tumés depuis les soixante-dix ans de leur captivité, il avoit jugé à propos de s'en servir, pour leur rendre plus facile la lecture de l'Ecriture Sainte.

Mais il plaît à M. Mallet, sans la moindre preuve, & sans l'autorité de qui que ce soit, d'en apporter une raison toute contraire, en voulant qu'Esdras ait inventé des lettres toutes nouvelles, au lieu que tous les savants conviennent qu'il a pris celles qui étoient en usage parmi les Assyriens & les Caldéens ; & qu'il l'ait fait de plus pour empêcher que le peuple ne pût lire les Livres sacrés. Et comme si cette chimere qu'il s'est mise dans l'esprit étoit une vérité reconnue de tout le monde, il en conclut hardiment, comme nous avons déja vu, qu'*il faut qu'Esdras ait été bien éloigné de la pensée de ceux qui voudroient que l'Ecriture Sainte fût traduite en toutes sortes de langues, afin que tout le monde la pût lire, puisque pouvant rendre les Livres sacrés d'une maniere qui fût à l'usage du peuple, il a mieux aimé leur en ôter la connoissance, en les écrivant avec des lettres nouvellement inventées, & qui ne pouvoient être lues que des savants.* Cependant c'est une autre rêverie de s'imaginer que quand ces lettres auroient été nouvellement inventées, cela auroit rendu impossible au peuple la lecture des Livres sacrés. Car ces lettres ont été depuis Esdras dans l'usage commun des Juifs pour toutes sortes d'écritures, & elles n'étoient point affectées à écrire les Livres saints. Il auroit donc fallu aussi qu'Esdras eût fait une loi qui défendît au commun des Juifs d'apprendre à lire, puisque quiconque savoit lire quoi que ce fût, savoit lire aussi nécessairement les livres de la Loi & des Prophetes, qui n'étoient point écrits en autres caracteres que les livres les plus communs. Rien n'est donc plus mal fondé que ce qu'il bâtit sur la supposition vraie ou fausse de lettres nouvellement inventées, pour rendre impossible au commun des Juifs la lecture des Ecritures Saintes.

Mais à qui est-ce que M. Mallet attribue cette pensée, de réduire le peuple de Dieu à ne pouvoir plus lire la Loi que Dieu lui avoit donnée, en lui commandant de l'avoir continuellement dans la main pour l'observer, & devant les yeux pour la lire, & dans la bouche pour la répéter, comme il est dit dans l'Exode, chap. 13 ? Qui fait-il auteur d'un dessein plein d'une malignité odieuse, & qui n'auroit été supportable que parmi des payens, qui regardoient la Religion comme un secret de politique ? Le saint homme Esdras, c'est-à-dire, celui peut-être de tous les grands personnages de l'ancienne Loi à qui on devoit le moins faire cette injure, puisqu'il n'y en a point, à en juger par ce que nous trouvons dans l'Ecriture, qui ait pris tant de soin de lire & de faire lire l'Ecriture Sainte au peuple, comme ce qui a été dit dans l'exa-

I. CLAS. N°. X.

men de la sixieme preuve en doit convaincre toutes les personnes raisonnables.

CHAPITRE XI.

Examen de la neuvieme preuve : Que ce n'a pu être l'usage de l'Ancien Testament de donner à lire au peuple les livres de l'Ecriture Sainte ; parce que ces livres ont été si rares, qu'au temps du Roi Josias, on les porta à ce Prince comme une nouvelle découverte.

C'EST dans son treizieme chapitre qu'il étend cette neuvieme preuve, & avant que d'en venir au livre trouvé dans le temple du temps de Josias, il prouve d'une autre maniere cette rareté des Livres sacrés. *Je n'aurois point besoin*, dit-il, *pour établir ma troisieme proposition, touchant la rareté des Livres sacrés dans l'Ancien Testament, d'apporter d'autres preuves que celles qui résultent des lettres hébraïques, qui ont été inventées par les plus sages d'entre les Juifs au temps de Roboam, ou par Esdras dont nous venons de parler. Car si ces livres avoient été si communs & entre les mains de tout le monde, comme le prétendent nos adversaires, il auroit été ridicule de s'imaginer qu'on en auroit pu ôter la connoissance aux Samaritains, en les écrivant avec des caracteres qui leur fussent inconnus ; comme si aujourd'hui on entreprenoit en France d'empêcher que les Anglois n'eussent plus l'Ecriture Sainte, dont ils ont une infinité de copies, en ne la faisant plus imprimer en ce Royaume qu'avec des caracteres françois, qui sont inconnus aux Anglois.*

Je ne sais où M. Mallet prend tout cela ; mais il est difficile de dire plus d'impertinences.

1°. Il impose à ceux qu'il appelle ses adversaires ; car on n'a jamais dit qu'au temps de l'Ancien Testament les Livres sacrés aient toujours été entre les mains de tout le monde. On sait que les Juifs, avant la captivité de Babylone, ayant été si enclins à l'idolâtrie, il n'est pas étrange que, lorsqu'ils abandonnoient le culte de Dieu pour adorer les idoles ils aient négligé les Livres sacrés, soit pour les avoir, soit pour les lire. Mais ce que l'on soutient contre M. Mallet, & de quoi il est question, c'est qu'au regard des Juifs qui avoient du zele pour leur Religion, il leur a toujours été libre, sans distinction de condition, d'âge & de sexe, de les avoir & de les lire, & que jamais l'intention de Moyse, ni de ceux qui lui ont succédé, n'a été d'en ôter la connoissance au peuple, de lui en défendre la lecture, ou de la lui rendre impossible. Voilà ce que M. Mallet a à combattre, & à quoi la rareté des Livres sacrés ne sert de rien, à moins qu'il ne prouve, que ce sont les Prêtres & les Prophetes qui ont voulu exprès que ces livres fussent rares. Et c'est ce qu'il ne prouve en aucune sorte.

2°. Il en revient à son changement des lettres hébraïques du temps de Roboam, qui est une pure chimere que lui-même a abandonnée.

3°. Il attribue à Esdras une autre pensée non moins chimérique, qui auroit été d'empêcher par ce changement de caracteres, que les Samaritains n'eussent les livres de la Loi. C'est ce que personne n'a jamais dit, & ce qui étoit impossible, parce que les Prêtres Juifs, qui leur avoient été envoyés par les Rois d'Assyrie, pour leur apprendre le culte légitime du Dieu du pays (*legitima Dei terræ*: c'est ainsi que les Assyriens appelloient le Dieu d'Israël), afin que ce Dieu étant appaisé ils ne fussent plus mangés par les lions, leur avoient apporté les livres de la Loi écrits dans les anciens caracteres, que ces peuples ont toujours conservés depuis, comme il a été dit ci-dessus. Aussi personne n'a jamais attribué ce dessein à Esdras au regard des Samaritains, mais seulement celui de n'avoir rien de commun avec ces Schismatiques, & demi-payens, & empêcher par-là que les Juifs ne se laissassent corrompre par leur voisinage, en s'engageant dans leurs erreurs. Et c'est l'esprit où les Juifs ont toujours été depuis à leur égard, comme il paroît par l'étonnement où étoit la Samaritaine, de ce que Jesus, qui étoit Juif, lui avoit demandé à boire. *Car les Juifs*, dit S. Jean, *n'ont point de commerce avec les Samaritains.* Si donc Esdras a considéré les Samaritains dans ce changement de caracteres, ce n'a pu être que pour rompre tout commerce avec eux, aussi-bien dans la lecture de la Bible, qu'en toute autre chose.

4°. Mais comment un homme qui ne sait pas ce qui se passe devant ses yeux seroit-il bien informé de choses si éloignées? Car que veut-il dire, quand il suppose, *que les caracteres des François sont inconnus aux Anglois?* Y eut-il jamais une plus étrange rêverie?

M. Mallet emploie ensuite son principal argument pour faire voir quelle étoit la rareté des livres de la Loi, qui est l'étonnement où fut le Roi Josias quand on lui montra le livre de la Loi, qui avoit été trouvé dans le Temple par le grand Prêtre Helcias. Les Interpretes sont partagés sur le sujet de ce livre trouvé dans le Temple. Il y en a qui prétendent que c'étoit l'original même de Moyse, ce qui paroît, disent-ils,

I. CLAS. N°. X.

par ces paroles du second livre des Paralipomenes 34. 14. *Reperit Helcias Sacerdos librum legis Domini per manum Moysi.* C'est le sentiment de Grotius. Mais d'autres, comme Vatable, croient que ce n'en étoit qu'un exemplaire, qui avoit été caché dans le Temple pendant les persécutions de Manassé ou d'Amon, & que ces paroles, *per manum Moysi*, ne sont qu'un hébraïsme, qui marque que c'est Moyse qui a composé ce livre, & non pas que ce fût celui qu'il avoit écrit de sa main. Mais quand cela seroit, quel usage M. Mallet en pourroit-il faire pour l'établissement de ses paradoxes? Il faudroit qu'il en conclût; *que ce n'a pas été l'intention de Moyse, que le peuple Juif lût les livres de la Loi:* (car c'est ce qu'il a entrepris de prouver) ou au moins, que ç'a été l'intention de Moyse, que les livres de la Loi fussent si rares que le peuple ne pût en avoir pour les lire. Or si cela se conclut bien de ce fait particulier, il en faudra conclure aussi, que l'intention de Moyse a été que les Prêtres négligeassent la lecture de la Loi, & qu'ils ne tinssent aucun compte d'observer l'Ordonnance qu'il leur a faite au Chapitre 31. du Deutéronome: *de faire assembler tous les enfants d'Israël en l'année sabbatique, à la fête des Tabernacles, & de leur lire les paroles de la Loi, afin qu'ils les apprissent, & qu'ils craignissent le Seigneur leur Dieu, & qu'ils observassent toutes ses ordonnances.* Car il est obligé de dire, pour faire valoir son argument, que les Prêtres ne l'avoient pas fait depuis dix-huit ans que régnoit Josias, puisqu'il fut frappé comme d'une chose nouvelle de ce qu'il trouva dans ce livre. Il en faudra conclure de même, que ce n'a point été l'intention de Moyse, qu'on observât envers le Roi ce qu'il ordonne au Deutéronome, Chapitre 17. *qu'aussi-tôt qu'on le mettroit sur le trône, il feroit transcrire le Deutéronome selon l'exemplaire que les Prêtres lui en donneroient*, comme étant le plus correct, *& qu'il y lût tous les jours de sa vie, & qu'il y apprît à craindre le Seigneur son Dieu, & à observer tout ce qui est porté par la Loi.* Car comme la découverte de ce livre arriva la dix-huitieme année du regne de Josias, il faut qu'il dise, que les Prêtres avoient manqué de pratiquer envers lui ce qui leur étoit commandé par la Loi de Moyse, & que cela avoit été cause que ce Prince, si pieux d'ailleurs & si bon, n'avoit point eu jusqu'alors de connoissance de la Loi de Dieu. M. Mallet en conclura-t-il, que ce n'avoit donc pas été l'intention de Moyse qu'il la lût?

Qu'il apprenne donc, que rien ne seroit plus ridicule que de juger de l'intention de Moyse, par des faits qui ne pourroient être arrivés, qu'en violant ouvertement ce que Moyse avoit ordonné, & qui ne peuvent avoir été que la suite du renversement horrible de toute la Loi, de Dieu, & de tout le culte qui lui étoit dû, sous les regnes de Manassé & d'Amon. Mais de quelque maniere que cela soit arrivé (car on n'en peut parler que par conjecture) comme on ne peut dire avec la moindre vraisemblance que ç'ait été par un bon zele, étant clair que ce ne peut avoir été que par une grande négligence des choses de Dieu, quand ce n'auroit pas été par un dessein tout-à-fait méchant & impie, c'est la derniere des absurdités, de prendre cette rareté des Livres saints, qui ne peut être attribuée qu'aux péchés des Juifs, pour un argument que Moyse n'a point eu intention que ses livres fussent lus par le peuple de Dieu pour qui il les a faits, & qu'il appelle lui-même, (Exode 19.) *une nation sainte*, & qui devoit être considérée comme étant tous, en un sens, *Prêtres & Rois*.

I. CLAS. N°. X.

CHAPITRE XII.

Examen de la dixieme preuve : que ce n'a pu être l'usage de l'Ancien Testament de donner à lire au peuple les livres de l'Ecriture Sainte : parce qu'il y en avoit si peu d'exemplaires, que les SS. Peres ont cru qu'ils avoient tous été brûlés dans l'incendie des Archives du Temple & de la ville de Jerusalem.

Est-ce agir de bonne foi que d'attribuer généralement aux SS. Peres une opinion de quelques-uns, qui ayant été trompés par le quatrieme livre d'Esdras, qui est un livre apocryphe plein de faussetés, ont cru que tous les livres de la Loi avoient été brûlés ou perdus dans la destruction de Jerusalem, & qu'Esdras les avoit dictés de nouveau par une inspiration divine?

Mais comment faut-il avoir l'esprit fait, pour s'opiniâtrer à soutenir une fable rejetée de tous les savants, & pour ne pas voir combien cette fausse histoire seroit préjudiciable à la Religion, puisqu'on ne pourroit plus se servir de plusieurs des plus mémorables Prophéties pour la persuader à des libertins? Car il faut pour cela être assuré qu'elles ont été écrites avant les événements. Or, selon cette fausse supposition, on ne pourroit plus assigner d'autre époque à ces Prophéties que le temps d'Esdras, qui les auroit toutes dictées de nouveau; & ainsi n'ayant vécu qu'après de très-grands événements prédits par plusieurs de ces Prophéties, comme sont par exemple celle d'Isaïe, qui a prédit la délivrance des Juifs par Cyrus en le nommant par son nom; celle du même Prophete tou-

I. CLAS. N°. X.

chant la ruine de Babylone; & celle de Jérémie si claire & si précise touchant le retour des Juifs, après 70 ans de captivité, elles ne pourront plus servir de rien pour prouver la vérité de la Religion à ceux qui en ont des doutes.

On voit donc assez quel préjudice peuvent apporter à la Religion des Ecrivains étourdis, qui avancent témérairement tout ce qu'ils croient avantageux à une méchante cause qu'ils ont entrepris de défendre, sans en prévoir les conséquences pernicieuses.

Mais sans s'arrêter à ces conséquences, la chose en elle-même est insoutenable; & il y a un grand nombre de preuves qui font voir manifestement, qu'il est impossible que tous les exemplaires des Livres sacrés aient été brûlés dans l'embrasement du temple.

Car 1°. Il y avoit beaucoup de Juifs parmi les dix Tribus, qui étoient demeurés dans la Religion de leurs Peres, sans avoir consenti au schisme de Jéroboam, ni voulu adorer ses veaux d'or. Tels étoient les Prophetes qui demeuroient dans le Royaume des dix Tribus; comme Elie, Elisée & plusieurs autres, & ceux qu'ils élevoient dans la piété, qui sont appellés dans l'Ecriture *les enfants*, c'est-à-dire les disciples, *des Prophetes*. Tels étoient encore ces sept mille que Dieu dit à Elie qu'il s'étoit réservés, & qui par conséquent devoient avoir conservé le vrai culte de la Religion judaïque sans être ni schismatiques ni idolâtres. Or les dix Tribus ayant été enlevées dans le pays des Assyriens & des Medes plus de cent trente ans avant l'embrasement du temple par Nabuchodonosor, y a-t-il apparence qu'aucun des ces pieux Israélites n'eût emporté avec lui les Livres sacrés? & comme on demeure d'accord qu'il y en eût d'entr'eux qui se réunirent à ceux de la tribu de Juda, pour retourner en Judée sous Cyrus, & qu'on peut croire que ce furent les plus zélés pour leur Religion, n'est-ce pas un moyen par lequel les Livres sacrés auroient pu se conserver? Et le livre de Tobie nous donne une preuve qu'en effet les Livres sacrés étoient parmi ces captifs emmenés par Salmanasar: car il est dit de Tobie, que s'étant levé de son dîner pour ensevelir un Juif qu'on avoit égorgé & qu'on lui avoit dit être étendu mort dans la rue, il se souvint de cette parole du Prophete Amos: *vos jours de fêtes seront changés en des jours de deuil & de pleurs*. Ce qui fait voir de plus qu'il y en avoit d'autres parmi les Juifs que les Prêtres & les Lévites qui lisoient l'Ecriture Sainte.

2°. J'ai déja remarqué que les Samaritains, c'est-à-dire, ces peuples que les Rois d'Assyrie avoient mis dans Samarie, & dans les autres villes des dix Tribus, avoient les livres de la Loi, long-temps avant la destruction de Jerusalem par Nabuchodonosor, qui leur avoient été apportés par ces Prêtres Juifs, que le Roi d'Assyrie leur avoit envoyés pour leur apprendre *legitima Dei terræ*, c'est-à-dire, la maniere dont on devoit adorer le Dieu du peuple d'Israël selon la Loi de Moyse. Et ce sont ces exemplaires du Pentateuque, qui sont demeurés écrits dans les anciennes lettres des Cananéens, qu'on a depuis appellés Samaritaines. Or il est bien clair que ces exemplaires Samaritains ne pouvoient pas être dans le temple, ni par conséquent y être brûlés.

3°. Onze ans avant la destruction de Jerusalem, Ezechiel & Daniel, avec d'autres Israélites craignant Dieu, furent transportés en Babylone, avec le Roi Joachim. Or, y a-t-il de l'apparence qu'aucun de ces captifs n'eût apporté avec lui les Livres sacrés, & sur-tout Ezechiel, qui étoit Prêtre, & avoit par-là une obligation particuliere de lire la Loi, & de l'enseigner aux autres ?

4°. On doit dire la même chose de Jérémie, qui étoit aussi de la race sacerdotale, qu'on ne peut pas croire avoir manqué de zele, pour conserver les livres de la Loi, & qui a eu tout moyen de le faire. Car la ville de Jerusalem ayant été prise la onzieme année du regne de Sedecias, le quatrieme jour du quatrieme mois, Nabuchodonosor donna ordre qu'on traitât bien le Prophete Jérémie, & qu'on lui donnât toute sorte de liberté. Or ce ne fut qu'un mois après que le temple fut brûlé, comme il est marqué dans le livre 4. des Rois 25. 8. Comment donc peut-on croire qu'un Prêtre aussi saint que Jérémie, pouvant si facilement emporter avec lui les Livres Sacrés ne l'ait pas fait ?

5°. Il paroît que Daniel avoit les Livres de Moyse pendant la captivité de Babylone, parce qu'il dit au chapitre 9, en parlant à Dieu : *Tout le peuple d'Israël a violé votre Loi, & ils se sont détournés pour ne point entendre votre voix. Et c'est parce que nous avons péché contre vous, que sont tombées sur nous les malédictions & les exécrations qui sont écrites dans le livre de Moyse serviteur de Dieu.* Et un peu plus bas. *Tous ces maux nous sont venu accabler, selon ce qui est écrit dans la Loi de Moyse.*

6°. Il est dit dans le sixieme chapitre du premier livre d'Esdras, que le temple fut achevé de bâtir la sixieme année du Roi Darius, & qu'on établit les Prêtres & les Lévites dans leurs fonctions, selon qu'il est écrit dans la Loi de Moyse. *Sicut scriptum est in libro Moysi.* Or Esdras n'étoit pas encore venu à Jerusalem : car ce n'est que dans le chapitre suivant qu'il rapporte comment il vint en Judée la septieme année du Roi Artaxerxes. On avoit donc les livres de Moyse avant le temps qu'il les eut dictés de nouveau, selon la fable que M. Mallet veut soutenir

7°. Dans le second livre d'Esdras chapitre 8 ; le peuple voulant être instruit de la Loi de Moyse, ne prie point Esdras de la leur dicter de nouveau, mais ils le prient seulement d'apporter le livre de la Loi de Moyse, que le Seigneur avoit donnée au Peuple d'Israël. *Et dixerunt Esdræ scribæ ut afferret librum legis Moysi quam præceperat Deus Israeli.* Et il est dit aussi-tôt qu'Esdras apporta le livre de la Loi, & qu'il le lut devant tout le peuple.

Rien n'est donc plus insoutenable, comme j'ai déja dit, que cette perte entiere de tous les Livres Sacrés par l'embrasement du temple. Mais ce qui découvre encore davantage l'aveuglement de M. Mallet, est que, quand ce fait ne seroit pas aussi faux qu'il est, ce que nous venons de dire montre clairement qu'il n'en pourroit rien conclure en faveur de la these qu'il soutient; *que ce n'a pas été l'intention de Moyse que les Ecritures fussent lues par le peuple.* Car tout ce que cela prouve immédiatement, c'est que les Livres Sacrés auroient été fort rares en un temps, où ce malheureux peuple avoit tellement abandonné le culte de Dieu, & le soin d'observer sa Loi, qu'il attira sur lui les plus horribles fléaux de sa colere & de sa vengeance. Ce seroit donc à cet oubli de Dieu, & à cette inobservation de la Loi qu'on devroit attribuer cette rareté des exemplaires des Ecritures divines. Et ainsi, ce seroit aussi mal raisonner de prendre cela pour une preuve que Moyse n'entendoit point que le peuple lût ses livres, que si on prenoit la difficulté où étoient les dix Tribus, d'aller offrir leurs sacrifices à Jerusalem pendant tout le temps des Rois d'Israël, pour une preuve que l'intention de Moyse n'a point été que tous les Juifs n'offrissent leurs sacrifices qu'en un seul lieu.

CHAPITRE XIII.

Examen de la onzieme preuve : Que ce n'a pu être l'usage de l'Ancien Testament de donner à lire au peuple les livres de l'Ecriture Sainte; parce que les Gentils les recherchoient avec beaucoup de soin, & que les Prêtres, au contraire, empêchoient, autant qu'ils pouvoient, qu'ils ne tombassent entre leurs mains.

M. Mallet fonde cette preuve, dans son 15. chapitre, sur un passage du premier livre des Machabées, chapitre 3. vers. 48, où il est dit; *que les Juifs ouvrirent les livres de la Loi, dans lesquels les Gentils recherchoient la ressemblance de leurs idoles.* Sur quoi il dit; *qu'il y avoit une espece de combat entre les Juifs & les Gentils: car les Gentils cherchoient par-tout les livres de l'Ecriture, afin d'y appuyer leurs superstitions;*

ctions; & les Juifs, au contraire, les cachoient autant qu'ils pouvoient, pour empêcher le mauvais usage que les payens en faisoient.

Mais, que peut-on s'imaginer de plus foible & de plus hors de propos que cette prétendue preuve? Car, d'une part, le fait est chimérique; & cette espece de combat entre les Juifs & les Gentils, dont parle M. Mallet, est une pure vision; puisque, si les Juifs avoient été dans la pensée qu'il leur attribue, de cacher avec grand soin la Bible aux Gentils, ils ne l'auroient pas traduite en grec, comme ils avoient fait plus de soixante & dix ans avant le temps des Machabées, en faveur d'un Roi payen; ce qui donnoit moyen aux Gentils d'avoir sans peine les Ecritures Saintes, cette traduction s'étant bientôt répandue dans l'Orient, comme il a été dit dans l'examen de la sixieme preuve. Et quand, d'autre part, ce fait seroit vrai, il ne pourroit servir de rien à M. Mallet pour établir ce qu'il prétend; puisqu'il ne s'agit pas de savoir si les Juifs vouloient ou ne vouloient pas, que les Payens lussent l'Ecriture Sainte; mais si leurs Prêtres & leurs Docteurs trouvoient mauvais qu'elles fussent lues par toutes sortes de personnes, d'entre les Juifs mêmes.

CHAPITRE XIV.

Examen de la douzieme Preuve: Que ç'a été si peu la pensée des Docteurs de la Loi & des plus sages d'entre les Hébreux, de rendre les Livres sacrés populaires, qu'ils n'en permettoient pas généralement la lecture, même aux disciples qu'ils enseignoient.

Cette derniere preuve est un digne couronnement de toutes les autres, & on doit savoir gré à M. Mallet, de ce qu'il a fini par-là tout ce qu'il a pu trouver de couleurs pour appuyer ses absurdités; parce que rien n'est plus propre à détromper ceux qu'il pourroit avoir jeté dans l'erreur, par le nombre de ses faux arguments, & par la hardiesse avec laquelle il les propose. Car ce qu'il dit dans cette récapitulation de ses preuves, d'une maniere un peu obscure, est ce qu'il a plus étendu & marqué plus clairement dans son seizieme chapitre, qui a pour titre: *De l'ordonnance des Hébreux, qui défendoit la lecture* DE QUELQUES LIVRES *de l'Ecriture Sainte avant l'âge de vingt-cinq ou trente ans.* Et le plus ancien Auteur qu'il allegue pour prouver cette ordonnance, est Origene, hom. 1. sur les Cantiques, qui en parle en ces termes. *Moris est apud Hebræos omnes Scripturas à Doctoribus & sapientibus tradi pueris, simul*

I. CLAS. N°. X.

& *eas quas* δευτερώσεις *appellant; ad ultimum quatuor ista servari, id est principium Genesis, Ezechielis principia & finem & hunc Cantici Canticorum librum* " C'est la coutume parmi les Hébreux, que les Docteurs & les „ Sages donnent à lire aux ENFANTS tous les livres de l'Ecriture, & „ même ceux qui contiennent leurs traditions, & que l'on réserve pour „ un âge plus avancé, le commencement de la Genese, le commence„ment & la fin d'Ezechiel, & le Cantique des Cantiques. S. Jerôme détermine cet âge plus avancé, avant lequel on ne lisoit point ces quatre endroits de l'Ecriture, à 30. ans, & S. Grégoire de Nazianze à 25.

M. Mallet rapporte tout cela, & il a si peu de jugement que de n'avoir pas vu que cette Ordonnance des Hébreux, bien loin de confirmer son erreur, la détruit manifestement, & prouve d'une maniere invincible, qu'il est plus faux que la fausseté même, que ces Docteurs Juifs aient empêché, autant qu'ils pouvoient, que les Livres saints ne fussent lus par le peuple. Car qui ne voit que cette défense étant une exception de ce qui se permettoit généralement à tous les Juifs, & même aux enfants, & cette exception ne regardant qu'un seul petit livre de l'Ecriture, & quelques parties de deux autres, c'est une marque assurée, que tout le monde indifféremment, sans distinction de qualité, d'âge & de sexe, pouvoit lire tous les autres Livres sans difficulté, & même ceux-là quand ils étoient arrivés à l'âge au-dessous duquel on ne trouvoit pas bon qu'ils les lussent? Et nous avons un exemple célebre de la coutume, qu'Origene assure avoir été parmi les Hébreux, de faire lire aux enfants mêmes les Ecritures divines, en la personne de Timothée, à qui S. Paul représente, comme une grace qu'il avoit reçue de Dieu, de ce qu'il avoit appris les saintes Lettres dès son enfance, & *quia ab infantiâ sacras Litteras nosti.* 2. Tim. 3. 15. Et cependant il ne pouvoit les avoir apprises, son pere étant Gentil, que par Eunice sa Mere, & par Loïde son ayeule, qui, étant de saintes femmes, auroient fait conscience de lire l'Ecriture Sainte, & de la faire lire à un enfant, si ce que M. Mallet suppose, que l'intention de Dieu en la donnant aux hommes, n'étoit pas qu'elle fût lue par les ignorants & par les femmes, étoit autre chose qu'une rêverie, que S. Paul condamne, en louant ce qui auroit été blâmable selon ce Docteur.

Mais, pour revenir à son ordonnance des Hébreux, il faut avouer que c'est le dernier aveuglement de l'avoir rapportée entre les preuves, *qui doivent convaincre*, à ce qu'il dit, *tout homme raisonnable, que ce n'a pas été la coutume de l'Ancien Testament, de donner à lire au peuple les livres de l'Ecriture Sainte.*

Il est vrai qu'il s'est servi de deux artifices, tout-à-fait indignes d'un homme sincere, pour empêcher qu'on ne vît si facilement combien cette prétendue preuve lui étoit contraire.

Le premier est, que, citant en latin & en françois un assez long passage de S. Gregoire de Nazianze, pris de son premier Sermon, il en supprime ce qui suit, & qui le condamne manifestement. Car ce Saint, ayant dit qu'on ne permettoit qu'à un certain âge (savoir à 25. ans, comme il le marque ensuite) la lecture de quelques livres de l'Ecriture Sainte, il ajoute: *Mais pour les autres, ils étoient communs à tout le monde, & la lecture en étoit permise dès le premier âge*, ἀπ' ἀρχῆς. Cela est-il propre à confirmer ce que M. Mallet prétend prouver par cette loi des Hébreux, *que ce n'a jamais été la pensée des Docteurs de la loi, & des plus sages d'entre les Juifs, de rendre les Livres sacrés populaires?* N'étoit-ce point les rendre populaires, que de les laisser lire, presque tous à tout le monde, dès la premiere jeunesse, & d'en réserver seulement quelques-uns, que tous pouvoient lire aussi, mais seulement après l'âge de 25. ans?

Le second artifice est bien plus honteux: car c'est une insigne fausseté. Il y a dans le passage d'Origene, comme on a déja vu, que les Docteurs des Juifs avoient accoutumé *de donner à lire aux enfants toutes les Ecritures Saintes*, à l'exception de quelques endroits: il a changé, en traduisant ce passage, le mot d'*enfants* en celui de *disciples*; & il prend avantage de cette falsification dans toute la suite. Il dit, en la page 114: *Qu'il est constant, par le témoignage des SS. Peres, qu'il y avoit une ordonnance parmi les Hébreux, qui défendoit aux Docteurs de la Loi de donner à lire*, à ceux mêmes qui prenoient leurs leçons, *certains livres, & certains endroits de l'Ecriture.* Et en la page 115, il demande, s'il peut venir *en la pensée d'un homme raisonnable, que ce qui a été défendu aux Disciples des Docteurs de la Loi, qui avoient d'eux-mêmes quelque capacité, & qui pouvoient consulter leurs maîtres sur les difficultés qu'ils rencontreroient, ait été permis au commun du peuple, qui n'avoient ni maître pour s'instruire, ni suffisance pour interprêter d'eux-mêmes les lieux difficiles & embarrassés?* Et enfin, il répete la même fausseté dans la conclusion, où il ramasse ses preuves. *Enfin*, dit-il, *ç'a été si peu la pensée des Docteurs de la Loi & des plus sages d'entre les Hébreux, de rendre les Livres Sacrés populaires, qu'ils n'en permettoient pas généralement la lecture, même aux disciples qu'ils enseignoient.*

Vit-on jamais de sophisme plus grossier, & plus de mauvaise foi? Est-ce vouloir que les Livres sacrés ne fussent pas populaires, c'est-à-dire, qu'ils ne fussent pas lus du commun des Juifs, que d'avoir voulu, au rapport d'Origene que M. Mallet prend pour témoin de ce qu'il avance, qu'ils leur fussent tous lus dès leur enfance, à l'exception de quelques endroits qui n'en font pas la cinquantieme partie? Est-ce même avoir voulu que ces endroits-là ne fussent pas lus du peuple, que d'avoir seulement ordonné qu'on ne les liroit qu'à vingt-cinq ou trente ans? C'est comme qui diroit, que le Concile de Trente a défendu les vœux de Religion, parce qu'il a défendu qu'on les fît avant seize ans. Enfin, qui lui a donné droit de changer le mot d'*enfants*, qu'il a trouvé dans Origene, en celui de *disciples*, qu'il n'a trouvé nulle part, & qu'il a substitué à l'autre, pour tromper le monde, en insistant sur ce mot de *disciples*, qui est de son invention, & voulant par-là faire croire, que ces sages d'entre les Juifs ne permettoient pas la lecture des Livres sacrés au commun du peuple, mais seulement *aux disciples qu'ils enseignoient*; &, qu'à l'égard même de leurs disciples, ils ne la leur permettoient pas généralement? Que de faussetés & de supercheries honteuses, pour faire trouver sa nouvelle erreur dans un passage qui la condamne manifestement!

CHAPITRE XV.

D'une autre Loi des Juifs, qui renverse toutes les chimeres de M. Mallet, qui est: Que chaque Israélite étoit obligé d'écrire de sa propre main, ou de se faire écrire un exemplaire de la Loi.

MAis, après avoir montré que cette loi des Hébreux, dont parlent les Peres, de ne lire qu'à un certain âge quelques endroits de l'Ecriture, bien loin de lui être favorable, établit clairement le contraire de ses rêveries, il ne reste plus qu'à le confondre encore par une autre loi des mêmes Juifs, qui est capable, toute seule, de découvrir évidemment la fausseté de ce qu'il soutient avec tant d'audace, que les Livres de l'Ancien Testament n'ont point été écrits pour être mis entre les mains du peuple. C'est la célebre Ordonnance, par laquelle il étoit commandé à chaque Juif d'écrire un exemplaire de la Loi de sa propre main, s'il savoit écrire, ou de se le faire écrire, s'il ne le savoit pas. Elle est rapportée par tous ceux qui ont écrit des coutumes des Juifs; & elle se trouve en ces termes dans la Ghemare, au traité Synedrin, chapitre 2. *R. Aba a dit: Quoiqu'un homme ait un livre de la Loi, qui lui ait été laissé par ses parents, il est néanmoins obligé d'en écrire un lui-même, selon ce qui est dit: Nunc autem scribite vobis carmen istud:*

car ils prétendent, que ce passage oblige à écrire toute la Loi entiere; parce qu'on ne la doit pas écrire en sections séparées.

Le Rabbi Moyse, fils de Maimon, le plus raisonnable de tous les Juifs qui ont écrit depuis J. C, rapporte cette même tradition, dans la premiere partie de son Abrégé du Talmud, en ces termes. *Chaque Israélite est obligé, par précepte affirmatif, d'écrire pour soi un exemplaire de la Loi, selon ce qu'il est dit: Nunc autem scribite vobis carmen istud: Ce qui est autant que qu'il eût dit: Ecrivez la Loi dans laquelle se trouve ce Cantique; parce qu'on n'écrit pas la Loi par sections séparées. Quand ses Peres lui auroient laissé un livre de la Loi, il est obligé de l'écrire lui-même; & lorsqu'il l'a écrit de sa main, ce livre est comme une tradition du mont Sinaï;* (c'est-à-dire, qu'il a une sainteté, & un prix tout particulier, & qu'il en devient plus authentique), *s'il ne sait pas écrire, il s'en fait écrire un exemplaire. Celui qui corrige un exemplaire de la Loi, quand il n'en corrigeroit qu'une seule lettre, fait autant que s'il l'avoit écrit tout entier. Le Roi en écrivoit deux; l'un comme particulier, qui demeuroit dans son trésor, & l'autre comme Roi, qu'il portoit avec soi à la guerre. Ils corrigeoient ces exemplaires, & les conféroient avec celui qui étoit à l'entrée du temple par l'ordre du grand Synedrin.*

Cette même tradition se trouve dans tous les Commentateurs, ou abbréviateurs du Talmud. Et il n'y a pas lieu de douter que les Juifs n'aient cette coutume de toute ancienneté; mais ils ne l'observent plus maintenant, depuis qu'ils ont fait imprimer des Bibles hébraïques, avec un très-grand soin. Il n'y a que les livres dont ils se servent dans leurs Synagogues qu'ils continuent toujours d'écrire à la main.

Le P. Morin, dans ses Exercitations sur la Bible, lib. 2. Exercit. 16. c. 5. n. 6, se sert de cette loi pour prouver qu'il n'y avoit pas de points du temps de S. Jérôme; parce que ce Saint en auroit parlé, & que c'est en vain qu'on a voulu dire que ces livres ponctués étoient fort rares; & qu'ainsi S. Jérôme pouvoit ne les avoir pas vus. *Ceux*, dit-il, *qui parlent ainsi paroissent n'être guere savants dans les coutumes des Juifs: car chaque Juif étoit obligé d'écrire de sa propre main, ou de se faire écrire, un exemplaire de la Loi. C'est une très-ancienne tradition parmi eux.* Ce qu'ayant prouvé par plusieurs Rabbins, & par la Ghémare, il en conclut, ce qu'on supplie M. Mallet de bien écouter. *Il falloit donc qu'au moins le Pentateuque, c'est-à-dire, les livres de Moyse, fussent entre les mains de tous les Juifs, & que souvent même il y en eût plusieurs en chaque famille; puisqu'ils conservoient ceux qui leur avoient été laissés par leurs Peres. Or qui ne voit que, si les points eussent été de ce temps-là, & qu'on eût cru que c'étoit Esdras qui les avoit ajoutés au texte, chaque*

Israélite, qui transcrivoit le Pentateuque, n'auroit pas manqué d'y mettre les points; & qu'il l'auroit fait avec d'autant plus de soin, qu'il auroit été moins savant, puisque les Juifs en font tant d'état, qu'ils les appellent l'ame de la Loi?

On comprend assez que rien ne peut ruiner davantage les extravagantes prétentions de M. Mallet touchant la lecture des livres du Vieux Testament. Cependant il en est si satisfait, qu'il croit n'avoir plus qu'à faire la même chose à l'égard du Nouveau Testament, qu'il s'imagine avoir fait à l'égard de l'Ancien; & il nous fait entendre que cela lui sera encore plus facile. *Passons*, dit-il, p. 119, *de l'Ancien Testament au Nouveau, & voyons si nous n'y trouverons pas encore plus de lumiere pour découvrir la vérité que nous cherchons.* C'est-à-dire, pour montrer (car c'est ce qu'il prend pour une grande vérité), que l'intention de Jesus Christ & des Apôtres n'a point été, que les Ecritures Saintes du Nouveau Testament, fussent lues par le commun des Chrétiens, comme il prétend avoir bien montré qu'on ne laissoit point lire celles de l'Ancien au commun des Juifs.

Mais je pense, qu'après tout ce qui a été dit jusques ici, on croira sans peine qu'il n'y a qu'à prendre le contraire d'un discours si mal fondé, & qu'on peut faire espérer, qu'on ne découvrira pas moins de faussetés & de manquements de sens commun dans les preuves qu'il apporte pour appuyer ses rêveries à l'égard des Ecritures Saintes du Nouveau Testament, qu'on en a trouvé dans les efforts qu'il a faits pour les établir à l'égard de celles de l'Ancien.

LIVRE II.

De la lecture des Livres du Nouveau Testament.

CHAPITRE PREMIER.

Examen de la premiere preuve: Prise du silence de J. C. touchant les versions des Livres Sacrés.

IL ne suffit pas à M. Mallet d'avoir prétendu que la lecture des livres de l'Ecriture Sainte étoit interdite au commun des Juifs, & qu'ils n'en devoient savoir que ce que leur en voudroient dire leurs Prêtres & leurs Docteurs: il ne se contente pas d'avoir ravi à ce Peuple, qui étoit le seul sur la terre qui adorât le vrai Dieu, l'avantage qui leur appartenoit à tous, selon S. Paul, qui est que *les Oracles de Dieu leur avoient été confiés. Quid ergo amplius Judæo est* (dit l'Apôtre Rom. 3. 1.) *vel quæ utilitas circumcisionis? Multùm per omnem modum : primùm quidem quia credita sunt illis eloquia Dei.* Il ne lui plaît pas de mieux traiter les Citoyens de la Jerusalem céleste, qui est l'Eglise, que ceux de la Jerusalem terrestre; les enfants de la femme libre, que ceux de l'esclave. Comme il a soutenu que l'intention de Moyse n'a jamais été que le commun des Juifs lût les livres de l'ancienne Loi, il soutient, avec la même hardiesse, page 187, *que ce n'a point été l'intention des Apôtres, que le commun des Chrétiens prît connoissance des vérités de la Religion, par la lecture qu'il feroit des Ecritures Saintes de la Loi nouvelle.* Mais comme on a vu aussi que rien ne pouvoit être plus foible que les arguments qu'il emploie pour établir la premiere partie de son paradoxe, qui regarde l'usage de l'Ancien Testament, je ne doute point que ce qu'il dit sur la seconde, qui regarde l'usage de l'Eglise du temps des Apôtres, & des premiers siecles, ne soit encore trouvé plus déraisonnable. Je n'omettrai aucune de ses preuves; quoique, dans la vérité, elles soient telles, qu'elles ne mériteroient pas qu'on s'y arrêtât.

La premiere est prise *du silence de Jesus Christ touchant les traductions de l'Ecriture Sainte*; d'où il conclut qu'elles manquoient entiérement de son temps.

Il faut être étourdi jusques à l'excès pour avancer une fausseté si visible; qu'il n'y avoit au temps de Jesus Christ, *aucune traduction de l'Ecriture.* C'est ce que M. Mallet assure quatre fois dans ce chapitre 17, & il ne se souvient plus de ce qu'il a dit dans le 15e de la fameuse version des Septante, faite plus de 300. ans avant la prédication de Jesus Christ, qui étoit si célebre & si autorisée, que les Ecrivains Canoniques du Nouveau Testament ont très-souvent cité les passages de l'Ancien selon cette traduction.

Ainsi cette premiere preuve n'a que des fondements ruineux; tout ce qu'il y suppose étant très-incertain, ou tout à fait faux.

Car 1°. on n'a aucune preuve solide que plusieurs des Juifs Hébreux, qui parloient une langue mêlée d'hébreu & de syriaque, ne fussent pas assez de l'ancien hébreu, quoiqu'ils n'eussent pas l'usage de le parler, pour entendre les Livres Saints dans l'original, sans avoir besoin de traduction. La preuve qu'on apporte d'ordinaire, après les Cardinaux Bellarmin & du Perron, pour montrer qu'ils ne l'entendoient pas, est, que Notre Seigneur ayant dit avant de mourir, *Eli Eli lamma Sabacthani, mon Dieu, mon Dieu pourquoi m'abandonnez-vous*, les Juifs

I. CLAS. N°. X.

crurent qu'il appelloit Elie. Mais, afin que cette preuve fût bonne, il faudroit que ce que S. Jérôme a cru fût certain; qui est, que Notre Seigneur n'eût pas cité ce verset du Pseaume selon la langue syriaque, qu'il parloit ordinairement. Mais il n'y a nulle apparence à cela : car, quoique les deux premiers mots *Eli*, *Eli* soient hébreux, il ne s'ensuit pas qu'ils ne fussent aussi du syriaque de ce temps-là, qui tenoit plus de l'hébreu qu'il n'a fait depuis. Et pour les derniers *Lamma Sabacthani*, ils sont certainement syriaques & non hébreux : & c'est pourquoi S. Jérôme n'a pu soutenir que Notre Seigneur avoit cité cette parole du Pseaume selon l'hébreu, qu'en prétendant qu'il falloit lire, en S. Matthieu & en S. Marc, comme il y a dans l'hébreu, *lamma azabtani*, & non pas *Sabacthani*; ce qui n'a aucune vraisemblance, le mot que ce Saint vouloit qu'on lût ne se trouvant en aucun de ces deux Evangélistes ni dans la Vulgate, ni dans aucun exemplaire grec manuscrit ou imprimé; quoiqu'il y en ait quelques-uns, où il y a par de visibles fautes de Copistes, ζαφθάνει, ou ἀβαχθανὶ, ou βαχθανὴ. Et on ne peut point dire, comme fait le Cardinal Bellarmin, que ç'a été pour adoucir la prononciation qu'on a mis σαβαχθανὶ en grec & en latin *Sabacthani*, au lieu d'*azabtani*. Car il est clair, d'une part, que ce dernier auroit été plus doux que *Sabacthani*, sur-tout en grec, où il est écrit avec deux aspirées. Et ç'auroit été, de l'autre, une assez étrange aventure que, voulant seulement adoucir la prononciation du mot hébreu, on fût tombé justement dans le mot syriaque, qui signifie la même chose. D'où vient donc, dira-t-on, que ceux qui étoient présents crurent qu'il appelloit Elie? C'est que c'étoient peut-être des soldats Romains, qui avoient oui parler du Prophete Elie aux Juifs avec lesquels ils demeuroient; puisqu'il y en avoit à qui la conversation avec les Juifs avoit fait avoir la connoissance du vrai Dieu, comme les deux Centeniers; l'un de l'Evangile, & l'autre des Actes. Et ce pouvoient aussi être de ces Juifs appellés Hellénistes, qui ne savoient ni l'hébreu ni le syriaque, mais seulement le grec, & qui ne lisoient la Bible que dans la version des Septante, dont il y en avoit sans doute plusieurs à Jerusalem, à cause de la fête de Pâques.

2°. La version des Septante pouvoit servir à presque tous les Juifs, qui avoient du zele pour leur Religion, à entendre l'Ecriture Sainte; parce que le grec étoit devenu, depuis les conquêtes des Grecs, la langue commune de tout l'Orient, & aussi-bien de la Syrie, qui comprenoit la Palestine, que des autres Provinces. C'est ce que M. Mallet devoit au moins avoir appris d'Estius, dans la fin de sa préface sur l'Epître aux Hébreux. *L'usage*, dit-il, *de la langue grecque s'étant fort répandu*

dans

dans l'Orient, & même dans la Syrie, depuis que les Rois Grecs l'avoient assujettie à leur domination, non seulement les Juifs qui étoient dispersés parmi les Gentils, mais ceux mêmes qui demeuroient dans la Palestine, s'étoient peu à peu accoutumés à parler cette langue. Et c'est la raison pourquoi les Apôtres ont mieux aimé se servir de la langue grecque, dans leurs Epîtres, pour être entendus de tout le monde, que d'une langue qui n'auroit été entendue que des Syriens & des Hébreux.

3°. Ce que nous avons dit dans le Livre précédent, chapitre 8, ne laisse pas lieu de douter qu'il n'y ait eu avant Jesus Christ des versions de l'Ecriture Sainte en la langue caldaïque ou syriaque, qui étoit devenue vulgaire parmi les Juifs. Je ne répete point ce que j'en ai dit en ce lieu-là; on le peut voir.

Mais, de quelque maniere que ce soit, on ne peut douter qu'en ce temps-là le commun des Juifs de Jerusalem n'entendît les Ecritures. Car nous en avons des preuves dans l'Evangile & ailleurs, qui paroissent convainquantes, & qui feront voir en même-temps, que ni Jesus Christ, ni les Apôtres, n'ont jamais désapprouvé qu'elles fussent lues par toutes sortes de personnes.

La premiere est, que Jesus Christ, dans le cinquieme chapitre de S. Jean, parlant au peuple Juif, & non seulement aux Docteurs de la Loi, leur dit, *qu'ils lisoient les Ecritures avec soin: scrutamini Scripturas*, ou bien, les exhorte de le faire, si ce verbe doit se prendre à l'impératif. Il supposoit donc, que le commun des Juifs, à qui il parloit, ou entendoient assez l'hébreu pour pouvoir lire les Ecritures dans l'original, ou qu'ils avoient quelque version dans laquelle il les pouvoient lire, & il approuvoit qu'ils le fissent.

La seconde est, ce qui est rapporté dans le quatrieme chapitre de S. Luc; *que Jesus, étant entré dans la Synagogue de Nazareth, on lui présenta le livre du Prophete Isaïe, & que, l'ayant ouvert, il y lut cinq ou six lignes, après quoi il ferma le livre; & tout le monde ayant les yeux arrêtés sur lui, il leur dit: Ce que vous entendez aujourd'hui de vos oreilles est l'accomplissement de cette parole de l'Ecriture. Et tous*, ajoute S. Jean, *lui rendoient témoignage*. Ils avoient donc tous compris ce que portoit la prophétie d'Isaïe, que Jesus Christ avoit lue. Si c'étoit en hébreu, ils entendoient donc assez d'hébreu pour cela, quoiqu'ils ne le parlassent plus. Et si c'étoit une version, il y en avoit donc, contre ce que prétend M. Mallet.

La troisieme se peut tirer de l'histoire du mauvais riche, (Luc 16.) Car sur ce qu'il pressoit Abraham d'envoyer Lazare dans la maison de son pere, afin qu'il avertît ses freres de vivre en sorte qu'ils ne fussent condamnés

I. CLAS. N°. X.

après leur mort aux mêmes tourments que lui; Abraham lui répond: *Ils ont Moyse & les Prophetes, qu'ils les écoutent;* c'est-à-dire, qu'ils obéissent à ce qu'ils enseignent. Il suppose donc que le commun des Juifs, tels qu'étoient les freres de ce mauvais riche, pouvoient lire les livres de Moyse & des Prophetes, ou dans l'original ou dans quelque version, pour régler leur vie selon les instructions qu'ils y trouveroient. Et c'est tellement de-là qu'il prétend qu'ils devoient apprendre ce qu'il falloit faire pour éviter la damnation éternelle, qu'il lui déclare, que s'ils négligeoient de s'appliquer à cette lecture, ou qu'ils n'en profitassent point, ce seroit une marque que leur endurcissement seroit tel, qu'ils ne se convertiroient pas, quand même un mort ressusciteroit pour les porter à changer de vie. *Si Moysen & Prophetas non audiunt, neque si quis ex mortuis resurrexerit credent.*

4°. Dans le dix-septieme chapitre des Actes, verset 11, il est dit: *Que les Juifs de Berée reçurent la parole de Dieu*, que S. Paul leur prêchoit, *avec beaucoup d'affection & d'ardeur, examinant tous les jours les Ecritures, pour voir si ce qu'on leur disoit étoit véritable;* c'est-à-dire, si les passages du Vieux Testament, par lesquels S. Paul leur avoit prouvé que Jesus Christ étoit le Messie, se trouvoient dans la Bible comme il les avoit rapportés. Cela ne fait-il pas voir clairement, que c'étoit la coutume des Juifs de lire l'Ecriture Sainte, même dans leur langue vulgaire; puisqu'il est sans doute que ces Juifs de Macédoine la lisoient en grec, qui étoit leur langue maternelle?

5°. Saint Pierre, dans sa deuxieme Epître, qui est écrite, aussi-bien que la premiere, aux Juifs fideles, dispersés en diverses Provinces de l'Asie, après leur avoir parlé de la voix du Pere qui avoit rendu témoignage à Jesus Christ comme à son Fils bien aimé: il ajoute: *Mais nous avons les oracles des Prophetes, auxquels vous faites bien de vous arrêter comme à une lampe qui luit dans un lieu obscur, jusqu'à ce que le jour commence à vous éclairer, & que l'étoile du matin se leve dans vos cœurs, étant persuadés, avant toutes choses, que nulle explication de l'Ecriture ne se fait par une interprétation particuliere. Car ce n'a point été par la volonté des hommes, que les Prophéties nous ont été anciennement apportées; mais ç'a été par le mouvement du S. Esprit, que les saints hommes de Dieu ont parlé.* D'où nous apprenons deux choses. L'une, que S. Pierre approuve que tous les fideles à qui il écrit lussent l'Ecriture Sainte, puisqu'il leur dit, qu'ils font bien de s'arrêter aux oracles des Prophetes, comme à une lampe qui luit dans un lieu obscur; ce qui suppose qu'ils les avoient écrits en une langue qui leur étoit intelligible. L'autre, que quoique tous puissent lire l'Ecriture, ils ne devoient pas, dans les difficultés qu'ils y rencontroient, en croire leur propre sens; de quoi nous aurons occasion de parler en un autre endroit.

6°. On peut ajouter à tout cela ce qui est dit dans le huitieme chapitre des Actes, de l'Eunuque de la Reine Candace, qu'étant venu à Jérusalem pour adorer Dieu, il lisoit dans son chariot, en s'en retournant, le Prophete Isaïe. Si c'étoit en hébreu, pourquoi veut-on que la plupart des Juifs qui demeuroient en Judée n'aient pas aussi facilement entendu l'hébreu, qu'un étranger, & qu'un Ethyopien? Que si c'étoit en une autre langue: il y avoit donc des traductions de l'Ecriture, contre la fausse supposition de M. Mallet. Que s'il est réduit à dire, que c'étoit celle des Septante, il faudra qu'il reconnoisse qu'elle avoit donc donné moyen à une infinité de peuples de lire l'Ecriture Sainte; puisque les Ethyopiens mêmes y cherchoient de quoi s'instruire des mysteres de la véritable Religion. Mais d'où vient que S. Philippe ne s'avisa point de reprendre cet Eunuque de ce qu'il avoit la hardiesse de lire les Livres sacrés? D'où vient qu'il ne regarda pas *comme une profanation de la parole de Dieu*, de ce qu'elle étoit lue par un ignorant, qui n'étoit pas même de la nation sainte, à qui Dieu l'avoit laissée en dépôt? C'est sans doute comme l'auroit traité M. Mallet, s'il avoit agi conformément à ses maximes. Mais il paroît au contraire, que S. Philippe approuva sa dévotion, & la recherche qu'il faisoit de la vérité dans les Livres saints, quoiqu'il n'eût pas encore assez de lumiere pour en découvrir les mysteres. Ce lui fut un degré pour l'amener à une plus parfaite connoissance de Dieu par la foi en son Fils. Car Dieu, qui fait tout dans ses Elus, mais qui le fait par un ordre admirable de sa sagesse, en faisant qu'ils cherchent ce qu'il leur veut faire trouver; qu'ils demandent ce qu'il leur veut donner, & qu'ainsi ses premieres graces en attirent de plus grandes, avoit inspiré à cet Eunuque, qu'il avoit déja retiré des ténebres du paganisme, de chercher, dans la lecture d'un saint Prophete, ce qui lui pouvoit manquer de la connoissance de Dieu; & l'ayant fait tomber sur un endroit qu'il n'entendoit pas, il l'avoit disposé à en recevoir l'intelligence de celui que, par une faveur singuliere, il lui envoyoit pour l'instruire. Et ce fut cette lecture, à laquelle il s'étoit porté de lui-même, par un instinct de la piété que Dieu commençoit à former dans son cœur, qui, étant jointe à l'explication que lui donna ce saint Diacre, devint le fondement de sa foi & de son salut. Cet exemple doit apprendre à M. Mallet, que les ignorants, pourvu qu'ils soient humbles, sont aussi capables que les savants, de lire avec fruit l'Ecriture Sainte; & que c'est assez qu'ils soient disposés à pratiquer

I. CLAS. N°. X.

avec fidélité ce qu'ils y trouveroient de clair pour le réglement de leurs devoirs, & de respecter, par un sentiment de religion, ce qu'ils n'y comprendroient pas, jusqu'à ce qu'il plaise à Dieu de leur en donner l'intelligence, ou par lui-même, ou par ses Ministres.

S. Chrysostôme n'a pas manqué, en expliquant cette histoire, dans son Commentaire sur les Actes, de faire la même réflexion sur l'avantage que l'on retire de la lecture des Livres saints: *L'Eunuque*, dit-il, *est éclairé en lisant l'Ecriture Sainte. Il étoit dans une grande charge & dans de grandes richesses, & néanmoins, dans le chemin même, il s'applique à cette lecture. Que ne faisoit-il donc point étant en repos dans sa maison? Mais il y a sujet d'admirer de quelle maniere Dieu le convertit. Il n'avoit point vu J. C.; il ne s'étoit point fait de miracles en sa présence. Comment donc s'est fait en lui un si soudain changement, & s'est-il trouvé disposé à ajouter foi à ce que lui dit S. Philippe? C'est que son ame étoit occupée des choses de Dieu, qu'il étoit attentif à l'Ecriture, & qu'il s'occupoit à la lire: tant c'est une chose utile & avantageuse de lire les Ecritures divines!* ce qu'il répete encore un peu plus bas: *c'est assurément*, dit-il, *une grande chose que la lecture des Livres sacrés.* Et il prend ensuite occasion de-là, de reprocher à ses auditeurs le peu de soin qu'ils avoient de lire l'Ecriture Sainte, bien loin de croire, comme fait M. Mallet, que ce soit une profanation de la parole de Dieu, de la laisser lire au commun des Chrétiens. Et cependant, si on l'en croit, il ne parle qu'après tous les Peres, & il n'a sur cela que des sentiments conformes à la pratique des Apôtres & de toute l'Eglise, dans les premiers siecles: tant son aveuglement est grand.

CHAPITRE II.

Examen de la deuxieme preuve: Que Jesus Christ ayant gardé le même procédé que Moyse, ne s'étant pas expliqué plus clairement des vérités du Christianisme, & ayant parlé avec la même réserve que Dieu avoit fait dans l'Ancien Testament, on en doit tirer la même conséquence touchant la défense qu'il est à propos de faire au peuple, de lire les Livres du Nouveau Testament.

QUand tout ce que M. Mallet suppose seroit vrai, ce que nous avons dit dans le premier Livre, pour faire voir la fausseté de cette conséquence au regard des Livres de l'Ancien Testament, suffiroit pour faire voir aussi la fausseté de celle qu'il en voudroit tirer, au regard de ceux du Nouveau,

Mais en quelle surprise doit-on être, pour peu que l'on sache sa Religion, quand on lit, dans le livre d'un Docteur de Sorbonne, une impiété si visible, & si préjudiciable à la Religion chrétienne? Quand on lui entend dire de sang froid : *Que le Fils de Dieu a gardé le même procédé que Moyse, qu'il ne s'est pas expliqué plus clairement des vérités du Christianisme, & qu'il a parlé avec la même réserve que Dieu avoit fait dans l'Ancien Testament ?*

Quel peut être l'aveuglement d'un homme qui ne voit pas, que parler de la sorte, c'est renoncer Jesus Christ ; c'est ne le point reconnoître pour le Messie ; c'est le prendre pour un autre Moyse ; c'est vouloir que l'Alliance dont il a été le Médiateur ne soit point la Nouvelle Alliance ; mais seulement une continuation de l'Ancienne; ou que c'est nommer, comme feroit un perroquet, l'Ancien Testament & le Nouveau Testament, sans savoir ni ce que c'est que l'Ancien, ni ce que c'est que le Nouveau ? Car ce qui fait une des différences essentielles entre ces deux Testaments, est que ce qui étoit caché dans l'Ancien, & proposé seulement sous des ombres & des figures, qu'un peuple charnel & grossier comme étoient les Juifs n'étoit point capable de pénétrer, nous est maintenant révélé dans le Nouveau, & proposé ouvertement & sans énigmes. *Hoc namque occultabatur in Veteri Testamento* (dit S. Augustin. lib. 1. de Pecc. merit. & remiss. cap. 1.) *pro temporum dispensatione justissima, quod nunc revelatur in Novo.* Et dans le 2. chap. du même livre. *In Veteri Testamento quod occultatur sub velamento terrenarum promissionum, hoc in Novi Testamenti prædicatione revelatur.* Et dans le livre des Actes de Pélage, chapitre 5. *Dans le Testament ou l'Alliance, qui est appellée Ancienne, que Dieu a faite avec les Juifs sur le mont de Sina, on ne trouve point qu'il leur promette ouvertement autre chose, qu'une félicité terrestre. Et c'est pourquoi la terre dans laquelle ce peuple a été introduit, après avoir passé par un si long désert, a été appellée la terre promise : & la paix dont il y devoit jouir étant fidelle à Dieu, le regne qu'il y devoit posséder, les victoires qu'il y devoit remporter sur ses ennemis, le bonheur d'une nombreuse postérité, & l'abondance de toutes sortes de biens temporels, & autres choses semblables, ce sont les promesses du Vieux Testament, qui étoient les figures des biens spirituels qui appartiennent au Nouveau. Mais ceux qui n'observoient la Loi de Dieu que pour obtenir ces biens temporels, sont les héritiers de l'Ancien; parce que ce ne sont que les choses que le vieil homme desire, qui sont promises dans le Vieux Testament : au lieu qu'il faut être dans l'esprit du nouvel homme ; c'est-à-dire, être renouvellé par la grace, pour avoir part aux biens qui étoient figurés par ces biens charnels, que Dieu donnoit pour récompense aux bé-*

I. CLAS. N°. X.

ritiers de l'Ancien Testament. Mais jusqu'à quand devoient durer ces ombres & ces voiles ? Jusqu'à quand Dieu ne devoit-il proposer qu'obscurément & sous des énigmes, les biens spirituels de sa grace, & le bonheur de la vie future ? Jusqu'au temps du Messie, jusqu'à la venue de Jesus Christ. *Lorsque les temps ont été accomplis*, dit le même Pere, Epître cent quarante, chapitre 2. *& que le temps est venu, que la grace, qui étoit cachée dans le Vieux Testament, devoit être révélée dans le Nouveau, Dieu a envoyé son Fils sur la Terre.* Ce temps ne seroit donc pas encore venu, & nous devrions attendre, comme les Juifs, un autre Messie, qui nous révélât, & nous proposât à découvert ce qui étoit caché sous les voiles de la Loi, si celui en qui nous croyons ne l'avoit point fait; s'il en étoit *demeuré dans les mêmes termes que Moyse;* s'il ne nous avoit pas expliqué, plus clairement que lui, les vérités qui devoient être révélées par le Messie, & s'il nous avoit *parlé avec la même réserve que Dieu avoit fait dans l'Ancien Testament.* On voit assez combien tout cela est impie. Mais on tire cet avantage des ténebres dont est couvert l'esprit de M. Mallet, qu'il propose ses erreurs avec tant de contradiction, qu'il les détruit lui-même en les proposant. Car il appelle *vérités du Christianisme*, ce qu'il prétend que Jesus Christ ne nous a pas expliqué plus clairement que Moyse; comme si le nom même de *vérités du Christianisme* ne nous marquoit pas, que c'est de Jesus Christ que nous les avons apprises.

Il ne faut, de plus, que lire son second chapitre, pour reconnoître qu'il y établit tout le contraire de ce qu'il avance ici : car il y enseigne, que c'est le Nouveau Testament qui a découvert le voile des paraboles & des énigmes de l'Ancien, & que ce sont les vérités que l'Evangile nous a enseignées, qui nous ont fait connoître que, dans la Loi de Moyse, tout se passoit en figures : de sorte que rien n'est plus étrange que le renversement d'esprit de cet homme. Car, quand il a eu à prouver que Dieu n'a autrefois parlé à son peuple que par énigmes, il ne l'a pu faire qu'en représentant qu'il a caché, sous l'ombre des paraboles, les grands mysteres qu'il devoit révéler au temps de Jesus Christ. *Que c'est en cette maniere qu'il leur a voulu marquer quelque chose du Sacrement du Baptême, qui devoit effacer le péché; de celui de l'Eucharistie, qui devoit être la nourriture de nos ames, & de l'entrée du Royaume des Cieux, qui est la récompense de nos mérites : qu'il s'est contenté pour cela, de leur proposer trois enigmes : qu'il les a fait passer par la mer rouge; qu'il les a nourris par le désert d'une manne céleste, & qu'il leur a fait espérer l'entrée de la terre promise : que la mer rouge a été la figure du Baptême ; la manne, celle de l'Eucharistie, & l'entrée dans la terre promise, celle des Elus dans le Ciel.*

Mais il oublie tout cela lorsqu'il s'avise, qu'il lui seroit avantageux, pour ôter aux Chrétiens, aussi-bien qu'aux Juifs, la liberté de lire les Livres Sacrés, que Jesus Christ eût parlé avec autant de réserve, dans le Nouveau-Testament, que Dieu avoit fait dans l'Ancien. Il ne se souvient plus que c'est J. C. qui a parlé aux Chrétiens clairement & sans aucun voile, du Baptême qui efface nos péchés ; de l'Eucharistie qui nourrit nos ames, & de l'entrée du ciel qui sera la récompense de nos mérites, dont Dieu n'avoit parlé aux Juifs que sous des paraboles si obscures. Plutôt que de manquer d'un argument, il renversera les premiers éléments de la Religion Chrétienne, qu'il avoit lui-même établis auparavant. La fausse lueur d'une utilité présente lui confond toutes ses idées; & il s'engagera, sans le voir, dans des hérésies manifestes, pourvu qu'il croie que cela lui peut servir à colorer celle qu'il s'est mis en tête de répandre dans le monde à quelque prix que ce soit, qui est, que *l'intention de Jesus Christ & des Apôtres n'a point été que le commun des Chrétiens lût les Ecritures Saintes.*

CHAPITRE III.

Examen de la troisieme preuve: Prise de cette parole de Jesus Christ, Luc. 10. 21. Je vous remercie, mon Pere, de ce que vous avez caché aux prudents, ce que vous avez révélé aux petits.

SEra-ce toujours la même chose? Serons-nous toujours obligés de montrer à M. Mallet, que ce qu'il prend pour des preuves de la doctrine qu'il veut établir, n'en sont que de son ignorance & de son aveuglement? C'est au moins ce que je ne puis me dispenser de faire ici.

Car premiérement, la révélation dont J. C. parle dans ce passage, est de la même nature que celle qu'il a marquée en un autre endroit, lorsqu'il témoigna à S. Pierre, qu'il étoit heureux de ce que ce n'étoit pas la chair & le sang, mais le Pere céleste, qui lui avoit révélé ce qu'il avoit déclaré de la divinité du Fils: *Beatus es Simon Barjona quia caro & sanguis non revelavit tibi, sed Pater meus qui in cœlis est.* C'est dans le même sens que le Sauveur rend graces à son pere, de ce qu'il a caché aux sages & aux prudents ce qu'il a révélé aux simples & aux petits. Cela ne se doit pas entendre de la révélation extérieure, qui se fait par la prédication, ou

I. CLAS. N°. X.

par la lettre de l'Ecriture. Car comme l'Evangile, soit prêché, soit écrit a toujours été, & sera toujours jusques à la fin du monde, odeur d vie pour les uns, & odeur de mort pour les autres, cette révélatio a toujours été commune aux sages selon le monde, qui ne le reçoiven point, & aux humbles, qui le reçoivent. Mais cela se doit entendre d la révélation intérieure, selon laquelle le Pere céleste n'enseigne, par so Esprit, que ceux qu'il lui plaît, & qu'il a premiérement disposés à êtr enseignés avec fruit dans cette école divine, en leur imprimant la sim plicité & l'humilité, qui sont les premieres dispositions qu'il demande ses disciples, & qu'il leur donne lui-même comme le premier effet de grace, selon cette belle parole de S. Fulgence, Lib. 1. ad Mon. c. 18 *Deus humiles quibus dat gratiam non ante datam humiles invenit, se dando gratiam humiles facit.* C'est encore de cette derniere sorte de réve lation, dont J. C. dit dans le sixieme chapitre de S. Jean: *Nul ne peu venir à moi, si mon Pere qui m'a envoyé ne l'attire;* ce qu'il répete e d'autres termes, en disant: *Nul ne peut venir à moi, s'il ne lui est donn de mon Pere.* Et c'est ce qui lui fait ajouter: *Tous ceux qui ont oui la voi du Pere, & qui ont été enseignés de lui, viennent à moi.*

Il n'est donc pas étrange, que les vérités de l'Evangile n'aient pa été découvertes à tout le monde en cette maniere, puisque cela n montre pas que Dieu n'ait pas voulu qu'elles fussent proposées indiffe remment à tout le monde, soit en les prêchant à tous ceux qui le veulent écouter, soit en leur laissant lire les livres qui les contiennent mais seulement, que Dieu ne les fait pas recevoir à tout le monde pa une foi vive, en touchant leur cœur par sa grace, en même temps qu' éclaire leur esprit.

Et ce que nous voyons encore par ce passage est, que Dieu a plu tôt choisi les simples & les petits, pour leur faire cette grace, en leu donnant le don de la foi, que les prudents & les sages du monde; qu' a préféré douze Pêcheurs, ignorants & simples, à tant de Pharisiens de Docteurs de la Loi, qui se croyoient si justes & si éclairés; & que dans le premier établissement de l'Eglise, *il n'a guere appellé*, comme S Paul le témoigne, *de sages selon la chair, ou de puissants, ou de nobles mais qu'il a choisi les moins sages selon le monde, pour confondre les sages les foibles selon le monde, pour confondre les puissants; les plus vils & l plus méprisables selon le monde, & ce qui n'étoit rien, pour détruire qui étoit de plus grand, afin que nul homme ne se glorifie devant lui.*

Mais quoique cela ne regarde pas, comme je l'ai déja dit, ni l prédication, ni la lecture de l'Evangile, il est bon néanmoins de con sidérer, si cette conduite de Dieu a bien du rapport à celle que M

Mall

Mallet voudroit que l'on suivît. Il témoigne un grand mépris des ignorants, des petits esprits & des femmes, & il les juge tout-à-fait indignes de la lecture des Livres saints, qu'il voudroit qui ne fussent lus que des savants, des grands esprits & des sages. Cependant ç'a été plutôt sur ces premiers, que sur ces derniers, que Dieu a répandu les prémices de son esprit, & qu'il a fait entrer en plus grand nombre dans la connoissance & dans la pratique de son Evangile; tant les pensées de Dieu sont éloignées de celles des hommes; puisque ceux qu'on auroit cru, à en juger humainement, être les moins capables de profiter des instructions divines, que J. C. est venu apporter au monde, sont ceux qui en ont tiré plus de fruit, quand la prédication des Apôtres les a répandues par-tout. Ce qui doit faire penser, à en juger selon Dieu, que ce ne sont pas aussi les moins propres à s'édifier de ces mêmes vérités, en les lisant dans les livres où Dieu a voulu qu'elles fussent conservées.

CHAPITRE IV.

Examen de la quatrieme preuve: Prise d'un autre passage, Marc. 4. 11, 12. Il vous est donné à vous autres de connoître le mystere du Royaume de Dieu; mais pour ceux qui sont dehors, tout se passe en paraboles; afin qu'en voyant, ils ne voient point.

IL est à croire que M. Mallet n'a pas considéré qui sont ceux à qui Jesus Christ dit, dans ce passage, qu'il n'a point voulu découvrir les mysteres de son Royaume. Car il y a de l'apparence, que, s'il y avoit fait réflexion, il auroit eu honte de prétendre, que l'intention de Notre Seigneur & des Apôtres ait été, que tous les Chrétiens généralement, hors les Prêtres & les Docteurs, & qu'en particulier les Laïques les plus pieux, les Femmes les plus dévotes, les Vierges les plus saintes, devoient être traités comme le Fils de Dieu avoit cru devoir traiter les Juifs aveuglés, & endurcis par un juste jugement de Dieu; ce qui étoit, dans presque tous, un effet de leur réprobation, & de la sentence que le Sauveur avoit prononcée contre eux, en leur prédisant qu'ils mourroient dans leurs péchés. Qu'il rentre donc un peu en lui-même, & qu'il lise seulement le passage entier de S. Marc, dont il n'a rapporté qu'une partie. *Il vous est donné* (dit Notre Seigneur à ses Apôtres, & en leurs personnes à tous ses véritables Disciples) *de connoître le mystere du Royaume de Dieu*, (c'est-à-dire, le mystere de la réconciliation des hommes avec Dieu par

I. CLAS. N°. X.

son Fils; ce qu'on ne pourroit, sans impiété, vouloir cacher à aucun Chrétien). *Mais pour ceux qui sont dehors* (que je ne regarde point comme mes brebis, ainsi qu'il marque en S. Jean X. 26.) *tout se passe en paraboles; afin qu'en voyant, ils voient & ne voient point, & qu'en écoutant, ils écoutent & n'entendent pas, & qu'ils ne viennent point à se convertir, & que leurs péchés ne leur soient point pardonnés.* Ç'a donc été la fin & l'effet de la maniere obscure dont Jesus Christ a parlé à ces Juifs, à qui il n'a pas voulu découvrir le mystere du Royaume de Dieu. Ç'a été parce que Dieu avoit résolu de ne les point convertir, & de ne les point sauver, comme il avoit été prédit par Isaïe, ainsi que le remarquent deux autres Evangélistes, S. Matth. XIII. 14. & S. Jean XII. 40. Est-ce donc que M. Mallet auroit le même dessein, en nous donnant cela pour exemple de la maniere dont il voudroit que l'on traitât le commun des Chrétiens? Seroit-ce afin qu'ils ne se sauvassent point? A Dieu ne plaise qu'il ait une si détestable pensée. Qu'il reconnoisse donc l'abus qu'il fait de ce passage de Notre Seigneur, & qu'il ne l'emploie plus pour appuyer une si méchante opinion que celle qu'il veut établir.

CHAPITRE V.

Examen de la cinquieme preuve: Prise de ce que dit Jesus Christ. Joan. 16. 12. J'ai encore beaucoup de choses à vous dire, que vous n'êtes pas encore capables d'entendre. Quand cet Esprit de vérité sera venu, il vous enseignera toute vérité; *& de ce qu'il ne choisit que trois Disciples pour être témoins de la transfiguration.*

J'Ai remis jusques ici à faire remarquer une des plus grandes illusions de M. Mallet, dans toute cette matiere: c'est qu'il regarde la conduite que Jesus Christ a tenue dans la dispensation de la vérité, pendant sa vie mortelle, comme ayant dû encore être gardée après la Résurrection, & la descente du S. Esprit, qui est l'état où nous sommes maintenant. Or rien n'est plus mal fondé que cette prétention, comme il se voit par le passage même dont il se sert pour l'appuyer. Il dit, par exemple, *que Jesus Christ n'a choisi que trois de ses Disciples lorsqu'il voulut donner des marques de son état glorieux, dans sa transfiguration, & qu'il leur défendit très-expressément de n'en rien dire aux autres, avant sa Résurrection.* Et c'est ce qui le condamne. Car ce secret n'étoit donc que pour le temps de sa vie mortelle. Il n'étoit donc pas pour aucun des Chrétiens. Et, en effet, qui est celui à qui on croie maintenant devoir faire un secret de la transfiguration du Sauveur? A quoi sert donc cet exemple, sinon à faire voir la brouillerie de l'esprit de M. Mallet, qui ne sait pas distinguer la maniere dont J. C. s'est voulu conduire avant que de mourir, & celle dont il a voulu que les Apôtres se conduisissent en le prêchant par toute la terre. Car on voit assez, que, pendant qu'il a vécu en ce monde, il n'a pas découvert aussi clairement qu'il auroit pu faire, ni sa qualité de Messie, ni sa nature divine, ni la rédemption du genre humain par sa mort; parce que ç'auroit été un obstacle au sacrifice sanglant qu'il vouloit offrir pour nous; puisque les démons, comme dit S. Paul I. Corinthiens 2. 8. n'auroient jamais porté les Juifs à le crucifier, s'ils l'avoient connu pour être le Seigneur de la gloire, & s'ils avoient su que sa croix devoit détruire leur empire. Mais en même temps *qu'il se cachoit par humilité au commun des Juifs*, dit Tertullien, il ordonnoit à ses Apôtres *d'annoncer à toutes les nations les mysteres qu'il leur découvroit, & de prêcher sur les toits, ce qu'on leur avoit dit à l'oreille.*

Il en est de même de ce passage, (Joan. 16. 12.) *J'ai encore beaucoup de choses à vous dire*, &c. Car ce n'est encore que pour un temps, qu'il ne leur dit pas ces choses; puisqu'il leur promet au même lieu, qu'ils en seront instruits par le S. Esprit, qui leur enseignera toute vérité. Et S. Jean nous fait entendre, que cela convient en quelque sorte à chacun des vrais fideles, selon la mesure de leur foi, puisqu'il leur dit dans sa premiere Epître, chapitre 2. *que l'onction du S. Esprit demeure en eux, & qu'elle leur enseigne toutes choses.*

Il ne faut donc point séparer ce que Jesus-Christ a fait pendant sa vie mortelle, de ce qu'il a fait depuis sa résurrection, & par lui-même, & par ses Apôtres, dans lesquels il a parlé aussi véritablement que lorsqu'il étoit lui-même sur la terre; & par qui on peut dire, puisque c'est lui qui en assure, qu'il a fait de plus grandes choses que par lui-même. Car c'est par eux qu'il a proposé, bien plus clairement qu'il n'avoit fait durant sa vie, les vérités qu'il étoit venu annoncer au monde. C'est par eux qu'il a fait connoître son nom par tout l'univers, qui n'étoit connu auparavant que dans un petit coin de la terre. C'est par eux qu'il est entré dans la possession de ce que son Pere lui avoit promis, en disant, *qu'il lui donneroit les nations pour son héritage, & toute l'étendue de la terre pour son Royaume.*

Enfin, c'est par eux qu'il a fait savoir aux Gentils, en les retirant des ténebres de l'idolâtrie, ce qu'il a voulu qu'ils sussent des mysteres de son Royaume; & ainsi, comme nous sommes cette Eglise des Gentils, que Jesus-Christ n'a point instruite par lui-même, il est juste que ce soit des Apôtres, plutôt que des fantaisies de M. Mallet, que nous apprenions quelle part on nous doit faire, je dis à nous tous généralement, hommes & femmes, savants & ignorants, jeunes ou vieux, de ce que le S. Esprit leur a fait écrire pour l'instruction & l'édification de toute l'Eglise jusques à la fin des siecles. C'est aussi ce que M. Mallet semble enfin avoir reconnu: car c'est à quoi il emploie ses dernieres preuves, qui devroient sans doute être les plus considérables, puisqu'il s'agit uniquement de savoir quelle a été l'intention des Apôtres, & des hommes Apostoliques, qui nous ont donné les Ecritures Saintes du Nouveau Testament. Si ç'a été pour être lues seulement par les Ministres de l'Eglise, ou pour l'être généralement par tous les Chrétiens qui y voudroient chercher à se nourrir de la parole de Dieu. M. Mallet est du premier avis; &, si c'étoit une vérité, il se pourroit vanter de l'avoir seul apprise au monde. Voyons donc comment il le prouvera.

CHAPITRE VI.

Examen de la sixieme preuve: Prise de divers endroits de S. Paul, où il est dit, qu'il y en a qu'il ne faut nourrir que de lait, & d'autres, de viandes solides. *On fait voir, en y répondant, que l'intention de S. Paul n'a point été que ses lettres ne fussent lues que par les Ministres des Eglises, à qui il les adressoit.*

IL faut être étrangement dépourvu de raisons, pour être réduit à en aller chercher dans des conjectures frivoles, afin de montrer, que S. Paul, adressant ses Epitres à des Eglises entieres, a voulu qu'elles ne fussent lues que par les Ministres de ces Eglises, & non par le peuple. C'est démentir cet Apôtre si grossiérement, que rien n'est plus aisé que d'en convaincre tout le monde.

Car, 1°. Quand S. Paul a voulu écrire aux seuls Pasteurs & Ministres de l'Eglise, & non aux Eglises mêmes, c'est-à-dire, à tous les fideles dont elles étoient composées, il a su fort bien n'adresser ses lettres qu'à ces Pasteurs; comme il a fait dans ses Epitres à Timothée & à Tite. Pourquoi donc fait-il entendre le contraire dans les autres? Pourquoi les adresse-t-il à tous les fideles, en disant dans celle aux Romains: *A vous tous qui êtes à Rome, qui êtes les bien-aimés de Dieu & saints par votre vocation.* Et dans la premiere aux Corinthiens: *A l'Eglise de Dieu, qui est à Corinthe ; aux fideles que J. C. a sanctifiés, & que sa vocation a rendus saints ; & à* tous *ceux, qui, en quelque lieu que ce soit, invoquent le nom de Notre Seigneur Jesus Christ, qui est leur Seigneur comme le nôtre.* Et dans la deuxieme aux mêmes Corinthiens : *A l'Eglise de Dieu, qui est à Corinthe, & à* tous *les Saints qui sont dans toute l'Achaïe.* Et dans celle aux Philippiens : *A* tous *les Saints en Jesus Christ, qui sont à Philippes avec les Evêques & Diacres.* Ce n'étoit donc pas aux seuls Evêques & Diacres. Et aux Colossiens : *Aux Saints & fideles freres en J. C. qui sont à Colosses.* Il n'y en a que trois, celle aux Galates, & les deux aux Thessaloniciens qui sont seulement adressées à ces Eglises. Mais ce qui est dans les autres fait assez voir qu'il entend, par le mot d'*Eglises*, tous les fideles qui les composoient.

2°. Il est clair que ce qu'il dit dans ces Epîtres, s'adresse à tous les fideles, & non à leurs seuls Pasteurs ; comme les avis qu'il donne aux Romains de ne se point emporter en des contestations & des disputes, sur ce que les uns croyoient qu'il leur étoit permis de manger de tout, & que d'autres, au contraire, étant foibles dans la foi, ne mangeoient que des légumes. Et les réprimandes qu'il fait aux Corinthiens, de ce qu'il y en avoit entr'eux qui plaidoient contre leurs freres, devant les Juges payens, & du mauvais ordre qu'ils gardoient dans leurs agapes, & cent autres choses dans ces Epîtres, que tous les fideles avoient intérêt de savoir, & qu'il est visible que S. Paul n'écrivoit qu'afin qu'ils les sussent.

3°. C'est bien peu connoître l'esprit de charité & de sagesse, avec lequel les premiers Pasteurs de ces Eglises naissantes gouvernoient les fideles, que de s'imaginer qu'ils auroient eu la présomption & la dureté de priver ces nouveaux Chrétiens (à qui la prudence vouloit qu'on ne donnât aucun sujet de juste plainte) de la lecture des Lettres de leur Apôtre, qui leur étoient adressées, & qui devoient être leur plus douce consolation, parmi les traverses dont leur foi, qui étoit encore tendre, se trouvoit souvent éprouvée. Entre les lettres de S. Cyprien & de S. Augustin, il y en a d'admirables, qu'ils écrivent à leur Clergé & à leur Peuple. Croit-on que les Ecclésiastiques de Carthage & d'Hippone, auroient été assez hardis pour ne les pas lire au peuple, & s'en réserver la connoissance, en ne lui en disant que ce qu'il leur auroit plu ; & s'imagine-t'on que ces peuples l'eussent souffert ? Ce seroit une folie que d'avoir cette pensée. On n'agiroit pas même en cette maniere en ce temps-ci, où les simples fideles ont bien moins de part qu'autrefois aux affaires de l'Eglise ; & quand les Evêques adressent des Lettres Pastorales aux fideles de leurs Dioceses, non seulement on les leur lit aux Prônes de leurs Paroiſſes, mais on les rend tellement publiques, que chaque particulier les peut avoir. Il n'y a donc que M. Mallet au monde, qui ſe ſoit pu mettre dans l'eſprit, qu'on ſe ſoit conduit d'une autre maniere pour les Epîtres des Apôtres.

4°. Mais comment ſe l'imaginer, après que S. Paul nous a lui-même aſſurés de la maniere dont cela ſe paſſoit. Car rien peut-il être plus clair que ces paroles de la fin de l'Epître aux Coloſſiens : *Lorſque cette lettre aura été lue parmi vous, ayez ſoin qu'elle ſoit lue auſſi dans l'Egliſe de Laodicée, & qu'on vous liſe de même celle des Laodicéens?*

5°. C'étoit ſi peu les Paſteurs des Egliſes auxquelles S. Paul écrivoit, qui diſpoſoient de ces lettres, pour en faire aux fideles telle part qu'il leur eût plu, que c'eſt aux fideles que S. Paul donne charge d'avertir leurs Paſteurs de leur devoir; comme il ſe voit par cette parole de la fin de la même Epître aux Coloſſiens : *Dites à Archippe* ce mot de ma part: *Conſidérez bien le miniſtere que vous avez reçu du Seigneur, afin d'en remplir tous les devoirs.*

6°. Enfin, ce que j'ai réſervé pour la derniere preuve, c'eſt que S. Paul n'a point laiſſé à deviner ſon intention. Il a marqué ſi clairement, qu'il vouloit que ſes lettres fuſſent lues par tous les Chrétiens des Egliſes auxquelles il les adreſſoit, que ſi ce n'eſt point une héréſie à M. Mallet de ſoutenir le contraire, ce n'en ſera donc point une de contredire formellement l'Ecriture Sainte. Car peut-on concevoir deux propoſitions plus contradictoires que celle de M. Mallet p. 174. *Le deſſein de l'Apôtre n'a pas été que ſes lettres fuſſent entendues du peuple, ſinon par le miniſtere des Prêtres & des Docteurs.* Et celle de S. Paul même, à la fin de la 1. Ep. aux Theſſal. : *Adjuro vos per Dominum ut legatur Epiſtola hæc* omnibus *ſanctis Fratribus. Je vous conjure par le Seigneur, de faire lire cette lettre à* tous *les ſaints Freres? Il emploie même*, dit Théodoret, *une eſpece de ſerment, afin de procurer à tous l'utilité qui reviendroit de cette ſainte lecture : craignant que ceux qui recevroient cette lettre les premiers ne la communiquaſſent pas aux autres.*

Après cela peut-on ſouffrir que M. Mallet raiſonne en cette maniere contre une vérité ſi claire : *S. Paul*, dit-il, ne veut *pas que l'on donne les mêmes inſtructions à tous les Chrétiens; ceux qui ſont enfants n'ayant beſoin que de lait, & ceux qui ſont parfaits de nourriture ſolide?* M. Mallet ne concluroit pas de-là, qu'il ne faut laiſſer lire les Livres ſacrés qu'aux parfaits, ou plutôt, ſelon ſa theſe, qu'aux ſeuls Miniſtres de l'Egliſe, parfaits & imparfaits (car il y en a des uns & des autres) s'il connoiſſoit mieux qu'il ne fait ce que les Ecritures Saintes ont d'admirable & de ſingulier. Et il paroît bien qu'il ignore ce qu'ont remarqué les SS. Peres, qu'une des choses qui en marque plus la divinité, & qui fait qu'elles passent tous les écrits des hommes, c'est qu'elles sont également propres aux savants & aux ignorants, aux grands & aux petits, aux foibles & aux parfaits, aux esprits simples & aux plus pénétrants. C'est ce que S. Augustin enseigne en plusieurs endroits. Il le fait en peu de mots, mais pleins de lumiere & d'onction, dans le livre de l'Utilité de croire, chapitre 6. *Croyez-moi, tout ce qui est dans ces livres est grand & divin. Ils ne contiennent rien qui ne soit vrai, & on y trouve une doctrine extrêmement propre à instruire & à nourrir l'ame; mais qui est tellement accommodée à la capacité de chacun, qu'il n'y a personne qui n'en puisse tirer une suffisante instruction, s'il y a recours avec la foi & la piété que la vraie Religion demande.*

I. CLASS. N°. X.

Il enseigne la même chose, mais avec plus d'étendue dans sa deuxieme lettre à Volusien, qu'il exhortoit à lire l'Ecriture Sainte, quoiqu'il ne fût pas encore Chrétien. *Sa maniere de parler*, dit-il, *est si admirable, qu'en même temps qu'elle est accessible à tout le monde, il n'y a presque personne qui la puisse pénétrer. Dans les choses claires qu'elle contient, elle est comme un ami familier, qui parle sans fard & sans artifice au cœur des savants & des ignorants. Et quand elle cache quelques vérités par des expressions mystérieuses, elle ne le fait pas avec un langage superbe, qui soit capable de rebuter les esprits tardifs, & leur ôter la hardiesse d'en approcher, comme les pauvres craignent d'approcher les riches. Au contraire, elle invite tout le monde, par un discours simple, à y venir chercher de quoi se nourrir des vérités manifestes, & de quoi s'exercer à découvrir celles qui sont cachées, n'ayant cependant, dans les unes & dans les autres, que le même fond de sagesse & de lumiere. Mais, de peur qu'on n'y eût du dégoût, si toutes choses s'y trouvoient sans peine, on y en rencontre de difficiles à pénétrer, afin que cela excite l'envie de les découvrir, & que, les ayant découvertes, on s'en renouvelle la connoissance, & on les goûte avec plus de plaisir. C'est par-là que se corrigent les esprits déréglés, que se nourrissent les esprits simples, & que s'entretiennent les plus grands esprits dans des douceurs ineffables.* Ce Saint auroit-il parlé autrement quand il auroit prévu les égarements de M. Mallet, & qu'il auroit entrepris de le détromper des fausses idées qui lui font croire, que c'est profaner l'Ecriture que de la laisser lire aux ignorants, aux petits esprits, & aux personnes déréglées; au lieu que ce sont ceux-là même que S. Augustin veut qui la lisent; les uns, pour se retirer de leurs déréglements; les autres, pour s'entretenir dans la piété, & s'enflammer davantage dans l'amour de Dieu, par les douceurs spirituelles qu'ils y rencontrent?

Mais ce qui paroît plus merveilleux est, que ce Pere renverse encore,

I. CLAS. N°. X.

en un autre endroit, comme par un esprit de prophétie, l'imagination de M. Mallet, qui lui fait dire, qu'on ne doit pas laisser lire l'Ecriture à ceux qui, étant enfants, doivent être nourris de lait & non de viande solide. Car c'est justement à ces sortes de personnes que S. Augustin nous apprend, que Dieu a voulu que les Ecritures Saintes fussent proportionnées. C'est dans son exposition du Pseaume 8. sur ce verset. *Ex ore infantium & lactentium perfecisti laudem. Je ne puis entendre* dit-il, *par ces enfants qui sont encore à la mammelle, sinon ceux dont S. Paul dit; comme vous n'êtes encore que des enfants en Jesus Christ, je ne vous ai nourris que de lait, & non de viandes solides.* Il marque ensuite la bonté que Dieu a eue, de proportionner ses Ecritures à la capacité de ces enfants, & que c'est en cela que les Livres saints ont un avantage admirable par dessus ceux des Philosophes, qui n'ont pu servir de rien aux personnes simples; au lieu que Dieu s'est tellement rabaissé dans ses Ecritures divines, que les enfants mêmes y peuvent trouver la nourriture qui leur est propre. *Nous pouvons*, dit-il, *entendre les Ecritures Saintes par les cieux que le Prophete dit être l'ouvrage des doigts de Dieu; car le S. Esprit est le doigt de Dieu: & c'est par cet Esprit que les Ecritures du Vieil & du Nouveau Testament nous ont été données. Or Dieu a abaissé les Ecritures jusques à la capacité des enfants qui sont encore à la mammelle, selon ce qui est dit dans un autre Pseaume, que Dieu a abaissé les cieux, & qu'il est descendu: & il a fait cela à cause de ses ennemis, qui, étant ennemis de la croix, leur éloquence orgueilleuse, n'en pouvant souffrir l'humilité, lors même qu'ils disent des choses vraies, ils les disent d'une maniere qui ne peut servir aux enfants qui sont encore à la mammelle.*

C'est donc cet avantage de l'Ecrirure, d'être propre aux petits, aussi-bien qu'aux grands; & à ceux qui ont besoin de lait, aussi-bien qu'à ceux qui ont besoin de viande solide, que M. Mallet n'a jamais compris. Car il n'est pas étrange que l'on soit porté à ôter l'Ecriture des mains de presque tout le monde, quand on ne sait pas à quoi elle est propre, & que, par une erreur condamnée par tous les Peres, on la prend pour un livre dangereux aux simples, & qui n'est bon que pour les savants, comme pourroit être un livre de la Théologie de l'Ecole.

S. Jérôme étoit bien éloigné de croire qu'on en dût interdire la lecture à ceux, qui, étant encore dans l'enfance spirituelle, ont besoin d'être nourris de lait; puisque, dans sa Préface sur les livres des Rois, parlant des livres du Vieux Testament, qui paroissent moins proportionnés aux commençants que ceux du Nouveau, il dit qu'il y en a vingt-deux, selon l'ancien Canon des Hébreux, comme il y a vingt-

deux

deux lettres de l'alphabet hébraïque ; parce que ces vingt-deux volumes sont comme les lettres, & les premiers éléments, pour instruire dans la science de Dieu, l'enfance de l'homme juste, qui est encore tendre, & qui a besoin de lait. *Quomodo viginti duo elementa sunt per quæ scribimus hebraïcè omne quod loquimur ; ita viginti duo volumina supputantur, quibus quasi litteris & exordiis in Dei doctrina tenera adhuc & lactens viri justi eruditur infantia.* Et c'est à quoi se rapporte aussi ce que dit S. Ambroise, dans le livre *de Bened. Patriarch. que les deux Testaments sont les deux mammelles de l'Eglise, parce que c'est par-là qu'elle nous nourrit d'un lait spirituel.* Et ce que dit S. Fulgence, qu'il y a abondamment dans l'Ecriture, & de quoi nourrir les forts, & de quoi allaiter les petits. *In Scripturis divinis abundat, & quod robustus comedat, & quod parvulus sugat.*

Mais rien n'est plus beau que ce que dit S. Grégoire sur ce sujet, dans sa lettre à S. Léandre, Archevêque de Seville, en lui envoyant ses Morales sur le livre de Job. *Comme la parole de Dieu*, dit-il, *renferme des mysteres capables d'exercer les esprits les plus éclairés, elle contient aussi des vérités claires, & propres à nourrir les simples & les moins savants. Elle porte à l'extérieur de quoi allaiter les enfants ; & elle garde, dans ses plus secrets replis, de quoi ravir d'admiration les esprits les plus sublimes ; semblable à un fleuve dont l'eau seroit si basse en certains endroits, qu'un agneau y pourroit passer, & en d'autres, si profond, qu'un éléphant y nageroit.*

Il représente ce même avantage de l'Ecriture, dans la Préface du vingtieme livre de ses Morales, d'une maniere très-lumineuse, & qui doit faire tomber les écailles des yeux de M. Mallet. *L'Ecriture*, dit ce saint Pape, *est incomparablement au dessus de toute autre doctrine ; non seulement en ce qu'elle n'annonce que des choses vraies, qu'elle nous appelle à une patrie toute céleste, qu'elle change le cœur de ceux qui la lisent, en les détachant des desirs terrestres pour les porter aux desirs du ciel ; mais aussi, en ce qu'au même temps, que, par son obscurité, elle exerce les intelligents & les parfaits, elle caresse & elle console, par sa douceur, les imparfaits & les foibles ; qu'elle n'est ni assez obscure pour que l'on doive s'éloigner de la lire, ni assez facile à entendre pour que l'on doive la mépriser : que, plus on se la rend familiere, moins on en a de dégoût, & plus on la médite plus on la chérit ; qu'elle aide notre ame par la simplicité de ses paroles, & par la sublimité des sens qui y sont renfermés ; qu'elle semble croître & s'élever à proportion que ceux qui la lisent s'élevent & croissent en intelligence : en sorte que les plus ignorants, & les moins spi-*

I. CLAS. N°. X.

rituels y entendent quelque chose, & que les savants la trouvent toujours nouvelle.

Serons-nous si imprudents que de fermer les yeux aux lumieres de ces grands Saints, pour suivre les fausses lueurs de ce nouvel Ecrivain, qui veut, que ce ne soit pas aux petits, qui ont encore besoin de lait, à lire les Ecritures Saintes, en même temps que ces Docteurs de toute l'Eglise nous assurent, que ce n'est pas connoître la bonté & la sagesse de Dieu, dans la dispensation de ses trésors de grace, que d'avoir ces pensées; que c'est en juger comme des écrits des Sages du monde, qui ne pouvoient servir qu'aux esprits relevés, & étoient inutiles aux simples: au lieu que c'est avoir écrit en Dieu que de l'avoir fait d'une maniere si merveilleuse, que la même Ecriture Sainte puisse être le lait des petits, & la viande solide des parfaits; qu'elle puisse consoler les uns par sa douceur, & exercer les autres par son obscurité mystérieuse; que les moins spirituels y entendent assez pour en profiter, & que les savants la trouvent toujours nouvelle; & enfin, qu'elle puisse avoir, au regard de tous, cette efficace & cette vertu, de changer le cœur de ceux qui la lisent, en les détachant des desirs terrestres, pour les porter aux desirs du ciel.

CHAPITRE VII.

Examen de la septieme preuve. Que ce n'a pas été l'intention de Dieu que les Auteurs sacrés du Nouveau Testament composassent leurs livres pour être lus du Peuple; puisqu'ils ne les ont pas écrits en langue vulgaire, & que l'Eglise a été plusieurs siecles sans en avoir aucune traduction, sinon en grec & en latin, qui sont des langues des savants.

CEtte preuve contient trois chefs. Le premier; que le grec & le latin, du temps des Apôtres & de la primitive Eglise, étoient des langues des savants. Le second, qui dépend de ce premier; que les livres du Nouveau Testament, qui, hors l'Evangile de S. Matthieu, ont tous été écrits en grec, n'ont point été écrits en langue vulgaire. Le troisieme; que l'Eglise a été plusieurs siecles sans en avoir aucune traduction, sinon en grec & en latin. Je ne traiterai d'abord que le premier & le second de ces trois chefs; ou plutôt, que le premier; parce qu'il faudra bien que tous les livres du Nouveau Testament, hors l'Evangile de S. Matthieu, aient été écrits en langue vulgaire, s'il est constant que, du temps des Apôtres, le grec n'étoit pas une langue des ſavants, mais la plus vulgaire de toutes les langues. Or rien n'eſt plus facile que de le montrer.

Car, quand on oppoſe les langues vulgaires aux langues des ſavants, on n'appelle, de ce dernier nom, que les langues qui ne ſont plus dans l'uſage commun d'aucun peuple, mais qui ne s'apprennent que par étude; d'où vient qu'on les appelle auſſi des langues mortes; parce que c'eſt dans les livres des morts qu'on les va chercher. C'eſt ainſi que l'hébreu n'eſt plus maintenant qu'une langue des ſavants; parce qu'il y a long-temps que ce n'eſt plus la langue vulgaire d'aucun peuple. On en peut dire preſque autant du grec; parce que le grec vulgaire eſt aſſez différent du grec ancien, qu'ils appellent *littéral*, ou par abus, le *grec latin*, pour être regardé comme une nouvelle langue. Mais il y a quelques lieux, quoique peu conſidérables, où le grec ancien ſe parle encore. Brerewode l'aſſure (in Scrutinio linguarum) de 14. villes de la Morée, dont les habitants ſont appellés *Lacones*, qui ſont les *Lacones* d'autrefois. Il dit qu'ils parlent le grec ancien, mais ſans avoir égard aux regles de la Grammaire; ce qui n'empeche pas qu'ils n'entendent bien ceux qui le parlent correctement; au lieu qu'ils n'entendent point ceux qui parlent le grec vulgaire. On dit auſſi que vers Héraclée, dans la Natolie, il y a des lieux où l'uſage de la langue grecque ancienne s'eſt conſervé. Pour le latin, il eſt ſans doute que ce n'eſt plus aujourd'hui qu'une langue des ſavants. Mais, de prétendre que ç'ait été la même choſe du temps des Apôtres, & pendant les ſix ou ſept premiers ſiecles de l'Egliſe, & que le grec & le latin ne fuſſent pas alors *des langues vulgaires*, c'eſt une penſée ſi folle, que j'ai honte de la réfuter.

Je n'y veux auſſi employer qu'un ſeul paſſage de S. Auguſtin, dans ſes Confeſſions Lib. 1. c. 14. *D'où vient*, dit-il, *que j'avois tant d'averſion pour la langue grecque, quoiqu'elle ſoit pleine de ſemblables contes que ceux qui me donnoient tant de plaiſir en liſant Virgile? Car Homere excelle dans ces inventions fabuleuſes, & charme l'eſprit par ces agréables rêveries. Je n'y trouvois néanmoins que du dégoût, lorſque j'étois encore enfant. Et je crois que les enfants nés en Grece, à qui l'on fait apprendre Virgile, avec non moins de difficulté & de peine que j'en reſſentois en apprenant Homere, ne trouvent pas plus de goût en la magnificence de ces vers latins, que j'en trouvois en la beauté de ces vers grecs. La difficulté que je rencontrois dans l'étude de cette langue étrangere, mêloit une eſpece d'amertume dans la douceur de ces fables, d'ailleurs ſi ingénieuſes & ſi charmantes. Car, comme ce langage m'étoit entiérement inconnu, on employoit la rigueur des menaces & des châtiments pour me forcer à l'apprendre. Ce n'eſt pas que la langue latine ne m'ait été auſſi inconnue lorſque j'étois à la mam-*

I. CLAS. N°. X.

melle; mais remarquant moi-même ce que chaque mot signifioit, je l'appris non seulement sans qu'on employât aucune rudesse ni aucune sévérité pour m'y obliger, mais même parmi les caresses de mes nourrices, parmi les divertissements que me donnoient ceux qui prenoient plaisir à me faire rire, & parmi les jeux & les passe-temps dont ils m'amusoient.

On ne peut douter, après ce que témoigne S. Augustin dans ce passage, que, de son temps, c'est-à-dire, plus 350. ans après l'établissement de l'Eglise, la langue grecque & la langue latine étoient toutes deux également des langues vulgaires. On le voit assez par ce qu'il dit, que les enfants des pays où l'on parloit grec, trouvoient autant de plaisir à lire Homere, que les enfants des pays où l'on parloit latin en trouvoient à lire Virgile; parce qu'au regard des uns & des autres, ce qui leur rendoit l'un ou l'autre de ces deux Poëtes si agréable, est qu'ils avoient appris parmi les caresses de leurs nourrices, sans aucune contrainte fâcheuse, & par le seul desir de se faire entendre, la langue dans laquelle chacun d'eux avoit écrit des fables si ingénieuses. Si ce n'est pas là ce qu'on appelle *des langues vulgaires*, il n'y en a jamais eu dans le monde.

Cependant M. Mallet entreprend de prouver en un autre endroit, par l'autorité de M. Lizet, premier Président du Parlement de Paris, qu'il y avoit, du temps des Apôtres, deux sortes de latin & de grec: l'un, propre aux savants, où l'on observoit exactement les inflexions des verbes, les tropes, les figures & les autres regles de la Grammaire; & l'autre vulgaire, & dans l'usage commun du peuple, qui n'observoit point tout cet artifice. Et toute la preuve qu'en apporte M. Lizet est, qu'en ce temps-là, la profession de Grammairien, tant parmi les Grecs que parmi les Latins, étoit une profession particuliere, & qu'il n'y avoit pas jusques aux filles à qui on ne donnât de ces maîtres, pour leur apprendre à parler selon les regles de cet art. D'où il conclut, qu'il y avoit deux langages différents; l'un, qu'il appelle *artificieux, auquel le peuple ignorant & non lettré, pour parler ainsi, ne connoissoit rien; & l'autre, commun & sans art, qui étoit celui du peuple.*

Mais tout ce discours, n'en déplaise à M. Lizet, n'a rien de solide; & ce qui y donne quelque couleur ne sont que deux équivoques très-faciles à démêler.

La premiere est, de prendre un langage plus ou moins pur, plus ou moins correct pour deux langues différentes; ce qui n'a point de raison. Il faut qu'une langue soit plus altérée & plus corrompue qu'elle ne l'est ordinairement par la négligence de ceux qui la parlent mal, afin que l'on puisse dire que ce n'est plus la même langue. Ce changement a été assez grand dans l'italien, pour faire regarder la langue italienne comme une nouvelle langue, différente du latin. Mais on ne dit point que le peuple de Venise ou de Bergame, parle une autre langue que celui de Florence ou de Sienne, quoique le langage de ces derniers soit tout autrement poli & correct, que celui des deux autres.

La seconde & la principale est, que ces mots de M. Lizet; *Sermonem illum artificiosum indocto vulgo neutiquam communem, sed viris litteratis peculiarem fuisse credere debemus*, sont très-ambigus, & peuvent avoir deux sens très-différents. Le premier, qu'il n'y avoit que ceux qui avoient appris le latin part art, qui parlassent ce latin correct, & que les ignorants ne parloient pas avec tant d'exactitude. L'autre, qu'il n'y avoit que les savants qui l'entendissent, & que les ignorants ne l'entendoient pas davantage que les Italiens font aujourd'hui le latin, quand ils ne l'ont jamais étudié.

Le premier de ces sens n'est pas universellement vrai. Car, comme nous voyons aujourd'hui qu'il y a des femmes, qui, sans avoir appris aucune regle de Grammaire, parlent & écrivent parfaitement bien françois, on ne peut douter que la même chose n'arrivât souvent à Rome; & on dit même que c'étoit Cornelia, la Mere des Gracques, qui leur avoit appris à si bien parler. On a vu à Paris, il y a environ dix ans, un enfant de cinq ans, qui parloit très-facilement latin, & très-correctement, ne l'ayant appris que par le seul usage, sans aucune regle. Mais ce n'est pas là de quoi il s'agit. Il n'est pas question de savoir si les Lettres des Apôtres étoient écrites plus correctement que ne parloient la plupart des fideles à qui elles étoient adressées; mais si ces fideles, quoiqu'ils parlassent plus mal, les entendoient bien; ni si les regles de la Grammaire étoient mieux gardées dans la traduction latine du Nouveau Testament, que ne les gardoient plusieurs de ceux qui la lisoient dans ces premiers temps de l'Eglise; mais s'ils ne l'entendoient pas aussi bien en la lisant, que les Picards & les Wallons entendent la version de M. l'Évêque de Vence, ou du Pere Amelotte, ou celle de Mons. Voilà uniquement de quoi il s'agit ou plutôt il ne s'agit de rien, ne s'agissant que de cela. Car qui a jamais douté que ceux qui parlent une langue vivante, le plus poliment & le plus correctement, ne se fassent fort bien entendre de ceux qui la parlent mal? Il y a bien de l'apparence que du temps de Terence, le latin que parloit le peuple de Rome, étoit encore bien grossier & peu exact. En donnoit-il moins d'applaudissements aux Comédies de cet Auteur si poli; & les auroit-il tant estimées s'il ne les avoit pas entendues? Le langage dont Cicéron se servoit, en disant son avis dans le Sénat, étoit-il différent de celui qu'il employoit en haranguant le peuple? &, dans le besoin qu'il avoit de se faire entendre au peuple Romain, pour

I. CLAS. N°. X.

lui faire approuver ce qu'il propofoit, étoit-il obligé de changer ce langage, qu'on appelle artificieux, en ce langage populaire plein de barbarifmes, que l'on voudroit faire paffer pour le feul latin vulgaire?

Mais, pour revenir aux Ecrivains Canoniques, & aux Docteurs de l'Eglife: eft-ce que S. Paul parloit un autre langage, quand il prêchoit, que quand il écrivoit? Or le peuple l'entendoit prêchant; pourquoi donc ne l'auroit-il pas entendu, avec encore plus de facilité, en lifant ou en écoutant lire fes écrits? Etoit-ce ce grec vulgaire, ou le grec des favants que parloit S. Chryfoftôme dans fes Sermons? Si c'étoit le vulgaire, il n'y en avoit donc point qui ne le fût, puifqu'on n'en pouvoit défirer de plus élégant que le fien. Et fi c'étoit le grec des favants, ce grec, quelque nom qu'on lui donne, étoit donc certainement entendu du peuple, fans diftinction de qualité, d'âge ou de fexe, puifque, parmi tant de reproches qu'on lui a fait, on ne s'eft jamais avifé de lui faire celui-là, que, pour vouloir trop bien parler, le peuple ne comprenoit rien à ce qu'il difoit.

Enfin, cette imagination, de deux langues différentes dans une même langue, eft fi mal concertée, que, de deux chofes que l'on prétend, on ne peut établir l'une fans ruiner l'autre. Car à quoi emploie-t-on cette diftinction de deux langages dans le latin; l'un, du peuple, & l'autre des favants, finon à montrer, qu'en traduifant autrefois la Bible en latin, on ne l'a pas pour cela rendue populaire, parce qu'elle n'étoit pas traduite dans le langage du peuple? Si cela eft, pourquoi fe plaint-on des traductions préfentes, comme ayant mis le Nouveau Teftament entre les mains de tout le monde, & pourquoi ne leur applique-t-on pas ce que l'on dit de cette verfion latine, qu'elle n'a point été contraire à l'intention qu'avoient, dit-on, les Apôtres, de ne laiffer lire les Ecritures Saintes qu'aux Pafteurs & Miniftres de l'Eglife? Car elles font pour le moins auffi élégantes au regard du françois, & auffi conformes aux regles de la Grammaire, que l'ancienne verfion latine l'étoit au regard du latin. Il faut donc, de deux chofes l'une: ou que cette ancienne verfion ait mis la Bible en état d'être lue de tout le monde (ce que l'on voudroit bien ne pas avouer, par un entêtement inconcevable) ou que les verfions faites depuis peu, n'y aient pas mis le Nouveau Teftament; & qu'ainfi on n'a pas lieu de s'en plaindre.

Cela fuffiroit pour confondre ceux qui fe font avifés de cette fauffe fubtilité, de deux langues dans une même langue. Mais, dans la vérité, ce n'eft qu'un pur fonge; & on pourra douter qu'il foit jour en plein midi, fi l'on peut foutenir ce qu'avance M. Mallet en deux endroits de fon livre, en la page 178 & 188, que, du temps des Apôtres &

des premiers siecles de l'Eglise, *le grec & le latin n'étoient que des langues des savants*, & non des langues vulgaires, entendues communément de tout le peuple, sans en excepter les femmes & les enfants, dans les pays où chacune se parloit. Et ainsi, prenant pour certain ce qu'il a voulu ridiculement contester, il ne faut que renverser son propre argument contre lui-même. Car voici comme il raisonne, en la page 157. *Si ç'avoit été le dessein de Dieu de donner l'Ecriture Sainte à l'Eglise, afin qu'elle fût lue de tout le monde, les Auteurs sacrés l'auroient dû écrire en langue vulgaire, ou, du moins, les premiers Chrétiens auroient dû en faire des versions, pour la faire entendre à ceux qui n'auroient pu en entendre l'original.*

Or rien de cela, dit-il, *ne s'est fait. Car tout le Nouveau Testament n'a pas été écrit en langue vulgaire, & il est de notoriété publique, que l'Eglise a été plusieurs siecles sans en avoir aucune traduction; sinon en grec & en latin, qui sont des langues des savants.*

Ce n'a donc point été l'intention de Dieu, ou de ceux qui ont composé ces Livres sacrés, de les rendre communs, & de les mettre entre les mains de tout le monde.

Cet argument n'a garde de conclure rien; ce qu'on y suppose comme notoire dans la mineure, étant la fausseté même. Mais en voici un autre que l'on jugera sans doute qui conclut mieux.

Si ç'avoit été l'intention de Dieu, & des Ecrivains Canoniques du Nouveau Testament, que leurs livres ne fussent point lus par le peuple, ils auroient dû les écrire en une langue morte, comme étoit l'ancien hébreu, avec défense qu'on n'en fît aucune version, & ordonner que les Prêtres seuls & les Docteurs en eussent des exemplaires.

Or on a fait tout le contraire de cela. Les Auteurs sacrés les ont presque tous écrits dans la langue la plus vulgaire qui fût jamais, c'est-à-dire, la plus étendue, & que plus de peuples parloient ou entendoient facilement; & comme une même langue ne peut pas être vulgaire par-tout, on a eu soin, dès le commencement de l'Eglise, d'en faire des versions en plusieurs langues, & particuliérement en latin, qui étoit en ce temps-là la langue la plus vulgaire après la grecque, & qui étoit entendue d'un plus grand nombre de peuples: & jamais on n'a oui parler, dans ces siecles-là, d'aucune ordonnance qui défendît de mettre ces livres entre les mains de tout le monde; & au contraire, on exhortoit tout le monde à les lire jusques aux enfants & aux jeunes filles.

C'est donc une pure chimere, ou plutôt une impiété, de vouloir que Dieu ait eu l'intention que lui attribue M. Mallet, d'interdire au

I. CLAS. N°. X.

peuple la lecture des livres du Nouveau Testament; puisque ce seroit alors qu'on pourroit dire véritablement, que l'Eglise, dans sa plus grande ferveur, *auroit bien mal secondé les desseins de Dieu*, étant visible qu'elle a toujours pris toutes les voies qu'elle a pu, pour en rendre la lecture plus commune, & plus à la portée de toutes sortes de personnes.

CHAPITRE VIII.

Examen du dernier chef de la septieme preuve : Qu'il est de notoriété publique que l'Eglise a été plusieurs siecles sans aucune traduction de l'Ecriture, sinon en grec & en latin.

IL ne faut pas s'étonner si un homme, qui n'a lu sur cette matiere que les Cardinaux du Perron & Bellarmin, s'imagine que tout ce que ces Auteurs assurent est *de notoriété publique*. Bellarmin (de verb. Dei lib. 2 c. 16.) dit, que du temps des SS. Peres, *on ne lisoit la Bible qu'en hébreu, en grec & en latin, & que nul Auteur ancien n'a parlé d'aucune autre traduction*. Nec ullus *antiquus Auctor meminit alicujus alterius translationis*. Le Cardinal du Perron, dans sa Replique, soutient la même chose: car le titre du chap. 2. de son sixieme liv. est: *Des deux seules versions, grecque & latine, reçues en l'Eglise par les Peres.* Et il assure *qu'il ne se trouvera point, en toute l'antiquité, nation de l'Empire Romain, où il se soit trouvé aucune édition de l'Ecriture, sinon hébraïque, ou grecque ou latine.* Il n'en a pas fallu davantage à M. Mallet pour dire hardiment: *qu'il est de notoriété publique, que l'Eglise a été plusieurs siecles sans aucune traduction de l'Ecriture, sinon en grec & en latin.*

Mais il devoit considérer, au regard de M. le Cardinal du Perron, que, quoique sa Replique soit un très-bel ouvrage, & rempli d'une grande érudition, néanmoins étant mort avant que de l'avoir achevée, il y peut être demeuré beaucoup de choses qu'il auroit corrigées, s'il y avoit pu donner la derniere perfection, comme il l'auroit fait sans doute, s'il l'avoit fait imprimer lui-même; sa coutume étant de revoir plus exactement ses ouvrages sur les feuilles imprimées qu'il en faisoit tirer exprès; & c'étoit pour cette raison qu'il avoit une Imprimerie à sa maison de campagne, au village de Bagnolet, à une lieue de Paris. Et cela peut avoir plus de lieu au regard du sixieme Livre, qui est tout à la fin, qu'il pouvoit peut-être n'avoir qu'ébauché, comme il paroit en ce qu'il s'y rencontre plusieurs citations fausses.

Quoi

Quoi qu'il en ſoit, comme il ne s'agit ici d'aucun dogme, mais d'un pur fait, & qu'en matiere de faits qui dépendent de l'inſpection des pieces, l'autorité de qui que ce ſoit ne peut empêcher qu'on n'examine ce qui en eſt dans la vérité, je me trouve obligé de dire, qu'il eſt ſurprenant, que ces deux ſavants Cardinaux aient pu prendre, pour une vérité manifeſte, une choſe ſi éloignée de la vérité.

Car comment ont-ils pu dire, *que nul ancien Auteur n'a parlé d'aucune traduction de la Bible qu'en grec & en latin;* ayant pu lire dans S. Baſile, en ſon Hom. 2. ſur l'Exameron, ce qu'il dit ſur ces paroles du commencement de la Geneſe: *Et Spiritus Domini ferebatur ſuper aquas?* " Je vous rapporterai, dit ce Saint, ce que j'ai appris d'un Syrien, qui „ étoit peu inſtruit dans la ſageſſe mondaine, mais qui l'étoit beaucoup „ dans la ſcience de la vérité. (Il n'y a preſque pas lieu de douter qu'il n'entendît par-là S. Ephrem Diacre d'Edeſſe.) " Il me diſoit; que „ la langue des Syriens étoit plus ſignificative, & qu'approchant beau- „ coup de l'hébraïque, elle rendoit mieux le ſens de l'Ecriture. Et qu'au „ regard de ce paſſage, au lieu qu'il y a dans les Septante, que l'Eſprit „ de Dieu étoit porté ſur les eaux, la verſion des Syriens portoit; que „ l'Eſprit de Dieu couvoit les eaux, comme fait une poule, qui en cou- „ vant ſes œufs, leur communique une vertu qui les vivifie ". N'eſt-ce point reconnoître une autre verſion de l'Ecriture que la grecque & la latine?

Ayant pu lire dans S. Chryſoſtôme, en ſon Homélie premiere ſur S. Jean: *que les Syriens, les Egyptiens, les Indiens, les Perſes, les Ethyopiens, avoient traduit en leurs langues les dogmes divins, qu'un homme ſans lettres, tel qu'étoit S. Jean, nous avoit enſeignés dans ſon Evangile.*

Ayant pu lire dans S. Jérôme, en ſa Préface au Pape Damaſe ſur les Evangiles: *que l'Ecriture Sainte du Nouveau Teſtament, ayant été traduite dans les langues de pluſieurs nations, on ne pouvoit y avoir rien ajouté qu'on ne s'en apperçût.* Nec in *Novo Teſtamento profuit emendaſſe, cùm multarum gentium linguis Scriptura ante tranſlata doceat falſa eſſe quæ addita ſunt.*

Ayant pu lire dans S. Auguſtin, en ſon Livre 32. contre Fauſte, chap. 16; qu'il n'étoit pas poſſible que les Ecritures du Nouveau Teſtament euſſent été corrompues par des demi-Juifs & demi-Chrétiens, comme les Manichéens le prétendoient, parce que *quiconque l'auroit oſé faire, auroit été auſſi-tôt réfuté par l'autorité d'un grand nombre d'exemplaires plus anciens; ce qui auroit été d'autant plus facile, que ces mêmes livres ſe trouvent écrits* en pluſieurs langues différentes. Et dans le ſecond livre de la Doctrine Chrétienne, chap. 5: *que l'orgueil des hommes ayant été puni par la diversité des langues, il est arrivé de-là, que l'Ecriture Sainte, qui a été donnée pour être le remede des maladies de nos ames, n'ayant été écrite qu'en une langue, a été répandue par toute la terre, par le moyen des Interpretes, qui l'ont traduite en diverses langues, afin que les nations en eussent connoissance pour leur salut.*

Ayant pu lire dans Théodoret lib. 5. *de curandis Græcorum affectibus: que toute la terre étoit pleine de la doctrine Prophétique & Apostolique; & que les livres hébreux n'avoient pas été traduits en une seule langue; mais en la langue des Romains, des Egyptiens, des Indiens, des Arméniens, des Scytes, des Sarmates; & en un mot, en toutes les langues qui étoient alors en usage dans toutes les Nations.*

Ayant pu lire dans Socrate lib. 4. c. 27; & dans Sozomene lib. 6. c. 37; qu'Ulphilas Evêque des Goths, qui vivoit vers le milieu du quatrieme siecle, avoit traduit l'Ecriture Sainte en leur langue. Et ce qui confirme cela, est ce qui se lit dans la vie de S. Marcien, grand Econome de Constantinople vers 460, rapportée par Bolandus 10. Janvier. Car il est remarqué sur la fin, que les Généraux Aspar & Ardabure, Goths & Ariens, ayant fait divers présents à l'Eglise de Sainte Anastasie, bâtie par le Saint, il ordonna pour reconnoissance de leur libéralité, que les jours solemnels on liroit les Ecritures en la langue des Goths; ce qui ne prouve pas seulement qu'il y avoit une version de l'Ecriture en cette langue, mais que, quoique ce fût celle dont les Ariens se servoient, on ne faisoit point de difficulté de la lire publiquement dans le service divin, par l'ordre d'un Saint, dans une Eglise aussi Catholique qu'étoit alors l'Eglise de Constantinople; ce qu'on ne doit pas trouver étrange, puisqu'on fait l'estime qu'on faisoit dans l'ancienne Eglise des Bibles traduites par trois hérétiques, & pires qu'hérétiques, Aquila, Symmaque, & Théodotion.

Je n'allegue point ce que le Cardinal Hosius & beaucoup d'autres ont cru, que S. Jérôme avoit traduit toute la Bible en la langue de son pays, qui étoit la Dalmatie; car il est clair que cette opinion ne peut avoir eu d'autre fondement que ces paroles de sa lettre à Sophrone: *quorum* (70.) *translationem, diligentissimè emendatam olim meæ linguæ hominibus dederim*, par où quelques-uns se sont imaginés qu'il entendoit la langue des Dalmates, parce qu'il étoit de Dalmatie: au lieu qu'il n'y a nul sujet de douter, qu'il n'entende la langue commune de l'Eglise d'Occident, qui étoit la latine, comme il paroît par sa Préface sur Josué, où parlant de sa traduction d'hébreu en latin, il dit, qu'il l'offre aux hommes de sa langue. *Sciat me non in reprehensionem veterum nova cudere, sicut amici mei criminantur, sed pro virili portione, offerre* linguæ meæ hominibus, *quos tamen nostra delectant.*

Je n'allegue point non plus ce que disent d'autres, que S. Augustin, tout à la fin de son Commentaire sur le Pseaume 118, fait mention d'une traduction des Pseaumes en langue punique : car ils se trompent aussi, & ce Pere ne dit autre chose en cet endroit, sinon que ce Pseaume 118. est tellement alphabétique, que tous les versets de chaque octonaire commencent par la même lettre ; ce qu'il remarque que n'observoient pas ceux qui faisoient, soit en latin, soit en punique, de ces Pseaumes ou Cantiques, qui s'appelloient abécédaires. *Omnes octonos versus in hebraïcis codicibus ab ea quæ illis proponitur littera incipere, ab eis qui illas noverunt litteras nobis indicatum est. Quod multo diligentiùs factum est, quàm nostri vel latinè vel punicè quos abecedarios vocant Psalmos facere consueverunt.* Il faut que l'on se soit imaginé que ces Pseaumes abécédaires, soit latins soit puniques, devoient être des traductions des Pseaumes hébreux qui sont alphabétiques : au lieu que ce Pere a voulu seulement parler des Pseaumes ou Cantiques qui se faisoient de son temps, soit en punique, soit en latin, semblables à celui qu'il a fait lui-même contre les Donatistes, qui est au commencement de ses ouvrages contre ces schismatiques.

I. CLAS. N°. X.

Laissant donc-là ces preuves, qui ne seroient pas bien fondées, qui ne sait que la tradition de toutes les Eglises d'Orient est, que la version syriaque, qui s'appelle aussi chaldaïque, tant du Vieux que du Nouveau Testament, est très-ancienne : que celle du Vieux a été avant Jesus Christ, comme nous avons déja dit dans le premier Livre, chap. VIII, & que celle du Nouveau a été faite peu de temps après les Apôtres, comme les savants hommes de ce temps le reconnoissent ; que c'étoit en cette langue-là qu'on lisoit les Ecritures, & qu'on célébroit la Liturgie en plusieurs Provinces de l'Orient, depuis la Syrie jusques dans la Perse ; que S. Jacques de Nisibe qui a assisté au Concile de Nicée, n'avoit écrit, & n'avoit expliqué l'Ecriture que selon qu'elle se lisoit en cette langue, comme a fait aussi S. Ephrem, ainsi que S. Jérôme le témoigne du dernier, dans son livre des Ecrivains Ecclésiastiques, où il ajoute, que ses ouvrages avoient paru si beaux qu'on en avoit traduit plusieurs en grec ?

Enfin, c'est une chose constante, que tous les Chrétiens du Levant ont traduit d'abord les Ecritures Saintes en langue vulgaire ; & que, quand ces premieres langues, qui étoient vulgaires, ont cessé de l'être, ils ont retenu l'ancienne version dans la Liturgie ; mais ils en ont ajouté une nouvelle, qui la pût rendre intelligible au peuple. Par exemple, les Syriens ont fait en leur langue des traductions de l'Ecriture Sainte dès le commencement de l'Eglise, en faisant seulement quelques change-

I. CLAS. N°. X.

ments à la version chaldaïque de l'Ancien Testament, faite par les Juifs, comme nous avons dit dans le premier Livre, & en traduisant le Nouveau. Mais lorsque le syriaque, dont on a encore les versions, a cessé d'être vulgaire, & que l'arabe l'est devenue, ils ont conservé la traduction syriaque de l'Ecriture Sainte, & ont célébré la Liturgie dans cette ancienne langue; mais ils ont ajouté aux leçons des Epîtres & des Evangiles la traduction arabesque, afin que le peuple les pût entendre. Ils ont aussi fait des traductions de toute l'Ecriture en arabe, sur la syriaque, & quelques-unes interlinéaires, qui se trouvent dans les Bibliotheques.

Les Coptes ont fait la même chose. Car les savants en cette langue croient que la version coptique du Vieux Testament, qui est sur le grec des Septante, & celle du Nouveau, ont été faites dans le même temps que les peuples de Thébaïde, qui seuls en avoient l'usage, reçurent la Religion Chrétienne. Et il ne faut pas s'étonner que cette langue, qui avoit été autrefois la vulgaire de toute l'Egypte, fût alors particuliere à la Thébaïde : car les Rois de l'Egypte, successeurs d'Alexandre, qui étoient Grecs, ayant établi leur Cour à Alexandrie, la langue grecque se rendit beaucoup plus vulgaire dans tous les pays d'alentour, que l'ancienne langue égyptienne; mais le contraire arriva dans la Thébaïde, qui en étoit fort éloignée, cette ancienne langue s'y étant conservée, & peu de personnes y entendant le grec. On en a des preuves très-fortes dans la vie de S. Antoine, & des autres Peres des déserts de la Thébaïde. Car S. Athanase remarque, que des Philosophes Grecs étant venus conférer avec S. Antoine, il ne les put entendre, ni leur parler que par Interprete. Ce qui est encore confirmé par ce que dit Pallade, dans l'Histoire d'un S. Paphnuce, qui passa sa vie avec un estropié. Car il dit que ce S. Paphnuce, & cet estropié, étant allés voir S. Antoine, ce fut un Solitaire nommé Crosne, qui savoit la langue grecque & l'égyptienne, qui leur servit d'Interprete, parce que S. Antoine ne savoit pas la langue grecque. Il falloit donc bien que l'Ecriture fût traduite en la langue égyptienne, puisque S. Athanase dit, que S. Antoine étant fort jeune, quand on le menoit à l'Eglise, il étoit très-attentif à sa lecture, & conservoit dans son cœur le fruit qu'on en pouvoit tirer. Il entendoit donc ce qui se lisoit à l'Eglise, quoiqu'il ne sût point le grec. S. Athanase ajoute, qu'après la mort de son pere & de sa mere, allant selon sa coutume avec grande dévotion à l'Eglise, & pensant en lui-même, durant le chemin de quelle sorte les Apôtres, en abandonnant toutes choses, avoient suivi J. C., & comme quoi plusieurs autres, ainsi qu'il se voit dans les Actes, vendoient leurs biens & en mettoient le prix aux pieds des Apôtres, il entra dans l'Eglise au même temps que l'on lisoit l'Evangile, où N. S. dit à ce jeune homme qui étoit riche : *Si tu veux être parfait, va, vends tout ce que tu as, donne-le aux pauvres, & viens, & me suis, & tu auras un trésor au ciel*, & que ce fut ce qui le porta à tout abandonner pour J. C.; *parce qu'il regarda la pensée qu'il avoit eue de l'exemple des premiers Chrétiens, comme lui ayant été envoyée de Dieu, & ce qu'il avoit entendu de l'Evangile, comme si ces paroles n'eussent été lues que pour lui.* Ce n'étoit donc pas en grec, mais en égyptien, que l'Evangile avoit été lu dans l'Eglise, puisqu'il n'entendoit point le grec, mais seulement l'égyptien. S. Augustin dit, dans le Prologue des livres de la Doctrine Chrétienne, qu'on disoit de S. Antoine, que, ne sachant pas lire, il avoit appris par cœur les Ecritures Saintes en les entendant lire : *vir sanctus Antonius, sine ulla scientia litterarum, Scripturas divinas, & memoriter audiendo tenuisse, & prudenter cogitando intellexisse prædicatur.* Peut-être que ceux qui avoient rapporté cela à S. Augustin avoient seulement voulu marquer par ces mots, *sine ulla scientia litterarum*, qu'il n'avoit point étudié, & non pas qu'il ne sût pas lire. Mais en quelque sens qu'on le prenne, comment auroit-il pu apprendre les Ecritures par cœur, soit en les lisant, soit en se les faisant lire, comme faisoit Servulus dont parle S. Grégoire, si elles n'avoient été traduites en une langue qu'il entendoit, qui ne pouvoit être que l'égyptienne; puisqu'il est certain qu'il n'entendoit pas le grec ? S. Athanase dit aussi, que ses Disciples étoient des hommes divins, *qui passoient leur vie à chanter des Pseaumes*, à étudier l'Ecriture Sainte, *à jeûner & prier* &c. L'Ecriture étoit donc traduite en une langue qu'ils entendoient. Or il n'y a point d'apparence que la plupart d'entr'eux en entendissent d'autres que l'égyptienne.

Nous apprenons la même chose de Pallade & de Rufin. Pallade le dit expressément de S. Jean d'Egypte, cet homme admirable en sainteté, & si célebre par le don de prophétie, qui lui fit prédire les plus grandes victoires que Théodose remporta sur les tyrans. Car il remarque, que ce Saint lui parla par un Interprete ; ce qu'il n'auroit pas fait s'il eût su le grec, étant certain que Pallade, qui étoit de Galatie, savoit parfaitement bien la langue grecque. Or cela nous apprend deux choses. L'une, qu'il y avoit beaucoup de personnes dans la Thébaïde, qui ne savoient point la langue grecque, mais seulement l'égyptienne ou coptique; ce qui étoit ignoré par la plus grande lumiere de la Thébaïde, le pouvant bien être par une infinité d'autres du même pays. L'autre, qu'il n'en étoit pas de même dans les Monasteres de Nitrie, qui étoient plus proche d'Alexandrie, & dans l'Egypte proprement dite. Car Pallade, qui étoit de-

I. CLAS. N°. X.

puis assez long-tems dans un des Monasteres de la solitude de Nitrie, auroit sans doute assez appris de la langue égyptienne pour l'entendre sans Interprete, si ç'avoit été la vulgaire de cette contrée-là. La même chose paroît par le récit que fait Rufin de S. Apollon, Supérieur de cinq cents Solitaires dans ce même désert de la Thébaïde. Car Rufin dit, que, quand ils le quitterent, ce Saint, leur voulant donner des freres qui les conduisissent en d'autres Monasteres, il en choisit trois qui savoient fort bien les langues grecque & égyptienne, afin de leur pouvoir servir de truchement, & les édifier par leurs entretiens. Ce n'étoit donc pas une chose commune parmi ces Solitaires de savoir le grec outre l'égyptien. Car c'étoit de ceux qui savoient le grec dont Rufin & ses compagnons avoient besoin, afin qu'ils se pussent entretenir avec eux, & parler aussi aux autres Solitaires qui ne savoient que l'égyptien. Que si on joint à cela, que la principale occupation de ces admirables Solitaires étoit de lire l'Ecriture Sainte, & d'en apprendre même une grande partie par cœur, comme il est dit de ceux qui étoient sous la conduite de S. Apollon, qu'il y en avoit d'entr'eux, qui, après avoir mangé à la neuvieme heure du jour, s'en alloient dans le désert, où ils employoient toute la nuit à méditer des passages de l'Ecriture, qu'ils savoient par cœur; & de S. Muce, qui, de payen & de voleur, étoit devenu un grand Saint par une conversion miraculeuse, qu'il savoit quasi par cœur toute l'Ecriture Sainte, pourra-t-on douter, que l'Ecriture ne fût, dès ce temps-là, traduite en coptique pour la Thébaïde, & que ce ne fût en cette langue qu'on la lisoit dans le service public? Il y a des exemplaires de cette version coptique dans la Bibliotheque du Roi, & entr'autres un des quatre Evangiles, écrit il y a environ six cents ans sur du vélin, par un Evêque de Damiette, qui est d'une beauté singuliere. Mais, aussitôt que cette langue a cessé d'être vulgaire, on a fait en ce pays-là, ce que je viens de dire s'être fait au regard du syriaque: on a retenu les traductions coptiques pour le service divin, & on en a fait d'autres en arabe, qui se trouvent presque toujours vis à vis de ces anciennes coptiques. Et la même chose a été faite par les autres nations orientales.

Tout cela fait voir qu'il est bien étrange, que d'aussi savants hommes qu'ont été les Cardinaux Bellarmin, & du Perron, aient pu avancer une chose si manifestement fausse, comme est de dire; *que nul ancien Auteur n'a fait mention d'aucune version de l'Ecriture, que grecque & latine, & qu'il ne se trouve point, en toute l'antiquité, nation de l'Empire Romain, où il se soit trouvé aucune édition de l'Ecriture, sinon hébraïque, ou grecque, ou latine.*

Mais encore, sur quoi appuyent-ils ce paradoxe? Ils n'en apportent que ces trois ou quatre preuves.

La premiere; que S. Augustin ne demande que la connoissance des trois langues; grecque, latine & hébraïque, pour entendre l'Ecriture. Le Cardinal du Perron cite sur cela, *Aug. de Mirabilibus sacr. Scrip. lib.* 1. *c.* 9, qui est un livre apocryphe, qui n'est point de ce Saint. Mais Bellarmin a-t-il plus de raison d'alléguer sur cela le livre 2. de la Doctrine Chrétienne, chap. 11?

℟. Jamais rien n'a été allégué plus mal à propos, sur ce sujet, que ce passage de S. Augustin, dont voici les propres termes. *Contra ignota signa propria magnum remedium est linguarum cognitio: & latinæ quidem linguæ homines quos nunc instruendos suscipimus duabus aliis ad Scripturarum cognitionem habent opus hebræâ scilicet & græcâ, ut ad exemplaria præcedentia recurratur, si quam dubitationem attulerit Latinorum Interpretum infinita varietas.* Car on voit par-là, que S. Augustin écrivant pour ceux qui savoient la langue latine, ne leur propose, comme nécessaire à la parfaite intelligence des Ecritures Saintes, que la connoissance de deux autres langues, l'hébraïque & la grecque; parce qu'il les regarde comme les originales des Ecritures de l'Ancien & du Nouveau Testament, & qu'il juge avec raison, que, quand une version est obscure ou ambigue, on ne sauroit mieux faire que d'avoir recours à l'original. Que fait cela pour savoir s'il y avoit, ou s'il n'y avoit pas, du temps de ce Pere, des versions de l'Ecriture en d'autres langues que la latine, ou la grecque? Et il falloit bien qu'il crût qu'il y en avoit, puisqu'il dit, dans le passage que j'ai rapporté plus haut, que le Nouveau Testament étoit traduit en différentes langues.

La seconde est; que *Sunia & Fretella, écrivant d'Allemagne à S. Jérôme sur le fait des diversités des traductions, ne lui apportent que les diversités des traductions grecque & latine.*

℟. Cela peut-il prouver que l'Ecriture ne fût pas traduite en égyptien, en syriaque, en indien, en persan, en éthyopien, comme le témoigne S. Chrysostôme dans son Homélie premiere sur S. Jean? Est-ce que ces saintes femmes ont dû proposer à S. Jérôme des difficultés sur des versions de l'Ecriture en des langues qu'elles n'entendoient pas? Jamais argument négatif a-t-il été plus défectueux que celui-là? Mais ce qui y donne quelque couleur est, qu'on y représente ces femmes, comme écrivant à Saint Jérôme sur le fait des diversités des traductions en général, pour en conclure adroitement, que, n'en proposant que sur la diversité des traductions grecque & latine, il n'y avoit donc point d'autres traductions que celles-là. Mais la vérité est, qu'elles prient seulement ce Saint, de

I. CLAS. N°. X.

leur dire, sur divers passages des Pseaumes, où le grec & le latin leur paroissoient contraires, lequel des deux étoit conforme à l'original hébreu. S'ensuit-il de-là, que s'il y avoit eu des versions de l'Écriture en d'autres langues, comme il y en avoit sans doute, elles auroient dû en parler? Ce seroit tout au plus, si on en pouvoit conclure qu'elles n'en connoissoient point d'autres. Cela ne seroit pas même tout-à-fait concluant. Mais passer de-là jusques à dire qu'il n'y en avoit donc point; en vérité il est étrange que cela ait pu tomber dans l'esprit d'un habile homme.

La troisieme est un passage très-commun de S. Hilaire, dans le Prologue de son Commentaire sur les Pseaumes. His maximè *tribus linguis sacramentum voluntatis Dei, & beati regni expectatio prædicatur, ex quo illud Pilati fuit, ut his tribus linguis Regem Judæorum D. J. C. esse præscriberet.* Ce que M. le Cardinal du Perron a traduit en ces termes. *En ces langues* principalement *est annoncé le Sacrement de la volonté de Dieu, & l'espérance du regne du bienheureux, qui fut la cause pourquoi Pilate écrivit en ces trois langues, que J. C. N. S. étoit le Roi des Juifs.*

℟. Qui ne voit que ce passage prouve tout le contraire de ce qu'ils prétendent? Car le mot de *maximè, principalement*, fait assez voir que ce Saint ne dit point que ce n'étoit qu'en ces trois langues qu'on lisoit l'Ecriture, mais seulement, que c'étoit *principalement en ces trois langues*: ce qui suppose qu'il a cru qu'on la lisoit encore en d'autres. Mais il faut de plus remarquer, au regard du titre de la Croix, que quand il est dit dans S. Luc & dans S. Jean, qu'il étoit écrit en hébreu, en grec & en latin, il faut entendre (comme en beaucoup d'autres lieux du Nouveau Testament) par le mot d'hébreu, la langue syriaque. Car comme ce ne furent point les Juifs qui firent cette inscription, puisqu'ils s'en plaignirent, & que ce fut Pilate qui la fit faire en ces trois langues, afin que tout le monde la pût lire, il n'y a point d'apparence qu'il ait choisi pour cela l'ancien hébreu, qui n'étoit plus en usage, & il est bien plus probable que ce fut le nouveau, c'est-à-dire le syriaque, qui étoit la langue vulgaire de Jerusalem; d'où vient même qu'elle a été appellée *lingua Hierosolymitana*. Or de-là il s'ensuit, que la langue syriaque étant l'une des trois qui ont été consacrées par le titre de la Croix, le mystere qu'on trouve en cela, a dû être pour cette langue, aussi bien que pour le latin, & ainsi on peut attribuer à une providence particuliere de Dieu, de ce qu'une des plus anciennes versions du Nouveau Testament est la syriaque.

J'ai de la peine à rapporter une quatrieme preuve de M. le Cardinal du Perron; car en vérité elle n'est pas digne de lui. *Il ne se trouvera jamais*, dit-il, *qu'aucun des Peres die, parlant des traductions de l'Ecriture: Il se lit ainsi dedans la langue de mon pays.* On voit sans peine combien un un argument négatif de cette nature doit être peu concluant. Mais, de plus, en quels Peres prétend-il que cela auroit dû se trouver ?

Nous n'avons d'anciens Peres que ceux qui ont écrit ou en latin ou en grec, ou en syriaque. (Car pour les lettres de S. Antoine, écrites originairement en égyptien, on voit bien que ce n'est pas là où on devroit trouver ce que dit M. le Cardinal du Perron.) Or pour ceux qui ont écrit en syriaque, comme S. Jacques de Nisibe, & S. Ephrem, ils ne peuvent servir qu'à détruire ce qu'il veut établir, puisqu'il demeure constant parmi tous les savants, comme j'ai déja dit, que long-temps avant eux les Ecritures Saintes, tant du Vieux que du Nouveau Testament, étoient traduites en syriaque, & que c'étoit la parole de Dieu traduite en cette langue qu'ils citoient, & qu'ils expliquoient dans leurs livres.

Et pour les Peres Grecs ou Latins, comment voudroit-on trouver dans leurs livres; *Un tel passage de l'Ecriture se lit ainsi dans la langue de mon pays*, puisque la langue de leur pays étoit le grec ou le latin, & que c'étoit dans l'une ou l'autre de ces deux langues qu'ils lisoient ou qu'ils expliquoient l'Ecriture ?

Je sais bien que M. le Cardinal du Perron ne veut pas demeurer d'accord de cela, & qu'il prétend que le grec n'étoit pas la langue vulgaire de la plupart des pays d'Orient, ni le latin de la plupart de ceux d'Occident. Mais c'est en quoi certainement il se trompe: & comme cette question est importante, & qu'elle servira à démêler beaucoup de choses que brouille M. Mallet, j'ai cru la devoir traiter en deux chapitres à part: dans le premier desquels j'examinerai ce que ce savant Cardinal prétend, *que du temps des Peres, on n'a fait le service divin qu'en grec & en latin;* & dans le second, ce qu'il soutient; *qu'on faisoit le service en grec en beaucoup de lieux dont le grec n'étoit pas la langue vulgaire, & qu'il en étoit de même du latin.*

CHAPITRE IX.

Si du temps des Peres on ne faisoit le service nulle part qu'en grec & en latin?

M. Le Cardinal du Perron entreprend, dans sa Replique, au chapitre premier du sixieme livre, de répondre au reproche que le Roi d'Angleterre faisoit à l'Eglise Catholique, de ce qu'on y célébroit le service divin dans une langue inconnue au peuple.

Il faut avouer que la maniere qu'il prend pour justifier l'Eglise est

I. CLAS. N°. X.

très-raisonnable. Il soutient, que ce n'a point été le dessein de l'Eglise d'ôter au peuple la connoissance de ce qui se dit dans le service public, & qu'on ne peut aussi accuser l'Eglise Romaine *d'avoir introduit exprès une langue étrangere* au service chrétien; mais qu'elle a jugé, par de très-bonnes raisons, qu'elle devoit conserver la langue dans laquelle il avoit été d'abord institué, quoique par la succession des temps, elle eût cessé d'être vulgaire. Et c'est ce qu'il fait voir être arrivé à toutes les diverses communions chrétiennes, & même à toutes les Religions, tant vraies que fausses. *Car la langue éthyopienne*, dit-il, *en laquelle se célebre le service des Ethyopiens, n'est vulgaire à aucune des nations qui sont sous le Roi d'Ethyopie, mais est l'ancienne langue éthyopienne, qu'ils appellent chaldaïque.* Et il soutient, qu'il en est de même des langues syrienne, arménienne, égyptienne; celles dans lesquelles on fait maintenant le service divin n'étant point les vulgaires de ce temps ici, mais les anciennes, qui ont cessé de l'être. Et comme il fait voir, par de très bonnes raisons, qu'il y auroit de grands inconvénients de changer le langage du service de l'Eglise autant de fois que les langues vulgaires changent, il n'avoit rien à ajouter à cela, l'Eglise étant par-là suffisamment justifiée.

Mais il a passé plus avant sans nécessité. Car le Roi d'Angleterre ayant objecté, que cet usage de célébrer le service divin en une langue inconnue au peuple, étoit contraire à l'usage de l'Eglise primitive, il n'avoit qu'à répondre conformément aux principes qu'il avoit établis, qu'afin de conclure quelque chose contre l'Eglise Romaine, de ce qui se faisoit en l'Eglise primitive, il faudroit montrer, que les langues dans lesquelles son service avoit été d'abord institué ayant cessé d'être vulgaires, & d'être entendues communément du peuple, elle les avoit quittées pour le célébrer dans les nouvelles langues qui avoient succédé aux anciennes. Et comme il étoit bien aisé de prouver que l'Eglise primitive n'avoit point fait ces changements dans la Liturgie, il s'ensuit de-là, que si elle étoit toujours demeurée intelligible au peuple pendant ces temps-là, cela venoit de ce que le peuple n'avoit pas changé de langage; au lieu qu'en ayant changé depuis dans tout l'Occident, il ne faut pas s'étonner que le langage du service public, que l'Eglise n'a point cru devoir changer, soit devenu moins intelligible au peuple qu'il n'étoit auparavant.

Il n'en falloit pas davantage pour répondre à l'objection du Roi d'Angleterre, & toutes les personnes raisonnables en auroient été satisfaites. Mais ce Cardinal a cru devoir faire plus: car ayant voulu soutenir ce que le Cardinal Bellarmin avoit avancé avant lui, il s'engage à montrer, que le service public se faisoit en beaucoup de lieux, dans une langue inconnue au peuple. Et il le fait en soutenant deux choses, qui ne ſont véritables ni l'une ni l'autre; ſur-tout dans l'étendue qu'il leur donne.

La premiere eſt, *que, par le témoignage de toute l'ancienne Egliſe, jamais le ſervice, du temps des anciens Peres, ne s'eſt fait en la Religion Chrétienne, qu'en deux langues, à ſavoir, en la langue grecque & en la latine.*

La ſeconde; *que le grec n'étoit point la langue vulgaire en pluſieurs des pays où le ſervice ſe faiſoit en grec, ni le latin en pluſieurs de ceux où il ſe faiſoit en latin.*

Je réſerve de parler de cette ſeconde propoſition dans le chapitre ſuivant, & je n'examine dans celui-ci que la premiere. Afin qu'elle ſoit vraie, il ne ſuffit pas que le ſervice ſe ſoit fait en grec dans la plupart des Egliſes d'Orient, ce qui eſt certain. Mais il faudroit qu'il s'y fût fait en toutes généralement, ce qui n'eſt point vrai; & la preuve que ce Cardinal en apporte ne le montre point. Car voici tout ce qu'il en dit. " Pour le regard de l'Egliſe orientale, que le ſervice s'y fît *ſeulement* „ en grec, il appert parce que l'Ecriture ne ſe liſoit publiquement dans „ les Egliſes ſinon en grec: dont eſt que S. Jérôme, en ſa préface ſur le „ livre des Chroniques dit: *Alexandrie & l'Egypte loue en ſes Septante* „ *Heſychius Auteur: Conſtantinople juſques à Antioche approuve les exem-* „ *plaires du Martyr Lucian: & les Provinces moyennes entre celles-là* „ *liſent les exemplaires Paleſtins, leſquels élabourés par Origene, Euſebe* „ *& Pamphile ont divulgés.* Et l'on ſait que la Liturgie de S. Baſile étoit „ commune par tout l'Orient, comme il appert par ces mots de Pierre „ Diacre Grec à S. Fulgence. *En l'oraiſon du ſacré Autel*, dit-il, *la-* „ *quelle preſque tout l'Orient fréquente* ".

Voilà tout ce que M. le Cardinal du Perron a pu trouver dans toute l'antiquité, pour prouver qu'on ne faiſoit le ſervice qu'en grec dans toutes les Egliſes d'Orient, & qu'on n'y liſoit les Ecritures qu'en grec. Or pour ce dernier paſſage, qui eſt de Pierre Diacre, il ne le fait voir en aucune ſorte, puiſqu'il y a dans le latin, *quam* pæne *univerſus fré-quentat Oriens*, & dans la traduction, *laquelle* preſque *tout l'Orient fré-quente.* Qui dit, *preſque tout l'Orient*, ne dit pas, *tout l'Orient;* & c'eſt de tout l'Orient dont il s'agit. Car on ne doute pas que, dans preſque tout l'Orient, le ſervice ne ſe fît en grec; mais il eſt queſtion de prou-ver, qu'il ne ſe faiſoit en aucune Egliſe d'Orient autrement qu'en grec: ce qu'on voit aſſez que ce paſſage n'a garde de pouvoir prouver; puiſqu'il inſinue plutôt le contraire.

Le paſſage de S. Jérôme le prouve auſſi peu. Ce Pere ſe juſtifie dans

I. CLAS. N° X.

cette préface, contre ceux qui n'approuvoient point qu'il traduisît la Bible d'hébreu en latin. Il dit qu'il ne l'auroit pas fait si l'édition des Septante étoit demeurée dans sa premiere pureté. Et il prouve qu'elle n'y est pas demeurée, parce qu'il y en avoit de trois sortes. L'une revue par Hesychius, qui se lisoit dans Alexandrie & dans l'Egypte; l'autre revue par Lucien, qui se lisoit dans les pays qui s'étendoient depuis Constantinople jusqu'à Antioche, ce qui se doit entendre exclusivement; & celle qu'Origene avoit corrigée, & que le Martyr Pamphyle & Eusebe avoient publiée, qui se lisoit dans les pays d'entre deux; c'est-à-dire, dans Antioche & dans la Syrie qui en dépendoit. Or il n'a pu marquer par-là, sinon qui étoit celle de ces trois sortes de révisions de la traduction des Septante, qui se lisoit publiquement en diverses Eglises où le service se faisoit en grec. Car pour ce qui est des particuliers, ils la lisoient s'ils vouloient, ou de toutes les trois sortes en les comparant ensemble, ou de celle qui leur agréoit davantage. Et cependant il ajoute, que toute la terre s'étoit partagée sur ces trois sortes d'éditions des Septante. *Totusque orbis hac inter se trifaria varietate compugnat.* Ce qui certainement ne veut pas dire, qu'on lût publiquement le grec des Septante dans toutes les Eglises du monde, puisqu'il est indubitable qu'on ne le lisoit pas dans les Eglises d'Occident. Et ainsi, le vrai sens de ce passage est, que, par-tout où on faisoit le service en grec, on y lisoit les Septante en quelqu'une de ces trois manieres.

Et en effet, on n'a point de certitude que la division qu'il fait des Provinces où on lisoit les Septante comprenne toutes les Eglises d'Orient. Car comment pourra-t-on prouver que la Mésopotamie & l'Arménie y soient comprises, ou même la Thébaïde, le mot d'Egypte pouvant ne la comprendre pas; comme lorsque l'on dit que le Patriarchat d'Alexandrie comprenoit l'Egypte, la Thébaïde & la Libye orientale? Et pour l'Ethiopie, il est bien clair qu'elle ne peut être entendue par aucune de ces Provinces que S. Jérôme a marquées. Il y a aussi de très-fortes raisons, qui font croire, qu'en ces quatre régions le service public s'est toujours fait ou en syriaque, ou en arménien, ou en égyptien, ou en éthiopien.

La premiere qui est générale pour toutes ces langues, est prise de ce que M. du Perron soutient, que les langues syriaque, arménienne, égyptienne, éthiopienne, dans lesquelles se fait maintenant le service public dans les Eglises syriennes, arméniennes, égyptiennes, & éthiopiennes, ne sont plus intelligibles au simple peuple, mais sont les anciennes langues de ces pays-là, qui ont cessé depuis long-temps d'être vulgaires. (*a*) D'où il conclut, comme j'ai déja dit, que les Proteſtants n'ont point ſujet de blâmer l'Egliſe Romaine de ce que le ſervice s'y fait en latin, puiſqu'elle n'a fait en cela que conſerver la langue en laquelle l'ancienne Egliſe Romaine a célébré le ſervice; ce qui lui eſt commun avec l'Egliſe judaïque & toutes les Egliſes du monde; c'eſt-à-dire, la grecque, les ſyriennes, les arméniennes, les égyptiennes & les éthiopiennes, qu'il avoit nommées auparavant. Il ſuppoſe donc, que toutes ces Egliſes ont fait comme l'Egliſe Romaine; c'eſt-à-dire, qu'elles ont conſervé l'ancienne langue dans laquelle le ſervice divin a été d'abord inſtitué, quand ces nations ont embraſſé la Religion Chrétienne.

Ce ſavant Cardinal a bien vu qu'on lui pourroit faire cette objection; car c'eſt une ſuite naturelle de ce qu'il avoit établi. Et c'eſt pour empêcher qu'on ne la tirât, qu'il a prétendu, que ces quatre dernieres langues n'avoient été introduites dans le ſervice public, que depuis que ces Egliſes s'étoient ſéparées de l'Egliſe Catholique pour diverſes héréſies. C'eſt-ce qu'il coule adroitement en la p. 1084. *Ce que ces langues anciennes*, (dit-il, c'eſt-à-dire, l'arménienne & les trois autres) *ſe ſont conſervées, ç'a été pour ce que ceux qui ſe ſéparerent de l'Egliſe Catholique, lorſque ces langues étoient encore vulgaires, & voulurent faire comme les novateurs d'aujourd'hui, à ſavoir mettre le ſervice en leur langue, n'ont point, depuis cette premiere innovation-là, changé la langue de leur ſervice, encore qu'elle ſe ſoit changée en l'uſage ordinaire des hommes.*

Son ſyſtême eſt donc, que, dans toutes les Egliſes d'Orient généralement, le ſervice divin ne s'eſt fait qu'en grec, tant qu'elles ſont toutes demeurées dans la communion de l'Egliſe Catholique; mais que lorſque les Egliſes ſyriennes, arméniennes, égyptiennes, éthiopiennes ſe ſont ſéparées de l'Egliſe Catholique, en embraſſant l'héréſie de Neſtorius, ou celle des Acéphales, ce n'a été qu'alors qu'elles ont fait ce qu'ont fait les Proteſtants dans ces derniers ſiecles; c'eſt-à-dire, qu'elles ont quitté le grec dans le ſervice divin, pour le faire chacune en leur propre langue, qui étoit encore vulgaire; mais qu'après cette premiere innovation, ils n'ont point changé la langue de leur ſervice, quoique celle dans laquelle elles le faiſoient, depuis qu'elles ne le faiſoient plus en grec, eût ceſſé d'être vulgaire.

Mais 1°. on voit ſans peine qu'il affoiblit beaucoup par-là ce qu'il avoit établi pour la défenſe de l'Egliſe Romaine contre les accuſations

(*a*) *Je ne ſais pourquoi il ne s'eſt point auſſi ſervi de l'exemple des Egliſes grecques; étant certain que, hors quelques villes dans la Morée, & vers Heraclée dans l'Anatolie, l'ancien grec, dans lequel les Grecs ont toujours continué à faire le ſervice divin, n'eſt point entendu du ſimple peuple.*

I. CLAS. N°. X.

des Proteſtants, qui eſt, qu'en conſervant le latin dans le ſervice public, elle n'a fait que ce qu'ont fait toutes les autres Egliſes. Car les Proteſtants lui auroient pu dire: cela n'eſt pas vrai; puiſque des cinq grandes ſociétés Chrétiennes que vous avez nommées, des Grecs, des Syriens, des Arméniens, des Egyptiens, & des Ethiopiens il y en a quatre, qui, par votre propre aveu, ont fait comme nous, en changeant le grec dans lequel elles avoient toutes fait autrefois le ſervice divin, pour le faire chacune en leur propre langue, afin que tout le peuple pût comprendre ce qui s'y diſoit. Que ſi depuis elles ont continué de le faire en ces anciennes langues, lorſquelles ont ceſſé d'être vulgaires, elles l'ont fait par une bizarrerie ſans raiſon, & en ſe condamnant elles-mêmes: & ainſi on ne peut nous oppoſer leur exemple, puiſqu'il eſt plus pour nous que contre nous.

2°. Il eſt bien étrange qu'une choſe qu'il auroit été ſi important de bien établir, comme eſt cette prétendue *premiere innovation*, ſe diſe par une eſpece de parentheſe, ſans aucune preuve; ce qui ſeul doit faire rejeter ce qu'on en avance ſans l'avoir pu appuyer de rien.

3°. Il y a des circonſtances dans ce ſyſtême qui le rendent tout-à-fait incroyable. On veut que quatre grandes nations fort éloignées les unes des autres, ſe ſoient réſolues de changer la langue de leur Liturgie, qui étoit la langue grecque, pour prendre chacune celle qui leur étoit propre, & qui étoit intelligible à tous leurs peuples. Et on veut que ces quatre mêmes Nations ſe ſoient toutes quatre démenties dans la ſuite, pas une d'elles n'ayant voulu faire une ſeconde innovation, que le bon ſens & la raiſon les obligeoit de faire, ſi elles avoient fait la premiere. Car ſi elles ont changé le grec parce qu'il avoit ceſſé d'être vulgaire, pourquoi n'auroient-elles pas changé une ſeconde fois, lorſque leurs propres langues ont ceſſé auſſi d'être intelligibles au peuple? Des choſes fort déraiſonnables ne ſe ſuppoſent point ſans preuve, & on peut encore moins ſuppoſer, ſans en avoir un grand fondement, que quatre grandes Nations, fort éloignées les unes des autres, ſe trouvent unies par haſard dans une conduite tout-à-fait hors de raiſon.

4°. Peut-on concevoir que cette innovation ſe ſoit faite dans quatre grandes nations, ſans qu'aucun Auteur en ait parlé; ſans que, parmi ces peuples, perſonne s'y ſoit oppoſé; ſans que les Egliſes orthodoxes, dont celles qui faiſoient ce changement s'étoient ſéparées, leur en aient fait aucun reproche? Si on diſoit que le ſervice s'eſt toujours fait en ſyriaque ou en arménien, & ainſi des antres, en quelques Egliſes, & que cela s'eſt peu à peu étendu à pluſieurs autres, cela pourroit être vraiſemblable. Car il peut arriver que l'on ne remarque pas ce qui ſe fait inſenſiblement. Mais que, n'y ayant aucune Eglise dans le monde où on fît le service en syriaque, ou en arménien, ces Eglises se séparant des autres par le schisme, elles aient tout d'un coup quitté le grec, & pris le syriaque ou l'arménien, sans qu'il nous soit resté aucun vestige de ce changement, dans tous les Auteurs qui ont parlé de la séparation de ces Eglises, & que personne ait dit un seul mot contre cette innovation; c'est assurément ce qu'aucun homme de bon sens ne pourra se persuader.

Mais outre ces arguments généraux, il y en a de particuliers pour chacune de ces langues. Commençons par la syriaque.

C'est en vérité une chose surprenante, qu'un aussi habile homme qu'a été ce Cardinal, se soit pu mettre dans l'esprit, *que, du temps des Peres, le service divin ne se faisoit en aucune Eglise du monde qu'en grec & en latin.* Il devoit au moins ajouter, *& en syriaque.* Car rien n'est plus certain qu'il se faisoit en cette langue, en un très-grand nombre d'Eglises. Mais pour savoir où c'étoit, il faut faire quelques remarques sur les noms de Syrie & de Syrien, selon qu'ils se prenoient du temps des Peres.

Le mot de Syrie se prend, ou plus étroitement pour la Province particuliere appellée autrement Cœle-Syrie ou Basse-Syrie, qui est la Province dont le Patriarche d'Antioche étoit Métropolitain en particulier, & dont on tira depuis une seconde Syrie, dont Apamée fut la Métropole: ou avec plus d'étendue, pour un amas de Provinces comprises entre la Cilicie, l'Euphrate & l'Egypte. Une de ces Provinces étoit l'Euphratesienne, dont Jéraple, qu'on croit être Alep, étoit Métropole. C'étoit où étoit Cyr, dont Théodoret étoit Evêque; & ainsi elle n'étoit dans la Syrie qu'en cette seconde maniere.

Le Comté ou le Diocese d'Orient contenoit toute la Syrie, prise en ce second sens, & de plus la Cicilie, l'Isaurie, l'Osroëne, & la Mésopotamie. Et ce Comté d'Orient étoit ce qui faisoit le Patriarchat d'Antioche, à la réserve de l'Isle de Chypre, qui s'en fit déclarer indépendante dans le Concile d'Ephese.

La Mésopotamie, prise pour tout ce qui est entre l'Euphrate & le Tigre, se divisoit en deux. Celle qui étoit vers le Tigre portoit seule, au temps des Peres, le nom de Mésopotamie. Elle avoit Amide pour Métropole; & c'est où étoit Nisibe, qui a eu pour Evêque le grand S. Jacques, si célebre pour sa sainteté & pour ses miracles. L'autre s'appelloit Osroëne, dont la Métropole étoit Edesse, qui étoit une Eglise fort célebre, dont les Rois ont été les premiers Rois Chrétiens, & où il y avoit une Ecole publique comme à Alexandrie.

Les habitants de de-là l'Euphrate sont souvent appellés Syriens, comme S. Ephrem, qui étoit Diacre d'Edesse, est nommé souvent *Ephrem Syrus.*

Et S. Jérôme, dans l'Histoire de Malc, dit qu'il étoit Syrien, quoiqu'il fût du territoire de Nisibe dans la Mésopotamie. Mais c'est à cause de la langue syriaque qu'ils parloient, d'où vient que S. Jérôme ne dit de Malc qu'il étoit Syrien, qu'en ajoutant qu'il parloit fort bien la langue syriaque. Car on ne voit pas que les pays de de-là l'Euphrate aient été appellés *Syrie*.

Je trouve sur cela un passage dans Origene, que je ne crois pas avoir été remarqué. C'est dans le septieme livre de son ouvrage contre Celse. Il dit, *que, si un Grec vouloit instruire des Egyptiens & des Syriens de la saine doctrine, il auroit soin d'apprendre leur langue, aimant mieux parler d'une maniere que les Grecs appellent barbare, que de leur être inutile en parlant sa langue.* Il suppose donc, qu'il y avoit de son temps des Syriens & des Egyptiens qui n'entendoient point le grec. Cependant il ne pouvoit pas ignorer qu'on ne l'entendît fort bien dans toute la Syrie, dont Antioche étoit la Métropole. Il faut donc qu'il ait entendu par ces Syriens, ou quelques-uns de de-çà l'Euphrate, mais éloignés d'Antioche, ou ceux de de-là l'Euphrate, qu'on appelloit Syriens à cause de leur langue, quoique leur pays ne s'appellât pas Syrie. Et par les Egyptiens, ceux de la Thébaïde, où l'ancienne langue égyptienne, appellée autrement coptique, s'étoit toujours conservée. Car lui, qui étoit d'Egypte & avoit été élevé à Alexandrie, savoit fort bien que le grec étoit la langue vulgaire de cette ville, & de la plus grande partie de l'Egypte.

Mais pour revenir à la langue syriaque, on avoit besoin des distinctions que j'ai faites pour éviter les équivoques. Car dans la Syrie, qui étoit toute en de-çà de l'Euphrate, on y pouvoit parler & entendre le syriaque, comme beaucoup de monde entend le françois dans le Brabant; mais la langue dominante & tout-à-fait vulgaire étoit le grec, comme le flamand est la propre langue du Brabant. Et au contraire, au de-là de l'Euphrate dans l'Osroëne & dans la Mésopotamie, quelques-uns y pouvoient entendre le grec; mais la langue dominante, & tout-à-fait vulgaire étoit la syriaque. Et c'est pourquoi aussi le service divin se faisoit ordinairement en grec en de-çà de l'Euphrate, & même dans l'Euphratésienne, qui en étoit tout proche, comme dans l'Evêché de Cyr. Mais la question est de savoir si en de-là, où plusieurs personnes n'entendoient que le syriaque, il se faisoit en grec ou en syriaque. Et si même en de-çà, lorsqu'il y en avoit qui ne savoient que le syriaque, comme il y en pouvoit avoir dans les villages où les anciennes langues se conservent quelquefois long-temps, on ne trouvoit pas bon que les prieres

publiques

publiques se fissent en syriaque. Et c'est de quoi je ne vois pas qu'on puisse douter.

S. Jacques de Nisibe, qui étoit, comme j'ai dit, sous la Métropole d'Amide dans la Mésopotamie, a fait plusieurs livres sur l'Ecriture & sur les matieres de la Religion, & tous en syriaque, comme le témoigne Gennade, & on dit que ces livres sont encore en Orient. Y a-t-il de l'apparence qu'il n'eût rien écrit en grec si le service de son Eglise se fût fait en grec, & si on n'y eût lu qu'en cette langue les Ecritures Saintes?

S. Ephrem prouve la même chose pour l'Osroëne. Il étoit Diacre d'Edesse qui en étoit la Métropole. Il n'a écrit non plus qu'en syriaque. Mais ses livres furent trouvés si beaux, que plusieurs, dès le temps de S. Jérôme, furent traduits en grec. Et ce que S. Basile dit de lui dans le passage de son Examéron, que j'ai rapporté dans le chapitre précédent (y ayant toute sorte d'apparence que c'est S. Ephrem qu'il entend par ce Syrien dont il parle) fait assez connoître qu'il ne savoit point le grec. Car ce ne peut être que pour cette raison qu'il dit de ce Syrien, *qu'il étoit aussi éloigné de la sagesse mondaine, qu'il étoit avancé dans la science de la vérité* : ce qui ne peut être fondé que sur ce que, ne sachant pas le grec, il n'avoit pu lire les livres grecs, que les Peres Grecs ont regardés comme contenant tout ce qu'ils appelloient *la sagesse mondaine*.

Voici ce qui est encore plus décisif. Les Actes du Concile de Béryte, en la cause d'Ibas, Evêque d'Esse, qui furent lus dans la dixieme séance du Concile de Calcédoine, font voir manifestement ce que j'ai dit ci-dessus, que le grec étoit la langue vulgaire des Provinces du Patriarchat d'Antioche qui étoient en de-çà de l'Euphrate; mais qu'au de-là de l'Euphrate, quoique plusieurs y entendissent le grec, c'étoit le syriaque qui étoit la langue vulgaire, & qu'il y avoit des Evêques qui n'entendoient que cette langue: d'où il s'ensuit manifestement que ce n'étoit point en grec, mais en syriaque, qu'on y faisoit le service divin, & qu'on y lisoit les Ecritures Saintes. Car il est ridicule de s'imaginer qu'on les eût lues dans une langue que l'Evêque même n'eût pas entendue. Il n'y a donc que ce fait à prouver; & ces Actes ne souffrent pas qu'on en doute. Car la cause d'Ibas, Evêque d'Edesse, accusé sur plusieurs chefs par les Clercs de son Eglise, ayant été commise à trois Evêques, dont deux étoient de de-çà l'Euphrate, savoir Photius, Evêque de Tyr, & Eustathe, Evêque de Béryte, & le troisieme de de-là; savoir Uranius, Evêque d'Himere dans l'Osroëne, il est porté par ces Actes, que les accusateurs d'Ibas demanderent d'abord que ce qui seroit dit en grec, fût interprété en syriaque, à cause d'Uranius;

I. CLAS. N°. X.

ce qui leur fut accordé en ces termes. *Il est juste qu'il y ait quelqu'un qui interprete ce qui se dira au très-religieux Evêque Uranius.* Et après qu'on eut lu la Requête que ces accusateurs avoient présentée à ces trois Evêques contre Ibas, ils ajoutent : *Nous requérons votre justice, que cela soit dit en syriaque au très-saint Evêque Uranius.* A quoi les Evêques Photius & Eustathe répondirent : *Maras, qui est ici présent, expliquera ce qui vient d'être lu au très-religieux Uranius en sa propre langue.* Ce qui ayant été fait, ces deux Evêques demanderent à leur tour, qu'on leur expliquât ce qu'Uranius avoit dit en syriaque sur ce qui s'étoit passé à Constantinople touchant cette même affaire d'Ibas ; ce que Maras fit aussi.

Peut-on rien desirer de plus exprès pour réfuter deux choses que M. le Cardinal du Perron a prétendues ? L'une, que ce n'étoit pas le grec, mais le syriaque qui étoit la langue vulgaire de la Syrie ; car ces deux Evêques de Tyr & de Béryte, qui sont deux villes de la Syrie, auroient-ils eu besoin d'Interpretes pour entendre la langue vulgaire de leur pays ? L'autre, que l'on ne faisoit nulle part, dans tout l'Orient, le service public qu'en grec. Car, comme j'ai déja dit, auroit-on fait le service en grec dans l'Osroëne & dans la Mésopotamie, où des Evêques mêmes n'entendoient que le syriaque ?

On voit aussi dans le Concile de Constantinople, sous Menna, du temps de Justinien, qu'il est marqué de quelques Evêques de ces pays-là, qu'ils avoient signé en syriaque ; ce qui montre assez qu'ils ne savoient pas le grec.

Mais on trouve deux endroits dans l'Histoire Religieuse de Théodoret, qui font voir que, même en de-çà l'Euphrate, on souffroit que ceux qui ne savoient que le syriaque fissent le service en cette langue.

Le premier est dans le chapitre 4 ; où, parlant des disciples de S. Eusebe, dont le Monastere étoit entre Antioche & Bérée, il dit, qu'ils chantoient les louanges de leur Créateur, les uns en grec, & les autres en la langue du pays : ἐγχωρίῳ φωνῇ, qui ne pouvoit être que la langue syriaque.

L'autre est dans le chapitre 5., où il dit de S. Publie, qu'étant né en la ville de Zeugma sur le bord de l'Euphrate, mais en de-çà, & ayant bâti une petite cellule à trente stades de cette ville, l'exemple de sa piété fit que plusieurs se joignirent à lui, dont Théodoret remarque, que, servant Dieu avec ardeur, ils célébroient en grec ses louanges. Mais il ajoute, que quelques-uns des environs, qui ne savoient point d'autre langue que celle du pays (c'étoit peut-être quelques-uns de de-là l'Euphrate, dont ce Monastere n'étoit distant que d'une lieue & demie au plus, ou des villages d'alentour, où la langue syriaque, qui étoit plus ancienne en ce pays-là que la grecque, s'étoit conservée) étant entrés dans le desir de mener une vie semblable, ils supplierent le Saint de les recevoir sous sa conduite : ce qu'il crut ne leur devoir pas refuser, se souvenant de ces paroles de Notre Seigneur à ses Apôtres : *Allez & instruisez tous les peuples, de quelques nations qu'ils puissent être.* Il fit ensuite un autre logement pour eux, & bâtit une chapelle, où il ordonna aux uns & aux autres de se trouver tous les jours, soir & matin, pour y faire l'Office & y chanter les louanges de Dieu, les uns après les autres, chacun en sa langue. Ce qui continue, dit Théodoret, encore aujourd'hui, sans que le temps, qui altere d'ordinaire toutes choses, ni ceux qui ont succédé à ce saint homme, aient touché, ni cru devoir toucher à ce qu'il avoit ordonné, quoique depuis sa mort cette sainte Communauté ait eu successivement, non seulement deux ou trois, mais plusieurs Supérieurs. Car après son heureuse fin, Théoctene eut la conduite de ceux qui parloient grec, & Aphtone de ceux qui ne savoient que le syriaque. N'est-il pas clair par-là, qu'il n'y avoit en ce temps-là nulle loi, ni nulle coutume qui obligeât de ne faire le service qu'en grec dans ce pays-là, & qu'on le pouvoit faire indifféremment ou en grec ou en syriaque, selon que les peuples entendoient mieux l'une ou l'autre de ces deux langues? Car si cela n'eût été ainsi, ce saint Anachorete auroit-il ordonné que les louanges de Dieu fussent chantées publiquement dans une même Eglise, en grec, par ceux qui savoient le grec, & en syriaque, par ceux qui ne savoient que le syriaque? Et Théodoret eût-il approuvé cela, & eût-il regardé comme une chose digne de louange, de ce qu'on l'avoit continué jusques à son temps?

On ne doit pas omettre aussi ce que dit S. Jérôme, dans la vie de Sainte Paule, qu'à ses funérailles on récitoit par ordre des Pseaumes en hébreu, en grec, en latin & en syriaque, non seulement durant trois jours, & jusques à ce que son corps eût été enterré tout contre la crêche de Notre Seigneur, mais aussi durant toute la semaine : ce qui marque un Office divin réglé, qui se faisoit aussi-bien en syriaque, qu'en grec & en latin.

Mais c'est une opinion si commune, que le service divin s'est célébré de tout temps dans l'Eglise, aussi-bien en syriaque, qu'en grec & en latin, qu'il faut s'opposer sans raison aux plus anciennes traditions de l'Eglise, pour le nier. Car ce qu'en dit le Cardinal Bona, dans son livre des Liturgies, est le sentiment le plus commun des Théologiens. Lib. 1. c. 6. *Il me semble*, dit-il, *qu'on peut assurer que les Apôtres &*

leurs successeurs se sont servis dans la Liturgie, en chaque pays, de la langue qui étoit vulgaire dans ce pays-là ; & qu'ainsi, à Jerusalem, ils l'ont célébré en chaldaïque, qu'on appelle autrement syriaque : à Antioche, à Alexandrie & en d'autres villes grecques, en grec, & à Rome & en tout l'Occident, en latin. La preuve qu'on en a est très-ancienne & immémoriale tradition des Eglises. Car on ne trouve dans tout l'Occident d'anciennes Liturgies que de latines ; ni dans l'Orient que de grecques, dont se servent les Grecs & les Melchites, & de chaldaïques (qu'on appelle aussi syriaques) dont se servent les Maronites, les Nestoriens & les Jacobites. Jacques Ledesma, Jésuite, dans un livre intitulé, *de divinis Scripturis quâvis linguâ passim non legendis.* c. 8. n. 5. soutient aussi, *que ceux qui célebrent la Messe en chaldaïque le font par une aussi ancienne tradition, que ceux qui la célebrent en grec & en latin.*

Il paroît par tout cela, que l'usage de la langue syriaque dans la Liturgie, est aussi ancien que celui de la grecque & de la latine ; & qu'il n'y a rien sur-tout de plus mal fondé que ce que prétend M. le Cardinal du Perron, qu'on ne s'est servi de cette langue dans le service public, que lorsque les Eglises où cette langue étoit vulgaire, se sont séparées de l'Eglise Catholique par le schisme & par l'hérésie.

Il dit la même chose des Arméniens, avec aussi peu de fondement. Car je trouve une preuve convainquante du contraire dans la vie de S. Sabas, qui étoit en grande réputation sur la fin du cinquieme siecle, écrite par un de ses disciples.

„ En ce même temps, dit l'Auteur de cette vie, un nommé Jérémie, Arménien de nation, qui étoit un homme très-saint, & en qui
„ Dieu avoit répandu des graces extraordinaires, vint trouver S. Sabas,
„ suivi de deux de ses disciples, nommés Pierre & Paul. Il eut une grande
„ joie de la venue de ces excellents Arméniens, & leur donna la petite
„ cellule qu'il habitoit lorsqu'il demeuroit seul, le long du torrent,
„ comme aussi le petit Oratoire qui étoit près de-là, afin qu'ils y chantassent en *leur langue* les louanges de Dieu le samedi & le Dimanche.
„ Ces mêmes Arméniens furent cause que d'autres de leur pays, vinrent
„ depuis augmenter le nombre des Solitaires de la Laure de S. Sabas ; de
„ sorte que l'Oratoire qu'il leur avoit donné d'abord étant trop petit, il
„ bâtit une nouvelle Eglise pour les autres Solitaires, & transféra les
„ Arméniens dans l'ancienne ; où *ils lisoient l'Evangile, & faisoient toute*
„ *la Liturgie en leur langue*, puis ils venoient communier dans l'Eglise
„ des Grecs. S. Sabas leur faisoit seulement chanter en grec le trisagion,
„ pour être plus assuré qu'ils n'y ajoutoient point, *qui avez souffert pour*
„ *nous*, comme Pierre Foulon, qui avoit usurpé le Siege d'Antioche,

„ avoit voulu que l'on fît en faveur de l'héréſie d'Eutychès." On juge aſſez que ces Arméniens, qui vinrent trouver S. Sabas dans la Paleſtine, ne faiſoient le ſervice divin en leur langue que parce qu'on le faiſoit ainſi en leur pays. Et cependant les Arméniens étoient encore en ce temps-là unis de communion avec les Egliſes Catholiques, & leur ſéparation n'eſt arrivée que depuis. On ne peut donc ſoutenir ce que prétend M. le Cardinal du Perron, que les Arméniens aient toujours fait le ſervice en grec tant qu'ils ont été Catholiques, & qu'ils n'ont commencé à le faire en arménien que quand ils n'ont plus eu de communion avec les Egliſes orthodoxes.

Voici une hiſtoire toute ſemblable & du même temps. Bollandus nous a donné la vie de S. Théodoſe, contemporain de S. Sabas & Abbé auſſi vers Jeruſalem, onzieme Janvier p. 692. Il eſt dit dans cette vie §. 37. & 38 : *Qu'il avoit, comme S. Sabas, un Monaſtere de Grecs, & un autre d'Arméniens, & un troiſieme de Beſſes, où ils faiſoient chacun l'Office en leur langue dans les ſept heures canoniales: mais quand ils devoient participer aux Sacrements, il y avoit ſur cela une regle fort ſagement inſtituée, qui eſt, que juſqu'à l'Evangile chacun entendoit les Ecritures divines en ſon Egliſe & en ſa langue, & qu'enſuite ils s'aſſembloient tous dans la grande Egliſe des Grecs, où ils recevoient l'Euchariſtie; ce qui s'obſerve juſques à ce jour.* Voilà donc encore des Arméniens qui faiſoient l'Office en leur langue, même dans la Paleſtine; & de plus encore, des Chrétiens d'un autre pays, ſavoir les Beſſes, qui le faiſoient auſſi en la leur. Or ces Beſſes étoient des Peuples barbares de la Thrace & des pays voiſins, qu'on place tantôt vers le Danube, tantôt vers l'Hebre & le mont Hæmus. S. Paulin les met dans la Dace, au midi du Danube, puiſqu'il les fait Diocéſains de S. Nicétas Evêque de Romatiane, ſon ami, comme il paroît par ces vers.

Nam ſimul terris animiſque diri
Et ſua Beſſi nive duriores,
Nunc oves facti duce te gregantur
Pacis in aulam.

Bollandus dit, que leur langue étoit peut-être l'eſclavone, *quæ latè*, dit-il, *per ſeptentrionem in Officio Eccleſiaſtico uſurpatur.* Quoi qu'il en ſoit, c'eſt une nouvelle preuve contre ce que prétend M. le Cardinal du Perron, qu'en ces temps-là on ne faiſoit l'Office divin, dans toute l'Egliſe Catholique, qu'en grec ou en latin.

I. CLAS. N°. X. Pour les Egyptiens, je n'ai rien à ajouter à ce que j'ai dit dans le chapitre précédent de la langue égyptienne ou coptique; car la seule vie de S. Antoine, écrite par S. Athanase, suffit pour persuader à toutes les personnes équitables, que dans la Thébaïde ç'a été en cette langue que l'on lisoit les Ecritures, & qu'on faisoit le service divin.

On en peut dire autant de l'Ethyopie. Car il n'y a point d'apparence, ni que dans le temps que la Religion chrétienne s'y est établie on y entendît le grec, ni qu'on y ait célébré d'abord le service divin en une langue que personne n'eût entendue. On ne trouvera point d'exemple de cela dans les premiers siecles de l'Eglise; ce que j'ai déja rapporté du Cardinal Bona étant très-certain, *que les Apôtres & leurs successeurs se sont servis dans la Liturgie, en chaque pays qu'ils ont converti au Christianisme, de la langue qui étoit vulgaire en ce pays-là.* J'en trouve une preuve admirable dans un passage d'Origene, que je ne crois pas avoir encore été allégué. C'est dans le huitieme livre contre Celse p. 402, où il répond à un reproche que ce Philosophe Payen faisoit aux Chrétiens, de vouloir *que des noms barbares eussent une certaine efficace dans les prieres, que n'avoient pas les noms grecs & les noms romains.* Origene lui soutient qu'il impose aux Chrétiens, & qu'il n'entend point leur Religion. *Car quelle est*, dit-il, *la Divinité que nous invoquons par un nom barbare?* Il laisse entendre néanmoins que quelques hérétiques pouvoient avoir cette coutume. " Mais pour les autres Chrétiens, dit-il, ils sont si éloignés „ d'affecter des mots barbares dans leurs prieres, qu'ils n'y emploient pas „ même les noms hébreux dont Dieu est appellé dans l'Ecriture, les „ Grecs se servant de mots grecs, & les Romains de romains, *& tous* „ *les autres peuples priant Dieu & louant Dieu chacun en sa langue.* Car „ Dieu étant le maître de toutes les langues, il exauce ceux qui le „ prient *en tant de langues diverses*, comme s'ils le faisoient tous dans la „ même langue. Et il n'est pas comme les hommes, qui, sachant une „ certaine langue ou barbare ou grecque, ignorent les autres, & ne se „ mettent pas en peine de ceux qui parlent un autre langage. " Ne voit-on pas clairement, par ce passage, que, dès le temps d'Origene, on louoit Dieu dans la langue de chaque pays où l'Evangile avoit été reçu?

Rien n'est donc plus contraire à la vérité que la premiere des deux propositions de M. le Cardinal du Perron, que j'ai cru devoir examiner: *Que, pendant les cinq premiers siecles de l'Eglise, le service divin ne se faisoit, par toute la terre, dans toutes les Eglises Chrétiennes qu'en grec & en latin.* Et nous allons faire voir dans le chapitre suivant, que la seconde n'est pas mieux fondée.

CHAPITRE X.

Si du temps des Peres on faiſoit le ſervice divin en grec, en beaucoup de pays dont le grec n'étoit pas la langue vulgaire; & s'il en étoit de même du latin.

LA ſeconde Propoſition de M. le Cardinal du Perron qui nous reſte à examiner, eſt, qu'il prétend, *que dans le temps des quatre premiers Conciles, le grec n'étoit point la langue vulgaire en beaucoup de pays où le ſervice ne ſe faiſoit qu'en latin.* C'eſt ce qu'il a tâché de prouver avec plus de ſoin & plus d'étendue; mais, pour mieux découvrir la foibleſſe de toutes ſes preuves, je crois devoir établir quelques maximes, qu'on ne pourra pas, ce me ſemble, raiſonnablement conteſter.

La premiere eſt; qu'une langue eſt appellée vulgaire, quand elle ſe parle communément dans un pays, & qu'elle s'y apprend par l'uſage; & comme les choſes morales ſe doivent prendre moralement, & non dans une exactitude métaphyſique, une langue ne laiſſeroit pas d'être la vulgaire d'un pays, quand il y en auroit qui ne l'entendroient pas, pourvu que le nombre de ceux-là, fût beaucoup moins conſidérable que le nombre de ceux qui l'entendroient.

La ſeconde eſt; que la langue vulgaire des villes doit paſſer pour la langue vulgaire d'un pays; parce qu'elles en ſont la plus conſidérable partie.

La troiſieme; que, quoique la même langue ne ſe parle pas également bien dans toutes les villes d'un Royaume, mais plus purement dans les unes, & beaucoup plus mal dans les autres, on ne laiſſe pas de dire que la même langue eſt la vulgaire de tout ce Royaume-là, pourvu que ceux qui la parlent le mieux ſoient communément entendus dans les lieux mêmes où on la parle mal.

La quatrieme; qu'une langue eſt encore cenſée la vulgaire de tout un Royaume, quand on l'y entend preſque par-tout; quoiqu'en diverſes Provinces, il y ait des dialectes & des jargons particuliers aſſez différents de la langue commune, & que les payſans, en quelques lieux, n'entendent que ces jargons. C'eſt pourquoi on ne peut pas nier que le françois ne ſoit la langue vulgaire de toute la France, quoique les payſans de Gaſcogne parlent gaſcon, & ceux de Languedoc languedocien, & ceux de Provence provençal, & ceux de Poitou poitevin.

La cinquieme; qu'il peut y avoir dans une même ville deux langues

I. CLAS. N°. X.

vulgaires, toutes différentes; comme dans Bruxelles le flamand & le françois; parce qu'il y en peut avoir deux qui s'apprennent sans art, & par le seul usage, & qui s'entendent & se parlent communément par la plus grande partie des habitants, tant hommes que femmes, tant ignorants que savants.

La sixieme; qu'une des marques les plus certaines pour juger quelle est la langue vulgaire d'un pays ou d'une ville est, de voir quelle est celle en laquelle on y prêche ordinairement, n'y ayant pas lieu de douter, que comme on ne prêche que pour instruire les fideles de toutes conditions, en quelques siecles de l'Eglise que ce soit, la langue dans laquelle on a prêché la parole de Dieu en chaque pays, n'ait été la langue vulgaire de ceux à qui on l'a prêchée. Ce qui est arrivé dans ces derniers siecles en est une preuve infaillible. Car, quoique l'Eglise latine ait continué à faire son service en latin depuis qu'il a cessé d'être vulgaire, & qu'il n'a plus été entendu par le peuple, elle n'a eu garde de faire la même chose pour la prédication de la parole de Dieu. Mais nous voyons qu'en chaque pays, chacun prêche en sa langue; en françois en France, en italien dans l'Italie, en espagnol en Espagne, & ainsi de tous les autres pays de l'Europe.

On peut de-là tirer un argument démonstratif contre ce que M. le Cardinal du Perron prétend établir, sur-tout en raisonnant comme il raisonne, & en prétendant qu'une chose ne s'est point faite dans l'antiquité, quand nul ancien Auteur n'en a parlé. Car c'est par-là qu'il croit avoir bien prouvé qu'il n'y avoit point alors de versions de l'Ecriture qu'en latin & en grec; parce qu'il suppose (quoique faussement) que nul ancien Auteur n'a parlé d'aucune autre.

Or je soutiens aussi, qu'on ne trouvera aucun ancien Auteur qui nous apprenne, qu'au temps des anciens Peres on ait prêché autrement qu'en grec, dans toutes les Eglises Orientales où on lisoit les Ecritures en grec, ou autrement qu'en latin, dans toutes les Eglises d'Occident où on les lisoit en latin. Cela doit donc passer pour constant; & cela étant, il faut aussi demeurer d'accord, contre ce que soutient ce Cardinal, que le grec & le latin étoient les langues vulgaires de toutes ces Eglises-là, puisque ce seroit attribuer à l'Eglise une conduite ridicule & indigne de sa sagesse & de sa charité, de vouloir qu'elle eût fait prêcher la parole de Dieu dans une langue que le commun des fideles n'eût pas entendue.

Cela seul renverse tous les arguments que ce savant homme apporte après Bellarmin, pour montrer que le grec n'étoit pas la langue vulgaire de plusieurs des pays où le service public se faisoit en grec, ni le latin

latin de la plupart de ceux où il se faisoit en latin. Car cela ne peut avoir aucune probabilité, que l'on ne montre en même temps, que, dans ces pays-là, dont le grec, à ce que l'on prétend, n'étoit pas la langue vulgaire, on prêchoit en une autre langue qu'en grec, & qu'on faisoit de même dans ceux où l'on s'imagine aussi que le latin n'étoit pas la langue vulgaire du peuple. Or c'est ce qu'on ne fera jamais voir au regard du temps des anciens Peres. On ne peut donc dire avec la moindre vraisemblance, que dans ces premiers siecles le grec & le latin ne fussent pas les langues vulgaires de tous les pays où l'on faisoit le service public en l'une ou l'autre de ces deux langues.

I. CLAS. N°. X.

Aussi tous ces arguments ne vont qu'à prouver, qu'en ces temps-là, outre la langue grecque, que les conquêtes d'Alexandre & la domination de ses successeurs avoient rendu la langue vulgaire de toutes ces régions de l'Orient, où les Ecritures Saintes se lisoient en grec; & outre la langue latine que la domination des Romains avoit aussi rendu la langue vulgaire de tous les pays de l'Occident, où elles se lisoient en latin, il étoit demeuré quelque usage des vieilles langues, qui n'avoit pas encore été entiérement aboli; mais qui ne se conservoit guere que dans les villages & parmi les gens rustiques, comme M. le Cardinal du Perron semble l'avouer à la fin de ce discours, où il se restreint à dire, *que les simples villageois & rustiques de l'Afrique & de l'Europe n'entendoient pas le latin; non plus que les rustiques de toutes les Provinces de l'Orient n'entendoient pas la langue grecque.* Mais il pousse d'abord ses preuves bien plus loin que cela: car il soutient généralement, sans se borner aux seuls rustiques & villageois, *que la langue grecque n'étoit point la langue vulgaire, ni des Cappadociens, ni des Galates, ni des Lycaoniens, ni des Egyptiens, ni des Syriens.* Et ce qui est bien plus étrange, *que le latin n'étoit vulgaire nulle part hors l'Italie & les villes des Colonies Romaines éparses dans l'Empire, comme étoit Carthage.* Et que, hors ces villes-là, il n'y avoit dans les autres pays comme l'Afrique, les Gaules & l'Espagne, *que les hommes doctes, ou employés aux affaires, ou de condition plus rélevée qui la sussent.*

J'avoue que si cela étoit ainsi, on auroit raison de dire que hors les Colonies Romaines, qui n'étoient point en si grand nombre, la langue latine n'étoit vulgaire qu'en Italie; & que, dans toutes les autres Provinces d'Occident, c'étoient leurs vieilles langues qui devoient passer pour les langues vulgaires de chaque pays. Car *les hommes doctes ou employés aux affaires, ou de condition plus relevée*, ne faisant pas la vingtieme partie des habitants d'une ville, il auroit fallu, selon cette hypothese, que hors l'Italie, les dix-neuf parts des habitants des villes

I. CLAS N°. X.

n'entendissent pas le latin, mais seulement les vieilles langues de ces pays-là.

Mais la fausseté de cette hypothese est plus claire que le jour. Car qu'auroient fait aux Sermons, qu'on ne sauroit montrer s'être faits alors en l'Eglise d'Occident en un autre langue que le latin, ces dix-neuf parts des habitants des villes qui ne l'auroient pas entendu? Et d'où vient que S. Augustin, à qui toutes les ames étoient si cheres, ne témoigne point de peine de ce que la plupart de ses Diocésains étoient privés du fruit qu'ils auroient pu tirer de ses Sermons; parce que n'étant *ni doctes, ni employés aux affaires, ni de condition plus relevée*, ils n'entendoient pas le latin? D'où vient qu'il ne s'avise point de représenter à ceux à qui il donne de si beaux préceptes pour bien prêcher, dans ses livres de la Doctrine Chrétienne, la nécessité qu'ils avoient d'apprendre la langue punique, pour instruire la plus grande partie des Chrétiens d'Afrique, que l'on veut supposer qui n'en entendoient point d'autre? D'où vient que lui-même n'avoit point appris à la parler, pour être aussi utile à la plus grande partie de son peuple, que l'on prétend qui ne savoit que celle-là, qu'au nombre beaucoup plus petit de ceux qui entendoient le latin?

Tout cela étant absurde, il en faut revenir à la vérité, qui est, que dans l'Afrique, du temps de S. Augustin, dans toutes les villes, qui étoient en fort grand nombre, puisqu'il y avoit plus de 400 Evêchés, il n'y avoit point d'autre langue vulgaire que la latine, & qu'elle étoit sue & entendue des grands & des petits, des hommes & des femmes; des doctes & des ignorants, & des gens qui n'étoient point employés aux affaires, aussi-bien que de ceux qui y étoient employés: mais que la vieille langue punique s'étoit conservée parmi les paysans des villages, qui avoient eu peu de commerce avec les villes, & que l'on remarque aussi avoir été ordinairement des derniers à embrasser le Christianisme; d'où est venu que le mot payen, *pagani*, a signifié ceux qui n'étoient pas Chrétiens. Et il faut que le nombre de ces villageois Chrétiens ait été bien peu considérable, puisque S. Augustin ne marque en aucun endroit que je sache, comment on les instruisoit; ce qui donne lieu de croire que ce n'étoit point par des sermons publics, mais seulement par des Cathéchismes & des instructions particulieres, que quelques Prêtres qui savoient l'une & l'autre langue, leur alloient faire dans leurs villages. Mais quand je dis que ce nombre étoit petit, je ne l'entends que de ceux qui ne savoient en Afrique que le punique, ou ailleurs quelque autre langue semblable, sans entendre ni le grec ni le latin: car pour ceux qui sachant le grec dans l'Orient, ou le latin dans l'Occident, ſavoient auſſi quelqu'une de ces vieilles langues, il ne m'importe que le nombre en fût ſi grand que l'on voudra. Car cela prouveroit ſeulement, qu'il y auroit eu deux langues vulgaires dans ces pays-là, ce qui eſt poſſible ; mais non pas que le grec ou le latin n'y fût pas la langue vulgaire ; de quoi ſeul il eſt queſtion.

Il en eſt de même des autres peuples de l'Occident ſoumis à l'Empire Romain. *Car cette ville impérieuſe*, dit Saint Auguſtin, dans le livre 19. de la Cité de Dieu, chap. 7, *ne ſoumit pas ſeulement à ſa domination les nations qu'elle avoit vaincues, mais leur impoſa auſſi une eſpece de néceſſité de ſavoir ſa langue.* Pline le prend d'une autre maniere, & il veut que l'on regarde cela comme une utilité que les Romains avoient apportée au genre humain, en liant, par une même langue, le commerce entre tant de nations qui en avoient auparavant de ſi différentes & de ſi barbares.

C'eſt la cauſe qu'apporte Lipſe dans ſon Dialogue, *de recta pronuntiatione latinæ linguæ*, de ce que la véritable prononciation de la langue latine eſt maintenant ſi corrompue. Il dit que la langue latine demeura fort reſſerrée près de ſix cents ans ; mais qu'enſuite, en peu de temps elle ſe répandit par-tout, tant par les Colonies, que parce qu'on communiqua à pluſieurs d'entre les peuples qui paſſoient auparavant pour barbares, le droit de bourgeoiſie Romaine ; ce qui les obligeoit d'en parler la langue. « Ainſi, dit-il, pour le bien du genre humain, » cette langue fit un ſi grand progrès, que Plutarque dit que, de » ſon temps, elle ſe parloit par-tout. Mais ce fut principalement vers » l'Occident & le Septentrion. Car les Grecs & les Orientaux n'eurent » pas la même facilité à prendre une langue qu'ils trouvoient bien moins » belle que la leur. Mais pour ceux d'Afrique, des Gaules, d'Eſpagne, » de Pannonie, d'Angleterre, ils la prirent avec joie ; & cette nouvelle » langue abolit bientôt leurs anciennes : *Et inducto novo paulatim abolitum iverunt veterem ſermonem.* Apulée, dans ſes Florides, le témoigne » au regard de l'Afrique, & les Sermons de S. Cyprien, de S. Auguſtin, » & des autres Peres de cette nation en font foi. Pour les Gaulois, » Strabon, dès le temps d'Auguſte dit, qu'on ne les devoit point » appeller barbares, ayant pris les coutumes des Romains, auſſi-bien » que leur langue. Il dit la même choſe des Eſpagnols, & Vellejus, de » ceux de Pannonie. Et il paroît par Tacite, qu'Agricola porta les » Anglois qui auparavant dédaignoient de ſe ſervir de la langue latine, à déſirer même d'y être éloquents. » Et tout cela étant comme indubitable, ce ſavant homme conclut que la véritable prononciation de cette langue ne s'eſt pas conſervée parmi tant de nations, qui y

I. CLAS. N°. X. méloient des prononciations qui revenoient à celles de leurs anciennes langues. Il regarde donc comme un principe certain, dont il tire cette conclusion, que la langue latine étoit devenue la langue vulgaire dans l'Afrique, dans l'Espagne, dans les Gaules, dans l'Angleterre, dans les Pannonies. Il ne parle pas de l'Allemagne; parce que les Romains n'y avoient pas fait de grandes conquêtes: & de plus, elle ne regarde guere notre question; car du temps des Peres, la Religion Chrétienne n'y avoit fait guere de progrès. De sorte que les Allemands qui n'entendoient pas le latin, n'étoient pas non plus Chrétiens.

Je ne sais après cela s'il seroit nécessaire de répondre à toutes les preuves de M. le Cardinal du Perron, qui sont presque les mêmes que celles de Bellarmin. Je le ferai néanmoins, afin que l'on ne croie pas qu'elles soient plus fortes que je ne les ai représentées. Les voici donc toutes.

M. du Perron. *Il paroît par S. Basile que les Mésopotamiens avoient une langue particuliere.*

℟. Cela est vrai: car ils parloient syriaque. Mais il est vrai aussi qu'on y faisoit le service, non en grec mais en syriaque, comme je l'ai déja montré dans le chapitre précédent.

M. du Perron. *Il paroît aussi par le même S. Basile, que les Cappadociens avoient une langue qui leur étoit propre.*

℟. Ce pouvoit être un dialecte du grec. Mais quoique ce fût, cela n'auroit pas empêché que le grec n'en eût été aussi la langue vulgaire. Et si cela n'eût été, comment les ignorants & les femmes eussent-ils entendu ce que S. Basile leur disoit dans ses Sermons?

M. du Perron. *Que la langue grecque ne fût pas la langue vulgaire des Galates, S. Jérôme le témoigne, qui dit que la langue des Galates étoit semblable à celle des Gaulois près de Trêves.*

℟. Il faut que M. le Cardinal du Perron ait pris ce passage de Bellarmin, & que Bellarmin l'ait pris aussi de Ledesma, Jésuite, sans avoir ni l'un ni l'autre consulté l'original. Car comme il est dans S. Jérôme au Prologue du second Livre de ses Commentaires sur l'Epître aux Galates, non seulement il ne prouve pas ce que ces Cardinaux prétendent, mais il confirme ce que nous avons remarqué, & qui peut servir de solution à tous leurs arguments, qu'il y peut avoir un jargon particulier dans un pays, sans que cela empêche qu'une autre langue plus noble, ne soit aussi la langue vulgaire de ce pays-là. Voici les propres termes de S. Jérôme. *Unum est quod inferimus..... Galatas* excepto sermone græco quo omnis Oriens loquitur *propriam linguam eamdem pæne habere quam Treviros.* Il y avoit donc, selon S. Jérôme, deux langues vulgaires dans la Galatie: l'une, qui leur étoit propre, qui étoit un vieux gaulois;

& l'autre qui étoit le grec, qui leur étoit commune avec tout l'Orient. Et il faut bien que cela fût ainsi ; car on ne peut supposer raisonnablement que S. Paul eût prêché l'Evangile aux Galates en une autre langue qu'en celle dans laquelle il leur a écrit. Or il leur a écrit en grec. Il leur a donc aussi prêché l'Evangile en grec. Or il le prêchoit sans doute dans la langue qui s'entendoit communément dans les pays où il prêchoit. Car c'est pour cela même que les Apôtres avoient reçu le don des langues. Et ainsi, ce seul passage peut suffire pour ruiner toutes les instances de ce Cardinal, & principalement la suivante.

M. du Perron. *Que la langue grecque ne fût pas la langue vulgaire des Lycaoniens, il appert parce que l'Histoire des Actes remarque, que les Lycaoniens éleverent leurs voix, disant en lycaonien : des Dieux fait semblables aux hommes sont descendus à nous.*

℞. Rien n'est si foible que ce qu'il ajoute, pour montrer qu'on ne peut pas dire *que S. Luc ait voulu noter seulement une diversité de dialecte, & non une diversité de langue. C'est*, dit-il, *que si ce n'eût été qu'une diversité de dialecte, il n'eût pas rapporté les paroles en grec ordinaire, mais en grec lycaonien :* & toute la raison qu'il en apporte est, que Platon l'a fait ainsi, *pour noter la diversité du dialecte de Thebes.* Comme si S. Luc avoit été obligé d'imiter Platon ; & comme s'il n'eût pas pu, s'il l'avoit voulu, rapporter cela dans les propres termes des Lycaoniens, quand le lycaonien auroit été une langue tout-à-fait différente du grec ; comme il y a des choses rapportées en syriaque dans l'Evangile, qui est écrit en grec, quoique le grec & le syriaque fussent des langues tout-à-fait diverses. Mais de plus, quand il y auroit eu en Lycaonie comme en Galatie un jargon particulier que parloient les petites gens, qui furent apparemment ceux, qui ayant vu S. Paul guérir le boiteux, s'écrierent ; que *des Dieux semblables aux hommes étoient descendus vers eux*, l'exemple des Galates ne fait-il pas voir que cela n'auroit pas empêché que le grec ne fût aussi leur langue commune, comme aux Galates & aux autres Provinces d'Orient ? Et si cela n'avoit été ainsi, S. Luc auroit marqué que ç'avoit été aussi en lycaonien que S. Paul avoit fait l'admirable discours qu'il leur fit, pour empêcher qu'on ne lui sacrifiât. Car assurément, il ne leur parla pas en une langue qu'ils n'auroient pas entendue. A quoi on peut ajouter, que dans l'espace de trois cents cinquante ans qui s'étoient écoulés depuis cette rencontre de S. Paul, jusques au temps des Peres dont nous parlons, ce jargon des Lycaoniens pouvoit aisément, ou être aboli, ou l'usage en être bien diminué ; les langues dominantes, & sur-tout une aussi belle langue que

I. CLAS. N°. X.

la grecque, l'emportant insensiblement sur ces petites langues particulieres.

M. du Perron. *Que la langue vulgaire de l'Egypte ne fût pas la langue des Grecs & de l'Empire, il se voit par ce que S. Jérôme témoigne, que S. Antoine écrivit cette Epître* (il faut *sept Epîtres*) *en langue égyptienne.*

℞. Personne n'ignore qu'il n'y eût une langue égyptienne différente de la grecque du temps des Peres, puisqu'ils témoignent eux-mêmes, que l'Ecriture avoit été traduite en cette langue. Mais d'une part, nous avons prouvé dans le chap. VIII, que dans la Thébaïde, ou cette langue égyptienne appellée autrement coptique s'étoit plus conservée, le service divin se faisoit en cette langue, comme il s'y fait encore. Et de l'autre, on ne peut douter que le grec ne fût devenu la langue vulgaire de l'Egypte proprement dite, depuis le regne des Ptolémées : car autrement, comment y auroit-on prêché en grec? Est-ce qu'on n'y prêchoit que pour *les gens doctes*, *ou employés aux affaires*, *ou de condition plus relevée*, & qu'on n'y annonçoit point la parole de Dieu au commun des fideles?

M. du Perron. *Que la langue grecque ne fût pas la langue vulgaire en Syrie, il appert par ce que Théodoret, en la vie de Macédonius, dit que Gubba, en langue syriaque, signifie lac, ou fosse profonde; & que le même Macédonius, ayant répondu à un certain Capitaine en la langue syriaque, un autre Capitaine l'interpréta en grec.*

℞. On n'avoit pas besoin de ces preuves particulieres pour savoir qu'il y avoit une langue syriaque du temps des Peres. Qui en a jamais douté? Mais on a fait voir dans le chapitre précédent, que dans la Syrie, où cette langue étoit moins vulgaire que la grecque, c'étoit en grec que l'on faisoit le service divin : au lieu que par de-là l'Euphrate, dans l'Osroëne & dans la Mésopotamie, c'étoit en syriaque qu'on le faisoit; parce que tout le monde l'y entendoit, & que tous n'y entendoient pas la langue grecque: car la cour des Rois de Syrie, successeurs d'Alexandre, étant à Antioche capitale de la Syrie, la langue grecque avoit dû s'y mieux établir que dans les pays éloignés.

M. du Perron. *Bref, que toutes les Provinces d'Orient eussent toutes leurs langues séparées, il appert par le second chapitre des Actes.*

℞. Mais outre qu'au regard de plusieurs de ces peuples d'Orient, ces différentes langues pouvoient n'être que différents dialectes du grec, qui ne laissoient pas de se distinguer, comme on distingue facilement le langage d'un Picard de celui d'un Gascon, quoiqu'ils parlent tous deux françois, quand chacun de ces peuples auroit eu une langue particuliere, il ne s'ensuit pas, comme il a déja été dit tant de fois, que ceux de Cappadoce, de Pont, de l'Asie mineure, de Phrygie, de Pamphylie, d'Egypte n'en eussent une commune, savoir la grecque, qui étoit alors si répandue, que Cicéron dit dans son plaidoyer pour le Poëte Archias, que ce qui étoit écrit en latin se lisoit en peu de lieux; mais que ce qui étoit écrit en grec étoit lu dans presque tous les pays du monde: *Græca leguntur in omnibus ferè gentibus.* Et on peut de plus remarquer, que l'établissement de la Religion Chrétienne, dont tous les livres Canoniques sont écrits en grec, a pu beaucoup contribuer à faire que cette belle langue, qui étoit déja établie dans tout l'Orient, prît de plus en plus le dessus sur les vieilles langues de chaque Province, & qu'ainsi il s'en fût aboli plusieurs depuis le jour de la Pentecôte jusqu'au temps des quatre premiers Conciles: de sorte qu'il ne faut pas s'étonner si S. Jérôme dit absolument, (ce qui détruit toutes les prétentions de ce Cardinal) que, de son temps, la langue grecque se parloit dans toute l'Eglise Orientale: *excepto sermone græco, quo omnis Oriens loquitur.*

I. CLAS. N°. X.

M. du Perron. *Quant à l'Eglise Occidentale, c'est-à-dire, presque en toutes les Provinces de l'Europe & de l'Afrique, le service s'y faisoit en la langue latine seule...... Et néanmoins il est certain que la langue latine n'étoit vulgaire nulle part hors l'Italie, & les villes des Colonies Romaines éparses par l'Empire, comme étoit Carthage en Afrique, où la langue latine étoit vulgaire. Dont est, que S. Augustin, comme tel, dit l'avoir apprise entre les caresses de ses nourrices.*

℞. Il est difficile de comprendre comment un si habile homme a pu prendre pour certainement vrai ce qui est certainement faux. Car, à moins qu'il n'ait pris toutes les villes d'Occident pour des Colonies Romaines, comment a-t-il pu s'imaginer, que, hors l'Italie, il n'y avoit aucune ville que ces Colonies dont le latin fût la langue vulgaire? Cela a pu être ainsi dans les premiers temps de la domination Romaine, pour ce qui est de l'Occident. Car, pour ce qui est de l'Orient, la beauté de la langue grecque qui y étoit déja établie depuis la domination des Grecs, a été sans doute ce qui a empêché que la latine n'y ait pu devenir aussi commune que dans l'Occident: au lieu que, pour l'Occident, comme j'ai dit, il y a de l'apparence que ç'a été principalement par ces Colonies que la langue latine s'est répandue dans les Provinces, & s'est peu à peu rendue la maîtresse. Mais on ne peut douter que cela ne fût déja fait du temps des Peres, & que le latin ne fût dès ce temps-là devenu la langue vulgaire & commune, au moins de toutes les Villes d'Espagne, d'Afrique, des Gaules, & des autres Provinces de l'Empire d'Occident. Ce que dit S. Augustin, *qu'il avoit appris le latin entre les caresses de ses nourrices*, en est une preuve: & on ne conçoit pas comment M. le Cardinal du Perron a pu croire y avoir satisfait, en disant que *Carthage*

I. CLAS. N°. X.

étoit une Colonie Romaine; comme si S. Augustin étoit né à Carthage, ou que ce fût une bonne conséquence. Carthage, dont il n'étoit pas, étoit une Colonie Romaine. Donc Tagaste, dont il étoit en devoit aussi être une.

Ayant avancé cette proposition générale, que le latin n'étoit la langue vulgaire que de l'Italie & des Colonies Romaines, il entreprend de la prouver au regard des Gaules, de l'Allemagne, de l'Illirie & de l'Afrique; & il commence par les Gaules.

M. du Perron. *Car quant aux Gaulois, ils avoient leur langue vulgaire & maternelle, distincte de la romaine, qui étoit la langue de l'Empire, laquelle il n'y avoit que les hommes doctes, ou employés aux affaires, ou de condition plus relevée qui la sussent, comme il se voit; & parce que Marseille étoit appellé* τρίγλωττος *la ville à trois langues, & parce que S. Jérôme, dans sa lettre quatrieme, recommande particuliérement l'élégance & la politesse de la langue gauloise.*

℟. De ce que Marseille a été appellée la ville à trois langues, cela montre qu'une même ville peut avoir trois langues vulgaires; c'est-à-dire, qu'il se peut faire qu'il y ait trois langues qui s'y apprennent par le seul usage, & qui s'y entendent & s'y parlent communément. Il faut de plus remarquer, que c'est de Varron que S. Jérôme rapporte que ceux de Marseille étoient appellés *trilingues;* parce qu'on y parloit grec, latin, & gaulois. Mais il s'étoit passé tant de temps depuis Varron jusqu'aux quatre premiers Conciles, que ce vieux gaulois pouvoit bien n'y être plus guere en usage. Il auroit donc été plus à propos d'alléguer pour un témoignage de cette vieille langue gauloise, un passage de Suetone, qui dit, qu'*Antonius Primus*, l'un des principaux Capitaines de Vespasien, qui étoit Gaulois, s'appelloit en sa langue, *Becosi* ce qui signifie, dit-il, *rostrum galli* (par où il paroît qu'au lieu de *Beco*, il faudroit lire *Bec-cocq.*) Et un autre d'Ulpien (Fideicom. ff. de Legatis 3.) qui dit *qu'on peut faire un fideicommis, non seulement en latin & en grec, mais aussi en punique & en gaulois.* Mais tout cela ne fait rien. Car ce qu'il falloit prouver est, qu'au temps des Peres. le latin n'étoit dans les Gaules que la langue des gens de qualité: ce qui n'a nulle vraisemblance, étant certain, au contraire, qu'il y étoit alors incomparablement plus commun que le vieux gaulois, & que c'étoit au moins la langue vulgaire de toutes les villes, où on ne sauroit faire voir qu'on ait prêché autrement qu'en latin, dans le temps des quatre premiers Conciles.

On en trouve ce me semble une preuve convainquante dans ce que rapporte Severe Sulpice de l'élection de S. Martin à l'Episcopat de Tours, au livre premier de sa vie chapitre 7. Il dit, qu'ayant été enlevé de son

Monastere

Monastere par artifice, & mené à Tours, une incroyable multitude de peuple, qui étoit venu des villages voisins, le demanda pour Evêque, contre l'avis de quelques Prélats, & principalement de l'Evêque d'Angers, qui se nommoit *Defensor;* mais que, comme on étoit assemblé pour cela dans l'Eglise, le Lecteur n'ayant pu entrer à cause de la foule, un de la troupe ouvrit le Pseautier, & lut le premier verset qui se rencontra, qui fut: *Ex ore infantium & lactentium perfecisti laudem propter inimicos tuos: ut destruas inimicum & defensorem.* Sur quoi le peuple jetta un grand cri, se persuadant que Dieu avoit fait lire ce passage pour confondre cet Evêque nommé *Defensor*, qui s'étoit déclaré contre S. Martin. Cela fût-il arrivé si ce peuple, dont il y en avoit beaucoup qui étoient venus des villages voisins, n'eût pas entendu le latin? Ils l'entendoient donc communément, & par conséquent le latin étoit leur langue vulgaire, quand il y en auroit encore eu quelques-uns qui eussent parlé le vieux gaulois.

I. Clas. N°. X.

Et bien loin que le passage de l'Epître quatrieme de S. Jérôme, que rapporte ce Cardinal, prouve le contraire, il confirme plutôt ce que je dis. Car ce que ce Pere appelle *ubertatem gallici nitoremque sermonis*, n'étoit point, comme il le prétend, l'élégance & la politesse de la langue gauloise, mais le style abondant & fleuri des Orateurs Gaulois dans la langue latine, qui étoit alors leur langue vulgaire, qu'il compare avec le style des Orateurs Romains de ce temps-là, qui, à son jugement, étoit plus grave & plus châtié, pour parler ainsi. C'est ce que les propres paroles de S. Jérôme feront voir sans peine. *Audio religiosam te habere matrem multorum annorum viduam quæ aluit, quæ erudivit infantem: ac post studia Galliarum quæ vel florentissima sunt, misit Romam non parcens sumptibus, & absentiam filii spe sustinens futurorum, ut ubertatem gallici nitoremque sermonis gravitas romana condiret, quod & in disertissimis viris Græciæ legimus, qui Asianum tumorem attico siccabant sale, & luxuriantes flagellis vineas falcibus reprimebant, ut eloquentiæ torcularia non verborum pampinis, sed sensuum quasi uvarum expressionibus redundarent.* Cette double comparaison des Orateurs Asiatiques avec les Attiques, & des Gaulois avec les Romains, fait assez entendre qu'il compare, dans l'une & dans l'autre, les Orateurs d'une même langue. Et sans cela on ne voit pas que des études de Rhétorique faites dans les Gaules, si elles s'étoient faites en langue gauloise, eussent été une bonne préparation pour en aller faire de semblables à Rome. Ce n'étoit donc qu'au regard de l'éloquence latine que S. Jérôme dit, que les études étoient alors très-florissantes dans les Gaules; & M. le Cardinal du Perron le devoit avoir appris du Prologue de son second livre des Com-

I. CLAS. N°. X.

mentaires sur l'Epître aux Galates, qu'il cite au même lieu; puisqu'après y avoir appellé S. Hilaire, *qui étoit*, dit-il, *Gaulois*, *& né à Poitiers*, un fleuve rapide de l'éloquence latine, *latinæ eloquentiæ rhodanus*, il dit que les Gaules étoient abondantes en Orateurs; ce qu'il prétend que l'on ne devoit pas tant attribuer au génie de la nation, qu'aux exercices continuels des Rhétoriciens. Or qu'auroient fait ce grand nombre d'Orateurs en langue gauloise, puisqu'au moins ce Cardinal demeure d'accord, que tout ce qui regarde la Justice, & les affaires publiques, & encore plus l'Eglise, ne se traitoit qu'en latin? Il faut donc demeurer d'accord, que *gallicus sermo*, dans ce passage de S. Jérôme, signifie le latin des Orateurs Gaulois, & non une langue gauloise différente du latin, comme ce savant Cardinal se l'est faussement imaginé.

M. du Perron. *Et depuis la langue des Francs, qui étoit toute différente de la gauloise, ayant succédé en son lieu, il ne se fit aucun changement de la langue latine au service de l'Eglise.*

℟. La langue des Francs n'entre point dans le temps dont il s'agit, qui est celui des quatre premiers Conciles. Car ces peuples étoient payens avant Clovis, qui n'a été baptisé qu'assez long-temps depuis le Concile de Calcédoine. Cependant il est certain, que ceux qui embrasserent le Christianisme changerent bientôt leur langage en celui qu'ils trouverent dans les Gaules, qui étoit le latin, comme il paroît assez par l'Histoire de Grégoire de Tours. Et quand il est dit de S. Cloud, dans le nouveau Bréviaire de Paris, que s'étant donné au service de Dieu en sortant de l'enfance, il s'appliqua à la lecture des Livres sacrés (*sacrorum librorum lectioni sacrisque orationibus intentus*) s'imagine-t-on, ou qu'ils étoient traduits en la langue des Francs, ou qu'il avoit eu besoin d'apprendre le latin, par étude, pour les entendre? Rien n'est donc plus hors de propos que d'alléguer cette langue des Francs, qui se rendirent maîtres des Gaules, comme si elle avoit empêché que la langue latine n'en eût plus été la langue vulgaire.

M. du Perron. *Et qu'en Allemagne, tout de même la langue latine fût la langue de l'Empire & de l'Eglise, mais non pas la langue vulgaire du peuple, il se voit en ce que S. Jérôme écrit sur les questions de Sunia & Fretella, que la langue barbare des Getes, recherchoit la vérité hébraïque.*

℟. Comme la plus grande partie de l'ancienne Germanie n'étoit point encore soumise à l'Empire Romain, que le latin fût ou ne fût pas la langue vulgaire du pays dont Sunia & Fretella écrivirent à S. Jérôme, on n'en peut rien conclure de certain pour la question dont il s'agit, qui est, de savoir, si, de tout l'Empire d'Occident, il n'y avoit que l'Italie

& les Colonies Romaines où le latin fût la langue vulgaire du peuple. Et je ne fais même comment on peut assurer, que *la langue latine fût la langue de l'Empire & de l'Eglise* en ces pays-là. Car qui peut deviner quelle partie de la Germanie S. Jérôme a entendu par ce pays des Getes; vu même que Bellarmin croit, que, par ce mot de *Getes*, S. Jerôme a entendu les Goths?

Cependant il y a toute sorte d'apparence, que ces paroles *barbara Getarum lingua* ne marquent point un langage particulier des Getes, mais que *lingua* s'y prend pour la langue même avec laquelle on parle, comme quand le Prophete dit: *lingua mea calamus scribæ*: de sorte que c'est de même que si quelqu'un, parlant des Iroquois convertis à la foi, disoit, sans faire attention à leur langage, & encore même qu'ils parlassent françois: *Que la langue barbare des Iroquois annonce les louanges de Jesus Christ.* Et en effet, en prenant *lingua* pour langage, que voudroit dire S. Jérôme; *qu'il est étonnant que le langage des Getes cherche la vérité hébraïque?* Cela auroit été supportable si Sunia & Fretella lui avoient proposé leurs difficultés en ce langage des Getes; mais les ayant proposées en latin, elles ne lui avoient donné aucun lieu de parler du langage de ces peuples, quel qu'il fût. Et ce n'est point aussi ce qu'il a fait; mais il a pris occasion, de l'ardeur que témoignoient ces pieuses femmes de s'instruire du vrai sens de l'Ecriture, de rendre graces à Dieu de ce qu'une nation, qui passoit pour barbare, commençoit à s'appliquer à l'étude des saintes lettres. Et la suite fait voir que c'est assurément tout ce qu'il a voulu dire: "Nous voyons véritablement s'accomplir en nos „ jours cette parole d'un Apôtre & d'un Prophete: *Leur voix a retenti „ par toute la terre, & leur parole s'est fait entendre jusqu'aux extrêmi- „ tés du monde.* Qui auroit cru que la langue barbare des Getes eût re- „ cherché la vérité hébraïque, & que les Grecs, étant endormis, ou plu- „ tôt chicanant ceux qui travaillent sur les Ecritures Saintes, la Germa- „ nie les étudiât avec soin? *En vérité je vois bien que Dieu n'a point „ d'égard aux diverses conditions des personnes, mais, qu'en toute nation, „ celui qui le craint, & dont les œuvres sont justes, lui est agréable.* Des „ mains endurcies à tenir les poignées de leurs épées, & des doigts qui „ ne sembloient propres qu'à tirer des fleches, s'accoutument à se servir „ de plumes & de poinçons; & des cœurs de lion, qui ne respiroient „ que la guerre, deviennent des agneaux en se revêtant de la douceur chrétienne.

M. du Perron. *Et qu'en la Province même de S. Jérôme, qui étoit l'Illirie, la langue latine ne fût pas la vulgaire du pays, il appert par*

I. CLAS. N°. X.

ce qu'il dit sur l'Epître aux Galates, qu'en sa langue, Galatie *signifioit* translation.

℟. S. Jérôme ne dit rien de cela, ni dans sa préface du deuxieme livre de ses Commentaires sur l'Epître aux Galates (qui est le lieu où l'on renvoie à la marge de cet endroit de la Replique) ni dans la préface du premier livre, ni dans celle du troisieme. On voit assez néanmoins, par ce qui a été dit tant de fois, que cela ne prouveroit pas que le latin ne fût pas alors la langue vulgaire de l'Illirie. Et peut-on douter qu'elle ne le fût, puisque S. Jérôme parle toujours du latin comme de sa propre langue, & qu'il la regarde comme sa langue maternelle, en la distinguant de celles qu'il avoit apprises par étude? Nous avons déja vu, que, dans sa lettre 134. à Sophrone, pour dire qu'il avoit traduit en latin la version des Septante, il dit qu'il avoit donné, il y avoit long-temps, aux hommes de sa langue, la traduction de la version des Septante, très-exactement corrigée. *Quorum translationem diligentissimè emendatam olim meæ linguæ hominibus dederim*: & que, dans sa préface sur Josué, parlant de la traduction du Vieux Testament sur l'hébreu, il dit, qu'il offre ce qu'il peut aux hommes de sa langue. *Sciat lector me non in reprehensionem veterum nova cudere, sed pro virili portione offerre linguæ meæ hominibus, quos tamen nostra delectant.* Mais ce qu'il dit dans la préface du troisieme livre de ses Commentaires sur l'Epître aux Galates est encore plus considérable. Car, après s'y être plaint que l'étude de l'hébreu étoit cause qu'il n'écrivoit plus si élégamment en latin : *Omnem sermonis elegantiam & latini eloquii venustatem stridor lectionis hebraicæ sordidavit*, il ajoute : *Je laisse au jugement des autres si le travail infatigable que j'ai employé à apprendre l'hébreu, m'a fait beaucoup avancer dans l'intelligence de cette langue; mais je sais bien ce que j'y ai perdu au regard de la* mienne. Quid autem *profecerim ex linguæ illius infatigabili studio, aliorum judicio derelinquo, ego quid in* mea *amiserim scio.* Et dans la préface du premier livre des mêmes Commentaires, comparant les Auteurs latins aux Auteurs grecs; il appelle les premiers *linguæ nostræ Scriptores. J'entreprends*, dit-il, *un ouvrage qui n'a point encore été tenté par les Auteurs qui ont écrit en notre langue, & que peu de Grecs même ont traité d'une maniere digne d'un si grand sujet.* N'est-ce pas encore distinguer la langue latine de celles qu'il avoit apprises par étude, comme étoit la grecque? Et ainsi, peut-on douter, qu'il n'ait regardé la premiere comme sa langue maternelle, & qui l'étoit par conséquent de l'Illirie; soit qu'il y ait eu, ou qu'il n'y ait pas eu en ce pays-là, quelque reste d'une autre langue ancienne?

M. du Perron. *Et quant à l'Afrique, que la langue latine ne fût pas vulgaire au peuple, encore qu'elle fût la langue de l'Empire & des lettres, & des affaires, mais qu'il y eût outre cela une langue vulgaire pour le peuple, il appert par S. Augustin, &c.*

I. CLAS. N°. X.

℟. C'est à quoi j'ai déja répondu. J'ai seulement à ajouter, que ce Cardinal s'étant engagé de prouver une chose, ne la prouve point; mais une autre très-différente. Car voici ses paroles: *Et que* la plupart du simple peuple (remarquez ces mots) *& des paysans & rustiques d'Afrique, n'entendissent pas la langue latine, il se voit, &c.* Il y a bien de la différence entre *la plupart du simple peuple d'Afrique*, & *les paysans & rustiques d'Afrique*, puisque les habitants des villes font la plus grande partie des habitants d'un pays, & que des dix parts des habitants des villes, il y en a neuf qui font ce qu'on appelle le simple peuple. Il faut donc, pour satisfaire à ce qu'il promet, que les faits qu'il rapporte ensuite ne prouvent pas seulement, que les paysans & rustiques d'Afrique n'entendoient point le latin, mais que la plupart du simple peuple des villes ne l'entendoient pas non plus. Or voyons si cela est.

Il n'en rapporte que deux; dont le premier est, « que Valere, „ prédécesseur de S. Augustin, ayant oui deviser deux paysans Afriquains, „ & prononcer à l'un d'eux le mot de *Salus*, il demanda à l'un des „ deux qui savoit les deux langues, ce que vouloit dire le mot de „ *Salus*, & qu'il lui répondit, qu'il vouloit dire trois. » On voit assez que ce fait ne regarde que les paysans, & ne prouve pas même qu'ils ignorassent tous la langue latine, puisque, de deux, il y en avoit un qui la savoit.

L'autre fait est, que *S. Augustin, contestant contre Crispin, Evêque de Calame, Donatiste, qui avoit acheté un village où demeuroient environ quatre-vingts paysans, pour les distraire de l'Episcopat d'Hyppone, afin d'avoir plus de moyen de les convertir à l'hérésie de Donat, dit, qu'il falloit que Crispin & lui plaidassent leur cause en latin, en présence de ceux du village, & puis après, que l'on interprêtât en afriquain leur plaidoyer, afin que les villageois jugeassent auquel des deux ils vouloient être.* On a cité à la marge de la Replique le livre 2. contre les Lettres de Pétilien, chap. 83, où il est parlé de ces paysans que Crispin avoit rebaptisés; mais il n'y est rien dit de la proposition qu'avoit faite S. Augustin de plaider devant eux. C'est dans la lettre 173. que cela se trouve, & où l'on voit aussi, que ces paysans n'étoient point de condition libre; mais de ceux qui s'appelloient *Servi glebæ*, & que l'on achetoit en achetant les héritages; d'où vient que S. Augustin dit, que Crispin avoit *acheté* ces paysans-là, *pour les rebaptiser.* Et ainsi il ne s'agissoit point de savoir auquel des deux ils vouloient être; car S. Auguftin ne nioit pas qu'ils ne duffent regarder Crifpin comme leur maître; mais feulement s'ils vouloient être, pour le fpirituel, de la Communion des Catholiques, ou de celle des Donatiftes. Quoi qu'il en foit, ce dernier fait ne regarde encore que des payfans, & qui étoient même d'une condition fervile. Et de plus, tant s'en faut qu'il puiffe fervir à prouver, que la plupart du fimple peuple des villes n'entendoit pas le latin, qu'il prouve tout le contraire. Car il eft impoffible que la plupart du fimple peuple d'une ville, n'entendant & ne parlant qu'une langue, les perfonnes de qualité ne fachent pas cette langue, quoiqu'ils en fachent encore une autre; parce que les perfonnes de qualité, & le fimple peuple d'une même ville, ne fauroient fe paffer d'avoir commerce les uns avec les autres, & que cela ne fe peut faire que par le moyen d'une même langue, qui fe parle & qui s'entende de part & d'autre. Or S. Auguftin & Crifpin ne favoient point parler la langue punique: car s'ils l'avoient fu, ils auroient plaidé leur caufe en cette langue, fans avoir befoin de truchement. On ne peut donc raifonnablement fuppofer que ce fût la feule langue que parloit & qu'entendoit la plupart du fimple peuple des villes, dont ils étoient Evêques. Cela eft démonftratif: mais en voici encore deux preuves pofitives.

La premiere eft ce que dit S. Auguftin, dans le premier livre des Rétractations, chap. 20 *du Pfeaume Abécédaire*, qu'il avoit fait contre les Donatiftes. « Dans le deffein que j'avois de faire connoître la caufe „ des Donatiftes aux perfonnes les plus baffes du petit peuple, à ceux „ qui font tout-à-fait ignorants, & qui n'ont aucune étude, & de faire „ même en forte qu'ils ne la puffent oublier, je fis un Pfeaume ou „ un Cantique, dont tous les articles commençoient par les lettres de „ l'Alphabet latin, tels que font ceux qu'on appelle *Abécédaires*, afin „ que, le chantant, elle s'imprimât davantage dans leur mémoire. »

Peut-on rien defirer de plus formel contre ce que ce favant Cardinal dit en général *de tout l'Occident; que la langue latine y étoit la langue de la juftice, la langue des affaires, la langue des lettres, apprife & entendue de toutes les perfonnes de condition plus relévée, qui avoient l'ufage de deux langues: mais n'étoit pas pour cela familiere* aux perfonnes baffes *& ruftiques, qui avoient le* feul *ufage de leur langue vulgaire & maternelle; &* en particulier *de l'Afrique, que la langue latine n'y étoit point* vulgaire au peuple: *mais qu'elle étoit feulement la langue de l'Empire, & des lettres & des affaires?* Car fi la langue latine n'y eût point été la langue vulgaire *du peuple du plus petit peuple & des plus ignorants*, S. Auguftin, voulant faire en forte que la caufe des Donatiftes parvînt à la connoiffance des derniers du peuple, des perfonnes les plus baffes,

& des plus ignorants, *humillimi vulgi, atque omninò imperitorum atque idiotarum*, auroit-il trouvé que ç'auroit été une bonne invention pour cela, de leur faire chanter un Pseaume en latin; c'est-à-dire, en une langue qu'ils n'auroient pas entendue?

La seconde preuve contre la fausse imagination de ce Cardinal, est ce que dit le même Saint, dans son sermon 24. sur les paroles de l'Apôtre. Car, leur voulant citer un proverbe punique, il dit, qu'il le rapportera en latin, & non en punique; parce qu'ils n'entendoient pas tous la langue punique. *Latinè vobis dicam, quia punicè non omnes nostis.* Il suppose donc que tous ceux qui l'écoutoient ne savoient pas le punique, mais qu'ils savoient tous le latin; ce qu'il n'auroit pu dire, si la plûpart du simple peuple n'eût pas entendu le latin, comme le suppose ce Cardinal. Car qui peut douter, que le simple peuple ne composât la plus grande partie de l'auditoire de ce Saint?

On peut ajouter à cela, que S. Augustin, dans la lettre au Pape S. Céleſtin, qui est maintenant la 209, fait assez entendre, qu'on ne trouvoit pas facilement des Prêtres qui sussent la langue punique. Car, rendant compte à ce Pape du nouvel Evêque qu'il avoit cru devoir établir à Fussale, qui n'étoit pas une ville, mais seulement un bourg (*castellum*) d'où dépendoient plusieurs villages, il dit qu'il avoit choisi un Prêtre qui sût le punique: *Aptum loco illi congruumque requirebam, qui & punicâ linguâ esset instructus*; ce qui montre assez, que ce n'étoit pas une chose ordinaire en ce temps-là, que d'entendre cette langue, & que, par conséquent, ce n'est pas le punique, mais le latin qu'on doit regarder comme ayant été la langue vulgaire de cette partie de l'Afrique, qui étoit soumise aux Romains.

Mais cela me donne occasion de remarquer, qu'il y a certainement une faute dans la lettre du même Saint à l'Evêque Novat (qu'on croit être l'Evêque de Steffe, qui assista à la conférence de Carthage) qui est maintenant la 84, & qui étoit auparavant la 242. S. Augustin s'excuse de ce qu'il ne lui renvoyoit point son frere Lucille, qu'il appelle *filium meum Diaconum Lucillum, germanum tuum*, sans marquer de quelle Eglise il étoit Diacre; si c'étoit de celle d'Hippone, ou de celle de son frere. Car il paroît, par ces paroles de la fin de la lettre, *sic enim regionum nostrarum ardentissima siti Diaconum Lucillum tu potius concessisti*, que c'étoit Novat qui l'avoit envoyé à S. Augustin. Or la raison que ce Pere donne de son refus est, qu'il le juge plus nécessaire à son Eglise qu'à celle de son frere; ce qu'il exprime par ces paroles. *Sed cùm latina lingua cujus inopiâ in nostris regionibus evangelica dispensatio multùm laborat, illic autem ejusdem linguæ usus omninò sit: itane censes nos*

I. CLAS. N° X. *saluti plebium Domini oportere consulere, ut hanc facultatem illuc mittamus, & hinc auferamus, ubi eam magno æstu requirimus?* Il y a certainement une faute dans ces premiers mots, *sed cum latina lingua*, ce substantif n'ayant rien à quoi il se rapporte; & c'est pourquoi on a mis à la marge, *fortè legendum: sed cum calleat latinam linguam*; & moi je crois qu'il faut: *sed cum punicâ linguâ sit instructus*, comme dans l'Epître à S. Célestin; ou plutôt; *sed cum punicæ linguæ inopiâ in nostris regionibus evangelica dispensatio multùm laboret* &c. Enfin, de quelque maniere que l'on corrige ce passage, il me paroît impossible que ce qui y est dit se puisse entendre de la langue latine: car ce seroit faire dire à S. Augustin, que la connoissance de la langue latine étoit rare dans son Diocese, & qu'il recherchoit avec tant d'empressement des Ecclésiastiques qui la sussent parler, que ce Diacre la sachant, il ne pouvoit se résoudre à le renvoyer à son frere, pour servir dans un Diocese où il y avoit beaucoup plus de gens qui savoient le latin. Voilà ce que S. Augustin auroit dit en lisant, *latina lingua*: ce qu'on voit assez être ridicule & insoutenable. Car, si la connoissance de la langue latine eût été rare à Hippone parmi les Ecclésiastiques, d'où vient que, dans le second livre de la Doctrine Chrétienne, qu'il a fait au moins pour tous les Ecclésiastiques d'Afrique, & principalement pour ceux de son Diocese, il ne dit point, que, pour entendre parfaitement l'Ecriture, plusieurs d'entre eux ont besoin d'apprendre le latin; mais que, supposant que tous le savent, comme étant leur langue maternelle, il leur conseille seulement d'apprendre le grec & l'hébreu? *latinæ quidem linguæ homines quos instruendos suscipimus duabus aliis ad Scripturarum cognitionem habent opus, hebræâ scilicet & græcâ.* Il y a cent autres raisons qui font voir que cela ne se peut entendre de la langue latine. Mais, en mettant *punica*, il n'y aura plus de difficulté; & cela nous apprendra seulement deux choses. L'une, qu'il y avoit peu d'Ecclésiastiques à Hippone qui sussent le punique, quoiqu'on en eût besoin pour instruire les paysans, qui ne savoient que cette langue. L'autre qu'elle étoit plus commune dans le Diocese de Novat, & qu'il y avoit bien plus d'Ecclésiastiques qui la savoient. Et la raison de cette différence est bien facile à deviner: c'est que la langue latine ayant commencé à s'établir en Afrique par les villes les plus considérables, & sur-tout par les maritimes, telle qu'étoit Hippone, l'usage de l'ancienne langue du pays s'y étoit plutôt aboli, & n'étoit demeuré que dans les villages; au lieu que Steffe, étant plus éloignée de la mer & du commerce, le latin s'y étant établi plus tard, l'ancien langage s'y étoit aussi plus conservé.

Je n'ai dissimulé aucune des preuves de M. le Cardinal du Perron, qui

qui sont les mêmes de Bellarmin, hors quelques-unes que M. du Perron a ajoutées. Et ainsi, je pense qu'après cela on ne doutera point qu'ils n'aient eu tort de soutenir, qu'au temps des quatre premiers Conciles (car il ne s'agit point de ce qui s'est fait depuis) on ait lu les Ecritures, & célébré en grec le service divin dans l'Eglise orientale, en beaucoup de lieux & de provinces où le grec n'étoit point la langue vulgaire du peuple, & que de même dans l'Eglise d'occident, on ait lu les Ecritures, & célébré le service en latin, en beaucoup de lieux où le latin n'étoit point aussi la langue vulgaire.

Mais je crois devoir dire, en finissant ce Chapitre, que, quoique je ne trouve point de solidité à ce qu'ont enseigné ces deux Cardinaux sur le sujet que nous venons de traiter, ce ne sont point de semblables choses que j'appelle *des paradoxes extravagants & impies* dans le livre de M. Mallet. C'est l'abus qu'il fait de quelques-unes de ces hypotheses, que je prétends être mal-fondées, & les conséquences qu'il en tire, que je soutiens être tout-à-fait contre le bon sens, & très-préjudiciables à la Religion.

CHAPITRE XI.

Examen de la huitieme preuve : Que l'Evangile de S. Matthieu a été composé en hébreu, qui n'étoit alors la langue vulgaire d'aucun pays.

ON demeure d'accord que l'opinion la plus probable est, que S. Matthieu a écrit son Evangile en hébreu : car ceux qui sont d'un autre avis, dit Grotius, *nullis justis de causis maximam in eo piæ antiquitatis consensionem repudiant.*

Mais il ne s'ensuit nullement de-là, qu'il ait écrit dans une langue qui n'étoit pas la vulgaire du pays où cet Apôtre écrivoit ; & il y a bien plus d'apparence, dit le même Grotius, qu'il a écrit son Histoire évangélique en la langue qui étoit en usage dans la Judée, où tous les anciens disent qu'il a demeuré quelques années, depuis l'Ascension de Notre Seigneur. *Quare credi par est scriptam ab eo evangelicam historiam eo sermone qui ea in regione frequentabatur.* Car le mot d'*hébreu* étant équivoque en ce temps-là, comme nous l'avons déja fait voir par plusieurs passages des Evangiles & des Actes, & se prenant alors ordinairement pour la langue syriaque, qui avoit succédé à l'hébraïque, & qui en avoit retenu beaucoup de mots, rien n'est plus ridicule que la confiance de M. Mallet, qui, n'ayant pour lui que ce mot équivoque & ambigu, ose le proposer comme une vérité certaine, & comme *un fait qui ne souffre point de contestation*; que l'Evangile de S. Matthieu a été écrit dans l'ancienne langue hébraïque, qui ne se parloit plus dans la Judée.

Il ne devoit pas, au moins, dissimuler que les plus habiles gens de ces derniers siecles soutiennent comme indubitable, l'opinion qu'il rejette d'une maniere si dédaigneuse; au lieu qu'il ne prouve la sienne que par des faussetés & des ignorances continuelles. Guy le Fevre de la Boderie, très-habile dans les langues orientales, & qui a le plus travaillé à la Bible Royale de Plantin, ne doute point que ce ne soit en syriaque que S. Matthieu a écrit son Evangile. Nous venons de voir que c'est aussi le sentiment de Grotius. Albert Widmestadius, Chancelier de l'Empereur Ferdinand a confirmé cette même opinion par des arguments très-efficaces, dit Bellarmin, *De verb. Dei lib.* 2. c. 4. Et ce Cardinal déclare aussi que c'est sa pensée. *Il est très-probable*, dit-il, *que l'Evangile de S. Matthieu, & l'Epitre aux Hébreux, ont été écrits en syriaque. Et cela n'est point contraire à ce que disent les anciens, S. Irenée, Origene, Eusebe, S. Athanase, S. Epiphane, S. Jérôme, que l'Evangile de S. Matthieu a été écrit en hébreu. Car ils entendent par le mot d'hébreu, cette langue hébraïque, qui étoit vulgaire du temps des Apôtres; comme nous voyons souvent qu'il est marqué dans l'Evangile, qu'une chose a été dite en hébreu, lorsqu'elle a été dite dans la langue vulgaire de ce temps-là; c'est-à-dire en syriaque.* M. Mallet devoit au moins avoir lu cet endroit de Bellarmin, lui qui paroît ne savoir, de cette matiere, que ce qu'il en a lu dans cet Auteur, & qui en prend jusques aux fautes, comme nous verrons plus bas.

Mais, outre l'autorité de ces savants hommes, il est aisé de faire voir, qu'Eusebe & S. Jérôme, qui ont le plus dit que S. Matthieu avoit écrit en hébreu, l'ont entendu de l'hébreu vulgaire; c'est-à-dire du syriaque.

On n'en peut douter au regard d'Eusebe, si on considere bien ce qu'il dit avoir donné occasion à S. Matthieu d'écrire son Evangile, dans le troisieme livre de son Histoire, chapitre 18. *S. Matthieu*, dit-il, *ayant prêché la parole de Dieu aux Hébreux* (c'est ainsi qu'on appelloit les Juifs qui parloient l'hébreu vulgaire, pour les distinguer de ceux qui parloient grec, qu'on appelloit *Hellénistes*, comme il paroît par le sixieme chapitre des Actes.) *& se disposant de l'aller prêcher aux Nations éloignées, écrivit son Histoire Evangélique en la langue du pays* (il ne dit point en hébreu, mais, πατρίῳ γλώττῃ, qu'on ne trouvera qui ait jamais marqué autre chose qu'une langue vulgaire) *& suppléa ainsi parfaitement, par le soin qu'il prit d'écrire ce qu'il savoit du Sauveur, à ce qui leur pourroit manquer par son absence.* N'est-ce point faire entendre qu'il leur écrivit son Evangile dans la même langue en laquelle il leur avoit prêché? Autrement auroit-il parfaitement suppléé, par un livre que le peuple n'eût pu entendre, aux instructions qu'il leur donnoit étant présent, d'une maniere intelligible à toutes sortes de personnes?

Mais cela est encore bien plus clair au regard de S. Jérôme, si on joint ensemble divers endroits où il parle de l'Evangile des Nazaréens. Car dans son Commentaire sur le douzieme chapitre de S. Matthieu, il laisse en doute si les Nazaréens n'avoient point conservé l'original de l'Evangile de S. Matthieu. Il dit, qu'il y en avoit qui le croyoient, & il ne les réfute point. Et c'est l'opinion de S. Epiphane, qu'*ils avoient l'Evangile de S. Matthieu très-entier;* c'est-à-dire, qu'ils n'en avoient rien retranché, quoiqu'ils y eussent ajouté diverses choses qu'ils prétendoient avoir sues par tradition. Or le même S. Jérôme, dans son troisieme Dialogue contre les Pélagiens, dit, que cet Evangile, dont se servoient les Nazaréens, qui s'appelloit aussi l'Evangile selon les Hébreux, parce que ces Nazaréens, quoique Chrétiens, gardoient toujours la Loi des Hébreux; que cet Evangile, dis-je, étoit écrit en langue syro-chaldéenne (qui étoit la langue vulgaire des Juifs du temps des Apôtres) mais en caracteres hébraïques. *In Evangelio juxta Hebræos quod caldaico quidem syroque sermone, sed hebraicis litteris scriptum est,* quo utuntur usque hodie Nazaraei *secundùm Apostolos, sive ut plerique autumant, juxta Matthæum, quod & in Cæsariensi habetur Bibliotheca, narrat Historia &c.* On ne peut douter que ce ne soit le même dont il parle dans son Commentaire sur S. Matthieu. Il est donc certain, que celui-là (que M. Mallet prétend être le même que celui de S. Matthieu) étoit en la langue vulgaire des Juifs *Hébreux*, quoiqu'il dise, dans son Commentaire, qu'il avoit traduit cet Evangile d'hébreu en grec. Et par conséquent, il ne peut pas avoir cru, que celui de S. Matthieu fût écrit en autre hébreu que cet hébreu vulgaire; puisqu'autrement, il n'auroit pu laisser en doute, comme il fait en ces deux endroits, si ce n'étoit point l'Evangile même de ce Saint Apôtre, auquel diverses choses avoient été ajoutées, ainsi que le croit Grotius avec beaucoup de vraisemblance.

Il paroît aussi, que l'Auteur de l'Œuvre imparfait sur S. Matthieu, n'a point douté que cet Apôtre n'ait écrit son Evangile dans une langue intelligible aux Chrétiens Hébreux. Car la maniere dont il parle, dès le commencement de son Commentaire, le fait voir très-clairement. *Voici,* dit-il, *le sujet, à ce que l'on tient, qui a porté S. Matthieu à écrire son*

I. CLAS. N°. X.

Evangile: s'étant élevé une fort grande persécution dans la Palestine, de sorte que tous les fideles appréhendoient d'être dispersés; ils prierent cet Apôtre de leur écrire l'Histoire des paroles & des actions de Jesus Christ, afin que, par-tout où ils pourroient être relégués, ayant avec eux ce livre, qui contiendroit le sommaire de leur foi, ils ne manquassent pas d'instruction, s'ils venoient à manquer de Docteurs qui les instruisissent. Un livre écrit exprès, en une langue non entendue du commun des fideles, afin qu'ils n'y pussent rien comprendre que par l'entremise des Prêtres & des Docteurs (ce qui est l'hypothese de M. Mallet) auroit-il été propre à suppléer au défaut des Prêtres & des Docteurs, & à servir aux fideles d'instruction, lorsqu'il n'y avoit personne pour les instruire?

Mais il est bon néanmoins de représenter ici toutes les raisons de M. Mallet, & de les examiner de suite.

Voici la premiere. *S. Jérôme a si bien entendu le texte de S. Matthieu, qu'il l'a traduit en grec. Or s'il eût été écrit en syro-chaldéen, il n'eût pas pu le traduire; parce qu'il ne savoit ni le syrien ni le chaldéen, ou du moins, qu'il le savoit fort peu, comme il paroît, pour ce qui est du chaldéen, par ce qu'il dit dans son Prologue sur le livre de Daniel, que, pour traduire le texte chaldéen de ce Prophete, il a eu besoin du secours d'un plus habile homme que lui dans cette langue; &, pour le syrien, parce que Gennadius montre évidemment, au commencement de son Catalogue des Ecrivains ecclésiastiques, qu'il ne le savoit point. Il est donc certain que le texte original de cet Evangile, n'étoit pas le syro-chaldéen; mais le vrai & ancien hébreu.*

On ne sait que penser de M. Mallet quand on l'entend parler de la sorte: s'il invente de lui-même les faussetés qu'il avance, selon qu'il croit qu'il est bon que les choses soient, ou s'il écrit sur des mémoires de gens encore plus hardis que lui. Mais ce qui est certain, c'est que l'argument qu'il fait ici est un exemple rare de son ignorance, aussi-bien que de son peu de respect envers les Peres.

Car il n'est point vrai que S. Jérôme ait traduit en grec le texte de S. Matthieu. Pourquoi l'auroit-il fait? l'Eglise n'avoit-elle pas la même vénération pour l'ancienne version grecque de cet Evangile, qu'elle auroit eue pour l'original? Est-ce qu'il eût voulu qu'elle l'eût quittée pour prendre la sienne? C'est lui attribuer une étrange pensée. Mais il n'a eu garde de l'avoir: car l'Evangile, qu'il a traduit d'hébreu en grec, est celui des Nazaréens, ou, comme il l'appelle d'autres fois, selon les Hébreux. C'est ce qui paroît par les passages mêmes auxquels M. Mallet nous renvoie: *De Script. Ecclef. Et cap.* 12. *Comm. in Matth.* tant il est vrai qu'il les cite sur la foi d'autrui, sans les avoir lus. S. Jérôme dit,

I. CLAS. N°. X.

dans le dernier, comme nous venons de le voir : *In Evangelio quo utuntur Nazaræi & Ebionitæ, quod nuper in græcum de hebræo sermone transtulimus* &c. Et, dans le premier, en parlant de S. Jacques frere du Seigneur : *Evangelium quod appellatur secundùm Hebræos, & à me nuper in latinum græcumque sermonem translatum est* &c. Et, en parlant de S. Ignace. (*Epistola*) *de Evangelio quod nuper à me translatum est super persona Christi ponit testimonium dicens.... Et quando venit ad Petrum & ad eos qui cum Petro erant dixit eis : Ecce palpate me & videte, quia non sum dæmonium incorporale : & statim tetigerunt eum & crediderunt* ; ce que certainement M. Mallet ne trouvera pas dans S. Matthieu. D'où vient aussi qu'Eusebe dit, qu'il ne sait d'où ce saint Martyr avoit pris ce témoignage.

Il n'est point vrai que S. Jérôme n'auroit pu traduire le texte de Saint Matthieu s'il avoit été syro-chaldéen. M. Mallet n'ignore pas ce mot de l'Ecole, *à facto ad posse valet consequentia.* Or ce Pere a traduit un Evangile qu'il dit lui-même qui étoit écrit *chaldaico-syroque sermone, sed hebraicis litteris.*

Il n'est point vrai que S. Jérôme ne sût ni le syrien ni le chaldéen, ou qu'il en sût fort peu. C'est sans raison démentir l'Eglise, qui dit de lui, dans les leçons de sa fête, qu'on le consultoit de toutes parts sur les difficultés de l'Ecriture, *propter ejus singularem doctrinam, & linguæ non solum latinæ & græcæ, sed hebraicæ etiam* & chaldaicæ *intelligentiam.*

Il n'est point vrai qu'il soit tombé d'accord de son peu d'habileté en la langue chaldaïque, dans son Prologue sur Daniel ; ni qu'il ait dit que, pour traduire le texte chaldéen de ce Prophete, il avoit eu besoin du secours d'un plus habile homme que lui dans cette langue. Car voilà tout ce qu'il dit sur cela dans ce Prologue. *Etant*, dit-il, *encore fort jeune*, adolescentulus, *après m'être rempli l'esprit de l'agréable lecture de Quintilien & de Cicéron, je me mis à étudier la langue chaldaïque, avec un travail incroyable, comme si j'eusse été condamné à faire tourner le moulin. Et comme je ne pouvois, qu'à peine, avec beaucoup de temps & de sueur, prononcer du fond du gosier des mots si durs, n'y étant encore guere avancé, je me mis à lire Daniel ; mais j'y trouvai tant de difficulté, que je pensai laisser tout-là. Néanmoins, un certain Juif me donnant courage, & me disant souvent en sa langue, qu'un travail assidu & opiniâtre fait venir à bout de tout, moi, qui passois déja pour Docteur parmi les Hébreux, je me résolus d'être disciple parmi les Chaldéens. Mais, pour dire le vrai, tout ce que j'ai pu faire jusqu'à cette heure, c'est que je le lis bien & l'entends bien ; mais que j'ai encore bien de la peine à le prononcer. Je vous dis tout cela pour vous faire entendre combien Daniel est difficile.*

I. CLAS. N°. X.

Il n'y a point d'apparence que M. Mallet ait lu ce passage : car il faudroit être l'impudence même, pour oser dire, après l'avoir lu, que S. Jérôme y demeure d'accord, qu'il ne savoit pas le chaldéen, & qu'il a eu besoin du secours d'un autre pour traduire Daniel.

On voit encore tout le contraire par sa préface sur le livre de Judith. Car il déclare, qu'il l'a trouvé écrit en langue chaldaïque, & que c'est sur cet original chaldaïque qu'il l'a traduit en latin, sans marquer, en aucune sorte, qu'il ait eu besoin d'aide pour faire cette version. Il est donc très-faux que S. Jérôme ne sût pas le chaldéen, quoiqu'il soit vrai qu'il ne le sût pas si bien que l'hébreu, comme il paroît par un autre endroit que M. Mallet auroit dû plutôt alléguer, s'il l'avoit su.

Il n'est pas plus exact quand il dit que Gennadius a montré évidemment, au commencement de son Catalogue des Ecrivains Ecclésiastiques, que S. Jérôme ne savoit pas le syrien. Car Gennadius ne dit point absolument, que Saint Jérôme n'a pas su la langue syriaque, mais seulement qu'il ne la savoit pas en 392. lorsqu'il écrivoit son catalogue des Ecrivains Ecclésiastiques. *Unde constat*, dit-il, *eum illo tempore ignorasse syram linguam vel litteras.* Or c'est depuis ce temps-là qu'il a traduit l'Evangile dont il s'agit. De plus, c'est Gennadius qui se trompe *évidemment*, bien loin qu'il ait *évidemment* montré que S. Jérôme ne sût pas, même en ce temps-là, la langue syriaque. Car, d'une part, rien n'est moins *évident* que la preuve qu'il en apporte, qui est, qu'il avoit oublié de mettre dans son Catalogue S. Jacques de Nisibe, dont il s'imagine qu'il ne pouvoit y avoir d'autre cause, sinon que les œuvres de ce Saint, ne se trouvant qu'en syriaque, S. Jérôme ne le savoit point alors, comme si Athénagoras n'étoit pas oublié dans ce même Catalogue, quoiqu'on ne puisse pas dire que c'est que Saint Jérôme ne savoit pas la langue grecque, dans laquelle a écrit ce Philosophe Chrétien. Et de l'autre, la vaine conjecture de Gennadius (qui témoigne d'ailleurs beaucoup de venin contre S. Jérôme, aussi-bien que contre S. Augustin & S. Prosper) est *évidemment* détruite par le livre de ce Saint, intitulé, *Nominum hebraicorum*, dont il fait mention en parlant de lui-même à la fin de ce Catalogue, puisqu'on voit dans ce livre une grande connoissance de la langue syriaque, aussi-bien que de l'hébraïque.

Enfin, ce qui est merveilleux est, que M. Mallet ne pourroit pas même conclure, de toutes ses fausses hypotheses, ce qu'il en conclut. Car, puisque S. Jérôme, tout ignorant qu'il étoit à ce qu'il prétend, dans la langue chaldaïque, a bien pu traduire Daniel, en se servant du secours d'un autre ; pourquoi, avec le même secours, n'auroit-il pas pû traduire l'Evangile de Saint Matthieu, quand il auroit été écrit en ſyro-chaldéen?

La ſeconde raiſon de M. Mallet eſt priſe d'un paſſage de S. Athanaſe, *in Synopſi*, qu'il n'a pas entendu: car il ne nous apprend autre choſe, ſelon Bellarmin (de verb. Dei lib. 2. c. 9.) ſinon que ce Pere a cru, que S. Jacques, Evêque de Jeruſalem, étoit l'Auteur de la traduction grecque de l'Evangile de S. Matthieu. *Porrò*, dit-il, *Athanaſius in Synopſi exiſtimat ab Apoſtolo Jacobo Matthæi Evangelium in græcam linguam eſſe translatum.* Ce qui eſt néanmoins très-incertain: car S. Jérôme dit, qu'on n'en connoît point l'Auteur.

C'eſt encore à peu près la même équivoque qui l'a trompé pour ce qui eſt de Papias, qui n'a auſſi voulu dire autre choſe, ſinon qu'on avoit traduit, comme on avoit pu, cet Evangile de S. Matthieu en grec; ou bien, que ceux, qui, comme Papias, ne demeuroient pas en Judée, l'entendoient comme ils pouvoient.

Mais ſa quatrieme raiſon fait voir combien il eſt bon Critique: car il prouve que l'Evangile de S. Matthieu n'étoit pas en ſyro-chaldéen, parce que celui que Sébaſtien Munſter a publié dans le dernier ſiecle, ſous le nom de cet Apôtre, eſt écrit en hébreu; comme ſi (dit Grotius, qui apparemment s'y connoiſſoit mieux que M. Mallet) il n'étoit pas ſi certain que l'Evangile de Munſter n'eſt pas celui de S. Matthieu, qu'on n'a pas beſoin d'arguments pour le prouver. *Illud quidem hebraicum Evangelium quod à Tilio, & alterum quod à Munſtero eſt editum, non eſſe Matthæi adeò certum eſt ut nullis indigeat argumentis.* On voit par-là ſi M. Mallet a raiſon de dire, *qu'il doit demeurer pour conſtant, que Saint Matthieu n'a pas écrit en la langue vulgaire des Hébreux.*

CHAPITRE XII.

Examen de la neuvieme preuve: Que S. Barthelemi & S. Barnabé ont porté avec eux l'Evangile de S. Matthieu, comme une preuve des vérités qu'ils annonçoient; mais non pas comme un dépôt qui dût être confié au peuple, & qu'ils n'ont pas jugé à propos qu'on en fît de traduction en aucune langue vulgaire.

M. Mallet ayant entrepris d'établir à quelque prix que ce ſoit, le ſecond chef de ſa nouvelle héréſie, qui eſt, que *l'intention de Jeſus*

I. CLAS. N°. X. *Christ & des Apôtres a été, que le commun des Chrétiens ne lit point les Ecritures du Nouveau Testament*, a cru en trouver une preuve en ce que disent les Anciens, que S. Matthieu a écrit son Evangile en hébreu. Mais quoiqu'il ne porte pas ses vues fort loin, il a bien jugé, qu'afin que cela pût servir à son dessein, il ne lui suffisoit pas de montrer que l'hébreu dans lequel S. Matthieu a écrit son Evangile, n'a pas été la langue vulgaire des Juifs de ce temps-là, comme il a tâché de faire, par plusieurs raisons toutes aussi méchantes l'une que l'autre; mais qu'il falloit de plus faire voir que l'intention des Apôtres étoit que cet Evangile demeurât dans cette langue, & qu'on ne le traduisît point dans une autre, qui, étant vulgaire, rendroit inutile le dessein qu'il suppose qu'avoit eu S. Matthieu, d'en ôter la connoissance au peuple, en l'écrivant dans une langue qui n'étoit entendue d'aucun peuple de la terre, mais seulement de quelques savants. Car qui ne voit, que s'il avoit été traduit aussi-tôt après qu'il a paru, en une langue qui auroit été la plus vulgaire & la plus facilement entendue en divers pays, de toutes les langues du monde, que cette traduction eût été approuvée par-toute l'Eglise, il en seroit devenu aussi populaire, & aussi exposé à être lu par les ignorants, que s'il avoit été écrit d'abord en cette langue-là?

Cependant ceci n'est point une simple supposition : c'est une vérité effective; c'est ce qui est indubitablement arrivé à l'Evangile de S. Matthieu. Il n'est pas même si certain qu'il ait été composé d'abord en hébreu, quoique ce soit l'opinion la plus vraisemblable, qu'il est certain que le grec que nous en avons a été répandu, dès le commencement de l'Eglise, par toutes les nations Chrétiennes: & il y a même des raisons qui font croire que S. Marc, qui a beaucoup suivi l'Evangile de S. Matthieu, en avoit vu la version grecque, & non seulement l'original, avant que de composer le sien. Quoi qu'il en soit, on n'a jamais douté que cette version grecque n'eût une autorité apostolique; & c'est ce qui fait que quelques Peres l'ont attribuée à S. Jacques, Evêque de Jerusalem; d'autres à S. Jean l'Evangéliste, & que ceux, qui, comme S. Jérôme, disent qu'elle est d'un Auteur incertain, ce qui est plus probable, n'ont pas laissé de la reconnoître pour une piece aussi sainte & aussi canonique que les trois autres Evangiles, écrits originairement en grec. Car il ne faut point douter que, quand S. Jérôme dit qu'il a corrigé l'édition latine du Nouveau Testament, sur *la vérité grecque*, sur *l'autorité grecque*, il n'ait entendu par-là le grec de l'Evangile de S. Matthieu, aussi-bien que celui de tous les autres livres de la Nouvelle Alliance. Il s'ensuit de-là que, quand l'Evangile de S. Matthieu auroit été écrit en une

langue

langue qui n'auroit été connue que de dix personnes, la traduction grecque, approuvée de toute l'Eglise, qui en parut bientôt après, & du vivant même des Apôtres, l'a rendu aussi populaire, & aussi en état d'être lu par une infinité de personnes ignorantes, que s'il avoit été écrit d'abord en grec. Or ce seroit une impiété que de dire, que ç'a été contre l'intention des Apôtres, que cette version s'est faite, & s'est tellement répandue par-tout, que l'original ne se trouvant plus, c'est elle seule qui est demeurée. C'est donç aussi une impiété, d'attribuer aux Apôtres le dessein que leur attribue M. Mallet, d'empêcher, autant qu'ils pourroient, que les Livres saints ne pussent être lus par le peuple.

Tout cela néanmoins ne l'arrête pas. Il faut que son argument, pris de l'Evangile de S. Matthieu, subsiste. Il est besoin pour cela que l'intention des Apôtres ait été, qu'il ne s'en fit point de traduction en aucune langue vulgaire. Quelque évidemment faux que cela soit, M. Mallet entreprendra de nous le persuader, plutôt que d'abandonner un argument qui lui a paru si bon. Voici donc comme il s'y prend.

On a lu ce que Baronius rapporte d'Eusebe, liv. 5. chap. 10. Que Pantænus étant allé aux Indes, y avoit trouvé l'Evangile de S. Matthieu en hébreu, que S. Barthelemi y avoit apporté. Et ce que dit le même Baronius en l'année 485; que le corps de S. Barnabé fut trouvé dans l'Isle de Chypre, ayant sur sa poitrine l'Evangile de S. Matthieu écrit de sa main. Et, sur cela il fait deux choses. La premiere est; qu'il suppose que cet Evangile de S. Matthieu, trouvé dans le tombeau de S. Barnabé, étoit l'original hébreu: de quoi il n'a nulle preuve. Et il y a bien plus d'apparence, que c'étoit seulement la traduction grecque de cet Evangile: car il est dit, par l'Auteur de l'histoire de l'invention du corps de cet Apôtre (*apud Surium die* 11. *Jun.*) Que l'Empereur Zénon desira d'avoir ce livre; qu'il le fit couvrir très-richement, & que, tous les ans, le jeudi de la semaine de Pâques, on s'en servoit pour lire l'Evangile dans la Chapelle de l'Empereur. Or on ne peut douter que ce ne fût en grec qu'on lisoit l'Evangile dans cette Chapelle; & si ç'avoit été en hébreu qu'on l'eût lu ce jour-là, l'Auteur de la relation n'auroit pas manqué de le remarquer, comme une chose extraordinaire. Il falloit donc que cet Evangile, trouvé dans le tombeau de S. Barnabé, en fût la traduction grecque, & non pas l'original hébreu.

La seconde est; qu'il a trouvé bon de pétrir ces deux histoires, de S. Barthelemi & de S. Barnabé, & de les rendre toutes semblables, en supposant que cet Evangile hébreu avoit été trouvé dans les tombeaux de l'un & de l'autre de ces deux Apôtres. Et il tire de-là tout ce qui

I. CLAS. N°.X. lui est nécessaire pour rendre son argument concluant. Car il veut, p. 164. *Que ces deux illustres Apôtres, allant prêcher la foi aux Gentils, aient porté avec eux l'Evangile de S. Matthieu, comme un gage & une preuve des vérités qu'ils annonçoient, & non pas comme un dépôt qui dût être confié au peuple, & mis entre ses mains: que c'est pour cela qu'ils n'ont pas cru qu'il fût à propos d'en faire aucune traduction, en aucune langue des nations infideles qu'ils avoient converties, & qu'ils ne l'ont point voulu quitter, l'ayant fait enfermer dans leur tombeau, pour marque de la vénération qu'ils avoient pour la véritable parole de Dieu, qui étoit dans sa pureté, & qui n'avoit souffert aucun changement par les traductions des hommes. Voilà,* (conclut-il) *d'illustres exemples, qui appuyent merveilleusement la sage conduite de l'Eglise, & qui réfutent solidement les prétentions injustes de nos adversaires.*

On voit assez les faussetés de ce narré; puisque l'Evangile de S. Matthieu ne s'est trouvé dans le tombeau que de l'un de ces Apôtres, & qu'il s'y est trouvé en grec, & non en hébreu. Ce n'est pas aussi à quoi je m'arrête. Mais est-il possible qu'un Chrétien, qu'un Catholique, qu'un Prêtre, n'ait pas vu les horribles conséquences de ce discours? Car si ce qu'il dit étoit vrai, il faudroit que ces deux Apôtres, agissant par l'Esprit de Dieu, eussent eu des pensées toutes opposées à celles qu'a eues toute l'Eglise, agissant par ce même Esprit; ces deux Apôtres ayant jugé, selon M. Mallet, qu'il n'étoit point à propos que l'Evangile de S. Matthieu fût traduit en aucune langue des nations infideles qu'ils avoient converties à la foi; c'est-à-dire, au moins à l'égard de S. Barnabé, qu'il fût traduit en grec: (car la langue grecque étoit la langue vulgaire de toutes les nations infideles, à la conversion desquelles cet Apôtre a travaillé): & toute l'Eglise au contraire, ayant jugé si à propos qu'il fût traduit en grec, que quelques anciens, comme j'ai déja dit, en ont attribué la version à S. Jacques, & d'autres à S. Jean, & que tout le monde convient que de quelque Auteur qu'elle soit, elle a eu toujours la même autorité que l'original. N'est-ce point une impiété de commettre ainsi deux Apôtres avec l'Eglise, ou plutôt, de commettre l'Eglise avec elle-même, puisque ce qu'il attribue faussement à ces deux Apôtres, justifie, à ce qu'il prétend, la conduite de l'Eglise, qu'il veut faire croire par-là être si ennemie des traductions, qu'il ne tient pas à lui qu'on ne pense, que celle de l'hébreu de S. Matthieu en grec n'a pas été selon son esprit?

Mais il va encore plus loin. Car comme nous n'avons plus l'original de S. Matthieu, il faudroit, suivant les principes qu'il pose, & qu'il attribue à deux Apôtres, que celui que nous avons maintenant fût d'une autorité beaucoup moindre, puisqu'il les loue d'avoir fait enfermer dans leurs tombeaux, celui qui étoit écrit en hébreu, *pour marque de la vénération qu'ils avoient pour la véritable parole de Dieu, qui étoit dans sa pureté, & qui n'avoit souffert aucun changement par les traductions des hommes.* Or l'Eglise n'a plus l'Evangile de S. Matthieu dans cet état: elle ne l'a plus que traduit par des hommes. Elle ne pourroit donc plus nous le faire respecter, *comme la véritable parole de Dieu, qui soit dans sa pureté*, puisque M. Mallet suppose, que deux Apôtres ont cru, qu'afin qu'on le pût regarder en cette maniere, il falloit qu'il fût tel qu'il étoit sorti des mains de cet Evangéliste, *& qu'il n'eût souffert aucun changement par les traductions des hommes.* On ne s'attend pas que M. Mallet reçoive en ce monde la punition que méritent de si grands excès: mais il y a bien lieu de craindre qu'il ne trouve pas un jour la même impunité au jugement de Dieu. C'est ce qui doit toucher tous ceux qui ont tant soit peu de Religion. Car comment peut-on voir avec indifférence, ce que nous voyons aujourd'hui; les plus mauvaises choses permises à de certaines gens, & les meilleures prises pour sujet de persécuter les gens de bien?

CHAPITRE XIII.

Examen de la dixieme & onzieme preuve; que S. Marc ayant composé son Evangile à la priere des Romains, ne l'a point écrit en latin mais en grec, & que S. Paul en a usé de même en leur écrivant.

M. Mallet a bien vu qu'il étoit nécessaire, pour conclure quelque chose par cet argument, de supposer ou de prouver, que le grec étoit une langue que les Romains n'entendoient point. Et c'est aussi ce qu'il avance d'abord comme une chose indubitable, en la page 169. *Il est très-certain*, dit-il, *que les Romains, du temps des Apôtres, ne savoient point les langues étrangeres, & particulierement le grec, & qu'ils se faisoient même honneur de les ignorer, se croyant trop élevés au-dessus des nations qui étoient soumises à leur Empire, pour se mettre fort en peine d'apprendre leurs manieres de parler.* Ce qu'ayant tâché de prouver, par des arguments ridicules, il conclut fierement, *qu'il est évident, que, du temps de S. Paul, les Romains n'entendoient point le grec. Et partant*, dit-il, *il faut avouer, que l'Apôtre n'a pas cru qu'il devoit leur écrire en leur langue vulgaire, quoiqu'il le pût faire, ayant le don des langues, &*

I. CLAS. N°. X.

qu'il étoit plus à propos que ce peuple ne comprît pas ce qu'il leur mandoit, que par le ministere des Docteurs & des Interpretes. Et il devine, *que c'est peut-être aussi à cause des vérités de la grace, dont il est expédient que le peuple n'entende parler que par la bouche des Prêtres, que cette Epître, où elles sont enseignées, n'a été écrite qu'en une langue étrangere, que les Romains n'entendoient pas.*

Il faut avouer que M. Mallet est le premier homme du monde, pour avancer les faussetés les plus manifestes, avec la même confiance que l'on pourroit proposer les vérités les plus certaines; de sorte que ceux qui ne sont pas instruits des matieres dont il parle, n'auroient qu'à prendre tout le contrepied de ce qu'il dit, & ce leur seroit presque toujours un moyen sûr de rencontrer la vérité. C'est au moins certainement ce qu'il faut faire en cette rencontre, comme l'a fait aussi l'un des plus savants Interpretes de l'Ecriture de ces derniers siecles, pour les choses d'érudition, & qui dépendent de la connoissance de l'Histoire profane & sacrée. On peut juger par-là, que c'est de Grotius dont je veux parler. Il propose, au commencement de son Commentaire sur S. Marc, les deux mêmes questions de M. Mallet D'où vient que S. Marc, qui a composé son Evangile en faveur des Romains, & à leur priere, & S. Paul, qui leur adresse une longue lettre, leur ont écrit l'un & l'autre en grec & non en latin? Et la raison qu'il en rend est toute contraire à celle de ce Docteur; parce qu'il n'avoit garde de ne pas savoir ce qui n'est ignoré d'aucun de tous les hommes de lettres du monde, hors le seul M. Mallet. C'est, dit-il, que la plupart des Juifs qui étoient à Rome, ne savoient pas le latin, & qu'ils savoient le grec, depuis le temps qu'ils étoient habitués en Grece & en Asie, & qu'il n'y avoit presque aucun Romain qui ne l'entendît. *Græcè scripsit Marcus, quamquam in gratiam præcipuè Romanorum, sicut & Paulus ad Romanos græcâ scripsit linguâ, quia Judæi qui Romæ agebant plerique latini sermonis ignari longa per Asiam & Græciam habitatione græcam linguam didicerant, & Romanorum vix quisquam erat non græcè intelligens.*

En voilà plus qu'il ne faut pour réfuter l'imagination de M. Mallet. Mais il est bon néanmoins d'examiner toute la suite de son raisonnement.

1°. *Il est certain*, dit-il, *que les Romains, du temps des Apôtres, ne savoient point les langues étrangeres*, & particuliérement *le grec.*

℞. Ce *particuliérement* est admirable: car c'est justement le contraire; les Romains ne sachant alors, de toutes les langues étrangeres, que le grec seul; mais le sachant si communément, qu'on l'apprenoit même aux Perroquets: *Quis expedivit Psittaco suum χαῖρε.*

2°. *Ils se faisoient même honneur de l'ignorer.*

℟. Cela est si faux, que Caton le Censeur, en un temps où les sciences n'étoient pas encore si en vogue à Rome, se fit honneur de l'apprendre dans sa vieillesse, lui qui étoit si attaché à faire valoir la grandeur Romaine.

3°. *Ils se croyoient trop élevés au dessus des nations qui étoient soumises à leur Empire, pour se mettre en peine d'apprendre leurs manieres de parler.*

℟. Ce n'est pas connoître les Romains. C'est les prendre pour des Goths, des Wandales ou des Huns. Ils avoient trop d'esprit pour mépriser une nation qui avoit porté tant de grands hommes, & ne pas estimer une langue qui seule leur donnoit entrée à toutes les sciences & à tous les beaux arts. M. Mallet est donc l'unique qui ne sache pas que la Grece vaincue, a été en vénération à ses vainqueurs.

> *Græcia victa ferum victorem cepit, & artes*
> *Intulit agresti Latio.*

Qu'ils s'estimoient barbares en se comparant aux Grecs. *Marcus vortit barbarè*, dit Plaute, pour marquer, qu'il avoit traduit en latin une comédie grecque : que c'étoit de la Grece qu'ils avoient tiré leurs loix, leur Théologie & leur Morale ; & que, sur-tout dans le temps dont il s'agit, c'étoit se résoudre à passer pour ignorant, que de ne vouloir pas prendre la peine d'apprendre le grec.

Jusques ici M. Mallet a parlé de lui-même. Il apporte ensuite des passages qu'il a tous pris de Baronius sur l'an. 16. n. 7. Mais comme ce sont apparemment des mémoires que quelque étourdi lui a donnés, il y en a de tout opposés à ce que dit Baronius, & il n'y en a aucun généralement qui ne prouve tout le contraire de ce qu'il prétend.

4°. *Suétone dit, in Octavio c. 89, que l'Empereur Tibere fit une loi, par laquelle il défendit aux Grecs de parler à Rome autrement qu'en latin.*

℟. Cette loi auroit été ridicule & insensée. Mais la maniere dont cela est cité fait assez voir que c'est un conte. Car pourquoi Suétone, dans la vie d'Octave, rapporteroit-il une loi de Tibere ? D'où vient donc cette bévue de M. Mallet ? C'est que Baronius, ad An. 16. n. 7, dont le faiseur de mémoires de M. Mallet a pris ces passages, a attribué à Tibere ce que ce Cardinal dit d'Auguste ; parce qu'il avoit commencé ce nombre par ces mots : *Sed antequam ad Tiberium Octa-*

I. CLAS. N°. X.

viani Augusti Successorem convertamus stylum &c. Et ce qu'il dit d'Auguste est, que, *peu* de temps avant que de mourir, il distribua des robes & des manteaux à diverses gens de sa Cour, dont les uns étoient Grecs, & les autres Romains, à condition que les Grecs s'habilleroient à la Romaine, & parleroient latin, & que les Romains s'habilleroient à la Grecque, & parleroient grec. De ce jeu d'Auguste M. Mallet en fait une loi de Tibere; & de ce qui prouve qu'à la Cour d'Auguste on parloit indifféremment grec & latin, il en fait une preuve que la langue grecque n'étoit pas entendue communément des Romains. Voilà ce que les approbateurs de M. Mallet ont pris pour une remarque bien savante & bien curieuse.

5°. *Suétone dit encore, in Tiberio c. 71; que ce Prince avoit un tel mépris pour le grec, qu'il fit des excuses au Sénat, de ce qu'en lui parlant, il s'étoit servi du mot de monopole, & que, dans un édit, il avoit mis celui d'emblême.*

℟. Cela prouve bien que Tibere affectoit de ne point mêler de mots grecs en parlant en latin devant le Sénat, ou dans les actes publics. Mais cela ne prouve nullement, ni qu'il ne sût pas le grec, ni qu'il eût *un grand mépris pour le grec.* Suétone ne dit pas un seul mot de ce *mépris;* & c'est une fausseté à M. Mallet de lui attribuer cette pensée ridicule. *Sermone græco*, dit cet Auteur, *quamquam aliàs promptus & facilis, non tamen usquequaque usus est, abstinuitque maximè in Senatu;* dont il rapporte les deux exemples que M. Mallet allegue si mal à propos. Car s'il n'eût été commun à Rome, non seulement d'entendre le grec, mais de le parler, Suetone ne se seroit pas avisé de remarquer, comme une chose particuliere à Tibere, l'affectation qu'il avoit de ne le point parler ordinairement, quoiqu'il le sût fort bien.

6°. *Un autre Historien raconte, que l'Empereur Claude déposa un juge, qui étoit de très-illustre naissance, & qu'il le réduisit au nombre des étrangers, à cause qu'il parloit grec.*

℟. M. Mallet cite sur cela Dion liv. 57; au lieu que ce qu'il rapporte après Baronius est de Suetone, in Claud. c. 16; mais il impose à Suetone. Car voici ce que Baronius en rapporte. *Splendidum virum, Græciæque Provinciæ principem, verùm latini sermonis ignarum, non modò albo judicum erasit, sed etiam in peregrinitatem redegit. Un homme de qualité, & le plus considérable d'une province de Grece fut rayé par Claude du nombre des Juges, & même de celui des Citoyens Romains, parce qu'il ne savoit pas le latin.* Ce ne fut donc pas parce qu'il parloit grec; mais parce qu'il ne savoit pas le latin, qui sont deux choses bien différentes. Car qui peut douter qu'un homme qui n'entendroit point le flamand, & sauroit seulement le françois, ne fût jugé incapable d'être Conseiller à Bruxelles? Cependant il seroit ridicule de vouloir prouver par-là, que la langue françoise est mésestimée dans Bruxelles, que l'on trouve mauvais qu'on l'y parle, & qu'elle n'y est pas communément entendue. On ne peut donc conclure aussi, de cette action de l'Empereur Claude, ce que Baronius en conclut ad An. 45. n. 40; que non seulement ce Prince n'ait pas permis aux Romains de parler grec, mais qu'il ait même puni ceux qui le parloient. Rien n'est plus faux que cela, ce Grec n'ayant été privé du droit de Bourgeoisie Romaine, que parce qu'il ne savoit pas le latin, en quoi il n'y avoit rien que de raisonnable. Car, quelque estime que les Romains eussent pour la langue grecque, & quoiqu'elle fût très-communément entendue à Rome, ils vouloient aussi faire valoir la leur. C'est pourquoi ils avoient peine à souffrir que les Etrangers, à qui ils faisoient la grace de donner le droit de Bourgeoisie Romaine, n'entendissent pas la langue de Rome. Et c'est un des moyens, comme Lipse l'a remarqué dans son Dialogue, *de recta pronunciatione latinæ linguæ*, par lequel la langue latine s'est étendue en tant de pays.

7°. *Lucullus, au rapport de Cicéron (ad Atticum Lib. 1. Ep. 16.) affectoit de mêler dans ses discours des mots barbares & impropres, afin de ne point passer pour un homme qui sût parfaitement le grec.*

℟. Est-ce mépriser une langue que de la choisir pour écrire ce qu'on a fait de plus grand, & de plus digne d'être connu de la postérité? C'est ce que nous apprenons de cet endroit de Cicéron qu'avoit fait Luculle, aussi-bien que Cicéron même, qui avoit écrit en grec les mémoires de son Consulat. Car voici ce qu'il dit dans la 16. (qui est la 18. selon d'autres) du livre 1. de ses Lettres à Attique. *Je vous ai envoyé les mémoires de mon Consulat, que j'ai faits en grec. Si vous y trouvez des choses qui ne soient pas assez pures & assez exactes au jugement d'un aussi fin attique que vous, je ne vous dirai pas ce qu'il me souvient que Luculle vous dit autrefois touchant son histoire, qu'il y avoit laissé, en divers endroits, des solécismes, & des barbarismes, afin qu'on ne pût douter que ce ne fût l'ouvrage d'un Romain. Car pour moi, je vous avoue, que, s'il se trouve de ces fautes dans le mien, ce sera bien malgré moi, & contre mon intention.* Jamais rien fit-il mieux voir combien les Romains estimoient la langue grecque, puisqu'ils la préféroient à la leur propre, pour immortaliser leur nom, & conserver la mémoire de leurs belles actions? Mais M. Mallet n'a pas eu assez d'intelligence pour concevoir la galanterie de Luculle, qui, dans l'appréhension qu'il avoit qu'il n'y eût des choses dans son histoire, qui ne fussent pas assez pures dans la

I. CLAS. N°. X.

langue grecque, difoit agréablement, qu'il les y avoit laiffées, afin qu'on ne doutât point qu'elle n'eût été écrite par un Romain.

8°. *Les Romains avoient tant de vénération pour la langue latine, que de crainte de violer fa majefté, ils ne permettoient point aux Grecs de s'expliquer eux-mêmes, & qu'ils les obligeoient de leur parler par Interpretes.*

℞. Si les Romains n'euffent pas communément entendu le grec, ç'auroit été par néceffité, & non feulement pour conferver la majefté de leur Empire, & pour faire valoir la langue latine, qu'ils auroient obligé les Grecs qui ne favoient pas le latin, de leur parler par truchement dans les affaires publiques. Or Valere Maxime a eu foin de nous avertir, qu'ils ne le faifoient que pour ces deux caufes-là, & non qu'ils n'euffent pu faire autrement s'ils l'euffent voulu. *Nec illis*, dit-il, *deerant ftudia doctrinæ, fed nulla non in re pallium togæ fubjici arbitrabantur.* Mais il ajoute dans le §. fuivant, que cela même n'avoit plus de lieu du temps de Tibere, qui étoit le temps des Apôtres, & qu'on y étourdiffoit les oreilles du Sénat de longues harangues grecques. *Quis ergo*, dit-il, *confuetudini quâ nunc græcis actionibus aures Curiæ exfurdantur januam patefecit?* Et il dit que c'eft Molon, précepteur de Cicéron, dans la Rhétorique, qui, le premier des Grecs, a été oui dans le Sénat fans Interprete.

Voilà tous les paffages par lefquels M. Mallet a prétendu prouver, que, *du temps de S. Marc & de S. Paul, les Romains n'entendoient point le grec, & qu'on leur faifoit même déplaifir de leur parler en cette langue.* Ils font tous pris, comme j'ai déja dit, de Baronius ad An. 45. n. 40. *Que l'ufage de la langue grecque étoit devenu infame à Rome, par l'affectation qu'avoient les courtifanes de parler grec;* ce qu'il prétend prouver par ces vers de Juvénal.

Nam quid rancidius, quàm quod fe non putat ulla
Formofam, nifi quæ de Tufca Græcula facta eft,
De Sulmonenfi mera Cecropis, omnia græcè,
Cum fit turpe magis noftris nefcire latinè.
Hoc fermone pavent, hoc iram, gaudia, curas,
Hoc cuncta effundunt animi fecreta.

Mais il n'eft point vrai que Juvénal dife cela des courtifanes. Il le dit du commun des femmes mariées de Rome, comme il paroît par le vers qui précede immédiatement ceux-là:

Quædam parva quidem, fed non toleranda maritis.

Et

Et cela ne peut être autrement : car son dessein, dans cette sixieme Satyre, est de dissuader à un de ses amis de se marier, en ramassant tous les sujets de dégoût qui se trouvoient alors dans le mariage. Or il ne suppose pas que son ami voulût épouser une courtisane; ce qui passoit pour infame parmi les payens mêmes. Il falloit donc que l'usage de la langue grecque fût bien commun à Rome, puisque ceux qui se vouloient marier avoient peine à trouver une femme qui n'affectât pas de parler grec.

I. CLAS. N°. X.

Ainsi, quand on ajouteroit cette preuve de Baronius aux autres que M. Mallet en a prises, sans le nommer, on voit assez qu'il n'y en a aucune qui ne prouve tout le contraire de ce qu'il en conclut (p. 172.) avec une hardiesse inconcevable : *Que ce qu'il a dit montre évidemment, que, du temps de l'Apôtre S. Paul, les Romains n'entendoient point le grec, & que c'est pour cette raison que S. Paul leur a voulu écrire en cette langue, afin que le peuple ne comprît ce qu'il leur mandoit, que par le ministere des Docteurs & des Interpretes.*

Mais rien n'est plus propre à confondre cette prodigieuse témérité, que l'Auteur même d'où il a pris tous les passages qu'il allegue pour l'appuyer. Car Baronius les emploie (*a*) pour prouver que S. Marc, qui a écrit son Evangile en faveur des Romains, l'a dû écrire en latin plutôt qu'en grec, parce qu'ayant l'esprit fait comme tous les autres hommes, à l'exception de ce nouveau Docteur, il raisonne ainsi : le grec n'étoit guere entendu des Romains en ce temps-là (c'est son hypothese, qui est mal prouvée par les passages qu'il rapporte, comme nous l'avons fait voir). Or S. Marc, écrivant son Evangile en faveur des Romains, ne l'a pas dû écrire en une langue qu'ils n'entendoient pas communément. Donc il y a plus d'apparence qu'il l'a écrit en latin qu'en grec. La conséquence est bonne, supposé que l'hypothese fût véritable, que peu de gens entendissent le grec à Rome. Cependant M. Mallet, qui la croit véritable, & qui prétend l'avoir bien prouvée par ces mêmes passages de Baronius, en conclut tout le contraire : & voici comme il raisonne, sur la même supposition. Le grec n'étoit pas communément entendu dans Rome. Or l'intention des Ecrivains canoniques étoit, que le peuple ne pût entendre ce qu'ils écrivoient (c'est sa folle prétention.) Il a donc été à propos que S. Marc, écrivant son Evangile en faveur des Romains, ne l'ait pas écrit en latin, qu'ils entendoient; mais en grec, qu'ils n'entendoient pas. Est-il possible qu'un livre rempli de telles extravagances ait trouvé des approbateurs?

(*a*) *Ad An*: 45. *n*: 40.

I. Clas. N°. X.

CHAPITRE XIV.

Examen de la douzieme preuve : Que S. Paul a écrit en grec aux Galates, & non en vieux gaulois, qui étoit leur langue vulgaire ; ce qui fait voir que son dessein a été, que sa lettre ne fût entendue du peuple que par le ministere des Prêtres & des Docteurs.

TOut ce qu'il dit sur le sujet de l'Epître aux Galates, est pris d'un passage de S. Jérôme, que les Cardinaux Bellarmin & du Perron ont mal entendu, comme je l'ai fait voir dans le chapitre 9 ; & que M. Mallet n'a pas manqué de rapporter mal, après eux, & d'en tirer (ce qu'ils n'ont eu garde de faire) une conclusion extravagante. *S. Jérôme assure*, dit-il, *que la premiere langue de cette Province a été la grecque ; mais que les Gaulois l'ont entiérement changée, en sorte que le peuple de ce pays-là a appris à parler un langage assez semblable à celui qui étoit pour lors en usage dans la ville de Treves. Or si S. Paul avoit voulu leur écrire en leur langue vulgaire, il auroit dû leur écrire en vieux gaulois. C'est néanmoins*, ajoute M. Mallet, *ce qu'il n'a pas fait ; car il leur a écrit en grec ; ce qui fait voir, que le dessein de l'Apôtre n'a pas été que sa lettre fût entendue du peuple, sinon par le ministere des Prêtres & des Docteurs.* C'est sa rêverie perpétuelle, qui n'est appuyée que sur un faux passage, qui dit bien que ces peuples avoient une langue particuliere, semblable à celle du pays de Treves, mais qui assure en même temps (ce qui renverse les ridicules conséquences de M. Mallet) qu'outre cette langue, ils parloient encore la grecque, qui étoit commune à tous les peuples de l'Orient. Car voilà les propres termes de S. Jérôme. *Unum est, quod inferimus, Galatas* excepto sermone græco quo omnis Oriens loquitur *propriam linguam, eamdem penè habere quam Treviros.* Il n'est donc pas vrai que S. Jérôme dise que le grec n'étoit pas la langue vulgaire des Galates ; mais seulement, qu'ils en avoient une autre outre celle-là, comme en Afrique, du temps de S. Augustin, outre la langue latine, qui étoit la vulgaire de tous les pays d'Afrique qui se trouvoient soumis à l'Empire Romain, la langue punique s'étoit encore conservée dans les villages. Et il y a aussi bien de l'apparence, que ce n'étoit que dans les villages de la Galatie que l'on parloit ce vieux gaulois. Mais quoi qu'il en soit, qu'on le parlât ou non dans les villes, il est certain qu'on y parloit grec aussi, qui étoit la langue commune à tout l'Orient, comme dit expressément S. Jérôme ; ce qui se confirme encore par cette parole célebre de Cicéron, dans son plaidoyer pour le Poëte Archias, que nous avons déja rapportée : *Que ce qui étoit écrit en grec étoit lu dans presque tous les pays du monde, au lieu que le latin, étoit renfermé dans des bornes fort étroites.* Græca *leguntur in omnibus ferè gentibus, latina suis finibus, exiguis sanè continentur.* Et c'est la véritable raison, & non pas la chimérique qu'apporte M. Mallet, pourquoi les Apôtres ont choisi cette langue, plutôt que la Romaine, ou d'autres particulieres à quelques pays; parce qu'écrivant pour toute l'Église, qui commençoit déja à se répandre dans tout le monde connu, rien n'étoit plus avantageux à l'affermissement de la Religion Chrétienne, que d'en écrire les Livres sacrés dans la langue la plus étendue, & qui se parloit & s'entendoit parmi plus de nations; en laissant le soin à ceux qui leur succéderoient, d'en faire des traductions pour les peuples qui en auroient besoin, comme il est arrivé dans la suite des temps.

Mais il est bon de considérer encore les absurdités où se jette M. Mallet, en voulant trouver des raisons frivoles pour pouvoir imputer à S. Paul, *qu'il ne croyoit pas qu'il fût à propos que le peuple comprît ce qu'il écrivoit.* Car si ç'a été pour cette raison qu'il n'a pas écrit aux Galates en vieux gaulois, ni aux Romains en latin, mais aux uns & aux autres en grec, qu'il lui plaît de supposer que ces peuples n'entendoient pas, cet Apôtre devoit donc aussi, par la même raison, écrire aux Corinthiens, aux Ephésiens, aux Philippiens, aux Colossiens, aux Thessaloniciens, non en grec, qui étoit certainement la langue vulgaire de tous ces peuples, mais en syriaque ou en latin, afin qu'ils n'entendissent ce qu'il leur écrivoit que par le ministere des Prêtres & des Docteurs, comme il le dit des Romains & des Galates. Et, selon lui, S. Paul devoit plutôt user de cette conduite envers les Corinthiens qu'envers les Romains. Car, *au lieu*, dit-il en la p. 136, *qu'il avoit dit aux Corinthiens qu'ils étoient encore trop foibles pour entendre ce qu'il avoit à leur enseigner, il change bien de langage lorsqu'il écrit aux Romains, dont la foi étoit connue de tout le monde. Après les avoir congratulés de ce que leur foi étoit annoncée par toute la terre, il leur témoigne ensuite un grand desir de les aller voir, pour les faire passer de la connoissance des premiers éléments de la Religion, à la connoissance des autres vérités plus sublimes.*

Quid fuit unquam tam discors sibi? Une des principales raisons de ce Docteur, pour interdire au peuple la lecture des Livres sacrés, est, qu'ils ne doivent être lus que par ceux qui sont plus avancés & plus capables d'être nourris de viandes solides, & non par les enfants qui

I. CLAS. N°. X.

ont encore besoin de lait. Or, selon ce même Docteur, S. Paul regardoit les Corinthiens comme des enfants, qui avoient encore besoin de lait, & les Romains comme plus avancés dans l'âge spirituel de la grace; & cependant, il veut que l'Apôtre ait traité moins favorablement les Romains que les Corinthiens, ayant écrit aux premiers dans une langue qu'il prétend qu'ils n'entendoient pas, *afin qu'ils ne pussent rien comprendre à ce qu'il leur mandoit que par le ministere des Docteurs & des Interpretes*, & ayant écrit aux derniers dans leur langue vulgaire, qu'ils pouvoient tous entendre, jusques aux femmes & aux enfants, sans avoir besoin ni de Docteurs ni d'Interpretes.

Quo teneam vultus mutantem Prothea nodo?

CHAPITRE XV.

Examen de la treizieme preuve : Que l'Epître aux Hébreux, soit qu'elle ait été écrite en grec ou en hébreu, n'a point été écrite dans une langue que les Juifs entendissent.

On se lasse d'avoir toujours à réfuter les mêmes inepties de M. Mallet. C'est pourquoi, comme il donne cette louange à Estius, d'avoir prouvé très-solidement que l'Epître aux Hébreux a été écrite en grec, je me contenterai aussi de montrer, en peu de mots, que ce même savant Théologien prouve très-bien, que, soit qu'elle ait été écrite en hébreu, soit qu'elle ait été écrite en grec, elle l'a été en une langue que ceux à qui elle a été écrite pouvoient entendre très-facilement.

Car, pour ce qui regarde ceux qui croient qu'elle a été écrite en hébreu, Estius soutient que cette opinion ne peut avoir aucune vraisemblance, qu'en prenant le mot d'hébreu pour la langue vulgaire des Juifs de ce temps-là. *Tout ce que Galenus*, dit-il, *rapporte en faveur de cette opinion, prouve seulement, que ce qu'ont dit quelques anciens, que cette Epître avoit été écrite en hébreu, se doit entendre, non de la langue des anciens Prophetes, mais de la syriaque, qui étoit en usage du temps des Apôtres. Il y en a d'autres qui sont du même sentiment que lui. Mais tout ce qu'ils disent montre seulement, que, supposé qu'il fût certain que cette Epître eût été écrite en hébreu, cela se devroit entendre du syriaque, qui étoit la langue dont S. Paul & tout le reste des Juifs Hébreux usoient alors. Car quelle raison y auroit-il, que cet Apôtre, écrivant aux Juifs, choisît une langue, qui, quoique sacrée, n'étoit plus dans l'usage de ceux qui écrivoient, & qu'il n'eût pas plutôt voulu se servir de celle dont se servoient tous ceux de ce pays-là, pour en être plus facilement & plus promptement entendu?* Ac non *potiùs eâ mallet uti quâ passim omnes illius gentis homines loquendo scribendoque utebantur quò nimirum faciliùs promptiùsque intelligeretur. C'est donc,* ajoute-t'il, *tout ce que peuvent prouver les arguments de ces Théologiens, & on doit dire la même chose touchant l'Evangile de S. Matthieu.*

Voilà comment on avoit raisonné jusques en l'an 1679, que l'on a vu tout d'un coup s'élever un nouvel Auteur, qui, ayant l'esprit fait autrement que tous les autres hommes, bien loin de croire que ce soit une raison d'écrire en une langue de ce qu'on en sera plus facilement entendu, prétend que les Ecrivains Canoniques ont toujours eu intention de préférer celle en laquelle ils seroient moins facilement entendus, comme s'ils avoient eu pour but d'écrire en chiffre. Le Molinisme doit être bien glorieux, d'avoir produit un homme qui réforme ainsi le sens commun de tous les autres. Mais, laissant-là ce visionnaire, voyons ce qu'Estius nous dira touchant la seconde opinion, qui est, que l'Epître aux Hébreux a été écrite en grec, & s'il s'avisera d'en donner pour raison, que cette langue n'étant pas entendue par les Juifs, elle étoit favorable à l'intention qu'avoit S. Paul, que ce qu'il écrivoit ne pût être compris du peuple, que par le ministere des Prêtres & des Docteurs.

La plus forte raison, dit-il, *qu'on apporte pour dire que cette Epître a été écrite en hébreu, c'est qu'elle a été écrite par un Hébreu à des Hébreux. Mais cette conséquence est très-foible. Car il faudroit donc aussi que celle de S. Jacques, les deux de S. Pierre, & le second livre des Machabées eussent été écrits en hébreu; parce qu'ils ont été écrits par des Hébreux. Mais l'usage de la langue grecque s'étant étendu fort loin, & jusques dans la Syrie, depuis que les Grecs s'en étoient rendus les maîtres, de sorte que non seulement les Juifs qui étoient dispersés parmi les peuples gentils, mais ceux mêmes qui demeuroient dans la Syrie s'étoient peu à peu accoutumés à parler grec, les Apôtres jugerent à propos de se servir, dans leurs Epîtres, de cette langue-là,* pour être plus facilement entendus de tout le monde, *plutôt que de celle que les seuls Hébreux ou Syriens auroient entendue. Et ç'a été pour cette même raison, que S. Paul, écrivant aux Romains, ne leur a pas écrit en latin mais en grec. Car il est constant que la langue grecque étoit très-commune à Rome.* Voilà ce qu'en croit Estius, & ce qu'en avoit cru tout le monde jusques à M. Mallet.

I. CLAS. N°. X.

CHAPITRE XVI.

Examen des trois dernieres preuves. Que l'Epître de S. Jacques, & les deux de S. Pierre, ont été écrites aux Juifs dispersés hors la Judée, & la premiere de S. Jean, aux Parthes, qui tous n'entendoient point le grec.

M. Mallet continue toujours à agir sur ses fausses suppositions, que la langue grecque n'étoit point entendue des Juifs dispersés hors la Judée, à qui ces trois Apôtres ont écrit en grec. Car quoique ce soit l'opinion des anciens, que celle de S. Jean soit écrite aux Parthes, il ne faut pas s'imaginer que ce soit indistinctement à tous les peuples de cet Empire; mais ç'a été seulement aux Juifs dispersés en ces pays-là; ce qui s'appelloit *la dispersion de Babylone*. Or comme l'Empire des Grecs s'étoit étendu encore plus loin, il n'y a pas à douter que la langue grecque n'y fût encore très-commune, les Parthes ne s'en étant rendus maîtres qu'environ 150 ans avant Jesus Christ. Et on en a une preuve dans Plutarque; car il témoigne dans la vie de Crassus, qu'Hirodès Roi des Parthes, savoit le grec. Et pour ceux qui étoient dispersés dans l'Empire Romain, à qui S. Jacques & S. Pierre écrivent, il est encore plus indubitable qu'ils parloient tous grec, & qu'ils ne lisoient la Bible qu'en grec dans leurs Synagogues; comme il paroît par Philon, Juif, qui étant d'Alexandrie, ne savoit que le grec & non l'hébreu, quoiqu'il paroisse assez par ses ouvrages qu'il avoit fort lu l'Ecriture.

J'ai réservé jusques ici à faire remarquer une absurdité particuliere, qui se rencontre dans le systême de M. Mallet, si on considere l'état de l'Eglise, tel qu'il étoit du temps des Apôtres, à la naissance du Christianisme. Il veut, par exemple, que les Apôtres aient écrit exprès leurs Epitres en une langue qui n'étoit point entendue par le peuple des Eglises à qui elles s'adressoient, afin que le peuple n'y pût rien comprendre que par le ministere des Prêtres & des Docteurs. Dans l'idée que nous avons présentement de l'Eglise, cela ne paroît pas si étrange, parce qu'on peut entendre tout le Clergé par ces Prêtres & ces Docteurs; & comme cela fait aujourd'hui un grand nombre de personnes, on se figure qu'il y avoit aussi beaucoup de personnes qui avoient toute liberté de lire ces Lettres Apostoliques. Mais si on se représente les choses comme elles étoient dans la vérité; si on considere qu'il n'y avoit encore que les trois Ordres supérieurs; les Evêques, les Prêtres & les

Diacres; tous les autres Ordres, selon les plus savants Théologiens, ayant été institués depuis : si on ajoute à cela, que, dans ces premiers temps, (comme M. Mallet, dans son Examen page 370 le reconnoît après Estius) il y avoit beaucoup d'Eglises où l'Evêque faisoit aussi toutes les fonctions de Prêtre avec un Diacre; & qu'ainsi, tout le reste des fideles n'étoient que de simples Laïques, à qui ce Docteur prétend que, suivant l'intention des Apôtres, on ne devoit pas laisser la liberté, ni de lire, ni d'avoir en leur puissance les Livres sacrés, que s'ensuivroit-il de-là, sinon que ces Ecrits Apostoliques n'auroient été qu'entre les mains de peu de personnes; & que peu de personnes auroient su ce qu'ils contenoient ce qui diminueroit extrêmement leur autorité dans l'esprit de ceux qui, n'étant pas encore Chrétiens, ne les considéreroient pas comme des Livres sacrés, mais à qui on voudroit persuader qu'ils méritent au moins autant de créance qu'une histoire bien authentique? Car ce premier degré d'autorité qui est un pas pour passer au second, est fondé principalement sur ce qu'ils ont été faits dès le commencement de l'Eglise, & répandus d'abord en tant de mains, qu'il est moralement impossible qu'ils aient été falsifiés. Et c'est comme S. Augustin prouve, contre les Manichéens, qu'il n'y avoit nulle vraisemblance à ce qu'ils disoient, que les Epîtres de S. Paul avoient été altérées par des demi-Chrétiens & demi-Juifs, qui y avoient inséré tout ce qui s'y trouve à l'avantage de l'ancienne Loi, parce qu'il eût été impossible que ces mêmes altérations se fussent trouvées en tant d'exemplaires, qui étoient répandus par-tout. Mais cette impossibilité ne paroît plus en changeant d'hypothese, & prenant celle de M. Mallet, de deux ou trois personnes dans chaque Eglise, qui étoient maîtres de ces exemplaires, qui ne les laissoient point transcrire au peuple, & ne leur en disoient que ce qu'il leur plaisoit. Car alors l'argument de S. Augustin contre les Manichéens, & tous les autres semblables que l'on pourroit faire, pour persuader à des infideles que l'on voudroit convertir, que nous avons encore les vrais écrits des Apôtres, seroient incomparablement plus foibles, & ces écrits plus exposés à être soupçonnés d'altération. Tant il est vrai qu'il regne un esprit d'erreur dans la premiere partie de ce nouveau livre de M. Mallet, qui ne va pas seulement à établir une hérésie particuliere, mais qui tend à désarmer la Religion de ses plus solides preuves.

I. CLAS. N°. X.

CHAPITRE XVII.

Examen de ce que dit M. Mallet de l'ancienne traduction latine.

C'Eſt une choſe aſſez ſurprenante, que M. Mallet ait fini le ſecond chef de ſa nouvelle héréſie, qui regarde les livres du Nouveau Teſtament, comme il avoit fini le premier, qui regarde ceux de l'Ancien. Car s'il a été aſſez aveugle ſur ce premier, pour le finir par une Ordonnance des Juifs, qui portoit, que, laiſſant lire toute la Bible aux enfants mêmes, on en réſervoit ſeulement trois ou quatre endroits pour un âge plus mur, ce qui ruine viſiblement tout ce qu'il prétendoit avoir établi, il ne l'eſt pas moins ici, en finiſſant toutes les preuves qu'il a apportées, pour montrer que l'intention des Apôtres a été, que le peuple ne lût point les livres du Nouveau Teſtament, par l'avis qu'il donne en la page 183 *que tous ces livres ayant été écrits en hébreu ou en grec, il s'en eſt fait, dès le commencement du Chriſtianiſme, une traduction latine.* Il n'en faut pas davantage pour renverſer toutes ſes fauſſes conjectures. Car ſi cet Interprete Latin *a été contemporain des Apôtres, ou un peu de temps après*, comme il dit, lorſque l'on ne pouvoit ignorer quelle avoit été leur intention, les Apôtres mêmes, ou leurs Diſciples, qui avoient hérité de leur eſprit, auroient-ils ſouffert qu'il eût fait une choſe directement contraire au deſſein qu'avoient eu les Apôtres, ſi on en croit M. Mallet, en compoſant les Ecritures Saintes? Arrêtons-nous à S. Paul & à S. Marc; la choſe en ſera plus claire. M. Mallet nous aſſure que l'un, faiſant ſon Evangile en faveur des Romains, & l'autre leur écrivant, ils ne voulurent point écrire en latin mais en grec; *afin que ce qu'ils écrivoient ne pût être connu du peuple que par le miniſtere des Prêtres & des Docteurs.* C'eſt la theſe qu'il ſoutient; c'eſt ce qu'il entreprend d'établir. Or celui qui a traduit cet Evangile & cette Epître, les a mis autant en état d'être entendus de tous ceux de qui le latin étoit la langue vulgaire, que s'ils avoient été originairement en latin. Il n'a donc pu faire cette verſion, qu'en allant contre l'intention que M. Mallet attribue à S. Marc & à S. Paul; & l'Egliſe n'a pu l'approuver, ſans approuver une choſe qu'elle auroit ſu être manifeſtement oppoſée au deſſein de ces Ecrivains Canoniques.

Il ſemble que M. Mallet a prévu cette difficulté, & qu'il y a voulu répondre en deux manieres. La premiere eſt; *que les Ecritures Saintes ont dû être traduites en latin, parce que c'eſt une des trois langues qui*

ont

ont été consacrées par le titre de la croix. Mais cette raison devoit encore plutôt porter S. Marc & S. Paul d'écrire aux Romains en leur langue, afin qu'il y eût des Ecritures Canoniques, écrites originairement dans toutes ces trois langues, *consacrées par le titre de la croix.* Que si cette raison a cédé à celle que M. Mallet prétend qu'ils ont eue, de n'écrire pas en latin, qui est qu'ils n'ont pas voulu que le peuple chrétien de Rome comprît ce qu'ils leur écrivoient, *que par le ministere des Prêtres & des Docteurs*, pourquoi cette même raison, si elle étoit aussi réelle qu'elle est chimérique, n'auroit-elle pas empêché ce Traducteur contemporain des Apôtres, de faire, par sa traduction en latin, ce que S. Marc & S. Paul avoient voulu éviter, si on en croit M. Mallet, qui est, que ce que l'un & l'autre avoient écrit pour les Romains pût être lu & entendu par tout le peuple, sans le ministere des Prêtres & des Docteurs?

Il faudra sans doute, pour se tirer de ce mauvais pas, qu'il ait recours à sa deuxieme défaite, & qu'il emprunte les paroles de son Président Lizet (car c'est en ce lieu, page 184. qu'il en rapporte le discours, dont nous avons déja parlé) pour nous persuader que le latin de la traduction latine des Ecritures, n'étoit pas la langue vulguaire des Romains de ce temps-là; parce que *le commun du peuple* (à ce que prétend ce M. Lizet, *si savant*, selon M. Mallet, *dans la science de l'antiquité*) parloit déja un langage très-différent de celui des savants.

Nous avons déja vu en un autre endroit, les méchantes raisons sur lesquelles est appuyé ce paradoxe, que M. Mallet, quelque avantageux qu'il lui fût, n'a osé entiérement soutenir. Car, après avoir rapporté ce discours de M. Lizet en latin & en françois, il ne sait quel jugement il en doit faire, tant il a peur qu'on lui en montre l'absurdité. *Mais quoi qu'il en soit*, dit-il, en la page 185, *& sans approuver ni désapprouver ce fait d'Histoire, que je laisse à examiner au lecteur, il est toujours constant, que ce n'a pas été l'intention des Ecrivains sacrés, en composant leurs livres en une langue qui étoit* peut-être *vulgaire en quelques pays, de les donner à lire au peuple.* Ce *peut-être* est bien à propos, comme s'il y avoit rien de plus certain que ce qu'il veut mettre en doute; que les Ecrivains Canoniques du Nouveau Testament ont écrit en une langue communément entendue de ceux pour qui ils écrivoient. Mais encore, comment est-il *constant*, nonobstant cela, *que leur intention n'a pas été que le peuple lût ce qu'ils écrivoient?* Il faut avoir une étrange témérité, pour avancer comme des choses constantes, de si grandes faussetés, ou plutôt des hérésies si expressément condamnées par la parole de Dieu. Car est-il nécessaire de le faire encore souvenir, de ce tonnere de S. Paul contre

I. CLAS. N°. X.

ce paradoxe impie : *Adjuro vos per Dominum ut legatur hæc Epiſtola omnibus ſanctis fratribus ?* Eſt-ce-là avoir intention que ce qu'il écrivoit ne fût pas donné à lire au peuple ? C'eſt donc une héréſie formelle qu'avance M. Mallet, & qu'il ne prouve, qu'en ſuppoſant pour des vérités, ſes viſions & ſes ſonges. *Car s'ils avoient voulu*, dit-il, *que le peuple lût ce qu'ils écrivoient, ils auroient dû choiſir les langues des peuples à qui ils ont écrit. Or c'eſt*, ajoute-t-il, *ce qu'ils n'ont point fait.* Et il s'imagine qu'on en doit être perſuadé, parce qu'il prend, pour des raiſons ſolides, les ignorances les plus groſſieres, & les fables les plus ridicules, comme nous l'avons montré. Cependant il triomphe, & s'applaudit à lui-même, en concluant cette matiere des livres du Nouveau Teſtament. C'eſt ce que nous allons voir dans le chapitre ſuivant, qui ſera le dernier de ce ſecond Livre.

CHAPITRE XVIII.

Examen de la concluſion de M. Mallet ſur le ſujet des livres du Nouveau Teſtament.

CE qu'il y a d'avantageux dans cette concluſion de M. Mallet eſt, qu'il n'y uſe point de déguiſement. Il y reprend ſon paradoxe extravagant & impie ; *que ce n'a point été l'intention des Ecrivains Canoniques, que le commun des Chrétiens prît connoiſſance des vérités de la Religion par la lecture qu'il feroit de l'Ecriture Sainte ;* & comme il eſt merveilleuſement ſatisfait des avantages qu'il croit avoir remportés ſur ſes adverſaires, il leur inſulte par deux paſſages de Gratien ; & il croit, que, pour leur fermer la bouche, il n'a qu'à leur adreſſer ces paroles d'une fauſſe Décrétale de S. Fabien. *Les Apôtres n'ont pas fait, & ne nous ont pas ordonné de faire ce que vous nous demandez.* C'eſt la ſubſtance de cette audacieuſe concluſion. Mais elle mérite d'être conſidérée plus en détail.

Il eſt aiſé, dit-il, *de conclure, des obſervations que nous venons de faire, que ce n'a pas été l'intention des Apôtres que le commun du peuple prît connoiſſance des vérités de la Religion par la lecture qu'il feroit de l'Ecriture Sainte, puiſqu'il doit demeurer conſtant qu'ils n'ont point parlé le langage des peuples à qui ils ont écrit.*

℟. Effacez donc, miſérable que vous êtes, pour donner quelque couleur à cette hérétique prétention, ces paroles de la premiere Epître de S. Paul aux fideles de Theſſalonique, que nous avons déja rapportées : *Je vous conjure, par le Seigneur, de faire lire cette lettre à tous les saints freres.* Et pour faire valoir votre preuve, apprenez-nous quelle langue on parloit à Corinthe, à Ephese, à Philippes, à Colosse, à Thessalonique, & dans les sept villes de l'Asie mineure auxquelles S. Jean adresse son Apocalypse, afin que nous puissions demeurer d'accord de cette nouvelle découverte, que S. Paul, & S. Jean, leur écrivant en grec, leur ont écrit en une langue que le commun des fideles de ces Eglises-là n'entendoit pas.

Il croit cependant n'avoir qu'à recueillir ce qu'il a semé, tant il est content de lui-même. *C'est pourquoi*, ajoute-t-il, *je prie le Lecteur de faire ici une sérieuse réflexion, & de remarquer que les Apôtres, qui ont parlé de toutes sortes de langues, n'ont pas néanmoins écrit en toutes sortes de langues.*

℟. C'est une belle pensée, & une *réflexion bien sérieuse*, de s'imaginer que, si les Apôtres avoient voulu que les Ecritures Saintes pussent être lues par le commun des fideles, répandus par toute la terre, ils auroient dû les écrire en toutes sortes de langues. Mais pour confondre cette rêverie, il ne faut que lui demander, pourquoi donc ne les ont-ils pas écrites en latin, aussi-bien qu'en grec, lui qui assure, en la page 186, *qu'il étoit nécessaire que l'Eglise eût l'Ecriture en ces deux langues?* Que s'il répond qu'ils avoient laissé à Dieu de susciter des Interpretes, qui mettroient en latin ce qu'ils avoient écrit en grec, il est donc faux, qu'afin que les Ecritures pussent être lues par toutes sortes de peuples, ils aient dû les écrire en toutes sortes de langues; puisqu'il suffit pour cela, qu'ils aient eu la même pensée à l'égard des autres langues, qu'il est forcé d'avouer qu'ils ont eue à l'égard du latin, qui est de laisser à l'Eglise le soin de traduire ces Livres sacrés, selon le besoin des fideles.

Mais M. Mallet fait sur cela une instance digne de lui, qui est, *que leurs disciples, qui avoient aussi reçu ce même don des langues, n'ont pas cru qu'il fût utile aux peuples, de leur donner ces Livres sacrés en leurs langues maternelles.*

℟. Ils ne l'ont pas cru! Et pourquoi donc l'Evangile de Saint Matthieu, ayant été écrit en syriaque, qui étoit la langue maternelle des Juifs de la Palestine, quelqu'un de ces disciples des Apôtres l'a-t-il mis en grec, qui étoit la langue maternelle d'une infinité de peuples? Et pourquoi un autre disciple des Apôtres a-t-il mis le grec du Nouveau Testament en latin, qui étoit alors une autre langue maternelle de la plupart des peuples de l'Occident?

Mais c'est en cela, replique M. Mallet, que nous nous trompons; en voulant que ces deux langues, le grec & le latin fussent vulgaires au

I. CLAS. N°. X.

temps des Apôtres. Il a trouvé dans les Mémoires de son M. Lizet, qu'elles n'étoient alors, aussi-bien qu'en ce temps ici, que *des langues des savants.* C'est pourquoi il retourne ingénieusement cet argument contre nous, & il croit avoir dit merveille contre les traductions en langue vulgaire, en nous soutenant, qu'il faut bien que les Apôtres & leurs disciples, *n'aient pas cru qu'il fût utile aux peuples de leur donner ces Livres sacrés en leurs langues maternelles, puisqu'ils n'en ont fait aucune traduction, sinon en grec & en latin, qui sont des langues des savants.*

J'aimerois autant qu'on dît, qu'il faut bien que tous les hommes soient blancs, puisque la noirceur des Ethyopiens & des Mores, est une véritable blancheur. Car il n'y a pas plus d'impudence à dire que le noir est blanc, qu'à soutenir que le grec & le latin n'étoient pas les langues maternelles & vulgaires d'une infinité de peuples, dans les premiers siecles de l'Eglise; mais seulement *des langues des savants.*

Cependant c'est sur ces suppositions fausses & absurdes, qu'il prend sujet de nous faire ce beau discours. *Voilà quelle a été la conduite de l'Eglise naissante, que leurs successeurs ont observée religieusement bien au-delà des quatre premiers siecles, dans lesquels, selon l'aveu des hérétiques, la même Eglise est demeurée dans sa pureté. Ce sont donc ces savants Maîtres qui nous ont appris ce que nous observons; & ce sont ces illustres exemples que nous suivons. Après quoi, si nos adversaires continuent encore à nous reprocher que nous ôtons aux enfants la connoissance du Testament de leur Pere, & au peuple famélique la nourriture de la parole de Dieu, nous avons droit de leur dire avec le Pape Fabien: (a) Les Apôtres n'ont point fait & ne nous ont point ordonné de faire ce que vous nous demandez. Ou bien, avec S. Augustin: (b) Nous faisons ce que les Apôtres nous ont enseigné par leur exemple, & ce que l'antiquité a observé.*

℟. Que peuvent penser des personnes simples & ignorantes en lisant cet endroit de M. Mallet, sinon que ce sont trois ou quatre vérités constantes & indubitables? 1°. Que les Pasteurs de l'Eglise naissante ne souffroient point que le commun des Chrétiens lût l'Ecriture Sainte.

2°. Que cette défense a été religieusement observée bien au-delà des quatre premiers siecles.

3°. Qu'il n'y a que les hérétiques qui trouvent à redire à cela, & qu'ils ont grand tort, puisque c'étoit la pratique de l'Eglise, dans les temps où ils avouent qu'elle étoit demeurée dans sa pureté.

4°. Que les deux passages, l'un de la fausse Décrétale de Fabien, &

(a) *Apud Grat.* 1. *quæst.* 1. c. *Significatis.*
(b) *Apud Grat. Dist.* 84. c. *Cùm in præterito.*

l'autre de S. Augustin, autorisent cette défense, comme étant une coutume apostolique?

Je suis assuré que c'est là l'idée que donnent aux simples les paroles de M. Mallet, que nous avons rapportées: c'est-à-dire, qu'elles les jettent dans de ridicules erreurs. Car les deux passages cités par Gratien, parlent aussi peu de la défense de lire l'Ecriture Sainte, que de lire l'Alcoran; & on est assuré, que, dans tout l'ouvrage de Gratien, il ne se trouvera pas un seul mot de cette défense prétendue.

C'est une impertinence de faire remarquer, que, par l'aveu même des hérétiques, l'Eglise étoit demeurée dans sa pureté pendant les quatre premiers siecles; comme s'il s'agissoit ici d'une opinion qui fût particuliere aux hérétiques.

C'est une ignorance indigne du moindre Ecolier, & la Sorbonne devroit rougir de voir que cinq de ses Docteurs, M. Mallet, trois de ses amis, qui ont approuvé son livre, & l'un des Censeurs, qui l'a revu pour en faire avoir le privilege, en aient été capables. C'est, dis-je, le comble de l'ignorance, de supposer que, dans les quatre premiers siecles, & long-temps depuis, on ait trouvé mauvais que les Ecritures Saintes fussent lues par le commun des fideles.

Enfin, c'est prendre tous les Théologiens pour des stupides ou des aveugles, que de leur vouloir persuader, que, *pour suivre la conduite des Pasteurs de l'Eglise naissante,* on doit interdire la lecture des Livres sacrés à tous ceux qui ne sont ni Docteurs ni Prêtres.

Il paroît néanmoins qu'il le croit de bonne foi, tant il est préoccupé de son erreur. Car, bien loin d'avoir quelque appréhension de se tromper, il prétend qu'il n'y a pas seulement lieu de douter qu'il n'ait raison de soutenir, qu'il doit être défendu au commun des Chrétiens de lire l'Ecriture Sainte, & que ses adversaires n'aient grand tort de vouloir qu'ils la lisent. *Nous sommes trop forts*, dit-il, *sous la protection de ces premiers fondateurs du Christianisme; & il faut que nos adversaires tombent d'accord, que ce qu'ils demandent aujourd'hui* (c'est-à-dire, que les ames pieuses se consolent & se fortifient par la lecture de la parole divine, & que les enfants mêmes, à l'exemple de Timothée, y apprennent à connoître & à servir Dieu) *est une nouveauté que les Apôtres n'ont point jugé à propos d'introduire.*

Qu'il nous dise donc comment il entend ces paroles du grand Apôtre, que nous lui avons déja opposées tant de fois. *Je vous conjure, par le Seigneur, de faire lire cette lettre à tous les saints freres?* En faudroit-il davantage pour lui ouvrir les yeux, & le convaincre d'une erreur grossiere, quand il ajoute; *qu'il faut aussi demeurer d'accord, que la prudence*

I. CLAS. N°. X.

des Chrétiens des quatre premiers siecles, & de beaucoup d'autres suivants, n'a point jugé utile, pour le salut des peuples, qu'ils lussent l'Ecriture Sainte? C'est ce qu'on peut appeller un excès d'aveuglement & d'illusion. Car il s'imagine voir dans les Peres des quatre premiers siecles, & de beaucoup d'autres suivants, ce qui n'y fut jamais; savoir, des défenses aux simples fideles de lire la Sainte Ecriture; & il n'y voit pas ce qui s'y rencontre par-tout; savoir, de continuelles exhortations à tous les Chrétiens, de lire les Livres saints, pour fortifier leur foi, & édifier leur piété. Mais comme ce sera le sujet du livre suivant je n'ai pas besoin d'en rien dire ici davantage.

LIVRE III.

Du sentiment des Saints Peres touchant la lecture de l'Ecriture Sainte.

CHAPITRE PREMIER.

Des Approbateurs de M. Mallet: Qu'il est étrange qu'ils aient pris pour *des Recherches curieuses de l'antiquité*, les visions & les songes qui viennent d'être représentés dans les deux Livres précédents; mais qu'il l'est encore plus, qu'ils aient approuvé ce qui va être traité dans celui-ci.

Je ne saurois croire, que tous les gens d'esprit, qui auront lu ce qu'on a dit jusques ici des paradoxes de M. Mallet, ne soient épouvantés de voir, qu'un Docteur de Sorbonne, & Vicaire Général depuis tant de temps, d'un grand Archevêché, ait pu tomber en de si étranges rêveries, & les publier avec une confiance merveilleuse, comme de grandes vérités.

Ce n'est pas néanmoins ce qui nous doit le plus étonner en cette rencontre. C'est, que quatre autres Docteurs de la même Faculté; trois qui ont approuvé son livre, & celui des Censeurs qui a donné son billet pour le Privilege, n'aient point été choqués de tant d'extravagances signalées, dont il y en a de très-préjudiciables à la Religion, & qui tendent toutes à établir cette prétention hérétique, & directement contraire à S. Paul; *que les Ecrivains Canoniques n'ont point voulu que leurs livres fussent lus par le commun des fideles.*

L'un de ces quatre Docteurs est payé du Roi pour veiller à ce qu'on ne publie point de livres où il y ait des erreurs. Ce doit être le but de sa charge. Le premier des Approbateurs, qui est présentement devant Dieu, a été long-temps Professeur en Théologie, & a eu tant de crédit à la Cour, qu'on l'a fait deux ou trois fois Syndic de la Faculté par des lettres de cachet. Le second est aussi un ancien Professeur, & est maintenant Curé de l'une des plus considérables Cures de Paris. Il n'y a que le dernier qui n'ait point d'autre qualité qui le releve, que celle de Docteur de la maison & Société de Sorbonne.

Ils ont tous lu ce que nous avons rapporté jusques ici des erreurs, des égarements & des folies de ce livre & non seulement aucun d'eux n'en a été choqué, mais ceux dont les témoignages ont paru en public, n'en parlent qu'avec éloges.

Il est vrai que cela m'épouvante, & que j'en suis incomparablement plus surpris que de tout ce qu'a fait M. Mallet; car il n'est pas si extraordinaire que, dans un si grand nombre de Docteurs, il se rencontre un esprit mal fait, qui n'a que de fausses idées des choses les plus communes, qui s'égare dans tous ses raisonnements, & qui prend de travers tout ce qu'il fait, & tout ce qu'il ne fait pas. On lui avoit reproché dans un écrit fait à Rouen, de vouloir interdire aux Chrétiens la lecture du Testament de leur pere, & de les traiter en *chiens*, à qui on refuse le pain des enfants selon la parole de Jesus Christ. Il s'est voulu défendre contre ce reproche; & son imagination s'étant échauffée, il a cru que, pour remporter une victoire plus entiere sur son adversaire, il n'en devoit pas demeurer, ou à la seule lecture des Livres sacrés en langue vulgaire, ou aux seules circonstances des temps, qui pouvoient donner quelque lieu de craindre que le commun des fideles n'en abusât; mais qu'il lui seroit plus glorieux de soutenir généralement la these sur laquelle on l'avoit osé attaquer, & de prétendre; *que jamais l'intention des Ecrivains Canoniques, soit de l'Ancien, soit du Nouveau Testament, n'avoit été, que le commun des Juifs ou des Chrétiens lussent les Livres sacrés.*

Cette pensée lui a paru belle, & tout-à-fait capable de confondre les Jansénistes. Et comme il est fécond en fausses lueurs, il a pris pour solide tout ce qui lui est venu dans l'esprit, ou qu'il a lu dans quelques Auteurs plus zélés que judicieux, aussi-tôt qu'il a cru que cela pourroit être propre à soutenir la chimere dont il faisoit son idole; parce qu'il se savoit bon gré d'avoir été plus loin sur cela que tous ceux qui avoient écrit avant lui. On voit donc par-là, comment il est possible, qu'un homme engagé dans une querelle, & qui se laisse emporter à la chaleur

I. CLAS. N°. X.

de la dispute, se soit laissé préoccuper des extravagances que nous avons vues, & qu'il se soit résolu de les publier.

Mais il n'en est pas de même des approbateurs, qui lisent un livre de sang froid, & qui n'ont point d'intérêt à ce qui s'y traite. Qui peut donc concevoir qu'ils aient été assez aveugles, pour ne pas voir tant de faussetés grossieres, & tant d'impertinences signalées? Qui peut concevoir qu'ils *aient pris* (comme l'un d'eux nous en assure) *pour de très-savantes & de très-curieuses recherches de l'antiquité touchant l'usage des Livres sacrés*, les songes de ce visionnaire, & les fables qu'il invente & qu'il publie, pour soutenir son hypothese, au préjudice de la Religion? Ils ont donc pris pour des recherches très-rares, très-curieuses & très-savantes, la folie impie qui lui fait dire, que Moyse a composé ses livres exprès en une langue qui n'étoit pas la vulgaire des Juifs, & qu'il les a écrits exprès en des caracteres qu'ils ne pouvoient lire; sa témérité à renouveller une opinion abandonnée de tous les savants, & qui affoiblit les plus grandes preuves de la vérité de la Religion, que tous les exemplaires des Livres saints avoient été consumés dans l'embrasement de la ville & du Temple de Jerusalem; sa fable des lettres hébraïques, inventées du temps de Roboam, pour écrire les livres de la Loi, afin d'en ôter l'usage aux Israélites des dix Tribus; l'injure qu'il fait à Esdras, en voulant qu'il ait aussi inventé de nouveaux caracteres pour écrire tous les livres de la Religion des Juifs, afin que les Juifs ne les pussent lire; l'ignorance qui lui fait dire, que depuis le temps de la captivité jusqu'à Notre Seigneur, ces Livres n'ont été écrits en aucune langue que le commun des Juifs ait entendue; sa hardiesse à falsifier un passage d'Origene, pour lui faire dire, *que les Docteurs de la Loi ne permettoient pas généralement la lecture des Livres sacrés, même aux Disciples qu'ils enseignoient;* au lieu qu'Origene nous apprend, que, hors quatre endroits de l'Ecriture, qui n'en faisoient pas la cinquantieme partie, ils la faisoient lire toute aux enfants mêmes, en réservant de leur faire lire, même ces quatre endroits, à l'âge de 25 ou 30 ans.

Des Docteurs n'ont-ils pas bien de l'honneur, de trouver une grande érudition, & une *recherche fort curieuse de l'antiquité*, dans des imaginations si creuses & si mal concertées? Mais leur est-il plus pardonnable de s'être laissé éblouir par les nouvelles lumieres de ce Docteur sur le Nouveau Testament? Ne leur devoient-elles pas être d'autant plus suspectes, qu'elles leur étoient plus nouvelles? Or certainement, ils n'avoient vu nulle part, que c'est une bonne raison de ne pas laisser lire l'Evangile aux ames les plus pieuses, qui ne savent pas le latin, de ce que Notre Seigneur cachoit les mysteres de son Royaume aux Juifs réprouvés

vés. Ils n'avoient lu dans aucun Auteur, que, quoique Saint Paul témoigne dans presque toutes ses Epîtres, qu'il les écrit pour tous les fideles des Eglises auxquelles il les adresse, & qu'il dise expressément dans l'une, qu'il veut qu'*elle soit lue à tous les saints freres*, son intention néanmoins n'étoit point qu'elles fussent lues par le commun des fideles. Ils n'avoient point trouvé ailleurs, que c'est pour cela même que cet Apôtre n'a point écrit aux Romains en latin, ni aux Galates en vieux gaulois, mais en grec, qu'il suppose qui n'étoit entendu ni à Rome ni en Galatie; parce que son dessein n'étoit pas que sa lettre fût entendue ni de l'un ni de l'autre peuple, que par le ministere des Prêtres & des Docteurs; & que c'est aussi dans cette même intention, de rendre les Livres sacrés inintelligibles au commun des Chrétiens, que S. Matthieu a écrit son Evangile en hébreu; c'est-à-dire, à ce qu'il prétend, & qu'il tâche de prouver, dans l'ancienne langue hébraïque; au lieu qu'il est cent fois plus probable qu'il l'a écrit en syriaque. Ils n'avoient pas su aussi, avant que d'examiner son livre (car il y a de l'apparence que c'est de lui qu'ils ont appris ce qu'en a dit un certain Président Lizet) *que, du temps des Apôtres, & dans les siecles qui les ont suivis, le Nouveau Testament n'étoit qu'en deux langues, en grec & en latin, qui étoient toutes deux des langues des savants: tant il est vrai*, conclut-il avec une confiance qui a peut-être étourdi ses approbateurs, *que ce n'a jamais été l'intention de Dieu d'abandonner sa parole à la discrétion des peuples*; c'est-à-dire, de la mettre en un état que le peuple la pût lire.

Est-il possible que toutes ces autres visions, & cette derniere conséquence, d'une supposition insensée, leur aient paru raisonnables? Je ne répete point ce que j'en ai dit pour en montrer l'absurdité: ce seroit perdre le temps. Mais je suis assuré que ceux qui y auront fait attention, *auront pitié du genre humain*, comme dit S. Augustin en un endroit, en considérant, que tant d'extravagances & de faussetés énormes, aient pu être approuvées par des Docteurs de Paris, & des Professeurs en Théologie.

Cependant ce n'est pas encore ce qui me frappe le plus dans cette occasion. Ce qui dépend de quelque raisonnement est plus sujet à l'illusion, & on se trompe quelquefois, faute de démêler une équivoque. Mais quand il s'agit de certains faits grossiers, & dont la vérité est palpable, comme est de savoir s'il est vrai que les Peres n'ont pas trouvé bon que le commun des Chrétiens lût l'Ecriture, ou s'ils les ont exhortés à la lire; s'ils ont voulu que les simples fideles ne la lussent point sans permission, ou si ces sortes de permissions sont une chose entiérement inconnue en ces temps-là, certainement rien n'est plus inconcevable,

I. CLAS. N°. X.

que ce qu'ont fait ces Docteurs, en approuvant l'insolence avec laquelle M. Mallet ose dire, au commencement de son chapitre 22, que j'examine dans ce dernier livre : *Que les Saints Peres ont été si éloignés* (ce sont ses propres termes) *de favoriser l'abus que l'on veut introduire aujourd'hui, en permettant à tout le monde la lecture de l'Ecriture Sainte en langue vulgaire, qu'ils ont même désapprouvé cette permission générale en quelque langue que ce fût, comme étant, à leur avis, une introduction dangereuse, que l'Eglise ne devoit point souffrir.*

Car qui peut comprendre qu'ils aient laissé passer, sans en être choqués, ces trois rêveries, qu'il marque encore plus expressément dans la suite. La premiere, *qu'il n'y avoit point de traduction de l'Ecriture en langue vulgaire au temps des SS. Peres, & qu'ainsi ils n'avoient pas besoin de désapprouver la lecture de ces traductions.* La seconde, que, bien loin qu'ils l'eussent approuvée, *ils ont même desapprouvé la permission de lire l'Ecriture en quelque langue que ce fût.* La troisieme, *qu'ils ont regardé comme une introduction dangereuse, que l'Eglise ne devoit point souffrir, la liberté de la lire, qu'on auroit voulu donner à tout le monde, & même aux plus foibles esprits, qui ne savent que la langue qu'ils ont apprise de leurs nourrices.* C'est ce qu'il se promet de prouver par l'autorité des Peres, dans ce chapitre 22.

Je ne doute point que, quand ces Docteurs auront fait une plus sérieuse réflexion sur l'engagement où ils se sont mis, de soutenir de si grandes absurdités, & des faussetés si manifestes, ils n'en aient de la confusion & ne s'en repentent. Mais je doute qu'ils aient assez de courage pour prévenir le jugement de Dieu, auquel l'un d'eux est déja allé rendre compte, & réparer, par une humble confession de leur faute, le scandale qu'ils ont causé, & l'injure qu'ils ont faite à l'Eglise, par l'approbation publique qu'ils ont donnée à un livre qui feroit capable de la deshonorer, si les Catholiques mêmes ne le traitoient comme il le mérite. Cependant je ne vois pas ce qui les pourroit dispenser de ce devoir, & je crois devant Dieu leur faire une charité, en les portant à s'en acquitter, par la maniere dont je continuerai de faire voir, que les absurdités qu'ils ont approuvées, vont au-delà de tout ce qui se peut imaginer.

I. CLAS. N°. X.

CHAPITRE II.

De la premiere Propofition de M. Mallet: Qu'il n'y avoit point de traductions de l'Ecriture en langue vulgaire du temps des Peres, & qu'ainfi ils n'avoient pas befoin d'en defapprouver la lecture.

ON feroit plus furpris de cette impertinence de M. Mallet, qu'il n'y avoit point, dans les premiers fiecles, de traductions de l'Ecriture en langue vulgaire, fi c'étoit la premiere fois qu'il l'eût avancée. Mais on ne laiffe pas d'en être frappé de nouveau, parce qu'il la propofe ici d'une maniere & en des termes qui en découvrent davantage l'abfurdité. *Les traductions*, dit-il, *en langue vulgaire, étoient inconnues de leur temps* (il parle des Peres) *& ceux qui s'appliquoient à l'étude des Livres facrés, les lifoient dans leurs fources, ou bien dans les verfions grecques & latines, qui n'étoient prefque entendues que des favants.*

Je laiffe là M. Mallet. On a vu par trop d'expériences, qu'il n'y a point d'égarements dont il ne foit capable. Mais je demande à fes approbateurs, comment une fauffeté fi vifible leur eft échappée? Quand ils n'auroient pas lu les Peres, ce que je ne veux pas croire des deux anciens Profeffeurs en Théologie, ils ont fu au moins que ceux de l'Eglife d'Occident on prêché en latin, & ceux de l'Eglife d'Orient en grec, fi ce n'eft qu'en quelques endroits on prêchoit en fyriaque. Ils n'ont pu auffi ignorer, qu'il y avoit une verfion fyriaque au moins du Nouveau Teftament, que l'on tient être fort ancienne, & que, dans le refte de l'Orient, on lifoit la Bible en grec, & dans l'Occident, en latin. Or on ne peut douter, comme je l'ai déja remarqué dans le livre précédent, chapitre 9, qu'en quelque temps que ce foit, la langue dans laquelle on a prêché la parole de Dieu en chaque pays, n'ait été la langue maternelle de ceux à qui on l'a prêchée. Comment donc ces approbateurs n'ont-ils pas vu tout d'un coup, qu'il falloit manquer de fens, pour dire, comme fait M. Mallet, que les verfions de l'Ecriture en grec & en latin, n'étoient prefqu'entendues que des favants, puifque c'eft dire, ce qui feroit la chofe du monde la plus ridicule & la plus injurieufe à l'Eglife, que les fermons que l'on faifoit en grec dans les Eglifes d'Orient, & en latin dans celles d'Occident, *n'étoient prefque entendus que des favants*, & non du commun des fideles.

Il leur eft moins pardonnable qu'à M. Mallet de ne s'être pas apperçus par-là, de la fauffeté manifefte de fa premiere propofition; car pour lui, outre son peu de jugement, il s'est laissé emporter par l'engagement où il étoit. Il avoit besoin de cette hypothese pour soutenir son systeme; & supposant le contraire, comme il le devoit, il ne trouvoit point de moyen de se sauver de cet argument. Les Ecritures étant très-certainement, dans le temps des Peres, tant dans l'Orient que dans l'Occident, en des langues entendues de tout le monde, s'ils avoient trouvé mauvais que les simples fideles les lussent, il auroit fallu qu'ils eussent fait quelque ordonnance pour le leur défendre. Or il ne se trouve point qu'ils aient jamais fait de semblables ordonnances. Il doit donc demeurer pour constant, qu'il étoit libre à tout le monde dans ce temps-là, de lire l'Ecriture Sainte, puisque tous le pouvoient faire avec autant de facilité qu'on en a en France à lire le Nouveau Testament de Mons, & que nul Décret de l'Eglise ne le leur avoit défendu. Mais c'est ce qui paroîtra davantage par l'examen des autres propositions de M. Mallet.

CHAPITRE III.

De la seconde Proposition : Que les Peres ont jugé à propos de mettre des bornes à la lecture des Livres sacrés, pour ne la pas accorder à tout le monde, en quelque langue que ce fût. Examen de la premiere preuve, qui est l'autorité de S. Basile.

JE ne suis pas tout-à-fait l'ordre qu'a gardé M. Mallet. Car il commence par S. Jérôme, & je réserve à l'examiner sur la troisieme proposition; parce que des quatre ou cinq passages qu'il cite, (*ses curieuses recherches* n'ayant pas été plus loin) il n'y a que celui de ce Pere qui puisse, avec quelque couleur, être allégué pour appuyer cette prétention chimérique; que les Peres ont regardé comme une introduction dangereuse que l'Eglise ne devoit point souffrir, de laisser lire l'Ecriture à tout le monde.

Commençons donc par examiner l'autorité de S. Basile, & voyons comment il l'emploie en la page 196. *Ceux qui ne peuvent souffrir que l'on dise aux ignorants & au commun du peuple, qu'ils feroient mieux de se mêler de leurs métiers, que de s'adonner à l'étude de l'Ecriture Sainte, cette lecture leur pouvant être dommageable, puisqu'en effet l'expérience nous a fait voir qu'elle a été funeste à beaucoup de personnes: que ceux dis-je, qui ne peuvent souffrir ces avis charitables, se plaignent des Saints Peres, qui ont souvent tenu ce langage, & entr'autres du grand S. Ba-*

sile, qui n'a point fait de difficulté de s'en expliquer nettement dans les occasions. Car nous lisons dans Théodoret, que ce saint Docteur ayant entendu le premier Officier de la cuisine de l'Empereur citer un texte de l'Ecriture, il fut tellement indigné de cette profanation de la parole de Dieu, que nonobstant sa douceur ordinaire, il ne pût s'empêcher de lui dire, qu'il devoit parler de sa cuisine, & de la maniere de la bien traiter, & non pas entreprendre, comme il faisoit, de traiter des dogmes divins.

Quand tout cela seroit vrai, qu'en pourroit conclure M. Mallet qu'impertinemment contre la liberté qu'avoient alors très-certainement tous les fideles de lire l'Ecriture Sainte? Car S. Basile auroit eu raison de se mettre en colere contre un Officier de cuisine Arien, qui auroit cité mal à propos un texte de l'Ecriture pris de travers, pour soutenir son hérésie, contre un Evêque de la réputation de ce Saint; & ce lui auroit été un juste sujet de lui dire, qu'il se mêlât de sa cuisine, sans vouloir traiter des dogmes divins. S'ensuit-il de-là qu'il eût pris pour une profanation de la parole de Dieu s'il l'eût entendu citer par un simple fidele d'entre les Catholiques? Comme si on ne pouvoit pas dire à un artisan, qui assistant à la Messe y commettroit des irrévérences, qu'il feroit mieux d'être à sa boutique, que de venir à l'Eglise en s'y comportant de la sorte, sans que l'on pût conclure de-là, qu'on ne doit pas laisser à tout le monde, & aux artisans mêmes, la liberté d'entendre tous les jours la Messe.

Mais les choses n'en sont pas-là; car il n'est parlé en aucune sorte de la *citation d'un passage de l'Ecriture*, dans cette histoire rapportée par Théodoret; & tout ce que dit M. Mallet, pour l'ajuster à son dessein, *que S. Basile, ayant entendu le premier Officier de la cuisine de l'Empereur, citer un texte de l'Ecriture, il fut tellement indigné de cette profanation de la parole de Dieu, que, nonobstant sa douceur ordinaire, il ne pût s'empêcher de lui dire telle & telle chose*, est une pure fausseté, que Monsieur Mallet a prise d'un plus habile homme que lui (car il paroît qu'il n'a lu aucun des passages qu'il cite dans les originaux) mais qui n'en est pas moins une fausseté. Il ne faut, pour en être assuré, que lire ce que Théodoret en écrit. *S. Basile*, dit-il, *parlant des dogmes de la foi à l'Empereur Valens*, grand protecteur des Ariens, *& en étant bien écouté, un nommé Démostene, premier Officier de la cuisine de ce Prince, reprit d'une maniere barbare ce grand Maître de l'univers. Mais le divin Basile en se souriant : Voici*, dit-il, *un second Démostene; mais moins lettré que l'autre. Ce qui ayant mis cet homme en une plus grande colere, il commença d'user de menaces envers le Saint. D'où ce Saint prit sujet de lui dire : Mêlez-vous de vos sausses,*

I. CLAS. N°. X.

& ne vous imaginez pas, ayant les oreilles aussi impures que vous les avez, être capable d'entendre les dogmes divins.

Peut-on plus déguiser & falsifier une Histoire, que M. Mallet a fait celle-ci ? Il en dissimule les principales circonstances, qui est, que cet Empereur étoit Arien, aussi-bien que son Officier de cuisine, & que ce Saint, expliquant la foi à l'Empereur dont il étoit écouté, cet Officier eut l'insolence de l'interrompre, & de le contredire brutalement. Voilà ce qui attira ce que lui dit S. Basile; au lieu que, dans le narré qu'en fait Monsieur Mallet, rien de tout cela ne paroît; mais tout roule sur une circonstance fausse & inventée à plaisir; qui est, que cet Officier de cuisine avoit seulement cité un passage de l'Ecriture: & c'est à cela uniquement qu'il attribue la colere de S. Basile, comme si ce Saint avoit cru qu'un homme dans cet emploi, ne pouvoit lire ni alléguer l'Ecriture sans la profaner. On ne sauroit se former d'autre idée de cette histoire en la lisant dans M. Mallet. Mais on ne sauroit aussi s'en former une plus fausse, ni plus contraire à l'esprit de S. Basile, qui, bien loin de croire que ce fût une profanation de l'Ecriture, que de la laisser lire aux simples fideles (qui est la pensée que M. Mallet voudroit que l'on eût de lui) n'a rien recommandé avec plus de soin à ses Moines, qui n'étoient pour la plupart que des Laïques, que la lecture des saintes Lettres.

Et on ne doit pas s'étonner qu'il fût dans cet esprit, puisqu'on peut dire qu'il lui étoit héréditaire. Car S. Grégoire de Nysse son frere raconte, que leur pieuse mere ne voulut pas profaner les yeux & le cœur de leur sœur Macrine, par la lecture des Poëtes profanes; mais, qu'au sortir de son enfance, elle lui mit entre les mains la Sagesse de Salomon, comme une vive source de saintes instructions, & lui fit apprendre par cœur le Pseautier de David, dont le chant prévenoit ou accompagnoit toutes ses actions. Cependant on élevoit Macrine pour le mariage, & on voit néanmoins que son éducation étoit toute sainte, & que l'étude des saintes Lettres en faisoit la principale partie, parce que c'étoit l'éducation d'une fille chrétienne. Macrine se régla depuis elle-même sur le même modele, *pour instruire son frere Pierre, dès le berceau, dans la science des Ecritures*, sans lui donner un moment de loisir pour les études profanes. Aussi ce bienheureux enfant acquit toute la sagesse des saints vieillards dès ses plus tendres années, & se signala moins depuis par la dignité d'Evêque, que par les hautes vertus dont il honora l'Episcopat.

Voilà ce qu'a tiré de la vie de Sainte Macrine, sœur de ces trois Saints, un Auteur de ce temps, que je ne veux point nommer à M. Mallet, pour voir s'il aura la hardiesse de le prendre à partie, comme

vorisant trop ouvertement ce qu'il a entrepris de faire passer pour une
ratique fort dangereuse, qui est, de donner l'Ecriture Sainte à lire
ux ignorants & aux simples, sans même en excepter les jeunes enfants
: les jeunes filles; au lieu que cet Auteur, que je ne nomme point pré-
ntement, approuve avec éloge, comme une conduite fort chrétienne,
ue ces jeunes filles & ces jeunes enfants fussent instruits dans cette étude des
intes Lettres, par leurs meres & par leurs sœurs; tant il est vrai qu'on
royoit alors, ce qu'on croira toujours jusques à la fin du monde, malgré
s emportements de M. Mallet, que ce n'est pas profaner, mais ho-
orer les saintes Ecritures, que de les laisser entre les mains de toutes
ortes de fideles, sans distinction d'âge ni de sexe, afin que leur cœur
n puisse être aussi touché que leur esprit éclairé.

C'est donc bien en vain que M. Mallet emploie encore un passage de
. Basile, dans sa lettre à Chilon, pour appuyer ses égarements. Car
e Saint, ne faisant autre chose que marquer dans cette lettre, les dis-
ositions où il faut être pour lire les Ecritures avec fruit, & princi-
alement celles du Vieux Testament, il est aussi ridicule d'inférer de-là
ue les Peres ne trouvoient pas bon que tout le monde les pût lire,
ue si on vouloit prouver aujourd'hui, qu'il n'est pas permis à tous les
deles d'assister à la sainte Messe; parce qu'il y a des livres qui marquent
es dispositions qu'il y faut apporter pour avoir part à ce divin sacrifice.

Je ne dissimule point, que m'étant trouvé en un lieu où je n'avois
oint de S. Basile, je ne pus répondre qu'en cette maniere, quoique je me
outasse bien qu'il y auroit quelque chose dans la lettre de ce Saint,
ue M. Mallet ne nous disoit pas. Et en effet, ayant trouvé moyen d'avoir
n S. Basile, quoique seulement en latin, j'y ai trouvé ce qui suit, dans
ette lettre à Chilon. *Neque lectiones negligas, maximè Novi Testamenti,
ropterea quòd ex Veteri Testamento sæpe detrimentum accidat; non quòd
cripta sunt nociva, sed quòd eorum qui læduntur mens infirma est.* Ne
égligez pas *la lecture*, principalement du Nouveau Testament: *car ce
u'on lit du Vieux peut souvent apporter du dommage, non qu'il y ait
ien de mauvais, mais parce que l'ame de ceux qui s'en blessent est infirme.*
On ne peut comparer cela avec ce que dit M. Mallet, qu'on ne rou-
gisse de sa mauvaise foi. Car, au lieu que ce Saint conseille absolument la lecture du Nouveau Testament, & n'y trouve aucun danger,
l lui fait dire, qu'il y a du danger à lire le Nouveau aussi-bien que
l'Ancien, quoiqu'il y en ait plus à lire l'Ancien. *S. Basile*, dit-il, *avertit son
disciple du danger qu'il y a de s'appliquer à la lecture de l'Ecriture*, principalement *de l'Ancien Testament, à moins que d'être dans les dispositions
nécessaires que cette étude demande.* Y eut-il jamais une plus mauvaise foi?

I. CLAS. N°. X.

Il s'agit principalement, entre M. Mallet & ceux qu'il a pris pour ses adversaires, de la lecture du Nouveau Testament, puisque c'est à l'occasion de celui de Mons qu'il a fait tout ce vacarme. S. Basile ordonne généralement à son disciple, de lire les Ecritures, mais principalement celle du Nouveau Testament. Il rend raison de cette préférence ; parce que les esprits foibles se blessent quelquefois par de certaines choses qui se trouvent dans l'Ancien. Et M. Mallet renverse tellement la pensée de ce Saint, qu'on ne peut comprendre autre chose, par l'idée qu'il en donne, sinon que S. Basile n'a point conseillé à son Disciple de lire l'Ecriture Sainte; mais l'a seulement averti *du danger qu'il y avoit de s'appliquer à la lecture de l'Ecriture, principalement de l'Ancien Testament* : de sorte que selon la vérité, S. Basile lui dit : *lisez l'Ecriture, & principalement le Nouveau Testament ;* & il lui dit, selon M. Mallet, *il y a du danger à vous appliquer à la lecture de l'Ecriture, & principalement de l'Ancien Testament.* Voilà comme il trouve dans les Peres de quoi appuyer ce qu'il prétend établir, en falsifiant leur sentiment, & leur attribuant tout le contraire de ce qu'ils disent.

CHAPITRE IV.

Réponse à l'autorité de S. Grégoire de Nazianze.

Il faut que M. Mallet soit bien dépourvu de preuves & d'autorités. Il parle d'abord des SS. Peres, avec autant de confiance que s'ils étoient tous pour lui. On diroit qu'il en va tant alléguer, qu'il en accablera ses adversaires. Mais lorsqu'il s'agit de satisfaire à ces grandes attentes, de tous les Peres, il n'en a trouvé que quatre, dans lesquels il ait pu s'imaginer qu'il y avoit quelque chose qui lui pouvoit être favorable : car l'Auteur de l'Œuvre imparfait, qui seroit le cinquieme, ne mérite pas d'être mis au nombre des Peres.

Voilà donc tous les Peres réduits à quatre. Et de ces quatre, nous venons de voir qu'il a eu recours à deux insignes faussetés, pour tromper les simples par le nom de S. Basile. Mais ce qu'il fait au regard de S. Grégoire de Nazianze, qui devroit être l'un des plus considérables de ces témoins, ne marque pas moins l'impuissance où il a été d'en trouver qui déposassent pour lui. Car il n'en a pu alléguer que le passage qu'il en avoit déja rapporté dans sa douzieme preuve, touchant la lecture des livres du Vieux Testament ; le citant ici tout de nouveau, & avec la même réticence frauduleuse qu'on lui a déja reprochée dans le chapitre 14. du premier

premier Livre, où on a fait voir, que, bien loin que cela fût propre à appuyer ses prétentions, rien n'est plus capable de les détruire. Et en effet, ne faut-il pas avoir l'esprit renversé, pour s'imaginer, qu'ayant à prouver ce paradoxe, que *ç'a toujours été l'esprit de l'Eglise, qu'il ne doit pas être permis au commun des Chrétiens de lire les Ecritures divines*, on le puisse faire, par ce que rapporte ce Pere de la coutume des Juifs, *qui permettoient généralement à tous ceux de ce peuple, de lire, dès leur enfance, les livres de leur Religion, à l'exception de quatre endroits que l'on ne vouloit pas qu'ils lussent, qu'à l'âge de 25. au 30 ans?*

Mais *la raison qu'il en apporte*, dit M. Mallet (qui est que ces quatre endroits étoient plus difficiles que le reste, & pouvoient nuire à ceux qui n'étoient pas capables de les bien entendre) *subsiste encore aujourd'hui, & prouve également, pour le temps où nous sommes, comme pour celui de l'Ancien Testament, que cette lecture n'est pas utile à tout le monde, & qu'elle peut apporter beaucoup de dommage aux ignorants.*

Y eut-il jamais un plus grand sophisme, que d'argumenter de la raison d'une exception de la loi, en quelques cas particuliers, qui la laisse subsister en tous les autres cas, pour abolir entiérement cette loi? La loi générale étoit, que tous les Juifs pouvoient lire, dès leur enfance, les Livres sacrés: l'exception, qu'ils ne devoient lire qu'à vingt-cinq ou trente ans le commencement de la Genese, le commencement & la fin du Prophete Ezechiel, & le Cantique des Cantiques. La raison de cette exception étoit l'obscurité de ces trois premiers endroits, & le danger, que, dans les Cantiques, on ne prît trop humainement l'amour de l'Epoux & de l'Epouse. Il paroît que c'est à ce dernier que S. Grégoire de Nazianze s'est particuliérement arrêté, & à quoi il a eu plus d'égard. Tout ce que l'on peut donc, au plus, conclure raisonnablement de-là, est, qu'on peut encore avoir cette précaution à l'égard du Cantique des Cantiques, & ne le donner à lire qu'à ceux qui sont déja affermis dans la piété. Et c'est aussi ce que S. Jérôme a observé; car, prescrivant à Læta la maniere dont elle devoit élever sa fille, pour l'élever en vraie Chrétienne, il veut *que, dès qu'elle commencera à croître, elle s'occupe à lire l'Ecriture Sainte, & s'instruise, dans les Prophetes & dans les Apôtres, des noces spirituelles, qui doivent unir son ame à Dieu. Il faut*, dit-il à sa sainte Mere, *qu'elle vous rende compte tous les jours de sa lecture; vous en rapportant comme un bouquet de fleurs qu'elle auroit cueillies de sa main. Il faut qu'elle sache les Pseaumes par cœur; qu'elle retire son esprit des pensées du monde, en l'occupant de ces saints Cantiques; qu'elle apprenne à régler sa vie dans les Proverbes de Salomon; qu'elle s'accoutume, par la méditation de l'Ecclésiaste, à fouler aux pieds toutes les vanités du monde; qu'elle observe les*

I. CLAS. N°. X.

exemples de courage & de patience dans le livre de Job; quelle passe delà aux Evangiles, pour les avoir toujours entre les mains; qu'elle s'applique, de tout son cœur, aux Actes des Apôtres & à leurs Epîtres; qu'elle lise ensuite les Prophetes & les autres Livres du Vieux Testament. Enfin, il faut qu'elle réserve, pour le dernier, à apprendre le Cantique des Cantiques, afin de le faire sans péril; de crainte que, si dans ces commencements, elle lisoit ce saint Livre, la pureté de son ame ne souffrit quelque atteinte & quelque blessure, pour n'avoir pas compris l'Epithalame des noces spirituelles; parce qu'il est écrit en des paroles qui semblent dépeindre un amour humain.

S. Jérôme, qui a tenu à honneur d'avoir été le disciple de S. Grégoire de Nazianze, savoit certainement beaucoup mieux que M. Mallet les vrais sentiments de ce grand Evêque touchant la lecture des Livres sacrés, & il rapporte aussi-bien que lui, la coutume des Juifs, de ne lire le Cantique des Cantiques qu'à vingt-cinq ou trente ans. D'où vient donc qu'il n'en tire pas, comme M. Mallet, cette conclusion impie (car je ne la saurois nommer autrement) *Que la lecture de l'Ecriture Sainte* (il parle généralement) *est encore maintenant* moins utile, *qu'elle n'étoit aux Juifs, & qu'elle peut plus que jamais apporter beaucoup de dommage aux esprits foibles & ignorants?* D'où vient que ce Saint a jugé, au contraire, qu'il n'y avoit point de lecture plus utile pour former les Chrétiens dans la piété, dès leur plus tendre enfance, & lorsqu'ils sont plus ignorants, & que leur esprit est plus foible, que les Evangiles, les Actes & les Epîtres des Apôtres, & qu'il desire seulement, qu'ayant lu ensuite tous les livres de l'Ancien Testament, on leur réserve, pour le dernier, le Cantique des Cantiques, lorsqu'ils auront le cœur rempli des flammes de l'amour céleste? C'est que ces Peres avoient un principe tout opposé à celui de M. Mallet. Car ils croyoient, qu'il n'y avoit point de lecture plus propre à entretenir les fideles dans la piété, que celle de l'Ecriture; & ainsi, bien loin de l'interdire au commun des Chrétiens, & de la leur faire regarder comme dangereuse, ils y exhortoient tout le monde, & se contentoient de marquer en quel ordre, & avec quel esprit on la devoit lire, pour le faire avec plus de fruit, & pour éviter, que, par une mauvaise disposition, on ne trouvât la mort où l'on devoit trouver la vie; comme il arrive tous les jours, quand on fait un mauvais usage des choses les plus saintes & les plus utiles.

I. Clas. N°. X.

CHAPITRE V.

Réponse à un passage du Vénérable Bede.

IL est difficile de concevoir une plus grande hardiesse, d'attribuer aux Auteurs ce qu'ils ne disent point, que celle de M. Mallet. Nous en avons déja vu beaucoup d'exemples; mais en voici un non moins signalé. Il fait dire au Vénérable Bede, que ce que fit Notre Seigneur dans la Synagogue de Nazareth, en fermant le livre d'Isaïe, & le rendant au Ministre après l'avoir lu, a été *pour nous apprendre, que le Livre de l'Ecriture Sainte* doit être fermé au peuple; *que les Prêtres en sont les gardiens, & qu'ils le doivent ouvrir ou fermer selon qu'ils le jugent à propos; parce que Dieu a laissé à leur prudence, de déclarer aux autres les mysteres qui y sont contenus, selon le mérite & la capacité de leurs Auditeurs.* Le capital de cette allégation est, que Bede ait dit, *que le livre de l'Ecriture Sainte doit être fermé au peuple, & que les Prêtres le leur doivent fermer & ouvrir selon qu'ils le jugent à propos.* Or il est faux qu'il y ait rien de cela dans le passage qu'il en cite. Bede ne rapporte le mystere qu'il trouve dans l'action de Jesus Christ, qu'à la maniere dont les Prêtres se doivent conduire dans la prédication de la parole de Dieu, & il n'y parle en aucune sorte, de ce qui n'a jamais été en question dans tous ces siecles-là; s'il devoit être permis au peuple de lire l'Ecriture Sainte. On auroit aussi-tôt douté s'il leur étoit permis d'assister aux saints Mysteres; & encore bien plutôt, parce qu'il y en avoit qui n'y pouvoient assister, comme les Catéchumenes & les Pénitents, qui avoient cependant toute liberté de lire l'Ecriture Sainte. Un usage si reçu n'a donc garde de pouvoir être ébranlé par le passage de Bede, qui ne contient que ce qui suit. *Il a ouvert le livre, & y a lu; parce qu'ayant envoyé le S. Esprit, il a enseigné toute vérité: mais il l'a fermé, & l'a rendu au Ministre; parce qu'il ne faut point tout dire à tout le monde, & qu'il a laissé à la prudence de celui qui enseigne, de dispenser la parole selon la capacité de ses Auditeurs.* Voilà tout ce qu'il rapporte de Bede. Y a-t-il dit en aucune sorte ce qu'il lui fait dire: *que le livre de l'Ecriture Sainte doit être fermé au peuple?* Car pour la conséquence qu'il paroît bien qu'il voudroit tirer en faveur de son paradoxe, de ce qu'on doit traiter diversement, dans la distribution de la parole de Dieu, ceux qui sont différemment avancés; les uns ne devant être nourris que de lait, & les autres de viandes solides, on la trouvera

I. CLAS. N°. X. tellement ruinée dans le sixieme chapitre du Livre précédent, qu'on ne croit pas qu'il lui prenne plus envie de s'en servir.

CHAPITRE VI.

Réfutation d'un passage de l'Auteur de l'Œuvre imparfait.

LA maniere dont M. Mallet cite cet Auteur est plaisante. *Saint Chrysostôme, ou l'Auteur de l'Œuvre imparfait.* C'est comme qui diroit, S. Augustin ou Pélage; parce qu'il y a eu long-temps une lettre de Pélage attribuée à S. Augustin. Cela ne laisse pas de tromper les simples, parce que voyant dans un titre le nom de S. Chrysostôme, ils ne peuvent s'imaginer que l'on ait eu la hardiesse d'employer son nom, pour appuyer un paradoxe qu'il a détruit le plus fortement de tous les Peres, qui est, que l'Eglise dans ces siecles-là, ne trouvoit pas bon que l'Ecriture Sainte fût lue par le commun des fideles; car c'est ce que M. Mallet entreprend de prouver. Et il ose sur cela nommer S. Chrysostôme, lui, qui bien loin de défendre à aucun des fideles de lire l'Ecriture Sainte, les exhorte tous de le faire, en tant de lieux & d'une maniere si pressante, qu'il faut que M. Mallet n'ait point de front, pour avoir voulu laisser croire que ce Saint ait favorisé ses rêveries.

Mais il n'est pas juste qu'il profite de cette dissimulation. Il est important que le monde sache ce qu'a dit S. Chrysostôme, afin que les approbateurs de M. Mallet reconnoissent le tort qu'ils ont eu, de ne le pas avertir, qu'il n'avoit rien tant à éviter que de nommer, dans cette dispute, un Saint qui foudroie en cinquante lieux ce qu'il prétend établir. C'est ce que nous ferons voir après avoir répondu à tous ses témoins. Mais voyons maintenant sa mauvaise foi, sur un passage de celui qu'il appelle *l'Auteur de l'Œuvre imparfait, dit S. Chrysostôme.*

Il s'agit de savoir si cet Auteur a cru, que le commun des fideles ne doit pas lire l'Ecriture Sainte. Or quel aveuglement, ou quelle supercherie, que de vouloir prouver cela par un passage où il n'est dit autre chose, sinon, que les Docteurs de la Loi, que consulta Hérode, firent mal de dire à ce Roi le lieu où devoit naître le Messie selon les Prophetes; parce qu'ils devoient prévoir que cela ne serviroit qu'à irriter sa malice! *Ce qui nous apprend*, ajoute-t-il, *que les mysteres de l'Ecriture ne doivent pas être découverts aux impies, mais aux fideles; comme S. Paul le commande quand il dit: quæ à me audisti per multos testes, hæc commenda fidelibus, qui possunt etiam alios docere.*

Mais M. Mallet tourne tout cela à son avantage, avec son infidélité ordinaire. Il dissimule que ce que cet Auteur reprend principalement dans les Docteurs de la Loi, a été d'avoir découvert à Hérode ce qu'il ne demandoit que pour se pouvoir défaire de ce nouveau Roi, que les Mages étoient venus adorer. Il se garde bien de faire envisager cela; mais il veut faire croire que ce que blâme principalement cet Auteur, dans les Docteurs de la Loi, est d'avoir cité l'Écriture, *dont les payens* (c'est ce qu'il lui attribue) *ne doivent avoir aucune connoissance, & qui, selon le témoignage de S. Paul, ne doit pas même être confiée à tous les Chrétiens, mais seulement à certaines personnes fidelles, qui sont capables d'instruire les autres.*

Voilà quelle est la bonne foi de M. Mallet. Ce que cet Auteur dit généralement des fideles (*Ex quibus docemur Scripturarum occulta non manifestari iniquis, sed fidelibus*) il le restreint à un très-petit nombre de tous les fideles; & d'une proposition simple de S. Paul, il en fait une exclusive. Car il y a bien de la différence entre dire, comme fait cet Apôtre: *gardant ce que vous avez appris de moi devant plusieurs témoins, donnez-le en dépôt à des hommes fidelles, qui soient eux-mêmes capables d'en instruire d'autres:* & dire, qu'on ne le doit point confier à d'autres. Outre que S. Paul ne parle point-là de l'Ecriture (& ainsi cela ne regarde point le sujet dont il s'agit) mais de la Tradition de main en main, par laquelle se devoit conserver, dans tout le cours des siecles, la perpétuité de la foi de l'Eglise. Or quoique cela se fasse principalement par ceux qui sont capables d'enseigner les autres, selon que le remarque S. Paul en cet endroit, il est certain néanmoins, que les vérités que l'Apôtre a voulu qui passassent par ce moyen, d'âge en âge, sont les vérités de la foi, qu'on ne cache à aucun fidele; & c'est même ce qui rend cette Tradition plus ferme, & plus digne de toute créance, parce qu'il n'est pas possible que l'on change, sans que l'on s'en apperçoive, ce qui est reconnu pour une vérité de foi par plusieurs millions de témoins.

M. Mallet n'a donc rien trouvé qui le favorise dans le passage de cet Auteur. Mais il n'en a pu lire les premieres lignes sans s'y voir condamner. Nous les avons déja rapportées, dans le neuvieme chapitre du second livre. C'est où il dit; *que ce qui porta S. Matthieu à écrire son Evangile, fut que s'étant élevé une fort grande persécution dans la Palestine, de sorte que tous les fideles apprébendoient d'être dispersés, ils prierent cet Apôtre de leur écrire l'histoire des paroles & des actions de Jesus Christ, afin que pouvant avoir par-tout avec eux ce livre, qui contiendroit le sommaire de leur foi, ils ne manquassent pas d'instruction, s'ils venoient à manquer de Docteurs qui les instruisissent.* Car c'est dé-

I. CLAS. N°. X.

mentir bien expressément M. Mallet, qui voudroit que l'Evangile & les autres Ecritures Canoniques n'eussent été faites que pour être lues par ceux qui seroient capables d'instruire les autres, & non par les simples fideles.

CHAPITRE VII.

De la troisieme Proposition de M. Mallet: *Que les Peres ont regardé comme une introduction dangereuse, que l'Eglise ne devoit point souffrir, de laisser lire l'Ecriture à tout le monde.* Ce qu'il ne prouve que par un passage de S. Jérôme, pris à contre sens.

J'Ai déja dit qu'il n'y avoit que le passage de S. Jérôme, de tous ceux qu'allegue M. Mallet, d'où il pût, avec quelque sorte de couleur, tirer cette conséquence, *que les Peres s'étoient opposés, comme à une introduction dangereuse, à la liberté que tout le monde vouloit prendre, de lire l'Ecriture Sainte.*

Je ne m'amuse pas à répondre au premier passage de ce Pere, pris de son Commentaire sur Nahum, où il dit, que *la raison pourquoi l'Ecriture Sainte, & principalement les Prophéties, ont été embarrassées de tant de difficultés & d'enigmes, q'a été pour cacher les mysteres qui y sont contenus, afin que ce qui est saint ne fût pas exposé aux chiens, non plus que les pierres précieuses aux pourceaux, & le Saint des Saints aux profanes.* Car on voit assez qu'on ne peut conclure de-là, que ce Saint n'a pas voulu que le commun des fideles lût l'Ecriture, qu'en supposant qu'il a pris les simples fideles, quelque piété qu'ils eussent, pour *des chiens, des pourceaux & des profanes.*

Il n'y a donc proprement qu'à examiner le fameux passage de ce Pere, qui est l'Achille, pour parler ainsi, de tous ceux qui n'approuvent point que le commun des fideles lisent l'Ecriture.

Le voilà donc ce grand passage, comme il est rapporté par M. Mallet page 194. *Personne*, dit-il, *ne se mêle d'aucun emploi tant vil qu'il soit, qu'après l'avoir appris. Les Laboureurs, les Maçons, les Charpentiers, les Orfevres, les faiseurs de draps, les Foullons, & généralement tous ceux qui travaillent aux manufactures, se font instruire de leurs métiers. Il n'y a que l'Ecriture Sainte, dont tout le monde veut parler: ce n'est pas jusques aux vieilles femmes qui ne savent plus ce qu'elles disent, & aux vieillards radoteurs, & aux Sophistes, qui n'ont que de vaines paroles, qui présument de la bien entendre, qui la déchirent, & qui l'enseignent aux autres avant que de l'avoir apprise.*

I. CLAS. N°. X.

Il tire de ce passage des conséquences à perte de vue; mais qui ne reviennent point à son but. Car ce qu'il en doit conclure est que S. Jérôme a fait voir par-là, que c'étoit *une introduction dangereuse, de laisser lire l'Ecriture à tout le monde; c'est-à-dire, aux femmes & aux plus ignorants, aussi-bien qu'aux savants.* Or pour s'assurer si cela se peut tirer de ce passage, on ne sauroit mieux faire, que de s'informer par S. Jérôme même de son vrai sentiment sur cette matiere. Et quoique ce qu'il en dit soit plus clair que le jour, je serai bien aise de le rapporter comme il se trouve dans le livre du R. P. Thomassin, approuvé par les meilleurs amis de M. Mallet, & que l'Auteur a mis sous la protection de M. l'Archevêque de Paris; parce que les entretiens qu'il avoit eus avec ce Prélat avoient été pour lui *une abondante source de lumieres: de sorte*, lui dit-il, *que l'effusion que vous nous en fites alors sur cet ouvrage, a été un nouvel engagement qui l'a rendu vôtre, & qui vous doit porter à le protéger.*

Ecoutons donc ce que dit ce savant homme, dans sa premiere partie, liv. II. ch. 10. n. 6. & que M. Mallet & ses approbateurs jugent de-là, s'il a cru que S. Jérôme & les autres Peres trouvoient mauvais, que les femmes & les ignorants, qui *ne savent que la langue qu'ils ont apprise de leurs nourrices*, lussent l'Ecriture Sainte.

" S. Jérôme, dit-il, n'avoit garde de permettre d'autres études que
„ des Lettres saintes aux Ecclésiastiques, ou de ne leur pas ordonner très-
„ étroitement celle-ci; puisqu'il prescrivoit les mêmes regles, non seule-
„ ment aux Religieux & aux Religieuses, mais aussi aux simples fideles &
„ aux Dames mêmes. Il assure que l'occupation ordinaire de S. Hilarion,
„ après l'oraison & la psalmodie, étoit de réciter les Ecritures, qu'il sa-
„ voit par cœur, avec un esprit élevé à Dieu, *Scripturas quoque Sanctas*
„ *memoriter tenens, post orationes & Psalmos, quasi Deo præsente recitabat.*
„ Instruisant la sainte Dame Læta de la maniere d'élever chrétiennement
„ sa fille, il veut que les premiers mots qu'on lui apprendra soient les
„ noms des Patriarches, des Prophetes & des Apôtres; qu'on l'accoutu-
„ me à passer de la priere à la lecture, de la lecture à la priere: qu'elle
„ commence par apprendre le Pseautier; qu'elle passe ensuite aux livres
„ de Salomon, & de Job; puis aux Evangiles, qu'elle aura toujours entre
„ les mains, *ad Evangelia transeat, nunquam ea positura de manibus;* aux
„ Actes & aux Lettres des Apôtres; après quoi elle apprendra les Pro-
„ phetes, le Pentateuque, & les autres livres de l'Ecriture, afin d'allu-
„ mer dans son ame les pures flammes d'un amour tout céleste, qui la
„ rende capable de la lecture du Cantique. Enfin, ce saint & judicieux Pere

I. CLAS. N°. X.

„ veut, que cette jeune Religieuſe liſe les ouvrages des SS. Peres, avec „ une aſſiduité qui peut donner de l'admiration à ces derniers temps. „ *Cypriani opuſcula ſemper in manu teneat. Athanaſii Epiſtolas, & Hilarii* „ *libros inoffenſo decurrat pede. Illorum tractatibus, illorum delectetur in-* „ *geniis, in quorum libris pietas fidei non vacillet.* Ce furent les mêmes „ préceptes qu'il donna à l'illuſtre Vierge Démétriade, *ſtatue quot horis* „ *Sanctam Scripturam ediſcere debeas;* & a la Ste. Veuve Furia, *de Scrip-* „ *turis Sanctis habeto fixum verſuum numerum: iſtud penſum Domino tuo* „ *redde. Nec ante quieti membra concedas, quam calathum pectoris tui* „ *hoc ſub tegmine impleveris. Poſt Scripturas Sanctas Doctorum hominum* „ *tractatus lege; eorum duntaxat, quorum fides nota eſt.* La célebre Ste. „ Paule fit obſerver cette même regle d'études aux Religieuſes de ſes Mo- „ naſteres: *Nec licebat cuiquam Sororum ignorare Pſalmos, & non de* „ *Scripturis Sanctis quotidiè aliquid diſcere.* Dans tous ces endroits, S. „ Jérôme n'eſt pas moins exact à défendre les livres dangereux, qu'à „ ordonner la lecture de ceux qui peuvent éclairer & fortifier la piété „ chrétienne".

Autant de paroles, autant de foudres, qui renverſent les fauſſes pré-tentions de M. Mallet. S. Jérôme, *ce ſaint & judicieux Pere* (dit ce ſavant Auteur dans un Livre ſi autoriſé) n'a pas ſeulement ordonné très-étroitement aux Clercs, aux Religieux & aux Religieuſes de lire l'Ecri-ture Sainte, mais il a porté à cette lecture toutes ſortes de perſonnes, ſans diſtinction d'âge ni de ſexe, juſques aux Dames & aux jeunes filles. Le Pere Thomaſſin n'approuve pas ſeulement cette conduite; il en parle avec éloge. Il ne croit donc pas, non plus que M. l'Archevêque ſon pro-tecteur, que l'Ecriture ne doive être lue que par des ſavants; & il croit encore moins qu'on puiſſe, avec quelque ſorte de raiſon, citer ce grand Saint pour appuyer ce paradoxe impie de M. Mallet: *que les Ecrivains Canoniques n'ont point eu intention, que ce qu'ils écrivoient par le mouve-ment du S. Eſprit, fût lu par le peuple, mais ſeulement par les Prêtres & par les Docteurs.*

Mais d'où vient donc, dira-t-on, que dans la lettre à S. Paulin, dont M. Mallet rapporte le paſſage, il déclame avec tant de force contre les ignorants qui ſe mêloient de parler de l'Ecriture? Cela ne prouve-t-il pas qu'il trouvoit mauvais qu'elle fût lue indifféremment de tout le monde? Non, cela ne le prouve en aucune ſorte, & ceux qui l'ont cru n'ont pas pris garde, que ce qu'il condamne, n'eſt pas que les ignorants & les femmes liſent l'Ecriture pour s'en inſtruire & pour s'en édifier; mais que ceux qui n'en ſont pas inſtruits ſe mêlent d'en parler pour en inſ-truire les autres; qui ſont deux choſes ſi différentes, que le bon ſens

fait

fait assez juger, qu'il n'y a point de conséquence à tirer de l'un à l'autre, & qu'on ne peut sans mauvaise foi, ou que par un éblouissement d'esprit qui arrive quelquefois aux plus grands hommes, prendre l'un pour l'autre. On n'a qu'à relire le passage pour s'assurer de ce que je dis, & reconnoître les adresses dont M. Mallet se sert pour le tourner à son dessein en le traduisant. Car après avoir montré par un dénombrement de plusieurs métiers, qu'on ne sauroit être habile dans aucun art sans l'avoir appris, il n'y a, dit-il, que l'art des Ecritures divines, que chacun s'attribue, *sola Scripturarum ars est quam sibi omnes vindicant.* Ce mot d'*art* incommode M. Mallet; car il montre trop clairement, que ce que reprend S. Jérôme n'est pas, que tout le monde veuille lire l'Ecriture, mais que tout le monde veuille faire l'habile dans l'art & la science des Ecritures. C'est pourquoi M. Mallet a trouvé qu'il lui étoit avantageux de l'ôter dans sa version. *Il n'y a*, dit-il, *que l'Ecriture dont tout le monde veut parler.* Mais encore cela ne lui suffit pas: il auroit fallu pousser la fausseté plus loin, & mettre nettement: il n'y a que l'Ecriture que tout le monde veut lire. Cela auroit dit quelque chose en faveur de M. Mallet. Mais a-t-il cru que les hommes auroient si peu de sens que de prendre pour une même chose, de lire l'Ecriture en disciple, pour s'en nourrir, & d'en parler en maître, pour se faire valoir? S. Jérôme a approuvé le premier, & l'a étendu jusques aux jeunes enfants à peine sortis du berceau. Il ne s'est plaint que du dernier, comme il paroît encore par ce qui suit, & que M. Mallet a retranché aussi-bien du texte qu'il rapporte, que de sa version;

Scribimus indocti doctique poëmata passim.

Car comme il est clair qu'Horace ne se plaint point par ce vers, de ce que les ignorants aussi-bien que les savants lisoient les Poëtes, mais de ce qu'ils entreprenoient de faire des poëmes en étant incapables, il ne l'est pas moins que S. Jérôme n'applique cela qu'aux ignorants, qui veulent faire les habiles dans la science de l'Ecriture, & non à ceux qui la lisent pour leur édification particuliere. C'est ce que la suite fait encore mieux voir. *Hanc garrula anus, hanc delirus senex, hanc sophista verbosus, hanc universi præsumunt, lacerant, docent antequam discant.* C'est bien dommage, qu'exprimant par tant de verbes ce qu'il a dessein de condamner, *præsumunt*, *lacerant*, *docent*, celui de *legunt*, qui auroit été si nécessaire pour le dessein de M. Mallet, ne s'y trouve point. C'est encore une fâcheuse queue que cette fin, *docent antequam discant.* Car cela ne laisse aucun doute de la vérité de ce que j'ai déja

I. CLAS. N°. X.

déja dit, que cette repréhenſion de S. Jérôme ne touche point les ſimples fideles, hommes ou femmes, jeunes ou vieux, ſavants ou ignorants, qui cherchent avec humilité les paroles de vie dans les Evangiles, & les écrits des Apôtres, où le S. Eſprit les a conſervées; mais ſeulement ceux qui en parlent ſans jugement & ſans ſcience, & qui préſument d'en inſtruire les autres, ne les ayant eux-mêmes jamais bien appriſes.

M. l'Evêque de Caſtorie fait la même réflexion ſur ce paſſage de S. Jérôme, dans ſon excellent livre de la lecture de l'Ecriture Sainte, chapitre dernier. *Le zele*, dit-il, *que S. Jérôme y témoigne, n'eſt que contre ceux qui penſent être auſſi ſavants qu'ils ſont grands parleurs, & qui ont l'audace de vouloir enſeigner aux autres ce qu'ils ne ſavent pas eux-mêmes. Mais il ne blâme nullement ceux, qui, reconnoiſſant leur ignorance & leurs ténebres, reçoivent avec joie les vérités qui ſont claires dans la parole de Dieu, & réverent avec humilité celles qui y ſont cachées. Ces perſonnes n'ont pas la témérité de diſcourir de ce qu'ils n'entendent pas, mais la dévotion d'entendre ce qu'ils n'entendent point encore.*

CHAPITRE VIII.

Paſſages des SS. Peres oppoſés à ceux que M. Mallet a rapportés avec auſſi peu de jugement que de bonne foi. Et, premiérement, des Peres Latins.

NOus avons vu tout ce que M. Mallet a pu trouver dans les Peres, pour juſtifier ce qu'il avoit avancé avec une hardieſſe inconcevable; *qu'ils ont été ſi éloignés de permettre indifféremment à tout le monde la lecture de l'Ecriture Sainte en langue vulgaire, qu'ils ont même déſapprouvé cette permiſſion générale, en quelque langue que ce fût, comme étant, à leur avis, une introduction dangereuſe, que l'Egliſe ne devoit point ſouffrir.* Cinq Auteurs, dont il y en a trois à qui il attribue groſſiérement ce qu'ils n'ont point dit, & deux de qui il n'a pu tirer ce qu'il prétend, que par des conſéquences abſurdes & ridicules, font toute la preuve d'une propoſition ſi générale, & qui ne paſſera jamais, parmi tous ceux qui ont un peu lu les Peres, que pour une inſigne fauſſeté. Cependant, comme s'il avoit enchanté ſes approbateurs, & que ſon livre fût ſemblable à ce breuvage de Circé, qui changeoit les hommes en bêtes, bien loin de l'avertir d'une ſi étrange bévue, ils lui en donnent des éloges, & ils ne trouvent rien de mieux prouvé que cette prétention inſenſée, que les Peres ont eu un soin tout particulier, de ne pas permettre indifféremment à toutes sortes de personnes, la lecture de l'Écriture Sainte. C'est le témoignage qu'en rend le premier & le plus qualifié de ses approbateurs. *Il certifie, que M. Mallet appuie, dans son livre, d'une maniere très-solide & très-utile, les sentiments que les SS. Peres ont témoigné touchant la lecture de l'Ecriture Sainte, & le soin tout particulier avec lequel ils ont recommandé de ne la pas permettre indifféremment à toutes sortes de personnes.* Quel aveuglement à des Docteurs de Sorbonne, & à des Professeurs en Théologie, d'avoir pris quatre ou cinq passages, ou faussement, ou impertinemment allégués, & qu'on ne peut dire, avec la moindre couleur, contenir rien de positif sur la question dont il s'agit, pour des preuves solides d'un fait aussi important que celui-là, & qu'ils devoient savoir être contredits par tout ce qu'il y a d'habiles gens dans l'Eglise!

Car ce sont deux choses très-différentes, & que M. Mallet tâche toujours malicieusement de confondre. L'une, si les auteurs de l'Index ont eu raison de vouloir qu'on ne pût lire les versions de la Bible en langue vulgaire, sans en avoir permission, à cause de l'abus qu'on en faisoit à la fin du dernier siecle. L'autre, si les SS. Peres ont rien fait de semblable, ou si, au contraire, ils n'ont pas exhorté tout le monde indifféremment à lire l'Ecriture Sainte. Le premier a été soutenu par de grands hommes; & M. Mallet n'ajoute rien à ce qu'ils ont dit, que des impertinences qui lui sont particulieres. Mais pour le dernier; c'est-à-dire, pour le sentiment des Peres touchant la lecture des Livres saints, soutenir ce que soutient M. Mallet, & ce qui a paru *solide* à ses approbateurs, qui est, *qu'ils ont recommandé, avec un grand soin, de ne la permettre pas indifféremment à toutes sortes de personnes*, c'est vouloir passer parmi les savants pour un prodige d'ignorance en matiere d'antiquité.

C'est pourquoi je ne me croirois pas obligé d'en dire davantage, si je n'écrivois que pour des Théologiens. Mais parce que l'assurance avec laquelle M. Mallet propose les plus grandes faussetés peut avoir imposé aux gens du monde, qui n'ont pas lu les Peres, je me crois obligé, pour les détromper, d'opposer plusieurs des plus considérables d'entre les SS. Peres, à ces quatre ou cinq qu'il a rapportés avec si peu de raison, pour appuyer ses rêveries. Je commencerai par les Peres Latins, réservant les Peres Grecs pour le chapitre suivant. Et je mets S. Clément entre les latins, parce que c'est à Rome qu'il a écrit, quoiqu'il ait écrit en grec.

I. CLAS. N°. X.

S. Clément Pape.

On ne sauroit trouver de plus ancien témoin, ni de plus grande autorité après les Apôtres, de l'esprit & de l'usage de l'Eglise sur le sujet dont il s'agit, que S. Clément, Pape, qui a été instruit par S. Pierre & par S. Paul, & que Saint Irénée oppose à tous les hérétiques de son temps; parce qu'ayant été le troisieme après les Apôtres, qui avoit rempli le Siege de Rome, il pouvoit rendre un témoignage certain de la Tradition Apostolique. Ce qu'il dit sur la lecture des Livres sacrés dans sa lettre aux Corinthiens, si célebre dans l'antiquité, qu'on a recouvrée depuis quelque temps, est d'autant plus considérable, que la maniere dont il en parle fait mieux voir, par sa simplicité, qu'on ne doutoit point en ce temps-là que tous les Chrétiens ne lussent l'Ecriture Sainte. *Vous avez lu, mes chers freres, les Ecritures Saintes, & vous en êtes bien instruits; & vous vous êtes appliqués avec soin, à méditer la parole de Dieu. Conservez-la donc dans votre mémoire, & la repassez souvent dans votre esprit.*

S. Irénée.

Il n'y a guere de Peres qui aient parlé plus avantageusement des Traditions que S. Irénée, jusqu'à dire, dans le livre 3, chap. 4. " Que „ si les Apôtres ne nous avoient pas laissé les Ecritures Saintes de la „ Nouvelle Alliance, nous aurions pu être Chrétiens sans cela, en suivant l'ordre de la Tradition qu'ils ont laissée à ceux à qui ils ont commis „ le soin des Eglises. Et il ajoute, qu'il y a des nations barbares, qui „ avoient embrassé la foi en Jesus Christ, sans caracteres & sans encre, „ ayant la doctrine du salut écrite dans leur cœur par le S. Esprit, „ & gardant avec soin l'ancienne Tradition. " Mais c'étoit apparemment que ces nations barbares ne pouvoient lire l'Ecriture, ne l'ayant pas en leur langue. Et ainsi, comme ce n'est pas la voie ordinaire dont Dieu conduit les fideles, & que son intention a été, en leur donnant les Evangiles, & les écrits des Apôtres, qu'ils s'en servissent pour leur instruction, ce que ce Saint avoit dit à l'avantage de la Tradition n'a pas empêché qu'il n'ait dit au cinquieme livre, chap. 20. " Que le propre du „ Chrétien est de se nourrir de l'Ecriture dans le sein de l'Eglise. *In ejus sinu* „ *educari & Scripturis Dominicis innutriri*, & que cela a été marqué par ce „ que Dieu a dit à Adam, qu'il mangeroit de tous les arbres du Paradis; „ l'Esprit Saint nous faisant entendre par-là, que toutes les Ecritures „ divines devoient être notre nourriture. *Ab omni ergo ligno Paradisi* „ *escas manducabis, ait Spiritus Dei, id est, ab omni Scriptura Dominica* „ *manducate.* "

S. Hilaire.

I. CLAS. N°. X.

Comme jamais perſonne n'a douté, pendant plus de douze ſiecles, qu'il ne fût permis à tous les Chrétiens de tout ſexe & de toute condition, de lire l'Ecriture Sainte, ce que l'on doit chercher dans les Peres, n'eſt pas qu'ayant mis cela en queſtion, ils aient réſolu que tout le monde la pouvoit lire; car ils le ſuppoſent tous comme indubitable.

Mais ce qu'ils font principalement, eſt, de s'étendre à montrer les grands avantages que l'on tire de la lecture des Livres ſacrés, pour engager tout le monde à s'y appliquer. Et c'eſt ce que fait S. Hilaire en différentes manieres, dans ſon Commentaire ſur le Pſeaume 118.

Il dit que la lecture de la parole de Dieu eſt une ſource de dévotion & d'intelligence. *Reſſouvenons-nous*, dit-il, *lorſque nous nous ſommes appliqués à la lecture de l'Ecriture Sainte, pour y trouver ce que Dieu nous ordonne, & ce qu'il deſire que nous faſſions pour lui plaire, quelle a été la plénitude d'une intelligence céleſte, que notre eſprit, ſi petit de lui-même, s'eſt trouvé capable de recevoir, & de quelle ſorte notre baſſeſſe a été remplie d'ardents deſirs de jouir de Dieu.*

Il dit, *que l'ame qui goûte comme il faut l'Ecriture, a en elle une nourriture qui lui eſt une ſemence de la vie éternelle.*

Il dit que la lecture de l'Ecriture Sainte eſt une ſource de vie, & qu'il la faut lire & la méditer pour en vivre. *C'eſt avec raiſon*, dit-il, *que David eſpere, parce que ſa principale occupation étoit de méditer la Loi de Dieu. Appliquons-nous donc auſſi à la lecture des Livres divins. Travaillons à connoître ce que Dieu demande de nous; & pratiquons, par le réglement de notre vie, ce que ſa loi nous commande. Car c'eſt la méditation de la Loi divine qui fait eſpérer au Prophete, qu'étant ſoutenu par la miſéricorde de Dieu, il vivra de la véritable vie.*

S. Ambroiſe.

Ce Saint n'a pas accoutumé de traiter les choſes par de longs diſcours. Il ſe contente de les marquer par des paroles courtes & vives, qu'un grand homme diſoit autrefois tenir quelque choſe du ſtyle des Prophetes. C'eſt en cette maniere qu'il s'eſt expliqué en divers lieux ſur l'excellence de l'Ecriture-Sainte, & ſur le beſoin que nous avons de la lire.

Pour nous apprendre que c'eſt dans la lecture des Ecritures divines, que nous trouvons notre victoire & notre joie, il dit, que c'eſt ce que figuroient ces trompettes ſacerdotales, qui n'excitoient pas ſeulement

I. CLAS. N°. X. les Juifs à vaincre leurs ennemis; mais qui faisoient leur joie dans leurs jours de fêtes. (a) *Non soli hostes harum tubarum sonitu vincuntur, sed & delectationes & dies festi sine his esse non possunt.*

Ibid. Il dit que les Oracles des Prophetes nous doivent toujours réveiller, & nous presser de nous hâter pour arriver au ciel: *Semper te Prophetarum oracula excitent atque commoveant ut ad superiora festines.*

Lib. 1. Ep. 13. Que c'est être sage que de se plaire dans cette sainte nourriture. *Sapientia delectatio alimenti cœlestis.*

Ep. 4. Que la parole de Dieu rend les hommes Rois, en empêchant qu'ils ne soient assujettis aux passions du siecle. *Sermo ejus principes facit, qui non subjiciantur illecebris sæcularibus.*

Lib. 2. de Abel & Cain. Que l'Ecriture Sainte donne des forces à l'ame, & la remplit d'une beauté spirituelle; qu'elle soutient & fortifie les bonnes pensées, & détruit la puissance des cupidités & des passions. *Sermo plurimus Scripturarum animam confirmat & quodam spiritalis gratiæ colorat vapore. Rationabilia quoque inventa corroborat, dissolvitque omnem vim irrationabilium potestatum.*

Lib. de Interpellatione. In Psal. 118. Qu'elle est un grand remede contre l'ennui & contre les tentations. *Remedium tædiorum omnium Christus & Scriptura divina, & in tentationibus unicum refugium.* Et ailleurs. *Verbum Dei repulsorium est tædiorum, quo sopor animæ, somnis mentis excluditur.*

In Psal. 36. Que le devoir d'un Chrétien est de méditer toujours l'Ecriture, pour la pratiquer. *Divina intra se volvat oracula; atque ad ea quæ complaceant Deo suum informet affectum. Sit meditatus in lege, & nulla eum Dei mandata prætereant.*

In Ps. 37. Que comme la terre est pleine de remedes pour les maladies du corps, l'Ecriture est pleine de remedes pour les maladies de notre ame. *Ita etiam præceptis salutaribus replevit seriem Scripturarum, quibus infirmitas animæ sanaretur.*

In Ps. 45. Que la parole de Dieu nous est toutes choses. Notre médecine, notre lumiere, l'eau qui lave nos taches, la source de tous nos biens. *Loquere Domine Jesu. Verbum tuum medicina est. Verbum tuum lumen est. Verbum tuum nostræ colluvionis ablutio est. Verbum tuum fons est. Tu loqueris & culpæ lavantur. Omnia nobis factum est Dei verbum.*

Que l'Ecriture est utile à tout le monde; que celui qui est sain y acquiert la sagesse; qu'elle présente à celui qui est captif un Rédempteur qui le délivre; & à celui qui est libre, un Dieu qui le récompense; qu'elle instruit & qu'elle édifie toutes sortes de personnes, & que chacun

(a) *De fide Resurrectionis.*

trouve ou de quoi guérir ses plaies, ou de quoi se fortifier dans la vertu & se procurer de nouveaux mérites. *Sanus sapientiam acquirit, captivus redemptorem, liber remuneratorem. Omnes ædificat Scriptura divina. In ea invenit unusquisque, quò aut vulnera sua curet, aut merita confirmet.*

I. CLAS. N°. X.

In Ps. 48.

Que la méditation de la Loi de Dieu est notre unique soutien dans le temps de l'adversité; & que c'est ce qui fait que nous trouvons de la force lorsque nous sommes le plus accablés par les malheurs de ce monde. *Legis meditatio facit ut tempora tribulationis, tempora quibus humiliamur aliquibus adversis sustinere & tolerare possimus, ut neque humiliato nimis, neque dejecto frangamur affectu.*

Qu'on trouve dans la lecture des Ecritures Saintes, l'onction, la force & la nourriture. C'est ce qu'il fait entendre par la comparaison des Athletes, qui se frottoient d'huile, s'exerçoient continuellement à la lutte, & se nourrissoient de viandes fortes, pour se rendre plus forts. Il prétend que la lecture des Livres sacrés doit faire tout cela en nous. *Ungamus oleo lectionis mentis nostræ lacertos. Sit nobis tota die & nocte exercitii usus in quadam cœlestium Scripturarum palæstra, artusque animorum nostrorum salubris ferculorum nostrorum esca confirmet.*

Que nous nous devons conduire dans toutes nos actions par la lumiere de l'Ecriture; que c'est la source de notre vertu, & le progrès de nos bonnes œuvres. *Arguit Christus eos qui utuntur lucerna, si non semper utantur. Nunquam negligamus verbum Dei, ex quo nobis omnium origo virtutum est, universorumque operum quidam processus. Hæc lucerna accensa sit in omni verbo, in omni opere.*

In Ps. 118.

Que les Livres de l'Ecriture sont autant de dépouilles qui nous enrichissent; que ce doit être notre joie. *Meritò exulto: sine labore meo inveni spolia. Inveni Pentateucum, inveni Regnorum libros, inveni Prophetarum scripta, inveni Christum, inveni Paulum.*

In Ps. 118.

Que l'Ecriture nous doit être un festin continuel; qu'on y trouve des viandes plus fortes, comme est la Loi & l'Evangile, & d'autres plus douces & plus agréables, comme sont les Pseaumes, & le Cantique des Cantiques. *Bene eructat qui plurima & suavia Dei præcepta gustaverit: habet verbum Dei epulas suas, alias fortiores, ut est Lex & Evangelium: alias suaviores, ut sunt Psalmi & Cantica Canticorum.*

Ibid.

Que, qui se nourrit tous les jours de l'Ecriture, n'a plus faim de tout le reste. *Ede Scripturarum cœlestium cibos; ede quotidie ut non esurias.*

Ibid.

Qu'on ne la doit pas lire en courant, & avec peu d'application à ce qu'on en lit; mais que lors même que nous n'avons plus le livre entre les mains, nous devons faire comme ceux d'entre les animaux mondes,

I. CLAS. N°. X.

qui ruminent, tirer de même du fond de notre mémoire cette pâture spirituelle pour la ruminer. *Non perfunctiorè transeamus quæ legimus, sed etiam cum abest codex, tamquam animantia munda & ruminantia, de interioribus nostris ruminandum nobis pabulum spirituale promamus.*

Il dit que l'Evangile de S. Luc est écrit pour être lu par tous ceux qui aiment Dieu ; ce qui se doit rencontrer dans tous les vrais Chrétiens, savants ou ignorants, de tout âge & de tout sexe. *Cet Evangile*, dit-il, *est adressé à Théophile ; c'est-à-dire*, à celui qui aime Dieu. *Si vous aimez Dieu, c'est pour vous qu'il est écrit. Recevez le présent d'un Evangéliste, & ce qu'il vous donne, comme votre ami, pour gage de son amitié. Conservez-le avec soin dans le trésor de votre cœur. Gardez ce précieux dépôt. Considérez-le souvent, & le lisez sans cesse avec grand soin.*

Dans sa préface sur S. Luc.

Il faut donc que l'on dispense d'aimer Dieu ceux que l'on prétend ne devoir pas lire l'Evangile. Car il est certainement bien étrange, & on auroit eu sans doute bien de la peine à en persuader S. Ambroise, ni aucun de tous les Peres, que n'en étant pas moins capable d'aimer Dieu, pour ne savoir que ma langue maternelle, on me doive priver d'un présent que m'a fait un Evangéliste, & d'un gage qu'il m'a donné de son amitié, selon la pensée de ce Pere, en ne voulant pas que je lise ce qu'il a écrit pour être lu par tous ceux qui aimeroient Dieu.

Est-ce qu'il en auroit excepté les femmes & les filles, comme des *profanes*, à qui ce *sanctuaire* doit être *fermé ?* Ce seroit une folie que d'avoir cette pensée. Il dit que ce sont les paroles de la doctrine sacrée; c'est-à-dire, les Ecritures Saintes, qui sont le mariage spirituel des vierges avec leur divin Epoux. *Sacræ Doctrinæ verbis sponso innubit æterno.*

Lib. 2. de virg.

Que le silence leur est recommandé pour mieux savoir l'Ecriture. *Nulla divinarum sententia fugiet lectionum, si aurem admoveas, vocem premas.*

Lib. 3. de virg.

Et il les exhorte de chercher Jesus Christ dans les Ecritures, parce qu'on ne le trouve mieux nulle part. *Quærite illum in Scripturis, ibi meliùs invenitur.*

Exhort. ad virg.

On auroit pu encore rapporter d'autres passages de S. Ambroise. Mais en voilà suffisamment pour faire connoître ce qu'il pensoit de la lecture de l'Ecriture Sainte. C'est aux approbateurs de M. Mallet à nous en opposer d'autres, où il ait témoigné que les ignorants & les femmes ne devoient pas lire les Livres sacrés. Car il faut bien qu'ils en aient trouvé, pour avoir approuvé ce qu'assure M. Mallet, que les Peres ont regardé *comme une introduction dangereuse, que l'Eglise ne devoit point souffrir, que l'on permît indifféremment à tout le monde de lire l'Ecriture Sainte.* On attend donc qu'ils nous les montrent, & cependant voyons ce que nous diront les autres Peres.

S. Jérome.

I. Clas. N°. X.

S. Jérôme.

M. Mallet a cru avoir trouvé dans ce Pere de quoi appuyer ses paradoxes. Mais quoiqu'il ne se soit trompé en cela qu'après de plus habiles gens que lui, ses approbateurs ne sont pas excusables de n'avoir pas reconnu qu'il se trompoit; rien n'étant plus facile que de voir la différence qu'il y a entre blâmer la témérité de ceux, *qui, étant ignorants dans la science de l'Ecriture, se mêloient de l'enseigner aux autres,* (*docent antequam discant*) qui est tout ce que fait S. Jérôme, & dire, *qu'il ne doit pas être permis indifféremment à tout le monde de lire l'Ecriture Sainte*, qui est ce qu'il auroit dû faire, pour appuyer la prétention de M. Mallet.

Laissant donc là ce qui a déja été réfuté, je ne répéterai point non plus ce que nous avons aussi rapporté du livre du Pere Thomassin, qui a établi très-solidement, par de fort beaux endroits de ce Pere, qu'il n'avoit garde de ne pas ordonner aux Clercs, & aux Religieux de lire l'Ecriture Sainte, puisqu'il l'ordonnoit aux Dames mêmes, & aux filles dès leur plus tendre jeunesse. Mais en voici d'autres qui prouvent la même chose.

Ecrivant à un de ses amis nommé Gaudence, entre les avis qu'il lui donne pour élever chrétiennement une jeune fille dont il avoit soin, il n'a pas oublié de lui recommander de lui faire lire l'Ecriture Sainte. (Ep. 12.) " Lors, dit-il, qu'elle aura atteint l'âge de sept ans, qu'elle „ sera capable de honte, qu'elle commencera de savoir ce qu'elle doit „ taire, & de douter sur ce qu'elle doit dire, faites-lui apprendre par „ cœur les Pseaumes, & jusqu'à douze ans, qu'elle fasse le trésor de „ son cœur des livres de Salomon, des Evangiles, des Epîtres des „ Apôtres, & des Prophetes. „

Il parle de la même sorte à la Sainte vierge Démétriade, qui étoit plus avancée en âge & en vertu. „ Outre le temps, lui dit-il, que „ vous devez employer à la récitation des Pseaumes & à la priere, „ selon l'ordre qui vous est prescrit pour les heures de tierce, de sexte, „ de none; pour le soir, pour minuit, & pour le matin, que vous „ ne devez jamais omettre, réglez combien vous devez encore employer „ d'heures à apprendre l'Ecriture Sainte, & combien de temps à la lire, „ regardant cet exercice, non comme un travail pénible, mais comme „ les délices de votre ame, & sa plus précieuse nourriture. "

Une des plus grandes louanges qu'il donne aux Saintes dont il a écrit la vie, est l'ardeur qu'elles avoient à lire l'Ecriture. Après avoir décrit la pénitence admirable de Sainte Fabiole, il dit qu'elle passa jusques à

I. CLAS. N°. X.

Jerusalem, & qu'elle passa quelque temps dans le Monastere de Sainte Paule, que ce Saint conduisoit. Sur quoi il parle en ces termes des entretiens qu'il eut avec elle. „ Quand je me souviens des entretiens que „ nous eûmes ensemble, je crois la voir encore. Bon Dieu quelle étoit „ sa ferveur & son attention pour l'Ecriture Sainte! Elle couroit les „ Prophetes, les Evangiles & les Pseaumes, comme si elle eût voulu „ se rassasier dans une faim violente: elle me proposoit des difficultés, „ & conservoit dans son cœur les réponses que j'y faisois; elle n'étoit „ jamais lasse d'apprendre, & la douleur de ses péchés s'augmentoit à „ proportion de ce qu'elle augmentoit en connoissance. Car comme si „ on eût jeté de l'huile dans le feu, elle ressentoit des mouvements „ d'une ferveur encore plus grande. „

Ce Saint en dit autant de Sainte Paule. " Elle savoit, dit-il, par „ cœur, l'Ecriture Sainte; & bien qu'elle aimât extrêmement l'histoire, à „ cause, comme elle disoit, que c'étoit le fondement de la vérité, elle „ s'attachoit néanmoins beaucoup davantage au sens allégorique & spi- „ rituel, & elle en faisoit comme le comble de l'édifice de son ame. „ Elle me pria fort, qu'elle & sa fille pussent lire en ma présence le „ Vieil & le Nouveau Testament, afin que je leur en expliquasse les „ endroits les plus difficiles; & ne pouvant résister à ses instances con- „ tinuelles, je lui promis de lui enseigner ce que j'en avois appris, „ non pas de moi-même, c'est-à-dire, de la présomption de mon „ propre esprit, qui est le plus dangereux de tous les maîtres, mais „ des plus grands personnages de l'Eglise. Je dirai aussi une chose „ qui semblera peut-être incroyable à ceux à qui ses admirables qualités „ ont donné de la jalousie. Elle desira d'apprendre la langue hébraïque, „ dont j'ai acquis quelque connoissance, & elle vint à bout de son „ dessein, tellement qu'elle chantoit les Pseaumes, & la parloit sans y „ rien mêler de l'élocution latine; ce que nous voyons faire encore au- „ jourd'hui à sa sainte fille Eustochie. "

Il dit aussi, dans la même vie, que, pour tempérer le zele de cette sainte femme, qui pleuroit les moindres fautes comme de grands péchés, avec une abondance de larmes, il l'avertissoit d'épargner ses yeux & de les conserver pour la lecture de l'Evangile: *Ut parceret oculis & eos servaret Evangelicæ lectioni.* Et enfin, il nous apprend que cela ne lui étoit point particulier; mais que toutes les filles, qu'elle avoit assemblées en trois Monasteres, lisoient aussi-bien qu'elle les Livres sacrés. *Car elles étoient*, dit-il, *toutes obligées de savoir par cœur tout le Pseautier, & d'apprendre tous les jours quelque chose de l'Ecriture Sainte.*

Il en dit encore davantage de Sainte Marcelle. " Son amour, dit-il

„ pour l'Ecriture Sainte étoit incroyable ; & elle chantoit toujours ; *j'ai*
„ *caché & conservé vos paroles dans mon cœur, afin de ne vous point*
„ *offenser* ; & cet autre verset, où David, parlant de l'homme parfait,
„ dit : *Il met toute son affection en la loi du Seigneur, & il la médite*
„ *le jour & la nuit.* Entendant par cette méditation de la loi, non
„ pas de répéter souvent les paroles de l'Ecriture, ainsi que faisoient les
„ Pharisiens, mais de les pratiquer, selon que l'Apôtre nous l'enseigne,
„ lorsqu'il dit : Soit que vous buviez, que vous mangiez, ou que vous
„ vous occupiez à quelqu'autre chose, faites toutes vos actions pour la
„ gloire de Dieu. „

Voilà comme elle lisoit l'Ecriture, avant même que d'avoir connu S. Jérôme. Mais voici ce qu'il en dit depuis qu'elle l'eût connu. „ N'ayant
„ écouté que comme en passant tout ce que j'avois pu acquérir de con-
„ noissance de l'Ecriture par une fort longue étude, elle l'apprit, &
„ elle le posséda de telle sorte, que, lorsqu'après mon départ il arrivoit
„ quelque contestation touchant des passages de l'Ecriture, on l'en prenoit
„ pour juge : mais comme elle étoit extrêmement prudente, & savoit
„ parfaitement les regles de ce que les Philosophes nomment bienséance,
„ elle répondoit avec tant de modestie aux questions qu'on lui faisoit,
„ qu'elle rapportoit comme l'ayant appris de moi, ou de quelqu'autre,
„ les choses qui venoient purement d'elle, afin de passer pour disciple,
„ en cela même où elle étoit une fort grande maitresse. "

On voit donc que S. Jérôme loue des femmes, non seulement de ce qu'elles lisoient l'Ecriture pour leur édification particuliere, mais de ce qu'elles en faisoient une étude, & de ce qu'elles s'appliquoient avec ardeur à en pouvoir résoudre les difficultés. Qu'auroit pensé sur cela M. Mallet, lui qui, à la fin de son *Examen du Nouveau Testament de Mons*, représente comme un étrange désordre, de ce que *des Dames dévotes, qui aiment la morale sévere*, avoient trouvé de la difficulté à la citation qu'avoit fait un Prédicateur d'un passage de S. Paul, & qui s'écrie sur cela, comme si tout étoit perdu ; *que les femmes & les ignorants prendront bientôt la hardiesse de se rendre juges de la doctrine de l'Evangile, si la lecture de l'Ecriture Sainte en langue vulgaire est permise indifféremment à tout le monde !* S'il entend, par *se rendre juge de la doctrine de l'Evangile*, préférer son jugement à celui de l'Eglise, ce seroit sans doute un grand désordre & une horrible présomption. Mais qui lui a donné droit à lui-même de *se rendre juge* des membres de Jesus Christ, en voulant que, pour n'avoir pas appris le latin, ils ne puissent lire l'Evangile en la seule langue qu'ils savent, que par un aussi méchant esprit que celui qu'il leur attribue ? Que s'il appelle *se rendre juge de la doctrine de l'Ecri-*

I. CLAS. N°. X.

ture, de ne pas croire aveuglément tout ce qu'en diroit un Prédicateur particulier, (qui est tout ce qu'il peut conclure de son histoire) qu'il écoute encore ce que S. Jérôme dit sur cela, & qu'il reconnoisse, que les plus grands hommes sont les plus humbles, & qu'ils souffrent, sans se choquer, que des femmes les contredisent, quand c'est par une ardeur louable de pénétrer dans les secrets de l'Ecriture. C'est dans la préface de ses Commentaires sur l'Epître aux Galates, qu'il a faits pour Sainte Paule & Sainte Eustochie; mais qu'il dit d'abord qui pourront contribuer à guérir la plaie que Sainte Marcelle avoit reçue par la mort de sa mere Albine, ne jugeant pas qu'il y eût de remede qui y fût plus propre, que des explications de l'Ecriture. " Car je sais, dit-il, quelle „ est son ardeur sur cela. Je sais quelle est sa foi, & que le feu dont „ son cœur est embrasé, lui fait surpasser son sexe, s'élever au dessus „ de la nature de l'homme, & se plaire, à l'exemple de Marie, sœur „ de Moyse, à faire retentir le tambour des divins volumes en passant „ la mer rouge de ce siecle. Lorsque j'étois à Rome, elle se pressoit „ de me voir, pour me faire toujours quelque question sur l'Ecriture. „ Et elle ne ressembloit pas aux disciples de Pythagore, en demeurant „ satisfaite de tout ce que je lui disois, & se payant d'une autorité sans „ raison; mais elle examinoit toutes choses, & pesoit tout avec beaucoup „ de jugement & de pénétration d'esprit; de sorte que je sentois bien „ que je n'avois pas tant affaire à un disciple qu'à un *Juge*. „ Voilà le mot qui fait tant crier M. Mallet, & qui lui paroît le plus insupportable de tous les abus.

Qu'auroit-il fait encore s'il eût été en ce temps-là, & qu'étant de l'humeur qu'il est, il eût vu des femmes demander qu'on leur accordât le latin & le grec des Pseaumes, avec la vérité hébraïque? Il les auroit bien envoyé filer leur quenouille: & au lieu de leur répondre, il leur auroit appris; que ce n'étoit pas à elles à lire l'Ecriture sainte; qu'elle n'avoit été écrite que pour être lue par les Prêtres & par les Docteurs; que c'étoit la profaner que de la laisser entre les mains des ignorants & des femmes, qui se devoient contenter de ce qu'on leur en diroit dans les Sermons. Je ne doute point qu'il ne me sache bon gré de ce que j'explique si bien ses pensées; car il ne les auroit pas proposées à toute l'Eglise dans un livre public, si lui & ses approbateurs ne les avoient trouvées si raisonnables, qu'ils ont cru que les Saints Peres n'en pouvoient pas avoir eu d'autres, & que S. Jérôme sur-tout avoit été de leur sentiment. D'où vient donc que Sunia & Fretella, lui écrivant du fond d'un pays barbare, & le priant de les instruire sur un très-grand nombre de difficultés qu'elles avoient trouvées dans le latin & le grec des Pseaumes, bien loin de les rebuter, & d'attribuer à une témérité qu'on ne doit point souffrir en des femmes, de lire l'Ecriture Sainte, & d'en vouloir savoir les secrets, il leur en donne de grandes louanges; & après avoir rendu graces à Dieu de ce qu'il inspiroit à des nations barbares, une louable curiosité d'entendre les saintes Lettres, il ne dédaigne point de répondre à toutes leurs questions, avec un soin & une exactitude merveilleuse; & il leur fait d'abord un discours plein d'érudition, sur les diverses sortes de versions grecques, en les avertissant, que celle qu'on appelloit commune ou de Lucien, n'étoit pas si pure, que celle des Septante, qui étoit dans les Hexaples, (c'est-à-dire dans les Bibles à six colonnes) qu'il avoit traduite en latin. Et enfin, il leur donne cette regle (dont on a fait depuis une regle du Droit Canonique) *Que, comme dans le Nouveau Testament, lorsque les exemplaires latins ne s'accordent pas, on doit avoir recours à l'original grec, ainsi, dans le Vieux Testament, quand il y a de la diversité entre les exemplaires grecs & latins, il faut recourir à la vérité hébraïque, afin de juger, par ce qui se trouvera dans la source, de ce qui se doit trouver dans les ruisseaux.* Est-ce là juger les femmes indignes de lire l'Ecriture Sainte? Est-ce croire qu'on l'expose à être profanée, quand on les exhorte à la lire?

Enfin, M. Mallet nous ayant opposé fort mal à propos un passage de ce Pere, dans son Commentaire sur le Prophete Nahum; écoutons ce que ce Saint dit sur ce sujet, dans ce même ouvrage, & de quelle sorte il représente comme une grace particuliere que J. C. nous a faite en venant au monde, de ce qu'il a réveillé le peuple de son assoupissement, en le portant à lire les Livres de Moyse, des Prophetes & des Apôtres, qu'il appelle des montagnes où le peuple s'est réfugié. C'est sur ces paroles du chapitre 3. vers. 18. *Dormitaverunt Pastores tui* & le reste. " Ç'a toujours été, dit-il, le dessein du Diable d'endormir les ames „ qui doivent veiller. Nous voyons dans la passion du Sauveur, qu'il „ accabla les yeux des Apôtres d'un profond sommeil; ce qui obligea „ Jesus Christ de leur dire pour les éveiller: *Veillez & priez afin que* „ *vous ne tombiez point dans la tentation;* & en un autre endroit: *Ce* „ *que je vous dis, je le dis à tous; veillez.* Et parce que notre ennemi ne „ cesse point d'empêcher que ceux qu'il trompe ne veillent, & de les „ porter au sommeil par le doux & pernicieux chant des Sirenes, la „ parole de Dieu nous réveille continuellement, & nous dit: *Levez-* „ *vous, vous qui dormez, & J. C. vous éclairera.* Il semble donc que „ le Prophete nous marque, qu'à l'avénement de J. C., lorsque sa pa- „ role se répandroit dans le monde, & que la doctrine de l'Eglise s'y „ feroit entendre, & que Ninive, cette belle & fameuse courtisane,

I. CLAS. N°. X.

„ feroit fur le point d'être détruite, le peuple, qui étoit auparavant affoupi fous les maîtres de la Loi, fe réveilleroit, feroit rempli du même
„ efprit qui avoit parlé par les Prophetes, & qu'il iroit aux montagnes
„ des Ecritures, Moyfe, Jofué, les Prophetes, les Apôtres & les Evan-
„ géliftes; & lorfqu'il s'y feroit retiré, & qu'il fe feroit beaucoup appli-
„ qué à la lecture de ces divins ouvrages, qui font comme les Mon-
„ tagnes de l'Eglife, s'il ne trouvoit perfonne qui l'en inftruifît (car la
„ moiffon eft grande, & il y a peu d'ouvriers) on loueroit fa dévotion
„ & fa piété, de ce qu'il fe feroit retiré fur ces montagnes (c'eft-à-
„ dire de ce qu'il liroit les Ecritures) & on blâmeroit la négligence
„ des maîtres."

Cela n'a pas befoin de commentaire. On voit que ce Pere, bien loin de défapprouver que le peuple life l'Ecriture Sainte, il le loue de s'appliquer à cette fainte lecture, lors même qu'il manque de maîtres qui la lui expliquent; parce qu'il fuppofoit, comme tous les autres Saints, que les fimples mêmes & qui n'ont aucune étude, la lifant avec piété, y trouvent affez de quoi fe nourrir, & entretenir en eux l'efprit de Dieu.

L'Auteur de la lettre à Célancie.

Cette Lettre, qui eft une inftruction admirable pour les Dames Chrétiennes, a été attribuée par quelques-uns à S. Jérôme, & par d'autres à S. Paulin; & elle eft digne de l'un & de l'autre, pour l'efprit de piété dont elle eft remplie, n'y ayant que la différence du ftyle qui ait fait juger qu'elle n'étoit d'aucun de ces deux Saints. Mais quel qu'en foit l'Auteur, il n'y a rien de plus chrétien, ni de plus folide, que les avis qu'il donne à une Dame de grande qualité nommée Célancie; & l'un de ceux fur lequel il infifte le plus, eft de lire très-foigneufement l'Ecriture Sainte. " Le principal de vos foins, lui dit-il, doit être de bien
„ favoir la loi de Dieu, afin que vous puiffiez voir, par fa conduite
„ & fa lumiere, les exemples des Saints, comme s'ils vous étoient pré-
„ fents, & y apprendre, par les confeils que vous y trouverez, ce
„ que l'on doit faire & ce que l'on doit éviter. Car c'eft un très-grand
„ fecours pour faire du progrès dans la vertu, que de remplir fon ame
„ de la parole de Dieu, & de méditer continuellement ce que l'on veut
„ pratiquer. C'eft pour cela que le Seigneur commanda autrefois par
„ Moyfe, à un peuple groffier & peu accoutumé à l'obéiffance, d'atta-
„ cher aux franges de leurs vêtements des écriteaux de couleur d'écar-
„ late, fur lefquels étoient marqués fes commandements, afin de s'en
„ fouvenir toutes les fois qu'ils y jetteroient les yeux. Et c'eft fur le

I. CLAS. N°. X.

„ sujet de ces franges que Notre Seigneur reprend les Pharisiens, à
„ cause qu'en pervertissant l'usage qu'on en devoit faire, ils s'en servoient,
„ non pour se souvenir des commandements de Dieu, mais par osten-
„ tation, afin que le peuple les estimât plus saints, en les croyant obser-
„ vateurs plus exacts de la Loi de Dieu. Mais pour vous qui gardez,
„ non les commandements de la lettre, mais les commandements de l'es-
„ prit, vous devez prendre soin de vous en souvenir d'une maniere
„ toute spirituelle, & vous ne devez pas tant avoir soin de les répéter
„ par mémoire, que d'y penser incessamment. Que l'Ecriture Sainte soit,
„ pour la repasser, continuellement dans votre esprit. Et ne croyez pas
„ qu'il vous suffise de garder les préceptes divins en votre mémoire,
„ si vous les oubliez en ne les gardant pas dans vos actions. Vous ne
„ les devez savoir & retenir, qu'afin d'accomplir ce qu'ils vous ordonnent:
„ car ceux qui ne font qu'écouter la loi ne seront pas pour cela justes
„ devant Dieu; mais il n'y a de justes que ceux qui l'observent. Cette
„ divine loi a une étendue comme un champ large & vaste. Etant pleine
„ de divers témoignages de la vérité, comme de célestes fleurs & d'ex-
„ cellents fruits, elle nourrit & rend vigoureuse l'ame de celui qui s'oc-
„ cupe à la lire, & lui donne un merveilleux plaisir. Et c'est un très-
„ grand secours pour conserver en soi la justice, que d'être parfaite-
„ ment instruit de cette loi, & de la repasser toujours dans son esprit.

S. Augustin.

S. Augustin a dit tant de choses, & en tant de lieux, à l'avantage de cette divine lecture, que je serois trop long, si je rapportois tout ce qui s'en trouve dans ses ouvrages. Il a eu soin sur-tout de remarquer, en divers endroits, que comme la doctrine de l'Écriture est pour tout le monde, aussi sa maniere d'enseigner est proportionnée à toutes sortes de conditions, & même aux enfants & aux paysans, aux serviteurs, & aux servantes.

C'est ce qui lui fait dire, dans le sixieme Livre des Confessions, chapitre 5. "L'autorité de l'Ecriture Sainte me sembloit d'autant plus
„ digne de foi, plus sainte & plus vénérable, que, d'une part, elle
„ est simple pour le style, & proportionnée à l'intelligence des Lecteurs
„ les plus simples & les moins habiles, & que, de l'autre, elle renferme
„ dans le sens caché sous l'écorce de la lettre, la sublime dignité de
„ ses mysteres secrets; s'exposant ainsi aux yeux, & à la lecture de tous
„ les hommes, par des termes très-clairs & par des expressions très-basses
„ & très-ordinaires, & exerçant en même temps, tout l'esprit & toute

I. CLAS. N°. X.

„ la suffisance de ceux qui ont une plus haute lumiere & une vue plus „ perçante. Ainsi, par un langage si populaire, comme par un chemin „ public & royal, elle reçoit tous les hommes dans son sein; & par la „ pénétration de ses vérités obscures, comme par des routes difficiles à „ trouver, & par des sentiers étroits, elle conduit vers vous quelques „ personnes particulieres. Et quoique le nombre de ces personnes soit „ assez petit, il ne seroit pas néanmoins si grand qu'il est, si elle n'étoit „ élevée à ce haut point d'autorité qu'elle s'est acquise sur tous les peu- „ ples, & si elle n'attiroit à elle toutes les nations de la terre, par „ l'humilité sainte de son langage. "

C'est ce qui lui fait dire dans le Livre V de la Genese à la lettre, chapitre 3. en parlant à tous les fideles, & les regardant dans la plus grande foiblesse où ils puissent être. " Je vous exhorte de vous avancer „ en vous servant du secours que l'Ecriture vous présente, puisqu'elle „ n'abandonne jamais votre foiblesse, & qu'elle est à votre égard, comme „ une mere qui marche lentement, pour s'accommoder à son enfant & „ le faire marcher avec elle. Elle parle de telle sorte selon les différents „ états des hommes, qu'elle se moque des superbes par sa hauteur, à la- „ quelle ils ne peuvent atteindre; qu'elle épouvante, par sa profondeur, „ ceux qui s'efforcent de la pénétrer; qu'elle nourrit, par les vérités „ dont elle est remplie, les plus grandes ames, & qu'elle donne aux „ enfants la nourriture qui leur est proportionnée, par la familiarité avec „ laquelle elle leur parle.

C'est ce qui lui fait dire encore ce que nous avons déja rapporté dans le chapitre 6. du second Livre, en écrivant à Volusien, qu'il exhortoit à lire l'Ecriture Sainte, quoiqu'il ne fût pas encore baptisé; " que sa ma- „ niere de parler est si admirable, qu'en même temps qu'elle est acces- „ sible à tout le monde, il n'y en a presque point qui la puissent pénétrer. „ Que, dans les choses claires qu'elle contient, elle est comme un ami „ familier, qui parle sans fard & sans artifice au cœur des savants & des „ ignorants; & que quand elle cache les vérités par des expressions „ mystérieuses, elle ne le fait pas par un langage superbe, qui soit capa- „ ble de rebuter les petits esprits, & leur ôter la hardiesse d'en approcher, „ comme les pauvres craignent d'approcher les riches; mais elle invite „ tout le monde, par un discours simple, à y venir chercher de quoi se „ nourrir des vérités manifestes, & de quoi s'exercer à découvrir celles „ qui sont cachées, n'ayant cependant, dans les unes & dans les autres, „ que le même fond de sagesse & de lumiere. C'est par-là que se corrigent „ les esprits déréglés, que se nourrissent les esprits simples, & que s'en- „ tretiennent les plus grands esprits dans des douceurs ineffables.

C'est

C'eſt ce qui fait dire à ce Saint, dans le livre de la vraie Religion chapitre 17. " La maniere d'enſeigner tout ce qu'elle enſeigne, en partie „ par des raiſons très-faciles à entendre, en partie par des ſimilitudes & „ des figures contenues dans des diſcours, dans des faits & dans des „ myſteres, eſt tellement accommodée à la portée de toutes les perſonnes „ que Dieu veut inſtruire & exercer, qu'elle comprend parfaitement en „ elle-même la regle de tout ce que l'on peut enſeigner de raiſonnable „ & de vrai. Car les myſteres qui s'y trouvent, ſe rapportent, dans le „ deſſein de Dieu, aux choſes qui y ſont dites le plus clairement. Et s'il „ n'y avoit que des choſes très-faciles à entendre, on n'y chercheroit pas „ la vérité avec le ſoin & le travail qu'elle mérite, & on n'auroit pas la „ joie de l'y avoir trouvée. "

Et au chapitre 51. du même Livre, qu'il a fait étant nouvellement baptiſé, bien loin de croire, ſelon les imaginations de M. Mallet, qu'il ne lui appartenoit pas de lire l'Ecriture Sainte, il exhorte en ces termes tous les fideles à la lire. " Oubliant, dit-il, & rejettant les folies & les „ amuſements des théâtres & des Poëtes, nourriſſons notre ame de la „ méditation & de l'étude des Ecritures divines. Et en éprouvant comme „ elle eſt fatiguée & tourmentée par la faim & la ſoif d'une vaine cu„ rioſité, & comme c'eſt en vain qu'elle cherche à ſe raſſaſier & ſe con„ tenter par des fantômes trompeurs, qui ne ſont que comme des vian„ des peintes, raſſaſions-la & déſaltérons-la par cette viande & ce breu„ vage céleſte, que cette Ecriture divine nous préſente. Inſtruiſons-nous dans cette école ſi noble & ſi digne des enfants de Dieu. "

C'eſt ce qui lui fait dire, au Livre quinzieme de la Cité de Dieu, chapitre 25. Que Dieu a voulu que l'Ecriture fût proportionnée à la capacité de tous les hommes. Car ayant remarqué que *la colere de Dieu n'eſt pas en lui une paſſion qui le trouble, mais un jugement par lequel il punit le crime*, il ajoûte. " Mais ſi l'Ecriture ne ſe ſervoit de ces ex„ preſſions familieres, elle ne ſe proportionneroit pas à la capacité de „ tous les hommes dont elle veut procurer le bien & l'avantage, en „ étonnant les ſuperbes par ſa hauteur, en réveillant les pareſſeux par „ l'importance de ce qu'elle traite, en exerçant les laborieux par ſes „ difficultés, & en nourriſſant les intelligents par ſes lumieres. Or elle „ ne feroit pas propre à faire tout cela, ſi auparavant elle ne s'étoit abaiſ„ ſée, & ſi elle n'étoit deſcendue, pour parler ainſi, vers ceux qui ſont „ couchés par terre. "

Les approbateurs du livre de M. Mallet doivent avoir appris maintenant du Nouveau Bréviaire de Paris, quelle rêverie c'eſt de s'imaginer, que les Ecritures ſaintes ne ſont que pour les Prêtres & les Docteurs,

I. CLAS. N°. X.

& qu'elles ne doivent point être lues par les Laïques. Car voici ce qui est dit de S. Augustin dans les leçons de sa fête, lorsqu'étant seulement détrompé des erreurs des Manichéens, il n'étoit pas encore tout-à-fait persuadé de la vérité de notre Religion. " Les Sermons de S. Ambroise „ lui ayant donné plus de pente pour les Catholiques, il commença à lire „ avec beaucoup de soin les Ecritures Saintes, qu'il avoit auparavant „ méprisées pour la simplicité du style. " *Cùm Ambrosii frequens esset auditor paulatim in Catholicos propensior factus, sacros Codices à quorum lectione priùs abhorrebat evolvere studiosus cœpit & novæ vitæ institutum meditari.* A-t-on eu tort de faire remarquer, comme une chose digne de louange, cette lecture des Livres sacrés, faite par un homme qui n'étoit pas encore baptisé, ni même persuadé de toutes les vérités de notre Religion? Et d'où vient que S. Augustin ne s'est point lui-même accusé devant Dieu, d'avoir eu trop de hardiesse en lisant en ce temps-là l'Ecriture Sainte, qui lui devoit être cachée comme à un profane; si on en croit M. Mallet? Bien loin de cela, il se plaint, dans le septieme Livre de ses Confessions, chapitre 20. " Que les Livres des Philosophes l'ayant „ rendu plus savant, l'avoient aussi rendu plus vain; & qu'au contraire „ les Ecritures Saintes l'ayant humilié & adouci son esprit, il avoit remar- „ qué la différence qu'il y a entre la vaine confiance en ses propres for- „ ces, & l'humble reconnoissance de sa foiblesse, entre ceux qui savent „ où il faut aller, mais qui ne savent pas le chemin qu'ils doivent tenir, „ & ceux qui connoissent le chemin de notre bienheureuse patrie, lequel „ ne nous y conduit pas seulement pour en avoir la vue, mais nous „ en donne la possession & la jouissance. " Il décrit ensuite, dans le Chapitre suivant, l'effet que cette lecture fit dans son ame. " Je com- „ mençai donc alors à lire l'Ecriture Sainte avec une ardeur extraordi- „ naire, & à révérer ces paroles si vénérables que votre Esprit Saint a „ dictées lui-même. Mais rien ne me touchoit tant que les Epîtres de S. „ Paul; & je vis s'évanouir en un moment toutes ces difficultés, qui me „ faisoient croire, qu'en quelques endroits, il se contredisoit lui-même, „ & que ses paroles ne s'accordoient pas avec celles de l'ancienne loi & „ des Prophetes. Je reconnus que ces Ecritures, si pures & si simples, „ ne sont animées que d'un même esprit, & ne contiennent que les „ mêmes sens, & j'appris à les considérer avec une joie mêlée de respect „ & de crainte. "

Enfin, ce grand Saint ne conseille pas seulement à tous les fideles indifféremment, de lire l'Ecriture Sainte (ce qui paroît à M. Mallet & à ses approbateurs un étrange abus) il leur représente encore, que ce n'est pas assez qu'ils le fassent rarement, mais qu'ils doivent s'appliquer

tous les jours cette divine lecture. C'est dans le cinquante-sixieme sermon du temps, où l'on voit assez qu'il parle à tous ses auditeurs sans distinction d'âge ni de sexe. " Tenez, dit-il, pour très-certain, mes chers
„ Freres, que telle est notre chair lorsqu'elle ne prend qu'une fois de la
„ nourriture en plusieurs jours, telle est notre ame quand elle ne se
„ nourrit pas très-souvent de la parole de Dieu. Car comme la faim,
„ & le manquement de nourriture, rend notre corps sec & atténué,
„ ainsi l'ame qui néglige de se fortifier par le pain de la parole de Dieu
„ devient foible & aride, & n'est propre à aucune bonne œuvre. Con-
„ sidérez donc s'il est juste que notre corps, qui n'est formé que de
„ terre, fasse quelquefois par jour deux repas, & que notre ame, qui
„ est l'image de Dieu, reçoive à peine la parole de la vie après en
„ avoir été privée plusieurs jours, quoique néanmoins il fût raisonnable
„ de mieux traiter en nous l'image de Dieu que notre chair. Car ceux
„ qui ne pensent qu'aux seules nécessités & aux seules commodités de
„ leurs corps ressemblent aux bêtes, & défigurent en eux l'image de
„ Dieu. Il faut donc que la chair soit gouvernée comme l'esclave, &
„ qu'on ait soin principalement des besoins de l'ame, puisqu'elle est légi-
„ timement la maîtresse. Car si l'on agit autrement, si nous ne reconnoissons
„ pas que nous avons été faits à l'image de Dieu, & si nous pensons
„ davantage à notre chair qu'à notre ame, je crains que le S. Esprit
„ ne nous fasse ce reproche par son Prophete : Lorsque l'homme étoit
„ dans l'honneur, il ne la pas compris ; il a imité les bêtes qui sont
„ sans raison, & leur est devenu semblable. Continuez d'écouter dans
„ l'Eglise, comme vous avez accoutumé, la lecture de l'Ecriture sainte,
„ *& la relisez encore dans vos maisons*. Si quelqu'un est tellement occupé,
„ qu'il ne puisse prendre de temps pour lire l'Ecriture sainte avant son
„ repas, qu'il ne néglige point, en le prenant, d'en lire quelque chose;
„ afin qu'en même temps que le corps est nourri d'une viande maté-
„ rielle, l'ame soit nourrie de la parole de Dieu, & que tout l'homme,
„ c'est-à-dire, l'extérieur & l'intérieur, sorte de table ayant reçu une
„ nourriture salutaire & sainte. Car si on ne donne de nourriture qu'au seul
„ corps, & que l'ame ne soit point nourrie de la parole de Dieu, c'est
„ rassasier l'esclave, & laisser la maîtresse languir de faim. Et vous ne
„ pouvez ignorer combien cela est injuste. „

Et dans le Sermon suivant. *Ecoutez les leçons divines dans l'Eglise, & lisez-les encore dans vos maisons.*

Et dans le trente-huitieme, des Saints. *Tâchez, autant qu'il vous est possible avec l'assistance de Dieu, de lire souvent, dans vos maisons, les*

I. CLAS. N°. X.

leçons divines, & de les entendre dans l'Eglise avec affection & avec soumission.

Nous voyons aussi que S. Augustin suppose, que son peuple faisoit ce qu'il lui recommandoit, c'est-à-dire, qu'il lisoit l'Ecriture sainte, comme M. Mallet, aussi-bien que ses approbateurs, ont dû l'avoir appris, au moins en lisant leur Bréviaire. Car le lundi de la quatrieme semaine de Carême, dans l'homélie qui est prise du dixieme traité sur S. Jean, ce Saint parle ainsi. " Que vendoient dans le temple ces vendeurs que „ Jesus Christ en chassa? Ils y vendoient les choses dont les Juifs avoient „ besoin pour les sacrifices de ce temps-là. Car votre charité fait que „ ce peuple étant charnel, Dieu avoit voulu qu'il lui offrît des sacrifices „ qui eussent rapport à la dureté de son cœur, pour le détourner du „ culte des idoles; de sorte qu'en ce temps-là on immoloit à Dieu, des „ bœufs, des moutons & des pigeons. Vous le savez, parce que vous „ l'avez lu. *Nostis quia legistis.* „

Et dans le premier Sermon sur le Pseaume 36, ayant dit, que Dieu nous avertit, que la pénitence que nous pouvons faire en ce monde avec fruit ne nous servira de rien, si nous attendons à la faire après la mort, il ajoute; que nous aurions quelque sujet de nous plaindre que nous n'en sommes pas avertis, *si l'Ecriture n'étoit point lue dans toute la terre, ou si on n'en trouvoit pas par-tout des exemplaires à acheter.* Il suppose donc, que tous les Chrétiens avoient toute liberté d'en acheter, & que c'étoit leur faute s'ils n'en avoient pas, & s'ils ne la lisoient pas. Et il le suppose si bien, que, dans le vingt-huitieme chapitre du livre du *Combat chrétien*, qu'il dit avoir fait d'un style simple pour les ignorants, il les accuse d'une grande négligence pour leur salut, si faute de lire l'Ecriture sainte ils se laissent tromper par les hérétiques en des choses qui sont claires dans les Ecritures. " N'écoutons pas, dit-il, ceux qui „ disent que la promesse qu'a fait le Sauveur d'envoyer le S. Esprit ne „ s'est accomplie, ou qu'en S. Paul, ou qu'en Montan, ou qu'en Ma- „ nès. Ceux qui croient cela, ou sont dans un grand aveuglement de „ ne pas voir le contraire dans l'Ecriture, qui est évidente sur ce point, „ ou dans une étrange négligence pour leur salut, de ne la pas lire. " *Tam cæci sunt isti, ne Scripturas manifestas non intelligant, aut* tam negligentes salutis suæ ut omninò non legant. Et après avoir réfuté cette erreur par le second chapitre des Actes, il dit. " Que les Manichéens & „ les Montanistes ne trompoient sur cela que ceux, qui, étant dans „ l'Eglise, étoient négligents d'apprendre leur foi, qui est manifeste dans l'E- „ criture. Et ce qui est déplorable, dit-il, est qu'ayant une grande négli- „ gence pour s'instruire des vérités catholiques (en lisant l'Ecriture sainte,

„ comme il avoit marqué auparavant) ils écoutent avec grande attention „ ce que les hérétiques leur disent." *Ipsam fidem catholicam quæ in Scripturis manifesta est nolunt discere, & quod est gravius & multùm dolendum, cùm in Catholica fide negligenter versentur, hæreticis diligenter aures accommodant.*

Cassien.

La quatorzieme Conférence de Cassien est de la science spirituelle, qu'il fait toute consister en la science des Ecritures. Et il en parle en ces termes, dans le chapitre 10. „ Si vous desirez acquérir la véritable „ science de l'Ecriture, il faut vous hâter, avant toutes choses, de vous „ établir dans une ferme humilité de cœur, qui vous conduise peu à „ peu, par une charité parfaite, non à cette science qui enfle, mais „ à celle qui éclaire & qui échauffe. Car il est impossible qu'un esprit „ impur puisse posséder le don de la science spirituelle. C'est pourquoi, „ mon très-cher Fils, appliquez tous vos soins pour empêcher que vos „ études & vos lectures ne vous soient enfin, non pas un moyen d'ac- „ quérir cette lumiere de science, & cette gloire future que l'Ecriture „ promet aux doctes & aux savants; mais l'instrument de votre perte „ éternelle par la vanité & la présomption."

Il fait voir dans le même chapitre, qu'on doit lire l'Ecriture, & même en apprendre beaucoup de choses par cœur, lors même qu'on a encore peu d'intelligence; parce qu'avec le temps, en s'avançant dans la piété, on y découvrira des vérités qu'on n'y comprenoit pas d'abord.

„ C'est pourquoi, dit-il, il faut lire & apprendre toujours par „ cœur l'Ecriture Sainte, & ne se lasser jamais de la répéter & de la „ relire. Cette méditation continuelle nous produira deux grands biens. „ Le premier, que, pendant que nous nous appliquerons de la sorte „ à lire & à retenir l'Ecriture, notre ame ne sera point cependant „ troublée d'aucune mauvaise pensée; & l'autre, qu'après avoir beau- „ coup travaillé pour la retenir par cœur; sans que notre ame embar- „ rassée de ce travail, pût rien comprendre à ce qu'elle lisoit; lorsqu'é- „ tant dégagés des actions extérieures, & de la vue des objets sensi- „ bles, nous y faisons réflexion durant la nuit, dans le silence de no- „ tre méditation & de la priere, nous y trouvons beaucoup de sens „ qui nous étoient auparavant très-cachés; & qu'ainsi Dieu nous révele „ quelquefois, dans ce repos, & comme dans ce sommeil de notre „ ame, les mysteres qui nous étoient auparavant entiérement obscurs & „ inconnus.

C'est ce qu'il prouve dans le chapitre 11; & il en apporte un exemple

I. CLAS. N° X.

qui montre, que les plus grossiers, & qui ne sont capables que des sens les plus simples de l'Ecriture, ne laissent pas d'en profiter, mais que ceux qui sont plus avancés y trouvent des sens plus relevés & plus spirituels.

„ Lors, dit-il, que notre cœur commencera à se renouveller par une „ étude si sainte, toute la face de l'Ecriture se renouvellera aussi en „ quelque sorte pour lui. Elle lui paroîtra plus belle à mesure qu'il sera „ plus pur; & elle croîtra dans lui à proportion qu'il croîtra lui-même. „ Car l'Ecriture Sainte est comprise de chaque homme, selon la capacité „ & selon la disposition qui se trouve en lui : elle paroît terrestre aux „ charnels, & céleste aux spirituels. De sorte que ceux qui la croyoient „ auparavant toute enveloppée de ténebres & de nuages, la voient lors- „ qu'ils sont devenus plus purs, si remplie de lumiere, qu'ils n'en peu- „ vent supporter l'éclat. Mais, pour éclaircir ceci par quelque exemple, „ il nous suffira de rapporter un commandement de la loi, pour faire „ voir qu'il n'y a point de précepte dans l'Ecriture qui ne s'étende à „ toutes sortes de personnes, & qui ne soit pris diversement, selon la „ diversité de leurs qualités & de leurs esprits. Il est dit dans la loi: „ *vous ne commettrez point de fornication*. Un homme charnel, & encore „ engagé dans des passions honteuses, obéira utilement à ce précepte, „ en le pratiquant à la lettre, & selon le simple sens de ces paroles. Il dit ensuite, que d'autres, plus spirituels, l'entendront du retranchement ou de l'idolâtrie, ou des superstitions judaïques, ou de l'hérésie; & enfin, qu'au jugement d'un homme parfait, tout ce qui le sépare de la vue & de la présence de Dieu, passe pour une fornication très-impure, quoiqu'elle soit secrette & spirituelle.

S. Grégoire Pape.

Nous avons déja vu dans le sixieme chapitre du Livre précédent, ce que ce grand Pape dit à l'avantage des Ecritures, dans sa lettre à S. Léandre Archevêque de Séville, & de quelle maniere il fait voir, qu'elle est propre à être lue par les plus simples & les moins savants, aussi-bien que par les plus savants & les plus grands esprits: *parce que si elle enferme des mysteres capables d'exercer les esprits les plus éclairés, elle contient aussi des vérités claires, propres à nourrir les simples & les moins savants: qu'elle porte à l'extérieur de quoi allaiter les enfants, & qu'elle garde, dans ses plus secrets replis, de quoi ravir d'admiration les esprits les plus sublimes; étant semblable à un fleuve dont l'eau seroit si basse en de certains endroits, qu'un agneau y pourroit passer, & en d'autres si profonde, qu'un éléphant y nageroit.*

Il représente la même chose, comme on a vu au même lieu, dans la Préface du vingtieme Livre de ses Morales. Et ce même ouvrage est plein, en divers autres endroits, de vives exhortations à lire l'Ecriture Sainte. Mais rien ne doit plus toucher les ames vraiment pieuses, que ce qu'il en dit dans son Homélie 15. sur Ezéchiel; puisque, mettant tout leur bonheur à aimer Dieu, elles n'ont rien plus à craindre que le refroidissement de leur amour. Or c'est un des effets que ce S. Pape attribue à la lecture de l'Ecriture Sainte, d'empêcher que la charité ne se refroidisse. *Ayez grand soin, je vous en prie, mes chers Freres, de bien méditer les paroles de Dieu. Ne négligez pas ces divins écrits, qui sont comme des lettres que notre Créateur nous a adressées. On en tire un grand avantage; car c'est par cette lecture que notre cœur se rechauffe, & que nous empêchons que notre amour ne s'éteigne ou ne se ralentisse, par le froid de l'iniquité.*

Ce saint Pape ne pouvoit se déclarer davantage sur ce sujet, qu'il fait dans sa lettre 40. du Liv. 4. en écrivant à un Laïque de grand mérite, nommé Théodore, qu'il auroit dû avertir, selon les principes de M. Mallet, de n'avoir pas la présomption de lire les Ecritures Saintes, parce que, si on l'en croit, elles n'ont pas été données de Dieu à l'Eglise pour être lues par le peuple, mais seulement par les Prêtres & par les Docteurs. C'est néanmoins de quoi S. Grégoire ne s'avise pas; & bien loin de cela, il y fait tout le contraire. Car voici comme il a parlé à ce séculier, sur ce sujet de la lecture de l'Ecriture Sainte.

„ Plus on a d'amitié, plus on est libre & hardi à dire ce qu'on pense
„ à ses amis. J'ai une plainte à faire au cœur si doux & si aimable de
„ mon très-illustre fils Théodore, de ce qu'ayant reçu de Dieu le talent
„ de l'esprit, le talent des affaires, le talent de la miséricorde & de la
„ charité envers les pauvres, il est néanmoins si incessamment attaché
„ aux occupations de ce siecle, & à satisfaire aux personnes qui vien-
„ nent continuellement à lui, qu'il néglige de lire tous les jours quel-
„ ques paroles de son Rédempteur. Car qu'est-ce que l'Ecriture Sainte, si-
„ non une lettre du Dieu tout puissant, qu'il a la bonté d'adresser à sa créa-
„ ture? Et certainement, en quelque lieu que vous fussiez, si vous re-
„ ceviez une lettre de l'Empereur, à quelque heure que ce fût, vous ne
„ différeriez point de la lire; vous n'auriez point de repos, & vous ne
„ voudriez pas dormir que vous ne sussiez auparavant ce que Sa Ma-
„ jesté Impériale vous manderoit. Cependant l'Empereur du ciel, le Sei-
„ gneur des hommes & des Anges vous a envoyé des lettres, qui regar-

I. CLAS. N°. X.

„ dent votre propre vie, & vous négligez, mon cher & illustre fils, de
„ lire ces divines lettres, quoique vous dussiez plutôt avoir de l'ardeur à
„ apprendre ce qu'elles contiennent. Je vous conjure donc de vous y ap-
„ pliquer désormais avec une singuliere affection, & de méditer tous
„ les jours les paroles de votre Créateur. *Apprenez dans les paroles de*
„ *Dieu quel est pour vous le cœur de Dieu*; afin de vous exciter à sou-
„ pirer avec plus d'ardeur vers les biens éternels, & que votre ame soit
„ enflammée par de plus grands desirs pour la félicité du ciel.

Enfin, bien loin que ce Pape ait été de l'avis de M. Mallet, qui prend pour un grand abus & pour une profanation de l'Ecriture, qu'elle soit lue par les ignorants, il approuve que ceux mêmes qui ne savent pas lire, ce qui semble être le dernier degré de l'ignorance, empruntent les yeux des autres pour se la faire lire. Car voici ce qu'il raconte de S. Servule, dans son Homélie 15. sur les Evangiles: " Sous ce portique
„ par où l'on passe pour aller à l'Eglise de S. Clément, il y avoit un
„ pauvre nommé Servule, que plusieurs de vous ont connu aussi-bien
„ que moi, qui, dans sa pauvreté, étoit riche en mérites, & qu'une
„ longue maladie avoit rendu impotent; car il est demeuré paralytique
„ depuis sa jeunesse jusqu'à la fin de sa vie: & bien loin de se tenir debout,
„ il ne pouvoit pas même se lever en son séant dans son lit. Il ne lui
„ étoit pas possible de porter sa main à sa bouche, ni de se tourner
„ d'un côté à l'autre. Il n'avoit que sa mere & son frere pour le servir;
„ & tout ce qu'il pouvoit recevoir d'aumônes, il le distribuoit par leurs
„ mains aux pauvres. Il ne savoit pas lire: mais ayant acheté l'Ecriture
„ Sainte, il se la faisoit lire continuellement par des personnes de vertu,
„ envers qui il exerçoit l'hospitalité. De sorte qu'il l'avoit apprise parfai-
„ tement, autant qu'il en étoit capable, quoiqu'ainsi que j'ai déja dit, il
„ ne sût pas lire. "

S. Bernard.

Je crois devoir joindre aux autres Peres celui qui a été appellé le dernier des Peres. Rien n'est plus édifiant que ce qu'il dit des avantages que l'on tire de la lecture de la parole de Dieu, en quelque état que l'on soit, dans son Sermon 24. *de Diversis.*

„ Que le pécheur, dit-il, écoute cette parole & son ventre en sera
„ troublé; c'est-à-dire, qu'elle remplira l'ame charnelle d'une frayeur sa-
„ lutaire. Quand vous seriez mort dans le péché, si vous écoutez la voix
„ du Fils de Dieu, vous vivrez; car sa parole est esprit & vie. Si votre
„ cœur est endurci, souvenez-vous de ce qui est dit dans l'Ecriture: Il
„ a envoyé sa parole, & elle fera fondre la glace. Si vous êtes tiede,

&

„ & que vous craigniez d'être vomi de la bouche de Dieu, ne cessez
„ point de vous appliquer à la parole du Seigneur, & elle vous enflam-
„ mera; car sa parole est toute de feu. Si vous vous plaignez d'être dans
„ les ténebres de l'ignorance, écoutez ce que le Seigneur vous dira, &
„ sa parole sera une lampe qui éclairera vos pas, & une lumiere qui luira
„ dans le sentier où vous marchez. Vous me direz que vous en êtes
„ d'autant plus dans la douleur, qu'étant plus éclairé vous voyez plus
„ clairement vos moindres fautes. Mais le Pere vous sanctifiera dans la
„ vérité, qui est sa parole, & on vous dira ce qui a été dit aux Apôtres;
„ vous êtes purs à cause de la parole dont je vous ai fait part. Quand
„ vous aurez lavé vos mains, il vous préparera un festin magnifique,
„ où ce ne sera pas le pain seul qui vous nourrira, mais toutes les paroles
„ qui sont sorties de la bouche de Dieu: & ce sera par la vertu de cette
„ nourriture divine que vous courrez dans la voie de ses commandements.
„ Quand vous seriez assiégé par une armée ennemie, qui camperoit à
„ l'entour de vous, & qu'elle viendroit fondre sur vous pour vous com-
„ battre, prenez l'épée spirituelle, qui est la parole de Dieu, & elle vous
„ fera triompher de vos ennemis. Que si, comme il arrive quelquefois,
„ vous êtes blessé dans ce combat, il enverra sa parole, & vous serez
„ guéri, & elle vous tirera de votre langueur. Que si vous vous sentez
„ chancelant, invoquez-le & lui criez: Mes pieds ont tellement chancelé,
„ qu'ils se sont presque détournés de la voie; & il vous affermira par sa
„ parole. Persévérez donc à vous nourrir de la parole de Dieu: exercez-
„ vous y continuellement, jusqu'à ce que l'esprit vous dise de vous reposer
„ de vos travaux; c'est-à-dire jusques à la mort.

CHAPITRE IX.

Passages des Peres Grecs touchant la lecture de l'Ecriture Sainte.

CLÉMENT D'ALEXANDRIE.

CEt ancien Pere nous peut apprendre quel a été le sentiment de son temps, qui a été la fin du second siecle, & le commencement du troisieme, touchant la lecture de l'Ecriture Sainte.

Après avoir dit, dans le premier Livre du Pédagogue, chap. II. *que la parole de Dieu est la santé de notre ame; qu'autrefois c'étoit par Moyse qu'elle nous tenoit lieu de Pédagogue, & depuis par les Prophetes; mais qu'enfin le Pere nous a donné son Fils bien aimé, que nous devons écouter,*

I. CLAS. N°. X.

il dit au troisieme livre du même ouvrage, chap. 8 : *que ce divin Pédagogue nous propose dans l'Ecriture toutes sortes d'instructions, d'exemples, de paraboles, pour nous retirer du mal & nous porter au bien.* Et au chap. 11. il se fait cette objection : *Mais nous ne sommes pas tous, me direz-vous, capables de cette divine Philosophie.* A quoi il répond en ces termes. *Nous ne sommes donc pas tous capables d'arriver à la véritable vie. Que me dites-vous donc ? Comment est-ce que vous avez cru ? Comment est-ce que vous aimez Dieu & votre prochain, si vous n'êtes point capables de la Philosophie dont je vous parle ? Comment est-ce que vous vous aimez vous-mêmes, si vous n'avez point de passion pour la vraie vie ? Mais je n'ai point appris à lire, me direz-vous encore. Si vous ne savez point lire, vous ne sauriez vous excuser d'entendre ce qu'on vous lira.*

On voit par-là que l'Eglise, dans sa premiere ferveur & sa plus grande pureté, regardoit comme le premier devoir d'un vrai Chrétien d'écouter Dieu parlant dans ses Ecritures, pour nous apprendre la véritable Philosophie, qu'elle faisoit consister à croire d'une foi vive & éclairée, à aimer Dieu plus que toutes choses, & son prochain comme soi-même, & à s'aimer soi-même en la maniere qu'il nous est ordonné pour obtenir la vraie vie ; & que cette obligation étoit considérée comme si universelle, qu'on n'en dispensoit pas même ceux qui n'avoient pas appris à lire, parce qu'ils pouvoient écouter ce que d'autres leur lisoient.

Il enseigne la même chose dans son autre ouvrage. Il dit au Livre 7 ; *que le sacrifice d'un Chrétien sont la priere, les louanges de Dieu, & la lecture des Livres saints ; & qu'on doit s'attendre de tomber, quand on ne suit pas Dieu qui nous conduit, & qu'il nous conduit par les Ecritures divinement inspirées.*

Origene.

Ce n'est pas seulement ce qu'a écrit Origene, qui nous peut apprendre quel étoit de son temps l'esprit de l'Eglise touchant la lecture de l'Ecriture Sainte ; mais c'est encore plus la maniere dont il a été élevé par S. Léonide son Pere. Car Eusebe nous apprend, dans le Livre 6. de de son Histoire, chap. 2 ; que quoiqu'il n'eût pas encore 17 ans accomplis, lorsque son Pere souffrit la mort pour Jesus Christ, ce saint Martyr ne lui avoit pas seulement fait apprendre ce qu'on appelle communément les belles lettres, mais qu'il l'avoit encore appliqué avec un soin particulier, à l'étude de l'Ecriture Sainte, préférablement à toutes les sciences des Grecs ; voulant même qu'il en apprît par cœur, & en récitât chaque jour quelques endroits ; & qu'il se trouva en ce point heureusement secondé par l'inclination de son fils, qui se portoit avec une rdeur merveilleuse à cette étude, & qui, ne se contentant pas du premier sens qui se présentoit à son esprit, s'efforçoit dès lors d'approfondir le sens le plus caché & le plus spirituel des Livres sacrés.

I. CLAS. N°. X.

Quelques ennemis qu'ait eu Origene, on n'a jamais soupçonné Eusèbe de n'avoir pas dit la vérité, en ce qu'il rapporte des premieres années de sa vie. Et S. Jérôme, dans sa lettre à Pammaque, où il a écrit le plus fortement contre Origene, s'est senti obligé de reconnoître que c'avoit été un grand homme dès son enfance: *Magnus vir ab infantia.* Cependant S. Léonide n'étoit qu'un Laïque, & Origene, pendant la vie de son Pere, n'étoit qu'un enfant. Qui peut donc douter que ce ne soit une preuve convainquante que l'Eglise trouvoit très-bon que les Laïques lussent l'Ecriture Sainte, & qu'ils la fissent lire à leurs enfants dès leur plus tendre jeunesse? Après cela il ne seroit presque pas nécessaire de rien rapporter de cet ancien Auteur, n'y ayant pas lieu de douter, qu'il n'ait trouvé bon que l'on fît envers les autres, ce qu'un Pere aussi saint que le sien, dont la foi a été couronnée par le martyre, n'auroit eu garde de faire envers lui, si ce n'avoit été l'esprit & le sentiment de l'Eglise. Je ne laisserai pas néanmoins d'en rapporter quelques endroits.

Dans le prologue sur les Cantiques il rapporte cette ordonnance (que M. Mallet a été assez aveugle d'alléguer comme si elle étoit pour lui) Que les sages & les Docteurs d'entre les Juifs leur faisoient lire, dès leur premiere jeunesse, toutes les Ecritures Saintes, hors quatre endroits dont ils réservoient la lecture à un âge plus mûr.

Et il confirme la même chose dans son homélie 19. sur S. Matth. Car il dit; *que la vigne dont parle Jesus Christ dans sa parabole, est l'Ecriture Sainte, que le Pere de famille avoit louée aux vignerons; c'est-à-dire, qu'il l'avoit donnée aux Juifs; & non seulement aux Prêtres, mais aussi au simple peuple*: ce qui est directement opposé aux rêveries de M. Mallet. Et il ajoute au même endroit, que cela est aussi pour nous; *que l'Ecriture est notre vigne, & que les fruits que Dieu s'attend que nous lui rendrons de cette vigne, est de nous régler tellement par ses divines instructions, que notre vie soit irrépréhensible, & qu'il n'y ait rien que d'édifiant dans nos mœurs.*

Et dans le huitieme Livre sur l'Epître aux Romains, chapitre 11, il dit; *que toutes les Ecritures Saintes sont cette table dont il est dit dans le Pseaume; que leur table leur soit un filet où ils se trouvent enveloppés; ce que l'Apôtre applique aux Juifs: que c'étoit là la table du peuple d'Israël, parce que les Oracles de Dieu leur ont été confiés, & tout ce qui s'appelle le Vieux Testament: que chacun d'eux pouvoit s'asseoir à cette table, pour*

I. CLAS. N°. X.

s'y nourrir de la parole de Dieu, qui leur étoit présentée dans les Livres de la Loi & des Prophetes.

Un de ses plus beaux ouvrages est sans doute la Réfutation du livre de Celse contre la Religion chrétienne. Ce Philosophe payen avoit témoigné du mépris pour les Livres sacrés, comme étant écrits d'un style simple, qui n'avoit rien de comparable à la beauté de celui des Philosophes. Mais c'est par-là qu'Origene releve les Ecritures Saintes au-dessus des plus éloquents ouvrages des Grecs. Il soutient dans le quatrieme Livre, que c'est en quoi les Ecritures Saintes sont plus estimables, de *ce qu'elles s'accommodent à la portée des plus simples d'entre le peuple; ce que n'ont pu faire*, dit-il, *ces conteurs de fables dont les Grecs font tant d'estime.* Et s'étendant plus au long sur cette matiere dans le Livre septieme, il y réfute cette objection en ces termes. " Si un Grec, dit-il, vouloit „ instruire les Egyptiens & les Syriens d'une doctrine qui pût guérir les „ maladies de leurs ames, il auroit soin d'apprendre leur langue, aimant „ mieux parler en barbare, ce qui paroît honteux aux Grecs, que parlant „ sa langue, être inutile à ces peuples. Ainsi la sagesse divine, voulant „ profiter non seulement aux savants Grecs, comme on les estime, mais „ à tous les hommes, elle s'est rabbaissée jusqu'à la portée des plus „ simples de la multitude infinie de personnes qu'elle a eu dessein d'ins- „ truire; & elle a voulu attirer par-là les ignorants mêmes, & s'en faire „ écouter, en se servant de leur langue ordinaire. Et elle a eu d'autant „ plus de sujet d'user de cette conduite, qu'après cette premiere intro- „ duction dans les Ecritures Saintes, dont tout le monde est capable, „ on y peut rechercher des sens plus sublimes: car tous ceux qui les „ lisent reconnoissent, que quand on les examine avec soin, on y trouve „ des vérités cachées, bien plus relevées que ce qui y paroît d'abord, & „ & qu'on en trouve d'autant plus qu'on s'y applique davantage. Il est „ donc certain que Jesus Christ a plus servi au genre humain, par ce „ langage que Celse appelle rustique, que n'a fait Platon par tous ses „ discours éloquents".

C'est donc être ingrat envers Dieu, selon ce Pere, & mal reconnoître la grace qu'il nous a faite en s'abbaissant jusques à bégayer avec nous, pour apprendre à tous les hommes les vérités du salut, d'une maniere proportionnée à la capacité des plus simples, que de prétendre, qu'il n'y a que les savants & les habiles selon le monde, qui puissent prendre la liberté de lire les Ecritures Saintes, & que les femmes, & les ignorants sont des profanes, à qui il ne doit pas être permis *d'entrer dans ce sanctuaire.* C'est ce qui n'est jamais venu dans l'esprit d'aucun de ces Peres; & Origene nous fait bien entendre combien il en étoit éloigné, lorsque s'adressant à tous les fideles sans distinction, il les exhorte en ces termes, dans son Hom. 9. sur le Lévitique, à lire sans cesse ces Livres divins.

I. CLAS. N°. X.

„ Nous vous prions de ne pas vous contenter d'écouter la parole de „ Dieu lorsqu'on la lit dans l'Église, mais de vous y appliquer aussi dans „ vos maisons, & d'y méditer jour & nuit dans la loi du Seigneur. Car „ Jesus Christ y est présent aussi-bien que dans l'Eglise, & ceux qui le „ cherchent le trouvent par-tout. C'est pourquoi il nous est ordonné „ dans la loi de méditer la loi de Dieu, & quand nous marchons, & „ quand nous nous reposons dans notre maison, & quand nous sommes „ au lit, & quand nous nous levons. Il vous vient une pensée dans l'esprit, „ vous êtes tenté de consentir à un desir illicite; sachez que cela vous „ vient de votre ennemi; chassez-le aussi-tôt de votre cœur. Et que faire „ pour cela? Vous avez besoin d'une main qui vous secoure. Que les „ Livres saints soient entre vos mains pour les lire : que les commandements „ de Dieu soient devant vos yeux. Vous serez disposé à rejeter tout „ ce qui vous viendra de la part de votre ennemi. „ A quoi il ajoute. „ Voulez-vous savoir ce qui nourrit notre esprit? C'est la lecture des „ Livres saints, les prieres continuelles & les pieuses instructions. „

S. Grégoire de Nazianze & S. Basile.

Nous ne séparerons point ces deux Peres que Dieu avoit unis en tant de manieres. Le seul passage du premier, que M. Mallet allegue deux fois pour appuyer ses rêveries, suffit pour le confondre, & pour justifier tout le contraire de ce qu'il prétend, comme nous l'avons déja montré. Car louant la loi des Juifs, qui ne vouloient pas qu'on lût avant l'âge de vingt-cinq ans le Cantique des Cantiques, & quelques autres endroits, il ajoute, qu'ils laissoient tous les autres livres entre les mains de tout le monde, & qu'ils étoient exposés à être lus par toutes sortes de personnes dès leur enfance.

* Il dit en un autre endroit, qu'adorant la parole éternelle comme notre Dieu, s'il nous est permis de rechercher quelques délices dans cette vie, ce ne doit être que dans la lecture de la parole de Dieu, & dans la méditation de sa loi.

* *Orat.* 23.

S. Basile s'étant plus étendu sur ce qui regarde les regles de la vie chrétienne, on y trouve aussi plus de choses sur l'avantage que l'on tire de la lecture de l'Ecriture Sainte. Il en parle en ces termes dans sa Préface sur les Pseaumes. " Toutes les Ecritures divinement inspirées „ nous ont été données par le Saint Esprit, afin qu'étant comme un

I. CLAS. N°. X.

„ magasin rempli de toutes sortes de remedes pour la guérison de „ nos ames, *chacun* y en pût trouver de propres pour ses maladies „ particulieres. Les Prophetes nous instruisent de certaines choses; les „ livres historiques nous en apprennent d'autres; & nous tirons d'autres „ instructions de la Loi. Le livre des Proverbes donne aussi à l'Eglise „ d'autres avis pour le réglement des mœurs. Mais celui des Pseaumes „ semble comprendre tout ce qui est d'utile dans les autres, pour profiter „ à toutes sortes de personnes. "

Dans sa premiere lettre à S. Grégoire de Nazianze, où il décrit d'une maniere admirable quelles doivent être les occupations d'une personne qui se veut donner tout-à-fait à Dieu, il ne manque pas de marquer pour une des principales, la lecture & la méditation des Ecri„ tures Saintes. Un des plus grands moyens, dit-il, pour apprendre à „ satisfaire à ses devoirs, est la méditation & l'étude des Ecritures di„ vinement inspirées. Car elles sont toutes remplies d'onction: & les „ vies de plusieurs saints personnages, qui y sont écrites, sont comme „ des images vivantes qui nous sont proposées afin que nous les imi„ tions, & que nous marchions sur les pas des grands hommes de cette „ république divine. Quiconque donc se sentira foible en quelque chose, „ s'il se rend cette lecture familiere, il y trouvera des remedes pro„ portionnés à ses langueurs & à ses infirmités. „

Dans les Regles abregées, question 95, il dit, qu'*il est utile & nécessaire que chacun apprenne des Ecritures Saintes ce qui est propre à son état, & pour s'affermir davantage dans la piété, & pour ne se laisser point emporter aux maximes du monde.* Il ajoute sur la question 235, *que ceux qui ont la conduite des autres* (par où il n'entend point les Prêtres, mais ceux qui avoient quelque charge parmi les Moines, qui, en ce temps-là, n'étoient pour l'ordinaire que Laïques) *doivent apprendre plus de choses des Ecritures, parce qu'ils doivent savoir ce qui regarde toutes sortes d'états, afin qu'ils puissent faire connoître la volonté de Dieu à tous ceux qui sont sous leur charge, & instruire chacun de ce qui est de son devoir. Mais que les particuliers doivent, en lisant l'Ecriture, en apprendre avec soin ce qui les regarde, & le pratiquer.*

Mais peut-on lire, sans quelque frayeur, ce qu'il dit sur le Pseaume 37? Il veut que nous nous imaginions l'Ecriture comme étant présentée à Jesus Christ, lorsqu'il sera assis sur son Tribunal pour nous juger, & il dit que ce sera à ces divines regles que nous serons confrontés. Ne devons-nous donc pas, ajoute-t-il, étudier avec grande attention ce que l'Ecriture nous enseigne?

Peut-être que des personnes prévenues des pensées de M. Mallet s'imagineront, qu'au moins cela ne regarde pas les femmes & les filles, à qui il croit que c'est une chose fort indigne de laisser lire l'Ecriture. Consultons encore ce Saint, pour apprendre de lui-même si ç'a été là son sentiment.

I. CLAS. N°. X.

Dans son Livre de la Virginité, il dit; *qu'il ne faut pas que l'Epouse de la sagesse soit ignorante, mais qu'elle se remplisse de la sagesse de Dieu par la méditation continuelle de sa Loi; & qu'elle prenne toutes ses délices dans la lecture du Vieux & du Nouveau Testament, qui la conduiront par la main à son Epoux.*

Dans sa lettre 284. à une Dame de condition, qui lui avoit demandé des avis sur sa conduite; après lui avoir déclaré, que, *par les avertissements que Dieu lui avoit donné dans un songe, il paroissoit qu'il demandoit d'elle qu'elle s'appliquât à régler l'état de son ame, & à purifier les yeux avec lesquels elle devoit un jour voir Dieu*, il ajoute: *Que si vous cherchez votre consolation dans les Ecritures divines, vous n'aurez besoin ni de moi ni de tout autre, pour vous marquer ce qui sera propre pour votre conduite; car le S. Esprit vous donnera tous les conseils qui vous seront nécessaires; il vous applanira le chemin par où vous devez marcher, & il vous y conduira par la main.*

Et dans la lettre suivante à une autre Dame de qualité, nommée Eleuthere. *Je salue*, dit-il, *votre illustre fille, & je vous prie de l'avertir, qu'elle persévere dans la méditation de la parole de Dieu, afin qu'elle conserve les avantages d'une si bonne éducation; & qu'en même temps que son corps prendra son accroissement naturel, son ame augmente en vertu par cette divine lecture.*

S. Grégoire de Nysse.

Ce Saint n'a point douté, non plus que les autres Peres, que la lecture de l'Ecriture Sainte ne fût propre à tout le monde. Mais il s'en est plus expliqué au regard des Pseaumes, parce que le commentaire qu'il en a fait lui étoit une occasion d'en parler. Il dit donc des Pseaumes, ce que les autres Peres ont dit de toutes les Saintes Ecritures, qu'ils sont composés d'une maniere si admirable, que toutes sortes de personnes sont en état d'en profiter. " Car non seulement, dit-il, les hommes parfaits, „ & qui ont les yeux de l'ame purifiés, sont capables des instructions „ que le S. Esprit y donne; mais les femmes mêmes y trouvent autant „ d'avantage que s'ils n'étoient écrits que pour elles. Ils donnent autant „ de joie à ceux qui sont encore dans l'enfance chrétienne que les jouets „ aux enfants. Ils tiennent lieu de bâton & de lit de repos à ceux qui

I. CLAS. N°. X.

„ sont cassés de vieillesse; & ceux qui sont dans la force de l'âge spiri-
„ tuel les regardent comme un don particulier que le ciel leur fait. Que
„ celui donc qui est triste, & accablé de quelque grande affliction, les
„ considere comme une lettre de consolation que Dieu lui envoie. Que
„ ceux qui font voyage par terre ou par mer, qui exercent des arts sé-
„ dentaires, & en un mot tous les fideles, tant hommes que femmes,
„ de quelque genre de vie, ou de quelque condition qu'ils puissent être,
„ sains ou malades, se persuadent qu'ils se privent d'un grand fruit, en
„ négligeant de réciter ces divins Cantiques. Ils devroient faire, même
„ parmi les vrais Chrétiens, la principale partie de la réjouissance des
„ festins & de la joie des nôces.

Théodoret.

Théodoret, dans son commentaire sur Isaïe, expliquant ces paroles: *Puisons des eaux avec joie des fontaines du Sauveur*: il dit, *que ce sont les Ecritures divines que le Prophete appelle les fontaines du Sauveur, parce que c'est de-là que puisent avec joie ceux qui ont une foi sincere.* Et dans sa lettre 14, pour consoler une Dame qui avoit perdu son mari, il l'assure qu'elle trouvera sa consolation dans la lecture de l'Ecriture Sainte. *Car c'est pour cela*, lui dit-il, *que dès l'enfance elle nous est comme une mammelle sacrée, à laquelle nous devons être attachés, en la lisant & la méditant, afin que s'il survient quelque maladie à notre ame, nous y trouvions un remede salutaire, par les saintes instructions que nous en aurons tirées.*

S. Jean Chrysostôme.

J'ai réservé ce Saint pour le dernier témoin de l'esprit de l'Eglise sur ce sujet, parce qu'il n'y en a point qui en ait parlé avec tant de force, & que cependant il faut bien que personne n'ait pu trouver à redire aux exhortations si vives & si fréquentes, qu'il faisoit à tous les fideles généralement, de lire l'Ecriture Sainte, puisque ses ennemis ne lui en ont point fait de reproche; ce qu'ils n'auroient pas manqué de faire, si ce que prétend M. Mallet avoit la moindre ombre de vraisemblance, qu'on regardoit alors, comme *un abus que l'on ne devoit pas laisser introduire dans l'Eglise, de laisser lire à tout le monde les Livres sacrés.* Et ainsi, on ne peut agir de bonne foi dans cette dispute, qu'on ne reconnoisse, que ce que j'ai rapporté des autres Peres, & ce que je m'en vas rapporter de celui-ci, doit être consideré, non comme des opinions particulieres de ces grands hommes, mais comme des témoignages authenti-

ques

ques des sentiments de l'Église de leur temps. Aussi M. Mallet ne nie pas qu'on ne les en doive croire: il ne les récuse pas pour juges; il avoue que leur autorité est de très-grand poids; mais il prétend qu'ils sont pour lui. Il n'y a donc qu'à faire parler S. Chrysostôme comme on a déja fait parler les autres, pour juger si sa prétention est raisonnable.

Dans sa seconde Homélie sur S. Matthieu. " Qui est-ce de vous tous, „ qui m'écoutez maintenant, qui me pourroit dire par cœur un Pseaume, „ ou quelqu'autre partie de l'Ecriture, si je le lui demandois? Il ne s'en „ trouvera pas un seul. Et ce qui est encore plus à déplorer, c'est que „ dans cette indifférence pour les choses saintes, vous avez en même „ temps une extrême ardeur pour des choses détestables, & qui ne sont „ dignes que des démons. Car si quelqu'un vous prioit au contraire „ de lui dire quelqu'une de ces chansons infames, & de ces airs diabo- „ liques qui se chantent sur le théâtre, il s'en trouveroit plusieurs qui les „ auroient appris par cœur, & qui les réciteroient avec plaisir. Mais „ comment excuse-t-on de si grands excès? Je ne suis pas Religieux ni „ solitaire, me disent-ils. J'ai une femme & des enfants, & je suis chargé „ du soin d'un ménage. C'est-là ce qui perd tout aujourd'hui, de ce „ que vous croyez qu'il n'y a que les Religieux *qui doivent lire l'Ecri- „ ture Sainte:* au lieu que cette lecture vous est beaucoup plus nécessaire „ qu'à eux. Car ceux qui sont tous les jours exposés à tant de combats, & „ qui y reçoivent tant de blessures, ont beaucoup plus besoin de reme- „ des. C'est donc encore une plus mauvaise chose de ne pas croire „ qu'on ait besoin de l'Ecriture, & de la regarder comme superflue, que „ de ne la point lire du tout. Il n'y a que le diable qui puisse inspirer „ ces pensées. N'entendez-vous pas S. Paul, qui vous dit que tout ce qui „ est écrit, a été écrit pour notre instruction? Et cependant vous ne voudriez „ pas seulement toucher l'Evangile, bien loin que vous vouliez prendre „ la peine de le lire pour le pénétrer & pour le bien entendre. C'est ce „ qui fait qu'aujourd'hui tout est renversé. Que si vous voulez savoir com- „ bien la lecture de l'Ecriture Sainte vous apporteroit de profit, consi- „ dérez dans quelle disposition vous êtes, lorsque vous écoutez des „ Pseaumes, ou lorsque vous entendez ces chansons diaboliques; lorsque „ vous êtes à l'Eglise, ou lorsque vous êtes au théâtre; & vous serez „ surpris combien votre ame étant la même, est néanmoins si différente „ d'elle-même dans ces rencontres. L'Apôtre nous avertit, que les mau- „ vais discours corrompent les bonnes mœurs. Nous avons donc conti- „ nuellement besoin pour nous garder de cette peste, d'être charmés, „ pour parler ainsi, par les puissants enchantements de l'Esprit de Dieu, „ qui sont les Ecritures divines. C'est la nourriture de notre ame, c'en

I. CLAS. N°. X.

„ eſt l'ornement, c'en eſt la ſûreté ; & au contraire ne point écouter la „ parole de Dieu, c'en eſt la fin & la mort. *J'enverrai*, dit le Seigneur, „ *la famine ſur la terre; non la famine du pain ni la ſoif de l'eau, mais* „ *la famine & la ſoif de la parole de Dieu.* N'êtes-vous donc pas bien „ miſérables d'attirer volontairement ſur vous, le mal même dont Dieu „ menace comme d'un grand châtiment ceux contre qui il eſt irrité, & „ de faire ſouffrir à votre ame une faim cruelle & mortelle, qui la ré- „ duit dans le plus malheureux état où elle puiſſe être? Car les paroles „ ont une force toute particuliere pour porter notre ame au bien ou „ au mal. Un mot l'enflamme de colere, & un mot l'appaiſe. Une parole „ deshonnête excite en elle une paſſion brutale, & une parole modeſte „ & grave la porte à la chaſteté. Que ſi les paroles communes & or- „ dinaires ont cette force, pourquoi faites-vous ſi peu d'état des paroles „ de l'Ecriture? Ne comprenez-vous pas que ſi l'avertiſſement qu'un „ homme nous donne peut beaucoup pour nous redreſſer, ce doit être „ toute autre choſe de ceux que Dieu nous donne par la grace du S. „ Eſprit? Car la parole de Dieu qui ſe conſerve dans les Ecritures, eſt „ comme un feu qui embraſe l'ame de celui qui l'entend, & qui la pré- „ pare à toute ſorte de biens".

Ce Saint détruit enſuite l'imagination de M. Mallet, qui condamne comme un abus & comme une profanation de l'Ecriture, de la laiſſer lire aux perſonnes déréglées. C'eſt une objection que ce Pere ſe fait en ces termes. „ Mais quel fruit, me direz vous, tirera de la parole de Dieu „ celui qui l'entend, & qui ne la pratique point? Et moi je vous dis, „ repond-il, qu'il ne laiſſera pas d'en tirer du fruit : car l'application „ qu'il aura à cette divine parole fera qu'il ſe reprendra ſouvent, qu'il „ aura des remords de ſon mauvais état, qu'il en gémira, & il pourra „ enfin parvenir juſqu'à vouloir auſſi accomplir ce qu'il y aura appris. „ Mais quelle eſpérance peut-on avoir qu'un homme ſe retirera de ſes „ péchés, qu'il les reconnoîtra, & qu'il tâchera de s'en corriger, lorſ- „ que, dans l'ignorance où il eſt de la parole de Dieu, il ne ſait pas „ ſeulement qu'il peche. Ne négligeons donc point d'entendre lire les „ Ecritures Saintes; car c'eſt le diable qui en détourne les Chrétiens, „ parce qu'il ne peut ſouffrir qu'ils aient de l'eſtime pour un tréſor qui „ les peut rendre riches. C'eſt cet ennemi de notre ſalut, qui leur per- „ ſuade qu'ils n'ont pas beſoin de s'inſtruire des loix divines écrites „ dans les Livres ſacrés, par la peur qu'il a que les connoiſſant, ils ne „ les obſervent. Ayant donc compris ce malicieux artifice du Démon, „ faiſons en ſorte que la ſcience des Ecritures nous ſerve comme d'un

„ rempart contre ses attaques, & qu'étant revêtus de ces armes spirituelles, nous soyons à couvert de ses coups, & lui écrasions la tête. "

Je laisse à juger de-là à M. Mallet & à ses approbateurs, si c'est le parti de Dieu, ou du démon qu'il a pris, lorsqu'il a autant de soin de détourner le commun des fideles de la lecture de l'Ecriture Sainte, que ce Saint en a eu de les y porter.

Il entre encore sur cela dans un plus grand détail en l'Homélie 10. sur S. Jean, & il va au-devant de toutes les excuses que les séculiers & même les gens de métier peuvent apporter pour s'exempter de lire l'Ecriture Sainte. „ Avant, dit-il, que je vous explique les paroles de „ l'Evangile, je vous demande une chose que je vous prie de ne me pas „ refuser. Ce n'est pas une chose bien difficile, & elle vous est encore „ plus avantageuse qu'à moi. Que desirai-je donc de vous? Qu'un des „ jours de la semaine, & au moins le samedi, vous ayiez soin de lire ce „ que je vous dois expliquer de l'Evangile; que vous le répétiez souvent „ dans votre logis, que vous en recherchiez le sens, que vous remar„ quiez ce que vous trouverez clair, ce qui vous paroîtra obscur, & „ où vous penserez qu'il y aura quelque chose qui semblera se contredire. „ Cela nous apportera aux uns & aux autres un grand avantage: car „ je n'aurai pas tant de peine à vous faire entrer dans le sens de l'Evan„ gile, lorsque, dès votre logis, vous vous le serez rendu familier, au „ moins quant aux termes; & pour vous, non seulement vous aurez „ plus de facilité & plus d'ouverture à comprendre la doctrine évangéli„ que, mais vous deviendrez capables d'en instruire les autres. Faute „ de cela il y en a qui tâchent de retenir, & les paroles de l'Ecriture, „ & l'explication que j'y donne, sans qu'ils en tirent beaucoup de fruit, „ quand ils m'écouteroient des années entieres. Et pourquoi? parce qu'ils „ le font négligemment, & que ce n'est pas vaquer avec assez de soin à cette „ science du salut, que de n'y donner que le temps qu'on est à l'Eglise. Je „ sais bien que plusieurs prétendent qu'ils n'en peuvent faire davantage, à „ cause des affaires publiques & particulieres qui les occupent; mais c'est „ cela même qui les condamne, d'être si attachés aux affaires de ce monde, „ qu'ils ne puissent pas prendre du temps pour celles qui leur sont si néces„ saires. Et de plus, cette excuse est vaine, puisqu'ils trouvent bien du temps „ parmi leurs occupations, pour se divertir avec leurs amis, pour aller à la „ comédie, pour voir des courses de chevaux où ils passent souvent des „ journées entieres. Quoi! quand il s'agit de vous occuper de ces folies, „ vous ne vous en excusez point sur l'accablement de vos affaires, & „ vous ne rougirez point de vous servir de cette excuse, quand on vous „ pressera de vous appliquer aux choses qui vous sont le plus néces-

I. CLAS. N°. X.

„ faires? Ceux qui sont dans cette disposition méritent-ils de vivre & de „ voir le jour? Il y a d'autres de ces paresseux, qui disent, que faute „ de livres, ils ne peuvent lire l'Ecriture. On voit assez qu'il seroit ridi- „ cule aux personnes riches d'alléguer cette raison. Mais comme je vois „ beaucoup de pauvres qui s'en servent, je voudrois bien leur deman- „ der, si leur pauvreté les empêche d'avoir tous les outils de leur mé- „ tier. D'où vient donc qu'ils ont tant de soin, quoiqu'ils soient pauvres, „ qu'il ne leur manque rien de ce qui est nécessaire à leur art, & qu'ils „ n'alleguent leur pauvreté que quand il s'agit d'acheter des livres, qui „ leur seroient si utiles pour le salut de leur ame? Après tout néan- „ moins, s'il y en a de si pauvres qu'ils ne puissent en aucune sorte „ avoir des Livres de l'Ecriture, ils la pourront apprendre en s'appli- „ quant avec grande attention à la lecture qu'on en fait dans l'Eglise, & „ aux explications qu'on y donne."

Il y a encore une autre Homélie sur le même Evangile de S. Jean, qui est la trente & unieme, où il traite de la même matiere avec le même zele. „ Qui est-ce de nous, je vous prie, qui étant retourné dans „ sa maison s'y occupe chrétiennement? Qui est-ce qui prend la peine „ de lire les livres qu'il a chez lui, & s'applique à découvrir le sens „ de l'Ecriture Sainte? Certainement personne n'oseroit dire qu'il le „ fasse. Nous trouverons plutôt des damiers & des dez dans la plupart „ des maisons. Nous ne trouverons de bons livres nulle part, ou du „ moins chez fort peu de gens. Et ceux qui en ont, les ont comme „ s'ils n'en avoient pas, les tenant toujours enfermés. Tout leur soin „ ne va qu'à en avoir d'écrits sur de beau parchemin, & en de beaux „ caracteres, & non pas à les lire. De sorte que ce n'est pas pour y „ chercher quelque utilité qu'ils les possedent, mais pour faire montre „ de leurs richesses, tant la vaine gloire est excessive. Je ne sache qui „ que ce soit de ces vaines personnes du monde qui entende les livres „ qu'il a. L'Ecriture Sainte ne nous a pas été donnée seulement pour „ la garder dans des livres; mais pour la graver profondément dans nos „ cœurs. Cette complaisance à une possession inutile de livres convien- „ droit plutôt au vain esprit des Juifs, qui se contentoient d'avoir l'Ecri- „ ture Sainte sur des tables de pierre, comme elle leur avoit été donnée, „ qu'à des Chrétiens comme nous, qui la devons avoir * *écrite sur des* „ *tables de chair*, *qui sont nos cœurs*, ainsi que les Disciples de Notre „ Seigneur la reçurent par le S. Esprit en la naissance de l'Eglise. Je ne „ vous parle pas de cette sorte pour vous empêcher d'avoir des livres; „ mais au contraire, je vous exhorte plutôt, & je vous prie autant que „ je puis d'en avoir. C'est néanmoins à cette condition, que vous re-

* 2. Cor. 3. 3.

„ passiez souvent dans votre esprit les paroles & les pensées que vous „ rencontrez dans l'Ecriture Sainte; afin que, par ce moyen, votre ame „ devienne pure, étant remplie des sentiments que nous doit donner „ cette divine parole. Car si on a l'Evangile dans une maison, Satan „ n'osera y entrer. Et combien, à plus forte raison, les démons & le „ péché seront-ils éloignés d'une ame qui s'est rendu l'Ecriture fami- „ liere? Sanctifiez donc votre ame; sanctifiez votre corps. Ce bonheur „ vous arrivera si vous avez toujours l'Evangile dans le cœur & dans „ la bouche. Car si des paroles deshonnêtes sont capables de corrompre „ l'ame, & d'y attirer les démons, il est évident qu'une lecture spirituelle „ & sainte doit sanctifier l'ame, & y répandre abondamment la grace du „ S. Esprit. L'Ecriture Sainte est comme une voix qui nous viendroit du „ ciel. Préparons donc nos ames à recevoir d'elle les remedes dont „ elles ont besoin pour se guérir des passions. Si nous considérons atten- „ tivement quelles sont les choses que nous y lisons, nous nous y ap- „ pliquerons avec une grande affection. *Je vous parle toujours là-dessus,* „ *& je ne cesserai point de vous en parler.*

I. CLAS. N°. X.

Dans son premier Sermon sur l'Epître aux Romains, qui est comme la préface de tous les autres, il témoigne le desir qu'il a, que tout le monde lise les divines Epîtres de cet Apôtre, qui est particuliérement ce que M. Mallet voudroit que le commun des fideles n'entreprît jamais de lire. Mais il paroît bien que l'Eglise n'est pas de son sentiment, puisqu'elle a choisi cet endroit de S. Chrysostôme pour les leçons de son Office au second Dimanche d'après l'Epiphanie; ce qui fait bien voir qu'elle approuve le souhait de ce grand Saint. Ce sera donc l'Eglise que nous écouterons en l'écoutant. "Je ne puis, dit-il, vous dissimuler, „ mes freres, que je suis ravi de joie, d'entendre ici presque continuel- „ lement les Epîtres de S. Paul. Mais ma douleur, parmi cette joie, est „ de voir que tant de personnes ne connoissent pas les écrits de ce saint „ homme autant qu'ils devroient. Ils sont si ignorants sur ce point, qu'ils „ ne savent pas même le nombre de ses Epîtres. Et ce n'est point qu'ils „ manquent d'esprit ni de lumiere: c'est uniquement parce qu'ils ne veu- „ lent pas avoir toujours dans les mains les écrits de ce bienheureux „ Apôtre. Car pour moi qui vous parle, si je comprends quelque chose „ dans cette lecture, ce n'est point pour avoir plus d'esprit qu'un autre; „ c'est parce que je m'y applique davantage, & que j'ai peut-être pour „ ce saint Apôtre un peu plus d'affection. C'est pourquoi je suis persuadé, „ mes très-chers freres, que si vous vous appliquiez vous-mêmes à cette „ lecture, vous n'auriez plus besoin de personne pour en découvrir „ la profondeur. Car la parole de Jesus Christ est véritable: *Cherchez*

I. CLAS. N°. X.

„ *& vous trouverez: frappez à la porte & elle vous sera ouverte.* Mais „ parce que la plupart de ceux qui sont assemblés ici sont chargés de „ femme & d'enfants, & du soin d'un ménage, ce qui leur ôte le moyen „ de se donner *tout entiers* à cette divine occupation, servez-vous au „ moins du travail des autres, & témoignez autant de soin pour recevoir „ ce qu'ils ont puisé dans la lumiere de cet Apôtre, que vous en témoi- „ gnez pour amasser des richesses. Quoiqu'il y ait quelque honte à ne „ desirer que cela de vous, j'en serois néanmoins content. Accordez-le „ moi donc, & ayez pour les écrits de S. Paul la même ardeur que „ vous avez pour l'argent. Car il ne faut pas vous celer que c'est de „ l'ignorance des Ecritures que sont sortis, comme d'une misérable sour- „ ce, une infinité de maux. C'est de-là qu'est venue cette foule d'héré- „ sies, ce déréglement des mœurs, cette inutilité de tant de travaux, & „ de tant d'occupations vaines & stériles où s'engagent les Chrétiens. „ Un aveugle qui ne voit point le jour ne peut qu'il ne s'égare en mar- „ chant; & ceux qui n'ont pas les yeux arrêtés sur la lumiere de l'Ecri- „ ture, marchant comme dans les ténebres, tombent nécessairement dans „ beaucoup de fautes. "

Il se déclare encore davantage, sur l'obligation qu'ont les séculiers de lire au moins le Nouveau Testament, dans l'Homélie 9. sur l'Epître aux Colossiens, en expliquant ces paroles du chapitre 3. " *Que la parole de Dieu habite en vous avec plénitude.* " Ecoutez, vous qui êtes du mon- „ de, & qui avez une femme & des enfants, comment l'Apôtre vous „ ordonne de lire l'Ecriture Sainte, non légérement, ni par maniere „ d'acquit, mais avec beaucoup d'affection & de soin. Car comme celui „ qui posséde de grandes richesses peut supporter facilement des pertes „ & des injustices, aussi celui qui est riche des dogmes de la sainte Phi- „ losophie, peut supporter non seulement la pauvreté, mais toutes les „ autres calamités, & même avec plus de facilité, que les riches du monde „ ne peuvent souffrir les dommages qui leur arrivent..... Considérez „ quelle est la pensée de ce grand Apôtre. Il n'a pas dit seulement: Que „ la parole de Dieu soit en vous; mais, *qu'elle y habite avec plénitude.* „ *Instruisez-vous & exhortez-vous les uns les autres avec toute sorte de* „ *sagesse.* Il appelle la vertu *Sagesse*, & c'est avec grande raison; car l'hu- „ milité & la charité avec laquelle on fait l'aumône, & semblables vertus, „ sont la vraie sagesse; comme les vices contraires sont la vraie folie. „ N'attendez pas d'autre maître que la parole de Dieu, que vous avez „ entre les mains. Nul homme ne vous sauroit instruire comme le fait „ cette divine parole. Car souvent celui à qui on s'adresse pour être ins- „ truit, cache plusieurs choses, ou par vaine gloire, ou par envie. Je

„ conjure tous ceux qui font engagés dans la vie du monde d'écouter
„ cette divine parole, & de chercher, dans les livres dont elle eft com-
„ pofée, des remedes pour les maladies de leurs ames. Que fi néanmoins
„ vous ne voulez pas les lire tous, ayez au moins le Nouveau Teftament,
„ & prenez pour vos maîtres perpétuels les Evangiles & les Actes des
„ Apôtres. S'il vous arrive quelque affliction, ayez recours à ces divins
„ livres, qui renferment les remedes les plus falutaires qu'on puiffe
„ defirer dans les divers maux de cette vie. Allez y prendre la confolation
„ dont vous aurez befoin dans un accident qui vous fera arrivé, foit
„ quelque dommage, foit quelque mort, foit la perte de quelqu'un de
„ votre famille. Mais vous n'avez pas befoin de vous appliquer à faire le
„ difcernement des remedes qui font dans ces divins livres. Vous n'avez
„ qu'à prendre tout ce qu'ils vous préfentent, & à le conferver dans
„ votre efprit. *L'ignorance de l'Ecriture Sainte eft la caufe de tous nos*
„ *maux*. Nous allons à la guerre fans armes; comment pourrions-nous
„ éviter d'y périr? C'eft un grand bonheur de fortir heureufement du
„ combat étant bien armés: fi donc nous ne le fommes pas, nous ne
„ faurions nous défendre. Ne nous chargez pas de tout ce qui regarde
„ votre confervation, fans vouloir rien faire de votre part. A la vérité
„ nous fommes vos Pafteurs, & vous êtes nos brebis; mais vous n'êtes
„ pas comme ces animaux, qui n'ont point de raifon, & qui ne peuvent
„ fe défendre; car vous êtes des brebis raifonnables, qui devez employer
„ votre raifon à vous conferver."

Mais ce Saint n'a nulle part traité ce point important de la morale chrétienne, avec plus de foin & plus d'étendue, que dans le troifieme des quatre fermons qu'il a faits fur ce pauvre nommé Lazare, qui étoit à la porte du mauvais riche. „ Je vous avertis, dit-il, quelques jours
„ auparavant, du fujet que je dois traiter, afin que vous le cher-
„ chiez dans votre livre, & qu'ayant fu en gros ce que l'Ecriture en
„ dit, vous foyez plus capables de bien entendre ce que j'en dirai. Car
„ je vous exhorte toujours, & je ne cefferai jamais de vous exhorter,
„ de ne vous contenter pas d'écouter les inftructions qui fe font ici,
„ mais encore de lire avec affiduité l'Ecriture Sainte, quand vous êtes
„ dans vos maifons. J'ai táché d'infpirer toujours cette affection à ceux
„ que j'ai entretenus en particulier. Et que perfonne ne m'allegue ces
„ excufes fi ridicules, fi honteufes & fi dignes de condamnation: Je fuis
„ engagé dans des procès; je fuis occupé dans les affaires publiques; je
„ fuis artifan, il faut que je gagne ma vie par mon travail; j'ai une
„ femme, je fuis chargé d'enfants, il faut que je vaque au foin de ma
„ famille; je fuis un homme du monde, ce n'eft pas à moi à lire l'E-

I. CLAS. N°. X.

„ criture Sainte, mais à ceux qui ont renoncé au siecle, qui se sont
„ retirés dans des déserts & sur le sommet des montagnes, & qui menent
„ une vie convenable à leur état. Pauvre homme! que me dites-vous?
„ Est-ce à cause que vous êtes distrait & partagé par une infinité de
„ soins, qu'il ne vous appartient pas de lire l'Ecriture Sainte? Au con-
„ traire, c'est à cause de vos occupations qu'il vous convient davantage
„ de la lire, & que vous en avez même plus de besoin que ceux qui
„ sont retirés du monde pour vaquer à Dieu: car ces personnes-là n'ont
„ pas tant de besoin du secours de l'Ecriture Sainte, que ceux qui
„ sont engagés en beaucoup d'affaires, qui les tourmentent & les troublent.
„ Les Solitaires étant délivrés des affaires & des occupations de la vie
„ civile, ayant établi leur demeure dans la solitude, n'ayant commerce
„ avec personne, s'appliquant à la Philosophie chrétienne avec toute sorte
„ de repos & de tranquillité, étant comme hors de danger sur le ri-
„ vage, jouissent d'une grande sûreté. Mais nous, qui vivons au mi-
„ lieu des agitations & des tempêtes de cette vie, & qui sommes exposés
„ à la nécessité de commettre une infinité de fautes, nous avons un
„ extrême besoin d'être perpétuellement assistés & soutenus par les exhor-
„ tations & les consolations que l'on trouve dans l'Ecriture Sainte. Ces
„ hommes retirés du monde sont éloignés des combats, & par consé-
„ quent sont exempts de recevoir diverses blessures. Mais vous, qui vous
„ trouvez continuellement dans le péril du combat, n'avez-vous pas
„ beaucoup plus besoin qu'eux de remedes, puisque vous êtes souvent
„ blessés: car votre femme vous cause de l'impatience & de l'aigreur,
„ & votre fils vous donne de la tristesse, & votre domestique vous met
„ en colere, & votre ennemi vous tend des pieges, & votre ami a de
„ la jalousie contre vous, & votre voisin vous fâche, & votre égal vous
„ supplante, & souvent le Magistrat vous menace, & la pauvreté vous
„ afflige, & la perte de vos proches vous cause de la douleur, & la
„ prospérité vous enfle, & l'adversité vous abat. Enfin, nous sommes
„ environnés de toutes parts de diverses occasions & de diverses nécessités,
„ de colere, de soins incommodes, de troubles, d'afflictions, de vaine
„ gloire, de folle présomption, & nous sommes comme des gens qui
„ verroient de tous côtés des fleches en l'air prêtes à tomber sur eux.
„ C'est ce qui nous doit convaincre de la nécessité où nous sommes con-
„ tinuellement, de prendre dans l'Ecriture Sainte, toutes les armes qu'elle
„ nous fournit pour notre défense. *Reconnoissez*, comme dit le Sage,
„ *que vous passez dans un chemin rempli de pieges*, & *que vous marchez*
„ *sur les toits des maisons*. Car les convoitises charnelles s'élevent avec
„ plus de violence contre ceux qui vivent dans le monde; puisque la
beauté,

„ beauté, les parures, l'afféterie des femmes qu'on y rencontre & qui „ arrêtent les yeux, & les discours si capables de corrompre qu'on y „ entend, troublent la raison. Souvent même des chansons molles & effé„ minées, y mettent l'ame en désordre, lorsqu'elle étoit la plus calme „ & la plus tranquille. Mais que dis-je? On est si foible à l'égard des „ objets qui plaisent aux sens, qu'un péril qui paroît beaucoup moindre „ que ceux que je viens de représenter peut, dans une rencontre ino„ pinée & fort passagere, rendre un homme captif. C'est ce que font „ quelquefois ces parfums exquis des femmes mondaines & dissolues. Voilà „ comme notre ame est attaquée par divers périls, où nous avons besoin „ de remedes surnaturels & divins, pour être guéris des blessures que „ nous avons déja reçues, & nous garantir de celles dont nous sommes „ menacés. Repoussons donc bien loin de nous *les traits enflammés de* „ *Satan*, les *éteignant* & rompant leur coup par une lecture assidue de „ la parole de Dieu. Car il n'est pas possible; non, il n'est pas possible, „ que qui que ce soit se sauve, qu'en lisant continuellement les Livres „ saints, qui sont l'ouvrage de l'Esprit de Dieu. Mais certainement c'est „ une grace que nous ne saurions assez estimer, de pouvoir un jour „ obtenir le salut, par l'usage continuel d'un remede aussi saint & aussi „ aimable qu'est la parole de Dieu. Si nous recevons tous les jours des „ blessures, & que nous n'usions d'aucun remede, quelle espérance de „ salut pouvons-nous avoir?

Il représente ensuite à ses auditeurs, que, si les artisans se laissent plutôt réduire à la derniere pauvreté, que de vendre les outils qui leur sont nécessaires pour gagner leur vie, les Chrétiens en doivent faire de même pour les livres de l'Ecriture, qu'ils ne doivent rien épargner pour les avoir, & qu'ils ne s'en doivent jamais défaire; parce que les écrits des Prophetes & des Apôtres sont à un Chrétien, ce que l'enclume & le marteau sont à un forgeron, & que c'est par-là que nous réformons notre ame & que nous la renouvellons. Il ajoute, *que la seule vue de ces saints Livres retient de pécher ceux qui les regardent avec respect: & qu'aussi-tôt que quelqu'un a touché l'Evangile, il regle ses pensées & ses desirs. Mais que si on y joint une soigneuse lecture, l'ame se trouvant comme dans un sanctuaire divin, est rendue plus pure & plus parfaite, par les entretiens qu'elle a avec Dieu, en lisant sa sainte parole.*

M. Mallet nous dira peut-être, que cela ne se doit entendre que des savants & des hommes d'esprit, qui sont capables de comprendre ce qu'ils lisent dans l'Ecriture; mais non pas des ignorants, des petits esprits, des femmes, des artisans, des paysans, des pauvres veuves, des pauvres servantes, à qui une telle lecture seroit plus dangereuse qu'utile,

I. CLAS. N° X. parce qu'ils n'y entendroient rien, & qu'ils pourroient prendre de travers ce qu'ils y auroient lu. Voyons donc si ce qui suit dans S. Chrysostôme se pourra ajuster à cette réponse.

„ Mais comment, dira-t-on, pourrons-nous tirer de l'Ecriture Sainte „ l'utilité qu'on nous en promet, si nous ne l'entendons pas?" Voilà l'objection de M. Mallet; & voici ce que ce Saint y répond. " Je „ réponds, dit-il, qu'on ne laisse pas d'en tirer du fruit, quoiqu'on n'en „ entende pas les sens cachés, & que la seule lecture qu'on en fait peut „ contribuer beaucoup à notre sanctification. D'ailleurs, il n'est pas pos„ sible qu'on ignore également tout ce qu'on y lit: car le S. Esprit, qui „ l'a fait écrire, a eu soin qu'elle le fût d'une maniere que les publicains, „ les pêcheurs, les faiseurs de tentes, les bergers, les autres gens rusti„ ques, sans études & sans lettres, pussent être sauvés par ces livres. „ Afin donc que les plus simples ne pussent prendre la difficulté de les „ entendre pour excuse de ne les pas lire, les choses qui y sont dites „ sont accommodées à la portée de tout le monde; de sorte qu'un arti„ san, un valet, une pauvre femme, & les plus ignorants de tous les „ hommes, peuvent profiter de cette lecture. Car ceux à qui Dieu a „ daigné inspirer de composer ces livres par la grace du S. Esprit, ne „ les ont pas faits comme les Payens, pour en tirer de la gloire, mais „ pour le salut de ceux qui les liroient ou les entendroient lire. C'est „ pourquoi, au lieu que les Philosophes, les Orateurs, & les autres fai„ seurs de livres, qui n'ont point connu Jesus Christ, considérant moins „ ce qui pouvoit être utile aux autres, que ce qui les pouvoit faire ad„ mirer, ont laissé dans une certaine obscurité, au regard des simples, ce „ qu'ils ont pu dire de bon, les Apôtres ont tenu une conduite toute op„ posée à celle-là. Dieu les ayant établis les maîtres de toutes les nations, „ ils ont eu dessein d'exposer clairement à tous les hommes, ce qu'ils „ avoient à leur enseigner, afin que chacun pût apprendre leur doctrine „ par la seule lecture."

Il paroît par la suite que S. Chrysostôme s'attache principalement, en parlant ainsi, à ce qui regarde les mœurs, & qu'il n'a point prétendu que l'Ecriture Sainte fût si claire par-tout, que le commun des fideles n'ait souvent besoin de quelqu'un qui la lui fasse entendre. " Car qui „ est-ce, dit-il, qui, lisant dans l'Evangile; *Bienheureux sont ceux qui sont* „ *doux: bienheureux sont ceux qui sont compatissants & charitables: bien*„ *heureux sont ceux qui ont le cœur pur*, & autres choses semblables, croit „ avoir besoin de maître pour les comprendre? Tout le monde peut „ aussi entendre, sans beaucoup de peine, les prodiges, les miracles, & „ les histoires. C'est donc un vain prétexte, & une fausse excuse, pour

„ justifier sa négligence & sa paresse, que d'alléguer l'obscurité de l'Ecri-
„ ture pour se dispenser de la lire. Vous vous plaigniez de n'entendre
„ pas ce qui est dans ces saints Livres. Et comment les entendriez-vous,
„ ne voulant pas seulement vous donner la peine d'y jeter les yeux?
„ Prenez donc la Bible, lisez-en toutes les histoires, & ayant soin de
„ retenir ce que vous en aurez compris, passez plusieurs fois sur ce que
„ vous y aurez trouvé d'obscur. Que si après l'avoir lue avec beaucoup
„ de soin, vous n'en pouvez découvrir le sens, ayez recours à un plus
„ habile que vous. Cherchez un maître qui vous instruise: conférez avec
„ lui de ce que vous desirez entendre, en lui témoignant une grande
„ passion d'en être instruit. Et si Dieu voit que vous ayiez tant de zele
„ pour entendre sa parole, il ne méprisera pas votre vigilance & votre
„ soin. Et même, s'il arrivoit que vous ne pussiez trouver personne qui
„ vous donnât l'intelligence de ce que vous cherchez, il vous la donnera
„ lui-même. Souvenez-vous de l'Eunuque de la Reine d'Ethyopie. C'étoit
„ un homme barbare, accablé de soins & d'affaires, & qui n'entendoit
„ pas ce qu'il lisoit. Il ne cessoit pas néanmoins de lire dans son chariot.
„ Jugez de-là quelle assiduité il pouvoit avoir à lire l'Ecriture Sainte dans
„ sa maison, y étant si appliqué durant le cours d'un voyage; & s'il ne
„ cessoit point de lire, quoiqu'il n'entendît pas ce qu'il lisoit, sans doute
„ il quittoit bien moins sa lecture après l'instruction qu'il reçut. Or qu'il
„ n'entendît pas ce qu'il lisoit, cela paroît par la demande que lui fit le
„ Diacre Philippe: *Entendez-vous bien ce que vous lisez?* Et par la réponse
„ de l'Eunuque, qui n'eut point de honte de confesser son ignorance
„ en disant: *Comment le pourrois-je entendre si quelqu'un ne me l'explique?*
„ Il ne laissoit pas de lire n'ayant personne avec lui qui l'instruisît; mais
„ son zele lui fit mériter que Dieu lui envoyât un maître. Que si vous
„ ne pouvez vous promettre d'avoir ainsi auprès de vous un homme
„ envoyé miraculeusement, n'êtes-vous pas assurés de la présence & de
„ l'assistance du même Esprit qui avoit poussé ce S. Diacre à le venir
„ trouver. Je vous conjure donc, mes très-chers freres, de ne pas négli-
„ ger votre salut. *Tout ce qui a été écrit l'a été pour nous servir d'instruc-*
„ *tion à nous autres, qui nous sommes rencontrés dans la fin des temps.*
„ La lecture de l'Ecriture Sainte est un puissant rempart contre le péché;
„ & c'est un grand précipice, & un profond abyme, que d'ignorer l'E-
„ criture. C'est renoncer à son salut que de ne vouloir rien savoir des
„ loix divines. C'est ce qui a produit les hérésies. C'est ce qui a causé
„ la corruption des mœurs. C'est ce qui a tout renversé: car il ne se peut
„ faire, non je vous assure, il ne se peut faire, qu'un homme qui lit
„ *continuellement* & *attentivement* l'Ecriture n'en tire beaucoup de fruit.

I. CLAS. N°. X.

CHAPITRE X.

Examen de ce qu'ont dit quelques savants hommes sur ces passages de S. Jean Chrysostôme. Et premiérement de ce qu'en a dit le Cardinal Bellarmin.

CEs passages de S. Chrysostôme sont si communs, & ruinent tellement cette fausse prétention; *que les Peres ont regardé comme un abus, de permettre indifféremment à tout le monde la lecture de l'Ecriture Sainte*, que c'est une étrange mauvaise foi à un Auteur, qui fait un livre exprès sur cette matiere, de les avoir dissimulés, & de ne se les être pas au moins proposés, comme une objection sur laquelle il étoit obligé de satisfaire le monde. Mais qu'auroit pu faire autre chose M. Mallet, dans l'engagement où il s'étoit mis, & ayant pour but de tromper les simples, plutôt que d'écrire pour les savants? Doit-on s'étonner qu'il ait trouvé plus avantageux de n'en point parler du tout, que d'entreprendre d'y répondre; ce qui lui auroit été absolument impossible?

Car il y a ici deux questions: l'une, si les Peres ont permis indifféremment à tout le monde de lire l'Ecriture Sainte? L'autre, s'ils ont bien fait de le permettre, ou plutôt s'ils ont eu des raisons de le permettre qui ne conviennent pas à ce temps ici? L'une est de fait, & l'autre de droit; & M. Mallet ne s'est point réduit à cette derniere; mais il s'est arrêté à la premiere, & a soutenu; *que les Peres ont regardé comme un abus cette permission générale de lire l'Ecriture.* Or quand ces passages de S. Chrysostôme, & ceux des autres Peres que j'ai rapportés, laisseroient quelque lieu de chicaner sur la question de droit, il est clair qu'ils n'en peuvent laisser sur celle de fait; & par conséquent M. Mallet doit passer pour le plus ignorant de tous les Théologiens, s'il n'a pas su ce que les SS. Peres ont écrit sur cette matiere; ou pour le plus hardi menteur qui fût jamais, si l'ayant su, il n'a pas laissé de soutenir le contraire.

Il n'y a donc plus rien à dire à M. Mallet; & ce que j'ajouterai ici ne le regarde point. Mais je crois devoir examiner ce qu'ont dit de savants hommes sur ces passages, qu'on leur avoit objectés à l'occasion de la regle de l'Index, qui défend de lire la Bible en langue vulgaire, sans une permission par écrit.

Le Cardinal Bellarmin se propose cette objection (*De verb. Dei lib. 2. c. 16.*) *S. Chrysostôme exhorte souvent les Laïques de lire l'Ecriture Sainte: il est donc à propos de laisser les versions de la Bible en langue vulgaire entre les mains de tout le monde.* Et voici la réponse qu'il y fait.

Je réponds, dit-il, *qu'il faut entendre ce que ce Saint dit dans ses Sermons, selon son intention, & conformément aux occasions qui le faisoient parler. A cause donc que les hommes en ce temps-là aimoient la comédie, les spectacles, & autres semblables folies, & ne lisoient jamais les Ecritures Saintes, non pas même ceux qui en étoient capables, c'est pour cela que S. Chrysostôme, les voulant retirer de cette négligence, les exhortoit continuellement à lire l'Ecriture, non qu'il voulût que ceux-mêmes qui étoient tout-à-fait ignorants la lussent; mais afin qu'au moins elle fût lue par ceux qui la pouvoient lire avec fruit. Car il savoit qu'il avoit affaire à des gens qui avoient besoin de ces amplifications.* Et la preuve que Bellarmin apporte, pour montrer que ce que dit ce Saint sur cette matiere est hyperbolique & non exactement vrai, est, qu'il assure, dans son troisieme sermon du Lazare, *qu'il n'est pas possible que l'on se sauve qu'en lisant continuellement les Livres saints. Car qui ne voit*, dit ce Cardinal, *que cela est très-faux en le prenant à la lettre, puisque si cela étoit, aucun de ceux qui ne savent pas lire ne pourroit être sauvé? C'est donc une locution hyperbolique & non propre.*

I. CLAS. N°. X.

On demeure d'accord que ce que dit S. Chrysostôme, *qu'on ne sauroit être sauvé si on ne lit l'Ecriture*, ne doit pas être pris dans une rigueur métaphysique; & ce seroit assurément faire injure à ce Saint que de le prendre de cette sorte. Il y a une généralité morale, dont on se doit contenter dans les choses morales, & ce seroit chicaner que d'en demander une plus grande. Toutes les sentences des proverbes de Salomon sont très-véritables, puisqu'elles ont été dictées par le S. Esprit. Et cependant il y en a plusieurs qui ne sont vraies qu'en cette maniere; parce que ceux dont parle le Sage, sont ordinairement tels qu'il les dépeint, quoique cela ne soit pas toujours. S. Paul ayant rapporté ce vers d'un Poëte Grec: *Les Crétois sont toujours menteurs; ce sont de méchantes bêtes qui n'aiment qu'à manger & à ne rien faire*, dit, *que ce témoignage est véritable*, parce que c'étoient les vices ordinaires des habitants de cette Isle, quoique tous apparemment ne fussent par tels. Les hommes ont aussi accoutumé, dans ces sortes de discours, de prendre le mot d'*impossible* pour ce qui est très-difficile, & qui n'arrive guere dans le cours ordinaire des choses. *Il est impossible*, dit S. Paul, Heb. 6. 4., *que ceux qui ont été une fois illuminés; qui ont goûté le don du ciel &c. & après cela sont tombés, se renouvellent par la pénitence.* Plusieurs savants Interpretes croient que ces paroles ne veulent pas dire que cela est absolument impossible; mais seulement, que cela est fort difficile, & arrive rarement. Si le Cardinal Bellarmin ne veut dire que cela, comme en effet il n'en dit pas davantage, on n'a point à se plaindre; & ce ne seroit qu'une dispute

I. CLAS. N°. X.

de mots, de trouver mauvais qu'il eût appellé ces manieres de parler de S. Chryfoftôme, qui ont leur vérité étant bien entendues, *des amplifications & des hyperboles.* Car on fe tromperoit fort fi on prenoit pour faux tout ce qui eft hyperbolique. On ne fauroit le prétendre fans blafphême, puifqu'il y a des hyperboles dans l'Ecriture même, où il n'y a certainement rien que de vrai; comme ce qui eft dit dans le troifieme livre des Rois 10. 25; que Salomon avoit rendu l'argent auffi commun que les pierres, & ce que S. Jean dit à la fin de fon Evangile; *Que Jefus a fait tant d'autres chofes, que fi on les rapportoit en détail il ne croyoit pas que le monde pût contenir les livres qu'on en écriroit.* L'Hyperbole, quand elle demeure dans fes juftes bornes, n'eft pas l'extinction de la vérité; ce n'en eft que l'extenfion. Elle eft femblable à ces verres, qui groffiffent les objets fans les changer. Ils font tels qu'on les voit, quoiqu'ils paroiffent plus grands, & cela même les fait mieux connoître que fi on les voyoit feulement dans leur grandeur naturelle.

Voyons donc à quoi fe réduifent ces difcours de S. Chryfoftôme, & ce qu'ils contiennent d'exactement vrai, par l'aveu même de ce Cardinal. Il avoue que ce Saint a eu raifon de recommander la lecture de l'Ecriture Sainte, & d'ufer même d'amplifications pour y porter davantage fes auditeurs; parce qu'ils s'étoient fort attachés à la comédie & aux fpectacles, & à d'autres folies femblables; & que ceux même qui auroient été capables de lire l'Ecriture ne la lifoient point. Mais que peut-on conclure de-là, finon qu'on a donc encore aujourd'hui la même obligation qu'avoit S. Jean Chryfoftôme, de porter les gens du monde à lire l'Ecriture Sainte, puifque la paffion des comédies & des fpectacles, auffi-bien que la licence de chanter des airs que ce Pere appelle diaboliques, eft plus grande qu'elle ne fût jamais, & que ceux qui feroient capables de lire l'Ecriture Sainte, ne font pas moins négligents de le faire qu'ils l'étoient alors, fi ce n'eft depuis quelques années, que la verfion du Nouveau Teftament de Mons la fait lire à plufieurs perfonnes, qui ne la lifoient point auparavant? A quoi fi on ajoute un nouveau poifon, qui n'étoit point du temps de S. Chryfoftôme, ou qui n'étoit pas commun, puifqu'il n'en fait point de plaintes, qui eft la lecture des Romans, qui gâte l'efprit de la plupart des jeunes gens, qui fait des défordres que l'on ne peut dire, dans ceux des filles & des femmes, & qui eft la chofe du monde la plus capable d'éteindre en ceux qui s'y appliquent tout efprit de dévotion & de piété, on jugera fans peine, qu'on ne fauroit approuver ce qu'a fait S. Chryfoftôme dans les circonftances du temps où il vivoit, que l'on n'approuve auffi qu'on en faffe autant aujourd'hui; puifque les mêmes maux, & encore de plus grands, obligent d'y apporter les mêmes remedes.

On peut aussi accorder à ce Cardinal, que, quand S. Chrysostôme exhortoit tout le monde à lire l'Ecriture Sainte, son but étoit que ceux-là au moins le fissent, qui le pouvoient faire avec fruit : *ut ii saltem id facerent qui cum fructu poterant.* Mais il faut en même temps reconnoître de bonne foi, qu'il a jugé capables de lire l'Ecriture avec fruit, non seulement les Ecclésiastiques & les Religieux, mais aussi les séculiers & les gens du monde : non seulement les riches, qui sont d'ordinaire mieux élevés, les savants & les grands esprits, mais aussi les pauvres, les ignorants, & les plus simples ; jusques aux artisans, aux paysans, à des valets, à de pauvres veuves. Car il ne se contente pas d'exhorter généralement tout le monde de lire l'Ecriture Sainte (ce qu'on pourroit prendre pour une amplification qu'on étendroit trop) mais nous avons vu qu'il va jusqu'à nommer en particulier les personnes que je viens de marquer. Or quand cela est, on ne peut plus avoir recours à une figure de Rhétorique, pour faire accroire à un Auteur qu'il n'a pas voulu dire ce qu'il a dit en termes exprès.

Je pourrois ajouter, pour justifier ce que j'ai dit touchant le vrai sens auquel on doit prendre les paroles de S. Chrysostôme, ce qu'en dit aussi M. l'Evêque de Castorie, dans son excellent livre *de la Lecture de l'Ecriture Sainte*, au chapitre 10, où il montre, que *cette lecture n'est pas absolument nécessaire pour le salut, mais qu'elle y est fort utile.* Mais de peur d'être trop long, j'aime mieux y renvoyer, & je serai bien aise que ce soit une occasion de lire un ouvrage si saint, si judicieux & si solide, & qui fait voir, avec tant de lumiere, qu'il n'y a que les Catholiques qui puissent lire l'Ecriture Sainte avec fruit, & qu'étant lue avec l'esprit que les Protestants veulent qu'on la lise, sans soumission à l'Eglise, qui en est la véritable interprete, elle ne peut que les aveugler & les jeter dans l'erreur.

CHAPITRE XI.

Examen de ce qu'a dit M. le Cardinal du Perron sur le sentiment des Peres, touchant la lecture de l'Ecriture Sainte.

LA Replique de ce savant Cardinal n'ayant été imprimée qu'après sa mort, comme j'ai déja dit ailleurs, il est demeuré diverses choses qu'apparemment il auroit changées, s'il avoit eu le loisir de la revoir ; & il y a lieu de croire, qu'il n'y auroit rien laissé de tout ce qu'il dit dans le chapitre cinquieme du livre, pour expliquer les sentiments des Peres touchant

I. CLAS. N°. X.

la lecture de l'Ecriture Sainte. Car il y fait quatre choses, qui sont toutes également mal fondées & manifestement fausses.

La premiere est ; qu'il prend pour fondement de tout ce discours, que les Peres sont partagés sur ce sujet ; *les uns ayant exhorté leurs auditeurs à lire l'Ecriture Sainte, & les autres, au contraire, s'étant plaint qu'on la lisoit trop universellement & indifféremment.* Et c'est ce qui lui a fait mettre pour titre à ce chapitre. *Des occasions pour lesquelles aucuns des Peres ont exhorté un chacun de lire l'Ecriture Sainte, & les autres au contraire s'en sont plaints.*

La seconde est ; que, raisonnant sur cette fausse hypothese, il dit, *que ce sont des occasions locales & temporelles, & par conséquent sujettes à la variété des temps & des lieux, qui ont donné sujet aux SS. Peres de faire sur cela des exhortations contraires l'une à l'autre, sans qu'il y ait fausseté ni à l'une ni à l'autre.*

La troisieme est ; qu'il donne S. Jérôme pour exemple de ceux d'entre les Peres, qu'il prétend *s'être plaints que les Chrétiens lisoient trop universellement & indifféremment l'Ecriture Sainte.* Et la raison qu'il dit qu'il en a eue, est *qu'il voyoit qu'en Italie la facilité de la langue latine, qui y étoit encore presque vulgaire, rendoit la lecture de la Bible exposée à tout le monde.*

La quatrieme est ; qu'il ne donne que S. Chrysostôme pour exemple de ceux qui ont exhorté tout le monde à lire l'Ecriture Sainte ; ce qu'il prétend qu'il a fait, *parce qu'il avoit affaire à des auditeurs savants aux lettres de la Philosophie humaine.*

Voilà tout ce que contient ce chapitre, où il est aisé de faire voir, qu'il y a de l'esprit & de l'adresse, mais nulle solidité. C'est ce que l'on reconnoîtra facilement par l'examen de chacun de ces quatre points.

1°. Il semble que ce Cardinal, se réservant de chercher dans les Peres ce qu'il n'y avoit pas encore trouvé, a voulu pratiquer en attendant, ce qu'Horace dit à la louange d'Homere ; qu'il enlevoit son auditeur au milieu des événements qu'il raconte dans ses poëmes, comme s'ils lui eussent été déja connus. *In medias res, non secus ac notas auditorem rapit.* Car au lieu de prouver que les Peres sont partagés sur la lecture de l'Ecriture Sainte, en opposant à ceux qui exhortent tout le monde à la lire, plusieurs autres *qui se seroient plaints qu'on la lisoit trop universellement & indifféremment*, il feint que son Lecteur est déja persuadé de cela, & qu'il n'est en peine que de savoir ce qui a fait que les Peres se sont trouvés dans cette contrariété de sentiments. C'est par cette supposition qu'il commence son chapitre. *Les occasions*, dit-il, *par lesquelles*

les

les Peres ont quelquefois exhorté les auditeurs à la lecture des Ecritures, & quelquefois se sont plaints que les Chrétiens lisoient trop universellement & indifféremment les Ecritures, ont été occasions locales & temporelles.

Voilà comme on parle des choses reconnues par tout le monde pour certaines. On les suppose, & on en cherche la raison. Mais on cherche en vain la raison de ce qui n'est point. Or il n'est point vrai que les Peres soient partagés sur cette question; s'il est à propos que toutes sortes de personnes, savants & ignorants, hommes & femmes lisent l'Ecriture Sainte. Il n'est point vrai que les uns aient exhorté tout le monde à la lire, les autres, au contraire, aient trouvé mauvais que tout le monde la lût. Cette derniere supposition est sans aucun fondement. Cela se dit en l'air, & ne sauroit se prouver. Tous les Peres généralement ont trouvé bon, que toutes sortes de personnes, sans distinction d'âge ni de sexe; de condition basse ou relevée, de simplicité ou d'habileté, lussent les Ecritures Saintes, & principalement le Nouveau Testament. Et on n'en sauroit alléguer un seul, je dis un seul, qui soit d'un avis contraire, & qui ait témoigné, par exemple, ne pas approuver que les ignorants & les femmes lussent l'Evangile & les écrits des Apôtres. Ce Cardinal n'avoit pas sans doute examiné cette question à fond quand il l'a traitée sur la fin de sa Replique. Il avoit lu cela dans d'autres Controversistes; &, le supposant jusqu'à ce qu'il l'eût vérifié, il s'est arrêté à chercher des raisons plausibles d'une contrariété prétendue, qui n'a nul fondement dans la vérité.

2°. *Ce sont*, dit-il, *des occasions locales & temporelles, qui ont fait que les Peres ont dit sur cela les uns une chose, & les autres le contraire.* On n'est pas en peine de savoir ce qui a fait dire aux Peres, que toutes sortes de personnes devoient lire l'Ecriture Sainte. Ils ont assez fait entendre, que c'est la grande utilité qui revient aux Chrétiens de cette lecture; que c'est le besoin qu'ils ont de fortifier leur foi, & de nourrir leur piété par ces paroles de vie; que c'est le commandement que Dieu a fait aux Juifs, de méditer sa loi, ce qui regarde encore plus les enfants de la femme libre; que c'est que l'Ecriture Sainte étant une lettre du Dieu Tout-puissant, qu'il a eu la bonté d'adresser à sa créature, il nous devoit être bien honteux de négliger de la lire, puisque si nous en avions reçu une d'un Roi de la terre, nous n'aurions point de repos que nous n'eussions su ce que ce Roi nous manderoit. Voilà les raisons que les Peres apportent pour exhorter les fideles à lire l'Ecriture Sainte. Mais on ne voit pas qu'elles soient ni locales ni temporelles; & on voit manifestement, au contraire, qu'elles enferment tous les lieux & tous les temps.

I. CLAS. N°. X.

Pour les raisons de ceux d'entre les Peres qui auroient témoigné ne pas trouver bon que les simples fideles, que les ignorants & les femmes lussent ces Livres sacrés, je ne les sais pas; car je n'en connois point qui l'aient fait. Mais je n'en trouve point d'autre dans M. le Cardinal du Perron, que celle qu'il applique à S. Jérôme; qui est, *qu'il voyoit qu'en Italie la facilité de la langue latine, qui y étoit encore presque vulgaire, rendoit la lecture de la Bible exposée à tout le monde.* Voilà ce qu'il dit avoir été cause *que S. Jérôme se plaint que tout le monde indifféremment la lisoit.* Mais vrai ou non, peut-on dire que cette raison fût *une occasion locale & temporelle* au regard de Saint Jérôme, comparé avec tous les autres Peres, qui exhortoient tout le monde à lire l'Ecriture? Peut-on dire que cela convenoit au lieu où étoit S. Jérôme, & au temps auquel il écrivoit, & que cela ne convenoit pas aux lieux où étoient les autres Peres, ni au temps auquel ils vivoient? On ne le peut point dire du temps; puisqu'il s'agit principalement des Peres qui ont vécu au même temps que S. Jérôme. Et on le peut aussi peu dire du lieu.

Car 1°. S. Jérôme a passé la plus grande partie de sa vie en Orient, & a été peu de temps à Rome & en Italie. Pourquoi donc voudroit-on qu'il eût eu l'Italie en vue dans une lettre qu'il a écrite étant en Syrie?

2°. *La langue latine*, dit ce Cardinal, *étoit encore* presque *vulgaire en Italie.* Que veut dire *presque vulgaire?* Est-ce que la langue latine n'étoit pas alors absolument & entiérement vulgaire dans l'Italie? Ce *presque* seroit-il demeuré s'il avoit revu son ouvrage?

3°. La langue latine étant vulgaire (ou *presque vulgaire*) *en Italie, rendoit la lecture de la Bible exposée à tout le monde.* Et n'étoit-ce pas la même chose dans les autres pays où vivoient tous les autres Peres de ce temps-là? La langue latine n'étoit-elle pas vulgaire aussi dans les Gaules, dans l'Espagne, dans la Dalmatie, dans l'Afrique? On l'a prouvé contre ce même Cardinal, dans le second Livre, d'une maniere si convainquante, qu'on est bien assuré, que personne n'entreprendra de soutenir le contraire. Mais ce qui est surprenant, est que c'est en opposant S. Chrysostôme à S. Jérôme, que ce Cardinal propose comme particulier à S. Jérôme, *que la langue latine, étant vulgaire en Italie, y rendoit la lecture de la Bible exposée à tout le monde.* Car après avoir apporté une raison *locale*, qui avoit fait, à ce qu'il prétend, que S. Chrysostôme exhortoit tout le monde à lire l'Ecriture Sainte, il ajoute: *S. Jérôme, au contraire,* ce qui doit marquer que l'autre raison qu'il alloit apporter étoit *locale* pour S. Jérôme, & ne convenoit pas à S. Chrysostôme. Et cependant il n'y a rien de plus éloigné de toute vraisemblance. Car la langue grecque étoit-elle moins vulgaire à Antioche & à Constantinople que la latine en Italie? Il eſt bien certain que non. Il eſt donc certain auſſi, que *la facilité de la langue grecque rendoit la lecture de la Bible* auſſi *expoſée à tout le monde* dans toutes les Egliſes d'Orient, où ont vécu les Peres Grecs, que celle de la langue latine la rendoit expoſée à tout le monde, non ſeulement dans l'Italie, mais dans toutes les Egliſes d'Occident, où ont vécu les Peres Latins. Ce n'auroit donc pas été une *raiſon locale* particuliere à S. Jérôme, & que n'eût pas S. Chryſoſtôme & tous les autres Peres Grecs & Latins, qui auroit porté S. Jérôme à ſe plaindre, *que tout le monde vouloit lire l'Ecriture.* De ſorte qu'il faudroit que tous les Peres généralement Grecs, Latins, Syriens, euſſent fait la même plainte, puiſqu'ils en avoient tous la même raiſon; l'Ecriture Sainte étant certainement en ce temps-là, dans chacun des Pays où ils écrivoient & prêchoient, auſſi expoſée qu'en Italie à la lecture de tout le monde. Mais voyons ſi S. Jérôme a fait la plainte qu'on lui attribue.

3°. J'ai déja remarqué que M. le Cardinal du Perron ayant dit en général, *qu'aucuns des Peres ont exhorté un chacun de lire l'Ecriture, & les autres au contraire s'en ſont plaints*, n'avoit rapporté, pour exemple de ceux qu'il prétendoit s'en être plaints, que le ſeul S. Jérôme, qu'il cite *dans ſa Préface ſur Joſué*, où il dit; *qu'il ſe plaint que tout le monde, indifféremment, liſoit l'Ecriture Sainte, & s'attribuoit la prérogative de l'entendre & de l'interpréter.* Mais il n'y a pas un ſeul mot de cela dans ſa Préface ſur Joſué; ce qui montre bien que ce livre ne ſeroit pas tel qu'il eſt s'il l'avoit revu. Car ce qu'il en rapporte, n'eſt que ce qui ſuit (*Quæ ſunt medicorum promittunt medici, tractant fabrilia fabri, ſola Scripturarum ars &c.*) Or c'eſt juſtement le paſſage même allégué par M. Mallet de la lettre à S. Paulin, où il n'eſt point vrai, que S. Jérôme ſe plaigne, *que tout le monde indifféremment liſoit l'Ecriture.* Cela ne ſe trouvera en aucune ſorte dans cette lettre, non plus que dans aucun lieu de S. Jérôme. Je l'ai déja fait voir dans le chapitre 7. Et j'ai montré dans le 9, que ce Saint eſt le moins propre de tous les Peres à être allégué, comme n'ayant pas trouvé bon, que toutes ſortes de perſonnes luſſent l'Ecriture Sainte, lui qui la faiſoit lire non ſeulement aux femmes, mais aux filles dès leur plus tendre jeuneſſe. Il doit donc demeurer pour conſtant que ce Cardinal, qui avoit tant lu les Peres, n'a ſu trouver un ſeul paſſage dans toute l'antiquité, par où il ait pu vérifier ce qu'il avoit avancé généralement, & ſuppoſé comme indubitable: *Que s'il y a eu des Peres qui ont exhorté tout le monde à lire l'Ecriture Sainte, il y en a eu d'autres qui ont trouvé mauvais que tout le monde la lût.*

4°. Il ne reſte plus qu'à examiner ce qu'il dit des Peres, qu'il avoue

I. CLAS. N°. X.

avoir exhorté tout le monde à lire l'Ecriture Sainte, & comment il trouvera qu'ils ne l'ont fait que par des *occasions locales & temporelles.* Pour en venir plus facilement à bout, il les réduit à S. Chrysostôme; ce qui n'est pas raisonnable, à moins qu'il ne fût clair, que ces prétendues *raisons locales*, qui ont porté ce Pere à exhorter toutes sortes de personnes à lire les Livres sacrés, lui ont été communes avec tous les autres Peres, qui l'ont fait aussi expressément que lui, quoiqu'ils ne l'aient pas fait ni si souvent, ni avec tant de force, ni avec tant d'étendue. Ecoutons donc quelle est cette raison locale. " C'est, dit-il, que S. Chrysostôme ayant affaire à des auditeurs savants aux lettres de la Philosophie humaine, & versés en la lecture de Platon & Philosophes profanes, & principalement depuis qu'il fut à Constantinople siege de l'Empire, où ses auditeurs étoient courtisans & hommes d'Etat, & néanmoins nouvellement convertis du paganisme à la Religion chrétienne; & à cette occasion, craignant que la lecture des livres des Philosophes profanes, où ils puisoient les regles de la vie morale & de la Philosophie, ne les ramenât, par la friandise de ces études, au paganisme, d'où ils étoient nouvellement sortis, les dissuade, autant qu'il peut, du maniement de ces livres-là pour y apprendre la Philosophie morale, & les préceptes de la vie humaine, & les convie de chercher l'instruction des mœurs & de la Philosophie Ethique dedans l'Ecriture. "

Cela a un peu plus de couleur que la raison *locale* qu'il avoit attribuée à S. Jérôme, en supposant, contre la vérité, qu'il avoit trouvé mauvais que tout le monde lût l'Ecriture; mais n'a pas plus de fondement. Car si c'étoit la crainte que la lecture des Philosophes profanes ne ramenât au paganisme les Chrétiens de Constantinople nouvellement convertis, qui l'avoit porté à les presser, avec tant d'instance, de lire l'Ecriture Sainte, il en auroit témoigné quelque chose en tant d'endroits où il recommande cette lecture avec tant de zele. Et comme nous venons de rapporter la plus grande partie de ces endroits, on a déja vu qu'il n'en dit pas un seul mot; & que, s'il exhorte si souvent ses auditeurs à lire l'Ecriture, c'est en témoignant qu'il appréhende, non qu'ils redevinssent payens, ce qui étoit fort rare en ce temps-là, (personne ne le pouvant faire sans s'exposer à de grandes peines, ordonnées contre les Apostats par une loi de Théodose) mais qu'ils ne demeurassent toute leur vie mauvais Chrétiens; ce qui étoit fort commun. On ne voit point aussi que ce soit en *les dissuadant de lire les Philosophes profanes, pour y aprendre les préceptes de la vie humaine*, qu'il *les convie de chercher plutôt dans l'Ecriture l'instruction des mœurs & de la Philosophie Ethique.* Ce sont des pensées ingénieuses, mais qui n'ont aucune solidité. Il ne faut que relire les excellents passages de ce Pere, que nous avons rapportés, pour en être persuadé. Car, conviant, comme il fait, toutes sortes de personnes, & même les plus simples & les plus ignorants, jusqu'à des paysans, des valets & de pauvres veuves, à lire au moins le Nouveau Testament, étoit-ce pour les détourner de lire les Philosophes payens? Ç'auroit été une plaisante appréhension. Mais il n'a eu garde de l'avoir; & il ne dit autre chose de ces Philosophes profanes, en traitant cette matiere, sinon, que n'ayant écrit que pour la gloire & pour se faire admirer, leurs ouvrages ne sont pas propres pour les simples; au lieu que les Ecrivains Canoniques, ayant été établis de Dieu pour être les Docteurs de tous les hommes, ont tellement proportionné ce qu'ils ont écrit à la portée de chacun, que les plus simples & les plus ignorants peuvent tirer beaucoup de fruit de la lecture de leurs livres.

Ajoutons à cela, qu'afin que cette *raison locale* ait pu être raisonnablement alléguée par ce Cardinal, il faudroit, comme je l'ai déja remarqué, qu'elle eût pu être appliquée à tous les autres Peres, qui ont, aussi-bien que S. Chrysostôme, porté tout le monde à lire l'Ecriture Sainte. Or s'imaginera-t-on que quand S. Grégoire Pape l'a fait à Rome, S. Augustin en Afrique, S. Jérôme en Syrie, S. Ambroise à Milan, Cassien à Marseille, S. Basile en Cappadoce, S. Hilaire à Poitiers, ils avoient tous en vue ces payens nouvellement convertis, & qu'ils craignoient tous, *que la friandise de la lecture des Philosophes payens ne les ramenât au paganisme?* Je suis assuré que ce Cardinal ne l'auroit jamais osé dire. Et cependant ce qu'il a dit de S. Chrysostôme, quand il auroit quelque vraisemblance, ne lui pouvoit servir de rien pour soûtenir sa these, qui doit être générale, s'il n'en a pu dire autant de tous les autres Peres, qui ont été sur cela du même sentiment que S. Chrysostôme.

Tout cela me fait croire, que, si le P. Amelotte avoit considéré toutes ces choses avec plus d'attention, il ne se seroit pas laissé éblouir par cette pensée, & il auroit trouvé qu'elle n'en est pas plus solide pour être revêtue de ces termes mystérieux : *qu'il y a des conjonctures où l'Eglise excite même les fideles à célébrer souvent ce banquet sacré*, (c'est-à-dire à lire souvent l'Ecriture) *sachant que*, *selon S. Paul*, *la fête de l'immolation de notre Agneau Paschal est perpétuelle. Mais que c'est lorsqu'elle les voit avides du levain des sciences d'Egypte & d'Athenes*, *comme étoient ceux de Constantinople du temps de S. Jean Chrysostôme* Il est très-vrai, & le P. Amelotte a raison de le reconnoître comme il fait dans cette préface, que l'Eglise, du temps des SS. Peres, excitoit les fideles de lire souvent l'Ecriture. Mais il n'est point vrai que ç'ait été pour les détourner de la lecture des Philosophes profanes; ce qu'il appelle *le levain des sciences*

I. CLAS. N°. X. *d'Egypte & d'Athenes.* Et rien n'est plus mal fondé que d'attribuer à S. Chrysostôme, qu'il n'ait tant pressé ses auditeurs de lire dans leurs maisons ces livres divins, (ce que le P. Amelotte appelle *célébrer dans chaque famille l'immolation de l'Agneau*) que parce qu'il les voyoit *avides de ce levain* de la Philosophie humaine. Ç'auroit été bien peu estimer cette divine lecture, que de ne la conseiller que par accident, & pour empêcher qu'on n'en fît de dangereuses. A Dieu ne plaise qu'il ait eu une si basse pensée de ce que S. Paul (Rom. 15. 4.) nous assure *avoir été écrit pour notre instruction; afin que nous concevions une espérance ferme par la patience, & par la consolation que ces saintes Lettres nous donnent*, & de ce qu'il dit en un autre endroit 2. Timot. 3. vers. 16. *être utile pour conduire à la piété & à la justice, afin que l'homme de Dieu soit parfait, & parfaitement disposé à toutes sortes de bonnes œuvres.* Mais on n'a que trop vu, par les passages que nous avons rapportés de ce Pere, qu'il en a bien eu une autre idée, & que ce sont ces avantages essentiels, qu'il avoit appris de l'Apôtre, que l'on tiroit de cette lecture, qui le portoient à y exhorter tout le monde, & aussi-bien les plus ignorants, & que l'on pouvoit le moins soupçonner d'être *avides du levain des sciences d'Egypte & d'Athenes*, que ceux qu'il auroit cru avoir de l'attache pour ces sciences.

Après tout néanmoins, quand on s'imagineroit, ce qui ne paroît point par ses ouvrages, que cette considération de détourner ses auditeurs de lire les Philosophes profanes, auroit été une des raisons qui l'auroit porté à tant recommander de lire l'Ecriture, pourquoi voudroit-on qu'elle n'eût plus de lieu aujourd'hui? Est-ce qu'on n'y est pas porté à s'occuper de sciences, qui peuvent autant contribuer à étouffer l'esprit de piété & de priere, quand on s'y applique trop, que pouvoit faire alors la lecture des Philosophes payens? Est-ce qu'il n'y a pas aujourd'hui une infinité de livres plus dangereux pour corrompre les mœurs, que ceux de ces Philosophes, qui, étant lus avec un esprit chrétien, pouvoient servir aux fideles à les faire rentrer en eux-mêmes, en leur donnant sujet de rougir, de ce qu'ils faisoient moins pour Dieu, étant instruits par Jesus Christ, que ce que ces payens vouloient que l'on fît dans la seule vue d'une honnêteté humaine? Est-ce enfin qu'il n'y a pas autant de sujet de porter tant de filles & tant de femmes, à quitter leurs misérables Romans, qui les rendent pires que des payennes, pour s'appliquer à la lecture de l'Evangile, que l'on se figure qu'en avoit S. Chrysostôme, d'exhorter ceux qui lisoient les Philosophes profanes, qui n'enseignoient rien que d'honnête, de changer cette lecture en celle de l'Ecriture Sainte?

Concluons donc, qu'on ne sauroit faire voir que les raisons qu'a eu S. Chrysostôme, aussi-bien que les autres Peres, d'exhorter les Chrétiens à lire l'Ecriture Sainte, aient été *locales & temporelles*; c'est-à-dire, qu'elles n'aient convenu qu'aux lieux où ils prêchoient, & au temps auquel ils vivoient: d'où il s'ensuit, que si elles étoient bonnes dans leur bouche en ce temps-là, elles le doivent être encore aujourd'hui, dans celle de tous les Prédicateurs chrétiens.

CHAPITRE XII.

Examen de la conclusion de M. Mallet. Deux dispositions pour profiter de l'Ecriture Sainte. Que la premiere est d'être instruit par l'Eglise des verités de la foi.

M. Mallet a accoutumé de faire à la fin de chaque matiere qu'il traite, une récapitulation avec le titre de *Conclusion*; ce qui représente d'ordinaire assez fidellement ce qu'il a voulu établir. Il le fait aussi à la fin de ce chapitre, en la page 210; mais avec peu de fidélité. Car s'étant engagé, à l'entrée du chapitre, de prouver; *que les SS. Peres ont desapprouvé & regardé comme un abus la permission générale de lire l'Ecriture Sainte en quelque langue que ce fut*; au lieu de dire à la fin, que les autorités qu'il en a apportées dans ce chapitre font voir cela, il dit seulement, qu'elles montrent, *que la doctrine commune des Peres est, que la lecture de l'Ecriture n'est pas utile à tout le monde, & qu'au contraire elle peut être nuisible à certains esprits mal disposés qui en peuvent abuser.* On voit assez combien cela est différent de ce qu'il s'étoit obligé d'établir par les SS. Peres. Et on le voit même par ce qu'il ajoute: *Que, pour ne pas s'appuyer seulement sur l'autorité des Peres, quoiqu'elle doive être de très-grand poids, on ne peut douter que leur raison, qui est fondée sur le danger qu'il y a en cette lecture, ne soit très-convainquante.* Car la raison par laquelle on prouve une chose ne peut être la chose même que l'on veut prouver. Or la raison des Peres, selon M. Mallet, est le danger qu'il y a en cette lecture; ce qui est la même chose que de dire; *qu'elle n'est pas utile à tout le monde, & qu'au contraire elle peut être nuisible à certains esprits mal disposés, qui en peuvent abuser.* Ce n'est donc pas cela qu'il a voulu établir par les Peres; mais ce qu'il avoit proposé d'abord; qui est, qu'ils ont pris cette raison, *qu'elle peut être nuisible à certains esprits mal disposés*, pour une raison convainquante de ne la pas

I. CLAS. N°. X.

laisser lire indifféremment à toutes sortes de personnes. Or c'est ce qu'il n'a nullement prouvé, & qu'il ne prouvera jamais; & tout ce qu'il dit ensuite dans cette *Conclusion*, n'est qu'une illusion continuelle.

Car il fait sans cesse cet argument, & il suppose faussement, que les Peres l'ont fait comme lui. La lecture de l'Ecriture Sainte peut être nuisible à certains esprits mal disposés, qui en peuvent abuser. C'est donc un abus reconnu par les SS. Peres, de la vouloir mettre indifféremment entre les mains de tout le monde, & *de la laisser lire aux ignorants aussi-bien qu'aux savants, aux femmes aussi-bien qu'aux grands esprits, & aux personnes déréglées, aussi-bien qu'aux plus sages ?*

Or, que fait M. Mallet ? Au lieu de prouver la conséquence, qui est seule en dispute, il amuse le monde, & trompe les simples, en prouvant l'antécédent, qu'on n'a garde de contester; puisque c'est une vérité de foi, attestée par S. Pierre, qui nous assure, *qu'il y a des hommes ignorants & peu fermes dans la foi, qui détournent les Ecritures en de mauvais sens, & qui en abusent à leur propre ruine.* C'est en quoi il emploie inutilement cinq pages, en rapportant ce que Tertullien dit, que l'Ecriture a été conçue en des termes ambigus, pour donner lieu aux héréfies; que divers hérétiques ont fondé leurs héréfies sur des passages de l'Ecriture mal entendus; qu'il y en a eu, en ces derniers temps, qui en ont pris sujet de se jeter en des excès abominables, & qu'un Peintre Allemand, ayant lu l'histoire des filles de Loth, s'est abandonné à d'horribles incestes. On voit assez que tout cela ne prouve autre chose, sinon que l'on peut abuser de la lecture de l'Ecriture Sainte. Et qui en a jamais douté ? Donc, conclut-il, c'est *un abus de la laisser lire aux femmes & aux ignorants, & à tous ceux qui ne savent que la langue qu'ils ont apprise de leurs nourrices.* C'est de quoi uniquement il s'agit. C'est ce que M Mallet soutient. C'est donc ce qu'il a dû prouver, & qu'il ne prouve en aucune sorte. C'est ce qu'il a dû trouver dans les Peres, & qu'il y a si peu trouvé, qu'il y auroit vu le contraire en cent lieux, s'il les avoit consultés.

Afin donc qu'on ne se laisse point tromper par les sophismes de M. Mallet, qui prouve ce qui n'est point en question, au lieu de prouver ce qui est tout le sujet de la dispute, je lui soutiens deux choses.

La premiere; que tous les Peres ont reconnu, ce qu'ils avoient appris de S. Pierre, que la lecture des Livres sacrés peut être nuisible à des esprits mal disposés qui en peuvent abuser. Mais que nul, sans exception, n'a conclu de-là, que la lecture du Nouveau Testament (car c'est principalement de quoi il s'agit) ne doit pas être ordinairement permise aux ignorants, aux femmes, aux esprits simples, aux artisans,

aux

aux payſans, & généralement à tous ceux qui ne ſavent que la langue qu'ils ont appriſe de leurs nourrices.

La ſeconde, qu'ils n'ont eu garde d'avoir cette penſée, que cette lecture fût moins propre & moins utile pour le ſalut à ceux que je viens de nommer, qu'aux hommes, qu'aux ſavants, & aux grands eſprits; mais que, ſelon les principes qu'ils ont poſés, ils ont dû croire, & ont cru en effet, que les premiers ſont d'ordinaire moins en danger d'en abuſer que les derniers; parce que les diſpoſitions néceſſaires pour lire avec fruit l'Evangile & les écrits des Apôtres, ſe trouvent plus ſouvent dans les femmes & dans les perſonnes ſimples, que dans les hommes & dans les ſavants.

Car ces diſpoſitions ſe peuvent réduire à deux, dont la premiere eſt l'inſtruction des plus communes vérités de la foi, qu'on doit avoir appriſes de l'Egliſe, avec la perſuaſion que l'autorité de la même Egliſe nous doit avoir donnée, que ces Ecritures, qu'on appelle ſaintes, ſont des livres divins, qui ne contiennent rien que de véritable, & qui, par conſéquent, ne ſoit conforme aux articles de la foi dont on eſt déja inſtruit.

Et la ſeconde eſt la pureté de cœur, qui nous ouvre les yeux de l'ame pour nous y faire découvir beaucoup de vérités, qui, ſans cela, nous ſeroient cachées, & qui eſt encore plus néceſſaire pour nous porter à les aimer & à les pratiquer.

Je trouve ces deux points traités d'une maniere ſi ſolide & ſi pleine d'onction dans le livre de M. l'Evêque de Caſtorie, dont j'ai parlé pluſieurs fois, que, tenant à honneur de marcher ſur les pas de ce ſavant & pieux Prélat, je crois devoir rapporter ici une partie de ce qu'il en dit, dans ſon quinzieme chapitre, qui a pour titre: *Que l'Ecriture Sainte, pour être bien entendue, demande un Lecteur qui ſoit imbu des vérités de la foi; & que la pureté de cœur, qu'on acquiert par l'exercice de la mortification & de l'oraiſon, eſt un très-utile commentaire de l'Ecriture.*

Il prouve le premier de ces deux points par une conſidération très judicieuſe, & qui montre fort bien contre les hérétiques, que c'eſt par la Tradition & par l'inſtruction de l'Egliſe, plutôt que par l'Ecriture, que ceux qui ne ſont pas encore fideles doivent apprendre les vérités de la foi. C'eſt que toutes les Ecritures Canoniques du Nouveau Teſtament ont été adreſſées à des fideles, & non à des infideles; à des perſonnes inſtruites de Jeſus Chriſt, & non à des perſonnes qui n'en euſſent point oui parler. Ce qu'ayant prouvé tant des Epitres des Apôtres que des Evangiles, voici la concluſion qu'il en tire.

„ Puiſqu'il eſt conſtant, en partie par les écrits des Apôtres, &

I. CLAS. N°. X.

„ en partie par l'Histoire Ecclésiastique, que les livres du Nouveau
„ Testament ont été écrits pour des Lecteurs, qui, étant déja instruits
„ de Jesus Christ, les liroient avec les lumieres de la foi, & pourroient
„ discerner & pénétrer la doctrine des Apôtres, écrite dans ces livres
„ divins, par le secours de cette même doctrine déja vivante & lumi-
„ neuse dans leurs cœurs, on ne sauroit douter que les Apôtres n'aient
„ accommodé leur maniere d'écrire à la capacité de ceux pour qui ils
„ ont écrit, qui étoient déja instruits de Jesus Christ & de ses mysteres.
„ Si donc on a envie de lire avec fruit cette partie de l'Ecriture Sainte,
„ que les Apôtres ont écrite, on a besoin auparavant d'être instruit par
„ l'Eglise Apostolique, afin qu'après avoir reçu d'elle la doctrine du salut,
„ on soit disposé à lire utilement ce que les Apôtres ont écrit. On
„ doit en cela imiter les premiers Chrétiens de Rome, de Corinthe,
„ d'Ephese & des autres lieux, qui ont été fideles avant que de lire
„ les Epîtres que les Apôtres leur ont adressées, & qui ont eu dans
„ le cœur la doctrine apostolique, avant que de la lire dans des livres.
„ Or si les livres du Nouveau Testament ne doivent pas être lus par
„ des infideles, pour y apprendre la doctrine de la foi, mais seulement
„ par les fideles, pour se confirmer & faire progrès dans la foi par
„ cette sainte lecture, il est sans doute que les livres de l'Ancien Testa-
„ ment demandent encore beaucoup plus un Lecteur fidele & instruit,
„ parce que l'Ancien Testament est moins intelligible que le Nouveau,
„ dans lequel il est expliqué, & que le voile qui couvre le cœur des
„ infideles, qui lisent Moyse & les Prophetes, ne leur est ôté, qu'après
„ qu'ils sont convertis à Jesus Christ, par la foi, comme S. Paul nous
„ l'apprend."

Ce fondement posé, voici comme cet Evêque continue à montrer, que la foi que nous devons d'abord apprendre de l'Eglise, est la premiere disposition pour lire avec fruit l'Ecriture Sainte.

"Pour lire, dit-il, & entendre les livres des Philosophes, on a besoin
„ des lumieres de la raison & de l'esprit: & pour lire avec piété & avec fruit
„ les saints Livres, on a besoin des lumieres de la foi. La force & la lu-
„ miere naturelle de l'esprit, est la clef des livres des Philosophes: la force &
„ la lumiere surnaturelle de la foi est la clef des livres de l'Ecriture Sainte.
„ Celui qui est imbu de la foi catholique, est assuré de ne pouvoir rien
„ apprendre par l'Ecriture Sainte qui soit contraire à la doctrine catholique.
„ De sorte qu'encore qu'il ne sache pas comment on doit entendre l'Ecri-
„ ture, il sait bien néanmoins comment on ne la doit pas entendre. Et
„ encore qu'il ne voie pas en particulier quelle est la doctrine contenue
„ en chaque proposition, il sait néanmoins en général qu'elle ne contient

„ qu'une vérité qu'il faut adorer. Les Capharnaïtes infideles écoutent avec „ S. Pierre ces paroles de Notre Seigneur: *Si vous ne mangez la chair du* „ *Fils de l'homme, & ne buvez son sang, vous n'aurez point la vie en* „ *vous.* Ces infideles, prenant ces paroles dans un mauvais sens, dirent „ en abandonnant J. Christ: *Ces paroles sont bien dures ; qui peut les* „ *écouter ?* S. Pierre au contraire étant fidele, quoiqu'il n'entendît pas „ le sens de ces paroles de Notre Seigneur, ne laissa pas de les révérer „ comme des paroles de la vie éternelle. Ce qui paroît en ce qu'aussi-tôt „ que J. C lui eut demandé: *Et vous, ne voulez-vous point aussi me quitter ?* „ il lui répondit avec un respect profond & religieux; *à qui irions nous,* „ *Seigneur ? vous avez les paroles de la vie éternelle. S. Pierre n'entendoit* „ *pas*, dit S. Augustin sur le Pseaume 54, *ces paroles de J. C; mais sa* „ *foi & sa piété lui faisoient croire qu'elles étoient bonnes, encore qu'il ne les* „ *entendît pas. Si donc le discours de J. C. semble dur, n'étant pas encore* „ *compris, c'est à l'infidele & à l'impie qu'il est dur. Mais votre piété &* „ *votre foi lui doivent ôter pour vous son apparente dureté. Il vous devien-* „ *dra doux & aimable, & il aura une onction qui pénétrera votre ame....* „ *Vous êtes comme un enfant. Vous n'entendez pas encore les mysteres &* „ *les secrets qui sont dans les paroles du Sauveur. Vous êtes peut-être com-* „ *me un enfant à qui il faut cacher le pain, & qui ne pouvez être encore* „ *nourri que de lait. N'entrez pas en mauvaise humeur contre les mam-* „ *melles qui vous nourrissent. Elles vous rendront peu à peu capable de la* „ *nourriture solide, qui ne vous est pas encore propre.* "

I. CLAS. N°. X.

Il faut remarquer dans ces paroles de S. Augustin, que l'Ecriture Sainte, selon ce Pere, n'est pas seulement le pain & la viande solide des parfaits, mais aussi le lait des petits & des commençants. Car c'est à ceux-là qu'il donne cet avis, de ne se pas mettre en mauvaise humeur contre les mammelles qui les nourrissent; c'est-à-dire, contre l'Ecriture Sainte qu'ils lisent, parce qu'en beaucoup d'endroits elle contient des vérités qu'ils ne sont pas encore capables de pénétrer. Et c'est ce que l'Auteur de qui j'ai tiré ce discours continue à expliquer d'une maniere très-sainte, qui nous fait bien voir, que les femmes & les autres personnes simples, pourvu qu'elles aient la foi, peuvent tirer un très-grand fruit de la lecture de l'Ecriture Sainte, quoiqu'elles y rencontrent plusieurs choses qu'elles ne peuvent entendre. On avoit représenté la même chose, & par des vues assez semblables dans la Préface du Nouveau Testament de Mons. Mais M. Mallet sera apparemment plus disposé à se rendre aux sentiments d'un Evêque pour qui il doit avoir de la vénération, & qui ne lui sauroit être suspect.

" L'effet & la vertu de la foi est donc de nous faire autant révérer la

I. CLAS. N°. X.

„ vérité dans les endroits où elle nous est cachée, que dans les endroits „ où elle nous est découverte. La foi dont le cœur de Marie étoit rem- „ pli faisoit qu'elle n'adoroit pas moins J. C. caché dans son sein, que si „ elle l'avoit eu devant ses yeux. La foi met les vrais fideles en état „ d'adorer J. C. caché dans l'Eucharistie, comme ils l'adoreroient s'il se „ présentoit visiblement à eux. Et ainsi la vertu propre de la foi, est de „ faire que ceux qui lisent l'Ecriture Sainte avec une véritable piété, n'y „ adorent pas moins la vérité qui y parle, lorsqu'ils ne savent pas enco- „ re ce qu'elle dit, que lorsqu'ils l'entendent. C'est néanmoins avec cette „ différence, que la lumiere de la vérité, qui leur est manifeste, les remplit „ de joie & les porte à louer la miséricorde de Dieu, & que, dans la ren- „ contre des obscurités adorables de sa parole, ils sont touchés d'une crainte „ religieuse, & d'une frayeur salutaire des jugements de Dieu, étant prêts „ de s'écrier avec S. Augustin, Conf. l. 12. c. 14. *Que la profondeur de* „ *vos Ecritures est admirable! Leur surface, comme pour nous attirer à* „ *les lire, se présente agréablement à nous, qui ne sommes que des enfants* „ *en ce qui regarde leur intelligence. Mais leur profondeur, mon Dieu,* „ *est tout-à-fait merveilleuse! Je ne saurois la considérer qu'avec effroi,* „ *mais un effroi de respect, & un tremblement d'amour.*"

Ce Prélat montre ensuite, par de fort beaux exemples, de quelle maniere les vérités de la foi dont nous avons été instruits par l'Eglise, nous développent les vérités cachées dans de certaines façons de parler de l'Ecriture, qui, sans cela, nous pourroient tromper.

“ Ceux, dit-il, qui ont appris par la foi catholique, que Dieu est la „ justice, la sagesse, la vérité; qu'il n'occupe point un certain espace, „ comme les substances matérielles; qu'il n'est sujet à aucun changement, „ mais qu'il est parfaitement immuable, & toujours égal à soi-même, „ voyant que l'Ecriture dit qu'il marche, qu'il se repose après son travail, „ qu'il descend du ciel, qu'il se réveille, qu'il oublie, qu'il se met en „ colere, qu'il est touché de compassion, & que sa sainte parole lui attri- „ bue ainsi divers changements & des passions humaines, ne se représen- „ tent pas pour cela rien de corporel ni ne changeant en Dieu; mais „ sont persuadés, que la Sagesse éternelle a voulu employer ces façons „ de parler, qui sont figurées & qui ont quelque apparence de défaut, „ pour s'accommoder à notre maniere de concevoir, & pour nourrir & „ faire croître notre foi; nous traitant comme des enfants à qui il faut „ parler une langue qu'ils puissent entendre. Mais après que J. C. a „ éclairé leurs cœurs d'une foi plus forte & plus complette, en sorte „ qu'ils soient capables d'entendre dans un sens spirituel les expressions „ figurées, elles ne leur sont plus, comme parle S. Augustin, conf. l. 12.

„c. 27, ce qu'eſt un nid à de petits oiſeaux, qui ne ſont pas encore „aſſez forts pour voler; mais *un jardin tout couvert d'arbres fruitiers*, „*ſur leſquels ils volent avec joie de branche en branche. Ils y apperçoivent* „*des fruits cachés; ils chantent en les cherchant, & les cueillent avec* „*plaiſir.*"

„Quand, par exemple, ces fideles ainſi éclairés & inſtruits, trou„vent que Dieu dit dans l'Ecriture: *Je ſuis votre Dieu, qui ſuis jaloux*, „*cette expreſſion* (dit le même Pere cont. Adiman. chap. 11.) *les remplit* „*d'une ſainte joie; parce qu'ils comprennent, que la jalouſie que Dieu s'at*„*tribue, ſignifie cette providence & cette volonté par laquelle il ne permet* „*pas qu'aucune ame ſe ſépare impunément de lui, pour s'abandonner aux* „*paſſions de ce ſiecle, ſelon cette parole du Prophete: Vous perdrez, Sei*„*gneur, toutes ces ames adulteres qui ſe ſéparent de vous. Car tout de* „*même que la colere que l'on attribue à Dieu, n'eſt pas en lui un trou*„*ble de l'ame, mais la puiſſance qu'il a de punir, ainſi la jalouſie n'eſt* „*pas en lui cette paſſion qui tourmente un mari à l'égard de ſa femme, &* „*une femme à l'égard de ſon mari; mais une juſtice toute tranquille &* „*toute parfaite, qui ne ſouffre pas qu'aucune ame ſoit heureuſe, lorſqu'elle* „*s'eſt laiſſée corrompre par des ſentiments faux & des deſirs dépravés, qui* „*n'ont pu lui faire produire que des fruits de malédiction & de mort.* „*Car ceux qui n'ont pas encore compris, que nulles expreſſions humaines* „*ne peuvent bien convenir à la Majeſté incompréhenſible & ineffable de* „*Dieu, ſont touchés par ces termes, qui repréſentent en lui ce qu'ils ſont* „*capables de concevoir. Ils ont d'ailleurs une extrême averſion d'attribuer* „*à Dieu les paſſions des hommes; & il leur ſemble que le reſpect qu'ils* „*lui doivent, les oblige à s'en abſtenir. Cependant le S. Eſprit, faiſant* „*entendre aux hommes intelligents, par ces expreſſions, combien les pro*„*priétés & les perfections divines ſont inexplicables, a voulu employer des* „*termes qui ont accoutumé d'être pris parmi les hommes en mauvaiſe part,* „*& de ſignifier des défauts, afin de les avertir, par cette conduite, que* „*même lorſqu'ils penſent parler de Dieu en des termes dignes de lui en* „*quelque maniere, ces termes ne laiſſent pas d'en être indignes; parce qu'il* „*appartiendroit plutôt aux hommes d'honorer Dieu par le ſilence, que par* „*aucune des expreſſions dont ils ſoient capables.* Ces penſées ſublimes & „céleſtes ſont produites, dans les fideles qui ont de la piété par le moyen „de leur foi, quoiqu'ils liſent ou qu'ils écoutent des expreſſions qui „peuvent paroître indignes de Dieu dans leurs ſignifications propres & „naturelles."

Avant que de paſſer à la ſeconde diſpoſition, qui eſt la pureté de cœur, je demande à toutes les perſonnes raiſonnables, ſi, dans l'Egliſe Catho-

I. CLAS. N°. X.

lique, il n'y a pas pour le moins autant de femmes que d'hommes qui ont la foi, & qui sont instruites des vérités communes de notre Religion: & si, pour l'ordinaire, les femmes n'ont pas plus d'attache à ce qu'elles ont une fois appris comme étant la foi de l'Eglise, & moins de hardiesse à s'en éloigner? Il y a donc lieu de croire, qu'il n'y a pas plus à craindre pour elles que pour les hommes, qu'elles ne prennent l'Ecriture en des sens opposés à la foi qu'elles ont reçue, & qu'au contraire elles seront plus disposées à avouer leur ignorance, & à adorer avec respect ce qu'elles n'entendroient pas, qu'à y donner de mauvais sens; puisqu'il suffit pour cela qu'elles soient fermes dans leur foi; ce qui est une grace que Dieu leur fait autant qu'aux hommes, & que, d'autre part, elles soient persuadées qu'il n'y a rien dans l'Ecriture que de véritable; ce qui les obligera de rejeter, comme n'étant point le vrai sens de ce qu'elles lisent, tout ce qui leur paroîtra contraire à ce que l'Eglise enseigne. Pourquoi donc les Peres auroient-ils cru que l'Ecriture Sainte dût moins être lue par les filles & par les femmes que par les hommes? Et comment M. Mallet s'est-il pu imaginer, qu'ils ont regardé comme un abus de la laisser lire aux femmes; ce que nous avons fait voir être une fausseté manifeste?

On dira peut-être qu'au moins on ne sauroit nier que beaucoup de pauvres gens, artisans, paysans & autres, ne soient mal instruits dans la foi; d'où il s'ensuit, que, selon les principes mêmes que je viens d'établir, n'étant point en état de lire l'Evangile ni les Ecrits des Apôtres, on fait bien de leur défendre cette lecture, comme leur étant dangereuse. Mais qui ne voit que c'est comme si on disoit, qu'une grande partie des Chrétiens étant très-mal disposés pour recevoir dignement les Sacrements, il seroit à propos de faire une défense à tous ceux qui ne sont point dans les Ordres sacrés, d'en approcher plus souvent qu'une fois l'année, de peur qu'ils ne commissent des sacrileges? Car que devroit-on répondre à une proposition si déraisonnable, sinon, qu'au lieu de faire cette défense, qui, étant générale, ne pourroit être que fort injuste & tout-à-fait contraire à l'esprit de l'Eglise, il faut remédier à la cause qui en seroit le prétexte, en travaillant à retirer ces Chrétiens mal disposés, du mauvais état où ils sont, & cependant se contenter d'exclure de la participation des Sacrements chacun de ceux qu'en particulier on en jugeroit indignes, en se résolvant même, quoiqu'avec douleur & gémissement, de les laisser profaner par ceux qui cacheroient leur indignité, plutôt que d'en éloigner, par des précautions mal entendues, ceux qui, en étant dignes, pourroient ne pas vouloir, par humilité, qu'on les exceptât de la regle générale.

'est ici la même chose. Il n'est que trop vrai que quantité de pauvres
sont mal instruits dans la foi, & ne savent presque aucune vérité de la
gion. Mais ne sont-ils point obligés d'en être instruits ? Ne doivent-
oint savoir leur Cathéchisme ? Sont-ils incapables de l'apprendre ? Ils
ent donc aussi incapables d'être sauvés, puisqu'on ne le sauroit être
connoître Dieu & les principales vérités de la foi. Mais il n'est point
qu'ils en soient incapables. On en voit de fort bien instruits dans
ieux où il y a de bons Pasteurs qui s'acquittent de leur devoir. Et
la faute des Pasteurs négligents, de ce qu'il y en a tant qui passent
e leur vie dans une ignorance déplorable des vérités capitales du
istianisme. Les SS. Peres n'ont donc pas cru qu'on leur dût interdire
ecture de l'Ecriture Sainte, en supposant qu'ils ignoroient les vérités
la foi qu'on apprend dans les Catéchismes, parce qu'il auroit fallu,
r le supposer, qu'ils eussent cru, ou qu'ils n'étoient pas obligés de
savoir, ce qu'on ne peut dire sans impiété, ou que ce n'est pas un
oir indispensable de ceux que Dieu a chargés du salut de ces pauvres
s, aussi-bien que des riches, de leur apprendre à connoître leur Créa-
, à l'aimer & à le servir, qui est tout ce que ces Saints jugeoient
nécessaire pour être en état de profiter de la lecture de l'Evangile.
avoue néanmoins, qu'il y en peut avoir de si stupides qu'on ne les
trouvera pas capables, quoiqu'ils sussent assez de leur Catéchisme pour
sauvés. Mais comme cela est extraordinaire, ces Saints ont eu raison
n'y avoir point d'égard; & ainsi, comme dans les choses morales
exception rare n'empêche point la généralité de la regle, ce seroit
chicaner que de trouver mauvais, n'ayant que cela à leur opposer,
ls aient exhorté tout le monde à lire l'Écriture Sainte, en compre-
t nommément, parmi ceux qu'ils exhortoient à cette lecture, les
nes, les jeunes filles, les pauvres, les artisans, les bergers, les autres
s rustiques, & les valets.

CHAPITRE XIII.

la seconde disposition pour profiter de la lecture de l'Ecriture Sainte, qui est la pureté de cœur. Que les Peres n'ont pas cru qu'on pût faire des loix pour restreindre la liberté de la lire.

Allons maintenant à l'autre disposition, qui est la pureté de cœur;
après avoir vu ce qu'en a dit le pieux Evêque dont je me suis engagé

I. CLAS. N°. X.

de rapporter les sentiments, nous jugerons si elle ne se trouve pas aussi ordinairement dans les femmes & dans les esprits les plus simples, que dans les hommes & les plus grands esprits.

" Mais il est nécessaire, dit ce Prélat, de joindre à la sincérité de la
„ foi la pureté de cœur, qui est cette clef de David, par laquelle on
„ doit ouvrir le livre de l'Ecriture Sainte, pour voir les secrets qui y sont
„ enfermés; comme au contraire les souillures des convoitises ferment le
„ cœur à la lumiere de la parole de Dieu. " Ce qu'ayant prouvé par une belle parole de l'Abbé Théodore dans Cassien, que j'omets pour abréger, il y joint celle-ci de S. Bernard, au sermon 62. sur le Cantique. " *La vérité ne se montre point aux ames impures, la sagesse ne se*
„ *découvre point à elles, la vérité ne sauroit être vue par des yeux super-*
„ *bes; mais elle se montre à ceux qui sont purs; la vérité ne sauroit se*
„ *cacher à un cœur qui est vraiment pur.* On a pu reconnoître la vérité
„ de cette doctrine dans Grégoire Lopès, qui a vécu saintement au
„ seizieme siecle en la nouvelle Espagne. Ce saint homme n'ayant appris
„ ni le grec ni le latin, ne laissa pas d'obtenir la grace de pénétrer les
„ sens de l'Ecriture Sainte les plus cachés; en sorte que ceux qui s'ap-
„ pliquoient à interpréter l'Ecriture, & même les plus grands Théolo-
„ giens l'admiroient, & qu'il pouvoit dire avec le Roi Prophete : *Je*
„ *suis devenu plus intelligent que tous ceux qui m'instruisoient; parce que*
„ *je médite votre loi.*

„ Et à cause que la pureté de cœur, sans laquelle l'Ecriture Sainte
„ est obscure, & avec laquelle elle devient claire aussi-tôt qu'on la lit,
„ est un don de Dieu, il est nécessaire, pour obtenir ce précieux
„ don, non seulement de s'appliquer à la mortification de ses passions
„ & de soi-même, mais encore à la priere, qui obtient en peu de temps
„ ce qu'elle demande, quand elle est jointe à l'obéissance que l'on doit
„ aux commandements de Dieu. Car, comme dit S. Augustin, au liv.
„ du Travail des Moines, chapitre 17, *Dieu exauce plus promptement*
„ *une seule priere d'un homme qui lui obéit, que dix mille prieres d'un*
„ *homme qui méprise sa loi.* Si, avant que d'entrer dans la lecture de
„ l'Ecriture Sainte, nous avons soin de demander à Dieu la pureté de
„ cœur, en lui disant avec le Roi Prophete : *Mon Dieu, créez en moi*
„ *un cœur pur, & renouvellez l'esprit de justice dans mes entrailles. Lavez-*
„ *moi de plus en plus des souillures de mon iniquité, & purifiez-moi de*
„ *mon péché*, il nous sera permis d'espérer d'obtenir cette pureté par-
„ faite, que nous aurons demandée avec un cœur vraiment converti.
„ Et quand nous l'aurons obtenue, Dieu nous fera la grace de nous
„ ouvrir l'esprit, pour nous faire entendre l'Ecriture Sainte; de nous

ouvrir

„ ouvrir les yeux, pour nous faire considérer les merveilles de sa loi; I.
„ de nous donner un entendement propre à pénétrer le vrai sens de CLAS.
„ sa parole; mais par-dessus toutes ces graces, nous donnera la volonté N°. X.
„ de garder sa loi de tout notre cœur. Car il ne faut pas tant lire
„ l'Ecriture Sainte pour connoître les vérités qu'elle contient, que pour
„ aimer de tout notre cœur la justice qu'elle enseigne, & pour l'ac-
„ complir par cet amour. C'est pourquoi S. Augustin dit, au livre 2.
„ de la Doctrine chrétienne, chap. 9. *que ceux qui craignent Dieu, &*
„ *qui ont l'onction de la piété, cherchent la volonté de Dieu dans tous*
„ *les livres de l'Ecriture*, pour l'adorer avec une profonde humilité,
„ pour la suivre avec une fidelle obéissance, pour l'observer avec un
„ sincere amour. Car il n'appartient qu'aux Juifs, & non pas aux Chré-
„ tiens de savoir la volonté de Dieu, & de n'aimer pas cette divine
„ volonté. Et cette science toute seule ne sauroit faire acquérir une
„ solide santé à l'ame; mais elle n'est propre qu'à lui causer l'enflure
„ de la vanité. *Si la science*, dit S. Augustin, Sermon 17. sur le Ps.
„ 118, *est plus grande que la charité, elle n'édifie pas, mais elle enfle.*
„ Or cette enflure que produit l'orgueil, ferme les yeux de l'ame à
„ Dieu, & l'empêche d'être éclairée par l'intelligence de sa parole. Mais
„ au contraire, celui qui, s'instruisant de la volonté de Dieu dans sa
„ parole, l'aime & l'observe, pénetre facilement les sens & les secrets
„ de l'Ecriture Sainte. *Car qui ne sait*, dit Saint Augustin, au livre du
„ Travail des Moines, ch. 17, *que l'on profite d'autant plus promptement*
„ *des bonnes lectures, qu'on est plus diligent à pratiquer ce qu'elles en-*
„ *seignent? Vos commandements, Seigneur*, dit le Prophete Roi, *m'ont*
„ *donné l'intelligence;* ce qui signifie, dit S. Jérôme, *que ce saint Pro-*
„ *phete n'avoit commencé à avoir la science des secrets de Dieu, qu'après*
„ *avoir été fidelle à l'observation de sa loi.*

Faisons ici la même réflexion sur cette derniere des deux dispositions nécessaires pour lire l'Ecriture avec fruit, que nous avons faite sur la premiere. Dira-t-on que les femmes & les autres personnes qui n'ont point étudié, sont moins capables que les hommes & les savants d'avoir cette pureté de cœur, qui fait entrer dans les vérités de l'Ecriture? Ce seroit combattre la raison & l'expérience. Car il est vrai que les femmes qui se sont dépouillées de toute crainte de Dieu, pour s'abandonner à leurs passions, sont d'ordinaire plus emportées que les hommes. Mais ce n'est point de celles-là dont on parle, non plus que des hommes qui sont tout-à-fait libertins. On considere, dans l'un & dans l'autre sexe, ceux qui ont quelque sentiment de piété, ou au moins quelque desir de se sauver. Car ce n'est qu'au regard de cette sorte de personnes

I. CLAS. N°. X.

qu'on demande si les Peres ont jugé qu'il leur fût utile de lire l'Ecriture Sainte. Or qui est celui qui ne reconnoisse, qu'il y a pour le moins autant de femmes que d'hommes qui arrivent à un très-haut degré de sainteté, & qui possedent, par conséquent, cette pureté de cœur en un degré très-éminent? Qu'il y a autant de Monasteres de filles qui édifient l'Eglise par leur piété, & par une exacte observation de leurs regles, qu'il y en a de Religieux, quoique ces derniers soient en plus grand nombre? Qu'en s'arrêtant à une vertu plus ordinaire, il est encore plus certain qu'il y a beaucoup plus de femmes dévotes que d'hommes, & qu'elles sont sur-tout plus affectionnées à la priere, par où ces Saints nous enseignent que s'acquiert cette pureté de cœur? Et enfin, que la science qui s'apprend dans les Ecoles, que l'on peut dire qui manque aux femmes, sert si peu à mettre l'ame dans cet état de pureté & d'amour, qui fait goûter & aimer la vérité, que c'en est plutôt un obstacle, comme les plus spirituels de ces derniers temps s'en sont souvent plaints?

Il ne faut donc pas s'étonner, que les SS. Peres étant remplis de ces vues, & n'estimant de toutes ces sciences que celle de Jesus crucifié, dont les femmes & les ignorants sont pour le moins aussi capables que les hommes qui passent pour savants dans le monde, ne se soient point avisés de trouver mauvais que ces femmes & ces ignorants lussent l'Ecriture Sainte, & qu'ils y allassent chercher, aussi-bien que les plus grands esprits, de quoi fortifier leur foi & entretenir leur piété.

Et ils n'avoient garde de s'arrêter au *danger* d'y trouver des écueils, que M. Mallet représente par-tout d'une maniere si tragique, comme étant une *raison convainquante* de ne la point laisser lire à ces sortes de personnes. Car ils avoient trop de jugement pour ne pas voir, que si on devoit avoir égard à cela, ç'auroit été plutôt aux hommes & aux savants, qu'aux femmes & aux ignorants, qu'on auroit dû interdire cette lecture; puisque ceux qui en ont abusé, & qui en ont pris sujet d'inventer tant d'hérésies, ont été bien plus souvent des hommes que des femmes, & des savants que des ignorants.

Comment donc auroient-ils fait pour ne pas laisser tous les Chrétiens dans la liberté de lire l'Ecriture Sainte, & quelles bornes auroient-ils donné à ces permissions, s'ils avoient cru, comme se le persuade M. Mallet, qu'elles ne devoient pas être générales?

N'auroient-ils permis cette lecture qu'à ceux qui auroient déja été avancés en âge, comme faisoient les Juifs au regard de certains endroits du Vieux Testament? M. Mallet auroit bien envie de faire croire que cela est ainsi, alléguant souvent, dans ce dessein, cette ordonnance des Juifs. Et cela seroit supportable, s'il ne l'entendoit que de ces mêmes endroits, qui ne font pas, comme on a déja dit plusieurs fois, la cinquantieme partie de la Bible. Mais pour tout le reste, & principalement pour le Nouveau Testament, ils ont été si éloignés de cette pensée, qu'ils ont voulu que ce fût la premiere étude des enfants chrétiens, & que, dès qu'ils commenceroient à avoir un peu de discernement & de raison, ils apprissent dans ces saints livres à connoître & à aimer Dieu.

L'auroient-ils défendue aux femmes, comme ayant l'esprit trop foible pour une nourriture si solide? Mais quand on supposeroit, ce qui est au moins fort douteux, que le commun des femmes a moins d'ouverture d'esprit, & d'intelligence naturelle que le commun des hommes, ils ne se seroient pas arrêtés à cette raison pour leur laisser moins de liberté de lire l'Ecriture Sainte. Car ils savoient, d'une part, qu'elle n'est pas moins le lait des enfants que la viande solide des parfaits, comme nous avons vu qu'ils l'ont souvent témoigné; & de l'autre, que ce n'est point l'intelligence naturelle, mais la lumiere de la foi & la pureté de cœur, qui font lire avec plus de fruit ces paroles de vie, & qui donnent plus d'entrée à cette science du salut. Aussi, bien-loin d'être sur cela du sentiment de M. Mallet, ils n'ont rien tant recommandé aux Dames, aux veuves, & aux filles de toutes sortes d'âges, que, non seulement de lire, mais même d'apprendre par cœur ces divines instructions de Jesus Christ, des Apôtres & des Prophetes, & de s'en faire la plus importante occupation de leur journée.

Auroient-ils jugé que cela n'auroit été bon que pour des personnes tout-à-fait dévotes, & qui ne voudroient plus avoir de part au monde, & non pour ceux, qui, étant chargés de femme & d'enfants, seroient embarrassés du soin d'un ménage? Ils ont soutenu au contraire, que c'est ce qui perdoit tout, de ce qu'on s'imaginoit qu'il n'y avoit que les Moines, & les personnes séparées du monde qui dussent lire l'Ecriture Sainte; au lieu, disent-ils, que cette lecture ne leur est pas si nécessaire qu'à ceux qui y sont plus engagés; parce qu'étant tous les jours exposés à tant de combats, & y recevant tant de blessures, ils ont beaucoup plus besoin de remedes.

Auroient-ils usé de la distinction dont on a usé depuis, de l'Ecriture lue en hébreu, en grec, ou en latin, & de l'Ecriture lue en langue vulgaire, en permettant l'une & défendant l'autre? M. Mallet reconnoît que non, & il demeure d'accord, que, s'ils avoient improuvé ces permissions générales de lire l'Ecriture Sainte, qui lui paroissent un grand abus, ç'auroit été en trouvant mauvais que tout le monde prît la liberté de la lire, en quelque langue que ce fût. En quoi il dit vrai; non par la

I. CLAS. N°. X.

raison qu'il en apporte; qui est qu'on ne lisoit point alors l'Ecriture en langue vulgaire, mais par une raison toute opposée ; qui est, qu'il n'y avoit presque personne, non pas même les Prêtres & les Evêques, qui la lût autrement qu'en langue vulgaire; savoir, en latin dans les Eglises d'Occident, en grec dans les Eglises de presque tout l'Orient, & en syriaque, en arménien, ou en coptique, dans les Eglises où nous avons montré, dans le livre précédent, que l'on faisoit le service public en ces langues là.

Enfin, se seroient-ils restreints à défendre cette lecture aux esprits mal disposés, qui en abusent à leur ruine, comme dit S. Pierre ? Mais il est certain qu'ils ne l'ont point fait ; parce qu'ils ont pu croire que, n'y ayant aucune nécessité de défendre, par une loi positive, ce qui l'est assez par le droit naturel & divin, il y avoit d'ailleurs plus de mal que de bien à attendre de cette loi. Car il y avoit, d'une part, lieu d'appréhender qu'elle ne causât des scrupules à beaucoup de bonnes ames qu'elle n'auroit point regardées, parce que, plus elles auroient été humbles, plus elles auroient été capables d'en prendre occasion de se figurer de si grands dangers dans cette lecture, que cela les en auroit détournées, & les auroit privées par-là d'un grand avantage pour leur avancement dans la piété : & il n'y avoit pas, d'autre part, sujet de s'attendre que cette défense auroit retenu ces esprits mal disposés, contre qui on l'auroit faite, parce que le même orgueil & la même corruption qui les porte à changer en poison une nourriture si sainte & si salutaire d'elle-même, les aveugle de telle sorte, que, bien loin de craindre qu'ils n'en abusent, ils sont persuadés qu'ils en font le meilleur usage du monde. Ou s'ils étoient passés jusqu'à cette impiété que de se moquer de l'Ecriture, & d'y chercher exprès de quoi la combattre & la contredire, la défense qu'on leur feroit de la lire n'auroit eu garde de les arrêter, & n'auroit fait, au contraire, qu'irriter leur esprit de libertinage, & augmenter la pente qu'ils auroient déja de se mettre au-dessus de toutes les Loix.

Je n'avois pas besoin de tout ce discours pour confondre M. Mallet. Il ne s'agissoit, dans ce troisieme livre, que d'une question de fait; savoir, si les Peres avoient désapprouvé que toutes sortes de personnes lussent l'Ecriture Sainte, les femmes aussi-bien que les hommes, les ames simples aussi-bien que les plus grands esprits, & ceux qui n'ont étudié aucune science humaine aussi-bien que les savants. Il a soutenu qu'ils avoient regardé cette permission générale comme un abus, & j'ai soutenu le contraire. C'est une affaire d'enquête. Il a fait la sienne, & on a vu comme il y a réussi, n'ayant pu citer que quatre Peres, & un Auteur ancien, qui ne mérite pas ce nom, & n'en ayant pu rapporter aucun passage qui ne soit ou faussement ou impertinemment allégué. J'ai fait la mienne au contraire, & je n'en prétends point de louanges ; car je reconnois, que ces passages des Peres, qui disent expressément tout l'opposé de ce que M. Mallet leur attribue, sont presque tous très-communs, & qu'ils n'apprennent rien de nouveau à tous les savants. Mais c'est, comme j'ai dit, ce qui doit causer plus d'étonnement à l'égard des approbateurs de son livre; rien n'étant plus surprenant que de voir, que, non seulement ils se soient laissé éblouir par les autres absurdités de M. Mallet, qui leur ont paru des *recherches fort curieuses*, parce qu'ils n'en avoient jamais entendu parler; mais qu'ils lui aient laissé passer une si grande bévue, & qu'ils s'en soient rendu garants par des approbations pleines d'éloges.

I. CLAS. N°. X.

On auroit aussi quelque sujet de se plaindre du public, qui ne paroît point s'être élevé autant qu'il auroit dû contre un livre si scandaleux, si ce n'est que l'on apprend que peu de gens habiles ont daigné le lire, & qu'il n'a été presque vu jusques ici, que par de certains ignorants du parti de la méchante morale, qui étant infatués de la bonne opinion qu'ils ont de l'Auteur, ne font pas capables d'en connoître les égarements, & ne laissent pas de leur donner cours parmi un assez grand nombre de personnes peu éclairées. Mais on espere que le zele de tous ceux qui aiment vraiment l'Eglise se réveillera, & qu'ils seront bien aises de la voir vengée de l'injure que lui a faite cet Auteur, en lui attribuant ses extravagantes prétentions, qui vont à éloigner tous les Chrétiens, qui ne sont point du Clergé, de lire les Livres saints, comme n'ayant *été écrits, selon l'intention de Dieu & des Ecrivains Canoniques, que pour être lus par les Prêtres & par les Docteurs*. Ce paradoxe est si impie, qu'on auroit pu croire que c'étoit assez de le proposer pour le faire avoir en horreur. Mais il y a mêlé, pour le soutenir, tant d'autres rêveries non moins préjudiciables à la Religion & à l'autorité des Ecritures Canoniques, que j'ai cru rendre quelque service à l'Eglise, en détruisant de fond en comble tout cet amas d'erreurs & de visions, & en fortifiant une infinité de bonnes ames contre les frayeurs que leur veut donner cet Ecrivain, en leur représentant le livre du monde le plus propre à nourrir & à faire croitre en elles ce que Dieu leur a donné de foi & de piété, comme un livre dangereux, & qu'elles ne peuvent souhaiter de lire sans une grande présomption. Je n'en demande point d'autre récompense, sinon qu'elles m'en sachent gré, qu'elles m'offrent à Dieu dans leurs prieres, & qu'elles m'obtiennent la grace de faire saintement, pendant tout le reste de ma vie, ce

I. CLAS. N°. X. que je leur conseillai, après tous les Peres, comme un des plus grands moyens d'acquérir cette sainteté, sans laquelle S. Paul nous assure que personne ne verra Dieu.

FIN.

TABLE DES CHAPITRES.

LIVRE PREMIER.

Touchant la lecture des Livres de l'Ancien Testament.

I. CLAS. N°. X.

LIVRE II.

De la lecture des Livres du Nouveau Testament.

LIVRE III.

Du sentiment des SS. Peres touchant la lecture de l'Ecriture Sainte.

I.
CLASSE
N°. XI.

DÉFENSE
DES VERSIONS
DE L'ÉCRITURE SAINTE, DES OFFICES DE L'ÉGLISE, ET DES OUVRAGES DES PERES,

& en particulier

DE LA NOUVELLE TRADUCTION DU BRÉVIAIRE

contre la Sentence de L'OFFICIAL de Paris, du 10. Avril 1688.

AVEC

L'AVOCAT DU PUBLIC;

CONTRE

LA REQUETE DU PROMOTEUR,

du troisieme Mai. Sur la premiere édition, faite à Cologne, Chez NICOLAS SCHOUTEN en 1688.

I. Clas. N°. XI.

DÉFENSE DES VERSIONS
EN LANGUE VULGAIRE.

Il y a long-temps qu'il ne s'est rien fait de plus scandaleux, ni de plus injuste, que ce qui vient d'être publié dans Paris sous ce titre: *Sentence rendue en l'Officialité de Paris, portant condamnation de la traduction du Bréviaire Romain en langue françoise.* L'occasion de cette Sentence est une nouvelle traduction du Bréviaire Romain, qui se vendoit à Paris depuis cinq mois, avec privilege du Roi & approbation des Docteurs de Sorbonne, qui est tout ce que l'on peut, selon l'usage du Royaume, exiger des Libraires & des Imprimeurs, afin qu'ils aient lieu de s'assurer qu'ils ne seront point troublés dans le débit des livres qu'ils impriment; ce qui souvent seroit capable de les ruiner.

Tout Paris sait que cette traduction a été faite par un Ecclésiastique d'une piété & d'une suffisance non commune, qui y a travaillé plusieurs années, & que les autres ouvrages qu'il a donnés au public font assez juger avoir été très-capable d'y bien réussir. Son *Histoire de la Vie de Notre Seigneur Jesus Christ*, est un des meilleurs livres que l'on puisse mettre entre les mains des fideles, & le discours qui est à la tête de cette histoire, une des belles choses qui ait été faites en ce temps.

M. Le Tourneux.

Sa *Meilleure maniere d'entendre la Sainte Messe*, mérite certainement tous les éloges qu'elle a reçus de toutes les personnes de piété qui en ont tiré du fruit, & les approbations que lui ont données neuf habiles Docteurs de Sorbonne. Son *Année Chrétienne* est, au jugement des plus habiles gens & des plus pieux, un ouvrage fort estimable pour l'érudition & pour la piété, étant difficile de trouver rien, ni de plus solide que ses explications de l'Ecriture, ni de plus édifiant que la morale qu'il en tire, ni de plus touchant que les prieres qu'il y joint. Ses *Instructions Chrétiennes sur les Sacrements*, ont eu le même succès, & ont été universellement estimées. On a encore de lui *six lettres de Controverse* à trois différentes personnes de la Religion prétendue Réformée, qui lui avoient proposé leurs difficultés, qu'il éclaircit avec tant de lumiere, qu'en ayant été entiérement satisfaites, elles quitterent toutes trois leur fausse Religion pour rentrer dans l'Eglise.

Mais le livre qui a plus de rapport à cette traduction du Bréviaire Romain, qu'on a entrepris de condamner par cette Sentence, est son

I. CLAS. N°. XI. *Office de la Semaine sainte, à l'usage de Rome, en latin & en françois*, imprimé avec Privilege du Roi, obtenu par le Sr. Petit en 1673, & confirmé deux ans depuis pour cinquante années. Etant donc certain que cet Office de la Semaine sainte, est une des plus considérables parties du Bréviaire & du Missel Romain mis en françois, l'approbation générale qu'a eu cet Office, qui se réimprime presque tous les ans, a dû faire juger à toutes les personnes éclairées, que ce même Auteur rendroit un grand service à l'Eglise, s'il travailloit de la même sorte à mettre en françois tout le reste du Bréviaire. Car qui seroit assez bizarre pour s'imaginer, qu'à l'égard du plus saint temps de l'année, ce soit une chose fort louable de donner moyen à plus des trois quarts des Chrétiens d'un grand Royaume qui n'ont pas étudié, de lire en une langue qu'ils entendent, ce que l'Eglise, pour de bonnes raisons, chante en une langue qui a été autrefois la langue vulgaire de tout l'Occident, & qui a cessé de l'être depuis quelques siecles; & qu'il ne soit pas bon de leur donner la même consolation, & le même moyen d'édifier leur piété, en leur rendant intelligible le même Office de l'Eglise pour tout le reste de l'année?

Ce seroit traiter les gens en bêtes, que de leur vouloir persuader une chose si absurde. Quoi! diront tous ceux qui n'entendent pas le latin, il nous sera permis de savoir ce que l'Eglise chante pendant la Semaine sainte & celle de Pâques, par les traductions françoises qu'on a eu la charité de faire pour nous, & cela nous sera défendu en tout autre temps?

Et pourquoi le seroit-il en aucun temps? Si la langue latine étoit toujours demeurée la langue vulgaire de l'Occident, comme elle l'a été pendant plus de neuf ou dix siecles, tout ce qui se dit dans la Liturgie, & dans tout le reste de l'Office, n'auroit-il pas été entendu généralement de tout le monde? L'Eglise en auroit-elle eu de la peine, & ne lui auroit-ce pas été au contraire un grand avantage, pour entretenir plus facilement les sentiments de piété dans le cœur des fideles, par l'intelligence qu'ils auroient eue de tant de choses si édifiantes & si touchantes qui se disent dans le service divin? Comme ce n'a été que peu à peu que ces nouvelles langues vulgaires se sont introduites dans l'Europe, & qu'elles ne sont arrivées à un état qui paroît plus stable qu'après une infinité de changements, l'Eglise s'est trouvée obligée de conserver son premier langage, pour n'être pas exposée, ou à changer autant de fois que changeroient ces nouvelles langues, ou à tomber dans l'inconvénient où se sont trouvés les prétendus Réformés à l'égard de leurs Pseaumes de Marot, qui, d'assez beaux qu'ils étoient en leur temps, sont devenus insupportables par le changement du françois.

Mais comme l'Eglise n'a jamais empêché personne d'apprendre le latin, pour entendre ce qui se dit dans l'Eglise, & qu'elle a toujours approuvé, que, hors son service public, chaque fidele ait la liberté de faire ses prieres particulieres dans la langue qu'il entend le mieux, pourroit-elle trouver mauvais, que ce qu'on appelloit autrefois *le Cours Canonique*, & qu'on appelle aujourd'hui *le Bréviaire*, puisse être entendu par toutes les personnes de piété qui le voudront réciter en particulier, ne sachant point le latin, comme il l'étoit du temps de Saint Jérôme par tous les vrais Chrétiens, jusques aux femmes & aux jeunes filles, qui ne savoient aussi que leur langue maternelle?

C'est ce que M. Cheron devoit avoir appris de son Bréviaire, s'il n'a pas assez lu les anciens Peres pour l'apprendre d'eux. Car voici ce que l'Eglise de Paris dit sur ce sujet des Heures Canoniales, par la bouche de son Archevêque, dans sa Lettre Pastorale qui est à l'entrée de son Bréviaire revu de nouveau: *Quoique nulle partie de la vie des hommes ne dût être dispensée de rendre à Dieu le religieux hommage de la priere, l'Eglise néanmoins, s'accommodant à l'infirmité humaine, s'est contentée de marquer certaines heures, tant de jour que de nuit, auxquelles* les Chrétiens, *& principalement les Clercs, s'occuperoient à louer Dieu & à le prier.*

C'est déja une leçon pour l'Official de Paris, qui lui a dû faire comprendre, que c'est pour les *Chrétiens* en général, & non seulement pour les Clercs, que l'Eglise a de tout temps destiné de certaines heures à prier & à louer Dieu; & ce qui suit dans cette Lettre Pastorale lui apprendra encore que ces heures sont celles que nous appellons aujourd'hui les Heures Canoniales, ou les Heures du Bréviaire.

On ne peut douter que cette coutume de prier Dieu diverses fois chaque jour à de certaines heures marquées, dont nous voyons tant de témoignages dans les Ecrivains Ecclésiastiques qui ont suivi S. Jérôme, ne fût en usage dès avant le temps de ce Pere. Car, écrivant à Læta pour l'éducation de sa fille, une des regles qu'il lui donne est de l'accoutumer, dès ses plus tendres années, à se lever la nuit pour réciter des prieres & des Pseaumes, (c'est ce que nous appellons le *Nocturne*, ou l'Office de la nuit) *à chanter les louanges de Dieu dès le matin* (c'est ce que nous appellons *Laudes*, & qu'on appelloit autrefois Matines) *à se mettre en faction comme une petite guerriere de Jesus Christ à la troisieme heure du jour, à la sixieme & à la neuvieme, qu'on appelle* Tierce, Sexte & None (c'est-à-dire, à neuf heures du matin, à midi, & à trois heures après midi) *& à offrir à la fin du jour, lorsqu'on allume les lampes, le Sacrifice du soir* (c'est ce que nous appellons *Vêpres*, que l'on nommoit autrefois *Lucerna-*

I. CLAS. N°. XI.

rium.) Il n'y manque que *Prime* & *Complies*, qui n'étoient pas encore établies du temps de S. Jérôme.

Ainsi l'Eglise (c'est la suite de la Lettre Pastorale) *nous impose cette légere charge, d'offrir nos prieres à Dieu, à ces différentes heures, afin que si nous sommes occuppés à autre chose, le temps de chacune de ces heures nous avertisse de notre devoir, & que, par ce moyen, notre ame, qui ne peut entiérement se dégager de l'embarras des pensées de la terre, s'en dégage au moins par intervalle, en se tournant vers Dieu pour s'occuper des choses du Ciel.*

Cette raison est très-solide, & doit être bien considérée par toutes les personnes qui craignent Dieu, & qui pensent sérieusement à se sauver. Elle est prise de S. Jérôme, dans sa Lettre à Sainte Eustochie, où il répete encore ce qu'il avoit dit dans celle à Læta, des différentes heures destinées à la priere. *Quoique l'Apôtre*, dit-il, *nous ordonne de prier sans cesse, & que le sommeil tienne lieu de priere aux Saints, destinés néanmoins à ce pieux exercice de certaines heures, afin que si vous étiez occupée à autre chose, le temps au moins vous avertisse de votre devoir.* Tout le monde sait *qu'il faut prier à la troisieme, à la sixieme, & à la neuvieme heure du jour; au matin & au soir; quand on se met à table, & quand on en sort. Il faut aussi que vous vous releviez deux ou trois fois la nuit, & que vous répétiez ce que vous avez appris par cœur de l'Ecriture Sainte.*

Psal. 33. *1. Thess.* 5. *Hæres.* 57.

Reprenons la Lettre Pastorale. *C'est en cette maniere que nous bénissons le Seigneur, en tout temps avec le Prophete Roi; que nous pratiquons ce que nous ordonne l'Apôtre, de prier sans relâche, & que nous observons cette parole de Jesus Christ: Il faut toujours prier, & ne se point lasser de le faire. Car S. Augustin remarque qu'il y avoit des hérétiques, qui, l'entendant mal, passoient toute la journée à réciter des oraisons, au lieu que, selon ce Pere, c'est faire ce que Jesus Christ a ordonné par-là, que de ne manquer aucun jour à prier aux temps destinés à la priere.*

Rien n'est plus beau ni mieux fondé que ce discours de M. l'Archevêque de Paris, à l'avantage des Heures Canoniales. On y peut encore ajouter ce qu'il dit sur le même sujet, dans une autre Lettre Pastorale, qui est à la tête de *l'Office de l'Eglise*, qu'on peut appeller le Bréviaire des Laïques. *Il est certain*, dit M. l'Archevêque, *que la priere n'est jamais plus agréable à Dieu, que quand elle lui est présentée par tous les fideles, lorsqu'étant véritablement unis dans l'esprit de l'Eglise, ils s'accordent pour lui faire une douce & sainte violence, afin d'obtenir de sa miséricorde ce qu'ils lui demandent pour leur salut & pour sa gloire. C'est dans cet esprit, que, selon l'usage des premiers siecles, & la pratique de tous les Saints, & même*

même des Rois & des Princes, les Laïques *n'avoient pas d'autres livres pour prier que ceux des Ecclésiastiques. Nous avons des preuves de cet usage dans la Vie de S. Louis, & de beaucoup d'autres Saints, & par les livres de l'Empereur Charles le Chauve, & de plusieurs autres Princes, que l'on conserve dans les Bibliotheques publiques & particulieres.*

M. l'Official en pourra aussi trouver un exemple dans son Bréviaire en la fête de S. Eloi. Car il y est dit: *Que lorsqu'il étoit encore Laïque & Orfevre, il vaquoit à la priere dans sa maison avec tous ceux de sa famille, qui s'assembloient dans sa chambre, pour réciter solemnellement avec lui toutes les heures de l'Office divin:* ce qu'on appelloit alors, *adimplere cursum canonicum.*

Il ne peut donc désavouer que ce ne soient des vérités très-clairement établies par son Archevêque parlant au nom de son Eglise, & expliquant aux fideles de son Diocese les sentiments des Peres, & leur proposant les exemples des Saints,

1°. Que ce que Jesus Christ nous recommande, de prier toujours, ne regarde pas seulement les Ecclésiastiques, mais généralement tous les Chrétiens.

2°. Que la maniere la plus facile & la plus proportionnée à l'infirmité humaine d'observer ce commandement, est de prier Dieu & de le louer tous les jours à diverses fois, pour empêcher que les distractions, & les tentations continuelles n'éteignent insensiblement en nous son esprit; ce qui pourroit aisément arriver, si nous n'avions soin de nous reprendre de temps en temps, pour entretenir le feu de la charité, par le recueillement & par la priere.

3°. Que c'est dans cette vue, selon S. Jérôme, que l'Eglise, dès les premiers siecles, a marqué six ou sept différentes heures, où les Chrétiens offriroient à Dieu leurs prieres, & chanteroient ses louanges; ou en particulier ou en public, afin de ne pas demeurer trop long-temps sans élever leur cœur au ciel.

4°. Qu'il y a lieu de croire que cette sainte pratique a toujours été plus exactement observée par les Ecclésiastiques; parce qu'étant destinés au service de l'Autel, ils ont un engagement particulier à prier pour eux-mêmes & pour tout le reste de l'Eglise; mais que c'est pour cette raison que les Laïques craignant Dieu, ont dû croire qu'ils ne pouvoient faire de prieres vocales qui lui fussent plus agréables qu'en se servant des mêmes livres que les Ecclésiastiques, pour s'unir d'esprit avec eux.

5°. Qu'ils l'ont fait aussi, depuis les jeunes enfants jusques aux Rois & aux Princes, durant plus de neuf ou dix siecles, où l'on n'avoit garde de leur vouloir cacher ce qui se chantoit ou se disoit dans l'Eglise, puis-

I. CLAS. qu'on n'y difoit rien que dans les langues vulgaires entendues de tout le monde.

N°. XI. Il eft arrivé depuis, que la langue latine, qui étoit la vulgaire lorfque la Religion Chrétienne s'eft établie dans l'Occident, ayant ceffé peu à peu de l'être depuis cinq ou fix fiecles, par l'introduction de nouvelles langues, qui ont paffé par beaucoup de changements, avant que d'être un peu fixées, l'Eglife n'a pas cru, pour de fort bonnes raifons, devoir changer dans fon Office public la langue dans laquelle il s'étoit fait pendant tant de fiecles. Et cela a été caufe qu'une infinité de perfonnes qui n'ont point étudié, n'ont pu entendre le fens des prieres que l'on faifoit dans l'Eglife, & des faints Cantiques que l'on y chantoit à la louange de Dieu, à moins qu'on ne les leur expliquât ou par les prédications, qu'on n'a jamais douté qui ne fe duffent faire en un langage entendu de tout le monde, ou par des verfions proportionnées à l'intelligence des fimples, qu'on leur mettroit entre les mains.

Or on voit affez que c'eft ce dernier moyen des traductions, qui eft le plus facile, & qu'il peut être un puiffant attrait aux perfonnes pieufes, qui n'ont pas étudié, de faire ce qui leur eft confeillé par leur Archevêque, à l'exemple de tous les Saints des premiers fiecles, qui n'avoient point d'autres livres pour prier que ceux des Eccléfiaftiques, c'eft à dire de réciter le Bréviaire, en tout ou en partie, autant qu'ils en pourront avoir le loifir. Car quoique fe joignant en efprit avec le corps de l'Eglife & élevant fon cœur au ciel, on puiffe faire des prieres vocales en une langue que l'on n'entend point, qui ne laiffent pas d'être agréables à Dieu, il eft certain néanmoins, que c'eft un grand avantage pour prier avec plus de goût, plus d'attention & plus de confolation, d'entendre le fens des paroles dont on fe fert, ou pour implorer la miféricorde de Dieu, ou pour célébrer fes louanges; & qu'on eft bien plus tenté de le faire avec dégoût & avec ennui, ou au moins avec peu de ferveur, quand on eft privé de ce fecours. C'eft ce que le peuple chrétien fent de foi-même, & ce que reconnoiffent affez ceux qui ont le plus de zele pour le porter à la dévotion. Car c'eft par-là qu'on a introduit dans les familles chrétiennes l'ufage fi faint des prieres communes le foir & le matin, une perfonne de condition en ayant dreffé en françois, dont il s'eft fait depuis une infinité d'éditions, jufques dans les pays étrangers. C'eft ce qui a fait auffi imprimer tant de fois des Heures latines & françoifes, & que, tout nouvellement, on en a fait de nouvelles à Rouen, qu'on a données prefque pour rien, afin que les moins accommodés en puffent avoir.

Puis donc que, felon ces deux Lettres paftorales de M. l'Archevêque de Paris, c'eſt aux Laïques mêmes une dévotion très-ſolide & très-conforme à l'exemple des Saints de tous les ſiecles, de réciter l'Office divin autant qu'ils le peuvent, en faiſant volontairement ce que les Eccléſiaſtiques font par obligation, ce ſeroit s'aveugler ſoi-même que de ne pas voir, que c'eſt rendre un ſervice conſidérable à l'Egliſe, de traduire cet Office en langue vulgaire, pour en rendre la récitation plus facile & de plus grand fruit à une infinité de bonnes ames, qui ne ſe porteroient pas ſi facilement à le réciter, s'il n'étoit qu'en une langue qu'elles n'entendent point, & que la plupart de ceux mêmes qui l'ont étudiée entendent moins bien que leur langue maternelle.

Cela étant, comme il n'y a point de perſonnes de bon ſens qui n'en doivent convenir, y eut-il jamais rien de plus ſurprenant, que de voir un Official, qui, par un eſprit tout oppoſé à celui de ſon Egliſe, & prenant le contrepied des exhortations de ſon Archevêque, en même temps qu'il nous voudroit faire croire qu'il ſuit ſes avis, entreprend de nous inſpirer de l'*horreur* du Bréviaire traduit en françois, qui doit être, ſelon les maximes établies par ſon Prélat, un des plus utiles ouvrages que l'on pût faire, tant pour aider les fideles à s'avancer dans la piété, comme on le vient de montrer, que pour ôter aux hérétiques un des plus grands ſujets qu'ils prennent, de rendre l'Egliſe Catholique odieuſe à ceux de leur parti, en leur faiſant croire qu'elle ne veut pas que le peuple entende rien de ce qui ſe dit dans nos aſſemblées, ſoit en louant Dieu, ſoit en le priant.

On dira peut être que je fais le mal plus grand qu'il n'eſt; & qu'on ne peut s'imaginer qu'un M. Cheron, Abbé de la Chaladé, Prieur de S. Jean de Brou, Official de Paris, & gratifié par le Clergé d'une penſion de quatre mille livres, ſoit aſſez déraiſonnable pour être contraire à ce que l'on vient de dire: qu'il n'a fait aſſurément que condamner une mauvaiſe traduction du Bréviaire, comme étant pleine de fauſſetés & d'erreurs; mais qu'il n'eſt pas vraiſemblable qu'il ait employé pour la proſcrire cette raiſon générale, qui envelopperoit toutes les autres, faites ou à faire, qu'on ne doit pas ſouffrir que les Offices de l'Egliſe ſoient traduits en langue vulgaire: que cette prétendue raiſon eſt une erreur ſi inſoutenable, qu'il faudroit qu'elle fût bien clairement dans cette Sentence pour la pouvoir imputer au Juge qui l'a prononcée.

Mais tout inſoutenable que cela ſoit, il eſt très-vrai que c'eſt principalement par cette méchante raiſon, qu'une excellente traduction du Bréviaire, faite avec beaucoup de ſoin & de travail, par un fort habile homme, vient d'être publiquement condamnée. Je n'ai pas beſoin de prouver ici que c'eſt un des principaux moyens qu'on a employé dans

I. CLAS. N°. XI.

cette bizarre Sentence; on ne le verra que trop dans la suite. Je puis donc le supposer par avance, sans avoir sujet de craindre qu'on m'accuse de lui avoir imposé. Et je ne dois pas dissimuler, que c'est plus que toutes choses ce qui m'a persuadé, qu'on ne pouvoit en conscience laisser sans réponse une si misérable piece, qui n'est pas moins préjudiciable à l'honneur de l'Eglise & au bien des ames, qu'injurieuse au Roi & à tous ceux qui ont travaillé sous ses ordres à l'instruction des nouveaux convertis.

Il est vrai que j'ai encore considéré le préjudice que cette injuste condamnation pourroit faire à beaucoup de bonnes ames, qui, sur des scrupules mal fondés que leur pourroient donner des esprits mal-faits de la cabale de l'Official, se croiroient obligées de se priver d'un livre dont l'usage leur peut être si avantageux pour s'avancer dans la piété, selon les principes posés à l'entrée de chacun des quatre tomes du Bréviaire de Paris.

Et rien n'est plus facile que de remédier à ces scrupules. Car c'est une maxime constante du Droit Canonique, qu'une Sentence, non seulement injuste, mais tout-à-fait nulle par des erreurs intolérables de fait & de droit, ne peut lier les consciences, & que non seulement on n'est pas obligé d'y déférer, mais qu'on fait mieux de n'y avoir aucun égard, pour ne pas donner lieu à l'iniquité d'avoir quelque avantage sur la vérité & sur la justice. Nous n'avons donc qu'à faire voir qu'il n'y eut jamais de Sentence ecclésiastique plus indigne du tribunal de l'Eglise, & plus pleine de nullités & d'erreurs intolérables, que celle qui a été rendue dans l'Officialité de Paris le 10. Avril 1688. *portant condamnation de la traduction du Brévaire Romain en langue françoise.* Et c'est ce qui nous sera bien aisé, en examinant tous les moyens sur lesquels on s'est fondé.

Il y en a quatre. Les deux premiers regardent l'impression du livre que l'on prétend devoir être supprimé, parce qu'il a été imprimé, à ce qu'on dit, contre les Décrets de l'Eglise & les Ordonnances du Roi.

On soutient dans le troisieme, que cette version du Bréviaire doit être condamnée par une raison générale, qui va à condamner toutes les versions des Offices de l'Eglise, faites & à faire, qui est, qu'il s'en faut tenir à ce que la Faculté de Paris a déclaré en 1661, *que non seulement elle n'approuvoit pas de telles versions, qu'au contraire elle avoit en horreur* toutes les traductions de l'Ecriture Sainte, des Offices Ecclésiastiques, & des Peres, *& qu'elle les avoit de tout temps rejetées & désapprouvées.* A quoi on ajoute ce qui s'est fait sur le même sujet dans l'Assemblée du Clergé de la même année 1661.

Il n'y a que le quatrieme moyen où l'on parle des fautes qui seroient dans cette version particuliere, en prétendant qu'il s'y trouve plusieurs propositions erronnées, suspectes & contraires à la foi : ce que l'on fera voir n'être pas moins insoutenable que le reste.

I. CLAS.

PREMIERE NULLITÉ ET ERREUR INTOLÉRABLE.

Décrets & Ordonnances impertinemment allégués contre le Bréviaire traduit en françois.

J'Ai déja dit que les deux premiers moyens qu'on a employés pour condamner cette excellente traduction, regardent les Imprimeurs, plutôt que les Auteurs ou les livres. Je commencerai par le second, parce qu'il seroit plus capable de tromper les simples.

Ce moyen est ; *que ce livre n'a point été approuvé par Monseigneur l'Archevêque, ni par aucune personne commise de sa part, comme il est ordonné par le Concile de Latran, session* 10, *& dans le Concile de Sens tenu à Paris en* 1527. *dans le Canon* 33 *&* 34.

Il faut être bien dépourvu d'arguments plausibles pour appuyer une injuste condamnation, quand on est réduit à en produire de ruinés sans ressource il y a plus de vingt ans, lorsqu'on s'en voulut servir contre la Traduction du Nouveau Testament de Mons. On n'a donc qu'à appliquer à M. Cheron ce qu'on dit alors à M. de Perefixe, & ce sera même lui faire plus d'honneur qu'il ne mérite.

Tout ce qu'on allegue des Conciles de Latran & de Sens feroit hors de propos, si l'on ne supposoit que les réglements qu'ils ont faits touchant l'impression des livres ont force de loi, & obligent dans le Diocese de Paris ; & afin que cela fût, il faudroit qu'ils eussent été reçus & mis en pratique, étant indubitable parmi tous les Canonistes & tous les Théologiens, que ces sortes de loix, qui ne sont que de police, cessent d'obliger, & par conséquent cessent d'être loix, quand au vu & au su des Supérieurs on a été un fort long-temps sans les observer, & encore plus quand on ne les a jamais observées, & qu'on est toujours demeuré publiquement & notoirement dans un usage contraire. Or c'est ce qui est arrivé au regard de ces défenses, de ne point imprimer de livres de Religion sans la permission de l'Evêque. Elles n'ont jamais été en France dans un usage ordinaire, & on y est toujours demeuré dans la pratique ancienne d'avoir seulement l'approbation de quelques Docteurs, sans qu'on ait obligé aucun de ceux qui ont fait des livres sur les

I. CLAS. N°. XI.

choses de la Religion, de demander la permission de l'Evêque dans le Diocese duquel ils les faisoient imprimer. C'est une vérité qui ne peut être contestée, puisqu'il ne faut qu'avoir des yeux pour trouver dans les Bibliotheques de quoi s'en assurer par mille preuves, s'étant bien imprimé autant de ces sortes de livres dans Paris seul, depuis les Conciles de Sens & de Trente, sans la permission des Evêques de Paris.

Car il faut remarquer que la défense portée par ces Conciles n'est point restreinte aux seuls Livres sacrés, en prenant ce mot pour les livres de l'Ecriture. Elle s'étend généralement à tous les livres qui traitent des choses saintes; c'est-à-dire, des matieres de Religion & de piété, *ad quosvis libros de rebus sacris*, comme il est porté en termes exprès dans le Concile de Trente, au lieu même qui étoit cité dans l'Ordonnance de M. de Perefixe; & le Concile de Sens ne s'est point restreint aux Livres sacrés, mais il y joint les Livres des SS. Docteurs, qui ont traité de la foi ou des bonnes mœurs; *qui vel de fide, aut moribus ecclesiasticis habent tractatum;* & en un autre endroit, *libros fidem aut mores concernentes.*

C'est pourquoi il est difficile de comprendre, comment le Sr. Cheron a été assez imprudent pour alléguer, comme il fait dans sa Sentence, *que le Concile de Sens défend d'imprimer sans l'autorité & permission spéciale des Evêques, les Livres sacrés ou les Ouvrages des Saints Peres, ou qui traitent de la foi & des mœurs, sous peine d'excommunication.* Car puisqu'il prend ce Décret pour un des fondements de sa Sentence, il doit supposer qu'on a été & qu'on est encore obligé d'y déférer, & que ceux qui y contreviennent sont excommuniés. Il faudra donc, selon cet habile & judicieux Official, tenir pour excommuniés tous les Libraires, & croire qu'il n'y en a point qui ne soit mort dans l'excommunication depuis le Concile de Sens, c'est-à-dire, depuis 160 ans, puisqu'il n'y en a point eu qui n'ait vendu des Bibles & des Livres des Saints Peres, sans que ni ces Bibles, ni ces Livres des Peres aient eu une permission spéciale des Evêques de Paris. On y a aussi imprimé tous les Peres depuis ce temps, sans qu'on voie en aucune de ces impressions *cette permission spéciale de l'Ordinaire.*

M. Cheron dira-t'il, que si on a négligé d'observer ce réglement du Concile de Sens jusques au temps de M. de Perefixe, Archevêque de Paris, on ne peut nier que cet Archevêque ne se soit mis en possession de son droit, par l'Ordonnance qu'il fit, 140. ans depuis ce Concile, contre le Nouveau Testament de Mons?

Rien ne feroit plus ridicule que cette prétention. Car il est vrai que ce Prélat se voulut prévaloir de ce Décret du Concile de Sens contre cette traduction du Nouveau Testament; mais ce fut bien malheureusement pour lui, puisqu'on lui fit voir d'une maniere invincible, que rien n'étoit plus insoutenable que ce fondement de son Ordonnance, sans que tout son crédit lui pût faire trouver personne qui osât la défendre. Ce fut donc une très-vaine tentative dont il faut bien qu'il se soit repenti, & que son successeur l'ait reconnu mal-fondée, puisqu'on a continué depuis ce temps-là, comme auparavant, à imprimer à Paris toutes sortes de livres de la nature de ceux dont parle le Concile de Sens, sans qu'on ait obligé aucun Libraire d'en avoir auparavant *la permission spéciale de l'Archevêque*, ou qu'on en ait puni aucun pour ne l'avoir pas eue. Or il n'y a point de tyrannie plus odieuse, que de se vouloir servir de ces ordonnances de police, qui n'ont jamais été ni reçues ni pratiquées, & qui, par conséquent, ne sont point de véritables loix, pour opprimer qui l'on veut, en choisissant un Auteur particulier pour lui faire insulte, entre mille autres qui seroient également coupables si on l'étoit en n'observant pas ces loix.

On voit donc déja par ce moyen si manifestement injuste, que ce n'a pu être qu'un esprit d'iniquité, d'envie, & de jalousie contre les meilleures choses, qui a fait condamner, par cet Official, un aussi bon livre qu'est le Bréviaire Romain traduit en françois.

SECONDE NULLITÉ ET ERREUR INTOLÉRABLE.

De même nature que la précédente.

C'Est, dit le Placard, *que les Conciles & les Ordonnances du Roi défendent d'imprimer vendre & débiter des livres, sans mettre au commencement le nom & le surnom des Auteurs qui les ont composés.* Sur quoi on cite le Décret de la quatrieme Session du Concile de Trente, & quelques Edits de nos Rois.

C'est encore une méchante objection contre le Nouveau Testament, qu'on n'a point de honte de renouveller ici, quoiqu'on en ait fait alors voir la foiblesse. Ce fut le Pere Maimbourg, qui fit le premier un de ces reproches généraux contre la Version de Mons, de ce que l'Auteur n'y étoit point nommé: ce qui étoit, disoit-il, contrevenir au Concile de Trente, qui avoit défendu d'imprimer aucun livre touchant les matieres de Religion sans nom d'Auteur: *Nullique liceat imprimere vel imprimi facere* quosvis libros de rebus sacris *sine nomine Auctoris.*

Mais c'est aux Jésuites, lui dit-on, à nous expliquer comment cela se

I. CLAS. N°. XI.

doit entendre, puisqu'ils ont fait imprimer tant de livres sans nom d'Auteur, ou sous de faux noms, comme on peut voir non seulement dans le catalogue qu'en a fait Petrus Aurelius en répondant au P. Sirmond; mais aussi dans la Bibliotheque d'Alegambe, Jésuite, qui découvre tant de faux noms, sous lesquels divers Jésuites s'étoient cachés. Il faut bien qu'ils disent eux-mêmes, que cette défense du Concile n'est plus en usage; parce qu'on n'a plus la même nécessité de l'observer que quand le Concile l'a faite, à cause qu'il y avoit en ce temps-là beaucoup de personnes engagées dans les hérésies de Luther ou de Calvin, en tout ou en partie, qui faisoient imprimer de fort méchants livres pour soutenir ces erreurs, en cachant leur nom de peur d'être punis. On y fit voir de plus de quelle maniere ce Décret du Concile avoit été expliqué par Clément VIII. dans une Bulle qui est à la tête d'un *Index* des livres défendus, où l'on trouve deux choses considérables sur le sujet des livres imprimés sans nom d'Auteur.

La premiere est, que la défense d'en imprimer de la sorte n'a été faite par le Concile, comme il a été déja remarqué, qu'à cause de la malice du temps, parce qu'il y avoit alors beaucoup de personnes qui publioient de fort méchants livres n'osant se nommer; mais qu'il ne s'ensuit pas de-là, que, de soi-même, ce ne soit une chose innocente, & même souvent fort louable, & qui a été pratiquée par des gens fort pieux, de publier de bons livres en cachant son nom, pour servir l'Église sans être exposé à la tentation de la vanité. C'est ce qui se lit en ces termes dans cette Bulle: *La troisieme classe comprend les livres qui ont été publiés sans nom d'Auteur, & qui contiennent une doctrine que l'Eglise Romaine juge devoir être rejettée comme étant contraire à la foi catholique, ou à la pureté des mœurs. Car les Députés n'ont pas cru devoir condamner tous les livres qui ne portent point le nom de leur Auteur, parce que l'on sait, que, souvent, des personnes doctes & saintes ont publié de très-bons livres sans y mettre leur nom, afin que l'Eglise en tirât du fruit, & qu'eux évitassent la vaine gloire. Et ainsi, au regard des livres sans nom, ils n'ont mis au rang des condamnés, que ceux qui contiennent une doctrine, ou manifestement mauvaise, ou suspecte en la foi, ou pernicieuse aux mœurs. Mais à cause de la malice de ce temps, il a été ordonné par le Concile de Trente, que désormais on n'imprimât plus de livres sans nom d'Auteur.*

La seconde chose est encore plus considérable. C'est que le Pape Clément VIII. a tellement modifié la défense du Concile d'imprimer sans nom d'Auteur, que, quand ces ordonnances auroient été reçues en France & qu'elles y seroient en usage, ce qui n'est pas, on n'auroit pu prendre sujet de condamner le Bréviaire traduit en françois que par une injustice tout-

tout-à-fait criante: car voici à quoi ce Pape a réduit cette défense: *Que désormais il ne s'imprime plus aucun livre qui ne porte le nom de l'Auteur, son surnom, & son pays. Que si l'on n'en sait point l'Auteur, ou que l'Evêque ou l'Inquisiteur juge, pour quelque cause juste, que l'on peut publier le livre en cachant le nom de celui qui l'a fait, il faut au moins que* l'on marque le nom de celui qui l'aura examiné & approuvé.

Voilà le plus à quoi on soit obligé dans les pays d'Inquisition : car, pour la France, ces réglements n'y ont jamais eu force de loi. Mais quand ils y seroient reçus, une personne de piété, qui, pour diverses raisons, seroit bien aise de ne point paroître Auteur, en seroit quitte pour ne point cacher son nom aux Approbateurs de son livre. C'est comme en a toujours usé M. le Tourneux. Il n'a fait dans cette traduction du Bréviaire, que ce qu'il a fait dans tous ses autres livres. Il n'a mis son nom à aucun. Et ce n'est pas sans doute qu'il ait appréhendé qu'on les prît pour de méchants livres, & qu'on l'en voulût punir, ce qui a été la raison de la défense du Concile : car ils ont tous eu une approbation si générale, aussi-bien que ses Sermons, qu'il n'en pouvoit attendre que de la gloire. Mais on peut bien croire que c'est cela même qu'il a voulu éviter; sa piété ayant été assez connue pour pouvoir être mis au nombre de *ces personnes doctes & saintes*, dont parle Clément VIII. *qui publient de très-bons livres sans y mettre leur nom, afin que l'Eglise tire du fruit de leur travail, & qu'eux évitent la vaine gloire.* Cependant, ne s'étant caché ni à ses amis particuliers, ni à ceux qui ont approuvé ses livres, & ceux-ci n'en ayant pas fait de mystere, le bruit s'en est assez répandu pour qu'on ne puisse plus dire, sans chicanerie, que ce sont des livres sans nom. Car qu'importe qu'on sache ce nom parce qu'il est écrit au premier feuillet d'un livre, ou qu'on en soit assuré par des voies non moins certaines? Or on le sait tellement de ce dernier-ci, que le Gazetier de Hollande, parlant de cette Sentence de l'Official de Paris, dit, *qu'elle condamne la traduction en françois du Bréviaire de Paris, que l'on dit être de l'Abbé le Tourneux.* Et comme il n'a tenu qu'à M. Cheron de le demander aux Docteurs de Sorbonne qui l'ont approuvée, s'il avoit voulu s'en assurer davantage, ne devroit-il pas rougir de honte, de se fonder, pour condamner un très-bon livre, sur des défenses de n'en point imprimer sans le nom de l'Auteur, auxquelles on ne s'est jamais arrêté en France, & qui, dans le cas présent, après les modifications que les Papes y ont apportées, ne pourroient être qu'impertinemment alléguées dans les pays même où on les observe plus exactement?

Mais voici ce qui est décisif contre ces deux premiers moyens : l'un, que le Bréviaire traduit en françois a été imprimé sans nom d'Auteur :

I. CLAS. N°. XI.

l'autre, qu'il n'a pas été approuvé par M. l'Archevêque de Paris. Il n'y a point de meilleurs, ni de plus authentiques Interpretes des loix, que les Juges mêmes qui en reglent & qui en ordonnent l'exécution. On ne peut donc mieux s'assurer de ce qui est présentement requis selon les loix & les Ordonnances du Royaume, pour l'impression des livres qui regardent la Religion, que par les Arrêts du Parlement de Paris, qui reglent cette police. Or on ne croit pas qu'il y en ait un plus récent, & auquel par conséquent, on doive avoir plus d'égard que celui qui fut rendu l'an 1668, un an après que M. de Perefixe, Archevêque de Paris eut remué cette question, & qu'il eut cité les mêmes Décrets du Conciles de Sens & du Concile de Trente qui sont allégués dans la Sentence contre le Bréviaire.

Cet Arrêt a pour titre: *Arrêt de la Cour de Parlement, portant suppression du livre intitulé*: La Politique secrete des Jansénistes, & l'état présent de la Sorbonne. *Avec défenses à tous Imprimeurs & marchands Libraires d'imprimer, vendre & débiter aucuns livres, qui traitent de Théologie & des Cas de conscience, sans privilege du Roi, & approbation des Docteurs en Théologie de France, dont il y ait du moins un Docteur de la Faculté de Paris.* Cela est plus expliqué dans le corps de l'Arrêt. Car après avoir achevé ce qui regarde la suppression du libelle intitulé, *la secrete politique des Jansénistes*, la Cour exprime ensuite en ces termes, le réglement qu'elle entend qui soit observé touchant l'impression des livres théologiques: *Fait itératives défenses à toutes personnes d'imprimer ou faire imprimer aucuns livres qui regardent directement ou indirectement les droits du Roi, Justice Royale, Libertés de l'Eglise Gallicane, & qui traitent* de Théologie scholastique, positive, morale, & de Cas de conscience, *sans privilege du Roi, ou permission des Officiers, & approbation des Docteurs de Théologie de France, entre lesquels soit du moins un Séculier de la Faculté de Théologie de Paris; lesquels demeureront responsables de leur approbation, à peine contre les Imprimeurs, d'être déclarés incapables d'exercer leur profession. Ordonne en outre que le présent Arrêt sera lu & publié en tous les Bailliages, Sénéchaussées & Sieges royaux du ressort; même envoyé dans toutes les Universités, pour y être pareillement enregistré.* Fait en Parlement le 7. Septembre 1668. Signé *Robert*.

On n'a besoin que de quelques réflexions, pour faire voir par-là l'irrégularité de la Sentence de l'Official, quant à ces deux premiers moyens.

1°. Ce qui est à la fin de l'Arrêt, *qu'il sera lu & publié dans tous les Bailliages, &c. & même envoyé dans toutes les Universités*, montre évidemment que c'eſt un Arrêt rendu d'office qui doit régler tout ce qui regarde l'impreſſion des livres qui concernent la Religion.

2°. On ne peut nier qu'il ne comprenne tous les livres dont il eſt parlé dans les Décrets des Conciles de Sens & de Trente, allégués dans la Sentence: cet Arrêt, auſſi bien que ces Décrets, renfermant tous les livres qui traitent de la foi & des mœurs. D'où il s'enſuit que ces ſortes de Décrets, qui ſont purement de police n'ayant de force en France, qu'autant, & ſelon qu'ils ſont reçus par les Compagnies ſouveraines, qui repréſentent le Roi, c'eſt par cet Arrêt du Parlement, qu'on doit juger de ce qui eſt requis préſentement dans le Royaume, pour l'impreſſion des livres qui regardent la Religion.

3°. Le libelle *de la ſecrete Politique des Janſéniſtes*, dont la ſuppreſſion a été l'occaſion de cet Arrêt de Réglement, n'ayant point de nom d'Auteur, la Cour n'a point remarqué cela comme un défaut qui dût contribuer à le faire ſupprimer, & elle n'en a point pris occaſion de défendre aux Imprimeurs, d'imprimer aucun livre de matiere théologique ſans le nom & le ſurnom de l'Auteur, comme il eſt porté par quelques anciennes Ordonnances. Or c'eſt ce qu'elle n'auroit pas manqué de faire, ſi elle n'avoit jugé qu'elles n'avoient plus de lieu, parce que les temps étoient changés, & qu'on n'étoit plus en danger d'être trompé, comme au dernier ſiecle, par des libelles ſans nom que les hérétiques faiſoient courir pour répandre leurs erreurs.

4°. Ce même Arrêt, conformément aux Ordonnances, ſe contente que les livres théologiques ſoient approuvés par deux Docteurs de Théologie de France, entre leſquels ſoit du moins un Séculier de la Faculté de Théologie de Paris, & n'exige point du tout (ce qui n'a jamais été d'obligation en France) qu'on ait auſſi l'approbation, ou la permiſſion de l'Ordinaire des lieux où ils ſont imprimés. C'eſt donc un nouveau joug, qu'il n'y a point d'apparence que le Parlement ſouffre, qu'un Evêque particulier entreprenne d'impoſer aux ſujets du Roi, & qui auroit au moins beſoin du conſentement de l'Egliſe Gallicane. Quoi qu'il en ſoit à l'égard de l'avenir, il eſt conſtant que juſques ici cette ſervitude n'étant point établie dans le Royaume, par aucune loi qui ſoit reconnue pour loi, c'eſt un abus manifeſte à l'Official, d'avoir allégué des Décrets qui ſe peuvent obſerver en Italie, & en d'autres pays d'Inquiſition, comme des loix à quoi les François ſoient aſſujettis, & qui ſoient un juſte prétexte de punir ceux qui ne les ont pas obſervées.

5°. Cet Arrêt, qui a réglé ce qui eſt requis ſelon les loix du Royaume, pour l'impreſſion des livres théologiques, le réduit à deux choſes. L'une eſt *le privilege du Roi, ou la permiſſion des Officiers*: l'autre, *l'ap-*

I. CLAS. N°. XI.

probation de deux Docteurs de Théologie de France, dont l'un au moins soit un Séculier de la Faculté de Paris. Or il ne manque rien de cela à l'impression du Bréviaire traduit en françois. Il n'a été imprimé qu'en vertu d'un privilege en bonne forme, obtenu par le Sr. le Petit dès l'an 1675; aux droits duquel Thierry est présentement: & il y a une approbation avec éloge de deux Docteurs Séculiers de la Faculté de Paris, *Chedeville & de Riviere.* C'est tout ce que la Cour a demandé pour l'impression de ces sortes de livres, *à peine contre les Imprimeurs d'être déclarés incapables d'exercer leurs professions.* Ils ont donc tout sujet de croire qu'ils ne risquent rien, quand ils ont ces deux choses. Et, par conséquent, on ne peut guere concevoir de vexation plus injuste, que celle que M. l'Official fait au Sr. Tierry, en voulant, qu'un livre dont l'impression lui revient peut-être à plus de dix ou douze mille écus, soit supprimé, comme *ayant été imprimé contre les Edits & les Ordonnances:* ce qui est une fausseté manifeste.

6°. On ne peut douter aussi, qu'il ne fût facile au Sr. Thierry de faire casser cette Sentence, par un appel comme d'abus, sans que l'on fît aucun tort à la jurisdiction de l'Eglise. Mais c'est une voie qui n'est plus ouverte quand on a affaire à de certaines gens. Il ne feroit pas même permis de se pourvoir par *appel simple*, contre leurs injustices les plus manifestes. Il faut se résoudre à gémir & à souffrir. Une grande perte est plus supportable qu'une ruine entiere. Ce ne sera qu'en l'autre monde que ces procès se termineront; mais malheur à ceux qui y seront condamnés.

TROISIEME NULLITÉ,

ET ERREUR INTOLÉRABLE DANS LE FAIT.

Fausseté insigne qu'on a voulu colorer par deux honteuses chicaneries.

M. L'Official a bien prévu qu'on lui représenteroit, que tous ces réglements, pour l'impression des livres, des Conciles de Latran sous Léon X, de Sens & de Trente, n'ont point été reçus ni observés en France, & qu'on y est demeuré dans la pratique ancienne, d'avoir l'approbation de quelques Docteurs de la Faculté de Paris. C'est à quoi il a prétendu répondre par avance, en voulant faire croire, qu'en cela même, on n'avoit pas suivi les Edits & les Ordonnances: *Aussi ce livre, dit-il, n'a point été, suivant les Edits, approuvé par la Faculté de Paris.*

Pour être convaincu que c'est une insigne fausseté, il ne faut que ſavoir lire ; puiſqu'on trouve dans ce livre des approbations en bonne forme, de deux Docteurs de la Faculté, qui l'approuvent avec éloge en ces termes:

I. CLAS. N°. XI.

„ *La Traduction* du Bréviaire Romain en françois, que l'on donne „ ici au public, a toutes les *qualités requiſes* dans un ouvrage de cette „ nature. Le véritable ſens de l'original y eſt exprimé avec toute la „ fidélité que l'on peut ſouhaiter. La pureté du diſcours y regne par- „ tout, mais ſans cette affectation d'une politeſſe trop étudiée, qui ne „ convient pas à la ſimplicité du langage eccléſiaſtique. Et enfin, la „ majeſté du ſtyle répond parfaitement à la grandeur de celui à la louange „ duquel l'ouvrage eſt conſacré. Au reſte, les intentions que l'on a eues, „ en faiſant ce grand & pénible ouvrage, ſeront bien remplies, ſi les „ perſonnes obligées par leur profeſſion de chanter tous les jours les „ louanges de Dieu, dans un langage qu'elles n'entendent quelquefois „ pas, ſuivant l'ancien & louable uſage de l'Egliſe, ne ſe ſervent pas de „ cette traduction pour ſatisfaire leur curioſité, mais plutôt pour réfléchir „ en leur particulier ſur ce qu'elles auront chanté en public, afin que, „ par ce moyen, leur cœur ſoit plus vivement pénétré de la pureté & „ de la ſainteté du culte qui eſt rendu à Dieu, par cette excellente ma- „ niere de prier, preſque auſſi ancienne que l'Egliſe. C'eſt auſſi ce que „ nous demandons à Dieu pour ceux qui ſe ſerviront de cet ouvrage, „ où nous n'avons rien trouvé que de très-orthodoxe, après l'avoir lu „ fort exactement. A Paris l'onzieme Novembre 1687."

„ *Chedeville, Curé d'Arthye. De Riviere.*"

Ce ſeroit tromper le monde, que de prétendre, que, quand les Edits & les Ordonnances ont voulu que les livres, ſur les matieres de Religion, ſeroient approuvés par les Docteurs de la Faculté de Paris, ils aient prétendu que cela ſe fît par la Faculté en corps. On voit aſſez combien cette penſée ſeroit ridicule. Il eſt donc certain, que tout ce qu'on a voulu, eſt, qu'après avoir obtenu la permiſſion d'approuver un livre, ce livre ne parût point enſuite en public qu'avec l'approbation imprimée d'un Docteur ou deux. Voilà, à la rigueur, tout ce que l'on peut demander. Puis donc que l'on n'a oſé s'inſcrire en faux contre les approbations des Docteurs, qui ſont imprimées dans ce livre, avec quel front oſe-t-on dire, *qu'il n'a pas été approuvé par la Faculté de Paris, ſuivant les Edits & les Ordonnances?*

S'eſt-on imaginé que le monde ſe payeroit de deux ridicules chicaneries, qu'on a trouvées, pour colorer cette honteuſe fauſſeté?

La premiere eſt; *que, s'il ſe trouve, dans les Regiſtres de la Faculté,*

I. CLAS N°. XI.

une supplique pour approuver ce livre, il est constant qu'elle n'a point été faite par aucun des deux que l'on dit l'avoir approuvé.

Que veut dire, *s'il se trouve une supplique*, &c? Y a-t-il rien de plus mal-honnête, & de plus indigne de la sincérité chrétienne que ce discours entortillé, par lequel on laisse en doute, s'il y a une telle supplique dans les Registres de la Faculté, en même temps qu'on dit une chose qui fait voir qu'elle y est, & qu'on l'y a vue; puisqu'on assure, *qu'il est constant qu'elle n'a point été faite par aucun des deux Docteurs que l'on dit l'avoir approuvé?* Autre biaisement ridicule, *que l'on dit l'avoir approuvé*, comme si on ne le savoit que par *oui dire*, & que cela ne fût pas constant & indubitable.

Il est donc certain, que deux Docteurs de la Faculté de Théologie ont approuvé ce livre, & qu'ensuite il a été imprimé avec un privilege du Roi en très-bonne forme. Or cela suffit à l'égard des Imprimeurs, *suivant les Edits & les Ordonnances*, pour les mettre à couvert contre toute la malignité de M. Cheron.

Car c'est une chimere de nous venir dire, qu'on n'a pas *suivi ces Edits & ces Ordonnances;* parce que le Docteur qui a supplié la Faculté, afin qu'elle donnât permission de l'approuver, ne l'a pas approuvé lui-même. Où est-ce qu'il trouvera que cela soit nécessaire? La Faculté permet d'approuver un livre: cela suffit pour tous ceux de son corps qui le veulent approuver ensuite, après l'avoir lu & examiné. Autrement il faudroit, que, quand un livre est approuvé par neuf ou dix Docteurs, chacun eût demandé la permission de l'approuver: ce qui est inoui & sans exemple. Un seul la demande pour tous ceux qui se voudront donner la peine de le lire, & il n'y a nulle nécessité qu'il l'approuve lui-même, parce qu'il lui peut survenir des empêchements qui ne lui permettent pas de vaquer à la lecture d'un gros livre, comme est un Bréviaire en quatre volumes.

Rien n'est donc plus indigne que d'employer de telles vétilleries pour condamner un excellent livre. Un Juge n'a pas droit de faire des loix de fantaisie pour opprimer qui il lui plaît. Il les doit trouver toutes faites, & ne pas s'imaginer qu'il fera prendre, pour des oracles, ses imaginations & ses caprices, tels que sont encore les galimatias de sa seconde chicanerie, qu'il nous débite en ces termes.

Il est aussi véritable que cette supplique a été faite dans l'absence du Syndic, & dans le temps que l'on étoit prêt de faire l'élection d'un autre, à la place de celui dont la charge étoit finie.

« Mais que peut-on conclure de-là, à moins qu'on n'ajoute: or toute supplique, pour demander à la Faculté la permission d'approuver un livre, t nulle, quand elle est faite dans une Assemblée où l'on doit procéder l'élection d'un nouveau Syndic? C'est donc à M. Cheron à nous mon-er ce statut; ce qu'on est bien assuré qu'il ne fera pas: car une preuve onvaincante qu'il n'y en a point est, que s'il y en avoit, comme la aculté ne l'auroit pas ignoré, elle n'auroit pas reçu la supplique dont s'agit. Or on reconnoît dans le Placard, quoiqu'avec chagrin, qu'elle trouve dans les Registres de la Faculté. C'est donc une prétention out-à-fait frivole, de vouloir que la permission d'approuver le Bréviaire raduit en françois ait été mal obtenue, parce qu'elle a été demandée dans ne Assemblée où se devoit faire l'élection d'un nouveau Syndic.

Après cela peut-on ne pas avoir du mépris & de l'indignation pour ne Sentence, où l'on emploie de telles fadaises, pour donner quelque ouleur à une fausseté aussi notoire qu'est celle de dire, qu'un excellent ivre, où tout le monde peut voir, de ses propres yeux, une appro-ation en bonne forme de deux Docteurs de la Faculté de Paris, *n'a as été approuvé suivant les Edits & les Ordonnances par la Faculté de Théologie de Paris?*

QUATRIEME NULLITÉ, ET ERREUR INTOLÉRABLE.

Qu'il faut, selon la Sentence, avoir en horreur toutes les Versions de l'Ecriture Sainte, des Offices de l'Eglise, & des Ouvrages des Saints Peres.

C'Est à quoi se réduit le troisieme moyen de la Sentence, quoiqu'on n'ait osé d'abord le proposer si durement; mais seulement avec une restriction, qui pût rendre moins odieuse la condamnation de toutes ces Versions. Car voici comme on débute.

Le troisieme moyen est, que toutes les versions en langue vulgaire de l'Ecriture Sainte, aussi-bien que celles des Ouvrages des Saints Peres, & des Offices divins (qui ne sont point approuvées par les Evêques) ont été réprouvées.

Il n'y a nulle sincérité dans cette restriction, *qui ne sont pas approuvées par les Evêques.* C'est une pure tromperie, pour faire avaler plus doucement le poison d'une très-méchante doctrine. Il ne faut que lire tout ce *moyen* pour en être persuadé. On n'y trouvera pas un seul mot qui fasse entendre, que l'on n'improuve les versions de l'Ecriture, des Ouvrages des Saints Peres, & des Offices divins, que quand elles ne

I. CLAS. N°. XI.

ſont pas approuvées par les Evêques; & que l'on trouve bon qu'il y en ait, pourvu que les Evêques les aient approuvées. Si cela étoit, ce troiſieme moyen ne ſeroit pas différent du ſecond, par lequel on a prétendu que le Bréviaire traduit en françois, devoit être rejeté, parce qu'il n'avoit pas été approuvé par M. l'Archevêque, ou par quelque perſonne commiſe par lui. Car ce ſeroit dire abſolument la même choſe dans ce troiſieme moyen, ſi on n'y déſapprouvoit que les verſions de l'Ecriture, & des Offices divins, qui ne ſeroient pas approuvées par les Evêques; au lieu qu'il eſt plus clair que le jour, que l'Auteur de la Sentence a voulu qu'on les déſapprouvât généralement, ſans diſtinguer celles que les Evêques auroient approuvées, de celles qu'ils n'auroient pas approuvées. En voici trois preuves convaincantes.

La premiere eſt; qu'il prend pour fondement de ce qu'il veut établir dans ce troiſieme moyen, les Décrets de la Faculté de Paris, qui parlent ſi clairement de la condamnation abſolue de toutes ces verſions, qu'ils n'ont pas beſoin de commentaire. Il ne faut qu'écouter ce qu'il en rapporte.

Cela paroît (dit-il) *par les décrets de la Faculté de Paris, depuis le commencement de ce ſiecle. Il ſe trouve dans les Archives au* 8. *Mai* 1607. *que les Libraires demanderent à la Faculté l'approbation de la Bible en françois: & la Faculté répondit par ſes Députés, qu'elle n'avoit jamais approuvé, & qu'elle n'approuvoit pas encore*, que l'on mît la Bible en cette langue.

M. Cheron trouve cela fort bon, puiſqu'il le rapporte comme le fondement de ſa Sentence. Or, déclarer nettement qu'on n'a jamais approuvé, & qu'on n'approuve pas encore, *qu'on mette la Bible en françois*, c'eſt improuver généralement toute verſion de la Bible en langue vulgaire, ſans laiſſer aucun lieu de croire que l'on ſe reſtreint à celles qui ne ſeroient pas approuvées par les Evêques. Car comment les Evêques pourroient-ils approuver des verſions que l'on ne veut pas qui ſe faſſent? Donc, un des fondements de la Sentence contre le Bréviaire traduit en françois, eſt que toutes les verſions de l'Ecriture, & des Offices divins, doivent être déſapprouvées ſans diſtinction.

Les autres décrets de 1620. 1641. & 1655. marquent la même choſe, & font tous voir, que le ſentiment de la Faculté de ce temps-là, que l'Official a pris pour ſa regle, eſt, que toutes ces verſions *devoient être ſupprimées & enſevelies ſous le ſable, afin qu'il n'en parût aucun veſtige, comme Moyſe y enterra l'Egyptien dont il ſe défit.* C'eſt la belle penſée de ces bons Docteurs, que Mr. Cheron veut nous faire révérer comme un oracle. On ne peut guere s'en imaginer de plus dure contre les

les versions de l'Ecriture: car ils ne se contentent pas de les flétrir sans miséricorde, comme Moyse tua l'Egyptien, ils veulent encore, que, comme Moyse l'enterra sous le sable, on y ensevelisse aussi ces versions, afin qu'il n'en paroisse aucun vestige.

La seconde preuve de l'improbation absolue de ces traductions par M. Cheron, est l'avantage qu'il prétend tirer de ce que la Faculté fit en 1660. contre le Missel traduit en françois par M. de Voisin. Car, d'une part, elle le rejeta, sans l'avoir examiné, par cette raison générale, qu'elle n'avoit jamais approuvé ces sortes de versions: (ce ne fut que l'année d'après qu'elle l'examina pour y trouver des erreurs; ce qui ne lui fit point d'honneur) & elle ne pouvoit, de l'autre, prendre pour prétexte, que l'on ne devoit souffrir ces versions que quand elles étoient approuvées par les Evêques; puisque celle-là étoit approuvée par les Vicaires Généraux de M. le Cardinal de Retz, Archevêque de Paris. Ç'a donc été une pure illusion de l'Auteur de la Sentence, d'avoir fait semblant de restreindre l'improbation qu'il vouloit faire dans ce troisieme moyen, des versions de l'Ecriture, des ouvrages des Peres & des Offices divins, à celles qui ne seroient pas approuvées par les Evêques. Il faudroit être aveugle, pour ne voir pas qu'il renverse lui-même sa prétendue exception, en approuvant la condamnation de la version du Missel, à cause simplement que c'étoit une version, quoiqu'approuvée par l'Ordinaire.

La troisieme preuve est, qu'il approuve aussi généralement, sans exception ni restriction, ce qu'il nous apprend avoir été fait par trois Docteurs de la Faculté, députés à l'Assemblée de 1660, auxquels il fait dire: *Que, non seulement la Faculté n'approuvoit pas de telles versions, qu'au contraire elle avoit en horreur* toutes les traductions (qui dit toutes n'excepte rien) *de l'Ecriture sainte, des Offices écclésiastiques & des Peres, & qu'elle les avoit de tout temps rejetées & désapprouvées.* A quoi la Sentence ajoute: « qu'il est porté dans une conclusion de la Faculté „ de l'année 1661. *que ses Députés expliqueroient à l'Assemblée, combien „ la Faculté a d'horreur de ces sortes de versions; combien les Docteurs „ sont attachés aux sentiments de leurs prédécesseurs, qui, dans les siecles „ passés, ont résisté fortement à l'envie démesurée de ceux qui ont voulu „ introduire, de leur temps, ces nouveautés, & traduire en langue vulgaire „ la Bible & les Offices ecclésiastiques.* »

Il ne s'agit donc point de savoir s'il est nécessaire que ces sortes de versions soient approuvées par les Evêques, afin que les fideles les puissent lire (c'est une question qui dépend de l'usage: cela peut être nécessaire dans les pays d'Inquisition; mais cela n'est point nécessaire en France,

I. CLAS. N°. XI.

comme on l'a fait voir dans la premiere Nullité.) ce n'est pas, dis-je, de quoi il s'agit; mais si on ne doit pas souffrir que l'on traduise en langue vulgaire l'Ecriture Sainte, les ouvrages des Saints Peres & les Offices de l'Eglise. Et comme, de tous les fondements de la Sentence, il n'y a rien de plus insoutenable que cette fausse prétention, ni de plus préjudiciable au bien des ames & à l'honneur de l'Eglise, c'est à quoi on a cru se devoir arrêter davantage, en traitant à part ce qui regarde les versions de l'Ecriture, celle des ouvrages des Saints Peres, & celles des Offices de l'Eglise.

§. I.

Si on ne doit pas souffrir que l'Ecriture Sainte soit traduite en langue vulgaire.

Il y a des choses sur lesquelles les sentiments ont pu autrefois être partagés, qu'on ne pourroit plus maintenant remettre en dispute, que par un entêtement tout-à-fait déraisonnable.

On a douté long-temps s'il y avoit des antipodes, & un saint Evêque a été condamné par un Pape pour avoir soutenu qu'il y en avoit. Y a-t-il quelqu'un qui en puisse douter aujourd'hui?

Les Décrétales des premiers Papes, depuis S. Clément jusqu'à Sirice, publiées par Isidore, ont passé pour véritables pendant plusieurs siecles. Il n'y a plus maintenant d'homme savant qui ne soit convaincu qu'elles sont faussement attribuées à ces saints Pontifes. Et il en est de même de la lepre de Constantin & de son Baptême par S. Silvestre; d'un Concile tenu à Rome sous le même Pape où celui de Nicée fut confirmé; & de la fabuleuse Papesse Jeanne, que tant d'Historiens avoient mise sur la Chaire de S. Pierre.

Il y a deux cents ans qu'on n'auroit pas été orthodoxe en matiere de Philosophie, si on n'avoit cru avec Aristote l'incorruptibilité des cieux; & ç'auroit été un paradoxe qui auroit paru ridicule à toute l'Ecole, de s'imaginer qu'il pourroit y avoir des taches dans le Soleil, & des étoiles qui disparoissent après avoir paru un certain temps. C'est pourtant ce qu'on est obligé de croire aujourd'hui, malgré ce beau raisonnement du Prince des Philosophes, que le mouvement circulaire n'ayant point de contraire, les corps célestes, à qui il est naturel, doivent être incorruptibles.

La circulation du sang n'a trouvé d'abord que de la révolte dans l'Ecole de Médecine; & il y a eu même des Philosophes habiles, & qui n'étoient pas d'ailleurs ennemis des nouveautés, qui n'ont pu se rendre à celle-là. Qui la nieroit aujourd'hui, passeroit pour un entêté, sans jugement & sans raison.

Je ne crains point de dire, qu'il en est de même de savoir, s'il est à propos qu'il y ait des traductions de l'Ecriture en langue vulgaire, ou s'il vaut mieux qu'il n'y en ait point? Je ne parle pas si on les doit laisser entre les mains de tout le monde, c'est une question différente; mais seulement s'il est bon ou mauvais qu'il y en ait. L'utilité de ces versions est tellement reconnue présentement, & ce qu'on opposoit au contraire tellement éclairci, que ce n'est plus aujourd'hui un sujet raisonnable de dispute, quoique ç'en ait été un fort grand dans le siecle passé, non seulement entre les hérétiques & les Catholiques, mais aussi entre les Catholiques mêmes.

Car il faut avouer de bonne foi, que ce sont les hérétiques qui ont soutenu avec le plus d'ardeur, qu'il étoit nécessaire, pour l'édification des simples fideles, de traduire l'Ecriture sainte dans les langues vulgaires de tous les peuples chrétiens. Mais il ne faut pas s'imaginer qu'ils aient été seuls dans cette pensée, & que tous les Catholiques unanimément aient blâmé ces versions. Rien ne peut mieux confondre ceux qui oseroient soutenir une opinion si manifestement fausse, que l'aveu des Auteurs mêmes, qui sont rapportés dans le livre imprimé à Paris, il y a près de trente ans, sous ce titre: *Collectio quorumdam gravium auctorum qui ex professo vel occasione sacræ Scripturæ aut divinorum Officiorum in vulgarem linguam translationes damnarunt.* Car comme on voit par ce titre même, que ceux qui ont fait ce Recueil ont eu pour but de ramasser tout ce qu'ils ont pu trouver de plus fort contre ces versions, ce qu'on y pourra trouver qui les favorise, ne pourra pas être suspect. Ecoutons donc les principaux de ces Auteurs, & voyons s'ils ont osé mettre tous les Catholiques de leur côté.

Spiritus Roterus, Dominicain de Toulouse, le troisieme des Auteurs rapportés dans ce Recueil, demeure d'accord, dans la lettre au Roi Henri II, qui est à la tête de son traité, qu'il a beaucoup d'adversaires, & qu'il s'attend bien qu'on le taxera d'insolence, d'oser improuver ce que personne n'a condamné, & ce que plusieurs ont loué: *Me insolentem videri, qui solus id reprobem quod nemo damnavit, laudavere plerique.*

Pierre à Soto, du même Ordre, voulant traiter cette question, dans sa Défense de la Confession de la Foi Catholique, dont l'extrait est rapporté dans la seconde partie de ce Recueil, page 51, avoue d'abord, qu'entre les Catholiques & les personnes pieuses, il y en a qui croient, qu'il est à propos que l'Ecriture Sainte soit traduite en langue vulgaire, afin que tout le monde la puisse lire; & que d'autres sont d'un avis con-

I. CLAS. N°. XI.

traire, & que c'est une chose qui mériteroit bien d'être réglée par le Concile général : *Cæterùm quod ad translationes Scripturæ in diversas & omnes linguas, ut scilicet ab omnibus legi possit, attinet, diversæ sunt Catholicorum & piorum sententiæ, & nos dignam credimus hanc rem, quæ generalis Concilii auctoritate tractetur.*

On y rapporte aussi un grand extrait du Cardinal Bellarmin, lib. 2., de Verbo Dei cap. 15. où il y a pour titre courant, comme à tout le reste du livre : *Collectio Auctorum versiones vulgares damnantium.* Tant s'en faut cependant que ce Cardinal y trouve mauvais que l'Ecriture Sainte soit traduite en langue vulgaire, qu'il soutient, que c'est un impudent mensonge à Kemnitius, d'attribuer ce sentiment à l'Eglise Catholique : *Comme il paroît*, dit-il, *par la regle* 4 *de l'Index*, *le Pape y permettant de lire l'Ecriture traduite en langue vulgaire, à ceux qui la peuvent lire utilement & avec fruit ; c'est à dire, à ceux qui en auront obtenu la permission de l'Ordinaire.* En quoi certes il a raison, & rien n'est plus concluant. Car ce sont visiblement deux choses contradictoires ; de trouver mauvais qu'il y ait de ces versions dans l'Eglise, & de trouver bon qu'elles soient lues par ceux à qui on l'aura permis.

Il est donc constant, que, dans le plus fort des contestations touchant les versions de l'Ecriture en langue vulgaire, il y a toujours eu des Catholiques qui ont soutenu, qu'il étoit bon qu'il y en eût, & qui n'ont point approuvé le zele indiscret de ceux qui les condamnoient toutes généralement. Et sans nous arrêter aux Auteurs particuliers, nous voyons cette diversité de sentiments dans les deux plus célebres Facultés de Théologie qui soient dans l'Eglise ; celle de Paris, & celle de Louvain.

Car on ne peut dissimuler que celle de Paris n'ait été peu favorable aux versions en langue vulgaire, tant de la Bible, que des Offices divins & même de simples Heures, depuis qu'elle se fut engagée, dès l'année 1527, à censurer ce qu'avoit dit Erasme en faveur de ces versions. Mais il est certain aussi, que la Faculté de Louvain, qui ne lui cédoit point en érudition & en piété, & qui, quoique moins nombreuse avoit en ce temps-là d'aussi grands hommes, a été dans un autre esprit. Les Docteurs de cette derniere Faculté s'appliquoient beaucoup à l'étude de l'Ecriture Sainte. Ils ont donné des éditions de la Vulgate très-correctes, & revues avec grand soin sur les anciens manuscrits. On leur doit sans doute le Nouveau Testament françois imprimé à Anvers, avec un privilege de Charles-Quint, dès l'an 1530, plusieurs années avant la premiere Bible huguenotte françoise. Mais on ne peut nier qu'ils n'aient rendu deux grands services à l'Eglise, par les deux traductions qu'ils firent quelque temps après de la Bible entiere en françois & en flamand, qui, pendant plus de cent ans, ont été lues avec fruit par une infinité de bonnes ames, qui ne favoient que l'une ou l'autre de ces deux langues, fans parler de ceux qui ont eu à inftruire ces peuples-là, à qui ces traductions ont donné plus de moyen de le faire, que s'il avoit fallu qu'ils euffent traduit eux-mêmes tous les paffages qu'ils trouvoient propres à nourrir la piété des fideles.

Ces deux corps célebres n'ont pu être dans des fentiments fi oppofés que par des vues différentes. Il eft bien aifé de fe figurer celles qu'ont eu les Docteurs de Louvain. Elles ont été fimples & fans artifice : ils n'ont eu qu'à fuivre l'efprit de l'Eglife dans tous les fiecles, & les exhortations de tous les Peres, comme on l'a fait voir invinciblement dans le livre de la Lecture de l'Ecriture Sainte contre M. Mallet, livre 3, chap. 8 & 9.

Ils ont auffi jugé fans doute, que ces verfions ne font pas feulement utiles à ceux qui ne favent que leur langue maternelle, mais qu'elles le font encore à une infinité de perfonnes, qui, quoiqu'ils entendent la langue latine, ne font pas capables de trouver fi facilement le fens de l'Ecriture en beaucoup d'endroits, que quand d'habiles gens le leur ont rendu plus clair, en la mettant en une langue qui leur eft plus familiere : ce qui a fait dire avec raifon au P. Amelotte, dans la Préface de fon Nouveau Teftament : *qu'on doit traduire la Bible dans ces nouvelles langues, non feulement pour la confolation des perfonnes vertueufes, qui ne favent pas le latin, mais auffi pour fervir aux doctes par la lumiere que toute langue donne à une autre.*

Enfin, ces favants Théologiens ont pu voir de plus, fans beaucoup de peine, que les verfions de la Bible en langue vulgaire étoient abfolument néceffaires à la plupart des Pafteurs pour inftruire les peuples : car ceux qui ne trouvoient pas bon que les fimples fideles luffent l'Ecriture, quand ils ne la pourroient pas lire en latin, ne vouloient pas qu'ils fuffent privés pour cela de fe nourrir de la parole de Dieu; mais ils prétendoient qu'ils la devoient entendre de la bouche de leurs Pafteurs. Ils fuppofoient donc que ces Pafteurs la leur prêcheroient, & que, par conféquent, ils en traduiroient les paffages en une langue entendue du peuple. Or croit-on qu'il y eût alors, & qu'il y ait encore aujourd'hui beaucoup de Pafteurs, fur-tout dans la campagne, qui foient capables de le faire d'eux-mêmes, fans fe mettre fouvent en danger de prendre un fens pour un autre? Il eft donc clair qu'on ne fe fauroit paffer des verfions de la Bible en langue vulgaire.

Voilà les raifons qu'ont pu avoir les Théologiens de Louvain, non-

I. CLAS. N°. XI.

seulement d'approuver ces traductions, mais aussi d'y travailler eux-mêmes, comme ils ont fait avec beaucoup de fruit.

On auroit plus de peine de deviner celles qu'ont eu, au contraire, les Docteurs de Paris, de les improuver en ces deux derniers siecles. Je dis en ces deux derniers siecles; car il faut bien qu'ils n'aient pas toujours été de ce sentiment, puisque Nicolas Oresme, Docteur de Paris, de la Maison de Navarre, qui est mort Evêque de Lizieux en 1377, ayant été choisi par le Roi Jean pour Précepteur de son fils, qui fut depuis Charles V, appellé le Sage, traduisit toute la Bible en françois, à la priere de ce Roi, comme Jacques de Voraginé, Archevêque de Genes, l'avoit traduite en italien dès le siecle d'auparavant, sans que personne se soit avisé de blâmer ni l'un ni l'autre d'avoir fait ces versions. Que si Gerson, dans le siecle quinzieme, semble les improuver en un endroit, il fait voir en un autre, qu'il ne l'entendoit que de celles qui étoient mal faites, ou qu'on lisoit avec un esprit de présomption, sans se vouloir soumettre aux explications des SS. Peres, comme faisoient des hérétiques de son temps, qu'on appelloit *Turelupins* : *Quemadmodum de Biblia bene & verè in Gallicam translata bonum aliquod si sobriè intelligatur potest emanare; sic per oppositum, innumeri errores & mala evenire possunt, si malè traducta fuerit, aut præsumptuosè intellecta, refutando sensus, & Sanctorum Doctorum expositiones.*

In tract. qui Inser. X. Consider. consider. 5.

Quoi qu'il en soit, il faut avouer, que, depuis l'hérésie de Luther, la Faculté de Paris témoigna être fort opposée aux versions de l'Ecriture en langue vulgaire; &, autant qu'on en peut juger par cette Collection des Auteurs qui ont condamné ces versions, on peut réduire à trois chefs les raisons qui la portoient à ne les pouvoir souffrir.

La premiere est, le peu de connoissance qu'on avoit en ce temps-là de l'antiquité, dont il ne faut point de plus grande preuve que ce qu'en dit M. Despenses sur la seconde Epître à Timothée, chapitre 3., où, après s'être plaint que, de son temps, on n'apprenoit dans les Ecoles que ce qu'il falloit oublier, il reconnoît qu'il ne savoit encore rien après avoir fait sa Philosophie & sa Théologie, & que, se voulant mettre à étudier les bons Auteurs, il ne pouvoit lire les grecs qu'en latin, parce qu'alors, dit-il, on étoit suspect quand on savoit le grec, & que c'étoit presque une hérésie que de savoir l'hébreu: *Nam græçè tunc nosse suspectum: hebraïcè, propè hæreticum.* C'est ce qui faisoit prendre à plusieurs de ces bons Docteurs, qui n'avoient que peu lu les anciens Peres, pour une nouveauté dangereuse, de traduire l'Ecriture Sainte en langue vulgaire. Et cela paroît si indubitable au Président Lizet, le plus emporté de tous les Auteurs ramassés dans ce Recueil, qu'il emploie sept ou huit pages à prouver, combien les nouveautés sont dangereuses en matiere de Religion: d'où il conclut, que les versions de l'Ecriture en langue vulgaire, étant une chose nouvelle, il ne les faut pas souffrir. Or il suffit d'être assuré que M. Mallet est mort, pour être assuré en même temps qu'il n'y a plus personne au monde qui ose employer une si méchante raison contre les versions de l'Ecriture en langue vulgaire. Car il ne faut qu'un peu de bon sens pour reconnoître, que ces sortes de versions n'ont garde d'être une nouveauté, puisque nous n'aurions pas la Bible latine, si les Apôtres ou leurs Disciples n'avoient jugé nécessaire, dès le commencement de l'Eglise, de traduire toute l'Ecriture en latin, qui étoit la langue vulgaire de l'Occident, afin qu'elle pût être entendue de tous les fideles de cette partie de l'Empire Romain. Et on peut encore voir, dans le livre contre M. Mallet, livre second chapitre 8, en combien de différentes langues l'Ecriture Sainte a été traduite dès le commencement de l'Eglise; les Peres nous assurant, qu'elle avoit été traduite *de la langue hébraïque, non seulement en celle des Grecs; mais encore en celle des Romains, des Egyptiens, des Perses, des Indiens, des Arméniens, des Scythes & des Sarmates; & en un mot, en toutes les langues dont les nations se servent jusques aujourd'hui.* Il est donc sans doute, qu'au regard de cette raison, si elle a pu être alléguée dans un siecle moins éclairé que celui-ci, elle ne le pourroit plus être aujourd'hui, que par des gens qui ressembleroient à M. Mallet; ce qui est tout dire.

I. CLAS. N°. XI.

Théod. dans le 5. Sermon. de Curandis Græcorum affectionibus.

La seconde chose qui donnoit de l'aversion à ces bons Docteurs des versions de l'Ecriture Sainte en françois est, que, parlant fort barbarement leur langue maternelle, ils croyoient que tout le monde leur ressembloit; ce qui leur faisoit penser qu'on n'auroit que du mépris pour l'Ecriture, si on la lisoit dans une langue si grossiere & si mal bâtie. C'est ce que nous apprenons de la Remontrance d'un Religieux Bénédictin, Docteur de la Faculté, à M. de Gondy, Evêque de Paris, qui nous a été conservée comme une rare piece, par ceux qui nous ont donné la Collection des Auteurs qui condamnent les versions en langue vulgaire. Le seul titre de cette Remontrance en peut faire avoir une juste idée. *Discours de l'avis donné au Révérend Pere en Dieu, Messire Pierre de Gondy, Evêque de Paris, par Frere Maurice Poncet, Docteur en Théologie.* Une des plus grandes raisons qu'il apporte pour persuader à ce Prélat, qu'on ne devoit pas souffrir les versions françoises de la parole de Dieu est, *que, si l'Ecriture Sainte étoit en françois, elle seroit contemnée, parce que la langue françoise est une langue barbare, qui ne peut être assujettie à aucune regle de Grammaire.* En effet cela auroit pu être, si ce bon Religieux s'étoit mêlé de la traduire. Mais comme les ouvrages de Plutar-

I. CLAS. N°. XI.

que n'ont point été *contemnés* lorsque toute la France les a lus pendant si long-temps dans la traduction de M. Amiot, pourquoi l'Ecriture l'auroit-elle été, si elle avoit été traduite par un habile homme, qui auroit su la langue françoise aussi-bien que cet Evêque? Tout ce que cette raison prouve au plus, est, que la langue ayant beaucoup changé, & s'étant fort embellie depuis la traduction de Louvain, il a été fort à propos, que des gens habiles, qui, outre la connoissance des langues originales de l'Ecriture, sussent fort bien le françois, en fissent une nouvelle. Et c'est en quoi le Cardinal de Richelieu s'étoit fort trompé. Car connoissant assez combien ce que la Faculté lui avoit fait écrire par son Syndic en 1641, contre les versions de l'Ecriture, étoit déraisonnable, il avoit entrepris d'en faire faire une nouvelle. Mais s'étant imaginé qu'il ne falloit, pour y réussir, que savoir de l'hébreu, du grec & du latin, il avoit choisi quatre Docteurs pour y travailler, à qui il faisoit donner pension par le Roi, & qui savoient ces trois langues; mais qui savoient si mal le françois, que l'un d'eux, qui étoit Professeur de l'Ecriture Sainte, disoit à ses amis, qu'on lui avoit donné pour sa tâche de *translater les Psalmes;* & un autre se plaignit, en pleine chaire, de ce qu'on n'avoit pas traduit dans des Heures françoises: *Virtus Altissimi obumbrabit tibi; la vertu du Très-haut vous obombrera: Oui*, disoit-il, *vous obombrera: c'est comme il falloit mettre, quoiqu'en veuillent dire les nouveaux Puristes.*

Cela est rapporté dans la Sentence.

La derniere raison a eu en son temps plus de vraisemblance que ces deux premieres. Mais il est aisé de juger que, maintenant, elle n'en a pas davantage: car elle n'avoit alors quelque ombre de vérité, qu'à cause de diverses choses qui ne sont plus dans le même état. C'étoit principalement les hérétiques qui recommandoient au peuple de lire l'Ecriture en langue vulgaire. On avoit pour suspect tout ce qui venoit de leur part, & il arrive assez souvent, que, dans la premiere chaleur des disputes de Religion, on est porté à improuver ce qui est fort approuvé par ceux du parti contraire. C'est sur cela qu'étoit fondé ce que j'ai déja rapporté de M. Despence, qu'on étoit suspect d'hérésie quand on savoit le grec, & que c'étoit encore pis quand on savoit l'hébreu. Cela venoit de ce que les premiers novateurs se prévaloient de la connoissance qu'ils avoient des langues originales de l'Ecriture: car c'est un sophisme très-ordinaire, quoique très-grossier: *Les hérétiques savent le grec & l'hébreu. Un tel sait le grec & l'hébreu. Donc il est hérétique, ou il faut craindre au moins qu'il ne le soit.* Il y a présentement beaucoup de jeunes Abbés à la Cour de France, qui savent bien que ces sortes de sophismes sont à craindre. Et c'est ce qui leur fait éviter de paroître trop réformés, & trop réglés dans leurs mœurs, de peur que

que l'on ne raisonne sur leur sujet en cette même maniere: *Les Jansénistes font profession d'être bien réformés, & bien réglés dans leurs mœurs. Or un tel Abbé est bien réformé. Il y a donc de l'apparence qu'il est Janséniste; & le plus sûr est de ne lui point donner d'Evêché.* Mais comme il seroit ridicule de demeurer encore dans cette ancienne prévention contre ceux qui savent le grec & l'hébreu, il ne le seroit pas moins de faire valoir encore cette mauvaise raison, dont Soto se sert contre les Versions de l'Ecriture en langue vulgaire; qu'il n'y en a point eu qui les aient tant recommandées que les hérétiques: *Id certum est*, dit-il, *nullos in hac re diligentiores fuisse quàm hæreticos.*

Ce qu'il faut avouer, & qui est plus considérable, est que les hérétiques y méloient un venin secret en les donnant aux simples. Car outre que celles qu'ils avoient traduites étoient altérées en beaucoup d'endroits, & qu'elles étoient presque toujours accompagnées d'arguments & de notes qui portoient à l'erreur, l'esprit qu'ils inspiroient, en recommandant cette lecture, étoit de se rendre juges de tous les articles de la foi, sans en vouloir croire la Tradition, ni se soumettre à ce qu'en enseignoit l'Eglise. Or il faut confesser que l'Ecriture, lue avec cet esprit, en quelque langue que ce soit, ne peut être qu'une occasion à des hommes également pleins de présomption & de ténebres, *de se faire de l'Evangile de Jesus Christ, l'Evangile du diable*, comme dit S. Jérôme, & de trouver une infinité d'erreurs & d'hérésies dans les Livres de la Vérité même. Jamais cela n'a tant paru que dans ces derniers siecles. Ceux mêmes qui avoient commencé de chercher leur foi dans l'Ecriture, & de ne s'arrêter qu'à ce qu'ils s'imaginoient y avoir trouvé, sans se soumettre à l'autorité de l'Eglise Catholique, ont vu bientôt leurs nouvelles Eglises divisées par de nouveaux sectaires, qui, suivant la même regle, de ne croire que l'Ecriture interprétée par chaque particulier, ne se sont pas arrêtés où en étoient demeurés les premiers Réformateurs; mais ont fait un ravage entier dans la Religion, en renversant les principaux articles de la foi, auxquels les autres n'avoient pas osé toucher.

Mais que ces maux soient si grands que l'on voudra, comme en effet ils sont très-grands, ç'a été une illusion de s'en prendre aux versions de l'Ecriture en langue vulgaire; au lieu qu'on a dû ne les attribuer qu'à la méchante disposition de ceux qui les lisoient avec l'esprit de présomption que leur inspiroient les hérétiques. C'étoit donc cette méchante disposition qu'il falloit penser à corriger, & non pas vouloir abolir ou empêcher ces versions, qui n'en étoient point la véritable cause; comme la célébration de la Messe n'est point la cause des irrévérences qui s'y commettent par tant de mauvais Chrétiens; & on ne s'est point encore

I. CLASS. N°. XI.

avisé de proposer de ne plus dire de Messes pour arrêter ces irrévérences. Mais on a cru jusques-ici, qu'on y devoit remédier, autant qu'il se pouvoit, en instruisant les fideles sur le respect qu'ils doivent à ces adorables mysteres ; & tolérer plutôt ceux qui demeureroient incorrigibles, que de priver les autres de la consolation & du fruit qu'ils en reçoivent. C'est la voie que le bon sens fait juger que l'on doit tenir lorsque l'on abuse des choses saintes. Il n'y a que les hérétiques qui se soient avisés de les abolir pour en empêcher l'abus. Et comme l'Eglise a toujours agi par un autre esprit, pourquoi voudroit-on qu'elle eût privé la plupart de ses enfants de la lecture des Livres sacrés, pour empêcher que quelques-uns n'en fissent un mauvais usage : ce qui feroit faire comme un Chirurgien, qui, ayant à traiter un de ses amis d'une apostume qu'il auroit au bras, qui ne se pourroit guérir qu'avec du temps & de la peine, trouveroit plus court & plus expédient de lui couper le bras ?

Mais la Faculté de Louvain a jugé avec raison, que c'étoit un moyen trop violent, pour aller au devant des maux qu'on pouvoit craindre des versions de l'Ecriture en langue vulgaire, quand on les lit sans soumission à l'autorité de l'Eglise, que de les retrancher de l'usage commun des fideles, en ne laissant l'Ecriture qu'en des langues que les neuf parts de dix, ne pourroient entendre, & qu'il étoit plus chrétien de s'appliquer à la véritable cause du mal, en travaillant à les mettre dans la disposition où ils doivent être pour profiter d'une si sainte lecture.

Non seulement cela est plus raisonnable, mais l'expérience a fait voir, que c'étoit aussi le plus facile : car on ne seroit jamais venu à bout d'ôter la consolation de lire la parole de Dieu à tous ceux qui ne savent que la langue de leurs nourrices. Cela n'étoit ni juste ni possible, & ç'auroit été en exposer plusieurs à la tentation de lire plutôt les Bibles huguenottes, que de n'en point lire du tout. Mais l'hérésie ayant perdu ce premier attrait, que lui donnoit la nouveauté, & la multitude des sectes qu'avoit enfanté le droit que chacun croyoit avoir de se faire une religion à sa fantaisie, quoiqu'ils la fondassent tous sur l'Ecriture, ayant fait assez juger combien la liberté que se donnoient les particuliers de se rendre juges du sens de la parole de Dieu étoit dangereuse, on a eu moins de peine à faire rentrer les peuples en eux-mêmes ; & il n'y a guere de point controversé entre les Catholiques & les hérétiques, sur lequel les Catholiques soient plus forts, que celui *du Juge des Controverses*, qui fait voir que ce doit être l'Eglise, & que la parole de Dieu, tant écrite que non écrite, est la regle selon laquelle l'Eglise juge. Le Traité de Mrs. de Wallenbourg sur ce sujet est tellement convaincant, qu'il n'y a point d'esprit raisonnable qui ne s'y doive rendre. Et on a fait depuis beaucoup d'autres livres, où on a prouvé, d'une maniere démonstrative, que cette voie de s'assurer de la vérité de la Religion, par la lecture de l'Ecriture, est absolument impossible au commun des Chrétiens.

Aussi faut-il avouer, que présentement le commun des Catholiques est fort bien disposé touchant cette vérité, qu'ils n'ont point de peine à s'en tenir, au regard des dogmes de la foi, à ce que l'Eglise leur en enseigne, & qu'ils ne croient point les devoir chercher eux-mêmes dans l'Ecriture sainte. Or tous les maux que les ennemis des versions en langue vulgaire exagérent tant, n'ont pu venir que d'une disposition contraire à celle-là. On peut donc dire avec assurance qu'aujourd'hui ces maux sont imaginaires, & qu'ainsi, quand les ennemis de ces versions auroient pu autrefois avoir quelque raison, ils n'en peuvent plus avoir aujourd'hui.

J'aurois pu, sans tant de discours, faire voir, par des preuves plus sensibles, que, dans les divers sentiments qu'ont eu sur le sujet de ces versions les Facultés de Théologie de Paris & de Louvain, la derniere a certainement gagné son procès contre la premiere. Toutes les boutiques de Libraires, où se font toujours débitées ces versions; toutes les Bibliotheques des Religieux de France & des Pays-bas, où on ne les a jamais mis parmi les livres défendus; la possession continuelle où ont été tous les Monasteres de filles d'avoir de ces versions, au moins celle du Nouveau Testament; l'avantage que tirent de cette lecture les Catholiques les plus mêlés avec les hérétiques, comme sont ceux d'Allemagne & de Hollande, pour s'affermir dans la foi de l'Eglise, loin que ce leur soit maintenant un sujet de tentation, qui les porte à se jeter dans le parti des hérétiques, est l'obstacle que met, au contraire, à la conversion des hérétiques, le zele indiscret de ceux qui condamnent ces versions; *les Ministres*, comme l'assure le P. Véron, *ne les retenant dans leur secte par aucun autre prétexte plus spécieux, qu'en leur disant & redisant, que, s'ils étoient Catholiques, il ne leur seroit plus permis de lire la parole de Dieu*: toutes ces choses, dis-je, sont des arguments palpables & à la portée des plus simples, de l'avantage que les Théologiens de Louvain ont remporté sur ceux de Paris dans cette célebre contestation; & de la vérité de ce que j'ai dit, que l'utilité de ces versions, qui n'a jamais dû être contestée, ne le peut plus être aujourd'hui avec la moindre ombre de raison.

C'est donc en vain que cette fameuse Ecole de Théologie, qu'on appelle la Sorbonne, s'est opiniâtrée en 1661, à demeurer dans son ancienne prévention. C'est en vain qu'elle a ménagé diverses occasions de témoigner qu'elle n'avoit point changé de pensée, & qu'elle n'approuvoit point, & n'avoit jamais approuvé, *qu'on traduisît l'Ecriture en langue vulgaire.* On a eu pitié d'un entêtement si déraisonnable, toutes les causes qui y avoient pu donner quelque lieu ne subsistant plus; & le reste du monde n'a eu aucun égard à son injuste chagrin, contre un moyen si propre à édifier la piété des fideles.

Le Cardinal du Perron pouvoit bien savoir qu'en 1607, la Faculté avoit déclaré qu'il ne falloit pas *que la Bible fût mise en françois*; mais il n'avoit garde, en écrivant au Roi de la Grande-Bretagne, de s'engager à soutenir un sentiment si insoutenable. Il déclara, au contraire, à ce savant Roi, qu'il n'étoit point vrai que l'Eglise Catholique fût ennemie de ces versions, & que, si on avoit censuré celle que René Benoît avoit fait imprimer, ç'avoit été parce que c'étoit la Bible huguenotte, qu'il avoit voulu corriger; mais qu'il avoit mal corrigée.

Le Cardinal de Richelieu se laissa dire aussi, en 1641, par le Syndic de la Faculté, que toutes ces versions de la Bible *devoient être ensevelies sous le sable, afin qu'il n'en parût aucun vestige*; mais bien loin d'avoir égard à ces pitoyables Remontrances, il en faisoit faire, comme j'ai déja dit, une nouvelle traduction par des Docteurs mêmes de la Faculté.

Les trente Evêques de l'Assemblée générale du Clergé de 1656, où il y avoit tant de Docteurs de la Faculté, ne pouvoient pas ignorer quelles étoient les préventions de cet illustre Corps contre toutes ces versions, ni la Déclaration qu'elle en avoit faite le premier Juillet de l'année précédente 1655. Mais il faut bien qu'ils n'en aient eu que de la compassion, puisqu'ils ordonnerent, *qu'on feroit recherche d'une personne capable de travailler à une nouvelle traduction de l'Ecriture sainte*, comme il paroît par les attestations qui en ont été données au Pere Amelotte, par le Secretaire de cette Assemblée, & par un Evêque qui avoit été des Députés.

Les Prélats à qui le Pere Amelotte s'est adressé en 1667, pour avoir l'approbation de son Nouveau Testament, dont il y en avoit cinq Docteurs de la Faculté, n'ignoroient pas non plus avec quel emportement elle avoit parlé de ces versions en 1660, & 1661; comme on le peut voir dans cette Sentence. Ils auroient donc dû lui répondre, selon l'Official de Paris, que, bien loin de l'approuver, ils en avoient horreur. Le firent-ils? Non certainement. Ils témoignerent, au contraire, que cette traduction *est un ouvrage très-propre à exciter & à nourrir la piété dans le cœur des fideles*; qu'ils les exhortoient à une si sainte lecture; & que l'Auteur étoit louable, *d'avoir fait couler, dans les vallées de notre France, les eaux salutaires de la parole évangélique, afin que tous les troupeaux commis à leur conduite en puissent boire.*

On voit donc clairement que, si la Faculté de Paris, *depuis le commencement de ce siecle jusqu'en 1661*, a témoigné, en diverses occasions, l'aversion qu'elle avoit des traductions de l'Ecriture en langue vulgaire, ç'a été inutilement. Car, pendant qu'elle se tuoit de crier qu'elle improuvoit ces versions & les avoit en horreur, elles s'imprimoient, se vendoient & se lisoient avec édification par toute la France; & ç'auroit été bien autre chose, si le vieux langage des Docteurs de Louvain ne les eût pas rendues moins agréables à lire.

Il ne faut pas de plus s'imaginer, que tous les Docteurs de la Faculté, dans ce temps-là même, aient été de l'avis de la multitude. Les plus savants & les plus sages ne se laissoient pas emporter au torrent, & ne regardoient ces Décrets, tant de fois réitérés si mal-à-propos, que comme un exemple singulier de la foiblesse humaine, & de ce que peut souvent, sur de célebres Compagnies, un premier engagement, dont on fait une sotte gloire de ne se point départir. Mais comme il est difficile que la vérité ne prévale enfin sur des imaginations mal fondées, il se trouve que, peu à peu, le bon parti est devenu le plus fort dans ce Corps illustre. On n'y a plus peur des traductions de l'Ecriture en langue vulgaire: on y permet aux Docteurs de les approuver; ce qu'on ne faisoit pas autrefois. Et ainsi, l'on peut dire que, graces à Dieu, il n'y a plus de différent sur cette matiere entre les deux Facultés de Paris & de Louvain.

Voici de quoi on est assuré. M. l'Official de Paris pourra bien avoir pour lui, dans la Sorbonne, quelque reste du vieux levain de 1660, réduit aux partisans aveugles de M. Mallet, & des approbateurs de son méchant livre, de la Lecture de l'Ecriture Sainte; mais il ne fera jamais approuver, par une Assemblée de la Faculté de Théologie, ce qu'il prétend qu'elle fit dire au Clergé en 1660. *Nous avons en horreur toutes les traductions de l'Ecriture, des Offices de l'Eglise, & des Peres.* Et, loin qu'on pût tirer d'elle, dans la disposition où elle est aujourd'hui, un Décret qui portât ces termes, elle seroit bien plutôt prête à déclarer, qu'elle a en horreur ceux qui voudroient qu'elle eût horreur de toutes ces traductions. C'est donc mal ménager l'honneur de cette Compagnie, que d'apprendre à tout le monde, qu'elle a eu autrefois des pensées peu justes sur ce sujet, dont elle rougit maintenant; au lieu que, si on avoit un véritable amour pour elle, ce seroit les Décrets contre ces versions, & non pas ces versions, qu'il auroit fallu *ensevelir sous le sable, afin qu'il n'en parût aucun vestige.*

On en feroit demeuré là, s'il n'y avoit encore quelque chose de plus digne de censure, & même de punition, dans ce troisieme moyen de la Sentence de l'Official de Paris. C'est qu'on y condamne, par une en-

I. CLAS. N°. XI.

treprise très-scandaleuse, ce que le Roi a fait de plus édifiant pour l'instruction des nouveaux convertis, & de plus nécessaire pour empêcher qu'ils n'eussent du dégoût pour notre sainte Religion. Car on dit que Sa Majesté a dépensé des sommes immenses en livres qu'elle a fait imprimer, pour les leur donner en la place de ceux qu'on leur a ôtés; & qu'il y avoit entre ces livres un grand nombre de Nouveaux Testaments & de Pseautiers en françois, & d'Heures françoises. On leur a donc mis entre les mains, si on en croit M. Cheron, de méchants livres, que tous les vrais Catholiques devroient avoir en horreur? En faut-il d'avantage pour faire casser cette pitoyable Sentence, comme étant très-injurieuse à Sa Majesté, & capable de causer d'horribles troubles de conscience à plus d'un million de personnes, qui se sont nouvellement réunies à l'Eglise Catholique? Car, en quel état les met-on, si on veut qu'ils prennent, pour des maximes de l'Eglise Romaine, ce qui se lit dans cette Sentence? N'est-ce pas leur donner lieu de croire qu'on les a trompés, quand on leur a fait espérer qu'ils pourroient lire l'Evangile, & les autres livres de l'Ecriture dans les versions Catholiques, puisqu'on leur dit maintenant, que toutes ces versions sont désapprouvées, & que le sentiment de la Sorbonne est, qu'on n'a point dû souffrir *que la Bible fût mise en françois?* Il en est de même des Pseaumes & des Oraisons, dont est composé l'Office de l'Eglise, que l'on appelle *des Heures.* Tous ceux d'entr'eux qui n'ont point étudié, se sont attendus qu'ils se serviroient, pour prier Dieu, des Heures latines & françoises, dont les Catholiques s'étoient servis jusques ici: mais ils auront sujet de dire qu'ils ne savent plus où ils en sont, puisqu'un Official de Paris leur vient d'apprendre, que ces traductions des Offices de l'Eglise ne sont pas moins désapprouvées que celles de l'Ecriture; qu'on les veut donc réduire à prier Dieu en latin, que, non seulement ils n'entendent point, mais que plusieurs d'entr'eux ne savent pas lire; parce qu'ils n'ont appris à lire qu'en françois. Qui ne voit pas combien cela est extravagant & déraisonnable, n'a guere de sens; & qui le voit, mais ne s'en met pas en peine, parce qu'il agit par emportement, sans se soucier de ce qui en arrivera, n'a guere de religion.

§. II.

Si on doit désapprouver les traductions en langue vulgaire des ouvrages des Saints Peres.

C'est la seconde partie du paradoxe que l'Official de Paris prend pour fondement de sa Sentence contre le Bréviaire Romain traduit en françois, parce, sans doute, qu'il y a dans le Bréviaire beaucoup d'homélies des Saints Peres, & d'autres leçons qui sont prises de leurs ouvrages.

S'il est vrai, comme l'assure M. Cheron, qu'en l'année 1660, la Faculté de Paris ait passé jusqu'à cet excès, *de désapprouver toutes les traductions des Peres*, c'est qu'elle étoit alors dominée par de certains esprits, qui étoient capables de tout pour satisfaire leurs passions. Mais il n'y a point d'apparence que, ni avant ce temps-là, ni depuis, elle ait eu une pensée si déraisonnable : & ce qui est bien certain, est, qu'elle regarderoit maintenant comme une injure, qu'on la lui attribuât.

Ce feroit avoir méchante opinion du genre humain, que d'employer beaucoup de discours pour faire voir l'absurdité de cette prétention, qu'on ne doit pas traduire en langue vulgaire les ouvrages des Saints Peres. On a toujours trouvé très-bon qu'on les y mît, dans le temps même que quelques personnes, pour de méchantes raisons, ne vouloient pas que l'on y traduisît l'Ecriture Sainte. Il y a un très-grand nombre d'ouvrages des Peres qui ont été traduits en françois dans le siecle passé, & entr'autres toutes les Œuvres de S. Bernard, la Cité de Dieu de S. Augustin, les Vies des Peres des déserts, & une infinité d'autres : mais le changement de la langue a été cause qu'on les a traduits de nouveau, parce que ces anciennes versions ne se pouvoient plus lire qu'avec dégoût, quoiqu'on ne puisse douter qu'elles n'aient fait du fruit dans leur temps.

Les autres nations chrétiennes ont fait la même chose depuis que le latin y a été moins communément entendu ; & M. l'Official devoit l'avoir appris de son Bréviaire. Il le trouvera dans la leçon de Sainte Thérese : car il y est dit, que la lecture des Actes des Martyrs lui ayant donné de grands sentiments de piété dans son enfance, ils s'étoient beaucoup affoiblis par la lecture des livres de Chevalerie ; mais que celle des Epîtres de S. Jérôme avoit beaucoup contribué à faire revivre en elle cet esprit de piété. Or il est certain que cette Sainte n'entendoit pas le latin : il falloit donc bien, que les Histoires des Martyrs & les Epîtres de S. Jérôme fussent traduites en espagnol. Il est dit dans cette même leçon, que les Confessions de S. Augustin eurent encore un plus grand effet, pour la faire revenir d'un autre affoiblissement, qui lui étoit arrivé depuis, par l'ignorance de ses Confesseurs, & la trop grande familiarité avec des personnes mondaines. Mais il vaut mieux écouter ce qu'elle en dit elle-même dans sa Vie. *Quand je commençai à lire les Confessions de ce grand Saint, je m'y vis ce me sembloit, comme dans un miroir, qui me représentoit à moi-même telle que j'étois. Je me recom-*

I. CLAS. N°. XI.

mandai extrêmement à lui ; & lorsque j'arrivai à sa conversion, & que j'y lus les paroles que lui dit la voix qu'il entendit dans ce jardin, mon cœur en fut si vivement pénétré, qu'elles y firent la même impression, que si Notre Seigneur me les eût dites à moi-même. Je demeurai durant un long-temps toute fondante en pleurs, & dans une douleur très-sensible. Je ne saurois trop vous louer, mon Dieu, de ce que vous me donnâtes alors comme une nouvelle vie, en me tirant de cet état, que l'on pouvoit comparer à une mort, & à une mort très-redoutable. Il m'a paru que, depuis ce jour, Votre divine Majesté m'a extrêmement fortifiée, & je ne saurois douter qu'elle n'ait entendu mes cris, & n'ait été touchée de compassion de me voir répandre tant de larmes.

Comme on ne peut douter qu'une infinité de bonnes ames n'aient tiré de semblables avantages, aussi-bien dans les derniers siecles que dans ceux auxquels les Peres ont vécu, de la lecture de leurs livres, quel jugement doit-on faire de ceux qui voudroient aujourd'hui en envier l'usage au commun des fideles, & ôter tout moyen d'en profiter, à ceux qui n'entendent pas la langue en laquelle ils ont été écrits d'abord ? Cela auroit quelque couleur, si ces Saints les avoient écrits en cette langue dans le dessein qu'ils ne pussent être entendus que des savants. Mais ce seroit une imagination bien ridicule d'avoir cette pensée : car quand les Peres Latins ont écrit en latin, & les Peres Grecs en grec, ces deux langues étoient aussi communément entendues, l'une dans l'Occident, & l'autre dans l'Orient, que le sont présentement le françois en France, l'espagnol en Espagne, & l'italien en Italie. Ils n'écrivoient donc rien qu'ils ne voulussent bien qui fût entendu généralement de tout le monde ; sans en excepter le menu peuple, les femmes, les jeunes filles. Souvent même ils adressoient à des femmes leurs ouvrages théologiques, & sur des matieres très-relevées, comme S. Jérôme ses traductions de l'Ecriture d'hébreu en latin, S. Augustin ses deux livres de la Grace de *Jesus Christ* & du Péché originel, & une lettre contre ceux qui croyoient, qu'après la résurrection on verroit Dieu des yeux du corps. Sur quoi donc pourroit être fondée cette imagination grotesque, que ce que les Peres ont écrit en langue vulgaire de leur temps, pour être lu par toutes sortes de personnes sans exception, ne doit pas être lu en une langue vulgaire de ce temps-ci ? C'est justement comme qui diroit, que Grenade & Sainte Thérese, ayant écrit en espagnol, on n'a pas dû en faire des traductions françoises. On connoît bien mal l'Eglise de *Jesus Christ*, quand on a ces pensées, qu'on peut appeller schismatiques. Elle est une dans tous les temps & dans tous les lieux ; & elle est composée de plusieurs membres qui se doivent aider les uns les autres.

autres. Ces grands Saints, que l'Eglise reconnoît pour ses Peres, le sont donc de toute l'Eglise, & non de l'Eglise d'un seul pays, ni du siecle seul où ils vivoient. C'est pour nous, aussi-bien que pour les fideles de leur temps, qu'ils ont écrit tant de beaux ouvrages, qui nous ont conservé la tradition de la doctrine apostolique pour les vérités de la foi, & qui contiennent des exhortations si touchantes, & si propres à porter les Chrétiens à mener une vie digne de la sainteté du Christianisme. Il en est de même des personnes qui peuvent profiter de leurs écrits. Comme le dessein de Dieu, qui les a portés à écrire, a été que leurs travaux pussent être utiles à toutes sortes de personnes, sans distinction de savants & d'ignorants, c'est suivre ce même dessein de l'Esprit de Dieu, de les rendre utiles en ce temps-ci, autant que l'on peut, à toutes sortes de personnes, en les traduisant en des langues qui soient communément entendues; telles que sont les vulgaires en chaque pays. Cela n'étoit pas si nécessaire autrefois; parce que les langues dans lesquelles ces Saints ont écrit, étoient extrêmement répandues; comme le latin dans les Eglises d'Occident, & le grec dans celles de l'Orient. Cependant, dans ces temps-là mêmes, ce que des Saints avoient écrit en la langue vulgaire de leur pays a été traduit en la langue vulgaire d'autres Eglises, afin que plus de personnes en pussent profiter; comme les Ouvrages de S. Ephrem, écrits en syriaque, ont été traduits en grec, aussi-bien que ceux de S. Augustin de la Trinité, la Lettre de S. Léon à Flavien, les Dialogues de S. Grégoire, & le Code des Canons de l'Eglise d'Afrique. Il y a eu, au contraire, d'anciennes traductions en latin, des Conciles & des Canons de l'Eglise grecque. Et c'est aussi dans ce même esprit, que S. Augustin portoit S. Jérôme à donner en latin les plus beaux ouvrages des Peres Grecs, afin que ce qui n'étoit entendu que des savants dans l'Eglise latine, le pût être de tout le monde; comme les traductions françoises peuvent être en France généralement entendues de toutes sortes de personnes.

Concluons donc que ce que M. l'Official fait dire à la Sorbonne, dans son troisieme moyen; *qu'on doit avoir en horreur les traductions en langue vulgaire des ouvrages des Peres*, est la proposition la plus insoutenable qui fût jamais; contraire à la coutume de tous les siecles, à l'esprit de l'Eglise, à son unité, & à sa charité pour le bien des ames.

Mais il faut encore le convaincre d'avoir comme pris à tâche, dans cette misérable Sentence, de traverser les desseins du Roi pour la conversion des prétendus Réformés, en y posant des principes selon lesquels on doit condamner une des manieres les plus propres à les faire revenir de leurs erreurs.

I. CLAS. N°. XI. On ne parle point en l'air. On en donne pour exemple le livre d'une personne de grand mérite, qui, ayant été élevé dans l'héréfie, s'est converti de si bonne foi à la Religion Catholique, long-temps avant que l'on pressât personne de l'embrasser, qu'il en est présentement un des plus zélés défenseurs. Ce livre a pour titre: *Réflexions sur les différents de la Religion, avec les preuves de la Tradition ecclésiastique par diverses traductions des Saints Peres, sur chaque point contesté.* Quelque excellent que soit ce livre au jugement des personnes les plus éclairées, les trois premiers moyens de la Sentence de l'Official de Paris ne sauroient subsister, qu'il ne mérite d'être condamné.

1°. Le nom de l'Auteur n'y est point, & il n'y a pas même un nom feint, le Privilege étant donné au Sieur ***. Or cela étant défendu par les Conciles, les Edits, & les Ordonnances du Roi, c'est un moyen si indubitable pour faire supprimer un livre, que c'est le premier de ceux qu'a employés, contre le Bréviaire traduit en françois, un aussi habile homme que le doit être le Sieur Cheron, qui, en cette qualité, tire 4000. livres de pension du Clergé.

2°. Ce livre, qui traite des matieres les plus importantes de la Religion, *n'a point été approuvé par Monseigneur l'Archevêque, ni par aucune personne commise de sa part.* Or tout livre *de rebus sacris*, qui manque de cette formalité, doit être supprimé, en vertu du Décret du Concile de Latran sous Leon X, & de celui de Sens tenu à Paris en 1527. C'est ce que conclut contre le Bréviaire la Sentence de M. Cheron, dont il n'y a point d'appel. Donc le livre des Réflexions, ayant le même défaut, doit subir la même peine.

3°. Le plus fort de ce livre est, que la Tradition ecclésiastique y est *prouvée par les traductions en françois des Ouvrages des Saints Peres sur chaque point contesté;* dont il y en a déja quatre sur l'Eucharistie. Or M. l'Official nous apprend, que *nous devons avoir en horreur toutes ces versions en langue vulgaire des Ouvrages des Saints Peres.* Nous devons donc nous attendre, s'il agit conséquemment, que nous verrons l'un de ces jours un nouveau Placard sous ce titre: *Sentence rendue en l'Officialité de Paris, portant condamnation d'un livre intitulé*: Réflexions sur les différents de la Religion.

On dira sans doute que cela n'est pas à craindre. On en demeure d'accord; parce que, pour faire de telles sottises, on ne s'attaque qu'aux foibles, qui n'ont point d'appui dans le monde. Mais Dieu n'en est pas moins offensé, ni l'Eglise moins deshonorée, ni la justice moins violée, ni les gens de bien moins scandalisés par des Décrets si pleins d'erreur, publiés par-tout, comme si c'étoient des Sentences légitimes, pour qui les fideles dussent avoir de la soumission & du respect.

§. III.

Si on ne doit pas souffrir que l'on traduise en françois, pour l'usage de ceux qui n'entendent pas le latin, les Offices de l'Eglise?

On entend par les Offices de l'Eglise, la Messe ou la Liturgie; le Bréviaire, en tout ou en partie, comme est l'Office de la Semaine Sainte, celui du S. Sacrement, celui des Fêtes de Noël, & celui de la Sainte Vierge, que l'on appelle communément des *Heures*.

Je ne parlerai point ici de la Messe. Je me réserve à en parler dans la cinquieme *Nullité*. Je me restreindrai au Bréviaire & à ce qui en fait partie.

Il y a dans le Bréviaire les 150 Pseaumes disposés selon chaque jour de la semaine, & les différentes heures; les Leçons qui sont prises ou de l'Ecriture, ou des ouvrages des Saints Peres, ou de l'Histoire des Saints; les Oraisons, les Répons & les Antiennes. Mais les Répons & les Antiennes sont peu de chose. Ce qu'il y a de plus considérable, ce sont les Pseaumes, les Leçons & les Oraisons. Or on n'a point trouvé mauvais que ces trois choses fussent imprimées séparément traduites en langue vulgaire.

Il y a plus de quatre-vingts ans que M. de Beaune, Archevêque de Bourges, fit une traduction des Pseaumes en françois, qui fut imprimée avec le latin; & il s'en est peut-être fait plus de cinquante éditions différentes. M. l'Abbé de Marolles en fit aussi une, qui auroit pu être meilleure, mais quelle qu'elle fût, il ne se trouva point d'*Official* qui s'avisât de la condamner. On en a fait depuis une à Port-Royal, selon l'hébreu & la Vulgate, qui, ayant eu une approbation générale, il semble qu'on se seroit bien passé d'en faire d'autres. Mais comme tout le monde s'est empressé de travailler pour les nouveaux convertis, on a vu paroître, depuis deux ou trois ans, deux nouvelles traductions du Pseautier, bonnes ou mauvaises; on a mieux aimé les leur donner que celle de Port-Royal. On n'a donc pas cru qu'on dût *avoir en horreur* les versions en langue vulgaire d'une des plus importantes parties de la Bible, & qui fait le capital du Bréviaire.

Il y a long-temps aussi que les Leçons ont été traduites en françois par Messieurs de l'Académie, à la priere de M. le Chancelier Seguier. Et, pour les Oraisons, elles se trouvent pour la plupart, il y a plus de

I. CLAS. N°. XI.

quarante ans, dans les Heures de Port-Royal, latines & françoises, qui ont été imprimées une infinité de fois. Où seroit donc le mal, que l'on eût ensemble ce qu'on n'a point trouvé mauvais que l'on eût séparément?

Dira-t-on, que le mal qu'on y trouve est, que ces traductions du Bréviaire entier, pourroient donner envie aux Laïques & aux femmes mêmes de le dire; ce qui ne leur appartient pas, devant être réservé aux Ecclésiastiques? Mais bien loin que ce soit un mal à craindre, c'est un bien à souhaiter, comme on l'a déja montré au commencement de cette Défense. Et ainsi on n'a qu'à changer cette objection en preuve.

C'est une chose très-louable & autorisée par l'exemple des Saints de tous les siecles, comme M. l'Archevêque l'a fort bien montré dans ses deux Lettres Pastorales, que les Laïques fassent, par dévotion, ce que les Ecclésiastiques font par obligation; c'est-à-dire, qu'ils prient Dieu à diverses heures selon un certain ordre de Pseaumes, de Leçons, & d'Oraisons: ce qui s'appelle dire son Bréviaire, en quelque langue qu'on le dise. Car les Grecs le disent en grec, les Maronites en syriaque, les Arméniens en arménien.

Ce doit être aussi une chose fort louable d'aider les Laïques, & même les femmes, qui, pour ne savoir que le françois, n'en ont pas moins de piété, à imiter tant de Saints, à qui cette dévotion a pu servir de moyen pour devenir Saints; comme il est marqué dans la Vie de S. Eloi. Or rien ne peut être plus propre à cela que les traductions françoises du Bréviaire: car il y en a une partie, comme les Leçons, qu'il vaut mieux sans doute, lorsqu'on le dit en particulier, lire en françois qu'en latin, quand on ne l'entend pas; puisque ce sont des instructions qu'il faut entendre pour en profiter, comme dans les villes où on prêche en deux langues différentes, en françois & en italien, une personne qui ne sauroit que le françois, ne douteroit pas qu'elle ne dût plutôt entendre les Prédicateurs qui prêchent en françois, que ceux qui prêchent en italien. Pour les Pseaumes, quoiqu'on les puisse réciter sans les entendre, en élevant son cœur à Dieu, & se joignant en esprit à l'Eglise qui les entend, il est certain néanmoins, qu'il est plus facile d'y être attentif, quand on en a l'intelligence, & que la piété y trouve plus de quoi se nourrir.

C'est ce que S. Thomas reconnoît, dans son Commentaire sur les Epîtres de S. Paul, en expliquant ces paroles de la premiere aux Cor. chapitre 14. *Si orem linguâ, spiritus meus orat, mens autem mea sine fructu est.* Il dit que par ces mots, *orare linguâ*, l'Apôtre a voulu marquer celui qui, en priant, se sert de paroles qu'il n'entend pas en particulier, quoiqu'il sache en général qu'elles ne contiennent rien que de bon. Et alors, dit-il, *mon esprit*, c'est-à-dire, ou l'Esprit Saint qui m'a été donné de Dieu, *prie*, parce que c'est lui qui me porte à prier; ou *ma raison* qui me persuade que ce que je dis est bon, lors même que je ne me sers pas pour m'exprimer de paroles que j'entende, mais des paroles des Saints. Mais mon entendement (*mens mea*) est sans fruit, parce que je n'entends pas ce que je dis en priant. Sur quoi Saint Thomas se fait cette objection. Est-ce donc que la priere de celui qui n'entend pas les prieres qu'il récite, est sans aucun fruit? A quoi il répond: qu'il faut distinguer deux sortes de fruit, & d'avantage, dans la priere. L'un est le mérite, dont il montre que n'est pas privé celui qui, en priant, n'entend pas le sens des paroles qu'il récite, & y a seulement une attention générale. L'autre est le fruit de la consolation spirituelle, & de la dévotion que nous sentons qui s'excite en nous en priant Dieu. Et pour ce qui est de ce fruit de la consolation spirituelle, on en est privé quand on n'entend pas ce que l'on dit en priant.

Mais que S. Paul conclut-il de-là? *Quid ergo est? Orabo spiritu, orabo & mente. Psallam spiritu, psallam & mente.* Que ferai-je donc? Je prierai de cœur; mais je prierai aussi avec intelligence. Je chanterai les louanges de Dieu de cœur; mais je les chanterai aussi avec intelligence. S. Paul exhorte donc les Chrétiens de prier & de chanter les louanges de Dieu, autant qu'ils pourront, *non seulement de cœur, mais aussi avec intelligence;* afin qu'ils ne soient point privés du fruit de la consolation spirituelle, & de la dévotion, que l'on ressent davantage en sachant ce que l'on dit dans la Psalmodie & dans la priere. Or quand les Laïques, qui n'entendent pas le latin, ont la dévotion de dire leur Bréviaire, comme M. l'Archevêque de Paris les y exhorte dans ses deux Lettres Pastorales, s'ils le disent en latin, ils peuvent bien prier de cœur & avec mérite, mais priant sans intelligence, ils sont privés du fruit de la consolation spirituelle, & de la dévotion que l'on ressent en priant lorsqu'on entend ce que l'on dit: au lieu que le récitant dans une traduction françoise, ils ont l'un & l'autre fruit: ce qu'on ne peut nier leur être plus avantageux, & ce qui les peut aussi beaucoup plus attirer à prendre une sainte habitude de prier Dieu & de chanter ses louanges, aux heures que l'Eglise, dans tous les siecles, a consacrées à la priere. Et quand même ils ne le pourroient pas faire tous les jours, à cause de leurs occupations, lorsqu'ils assistent aux Offices divins les Dimanches & les Fêtes, ce leur est une consolation qu'on ne leur doit pas envier, d'avoir des livres qui leur font entendre ce qui se chante dans l'Eglise. Mais il n'y en a point à qui on fasse plus grand tort, en supprimant la traduction du Bréviaire, que les Religieuses. Dieu leur a fait la grace de renoncer à tous les plaisirs du siecle, pour passer une partie de leur vie à chanter ses louanges, & à lire, de l'Ecriture Sainte & des ouvrages des Saints Peres, ce que l'Eglise en a mis dans son Office. Il est bien raisonnable qu'elles en tirent toute la consolation & tout le fruit qui s'en peut tirer; ce qui ne peut être, comme on vient de le faire voir par S. Thomas, quand elles n'en ont pas l'intelligence. Or quoique ce soit en latin qu'elles le chantent, & qu'elles le lisent dans le Chœur, lorsqu'elles l'ont bien traduit en la langue qu'elles entendent, elles le peuvent lire à d'autres heures, ou en particulier, ou en commun; ce qui, peu à peu, leur en fait entendre une grande partie, lorsqu'elles le récitent en public.

On doit conclure de tout cela; que c'est une injustice manifeste, de priver de ce secours une infinité de personnes, qui, pour n'avoir pas étudié, n'en sont pas moins capables de profiter de ce qu'il y a dans le Bréviaire, & dans tout ce que l'Eglise dit dans son Office de consolant, d'édifiant, & de propre à nourrir & à entretenir la piété.

Il faut même remarquer, qu'on ne peut pas dire du Bréviaire ce que l'on dit de la Messe, quoique sans raison, comme on le fera voir plus bas; qu'il y a diverses choses que le peuple ne doit pas savoir, & que c'est pour cela que le Prêtre le dit à voix basse; car il n'y a rien dans tous les autres Offices qu'on n'ait toujours dit tout haut, & par conséquent qui n'ait été entendu de tout le peuple, pendant plus de neuf ou dix siecles, que la langue latine a été vulgaire dans presque tout l'Occident. Il n'y a donc aucune couleur, non pas même apparente, de défendre la traduction du Bréviaire, quand on en auroit quelqu'une de défendre celle de la Messe. Aussi voyons-nous, que Fredericus Staphylus, Conseiller d'Etat de l'Empereur Ferdinand I., que ceux qui ont fait imprimer la *Collection des Auteurs, &c.* ont mis entre ceux qui condamnent les versions vulgaires, a été si éloigné de croire que cela se dût étendre jusques aux versions du Bréviaire, que lui-même l'a traduit en allemand. Ce qui fait voir que l'Official de Paris est bien mal informé, quand il condamne le Bréviaire traduit en françois par M. le Tourneux, comme une nouveauté contraire à l'esprit & à l'usage de l'Eglise.

On ne sait aussi où il a pris, que c'est *une nouveauté contraire aux Ordonnances du Diocese de Paris*. Le contraire paroît par le Bréviaire Romain, traduit en françois par l'Abbé de Marolles, & imprimé à Paris en 1659. dédié au Cardinal Mazarin. Car il est vrai que, de l'humeur dont étoit la Faculté de Théologie en ce temps-là, elle n'eut garde de permettre qu'on l'approuvât: mais il crut, qu'en faisant imprimer à la tête de chaque volume, les approbations qu'il avoit eues de divers Docteurs pour sa traduction de la Semaine Sainte, de celle des Pseaumes, & de celle des Heures, il feroit voir que ce ne pouvoit être que par fantaisie, & non par raison, que la Faculté ne vouloit pas qu'on approuvât le tout, dont elle avoit trouvé bon qu'on approuvât les parties. Quoi qu'il en soit de la Faculté, il est certain que l'Eglise de Paris n'a point trouvé à redire à cette version du Bréviaire de l'Abbé de Marolles, bien loin d'avoir fait aucune Ordonnance pour la supprimer. C'est donc une fausseté manifeste, que l'impression qui fut faite l'année derniere de la traduction du Bréviaire Romain, *soit contraire aux Ordonnances du Diocese de Paris*, ni que ce soit une *nouveauté*, puisqu'il y a trente ans qu'il a paru, sans opposition de personne, une traduction françoise du Bréviaire Romain, qui s'est toujours vendue depuis, & qui se vend encore présentement chez Léonard, n'étant en rien différente de celle-ci, sinon, que cette derniere est beaucoup mieux faite, plus exacte, & plus savante. Mais c'est cela même qui est cause que l'on n'a voulu condamner que la traduction de M. le Tourneux, sans se mettre en peine de celle de M. l'Abbé de Marolles, ni même de l'envelopper dans la même condamnation. Car il faut l'avouer à la honte de ce siecle, quand les livres ne sont pas assez bien faits pour exciter la jalousie de certaines gens, ils sont hors d'atteinte à la censure: il n'y a que ceux qui sont aimés & recherchés de tout le monde, contre qui la Société fait jouer toutes sortes de machines pour les faire condamner, ou supprimer; parce qu'ils font ombre à sa réputation, & attirent sur des Auteurs qu'elle n'aime pas, une gloire qui la fait crever d'envie. Elle n'y réussit pas toujours, & il y en a qui passent malgré elle; mais il y en a aussi qu'elle trouve moyen d'accabler. On cherche en vain d'autres prétextes de ces injustes condamnations ou suppressions des plus excellents ouvrages. C'en est là la seule véritable cause.

CINQUIEME NULLITÉ, ET ERREUR INTOLÉRABLE.

Alléguer, comme ayant force de loi dans l'Eglise de Paris, le Décret d'une Assemblée du Clergé, que l'Eglise de Paris a rejeté par une Ordonnance publique, comme une entreprise contre sa jurisdiction.

LA derniere partie du troisieme moyen de la Sentence est toute fondée sur ce qui se fit à la fin de Décembre de l'anné 1660, par l'Assemblée du Clergé, contre la traduction du Missel de M. de Voisin.

I. CLAS. N°. XI.

Mais, avant que d'examiner ce qui a été fait dans cette Assemblée, il faut commencer par faire voir, que M. l'Official n'a pu s'en servir qu'en trahissant la cause de l'Église de Paris, puisque, dans le temps même que quinze Evêques assemblés à Paris condamnoient le Missel traduit en françois, que les Vicaires-Généraux de M. le Cardinal de Retz, Archevêque de Paris, avoient permis d'imprimer, ces mêmes Vicaires-Généraux déclarerent dans une Ordonnance publique, que ce qu'avoient fait ces Evêques étoit *une entreprise sans légitime pouvoir, contre l'autorité & jurisdiction du Seigneur Archevêque de Paris, au préjudice des saints Décrets, des Constitutions Ecclésiastiques & de l'usage de l'Eglise.*

Cette honteuse prévarication de l'Official de Paris, contre les droits de cette Eglise, auroit peut-être de la peine à être crue, si on ne mettoit ici l'Ordonnance dont il s'agit. La voici.

ORDONNANCE *de Messieurs les Vicaires-Généraux de Monseigneur l'Eminentissime Cardinal de Retz, Archevêque de Paris, contre la Délibération de l'Assemblée du Clergé, touchant la traduction du Missel en françois.*

Jean-Baptiste de Contes, *Prêtre, Docteur ès Doits, Doyen & Chanoine de l'Eglise Métropolitaine de Paris, Conseiller ordinaire du Roi en ses Conseils d'Etat & Privé ;* & Alexandre de Hodencq, *aussi Prêtre, Docteur en Théologie de la Maison de Sorbonne, Curé & Archiprêtre de St. Séverin, Conseiller du Roi en ses dits Conseils, Vicaires Généraux de Monseigneur l'Eminentissime & Révérendissime Cardinal de Retz, Archevêque de Paris ; A tous ceux qui ces présentes Lettres verront, salut.* Savoir *faisons, que, vu la Requête à Nous présentée par M. Joseph de Voisin, Prêtre, Docteur en Théologie, Conseiller du Roi & Prédicateur ordinaire de Monseigneur le Prince de Conti, contenant que, suivant notre permission, il a fait imprimer le Missel par lui traduit & expliqué en françois, lequel est approuvé par plusieurs Evêques & Docteurs en Théologie des Facultés de Paris & de Tolose; depuis laquelle impression le dit Missel auroit été publiquement vendu & débité en cette ville de Paris, au contentement & à la satisfaction de plusieurs personnes de piété : que néanmoins le suppliant a appris, que l'Assemblée du Clergé de France, qui se tient à présent en cette ville, auroit fait une délibération, le septieme du mois de Décembre dernier, pour supprimer le dit Missel, & en défendre l'usage & la lecture ; ce qui est une entreprise contre notre jurisdiction, puisqu'il nous appartient de permettre & d'interdire l'impression & la lecture des Livres sacrés dans l'étendue du Diocese de Paris, selon les Décrets*

crets du Concile de Trente, touchant l'édition & l'usage des dits Livres sacrés, & de plusieurs Conciles de France, particuliérement de celui de Chartres, de l'année 1526, de celui de Sens, de l'année 1528, & de celui de Bourges, de l'année 1584; joint aussi que les traductions & explications de la Messe en langue vulgaire sont autorisées par les Conciles, par les Saints Peres, & par l'usage de l'Eglise Gallicane, même par l'approbation de l'Assemblée générale du Clergé de France, tenue à Paris en l'année 1650. comme étant très-utiles pour disposer les fideles à entendre la Messe. Requéroit *le dit Suppliant; qu'il nous plût d'abondant permettre la lecture du dit Missel, & ordonner, que, nonobstant la dite Délibération du Clergé, le dit Missel aura cours dans la ville & Diocese de Paris, pour l'instruction & consolation des fideles Chrétiens, qui n'entendent pas la langue latine, & sont bien aises de savoir ce qui se dit en latin à la Messe, pour s'unir à l'esprit de l'Eglise, sauf au Promoteur de l'Archevêché de Paris, de prendre telles autres conclusions qu'il avisera bon être. La dite Requête signée, de Voisin; notre Ordonnance étant au pied d'icelle du quatorzieme des présents mois & an; portant, qu'elle seroit montrée au dit Promoteur. Copie de la Délibération du dit Clergé du septieme du dit mois de Décembre dernier. Lettre de l'Assembée du dit Clergé, de l'année 1650, écrite à défunt M. l'Archevêque de Rouen, par laquelle la dite Assemblée le remercie de son Rituel, dans la premiere partie duquel est la traduction & explication en françois de la Messe entiere avec le Canon. Plusieurs autres traductions du Missel, faites, approuvées & imprimées en divers temps. Nos Lettres de permission pour l'impression du dit Missel traduit par le dit Sieur de Voisin, du 23. Juillet 1660. Conclusions du dit Promoteur: & tout considéré;* Nous, Vicaires Généraux *susdits, avons déclaré & déclarons la dite Délibération du septieme du dit mois de Décembre dernier, être une entreprise faite sans légitime pouvoir, contre l'autorité & jurisdiction de Mon dit Seigneur l'Archevêque de Paris en son Diocese, au préjudice des saints Décrets, Constitutions Ecclésiastiques, & de l'usage de l'Eglise: Faisons défenses aux Diocésains de Mon dit Seigneur Archevêque d'y avoir égard; &, en tant que besoin seroit, Nous avons derechef permis & permettons la lecture du dit Missel traduit en françois par le dit Sieur de Voisin, pour l'instruction & consolation de ceux qui voudront entendre ce qui se dit en latin au saint Sacrifice de la Messe, & aussi pour servir à réfuter & détruire les calomnies & impostures des hérétiques, qui blasphement contre ce divin Sacrifice, & abusent de la simplicité du peuple, qui n'a pas l'intelligence de la langue latine: sans néanmoins qu'on se puisse servir de la dite traduction pour célébrer le sainte Messe en langue vulgaire;*

I. CLAS. N°. XI.

ce que nous défendons très-expressément, sous les peines de droit, conformément au Concile de Trente; & sera notre présente Ordonnance notifiée aux Curés de cette ville & Diocese de Paris, pour en instruire leurs Paroissiens à la diligence du dit Promoteur; &, à cet effet, lui avons permis de la faire imprimer. Fait à Paris, ce dix-neuvieme de Janvier, mille six cents soixante & un.

Ainsi signé, DE CONTES & DE HODENCQ.

BAUDOVYN.

Jamais cette Ordonnance n'a été ni révoquée par l'Eglise de Paris, ni cassée par une autorité supérieure. Et par conséquent, ni l'Official de Paris, ni son Promoteur n'ont pu, sans trahir leur ministere, se prévaloir de ce qui a été déclaré par cette Eglise Métropolitaine être contraire à ses droits & à sa jurisdiction.

Mais il faut remarquer ce qui est dit à la fin de cette Ordonnance: *sans néanmoins que l'on se puisse servir de la dite traduction pour célébrer la sainte Messe en langue vulgaire; ce que nous défendons très-expressément, sous les peines de droit, conformément au Concile de Trente.* Cela a dû paroître assez hors de propos à ceux qui ne savoient pas l'intrigue de cette condamnation du Missel en françois, par l'Assemblée du Clergé. Mais comme ces Vicaires Généraux ne l'ignoroient pas, ils firent bien d'aller au devant de ce qu'on leur imposoit. Car voici ce qu'on a appris d'un très-homme de bien, qui étoit Député du second Ordre dans cette Assemblée, & qui est maintenant Evêque. (*a*).

On sait, de la propre bouche de ce Prélat, que ce fût une adresse de M. le Cardinal Mazarin, pour engager le Pape Alexandre VII. dans ses intérêts, & le détourner de prendre la protection de M. le Cardinal de Retz: qu'il fit croire à ce Pape que les Grands Vicaires de ce Cardinal, qui avoient donné permission d'imprimer cette traduction françoise du Missel, avoient dessein de disposer les choses à ce que l'on dît la Messe en françois; que cela ne paroîtroit pas sitôt; mais qu'il avoit découvert que c'étoit là leur dessein, & que, pour l'empêcher, il falloit aller au devant, & faire condamner la traduction du Missel: que cela avoit été reçu à Rome comme un avis d'importance, & que M. le Nonce eut ordre de prier M. le Cardinal Mazarin d'engager le Clergé, qui étoit alors assemblé, à condamner ce livre: que le Cardinal promit de s'y employer, pour s'en faire un mérite auprès du Pape; & qu'il en vint à bout sans beaucoup de peine, par M. l'Archevêque de Rouen, qui l'est maintenant de

(*a*) P. J. Fr. Persin de Montgaillard, Evêque de S. Pons. (Hermant, Liv. XXIV. c. 9.)

Paris, lequel étoit Président de cette Assemblée; & par M. de Marca Archevêque de Toulouse, qu'on sait avoir toujours été prêt à tout faire pour cette Eminence, & qui ne manqua jamais d'expédients pour faire réussir tout ce qu'il entreprenoit. Il n'étoit pas de cette Assemblée-là; mais, comme on avoit besoin de lui, le Président proposa qu'il falloit inviter tous les Evêques de dehors à y prendre leurs places, pour délibérer de cette grande affaire de la traduction du Missel. Et, ce qui est bien remarquable, c'est qu'il y avoit déja cinq ou six mois que l'on savoit que ce Missel étoit imprimé, M. de Voisin en ayant lui-même parlé à l'Assemblée, lorsqu'elle se tenoit à Pontoise, sans que personne s'en remuât, & témoignât rien appréhender des grands maux que l'on s'est imaginé depuis que cette traduction devoit apporter à l'Eglise. Le zele de l'Assemblée, qui s'étoit endormi depuis ce temps-là, eut besoin d'être réveillé par la réquisition de M Ondedei Evêque de Fréjus, que l'on sait assez n'avoir pas été d'humeur à se mettre en peine de ces sortes d'affaires. Mais comme on savoit de la part de qui il parloit, on s'appliqua aussi-tôt à délibérer sur le Missel; & la condamnation n'en fut pas plutôt arrêtée, que le même Evêque de Fréjus en donna avis, par ordre de l'Assemblée, au Cardinal Ministre: *Ce que son Eminence reçut avec beaucoup de joie* (comme porte le procès verbal du onzieme Décembre) *& loua la conduite que l'Assemblée avoit tenue, pour empêcher* le cours de cette nouveauté. Cela vouloit dire à ceux qui savoient le mystere, pour empêcher que l'on ne se servît de cette traduction pour dire la Messe en françois; à quoi se rapporte aussi nécessairement ce qui est porté par un autre Décret de cette Assemblée, du vingt-quatre Janvier 1661, où il est dit, que cet arrêté du sept Décembre, portant la suppression du Missel de M de Voisin, *a été fait pour la conservation de l'usage universel de l'Eglise, confirmé par le Concile de Trente, que l'on a voulu changer, au grand scandale du public, par les traductions du Missel en langue vulgaire.* Car ce seroit une grande fausseté, de supposer qu'il soit défendu par le Concile de faire des traductions de la Messe en langue vulgaire, pour être lues en particulier par les personnes qui y assistent, & qui n'entendent pas le latin. Tout ce qu'on y trouve est, que ce Concile a confirmé l'usage reçu depuis le commencement de l'Eglise dans l'Occident, de dire la Messe en latin, & qu'elle a défendu de la dire en langue vulgaire. L'Assemblée suppose donc, en suivant ce qui lui avoit été inspiré par les confidents du Cardinal Mazarin, que c'étoit cet *usage universel, confirmé par le Concile de Trente, de ne point célébrer la Messe en langue vulgaire, qu'on avoit voulu troubler, au grand scandale du public, par la traduction du Missel en langue françoise.* Mais

I. CLAS. N°. XI. comme cette vaine terreur, qu'on ne dît la Messe en françois, n'étoit qu'une adresse politique, qui ne devoit servir que pour un temps, il ne faut pas s'étonner si toutes ces condamnations du Missel, qui n'avoient pour principe qu'une crainte si mal fondée, se sont dissipées d'elles-mêmes. C'est ce qu'on verra dans la suite: mais il faut auparavant considérer l'avantage que l'Official a cru pouvoir tirer de-là, pour autoriser sa Sentence contre le Bréviaire traduit en françois.

Après avoir montré *combien la Faculté de Théologie a d'horreur de ces sortes de versions de la Bible & des Offices ecclésiastiques*, il entreprend de faire voir, que l'Assemblée de 1660. a témoigné n'en avoir pas moins, lorsqu'elle a *condamné, avec toute la vigueur possible, la version en langue françoise du Missel Romain.*

Les Actes, dit-il, *en sont publics dans le procès verbal de l'Assemblée, où il paroît que, pour délibérer, l'on convoqua les Prélats qui étoient à Paris, & où l'on trouve que Monseigneur l'Archevêque, lors Archevêque de Rouen & Président de l'Assemblée, parla près de deux heures sur la matière des traductions & des versions, avec une érudition & une éloquence sans pareille, & qu'après que MM. les Prélats & les Députés eurent aussi fait des observations très-savantes, l'Assemblée, en la séance du 7 Décembre 1660, fit sa Délibération, qui porte, que, d'une commune voix, l'on jugeoit à propos de supprimer la traduction que l'on avoit faite du Missel Romain en langue françoise; qu'à cet effet, l'on écriroit une lettre circulaire à MM. les Prélats du Royaume, pour les prier d'en défendre le cours, la lecture & l'usage dans leurs Diocèses, sous peine d'excommunication.*

Mais, pour agir de bonne foi, & ne pas tromper le public, il falloit ne pas dissimuler, que jamais délibération d'Assemblée n'a eu un succès si pitoyable. Car loin que la lecture des Missels traduits en françois ait été depuis défendue par toute la France sous peine d'excommunication, il ne s'est pas passé un seul jour depuis, qu'ils ne se soient vendus & lus dans toute la France avec toute liberté. On le reconnoît à l'égard de Paris dans le procès verbal de cette Assemblée: car voici ce qui y est dit, du 5 Janvier. M. le Promoteur a dit: *Que tant s'en faut que la condamnation du Missel en ait empêché le débit, qu'au contraire, il s'en vendoit beaucoup plus qu'auparavant, les Libraires l'exposant publiquement sur leurs boutiques, & en ayant même rehaussé le prix.*

Pour les Provinces, on voit dans le procès verbal, qu'un Evêque du fond de la Guienne fit dire à l'Assemblée, qu'il s'étoit rendu à son avis: mais pendant les six mois qu'elle dura depuis la condamnation du Missel, comme il n'est marqué d'aucun autre Prélat qu'il eût fait cette démarche, c'est une grande preuve qu'il n'y en a eu aucun.

I. CLAS. N°. XI.

Ce fut de plus un coup bien sensible à ces Censeurs du Missel, ce que firent les Vicaires Généraux de l'Archevêque de Paris, pour maintenir la permission qu'ils avoient donnée de l'imprimer, en traitant d'entreprise ce que l'Assemblée avoit fait contre, comme nous avons déja vu. Cette Ordonnance du 19. Janvier 1661. ayant été publiée le 23. dans toutes les Paroisses de Paris, l'Assemblée en fut fort irritée. Elle en fit des plaintes, &, dès le lendemain de la publication, elle déclara, *que l'Arrêté du 7. Décembre, qui avoit été fait pour le bien commun des Dioceses de ce Royaume, & pour la conservation de l'usage universel de l'Eglise par le Concile de Trente, que l'on avoit voulu changer, au grand scandale du public, par des traductions en langue vulgaire, permises sans un pouvoir suffisant, sans le consentement de l'Eglise Gallicane, & sans l'autorité du S. Siege, sera exécuté selon sa forme & teneur: Et ce, nonobstant l'Ordonnance de Messieurs les Vicaires Généraux de M. l'Archevêque de Paris, que l'Assemblée a déclaré contenir des maximes fausses, téméraires, scandaleuses, tendantes à schisme, séditieuses & injurieuses à tout l'Ordre Episcopal & à l'autorité du Roi.*

Mais tout ce qu'il y avoit d'habiles gens dans Paris, les Curés, & le peuple même, n'eurent garde de préférer ce Décret de l'Assemblée, à l'Ordonnance si sage & si bien fondée des Vicaires Généraux de leur Archevêque.

On y voyoit ruiné le prétexte de *Nouveauté*, par ce qui est dans le vu des pieces: *Plusieurs autres traductions du Missel faites, approuvées, & imprimées en divers temps*; & on remarquoit aussi, que l'Assemblée n'en parloit plus dans sa nouvelle condamnation du 24 Janvier.

On y trouvoit de bonnes raisons pour autoriser la traduction du Missel, qui est, *qu'elle avoit été faite pour l'instruction & la consolation de ceux qui voudront entendre ce qui se dit en latin au saint Sacrifice de la Messe, & aussi pour servir à réfuter & détruire les calomnies & les impostures des hérétiques, qui blasphêment contre ce divin Sacrifice, & abusent de la simplicité du peuple, qui n'a pas l'intelligence de la langue latine.* Et l'Assemblée vouloit au contraire que l'on se payât, comme d'une bonne raison, de ces mots vagues, *du bien commun des Dioceses de ce Royaume*: comme si ce n'eût pas été supposer ce qui étoit en question.

On admiroit que les Vicaires Généraux, ayant remarqué, que *cette traduction ne pourroit servir à dire la Messe, & qu'ils le défendoient expressément, conformément au Concile de Trente*, l'Assemblée eût affecté de faire entendre le contraire, en disant, que leur arrêté du 7 Décembre

I. CLAS. N°. XI.

avoit été fait pour la conservation de l'usage universel de l'Eglise, confirmé par le Concile de Trente, que l'on avoit voulu changer par des traductions du Missel en langue vulgaire : ce que nous avons déja fait voir ne pouvoir être fondé que sur cette fausse supposition, qu'on avoit fait valoir à Rome, que cette traduction avoit été faite pour changer l'usage universel de l'Eglise d'Occident, de dire la Messe en latin, en la faisant dire en françois.

On s'étonnoit que l'Assemblée n'ayant point du tout insisté le 7 Décembre, sur le défaut de *pouvoir suffisant* en ceux qui avoient permis l'impression du Missel, mais s'étant uniquement arrêtée sur ce que la Messe contenoit des mysteres dont le peuple ne devoit point avoir de connoissance; ce qui leur faisoit conclure, avec la Sorbonne de ce temps-là, qu'on devoit avoir *horreur de ces versions*, & qu'il ne falloit pas souffrir que la Messe, non plus que la Bible, fût mise en françois; d'où il s'ensuivoit, que toutes ces traductions devoient être supprimées par qui que ce soit qu'elles fussent approuvées; on s'étonnoit, dis-je, de voir que, se défiant de cette fausse raison, elle changeoit de batterie, & s'avisoit de chicaner les Vicaires Généraux de l'Archevêque de Paris sur leur prétendu défaut de *pouvoir*. *Traductions*, dit-elle, *permises sans un pouvoir suffisant, sans le consentement de l'Eglise Gallicane, & sans l autorité du S. Siege*.

Mais on n'avoit garde de s'arrêter à cette chicanerie, les Vicaires Généraux ayant très-solidement établi *leur pouvoir* & leur jurisdiction, par ces paroles de leur Ordonnance : *Puisqu'il nous appartient de permettre ou d'interdire l'impression & la lecture des Livres sacrés dans l'étendue du Diocese de Paris, selon les Décrets du Concile de Trente touchant l'édition & usage des dits Livres, & de plusieurs Conciles de France; particuliérement de celui de Chartres, de 1526, de celui de Sens, de l'an 1528, & de celui de Bourges, de l'année 1584*. C'est une question de savoir si l'usage de la France n'a point exempté les Auteurs & les Libraires de la nécessité de demander aux Evêques la permission d'imprimer tous les livres qui regardent la Religion. L'Official prétend que non, en quoi il se trompe. Mais ce qui est certain, est, que nul usage n'a ôté & n'a pu ôter aux Evêques le pouvoir de donner ces permissions quand on les leur demande; de sorte qu'on ne peut douter que les Evêques, & ceux qui sont revêtus de leur autorité, n'aient *un pouvoir très-suffisant* pour en permettre l'impression. En un mot, ces permissions ne sont pas nécessaires, selon nos usages (car l'approbation des Docteurs suffit, selon les Ordonnances de nos Rois) mais elles sont utiles &

Edits de Henri II. 1547 & de 1551, daté de Château Briant art. 12.

d'un grand poids, pour arrêter les méchants procès que l'on voudroit faire à un bon livre.

Mais où les Meſſieurs de cette Aſſemblée avoient-ils trouvé, que, pour permettre l'impreſſion d'une traduction françoiſe, ou de l'Ecriture ou des Offices de l'Egliſe, les Ordinaires n'aient pas *un pouvoir ſuffiſant*, & que cela ne ſe peut faire *ſans le conſentement de l'Egliſe Gallicane*, & *ſans l'autorité du S. Siege?* Où eſt-ce que cela eſt écrit, où eſt-ce que cela eſt ordonné? N'y a-t-il qu'à dire en l'air, qu'on a beſoin du *conſentement de l'Egliſe Gallicane*, & que cela même ne ſuffit pas; mais qu'on a beſoin outre cela de *l'autorité du S. Siege* pour telle ou telle choſe, ſans en pouvoir apporter aucune preuve? Voilà ce qui devoit être regardé comme *injurieux à tout l'Ordre Epiſcopal*, & non pas ce qu'avoient dit les Vicaires Généraux dans leur Ordonnance. Car à quoi réduiſoit-on l'autorité des Evêques? A ne pouvoir pas, ſans l'autorité du S. Siege, faire imprimer dans leurs Dioceſes la traduction d'un livre de la Bible, ou d'un Office de l'Egliſe. Que ſi cela étoit vrai, ç'auroit été bien en vain que le P. Amelotte auroit obtenu de M. de Perefixe, Archevêque de Paris, la permiſſion d'imprimer la traduction françoiſe du Nouveau Teſtament, comme M. de Voiſin avoit obtenu des Vicaires Généraux de M. le Cardinal de Retz, Archevêque de Paris, la permiſſion d'imprimer le Miſſel traduit en françois. Car on aura autant de droit de dire de la traduction du P. Amelotte, que de celle de M. de Voiſin, *traduction permiſe ſans un pouvoir ſuffiſant, ſans le conſentement de l'Egliſe Gallicane, & ſans l'autorité du S. Siege.* Il faut donc reconnoître, que ç'a été l'impuiſſance où s'eſt trouvée cette Aſſemblée de ſoutenir ſon Décret du 7. Décembre, contre l'Ordonnance des Vicaires Généraux, qui lui a fait avoir recours à une prétention ſi inſoutenable.

C'eſt par la même impuiſſance, que, ſe faiſant juge en ſa propre cauſe, & s'attribuant un pouvoir ſur les autres Evêques de France, que les plus éclairés de ces Evêques, & les plus zélés pour les droits de l'Epiſcopat ont toujours conteſté à ces ſortes d'Aſſemblées, dont le principal emploi eſt d'arrêter des comptes, celle-ci a cru que, pour infirmer l'Ordonnance des Vicaires Généraux, elle n'avoit qu'à *déclarer qu'elle contenoit des maximes fauſſes, téméraires, ſcandaleuſes, tendantes à ſchiſme, ſéditieuſes, & injurieuſes à tout l'Ordre Epiſcopal.* Ce ſont de grands mots, qui ne ſignifient rien, quand on n'a point de quoi prouver que ces qualifications ſoient juſtes. Or il étoit aiſé de voir que celles-là étoient très-injuſtes. Car elles n'étoient fondées que ſur ce que les Vicaires Généraux s'étoient maintenus dans la poſſeſſion où avoient toujours été les Archevêques de Paris, de ne point dépendre de ces ſortes d'Aſſem-

I. CLAS. N°. XI.

blées. On sait bien que, dans l'Assemblée précédente, M. de Marca leur avoit voulu attribuer une autorité sur tous les Evêques du Royaume, en les faisant passer pour des Conciles Nationnaux. Mais ç'auroit été pour établir cette nouvelle prétention, qu'il auroit fallu avoir un consentement exprès de toute l'Eglise Gallicane. Et bien loin de cela, les plus considérables Evêques s'y opposerent formellement; & ce fut une des raisons qui leur fit rejeter *l'exaction des signatures* qui avoit été ordonnée dans cette Assemblée de 1655; parce que ç'auroit été reconnoître, que ces sortes d'Assemblées avoient le pouvoir de commander aux autres Evêques. Ce n'est pas qu'ils n'exécutent avec joie ce qui y est ordonné, quand il va à l'édification de l'Eglise, & au bien des ames. Mais ils le font alors, à cause du bien qui en revient à leurs Dioceses, & non qu'ils y soient obligés.

J'ai réservé, pour la derniere chose qui a dû faire préférer l'Ordonnance des Vicaires Généraux à ce que l'Assemblée fit contre, ces paroles du vu des pieces: *Lettre de l'Assemblée du dit Clergé de l'année 1650, écrite à défunt Monsieur l'Archevêque de Rouen, dans laquelle la même Assemblée le remercie de son Rituel, dans la seconde partie duquel est la traduction & explication de la Messe entiere avec le Canon.* On s'attendoit que l'Assemblée satisferoit le public sur une objection si pressante, prise de l'autorité d'une autre Assemblée, qui avoit d'ailleurs fait paroître une générosité extraordinaire à soutenir les droits de l'Eglise Gallicane. Mais on s'y fût attendu en vain; car nul n'est obligé à l'impossible. Or il est aisé de montrer, qu'il n'étoit pas possible d'en donner une solution raisonnable, & que le Président de l'Assemblée étoit, plus que personne, hors d'état d'y pouvoir répondre. C'est ce qu'il est important de bien faire entendre.

On peut considérer deux sortes de choses dans la Messe: ce qui se diversifie selon les différentes Messes, & se chante ou se lit à voix haute; & ce qui est commun à toutes les Messes, dont beaucoup de choses se disent à voix basse, & principalement dans le Canon. Or jamais personne ne s'est avisé de trouver mauvais que l'on traduisît en langue vulgaire ce qui se chante dans la Messe ou se dit à haute voix; ce qui consiste principalement dans l'Introïte & le Graduel, qui sont des versets de Pseaumes qu'on n'a garde de vouloir cacher au peuple, puisqu'on lui met le Pseautier tout entier entre les mains, & les Epîtres & les Evangiles, dont il y a eu toujours des traductions auxquelles on joint ordinairement celle des Collectes. C'est donc principalement à cause du Canon, qui ne change point, qu'on trouvoit mauvais dans cette Assem-

blée

blée que le Missel eût été traduit en françois, & qu'on vouloit que l'usage en fût défendu au peuple.

On ne peut douter que ce n'ait été là leur pensée. Ils s'en expliquent clairement dans leur Lettre circulaire du quatorzieme Février contre l'Ordonnance des Vicaires Généraux. La maniere dont ils les traitent est aussi emportée que peu raisonnable, & ressent plus une déclamation de College qu'une Lettre Episcopale : *C'est ce qui nous fait dire, avec une extrême douleur, que les enfants de notre Mere ont pris les armes contre nous, & qu'ils sont si pleins d'aversion pour elle, qu'ils la vont attaquer jusques dans le sanctuaire des mysteres de son Epoux, pour les prostituer au jugement des foibles, des simples, des ignorants, & de ses ennemis. Et sous prétexte de rendre ses mysteres plus familiers, ils les rendent moins adorables.* Voilà des phrases bien empoulées, mais où il n'y a guere de sens. Car si c'est *avoir de l'aversion pour l'Eglise*, que de faire connoître au peuple ce qui se dit dans le Canon de la Messe, parce que *c'est prostituer ces mysteres au jugement des simples & des ignorants*, ce sera aussi prostituer les mysteres de la Trinité, de l'Incarnation & de l'Eucharistie, que de les mettre dans des Catéchismes en langue vulgaire. Quelle absurdité! Comme si proposer au peuple chrétien des vérités qu'il doit croire & adorer, étant appuyées d'une aussi grande autorité qu'est celle de l'Eglise Universelle, étoit les soumettre à son jugement pour en croire ce qu'il lui plaira? Il n'y a pas plus de sens à ce qu'on ajoute, que c'est *prostituer les mysteres de la Messe au jugement des ennemis de l'Eglise;* comme si les ennemis de l'Eglise avoient besoin de la version de M. de Voisin pour savoir ce qui se dit à la Messe, soit à voix haute, soit à voix basse: car c'est à ce qui se dit à voix basse qu'en veut principalement cette Lettre circulaire, & ce qu'elle ne peut souffrir qu'on ait fait connoître au peuple. Il ne faut qu'écouter la suite de cette véhémente déclamation: *n'est-ce pas une chose étrange de voir que l'Eglise, qui abaisse la voix des Prêtres, quand ils célebrent le Sacrifice des Chrétiens, soit démentie par la témérité d'un vain Traducteur, qui publie tout ce qu'elle tait.*

Le crime de M. de Voisin, dont cette Assemblée a condamné la témérité, est donc *d'avoir publié ce que l'Eglise tait, en le faisant dire à voix basse par les Prêtres.* Or si ce qu'ont dit les Vicaires Généraux dans le vu des pieces de leur Ordonnance, est vrai, c'est ce qu'a fait aussi François de Harlai, Archevêque de Rouen, prédécesseur du Président de cette Assemblée, *en publiant*, aussi-bien que M. de Voisin, *les paroles du Canon de la Messe, que l'Eglise fait dire à voix basse par les Prêtres.* C'est donc à lui, si le fait est constant, que doit s'adresser, aussi-bien qu'à M.

I. CLAS. N°. XI.

de Voisin, ce qu'on ajoute avec tant d'emportement dans la Lettre circulaire : *C'est sans doute donner lieu aux fideles, qui vivent dans la simplicité de la foi, de passer de l'obéissance à la curiosité, & de la curiosité au doute & à l'hérésie, ou du moins à l'orgueil & à la présomption.* Or jamais fait ne fut plus certain : car on ne pouvoit douter alors, comme on n'en doute pas aujourd'hui, que ce célebre Archevêque de Rouen n'eût fait un Manuel pour l'usage de son Diocese, dans lequel il avoit inséré un Traité françois qui en faisoit la seconde partie, & avoit pour titre : *De la vraie maniere de bien entendre la Messe de Paroisse* : ce que l'on voit assez qui regardoit bien plus les Laïques que les Ecclésiastiques. Il prouve très-doctement, dans ce Traité, que le Sacrifice de la Messe est commun au Prêtre & au peuple, quoiqu'il n'y ait que le Prêtre qui consacre, & qu'ainsi le peuple ne pouvoit mieux entendre la Messe qu'en s'unissant avec le Prêtre dans toutes les prieres qu'il fait, & dans toutes les cérémonies. *Il n'y a point*, dit-il, *de Sacrifice particulier. Il est offert pour toute l'Eglise. Toutes les fois que le Prêtre dit* Prions, *c'est pour vous avertir de renouveller votre attention, & de vous joindre à lui dans la priere que vous faites par lui. Il n'est pas temps d'avoir alors une priere particuliere. Il faut que toutes sortes d'Oraisons cessent, quand le Prêtre prie, & qu'il offre le Sacrifice pour tous. Il faut que vous soyez attentifs à la priere qu'il va faire à Dieu, pour vous & pour tous les assistants, & que vous pensiez au Sacrifice, en l'offrant & vous offrant par le Prêtre, dans l'esprit & union de l'Eglise.*

On voit assez par-là, que, selon cet Archevêque, c'est une imagination sans fondement, ce que prétend la Lettre circulaire, *que les prieres du Canon ne doivent pas être connues du peuple;* puisqu'elles se font au nom du Prêtre & du peuple ensemble, & que même les paroles de la consécration se disent tout haut dans l'Eglise Grecque, & que le peuple y répond *Amen :* ce qui s'est fait aussi dans l'Eglise Latine jusques au dixieme siecle, comme l'a remarqué le Cardinal Bona. Mais M. l'Archevêque de Rouen n'a pas laissé tirer à d'autres cette conséquence ; il l'a tirée lui-même. Car, afin que le peuple ne fût pas empêché par l'ignorance de la langue latine de suivre le Prêtre, aussi-bien dans les prieres du Canon que dans tout le reste de la Messe, il a donné dans ce même Traité, qui fait la seconde partie de son Manuel, la Messe en françois : ce qui ne pouvoit pas contenir ce qui se dit en toutes les Messes particulieres, mais seulement ce qui est commun à toutes les Messes, & principalement le Canon. Et, par conséquent, si on en croit l'Assemblée de 1661, dans sa Lettre circulaire, il s'est rendu coupable de tous les excès que l'on y reproche aux Vicaires Généraux de l'Archevêque de Paris. Ce n'est pas seulement un enfant, c'est un Pere de l'Eglise, *qui a pris les armes contre elle ; qui l'est venu attaquer jusques dans le Sanctuaire des mysteres de son Epoux, pour les prostituer au jugement des simples & des ignorants ; qui, sous prétexte de rendre ses sacrés mysteres plus familiers, les a rendus moins adorables, & qui, par la témérité de son imprudente traduction, a publié tout ce que l'Eglise tait, en le faisant dire à voix basse par les Prêtres.*

Il est sans doute bien étrange que M. de Paris, qui avoit tant d'obligation à son oncle & prédécesseur, dont il occupoit encore le Siege en 1660, eût porté l'Assemblée, qui se tenoit alors, & dont il étoit Président, à condamner sa mémoire, en improuvant la traduction de la Messe en françois, par cette fausse raison, que les mysteres qu'elle contient ne doivent pas être connus du peuple chrétien ; puisque c'est par une raison toute opposée, que son prédécesseur avoit voulu que la Messe, traduite en françois, pût être mise entre les mains de tout le peuple ; afin qu'il connût tous les mysteres d'un Sacrifice qu'il offre avec le Prêtre.

Mais ce qui étoit alors, & qui doit être encore aujourd'hui le sujet d'un plus grand étonnement, est que le Président de l'Assemblée de 1660, étant Député de celle de 1650, lorsqu'il n'étoit encore qu'Abbé, offrit à cette Assemblée, de la part de son oncle, ce Manuel où la Messe étoit traduite en françois, afin que le peuple eût connoissance de ce qui s'y disoit & s'y faisoit ; & que le Clergé l'approuva avec éloge, & le remercia de l'avoir donné au public. Est-ce donc que l'on fait un jeu de la Religion ? Est-ce que les choses y sont bonnes ou mauvaises, selon qu'il plaît à ceux qui ont le plus de crédit ? Est-ce que la même personne, qui avoit été l'occasion qu'une Assemblée du Clergé avoit approuvé que la traduction de la Messe en françois, faite par son oncle, fût mise entre les mains du peuple, a pu, dix ans après, pour complaire à un premier Ministre, porter une autre Assemblée à condamner toutes les versions françoises de la Messe, & à en interdire la lecture au peuple, sous peine d'excommunication ? Il ne peut point s'excuser sur ce que la traduction de son oncle étoit bien fidelle, & que celle de M. de Voisin ne l'étoit pas ; puisqu'il est dit expressément, dans une autre Lettre circulaire du 6 Janvier, *que leur Assemblée avoit condamné la traduction du Missel, sans qu'elle se fût engagée à en examiner la fidélité.*

Enfin, ce qui est considérable pour l'Ordonnance des Vicaires Généraux de M. le Cardinal de Retz, Archevêque de Paris, est que, quelque irritée qu'en fût l'Assemblée, elle n'a pu la faire casser, ni par aucun

I. CLAS. N°. XI.

Bref du Pape, ni par aucun Arrêt du Conseil du Roi, qui ait paru en public.

Pour le Pape, cela est bien certain : car le Bref d'Alexandre VII, contre la traduction du Missel est du 12 Janvier, & l'Ordonnance, qui n'est que du 19 du même mois, n'avoit été publiée que le 23. Il y a aussi une Lettre du même Pape à cette Assemblée, sur le même sujet du Missel, qui est du 7 Février; mais il n'y est pas dit un seul mot de l'Ordonnance des Vicaires Généraux[1], qui ne pouvoit aussi avoir encore été vue à Rome. Il n'y a pas d'apparence que l'Assemblée, qui avoit cette affaire si à cœur, & qui s'est tenue encore près de cinq mois depuis l'Ordonnance des Grands Vicaires, n'ait pas fait tous ses efforts pour tirer du Pape quelque Bref qui la flétrît. D'où vient donc qu'elle ne put rien obtenir, & qu'on n'a rien fait à Rome depuis sur cela? Tout ce qu'on peut dire de plus vraisemblable, est, que le Pape ne s'étant engagé dans cette affaire, que sur l'avis que lui avoit fait donner le Cardinal Mazarin, que le but des Vicaires Généraux de M. le Cardinal de Retz, qui avoient permis qu'on imprimât cette traduction du Missel, étoit de disposer les esprits à trouver bon qu'on célébrât la Messe en françois, il étoit revenu de cette crainte, qui lui avoit fait appeller les Traducteurs du Missel des enfants d'iniquité, par la déclaration si formelle des Vicaires Généraux, à la fin de cette Ordonnance: *Qu'on ne pourroit se servir de cette traduction pour célébrer la Messe en langue vulgaire, & qu'ils le défendoient très-expressément, sous les peines de droit, conformément au Concile de Trente.* Aussi paroît-il qu'on ne presse plus à Rome l'exécution du Bref d'Alexandre VII, parce qu'on le considere comme ayant été obtenu par surprise. C'est ce que l'on peut juger de ce qui est arrivé depuis peu d'années dans les Pays-bas. Un Abbé fort pieux, du pays de Limbourg, Diocese de Liege, ayant fait imprimer l'Ordinaire de la Messe en allemand, pour le répandre dans quelques Paroisses voisines de son Abbaye où on parle allemand, de faux zélés en firent plainte au Nonce de Cologne, qui lui en écrivit, en lui enjoignant de suspendre la publication de ce livret. L'Abbé lui répondit, qu'il n'avoit pas cru qu'on pût trouver à redire à ce qu'il avoit fait pour l'édification des personnes de piété, sachant d'une part, que de semblables traductions en françois & en flamand du même Ordinaire de la Messe, imprimées à Liege & à Bruxelles avec approbation des Censeurs, y étoient d'une grande consolation à beaucoup de bonnes ames, & ayant, de l'autre, entre ses mains, un livre de prieres allemandes, composées par un Jésuite de Cologne, qui sont, & qui ont toujours été entre les mains de tout le monde, dans lesquelles il a inséré la

Messe entiere de la fête de tous les Saints avec le Canon & tout le reste. Cela satisfit le Nonce, qui lui permit de distribuer son Ordinaire de la Messe en allemand, pourvu qu'il en eût l'approbation d'un Censeur.

Pour ce qui est du Roi, tout ce que j'en ai dit est, qu'il n'a point paru en public aucun Arrêt du Conseil contre l'Ordonnance des Vicaires Généraux. On voit bien qu'il est dit dans le Procès verbal du 21. Février, " que M. le Chancelier avoit envoyé ce matin-là l'Arrêt que le „ Roi avoit fait donner en son Conseil, pour appuyer la délibération „ prise par la Compagnie, contre l'Ordonnance que Messieurs les Vicaires „ Généraux avoient fait publier au Prône, contre la délibération prise „ par l'Assemblée sur le sujet de la traduction du Missel en françois „ faite par le sieur de Voisin; lequel Arrêt a été lu, & Messieurs les Agents „ ont été chargés de le faire imprimer." Mais d'où vient donc qu'il ne paroît point que ce prétendu Arrêt ait jamais été imprimé? D'où vient qu'il ne se trouve point dans ce Procès verbal de l'Assemblée, qui s'est encore tenue plus de quatre mois? D'où vient qu'il ne se trouve point non plus dans le livre intulé, *Collectio Auctorum, imprimé par l'ordre de cette Assemblée*, à la fin duquel on ne manqua pas de faire mettre tout ce qui s'étoit fait contre le Missel, *l'Arrêt du Conseil du* 16. *Janvier, les Lettres patentes sur le Bref du Pape, qui sont du* 4. *Avril, & la Censure de Sorbonne, du* 2. *de Mai?* D'où vient enfin, qu'un semblable Recueil de tout ce qui avoit été fait contre le Missel en 1660. & 1661, ayant été imprimé en 1677. pour être mis à la fin de *l'Abrégé des Mémoires du Clergé*, ce prétendu Arrêt contre l'Ordonnance des Vicaires Généraux, qui auroit dû être du mois de Février 1661, ne s'y trouve point? N'y a-t-il pas grand sujet de croire que l'Arrêt dont il est parlé dans le Procès verbal du 21 Février, manquoit encore de quelque formalité, & que la mort du Cardinal Mazarin étant survenue peu de temps après, le Roi, qui commença à gouverner par lui-même, ne jugea point à propos de prendre part au différent entre l'Assemblée & les Vicaires Généraux de M. le Cardinal de Retz Archevêque de Paris?

Quoi qu'il en soit, ce qui est arrivé depuis la fin de cette Assemblée fait voir clairement, qu'on n'a point eu d'égard à tout ce qu'elle avoit fait contre la traduction du Missel, & que l'utilité publique, & la considération du bien des ames, l'ont emporté sur les intrigues particulieres, appuyées de mauvaises raisons, qui avoient fait condamner cette version.

La traduction du Missel s'est toujours vendue à Paris, nonobstant tout ce qu'on avoit fait contre, & il n'y a point eu de personne assez scrupuleuse pour appréhender l'excommunication dont l'Assemblée avoit menacé ceux qui la liroient. M. de Voisin avoit montré, par des écrits très-solides, que tout ce que l'on alléguoit contre les traductions en général, de la Messe & des autres Offices de l'Eglise, étoit très-mal fondé, & il ne s'étoit trouvé personne qui eût entrepris d'y répondre, non plus qu'à la justification qu'il avoit faite contre la Censure de la Faculté de Théologie, qui ne fera jamais d'honneur à cet illustre Corps.

L'année d'après l'Assemblée, le même M. de Voisin traduisit en françois l'Office de la Semaine sainte : il y mit toute la Messe avec le Canon, comme il l'avoit mise dans son Missel, & il dédia ce livre à la Reine mere de Sa Majesté, sans que personne y trouvât à redire, ni que l'Arrêt du 16 Janvier de l'année d'auparavant, obtenu du vivant de M. le Cardinal Mazarin, empêchât qu'il n'en eût le Privilege.

L'Assemblée générale de 1665, qui avoit à sa tête un Président fort éclairé, n'eut garde de soutenir ce qui avoit été fait dans la précédente avec si peu de raison, contre les traductions de la Messe en langue vulgaire, ni de se plaindre de l'Ordonnance des Vicaires Généraux. Elle jugea qu'il étoit de l'honneur du Clergé de ne point réveiller une affaire si mal entreprise, & qu'il étoit juste de ne point troubler les personnes de piété dans la paisible possession où elles étoient, de se servir de la traduction de la Messe pour suivre le Prêtre dans toutes les prieres qu'il fait en commun, tant pour lui que pour le peuple.

L'Assemblée de 1670, quoiqu'elle eût le même Président que celle de 1660, suivit la même conduite, aussi-bien que toutes les autres jusques en ce temps-ci, sans qu'aucune ait eu la moindre pensée de se plaindre des infractions qu'on avoit faites, & qu'on faisoit tous les jours aux délibérations de 1660 sur le sujet du Missel.

En 1673. on fit encore, sans aucun empêchement, une nouvelle traduction de l'Office de la Semaine sainte, où est la Messe entiere, le Canon, les Secretes, & tout ce qui s'y dit à voix basse, avec un discours admirable pour en expliquer les mysteres : ce qui a fait que plusieurs personnes ont souhaité d'avoir séparément ce discours avec cette Messe en françois. Mais quand on ne l'auroit qu'avec cet Office, elle seroit toujours par-là entre les mains d'une infinité de personnes, contre la prétendue défense de l'Assemblée de 1660 ; parce qu'il n'y a guere de personne de piété qui ne soit bien aise d'entendre ce qui se dit, & ce qui se fait dans l'Eglise en un temps si saint. Le Privilege de cette Semaine sainte avoit été donné d'abord pour quinze ans au Sieur le Petit ; mais, sur ce qu'il fit deux ans après une grande perte par un incendie, il lui fut continué pour cinquante ans.

I. CLASS. N° XI.

En 1677. l'Ordinaire de la Messe, où est le Canon traduit en françois, fut encore inséré dans un livre très-édifiant, intitulé: *L'Idée du Sacerdoce & du Sacrifice de Jesus-Christ, avec quelques éclaircissements & une explication des prieres de la Messe*, approuvé avec éloge par M. Pirot, Professeur en Théologie & Censeur des livres, & par deux autres Docteurs de la même Faculté. Et ce même Ordinaire de la Messe, avec le Canon, se trouve encore en un très-grand nombre de livres, qui ont été imprimés & qui s'impriment tous les jours à Paris.

Environ le même temps une personne de grand esprit, que Dieu avoit retiré de l'hérésie par une grace singuliere, crut ne pouvoir mieux la reconnoître, qu'en travaillant à procurer la même grace à ceux qu'il avoit eus pour compagnons dans l'erreur; & il jugea que ce qui y pouvoit plus contribuer, étoit de leur faire connoître qu'il n'y avoit rien que d'édifiant & de saint, dans celui de nos mysteres dont les Ministres leur donnoient une plus affreuse idée. Dans ce dessein, il fit faire à ses dépens une nouvelle édition de la traduction du Missel de M. de Voisin, dont il retrancha les explications, afin qu'elle coutât moins, & qu'elle se répandît plus facilement dans les Provinces, où il y avoit alors plus d'hérétiques. Il étoit donc bien éloigné de croire, que, de publier le Missel traduit en langue vulgaire, *ce fût attaquer l'Eglise jusques dans le Sanctuaire des mysteres de son Epoux, pour les prostituer au jugement de ses ennemis.*

Lettre Circul. du 14. Fev. 1661.

En 1680. parut le livre qui a pour titre, *De la meilleure maniere d'entendre la Messe*, fait à la priere d'une personne de condition, d'une piété non commune, imprimé avec privilege & les approbations de dix des plus célebres Docteurs de la Faculté. Ce livre est fondé sur les mêmes principes que le Manuel de François de Harlai Archevêque de Rouen, dont j'ai déja parlé, & il en cite les paroles que j'ai rapportées; *qu'il n'y a point de sacrifice particulier, qu'il est offert pour toute l'Eglise*, & le reste. D'où il conclut, aussi-bien que cet Archevêque, que ceux qui entendent la Messe ne sauroient mieux faire, que d'être attentifs aux prieres que le Prêtre fait à Dieu pour lui & pour tous les assistants.

Il fait voir, dans les trois premiers chapitres, la sainteté & l'excellence du Sacrifice de la Messe. Dans le quatrieme, qui est fort long & qui contient plus de la moitié du livre, il explique toutes les parties de la Messe, dans le dessein de montrer, que tout ce qui s'y dit prouve, qu'elle est le Sacrifice commun de toute l'Eglise. Il en conclut dans le cinquieme, que la meilleure maniere d'entendre la Messe est de suivre le Prêtre: ce qu'il confirme par un fort beau passage de Rodriguez, qui le dit expressément. Mais l'Auteur explique lui-même, d'une maniere aussi pleine de lumiere que d'onction, pourquoi la meilleure maniere d'enten-

I. CLAS. N°. XI.

dre la Messe est de s'appliquer à ce que fait le Prêtre. Je n'en mettrai que le commencement : on en pourra voir la suite. „ L'Esprit de Dieu, „ qui prie en chaque fidele par des gémissements ineffables, aidant ainsi, „ selon l'expression de l'Apôtre, l'infirmité de l'homme, qui ne sait ni „ ce qu'il doit demander, ni comment il doit prier, a voulu aussi prier „ pour tout le corps de l'Eglise, en lui inspirant l'ordre, les cérémo- „ nies, & les parties de la Liturgie, & en apprenant par la Mere, à cha- „ cun des enfants, ce qu'ils peuvent penser & demander pour faire di- „ gnement la plus excellente de toutes les prieres. Le commun des fi- „ deles auroit eu trop de peine à trouver des pensées pour se représenter „ la mort de *Jesus-Christ*, & pour renouveller son Sacrifice. Ils n'au- „ roient su quand il faut s'humilier, prier, louer, rendre des actions de „ graces, offrir, immoler, recommander à Dieu ses besoins & ceux des „ autres, si l'Eglise ne leur fournissoit elle-même ces pensées & ces senti- „ ments, par les paroles qu'elle met pour eux dans la bouche du Prê- „ tre, & qu'elle souhaite qu'ils écoutent, & qu'ils méditent avec appli- „ cation pendant que le Prêtre les prononce. "

p. 193.

Dans le chap. 6, il répond aux objections que l'on pourroit faire à ce qu'il avoit dit : l'une des principales est celle-ci.

p. 211.

Il y a des personnes, qui, faute d'instruction, feroient scrupule de vouloir suivre toutes les actions du Sacrifice, & qui croient que ce n'est point à eux à connoître ces grands mysteres, que l'Eglise nous assure être renfermés dans toutes les parties de la Messe. Quelques-uns vont jusques à penser, non seulement qu'ils en sont indignes, mais même que cela leur est défendu, & que c'est aller contre l'esprit de l'Eglise, de faire ce que Rodriguez, & les autres Auteurs que j'ai cités, disent être le plus conforme à son esprit; d'où ils concluent, que c'est assez, pour tous les Laïques, de se joindre en général à l'intention de l'Eglise, & de consentir intérieurement à tout ce que le Prêtre dit pour eux, sans qu'il soit besoin d'entendre ce qu'il dit, ou plutôt, parce qu'il ne faut pas qu'ils l'entendent. A quoi il répond en ces termes.

p. 212.

Ce scrupule ne peut certainement venir que de ce qu'on ne connoît pas assez quel est l'esprit de l'Eglise dans la célébration de ses mysteres. Loin de les vouloir cacher aux fideles, elle souhaite au contraire qu'ils connoissent tout ce qui ne se fait que pour eux; & elle sait fort bien les distinguer d'avec les étrangers, à qui elle cache avec soin, les secrets qu'elle découvre avec plaisir à ses enfants. Ce qu'ayant prouvé très-solidement, il fait, en la page 224, cette judicieuse remarque. *Il ne s'agit pas ici de savoir si tout le monde est capable de découvrir, par soi-même, les mysteres de l'Eglise; mais d'examiner si elle veut qu'ils soient cachés aux fideles, & si elle*

elle défend de les découvrir. Or c'est ce qui est si éloigné de son esprit, qu'elle dit nettement elle-même le contraire; & que le commandement qu'elle fait, d'expliquer au peuple les mysteres de la Messe, est une preuve indubitable qu'elle ne veut pas qu'ils soient cachés à aucun de ses enfants, ni que, dans la loi de liberté & de lumiere, nous nous sentions encore de l'esclavage & des ombres de la loi ancienne.

Il propose ensuite deux objections populaires: l'une, que la Messe se dit en une langue que le peuple n'entend pas; l'autre, que le Canon se lit à voix basse. Et il y répond très-solidement & avec beaucoup d'érudition. On le peut voir. Je me contenterai de ce qu'il dit à la fin. *Si les fideles n'entendent pas le latin, elle ordonne à tous les Pasteurs de leur expliquer souvent, dans la Messe même, les choses qui s'y disent, "afin, „ dit le Concile, que les brebis de* Jesus Christ *ne souffrent pas la faim, „ & que les petits ne demandent pas du pain, sans qu'il y ait personne „ pour leur en rompre. „ Car elle regarde toutes les instructions qu'elle dit être renfermées dans la Messe, comme la nourriture de ses enfants; & loin de leur dire, voilà votre pain, mais je ne veux pas que vous en mangiez, elle leur dit au contraire; voilà votre pain, que les grands le rompent, & que les petits se le fassent rompre; c'est-à-dire, que ceux qui ne savent pas la langue latine se fassent expliquer, par leurs Pasteurs, ce qu'ils n'entendent point, ou qu'ils aient recours, comme dit le Cardinal du Perron*, à des versions du Missel, qui soient fidelles & approuvées.

p. 277.

Auroit-on souffert ce livre? Auroit-il été approuvé par tant de Docteurs, & si généralement estimé, si le sentiment de ceux qui avoient approuvé la version du Missel n'eût depuis long-temps prévalu sur celui de l'Assemblée, qui en avoit condamné si durement toutes les traductions?

L'an 1682. 83. 84. & 85, l'Eglise fut enrichie des six premiers tomes de l'excellent ouvrage intitulé, *L'année Chrétienne, contenant les Messes des Dimanches, Féries & Fêtes de toute l'année, avec l'explication des Epîtres & Evangiles qui s'y lisent, & la vie de chaque Saint en abrégé.* On sait que c'est une personne de grand mérite, * très-zélé pour la conversion des Huguenots, & que Sa Majesté honore de sa confiance, qui porta l'Auteur à entreprendre cet ouvrage; qui en obtint sans peine le privilege pour vingt ans, sous ce titre, *Des Messes de toute l'année*, & l'approbation des Docteurs avec la permission de la Faculté: ce qui fait voir manifestement, & qu'on n'avoit plus d'égard à l'Arrêt du Conseil, que M. le Cardinal Mazarin avoit fait donner, le 16. Janvier 1661, contre les versions de la Messe en langue vulgaire, & que la Faculté est bien éloignée présentement d'avoir, à l'égard de ces versions, les mêmes

* *M Pelisson.*

I. CLAS. N°. XI.

sentiments que M. l'Official prétend qu'elle avoit en 1660, lorsqu'elle déclara, à ce qu'il dit, qu'elle les avoit en *horreur*.

Enfin, veut-on savoir combien on est maintenant persuadé, que le vrai esprit de l'Eglise est de donner moyen à tous ses enfants, de s'appliquer à tout ce qui se dit à la Messe, & aux prieres mêmes du Canon, contre le sentiment de ceux qui croient que cela devroit être caché au peuple chrétien? On n'a qu'à considérer ce qu'a fait le Roi, & M. l'Archevêque de Paris, par l'ordre de Sa Majesté, pour l'instruction des nouveaux convertis. Car, bien loin de leur cacher les prieres du Canon, comme on auroit dû faire selon l'Assemblée de 1661, on a fait imprimer plus de cent mille Prieres chrétiennes pour leur usage, dans lesquelles est inséré l'Ordinaire de la Messe en françois avec le Canon; & il y a aussi plus de cent mille Ordinaires de la Messe à part, imprimés par Martin & Muguet à Versailles, par ordre du Roi. M. l'Archevêque ne croyoit donc plus, ce qu'il sembloit avoir cru en 1661, lorsqu'il signoit la Lettre circulaire du 14. Février comme Président; *que l'Eglise abaissant la voix des Prêtres quand ils célebrent le Sacrifice de la Messe, ce soit la démentir, par une témérité punissable, que de* publier tout ce qu'elle fait, *en donnant en françois ce que le Prêtre dit à voix basse, comme est principalement le Canon.* Car c'est bien le *publier*, que de répandre par toute la France, comme a fait M. l'Archevêque, par ordre du Roi, plus de deux cent mille exemplaires de l'Ordinaire de la Messe traduit en françois.

On ne peut douter que les autres Evêques de France n'aient été du même avis, & qu'ils n'aient tous cru qu'on ne pouvoit rien faire de plus avantageux, pour affermir les nouveaux convertis dans la Religion qu'ils avoient embrassée, & pour disposer à se convertir ceux qui ne l'étoient pas encore, que de leur donner en françois ce qui se dit en latin à la sainte Messe. On en peut juger par le livre intitulé; *l'Ordinaire de la sainte Messe, avec l'explication des principales cérémonies qui s'y observent, pour l'usage des nouveaux convertis: par l'ordre de Monseigneur l'Evêque de la Rochelle*, qui a été imprimé trois ou quatre fois. L'avertissement qui est à le tête de ce petit livre, est d'une part, si raisonnable & si chrétien, & de l'autre, si opposé aux prétentions de la Sentence de l'Official, que j'ai cru en devoir rapporter une partie.

Comme il ne se peut faire qu'un changement si important qu'est celui de Religion, ne soit accompagné, dans le commencement, de quelques peines, une des plus ordinaires à ceux qui ont renoncé à la Religion Protestante, pour se réunir à l'Eglise Catholique, est que, n'ayant le plus souvent aucun usage de la langue latine, ils n'entendent ni ne comprennent rien à ce qui se dit, soit à la Messe, soit aux autres Offices de l'Eglise.

I. Clas. N°. XI.

On reconnoît d'abord que c'est une peine des nouveaux convertis, de ce qu'ils ne comprennent rien de ce qui se dit à la Messe, & aux autres Offices ecclésiastiques. Voyons maintenant quel égard on croit que l'Eglise doit avoir à cette peine, & comment on y doit remédier; & si c'est en disant, comme on fait dans la Sentence, qu'on ne doit point traduire en françois ce qui se dit à la Messe, parce que ce sont des mysteres qui doivent être cachés au peuple.

La charité, qui est la loi souveraine de l'Eglise Catholique, veut que l'on ait toute la condescendance qui se peut pour ceux qui sont encore foibles dans la foi. C'est pourquoi l'on a cru, qu'il y avoit une obligation toute particuliere de faire tout ce que l'on pourroit, pour cultiver la piété de ces nouvelles plantes, & pour les fortifier dans la foi qu'elles ont embrassée, en les instruisant de la sainteté de toutes les pratiques de l'Eglise, & leur faisant connoître les sentiments intérieurs de dévotion qu'elle a dessein d'inspirer à ses enfants, par les diverses cérémonies qu'elle a instituées.

On voit par-là, que l'Eglise n'a pas dû négliger la peine qu'auroient les nouveaux Catholiques de ne pas entendre ce qui se dit dans nos mysteres. Voyons maintenant comment on a cru qu'elle y devoit remédier.

Le moyen le plus aisé & le plus court pour cela, est de leur donner en françois tout ce qui se dit en latin à la Messe, & de leur expliquer les principales cérémonies qui accompagnent la célébration de ce mystere. C'est aussi celui qu'on a cru qu'il falloit embrasser.

On marque ensuite ce qui a été cause qu'on ne s'est pas servi des diverses traductions de la Messe, qui ont été faites en divers temps, & qui sont entre les mains des fideles, & qu'on en a fait une nouvelle : c'est, que les unes sont de tout le Missel en général; ce qui fait un ou plusieurs volumes assez incommodes pour s'en servir tous les jours, & que les autres ne sont que de simples traductions de ce qui se dit à la Messe, sans explication, ni des prieres qui s'y font, ni des cérémonies qui s'y observent.

On a donc jugé à propos, après en avoir obtenu le consentement & la permission de Monseigneur l'Evêque de la Rochelle, de faire imprimer, en faveur des nouveaux convertis de ce Diocese, une nouvelle traduction de l'Ordinaire de la Messe, de tout ce qui s'y dit tous les jours, ou presque tous les jours, où non seulement toutes les prieres & lectures qui la composent, fussent traduites en notre langue; mais aussi, où l'on fit voir

I. CLAS. N°. XI.

les diverses affections du cœur, qui doivent être comme l'ame des diverses cérémonies dont l'Eglise a voulu que ces prieres & lectures fussent accompagnées.

On montre ensuite, que cette traduction françoise de ce qui se dit à la Messe, peut être utile aux prétendus Réformés qui ne sont pas encore convertis à la foi.

Or, quoique ce petit travail ait été principalement entrepris pour ceux qui sont déja rentrés dans le sein de l'Eglise Catholique, on croit néanmoins qu'il ne sera pas entiérement inutile à ceux qui en sont encore séparés. Du moins, s'ils veulent se donner la peine de le lire, ils y reconnoîtront aisément deux choses; la premiere, que l'Eglise Catholique ne pratique rien dans la célébration de ce mystere, qui n'ait été très-saintement institué, & qui ne soit pour édifier ses enfants dans une véritable & solide piété: la seconde, qu'ils sont inexcusables d'avoir condamné, ou, pour parler avec l'Ecriture, blasphêmé avec témérité & injustice une chose si sainte, qu'ils ne connoissoient pas, & qu'ils ne se mettoient peut-être pas en peine de connoître.

Enfin on fait voir l'utilité qu'en peuvent recevoir ceux qui ont toujours été Catholiques.

On ne doute pas même que ceux à qui Dieu a fait la grace d'être nés dans le sein de l'Eglise Catholique, & d'avoir toujours été du nombre de ses enfants, ne retirent quelque avantage de ce petit travail. Il pourra leur servir pour se fortifier de plus en plus dans les sentiments de piété, qu'ils ont toujours eus pour ce mystere adorable de l'amour de Jesus Christ, & ils pourront apprendre avec quel respect, & quelle vénération ils doivent assister au Sacrifice de la sainte Messe, afin de participer aux graces & aux bénédictions dont la victime qui y est offerte, est la source & la plénitude.

Voilà un long éclaircissement sur l'avantage que M. l'Official a voulu prendre dans sa Sentence, de ce qui a été fait contre les traductions du Missel en l'Assemblée de 1660. & 1661. Mais, outre que le public, qui a tant d'intérêt qu'on ne le prive pas de la connoissance de ce qui peut entretenir sa piété, sera bien aise qu'on n'ait pas négligé de plaider sa cause, il a été nécessaire de ne rien omettre de ce qui pouvoit rendre incontestable cette cinquieme Nullité de la Sentence. La sixieme sera prise encore de ce que l'Official a tiré de la même Assemblée de 1661. pour la confirmation du troisieme moyen.

I. CLAS. N°. XI.

SIXIEME NULLITÉ, ET ERREUR INTOLÉRABLE.

Se fonder sur une Lettre au Pape de la même Assemblée, pleine de faussetés dans le fait, de falsifications du Concile de Trente, d'abus de l'Ecriture, & d'une demande au S. Siege qui tiroit à ruiner l'Universalité de l'Eglise.

M. l'Official poursuit ainsi à prendre avantage de ce qui s'étoit fait à l'Assemblée du Clergé de 1661.

Cette Assemblée, dit-il, *dans la Lettre écrite au Pape, représente à Sa Sainteté, que les Prélats étant obligés d'empêcher non seulement les loups d'entrer dans la bergerie, mais encore les petits renards qui démolissent & gâtent la vigne du Seigneur, qui se glissent, se coulent & se traînent doucement, en répandant des nouveautés d'autant plus dangereuses, qu'elles trompent sous un faux prétexte du service de Dieu, ils ont condamné la version du Missel Romain, qui paroissoit de nouveau, non seulement comme contraire à l'usage de l'Eglise, mais aussi comme très-préjudiciable au salut des ames; & fondent leur délibération, sur ce que ces sortes de versions sont la cause, la source & la pépiniere de plusieurs erreurs, ainsi que l'on peut voir par ce que S. Pierre écrit en parlant des Epîtres de S. Paul, où, comme il dit, il y a des choses difficiles à entendre, que des personnes sans science, ou qui se laissent aller à toutes sortes de doctrines, corrompent & alterent à leur propre condamnation, & à celle des autres.*

Si cette Lettre au Pape pouvoit avoir quelque autorité, elle auroit été plus propre à appuyer la Sentence de M. l'Official, que le Décret du 7. Décembre 1660, où il n'est parlé que des versions du Missel, au lieu que la lettre, qui ne fut faite qu'un mois après, condamne également *les traductions du Missel & de l'Ecriture Sainte;* ce qui pourroit porter coup contre la version du Bréviaire, parce qu'il y a une partie considérable de l'Ecriture qui y est traduite en françois.

Mais c'est cela même qui nous servira de premiere raison, pour montrer qu'elle est indigne qu'on y ait aucun égard; parce que c'est une insigne fausseté, que l'Assemblé de 1660. ait condamné les versions de l'Ecriture Sainte, en condamnant celle du Missel.

Car il est certain, que, quand cette affaire du Missel traduit en françois fut proposée dans cette Assemblée, & que les Evêques de dehors furent appellés pour en délibérer, on se restreignit entiérement à la version du Missel, & il n'y fut point du tout parlé des versions de l'Ecri-

I. CLAS. N°. XI.

ture Sainte. Cela paroît par la proposition qu'en fit le Président en ces termes : *Que cette affaire se réduisoit à deux choses.* La premiere, *de savoir, s'il étoit à propos de permettre, ou de défendre les traductions* du Missel *en langue vulgaire.* La seconde, *si ces versions étoient fidelles & dignes de la majesté* du Livre Sacerdotal. Et j'ai déja fait voir, par la premiere Lettre circulaire du 7. Janvier de l'année suivante, qu'on n'entra point dans cette seconde question ; & que, sans s'être engagé à examiner si la version de M. de Voisin étoit fidelle, on s'étoit contenté de la condamner par cette raison générale, qu'il ne falloit point souffrir que le *Livre Sacerdotal* fût traduit en langue vulgaire.

On a su de plus, d'un des Députés de cette Assemblée, que M. de Marca, qui fut le grand moteur de cette affaire, s'étoit principalement étudié à persuader ses confreres, qu'il falloit mettre une extrême différence entre les traductions du Missel, & des autres *Livres Sacerdotaux*, comme il les appelloit; tels que sont le Pontifical & les Rituels, & celles de l'Ecriture Sainte : parce que ces dernieres pouvoient être utiles & nécessaires à l'Eglise ; mais que les premieres ne devoient point être souffertes. On ne dit pas que ces raisons fussent bonnes : (car assurément elles ne pouvoient rien valoir, comme on en peut juger, par la réfutation qu'a fait l'Auteur du livre *de la Meilleure maniere d'entendre la Messe*, de tout ce qu'on peut dire sur cela de plus spécieux) mais il est indubitable, qu'il faut que M. de Marca se soit épuisé à trouver de bonnes ou de mauvaises raisons pour pouvoir condamner les versions du Missel, sans s'obliger à condamner celles de l'Ecriture; parce qu'il étoit engagé à faire le premier pour complaire à M. le Cardinal Mazarin, & qu'il avoit un engagement personnel à ne pas faire le dernier.

On ne peut douter de cet engagement qu'avoit M. de Marca d'approuver les versions de l'Ecriture Sainte en langue vulgaire, après ce que le Pere Amelotte a fait dire à Sa Majesté même, dans le privilege de son Nouveau Testament, & les attestations qu'il apporte de M. de Montpesat, Archevêque de Bourges, qui l'a été depuis de Sens, & de M. de Berthier, Evêque de Montauban. Car, n'y ayant pas d'apparence que ces attestations soient fausses, il doit passer pour constant, que l'Assemblée, qui commença en 1655, & dura jusqu'en 1657. jugea qu'il étoit avantageux pour le bien des ames, *qu'on eût une traduction pure & exacte de l'Ecriture Sainte en françois*, & qu'ayant député M. de Marca, Archevêque de Toulouse, & M. de Berthier, Evêque de Montauban, pour choisir quelques Théologiens propres à entreprendre ce travail, ils étoient convenus de donner cette charge au Pere Amelotte ; & que ce Pere, quelque temps après leur en avoit fait voir quelques essais qui ne leur avoient pas été désagréables. C'est ce que dit le Pere Amelotte, dans une Préface qui est à la tête de l'édition de son Nouveau Testament de l'an 1678, & ce qu'il appuye du témoignage d'un Archevêque & d'un Evêque, qui étoient députés dans l'Assemblée de 1655. Il n'est donc pas possible que M. de Marca, qui avoit toujours dominé dans toutes les Assemblées où il s'est trouvé, ait été d'avis dans celle de 1660, où il fut appellé n'en étant pas, d'envelopper la condamnation des versions de l'Ecriture Sainte dans celle des versions du Missel, puisqu'il approuvoit tellement les versions françoises de l'Ecriture, que, par l'ordre de l'Assemblée précédente, il avoit engagé un Théologien à y travailler.

Il n'y a donc rien de plus étrange que ce qu'on lit dans cette lettre à Sa Sainteté, datée d'un mois après ce Décret du 7 Décembre contre le Missel, & signée du Président seul. On n'y parle que de la délibération qui fut faite le 7. de Décembre, lorsque les Evêques de dehors furent mandés pour être présents à l'Assemblée : car on y marque expressément cette circonstance. Or il est certain, comme on vient de le faire voir, qu'on n'y délibéra que de la version du Missel, dont on prétendit qu'il ne falloit pas juger comme de celles de l'Ecriture, & il lui fut dit; *qu'une copie de cette délibération, qui ne regardoit que le Missel, seroit mise ès mains de Monseigneur le Nonce, avec une lettre à Sa Sainteté, pour arrêter le cours de cette nouveauté, par une Constitution générale.* C'est donc ce que ceux qui écrivirent cette lettre devoient marquer avoir été exécuté. Cependant, on y fait croire au Pape, que cette délibération, prise avec tous les Evêques de dehors, n'étoit pas seulement une condamnation des versions du Missel, mais encore de celles de l'Ecriture Sainte : car ils appellent ce qu'ils disent avoir mis entre les mains de M. le Nonce pour être envoyé au Pape; *Decretum quo* omnium tum Scripturæ Sacræ, *tum augustissimi Sacrificii Ritualium ac Missalium ut vocant librorum in vulgarem linguam translationes damnavimus.*

On a de la peine à croire que cela ait été lu dans l'Assemblée, ou si cela y a été lu, qu'on y ait fait réflexion. Car l'Assemblée précédente, qui étoit deux fois plus nombreuse, ayant tellement approuvé la version de l'Ecriture Sainte en langue vulgaire, qu'elle avoit jugé qu'il étoit à propos d'en faire une nouvelle en françois, & qu'elle avoit donné ordre de choisir un Théologien qui y travaillât; si on avoit fait attention à cet endroit de la lettre, il se feroit sans doute trouvé des Evêques qui auroient représenté, que ce seroit une grande témérité à leur Assemblée de condamner ce que la précédente avoit approuvé, & de s'en vanter,

I. CLAS. N°. XI.

en écrivant au Pape comme d'une belle chose ; & qu'il y avoit de plus de la mauvaise foi, de faire cela en l'absence des Evêques de dehors, dont plusieurs, ayant été de l'autre Assemblée, n'auroient eu garde de le souffrir, en même temps que l'on appuyoit de leur autorité la délibération que l'on souhaitoit que le Pape confirmât.

La seconde chose qui rend cette lettre indigne d'être jamais alléguée pour autoriser quoi que ce soit, est, qu'après avoir avancé cette fausseté que ceux qui avoient condamné les versions du Missel, avoient condamné aussi celles de l'Ecriture Sainte, la maniere dont on s'y prend pour établir ce paradoxe à l'égard de l'Ecriture, est si étrange, qu'on ne peut nier qu'elle ne soit au moins *piarum aurium offensiva.*

Comme il n'y a rien, dit-on, *de meilleur, ni de plus utile que la parole de Dieu écrite ;* (c'est-à-dire, l'Ecriture Sainte) *il n'y a rien, dans un autre sens, de plus* méchant, *ni de plus pernicieux ; parce que, plus un suc est bon, plus sa corruption est méchante, d'où vient que l'Ecriture Sainte est appellée par Vincent de Lerins le livre des hérétiques.*

Cela ne se trouve point dans Vincent de Lerins, ni dans les chapitres 35 & 37, que l'on cite à la marge, ni dans aucun autre lieu. Mais quand cela se pourroit dire, parce que les hérétiques font d'ordinaire profession de ne s'arrêter qu'à l'Ecriture, & qu'ils fondent leurs héréfies sur les faux sens qu'ils y donnent, cela ne donneroit pas lieu d'avancer cette horrible parole, & qui peut être un grand sujet de scandale aux ennemis de l'Eglise ; *que, comme il n'y a rien de meilleur & de plus utile que l'Ecriture Sainte, il n'y a rien aussi, en un autre sens, de plus* méchant *& de plus pernicieux.* C'est comme qui diroit, qu'il n'y a rien de meilleur & de plus utile que le Corps de Jesus-Christ présent dans l'Eucharistie ; mais qu'il n'y a rien d'un autre côté, de plus *méchant* & de plus pernicieux. Y a-t-il des oreilles chrétiennes qui pourroient souffrir un tel langage ? Les choses saintes ne deviennent pas *méchantes* par l'abus que les hommes en font. On peut bien dire qu'elles leur sont *pernicieuses*, parce que c'est un terme relatif, qui marque le mauvais effet qu'elles font dans les méchants à cause de leurs indispositions ; ce qui fait que l'on n'est point blessé, quand on entend dire que le Corps de Jesus Christ fut du poison à Judas. Mais on ne doit pas dire qu'elles sont *méchantes*, & que *rien n'est plus méchant :* car, quelque sens qu'on ait dans l'esprit, cette façon de parler est tout-à-fait scandaleuse, surtout quand c'est pour en tirer une aussi méchante conclusion, qu'est celle de vouloir que les livres de l'Ecriture Sainte, ne soient pas traduits en une langue qui est la seule qui soit communément entendue dans un grand Royaume.

C

Car que fait à cela, que les hérétiques fondent leurs erreurs sur quelque endroit de l'Écriture pris à contre-sens ? Le fondent-ils moins sur le texte de l'Écriture grec ou latin, que sur les versions en langues vulgaires? Et dans le temps, & dans les pays où l'Écriture ne se lisoit qu'en grec ou en syriaque, ne s'est-il trouvé personne qui en ait pris sujet de former des héréfies ? Il est donc visible que l'abus que l'on peut faire de la parole de Dieu, ne prouve point qu'il ne la faille pas traduire en langue vulgaire, ou qu'il prouve également, qu'il ne la faut avoir ni en latin, ni en grec, ni en hébreu; puisque même ce sont bien plutôt ceux qui entendent les langues des savants, qui forment les héréfies, que les simples & les ignorants, qui ne savent que leur langue maternelle.

La troisieme chose qui doit ôter toute autorité à cette lettre, est la falsification qu'on y fait du Concile de Trente. *C'est pourquoi*, dit-on, *au lieu que le Concile de Trente recommande beaucoup aux Pasteurs d'expliquer la parole de Dieu en langue vulgaire, dans les sermons qu'ils doivent faire au peuple pendant la célébration des divins mysteres, il défend au contraire, & condamne comme une mauvaise chose, de la rendre mot à mot*; (c'est-à-dire, de la traduire en langue vulgaire) *parce que ces traductions avoient été la cause & la pépiniere de beaucoup d'erreurs.* Voilà une nouvelle découverte dont on n'avoit point encore entendu parler, que le Concile de Trente ait défendu de rendre mot à mot l'Écriture Sainte en langue vulgaire. Il est vrai qu'on cite à la marge Trid. Sess. 22. 1. & 3. & Sess. 24. c. 7. Mais il est vrai aussi, que c'est à faux qu'on les cite, & qu'il n'y eut jamais de hardiesse pareille à celle d'imposer au Concile de Trente, d'avoir défendu & condamné, comme une chose mauvaise, de traduire l'Écriture Sainte en langue vulgaire. Bellarmin auroit donc eu grand tort d'accuser Kemnitius d'impudence, pour avoir dit que l'Eglise Romaine condamnoit toutes les versions de l'Écriture en langue vulgaire; puisque le reproche de ce Luthérien auroit été très-bien fondé, si le Concile de Trente les avoit condamnées & défendues, comme on l'assure dans cette lettre au Pape en ces termes: *A Concilio Tridentino illius (verbi Dei) de verbo ad verbum redditio damnatur atque prohibetur.*

La quatrieme chose qui fait voir le peu d'égard qu'on doit avoir à cette lettre, est ce que la Sentence de l'Official en rapporte: *Que ces sortes de versions sont la cause, la source & la pépiniere de plusieurs erreurs, ainsi que l'on peut voir par ce que S. Pierre écrit en parlant des Epîtres de S. Paul, où, comme il dit, il y a des choses difficiles à entendre, que des personnes sans science, ou qui se laissent aller à toutes sortes de doctrines, corrompent & alterent à leur propre condamnation, & à celle des*

2. Pet. 3. 16.

I. Clas. N°. XI.

autres. Car étant certain que S. Pierre parle en cet endroit des Epîtres de S. Paul, comme elles avoient été écrites par cet Apôtre, & non comme ayant été traduites en quelque autre langue, c'est abuser de la parole de Dieu, d'alléguer ces paroles de S. Pierre pour condamner les versions de l'Ecriture en langue vulgaire; comme si des esprits mal faits ne pouvoient pas aussi-bien détourner l'Ecriture en de mauvais sens, en la lisant en grec ou en latin, qu'en la lisant dans des versions Catholiques, en françois, en flamand, ou en allemand.

Mais comme on cite ce lieu de S. Pierre, pour autoriser ce qu'on avoit faussement attribué au Concile de Trente, pourquoi ne se souvient-on pas de la défense qu'a fait ce Concile, d'expliquer l'Ecriture Sainte contre le sentiment unanime des Saints Peres? Car c'est ce qu'on fait ici; puisqu'on ne trouvera point qu'aucun des Peres ait jamais conclu de ce passage de S. Pierre, ou qu'il ne falloit pas que l'Ecriture fût traduite en la langue de chaque pays, où qu'il n'étoit pas à propos qu'on la laissât lire à tous les fideles. Ils ont au contraire regardé comme un des avantages de la parole de Dieu au-dessus des livres des Philosophes, de ce qu'elle étoit traduite dans les diverses langues de toutes les nations. C'est ce qu'on a prouvé par S. Chrysostôme, S. Augustin, S. Jérôme, Théodoret, Socrate & d'autres Auteurs, dans le livre de la Lecture de l'Ecriture Sainte contre M. Mallet, liv. 2. chap. 8. Et pour ce qui est de ne pas trouver bon que tous les fideles, sans distinction d'âge, de sexe, de condition, lussent l'Ecriture, on peut voir dans le liv. 3. du même ouvrage chap. 8. & 9. combien ils ont été éloignés de cette pensée; ayant au contraire jugé capables de lire l'Ecriture avec fruit, non seulement les Ecclésiastiques & les Religieux, mais aussi les séculiers & les gens du monde; non seulement les hommes, mais aussi les femmes & les jeunes filles; non seulement les personnes riches, qui sont pour l'ordinaire mieux élevés, les savants & les grands esprits, mais aussi les pauvres, les ignorants, & les plus simples, jusques aux artisans, aux paysans, à des valets, à de pauvres veuves. Et comme M. Cheron a au moins lu le Bréviaire de Paris depuis qu'il en est Official, il a dû en avoir trouvé une grande preuve dans les Leçons de S. Spérat & de ses compagnons, qui étoient tous laïques, & entre lesquels il y avoit des femmes, à qui le Proconsul ayant demandé, *qui sont les livres que vous adorez en les lisant? Qui sunt libri quos adoratis legentes?* S. Spérat répondit pour toute la troupe: *Les quatre Evangiles de Notre Seigneur Jesus Christ, les Epîtres de l'Apôtre S. Paul, & toute l'Ecriture divinement inspirée.*

A qui en veut donc l'Auteur de la lettre au Pape, quand il prétend que ces paroles de S. Pierre regardent sans doute la populace ignorante,

& principalement les femmes : *indoctam plebeculam, ac præsertim fæminas haud dubiè significans*, pour en conclure, que c'est pour cela principalement qu'il faut empêcher que l'Ecriture ne soit traduite en langue vulgaire, afin que la populace & les femmes ne la puissent lire ? Horrible pensée, contraire à toute l'antiquité ! Etrange dépravation de la parole de Dieu, à l'égard du passage même, qui nous avertit de nous garder de cet abus ! Car S. Pierre y parle contre des esprits mal disposés, qui détournent les Ecritures en de mauvais sens, & qui en abusent à leur propre ruine. Or on ne peut raisonnablement douter qu'il n'y ait incomparablement plus de personnes d'étude, que de gens de la populace, & plus d'hommes que de femmes, qui abusent de l'Ecriture en la prenant en de mauvais sens. C'est donc bien manquer de jugement, que de vouloir que S. Pierre ait eu principalement en vue la populace & les femmes, & d'en inférer, comme a fait aussi M. Mallet, *que c'est un abus de laisser lire l'Ecriture aux femmes & aux ignorants, & à tous ceux qui ne savent que la langue qu'ils ont apprise de leurs nourrices*. On peut dire à ceux qui voudroient soutenir la pensée de cette lettre, ce qu'on a dit à M. Mallet. On demande à toutes les personnes raisonnables, si dans l'Eglise Catholique il n'y a pas pour le moins autant de femmes que d'hommes qui ont la foi, & qui sont instruites des vérités communes de notre Religion, & si, pour l'ordinaire, les femmes n'ont pas plus d'attache à ce qu'elles ont une fois appris comme étant la foi de l'Eglise, & moins de hardiesse à s'en éloigner ? Il y a donc lieu de croire qu'il n'y a pas plus à craindre pour elles que pour les hommes, qu'elles ne prennent l'Ecriture en des sens opposés à la foi qu'elles ont reçue ; & qu'au contraire, elles seront plus disposées à avouer leur ignorance, & à adorer avec respect ce qu'elles n'entendroient pas, qu'à y donner de mauvais sens ; puisqu'il suffit pour cela, qu'elles soient fermes dans leur foi ; ce qui est une grace que Dieu leur fait autant qu'aux hommes, & que d'autre part, elles soient persuadées qu'il n'y a rien dans l'Ecriture que de véritable ; ce qui les obligera de rejeter, comme n'étant point le vrai sens de ce qu'elles lisent, tout ce qui leur paroîtra contraire à ce que l'Eglise enseigne.

Mais peut-on nier, dira-t-on, qu'il n'y ait des femmes qui pourront abuser de la lecture de l'Ecriture sainte ? Non certainement, on ne nie pas que cela ne puisse être. Mais peut-on nier aussi qu'il n'y en ait qui abusent de ce qu'elles savent lire & écrire, en lisant des Romans qui leur corrompent l'esprit, & recevant & écrivant des lettres d'amour ? Croiroit-on cependant qu'un homme fût sage, qui voudroit, que, pour éviter ces inconvénients, il fût défendu d'apprendre aux femmes à lire & à

I. CLAS. N°. XI.

écrire? Le bon sens en fait juger tout autrement: car la lumiere de la raison fait connoître à tout le monde, que, quand une chose est avantageuse d'elle-même, & qu'ordinairement il en arrive du bien, ce seroit une imprudence de la défendre, sous prétexte que quelquefois il en arrive du mal. Or tous les Peres ont jugé qu'il est avantageux aux femmes chrétiennes de lire l'Ecriture sainte, pour s'entretenir dans la piété. Sans donc s'arrêter à ce qu'ils ne pouvoient pas ignorer, que cette lecture pourroit nuire à quelques-unes qui auroient l'esprit mal fait, ils ont exhorté toutes les femmes, qui avoient quelque sentiment de piété, de lire ces divins Livres, & même de les faire lire à leurs enfants dès leur plus tendre jeunesse. Et c'est ce qui fait encore, que, parmi les Catholiques d'Allemagne, tous les enfants y apprennent à lire dans le Nouveau Testament traduit en allemand.

La cinquieme chose qui fait voir que bien loin de prendre avantage de cette lettre, comme fait l'Official, pour autoriser sa Sentence, il étoit de l'honneur du Clergé d'en faire perdre la mémoire autant que l'on auroit pu, est la maniere dont on la conclut. Car c'est en exhortant sérieusement Sa Sainteté, *de confirmer ce qui avoit été fait dans cette Assemblée contre les versions en langue vulgaire du Missel & de l'Ecriture, par une Constitution générale, où il y ait de grandes peines pour ceux qui ne l'observeroient pas, qui ne soit pas seulement pour la France, mais pour toute la terre; afin que, comme le nom du Seigneur est loué depuis le levant jusques au couchant, ainsi par l'Ordonnance de votre Béatitude, dans tout l'Univers chrétien, par-tout où il s'étend, depuis une mer jusques à l'autre, les divins Cantiques, les divins Mysteres, & les divins Offices soient célébrés, dans* une même langue, *& un même esprit.* Il faut bien remarquer que ce que ces Messieurs demandent au Pape, que les divins Cantiques, Mysteres, Offices se célebrent par-tout dans une même langue, *ut eâdem linguâ divina cantica, mysteria & officia celebrentur*, ne regarde pas seulement l'Europe, mais toute la terre, *ubique terrarum*, & tout l'Univers chrétien, *quàm latè patet universus Christianus Orbis.* Cela veut donc dire, qu'ils prioient le Pape d'enjoindre aux Eglises Grecques unies à l'Eglise Romaine, de ne plus lire l'Ecriture sainte en grec, & de ne plus célébrer leurs Offices en cette langue, & qu'il eût à faire le même commandement aux Eglises des Maronites, qui usent de la langue syriaque, & à plusieurs Arméniennes, qui se réunissent de jour en jour à l'Eglise Catholique. Est-il possible qu'on n'ait pas vu que ç'auroit été mettre un obstacle insurmontable à la réunion des Grecs, & de toutes les autres communions d'Orient, séparées de la nôtre, en attachant ce retour à cette condition ridicule, qu'elles quitteroient toutes l'usage des diverses langues dans lesquelles elles ont accoutumé de célébrer les divins Offices, & de lire l'Ecriture, pour ne faire plus l'un & l'autre qu'en latin? Il n'étoit pas à craindre qu'on entrât à Rome dans une pensée si absurde. On y fait gloire, au contraire, & avec raison, de ce qu'il y a des Liturgies de ces différentes langues de l'Orient imprimées dans le College de la Propagation de la foi, & que tous ceux qui y viennent de ces pays éloignés, chacun peut dire la Messe en la langue de son Eglise. Mais il est bien étrange que cela se trouve dans une lettre du Clergé de France au Pape, & qu'on ait eu si peu de soin de l'honneur de l'Eglise Gallicane, qu'au lieu de rougir d'une telle lettre, & d'en faire perdre la mémoire autant que l'on auroit pu, on l'ait insérée en trois différents endroits: dans le Procès verbal de l'Assemblée de 1660; dans la Collection des Auteurs qui condamnent les versions vulgaires, & dans un autre recueil qu'on a mis à la fin de l'abrégé des Actes, Titres & Mémoires du Clergé, dix-sept ans après l'Assemblée où elle avoit été faite; comme si on avoit eu peur que la postérité fût privée d'un exemple si remarquable de l'infirmité humaine.

Il ne reste plus qu'à montrer le tort que s'est fait l'Official de Paris, en faisant, de cette lettre, un appui de sa Sentence. Car cette lettre au Pape condamne également les traductions de l'Ecriture sainte & celles du Missel: *Tam divinæ Scripturæ, quàm Missalium in vulgarem linguam translationes damnavimus.* Or c'est absolument qu'elle condamne les versions du Missel, sans distinction des approuvées & non approuvées: car ce fut à l'occasion de celle de M. de Voisin, qui étoit approuvée par l'Ordinaire, que cette Assemblée se porta à condamner toutes les traductions du Missel. C'est donc aussi absolument que cette lettre condamne toutes les traductions de l'Ecriture sainte, en supposant que le Concile de Trente les a aussi condamnées, comme pouvant être une pépiniere d'erreurs. Cela étant manifeste, on ne peut être dans le sentiment de cette lettre, qu'on ne condamne la traduction du Nouveau Testament par le P. Amelotte, quoiqu'approuvée par M. de Perefixe; un Evêque ne pouvant rendre permis, par son approbation, ce qu'un Concile général auroit condamné & défendu. M. l'Official n'a donc pu approuver, comme il fait, la doctrine de cette lettre, qu'en condamnant la conduite de son Archevêque & même du Roi; puisque ce Prélat a fait imprimer, par ordre de Sa Majesté, plus de 50000. exemplaires de la traduction du P. Amelotte: ce qui n'a pu être fait, si on en croit cette lettre, que par une contravention manifeste au Concile de Trente: *Quemadmodum enim verbi Dei explanatio à sacro Tridentino Concilio mirè commendatur..... ita & ipsius de verbo ad verbum redditio damnatur atque prohibetur.*

I. CLAS. N°. XI.

M. l'Official a donc sujet de rougir d'avoir pris, pour un des moyens de sa Sentence, une lettre du Clergé au Pape, pleine d'erreurs & de faussetés, qu'il ne peut avoir approuvée sans condamner le Roi & son Archevêque.

Enfin, la derniere chose qui doit convaincre toutes les personnes intelligentes du peu d'égard que l'on doit avoir à ce qui a été fait dans l'Assemblée de 1660, contre les versions en langue vulgaire de l'Ecriture & des Offices de l'Eglise, est ce qui fut ordonné, sur la requisition de M. d'Attichy, Evêque d'Autun, Auteur de la lettre au Pape, que l'on feroit imprimer aux dépens du Clergé un Recueil d'Auteurs du dernier siecle, qui ont condamné les versions en langue vulgaire, tant de l'Écriture que des Offices divins; parce, dit-il, que cela étoit fort propre à confirmer ce qui avoit été fait dans leur Assemblée. Ce dessein fut approuvé par M. le Président, & la chose fut résolue. Et en effet, ce livre a été imprimé sous ce titre scandaleux. *Collectio quorumdam gravium Auctorum, qui ex professo, vel ex occasione sacræ Scripturæ, aut divinorum Officiorum, in vulgarem linguam translationes damnarunt.* Et pour titre courant dans tout le livre. *Collectio Auctorum versiones vulgares damnantium.*

C'est un fatras des plus impertinents Auteurs qui aient écrit sur cette matiere, mêlés avec quelques bons, mais qui ne disent rien de ce que porte le titre de cette Collection, ou qui disent tout le contraire.

C'est un livre d'un Président Lizet, qui roule tout entier sur cette folle pensée, que, quand la Bible a été traduite en latin au commencement de l'Eglise, il y avoit deux sortes de latin; l'un conforme aux regles de la Grammaire, qui n'étoit entendu que des savants; & l'autre qui n'étoit pas astreint à ces regles, qui étoit le seul que le peuple entendît, & qu'ainsi la version latine de l'Ecriture ayant été faite en ce premier latin, ce n'avoit pas été proprement une version en langue vulgaire; ce que ce Président, devenu Abbé, étend à toutes les autres langues.

C'est l'écrit d'un Dominicain, Inquisiteur de Toulouse, qui combat les versions de l'Ecriture en langue vulgaire, par cette seule raison, que le peuple n'est pas capable d'en découvrir les sens allégoriques; comme si, d'une part, on ne pouvoit pas apprendre par l'instruction des autres, ce qu'on ne seroit pas capable de découvrir par soi-même; & comme si, de l'autre, il n'y avoit pas mille choses dans la Bible, & sur-tout dans le Nouveau Testament, très-propres à édifier la piété, quoique prises dans le sens littéral.

C'est la Remontrance du Frere Maurice Poncet, Religieux Bénédictin, Docteur de la Faculté, à M. de Gondi Evêque de Paris, dont le seul titre peut faire juger de ce qu'on en doit attendre. *Discours de l'avis donné à R. Pere en Dieu Messire Pierre de Gondi Evêque de Paris, par Frere Maurice Poncet, Docteur en Théologie;* qui apporte, ainsi que nous avons déja dit, comme une des plus grandes raisons de ne pas souffrir que la Bible soit traduite en françois, que la langue françoise est une langue barbare, qui ne peut être assujettie à aucune regle de Grammaire. Comment M. l'Archevêque de Paris, qui a fait l'honneur à l'Académie Françoise d'être de son corps, pourra-t-il soutenir qu'on ait bien fait de donner au public en ce temps-ci, un si ridicule jugement d'une des plus belles langues de l'Europe?

C'est l'extrait d'un livre latin pour expliquer les cérémonies de la Messe, de Maître Josse Clithou, qui avoit d'ailleurs du mérite, mais qui étoit si mal instruit du vrai esprit de l'Eglise, & de son ancien usage dans la célébration de la Liturgie, qu'il conjure sérieusement les laïques de ne point lire ce qu'il avoit à dire sur le Canon, comme étant des choses qui ne doivent être connues que de ceux qui sont dans les Ordres sacrés. On peut savoir de M. de Paris si son oncle étoit de ce sentiment, & si cela est conforme au livre de ce Prélat, qu'il a autrefois présenté de sa part à l'Assemblée de 1650, & qu'il a fait réimprimer en 1685.

C'est un extrait de Bellarmin, qui a dû si peu avoir place dans ce Recueil, que c'en est la condamnation; puisque ce savant Cardinal, loin de condamner les versions de l'Ecriture en langue vulgaire, déclare dans cet écrit même, que les hérétiques calomnient l'Eglise quand ils lui imputent de les condamner.

Ce sont des Censures de la Faculté de Paris contre quelques propositions d'Erasme, qui paroissoit approuver que tout le monde lût l'Ecriture, en quoi il étoit de l'avis de tous les Saints Peres; mais on s'est bien gardé d'y joindre les réponses modestes & judicieuses qu'Erasme y a faites, qui auroient fait voir, qu'il ne permettoit aux simples de lire l'Ecriture sainte, qu'avec des précautions avec lesquelles il n'y a aujourd'hui personne de raisonnable qui ne se crût en droit de le leur permettre.

CONCLUSION *de l'Examen des trois premiers moyens sur lesquels la Sentence a été rendue.*

Les trois premiers des quatre moyens sur lesquels a été rendue la Sentence de l'Official de Paris contre le Bréviaire traduit en françois, ne supposent point qu'il y ait quelque manquement dans la traduction; mais font voir seulement, qu'on l'a voulu condamner quelque fidelle & quelque irrépréhensible qu'elle pût être. La malignité & l'envie a fait prendre

I. CLAS. N°. XI.

ce dessein. Les Jésuites ont cru que ce Bréviaire, qu'on commençoit à estimer dans le monde, passeroit pour un de ces livres qu'on appelle les livres de ces Messieurs, dont la réputation cause tant de jalousie à cette orgueilleuse Société. Il n'y a eu de-là qu'un pas à faire pour entreprendre de le faire condamner. On en a ensuite cherché les moyens comme on a pu. On n'y a pas vu de nom d'Auteur : c'est la premiere chose à laquelle on s'est accroché. De vieilles Ordonnances ont exigé cette formalité dans le commencement de l'hérésie. On sait assez que la raison qui l'avoit fait exiger étant cessée, il y a près d'un siecle qu'on n'a plus d'égard à ces Ordonnances, & qu'on ne fait aucune difficulté de donner des privileges à des Auteurs qui ne se nomment point. Il n'importe : nous sommes les plus forts, & nous ferons passer pour bonnes les plus méchantes raisons. Voilà ce qui a fait mettre le premier moyen dans la requisition d'un prétendu Promoteur, à qui on fait dire tout ce que l'on veut, sans que peut-être le véritable Promoteur de l'Officialité de Paris ait eu la moindre pensée de rien dire de tout ce qu'on fait dire à ce Promoteur sans nom.

Le second moyen n'a pas été plus difficile à trouver. Il se réduit encore à une formalité qu'on n'a jamais été obligé d'observer en France, comme on l'a fait voir il y a plus de dix ans, en répondant à l'Ordonnance de M. de Perefixe contre le N. T de Mons.

Le troisieme est un méchant lieu commun contre les versions en langue vulgaire, qui ne regarde pas plus le Bréviaire traduit en françois par M. le Tourneux, que toutes les versions faites & à faire jusques à la fin du monde, de l'Ecriture sainte, des Offices de l'Eglise & des Ouvrages des Saints Peres. Car c'est à quoi se réduit ce moyen solide, le plus long & le plus travaillé de tous, qu'il s'en faut tenir, pour être bon Catholique, à la déclaration que fit la Sorbonne en 1661, lorsqu'elle étoit dominée par M. Cornet & ses consorts; *qu'elle avoit en horreur* toutes les traductions *de l'Ecriture sainte, des Offices ecclésiastiques & des Peres.*

Le public s'est soulevé généralement contre ces moyens ; & le troisieme sur-tout a causé tant de scandale parmi les nouveaux Catholiques, que ceux qui l'ont employé se trouvant couverts de confusion, voudroient faire croire qu'on a mal pris leur pensée, & qu'ils n'ont improuvé les versions de l'Ecriture & des Offices de l'Eglise, que quand elles ne seroient pas approuvées par les Evêques. C'est abandonner le troisieme moyen, pour se retrancher dans le second, qui n'est pas non plus un poste soutenable; puisque nous avons fait voir, par les Arrêts mêmes du Parlement, qui ont réglé ce qui est requis pour l'impression des livres théologiques, que c'est l'usage constant du Royaume, qu'il suffit qu'ils soient foient approuvés par deux Docteurs en Théologie, fans qu'il foit nécef-faire d'avoir la permiffion de l'Ordinaire.

I. CLAS. N°. XI.

Il eft donc inconteftable, que le Bréviaire n'a pu être fupprimé par aucune de ces trois raifons générales, qui ne touchent point la bonté ou les défauts du livre en foi. Et il eft certain au contraire, comme on l'a fait voir dès l'entrée de cette *Défenfe*, par les Lettres Paftorales de M. l'Archevêque de Paris, que la traduction du Bréviaire en françois eft de foi-même un ouvrage très-édifiant, & dont une infinité de bonnes ames peuvent tirer de grands avantages.

Cela étant, que devoit-on faire, quand on fuppoferoit qu'on y auroit trouvé quelques défauts, & même quelques erreurs? Ce que feroit un homme fage, qui auroit hérité de fon pere une belle & grande maifon, dans laquelle il découvriroit une poutre vermoulue, une muraille où il y auroit des crevaffes, des vitres caffées, des carreaux rompus; il remédieroit fans doute à ce qu'il auroit trouvé de défectueux dans cette belle maifon, & il ne feroit pas fi fou que d'y mettre le feu ou de l'abattre à caufe de ces défauts. C'eft l'exemple que M. l'Official devoit fuivre, quelque perfuadé qu'il fût qu'il y a des erreurs dans cette traduction du Bréviaire. On lui fera bien voir qu'il fe trompe, & qu'il n'y en a point. Mais quand il y en auroit, fupprimer un gros ouvrage de quatre tomes, au lieu de corriger ces endroits-là, n'eft-ce pas abattre une maifon, au lieu d'en raccommoder les vitres & les carreaux? Il a bien vu lui-même ce que l'on devoit faire dans ces rencontres, quand il s'eft agi des livres imprimés par l'ordre de M. l'Archevêque de Paris: car fon entêtement a été fi grand, que s'étant imaginé que de certaines verfions du Bréviaire étoient *manifeftement hérétiques*, lorfqu'on les lui a montrées en mêmes termes dans ces livres autorifés par fon Archevêque, plutôt que de reconnoître qu'il s'étoit trompé, il a mieux aimé que l'on crût qu'elles étoient *hérétiques* dans ces livres-là, auffi-bien que dans le Bréviaire. Mais il s'eft vanté qu'il y avoit auffi-tôt remédié par des cartons. Pourquoi donc être fi injufte, que de n'avoir pas ordonné la même chofe pour le Bréviaire traduit en françois, y ayant incomparablement plus de raifon de le faire? Car il auroit été indifpenfablement obligé, fuppofé même qu'il y eût des fautes confidérables, d'y remédier par des cartons, pour ne pas commettre des injuftices criantes envers le public, envers le Libraire, & envers foi-même. Envers le public, parce que, fupprimant fans néceffité un livre très-bon en foi, & quant au deffein, qu'il auroit pu rendre abfolument bon par un remede fi facile, il le prive fans raifon de tous les avantages fpirituels qu'il en auroit pu tirer. Envers le Libraire, parce

I. CLAS. N°. XI.

qu'il lui fait souffrir, autant qu'il est en lui, une perte de dix ou douze mille écus, qu'il lui étoit si aisé de lui épargner, en suivant même les mouvements de sa conscience erronée. Envers soi-même, parce qu'il s'est attiré un plus terrible jugement de Dieu, en poussant son iniquité aussi loin qu'elle le pouvoit être.

Ce qui l'a précipité dans ces excès, est le renversement qu'il a fait de tout ordre à l'égard des deux Docteurs de la Faculté Approbateurs du Bréviaire. Les Arrêts veulent qu'ils soient responsables de leurs approbations. Il ne peut pas dire que ces Docteurs lui fussent inconnus, ou qu'ils fussent trop éloignés. Ils étoient à deux pas de lui. Pourquoi donc leur a-t-il ôté, contre tout droit divin & humain, le moyen de se défendre d'une tache aussi honteuse à des Théologiens, qu'est celle d'avoir approuvé des *héréfies manifestes*, ou l'occasion d'édifier l'Eglise par un humble aveu de leur faute, s'il étoit vrai qu'ils eussent approuvé des propositions manifestement hérétiques? Une conférence charitable auroit éclairci la plupart des choses que l'on reprend dans la Sentence. S'il en fût resté quelques-unes, sur quoi on n'auroit pu demeurer d'accord, on n'auroit eu qu'à convenir, ou d'Evêques ou de Docteurs, & s'en tenir à ce qu'ils en auroient jugé. Mais on n'a garde de prendre ces voies, quand on n'a que la force pour toute regle de justice : & on n'en a pas eu besoin en cette rencontre, puisque le quatrieme moyen n'est pas moins insoutenable que les autres, comme nous l'allons faire voir.

SEPTIEME NULLITÉ ET ERREUR INTOLÉRABLE

DANS LE QUATRIEME MOYEN.

Le Bréviaire traduit en françois condamné pour de prétendues héréfies ou erreurs, qui se trouvent mot à mot dans les Prieres Chrétiennes pour les nouveaux Catholiques, recueillies & imprimées par l'ordre de M. l'Archevêque de Paris.

CEux qui ont entrepris de faire supprimer la traduction du Bréviaire, auroient bien voulu que le public eût été d'humeur à se contenter de ce qu'ils ont fait dire au Promoteur, dans ces trois premiers moyens. Mais comme ils ont prévu qu'il n'en seroit pas satisfait, & qu'il voudroit savoir s'il y a quelque chose de mauvais dans cette traduction, on a été obligé d'avoir recours à ce quatrieme moyen, que l'on propose en ces termes.

Enfin, le quatrieme moyen est, que cette traduction, non seulement n'est pas fidelle, mais qu'elle contient des erreurs & des héréfies, particuliérement celles qui ont été condamnées de nos jours & dans le dernier siecle. C'est à quoi sans doute on aura été plus empêché de trouver des erreurs & des héréfies dans ce Bréviaire : & il y a apparence qu'on a donné le soin de les chercher à quelque jeune Jésuite, qui, n'ayant l'esprit rempli que des fausses idées de son Molinisme, a pris pour des héréfies tout ce qu'il a cru n'y être pas conforme. Mais de qui que ce soit que l'Official se soit servi pour faire la découverte de ces héréfies prétendues, il doit les avoir prises pour de véritables héréfies, puisqu'il en fait le fondement de sa Sentence. Et c'est en quoi Dieu a permis, que, pour le punir d'avoir bien voulu être le ministre d'une si injuste entreprise, il soit tombé dans la derniere des confusions. Car peut-il y en avoir une plus grande, que d'avoir pris pour des héréfies, ou des erreurs, ou des fautes dignes de censure, ce qui se trouve mot pour mot dans des Prieres recueillies par son Archevêque, & imprimées par ordre du Roi, sous ce titre : *Prieres chrétiennes, selon l'esprit de l'Eglise, pour servir d'instruction aux nouveaux Catholiques sur les devoirs ordinaires de la Religion, recueillies, augmentées & imprimées par l'ordre de M. l'Archevêque de Paris. Seconde édition : à Paris, chez François Muguet, Imprimeur du Roi & de M. l'Archevêque, avec approbation & privilege du Roi.* Si cela est, comme il est bien aisé de s'en assurer, ne feroit-il pas juste, qu'à côté du placard de M. l'Official, affiché par tous les coins des rues de Paris, on mît celui-ci pour antidote. *Excellent livre de Prieres, recueillies, augmentées, & imprimées par l'ordre de M. l'Archevêque de Paris, flétri & condamné d'héréfie manifeste par Sentence de M. l'Official du 10. Avril 1688.*

Mais comme rien ne paroît plus incroyable qu'un pareil aveuglement, il est nécessaire, afin d'en convaincre tous les hommes par leurs propres yeux, de faire un parallele exact des Oraisons du Bréviaire, où M. l'Official a trouvé des héréfies, avec celles des Prieres Chrétiennes, où M. de Paris, & ceux dont il s'est servi pour recueillir ces prieres, n'ont dû rien trouver que de Catholique ; puisqu'on les a mises entre les mains de plus de cent mille nouveaux convertis.

I. Clas. N°. XI.

M. l'Official dans la Censure du Bréviaire.

I.

Dans l'Oraison de la paix Deus à quo sancta desideria, recta consilia, & justa sunt opera : *la Version est conçue en ces termes.*

O Dieu, qui, par votre grace, êtes l'unique auteur des saints desirs, des justes desseins & des bonnes actions. *Ce qui non seulement n'est pas fidelle au texte, mais* manifestement hérétique, *faisant entendre, que Dieu seul, sans notre coopération, fait tout le bien.*

II.

Sans parler de l'Oraison du premier Dimanche (après la Pentecôte) qui n'est pas fidellement traduite; il ne l'a pas mise. La voici.

O Dieu, qui êtes la force de ceux qui esperent en vous, écoutez favorablement nos prieres; & parce que la foiblesse de l'homme ne peut rien sans vous, donnez-nous le secours de votre grace, afin que recevant d'elle non seulement la volonté, mais l'action même, nous puissions vous plaire en exécutant fidellement tout ce que vous nous commandez.

III.

Dans l'Oraison du treizieme Di-

M. l'Archevêque, dans les Prieres Chrétiennes.

I.

L'Oraison de la paix. *Deus à quo sancta, &c.* se trouve en deux endroits de ces Prieres, en la page 188, & 208.

O Dieu, qui, par votre grace, êtes l'unique auteur des saints desirs, des justes desseins, & des bonnes œuvres. Voilà mot pour mot, & lettre pour lettre, (hors le mot *d'œuvres* pour celui *d'actions*) ce qui est manifestement hérétique selon M. l'Official.

II.

Cette Oraison du premier Dimanche d'après la Pentecôte, que l'Official dit n'être pas fidellement traduite, se trouve presque dans les mêmes termes en la page 103. des Prieres.

O Dieu, qui êtes la force de ceux qui esperent en vous, écoutez favorablement nos prieres; & parce que la foiblesse de l'homme ne peut rien sans vous, donnez-nous le secours de votre grace; afin que, dans tous nos desirs, & dans toutes nos œuvres, nous puissions vous plaire; en exécutant fidellement tout ce que vous nous commandez. Par Notre Seigneur J. C.

III.

Cette même Oraison du treizieme

manche d'après la Pentecôte, il est dit, & ut mereamur assequi quod promittis, fac nos amare quod præcipis: l'Auteur traduit:

Afin que nous puissions acquérir ce que vous nous promettez, faites-nous aimer ce que vous nous commandez.

Or le mot de mereamur *signifie, que nous soyons dignes, & non pas que nous puissions: de sorte qu'en traduisant comme il a fait, il fait entendre, que la seule grace qui donne le pouvoir, est celle qui donne l'action.*

Dimanche est traduite dans les Prieres chrétiennes, pag. 103, de même que dans le Bréviaire. C'est donc encore l'Official qui censure son Archevêque;

Afin que nous puissions acquérir ce que vous nous promettez, faites-nous aimer ce que vous nous commandez.

IV.

Dans l'Oraison du douzieme Dimanche, il y a aussi erreur, en ce que cette Oraison parle de la grace efficace, qui nous fait servir Dieu comme il faut; & la traduction dit, que, sans cette grace, nous ne pouvons lui rendre aucun service.

Dieu tout-puissant & souverainement bon, qui donnez à vos fideles cette grace sans laquelle ils ne vous peuvent rendre aucun service qui soit véritable & digne de vous; soutenez-nous, s'il vous plaît, d'une telle sorte, que, sans tomber par notre foiblesse, nous courions sans cesse vers les biens que vous nous avez promis.

IV.

On trouvera donc aussi de *l'erreur* dans les Prieres chrétiennes, recueillies par l'ordre de M. l'Archevêque, puisque cette même Oraison du douzieme Dimanche, y est traduite dans les mêmes termes, en la page 114.

Dieu tout-puissant & souverainement bon, qui donnez à vos fideles cette grace sans laquelle ils ne peuvent vous rendre aucun service, qui soit véritable & digne de vous, soutenez-nous s'il vous plaît, d'une telle sorte, que, sans tomber par notre foiblesse, nous courions sans cesse vers les biens que vous nous avez promis. Par Notre Seigneur Jesus Christ, qui vit & regne avec vous en l'unité, &c.

V.

Dans l'Oraison du vingt-deuxieme Dimanche, dans le latin il n'est pas

V.

Le même défaut, d'avoir parlé de la grace puissante, & de vive

I. CLAS. N°. XI.

SENTENCE.	PRIERES.
parlé ni de grace puissante, ni de vive foi, l'Auteur fait néanmoins la traduction en ce sens.	foi, se trouve dans les Prieres chrétiennes : cette même Oraison y étant traduite dans les mêmes termes.
O Dieu, qui êtes notre asyle & notre force, écoutez favorablement les pieuses prieres de votre Eglise, vous qui lui avez donné la piété même qui la porte à vous prier, & accordez-nous, par une grace puissante, ce que nous demandons avec une vive-foi.	*O Dieu, qui êtes notre asyle & notre force, écoutez favorablement les pieuses prieres de votre Eglise, vous qui lui avez donné la piété même qui la porte à vous prier, & accordez-nous, par une grace puissante, ce que nous demandons avec une vive-foi.*

Justification des Prieres recueillies par M. l'Archevêque, contre la téméraire & extravagante condamnation de son Official.

Il n'y a pas d'apparence que M. l'Archevêque n'ait pas eu le soin de choisir d'habiles gens pour recueillir les prieres que Sa Majesté vouloit faire imprimer à ses dépens, afin de les répandre libéralement *parmi les nouveaux Catholiques, pour les instruire des principaux devoirs de la Religion, selon le vrai esprit de l'Eglise.*

Mais il seroit tout-à-fait incroyable qu'il en eût choisi d'assez ignorants, pour donner à ces nouveaux enfants de l'Eglise du poison au lieu de pain, & des *hérésies manifestes*, au lieu de prieres Catholiques.

Ce préjugé seul peut suffire pour justifier M. l'Archevêque & ceux qui ont travaillé sous ses ordres, contre l'indiscrette censure de son Official. On veut bien néanmoins, pour la satisfaction du public, n'en pas demeurer là, & faire voir, sur chacune de ces propositions qu'il a censurées dans les Prieres chrétiennes, aussi-bien que dans le Bréviaire, qu'il y fait paroître autant d'ignorance dans la Théologie, que de défaut de bon sens.

I. *Sur l'Oraison de la paix.*

C'est dans cette Oraison de la paix que l'Official prétend avoir rencontré une *manifeste hérésie*, parce qu'il y est dit, que *Dieu, par sa grace, est l'*unique *auteur des saints desirs, &c.* Mais c'est au contraire à l'égard de celle-là, qu'il est plus aisé de juger, qu'il faut que ce soit lui qui se trompe misérablement. Car qui pourra jamais croire qu'un homme qui ne passe pas pour un grand Théologien, ait eu lui seul des yeux, pour voir *une hérésie manifeste*, dans une oraison qui a été lue & récitée pendant plus de quarante ans, par cinq ou six cents mille personnes, parmi lesquels il ne se peut faire qu'il n'y ait eu un grand nombre de Théologiens, & plusieurs aussi fort disposés à critiquer ce qui donneroit trop à la grace, qui n'y ont rien vu que de très-saint & très-catholique? Car outre les Prieres chrétiennes, de deux éditions différentes, de cent mille chacune, cette même Oraison de la paix, où Dieu est appellé *l'unique auteur des saints desirs*, se trouve encore dans les Heures de Port-Royal, imprimées il y a plus de quarante ans, & dont il s'est tiré plus de soixante mille exemplaires : elle se trouve dans un autre livre de Prieres intitulé : *Prieres ordonnées par M. l'Archevêque de Paris, pour dire aux Eglises où sont les stations du Jubilé en 1683.* Et il est dit, dans son Mandement pour la publication du Jubilé : *On priera pendant quelque espace de temps. On pourra réciter ou cinq fois* Pater & Ave, *ou quelques-unes des prieres marquées dans le petit livre imprimé sur ce sujet par notre autorité.* C'est donc en suivant l'esprit & l'autorité de M. l'Archevêque, que plus de sept ou huit cents mille personnes n'ont point douté qu'ils ne priassent d'une maniere digne de Dieu, en récitant cette Oraison pour la paix : *O Dieu qui êtes l'unique auteur des saints desirs, des justes desseins & des bonnes actions.*

Ç'a été la même chose dans le Jubilé précédent de 1677, avec cette circonstance, que ce fut M. de la Brunetiere, Docteur de Sorbonne, qui étoit alors Vicaire Général de M. l'Archevêque, qui est présentement Evêque de Xaintes, qui dressa ces prieres pour l'usage de cette infinité de personnes qui les récitent à Paris dans les Jubilés. Ce fut donc lui qui leur fit dire, comme dans les Prieres chrétiennes : *O Dieu, qui, par votre grace, êtes l'unique auteur des saints desirs, des justes desseins & des actions saintes.*

Et elle se trouve encore dans un livre intitulé : *Prieres ou Heures chrétiennes, disposées à l'usage des Catholiques, imprimées à Rouen en 1686*, & approuvées par deux Docteurs de Sorbonne, dont l'un est Censeur des livres & Chancelier de Notre-Dame de Paris.

Ainsi on ne peut douter que M. l'Archevêque n'ait eu raison, aussi-bien que ceux qui ont travaillé sous ses ordres, de vouloir que cela fût ainsi dans les Heures chrétiennes pour les nouveaux Catholiques; & que ce n'ait été une grande impertinence à son Official d'y avoir voulu faire trouver *une hérésie manifeste.* Si c'en étoit une, on auroit sujet de se plaindre de sa négligence, ou de celle de son prétendu Promoteur, de ce qu'il ne l'auroit pas remarquée dans un autre endroit du Bréviaire, qui est l'Oraison du sixieme Dimanche après la Pentecôte. Car ces paroles latines : *Deus virtutum cujus est totum quod est optimum*,

I. CLAS. N°. XI.

sont traduites en ces termes : *Dieu des vertus, qui êtes* l'unique *auteur de tout vrai bien.* Mais ce qui est fâcheux, c'est que cette même Oraison du sixieme Dimanche, est traduite mot à mot de la même sorte dans les Heures chrétiennes. *Dieu des vertus, qui êtes* l'unique *auteur de tout le vrai bien.* De sorte qu'il faudra encore que l'Official accuse de nouveau son Archevêque, ou ceux qui ont travaillé sous ses ordres, d'une hérésie manifeste.

Mais n'est-ce pas, dira-t-il, *une manifeste hérésie, de faire entendre que Dieu seul*, sans notre coopération, *fait tout le bien?* Oui assurément c'en est une, de nier notre coopération dans le bien que Dieu nous fait faire. Mais plus cette hérésie seroit grossiere, plus c'est une folie manifeste, ou une ignorance prodigieuse, de vouloir qu'elle soit enfermée dans cette façon de parler si sainte & si chrétienne; *que Dieu est l'unique auteur des saints desirs, des justes desseins & des bonnes œuvres:* ou celle-ci, qui est la même chose : *Dieu des vertus, qui êtes l'unique auteur de tout le vrai bien?* Car nous coopérons avec Dieu, en ce qu'il fait pour notre salut, parce qu'il n'agit pas en nous, selon la remarque de S. Augustin, comme dans des pierres ou dans d'autres choses inanimées, qui ne font que recevoir *passivement*, pour parler ainsi, l'impression de Dieu; mais qu'il agit en nous par sa grace, en nous faisant agir, c'est-à-dire, en nous faisant vouloir très-librement ce qu'il veut que nous voulions, conformément à ces paroles d'un des Capitules attribués au Pape Célestin : *Agit Deus in nobis, ut quod vult, & velimus & agamus*: & selon le neuvieme Canon du deuxieme Concile d'Orange: *Quoties bona agimus, Deus in nobis atque nobiscum ut operemur operatur.* Or ce seroient deux contradictions manifestes; l'une, que Dieu soit l'unique auteur de mes saints desirs, sans que j'aie de saints desirs; l'autre que j'aie de saints desirs sans que je les aie formés par un acte de ma volonté. On ne peut donc prétendre, sans avoir l'esprit renversé, que cette proposition; *Dieu est l'unique auteur de nos saints desirs*, signifie, *que Dieu forme en nous de saints desirs sans notre coopération.* Or c'est en cela que Monsieur l'Official met son *hérésie manifeste;* en ce que cette proposition *fait entendre*, si on l'en croit, *que Dieu seul, sans notre coopération, fait tout le bien.* Il n'y auroit donc point trouvé d'hérésie, s'il avoit eu plus de sens commun.

Il seroit plus excusable, s'il s'étoit contenté de prétendre que c'est mal parler, de dire, *que Dieu est l'unique auteur de nos saints desirs:* puisque nous n'en avons point qui ne soient tout ensemble de Dieu & de nous. Ce seroit une objection qui ne seroit pas mal séante à un Ecolier qui demanderoit à être instruit, quoiqu'elle fût indigne d'un Official, qui

qui se mêle de censurer ce qu'il ignore, & qu'il devroit avoir appris de l'Ecriture, des Peres & des Théologiens. Je commencerai par ces derniers, parce qu'ils ne se contentent pas de parler de la maniere qui a choqué mal-à-propos ce téméraire Censeur, mais qu'ils donnent la raison pourquoi on peut parler ainsi.

Pierre Lombard, Evêque de Paris, qu'ils ont tous regardé comme leur maître, apprendra à cet Official qui censure son Archevêque, à mieux connoître le langage de l'Eglise. Dans le second livre dist. 27. Il ne doute pas qu'on ne doive dire, *que la grace* seule *fait tous nos mérites:* mais il donne la raison pourquoi on le doit dire. (*a*). *Lorsque l'on dit que nos mérites viennent de la* seule *grace, on n'exclut pas le libre arbitre; ne pouvant y avoir aucun mérite que par le libre arbitre. Mais à l'égard des bons mérites, ce qui fait qu'on les attribue à la grace seule, c'est qu'elle en est* la principale cause; *parce que c'est elle qui prévient & réveille le libre arbitre, qui le guérit, & qui secourt la volonté humaine en la rendant bonne; de sorte que c'est un don de Dieu, de ce qu'elle se porte au bien; & ce qui est le mérite de l'homme, est le mérite de la grace, & est une grace, parce que c'est la grace principalement qui nous le fait avoir.*

S. Thomas rend la même raison de ce langage de la piété chrétienne, en expliquant, dans son Commentaire de l'Epître aux Romains, ces paroles de l'Apôtre, dont je parlerai dans la suite: *Non est volentis, neque currentis sed miserentis Dei.* " Ce qui ne signifie pas seulement, dit-il, " que nous ne pouvons ni vouloir, ni courir sans la grace. Car si l'A-
" pôtre n'avoit voulu marquer que cela, comme il ne se peut pas faire
" que l'homme veuille & coure par la grace sans le libre arbitre, on
" pourroit renverser cette proposition, & dire, que cela ne dépend pas
" de Dieu, qui fait miséricorde, mais de l'homme, qui veut & qui court:
" ce que les oreilles pieuses ne sauroient souffrir. Ces paroles de Saint
" Paul marquent donc plus que cela; savoir, que la grace a la principale
" part dans les bonnes œuvres. Car on attribue l'effet au principal agent
" plutôt qu'à l'agent subordonné: ce qui fait que l'on dit fort bien, que
" ce n'est pas la coignée qui abbat l'arbre, mais l'ouvrier par la coignée.
" Or c'est Dieu qui meut l'homme au bien, d'où vient qu'il est dit:

(*a*) Cùm ex *sola gratia* merita esse dicuntur, non excluditur liberum arbitrium, quia nullum meritum est in homine quod non sit per liberum arbitrium: sed in bonis merendis *causæ principalitas* gratiæ attribuitur, quia principalis causa bonorum meritorum est ipsa gratia quâ excitatur liberum arbitrium hominis & sanatur, atque juvatur voluntas hominis ut sit bona, quæ ipsa etiam donum Dei est, & hominis meritum, imo gratiæ, quia ex gratia principaliter est, & gratia est.

I. CLAS. N°. XI.

„ Que ceux qui font conduits & pouffés par l'Efprit de Dieu, font en-„ fants de Dieu. Ainfi l'opération intérieure de l'homme doit être prin-„ cipalement attribuée à Dieu, & non pas à l'homme, comme S. Paul „ le fait en difant; que *c'eft Dieu qui opere en nous le vouloir & le faire.*"

1. 2. q. 111. a. 2. ad 2.

Le même Saint, dans fa Somme; *Dieu ne nous juftifie pas fans nous, parce que, lorfque nous fommes juftifiés, nous confentons à la juftice de Dieu, par un mouvement du libre arbitre. Mais ce mouvement du libre arbitre n'eft pas la caufe de la grace; c'en eft l'effet: & c'eft pourquoi* toute l'opération *appartient à la grace:* Unde tota operatio *pertinet ad gratiam.* Où eft donc notre coopération, dira M. l'Official, fi toute l'opération appartient à la grace? Cela eft fâcheux. Mais qu'il s'en prenne à Saint Thomas, & qu'il le déclare *manifeftement hérétique*, auffi-bien que les Prieres de fon Archevêque.

Eftius, l'un des plus habiles Théologiens de ce fiecle, dit la même chofe fur ces paroles de S. Paul, *fufficientia noftra ex Deo eft;* & il foutient que c'eft une vérité qui a été reconnue par les Peres Grecs; *qu'il ne faut point diftinguer, dans les bonnes œuvres, ce qui eft de nous, de ce qui eft de Dieu; mais qu'il faut reconnoître qu'il n'y a rien de nous, & qu'il faut tout attribuer à Dieu.* Nihil *planè noftrum effe, ne minimum quidem, fed totum Deo adfcribendum.*

Paffons des Théologiens à la parole de Dieu, & faifons voir que c'eft un langage confacré par le S. Efprit, qu'un Official veut nous faire paffer pour *une manifefte héréfie.* C'eft l'Ecriture qui nous a appris d'attribuer tellement à Dieu ce qu'il fait en nous par fa grace, que le même effet, qui eft de Dieu & de nous, eft ôté à l'homme pour n'être donné qu'à Dieu. *Jefus Chrift* nous a enfeigné à parler ainfi, lorfqu'il dit à fes Difciples, qu'ils ne devoient pas fe mettre en peine de ce qu'ils auroient à dire quand on les feroit comparoître devant les juges: *car ce n'eft pas vous qui parlez, mais c'eft l'Efprit de votre Pere qui parle en vous.* C'eft bien plus, en apparence, ruiner *notre coopération*, que de dire à Dieu; *qu'il eft, par fa grace, l'unique auteur de nos faints defirs.* Mais écoutons ce que S. Auguftin dit fur cet endroit dans fa Lettre à Sixte. " L'Apôtre „ dit, *que le S. Efprit prie;* parce qu'il nous fait prier, & qu'il nous „ infpire le mouvement de prier & de gémir, de la même maniere qu'il „ eft dit dans l'Evangile, *ce n'eft pas vous qui parlez, mais c'eft l'Efprit* „ *de votre Pere qui parle en vous.* Ce n'eft pas que cela fe faffe en nous „ comme fi nous n'agiffions point; mais l'Ecriture, pour mieux marquer „ ce fecours du S. Efprit, dit que c'eft lui qui fait ce qu'il nous fait „ faire."

L'Apôtre nous a enfeigné à parler de la même forte, lorfque, voulant marquer que notre salut est un effet de la miséricorde de Dieu, il semble ne rien laisser à faire à l'homme: *Non est volentis neque currentis, sed miserentis Dei.* Sur quoi S. Augustin a fait encore cette belle réflexion. " Pour ce qui est de croire en Dieu, & de vivre dans la piété, „ *cela ne dépend ni de celui qui veut, ni de celui qui court, mais de Dieu,* „ *qui fait miséricorde:* non qu'il ne faille pour cela vouloir & courir, „ mais parce que c'est lui qui opere en nous & le vouloir & le courir." Et en un autre endroit, supposant comme indubitable, que Dieu faisant agir les hommes, il seroit ridicule de s'imaginer qu'ils ne font rien: *Aguntur enim ut agant, non ut ipsi nihil agant,* il ne laisse pas de dire; " Que Dieu travaille tellement avec l'homme, que, pour ce qui est de „ ne point pécher, *cela ne dépend ni de celui qui veut, ni de celui qui* „ *court, mais de Dieu qui fait miséricorde.*"

I. CLAS. Nº. XI.

Epist. ad Vital.

Le même Apôtre, après avoir dit qu'il *avoit travaillé plus que tous les autres*, il se reprend aussi-tôt en ajoutant: *Non ego autem*, ce n'est pas moi toutefois, mais la grace de Dieu avec moi; ou, selon le grec, qui est avec moi. N'est-ce pas bien nous faire entendre, que *Dieu étoit, par sa grace, l'unique auteur de tout son travail;* parce que, n'y ayant de part que celle que la grace lui en avoit fait avoir, il n'ose pas se l'attribuer: *Nec ipsum sanè laborem sibi ausus est arrogare*, comme dit S. Augustin: ce qui oblige ce Pere de se récrier. " O le grand Docteur, „ Prédicateur & Confesseur de la grace! Que veut dire cela, *plus labo-* „ *ravi non ego?* Si-tôt que la volonté a paru un peu s'élever, la piété „ s'est réveillée, & l'humilité a tremblé; parce qu'il a reconnu son infir- „ mité: *ubi paululùm se extulit voluntas, ibi continuò vigilavit pietas, &* „ *tremuit humilitas, quia se agnovit infirmitas.*"

De gest. Pelag. c. 14.

Les victoires des Israélites sur leurs ennemis ont été des figures de celles des Chrétiens sur leurs ennemis invisibles. Or voici comme le S. Esprit parle des premieres dans le Pseaume 43: *Nos Peres n'ont pas conquis cette terre par leur épée, & leur bras ne les a pas sauvés. Mais ç'a été votre droite & votre bras, & la lumiere de votre visage; parce que vous avez mis votre affection en eux.* Comment cela peut-il être vrai, dira quelqu'un aussi ignorant du langage de l'Ecriture, que l'est M. l'Official? Est-ce que les Israélites, sous la conduite de Josué, ne se sont pas servi de *leurs épées* pour exterminer ces nations infidelles? Est-ce qu'ils ne leur ont pas fait sentir la force de leur *bras?* David n'a donc pas raison de dire, que ses Peres n'ont pas conquis la terre promise par leur épée, & par la force de leur bras, mais que ç'a été la droite & le bras de Dieu, & la lumiere de son visage; puisque ç'a été l'un & l'autre, le bras de Dieu & celui des Israélites, qui leur a fait remporter ces glo-

I. CLAS. N°. XI.

rieuses victoires. Voilà comme raisonne l'orgueil humain; mais l'humilité chrétienne fait bien accorder ces contradictions apparentes; parce que, dans ces victoires miraculeuses, temporelles ou spirituelles, ce que Dieu fait par l'homme, & en faisant agir l'homme, est si peu de chose en comparaison de ce que Dieu fait, que la piété veut qu'on n'y ait aucun égard, & qu'on attribue tout à Dieu. Et c'est ce que fit aussi le Prophete Samuel en parlant à ces mêmes Israélites, & leur reprochant leur ingratitude: *Vous avez rejeté votre Dieu, qui* seul *vous a sauvés de tous les maux, & de toutes les miseres qui vous accabloient: Qui* solus *salvavit vos de universis malis & tribulationibus vestris.*

1. Reg. cap. 10. v. 19.

Nous voyons aussi dans les Pseaumes, qu'il est dit de Dieu, *qui facit mirabilia magna* solus. Cependant l'Ecriture marque en divers endroits, qu'il opéroit ces merveilles, dont David dit qu'il étoit l'unique auteur, par le ministere des Anges.

L'Eglise parle de la même sorte dans l'Hymne pour les Saintes Femmes: *Rex Christe, virtus fortium, qui magna* solus *efficis*: ce qui est traduit en ces termes dans les Prieres chrétiennes. *O Jesus, notre Souverain Roi, vous qui êtes la vertu des forts, & qui* seul *opérez ces grands miracles de votre grace.* Ces grandes merveilles de la grace, dont l'Eglise dit, que Jesus Christ a été l'unique auteur, est ce qui a été dit auparavant de chacune de ces saintes femmes: *que, blessée & embrasée de l'amour de Jesus Christ, elle a évité l'amour pernicieux du monde, marché jusqu'au bout par le chemin laborieux qui conduit au ciel, dompté sa chair par les jeûnes, & nourri son ame par la pâture délicieuse de l'oraison.* Il faut donc que M. l'Official, ou demande pardon à Dieu de sa téméraire censure de la version de l'Oraison de la paix, parce que Dieu y est appellé *l'unique auteur des saints desirs*, ou qu'il soutienne de nouveau, que cette Hymne de l'Eglise *est manifestement hérétique*, tant en latin que dans le françois de M. l'Archevêque; *parce qu'on y fait entendre*, qu'à légard de tous les saints exercices de piété & de pénitence, que les merveilles de la grace font faire aux saintes femmes, *c'est Jesus Christ* seul *qui fait tout, sans leur coopération.*

Passons maintenant aux Saints Peres. S. Cyprien & S. Augustin; l'un, qui a joint de si grandes lumieres à la gloire du martyre; l'autre, le plus grand Docteur de l'Eglise après les Apôtres, nous enseignent, comme une vérité capitale du Christianisme, que nous ne devons nous glorifier de rien dans le bien que nous faisons, & que nous en devons donner toute la gloire à Dieu; parce qu'il n'y a rien de nous. *In nullo gloriandum* (dit S. Cyprien & S. Augustin après lui) *quando nostrum nihil sit.* « Nous ne devons nous donner la gloire d'aucune chose, parce qu'il n'y en

Aug. de Præd. SS. c. 3.

„ a aucune qui vienne de nous. " Que doit dire à cela cet Official, Censeur de son Archevêque? *Nostrum nihil est. Hérésie manifeste. C'est nier notre coopération.* Folie manifeste. Nous coopérons quand Dieu nous fait agir par sa grace : car ce seroit une contradiction visible, comme je l'ai déja remarqué, que Dieu nous fit vouloir, & que nous ne voulussions pas. Mais de ce que notre coopération est un don de la grace de Dieu, c'est à Dieu que nous la devons attribuer; & ainsi nous devons attribuer tout à Dieu, & reconnoître que tout vient de lui.

I. CLAS. N°. XI.

C'est aussi ce que nous apprenons des deux mêmes Saints, qui nous avertissent en même temps, que cette humble confession, que tout doit être attribué à Dieu, est une des conditions les plus nécessaires, pour faire que nos prieres soient exaucées. *Dum præcedit humilis & submissa confessio*, & datur totum Deo, *quidquid suppliciter cum Dei timore petitur, ipsius pietate præstatur.* „ En commençant nos prieres par un humble aveu „ de ce que nous sommes, & en attribuant *tout à Dieu*, nous obtien-„ drons de sa miséricorde ce que nous lui demandons dans une soumis-„ sion profonde, & un vif sentiment de sa crainte. "

Aug. de Doho Pers. c. 6.

On voit la même chose dans ces paroles que S. Augustin adresse à Dieu en divers endroits. *Opus tuum in me vide, non meum; nam meum si videris damnas : tuum si videris coronas.* „ Ne voyez en moi, Seigneur, „ que votre œuvre, & non pas la mienne. Car vous la condamnerez si „ c'est la mienne; & vous la couronnerez si c'est la vôtre. " Comment cela se doit-il entendre? Est-ce que Dieu ne devoit couronner dans S. Augustin, que les bonnes œuvres qu'Augustin n'auroit pas faites, & que toutes celles qu'il auroit faites, auroient dû être condamnées? Non certainement. Il faudroit être aussi extravagant que Molinos pour avoir cette pensée. Mais c'est que ce Pere étoit fortement persuadé, que Dieu est tellement la premiere & la principale cause de tout le bien que nous faisons, que la piété veut que nous le regardions comme en étant *l'unique auteur*; parce que le peu de part que nous y avons, est un effet de sa grace.

Enfin, pour achever la justification de M. l'Archevêque, contre l'injurieuse Sentence de son Official, on trouve la même vérité, que *Dieu est l'unique auteur de nos saints desirs*, dans une des plus authentiques Oraisons de l'Eglise. C'est l'Oraison qui se dit à l'entrée des Conciles, comme on la peut voir dans le premier tome des Conciles, & dans le Concile de Constance. Il y en a qui l'attribuent au quatrieme Concile de Tolede, national de l'Espagne, auquel présidoit S. Isidore Evêque de Séville. D'autres disent qu'elle est du Pape Benoît VII. Quoi qu'il en soit, ayant été souvent la Priere de toute l'Eglise réunie dans des Conciles Généraux, on ne peut douter qu'elle ne doive être regardée comme étant agréable à Dieu, bien loin que l'on puisse dire qu'elle contient *une héréfie manifeste*. Il faudroit néanmoins qu'elle en contînt une, si l'Official de Paris avoit bien censuré son Archevêque. Je n'en rapporterai que ce qui fait à notre sujet.

Esprit Saint & Souverain, rendez-vous présent à nous, qui sommes assemblés en votre nom, quelque indignes que nous en soyons par nos péchés..... *Enseignez-nous ce que nous devons faire, montrez-nous le chemin où nous devons marcher.* Faites vous-même ce que vous voulez que nous fassions....... *Soyez* seul *& l'inspirateur &* l'auteur *de nos jugements: unissez-nous à vous efficacement par le* seul don de votre grace, *afin que nous ne soyons qu'un en vous, & que nous ne nous écartions en rien de la vérité*. Quid *efficiamus operare*...... *Esto* solus *& Suggestor &* Effector *judiciorum nostrorum. Junge nos tibi* efficaciter solius tuæ gratiæ dono.

On s'est un peu étendu sur cette premiere accusation, parce qu'il n'y a que celle-là d'importante, & qu'il a été bon de faire voir, par cet échantillon, ce qu'on doit attendre d'un Official qui a été capable de prendre pour une *héréfie manifeste*, une vérité si sainte & si autorisée, qui se trouvoit en mêmes termes dans les Prieres chrétiennes recueillies par ordre de son Archevêque. On fera plus court sur les autres.

II. Sur l'Oraison du premier Dimanche après la Pentecôte.

L'Official n'y a trouvé ni héréfie, ni erreur. Il dit seulement qu'elle est mal traduite. En quoi il fait trois impertinences.

La premiere est, en ce qu'il nous donne pour une raison de condamner un Bréviaire, de ce qu'il s'y trouveroit quelques Oraisons qui ne seroient pas si bien traduites.

La seconde, en ce que sa Sentence étant écrite fort barbarement, & tout le monde demeurant d'accord, que l'Auteur de la traduction du Bréviaire écrivoit fort bien en françois, puisqu'il a même remporté un prix de l'Académie françoise, il est bien ridicule de s'imaginer que l'on croira sur sa parole, qu'une Oraison de ce Bréviaire est mal traduite, sans nous dire en quoi ni pourquoi.

La troisieme, en ce que cette Oraison étant traduite presqu'en mêmes termes dans les Prieres imprimées par l'ordre de son Archevêque, l'Official a dû croire, que le public jugeroit, que c'est lui sans doute qui se trompe, quand il dit qu'elle est mal traduite.

III. Sur l'Oraiſon du treizieme Dimanche.

Il s'agit de ces paroles : *Et ut mereamur aſſequi quod promittis.* Il fait un crime à l'Auteur du Bréviaire, auſſi-bien qu'au compilateur des *Prieres chrétiennes*, d'avoir traduit : *Et afin que nous puiſſions obtenir ce que vous promettez.* Et il fait ſur cela deux obſervations ; l'une de Grammaire, & l'autre de Théologie : & l'une & l'autre également mal fondée.

Celle de Grammaire eſt, que *mereamur* ſignifie, *que nous ſoyons dignes*, non pas que nous puiſſions. Mais il ſe trompe quand il croit que *mereri* ſignifie toujours, *être digne*, ou ce *mérite* que les Théologiens appellent *de condigno ;* au lieu qu'il ſignifie ſouvent obtenir ou acquérir, ou pouvoir acquérir. Il auroit dû l'avoir appris de ſon Archevêque, ou de ceux qui ont recueilli par ſon ordre les Prieres chrétiennes pour l'inſtruction des nouveaux Catholiques. Car le verbe *mereri* n'y eſt point traduit par *mériter* ou *être digne*, non ſeulement dans l'Oraiſon du treizieme Dimanche après la Pentecôte, comme tout le monde l'a remarqué, mais encore en beaucoup d'autres : de ſorte que, ſi, comme l'on dit, on doit faire des cartons par-tout où les prétendues fautes du Bréviaire ſe trouvent dans les *Heures chrétiennes*, il en faudra faire ſept ou huit pour cela *ſeul*, que *mereri* n'eſt pas traduit par *meriter* ou *être digne*.

Premier Dimanche de l'Avent.

Excita, quæſumus Domine, potentiam tuam, & veni : ut ab imminentibus peccatorum noſtrorum periculis, te mereamur *protegente eripi, te liberante ſalvari.*	*Seigneur*, faites paroître votr puiſſance, & venez du ciel ſur la terre ; afin que vous nous délivriez, par votre ſouveraine protection, de tous les périls où nos péchés nous engagent, & que vous nous guériſſiez de toutes nos langueurs par la puiſſance de votre grace.

Second Dimanche de l'Avent.

Excita Domine corda noſtra ad præparandas Unigeniti tui vias, ut per ejus adventum purificatis tibi mentibus ſervire mereamur.	*Seigneur*, excitez nos cœurs, & préparez-les pour recevoir dignement votre Fils unique ; afin que nos ames étant purifiées par la grace de ſon avénement, *nous puiſſions* vous rendre un culte qui ſoit digne de votre Souveraine Majeſté.

I. CLAS. N°. XI.

Le Dimanche des Rameaux.

Omnipotens sempiterne Deus, qui humano generi ad imitandum humilitatis exemplum, Salvatorem nostrum carnem sumere, & crucem subire fecisti: concede propitius, ut & patientiæ ipsius habere documenta, & resurrectionis consortia mereamur.

Dieu tout-puissant & éternel, qui avez voulu que notre Sauveur se revêtît de notre chair, & souffrît le supplice de la croix, afin que les hommes superbes ne refusassent point d'imiter au moins l'humilité de Dieu même, faites-nous la grace de le suivre dans ses souffrances, afin d'avoir part à sa résurrection glorieuse.

Le Lundi de Pâques.

Deus qui solemnitate Paschali mundo remedia contulisti, populum tuum quæsumus cœlesti dono prosequere; ut, & perfectam libertatem consequi mereatur *& ad vitam proficiat sempiternam.*

O Dieu, qui avez donné au monde, par le mystere de la Pâque, le remede souverain de tous ses maux; versez, s'il vous plaît sur votre peuple, les richesses de votre grace; afin que *recevant* de vous la parfaite liberté, il s'avance toujours, de plus en plus dans la vie du ciel.

L'Oraison de *Salve Regina* est traduite ainsi:

Omnipotens sempiterne Deus, qui gloriosæ Virginis Matris Mariæ corpus & animam, ut dignum Filii tui habitaculum effici mereretur, *Spiritu Sancto cooperante præparasti.*

Dieu tout-puissant & éternel, qui avez préparé, par l'opération du Saint Esprit, le corps & l'ame de la Vierge Mere, la glorieuse Marie, pour en faire une demeure qui fût digne de votre Fils.

Ce qu'on dit à Prime après la lecture du Martyrologe n'est pas dans les Prieres chrétiennes; mais il est dans les Heures latines & françoises imprimées à Rouen pour les nouveaux Catholiques; & il est traduit ainsi:

Sancta Maria & omnes Sancti intercedant pro nobis ad Dominum, ut

Que Marie la Sainte Vierge, & tous les Saints intercedent pour

nos

nos mereamur *ab eo adjuvari & salvari qui vivit & regnat, &c.*

nous, afin que *nous obtenions* d'être secourus & sauvés par celui qui vit & regne, &c.

Mais l'Oraison, *Deus qui salutis æternæ*, est quatre fois dans les Heures chrétiennes p. 75. 153. 206. 223; & toujours traduite en cette maniere.

Deus qui salutis æternæ beatæ Mariæ virginitate fœcundâ, humano generi præmia præstitisti: tribue quæsumus, ut ipsam pro nobis intercedere sentiamus, per quam meruimus *Auctorem vitæ suscipere Dominum nostrum Jesum Christum.*

O Dieu, qui avez fait part aux hommes du salut éternel par la virginité féconde de la bien-heureuse Marie, accordez, s'il vous plaît, que nous éprouvions, dans nos besoins, combien est puissante envers vous l'intercession de celle par laquelle nous avons reçu l'Auteur de la vie, Notre Seigneur Jesus Christ.

Le *meruimus* de cette Oraison est une preuve convaincante, que souvent ce verbe ne signifie pas *mériter* ou *être digne*, comme on l'a prétendu sans raison dans la Sentence. Car ce seroit une erreur de dire, que nous ayions *mérité* que la Sainte Vierge enfantât l'Auteur de la vie, Notre Seigneur Jesus Christ, étant bien certain, que l'Incarnation du Verbe divin a été un pur effet de la miséricorde de Dieu, dont nous étions très-indignes.

On voit deux beaux exemples de la signification de ce verbe dans ce que dit S. Ambroise de la pénitence de S. Pierre après son péché. *Non invenio quid dixerit Petrus : invenio quod fleverit, lachrymas ejus lego, satisfactionem non lego. Sed quod defendi non potest, ablui potest.... Lacrhymæ veniam non postulant*, & merentur. *Inveni cur tacuerit Petrus, ne tam citò veniæ petitio plus offenderet. Ante flendum est, sic precandum.* Il est bien certain, que, dans ces paroles; *lachrymæ veniam non postulant & merentur*; & dans ce qu'il dit ensuite : *Et tu si veniam vis mereri, dilue lachrymis culpam tuam*, le mot de *mereri veniam*, ne signifie point être digne de pardon; ce qui marqueroit un mérite propre, un mérite de justice, appellé par les Théologiens *de condigno*; mais obtenir le pardon de la miséricorde de Dieu : car le pécheur ne peut mériter par ses larmes, d'un mérite propre & de justice, le pardon de son péché. C'est donc sans raison que l'Official a prétendu, que son Archevêque avoit dû mettre, dans les *Prieres chrétiennes; afin que nous fussions dignes*

I. CLAS. N°. XI.

d'acquérir, & non pas que nous puissions acquérir ; car c'est en supposant, par une grande ignorance, que le mot latin *mereri* signifie toujours *être digne ;* ce qui est très-faux.

Mais il est de plus aisé de montrer que la signification, d'*être digne*, ou de *mérite propre*, ne convenoit point à cette Oraison, où nous demandons à Dieu qu'il nous fasse aimer ce qu'il a commandé, *ut mereamur assequi quod promittis ;* c'est-à-dire, la récompense éternelle qu'il a promise à ceux qui l'aiment. Car, quoique ceux qui ont vécu chrétiennement l'aient méritée, comme ces mérites sont des dons de sa grace, & mêlés de beaucoup de défauts, l'humilité chrétienne ne porte point à demander à Dieu qu'il ait égard à ces mérites, mais qu'il nous juge selon sa miséricorde. Nous en avons une preuve convaincante dans le Canon de la Messe. On y souhaite d'avoir part avec les Apôtres & les Martyrs ; ce qui est la même chose que la récompense promise aux vrais serviteurs de Dieu, que ceux qui récitent cette priere souhaitent d'obtenir un jour. Or écoutons ce que l'Église fait dire aux plus saints Prêtres dans cette priere du Canon. *Nobis quoque peccatoribus famulis tuis, de multitudine miserationum tuarum sperantibus, partem aliquam donare digneris cum tuis Sanctis Apostolis & Martyribus...... intra quorum nos consortium non* æstimator meriti, sed veniæ *quæsumus largitor admitte.* Dans *la compagnie desquels nous vous prions de nous recevoir*, non en considérant nos mérites ; *mais en nous faisant grace & miséricorde.*

En voilà assez pour l'observation de Grammaire. La théologique est encore pire. *De sorte*, dit-il, *que traduisant comme on a fait dans le Bréviaire* (& comme a fait aussi M. l'Archevêque dans les Prieres chrétiennes) *par* que nous puissions, *on fait entendre, que la grace qui donne le pouvoir, est celle qui donne l'action.* Rien n'est moins sensé que cette critique.

Car 1°. Ces paroles, afin que nous *puissions acquérir ce que vous nous promettez*, ne marquent en aucune sorte ni la grace qui donne le pouvoir, ni celle qui donne l'action ; mais l'acquisition de la béatitude éternelle, que Dieu a promise à ceux qui l'aiment. Et c'est ce que nous voyons encore dans l'Oraison du troisieme Dimanche d'après la Pentecôte, où l'Eglise demande aussi la béatitude éternelle, sous la même condition d'aimer Dieu plus que toutes choses : *Infunde cordibus nostris tui amoris affectum, ut te in omnibus & super omnia diligentes, promissiones tuas quæ omne desiderium superant consequamur.* Ce qui est la même chose que ce qui est dans cette Oraison du treizieme Dimanche, dont nous examinons la critique : *ut mereamur assequi quod promittis fac nos amare quod præcipis.* Or voici comme celle du sixieme est traduite dans les Heures chrétiennes de M. l'Archevêque, aussi-bien que dans le Bréviaire. *Répandez dans nos cœurs le mouvement & l'impression de votre amour, afin que vous aimant en toutes choses, & plus que toutes choses, nous* puissions *jouir un jour de cette éternelle félicité, que vous nous avez promise, qui surpasse tous nos souhaits & tous nos desirs.* Il n'y a que *consequamur* dans le latin, & néanmoins on n'a pas cru que ce fût traduire infidellement que de mettre, *afin que nous* puissions *jouir un jour, &c.* Et M. l'Official se feroit moquer de lui s'il nous venoit dire encore; *que, traduisant par que* nous puissions, *on fait entendre que la grace qui donne le pouvoir, est celle qui donne l'action.*

2°. Quand ces paroles, *que nous puissions acquérir*, ou, *que nous puissions jouir*, marqueroient la grace *qui donne le pouvoir*, comme elles la marquent en effet dans l'Oraison du second Dimanche de l'Avent, selon la version des Prieres chrétiennes, *afin que nos ames, étant purifiées par la grace de votre avénement*, nous puissions *vous rendre un culte qui soit digne de votre Souveraine Majesté*, qu'y auroit-il en cela de repréhensible? Est-ce que ce feroit une erreur de dire, que la même grace donne tout ensemble le pouvoir & l'action? Mais c'est au contraire ce qui ne se peut nier sans erreur. Il ne faut qu'écouter S. Augustin, disputant pour l'Eglise contre les Pélagiens, dans le livre de la Nature & de la Grace, chap. 42. *Sanatâ, dit-il, atque adjutâ hominis voluntate, possibilitas ipsa simul cum effectu in Sanctis provenit.* Quand Dieu guérit & secourt la volonté, il donne aux Saints, c'est à dire aux fideles, *la possibilité avec l'effet.* Et dans le livre de la Grace de *Jesus Christ*, chapitre 14. (On le peut voir tout entier, mais je n'en rapporterai que la fin.) „ Si le secours de la grace ne nous donnoit que le pouvoir, Jesus Christ „ eût dit: *Tous ceux qui ont oui la voix du Pere* peuvent venir à moi. „ Or ce n'est pas ce qu'il dit; mais, *tous ceux qui ont oui la voix du Pere* „ *viennent à moi*...... Or ce n'est pas une conséquence, que celui qui „ peut venir à Jesus Christ y vienne, s'il ne le veut, & si effectivement „ il ne fait tout ce qui est nécessaire pour y venir; mais, *tous ceux*, dit „ Notre Seigneur, *qui ont oui la voix du Pere*, non seulement peuvent „ venir, *mais viennent à moi:* ce qui marque, & le progrès de la pos„ sibilité, & l'affection de la volonté, & l'effet de l'action". *Ubi jam & possibilitatis profectus, & voluntatis affectus, & actionis effectus est.* Peut-on enseigner plus clairement, que la grace qui nous fait venir à Jesus Christ, c'est-à-dire, croire en lui, donne tout ensemble *le pouvoir, la volonté & l'effet?*

Que M. l'Official ne s'avise donc plus de prétendre, que traduire

I.^e CLAS. N°. XI.

comme on a fait dans les Prieres chrétiennes aussi-bien que dans le Bréviaire, l'Oraison du treizieme Dimanche d'après la Pentecôte, ce *soit faire entendre, que la grace qui donne le pouvoir est celle qui donne l'action*; car il n'y a rien de plus mal fondé. Mais qu'il sache aussi, que, quand on l'auroit *fait entendre*, on n'auroit point dû appréhender sa Censure.

IV. Sur l'Oraison du douzieme Dimanche.

L'Official trouve de l'erreur dans cette Oraison, en ce qu'elle est traduite en ces termes dans le Bréviaire, aussi-bien que dans les Prieres chrétiennes recueilles par ordre de son Archevêque: *Dieu tout-puissant & souverainement bon, qui donnez à vos fideles cette grace sans laquelle ils ne vous peuvent rendre aucun service qui soit véritable & digne de vous. C'est*, dit-il, *que cette Oraison parle de la grace efficace, qui nous fait servir Dieu comme il faut, & la traduction dit, que, sans cette grace, nous ne pouvons lui rendre aucun service.* Pourquoi demeurer là & n'ajouter pas, *qui soit véritable & digne de lui?* Dieu soit loué de ce que l'Official reconnoît qu'il est parlé, dans cette Oraison, de la grace efficace! Cela est vrai. Mais on lui soutient, qu'il ne sauroit apporter aucune raison qui prouve, qu'il est parlé de la grace efficace dans cette Oraison, qui ne le prouve de la même sorte de toutes les autres. Il reste donc à défendre M. l'Archevêque, & les compilateurs de ses *Prieres*, contre son Official, qui accuse d'erreur cette proposition, *que sans la grace efficace, nous ne pouvons rendre à Dieu aucun service digne de lui.* Mais on n'aura qu'à le renvoyer à la Dissertation Théologique de M. Arnauld, où cette vérité est prouvée par l'Ecriture, par les Conciles, par les Papes, par les Peres, par les Théologiens, & par les Jésuites mêmes, dans leurs livres de piété. Car rien n'est plus exprès que ces paroles du P. S. Jure, dans son livre de la Connoissance & de l'amour de Notre Seigneur *Jesus Christ* (part. 2. liv. 3. cap. 8. sect. 2.) *Celui qui est véritablement humble, ayant connoissance & expérience de l'extrême foiblesse des forces de l'homme, qui, avec tous les secours suffisants que Dieu lui donne*, ne peut, *sans les efficaces, rien faire de bon, &c.*

V. Sur l'Oraison du vingt-deuxieme Dimanche.

Il n'y trouve à redire que ces paroles qui se trouvent dans les *Prieres chrétiennes*, recueillies par l'ordre de M. l'Archevêque de Paris, aussi-bien que dans le Bréviaire. *Accordez-nous, par une grace puissante, ce que nous demandons avec une vive foi.* Et tout ce qu'il y trouve à condamner est, qu'il n'est parlé ni de *grace puissante*, ni de *foi vive*, dans ces mots latins: *ut quod fideliter petimus efficaciter consequamur*. En quoi il fait pitié.

Car 1°. Prier Dieu que nous *obtenions efficacement* ce que nous lui demandons, n'est-ce pas le prier que nous l'obtenions par une grace puissante? Une grace impuissante nous le feroit-elle obtenir?

2°. *Fideliter petere:* c'est demander avec foi. Or comme ces Oraisons se font au nom de l'Eglise, & que la foi de l'Eglise n'est pas une foi morte, mais une foi vive & animée de la charité, ainsi que S. Thomas l'enseigne en expliquant ces premiers mots du Symbole; *Credo in Deum*, on ne pouvoit mieux rendre le sens de ces paroles qu'en les traduisant, comme on a fait: *Accordez-nous, par une grace puissante, ce que nous demandons avec une vive foi.*

3°. Enfin, rien n'est plus insupportable que d'entendre un Promoteur proposer sérieusement, comme une bonne raison, de condamner un livre qui peut être aussi utile à une infinité de bonnes ames qu'est la traduction du Bréviaire, de ce qu'il y a quelques épithetes dans le françois qui ne sont pas dans le latin. Cependant c'est ce qu'il ne fait pas seulement en cet endroit, où ce qu'il reprend est en mêmes termes dans les Prieres chrétiennes; mais aussi en beaucoup d'autres. Car c'est son jargon ordinaire: *Cela n'est pas conforme au texte; c'est contre le texte: ce que le texte ne dit pas: n'est pas fidelle au texte: il n'est point dit dans le latin.* Et tout cela sur des bagatelles, qui devroient faire condamner toutes les versions qui ne seroient pas tout-à-fait barbares.

Mais pour faire sentir à M. Cheron le ridicule de cette chicanerie, il n'a qu'à l'appliquer aux Prieres chrétiennes. Car si on considere seulement la traduction des Hymnes, qui, étant en prose, a pu être beaucoup plus littérale que si elle étoit en vers, on verra si on n'auroit pas sujet de dire aussi souvent que l'Official: *Cela n'est pas dans le latin. Le texte ne dit pas cela:* & autres semblables pédanteries.

Hymne de l'Avent.

Qui condolens interitu *Mortis perire sæculum,* *Salvasti mundum languidum* *Donans reis remedium.*	Vous, qui, touché de compassion de voir périr la nature humaine, l'avez sauvée en apportant aux hommes malades & criminels, un remede *capable de guérir leurs plaies, & d'expier leurs offenses.*

Cette fin du françois, depuis le mot de *remede*, n'est point dans le latin.

I. CLAS. N°. XI.

Hymne pour les SS. Innocents.

Grex immolatorum tener. — Vous avez été comme de jeunes agneaux immolés *à ce divin Agneau.*

Il n'y a point dans le latin *à ce divin Agneau.*

Hymne pour les Rois.

Lavacra puri gurgitis
Cœlestis agnus attigit.

Jesus, le céleste Agneau, est baptisé dans les eaux du Jourdain, qu'il rend pures par l'attouchement de son corps.

Cette fin n'est point dans le texte.

Hymne pour la Passion.

Beata cujus brachiis
Sæcli pependit pretium.
Statera facta corporis
Prædamque tulit tartari.

Que tu es heureux d'avoir porté entre tes bras ce corps sacré, qui est la rançon du monde! Tu es la balance où cette rançon a été pesée, où par son poids elle a enlevé à l'enfer sa proie, *en satisfaisant abondamment pour les péchés des hommes.*

On en dit plus que dans le texte.

Le Veni Creator.

Accende lumen sensibus,
Infunde amorem cordibus,
Infirma nostri corporis
Virtute firmans perpeti.

Eclairez nos esprits de vos lumieres. Embrasez nos cœurs de votre amour: & fortifiez notre chair foible & fragile, par une vertu *que rien ne puisse jamais ébranler.*

Le latin ne dit point cela. Le mot *virtute perpeti*, ne signifie point *une* vertu que rien ne puisse ébranler. C'est fourrer la grace efficace où elle n'est pas.

Per te sciamus da Patrem
Noscamus atque Filium.

Donnez-nous une foi *vive & constante*, qui nous fasse croire, &c.

Il n'y a point dans le texte de *foi vive & constante.*

Hymne pour la Trinité.

Jam sol recedit igneus *Infunde lumen cordibus.*	Pendant que le soleil retire de dessus nous ses *rayons visibles*, répandez dans nos cœurs les rayons *invisibles de votre grace.*

Cette antithese de *rayons visibles* & *invisibles*, n'est point dans le texte, non plus que le mot de *grace.*

Hymne pour le S. Sacrement.

Præstet fides supplementum *Sensuum defectui.*	Qu'une foi *vive & lumineuse* supplée au défaut de nos sens.

C'est faire la même faute qu'au vingt-deuxieme Dimanche, où on avoit ajouté l'épithete de *puissante* au mot *de la grace*, & celui de *vive* au mot de foi. Car on a ajouté ici au mot de *foi* les deux épithetes de *vive* & *lumineuse.*

On n'a pris ces exemples que des seules Hymnes. On en trouveroit bien d'autres dans tout le reste du livre. Si donc ces vétilleries contre l'exactitude de la version du Bréviaire étoient recevables, on devroit aussi en prendre sujet de condamner les Heures chrétiennes ; & si on se contentoit de faire des cartons par-tout, où, suivant les idées de M. Cheron, elles se trouveroient aussi repréhensibles que le Bréviaire ; il en faudroit faire plus de quarante.

Des autres chicaneries contre la traduction du Bréviaire.

Tout ce que M. l'Official a marqué en particulier comme digne de Censure, dans le Bréviaire traduit en françois, se réduit à dix ou onze misérables chicaneries, dont nous avons déja réfuté les cinq premieres. Et on n'aura plus de peine à réfuter les cinq ou six autres.

Sixieme & septieme Chicanerie.

La sixieme consiste, en ce qu'en traduisant deux hymnes, on a mis dans l'une *grace invincible*, & dans l'autre *la force invincible de la grace.*

La septieme, en ce qu'on a affecté, à ce qu'il dit, *de faire entrer par-tout la grace efficace*, *par des traductions fausses ou forcées.*

Réponse. Si des Sociniens, ou des Trembleurs avoient eu à critiquer

I. CLAS. N°. XI.

cette traduction du Bréviaire, on ne s'étonneroit pas qu'ils fissent un crime au Traducteur de parler tant de *grace efficace*, & de l'apppeller *invincible*. Car ces nouveaux hérétiques n'ayant, d'une part, que des idées pélagiennes de la grace & du libre arbitre, & n'ayant de l'autre, aucune déférence ni à ce que l'Eglise a décidé pour établir les vérités de la grace, si opposées aux sentiments de l'orgueil humain, ni à ce que les Peres en ont écrit pour les éclaircir; on n'auroit pas lieu de trouver étrange, qu'ils fussent choqués des mots de *grace efficace* & de *grace invincible*; qui ne se peuvent accorder avec leurs erreurs. Mais que, dans l'Eglise Catholique, un Official de Paris prenne ce même prétexte pour condamner le Bréviaire Romain traduit en françois, c'est un excès, ou d'ignorance ou de hardiesse, tout-à-fait inconcevable.

Qu'on nous dise donc sur quoi peut être fondée cette nouvelle défense faite aux Catholiques, de ne plus tant parler de grace efficace, & de ne plus croire qu'elle est invincible? Est-ce que ce qui s'est enseigné jusques-ici dans les plus célebres Ecoles Catholiques, & par plusieurs Ordres entiers de Religieux, aussi-bien depuis, qu'avant les Constitutions d'Innocent & d'Alexandre, & à Rome comme ailleurs, est devenu tout d'un coup digne de Censure? Faudra-t'il donc que, depuis le jour de Pâques dernier, que cette fameuse Sentence fut affichée dans tous les carrefours de Paris, & publiée dans toutes les Paroisses, on regarde la doctrine de S. Augustin touchant la grace efficace, comme tellement déchue de ce degré d'autorité où tant de Papes & de Conciles l'avoient élevée, & comme devenue si méprisable, que ce soit maintenant un moyen sûr de se faire condamner, que de la suivre?

Car quand on n'auroit lu, de tous les ouvrages de S. Augustin, que le seul livre de la Correction & de la Grace; pour peu qu'on ait de bon sens, il n'est pas possible que l'on ne demeure convaincu, que la grace que ce Saint y défend, en combattant pour l'Eglise contre les Pélagiens & les Sémipélagiens, & sans laquelle il déclare d'abord (*a*) que l'on ne peut faire aucun bien, soit de pensée, soit de volonté, soit d'action, est la grace (*b*) qui ne fait pas seulement connoître ce que l'on doit faire, mais qui fait faire avec amour ce que l'on connoît: que c'est la

(*a*) Intelligenda est gratia Dei per Jesum Christum Dominum nostrum quâ solâ homines liberantur à malo, & sine qua nullum prorsus sive cogitando, sive volendo & amando, sive agendo faciunt bonum.

(*b*) Non solùm ut monstrante ipsa quid faciendum sit sciant, verùm etiam, ut præstante ipsa faciant cum dilectione quod sciunt.

la grace (*c*) que n'ont point reçue ceux qui ne font pas le bien ; ou en ne le faisant point du tout, ou en ne le faisant point avec amour : que c'est la grace (*d*) *que l'Apôtre nous a marquée quand il dit : que c'est Dieu qui produit en nous, & le vouloir & le faire, selon qu'il lui plaît* : que c'est la grace que *Jesus Christ* donne aux hommes depuis leur chûte, bien différente de celle que Dieu avoit donnée aux Anges & au premier homme avant sa chûte : (*e*) *parce que celle d'Adam étoit* soumise à son *libre arbitre, ne le faisant pas vouloir, mais étant telle qu'il pouvoit ne s'en point servir quand il ne le vouloit pas, & qu'il s'en servoit quand il le vouloit* : au lieu que, par la grace du Médiateur, (*f*) que Dieu a réservée à ceux que le péché avoit rendu foibles, *il fait* invinciblement *qu'ils veulent le bien, & qu'*invinciblement *ils ne veulent point s'en détourner*. D'où ce Saint conclut : *Subventum est igitur infirmitati voluntatis humanæ, ut divinâ gratiâ* indeclinabiliter & insuperabiliter *ageretur*, chap. 12.

Comme il est très-clair que c'est-là certainement la véritable doctrine de S. Augustin, ce que dit cette Sentence contre la *grace invincible*, & contre *l'affectation de parler si souvent de la grace efficace*, est comme si M. Cheron nous avoit dit gravement : *On demeure d'accord ; que, non seulement tous les Peres & tous les Docteurs, qui sont venus depuis S. Augustin, mais les Papes mêmes, & les Assemblées des autres Evêques, ont tenu sa doctrine touchant la grace pour certaine & pour Catholique, & qu'ils ont cru que c'étoit une suffisante preuve de la vérité d'un sentiment, de savoir que ce Saint l'avoit enseigné*. Et on ne peut douter aussi que ce Saint n'ait parlé par-tout de la grace efficace, & qu'il ne l'ait appellée invincible. Cela est vrai. Mais de certaines gens, dont la volonté me sert de loi, ne trouvent pas bon que *l'on parle si souvent de la grace efficace*, ni qu'on l'appelle *invincible*. Je déclare donc, que c'est une des principales raisons qui m'a fait condamner le Bréviaire traduit en françois ; & je vous avertis, que si quelqu'un est si hardi que de me désobéir, j'implorerai le bras séculier ; c'est à dire, qu'il doit s'attendre d'être proscrit, emprisonné, ou relégué aux extrémités du Royaume.

Le P. Petau. Dogm. Théol. t. 1. l. 9. cap. 6.

(*c*) *Qui non agunt quod agere debent, sive omninò non faciendo, sive non ex charitate faciendo, orent, ut* quod nondum habent *accipiant*. cap. 2.

(*d*) His verbis usus est Apostolus ubi ait : cum timore & tremore vestram ipsorum salutem operamini. Et ostendens quare cum timore & tremore, ait : Deus est enim qui operatur in vobis & velle & operari pro bona voluntate. cap. 9.

(*e*) Nec ipsum (Adamum) Deus esse voluit sine sua gratia quam reliquit in ejus libero arbitrio..... Tale quippe erat adjutorium quod desereret cum vellet, & in quo permaneret si vellet, non quo fieret ut vellet. cap. 10.

(*f*) Infirmis servavit, ut ipso donante invictissimè quod bonum est vellent, & hoc deserere invictissimè nollent. cap. 12.

I. Clas. N°. XI. sans forme ni figure de procès, par une bonne Lettre de cachet, qui est la voie courte & abrégée dont se servent aujourd'hui, pour maintenir leur domination absolue, ceux qui se sont rendu les maîtres des affaires ecclésiastiques.

Mais encore, M. Cheron, ne sera-t-il point permis de vous faire quelque remontrance sur un si terrible arrêt? On sait que le P. Amelotte a toujours été dans les bonnes graces de M. l'Archevêque d'àprésent, aussibien que de son Prédécesseur: on sait qu'il a toujours eu des liaisons fort étroites avec les Nonces de Sa Sainteté: on sait enfin avec combien de zele il s'est déclaré anti-Janséniste dans la question de fait. Il a donc eu tout sujet de croire qu'on ne le tiendroit jamais pour suspect du prétendu Jansénisme. Or voici comme il parle dans le livre qu'il a fait pour la Défense des Constitutions.

Il se plaint, dans l'Avant propos, de certains esprits de travers, à qui presque tous les discours de la grace sont suspects, & qui, par un aveuglement déplorable, regardent comme des erreurs tout ce qu'on dit de sa force & de sa toute-puissance. *Ce n'est pas seulement*, dit-il, *le nom de S. Augustin que l'on veut rendre suspect; ce sont presque tous les disours de la grace: & il suffit aujourd'hui que quelqu'un parle de sa* toute puissance, *& des foiblesses de l'homme, pour être considéré par des personnes en cela très-*malheureuses, *comme un pernicieux hérétique.* Et dès l'entrée du livre.
„ Ce n'est pas pour obscurcir la gloire de la grace, ni pour m'opposer à sa souveraine puissance, que j'entreprends ce difficile ouvrage.
„ C'est plutôt pour adorer l'auteur de la grace, & pour révérer, par mes louanges & par mon amour, ses ineffables opérations dans nos ames. Je ne suis pas si hardi que de préférer en aucune matiere, & beaucoup moins en celle-ci, mon foible jugement à celui du grand S. Augustin, lequel Dieu n'a pas rendu moins admirable par la lumiere qu'il lui a donnée pour pénétrer dans les secrets de la grace, que par les flammes dont le divin Esprit a embrasé son cœur. Qui ne sait que ce luminaire, placé par *Jesus Christ* dans le ciel de l'Eglise, pour dissiper les ténebres de toutes les hérésies de son temps, principalement celle de Pélage, enseigne que la grace n'est pas une simple chaleur de la volonté; mais *un feu & un embrasement du Saint Esprit?*
„ qu'elle ne nous prête pas seulement quelque secours; mais *qu'elle nous donne des forces très-efficaces, & qu'elle nous fait faire les saintes actions?*
„ qu'elle n'attendrit pas seulement le cœur, mais *qu'elle en ôte encore toute la dureté; & qu'au lieu d'un cœur de pierre, elle nous en forme un de chair; c'est-à-dire, soumis & obéissant?* qu'elle ne presse pas seulement les pécheurs, comme des ennemis qui lui tiennent tête, & lui dispu-

„ tent l'avantage; mais *qu'elle les convertit avec une facilité toute puis-*
„ *sante; qu'elle les pousse & les entraîne, se rendant maîtresse & victo-*
„ *rieuse de leur infirmité par une force invincible, & qui n'est jamais*
„ *arrêtée par aucun obstacle: & qu'elle a un pouvoir tout-puissant pour*
„ *faire pancher les cœurs du côté qu'il lui plait?* qu'elle ne remporte pas
„ seulement la victoire sur les ames rebelles en quelques occasions singu-
„ lieres & extraordinaires; mais *que, lors même que Jerusalem n'a pas*
„ *permis à ses enfants qu'elle les recueillit, elle a recueilli ceux qu'il lui a*
„ *plu, par cette puissance, par laquelle elle ne fait pas seulement de cer-*
„ *taines choses, mais tout ce qu'elle veut au ciel & en la terre? que lors-*
„ *qu'elle desire de sauver un homme, il n'y a point de liberté qui lui ré-*
„ *siste; parce qu'elle fait ce qu'il lui plaît de ceux mêmes qui font ce qui*
„ *ne lui plaît pas? qu'elle tient plus les volontés des hommes en sa main,*
„ *qu'ils ne les tiennent eux-mêmes; & qu'il n'y a point de cœur si endurci*
„ *qui la rejette, parce qu'elle est donnée pour ôter, avant toutes choses,*
„ *la dureté du cœur?*" Combien cela est-il plus fort que tout ce qu'on a pu trouver dans le Bréviaire traduit en françois, en faveur de l'efficacité de la grace.

Il ne fiéroit pas mal d'ajouter à tout cela l'autorité d'un Jésuite: car, outre qu'ils ne sont pas soupçonnés de trop donner à la grace, M. l'Official ne seroit pas d'humeur à les vouloir censurer. Dans le Bréviaire latin & françois, ces deux vers latins de l'Hymne de Tierce: *Dignare promptus ingeri nostro refusus pectori*, sont traduits par ces deux vers françois; *Regne au fond de nos cœurs par la force invincible, de tes charmes si doux:* ce que l'Official dit *n'être pas conforme au texte; & que, n'étant pas bien expliqué, il peut avoir un mauvais sens.* Or voici comme le P. Simon le Bossu, Jésuite, a traduit en prose, ces deux mêmes vers latins, dans des Heures françoises & latines, dont quelques exemplaires de la même édition sont dédiés au Roi, & d'autres à la Reine: *Entrez & regnez au fond de nos cœurs par votre force également invincible & charmante.* Ces Heures sont approuvées par deux Docteurs de la Faculté, qui n'ont pas été si ignorants que de trouver que cela devoit être corrigé, comme *n'étant pas conforme au texte, & parce que, n'étant pas bien expliqué, il pourroit avoir un mauvais sens.*

Je pensois en demeurer là. Mais je crois devoir dire encore quelque chose sur ce reproche particulier, que l'on *a fourré par-tout la grace efficace, par des versions ou fausses ou forcées.* Je ne m'arrête pas à cette exagération maligne, qu'on *a fourré par-tout la grace efficace.* Je veux bien que cela signifie seulement qu'on a trop affecté de l'y mettre, & que ç'a été souvent lorsqu'elle n'y devoit pas être. Mais afin que cela eût quelque fondement, il faudroit que l'Eglise demandât à Dieu d'autres graces que les efficaces, & qu'elle en demandât quelquefois de purement suffisantes, distinguées des efficaces, telles que sont celles que les Thomistes disent ne donner qu'un pouvoir séparé de l'effet, & qui n'ont jamais cet effet, à l'égard duquel on les appelle suffisantes & non efficaces; ou celles que les Jésuites nomment incongrues, & qui n'ont aussi jamais d'effet. Or, selon l'un & l'autre de ces sentiments, c'est une absurdité manifeste, que l'Eglise demande jamais à Dieu d'autres graces que les efficaces.

1°. La raison générale, qui convient à la doctrine de ces deux Ecoles, est, que l'Eglise se croit exaucée quand Dieu lui a accordé ce qu'elle lui a demandé. Or quand l'Eglise demande à Dieu la conversion d'un pécheur, elle ne croit point avoir été exaucée, tant que ce pécheur n'est point converti. Ce qu'elle avoit donc demandé à Dieu est, qu'il le convertît effectivement par la puissance de sa grace, qui est ce qu'on appelle la grace efficace.

2°. Cela est clair aussi dans le sentiment des Thomistes; parce que c'est une suite évidente de leur dogme capital, *que la grace efficace par elle-même est absolument nécessaire à toute action de piété.* Car quand un fidele demande à Dieu, dans ses prieres, la grace de faire quelque bien, d'être sobre, d'être patient, d'être charitable envers les pauvres, il lui demande la grace qui lui est nécessaire pour faire ce bien. Or la grace qui lui est nécessaire pour faire ce bien est la grace efficace par elle-même. C'est donc la grace efficace par elle-même, que, selon la doctrine de cette Ecole, chaque fidele demande dans ses prieres; & à plus forte raison l'Eglise priant en corps, comme elle fait dans ses Offices.

3°. C'est ce qui est encore en quelque sorte plus aisé à prouver dans la doctrine des Peres Jésuites. Car on doit prendre pour leur doctrine, celle que leurs Généraux, à qui ils se sont obligés d'obéir comme à *Jesus Christ* même, leur ordonnent d'enseigner. Or, selon le célebre Décret de leur Général Claude Aquaviva, du 14. Décembre 1613, renouvellé & confirmé par le Général François Picolomini, l'an 1651, il y a deux sortes de graces: l'une efficace, qui ne manque point d'avoir son effet, *gratia quæ effectum reipsâ habet, atque efficax dicitur:* & l'autre *qu'on appelle suffisante.* Et on ne peut pas prétendre qu'ils ne distinguent ces deux graces que par l'événement, comme si l'efficace étoit celle qui a son effet *ex usu liberi arbitrii;* & la suffisante, celle qui ne l'a pas, *ex eodem usu liberi arbitrii.* Car c'est ce que ces Généraux rejettent expressément, & qu'ils ne veulent pas qu'on enseigne dans leurs Ecoles. *Que nos Professeurs*, disent-ils, *enseignent à l'avenir, que la différence entre la grace qui a son effet, qui est la grace efficace, & celle qu'on nomme suffisante*, *n'est pas seulement dans l'acte second*, in actu secundo; *en ce que l'une auroit son effet par l'usage du libre arbitre*, *en supposant même que ce n'est pas sans la grace coopérante*; *& que l'autre*, *qu'on appelle suffisante*, *n'auroit pas d'effet*; *mais qu'il y a encore entre elles une différence dans l'acte premier*, in actu primo: c'est-à-dire, qu'il y a, dans l'une, quelque chose d'où il s'ensuit infailliblement qu'elle aura son effet; ce qui n'est pas à l'égard de l'autre.

Or voici comme ils expliquent cette différence, *in actu primo*. C'est, disent-ils, *que supposé la science conditionnelle*, *Dieu*, par un Décret absolu, & une intention efficace *de nous faire faire très-certainement un tel bien*, *choisit exprès les moyens qui y sont propres*, *& nous les donne en la maniere & dans le temps où il prévoit qu'ils auront* infailliblement *leur effet*; *au lieu qu'il en auroit pris d'autres*, *s'il avoit prévu que ceux-là ne dussent pas être efficaces*.

Tout le bien qui se fait par la grace, se faisant donc par la grace efficace, il s'ensuit deux choses. La premiere; que, selon ce Décret des Généraux de la Compagnie, nous ne faisons aucun bien qui regarde le salut, que lorsque Dieu, par un *dessein exprès*, & une *intention efficace*, veut que très-certainement nous le fassions. L'autre; qu'il ne peut jamais arriver que la grace appellée suffisante nous aide à faire le bien, puisque c'est celle qu'ils appellent *incongrue*, qui est donnée dans des circonstances dans lesquelles Dieu a prévu, par sa science conditionnelle, qu'elle n'auroit point d'effet; de sorte que, selon les Théologiens de la Compagnie, elle ne sert à ceux à qui elle est donnée qu'à les rendre plus coupables; parce qu'ils se sont imaginés, contre toute l'antiquité, que l'homme, depuis la corruption de la nature, a besoin de grace, afin que Dieu lui puisse imputer à péché de ce qu'il n'observe pas ses commandements.

Il est donc certain, que, selon la Théologie même des Jésuites, ni les fideles en particulier, ni les Eglises priant en corps, n'ont jamais demandé à Dieu que la grace dont il est dit dans ce Décret d'Aquaviva, *gratia efficax quæ reipsâ effectum habet.* Car ce seroit la derniere des absurdités, de vouloir qu'ils se fussent avisés de lui demander l'autre grace, que ce Décret dit qu'on appelle suffisante, *quam sufficientem nominant*; qui, ne faisant jamais observer les commandements de Dieu fait seulement, selon les Jésuites, que les péchés sont imputés à ceux qui, ayant cette grace, manquent de les observer; au lieu que s'ils ne l'avoient pas eue, ils n'auroient pu être condamnés de Dieu pour les crimes qu'ils auroient commis.

Puis donc qu'il est constant, comme on vient de le montrer, que, selon tous les Théologiens qui ne se sont pas entiérement déclarés pour

I. CLAS. N°. XI.

le Pélagianisme, comme ont fait les Sociniens ou les Trembleurs, c'est la grace efficace, la grace de la nouvelle Alliance, qui nous fait marcher dans les commandements de Dieu, comme l'ont prédit les Prophetes, & par laquelle Dieu *produit en nous le vouloir & le faire*, comme dit S. Paul: que c'est, dis-je, la grace efficace que l'Eglise demande à Dieu par ses prieres, & qu'il est ridicule de s'imaginer qu'elle lui demandât une grace qui n'a jamais aucun effet, telle qu'est la grace incongrue des Ecoles de la Compagnie. On ne peut entendre que cette grace, partout où il est parlé de grace dans les prieres de l'Eglise: &, par conséquent, il n'y eut jamais de reproche plus mal fondé que celui que fait l'Official au Traducteur du Bréviaire, *d'y avoir fourré par-tout la grace efficace, par des versions fausses ou forcées.*

On s'étoit contenté de repousser en général une accusation si indigne d'un Chrétien, & si injurieuse à la grace de Jesus Christ, sans s'être donné la peine d'examiner les endroits sur lesquels il la fonde; qui sont, à ce qu'il dit, *l'Hymne du Dimanche à Matines, celles de la Férie seconde & de la Férie quatrieme à Laudes, celle de la Férie sixieme à Vêpres, celle du temps Paschal, & celle du jour de la Trinité à Matines.* Je les viens de voir; & je ne puis dire combien j'ai été surpris d'une si effroyable hardiesse. Car, bien loin qu'on ait affecté de fourrer dans toutes ces Hymnes la *grace efficace*, il n'y en a que deux où le mot de grace se trouve: celle de Laudes au temps de Pâques, où il y a seulement,

Quand ta grace brisa la chaîne volontaire
Qui lioit notre cœur.

Et celle de la Trinité à Matines; où ce qui en est dit est si chrétien, que je ne sais si Pélage même n'auroit point eu honte d'y trouver à redire.

Que ta grace en nous agissante,
Réveille nos esprits, anime notre foi:
Et que l'ame en ses dons humble & reconnoissante,
Te rende tous les biens qu'elle a reçus de toi.

J'ai remarqué aussi que c'est des Heures de Port-Royal qu'a été prise la traduction de cette Hymne de la Trinité, & de presque toutes les autres, comme aussi celle de Tierce, où il est dit:

Du Pere & de son Verbe Esprit indivisible,
Viens du Ciel, entre en nous;
Regne au fond de nos cœurs par la force invincible
De tes charmes si doux.

Et c'eſt à quoi il n'y a que des Sociniens, qui nient la divinité du S. Eſprit, qui puiſſent trouver à redire. Car ce n'eſt point à la grace ſimplement, mais au S. Eſprit qu'on attribue la force invincible de gagner les cœurs par ſes doux attraits. Or cela ſe peut-il nier du S. Eſprit ſans impiété?

I. CLAS. N°. XI.

Auſſi nous ne voyons point, que, depuis plus de quarante ans, que les Heures de Port-Royal ſont entre les mains de tout le monde, s'en étant imprimé plus de ſoixante mille exemplaires, perſonne ſe ſoit aviſé de dire, qu'on y avoit parlé trop fortement de la grace, non pas même les Jéſuites, qui employerent d'abord tant d'intrigues & tant de méchants écrits pour les décrier. Et après tout on ne trouvera rien dans les Heures de Port-Royal de plus fort ſur la grace que l'Egliſe demande à Dieu dans ſes prieres, que ce que l'Egliſe de Paris dit à Dieu dans l'Hymne de la Trinité, de ſon Nouveau Bréviaire, approuvé & autoriſé ſi ſolemnellement par M. l'Archevêque.

Da poſſe quod jubes Pater,
Da ſcire Fili quod doces,
Fac corde toto, Spiritus,
Nos velle quod probas bonum.

Pere Eternel, donnez-nous de pouvoir faire ce que vous nous commandez. Dieu le Fils, donnez-nous de connoître ce que vous enſeignez. S. Eſprit, faites-nous vouloir, de tout notre cœur, le bien que vous approuvez.

On ſait aſſez, que, quoiqu'on attribue au Pere ce qui regarde la puiſſance, au Fils ce qui regarde la connoiſſance, & au S. Eſprit ce qui regarde l'amour & la volonté, il eſt certain néanmoins que ce que Dieu fait au dehors, ſe fait inſéparablement par les trois Perſonnes. On voit donc par cette Hymne, que la grace que l'Egliſe demande à Dieu dans ſes prieres, eſt celle qui donne ce pouvoir, que S. Auguſtin appelle *poſſibilitatem cum effectu;* puiſque c'eſt un pouvoir de faire le bien, accompagné de la connoiſſance de ce bien que l'on doit faire, & de la pleine & entiere volonté de le faire. Car il eſt indubitable que nous n'avons pas ſeulement un pouvoir ſtérile de faire le bien, mais que nous le pouvons faire, & que nous le faiſons effectivement, quand la grace nous le fait connoître, & que la même grace fait que nous le voulons faire de tout notre cœur.

L. d & c. 4

Tout cela fait voir qu'on a pris le deſſein de condamner la traduction du Bréviaire, avant que de s'être enquis s'il y avoit rien de condamnable. On y a cherché depuis quelque choſe à cenſurer, & Dieu

I. CLAS. N°. XI.

a permis, par un juste jugement, qu'on y ait si mal rencontré, qu'il faudroit condamner tout le genre humain de stupidité & d'ignorance, pour croire que l'Official de Paris ait bien réussi dans ses ridicules condamnations.

Huitieme Chicanerie.

Cette chicanerie consiste en ce que dit la Sentence : *Que l'Auteur de la traduction du Bréviaire n'a pas trouvé bon, dans les Hymnes où se trouve le mot de* Rédempteur de tous, *d'y mettre le mot de* tous, *& de les traduire selon le sens le plus naturel de la lettre.*

La réponse à cette frivole objection est une suite naturelle de ce que je viens de dire des Heures de Port-Royal. Rien n'en a été plus estimé que la traduction en vers des Hymnes de l'Eglise. Et comme c'étoit le même Libraire qui vendoit ces Heures, qui avoit obtenu le Privilege pour le Bréviaire, il n'avoit garde de trouver mauvais que le Traducteur y mît la même traduction des Hymnes qui sont dans les Heures, en y ajoutant celle des Hymnes qui n'y sont pas. C'est ce qu'a fait M. le Tourneux, sans avoir peut-être su, ou sans avoir dû s'en mettre en peine, quand il l'auroit su, que les Jésuites ont fait autrefois beaucoup de bruit, de ce qu'en deux ou trois de ces Hymnes, le mot de *Rédempteur de tous*, qui est dans le latin, ne se trouve pas dans le françois. Il y a plus de quarante ans que cette vaine accusation des Jésuites a été tellement ruinée par des écrits sans réponse, que le public s'en est moqué, & qu'ils ont été contraints de se taire. On leur fit voir dès ce temps-là, qu'ils prétendoient sottement, que, dans une traduction de quatre vers latins en quatre vers françois, tout ce qui est dans le latin dût être dans le françois; parce qu'étant géné comme on l'est par la mesure, par la rime, & par le tour du françois, qui est plus long que celui du latin, cela est souvent impossible, quand même on voudroit bien se résoudre à faire des vers aussi méchants & aussi ridicules que ceux du Pere Adam, Jésuite : Que rien, d'ailleurs n'étoit plus injuste, que ce que supposoient les Jésuites, qu'on n'avoit pas mis cette épithete de *Rédempteur de tous* en la traduction de ces deux Hymnes; parce qu'on ne croyoit pas que Jesus Christ fût le Sauveur & le Rédempteur de tous les hommes; puisqu'on l'avoit mis dans celle du *Te Deum*, quoiqu'elle ne soit pas dans le latin.

Tu n'as pas dédaigné, pour sauver tout le monde,
D'entrer dans l'humble sein d'une Vierge féconde.

Et

Et que, sans que rien y obligeât, on avoit mis dans des Regles de la vie chrétienne tirées de l'Ecriture, ce passage de S. Paul 2. Cor. 5. *L'amour de Jesus Christ nous presse, considérant que si un seul est mort pour tous, donc tous sont morts: Et Jesus Christ est mort pour tous, afin que ceux qui vivent ne vivent plus pour eux-mêmes, mais pour celui qui est mort & ressuscité pour eux.*

C'est par la même raison, qu'on voit le peu de fondement qu'a eu M. l'Official de faire le même reproche au Traducteur du Bréviaire. Car outre qu'il a donné à *Jesus Christ* la qualité *de Sauveur de tout le monde*, dans la traduction du *Te Deum*, qu'il a prise des Heures de Port-Royal, l'Hymne de Laudes, pour les Confesseurs Pontifes, qui commence par *Jesu Redemptor omnium*, n'étant pas traduite dans ces Heures, parce qu'on n'y avoit traduit du commun que les Hymnes de Vêpres, il l'a traduite en ces vers, qui marquent cette vérité

> *Jesus*, de l'Univers, rançon inestimable,
> *Gloire des Saints Prélats brulants de ton amour*,
> *Prête une oreille favorable*
> *Aux vœux que notre espoir t'offre en cet heureux jour.*

Le reste de cette hymne est si beau, aussi-bien que toutes les autres, que le public n'aura pas sujet de savoir gré à M. l'Official de l'avoir voulu priver du fruit qu'il pouvoit tirer d'un si excellent ouvrage.

Neuvieme Chicanerie.

Sentence. *Que, dans les Leçons tirées des Epitres de S. Paul, & qui se disent après Noël, quoique le Traducteur ait voulu paroître s'éloigner de la Version du Nouveau Testament de Mons, défendue dans ce Diocese, néanmoins, sa traduction en approche de plus près que les dernieres éditions de Mons n'approchent des premieres; &, par ce moyen, il veut introduire cette Version nonobstant les défenses.*

Réponse. Il est difficile de trouver du sens & de la raison dans ce discours entortillé.

1°. Pourquoi ne parler que des Epitres de S. Paul, comme si le Bréviaire ne contenoit pas des leçons tirées de toutes les autres parties du Nouveau Testament, hors les Evangiles. Il semble que ces remarques aient été faites par un homme qui ne dit pas son Bréviaire. Et il y a encore d'autres conjectures qui le pourroient faire croire.

I. CLAS. N°. XI.

2°. La Version de Mons s'est toujours vendue publiquement dans Paris. Elle y est entre les mains d'une infinité de personnes, & il n'y en a point qui la veuillent avoir qui ne l'aient sans peine. Y eut-il donc jamais une plus grande chimere, que d'attribuer au Traducteur du Bréviaire, le dessein d'introduire cette version dans Paris, en traduisant divers endroits des Epîtres de S. Paul d'une maniere qui en approche? Comme s'il n'étoit pas incomparablement plus aisé, & de moindre dépense, à ceux qui voudroient lire les Epîtres de S. Paul de la Version de Mons, d'acheter un Nouveau Testament, qu'on peut avoir pour moins d'un écu, que d'acheter un Bréviaire en quatre tomes, qui en couteroit plus de neuf ou dix.

3°. Ayant dit que le Traducteur a voulu paroître s'éloigner de la Version du Nouveau Testament de Mons, au lieu de nous dire s'il s'en est ou non effectivement éloigné, il nous paye de ce galimatias, *que sa traduction en approche de plus près que les dernieres éditions de Mons n'approchent des premieres.* Et on ne sait s'il prend cela pour un sujet de blâme ou de louange. Ce pourroit être, selon lui, un sujet de louange; parce que l'on pourroit avoir changé, dans ces dernieres éditions de Mons, ce qu'on auroit trouvé à redire dans les premieres. Que s'il le prend pour un sujet de blâme, il n'a qu'à comparer les dernieres éditions de la traduction du P. Amelotte avec les premieres, & il verra, que ce Pere y a bien fait d'autres changements qu'on n'en a fait à celle de Mons.

4°. Ce qui est plus important est, qu'on suppose comme une vérité constante, que la Version de Mons est défendue dans le Diocese de Paris, quoique tout Paris soit persuadé du contraire, en voyant, que, depuis près de vingt années, elle y est lue sans scrupule par toutes sortes de personnes, comme dans tout le reste de la France. On sait bien que, dans la plus grande chaleur des contestations, M. de Perefixe fit deux Ordonnances pour la supprimer; mais on sait bien aussi, que cela fut si mal reçu, que, depuis la paix de l'Eglise, il n'insista plus à les faire exécuter. Et pour M. l'Archevêque d'àprésent, il est bien certain qu'il ne l'a point défendue depuis qu'il est à Paris, & qu'il ne l'auroit pu faire que par une légéreté qui ne lui auroit pas fait honneur; puisque pendant plus de trois ans qu'il a été Archevêque de Rouen depuis la publication de ce livre, on ne l'a jamais pu engager à rien faire pour le flétrir, quoiqu'il en eût été extrêmement sollicité par M. de Perefixe. Auroit-il manqué d'en défendre la lecture s'il l'avoit crue dangereuse? Et de ce qu'il a résisté aux prieres qu'on lui en faisoit, n'est-ce pas une preuve qu'il ne les croyoit pas justes?

Il en arriva de même à M. le Cardinal Antoine Barberin, Archevêque de Rheims. On avoit gagné le Jésuite son Confesseur, qui lui fit un Mandement, qui avoit pour titre: *La condamnation de la version du Nouveau Testament & des Epitres de S. Paul par M. le Cardinal*, &c. Le reste de l'ouvrage étoit aussi impertinent que le titre. Mais il ne fut point publié, & toute l'impression fut supprimée.

I. CLAS. N°. XI.

Pour ce qui est de l'Arrêt du Conseil du 22. Novembre 1667; n'étant fondé que sur ce qu'on avoit fait croire à Sa Majesté, que les personnes qui *étoient censées avoir composé cette version, étoient notoirement desobéissantes à l'Eglise*, la paix de l'Eglise de l'année suivante, ayant dissipé ces soupçons mal fondés, & Sa Majesté leur ayant fait la justice de n'avoir plus d'eux cette pensée, cet Arrêt est demeuré sans exécution, & on n'a jamais cru depuis, que la volonté du Roi fût qu'on y eût aucun égard. Si cela n'étoit constant, les Magistrats de la ville de Lyon auroient-ils donné permission, comme ils ont fait, d'imprimer le Nouveau Testament de Mons, avec toutes les marques de l'autorité publique, & le Conseil l'auroit-il souffert?

En voici encore une autre preuve. En 1678, les Jésuites voulant porter le Parlement d'Aix, où ils ont beaucoup de pouvoir, à donner un Arrêt pour défendre le cours de cette version, ils ne trouverent point d'autre moyen de l'y engager, que de lui représenter, qu'il ne feroit en cela que ce que le Roi avoit fait par un Arrêt du Conseil. Mais ils virent bien que l'Arrêt de 1667. n'étoit pas propre à les faire entrer dans la proposition qu'on leur faisoit, parce que la circonstance du temps leur feroit juger, qu'il ne pouvoit servir de modele à celui que l'on vouloit tirer d'eux. C'est pourquoi ils le transformerent en un nouvel Arrêt, qu'ils feignirent avoir été donné, non en 1667; mais en 1677, le même jour 22. Novembre. C'est ce que porte l'énoncé de cet Arrêt, dans les imprimés qu'ils en ont répandus par-tout. Et afin qu'on ne croie pas que ce soit une faute d'impression, on fit écrire en ce temps-là, à un Ecclésiastique d'Aix, pour le prier de voir comme il y a dans l'original, qui est dans les Registres du Parlement; & il répondit qu'il l'avoit vu, & qu'il y a bien écrit *mil six cent soixante & dix-sept*, & non pas *mil six cent soixante & sept*. Et le premier Président de ce Parlement étant venu à Paris bientôt après, il avoua à un Ecclésiastique de ses Parents, qu'ils avoient cru de bonne foi que cet Arrêt étoit de l'année précédente 1677. Voilà quelle est la sincérité de ceux qui ne pensent qu'à décrier les personnes qu'ils n'aiment pas, & avec quelle conscience ils osent imposer à un Parlement, pour l'engager à favoriser leur jalousie.

Tout cela fait voir avec combien peu de raison on accuse le Traducteur du Bréviaire d'avoir voulu introduire à Paris la Version de Mons, défendue dans le Diocese ; puisque d'une part, ç'auroit été une pensée folle, de croire que c'étoit un bon moyen de l'introduire, de mettre quelques petites parties des livres du Nouveau Testament d'une traduction qui approchât de celle-là, répandues en divers endroits du Bréviaire ; & que, de l'autre, ni lui, ni aucune personne raisonnable, n'a dû supposer que cette version fût défendue dans le Diocese de Paris.

Dixieme Chicanerie.

Sentence. „ Dans la troisieme Leçon du Samedi des quatre-temps de „ Septembre, il traduit ces paroles : *Quorumdam pravorum mentes nec* „ *inspirata lex naturalis corrigit, nec præcepta erudiunt, nec Incarnatio-* „ *nis ejus miracula convertunt* : Qu'il y a une infinité d'hommes que „ l'impression de la loi naturelle n'a pu corriger, ni la connoissance des „ préceptes n'a pu instruire, ni les miracles de l'Incarnation n'ont pu „ convertir. Or le mot de *quelques-uns*, comme il est porté dans le latin, „ ne signifie pas *une infinité* ; & il n'est point dit dans le latin, que ces „ gens-là n'ont pu être ni corrigés, ni convertis, mais ne l'ont point „ été. Dire qu'ils ne l'ont pu, c'est leur ôter toute grace suffisante pour „ éviter le péché & pour en sortir.

Réponse. On reprend deux choses dans la traduction de ce passage de S. Grégoire. La premiere n'est qu'une vétille. Car le mot de quelques personnes *quorumdam*, pouvant quelquefois ne marquer que peu de personnes, & d'autres fois un fort grand nombre de personnes ; ce qui s'appelle une infinité : c'est par-là qu'on doit juger s'il y a faute ou non dans cette traduction. Or il y a une infinité d'hommes, c'est-à-dire un très-grand nombre, que la loi naturelle n'a point corrigés, que la loi écrite n'a point rendus meilleurs, & que les miracles de *Jesus Christ* n'ont point convertis : & c'est de quoi S. Grégoire n'a point douté. On a donc pris le sens de ce Pape en traduisant comme on a fait ces premiers mots.

Il en est de même de la seconde chose que l'on reprend. Car c'est ignorer les plus communes façons de parler que de ne pas convenir, qu'on entend la même chose quand on dit, *qu'il y a une infinité de personnes que la loi naturelle n'a pas corrigés*, ou, *qu'elle n'a pu corriger*. Tout le monde parle de la sorte. On dit d'un homme débauché, qu'on a pressé de changer de vie, on a eu beau le prêcher, on *n'a pu* le retirer de ses débauches. On dit d'un jeune frippon ; on a eu beau le reprendre & le châtier, on *n'a pu* le corriger de ses fripponneries : d'un huguenot opiniâtre ; on l'a fait parler à toutes sortes d'habiles gens, on *n'a pu* le convertir, & on *n'a pu* même obtenir de lui qu'il les écoutât : d'un homme cruellement offensé; quoi qu'on lui ait dit, on *n'a pu* lui faire quitter le dessein qu'il a pris de se venger. Et il dira de lui-même, qu'il *ne peut* se résoudre à ne se point ressentir d'un si grand affront.

On dit au contraire d'un bon Juge; quelques promesses qu'on lui ait faites, on *n'a pu* le corrompre; & de Susanne sollicitée par les deux vieillards: ils la menacerent en vain de la faire mourir avec infamie, ils *ne purent* la porter à consentir à leurs infames desirs. Est-ce qu'à l'égard, ou du bien ou du mal, toutes ces personnes n'auroient pas pu, s'ils eussent voulu, faire ce qu'on a dit qu'ils n'ont pu, ou qu'on n'a pu leur faire faire? Oui certainement, ils l'auroient pu s'ils l'eussent voulu. Mais comme, à l'égard des derniers, c'est l'attachement de leur volonté à leur devoir, qui les empêche de vouloir faire ce qui y seroit contraire, c'est aussi, à l'égard des premiers, l'attachement de leur volonté au péché, qui les empêche de vouloir, ou l'éviter, ou en sortir. Or comme l'attachement de la volonté au mal ne peut que rendre le péché plus grand, c'est une illusion de s'imaginer, que cette impuissance volontaire, puisse excuser le pécheur qui s'y abandonne, & être une raison à Dieu de ne le lui pas imputer.

Voilà tout le mystere de ces façons de parler, qui ont été une pierre d'achoppement à M. l'Official. Et c'est ce que l'Evangile même autorise à l'égard du dernier membre de ce passage, qui est, que les miracles de *Jesus Christ* n'ont pu convertir beaucoup de ceux qui les ont vus. *Quoique* Jesus Christ, dit S. Jean, *eût fait tant de miracles devant eux* (il parle des Juifs) *ils ne croyoient point en lui, afin que cette parole du Prophete Isaïe fût accomplie: Seigneur, qui a cru à la parole qu'il a entendue de nous, & à qui le bras du Seigneur a-t-il été révélé? C'est pour cela qu'ils* ne pouvoient croire, *parce qu'Isaïe a dit encore: il a aveuglé leurs yeux & endurci leur cœur*, &c. L'Evangéliste dit d'abord, que, quoique Notre Seigneur eût fait tant de miracles devant eux, *ils ne croyoient* point en lui: & ensuite, *qu'ils ne pouvoient croire.* L'un & l'autre est donc véritable.

Or ils n'étoient convertis, & ne l'ont pu être qu'en croyant en Jesus Christ. C'est donc la même chose de dire, qu'ils n'ont point été convertis par les miracles de Jesus Christ, & qu'ils ne l'ont pu être.

Mais cela étant ainsi, dira M. l'Official, que deviendra ce que j'ai cru être si fort contre la traduction de ce passage: *Dire de ces gens-là qu'ils n'ont pu être ni corrigés ni convertis, c'est leur ôter toute grace suffisante pour éviter le péché & pour en sortir?* Car je vois bien maintenant, qu'on pourra me faire la même objection sur ce passage de S. Jean. *Dire des Juifs, devant qui Jesus Christ avoit fait tant de mi-*

I. CLAS. N°. XI.

races, que, non seulement ils ne croyoient point en lui, mais qu'ils n'y pouvoient croire, c'est leur ôter toute grace suffisante pour croire en celui, par qui seul ils pouvoient obtenir le pardon de leurs péchés. Que pourrai-je donc répondre à cela? Rien de raisonnable, on vous en assure. Mais tout ce que vous avez à faire est, de vous plaindre de ceux qui vous ont fourni cette pensée Molinienne, pour trouver quelque chose de censurable dans une excellente traduction que l'on vous a commandé de condamner: car c'est tromper le monde, que de vouloir leur faire prendre pour mauvais, ce que l'on ne fait passer pour tel, que sur ces trois fausses suppositions, que les saints défenseurs de la grace de Jesus Christ auroient eu, de la peine à ne pas condamner comme hérétiques.

La premiere est; que cette infinité de payens, qui ont commis tant de péchés & tant d'injustices contre cette loi naturelle, qui leur apprenoit, qu'il ne falloit pas faire à autrui ce que nous ne voudrions pas qu'on nous fît, ont tous eu une grace suffisante pour éviter ces péchés & ces injustices; parce que s'ils ne l'avoient pas eue, Dieu n'auroit pu les leur imputer, ni les en punir avec justice.

La seconde; que tous les Juifs purement Juifs, qui n'obéissoient à Dieu que par la crainte des châtimens, ou par l'amour des biens temporels, ont eu la grace suffisante pour observer la Loi comme il faut, *sicut oportet*, ainsi que parlent les Conciles: ce qu'on ne peut dire, sans ruiner les notions que S. Paul donne de la Loi, en l'appellant *vertu du péché, virtus peccati Lex*, & en nous assurant, que si elle avoit pu rendre les hommes justes, *Jesus Christ* seroit mort en vain: *Si per Legem justitia, ergo Christus gratis mortuus est.*

La troisieme est; que tous ceux devant qui se sont faits les miracles de *Jesus Christ* ont eu une grace suffisante pour croire en *Jesus Christ*: ce qui seroit, comme nous venons de le faire voir, contredire ouvertement l'Evangile, qui dit si clairement, que la plupart d'entr'eux non seulement ne croyoient pas, mais ne pouvoient croire; & qui en donne pour raison, que Dieu avoit aveuglé leurs yeux & endurci leur cœur: *ce qu'il ne faisoit pas*, dit S. Augustin, *en leur inspirant la malice, mais en ne leur faisant pas miséricorde*; c'est-à-dire, en ne leur donnant pas la grace dont ils avoient besoin pour *voir* que le Christ, qu'ils attendoient depuis si long-temps, étoit parmi eux, & pour être *touchés* de tant de merveilles qui les devoient porter à le reconnoître.

Mais s'agissant ici d'un passage de S. Grégoire, M. l'Official trouvera bon que nous finissions cette réponse à son injuste censure, par un passage de ce Pape, qui lui fera juger si on lui peut attribuer d'avoir cru, que tous ceux qui ont péché contre la loi naturelle, ont eu une grace suffisante pour éviter le péché; sans quoi le péché ne leur auroit pas été imputé. Il ne dira pas sans doute que Caïn n'a pas connu la loi naturelle, ou qu'il n'ait pas péché contre cette loi, en tuant son frere, ou que Dieu ne lui ait pas imputé ce péché. Qu'il écoute donc ce que S. Grégoire dit de Caïn sur le sujet de l'avertissement que Dieu lui donna avant qu'il eût commis ce crime. *La parole de Dieu put bien avertir Caïn, mais il ne put pas pour cela se convertir; parce que Dieu avoit déja abandonné son cœur, par une juste punition de sa malice, quoiqu'il lui parlât au dehors pour le détourner de commettre le crime qu'il méditoit. Aussi l'Ecriture ajoute fort à propos: si Dieu tient une personne enfermée & prisonniere, nul ne la peut faire sortir. Or Dieu tient enfermés ceux à qui il n'ouvre point, comme il est dit de lui dans l'Ecriture, qu'il endurcit le cœur des méchants, quand il ne l'amollit point par sa grace.*

I. CLAS. N°. XI.

Lib. II. Mor. c. 5.

Onzieme Chicanerie.

Sentence. *Dans la version de la troisieme Leçon de la veille de la Toussaints, en expliquant ce qui est dit de la charité, il induit, que c'est la seule vertu, comme si c'étoit la seule commandée, & par-là il attribue à S. Augustin l'erreur de ceux qui ne reconnoissent aucune vertu que la charité, ou avec la charité.*

Réponse. Il n'y a pas un seul mot de la charité dans la troisieme Leçon de la veille de la Toussaints. C'est dans la neuvieme Leçon de la fête de S. Simon & S. Jude, qu'il en est parlé. Autre conjecture, que ceux qui ont fait ces remarques, ou ne disent point leur Bréviaire, ou le disent bien négligemment.

Quoi qu'il en soit, il feroit difficile de trouver un exemple d'une plus grande injustice, & d'une plus étrange témérité.

On ne dit point, & on ne l'auroit pu dire avec la moindre couleur, que cette Homélie soit mal traduite, ni que la version ne soit pas conforme au texte. N'y ayant donc rien dans le françois pour ce qui est du sens qui ne soit dans le latin, quand l'aveuglement, ou l'ignorance de ces Censeurs du Bréviaire leur y auroit fait trouver des erreurs, avec qu'elle justice les auroient-ils pu imputer au Traducteur, & en prendre sujet de condamner sa traduction? Ils auroient donc pu dire aussi, qu'elle devroit être condamnée, parce qu'il y a de fausses histoires, & en donner pour exemple ce qui est dit dans les Leçons de S. Sylvestre, de la lepre de Constantin, & de son Baptême par ce Pape; ce que tous les savants reconnoissent aujourd'hui n'être point vrai. Que si cette accu-

I. CLAS. Nº. XI.

sation auroit passé pour aussi injuste qu'elle est ridicule, parce qu'un Traducteur du Bréviaire n'a pas droit de le corriger, qui ne voit qu'il en est de même de celle-ci?

Mais, autant que cette injustice est grossiere, autant & plus la témérité de l'Official est prodigieuse. Car il ne s'agit pas d'erreurs de fait, que personne ne doute qui ne se puissent rencontrer dans des Offices ecclésiastiques approuvés par des Papes; mais d'une erreur de dogme, dans un des points les plus importants de la Morale chrétienne. Puis donc que le Traducteur, à qui on ne reproche pas d'avoir été infidelle dans sa version, n'en peut être responsable, il faut que M. Cheron la rejette sur S. Augustin, le plus éclairé de tous les Saints Peres, & sur tant de Papes, qui ont approuvé ce qui se trouve dans le discours de ce grand Saint, en le faisant mettre dans le Bréviaire de leur Eglise, qui a été récité par une infinité de gens plus ou moins habiles, sans qu'il y en ait eu aucun, ou assez hardi, ou assez aveugle pour y rien trouver à redire. Je ne ferai donc pas ce tort à S. Augustin, ni à ces Papes, de me mettre en peine de prouver qu'il n'y a point d'erreur en ce que l'un a enseigné, & que les autres ont approuvé: mais je représenterai seulement les vérités saintes que les Papes ont voulu que les Ecclésiastiques apprissent en récitant cette Homélie, prise du Traité 87. de S. Augustin sur S. Jean, afin que tout le monde ait de l'indignation contre ceux, qui ayant été assez ignorants pour trouver de l'erreur dans une doctrine si chrétienne, & si bien fondée dans l'Ecriture, ont été assez imprudents pour déclarer publiquement, qu'ils y en trouvoient; & assez présomptueux pour vouloir obliger tout ce qu'il y a dans Paris de gens raisonnables à y en trouver aussi-bien qu'eux.

S. Augustin ayant à expliquer ces paroles de *Jesus Christ* dans le chapitre 15. de S. Jean: *Ce que je vous commande, est que vous vous aimiez les uns les autres;* il remarque qu'elles sont précédées par celles-ci, *Ce n'est pas vous qui m'avez choisi, mais c'est moi qui vous ai choisis, & qui vous ai établis, afin que vous alliez, & que vous rapportiez du fruit, & que ce fruit demeure:* d'où il tire cette conséquence. *Le fruit donc que vous devez apporter, n'est autre chose que la charité, que l'Apôtre définit un amour qui naît d'un cœur pur, d'une bonne conscience & d'une foi sincere. C'est par elle que nous nous aimons les uns les autres; c'est par elle que nous aimons Dieu: car nous ne nous aimerions pas véritablement les uns les autres, si nous n'aimions Dieu. Chacun aime vraiment son prochain comme soi-même, s'il aime Dieu: car s'il n'aime pas Dieu, il ne s'aime pas soi-même. Toute la Loi & les Prophetes sont renfermés en ces deux préceptes de la charité. Voilà quel est notre fruit. C'est ce fruit que le Seigneur*

gneur nous ordonne de porter, quand il dit: ce que je vous commande est de vous aimer les uns les autres. Et quand l'Apôtre veut nous recommander le fruit de l'esprit par opposition aux œuvres de la chair, c'est par ce fruit qu'il commence, en disant: Le fruit de l'esprit c'est la charité: & il rapporte ensuite les autres vertus, dont la charité est comme la source, & qui sont attachées à elle; à savoir la joie, la paix, la patience, l'humanité, la bonté, la foi, la douceur, la continence, la chasteté.

Toutes les vertus morales commandées aux Chrétiens se peuvent rapporter à ces huit ou neuf fruits du S. Esprit, que S. Augustin dit avoir la charité pour principe, & être attachés à elle. *Paulus Apostolus cùm contra opera carnis commendare fructum Spiritûs vellet, à capite charitatem posuit: Fructus spiritûs, inquit, charitas est, ac deinde cœtera, tamquam* ex isto capite exorta, & religata *contexuit.* Il prouve ensuite, en parcourant chacune de ces vertus en particulier, qu'elles enferment toutes la charité dans leur notion; parce qu'on n'en peut exercer aucune, que par l'une ou l'autre de la double charité de Dieu & du prochain, qui s'enferment mutuellement, comme il l'avoit auparavant fait voir. Et c'est de-là qu'il tire cette conséquence, qui paroît erronée à M. l'Official. On la mettra en latin & en françois, afin qu'on soit plus assuré, que s'il y avoit de l'erreur, c'est à S. Augustin qu'elle devroit être imputée.

Meritò itaque Magister bonus dilectionem sic sæpe commendat, tamquam sola *præcipienda sit, sine qua non possunt prodesse cœtera bona, & quæ non potest haberi sine cœteris bonis, quibus homo efficitur bonus.*

C'est donc avec grande raison que notre bon Maître recommande si souvent la charité, comme *la seule vertu qui doit être commandée;* puisque, sans elle, les autres biens ne peuvent servir de rien, & qu'on ne la peut avoir sans les autres biens qui rendent l'homme véritablement bon.

Comme il faudroit être tout-à-fait déraisonnable, pour ne pas demeurer d'accord que le sens du latin a été très-fidellement rendu en françois, & sur-tout ces paroles: *dilectionem Magister bonus sic sæpe commendat tamquam sola præcipienda sit:* c'est S. Augustin que l'Official a dû censurer, aussi-bien que les Papes approbateurs du Bréviaire; & il leur doit dire gravement, qu'ils ont grand tort d'induire les fideles, par ces éloges hyperboliques de la charité, *dans l'erreur de ceux qui ne reconnoissent aucune vertu que la charité, ou qu'avec la charité.*

S'il y avoit quelque apparence que Mr. l'Official eût un peu d'habitude avec S. Thomas, on le pourroit envoyer à l'Ecole de ce Prince

I. CLAS. N°. XI.

des Théologiens. Mais, parce qu'il pourroit dire qu'il a trop d'affaires, & qu'il n'a ni le loisir, ni l'obligation de l'étudier, il vaut mieux le renvoyer à son Bréviaire, qu'il est au moins obligé de dire, sans qu'il puisse alléguer, qu'il n'en a pas le loisir. Comment donc a-t-il oublié ce qu'il a dû avoir lu plusieurs fois aux veilles des Apôtres S. Barthelemi & S. Matthias, dans une excellente Homélie de S. Grégoire, sur ces paroles de Jesus Christ: *Hoc est præceptum meum ut diligatis sicut dilexi vos;* qui explique si bien comment on peut dire, en un sens très-catholique, qu'il n'y a qu'un commandement, qui est celui de la charité.

" Les divines Ecritures, dit ce saint Pape, étant pleines des comman-,, dements de Dieu, pourquoi le Seigneur dit-il, en parlant de l'amour: ,, le commandement que je vous donne est de vous aimer les uns les ,, autres, *comme s'il n'y avoit que ce seul commandement?* Il parle de la ,, sorte, parce que tous les commandements se rapportent à l'amour; & ils ,, ne *sont tous ensemble qu'un seul commandement;* parce qu'ils sont fondés ,, *sur la seule charité.* Car comme toutes les branches d'un arbre viennent ,, d'une seule & même racine, de même toutes les vertus procedent de ,, la seule charité; en sorte que les œuvres n'ont point de vie, si la charité ,, n'en est le principe, non plus que les branches n'ont point de ver-,, deur, si elles sont séparées de la racine. Il y a donc plusieurs comman-,, dements du Seigneur, *& il n'y en a qu'un.* Il y en a plusieurs par la ,, diversité des œuvres, & il n'y en a *qu'un* dans la racine, & dans le prin-,, cipe, qui est l'amour."

Cela est si clair, qu'il ne faut point de commentaire pour connoître que l'Eglise propose, dans son Office, comme une vérité sainte, & enseignée par les Saints Peres après l'Ecriture, ce que la témérité de l'Official de Paris voudroit faire passer pour une erreur, faussement attribuée à S. Augustin, *qu'il n'y a aucune vertu chrétienne que la charité, ou qu'avec la charité.*

Qui ne seroit donc surpris d'une contrariété si manifeste, entre ce qu'enseigne l'Eglise, & ce qu'ose avancer un M. Cheron? Mais voici ce qui doit empêcher qu'on n'en soit si fort étonné.

C'est qu'il y a présentement en France deux sortes de Théologie. La Théologie ecclésiastique, & la Théologie politique.

1°. La Théologie ecclésiastique, qui est à l'usage des Théologiens de l'Ecole & de la chaire, a pour ses fondements la parole de Dieu, écrite & non écrite; c'est-à-dire, l'Ecriture Sainte & la Tradition, qui s'est conservée dans les Conciles, dans les Décrets des Papes, dans les livres des Saints Peres, & autres monuments de l'antiquité, & dans les prieres & les usages perpétuels de l'Eglise Catholique.

La Théologie politique, qui est à l'usage de certaines gens, qui, sans prendre le nom d'Inquisiteurs, en font depuis assez long-temps toutes les fonctions, d'une maniere plus dure & plus impérieuse que ceux de Rome ou d'Espagne, n'a pour fondement certain que ce qu'il plaît à ceux qui la mettent en pratique: car elle est plus de pratique que de spéculation, & a pour son grand axiome:

La raison du plus fort est toujours la meilleure.

2°. La Théologie ecclésiastique parle le plus clairement qu'elle peut, marque nettement de quoi il s'agit, & l'appuye de raisons & d'autorités.

La Théologie politique prend d'ordinaire une voie toute opposée. Elle affecte de ne s'expliquer qu'en termes généraux, brouillés, embarrassés, entortillés, afin de donner moins de prise à ceux qui seroient assez hardis pour la vouloir contrôler. Elle tient au-dessous d'elle de donner des preuves de ce qu'elle avance; si ce n'est peut-être quelque méchant lieu commun, qu'elle applique comme il lui plaît.

3°. La Théologie ecclésiastique a, pour juger de la doctrine, ses qualifications, que les vrais Théologiens prennent bien garde de ne pas employer sans raison, *fausse*, *téméraire*, *erronée*, *hérétique*. Et à l'égard des personnes, elle feroit conscience de traiter d'hérétiques ceux-mêmes qui auroient avancé quelque hérésie, lorsqu'ils ne sont point séparés de l'Eglise, & qu'ils se soumettent à son jugement.

La Théologie politique a aussi ses qualifications, & pour les doctrines & pour les personnes. Pour les doctrines, ce sont quelquefois les mêmes que celles de la Théologie ecclésiastique, qu'elle applique à ce qu'il lui plaît, sans jugement & sans raison. Mais celles qui lui sont particulieres sont de certains galimatias qui peuvent s'étendre à tout ce que l'on veut; comme *que des Propositions sont tendantes à faire croire que l'on favorise la doctrine de Jansénius, contenue dans les cinq propositions condamnées par les Constitutions d'Innocent X. & d'Alexandre VII.* Ou, *qu'une version est censurable, parce qu'étant mal expliquée, elle peut avoir un mauvais sens:* c'est-à-dire, que si on lui donne un mauvais sens, elle pourra avoir un mauvais sens. Ou, *qu'elle contient plusieurs sens qui conduisent à l'erreur, & qui peuvent être la source & la pépiniere de plusieurs hérésies.* Ou, *qu'un Auteur, qui a voulu paroître s'éloigner d'une version, a voulu, par ce moyen, introduire cette version nonobstant les défenses.*

Quant aux personnes à qui elle en veut, elle ne fait pas de scrupule, dans quelques emportements, de les traiter d'hérétiques. Elle trouve

I. CLAS. N°. XI.

néanmoins, pour l'ordinaire, qu'il est plus sûr de dire seulement, *qu'ils sont suspects de nouveauté*; ou que ce sont *des gens de cabale*, dont on ne sauroit trop se défier; ou, que ce sont des esprits dangereux, *qui ont un dessein prémédité de répandre, par leurs livres, le venin de leur doctrine corrompue.* Tout cela étant dit sans preuve, ne laisse pas d'embarrasser le monde, qui ne sait qu'en croire.

4°. La Théologie ecclésiastique a pour but de persuader les vérités qu'elle enseigne, & de les faire entrer dans l'esprit & dans le cœur de ceux qu'elle instruit.

La Théologie politique n'a pas ce dessein. Elle est trop convaincue qu'elle n'y réussiroit pas, & que les Lettres de cachet, qui sont ses plus forts arguments, ne sont pas propres à faire changer de sentiment aux personnes qui en auroient de contraires à ceux qu'elle semble avoir. Car qui seroit assez idiot pour raisonner ainsi. Il faut bien que ce soit une erreur de dire à des Religieuses, qu'elles sont obligées d'observer leur Regle par principe d'amour de Dieu, puisqu'un tel, si honnête homme d'ailleurs, & si estimé pour sa piété, a été relégué à Kimper, pour avoir parlé de cette obligation, en prêchant à des Religieuses au jour de la fête de S. Augustin, le grand Docteur de l'amour de Dieu, aussi-bien que de la grace ?

5°. La Théologie ecclésiastique a soin de réfuter les livres qui combattent la bonne doctrine, & d'en faire voir les erreurs.

La Théologie politique est dans une autre pensée. Elle ne trouve pas à propos de réfuter les livres qui lui déplaisent, & qui l'avertissent de ses égarements, par d'autres livres qui la justifieroient. Elle appréhende que de foibles réponses ne servissent qu'à la rendre plus méprisable : & ainsi elle se contente d'empêcher, autant qu'elle peut, par des voies de fait, qu'on ne puisse lire ce qu'on auroit écrit pour la vérité ou pour l'innocence qu'elle auroit voulu opprimer.

On peut voir, par ce portrait de la Théologie politique, qu'on ne peut nier qui ne soit très-conforme à l'original, qu'elle n'est guere capable de nuire à la vérité, quoiqu'elle cause d'ailleurs de très-grands maux à l'Eglise. Car c'est sans doute un très-grand mal, de priver des Paroisses & des Dioceses, des assistances que leur rendoient de pieux Ecclésiastiques, que l'on emprisonne ou que l'on bannit sans aucune forme de justice. Et c'est aussi un grand mal, d'arracher des mains des fideles, ou par des voies de fait, ou par des Sentences ridicules, les meilleurs livres & les plus propres à nourrir leur piété. Mais la vérité ne pert rien à tout cela. Les peuples ne sont pas si simples que de prendre ces innocents persécutés pour des hérétiques, ou des Docteurs d'erreur, quoique le fantôme du Jansénisme soit le prétexte ordinaire de leur persécution. On les regarde comme des Saints par-tout où on les envoie. Et c'est ce qui est cause que l'on change si souvent le lieu de leur exil; parce que si-tôt que l'on commence à les connoître en un lieu, on ne peut s'empêcher de leur témoigner de l'affection & du respect; & le dépit qu'en ont leurs persécuteurs fait qu'on les relegue en un autre.

Il en est de même des livres. Ceux que la Théologie politique s'avise de supprimer par bizarrerie ou par jalousie, n'en sont que plus estimés. Il faudroit que les hommes fussent bien stupides pour être dans une autre disposition. Ils ont été ravis pendant trois ou quatre ans de trouver dans *l'Année chretienne* de quoi satisfaire leur dévotion en entendant la sainte Messe, outre des explications admirables des Epîtres & des Evangiles, terminées par des prieres ferventes, qui leur apprenoient à s'appliquer les vérités dont on les avoit instruits; avec des abrégés très-édifiants de la vie de tous les Saints dont l'Eglise fait l'Office. Et il leur étoit aisé de comprendre que ce livre étant achevé, auroit pu suffire pour l'instruction d'un très-grand nombre de familles chrétiennes de la campagne & des petites villes, qui n'ont souvent pour Pasteurs que des personnes peu capables de leur bien apprendre à vivre chrétiennement. Et on voudroit qu'ils eussent pris cet excellent livre pour un méchant livre, dès qu'on a défendu au Libraire de le débiter, sans lui en pouvoir donner aucune raison pertinente? La Théologie politique ne le prétend pas: & si elle avoit été assez imprudente pour se le promettre, elle auroit été bientôt détrompée par les clameurs qu'on lui est venu faire de tous côtés, de la part même des personnes de la premiere qualité, contre cette injuste défense. Mais il n'y a pas d'apparence qu'elle se soit jamais attendue à ce changement d'opinion. Elle n'a songé qu'à contenter l'humeur jalouse d'une Compagnie altiere, qui ne pouvoit souffrir les applaudissements que l'on donnoit à cet ouvrage, qu'elle eût élevé jusques au ciel si quelqu'un des siens en avoit été l'Auteur.

La Théologie politique ne s'attend pas non plus, que l'on croie rien de ce que dit la Sentence qu'elle a fabriquée contre le Bréviaire traduit en françois; & il est certain qu'elle se croiroit jouée, si dans un acte de Théologie, on entreprenoit de soutenir que c'est une héréfie manifeste, de dire que Dieu est *l'unique auteur des saints desirs, des justes desseins, & des bonnes actions*, & qu'on en donnât pour preuve la belle & grave Sentence rendue à l'Officialité de Paris le 10. Avril 1688. On n'auroit qu'à le tenter, on éprouveroit bien-tôt qu'on ne pourroit trouver un meilleur moyen de faire rire l'Assemblée, dans quelque grand sérieux qu'elle pût être.

I. CLAS. N°. XI.

On n'a donc pas sujet de craindre que les incongruités de cette Sentence puissent corrompre l'esprit de personne, ni que les Jurieux en puissent tirer avantage, en les attribuant à l'Eglise. L'Eglise ne reconnoît point cette Théologie politique : elle se contente de la sienne. Il faudroit qu'elle changeât continuellement de sentiments & de maximes, si elle étoit obligée de se conformer à tous les divers sentiments de cette Théologie capricieuse. Il auroit fallu, qu'en 1650, elle eût approuvé la Version de la Messe en langue vulgaire : qu'en 1660, elle l'eût entiérement désapprouvée, aussi-bien que celle de l'Ecriture : qu'en 1670, elle eût repris des sentiments plus favorables pour ces Versions : qu'elle les eût quittés en 1677, en reprenant sa mauvaise humeur de 1660. Qu'en 1680. 83. 84. & 85. elle se fût de nouveau reconciliée avec ces Versions en faveur des nouveaux convertis : qu'en 1686, elle eût recommencé à en avoir du dégoût ; & qu'en 1688, elle s'en fût déclarée la mortelle ennemie, jusques à en avoir de l'*horreur*, pour adhérer à la Sentence du 10. Avril. L'Eglise fondée sur l'immobilité de la pierre, est incapable de ces changements. On peut donc les imputer à qui l'on voudra ; mais ce ne sera point à l'Eglise qu'on les pourra attribuer avec raison. Ainsi, quoique les Ministres puissent écrire à l'occasion de cette Sentence, s'ils s'imaginent la pouvoir prendre pour un légitime sujet d'insulter à la Religion Catholique, on se moquera d'eux ; & s'ils avouent de bonne foi que ce n'est que l'indiscrétion de quelques membres de l'Eglise, dont le corps ne doit point répondre, on leur laissera dire ce qu'ils voudront, sans s'en mettre en peine.

EXAMEN *du dispositif de la Sentence contre la traduction du Bréviaire.*

Nous avons examiné jusques ici les quatre moyens proposés par le prétendu Promoteur, pour faire condamner le Bréviaire traduit en françois. Je dis *le prétendu Promoteur ;* car on doute fort que le vrai Promoteur de l'Official de Paris y ait eu aucune part : & on sait assez que ces Sentences sont souvent dressées par un même homme, qui joue seul les deux personnages de Promoteur & de Juge.

Il nous reste à considérer ce que l'Official a prononcé sur cette belle Remontrance. Mais il faut auparavant que le Lecteur sache de quelle maniere cette Sentence a été reçue dans la ville de Paris.

La précipitation de la publier fut si extraordinaire, qu'on ne voulut pas attendre que les fideles, appliqués à solemniser la plus grande fête de l'année, l'eussent passée en repos, & dans une dévotion tranquille. On ne se soucia pas de les troubler par une nouveauté si peu attendue,

& on obligea tous les Curés de Paris d'interrompre le service divin, le propre jour de Pâques, par cette scandaleuse publication.

M. Chamillard signala son faux zele contre les versions en langue vulgaire, en marchant sur les pas de son frere aîné, qui avoit approuvé les extravagances de M. Mallet sur ce sujet. On dit que deux ou trois autres l'imiterent; mais que tous les autres Curés ne s'acquitterent qu'en gémissant de ce qu'on leur avoit ordonné, & qu'il y en eut un qui dit quelque chose de fort hardi. Ce qui est bien certain est, qu'on n'oseroit les assembler & leur demander leur avis sur cette Sentence de l'Officialité, en leur déclarant que l'on ne trouvera point mauvais qu'ils disent avec liberté ce qu'ils en pensent; car on est bien assuré qu'ils se croiroient alors obligés en conscience d'avouer, qu'elle leur paroît insoutenable, & qu'on n'en peut attendre que de fort méchants effets, tant à l'égard des nouveaux Catholiques que des anciens.

Il en est de même des Evêques. Chacun en particulier pourra croire avoir des raisons, bonnes ou mauvaises, de ne point parler; parce qu'on s'imagine qu'il n'y a rien à gagner, & qu'on ne feroit que s'attirer inutilement des affaires, tant qu'il n'y aura que deux personnes que le Roi écoute, & en qui il ait créance sur les matieres ecclésiastiques. Mais que S. M. en fasse assembler une douzaine des plus habiles, & qu'Elle leur ordonne de lui dire en conscience, sans aucun respect humain, ce qu'ils pensent de tout ceci, & on verra alors ce qu'ils jugeront, tant sur la question générale, de l'utilité des versions en langue vulgaire de l'Ecriture Sainte, des Offices de l'Eglise, & des Ouvrages des Saints Peres, que sur les chicaneries particulieres contre le Bréviaire traduit en françois, & des erreurs que l'on prétend y avoir trouvées.

La clameur du public contre cette injuste Sentence, en est un grand préjugé: car il est certain qu'il en a été indigné, & que rien n'a pu le retenir de faire éclatter son indignation. M. l'Official l'a très-bien su, & il en a eu tant de peine, que le mardi d'après le Dimanche de la Quasimodo, tenant son Synode, il ne put s'empêcher de faire paroître le trouble où l'avoit jeté cette improbation générale de sa Sentence.

Il affecta d'abord de faire le doux & le modéré. *Loquor ut servus, tremens loquor: Qu'il ne parloit que par ordre, & qu'il appréhendoit de parler devant des gens savants, &c.* Il parut ensuite reconnoître qu'il n'y avoit pas moyen de soutenir toutes les faussetés & impertinences qu'il avoit fait dire à son Promoteur: mais il crut se mettre en état qu'on ne lui en pût rien reprocher, en disant; *qu'il ne falloit pas s'arrêter au plaidoyer du Promoteur, que c'étoit comme le plaidoyer de M...... qu'il falloit s'arrêter à la Sentence.*

I. ÇLAS. N°. XI.

Il eut plus de peine à se tirer de la fâcheuse conformité du Bréviaire traduit en françois avec les Prieres chrétiennes recueillies par l'ordre de M. l'Archevêque; cinq Oraisons, qu'on avoit assuré dans la Sentence être *manifestement hérétiques*, ou fort *mal traduites*, se trouvant mot à mot dans ces Prieres de son Archevêque. Tout ce qu'il put dire est, *que, s'il étoit échappé quelque chose dans les livres qu'on avoit imprimés pour les nouveaux Catholiques, on y remédieroit.* C'est-à-dire, que l'on feroit des cartons, comme l'on dit que l'on a déja commencé à faire, de quoi on pourra parler en un autre endroit.

Il prit après cela un ton plus fier; en assurant, *que l'on sauroit bien répondre à ceux qui menaçoient de faire des écrits contre cette Sentence.* Il faut distinguer. On saura bien y répondre par des menaces d'emprisonnement, de bannissement, & d'autres semblables disgraces; on l'avoue: par des écrits passables, & où il y auroit quelque apparence de raison; c'est ce qu'on a peine à croire.

Il eût mieux fait de s'en tenir à ce qu'il répéta plusieurs fois: *Obéïssance, obéïssance, obéïssance*; mais il devoit ajouter, *aveugle*: car il n'y a qu'une obéïssance aveugle, & très-aveugle, qui puisse empêcher qu'on ne voie les excès de ce placard, & qu'on n'en gémisse.

Sur ce que peu de Curés lui avoient donné avis de la publication de la Sentence, il se plaignit que *l'on étoit peu zélé pour le bien de l'Eglise.* On entend bien ce jargon de la Théologie politique. Elle voudroit que l'on crût qu'elle fait, *pour le bien de l'Eglise*, ce que l'on voit assez qu'elle ne fait que par des motifs tout humains, ou d'une vengeance maligne, ou d'une basse complaisance.

Ce que je trouve de plus considérable dans ce discours de M. l'Official, est, que, pour appaiser un peu l'indignation du public, il a été obligé de dire, *qu'il ne falloit point s'arrêter au plaidoyer du Promoteur, mais seulement à la Sentence.* Mais ce qui est fâcheux, est, qu'il s'en est avisé trop tard: ou plutôt, que c'est le soulévement du public contre les quatre moyens, que le Promoteur a proposés pour faire condamner le Bréviaire, qui l'en a fait aviser. Car, si avant que de prononcer sa Sentence, il avoit reconnu, comme le public a fait depuis, que ces quatre moyens sont insoutenables; voici comme il auroit dû la dresser, pour ne pas tant exposer la Théologie politique. Oui la dite Remontrance, & ayant reconnu qu'elle ne contient rien de raisonnable; sans nous y arrêter; de plein pouvoir, & d'autorité absolue, pour des raisons à nous connues, mais que ceux qui nous ont mis en besogne ne veulent pas que nous découvrions, nous avons condamné & condamnons l'impression & la traduction en langue françoise du Bréviaire Romain, &c.

Mais

Mais ce n'eſt pas comme il s'y eſt pris, & l'énoncé de la Sentence fait aſſez voir, qu'il n'a pu faire connoître au public, qu'il eût d'autres raiſons pour condamner la traduction du Bréviaire, que les moyens proposés par ſon Promoteur. Il ne faut que la conſidérer pour en être convaincu.

Elle contient deux parties. La premiere a rapport aux trois premiers moyens du Promoteur; & ainſi on ne peut nier que l'Official ne les autoriſe. Et la ſeconde eſt fondée ſur le dernier.

Voici la premiere. *Nous avons condamné & condamnons l'impreſſion & la traduction du Bréviaire*, comme *étant une nouveauté faite contre les Conciles*, *les délibérations des Aſſemblées du Clergé*, *& les Ordonnances de ce Dioceſe*, *les Edits & les Ordonnances du Roi*, *contre l'eſprit & l'uſage de l'Egliſe.* De petites notes feront voir que tout cela eſt fondé ſur ce qu'avoit dit le Promoteur dans ces trois premiers moyens.

Nous l'avons condamné ...... comme une nouveauté, *&c.* Cela eſt pris de ce qui eſt dit à la fin du §. *Le ſecond moyen eſt: Que c'eſt une nouveauté de traduire en langue vulgaire la Bible & les Offices eccléſiaſtiques.*

Faite contre les Conciles. Ce ſont les Conciles dont on appuye le premier & le ſecond moyen; parce qu'ils ont défendu d'imprimer aucun livre *de rebus ſacris* ſans nom d'Auteur, & ſans permiſſion expreſſe de l'Evêque.

Contre les délibérations des Aſſemblées du Clergé. L'Official approuve par-là ce que l'Aſſemblée de 1660. fit contre la traduction du Miſſel, & enſuite contre celle de l'Ecriture ſainte; quelque inſoutenable que tout cela ait été, comme on l'a fait voir.

Contre les Ordonnances de ce Dioceſe. On ne ſait pas ce qu'il a entendu par-là: car on a rapporté plus haut une Ordonnance très-vigoureuſe des Vicaires généraux du Cardinal de Retz, Archevêque de Paris, pour la verſion du Miſſel; mais on ne connoît point d'Ordonnances du Dioceſe de Paris, qui aient défendu d'imprimer ces verſions.

Contre les Edits & les Ordonnances du Roi. Ce ſont les Edits qui ſont rapportés dans le premier moyen, qui portent ſeulement, qu'on n'imprimera point de livres ſans nom d'Auteur, & cela peut auſſi avoir rapport à ce qui eſt dit à la fin de ce premier moyen: *Que ce livre n'a point été, ſuivant les Edits & les Ordonnances, approuvé par la Faculté de Théologie de Paris.*

Contre l'eſprit & l'uſage de l'Egliſe. Ce ſont les propres mots de ſon Promoteur dans la concluſion de ſon plaidoyer: & on voit aſſez que c'eſt le fruit qu'il a voulu que l'on tirât de ſon troiſieme moyen. Car tout ce

I. CLAS. N°. XI.

qu'on y allegue des sentiments de la Sorbonne, pour montrer qu'elle a toujours eu aversion de ces traductions, ne peut avoir eu pour but que de faire croire que c'est *contre l'esprit & l'usage de l'Eglise*, de traduire en langue vulgaire, ou l'Ecriture sainte, ou les Offices ecclésiastiques, ou les ouvrages des Saints Peres.

Quelle raison auroit donc l'Official de vouloir *qu'on ne s'arrêtât point au plaidoyer de son Promoteur*; puisqu'il s'y est arrêté lui-même dans les points les plus odieux, & les plus capables de troubler la conscience des nouveaux Catholiques, & de scandaliser les anciens?

Considérons maintenant la seconde partie de la Sentence. La voici.

Nous la condamnons encore, comme n'étant, la dite version, ni pure ni fidelle, contenant aussi plusieurs sens qui conduisent à l'erreur, & qui peuvent être la source & la pépiniere de plusieurs héréfies, & comme y ayant, dans cette version, plusieurs erreurs & héréfies condamnées par l'Eglise.

C'est mot à mot la conclusion du plaidoyer de son Promoteur, à quoi il voudroit maintenant que l'on ne s'arrêtât pas, comme s'il n'y avoit pas eu d'égard. *Le Promoteur auroit conclu, à ce qu'ayant égard que la dite traduction & la dite impression sont faites contre les Conciles, les Edits & les Ordonnances, & que cette version est une nouveauté contre l'esprit & l'usage de l'Eglise.* (Voilà ce qui a rapport aux trois premiers moyens. Ce qui suit regarde le quatrieme.) *Quelle n'est pas pure ni conforme au texte; qu'elle contient plusieurs sens qui conduisent à l'erreur, & tendent à faire naître beaucoup d'héréfies, & renouveller les dernieres condamnées: qu'il y a, en divers endroits, plusieurs erreurs & héréfies.* Un écolier pourroit-il mieux suivre la pensée de son maître, que fait M. l'Official celle de son Promoteur, qu'il voudroit aujourd'hui abandonner, tant on lui a fait de honte de ses impertinences? On les reconnoîtra, en appliquant ces qualifications aux endroits du quatrieme moyen, sur lesquels il les a fondées.

Que la dite version n'est ni pure ni fidelle. Témoin les cinq Oraisons dont on a accusé la traduction d'infidélité, quoiqu'elles soient traduites mot pour mot de la même sorte dans les Prieres chrétiennes recueillies par l'ordre de M. l'Archevêque. Mais on remédiera à cela, dit M. l'Official, en faisant faire des cartons pour tous les endroits de ces Prieres qui sont conformes au Bréviaire traduit en françois. Le remede est bon. C'est comme si un homme, étant fâché de ressembler à une personne qu'il n'aimeroit pas, se coupoit le nez, ou se défiguroit le visage, afin de ne lui plus ressembler.

Contenant plusieurs sens qui conduisent à l'erreur, & qui peuvent être la source & la pépiniere de plusieurs héréfies. Galimatias propre à noircir les livres les plus orthodoxes & les plus faints : car y en a-t-il aucun à qui la malignité ne puiffe attribuer de faux fens, pour dire enfuite, que ces faux fens peuvent être la fource & la pépiniere de plufieurs héréfies ?

I. CLAS. N°. XI.

Et comme y ayant, dans cette traduction, plufieurs erreurs & héréfies condamnées par l'Eglife. Menfonges infignes. On a recherché tout ce qu'on a cru pouvoir être expofé à la cenfure dans un Bréviaire de quatre gros tomes, & on n'y a trouvé que deux endroits; dans l'un defquels on s'eft imaginé avoir trouvé de *l'erreur*, & dans l'autre *une héréfie manifefte.* C'eft donc un menfonge, que même, felon les fauffes imaginations de ces Cenfeurs, il y ait dans ce livre *plufieurs erreurs & héréfies condamnées par l'Eglife.* C'en eft un autre, que l'on puiffe dire avec la moindre couleur, que ce qu'on appelle, en ces deux endroits, *erreur* & *héréfie* ait jamais été *condamné par l'Eglife* : & c'en eft un troifieme, qu'il y ait autre chofe que de grandes vérités dans ces deux endroits-là; bien loin qu'on y puiffe trouver de *l'erreur* ou de *l'héréfie.* C'eft ce qu'on a fait voir avec une entiere évidence, dans la réfutation de la premiere & de la derniere des chicaneries de la Sentence contre cette traduction.

La derniere conformité de l'Official avec fon Promoteur eft, que l'un finit fes Conclufions, & l'autre fa Sentence, par cette terrible menace : *Que le tout fera exécuté même par imploration du bras féculier.* On entend ce langage; & il y a bien des gens qui en pourront être effrayés.

Mais que fait-on fi ce ne fera point ici une occafion dont Dieu fe fervira pour porter le Roi à entrer en défiance de la Théologie politique ? Il n'a jamais rien defiré avec plus de paffion, que de faire rentrer dans l'Eglife Catholique un fi grand nombre de fes fujets, que l'héréfie en avoit arrachés. Il n'a rien épargné pour les faire bien inftruire. Il a voulu qu'on leur ôtât tous les fujets qu'ils pourroient avoir de regretter la religion qu'on leur faifoit abandonner; & on voit affez qu'il n'a pas ignoré, ce qu'il a pu apprendre de perfonnes qu'il honore de fa confiance, qui ont été autrefois Religionnaires, qu'une des chofes qui détournoit le plus les Huguenots de fe faire Catholiques, eft que les Miniftres leur faifoient croire qu'on défendoit aux Catholiques, qui ne favoient pas le latin, de lire l'Ecriture Sainte, & qu'on ne vouloit pas qu'ils entendiffent ce qui fe dit à la Meffe; parce que c'étoient des myfteres qu'on ne devoit pas découvrir au peuple. C'eft pour ôter ces obftacles à la fincere converfion de tant de peuples, & pour les guérir de ces fauffes

I. CLAS. N°. XI.

préventions, que Sa Majesté a fait des dépenses extraordinaires, & jusques à des millions, à ce que l'on dit, pour faire imprimer des livres à l'usage des nouveaux convertis, qui leur feroient voir qu'il est très-faux, qu'on leur veuille empêcher de lire l'Ecriture Sainte en françois, & de savoir ce qui se dit à la Messe. Ces livres sont les traductions en françois du Nouveau Testament & du Pseautier; des Heures latines & françoises, dans lesquelles on a fait mettre l'Ordinaire de la Messe, outre plus de cent mille exemplaires, qui en ont été imprimés à part. Ç'a été assurément un très-bon moyen pour faire aimer la Religion Catholique à ceux qui l'avoient embrassée.

Mais que pourroit dire le Roi des Auteurs de cette Sentence, si trois ou quatre Evêques des plus savants & des plus zélés, prenoient la liberté de lui représenter les renversements qu'elle est capable de faire dans le plus grand & le plus glorieux dessein de Sa Majesté, & le trouble qu'elle doit causer infailliblement dans une infinité de personnes, dont la conversion est encore peu affermie? Trouvez bon, Sire, lui pourroient-ils dire, que nous demandions, en présence de Votre Majesté, aux Auteurs de cette Sentence, ce que nous pourrons répondre aux plaintes que nous feront les nouveaux convertis de nos Dioceses, d'un changement de conduite en leur endroit, si inopiné & si contraire à la bonne foi? On savoit bien, nous diront-ils, qu'une des choses qui nous donnoit plus d'éloignement de nous faire Catholiques, est que nous appréhendions qu'on ne nous ôtât la liberté de lire la parole de Dieu dans une langue que nous entendons, & qu'on ne voulût pas que nous connussions rien de ce qui se dit dans le service public de l'Eglise, à laquelle on nous exhortoit de nous réunir. Le Roi a levé ces obstacles par la traduction des principales parties de l'Ecriture Sainte, qu'il a eu la bonté de faire imprimer pour nous, & par celle de l'Ordinaire de la Messe, qui contient ce qu'il sembloit que l'on nous voulût davantage cacher, qui est le Canon. Nous en avons été édifiés & consolés. Mais nous ne savons plus où nous en sommes, lorsque ceux d'entre nous, qui ne sont convertis qu'en apparence, nous envoient, pour nous insulter, une Sentence rendue à l'Officialité de Paris, affichée par-tout dans cette grande ville, & publiée dans toutes les Eglises le propre jour de Pâques, où ils nous font remarquer, que l'on y fait dire à la Sorbonne, pour qui on a toujours eu tant de vénération en France, qu'elle n'a jamais trouvé bon, *que la Bible fût mise en françois*, mais *qu'elle a en horreur toutes les traductions de l'Ecriture Sainte, des Offices de l'Eglise, & des Peres*: & c'est en effet ce que nous trouvons dans cette Sentence; & nous y trouvons encore des délibérations contre la traduction du Missel, d'où

nous avons lieu de juger, qu'on se repent de nous avoir donné l'Ordinaire de la Messe traduit en françois; ce qui nous étoit d'une grande consolation, & que bientôt on nous l'ôtera d'entre les mains. Et y a-t-il rien encore de plus scandaleux, que de voir qu'on nous oblige de regarder comme *manifestement hérétiques*, ces paroles qui nous paroissent si chrétiennes : *O Dieu, qui, par votre grace, êtes l'unique auteur des saints desirs, des justes desseins, & des bonnes œuvres* ; quoique nous les ayions en mêmes termes dans les Prieres chrétiennes, que le Roi a fait imprimer pour nous instruire des principaux devoirs de la Religion Catholique ? Devons-nous croire aujourd'hui, qu'on nous avoit donné du poison pour du pain ; & n'avons-nous pas autant de sujet de nous défier, que c'est maintenant qu'on nous trompe, & qu'on nous veut faire prendre du pain pour du poison ?

Les Evêques ne seroient-ils pas en droit de s'adresser ensuite au Prince, & de lui dire avec un profond respect : Nous ne voyons pas, Sire, ce qu'on peut répondre à cela. Il faut nécessairement, ou laisser un million d'ames dans une très-fâcheuse tentation, ou abandonner la Sentence, & avouer de bonne foi, qu'on n'y doit avoir aucun égard. Il n'y a point de milieu. Toutes les emplâtres qu'on y voudra mettre, ne sont que des amusements d'enfant, qui ne feront qu'aigrir la plaie, au lieu de la guérir : car on ne persuadera pas à ceux qui ont des yeux, que cette Sentence ne dit pas ce qu'elle dit ; ni à ceux qui ont du sens, que ce qu'elle dit ne soit pas très-scandaleux. Il est donc de l'honneur de l'Eglise de désavouer hautement une si méchante piece, afin qu'on ne puisse pas la lui imputer. Mais, Sire, oserions-nous dire à Votre Majesté, que ces brouilleries n'arriveroient pas, si un seul homme ne s'étoit mis en possession de régler ce qui regarde toutes les Eglises de votre Royaume. Les nouveaux convertis sont répandus par toute la France. Il falloit donc au moins que Votre Majesté fît faire une Assemblée d'Evêques, pour délibérer ensemble, après avoir sérieusement invoqué le Saint Esprit, s'il étoit à propos de les troubler dans la possession où ils étoient de lire l'Ecriture Sainte dans la langue qu'ils entendent, en renouvellant, sans raison & sans jugement, de vieilles préventions de la Sorbonne, contre les traductions de la Bible en langue vulgaire, dont on sait assez qu'elle est présentement revenue : si ce ne seroit pas une imprudence signalée de leur donner connoissance d'une délibération du Clergé, qui auroit condamné la traduction du Missel pour cette raison, que ce qui se disoit tout bas dans la Messe ne devoit pas être connu du peuple, après leur avoir distribué, par ordre de Votre Majesté, plus de cent mille exemplaires de l'Ordinaire de la Messe, où est le Canon. Et enfin, si le Bréviaire

I. Clas. N°. XI.

Romain, étant celui d'un très-grand nombre d'Eglises de France, il n'étoit pas juste de consulter les autres Evêques sur deux choses: l'une si on pouvoit employer cette raison générale pour en supprimer la traduction, que l'on ne doit point souffrir les traductions en langue vulgaire des Offices de l'Eglise; ce qui n'est cru présentement presque de personne: l'autre, si les prétendues erreurs qu'on dit y avoir trouvées, sont de vraies erreurs, & si, quand il y en auroit, il ne seroit pas raisonnable d'y faire plutôt quelques corrections, que de priver tant de bonnes ames de la consolation qu'elles auroient, par le moyen de ce livre, de suivre l'esprit de l'Eglise, en faisant les mêmes prieres qu'elle fait dans son service, en une langue qu'elles entendent. Voilà, Sire, quel est le vrai régime de l'Eglise. Toutes ses affaires communes s'y doivent traiter en commun. C'est particuliérement à ces saintes Assemblées que le S. Esprit est promis. Il n'y a point de bien qu'on n'en dût attendre, si on les rétablissoit dans un vrai dessein de chercher tous les moyens de contribuer au salut des ames, que Jesus Christ a rachetées de son sang. Ce seroit, Sire, le comble de votre gloire. C'est un commencement, d'avoir fait, que des Huguenots soient devenus Catholiques; l'importance seroit de travailler tout de bon à faire de bons Chrétiens de ces nouveaux Catholiques, aussi-bien que des anciens.

Voilà ce que les Evêques pourroient dire au Roi. Ils le lui diront, quand Dieu leur en aura inspiré la volonté. Ce sera peut être plutôt qu'on ne croit. Mais, en attendant il a fallu, selon la parole de Jesus Christ, que les pierres mêmes criassent, plutôt que de laisser sans défense la vérité & la justice.

Si tacuerint, lapides clamabunt.

Fin de la premiere Partie.

L'AVOCAT DU PUBLIC,

Contre les vains efforts que le Promoteur a faits pour justifier, dans une seconde Remontrance du 3. Mai, les excès de la premiere du 10. Avril. [1688.]

Novissima hominis illius pejora prioribus.

Matth. 12. 45.

Les justes plaintes du public contre la Sentence du 10. Avril, se firent entendre de tous côtés avec tant déclat, que ceux qui y avoient intérêt ne crurent pas les pouvoir dissimuler.

L'Official en témoigna du chagrin dans son Synode. Il fit quelques menaces pour les arrêter. Mais il crut que le moyen le plus court de les faire cesser, au moins à son égard, étoit de se décharger sur un autre de tout ce qu'on trouvoit à redire dans la Sentence, en avertissant ses auditeurs, qu'il ne falloit pas s'arrêter au plaidoyer de son Promoteur.

Il faut que depuis on ait jugé, qu'il n'étoit pas juste d'abandonner si lâchement celui à qui on avoit fait jouer tel personnage qu'on avoit voulu. On a donc pris un parti plus généreux. On l'a fait de nouveau paroître sur le théatre, pour se plaindre à son tour des reproches du public, & en montrer l'injustice.

C'est ce qu'il a exécuté le 3 Mai, non plus devant l'Official, mais devant M. l'Archevêque même, afin que sa justification fût plus authentique. Mais comme il ne seroit pas raisonnable qu'on le laissât parler seul, & que le public, qu'il attaque avec beaucoup de hauteur & de fierté, demeurât sans défense, je me suis chargé de sa cause, qui m'a paru être celle de la vérité & de la justice.

C'est toute ma commission. Je ne touche point à l'Ordonnance de Monseigneur l'Archevêque. Elle consiste proprement dans la Sentence qu'il a prononcée, qui est mot pour mot la même que celle de l'Official. On peut donc juger de l'une par l'autre. Mais ce n'est pas là mon affaire. Je n'ai entrepris que d'examiner la seconde Remontrance que le Promoteur a présentée à son Archevêque le 3. Mai, pour justifier la premiere, qu'il avoit présentée à l'Official le 10. Avril. S'il se trouvoit qu'elle fût encore pire que l'autre, M. l'Archevêque auroit plus de droit de ne s'en pas mettre en peine, comme n'étant point obligé de la défendre, que l'Official n'en a eu, de dire dans son Synode, qu'il ne falloit point s'arrêter

I. CLAS. au plaidoyer de son Promoteur; mais qu'on ne devoit considérer que sa Sentence.

N°. XI. Cependant, pour le traiter avec une entiere sincérité, & lui ôter tout sujet de se plaindre, qu'on auroit dissimulé ce qui seroit de plus fort pour sa défense, je rapporterai mot à mot tous ses contredits aux griefs du public. Mais ce ne sera pas toujours dans le même ordre. Car, au lieu qu'il a mis tous les griefs ensemble, & ensuite ses réponses, j'ai cru qu'il valloit mieux joindre la réponse à chaque grief.

Au reste, il faut remarquer, qu'encore que ce soit M. l'Archevêque qui parle dans ces réponses, ce n'est pas en disant son sentiment; mais en rapportant seulement ce que contenoit la Requête de son Promoteur.

Après une déduction du fait, en dix ou douze lignes, voici comme il entre en matiere.

Le Promoteur.

Et bien que cette Sentence soit juridique dans le fonds & dans la forme, & qu'elle ait été donnée sur des fondements solides & inébranlables, & qu'ensuite elle ait été reçue & publiée dans les Eglises de notre Diocese, néanmoins il seroit arrivé que quelques particuliers, mal-intentionnés, auroient entrepris de soutenir cette traduction, & même auroient semé parmi le peuple des écrits contraires au respect dû à l'Eglise & à sa jurisdiction, pour empêcher les bons effets qu'il devoit attendre de ce jugement.

L'Avocat du Public.

Vous établissez mal l'état de la cause. C'est le public que vous avez pour partie, & non quelques particuliers: car vous savez fort bien, que la Sentence du 10. Avril, que vous voulez défendre, & sur-tout ce que vous avez dit dans vos moyens pour le fondement de votre injuste conclusion, a causé un soulévement général, & scandalisé une infinité de personnes.

Vous pouvez supposer, tant qu'il vous plaira, que cette Sentence a été donnée sur des fondements solides & inébranlables: cela veut dire, que vos quatre moyens, sur lesquels elle a été donnée, vous paroissent tels. Mais le Public soutient le contraire, & prétend, que ce sont des erreurs intolérables. C'est sur quoi nous plaidons devant le grand tribunal du monde, qui sera notre juge.

Le Promoteur.

Ils ont voulu attaquer la forme, en disant que les Officiaux ne sont pas Juges compétents de la doctrine, ni des matieres qui regardent la foi; que quand même ils en seroient les Juges, celui de Paris devoit citer l'Auteur de cette version, avant que de le condamner; & qu'enfin, il n'est point du droit ni de l'usage de l'Eglise, que les Officiaux rendent leurs jugements sur des ordres qu'ils auroient reçus de la part de leurs Evêques, principalement en leur présence.

L'Avocat du Public.

Il est certain que c'est une nouveauté contre l'usage de l'Eglise, qu'un Official, dont le tribunal n'est que pour la justice contentieuse, ait entrepris, sans citer personne, de se rendre juge d'un livre, & de le condamner comme contenant des erreurs & des hérésies. Quand l'Eglise Gallicane se souleva contre les pernicieuses maximes des Casuistes modernes, il s'en fit des censures en un grand nombre de Dioceses de France; mais il n'y eut point d'Official qui s'avisât d'en faire: elles furent toutes faites par les Evêques mêmes, ou par les Vicaires généraux, en l'absence ou au défaut des Evêques. De quoi donc s'est avisé M. Cheron, M. l'Archevêque étant présent dans son Diocese, de rendre une Sentence, qui, outre les autres défauts, a si peu de rapport à son Tribunal?

L'irrégularité de son procédé se peut confirmer par votre Réponse même: car tout ce vous avez pu dire, pour établir sa compétence dans cette Sentence, est, *qu'elle n'a été rendue que pour condamner une contravention que l'Auteur de cette traduction a faite aux saints Décrets de l'Eglise, & aux Ordonnances du Diocese de Paris, dont les Juges de l'Officialité sont établis les exécuteurs.* Or il n'est point vrai que cet Auteur ait contrevenu à aucun Décret de l'Eglise qui soit reçu en France, ou qui y ait force de loi, comme on le fera voir encore en un autre endroit. Et il est encore plus faux qu'il ait contrevenu aux Ordonnances du Diocese de Paris. Il n'a donc rien fait, selon vous même, qui l'ait pu soumettre, à l'égard de cette traduction, à la jurisdiction de l'Officialité.

Vous ne répondez pas mieux à ce que l'on vous a encore opposé, que, quand cette affaire auroit été de sa compétence, il l'auroit dû traiter conformément à la nature de son Tribunal, en citant les prétendus infracteurs de ces saints Décrets; c'est-à-dire, ou l'Auteur de la version, ou, à son défaut, les Approbateurs, ou le Libraire, & sur-tout le dernier: parce que c'est principalement les Libraires & les Imprimeurs qui font responsables de l'inobservation des réglements pour l'impression des Livres, comme il paroît par l'Arrêt du Parlement du sept Septembre 1668. Est-ce répondre raisonnablement à une plainte si bien fondée, que de payer le monde d'injures, en disant, comme vous faites; *qu'il est contre l'ordre de la justice, de se plaindre qu'on n'ait pas cité les Auteurs des livres, dont les erreurs sont aussi certaines que les noms en sont inconnus?* Il n'y a donc rien de moins certain que les erreurs de ce livre, puisqu'il n'y a rien de moins inconnu que son Auteur: tout le monde sachant que c'est M. le Tourneux, si connu pour sa piété & pour ses grandes qualités. Il auroit été plus honnête & plus naturel, de dire simplement, qu'étant mort, il ne pouvoit plus être cité. Mais vous n'auriez pas satisfait par-là au grief du Public. Car, comme j'ai déja dit, l'Official étoit obligé, à son défaut, de faire appeller les Approbateurs & le Libraire, afin de ne les pas condamner sans les ouir; les uns, comme des Approbateurs d'héréfies, & l'autre, comme ayant mérité de faire une perte de dix ou douze mille écus, pour avoir, à ce que l'on prétend, contrevenu aux Saints Décrets. Oseroit-on dire qu'il eût été *contre l'ordre de la justice*, de l'entendre sur ce qu'il avoit à répondre sur ces Décrets prétendus? Il faudroit donc que les Officialités, qui se gouvernent selon les maximes de la Théologie politique, eussent une jurisprudence toute particuliere, bien opposée à celle des autres. Mais la difficulté est de savoir si elle sera reçue en l'autre monde; & si ruiner des familles par des jugements si manifestement iniques, n'y sera point regardé comme une infraction criminelle du septieme précepte du Décalogue.

Le Promoteur.

Ils ont aussi attaqué le fonds, en publiant, qu'il y a dans le Diocese de Paris une infinité de livres, lesquels y ont été imprimés & débités sans le nom de leurs Auteurs; que plusieurs versions de l'Ecriture & des Peres y ont été répandues, quoiqu'elles ne fussent pas autorisées de la permission des Archevêques.

L'Avocat du Public.

Vous proposez infidellement les griefs du Public contre vos deux premiers moyens. L'un, qu'il n'y a point de nom d'Auteur à la traduction du Bréviaire. L'autre, qu'il n'a point été approuvé par M. l'Archevêque, ou par une personne de sa part. Car le Public ne s'est point contenté de dire sur cela, qu'il y a dans le Diocese de Paris une infinité de livres imprimés & débités sans le nom de leurs Auteurs, comme s'il avoit voulu seulement conclure de-là, qu'il n'est pas juste, entre une infinité de coupables, d'en prendre un seul pour le tourmenter, en ne disant rien aux autres. Ce seroit une très-injuste acception de personnes. Ce n'est pas néanmoins à quoi on s'est arrêté.

Ce n'est pas aussi aux seules *versions de l'Ecriture & des Peres*, que le Public s'est restreint, quand il s'est plaint que vous prétendiez, sans raison, qu'il n'étoit pas permis de les imprimer, sans en avoir l'approbation ou la permission de l'Ordinaire: car les Décrets que vous rapportez dans votre second moyen étendent la nécessité d'avoir cette permission de l'Ordinaire à tous les livres des choses saintes, *de rebus sacris:* ou, comme porte un de ces Décrets, *qu'il sera défendu d'imprimer sans l'autorité & permission spéciale des Evêques, les Livres sacrés, les ouvrages des saints Peres, ou qui traitent de la foi & des mœurs.*

Voici donc en quoi consiste la plainte du Public contre vos deux premiers moyens, qui vous font prétendre, qu'un livre *de rebus sacris*, peut être supprimé, & que le Libraire le doit perdre, quand sa famille en seroit ruinée, lorsqu'il est imprimé sans nom d'Auteur, & sans la permission spéciale de l'Ordinaire. Il soutient qu'il n'y eut jamais d'erreur plus intolérable, & il le prouve par cet argument.

C'est une maxime constante parmi tous les Canonistes & tous les Jurisconsultes, qu'une Ordonnance de pure police n'a point force de loi, quand elle n'a point été reçue; & qu'elle cesse d'avoir force de loi, quand elle auroit été reçue, lorsque, par un long espace de temps, on ne l'a plus observée, & qu'au vu & au su des Supérieurs, il s'est introduit une coutume contraire, certaine & notoire, & qui peut être prouvée par une infinité d'exemples. D'où il s'ensuit, que ce seroit une injustice manifeste, de traiter quelqu'un de coupable, pour n'avoir pas observé une telle Ordonnance, qui doit être regardée, à cet égard, comme n'ayant jamais été; puisqu'elle n'a plus force de loi. Car comme dit S. Paul, *où il n'y a point de loi, il n'y a point de prévarication.*

Or ces deux défenses, de ne point imprimer de livres des choses saintes, ou des mœurs, sans le nom de l'Auteur, & la permission spéciale de l'Evêque, sont de la nature que je viens de dire. Car il y en a une, savoir celle *de la permission spéciale des Evêques*, qui n'a jamais été en usage en France, pour ce qui est d'obliger: les Ordonnances des Rois & les Arrêts du Parlement, qui ont réglé ce qu'on devoit faire pour l'impression des livres dans les temps les plus difficiles; c'est-à-dire, lorsqu'on avoit plus de précautions à prendre pour empêcher que les hérétiques ne répandissent leurs erreurs, n'ayant demandé que l'approbation des Facultés de Théologie, sans avoir jamais exigé celle des Evêques.

I. CLAS. N°. XI.

2°. Il est vrai, que ces Ordonnances vouloient en ce temps-là, qu'on y mît le nom & le surnom des Auteurs. Mais il y a plus d'un siecle qu'une coutume contraire, constante & notoire, & qui pourroit être prouvée par une infinité d'exemples, a prescrit contre ce réglement de police; & il faut bien que les Rois y aient consenti, puisqu'il n'y a rien de plus commun que des Privileges donnés à des livres sans nom, ou sous des noms que l'on juge assez être feints, sans que personne le trouve mauvais.

3°. Il y a plus à l'égard de l'obligation de mettre le nom de l'Auteur. C'est que le Pape Clément VIII. y a dérogé, par une Bulle où il dit expressément : *Que si l'Evêque ou l'Inquisiteur* (& par conséquent aussi les Docteurs des Facultés de Théologie, qui tiennent lieu en France des Inquisiteurs & des Evêques, pour ce qui regarde l'approbation des livres) *juge, pour quelque cause juste, qu'on doit publier le livre en cachant le nom de celui qui l'a fait, il faut au moins que l'on marque le nom de celui qui l'aura examiné & approuvé.* Quand donc le Décret du Concile de Trente sur cette matiere auroit été reçu en France (ce qui n'est pas) il n'obligeroit plus à mettre nécessairement le nom de l'Auteur, depuis cette Déclaration de Clément VIII; puisqu'il est constant, que, dans ces sortes de choses, *posteriora jura derogant prioribus.*

Il est donc bien certain, que ces deux réglements de police étant manifestement abrogés par une coutume contraire, quand l'un des deux auroit autrefois obligé en France, on ne peut plus les alléguer aujourd'hui, comme des loix qui seroient en vigueur, & dont l'inobservation rendroit coupable, que par une injustice semblable à celle d'un Commissaire, qui exécuteroit un cabaretier, & mettroit ses meubles sur le carreau, pour avoir donné à boire & à manger à des domiciliés contre l'Ordonnance qui le défend; mais qui, depuis long-temps, n'est plus en usage, quoiqu'il fût si utile de l'y remettre.

On est assuré, M. le Promoteur, que ni vous ni qui que ce soit, ne sauriez rien répondre à cela, qui ne soit tout-à-fait déraisonnable; & on en aura bientôt une preuve en examinant vos contredits.

Le Promoteur.

Qu'au fonds, on a condamné les versions de l'Ecriture & des Peres de l'Eglise, qui étoient sans noms d'Auteurs, & qui n'étoient pas autorisées de la permission des Archevêques, lorsqu'on leur en a porté les plaintes, & qu'ils ont reconnu, dans l'examen qu'ils en ont fait, qu'elles contenoient une mauvaise doctrine.

L'Avocat du Public.

Cette premiere réponse est mêlée de beaucoup de faussetés, & est, de plus, tout-à-fait impertinente. Mais, afin que vous ne vous offensiez pas de ce mot d'*impertinent*, je vous déclare, que je n'entends par-là, que *non pertinent*; c'est à dire, ce qui n'est pas à propos, & qui ne touche pas seulement la difficulté que l'on doit résoudre. Ainsi je prétends, que cette réponse, outre qu'elle est mêlée de faussetés, ne touche pas seulement le grief du Public contre vos deux premiers moyens, auquel vous aviez à satisfaire.

Elle est mêlée de faussetés, ou au moins de déguisement: car on voit assez que vous avez voulu parler de la Traduction du Nouveau Testament imprimée à Mons, que vous faites entendre avoir été censurée par M. de Perefixe, Archevêque de Paris, *comme n'ayant pas été autorisée de sa permission.* Il est vrai qu'on lui avoit fait mettre cela dans sa premiere Ordonnance. Car après lui avoir fait alléguer vos mêmes Décrets, qui défendent d'imprimer des livres *de rebus sacris* sans la permission des Evêques, on lui faisoit ajouter: *Qu'il avoit appris, avec douleur, qu'au préjudice de cet ordre, & d'une police si saintement établie, on débitoit dans sa ville Métropolitaine*, sans sa permission, *une nouvelle traduction du Nouveau Testament imprimée à la ville de Mons.* Mais vous dissimulez, ce qui auroit fait voir avec combien peu de fondement vous alléguez cet exemple, qu'on avoit couvert de confusion ceux qui l'avoient engagé dans cette fausse démarche, en les défiant de montrer aucun Concile qui ait ordonné, que des livres approuvés solemnellement & avec éloge, dans un Diocese Catholique (comme le Nouveau Testament de Mons l'avoit été dans le Diocese de Cambrai) aient besoin, pour être débités dans les autres Dioceses, de nouvelles permissions & approbations des Ordinaires de ces autres lieux, & que c'étoit cependant ce qu'il falloit montrer, pour avoir droit de dire, comme on faisoit dans cette Ordonnance, que le débit que l'on avoit fait dans Paris du Nouveau Testament imprimé à Mons avec toutes les approbations nécessaires, a été *une contravention manifeste aux Ordonnances & Décrets des saints Conciles.*

Les dernieres paroles de cette réponse: *Lorsque les Archevêques ont reconnu dans l'examen qu'ils ont fait de ces versions, qu'elles contenoient une mauvaise doctrine*, n'y ont été mises que pour faire entendre, que c'est ce qui est arrivé à la Traduction de Mons, comme si M. de Perefixe ne l'avoit censurée qu'après avoir reconnu, par l'examen qu'il en avoit fait, qu'elle contenoit une mauvaise doctrine. Or rien n'est plus mal fondé que cette supposition: car M. de Perefixe avoit défendu

I. CL A s. N°. XI.

le débit & la lecture de cette traduction de Mons par sa premiere Ordonnance, sans y avoir reconnu aucune mauvaise doctrine. Et le mépris qu'on en fit, l'ayant engagé à en faire une seconde, elle n'étoit appuyée que sur les prétextes du monde les plus frivoles; comme, par exemple, *qu'on n'y avoit pas gardé d'exactitude dans les points & dans les virgules*, & qu'on *avoit rejeté les titres ou sommaires des livres & chapitres*, qu'il supposoit faussement avoir *été de toute ancienneté dans les éditions de la Vulgate* : & ce n'étoit qu'à la fin, qu'on lui avoit fait ajouter par maniere d'acquit, cette pitoyable chicanerie : *Qu'il y avoit plusieurs interprêtations qui tendent à favoriser & renouveller les erreurs du Jansénisme.* C'est-à-dire, que, pour contenter sa mauvaise humeur, on l'avoit fait parler comme ces personnes *malheureuses*, dont se plaint le Pere Amelotte, *à qui presque tous les discours de la grace sont suspects, & qui, par un aveuglement déplorable, regardent comme des erreurs tout ce qui se dit de sa force & de sa toute-puissance.* Mais ce qui faisoit voir le jugement de ses mauvais Conseillers, est qu'il y avoit autant de raison de faire ces vains reproches au Nouveau Testament du Pere Amelotte, qu'il avoit approuvé, qu'à celui de Mons.

Défense des Const. Préf.

Il ne reste plus qu'à montrer que cette réponse est impertinente, au sens que je prends ce mot, par cela même qu'elle suppose, que le Nouveau Testament de Mons n'a été censuré par M. de Perefixe, qu'après qu'il eut reconnu, qu'il contenoit une mauvaise doctrine. Car cela étant, à quoi cet exemple, bon ou mauvais, vous peut-il servir pour la justification de vos deux premiers moyens, dont le public a fait tant de plaintes? Il ne s'y agit pas de savoir si un livre *de rebus sacris*, qui n'a point de nom d'Auteur, ni la permission de l'Evêque, peut-être supprimé & condamné quand il contient une mauvaise doctrine? Qui en doute? Il le peut être aussi en ce cas-là, quand il y auroit & nom d'Auteur & permission de l'Evêque. Ce n'est donc pas, encore une fois, de quoi il s'agit; mais de savoir si les défauts de ces deux formalités peuvent être allégués par un Promoteur, comme des moyens légitimes, pour demander la suppression d'un livre indépendamment de la bonne ou de la mauvaise doctrine qu'il contiendroit. C'est ce que vous devez soutenir, puisque vous prétendez que les Décrets, que vous allégués dans vos deux premiers moyens, sont de véritables loix, qu'on est obligé d'observer en France aussi-bien qu'ailleurs, & *que l'abus qu'on en fait, en manquant de les observer, doit servir de motif aux puissances légitimes pour en renouveller la rigueur & l'exécution.* Or cela ne se peut prouver que fort ridiculement par l'exemple d'un livre où ces deux prétendus défauts se seroient rencontrés, lorfqu'on avoueroit qu'il n'auroit été condamné que parce qu'on auroit reconnu, par l'examen qu'on en auroit fait, qu'il contenoit une mauvaise doctrine. Car y ayant, selon vous, une cause si légitime de la condamnation de ce livre, savoir les erreurs qu'on y auroit trouvées, il faudroit d'autres preuves que l'exemple de ce livre-là pour montrer ce qu'on vous conteste; que les défauts de ces deux formalités sont en France des moyens légitimes pour faire supprimer des livres. Et ainsi votre premiere réponse, M. le Promoteur, est un pur sophisme, qui, aussi-bien que la suivante, suppose ce qui est en question.

Le Promoteur.

Que si on a toléré quelqu'un de ces désordres, ce n'est pas à dire qu'on les ait permis, lors principalement qu'ils n'ont pas ou été représentés, ou déférés aux Supérieurs; qu'on n'est pas moins soumis à la loi, pour en avoir évité la peine, & que l'abus qu'on en fait doit servir de motif aux Puissances légitimes, pour en renouveller la vigueur & l'exécution.

L'Avocat du Public.

J'ai eu raison de vous avertir, que vous aviez mal compris les griefs du Public contre vos deux premiers moyens, ou que vous les aviez proposés avec peu de sincérité. Relisez ce que l'on vous en vient de dire, & vous comprendrez que cela se réduit à vous soutenir, qu'il n'y a présentement en France aucune loi qui ait force de loi, & dont l'inobservation puisse rendre coupables ceux qui ne l'observent pas, de ne point imprimer de livres en matiere de Religion, sans mettre le nom de l'Auteur, & sans la permission & l'approbation de l'Evêque. On vous l'a prouvé; on n'a que faire de le répéter. C'est donc à quoi il falloit répondre: car, tant qu'on le supposera pour certain, tout ce que vous dites ne passera que pour des chansons. Il n'est que trop vrai, qu'il y a beaucoup de désordres, qui, pour être tolérés, ne sont pas permis: mais le Public vous nie, que ce que vous osez appeller un désordre, en soit un. Il vous a soutenu, & il vous soutient encore, que, quoi que vous puissiez alléguer de vos Décrets de police, les deux usages qui se sont introduits depuis si long-temps, au vu & au su des Supérieurs, sont très-légitimes & très-raisonnables.

Car celui de se contenter de l'approbation des Docteurs de la Faculté de Théologie, & sur-tout de celle de Paris, sans avoir besoin de la permission des Evêques, est l'usage constant de tout le Royaume, autorisé par les Ordonnances & par les Arrêts du Parlement: & ce n'est

I. CLAS. N°. XI.

pas une chose supportable, qu'un Promoteur ose l'appeller *un désordre* & *un abus*.

Et celui de n'être point obligé de mettre son nom aux livres qu'on fait imprimer, est de même autorisé par l'une & l'autre puissance; le Roi, depuis très-long-temps, ne faisant aucune difficulté de donner des Privileges pour des livres qui n'ont point de nom, ou qui n'en ont que d'empruntés; & le Pape Clément VIII. ayant déclaré par une Bulle, comme nous l'avons déja remarqué, qu'il pouvoit suffire qu'on mît le nom de celui qui auroit examiné & approuvé le livre.

C'est donc en vain que vous ajoutez, qu'on *n'est pas moins soumis à la loi pour en avoir évité la peine.* C'est supposer qu'il y a une loi en France, qui oblige à vos deux formalités. Et le Public vous a prouvé qu'il n'y en a point; & par conséquent, il n'a pas sujet de se mettre en peine de ce que vous dites pour conclure ce point. *Que l'abus qu'on fait des loix, doit servir de motif aux Puissances légitimes, pour en renouveller la rigueur & l'exécution.* C'est toujours le même sophisme. Il n'y a point d'abus à ne pas observer des loix qui n'ont jamais été, ou qui ne sont plus. Et le Public vous déclare que, ni vous, ni votre Official, qui êtes peut-être assez négligents à faire exécuter des loix importantes, qui sont en vigueur, vous n'avez pas le pouvoir d'en faire revivre d'éteintes, pour en prendre sujet de supprimer les meilleurs livres, & de ruiner qui il vous plaira.

Voilà ce que vous avez trouvé de plus apparent pour répondre à ce qu'on a dit contre vos deux premiers moyens. Passons à ce qui regarde le troisieme.

Le Promoteur.

Que les versions, tant de l'Ecriture que des Prieres de l'Eglise, n'ont été suspectes & condamnées qu'au temps où les hérétiques en abusoient; que, de les défendre maintenant, est un contre-temps insoutenable; puisque c'est ôter aux nouveaux convertis la consolation qu'ils tirent de la lecture des Livres saints.

L'Avocat du Public.

Voilà par où vous commencez à proposer ce que l'on a dit contre votre troisieme moyen. Mais tout cela est bien brouillé. Vous mêlez mal à propos les versions de l'Ecriture avec celles des Prieres de l'Eglise, en faisant dire à vos adversaires, des unes & des autres, qu'elles n'ont été suspectes & condamnées qu'au temps où les hérétiques en abusoient. Je desavoue, au nom du Public, ceux qui auroient parlé de la sorte, s'il y en a. Car il ne faut point confondre ces deux sortes de versions. Celles des Prieres de l'Eglise n'ont dû être ni condamnées, ni suspectes en aucun temps, pourvu qu'elles fussent fidelles. Et il n'y avoit pas lieu de craindre que les hérétiques en abusassent. Ils en auroient au contraire été édifiés, comme on voit que ces versions servent à la conversion de ceux d'à-présent.

I. CLAS. N°. XI.

Pour les traductions de l'Ecriture, l'Eglise n'a jamais condamné celles qui ont été faites par d'habiles Catholiques: mais il y en a qui ont cru, que, pendant que les hérétiques pressoient tout le monde de lire l'Ecriture sainte, avec cet esprit d'orgueil & d'indépendance qui inspiroit à chaque particulier qu'il y trouveroit tout ce qu'il doit croire, sans se soumettre à l'autorité de l'Eglise, il étoit à craindre que beaucoup de simples Catholiques ne se portassent à la lire avec ce même esprit. Et c'est ce qui a produit ces défenses de la lire sans permission, que M. le Cardinal de Richelieu fait entendre *n'avoir été que pour un temps*. Ainsi, c'est seulement à l'égard des versions de l'Ecriture, qu'on a eu raison de dire, que vouloir encore avoir égard à ces défenses, dont la raison a cessé, ce seroit un contre-temps insoutenable; parce que ce seroit ôter aux nouveaux convertis, la consolation qu'ils tirent de la lecture des Livres saints. Ecoutons maintenant votre réponse.

Le Promoteur.

Qu'au reste, il n'y a aucun temps où l'abus des traductions de l'Ecriture, des Missels & des Bréviaires, ne soit dangereux & à craindre, lors principalement qu'elles sont faites à l'insu & sans la permission des Evêques; puisque le saint Siege, l'Eglise Gallicane, & la Faculté de Théologie, dans ces sortes de circonstances, les ont condamnées sans distinction; puisque même, pour s'arrêter à ce fait particulier, on a vu, depuis cette traduction du Bréviaire Romain, des personnes de la plus haute qualité, consulter des Docteurs, pour savoir, si, en disant ce Bréviaire & le récitant en langue françoise, elles ne satisferoient pas à l'obligation où elles se trouvent de le dire tous les jours: ce qui conduiroit insensiblement les fideles à introduire la langue vulgaire dans les exercices publics de la Religion, contre l'esprit des Conciles & la pratique de l'Eglise.

L'Avocat du Public.

Jamais discours ne fut plus confus. Mais cette obscurité affectée fait voir clairement l'embarras où vous vous êtes trouvé pour défendre votre

I. CLAS. N°. XI.

troisieme moyen. Vous y avez ramassé tout ce qu'on peut dire de plus outré contre les versions de l'Ecriture, des Offices de l'Eglise, & des ouvrages des Saints Peres; jusques à approuver ce que vous prétendez avoir été dit par des Députés de la Sorbonne en 1660. *qu'elle avoit en horreur toutes ces traductions.* Vous n'ignorez pas l'indignation que le public en a eue, & vous supposez que l'on vous a objecté, que si on a autrefois parlé contre ces versions, c'étoit dans le temps que les hérétiques en abusoient. C'est à quoi vous vous attachez dans vos contredits: & vous répondez, *qu'il n'y a* aucun temps où l'abus de ces versions ne soit à craindre. N'est-ce pas faire entendre, que tout ce que vous avez allégué pour les faire avoir en horreur, doit avoir lieu en ce temps-ci, aussi-bien qu'en un autre? Et c'est ce qu'on a eu raison de soutenir être un horrible *contre-temps:* de quoi nous parlerons en son lieu.

Après avoir dit, que *l'abus de ces versions est à craindre*, vous ajoutez, *lors principalement qu'elles sont faites sans la permission des Evêques:* c'est-à-dire, que, selon vous, l'abus de ces versions est toujours à craindre; mais qu'il est encore plus à craindre lorsqu'elles ont été imprimées sans la permission des Evêques.

Cela est suivi de deux *puisque*, qui doivent être des preuves de ce que vous veniez de dire. Mais comme vous y dites deux choses: l'une; *que l'abus de ces versions est toujours à craindre;* l'autre, *que c'est principalement quand on les imprime sans la permission des Evêques*, on voit assez que vous n'avez ajouté cette queue, que pour rendre moins odieux ce que vous aviez dit avec tant d'emportement contre ces traductions, en voulant faire croire, que vous n'en vouliez qu'à celles qui sont imprimées sans la permission des Evêques. Et c'est à quoi on doit rapporter vos deux *puisque.* Mais c'est ce qui est très-faux, comme il est aisé de vous en convaincre.

Je commencerai par votre dernier *puisque. Puisque même*, dites vous, *pour s'arrêter à ce fait particulier, on a consulté des Docteurs depuis cette traduction du Bréviaire Romain, pour savoir, si des personnes qui ont obligation de le dire tous les jours ne satisferoient pas à cette obligation en le récitant en françois.* Que cette raison soit bonne ou mauvaise contre la traduction du Bréviaire, il est bien certain qu'elle pourroit être aussi-bien alléguée pour montrer que ces traductions sont dangereuses, soit qu'elles soient, ou qu'elles ne soient pas approuvées par l'Evêque. Car les Docteurs qu'on dit avoir été consultés sur cette grande difficulté, auroient été bien ridicules s'ils avoient répondu, qu'il falloit distinguer. Que l'on auroit pu satisfaire à l'obligation de dire son Bréviaire, en le récitant en françois, si M. l'Archevêque en avoit approuvé la traduction; mais qu'on n'y satisferoit pas, en le récitant selon cette nouvelle traduction, parce qu'elle n'avoit été approuvée que par deux Docteurs de la Faculté. Votre dernier *puisque*, ne peut donc servir qu'à prouver généralement, que l'abus de ces versions est toujours à craindre; comme c'est en effet ce que vous aviez établi, autant que vous aviez pu, dans votre troisieme moyen. Et c'est ce qui a le plus scandalisé le public.

Votre premier *puisque*, est plus entortillé, & c'est une vraie énigme : *Puisque le S. Siege, l'Eglise Gallicane, & la Faculté de Théologie, dans ces sortes de circonstances, les ont condamnées sans distinction.* Que ne parlez-vous nettement? Pourquoi affectez-vous de vous expliquer en des termes qui semblent se contredire? Car si ceux dont vous parlez n'ont condamné ces versions, que *dans de certaines circonstances*, ils ne les ont donc pas condamnées *sans distinction* : & s'ils les ont condamnées *sans distinction*, ce n'a donc pas été seulement *dans de certaines circonstances*. Mais on voit bien ce que c'est. Vous avez appréhendé de vous faire trop bien entendre, de peur d'être de nouveau accablé de reproches, si vous osiez soutenir ouvertement ce que vous aviez dit d'outré contre les versions en langue vulgaire; ou de passer pour menteur, si vous eussiez soutenu en termes clairs que vous ne l'aviez pas dit. Dans cet embarras, vous avez cru qu'il falloit laisser deviner votre pensée sans la trop marquer. Et c'est le mystere de ces mots, *dans ces sortes de circonstances*: ce que vous avez voulu qui se rapportât à ce que vous veniez de dire, en parlant du prétendu danger de ces versions : *Lors principalement qu'elles ont été faites sans la permission des Evêques.* Et par-là vous voudriez que l'on crût, que tout ce que vous avez dit dans votre troisieme moyen contre les versions en langue vulgaire, n'a été que contre celles qui n'auroient pas été approuvées par les Evêques. Mais c'est la plus grande illusion du monde, comme il est facile de vous en convaincre, sans en chercher des preuves ailleurs que dans l'endroit même que j'examine.

Tout ce que vous dites ici pour justifier votre troisieme moyen; *Que le S. Siege, l'Eglise Gallicane, & la Faculté de Theologie, ont condamné ces versions sans distinction dans ces sortes de circonstances*, a rapport à ce que vous y aviez dit du Bref d'Alexandre VII. obtenu par surprise contre la traduction du Missel de M. de Voisin; aux délibérations de l'Assemblée de 1660. contre ce même Missel, & aux déclarations de la Faculté contre ce même livre, comme aussi à quelques autres actes de cette Faculté sur ce même sujet.

Or ce livre de M. de Voisin n'avoit paru qu'avec toutes les formalités que l'on peut desirer dans la plus grande rigueur. Il y avoit mis son nom; &, outre les approbations de plusieurs Evêques & Docteurs, il

I. CLAS. N°. XI.

avoit celle des Vicaires Généraux de M. le Cardinal de Retz, Archevêque de Paris.

Lors donc que vous avez rapporté, avec beaucoup d'étendue, dans votre troisieme moyen, ce qui a été fait contre ce Missel françois, approuvé par l'Ordinaire, pour montrer que les versions en langue vulgaire de l'Ecriture Sainte & des Offices de l'Eglise sont bien dangereuses, & que l'abus qu'on en peut faire est à craindre en tout temps, pouvez-vous dire, sans mensonge, que vous avez restreint ce que vous disiez contre ces traductions, à celles qui ne seroient pas approuvées par les Evêques?

L'autorité de la Sorbonne, dont vous vous êtes servi dans le même dessein, ne prouve pas moins clairement, que vous ne pouvez le prétendre sans une insigne mauvaise foi: car tout ce que vous en rapportez au désavantage des versions, est général & sans aucune restriction. Vous ne lui faites point dire, qu'on ne doit point imprimer de Bible traduite en françois, qu'avec la permission des Evêques; mais vous prétendez qu'elle déclara, en 1607, *qu'on ne devoit point mettre la Bible en françois.* Tout le reste est de même; & il n'y a rien sur-tout de plus précis, que ce que vous avez assuré avoir été dit par ses Députés à l'Assemblée du Clergé de 1660; *que, non seulement elle improuvoit cette version du Missel par M. de Voisin*, quoiqu'approuvée par les Vicaires généraux de son Archevêque; *mais qu'elle avoit en horreur toutes les traductions de l'Ecriture sainte, des Offices ecclésiastiques, & des Peres.*

Je vous déclare donc, comme Avocat du Public, qu'il ne se laissera point amuser par vos déguisements & vos fuites, & qu'il ne sera point content de vous, jusques à ce que vous ayiez avoué de bonne foi; Que ce que vous avez dit contre les versions en langue vulgaire, les regarde toutes sans distinction, & qu'en cela vous avez commis une grande imprudence, qui peut troubler la conscience foible d'une infinité de nouveaux Catholiques; de quoi vous êtes bien fâché.

Il ne me reste plus qu'à examiner ce que vous dites en cet endroit, en le considérant en lui-même, sans le comparer à ce que vous avez dit ailleurs.

Il n'y a point de temps, dites-vous, *que l'abus que l'on peut faire des traductions de l'Ecriture & des Offices de l'Eglise, ne soit dangereux & à craindre.* Que concluez-vous de-là? Qu'on fait donc bien de les supprimer. On vous le nie. Il faudroit donc aussi fermer les Eglises, à cause qu'il est à craindre, qu'on n'y commette des irrévérences; & en effet on n'y en commet que trop.

Lors principalement qu'elles s'impriment sans la permission des Evêques.

Cela veut dire: que l'abus que l'on peut faire de la traduction du Bréviaire est bien à craindre; parce qu'elle est seulement approuvée par deux Docteurs de Paris: mais que cela seroit moins à craindre, si elle avoit été imprimée par la permission de M. l'Archevêque. On ne voit pas que cela soit bien sûr: car on sait bien, que si on avoit demandé à M. l'Archevêque la permission de faire imprimer ces quatre tomes, il ne les auroit pas lus lui-même; mais qu'il auroit donné cette commission à quelqu'un. Or qui peut s'assurer, que ce quelqu'un en auroit mieux jugé que les deux Docteurs qui les ont approuvés? Vous nous fournissez-vous-même un exemple qui nous en doit faire douter. Les Prieres pour le Jubilé de l'an 1677, ont été imprimées par l'ordre de M. l'Archevêque, aussi-bien que celles pour le Jubilé de 1683, & les Prieres chrétiennes, pour l'instruction des nouveaux Catholiques de 1686. Cependant, si l'on vous en croit, il y a dans ces trois livres, des versions des Oraisons de l'Eglise, qui sont *manifestement hérétiques*. S'il étoit donc vrai que les traductions de l'Ecriture & des Offices de l'Eglise fussent aussi dangereuses que vous vous l'imaginez, cet exemple vous obligeroit d'avouer, que ce prétendu danger ne seroit pas moindre, lorsqu'elles seroient imprimées par la permission des Evêques, que lorsqu'elles seroient seulement approuvées par des Docteurs de Sorbonne.

Je laisse là votre premiere preuve de ce danger. J'en ai assez parlé; & je passe à la seconde. Elle vous paroît considérable, & vous la proposez d'une maniere qui fait bien voir que vous souhaitez qu'on y fasse grande attention. *Puisque même*, dites-vous, (ce *même* est emphatique) *on a vu depuis cette traduction du Bréviaire Romain, des personnes de la plus haute qualité, consulter des Docteurs, pour savoir, si, en disant ce Bréviaire, & le récitant en françois, elles ne satisferoient pas à l'obligation où elles se trouvent de le dire tous les jours.* Terrible *danger*, qu'on n'auroit pas aisément prévu! Croire avoir satisfait à l'obligation de dire son Bréviaire en particulier, en le disant en françois! Quel désordre! Peut-on douter après cela que, pour l'empêcher, on n'ait bien fait de supprimer cette version? Néanmoins, n'allons pas si vîte. Examinons cette question dans un cas particulier. Le Roi donne une Abbaye à un Chevalier de Malthe, qui n'a point étudié. Cela l'oblige à dire son Bréviaire. Je suppose que c'est par un sentiment de piété qu'il est bien-aise de le dire. Mais, ayant plus de goût & plus de dévotion à le dire dans une langue qu'il entend, que dans une autre qu'il n'entend pas, il consulte des Docteurs, pour savoir s'il ne satisferoit pas à son obligation en le récitant en françois. Excusez-moi, M. le Promoteur, je ne décide pas si facilement que vous, & j'aurois de la peine à condamner ces Docteurs,

I. CLAS. N°. XI.

s'ils lui avoient dit qu'il y satisferoit ; en considérant sur-tout, que ce ne pourroit être par indévotion qu'il feroit cette demande ; puisqu'il est beaucoup plus long en françois qu'en latin. Il y a de l'apparence que les Jésuites ne les condamneroient pas non plus. Car j'ai lu quelque part, que leur Pere Maffée étoit si jaloux de sa belle latinité, qu'il disoit son Bréviaire en grec, de peur que, le disant en latin, il ne s'accoutumât à de mauvais mots, ou à des phrases peu élégantes. Cette raison de ne pas dire son Office dans la langue de l'Eglise latine, est sans doute moins chrétienne que celle d'avoir moins de dévotion, parce qu'on n'entendroit pas le latin.

Mais vous ajoutez ; *que cela conduiroit insensiblement les fideles à introduire la langue vulgaire dans les exercices publics de la Religion, contre l'esprit des Conciles & la pratique de l'Eglise.* C'est pousser les craintes trop loin ; & je ne sais s'il y en a jamais eu de moins raisonnables : car ce changement se pourroit-il faire sans l'autorité de l'Eglise ? Or quel pouvoir auroient ces diseurs de Bréviaire en particulier, qui le diroient en françois, de porter les Evêques, les Prêtres & tout le reste du Clergé, à faire comme eux dans le service public ? J'aimerois autant, que l'on prétendît, que le peuple ne devroit pas dire en françois le *Pater*, le *Credo*, & le *Confiteor*, de peur qu'insensiblement on n'introduisît la coutume de les dire aussi en françois dans la Messe & dans l'Office. Quelle honte qu'on ose alléguer de si folles craintes, comme des maux réels, qu'on a bien fait de prévenir, en supprimant un excellent livre, & privant le public des avantages spirituels qu'il en pourroit retirer ; sans parler du tort que l'on fait à un Libraire, en lui faisant souffrir une perte très-considérable, sans la moindre ombre de justice ?

Le Promoteur.

Qu'à l'égard des nouveaux convertis, bien loin qu'on eût intention de les priver de leur consolation spirituelle, on n'oublioit rien pour leur procurer des livres qui leur donnent de l'édification ; qu'on prend aussi tous les soins imaginables pour leur ôter des mains ceux qui pourroient leur être nuisibles, à cause des erreurs & des hérésies qu'ils contiennent ; n'étant pas juste, après les avoir tirés de leurs erreurs, de les conduire & de les précipiter dans d'autres.

L'Avocat du Public.

Voilà une plaisante maniere de vous défendre contre les plaintes du

ublic. On vous reproche, comme vous l'avouez vous-même, que,
ır *un contre-temps insoutenable*, lorsque toutes sortes de raisons obli-
eoient de laisser *aux nouveaux convertis la consolation qu'ils tirent de
: lecture des Livres saints traduits en françois*, vous les êtes venus troubler
ar vos déclamations indiscrettes, contre les traductions en langue vulaire de l'Ecriture sainte & des Offices de l'Eglise : &, au lieu de ré-
ondre à ce reproche, vous vous faites honneur de ce que le Roi n'a
en oublié pour leur procurer de ces versions françoises de l'Ecriture
: des Offices ecclésiastiques, ayant fait imprimer pour eux des cent
ille exemplaires de traductions du Nouveau Testament, des Pseaumes,
z des Prieres ecclésiastiques, & en particulier de l'Ordinaire de la Messe.
-t-on jamais entendu parler d'une semblable justification ? Car c'est comme
vous disiez : Le Roi a trouvé très-à-propos de donner aux Catholiques
es traductions françoises de l'Ecriture & des Offices ecclésiastiques ;
ourquoi donc trouve-t-on mauvais, que, dans ma Remontrance du
o Avril, j'aie déclamé fortement contre ces traductions en langue vulaire, & que j'aie fait entendre, qu'on les devoit *avoir en horreur ?*
Vous ajoutez ; *qu'on prend aussi tous les soins imaginables pour leur
ter des mains ceux qui pourroient leur être nuisibles, à cause des erreurs
& des hérésies qu'ils contiennent*, &c. Que fait cela aux plaintes que
on fait de vos emportements contre les versions en langue vulgaire,
ans votre troisieme moyen, lorsque vous ne considérez pas encore si
lles contiennent des erreurs ; ce que vous ne faites que dans le qua-
rieme ? Mais, de plus, il faut, de deux choses l'une, ou que vous
vouiez que vous avez été bien ignorant, quand vous avez prétendu
voir trouvé des hérésies, des erreurs ou d'autres fautes dans des verions de cinq Oraisons du Bréviaire, ou qu'on n'ait pas *pris tous les
oins imaginables* de ne pas laisser, entre les mains des nouveaux Ca-
holiques, des livres qui leur pourroient être nuisibles, à cause des
rreurs & des hérésies qu'ils contiendroient ; puisque les versions de ces
nêmes cinq Oraisons se trouvent, en mêmes termes, dans les Prieres
hrétiennes recueillies pour leur instruction, par l'ordre de Monsieur
'Archevêque.

Cependant on entend ce langage : *Qu'il n'est pas juste, qu'après les
voir tirés de leurs erreurs, on les précipite dans d'autres.* C'est le langage
le la calomnie, auquel on doit être accoutumé. On s'en est servi en
ent rencontres depuis trente & quarante ans. Lorsque des personnes de
a Religion, s'étant converties, prenoient pour leurs Directeurs des Ecclé-
iastiques de piété, à qui les Jésuites avoient donné le nom de Jansé-
iistes, ils ne manquoient point de leur dire, qu'elles avoient passé d'une

I. CLASS. N°. XI.

héréſie à une autre, & qu'il auroit autant vallu qu'elles fuſſent demeurées huguenottes. Et on a eu l'inſolence de dire, dans ce même eſprit de jalouſie & d'impoſture, d'un des plus illuſtres Prélats de France, pour la ſuffiſance & pour la piété, qui s'employoit avec un travail infatigable à la converſion des huguenots de ſon Dioceſe, *que tout cela n'aboutiroit qu'à leur faire changer d'héréſie.*

Le Promoteur.

Que la Requiſition n'a jamais été ſi générale, qu'il ne l'ait renfermée dans les traductions qui n'ont pas été autoriſées dans le Dioceſe.

L'Avocat du Public.

C'eſt ce que vous répondez à ce que vous reconnoiſſez vous avoir été objecté; *Que votre Requiſition a été trop générale, & qu'elle condamne indifféremment toutes ſortes de traductions de l'Ecriture, des Saints Peres, & des Offices de l'Egliſe.* Peut-on excuſer ce que vous dites ſur cela, *qu'elle n'a point été générale, mais que vous l'avez renfermée dans les traductions qui n'ont pas été autoriſées dans le Dioceſe*, qu'à la faveur de quelque équivoque ou reſtriction mentale? Car y a-t-il rien de plus général que ce que vous rapportez, pour preuve de votre troiſieme moyen: *Que la Sorbonne députa quatre Docteurs à l'Aſſemblée de 1660, pour l'aſſurer que, non ſeulement elle n'approuvoit pas la verſion du Miſſel de M. de Voiſin, mais qu'elle avoit en horreur* toutes les traductions *de l'Ecriture ſainte, des Offices eccléſiaſtiques & des Peres, & qu'elle les avoit de tout temps rejetées & déſapprouvées?* Il n'y a rien auſſi ſur quoi vous vous ſoyez plus appuyé, dans ce troiſieme moyen, que ſur la condamnation de la verſion du Miſſel par l'Aſſemblée de 1660. Or cette verſion avoit été ſolemnellement approuvée & autoriſée par les Vicaires Généraux de M. le Cardinal de Retz, Archevêque de Paris. Avec qu'elle conſcience pouvez-vous donc dire, que, dans votre Requiſition du 10 Avril, *vous vous êtes renfermé dans les traductions qui n'ont pas été autoriſées dans le Dioceſe de Paris?*

Le Promoteur.

Que la Sentence de l'Officialité attribue des héréſies à la verſion de deux ou trois Oraiſons, leſquelles ſe trouvent dans le livre des Prieres qui ont été par Nous recueillies, & diſtribuées par Notre ordre, pour l'inſtruction

de

de nos Diocésains, aux temps des Jubilés, & depuis, pour celle des nouveaux convertis.

L'Avocat du Public.

C'est l'objection que vous vous proposez à résoudre. Il n'y en a guere qui ait fait plus de bruit, & avec raison. Car qui n'auroit été surpris de voir, d'une part, l'Official de Paris, condamner la version de cinq Oraisons du Bréviaire traduit en françois, comme contenant des hérésies manifestes, ou des erreurs, ou des faussetés contraires au latin, & trouver, de l'autre, ces mêmes Oraisons traduites en mêmes termes, ou équivalents, dans les Prieres chrétiennes, recueillies & augmentées par l'ordre de M. de Paris, pour l'instruction des nouveaux convertis? Outre que celle de la paix, que l'on assure plus expressément, dans cette Sentence, être *manifestement hérétique*, se trouve encore, dans les Prieres recueillies & distribuées par l'ordre de M. l'Archevêque, pour l'instruction de ses Diocésains, au temps des deux Jubilés de 1677. & 1683.

On ne voyoit pas qu'il y eût de bonne réponse à faire à cela, le fait étant constant, & ne se pouvant déguiser, & n'y ayant rien de plus clair, & de plus incontestable que cette alternative: qu'il falloit nécessairement, ou qu'on eût faussement accusé le Bréviaire de contenir des hérésies manifestes, ou qu'il falloit avouer, qu'il y en avoit dans des livres autorisés par M. l'Archevêque de Paris. Tout homme sincere auroit succombé à cette objection, & se seroit fait honneur d'avouer sa faute, & de se contenter, pour toute réponse, de dire avec S. Augustin: *Ubi verum dicitur, non est quod contradicatur.* Mais comme on n'a pas dû s'attendre que vous prendriez ce parti, voyons comment vous vous tirerez de ce mauvais pas.

Le Promoteur.

Qu'à l'égard de quelques Oraisons, qui contiennent des hérésies manifestes, & qu'on a laissé passer dans le livre des Prieres que nous avons fait recueillir pour l'instruction des nouveaux convertis, ou auparavant même proposé aux Fideles dans le temps du Jubilé, il nous supplie de faire attention sur les réflexions suivantes.

L'Avocat du Public.

Avant que d'écouter vos réflexions, & les examiner chacune en particulier, j'ai charge de vous avertir, de la part du Public, que vous prenez mal sa pensée. Car il paroît que vous supposez, que le Public recon-

I. CLAS. N°. XI.

noît aussi-bien que vous, qu'il y a *des héréfies manifestes* dans ces Oraisons du Bréviaire, qui se trouvent en mêmes termes dans les Prieres chrétiennes, & autres livres autorisés par M. l'Archevêque de Paris; & qu'il se plaint seulement, de ce qu'on ne condamne pas, à cause de ces héréfies, ces livres autorisés par M. l'Archevêque, aussi-bien que le Bréviaire. Mais vous vous trompez lourdement. Ce n'est point là du tout le sentiment du Public; &, pour vous le mieux faire entendre, je m'arrêterai à ces paroles de l'Oraison de la paix, que vous dites plus hardiment être *manifestement hérétiques*. O Dieu! *qui, par votre grace, êtes l'unique auteur des saints desirs, des justes desseins, & des bonnes actions.* Je vous soutiens donc, que le Public ne se plaint point, que, par une acception de personnes, on ne les ait point condamnées dans les Prieres chrétiennes, aussi-bien que dans le Bréviaire. Mais il a eu pitié de votre témérité, d'avoir condamné, comme *manifestement hérétique*, une maniere si catholique & si sainte, de reconnoître que nous devons tout à Dieu, pour tout le bien qu'il nous fait faire par sa grace. Et, de ce qu'il vous a opposé *les Prieres recueillies & distribuées par l'ordre de M. l'Archevêque, pour l'instruction de ses Diocésains, aux temps des Jubilés, & depuis, pour celle des nouveaux convertis*, ce n'a jamais été pour prétendre que ces livres dussent être condamnés aussi-bien que le Bréviaire; mais pour vous forcer de reconnoître votre bévue, par cet argument démonstratif.

Si c'étoit une héréfie manifeste, de dire à Dieu, *qu'il est, par sa grace, l'unique auteur des saints desirs, des justes desseins, & des bonnes actions*,

Seroit-il possible, que cette Oraison de la paix, ayant été traduite en ces mêmes termes dans les Heures de Port-Royal, il y a quarante-cinq ans, & toute la Société des Jésuites s'étant élevée contre ces Heures, avec une furieuse passion, tant d'yeux, aussi clair-voyants que le sont ceux de l'envie, n'y eussent point apperçu cette héréfie manifeste?

Seroit-il possible, que ces Heures s'étant répandues par-tout en France & dans les pays étrangers, cette héréfie manifeste n'y eût été reconnue par aucun Théologien?

Seroit-il possible, que M. de la Brunetiere, Docteur de Sorbonne, qui est maintenant Evêque de Xaintes, eût mis cette version, lorsqu'il étoit Vicaire Général de M. l'Archevêque de Paris, dans les Prieres pour le Jubilé de l'an 1677, sans s'être apperçu qu'il y mettoit une héréfie manifeste?

Seroit-il possible, que ceux qui ont eu le soin de recueillir les Prieres pour le Jubilé de l'année 1683, eussent été dans le même éblouissement?

Seroit-il possible, que, de cinq ou six cents mille personnes au moins, qui ont récité cette Oraison dans ces deux Jubilés, il ne s'en fût trouvé aucune qui en eût été choquée, si elle étoit *manifestement hérétique*, comme vous l'avez ridiculement prétendu?

Seroit-il possible, que, dans une chose aussi importante, comme est de recueillir des Prieres pour l'instruction de tant de milliers de nouveaux Catholiques, pour qui on a dû prendre, comme vous l'avouez vous-même, *tous les soins imaginables*, pour ne leur pas donner des livres où il y eût des erreurs, M. l'Archevêque n'eût pu trouver, parmi les Jésuites, puisqu'il s'en vouloit servir, un seul homme capable de ne pas prendre une *hérésie manifeste* pour une proposition Catholique?

Seroit-il possible, que l'on fût tombé dans le même aveuglement, en faisant imprimer à Rouen des Heures latines & françoises, à l'usage des nouveaux Catholiques, qui sont approuvées par deux Docteurs de Sorbonne, dont l'un est Censeur des livres, & Chancelier de l'Eglise de Paris?

Tout cela, joint ensemble; fait un de ces arguments qui ne convainquent pas moins les esprits raisonnables, que les démonstrations de Mathématique. C'est ainsi, par exemple, que nous nous tenons assurés, que Mahomet IV. a été dépossédé de l'Empire des Turcs par son frere Soliman. Nous ne le savons que par oui-dire, & les premieres nouvelles qui s'en sont répandues, ont pu être fausses. Mais il n'est pas possible, que, si elles avoient été fausses, il ne se fût trouvé quelqu'un, depuis plus de six mois, qui en eût su la fausseté, & en eût averti le monde. Je prétends que c'est ici la même chose. Les Catholiques appellent *manifestement hérétique*, ce qui est manifestement contraire à ce qu'on croit dans l'Eglise Catholique. Or, il peut arriver, qu'un homme assez habile ait lu une proposition dans un livre, sans s'être apperçu qu'elle étoit manifestement contraire à ce que l'on croit dans l'Eglise, parce qu'il n'y auroit pas fait d'attention. Il se pourroit faire aussi, quoique plus difficilement, que cela fût arrivé à deux ou trois personnes. Mais on soutient, que c'est combattre le sens commun que de ne pas voir qu'il est impossible, qu'une Oraison où il y auroit eu une manifeste hérésie, ayant été lue, pendant plus de quarante ans, par cinq ou six cents mille personnes, il ne s'en soit pas trouvé, au moins deux ou trois mille, capables de reconnoître qu'elle étoit manifestement contraire à ce que l'on croit dans l'Eglise; & qu'il n'y eût pas eu un très-grand nombre de ces deux ou trois mille qui, l'ayant reconnu, en eussent été choqués, quand ce n'auroit été que les Jésuites, & qui en eussent fait des plaintes. Voilà comme on a pris sujet, de ce que cette Oraison se trouvoit en tant de livres répandus par-tout

I. CLAS. N°. XI.

d'en inférer contre vous, que vous n'aviez pu, sans une extrême ignorance, prétendre y avoir trouvé *une hérésie manifeste*. Voyons maintenant vos réflexions.

Le Promoteur.

1°. *Que cela s'est pu glisser, ou par la faute de l'Imprimeur, ou par l'inadvertence des Reviseurs, qui ne sont pas (comme tout le monde sait) les Auteurs de la traduction de ces deux ou trois Oraisons, & qui n'ont jamais été soupçonnés, sur ces matieres, de la moindre nouveauté.*

L'Avocat du Public.

Il est également ridicule de rejeter, ou sur la faute de l'Imprimeur, ou sur l'inadvertence des Reviseurs, de ce qu'une *hérésie manifeste*, se seroit trouvée en quatre ou cinq livres différents. Cela est clair pour l'Imprimeur; &, pour les Reviseurs, voici ce qu'on en sait. Comme M. l'Archevêque se plaignit au Pere Brossamin, à qui il avoit donné la commission de recueillir les Prieres chrétiennes pour les nouveaux Catholiques, de ce qu'il y avoit laissé, en deux endroits, *O Dieu, qui êtes l'unique auteur*, &c. il lui répondit; qu'il avoit pris cette version de l'Oraison pour la paix, des Prieres du Jubilé de l'an 1677. dressées par M. de la Brunetiere, Evêque de Xaintes, qui étoit alors son Vicaire Général. Or M. l'Evêque de Xaintes est encore plein de vie. On n'a donc qu'à tirer de lui une déclaration, par laquelle il reconnoisse, que c'est par inadvertence, qu'il a laissé cette hérésie manifeste dans ces Prieres pour le Jubilé. Mais tant qu'il ne le fera point, on ne voit pas avec quelle conscience on ose lui imputer, ou au moins supposer, qu'il prend maintenant, pour *manifestement hérétique*, ce qu'on ne peut douter qu'il n'ait pris alors pour Catholique.

Le Promoteur.

2°. *Qu'aussi-tôt que cette version est venue à notre connoissance, nous avons mandé le Libraire, pour la faire corriger, afin d'en faire passer la correction dans les éditions suivantes.*

L'Avocat du Public.

A quoi peuvent être bonnes ces corrections, sinon à faire voir qu'on a été si acharné contre le Bréviaire traduit en françois, que, plutôt que de reconnoître qu'on s'étoit trompé en s'imaginant y avoir trouvé *des hérésies manifestes*, on a mieux aimé faire croire à tout le monde, qu'il y en avoit aussi dans plusieurs livres, que M. l'Archevêque a fait imprimer pour l'instruction de ses Diocésains au temps des Jubilés, & pour celle des nouveaux convertis? Mais n'eût-il pas été plus court, & plus honorable pour M. l'Archevêque, de croire qu'il n'y a d'hérésies ni dans le Bréviaire, ni dans ces autres Prieres; & que c'est seulement que l'Official, ou son prétendu Promoteur, sont des ignorants qui prennent la vérité pour l'erreur?

Le Promoteur.

3°. *Qu'il se souvient de nous avoir oui dire, que le nombre de ceux qui s'égarent, n'est jamais capable d'établir un droit pour autoriser les erreurs.*

L'Avocat du Public.

C'est un pur sophisme, où l'on suppose ce qui est en question : car on demeure d'accord, que des propositions manifestement hérétiques, qui seroient dans le Bréviaire, n'en seroient pas moins hérétiques, pour être aussi dans les Prieres autorisées par M. l'Archevêque. Mais on vous soutient, qu'il n'y a que des ignorants qui aient pu les prendre pour de manifestes hérésies; soit dans le Bréviaire, soit dans les Prieres.

Le Promoteur.

4°. *Que ceux qui se plaignent de la Sentence, & qui portent en tous lieux la traduction de ces Oraisons, pour la comparer avec celle que Nous avons fait réformer sur le champ, cherchent bien moins à se défaire de leurs préventions, & des hérésies qui sont répandues dans cette version, que des exemples & des protecteurs (s'il leur étoit possible d'en trouver) pour mieux appuyer leurs égarements.*

L'Avocat du Public.

Galimatias injurieux, jugements téméraires, & suppositions fantastiques, qui ne méritent pas de Réponse.

Le Promoteur.

5°. *Qu'il y a bien de la différence entre un mot ou deux, qui échappent par hazard à des hommes bien intentionnés, & un dessein prémédité de ramasser un corps de doctrine corrompue, & d'en répandre le venin dans la longue traduction de quatre volumes entiers, pour en infecter les lecteurs.*

L'Avocat du Public.

Pour mieux comprendre ce qu'on doit penser de cette cinquieme réflexion, il faut se souvenir de ce que vous aviez à prouver, & expliquer un peu davantage ce que vous dites pour le prouver. Vous aviez à prouver; que, quoique ce que vous aviez prétendu être des erreurs & des hérésies dans le Bréviaire, se trouvât en mêmes termes dans les Prieres recueillies par l'ordre de M. l'Archevêque, on ne devoit pas néanmoins en porter le même jugement. Et voici la preuve que vous en donnez. Il faut mettre grande différence entre *les Reviseurs* de M. de Paris, & le Traducteur du Bréviaire. Ces Reviseurs sont de bonnes gens, & bien intentionnés, à qui ces erreurs & ces hérésies sont échappées par hazard; mais je vous assure, que M. le Tourneux, Traducteur du Bréviaire, qui a passé, tant qu'il a vécu, pour un homme de bien, & fort éclairé, a été un grand hypocrite, *qui a eu un dessein prémédité de ramasser un corps de doctrine corrompue*, & qui a cru ne pouvoir mieux exécuter ce dessein, qu'en traduisant le Bréviaire en françois; parce que, quoiqu'il n'y eût rien que de catholique dans le latin, il lui seroit facile *de répandre le venin de l'hérésie dans la longue traduction de quatre volumes, pour en infecter le monde.* Il faut qu'une cause soit bien méchante & bien désespérée, quand on est réduit à la défendre par des calomnies si énormes d'une part, & si insensées de l'autre.

Le Promoteur.

6°. *Que l'Eglise a expliqué favorablement, dans les Auteurs approuvés, ce qu'elle a fortement combattu dans les écrits des hérétiques, ou des personnes suspectes de nouveautés : d'autant qu'elle a été persuadée de la bonne intention des premiers & de leur saine doctrine, & qu'elle a cru ne pouvoir prendre assez de précaution contre les seconds, dont elle n'avoit que trop éprouvé les erreurs & la malignité.*

L'Avocat du Public.

Cette réflexion seroit tout-à-fait impertinente, si elle ne pouvoit être appliquée au sujet dont il s'agit; & elle n'y peut être appliquée, qu'en supposant que les Reviseurs de M. de Paris sont de ces Auteurs approuvés, dont l'Eglise est tout-à-fait persuadée de la bonne intention & de la saine doctrine, & que M. le Tourneux, au contraire, a été de ces hérétiques, ou de ces personnes suspectes de nouveauté, contre lesquels l'Eglise ne peut avoir assez de précaution, pour n'avoir que trop éprouvé leurs erreurs & leur malignité. Mais y eut-il jamais de calomnie plus grossiere! Si M. le Tourneux avoit été un homme inconnu, qui n'eût jamais rien écrit, sa mémoire seroit plus exposée à ces médisances fades de la Théologie politique. Mais, quelque soin qu'il ait eu de se cacher, son mérite l'a fait connoître malgré-lui aux personnes de la Cour, qui font le plus profession de piété, & il en a été particuliérement aimé & estimé. Ayant été engagé à prêcher un Carême dans une Paroisse de Paris, celui qui avoit été retenu pour Prédicateur ayant manqué, il le fit sans être préparé, & d'une maniere si apostolique & si édifiante, qu'il y a long-temps qu'on n'a prêché avec un si grand concours de monde, ni un applaudissement si général. Il a fait aussi plusieurs ouvrages en diverses occasions sur des matieres de piété, qui ont tous été extrêmement estimés & recherchés. N'y ayant donc eu rien que de chrétien & d'édifiant dans tout ce qui a paru de lui pendant sa vie; ses livres, ses prédications, ses entretiens, ses retraites, & qui ne réponde parfaitement à ce qu'un bel esprit a cru devoir faire mettre au-dessous de son portrait:

I. CLAS. N°. XI.

Fameux par ses discours, fameux par son silence,
Il prêcha du salut l'austere vérité;
Des Oracles divins perça l'obscurité,
Fit admirer sa foi, son esprit, sa science:
Mais de ses mœurs l'exacte pureté
Fut sa plus sublime éloquence:

Avec quelle conscience avez-vous pu dire, dans l'envie que vous avez eue de flétrir son dernier livre, qui n'a paru qu'après sa mort, qu'on le doit regarder comme un de *ces hérétiques contre lesquels l'Eglise croit ne pouvoir prendre assez de précautions, pour n'avoir que trop éprouvé leur malignité & leurs erreurs*?

Voilà à quoi ont abouti vos six belles Réflexions. Il n'y en a aucune où il y ait du sens commun; & les deux dernieres sont de honteuses calomnies, pires cent fois que les bévues de votre premiere Remontrance du 10. Avril, que vous avez voulu justifier par cette seconde. Dieu vous fasse la grace de reconnoître de si grands excès, & de les expier par une pénitence salutaire. C'est la seule voie qui vous puisse mettre

I. CLAS. N°. XI.

à couvert de cette terrible Sentence : *Maledici Regnum Dei non possidebunt.*

Le Promoteur.

Qu'il semble encore, de la maniere dont sa réquisition est conçue, qu'il ait pris à tâche de blâmer la doctrine de la grace efficace par elle-même, laquelle est approuvée de l'Eglise, & est celle de S. Augustin.

L'Avocat du Public.

L'objection est assez bien proposée ; mais il n'y a rien de plus embarrassé que la réponse que vous y faites.

Le Promoteur.

Qu'enfin, il ne doute pas que la grace efficace par elle-même, pourvu qu'elle soit bien entendue, & dans un sens catholique, ne soit une opinion très-orthodoxe, & approuvée dans l'Eglise ; mais que, de la vouloir insérer dans les Bréviaires, pour en faire un dogme de foi universellement reçu, bien que l'Eglise, après plusieurs examens, n'ait jusques ici rien déterminé sur ce sujet ; ou bien encore, ne vouloir admettre que la seule grace efficace dans l'état de la nature corrompue, & ne parler de la grace, comme fait l'Auteur de cette version, qu'avec l'epithete d'invincible, ou d'une maniere qui marque avec affectation une efficacité absolue, sans en reconnoître aucune autre, ce sont deux erreurs qui rendent cette version suspecte.

L'Avocat du Public.

C'est une chose assez plaisante de vous voir, M. le Promoteur, débiter, comme des oracles, vos imaginations & vos énigmes, sans les appuyer d'aucune preuve ; & avec tout cela, ne dire pas un seul mot à propos, pour répondre à l'objection que vous vous êtes proposé de résoudre.

1°. Cette restriction, *pourvu que la grace soit bien entendue, & dans un sens catholique*, est une pierre d'attente à la calomnie : la Théologie Politique s'étant mis depuis long-temps en possession de condamner, quand il lui plaît, ceux qui parlent de la grace efficace, en supposant qu'ils l'entendent mal, & qu'ils ne la prennent pas en un sens catholique. Et c'est ce que d'abord vous avez coulé fort adroitement, comme un moyen de vous justifier du reproche qu'on vous a fait, que, dans votre Requête

Requête du 10. Avril, il semble que vous ayiez pris à tâche de blâmer la doctrine de la grace efficace par elle-même. Car c'est tacitement faire entendre, que ce n'est que la doctrine de la grace efficace, mal entendue, & prise en un autre sens que le catholique, que vous auriez blâmé. Mais cet artifice est inutile pour donner quelque couleur à votre condamnation du Bréviaire: car, quand un mot est fondé sur la Tradition de l'Eglise, & autorisé dans les Ecoles catholiques, on doit présumer que ceux qui s'en servent l'entendent, & le prennent dans le sens qu'il est pris par les Catholiques, à moins qu'on ne prouve évidemment le contraire. Or, quand le mot de grace efficace seroit cent fois dans la version du Bréviaire, comme il n'y est point expliqué, on ne pourroit supposer, que par une honteuse chicanerie, qu'il est pris en un autre sens que celui des Catholiques. Cette restriction maligne est donc tout-à-fait inutile pour votre justification.

2°. On vous objecte, que la doctrine de la grace efficace par elle-même, qu'il semble que vous ayiez pris à tâche de blâmer, est approuvée de l'Eglise, & que c'est celle de S. Augustin; & vous répondez, *que vous ne niez pas que ce ne soit une opinion très-orthodoxe, & approuvée dans l'Eglise.* Par où on voit assez que vous voulez insinuer, que la doctrine de S. Augustin, touchant la grace efficace par elle-même, n'est pas approuvée par l'Eglise comme la vraie doctrine que les Théologiens doivent embrasser; mais que c'est seulement une opinion approuvée dans l'Eglise; c'est-à-dire, qu'on la peut tenir, mais qu'on a aussi toute liberté de la rejeter. On entend bien ce langage, & on n'en ignore pas le mystere. Mais on n'a pas besoin de le découvrir ici: car il suffit que vous n'ayiez osé nier, que la doctrine de la grace efficace par elle-même, ne soit pas la doctrine de S. Augustin, & que vous avouiez, que c'est au moins une opinion très-orthodoxe, pour donner cause gagnée à ceux qui se plaignent, que vous ayiez été assez téméraire pour représenter, comme une des raisons qui vous faisoit demander la suppression du Bréviaire traduit en françois, de ce qu'il y étoit trop souvent parlé de grace efficace.

3°. Vous vous réduisez ensuite à deviner les intentions de l'Auteur, en faisant entendre, que sa faute consiste, en ce qu'il a *voulu insérer la grace efficace dans les Bréviaires, pour en faire un dogme de foi universellement reçu.* Où est-ce qu'il paroit que ç'a été là son dessein? Ç'a donc aussi été le vôtre: car vous dites que, dans l'Oraison du douzieme Dimanche après la Pentecôte, il est parlé de *la grace efficace.* Vous voulez donc, vous dira-t-on, *en faire un dogme universellement reçu.*

4°. *Que le Traducteur n'a voulu admettre que la seule grace efficace dans l'état de la nature corrompue.* Autre divination. C'est une objection

I. CLAS. N°. XI.

que l'on pourroit faire à l'Auteur d'un Traité Théologique de la grace: mais c'est une chicanerie insupportable, d'attribuer cette intention à un simple Traducteur du Bréviaire.

5°. Insigne fausseté; que l'*Auteur de la version ne parle de la grace qu'avec l'épithete d'invincible.* C'est reconnoître le tort que vous avez eu de faire un crime au Traducteur, d'avoir appellé la grace *invincible*, dans une Hymne ou deux, traduites en vers françois. Mais, au lieu d'avouer votre faute, vous tournez votre accusation d'une autre maniere, en lui reprochant *de ne parler de la grace qu'avec l'épithete d'invincible.*

6°. Vous revenez aux intentions cachées; mais en les cachant vous-même encore davantage, par un galimatias inintelligible. *Parler de la grace*, dites-vous, *d'une maniere qui marque avec affectation une efficacité absolue, sans en reconnoître aucune autre.* C'est ne vouloir pas être entendu que de parler de la sorte. Mais on n'a pas besoin de pénétrer cette énigme. Il suffit qu'il n'y ait rien de tout cela dans le Bréviaire, & qu'il ait fallu, afin que vous en pussiez faire un crime à l'Auteur de la version, que vous l'ayiez été chercher au fond de son cœur.

7°. Ce qui suit est encore pis. *Ce sont deux erreurs qui rendent cette version suspecte.* Vous avez dit quatre ou cinq choses; & vous concluez, *que ce sont deux erreurs*, sans dire quoi. Et de plus, tout ce que vous avez dit est témérairement imputé à l'Auteur de la version du Bréviaire. Car il est faux *qu'il ait voulu insérer la grace efficace dans ses Bréviaires, pour en faire un dogme de foi universellement reçu.* Il est faux *qu'il n'ait voulu admettre que la seule grace efficace dans l'état de la nature corrompue.* Il est faux *qu'il n'ait parlé de la grace qu'avec l'épithete d'invincible.* Il est faux *qu'il en ait parlé d'une maniere qui marque affectation*, &c. Et de toutes ces faussetés vous concluez; que *ces deux erreurs*, sans dire quelles, *rendent cette version suspecte.* Que veut dire *suspecte*? Ce qui convient plutôt aux personnes qu'aux livres. Et pourquoi ne pas dire que ces *deux erreurs*-là doivent faire condamner le Bréviaire, comme contenant une méchante doctrine? C'est que le mot de *suspect* est le mot favori de la *Théologie politique*; parce qu'elle s'imagine, qu'il lui sera plus facile de faire croire, sur sa parole, qu'un homme est *suspect*, que si elle avoit dit, qu'il est atteint & convaincu d'avoir avancé des erreurs ou des hérésies. Car ce dernier est un jugement arrêté, dont on a plus de scrupule; au lieu qu'on n'en a pas tant de former un simple soupçon. Cependant, *suspect* ou *coupable*, c'est la même chose à cette Théologie de la Cour, qui n'a pour but que de condamner qui il lui plaît; parce que sa maxime capitale est, qu'il suffit d'être *suspect* ou de *Jansénisme*, ou de *nouvautés*; ce qui s'étend à tout ce que l'on veut, pour être son justiciable, & mériter, si c'est un livre, d'être supprimé; ou, si c'est une personne, d'être emprisonné ou banni pour toute sa vie. C'est en suivant cet esprit que vous finissez votre Requête par une Sentence de *condamnation* contre cette version *suspecte*.

I. CLAS. N°. XI.

Le Promoteur.

Ce sont deux erreurs, qui rendent cette version suspecte, & qui, jointes aux raisons ci-dessus exposées, & à la nécessité de faire cesser ces bruits, l'obligent, lui Promoteur, d'en requérir la condamnation.

L'Avocat du Public.

Il pouvoit en effet y avoir nécessité de faire cesser le bruit qu'avoit excité la Sentence portant condamnation du Bréviaire traduit en françois; mais le vrai moyen pour cela étoit de la révoquer, & non pas de demander de nouveau la condamnation de ce livre; ce qui n'a pu qu'augmenter ces bruits, loin de les faire cesser. Car, pour opposer ma conclusion à la vôtre, je vous déclare, de la part du Public, qu'il est très-mal satisfait de votre Remontrance du 3. Mai, & que jamais vos quatre moyens, sur lesquels a été rendue la Sentence du 10 Avril, ne lui ont paru plus méchants & plus insoutenables, que depuis que vous avez entrepris de les défendre.

Le premier; *que le Bréviaire n'a point de nom d'Auteur*, est tout-à-fait impertinent; parce qu'il est très-faux que les Libraires soient obligés, sur-tout en France, de ne point imprimer de livres qui regardent la Religion, sans y mettre le nom de celui qui les a faits.

Il en est de même du second moyen; *qui est, que M. de Paris ne l'a pas approuvé.* Car tout le monde sait, que c'est l'usage constant de la France, confirmé par les Ordonnances & par les Arrêts, qu'à l'égard de toutes sortes de livres qui regardent la Religion, il suffit qu'ils soient approuvés par deux Docteurs en Théologie de la Faculté de Paris, & qu'on n'est point obligé d'avoir l'approbation ou la permission de l'Ordinaire du lieu où ces livres sont imprimés.

Le troisieme moyen, qui est qu'on ne doit pas souffrir que l'Ecriture Sainte, ou les Offices de l'Eglise, ou les Ouvrages des Saints Peres, soient traduits en langue vulgaire, est si misérable, que vous avez été contraint de l'abandonner, & de prétendre, par une fausseté visible, que vous n'aviez parlé contre ces versions, que quand elles n'étoient pas approuvées par les Evêques: ce qui est retourner à votre second moyen,

I. CLAS. N°. XI.

qui est moins scandaleux, mais qui n'est pas mieux fondé que le troisieme.

Le quatrieme moyen, qui auroit-pu seul avoir quelque apparence (car il n'est pas impossible qu'il y eût des fautes & des erreurs dans une traduction du Bréviaire) n'a pas été moins malheureusement défendu que les autres : car il n'y a personne qui n'ait pu voir, que vous avez été réduit à employer d'abominables calomnies, des jugements téméraires, & de ridicules galimatias, pour trouver, d'une part, quelque différence entre ce que vous aviez prétendu être *manifestement hérétique* dans le Bréviaire, & ce qui se lit, en mêmes termes, dans des livres autorisés par M. l'Archevêque de Paris ; & , pour donner, de l'autre, quelque couleur à la témérité qui vous avoit fait prendre la doctrine sainte de la grace efficace par elle-même, pour un des plus grands sujets de vos frivoles accusations contre ce Bréviaire.

A ces causes. Vous êtes supplié par le Public, de lui donner une nouvelle scene, en présentant une troisieme Requête à qui il vous plaira, dont il ait plus de sujet d'être satisfait que des deux autres.

FIN.

I. CLAS. N°. XI.

TABLE.

L'AVOCAT DU PUBLIC,

CONTRE *les vains efforts que le Promoteur a faits pour justifier dans une seconde Remontrance du* 3. *Mai les excès de la premiere du* 10. *Avril* (1688].

REGLES
POUR DISCERNER
LES BONNES ET MAUVAISES CRITIQUES DES TRADUCTIONS DE L'ECRITURE SAINTE EN FRANÇOIS,

POUR CE QUI REGARDE LA LANGUE,

Avec des Réflexions ſur cette maxime, que

L'USAGE EST LE TYRAN DES LANGUES VIVANTES.

Sur l'édition faite] à Paris, chez CHARLES HUGUIER, en 1707,

avec Approbation & Privilege du Roi.

I.
CLAS.
N°. XII.

APPROBATION

J'Ai lu, par ordre de Monſeigneur le Chancelier, un manuſcrit, qui a pour titre ; *Regles pour diſcerner les bonnes & mauvaiſes Critiques des Traductions de l'Ecriture Sainte en françois* &c. Les Regles m'ont paru ſages : & comme elles n'attaquent que la maniere de traduire en françois, & non les perſonnes, dans les fautes que l'Auteur releve dans cette Critique, & que d'ailleurs, il n'entre pas dans le fond des matieres ; mais qu'il examine ſeulement le ſtyle de les écrire ; ce jugement regarde Meſſieurs de l'Académie françoiſe. Il me ſuffit de dire ici, que je n'ai rien trouvé dans cet ouvrage, qui ſoit oppoſé à la foi de l'Egliſe, ni aux bonnes mœurs. Donné à Paris, ce vingt-unieme de Juillet mil ſept-cent ſept.

PINSONNAT, *Lecteur & Profeſſeur du Roi.*

Le Privilege eſt à l'Edition de l'année 1707.

REGLES

I.
CLAS.
N°. XII.

REGLES
POUR DISCERNER
LES BONNES ET LES MAUVAISES CRITIQUES DES TRADUCTIONS DE L'ECRITURE SAINTE EN FRANÇOIS,
POUR CE QUI REGARDE LA LANGUE.

REGLE I.

ON ne doit pas rechercher, dans les versions de l'Ecriture en langue vulgaire, une aussi grande exactitude, dans ce qui s'appelle la délicatesse & la politesse d'une langue, que dans des ouvrages d'éloquence humaine.

La raison est, que le style de l'Ecriture, sur-tout dans le Nouveau Testament, a pour son caractere particulier, une admirable simplicité, qui doit paroître dans les versions en langues vulgaires, aussi-bien que dans l'original & les anciennes traductions latines. C'est ce que Saint Augustin remarque souvent; & il dit, que cela étoit cause, qu'avant sa conversion, il ne goûtoit point les Livres sacrés, parce qu'il n'y trouvoit point la même majesté, ni la même pureté de langage que dans les livres de Cicéron. On peut voir ce qui en a été dit plus au long dans la seconde partie de la Préface du Nouveau Testament de Mons, N°. 11 & 12. Les Traducteurs y rendent raison de ce que, d'une part, ils n'ont pas cru devoir rechercher les agréments trop affectés des discours humains; & de ce que, de l'autre, ils ont eu soin d'éviter la rudesse ou la barbarie des anciennes traductions, où retombent facilement ceux qui s'imaginent devoir tellement traduire l'Ecriture mot pour mot, que, pensant rendre leur traduction plus fidelle, ils la rendent ridicule & insupportable.

On peut donner pour exemple, de ces deux premiers excès opposés, la traduction de la Bible, que fit un Protestant du dernier siecle, en latin de Cicéron; & de l'autre, une traduction des Pseaumes en françois, selon la Vulgate, qui parut il y a quinze ou vingt-ans. On voit assez qu'il faut tenir le milieu entre ces deux extrêmités.

REGLE II.

C'Est mal raisonner de prétendre, que, parce qu'un mot signifie une chose, il n'en signifie pas une autre; & que c'est mal parler que de le prendre dans cette autre signification.

I. CLAS. N°. XII. Rien n'eſt plus certain que cette Regle: car toutes les langues ſont pleines de mots qui ſignifient des choſes fort différentes. C'eſt comme qui reprendroit un homme d'avoir employé le mot, *legere*, pour ſignifier cueillir,

Qui legitis flores, & humi naſcentia fraga;

ſous prétexte qu'il ſignifie *lire*, & qu'il n'y a guere de rapport entre *lire* & *cueillir*. Il y a cependant beaucoup de Critiques du Nouveau Teſtament de Mons, qui ſont fondées ſur ce faux raiſonnement. En voici des exemples.

Premier exemple.

Le Pere Bouhours prétend, que les mots de *tempérance* & *tempérant*, *intempérance* & *intempérant*, ne regardoient que les plaiſirs de la bouche; & que c'eſt mal parler que de les étendre à ce qu'on entend par ces mots françois, *continence* & *continent*: *incontinence* & *incontinent*. C'eſt ce qu'il fait entendre en critiquant deux paſſages de la Verſion de Mons. L'un de la ſeconde à Timothée Chapitre 3 verſet 2, où parlant des vices des derniers temps, il dit: *erunt homines..... incontinentes*; ce qu'on a traduit dans la Verſion de Mons, par le mot d'*intempérants*. L'autre de l'Epître à Tite, Chapitre premier verſet 7, où S. Paul met entre les qualités d'un Evêque, *Continentem*: ce qu'on a traduit auſſi par le mot de *tempérant*.

C'eſt ſur cela que ce Pere dit, dans ſes Nouvelles Remarques, page 395: *Ces deux mots* (tempérant & intempérant) *en notre langue, ſont renfermés dans ce qui regarde le boire & le manger. On dit qu'un homme eſt tempérant, quand il eſt ſobre: on dit qu'il eſt intempérant, quand il fait des excès à table, qu'il boit & qu'il mange trop..... Voilà la propre ſignification de ces deux mots.* Il l'appuye ſur l'autorité de ſon confrere le P. Tellier, dans ſes Obſervations ſur la Nouvelle Défenſe de la Verſion de Mons, qui a eu raiſon de dire, à ce qu'il prétend, que ces deux paſſages de S. Paul ont été mal traduits; parce qu'en l'un, on a traduit, *incontinentes*, par *intempérants*; & en l'autre, *continentem* par *tempérant*. Le Cenſeur anonyme eſt auſſi du même avis, & décide que cela eſt bien repris.

Comme M. Mallet avoit fait les mêmes reproches aux Traducteurs de Mons, on ne ſe feroit jamais attendu qu'il dût ſe trouver des gens qui entrepriſſent de les ſoutenir, après les avoir vus ſi bien réfutés dans la réponſe qu'on y a faite. Mais il y a des circonſtances qui rendent cette entrepriſe encore plus étrange.

1°. Le Pere Tellier, qui a écrit expressément contre la Réfutation de M. Mallet, n'a pu ignorer qu'on y a fait voir trois choses, par une infinité de preuves très-convaincantes.

La premiere ; que les mots de *temperans*, *intemperans*, tempérant, intempérant, en latin & en françois, sont des mots génériques de vertus ou de vices, qui ont pour objet, tant les plaisirs de la bouche que ceux que la chasteté modere ou réprime.

La seconde ; que les mots latins de *continentia*, *continens*, *incontinentia*, *incontinens*, sont de même des mots génériques de vertus ou de vices, qui ont pour objet les mêmes plaisirs, tant de la bouche que de ceux qu'on appelle charnels.

La troisieme est ; que ces mêmes mots en françois, *continence*, *continent*, *incontinence*, *incontinent*, ont une signification plus restreinte, & ne se prennent ordinairement, les uns, que pour la vertu de chasteté ; les autres, que pour le vice qui lui est opposé ; ce qui ruine entiérement les prétentions du P. Tellier, qui s'est imaginé, que le mot d'*intemperantes* en latin, ne signifioit que ceux qui commettent des excès de bouche ; & que celui d'*incontinentes*, ne signifie que ceux qui ne sont pas chastes. D'où M. Mallet avoit conclu, qu'avoir traduit *incontinentes* par *intempérants*, c'étoit avoir ôté les impudiques du nombre des vicieux, dont S. Paul parle dans sa premiere Lettre à Timothée, & n'y avoir laissé que les gourmands & les yvrognes.

2°. La prétention du P. *Bouhours* n'est pas moins surprenante que celle de son confrere. Car comment a-t-il pu dire qu'il avoit traité cette question en bon Philosophe & en bon Théologien, puisqu'on n'a qu'à comparer ce qui en a été dit dans la Réponse à M. Mallet, pour reconnoître que l'un & l'autre n'ont pu avancer ce qu'ils soutiennent, qu'en renversant ce qui est de plus certain dans la Philosophie Morale, & dans la Théologie, & ce qui ne peut être ignoré des personnes tant soit peu instruites dans ces sciences ? A qui persuaderont-ils que les Latins, ayant quatre mots pour signifier les quatre vertus cardinales, *prudentia*, *justitia*, *fortitudo*, *temperantia*, nous n'ayions point de mots en françois pour signifier la quatrieme de ces vertus ? Ou que, si nous en avons un, ce ne soit pas celui de tempérance : or, selon tous les Théologiens, la derniere de ces quatre vertus, qui s'appelle en latin *temperantia*, a pour objet non seulement les plaisirs de la bouche, mais aussi ceux que la continence modere ou réprime. Il est donc très-faux que ce soit être bon Philosophe & bon Théologien, de soutenir, qu'en notre langue, ces deux mots, *tempérant*, & *intempérant*, sont renfermés dans ce qui regarde le boire & le manger. Et rien n'est plus

I. CLAS. N°. XII.

foible que la preuve qu'il en apporte, qu'il a prise du P. Tellier. Un homme, dit-il, qui sait la langue, & qui voudra être entendu par son Confesseur, ne s'accusera point d'avoir eu des pensées ou des desirs contre la tempérance, pour dire contre la pureté. Non assurément : mais cela ne prouve autre chose, sinon que la tempérance est un mot générique, qui a pour ses deux especes la sobriété & la chasteté. Or ce n'est pas se bien confesser que de se confesser par des mots généraux, qui ne donnent pas, à la vérité, au Confesseur une idée tout-à-fait fausse du péché que l'on a commis ; mais qui ne lui en donnent qu'une incertaine & douteuse. Il en est de même du mot de *justice*, contre laquelle on peche en faisant tort à son prochain, ou dans son bien, ou dans son honneur. Celui qui auroit eu dessein de calomnier son prochain, se confesseroit mal, en disant, qu'il auroit eu un desir contraire à la justice ; parce que ce seroit laisser le Confesseur incertain, si ç'auroit été en lui faisant tort ou en son bien ou en son honneur.

3°. Il n'y a pas moins de sujet de s'étonner que le Censeur anonyme ait approuvé si facilement cette méchante critique, sur-tout s'il a vu, comme il l'a dû voir, ce qu'on a écrit sur cela contre M. Mallet. Et ce qu'il ajoute, pour fortifier la censure du P. Bouhours à l'égard du passage de l'Epître à Tite, n'est rien moins qu'une raison décisive. Bien repris, dit-il. Mais ce qu'il y a d'étonnant, c'est que le Pere Bouhours n'apporte point, contre la traduction qu'il reprend, une raison décisive, qui se tire même de l'un des deux passages qu'il examine. S. Paul, au verset 7. de l'Epître à Tite, dit, qu'il ne faut pas que l'Evêque soit *vinolentus*, sujet au vin. Il n'est donc plus nécessaire qu'au huitieme verset il recommande que l'Evêque soit *continens*, si ce mot de *continens*, signifie tempérant. Afin que sa raison fût décisive, il faudroit que le mot de *tempérant* signifiât la même chose que *non vinolentus* : ce qui n'est pas vrai, même dans la fausse signification de ces Censeurs, qui veulent que le mot de *tempérant* ne signifie en françois que la vertu contraire aux excès de bouche. Car il y en a de deux sortes ; l'amour du vin, l'amour de la bonne chere, qui pourroit être en celui qui ne boiroit que de l'eau. S. Paul distingue ces deux vices dans ce passage de l'Epître aux Romains : *Sicut in die honestè ambulemus, non in commessationibus & ebrietatibus.... sed induimini Dominum Jesum Christum.* Et dans l'Epître aux Galates, où il fait le dénombrement des œuvres de la chair, il ajoute, *commessationes* à *ebrietates*. Ainsi, un Evêque qui ne boiroit que de l'eau, & qui, par conséquent, ne seroit pas *vinolentus*, pourroit être *intempérant*, selon ces Censeurs mêmes, s'il aimoit la bonne chere. Il est bien plus évident, dans la vraie signification du mot de *tempérant*, que c'eſt autre choſe de dire d'un Evêque, qu'il doit être tempérant, que de dire, qu'il ne doit pas être ſujet au vin, *non vinolentus;* puiſqu'on a démontré, dans la Réponſe à M. Mallet, qu'on eſt intempérant non ſeulement quand on commet des excès de bouche, tels que ſont la gourmandiſe ou l'yvrognerie, mais encore plus quand on peche contre la chaſteté. C'eſt ce qu'on peut regarder comme démontré dans la Nouvelle Défenſe de la Verſion de Mons, liv. 2, chap. 7. Il eſt important de la lire : car cela y eſt traité fort exactement ; & la traduction des deux paſſages de la premiere Epître à Timothée, & de celle à Tite, très-ſolidement juſtifiée.

Ce qui a fait croire le contraire à ces nouveaux Cenſeurs, eſt le ſophiſme dont j'ai parlé dans cette Regle. Un mot ſignifie telle choſe: donc il ne ſignifie que cela. Car c'eſt à quoi ſe réduit la preuve du P. Bouhours. Il n'en met que l'antécédent, & il en laiſſe tirer la conſéquence. *Les mots*, dit-il, de tempérant & d'intempérant, *ſont renfermés en notre langue dans ce qui regarde le boire & le manger.* C'eſt ce qu'il avoit à prouver ; & voici comme il le prouve. *On dit qu'un homme eſt tempérant, quand il eſt ſobre ; on dit qu'il eſt intempérant, quand il fait des excès à table.* Donc les mots françois de *tempérant* & *d'intempérant* ſont renfermés dans ce qui regarde le boire & le manger. C'eſt ce que je nie. Car y a-t-il rien de plus commun que de prendre ſouvent le nom du genre pour une de ſes eſpeces, ſans que, pour cela, on puiſſe dire que ce nom ait perdu ſa ſignification générale, & qu'il n'a plus que celle de l'eſpece ? C'eſt donc ſur-tout en cette rencontre, raiſonner en auſſi mauvais Grammairien, qu'en mauvais Philoſophe. Il ne faut que conſulter les plus nouveaux Dictionnaires françois pour confondre cette méchante critique.

Celui de Furetiere, Tempérance, *vertu cardinale, qui regle & qui bride nos appétits ſenſuels, & particuliérement ceux qui nous portent au vin & aux femmes.*

Tempérant, *qui a la vertu de tempérance.*

Intempérance, *vice qui détruit la ſobriété, la chaſteté, la modération.*

Celui de Richelet dit la même choſe, quoiqu'en d'autres termes.

Second exemple.

C'eſt par le même ſophiſme que le P. Bouhours prétend, que le mot de *juſte*, en matiere de mœurs, & lorſqu'il eſt purement adjectif, ne ſignifie proprement qu'équitable. C'eſt ce qui lui fait condamner ces deux traductions comme mauvaiſes. *Joſeph autem vir ejus cùm eſſet juſtus; Joſeph ſon mari étant juſte : Paretis hominibus juſti ; vous paroiſſez juſtes*

I. CLÉAS. N°. XII.

aux yeux des hommes. Il emploie près de sept pages à prouver ce paradoxe, mais avec beaucoup de contradictions & de brouilleries.

Il avoue que *justus*, dans l'Evangile, a une signification plus étendue que le mot d'*équitable*, & qu'il signifie généralement vertueux, homme de bien, qui a de la piété & de la religion. Il avoue que le mot de *justitia* se prend aussi au même sens dans l'Evangile, & qu'il a une signification plus étendue que celle de *justitia* prise pour une vertu cardinale. Pourquoi donc veut-il que ce ne soit pas la même chose en françois, des mots de *juste* & de *justice*? Il le reconnoît pour le mot françois de *justice*, en disant, qu'il est consacré. Et pourquoi celui de *juste* ne le sera-t-il pas aussi? Il avoue que le mot de *justes* au plurier, *les justes*, signifie les favoris de Dieu, les Elus, & les gens de bien. Pourquoi ne sera-ce pas la même chose du mot de *juste* au singulier; sur-tout dans une traduction de l'Ecriture?

Il avoue même aussi, qu'au singulier, le *juste* signifie un homme vertueux, un homme de bien; parce, dit-il, qu'il est substantif. Ce qui n'est point vrai absolument parlant, mais c'est un adjectif, qui sous-entend un substantif: de même que dans ce passage, *Joseph son mari étant juste*; c'est-à-dire *étant un homme juste.*

Mais il passe plus avant: car il avoue que l'homme juste se prend pour un homme de bien, un homme vertueux; & la raison qu'il en rend est, que l'homme juste ne fait, selon lui, qu'un substantif: ce qui est contre toutes les regles de la Grammaire. Car, dans cette façon de parler, l'homme est le substantif, & juste est l'adjectif. Tout cela est si mal fondé, que le Censeur anonyme l'abandonne en cet endroit, quoiqu'il paroisse avoir beaucoup d'inclination à le suivre.

Pour parler raisonnablement sur cette matiere, il falloit dire, que les mots de *juste* & de *justice* ont, aussi-bien en françois qu'en latin, *justus & justitia*, deux significations: l'une plus étroite, pour marquer la vertu cardinale par laquelle on rend à chacun ce qu'on lui doit; l'autre plus étendue, pour marquer un homme droit, un homme de bien; & que c'est en ce dernier sens qu'ils se prennent en une infinité d'endroits de l'Ecriture. C'est donc par la matiere dont on parle, qu'on doit discerner en laquelle de ces deux significations se prennent ces mots de *juste* & de *justice*, sans s'amuser aux vaines distinctions du mot de juste adjectif ou substantif, comme fait le P. Bouhours.

Troisieme exemple.

M. Simon a été le premier qui s'est avisé de reprendre comme une rande faute, de ce qu'on avoit traduit dans les Actes ces mots, *armamenta navis*, par ceux-ci, *l'équipage du vaisseau ;* & il n'en donne point l'autre raison, sinon qu'on n'a pas su que le mot d'équipage signifioit les matelots. Il n'est point vrai qu'on ne l'ait point su; mais on lui a soutenu qu'il ne s'ensuivoit pas de-là qu'il ne pût signifier autre chose.

Le P. Bouhours, qui a été bien aise de faire valoir la remarque de ce Critique, raisonne aussi comme lui, en donnant pour preuve ce qui est en question.

Ce mot, dit-il, est assez bizarre; il a une autre signification sur mer que sur terre. Nous entendons par *équipage*, sur terre, tout ce qui est nécessaire pour s'entretenir honorablement, valets, habits, meubles, carosses, chevaux; mais, sur mer, *équipage* ne signifie que les gens du vaisseau. Sur quoi il apporte deux ou trois autorités, qui ne disent pas qu'équipage ne signifie que les matelots, ou les gens du vaisseau; mais seulement, qu'il les signifie: ce qu'on ne conteste point. Et cela se peut éclaircir par ce qu'il dit de la signification du mot d'*équipage* sur terre. Car, selon lui, ce mot comprend les valets, habits, meubles, carosses, chevaux. Pourquoi donc ce même mot ne pourra-t-il pas signifier, sur mer, outre les matelots qui sont comme les valets du vaisseau, les mats, les cordages, les voiles, les ancres, & autres attirails, qui répondent aux habits, meubles, carosses, chevaux, de l'équipage de terre?

Il est vrai que, selon le P. Bouhours, *armamenta navis*, ne signifie rien de tout cela; & il le prouve par la même raison par laquelle il prétend que ces mots ne peuvent pas signifier les matelots. Ce seroit, dit-il, un expédient bien étrange, ou de jeter tous les matelots en mer pour sauver le vaisseau, ou de se défaire des mats, des cordages, des voiles & des ancres, pour le mieux gouverner dans la tempête.

Que jeterent-ils donc dans la mer en y jetant *armamenta navis?* Ce n'étoit pas les marchandises; car ils les avoient jetées auparavant. Ce n'étoit pas le bled; car il est marqué qu'ils le jeterent plusieurs jours après avoir jeté ce qui est appellé *armamenta navis.* Il faut avouer que le Censeur anonyme a fait voir sur cela, que le P. Bouhours n'a su ce qu'il disoit. On n'a qu'à consulter sa note, on y verra que ce que l'on jette en mer dans les tempêtes, ne sont pas les cordages, les vergues, les voiles, les poulies, les ancres &c. dont on a besoin pour gouverner le vaisseau; mais que ce sont toutes ces mêmes choses, qui sont en réserve pour servir au défaut de celles qui sont en place, & qu'on appelle de rechange.

Il est donc visible que le P. Bouhours n'a pas su ce que vouloient dire ces mots *armamenta navis.* Le Censeur anonyme vient de le lui apprendre, & de le prouver par un passage, entr'autres de Robert Etienne,

I. CLAS. N°.XII.

qui dit, que sous *armamenta* sont compris *vela*, *antennæ*, *rudentes*, *clavi*, & *alia ejusmodi*. Il reste à savoir, si l'on a fait une faute d'exprimer tout cela par le mot d'équipage; c'est-à-dire, si l'on a pu supposer que ce soit une des significations du mot.

Voici ce qui me paroît clair. Un mot est censé signifier une chose dans une langue, quand il en réveille l'idée à une infinité de personnes qui lisent ce mot. Or, depuis plus de cent cinquante ans, il s'est fait beaucoup de traductions du Nouveau Testament en françois, où ces mots *armamenta navis* ont toujours été traduits par *l'équipage du vaisseau*; & il y a eu six cent mille personnes qui ont lu cette traduction sans en être choquées, & sans s'imaginer que c'étoient les matelots qu'on avoit jetés dans la mer; mais seulement les cordages, les voiles & autres choses qui chargeoient le vaisseau, & qu'ils savoient bien n'être ni les marchandises, ni les munitions de bouche; & par conséquent ce mot d'équipage leur a réveillé l'idée de ce que le Censeur anonyme dit, avec raison, qu'on jette en mer dans les grandes tempêtes.

On ne voit donc pas comment on a pu dire si affirmativement, qu'on s'étoit trompé, pour avoir cru qu'*armamenta navis*, signifiant certainement ce que nous venons de dire, les cordages, les voiles &c. pouvoit être traduit par ces mots françois, *l'équipage du vaisseau*.

Une preuve que cela est ainsi, est que ni le Sr. Simon, ni le P. Bouhours ne nous ont point donné d'autre mot, comme ils devoient faire naturellement pour substituer à celui qu'ils condamnoient. C'est ce que le Censeur anonyme a judicieusement remarqué à l'égard du P. Bouhours. Et, pour suppléer en quelque sorte à son défaut, il témoigne qu'il a voulu s'instruire à fond de ce que pouvoit signifier le mot d'*armamenta*. *Je ne sais*, ajoute-t-il, *si j'en suis venu à bout*: mais cela fait voir que le mot qu'il prétend signifier *armamenta*, & qui le signifie en effet, n'a pas dû être mis dans la version de cet endroit des Actes, comme nous le ferons voir par la Regle suivante.

REGLE III.

Les mots tellement propres à certains Arts ou à certaines Professions, qu'ils ne sont connus que de ceux qui en sont, ou qui en ont fait une étude particuliere, ne doivent point être employés dans des livres qui doivent être entendus du commun du monde.

Je ne crois pas que Messieurs de l'Académie disconviennent de cette Regle. Or, si le Censeur anonyme y eût fait réflexion, il n'auroit jamais cru

cru qu'on dût substituer le mot d'Agrets à celui d'*équipage* dans le passage des Actes.

Car 1°. Ce mot d'Agrêts est si peu connu, & si peu en usage, qu'il avoue lui-même ne l'avoir trouvé qu'avec peine. Encore ne sait-il s'il est venu à bout de trouver le véritable mot qu'il falloit mettre en cet endroit-là.

2°. Une preuve que ce mot est très-peu connu, & très-peu en usage, est que ceux qui s'en servent, & qui traitent de sa signification *ex professo*, ne conviennent pas comment il faut l'écrire; les uns disant *agreils*, les autres *agrez*, & d'autres *agrezils*, comme le remarque le Dictionnaire de *Furetiere*. Il est vrai que le Censeur anonyme décide qu'il faut dire *agrez*; & que ceux qui écrivent *agreils* écrivent mal. Mais pourquoi veut-il que nous l'en croyions; puisque le P. *Fournier* Jésuite, qu'il estime le plus des Auteurs qui ont écrit sur cette matiere, est de ceux qui écrivent *agreils*, comme il le reconnoît lui-même?

3°. De plus le P. Fournier son grand Auteur, dit à l'endroit qu'il cite, que toutes sortes d'appareils nécessaires à équiper un vaisseau, s'appellent *agreils* ou *Sarties*. Pourquoi veut-il que nous mettions *agrez* ou *agreils* plutôt que *sarties?*

4°. Furetiere remarque que ce n'est que sur l'Océan que le mot d'*agreils* est en usage; & que sur la Méditerranée on se sert du mot de *sartie*, comme il le répete encore sur ce mot de *sartie*. Or dans l'endroit des Actes il s'agit de la Mer Méditerranée, & non pas de l'Océan. Il seroit donc plus à propos de dire *sartie*, que non pas *agreils;* puisque, si les Matelots qui conduisoient le Vaisseau où étoit S. Paul avoient parlé françois, comme on le parle présentement, selon ces Auteurs, ils auroient appellé *sartie*, & non pas *agrez* ou *agreils*, ce qu'ils jeterent dans la mer, que la Vulgate appelle *armamenta navis*.

N'en est-ce pas assez pour faire conclure, que, pour éviter tout cet embarras, & pour se conformer à la Regle de bon sens que nous venons d'exposer, on ne doit se servir, ni du mot d'*agrez*, *agreils*, ou *agrezils;* ni de celui de *sartie;* mais, ou retenir le mot d'équipage qui se trouve depuis plus de 150 ans dans tant de différentes versions françoises, ou mettre dans l'endroit des Actes, qu'on jetta à la mer tout ce qui servoit à équiper le vaisseau? Et dans une note en marge mettre ceci: c'est ce qui s'appelle en termes de marine sur l'Océan *agreils*, *agrez* ou *agrezils*, & sur la Méditerranée la *sartie*.

Mais on pourra dire qu'on ne remédie pas encore par-là à l'inconvénient, qu'on prétend qu'on a dû éviter, qui est, de donner l'idée,

I. CLAS. N°. XII.

qu'on eût jeté les Matelots dans la Mer. Car on dira qu'ils sont compris sous ces mots : *tout ce qui sert à équiper un vaisseau.*

Les Jésuites qui ont travaillé au Dictionnaire françois imprimé à Trévoux, disent à la vérité, que les Traducteurs de Mons se sont rendus ridicules, d'avoir mis dans leur traduction, que les Mariniers avoient jeté dans la Mer l'équipage du vaisseau : mais ils n'osent pas dire qu'ils eussent dû se servir de ce terme agrêts ; au contraire, ils insinuent qu'on auroit dû mettre l'équipement. Cependant, dans le Dictionnaire latin, ils traduisent *armamenta* par les ustensiles, instruments, *équipages* de guerre. Où mettent-ils donc le ridicule de cette expression ?

REGLE IV.

Elle regarde les mots qu'on appelle *consacrés*, par où j'entends certains termes de l'Ecriture, ou de la Religion, qu'on a formés sur le latin, en y donnant une terminaison françoise ; comme *Scribes*, *Incarnation*, *Annonciation*, *Visitation*, &c. ou certaines façons de parler des langues originales traduites littéralement dans les langues vulgaires ; tels que sont les hébraïsmes, qui sont demeurés dans la plupart des versions de l'Ecriture, & que l'usage a autorisés en françois ; comme *enfants de perdition*, *pains de proposition* &c, à quoi on peut ajouter certaines façons de parler, qui paroissent extraordinaires, quoiqu'elles soient, mot pour mot, dans l'Ecriture, & que, jusqu'à présent, elles aient été reçues communément de tout le monde.

Il me semble qu'il y a deux défauts à éviter touchant ces mots consacrés, ou qui peuvent passer pour tels : l'un de condamner ceux qui s'en servent ; l'autre, de condamner, au contraire, ceux qui ne s'en servent pas. C'est sur quoi l'on peut faire deux Regles : la quatrieme, que nous traiterons ici, & la cinquieme, que nous réservons pour l'article suivant.

On n'a pas droit de condamner ceux qui se servent des mots consacrés, ou des manieres de parler qui peuvent passer pour tels, quand on avoue que l'usage les a autorisés ; & on ne doit pas être reçu à dire en l'air, que c'est un mauvais usage, qu'il ne faut pas suivre. C'est néanmoins ce que fait le P. Bouhours, comme on peut voir par ces deux ou trois exemples.

Premier Exemple.

Ces paroles de Jesus Christ, dans S. Mathieu : *Tristis est anima mea usque ad mortem*, ont été traduites dans la Version de Mons, aussi-bien que dans les autres, par ces paroles: *mon ame est triste jusqu'à la mort.* On ne peut pas dire que le tour & la construction ne soit pas françoise, ni que chaque terme ne signifie pas absolument la même chose en françois qu'en latin. Quand il seroit donc vrai qu'on ne parleroit pas ordinairement en cette maniere, il seroit toujours vrai, que ce seroit une façon de parler, qu'on peut appeller *consacrée;* puisqu'il est constant que l'usage l'a absolument autorisée, comme le P. Bouhours le reconnoît.

Qu'a-t-il donc fait pour la condamner, lui qui appuye par-tout si fort l'usage? Il prétend que c'est un mauvais usage, qu'il ne faut pas suivre: c'est pourquoi il a donné pour titre à l'article où il critique cette Version. *Mauvais usage;* & il le commence en ces termes.

Comme y il a un bon usage, qui fait la loi en matiere de langue, il y en *a un mauvais, contre lequel on peut se révolter justement: & la prescription n'a point lieu à cet égard: en voici quelques exemples. Les premiers traducteurs du Nouveau Testament, & les autres ensuite, ont traduit:* tristis est anima mea usque ad mortem, *par,* mon ame est triste jusqu'à la mort. *La traduction est fidelle, à ne regarder que les termes; mais elle ne l'est pas, si on regarde le sens. Le latin veut dire; que Jesus Christ étoit saisi d'une tristesse capable de le faire mourir; qu'il étoit triste jusqu'à en mourir. Et le françois signifie, qu'il étoit triste jusqu'au temps de sa mort; ou que sa tristesse devoit durer jusqu'à ce qu'il mourût. Quoique ce passage soit commun, & employé ordinairement par les Prédicateurs qui prennent ces passages dans les traductions comme ils les y trouvent, sans se donner la peine de les traduire eux-mêmes, il ne s'ensuit pas qu'il faille s'y tenir, sous prétexte que l'usage l'a autorisé. C'est un abus plutôt qu'un usage, ou c'est un usage vicieux, qui ne tire point à conséquence.*

Rien n'est plus faux, ni plus chimérique que ce que dit ce Pere, pour condamner la version de ce passage.

1°. Il dit, *qu'elle est fidelle, à ne regarder que les termes; mais qu'elle ne l'est pas si on regarde le sens.* Que veut-il dire par-là? Prétend-il que les termes françois ressemblent au latin, quant au son; mais qu'ils ont une signification différente du latin? C'est ce qui ne se peut dire, tant il est évidemment faux; car il n'y a aucun des termes latins qu'on puisse dire signifier autre chose, dans cet endroit-là, que ce que signifient les termes françois, ni que l'arrangement ou le tour y puissent mettre quelque différence. Il n'est donc pas vrai que cette traduction soit fidelle selon les termes, & qu'elle ne le soit pas selon le sens.

2°. Mais voici comme il prouve qu'elle n'est pas fidelle à regarder le sens. C'est, dit-il, qu'en latin, ce passage signifie, *que Jesus Christ*

I. CLAS. N°. XII.

étoit saisi d'une tristesse capable de le faire mourir; & que le françois signifie; qu'il étoit triste jusqu'au temps de sa mort; ou que sa tristesse devoit durer jusqu'à ce qu'il mourût. Autre illusion. Il est visible que le sens qu'il donne au latin se peut donner également au françois; &, au contraire, que le sens qu'il lui plaît de donner au françois, se pourroit donner tout de même au latin. C'est le jugement qui a fait trouver un seul & même sens au latin & au françois (qui est celui que le P. Bouhours attribue au latin seul) & qui a fait rejeter ces deux autres sens, qu'il attribue au françois sans raison.

3°. Il s'agit principalement de savoir si, l'usage qu'il avoue avoir autorisé cette version, est un usage vicieux, un mauvais usage, qu'il ne faut pas suivre. Rien n'est encore plus mal-fondé : car tous les Prédicateurs qu'il prend à partie, & tous ceux généralement qui ont allégué ces paroles de Jesus Christ; *mon ame est triste jusqu'à la mort*, les ont toujours entendues d'une tristesse capable de faire mourir; qui est le sens qu'il attribue au latin, & qu'il avoue être bon. Où est donc l'abus, le mauvais usage, l'usage vicieux, de prendre les paroles sacrées en un bon sens?

Second Exemple.

Le P. Bouhours joint un autre exemple dans ce même article à celui dont nous venons de parler. Voyons s'il a mieux rencontré.

*Je dis à peu près le même de, l'*esprit est prompt; mais la chair est foible; *pour rendre;* spiritus promptus est: caro autem infirma. *Tous les Prédicateurs, tous les Directeurs, tous les dévôts parlent ainsi; & tous parlent mal.* Promptus, *veut dire ici courageux, & qui va au-devant du péril, selon la force du mot grec,* πρόθυμος. Prompt, *avec esprit, en notre langue, marque un défaut, & ne signifie pas ce qui est opposé à foible. L'ignorance l'a fait dire aux premiers Traducteurs, qui rendoient tout mot à mot, & d'habiles gens ne devroient pas s'en servir.*

Le P. Bouhours est ici fort prompt à décider, & à condamner les autres. Mais ses raisons sont fort foibles. *Promptus*, dit-il, *veut dire ici courageux. Promptus*, veut dire prompt, & πρόθυμος aussi. Il n'a qu'à voir son Calepin & son Lexicon, pour en être convaincu. Il trouvera dans le Lexicon, que πρόθυμος signifie *promptus*, & dans le Calepin, que *promptus*, signifie prompt; & il ne trouvera nulle part qu'il signifie *courageux.* Si πρόθυμος signifioit proprement courageux, & improprement *promptus, prompt*; d'où vient que les Protestants, qui font profession de traduire selon le grec, & ne s'attachent nullement à la Vulgate, ont toujours traduit *spiritus promptus*, par *l'esprit est prompt*?

Il n'a pas fait attention à ce qu'il dit, quand il ajoute, que prompt, avec esprit, en notre langue, marque un défaut. Cela n'est pas vrai. C'est quand il est avec humeur: un homme d'une humeur prompte, veut dire un homme colere; mais dire d'un homme, qu'il a l'esprit prompt, c'est une louange, qui signifie, qu'on a l'esprit facile, aisé, & qui conçoit promptement tout ce qu'on lui propose: ce qui est l'opposé d'un esprit lent.

Au reste, ce n'est point de cette sorte d'esprit qu'il s'agit ici: car il n'y a pas νοῦς dans le grec; mais πνεῦμα, par où l'Ecriture marque, quand il s'agit des hommes, la volonté, ou la partie supérieure de nos ames, opposée à la chair, qui est la partie inférieure, & le siege des passions. Il paroît donc que Jésus Christ a voulu marquer par ces paroles, *spiritus quidem promtus est*, la promptitude avec laquelle S. Pierre, & ensuite les autres Apôtres, avoient témoigné vouloir mourir pour lui; & par ces autres *caro autem infirma*, la résistance qu'ils trouveroient dans la partie inférieure, à suivre cette résolution, à moins qu'ils ne fussent soutenus par une grace plus forte, qu'ils devoient obtenir par leurs prieres. C'est ce qui est fort bien expliqué dans l'Année Chrétienne, au Dimanche des Rameaux, en ces termes. « La promesse que vous „ m'avez faite de mourir pour moi vient de la promptitude de l'esprit, „ de cette affection que vous me portez, & par laquelle vous croyez „ pouvoir tout vaincre. Mais, quand l'occasion sera présente, vous éprouverez que votre chair est foible, & que votre foiblesse, l'emportant „ sur toutes les résolutions de l'esprit, vous oublierez toute votre promp- „ titude, pour ne plus suivre que votre infirmité. »

Troisieme Exemple.

On peut ajouter, dit le P. Bouhours, *à ces deux exemples, ce qui est encore dans les mêmes Traductions, touchant le mot*, tradere, *que les Traducteurs tournent souvent par* trahir, *quoiqu'il ne signifie que* livrer: Qui autem tradidit eum; *ce disciple qui le trahissoit.* Tradens sanguinem justum; j'ai trahi le sang innocent. *Ce mauvais usage ne doit pas être suivi; & ce n'est pas de celui-là qu'on a dit, qu'il étoit le maître & le tyran de la langue.*

On ne voit guere que dans le bon latin, *tradere*, ait aucune des deux significations dont il s'agit ici: l'une, de livrer un ami à ses ennemis; l'autre, de le trahir. Ce n'est que dans l'Evangile, ou dans les Auteurs qui l'ont pris dans l'Evangile, qu'on le trouve en ces deux sens; sur-tout à l'égard de Judas. Cela est si vrai pour la derniere signification que l'on conteste, que c'est de l'action de Judas, exprimée par *tradere* dans l'Evangile; qu'on a formé les mots de *trahir;* de *trahison*, de *traître*. C'est ce que Furetiere a remarqué après Nicod; & il ajoute, sur le mot *de traître:* ce mot vient du latin *traditor;* ce qui a été tiré de l'Ecriture, du nom qu'elle donne à Judas, *qui fuit traditor*.

Il y a dans le Calepin, *Traditor*, *Proditor*.

Le Lexicon de Constantin met pour une des significations du mot παραδίδωμι *prodo*, & donne pour exemple ce passage de S. Matthieu Chapitre 10. v. 4. Ἰούδας ὁ Ἰσκαριώτης ὁ καὶ παραδοὺς αὐτὸν.... *qui ipsum prodidit.* Il donne encore un exemple où le mot de παραδίδωμι est mis pour *prodo*, *trahir:* c'est dans la I. aux Corinthiens Chapitre 11. où l'on a fait une faute en traduisant, *in qua nocte tradebatur*, par, *la nuit qu'il devoit être livré* à la mort; au lieu qu'il falloit mettre: *la nuit qu'il devoit être trahi.*

On peut donc dire que ce mot de *trahir*, dans les endroits où on l'a mis est un mot consacré; &, par conséquent, on peut s'en servir selon la Regle que nous avons posée. On n'a pas laissé de se servir aussi du mot de *livrer;* parce que le mot grec signifie l'un & l'autre. Il y a même des endroits où l'on ne peut mettre que livrer; comme quand il est dit de Dieu le Pere, qu'il a livré son Fils; & de Jesus Christ, qu'il s'est livré lui-même pour nous. Et c'est pour cela aussi que l'on a jugé qu'il valoit mieux se servir quelquefois du mot de *trahir*, pour marquer l'action détestable de Judas, & pour la distinguer de celle de Dieu le Pere, & de Jesus Christ même.

REGLE V.

Quoiqu'il soit permis de se servir des mots qu'on appelle *Consacrés*, on n'est pas toujours obligé de le faire, & l'on peut, pour de bonnes raisons, en substituer d'autres, qui sont plus clairs, & qui font mieux entendre la pensée de l'Ecrivain canonique.

C'est cependant ce que quelques personnes ont trouvé mauvais qu'on ait fait dans la Version de Mons. En voici des exemples.

Premier exemple.

On ne condamne pas ceux qui ont toujours traduit le mot de *Scribæ* en latin, par celui de *Scribes* en françois; parce qu'on peut dire en effet que c'est un mot consacré. Cependant les Traducteurs de Mons, ont jugé plus à propos de mettre les *Docteurs de la Loi*, par-tout où y a *Scribæ* dans l'Evangile; & voici la raison qu'ils en ont donnée ans leur Préface. Le mot de *Scribe* en notre langue a toute une utre notion que le mot de *Scribæ* dans l'Evangile; signifiant seulement n Ecrivain ou un Copiste: au lieu qu'il est certain; que ceux qui toient appellés de ce nom dans l'Evangile, étoient les Docteurs & les nterpretes de la loi, qui étoient en grande autorité parmi les Juifs, lepuis qu'ils n'avoient plus de Prophetes. A quoi l'on peut ajouter, que a même personne qui est appellée *Scribe* dans un Evangile, est appellée Docteur de la Loi dans un autre.

Il est vrai qu'on a été embarrassé dans Saint Mathieu pour traduire *Scribas populi;* car on ne pouvoit pas mettre les Docteurs de la Loi du peuple. On s'est donc contenté de mettre les Docteurs du Peuple. Mais es Scribes du peuple ne valoit pas mieux. Pour bien faire, il auroit allu mettre les Docteurs de la Loi, *qui instruisoient* le peuple. Peut-être y auroit-on encore trouvé à redire.

Mais on voudroit bien savoir pourquoi les mots de *juste*, d'*injuste* de *justice* &c. ne sont pas aussi consacrés dans la signification d'homme de bien, de méchant homme, & de bonté en général, qu'ils ont partout dans l'Ecriture, que le mot de *Scribe* en françois, pour signifier un Docteur de la Loi. N'est-il donc pas bien étrange que ceux qui non seulement approuvent le mot de *Scribe*, mais qui ont peine à souffrir qu'on ne s'en serve pas, trouvent mauvais que l'on emploie, en traduisant l'Ecriture, les mots françois de *juste*, *injuste* & *justice*, dans la signification que ces mots ont en latin, quoiqu'ils soient contraints d'avouer que cela est autorisé par l'usage & par tous les Traducteurs françois? On peut voir ce qu'on en a dit sur la seconde Regle.

Second Exemple.

Le mot de *proposition* est assurément un mot françois, qui signifie diverses choses: mais il certain que, dans cette phrase, *pains de proposition* dont on se sert pour marquer les pains qu'on offroit à Dieu tous les jours dans le Temple, le mot de *proposition* n'est pas intelligible. Cependant, comme c'est un mot consacré, on ne fait pas de procès à ceux qui s'en servent, mais on a cru qu'il étoit permis de parler plus clairement, & de marquer la même chose par des mots qui fissent mieux comprendre ce qu'on vouloit dire par-là.

I. CLAS. N°. XII.

Troisieme Exemple.

Le mot d'*acception*, au contraire, n'eſt pas françois. Il n'eſt venu que de ces mots de l'Ecriture, *acceptio perſonarum*, qu'on a rendus littéralement par ceux-ci, *acception des perſonnes.* Que l'on s'en ſerve donc, puiſque c'eſt un mot conſacré; mais que l'on ne trouve point mauvais, que, pour mieux faire entendre cette façon de parler de l'Ecriture, *accipere perſonam*, on l'ait traduite quelquefois, *avoir égard à la qualité des perſonnes.*

On pourroit apporter beaucoup d'autres exemples; mais on pourra juger par ceux-ci, ſi la Regle eſt bonne ou non.

REGLE VI.

ON ne peut point, avec raiſon, obliger un Traducteur, même de l'Ecriture ſainte, de traduire toujours de la même maniere les mêmes mots, ou les mêmes façons de parler, qui ſe trouvent en divers endroits de ſon Auteur. Et il lui eſt très-permis d'en employer d'autres, pourvu qu'ils aient le même ſens.

C'eſt une liberté que les meilleurs Traducteurs ont toujours priſe, & on le voit par l'exemple de Saint Jérôme: on peut avoir des raiſons d'en uſer ainſi. Un mot eſt obſcur, cependant on ne laiſſe pas de s'en ſervir, parce qu'il eſt conſacré. Mais on prétend avoir la liberté de ſubſtituer quelquefois un mot plus clair, & qui faſſe mieux entendre le ſens de l'Ecriture.

Premier Exemple.

On a laiſſé, en parlant de Judas, cet hébraïſme: *Enfant de perdition.* Mais ce même mot ayant été employé par S. Paul, parlant de cet homme de péché, que l'on croit ordinairement être l'Antechriſt, on a cru le pouvoir traduire d'une maniere qui fît mieux entendre ce que ſignifie cet hébraïſme. C'eſt ce qu'on a fait en ces termes: cet homme de péché *deſtiné à périr miſérablement*; & au bas de la page: *Enfant de perdition.*

Second Exemple.

On a dit, dans la Préface du Nouveau Teſtament, la raiſon pourquoi on avoit rendu ce que dit S. Luc de Zacharie, qu'il étoit *de vice abia;* par beaucoup de termes qu'on a cru être néceſſaires pour développer ce qui étoit enfermé dans ceux-là. *Il y avoit un Prêtre nommé Zacharie, de*

la

la famille d'Abia, *l'une des familles* facerdotales, *qui fervoient* dans le Temple *chacune en leur rang*. C'eft ce que le Cenfeur anonyme critique fort févérement, en prétendant qu'il falloit mettre fimplement *de la claffe d'Abia;* & voici l'une de fes principales raifons. Si cette infertion étoit néceffaire, pourquoi le Traducteur ne la répete-t-il pas dans le huitieme verfet, où il y a *in ordine vicis suæ*, qu'il rend feulement par, *dans le rang de fa famille?* Puis donc que toutes les fois qu'un mot revient, il faut le rendre, autant que l'on peut, de la même maniere qu'on l'a déja rendu, & que le Traducteur a cru que le fimple mot de famille fuffifoit dans le huitieme verfet, il devoit fe contenter de ce même mot dans le cinquieme verfet, ou bien répéter toute cette infertion dans le huitieme, pour répondre également, dans l'un, à *de vicè Abia*, & dans l'autre, à *vicis suæ*.

Mais pourquoi lui-même, s'eft-il imaginé que tout le monde conviendroit de fa Regle, puifque cet exemple même fait voir qu'elle eft fauffe? Car, fuppofé que ce qu'il appelle une infertion fût néceffaire au cinquieme verfet, loin qu'on pût inférer de-là, qu'il falloit la mettre auffi au huitieme verfet, on a dû conclure tout le contraire: que c'étoit affez de l'avoir mife au cinquieme. On en voit bien la raifon. Cette traduction n'avoit été mife d'abord, que pour faire entendre ce qui étoit enfermé dans ces mots *de vice Abia:* quelle néceffité y avoit-il de répéter tout cela trois verfets après? C'eft ainfi qu'on en ufe lorfqu'on a à fe fervir d'un mot obfcur: on l'explique, & on donne fa définition. Mais, l'ayant fait une fois, on ne la répete plus, & on fe croit en droit de fe fervir du mot fimple, qu'on fuppofe avoir été fuffifamment expliqué.

C'eft à quoi on s'en tiendra, jufqu'à ce qu'on ait trouvé un mot plus propre que celui de *Claffe*, qui reffent trop le College ou la Marine, pour s'en fervir dans une traduction de l'Ecriture Sainte, où l'on doit éviter les mots bas ou peu entendus.

Hors les Ecoliers & les Matelots, il n'y a guere qu'une occafion où ce mot de *Claffe* foit en ufage, qui eft, quand on dit qu'un Auteur eft de la premiere claffe. Mais outre que cette expreffion ne paroît pas maintenant du bel ufage, elle eft tellement bornée à la premiere place, qu'on ne dira point qu'un Auteur eft de la feconde ou troifieme claffe. Et enfin, le mot de *Claffe* ne fait point du tout entendre ce qui eft effentiel à *de vice Abia*, qui eft, que les familles facerdotales fervoient dans le Temple chacune à leur tour.

I.
CLAS.
N°. XII.

REGLE VII.

On ne doit pas toujours se régler sur le grec pour mettre, ou ne pas mettre les articles en françois: & c'est une fausse Regle que de prétendre, qu'on ne doit jamais mettre d'article au premier mot d'un Titre. Je joins ensemble ces deux choses, parce que le Censeur anonyme les a jointes aussi, pour trouver deux fautes dans ces premiers mots de l'Evangile de S. Matthieu, *la Généalogie de Jesus Christ.*

Exemple.

Voilà, dit-il, deux fautes par la seule addition d'un article. Mauvais augure pour la traduction entiere. C'est une faute d'avoir mis l'article, LA *devant le mot de* Généalogie, *puisque l'article n'y est point dans le grec devant* βίβλος; *& quand il y auroit fallu ajouter cet article françois, ce seroit une autre faute de ne l'avoir pas fait imprimer en italique, comme étant ajouté: mais il ne doit point y être du tout, ni en romain, ni en italique; parce que les deux premiers versets de ce chapitre tiennent lieu de titre, pour ce qui suit, jusqu'au dix-septieme verset inclusivement; & qu'on ne met point d'article devant un titre de livre. C'est ainsi que, sans mettre* LE *ni* LA, *on écrit*... Livre de la Genese &c. Actes des Apôtres, Epîtres de S. Paul, Apocalypse de S. Jean; *le tout sans aucun article.*

Rien n'est moins solide que cette note.

1°. Comment peut-il dire que les deux premiers versets de S. Matthieu sont le titre de ce qui suit, jusqu'au dix-septieme verset; puisque cela n'est pas vrai du second, & n'est pas certain du premier?

2°. Quoiqu'il n'y ait pas d'article avant βίβλος, ce n'est point une raison pour n'en pas mettre en françois. On pourroit faire voir, par une infinité d'exemples, qu'on met en notre langue des articles où il n'y en a point dans le grec, & qu'on n'y en met point où le grec en a. En voici quelques-uns.

Joan. I. 23. *Ego vox clamantis in deserto.* Ἐγὼ φωνή, &c. Est-ce une faute d'avoir traduit: *Je suis la voix de celui qui crie dans le désert?* Falloit-il traduire: Je suis voix, parce que le mot de φωνή est sans article?

Marc. I. 8. *Ego baptisavi vos aquâ:* il y a dans le grec ἐν ὕδατι, sans article. Falloit-il mettre en françois, je vous ai baptisé *dans eau*?

Ibid. *Ille verò baptisabit vos in Spiritu Sancto*, ἐν πνεύματι ἁγίῳ. Cela obligeoit-il de mettre en françois, *il vous baptisera dans Esprit Saint*, sans article, parce qu'il n'y en a point dans le grec?

Voici d'autres exemples où le grec ayant des articles, on ne doit pas y en mettre dans le françois. Il y en a plusieurs dans le commencement du I. chap. de S. Matthieu.

I. CLAS. N°. XII.

Abraham genuit Isaac. En grec τὸν Ισαακ, & ainsi de tous les autres noms propres qui sont à l'accusatif. Devoit-on mettre ces articles dans le françois?

3°. C'est une plaisante imagination de remarquer comme une faute, que, quand même l'article LA devroit être avant *Généalogie*, on ne l'ait pas mis en italique. Il auroit donc fallu mettre en italique les articles des premiers exemples que nous avons rapportés. Cela fait pitié.

4°. Mais, supposant que le premier verset de Saint Matthieu tienne lieu de titre, & que tenir lieu de titre soit la même chose que d'être un vrai titre, s'ensuit-il que ce soit une faute d'avoir mis *la Généalogie*, & non simplement *Généalogie?* C'est ce qu'il prétend, mais sans raison: car il est vrai que souvent on ne met pas d'articles aux premiers mots des titres, sur-tout quand ce sont des mots d'Arts, comme *Livre*, *Dissertation*, *Réponse*, *Réflexion*, *Remarque.* Mais il n'est pas vrai qu'on omette toujours les articles aux premiers mots des titres, ou que ce soit une faute de les y mettre.

En voici des exemples de personnes qu'on ne peut pas dire qu'ils ne sussent pas la langue. M. l'Evêque de Vence, dans sa traduction du Nouveau Testament, a mis par-tout des articles aux titres: *Le Saint Evangile selon Saint Matthieu*, *les Actes des Apôtres*, *les Epîtres de S. Paul*, *l'Apocalypse.*

M. l'Evêque de Meaux, dans sa traduction de l'Apocalypse, a mis de même pour titre l'*Apocalypse.*

Le Pere Amelotte, qui dit avoir consulté les plus habiles gens sur la langue, a mis de même, des articles à tous les titres de sa traduction du Nouveau Testament.

Le Traducteur des Lettres de S. Augustin leur a donné pour titre: LES *Lettres de S. Augustin traduites en françois.*

Le même Auteur, dans une autre traduction: LES *Confessions de S. Augustin.*

Dans un autre: LES *Offices de Cicéron.*

M. Fleuri: LES *Mœurs des Chrétiens*, LES *Mœurs des Israélites.*

Voilà donc ces deux fautes que l'Auteur anonyme dit être un mauvais présage pour la traduction entiere. Mais n'appréhende-t-il pas qu'on lui dise, que cette premiere note, si peu raisonnable, est un mauvais présage pour les autres?

I. CLAS. N°. XII.

REGLE VIII.

L'On ne doit point avoir égard à une critique qui n'eſt appuyée que ſur une méchante raiſon. En voici des exemples.

Premier exemple.

Le premier eſt ce que le Pere Bouhours décide en maître ſur le mot de roſeau, page 421. *Ce mot, en notre langue, ne ſignifie qu'une plante marécageuſe, foible & creuſe, qui ne réſiſte point, & je ne voudrois pas traduire :* & percutiebant caput ejus arundine; *ils lui frappoient la tête avec un roſeau, comme fait le Traducteur de Mons. L'Abbé de Marolles ſe ſert du mot de* canne, *& l'Ecrivain de P. R. le met en marge. Mais il le devoit mettre dans le texte, ou du moins en ôter* roſeau, *qui ne nous donne, ni au propre, ni au figuré, que l'idée d'une choſe foible, & incapable de faire du mal.*

Méchante raiſon s'il en fut jamais! Un roſeau eſt-il plus flexible & réſiſte-t-il moins, que les ſions du bouleau dont on fait les verges? Et qui n'a éprouvé, étant enfant, qu'ils ne ſont pas incapables de faire du mal? Il faut, de plus, remarquer, que les plantes marécageuſes, comme eſt le roſeau, l'oſier, étant coupées, ſe durciſſent à l'air. D'ailleurs un roſeau flexible étoit propre à ce que vouloient faire les ſoldats; car ils vouloient tourmenter & outrager Notre Seigneur : mais Pilate les auroit punis s'ils l'avoient fait mourir, puiſqu'il ne l'avoit fait fouetter & maltraiter que pour lui ſauver la vie, en excitant les Juifs à compaſſion. Or ç'auroit été le mettre en danger de le tuer, que de le frapper ſur la tête avec une canne dure & inflexible; au lieu que, ſans ſe mettre en danger de le faire mourir, ils lui faiſoient beaucoup de mal en le frappant ſur ſa tête couronnée d'épines, avec un roſeau, quelque flexible qu'il eût été, puiſque, outre le coup, qui ne pouvoit être que fort ſenſible, cela lui enfonçoit encore les pointes des épines dans la tête. Et ainſi, tout conſidéré, ma penſée eſt, qu'on doit s'en tenir au mot de roſeau, & ôter de la marge *aut. canne.*

Second Exemple.

On a traduit ce que dit Jeſus Chriſt dans Saint Matthieu : *Orantes nolite multùm loqui*, par ces paroles; *ne ſoyez pas grands parleurs dans vos prieres.* Le P. Bouhours critique cette verſion en ces termes, GRAND PARLEUR, *cela renferme deux choſes; un défaut, & une habitude. Qui dit* grand parleur *dit un homme qui parle trop, qui parle ſouvent mal-à-propos, qui parle en l'air, qui parle pour parler. On ne dit pas d'un homme qui ne dit rien que de ſenſé, qui ne dit rien d'inutile, qu'il ſoit un* grand parleur, *quoiqu'il parle beaucoup : on ne le diroit pas même d'un homme, qui, dans une ou deux rencontres, auroit tenu de longs diſcours, contre ſa coutume, & ſe ſeroit trouvé en humeur de parler plus qu'à ſon ordinaire.* Grand parleur *marque une habitude, & il ne faut pas s'en ſervir dans des endroits où il n'eſt queſtion que d'un acte, comme ont fait de célebres Ecrivains en traduiſant* orantes nolite multùm loqui : ne ſoyez pas grands parleurs dans vos prieres; *au lieu de dire*, ne parlez pas beaucoup dans vos prieres.

Il ſemble que le P. Bouhours trouve deux défauts dans cette traduction, quoiqu'il n'inſiſte que ſur le dernier. Le premier ſeroit, que ce Pere auroit ſuppoſé que Jeſus Chriſt, par ces paroles *nolite multùm loqui*, a recommandé ſeulement de ne pas parler beaucoup dans ſes prieres, comme les mots latins, pris à la lettre, ne ſignifient que cela. Or le mot de grand parleur, a une ſignification plus reſtreinte : car on ne dit pas, dit-il, d'un homme qui ne dit rien que de ſenſé, qu'il ſoit un grand parleur, quoiqu'il parle beaucoup; mais on le dit ſeulement d'un homme qui parle trop, qui parle ſouvent mal-à-propos, qui parle en l'air, qui parle pour parler. Et c'eſt ce qui pourroit faire croire, qu'il a voulu faire entendre, qu'on n'a pas dû employer le mot de grand parleur dans la traduction de ce paſſage, comme n'ayant pas la même ſignification que ces paroles : *ne parlez pas beaucoup dans vos prieres.* Mais il ne faut que conſulter le grec, pour voir que cette premiere raiſon eſt mal-fondée; car le mot de βαττολογεῖν, dont ſe ſert l'Evangéliſte, ſignifie préciſément tout ce que le Pere Bouhours dit que ſignifie *grand parleur :* un homme qui parle trop, qui parle ſouvent mal-à-propos, qui parle en l'air, qui parle pour parler. On peut lire ce qu'en dit Grotius ſur cet endroit de S. Matthieu, où entr'autres choſes il dit, que πολύλογοι, *ſolent iidem eſſe* βαττολογοι; c'eſt-à-dire, que ceux qui parlent beaucoup ſont ſujets parler inutilement, en répétant ſouvent les mêmes choſes mal-à-propos. Tant s'en faut donc que cette premiere conſidération doive faire rejeter ce qu'on a mis dans la verſion de Mons : *ne ſoyez pas grands parleurs dans vos prieres*, pour y ſubſtituer : *ne parlez pas beaucoup dans vos prieres*, qu'au contraire, elle fait voir que ce qu'on a mis eſt plus conforme aux mots du Texte ſacré, que ce que le P. Bouhours voudroit qu'on mît à la place.

On pourra dire que ce n'eſt pas à cela qu'il s'eſt arrêté, & que ce qui lui a fait condamner *grands parleurs*, eſt que ce mot marque une

I. CLAS. N°.XII.

habitude, & qu'il ne faut pas s'en servir dans les endroits où il n'est question que d'un acte.

Il croit cela bien décisif, & rien n'est moins solide. Car il a dû savoir que les noms des vertus & des vices ne signifient pas seulement des habitudes, mais, qu'en diverses rencontres, on s'en sert aussi pour marquer des actes; comme dans les commandements & les défenses, dans les récompenses & les punitions: étant certain que ce ne sont pas seulement les habitudes que l'on commande où que l'on défend, que l'on récompense ou que l'on punit; mais que ce sont principalement les actes. Ainsi, c'est bien parler que de dire: *Soyez charitable envers le prochain, soyez libéral envers les pauvres; ne soyez point prodigue du bien de l'Eglise.* Oseroit-on dire qu'il ne s'agit que des habitudes dans ce passage de S. Paul aux Corinthiens, chap. 6. *Ne vous y trompez pas, ni les fornicateurs, ni les adulteres, ni les impudiques, ni les voleurs, ni les avares*, &c. ne seront point héritiers du Royaume de Dieu? Le pourroit-on dire de celui de Saint Pierre: *nemo autem vestrùm patiatur ut homicida, aut fur, aut maledicus aut alienorum appetitor*, &c? Ces deux Apôtres ne défendoient-ils aux Chrétiens, par-là, que l'habitude de ces crimes? Leur dessein, au contraire, n'étoit-il pas d'en interdire les actes? d'où il s'ensuivoit assez qu'ils en interdisoient les habitudes. On sait même que c'est un axiome de Théologie, que les commandements regardent les actes & non les habitudes des vertus: *præcepta dantur de actibus, non de habitibus virtutum.* Il est visible, sur-tout dans les commandements négatifs, qu'on se peut également servir, ou du verbe ou du nom du vice que l'on défend. Ne commettez point de fornication, ne soyez point fornicateur; ne mentez point, ne soyez point menteurs; n'adorez point les idoles, ne soyez point idolâtres, &c. C'est donc sur de méchantes raisons que le Pere Bouhours a condamné cette traduction.

Troisieme Exemple.

Le P. Bouhours nous fait des regles appuyées sur de méchantes raisons, qu'il voudroit cependant que nous reçussions comme des oracles. En voici une, sur le mot *lapider.*

Ce verbe, en notre langue, n'a lieu, au sens propre, que dans deux occasions: quand il s'agit du supplice dont les Juifs punissoient de certains crimes, selon la loi de Moyse; ou quand il s'agit de la mort des Martyrs. C'est ce que j'appelle une méchante raison. Car, pourquoi pourra-t-on employer ce mot quand il s'agit de la mort des Martyrs, s'il est affecté, dans notre langue, à signifier le supplice dont les Juifs punissoient de certains crimes? Et, s'il n'eſt pas affecté à cela, pourquoi ne le pourroit-on pas dire à l'égard d'autres perſonnes, qui auroient été lapidées comme les Martyrs? Saint Paul dit de lui-même; *ſemel lapidatus ſum.* Eſt-ce qu'on ne pourra pas traduire cela par, *j'ai été une fois lapidé*, quoiqu'il n'en ſoit pas mort, & qu'il n'eût été condamné à ce ſupplice par la ſentence d'aucun Juge? Quand Jeſus Chriſt dit auſſi: *Pour quelle bonne œuvre voulez-vous me lapider?* Ce n'étoit que parce que les Juifs avoient pris des pierres pour lui jeter, ſans aucun jugement porté contre lui.

Mais ce Critique a d'autant moins de raiſon de reprendre les Traducteurs de Mons d'avoir employé ce mot dans la parabole des Vignerons, qu'il paroît que Jeſus Chriſt avoit voulu marquer par cette parabole, les Juifs qui avoient effectivement lapidé quelques-uns de leurs Prophetes.

REGLE IX.

QUand on ne peut raiſonnablement ſuppoſer qu'un Traducteur ait ignoré la ſignification ordinaire d'un mot très-commun, on ne doit pas légérement le condamner, pour l'avoir pris dans un autre ſens, avant que d'avoir bien examiné ſes raiſons.

Premier Exemple.

Ce paſſage de S. Matthieu. XIX. I, *migravit (Jeſus) à Galilæa & venit in fines Judeæ trans Jordanem*, a été traduit en ces termes: (Jeſus) *partit de la Galilée & vint aux confins de la Judée le long du Jourdain.* On ne peut pas ſuppoſer que le Traducteur n'ait pas ſu que le mot de *trans*, auſſi-bien que celui de περαν ſignifioit au-delà. On ne peut donc pas croire que ce ſoit par ignorance qu'il ait mis dans le texte le long du Jourdain; & on auroit tort de le reprendre comme d'une faute, pour n'avoir pas mis au-delà du Jourdain, avant que d'avoir examiné les raiſons qu'il a pu avoir de préférer le long du Jourdain. C'eſt, d'une part, qu'il eſt certain, que, dans les verſions de l'Ecriture, il y a des endroits où *trans Jordanem* ne peut pas ſignifier au-delà du Jourdain; comme dans le premier verſet du Deutéronome: *hæ ſunt verba quæ locutus eſt Moyſes ad omnem Iſrael trans Jordanem.* Car Moyſe ne pouvoit pas être alors au-delà du Jourdain, puiſquil ne l'a jamais paſſé; & d'autre part, on ne voit pas comment on a pu dire de Notre Seigneur qu'il étoit venu aux confins de la Judée au-delà du Jourdain, puiſqu'il n'y avoit aucune partie de la Judée proprement dite qui fût au-delà du Jourdain. On n'ignore pas qu'il y ait des Interpretes qui ſont d'un autre ſentiment;

I. CLAS. N°.XII.

mais on a ſuivi celui des plus habiles, & qui a paru plus probable. Le fondement de la difficulté qui ſe trouve dans ces paſſages, eſt que le même mot hébreu, ſignifie *ultrà* & *citrà ;* comme a remarqué Vatable, ou comme dit Grotius, *in trajectu*, laiſſant au bon ſens à déterminer par les circonſtances du diſcours, de quel côté c'eſt, ſi c'eſt en deçà ou au-delà.

Second Exemple.

Comme on n'a pas dû auſſi ſuppoſer que le Traducteur n'ait pas ſu que, pour marquer les heures en françois, on dit, à trois heures, à ſix heures, à neuf heures &c. s'il les a marquées autrement en divers endroits de ſa traduction, on a dû croire que c'étoit pour de bonnes raiſons. C'eſt cependant ce que le Critique anonyme a cenſuré très-ſévérement. *Le Port-Royal*, dit-il, *a mal traduit tous les paſſages, où il y a des nombres d'heures : par exemple, dans le vingtieme Chapitre de Saint Matthieu, au lieu de la troiſieme, ſixieme, neuvieme, & onzieme heure, il devoit mettre les trois, ſix, neuf & onze heures. C'eſt ainſi qu'on parle... Le Traducteur fait encore une autre faute, dans la plupart de ces mêmes paſſages où il eſt parlé d'heures ; c'eſt en ajoutant* du jour *après heure, comme à la troiſieme heure du jour.*

Rien n'eſt plus déciſif. Et toute la raiſon qu'il en donne eſt, de dire en maître : *C'eſt ainſi qu'on parle.* Mais, par-tout où on parle, on parle pour ſe faire entendre ; & le plus grand vice d'un diſcours eſt, de donner de fauſſes idées à ceux qui l'écoutent ou qui le liſent. Or on peut tomber dans ce défaut en ſe ſervant de termes où de façons de parler, très-bonnes & très-uſitées, lorſqu'on les applique à autre choſe qu'à ce qu'elles ont accoutumé de ſignifier. C'eſt ce qu'on auroit fait ſi on avoit ſuivi les penſées de ce Critique. Il voudroit qu'on eût mis dans la parabole du Pere de Famille, qui loue des ouvriers pour travailler à ſa vigne, que, s'étant levé de bon matin (*Primo manè*) il loua des ouvriers &c. qu'à trois heures il ſortit pour en louer d'autres ; qu'il fit la même choſe à ſix heures & à neuf heures, & enfin à onze heures. Qu'elle idée ce diſcours auroit-t-il donné, ſinon que ce Pere de Famille s'étoit levé de grand matin, par exemple, à deux heures, pour envoyer des ouvriers travailler à ſa vigne ; qu'à trois heures il en auroit envoyé d'autres, & de même à ſix heures, à neuf heures & à onze heures, & qu'ainſi tout étoit fait avant midi ? Car ce qui eſt dit du ſoir enſuite, n'auroit point fait changer d'idée ; mais n'auroit fait au plus qu'embarraſſer. Que devoit donc faire un Traducteur judicieux, que de ſe ſervir de termes qui donnaſſent une idée conforme au véritable ſens de l'Evangile ? Et c'eſt ce qu'on qu'on a fait; en mettant que le Pere de Famille étoit sorti *à la troisieme heure du jour*; c'est-à-dire, depuis le soleil levé; ce qui ôte toute la difficulté, en faisant voir que les Juifs ne comptoient pas les heures comme nous, depuis minuit jusqu'à midi; & depuis midi jusqu'à un autre minuit; mais qu'ils comptoient celles du jour, depuis le soleil levé jusqu'au soleil couché; & celles de la nuit, depuis le soleil couché jusqu'au soleil levé du jour suivant.

REGLE X.

ON ne doit pas regarder comme superflus tous les mots qu'on peut retrancher d'une façon de parler, sans que le sens en soit changé; ni croire qu'un particulier ait droit de censurer ceux qui se servent de ces mots que l'usage a autorisés, sous prétexte qu'ils seroient superflus.

Pour bien entendre cette Regle, il faut considérer que deux façons de parler peuvent signifier la même chose, avec quelque différence: l'une la signifiant plus fortement & d'une maniere plus vive. Et c'est ce qui fait que souvent on emploie des termes qui paroissent superflus. Ainsi, dans cette expression, je l'ai vu *de mes propres yeux*, DE MES PROPRES YEUX semble superflu. Cependant il y a des rencontres où il ne l'est pas; comme lorsqu'on veut assurer qu'on a vu une chose fort extraordinaire: car on sent par expérience que l'on est plus porté à croire celui qui parle de la sorte que celui qui diroit simplement je l'ai vu.

Premier Exemple.

Le P. Bouhours fait un article exprès des termes superflus. Et voici le premier qu'il rejette comme tel. *Quelques-uns de nos meilleurs Ecrivains traduisent*, surrexit à mortuis *par*, il est ressuscité d'entre les morts: *ces paroles* d'entre les morts *sont superflues; &* il est ressucité, *tout seul, exprime en françois le sens de* surrexit à mortuis.

Il y a bien des choses à remarquer dans cette critique du P. Bouhours.

1°. Il suppose faussement, qu'il y a cette différence entre le latin *surrexit*, & le françois *il est ressuscité*, que ces paroles *d'entre les morts* sont superflues après *il est ressuscité*, & que *à mortuis* ne le sont pas après *surrexit*; parce, dit-il, que *surrexit* ne signifie pas en latin *il est ressuscité*, à moins qu'on n'y joigne *à mortuis*. Mais c'est ce que le Censeur anonyme lui a fait voir être une étrange bévue, en lui citant des exemples de l'Evangile, où *surrexit*, sans *à mortuis*, signifie *il est ressuscité*. Et il n'a qu'à ouvrir sa Concordance pour y en trouver beaucoup d'autres.

2°. Mais d'où vient qu'il n'a pas parlé de *resurrexit*, qui a encore plus de rapport à *il est ressuscité*, que *surrexit?* Croit-il aussi que *resurrexit*, ne signifie pas *il est ressuscité*, à moins qu'on n'y joigne *à mortuis?* Ce seroit en lui une grande ignorance, qui marqueroit qu'il n'auroit guere lu l'Ecriture Sainte; puisque ce mot se trouve en une infinité d'endroits, pour signifier *il est ressuscité*; sans qu'il soit joint à *mortuis*. Que s'il avoue que *resurrexit* seul signifie *il est ressuscité*, il faut donc, selon lui, que toutes les fois que *à mortuis* est joint à *resurrexit* ce soit un terme superflu, & un pléonasme vicieux, comme il le dit d'*entre les morts*: c'est donc l'Ecrivain sacré & non seulement les Traducteurs de Mons qu'il censure.

3°. Mais il est bien aisé de faire voir que ces termes, en latin & en françois, ne sont point superflus. Car *resurrexit*, aussi-bien que *il est ressuscité*, se peuvent prendre proprement ou figurément; comme lorsque l'on dit, qu'un homme revenu d'une grande maladie est ressuscité. On le dit aussi d'un grand pécheur converti; d'un homme retrouvé après avoir été long-temps perdu. Or un terme, quoique non nécessaire, ne doit pas être estimé superflu à l'égard de celui auquel il est joint, lorsqu'il sert à déterminer plus expressément sa propre signification, & à en éloigner les sens figurés.

4°. Quand il n'y auroit rien de tout cela, il est certain, que *à mortuis*, & *d'entre les morts*, donnent une idée plus vive & plus étendue aux mots de *resurrexit*, & de *il est ressuscité*, que s'ils étoient seuls. Car il y a deux choses dans la résurrection; le *terminus à quo*, qui est l'état de mort d'où on sort, & le *terminus ad quem*, qui est la nouvelle vie que l'on reprend. Or il n'y a que ce dernier qui soit expressément marqué dans le mot de *resurrexit*, ou de *il est ressuscité*; l'autre n'y est que sous-entendu. Mais lorsqu'on y joint *à mortuis* ou *d'entre les morts*, on y ajoute expressément l'autre idée. Et c'est ce qui la rend, comme on a dit, plus vive & plus étendue; ce qui suffit pour ne pas regarder comme superflus les termes dont il est question. C'est une grande témérité au P. Bouhours de les condamner comme superflus dans l'Ecriture Sainte & dans le Symbole, où l'on peut dire qu'ils sont consacrés.

Second Exemple.

Les mêmes Auteurs, dit le P. Bouhours, traduisent fort fidellement, qui non intrat per ostium in ovile ovium, *par ces paroles:* celui qui n'entre point dans la bergerie des brebis. Le mot de *brebis est superflu*, & bergerie *n'étant en notre langue qu'une étable à brebis, suffit pour faire entendre* ovile ovium. *Bergerie de brebis, est comme seroit poulailler de poules. Notre langue n'aime pas ces sortes de pléonasmes comme la latine : & qui diroit en françois* vivre la vie, *parce que les latins disent* vivere vitam, *parleroit un langage tout-à-fait barbare.*

Ce que le P. Bouhours reprend ici n'est pas particulier aux Traducteurs de Mons. M. Godeau, le Pere Amelotte & les autres, ont traduit de même, & il est aisé de les défendre contre sa critique.

1°. Il n'y a point de raison en ce qu'il dit, que *bergerie de brebis* est *comme poulailler de poules.* Il y a dans poulailler de poules une cacophonie, & il n'y en a point dans bergerie de brebis. Poulailler est dérivé de poules : bergerie n'est point dérivée de brebis, mais de berger. Et enfin, cette méchante raison auroit lieu bien davantage contre *ovile ovium* de la Vulgate, que contre *bergerie de brebis* des traductions françoises. Car ce qu'il a dit, quoique ridiculement, du mot de *surrexit* dans le premier exemple, qu'il ne signifie pas *il est ressuscité*, si l'on n'ajoute *à mortuis*, ne se peut pas dire ici, étant clair que *ovile* tout seul, sans ajouter *ovium*, signifie une bergerie.

2°. Le mot de *brebis*, à proprement parler, n'est pas un pléonasme; parce que Jesus Christ ne parle de la bergerie, que pour nous faire faire une attention particuliere à ce qu'il dit des brebis dans tout le chapitre 10 de Saint Jean; qu'il est la porte par où *les brebis entrent*; que le voleur n'entre par la fenêtre que pour égorger les *brebis*; que le mercenaire abandonne les *brebis*; qu'il est le Pasteur des *brebis*; que les *brebis* écoutent sa voix, &c.

Pourquoi donc, pour joindre plus expressément l'idée de brebis dont il dit tant de choses dans ce discours, n'aura-t-on pas pu mettre dans le françois *bergerie de brebis*, comme on a mis dans le latin *ovile ovium*.

3°. Mais quand il seroit vrai qu'il y auroit un pléonasme, ce seroit un pléonasme consacré, qui, étant autorisé par tous les Traducteurs, n'est pas plus exposé à la censure que tant d'autres façons de parler qu'on appelle consacrées, qui, ne paroissant point conformes au génie de notre langue, ne laissent pas d'être approuvées par le respect qu'on a eu pour l'Ecriture, ou pour la Religion d'où on les a prises.

4°. Il n'est pas vrai que notre langue ne souffre point de pléonasmes. Il en rapporte lui-même des exemples, qu'il dit avoir trouvé dans de fort bons Auteurs, & qu'il n'ose condamner; comme il n'est bon *à rien* qu'à être rejeté : ne s'entretenir qu'avec Dieu *seul* : ne se reposer qu'en Dieu *seul* : ne servir que Dieu *seul.* Il est vrai qu'il se contente de ne les pas désapprouver, & qu'il leur fait grace, en disant, que l'usage les a autorisés & tolérés, & qu'on diroit peut-être plus élégamment, ne servir que Dieu, ne s'entretenir qu'avec Dieu, &c. Mais c'est en cela

I. CLAS. N°. XII.

même qu'il fait connoître son génie, en faisant consister l'élégance de la langue dans des imaginations qui lui sont toutes particulieres.

5°. Ce qu'il dit de la langue françoise, qu'elle ne souffre point les pléonasmes dont la latine s'accommode, est appuyé d'un méchant exemple. Notre langue, dit-il, n'aime pas ces sortes de pléonasmes, comme la latine; & qui diroit en françois, *vivre la vie*, parce que les latins disent *vivere vitam*, parleroit un langage tout-à-fait barbare. Il n'est point vrai que l'on dise en latin *vivere vitam* absolument, & sans rien ajouter, comme on diroit en françois *vivre la vie*. Car, quoiqu'en aient voulu dire quelques Grammairiens, habiles d'ailleurs, comme *Scioppius* & un *Sancius* Espagnol, qu'il a suivi; on ne dit en latin *vivere vitam* qu'en ajoutant quelque épithete, qui détermine le mot de *vitam* à une sorte de vie particuliere: comme *vivere vitam beatam*, *miseram*, *duram*, *jucundam*, *scelestam*, &c. Et alors on voit bien que ce n'est pas un pléonasme; puisque *vivere* seul ne dit pas tout ce qu'il dit étant joint à *vitam beatam*, *miseram*, *duram*, &c. Et si l'on disoit en françois, *vivre une vie heureuse*, *misérable*; ce ne seroit pas un pléonasme, ni même une façon de parler tout-à-fait barbare; mais ce seroit néanmoins mal parler; parce que le mot de vivre est un verbe neutre, qui n'a point de régime dans notre langue.

REGLE XI.

ON peut exprimer une chose par un mot propre & particulier, & par un mot général, sans qu'on ait droit de condamner celui qui se sert du mot général. Des exemples feront entendre ce que l'on veut dire.

Premier exemple.

On demande si c'est mal parler en françois, que de dire, *dresser des pieges*, & s'il faut toujours dire, *tendre des pieges.* C'est ce que prétend le P. Bouhours. *Dresser des pieges*, dit-il, *est une des phrases de Port-Royal, mais je doute qu'elle soit françoise. Ces Messieurs disent*: lui dressant des pieges, *pour exprimer* insidiantes ei. *Ils devoient dire avec M. l'Abbé de Marolles, à qui ils font quelquefois l'honneur de le copier*, lui dressant des embûches; *ou, s'ils vouloient absolument se servir du mot de pieges, ils devoient dire, lui* tendant des pieges: *car on dit* dresser des embûches *&* tendre des pieges; *& j'aimerois autant dire*, tendre des embûches, *que* dresser des pieges.

On avoue au P. Bouhours, que *tendre* est le mot propre & particulier, qui se met avec pieges, & que ce ne seroit pas bien parler, que de dire, *tendre des embûches:* mais on lui soutient en même temps, que le mot de dresser est un mot général, qui convient aux mots d'embûches & de pieges, se disant fort bien de l'un & de l'autre. M. de Vaugelas, que le P. Bouhours reconnoît pour son maître dans la pureté de la langue françoise, n'a point cru avoir mal parlé, quand il a dit dans son Quinte Curce, qui est le plus travaillé de tous ses ouvrages, *il étoit tombé dans le piege qu'il avoit dressé.* La raison est, que le mot de dresser est un mot général, qui signifie souvent préparer : car on prépare un piege comme on prépare des embûches. M. Patru s'est même servi d'un mot encore plus extraordinaire à l'égard des *pieges*, ayant dit, dans ses Plaidoyers, *semer des pieges.*

Second Exemple.

Quelques personnes habiles croient qu'il y a cette différence entre soi-même & lui-même, que soi-même *ne se dit qu'à l'indéfini, & qu'il faut toujours* lui-même *quand il s'agit d'une personne particuliere. Selon cela il faut dire: il n'est pas permis de se tuer soi-même; au lieu que ce seroit mal parler que de dire*, Caton s'est tué soi-même. Mais c'est de quoi je ne puis demeurer d'accord: & je prétends que *soi-même* est plus généralement bon que *lui-même*, n'y ayant point d'endroits où l'on puisse mettre *lui-même*, qu'on ne puisse aussi mettre *soi-même;* & qu'il y en a où on ne peut pas mettre *lui-même* quoiqu'on mette fort bien *soi-même.* Car *lui-même* suppose quelque nom particulier, auquel il se rapporte. C'est pourquoi on dit également bien, Caton s'est tué *soi-même*, Caton s'est tué *lui-même.* Mais on ne peut pas dire *lui-même*, quand il n'y a pas de nom particulier auquel il se rapporte. Et ainsi, ce feroit mal parler que de dire: il n'est pas permis de se tuer *lui-même.* Cependant, il faut remarquer, que je n'ai parlé que du singulier, parce que soi-même ne se dit pas au plurier. Ainsi, l'on ne dit pas, les *Sagonthins se sont tués soi-même*; il faut dire, *se sont tués eux-mêmes.*

RÉFLEXIONS SUR CETTE MAXIME;

Que l'usage est la Regle & le tyran des langues vivantes.

On n'a point dessein de combattre cette maxime, qui est très-vraie, étant bien entendue, & resserrée dans de justes bornes. Mais, en lisant les livres de quelques-uns de ceux qui ont fait des Remarques sur notre

I. CLAS. N°. XII. langue, j'y ai trouvé diverses choses dont j'aurois de la peine à demeurer d'accord. C'est sur quoi je ferai quelques Réflexions, comme elles me viendront dans l'esprit, sans m'attacher à aucun ordre. Les difficultés que je proposerai sur cela se pourront réduire à deux chefs. L'un si ces Auteurs ne poussent point trop loin cette maxime ; & si ceux qu'ils prétendent être les seuls juges de cet usage, en sont véritablement les seuls juges. L'autre, s'ils ne se trompent point en faisant passer leurs conjectures & leurs pensées pour le véritable usage de la langue, auquel on soit obligé de se conformer.

Premiere Réflexion.

Il faut demeurer d'accord que personne n'a fait, sur notre langue, des Remarques plus judicieuses que M. de Vaugelas, & qu'on ne peut lui contester le principe qu'il a pris, qui est, que c'est par l'usage qu'on doit juger des bonnes ou des mauvaises façons de parler. Il a bien vu qu'on lui demanderoit qui sera le juge de cet usage ; & c'est ce qu'il n'a pas aussi manqué d'établir. Il définit donc le bon usage ; *la façon de parler de la plus saine partie de la Cour, conformément à la façon d'écrire de la plus saine partie des Auteurs du temps.* Il ajoute ; *quand je dis la Cour, j'y comprends les femmes comme les hommes, & plusieurs personnes de la Ville où le Prince réside, qui, par la communication qu'elles ont avec les gens de la Cour, participent à sa politesse.* Et marquant ensuite ce qu'il entend par la communication avec les gens de la Cour, pour apprendre la pureté de la langue, il dit : *il faut être assidu dans la Cour, & dans la fréquentation de ces sortes de personnes, pour se prévaloir de l'un & de l'autre.* C'est sur quoi je trouve quelque difficulté. Car il me semble qu'il pouvoit faire dépendre la pureté du langage, aussi-bien de l'usage de ceux qui parlent bien à Paris, que de ceux qui parlent bien à la Cour, & qu'il n'est pas nécessaire que ceux qui parlent bien à Paris, aient appris à bien parler par la communication qu'ils auroient eue avec les gens de la Cour. Il y a des exemples qui le font voir.

M. le Cardinal du Perron a été beaucoup plus assidu à la Cour, que M. Coeffeteau, qui étoit Religieux de l'Ordre de S. Dominique. Cependant, il faut reconnoître, & M. de Vaugelas en feroit aisément demeuré d'accord, qu'il a beaucoup mieux parlé françois que M. le Cardinal du Perron. On peut dire la même chose de M. Patru, de M. le Maître ; de M. Pascal, qui, n'ayant jamais été à la Cour, ont parlé & écrit très-bien en françois. Et s'il y a des femmes à la Cour qui parlent très-bien, il y a aussi des Religieuses élevées dans les Cloîtres, qui ont parlé aussi bien qu'elles.

Il semble donc qu'on a dû prendre également pour juges du bon usa-, & ceux qui parlent bien à Paris, & ceux qui parlent bien à la Cour. r, pour traiter cette matiere un peu plus à fond, il est difficile de e comment les langues nouvelles se sont formées, & comment elles se it perfectionnées, qui sont deux choses différentes. Et c'est la perfec-n que je considérerai ici davantage. Il y en a quatre principales dans urope. L'Allemande, l'Italienne, l'Espagnole & la Françoise. Il faut ouer, quoiqu'à notre honte, que la nôtre s'est perfectionnée la der-ere, si ce que l'on dit des autres est vrai. Car, pour l'Allemande, on étend que la traduction que Luther fit de la Bible en cette langue est chef-d'œuvre pour la pureté du langage. Or, en ce temps-là, la lan-e françoise étoit encore bien brute, comme on peut voir par les tra-ctions qui nous sont restées de ce temps-là.

Pour l'Espagnole, on dit que l'Histoire d'Espagne de Mariana, célebre suite, est parfaitement bien écrite en cette langue, comme aussi les es des Saints de Ribadeneira, de la même Compagnie; ce que l'on dit ssi des ouvrages de Ste. Therese. Il est vrai que dans le même temps, niot écrivoit bien en françois: mais je ne sais s'il y a autant de diffé-nce pour l'élégance & la pureté du style entre les bons Auteurs Espa-nols de ce temps-ci, & ceux que j'ai nommés, qu'il y en a entre la aduction de Quinte Curce par M. de Vaugelas, & celle de Plutarque r Amiot.

La langue italienne a quelque chose de fort singulier. Il y a trois à quatre cents ans que le Poëte Dante, avec deux de ses amis, la rmerent sur les divers langages qui se parloient en Italie, prenant de n & de l'autre ce qu'ils trouvoient de meilleur, & l'amenerent à e telle perfection, que lui-même, & ceux qui écrivirent environ le ême temps, ou un peu après, comme Bocace, Pétrarque, Villani, it été regardés comme les plus parfaits modeles de cette langue. Cepen-nt elle ne demeura pas long-temps en cet état: elle se chargea de ots & de plusieurs façons de parler, qui paroissoient dégénérer de cette emiere origine. Quelques gens d'esprit s'en apperçurent, & y voulu-nt remédier par une voie bien extraordinaire à l'égard d'une langue vante. Ils en userent comme si ç'avoit été une langue morte. Ils isserent là l'usage, & ne s'arrêterent pour la rétablir qu'aux seuls livres es Auteurs du temps où elle avoit été dans sa plus grande perfection; ont le principal étoit Bocace; & cela leur réussit; car on ne regarde résentement, comme bon italien, que ce qui est conforme à cette ré-ormation.

Mais ce qui approche plus de notre sujet, est, que si la premiere,

I. CLAS. N°. XII.

ni la seconde réformation de la langue italienne, ne s'est faite à la Cour des Princes. Ce sont les Florentins qui ont été les principaux auteurs de l'une & de l'autre, lorsque cette Ville étoit encore République; & c'est ce qu'on peut dire aussi des deux autres langues, l'allemande & l'espagnole. Car ceux que j'ai dit qui les parloient le mieux dans les derniers siecles, ayant été des Religieux; il n'y a pas d'apparence qu'ils les eussent apprises dans les Cours des Princes.

Pour la françoise, ce n'est proprement qu'en ce siecle qu'elle est parvenue à sa perfection. Et ce qui en fait juger ainsi, est, que toutes les traductions qu'on avoit faites auparavant des anciens Auteurs, sans en excepter celles d'Amiot, sont beaucoup au dessous de celles qu'on a faites depuis; & que les meilleures poésies de ce temps-là, n'ont rien de comparable à celles de ce temps-ci. Car c'est, ce me semble, par ces deux choses, les traductions & les poésies, que l'on peut juger si une langue nouvelle est arrivée à sa perfection.

Quant à la Poésie, Malherbe a été le premier qui a mis nôtre versification en l'état où elle est présentement, & qui l'a astreinte à des regles que tout le monde s'est cru depuis obligé de suivre. Mais quoiqu'il ait passé la plus grande partie de sa vie à la Cour, on ne peut pas dire qu'il ait appris à faire de si beaux vers dans une Cour où on prenoit encore Ronsard pour le Prince des Poëtes. Nous n'en sommes redevables qu'à son génie & à son esprit.

Il en est de même de la prose. Si nous en croyons M. de Vaugelas c'est M. Coëffeteau, qui, le premier, a le plus contribué à la pureté de notre langue. Et il estime sur-tout sa traduction de Florus. Il a paru depuis une traduction de l'Apologétique de Tertullien, par M. Giry Avocat au Parlement, qui fut trouvée fort belle. M. d'Ablancourt est venu ensuite, dont M. de Vaugelas a tellement estimé la maniere de traduire, que c'est sur ce modele qu'il a réformé, & corrigé celle qu'il avoit déja faite de Quinte Curce. Cependant, ces trois Traducteurs n'avoient point appris à la Cour ce qui les a fait exceller au dessus des autres dans ce genre-là.

Il semble donc, que M. de Vaugelas eut mieux fait, de prendre également pour juge du bon usage de la langue, la plus saine partie de ceux qui parlent bien à Paris, & la plus saine partie de ceux qui parlent bien à la Cour.

Deuxieme Réflexion.

Cette Regle, qu'on ne doit avoir égard qu'à l'usage, paroît avoir été poussée trop loin par M. de Vaugelas, en deux manieres. L'une, au regard

regard des mots que l'usage semble avoir abolis. L'autre est, à l'égard de ceux qui ne sont pas encore dans l'usage. Je ne parlerai ici que de la premiere. Il avoue, dans sa Préface & ailleurs, que c'est une chose digne de risée, qu'on ne veuille plus dire *poitrine*, parce qu'on dit *poitrine de veau.*

[*Mais cette raison*, dit-il, *quoiqu'extravagante & insupportable, a fait néanmoins qu'on s'est abstenu de le dire & de l'écrire, & que, par cette discontinuation, qui dure depuis plusieurs années, l'usage enfin l'a mis hors d'usage pour ce regard: de sorte qu'en même temps que je condamne la raison pour laquelle on nous a ôté ce mot dans cette signification, je ne laisse pas de m'en abstenir, & de dire hardiment qu'il le faut faire, sur peine de passer pour un homme qui ne sait pas la langue, & qui peche contre son premier principe, qui est l'usage.*]

C'est de quoi je ne saurois convenir; & je crois que c'est faire tort à la beauté d'une langue, que de pousser si loin ce prétendu asservissement à l'usage, lors sur-tout que le non-usage d'un mot n'est point immémorial, & qu'on en sait le commencement: car alors, tous ceux qui ont de la raison & de l'esprit doivent s'opposer à cette suppression, & se moquer de ceux qui déferent à une pensée qu'on avoue être ridicule. C'est en effet ce qui est arrivé: on a interrompu la prescription de ce non-usage, & personne ne s'est avisé de trouver à redire au mot de *poitrine*, que M. Pélisson avoit employé si élégamment dans ces quatre vers.

> *Que ce fut un rude vilain*
> *Dont la poste eut son origine!*
> *Il avoit trois plaques d'airain;*
> *Mais ailleurs que sur la poitrine.*

L'autre exemple de M. de Vaugelas, est le mot de *recouvert*, pour *recouvré. Recouvert*, dit-il, *pour recouvré; est un mot que l'usage a introduit depuis quelques années contre la regle & contre la raison.... L'usage néanmoins a établi* recouvert *pour* recouvré; *c'est pourquoi il n'y a nulle difficulté qu'il est bon; car l'usage est le Roi des langues, pour ne pas dire le tyran: mais, parce que ce mot n'est pas si généralement reçu, que la plupart de ceux qui ont étudié ne le condamnent & ne le trouvent insupportable, voici comme je voudrois faire. Je voudrois tantôt dire* recouvré, *& tantôt* recouvert..... *Je dirois donc tantôt* recouvré *avec les gens de Lettres, pour satisfaire à la regle & à la raison, & ne pas passer parmi eux pour un homme qui ignorât ce que les enfants savent;*

& recouvert *avec toute la Cour, pour satisfaire à l'usage, qui, en matiere de langues, l'emporte toujours par dessus la raison.*

Cela seroit passable s'il s'agissoit d'un usage fort ancien, & dont on ne fût pas l'origine, comme l'usage de ces mots, *beau-pere, belle-mere, beau-fils, belle-fille, &c.* qui sont assurément fort bizarres. Mais quand il s'agit d'un usage qui ne fait que de naître, & qu'on avoue être contraire à la regle & à la raison, c'est se moquer du monde que de prétendre qu'on soit obligé d'y déférer. Et si toute la Cour disoit *recouvert* au temps de M. de Vaugelas, tant pis pour toute la Cour. C'est une marque qu'en cela on parloit mieux à la Ville qu'à la Cour, & une preuve qu'il n'a pas dû donner, autant qu'il fait, le langage de la Cour pour la regle du bon usage. Car *recouvert* pour *recouvré*, est un barbarisme qu'on n'a jamais dû souffrir; & ceux qui s'opiniâtrent à s'en vouloir servir, se trompent certainement, quand ils disent qu'ils le font pour suivre l'usage; comme il est aisé de le prouver par M. de Vaugelas, & le P. Bouhours. Car le premier dit, que la regle du bon usage comprend non seulement la façon de parler de la plus saine partie de la Cour, mais aussi la façon d'écrire de la plus saine partie des Auteurs du temps. Or, pour un Auteur de ce temps qui dit *recouvert* pour *recouvré*, il y en a dix qui disent & écrivent *recouvré*. Il n'est donc pas vrai que ceux qui disent *recouvert* suivent l'usage présent.

Ce que dit sur cela le P. Bouhours n'est pas moins fort. *Comme il y a*, dit-il, *un bon usage, qui fait la loi en matiere de langue, il y en a un mauvais, contre lequel on peut se révolter justement; & la prescription n'a point lieu à cet égard.* Car s'il y eût jamais un mauvais usage, c'est celui de dire *recouvert* pour *recouvré*, qui n'est venu que d'une ignorance grossiere, qui a fait confondre deux verbes très-différents, *recouvrer* & *recouvrir* : ce qui, de plus, peut causer des équivoques incommodes, comme d'autres l'ont fait voir. On a donc toujours eu droit de se révolter contre ce mauvais usage, & il n'y a point de prescription qui l'ait pu faire valoir.

Troisieme Réflexion.

L'autre maniere de donner trop d'autorité à l'usage, est de vouloir qu'un homme sage ne puisse pas se servir d'un mot qui ne seroit pas en usage. C'est ce qu'on ne peut décider plus absolument qu'a fait M. de Vaugelas. *Il n'est pas permis*, dit-il, *à qui que ce soit, de faire de nouveaux mots, non pas même aux Souverains.... Enfin j'ai oui dire à un grand homme, qu'il en est justement des mots comme des modes : les sages ne se hasardent jamais à faire ni l'un ni l'autre; mais si quelque téméraire, ou quelque bizarre, pour ne lui pas donner un autre nom, en veut bien prendre le hasard, & qu'il soit si heureux qu'un mot, ou qu'une mode qu'il aura inventée lui réussisse, alors les sages, qui savent qu'il faut parler & s'habiller comme les autres, suivent, non pas, à le bien prendre, ce que le téméraire a inventé, mais ce que l'usage a reçu; & la bizarrerie est égale, de vouloir faire des mots & des modes, ou de ne les pas vouloir recevoir après l'approbation publique.. Il n'est donc pas vrai qu'il soit permis de faire des mots, si ce n'est qu'on veuille dire, que ce que les sages ne doivent jamais faire, soit permis.*

Cela est si bien dit, & cette comparaison des mots avec les modes est si heureuse & si bien tournée, que je ne suis point surpris que cela ait imposé à bien du monde. Mais je ne sais comment d'habiles gens l'ont pu prendre pour vrai. C'est des anciens que nous avons pris cette maxime, que l'usage est la Regle du langage;

Si volet usus,
Quem penès arbitrium est & jus & norma loquendi.

Cependant, ils ont été bien éloignés de croire, qu'il n'y eût que des étourdis & des téméraires, qui inventassent de nouveaux mots, ou qui renouvellassent ceux qui n'étoient plus en usage. On en trouve dans l'Auteur même de qui est ce vers, dont personne ne s'étoit servi avant lui, ou qu'il a renouvellés lorsqu'ils n'étoient plus en usage, selon ce qu'il dit.

Multa renascentur quæ jam cecidere, cadentque
Quæ nunc sunt in honore vocabula.

Tels sont ces verbes qui paroissent assez étranges, & qu'on trouve dans ses plus belles pieces, *æternare*, *clarare*, *immeure*, *pauperare*, *maritare*.

Nous voyons aussi que Cicéron, dans ses livres de Philosophie, ne trouvant point dans la langue latine des mots qui répondissent aux mots grecs, & qu'il jugeoit nécessaires pour exprimer les sentiments des Philosophes, ne fait point de difficulté de faire de nouveaux mots latins, qu'il se promet que l'usage adouciroit.

C'est en effet la plus commune origine des nouveaux mots. Ce ne sont point d'ordinaire des bizarres & des téméraires qui les font: ce sont des Auteurs, qui, en écrivant ne trouvent point de mots qui leur plaisent pour bien exprimer ce qu'ils veulent dire. Et cela leur suffit souvent, pour croire qu'il leur est permis de faire des mots nouveaux: ce qui réussit quelquefois, & quelquefois ne réussit pas; parce que c'est le ca-

I. CLAS. N°. XII.

price des hommes qui fait recevoir ou rejeter ces mots nouvellement inventés.

En voici des exemples dans notre langue. Il paroît, par les Remarques de M. de Vaugelas, que ce qu'on appelle en latin *liberum arbitrium* ne se disoit en françois que de ces deux manieres, *franc arbitre*, ou *libéral arbitre*. M. Ménage aimoit mieux *libéral arbitre;* & d'autres *franc arbitre*, qui est aussi ce que préfere M. de Vaugelas; & présentement on ne voit presque aucun livre de ceux qui parlent bien, où se trouve ni l'un ni l'autre: mais on dit à présent si généralement *libre arbitre*, que personne presque ne s'apperçoit que ce soit un mot nouveau. Comment cela est-il venu? Est-ce par la bizarrerie de quelque téméraire? Nullement. C'est de la traduction des livres de S. Augustin touchant la grace. Les mots de *liberum arbitrium* se trouvoient presque à chaque page, & même dans le titre des livres, comme de celui *de gratiâ & libero arbitrio.* On n'étoit guere satisfait, ni de *franc arbitre*, ni de *libéral arbitre.* On pensa donc à un autre, & on jugea qu'il n'y avoit simplement qu'à mettre *libre arbitre*, sans s'arrêter à ce que M. de Vaugelas croit avoir été cause qu'on n'avoit point voulu dire *libre arbitre*, pour éviter, dit-il, la dureté des deux *b*, & celles des deux *r*, qui se rencontrent, & s'entre-choquent en ces deux mots: ce qu'il avoue néanmoins être une mauvaise raison. Mais il en revient à l'usage, qui, n'ayant pas été pour ce mot, ne permettoit, si on l'en croit, à aucune personne sage de s'en servir.

Autre exemple. On avoit à combattre ce dogme monstrueux des Calvinistes; qu'un homme une fois justifié par la vraie foi, ne déchoit point de cet état, & ne cesse point d'être enfant de Dieu, lors même qu'il commet des crimes énormes; comme des adulteres & des homicides. Cela veut dire que l'état de la justification ne se perd jamais. Mais comme cela ne se pouvoit exprimer que par d'assez grandes circonlocutions, on crut qu'il étoit permis de faire ces mots nouveaux, *inamissible*, *inamissibilité.* Et cela a si bien réussi, que les Protestants mêmes, en traitant cette matiere emploient ces mêmes termes, aussi-bien que M. l'Evêque de Meaux, dans son Histoire des Variations.

C'est par des raisons semblables qu'on a inventé ces mots nouveaux: *Probabilisme*, *Probabilistes*, *Philosophisme*, *Philosophistes*, que personne jusques ici, ne s'est avisé de condamner, ni de regarder comme téméraires ceux qui les ont inventés pour abréger le discours.

On pourroit alléguer beaucoup d'autres exemples: mais ceux-là suffisent pour faire voir que M. de Vaugelas n'a pas dû dire si absolument, qu'il n'étoit jamais permis de faire de nouveaux mots.

Quatrieme Réflexion.

I. CLAS. N°. XII.

Nous venons de voir en quoi on donne trop d'autorité à l'ufage. Nous avons maintenant à confidérer un autre abus, qui eft affez ordinaire à ceux qui font des Remarques fur la langue. C'eft qu'ils s'imaginent fouvent, qu'un mot ou une façon de parler eft autorifée ou condamnée par l'ufage, lorfque cela n'eft point vrai, ou eft au moins fort douteux. Ils font des regles fouvent arbitraires, & ils affurent enfuite hardiment, qu'il n'y a de bon ufage que ce qui eft conforme à ces regles, quoiqu'ils ne puiffent fuppofer, que fort témérairement, qu'elles foient connues & approuvées par la plupart des gens qui parlent le mieux.

Nous en trouvons beaucoup d'exemples dans les Remarques du P. Bouhours, dont on a déja parlé ailleurs : perfonne n'ignore que les mots de *juftus* & de *juftitia*, dans le latin & dans le grec de l'Ecriture fainte, ont une plus grande étendue que dans les Auteurs profanes, & dans les difcours ordinaires des hommes, où ils ne fe prennent jamais que pour la vertu qui rend à chacun ce qui lui eft dû. Que devoit-on conclure de-là naturellement, finon, qu'il en devoit être de même des mots de *jufte* & de *juftice* dans les traductions françoifes de l'Ecriture? Et le P. Bouhours l'avoue, pour ce qui eft des mots de *juftice* & de *juftes* au plurier, & même de *jufte* au fingulier, lorfqu'il n'eft pas adjectif. Mais il prétend, qu'étant adjectif, il ne peut fignifier en françois ce que le mot de *juftus* fignifie dans l'Ecriture. Or fur quoi peut être fondée cette bizarre penfée? Ce ne peut être que fur un prétendu ufage : mais quelle preuve nous donnera-t-il de cet ufage? Il faudroit, pour cela, que la plus faine partie de ceux qui écrivent bien fuffent convenus, que, dans les traductions mêmes de l'Ecriture, on ne peut pas mettre *jufte* en françois pour fignifier ce que fignifie *juftus* en latin, & qu'ils fuffent convenus, qu'il n'en eft pas de même des mots de *juftice* & de *juftes*, au plurier, qui peuvent fignifier, felon lui, ce que fignifient en latin *juftitia* & *jufti*. Qu'il nous dife donc où fe trouve cette belle décifion, avec toutes les modifications qu'il y apporte; & s'il ne le peut faire, qu'il ne nous parle plus de fon ufage prétendu, fur lequel feul cependant fa critique doit être fondée.

Ceux qui rafinent fur la langue font portés à s'imaginer des diftinctions où perfonne n'en trouve, & qui n'ont peut-être point de fondement. J'en fais par exemple qui prétendent qu'on ne doit dire, *l'un d'eux*, que quand on parle de deux perfonnes; mais que, quand on parle de plufieurs, on doit dire *un d'eux ;* & qu'ainfi, en parlant des

I. CLAS. N°. XII. deux Larrons, il faut dire que *l'un* s'eſt converti à la croix, &, qu'en parlant des Apôtres, on doit dire, *un d'eux* a trahi ſon maître, & non pas *l'un d'eux*. Je doute cependant que cette regle ſoit ſolide : car il faut remarquer, que le mot *un* eſt très-équivoque en françois. Souvent ce n'eſt qu'un article; comme dans ces façons de parler, *un Roi doit aimer ſes Sujets*, *un Evêque doit être ſans crime*, &c. Et alors on y peut bien joindre les marques du génitif & du datif, *de* & *à*; comme, *le devoir d'un Roi eſt d'aimer ſes ſujets; c'eſt une obligation à un Evêque d'être ſans crime:* mais on n'y peut joindre l'article le, *l'un Roi*, *l'un Evêque*. Cela feroit tout-à-fait barbare. Voilà la premiere ſignification du mot *un*; l'autre eſt de ſignifier la même choſe que *unus* en latin & εἷς en grec; comme quand on dit, *unus Deus*, *una fides*, *unum Baptiſma*, & qu'on le traduit en françois, *un Dieu*, *une foi*, *un Baptême*. UN alors n'eſt pas un article, mais un adjectif, & cela veut dire qu'il n'y a qu'un ſeul Dieu, qu'une ſeule foi, qu'un ſeul Baptême. Cela ſuppoſé, il eſt certain que, dans les exemples dont il s'agit, ou en parlant de deux perſonnes, on veut qu'on diſe l'UN, & qu'en parlant de pluſieurs on diſe, *un*. UN n'eſt point article, mais ſignifie *unus* : & c'eſt pour cela qu'on dit *l'un*, dans le premier; ce qu'on ne pourroit pas dire ſi *un* étoit article. Pourquoi ne le pourroit-on pas dire dans le ſecond, puiſqu'il ſignifie *unus* auſſi-bien que dans le premier? Tout ce qu'on pourroit repliquer eſt, que c'eſt l'uſage. Mais c'eſt ce qui eſt en queſtion; & ce qui eſt certain eſt, que ce feroit un uſage ſans raiſon (comme j'avoue qu'il y en a pluſieurs) mais quand cela eſt, il faut que l'uſage ſoit conſtant, & que tout le monde en convienne; & c'eſt ce qu'il faudroit prouver, & non le ſuppoſer ſans preuve.

Cinquieme Réflexion.

Une autre maxime de certains Puriſtes, qui leur fait trouver des fautes dans les livres les mieux écrits eſt, qu'ils s'imaginent qu'à l'égard de chaque choſe, il n'y a qu'une bonne façon de parler, & qui ſoit du bon uſage. Et ils ne ſe contentent pas de prétendre que ce qui leur plaît davantage, eſt meilleur que ce qui n'eſt pas de leur goût; mais ils le condamnent même comme mauvais. Pour montrer combien cela eſt déraiſonnable, il ne faut que comparer enſemble deux traductions différentes d'un même livre, faites par deux perſonnes qui ont eu la réputation de bien écrire : par exemple les Confeſſions de Saint Auguſtin. Si la maxime dont nous parlons étoit vraie, il faudroit, ou que ces deux Traducteurs ſe fuſſent toujours rencontrés, ce qui ne feroit pas honneur au dernier, parce qu'on ne pourroit pas croire que cela fût arrivé par hasard ; ou que, dans tous les endroits où ils seroient différents, si la traduction de l'un étoit bonne, l'autre fût mauvaise.

Ce qui trompe encore ces personnes est, qu'ils croient que l'on ne peut s'écarter ordinairement, sans faire une faute, de ce qu'on dit dans le discours familier. Je ne pense pas que MM. de l'Académie conviennent de cette regle. Il y a deux extrêmités à éviter en cela. La premiere est, une trop grande affectation d'écrire autrement qu'on ne parle, & ne rien dire que par des périphrases. L'autre, de s'attacher trop à de certaines phrases communes, qui rendent le discours trivial, & qui ne siéent pas bien aux Auteurs qu'on traduit, ou aux personnes que l'on fait parler.

On dira bien, par exemple, dans un discours familier, qu'un tel a bien lavé la tête à un de ses gens, qui avoit manqué de l'avertir, &c : mais qui pourroit trouver bon que M. de Benserade ait dit dans un Rondeau sur le Déluge : *Dieu lava bien la tête à son image ?*

Il pourroit convenir aussi à de certaines personnes, de dire dans une lettre familiere : Je n'ai pu vous écrire par M. N. ; parce que je n'ai été averti de son départ que lorsqu'il avoit *le pied à l'étrier :* mais je doute qu'on le pût faire dire à S. Augustin avec bienséance, en traduisant une lettre où il auroit dit, qu'il n'avoit été averti du départ d'une personne qu'au moment qu'il alloit partir.

Il y a aussi des façons de parler qui sont bonnes par rapport à notre usage ; comme de dire, *il est trois heures, il est six heures, il est neuf heures ;* mais cela ne donne pas droit à un Censeur anonyme de prétendre que ce sont des fautes, de parler autrement, quand on a eu à traduire les endroits de l'Evangile où il est parlé d'heures : comme dans la parabole du Pere de famille, qui envoie, à diverses heures, des ouvriers travailler à sa vigne ; parce qu'on n'a pas dit : *hora tertia* : à trois heures ; *hora sexta*, à six heures ; *hora nona*, à neuf heures : mais que l'on a dit à la troisieme heure du jour, &c. comme a fait aussi M. de Meaux, dans son Cathéchisme, en disant, que Notre Seigneur avoit été mis en croix à la troisieme heure du jour, selon S. Marc.

Sixieme Réflexion.

M. de Vaugelas remarque qu'il y a deux sortes d'usages : l'un, déclaré, l'autre, douteux ; c'est-à-dire, dont on n'est pas assuré. Et une des causes, ajoute-t-il, de ce qu'un usage est douteux, est la rareté de l'usage : ce qui a lieu à l'égard des mots dont on use fort rarement.

I. CLAS. N°. XII.

Il s'ensuit de-là, qu'il est fort difficile de savoir qu'elle est, selon l'usage présent la signification d'un mot dont on n'use presque jamais, lors sur-tout que l'on prétend qu'il ne signifie plus présentement ce qu'on est contraint d'avouer qu'il a signifié plus de cent ans durant. C'est ce qui m'oblige de parler encore ici du mot d'*équipage*, quoiqu'on n'ait nulle peine à traduire dans les Actes, *armamenta navis*, par *ce qui pouvoit servir à équiper un vaisseau.*

Avant la critique de M. Simon, qui est de l'an 1690, personne n'a trouvé à redire qu'on eût traduit *armamenta navis*, par *l'équipage du vaisseau.* Depuis qu'il y a des traductions françoises, aucun Traducteur n'a trouvé d'autre mot pour rendre en notre langue *armamenta navis.* Les Dictionnaires font voir la même chose.

Le Dictionnaire Universel de l'an 1690. *Equipage*, en termes de marine : c'est toute la provision nécessaire pour mettre un vaisseau en état de voyager ; soit voiles, cordages, armes & provisions.

Celui de Danet, qu'on sait avoir été revu par d'habiles gens de la Cour, dit *armamenta.* Plaut. L'équipage, ou l'attirail d'un vaisseau.

Celui du Pere Tachard, Jésuite, imprimé en 1687, dit *armamenta.* Plaut. *Cæs.* L'attirail, l'équipage, les agrets d'un vaisseau.

Celui de Nicot en 1606, dit : équipage de navire, *armamenta nautica.*

Celui de Charles Etienne en 1561. *Navium armamenta.* Plin. équipages.

Etant donc certain, que, depuis 1561 jusqu'à 1691, on s'est servi du mot d'équipage, pour rendre *armamenta navis*, on demande comment on peut dire que c'est maintenant contre l'usage, d'employer le mot d'équipage pour signifier *armamenta navis*? Car, quelle preuve pourroit-on avoir de cet usage? C'est la chose du monde dont on parle le moins, que de ce que signifie *armamenta navis* : ainsi, de ce qu'on n'entend pas nommer le mot d'équipage dans cette signification, ce n'est pas une preuve que l'usage en soit aboli ; mais seulement, que la chose signifiée par ce mot, ne vient que rarement dans le discours ordinaire des hommes, ce qui n'empêche pas, que l'usage ne s'en soit conservé dans les livres.

Mais, dit-on, équipage, à présent, signifie les Matelots. Cela est vrai ; mais, s'ensuit-il de-là qu'il ne signifie pas généralement toutes les choses qui servent à équiper un vaisseau, entre lesquelles sont principalement les Matelots ? Et il ne faut pas s'étonner que l'on entende ordinairement les Matelots par ce mot ; c'est qu'ils sont bien plus considérables que le reste, & qu'il y a incomparablement plus d'occasions d'en parler ; comme quand on dit, que l'équipage s'est sauvé, que l'équipage est péri, ri, &c. Quoi qu'il en soit, l'usage, qui doit régler la signification *de ce mot, seroit au moins fort douteux. Or quand l'usage est douteux*, M. de Vaugelas dit qu'il faut avoir recours à l'analogie. Que l'on y ait donc recours ici. Il n'y en a point de plus naturelle que celle que l'on prend du mot d'équipage sur terre, qui signifie, selon le P. Bouhours, les Valets, le Cocher, le Carosse, les Chevaux, &c. Cependant il ne signifie pas toutes ces choses en même temps; mais c'est au bon sens à déterminer celle qu'il signifie en diverses rencontres. Si je dis, par exemple, qu'on a volé l'équipage d'un homme, cela signifiera qu'on a volé ses carosses, ses chevaux, ses mulets, &c. Mais on ne s'imaginera pas qu'on ait volé son Cocher ou ses Valets. Que si je dis au contraire, que son équipage est malade, on entendra cela de son Cocher, de ses Valets ou de ses chevaux.

Septieme Réflexion.

La réflexion précédente me donne occasion d'en faire une autre sur la maniere bizarre dont se forme souvent le prétendu bon usage de certains mots. Un Critique aura dit, sans aucune raison valable, qu'un mot n'est pas bon, ou qu'il ne signifie pas cela. S'il a quelque autorité dans le monde, cela portera bien des gens à ne s'en pas servir: car, disent-ils, à quoi bon employer un mot à quoi on trouve à redire, bien ou mal? Je ne veux pas m'exposer à la censure. Cela paroît fort déraisonnable & fort incommode: déraisonnable; parce que c'est faire dépendre la langue de la bizarrerie des hommes: incommode; parce qu'on ne sait plus à quoi s'en tenir, quand on veut avoir égard à cette appréhension d'être censuré.

C'est cependant ce qui a fait bannir beaucoup de mots de notre langue, dont bien du monde n'ose se servir; parce qu'ils appréhendent de pécher contre l'usage: mais il semble qu'il falloit, comme jai déja dit, distinguer ces usages établis depuis long-temps, d'avec ceux qu'on veut établir de nouveau. Pour les premiers, on doit s'y rendre sans considérer s'ils sont raisonnables ou non: mais, pour les derniers, on n'est obligé de s'y assujettir que quand ils sont raisonnables. Quand on ne les trouve pas tels, pour de bonnes raisons, on doit au contraire, s'y opposer, & se mettre au-dessus de ce qu'en pourroient dire certains Critiques, qui veulent faire passer pour usage reçu, tout ce qu'il leur plaît d'appeller ainsi.

Le mot d'*équipage*, dont j'ai parlé, en est un exemple. Ce n'est que depuis que M. Simon l'a critiqué, que quelques personnes ont commencé à ne plus vouloir s'en servir, pour signifier *armamenta navis*. Mais il falloit trouver un autre mot pour mettre à la place; & c'est ce que

I. CLAS. N°. XII.

n'avoient fait ni M. Simon, ni le P. Bouhours. Ils en ont donc été chercher dans les livres de marine; & ce n'est que depuis ce temps-là qu'on trouve *agrets* dans les Auteurs qui ne traitent pas de la marine *ex professo*. N'est-ce pas une chose indigne, de déplacer un mot reçu dans notre langue, pour y en substituer un autre barbare, & qui n'est presque point connu, sur un si chétif fondement?

FIN.

DIFFICULTÉS

PROPOSÉES A M. STEYAERT

DOCTEUR ET PROFESSEUR EN THÉOLOGIE DE LA FACULTÉ DE LOUVAIN.

Sur l'Avis par lui donné

A M. L'ARCHEVEQUE DE CAMBRAI,

Pour lui rendre compte de sa commission, d'informer des bruits répandus contre la doctrine & la conduite des Prêtres de l'Oratoire de Mons en Hainaut.

[Sur la premiere édition faite] à Cologne, chez PIERRE LE GRAND.
En 1691.

I. CLAS. N°. XIII.

DIFFICULTÉS

PROPOSÉES A M. STEYAERT.

PREMIERE PARTIE.

Sur le préambule de l'Avis & sur deux accusations contre les Peres de l'Oratoire: 1°. Qu'ils sont ennemis du culte de la Sainte Vierge. 2°. Qu'ils lui refusent le titre de Mere de Dieu.

IL vous importe peu, Monsieur, de savoir qui vous propose ces Difficultés. Si le public juge qu'elles sont mal fondées & indignes de réponse, vous pourrez les mépriser, & n'y avoir aucun égard. Que si au contraire, tous les gens d'esprit & de piété trouvent qu'elles sont considérables, on ne croit pas que vous puissiez vous dispenser de satisfaire aux doutes que l'on vous propose, sur ce qui paroît de répréhensible dans votre procédé; ou en nous découvrant les raisons de votre conduite, qui pourroient la justifier, ou en édifiant l'Eglise par une humble reconnoissance des fautes que vous pourriez avoir faites dans votre Commission & dans votre Avis.

Vous n'avez pas besoin, pour prendre l'un ou l'autre de ces deux partis, de connoître celui qui vous parle. Et, quoi que vous ayiez pu dire dans vos *Aphorismes* & dans votre *Avis* (a), on vous croit trop jaloux de votre honneur, pour oser entreprendre de persuader au monde, qu'il y ait du péché à lire un Ecrit, à cause seulement qu'il paroît sans nom d'Auteur & sans approbation. Le droit naturel & divin, qui oblige à défendre les innocents injustement opprimés, est au-dessus de toutes ces formalités du droit humain; & ce seroit la derniere injustice de les exiger dans les circonstances présentes. Si on loue les Saints de s'être cachés pour ne s'exposer pas témérairement à la fureur des persécuteurs, & si J. C. même leur en a donné l'exemple, il est louable de se cacher en servant l'Eglise, quand on ne peut se découvrir sans s'exposer à des inconvénients fâcheux. Et la même raison que peut avoir un Auteur de cacher son nom, l'oblige encore davantage à ne pas commettre un Censeur public, en lui demandant l'approbation de son Ecrit. Car ce seroit

(a) On trouvera cet *Avis* sous ce titre: *Epistola Commissariorum* &c. à la fin de la XV. Difficulté.

une conduite bien lâche de ne pas prendre pour les autres les mêmes précautions que l'on prend pour soi.

On dira peut-être, que c'est une terreur panique, & que les Approbateurs n'ont rien à appréhender, quand ils n'approuvent rien à quoi on puisse raisonnablement trouver à redire. Mais nous sommes dans un temps où l'on doit dire, au contraire, qu'ils n'ont rien à appréhender, quand ils approuvent de méchantes choses, & qu'ils ont souvent à craindre quand ils en approuvent de bonnes. On laisse en repos un Dubois, qui s'est mis en possession, depuis long-temps, d'être l'Approbateur bannal de toutes les méchantes pieces; & on fait un gros procès, qui n'est pas encore terminé, à l'Archiprêtre de Bruxelles, pour avoir approuvé la *Remontrance Justificative des Prêtres de l'Oratoire.* Cette partie des Echevins de Mons dévouée aux Jésuites, que ces Peres ont engagée à soutenir & à répandre leurs calomnies, prétend qu'il leur a été permis de fouler aux pieds toutes les loix de l'Eglise, & d'entreprendre sur les droits de leur Archevêque, en s'érigeant en Inquisiteurs de la foi des Prêtres, pour les déchirer par toutes sortes de médisances; & ils veulent que ce soit un crime d'avoir approuvé ce qu'on a été obligé d'écrire pour la justification de ces Prêtres si indignement traités. Cependant, quelque injuste que cela soit, c'est un procès; & un procès est toujours une vexation fâcheuse, & pour la dépense, & pour l'embarras, à un particulier, qui a à soutenir son honneur contre un Magistrat appuyé de tout le crédit d'une Compagnie puissante.

On ne sauroit disconvenir, après cet exemple, que ce ne fût offenser Dieu, & manquer au devoir de la charité, que d'engager un Censeur à approuver quoi que ce soit qui touche les Jésuites de près ou de loin. Toutes les loix humaines, de réglement & de police, doivent céder à cette loi naturelle & divine, de ne point tenter Dieu, en s'exposant soi-même, ou ses amis, au péril d'être maltraité, sans que ni la vérité ni l'Eglise en tirent aucun avantage. Ce seroit donc, Monsieur, un fort méchant conseil qu'on vous donneroit, si on vous portoit à alléguer ce défaut d'approbation, pour vous exempter de répondre à ces Difficultés, ou pour donner du scrupule à ceux qui les liroient. Car, d'une part, il faudroit avoir l'esprit bien foible pour ne se pas moquer de votre scrupule; & vous devez, de l'autre, être certain, qu'on ne prendroit ce prétexte que pour une marque de l'impuissance où vous vous seriez trouvé de justifier une conduite aussi injuste & aussi irréguliere, que cet écrit pourra faire juger au public qu'a été la vôtre.

Il y en a qui pourront dire que je n'ai pas dû vous rendre seul responsable de ce que vous n'avez fait qu'avec deux autres. Mais ce ne sera pas vous qui me ferez cette plainte. Vous êtes bien aise que l'on croie que la gloire vous est dûe de ce qui s'est fait dans cette Commission, & que vos deux Collegues s'en sont reposés sur vous. Il est certain, au moins, que vous êtes Auteur de l'Avis en forme de lettre à Mgr. l'Archevêque de Cambrai. Et ainsi vous ne pouvez pas trouver mauvais que je vous demande des éclaircissements sur les difficultés que j'ai rencontrées dans cet Avis. On les divisera en plusieurs parties; & je suis persuadé que toutes les personnes d'esprit, qui ont de la piété & de la religion, trouveront leur temps bien employé à s'instruire d'une matiere qui ne sauroit être que d'une extrême conséquence, de quelque côté qu'on l'envisage, & que cette premiere partie suffira pour leur en donner cette impression.

Au reste, comme l'examen de votre Avis, m'ayant engagé en plusieurs endroits à la défense des Peres de l'Oratoire, vous pourriez le leur attribuer, pour en prendre sujet de leur exciter quelque nouvelle persécution; je vous déclare qu'ils n'en ont aucune connoissance, & qu'ils n'y ont aucune part, ni directement ni indirectement, & que je n'ai été porté à l'entreprendre, que par le seul amour que Dieu m'a donné pour la vérité & pour la justice.

I. DIFFICULTÉ.

VOtre Commission étoit assez importante pour vous y attacher uniquement, en demandant à Dieu qu'il vous fit la grace de vous en bien acquitter. Elle ne regardoit que ce qui dépend du Diocese de Cambrai dans le Hainaut, & seulement par rapport aux Peres de l'Oratoire, qui s'étoient plaints à leur Archevêque d'un grand nombre de calomnies qu'on avoit répandues contre eux. Voilà de quoi uniquement il s'agissoit: si les sujets qu'on prenoit de les décrier étoient bien ou mal fondés, pour juger ensuite qui on devoit punir, ou des accusateurs, ou des accusés. C'est donc, Monsieur, la premiere Difficulté que vous trouverez bon que je vous propose, de ce que, dans votre préambule, vous changez l'état de la cause, pour l'envelopper avec celle de toutes les Eglises du Pays-bas. Vous en faites une peinture effroyable, comme si tout y étoit dans un trouble horrible, & que toutes les puissances spirituelles & temporelles dussent s'employer à y apporter remede. *Quidquid enim dissimulamus*, dites-vous, *turbatissimæ sunt res nostræ ecclesiasticæ; non hic tantùm, sed passim per Belgium totum.* Cela peut-il regarder M. l'Archevêque de Cambrai, à qui vous écrivez ? Et quand ces maux seroient aussi répandus hors de son Diocese que vous le représentez, que pourroit-il faire pour les arrêter ? N'avez-vous point appréhendé que cet enthousiasme, si hors de propos, ne fût mal interprété, & qu'on ne l'attribuât à des motifs qui vous seroient peu avantageux ?

II. DIFFICULTÉ.

JE consens néanmoins que l'on dise, que c'est le zele que vous avez pour l'Eglise, qui vous en a fait déplorer tous les maux qui vous sont connus, au-delà même de votre commission. On vous permet aussi de vous regarder, en qualité de Docteur, comme une de ces sentinelles dont parle Ezéchiel, qui doivent sonner la trompette pour avertir les fideles qui courroient risque de se perdre, ou par les mauvaises doctrines, ou par les mauvaises conduites. Mais vous deviez donc aussi prendre garde à ce que dit l'Apôtre, que cet avertissement de la trompette devient inutile quand elle ne rend qu'un son confus. *Si incertam vocem det tuba, quis parabit se ad prælium ?* Or qu'y a-t-il de plus confus que le son de la vôtre ? En s'arrêtant à votre préambule, on ne sait à qui vous en voulez, ni quels sont ces grands désordres, auxquels, si on vous en croit, on ne peut apporter de remede que par l'union des deux Puissances. Tout ce que vous marquez est, que c'est un mal qui n'est pas renfermé dans les Ecoles ; mais qui, des Ecoles, est passé dans le public, non sans le scandale & la perte de plusieurs ames : *Nec jam Scholarum umbra coercetur hoc malum, sed in publicam lucem, non sine multorum scandalo & ruina erumpit.* A s'en tenir là, on pourroit juger fort avantageusement de vos plaintes générales. Car on auroit sujet de croire qu'elles regardent les opinions relâchées dans la morale, qui, passant des Ecoles dans la pratique, sont à un grand nombre d'ames un sujet de chûte & de ruine. On auroit d'autant plus de lieu d'être persuadé que c'est cela que vous avez eu en vue, que, par plusieurs Ecrits publics, vous avez témoigné de l'aversion pour ces méchantes opinions, si capables de corrompre les mœurs des Chrétiens. Vous n'avez pas sans doute oublié ce que vous avez enseigné sur cela dans la These qui a pour titre ; *Theologia Moralis emendata.* Vous y dites, dans la cinquieme conclusion ; *qu'il n'y avoit presque rien que les hommes eussent envie de faire que la probabilité ne rendît licite.* Vous dites dans la quatrieme ; *que c'est une illusion de croire, comme ont fait les Probabilistes,*

que

que leurs opinions sont probables quand le S. Siege ne les a point condamnées ; comme si le S. Siege approuvoit tout ce qu'il ne condamne point expressément : d'où il s'ensuivroit, que, jusques à Alexandre VII, le Siege Apostolique étoit censé approuver *ces monstrueuses opinions dans la morale* (omnia illa portenta opinionum in morali) que ce Pape a condamnées. Vous dites, dans la quarante-deuxieme ; *qu'une des plus grandes sources de la corruption de la morale, est que le Probabilisme ne compte pour rien le danger probable de violer la loi de Dieu, pourvu que la moindre probabilité contraire ôte le danger d'un péché formel, & ne laisse que celui d'un péché matériel, pour lequel on ne craint point d'être puni.* Cependant vous faites assez entendre, dans la deuxieme conclusion, que les Probabilistes ne manquent pas de chicanes pour éluder ces Censures, & qu'ils n'ont point encore abandonné leur grand principe.

Vous vous êtes déclaré fortement contre les damnables maximes touchant l'ignorance, qui vont à faire croire qu'il se commet beaucoup de crimes qui sont seulement, ou des péchés matériels qui ne méritent aucune peine, ou des péchés philosophiques qui n'en méritent point d'éternelles, & qui ne font point perdre la grace. Vous saviez, quand vous avez donné votre Avis, en quelles Ecoles elles s'enseignoient, & les désordres qu'elles pourroient causer dans l'administration du Sacrement de Pénitence, où il s'agit de peser les péchés, comme dit S. Augustin, non dans la balance trompeuse des opinions humaines, mais dans la balance fidelle des Ecritures divines.

Vous saviez quel tort peut faire aux pécheurs, l'opinion de la suffisance de l'attrition par la seule crainte de l'enfer, en les portant à se croire justifiés, lorsqu'au moins il est très-incertain s'ils le sont ; & à se flatter de pouvoir être sauvés, sans avoir jamais satisfait à l'obligation qu'ont tous les hommes, & encore plus les Chrétiens, d'aimer Dieu plus que toutes choses. On peut voir, dans la même These, ce que vous avez dit sur le premier point dans le *Pertinens* de la dixieme conclusion. Mais ce que vous dites sur le second, dans la vingt-troisieme, à l'occasion de cette proposition condamnée; *Tunc solùm obligat* (*præceptum dilectionis Dei*) *quando tenemur justificari, & non habemus aliam viam quâ justificari possimus*, est encore plus important. *Supposant l'opinion de la suffisance de l'attrition par la seule crainte, & combien il est rare que l'on meure sans pouvoir être absous, il se trouvera que, selon cette doctrine, il n'y aura presque jamais d'obligation d'aimer Dieu ; & quand même on s'y trouveroit alors obligé, faute d'un Confesseur, ce ne seroit que par accident, & non en vertu du commandement de Dieu, qui y auroit obligé par lui-même.*

I. CLAS, N°.XIII.

Vous saviez ce qu'on doit juger de la facilité indiscrette d'un grand nombre de Confesseurs, qui absolvent indifféremment tous les pécheurs qui se présentent à eux, quoique souvent très-mal disposés à recevoir la grace de la réconciliation ; soit pour être dans les occasions du péché, soit pour n'en avoir point un vrai repentir, & vous n'ignoriez pas ce que Saint Charles a dit de cette mauvaise pratique ; que c'étoit une des causes qui avoit le plus contribué à la corruption des mœurs, qui s'étoit répandue dans toutes les conditions.

Vous saviez bien qu'il y a beaucoup de Prêtres dans cette méchante pratique, si pernicieuse aux ames, comme il paroît par ce que vous dites dans le *Pertinens*, d'après votre quatre-vingt-neuvieme conclusion : *Selon les Casuistes les plus relâchés, il y a beaucoup de cas dans lesquels il faut refuser ou différer l'absolution. D'où vient donc qu'il y a* tant de Confesseurs *exposés à recevoir les confessions de tous venants, qui se vantent, comme d'une belle chose, de n'avoir jamais, en toute leur vie, renvoyé personne sans absolution? Ne peut-on pas juger par-là, que, dans la Morale, la pratique est encore plus corrompue que la théorie?*

Vous saviez bien qu'il se commettoit, par beaucoup de Prêtres, de grands abus dans l'imposition des pénitences; que c'en est un préjudiciable au salut, & des pénitents & des Confesseurs, que d'imposer de très-légeres pénitences pour de grands péchés; parce que, d'une part, c'est être cause que les pécheurs n'ont point l'horreur qu'ils devroient avoir de leurs crimes; & que, de l'autre, c'est rendre les Prêtres participants des péchés d'autrui ; que c'est sur cela que vous avez raison de demander, quand est-ce qu'on sera coupable de cette indulgence criminelle, que le Concile condamne avec tant de force, si on ne l'est pas en ordonnant la récitation du Chapelet, *pro aliquot peccatis mortalibus*, c'est-à-dire, pour des péchés qui profanent le temple du Saint-Esprit, & font d'un enfant de Dieu un esclave du démon ?

Vous saviez enfin, qu'il n'y a rien de plus indigne de la sainteté à laquelle tous les Chrétiens sont appellés, & sans laquelle S. Paul dit que l'on ne verra point Dieu, que cette révolution continuelle de confessions & de crimes, qui les entretient dans une sécurité damnable, en se persuadant que les Sacrements les sauveront sans la bonne vie, & sans aucune vertu chrétienne.

Etant persuadé que vous regardez ces abus comme de grands maux, & des maux réels, dont les Eglises de vos quartiers ne sont pas exemptes, quoiqu'ils n'y soient peut-être pas si communs qu'en beaucoup d'autres, on auroit été bien aise de trouver quelque chose dans votre préambule, qui eût donné lieu de croire, que c'est cela que vous avez entendu par es maux dont vous vous plaignez avec beaucoup de véhémence. Et c'est ma seconde Difficulté de ce que vous ne l'avez pas fait.

I. CLAS. N°. XIII.

III. DIFFICULTÉ.

IL en naît de-là une troisieme, qui me touche bien davantage. C'est qu'il me paroît, par la suite de votre Avis, que, loin que ce soient ces relâchements si funestes à tant d'ames, que vous ayiez voulu représenter, pour exciter la vigilance du Prélat à qui vous rendiez compte de votre commission, & celle des autres Evêques, à y apporter remede, c'est tout le contraire que vous avez eu en vue. Vous n'en voulez pas aux relâchés. Vous craignez de les offenser, & vous n'osez les troubler dans la possession où ils sont, de faire le personnage de ces faux Prophetes, qui promettoient une fausse paix à un peuple séduit, dont ils avançoient la ruine. Votre zele n'est animé que contre les adversaires de ces relâchés. Apprenez-nous donc comment nous pourrons vous accorder avec vous-même. Ceux dont vous avez condamné les maximes & la pratique en beaucoup de Theses, ne trouvent en vous que faveur & protection; & ceux, au contraire, dont les maximes opposées à celles-là ont au moins beaucoup de conformité avec les vôtres, ne trouvent en vous que prévention & dureté. N'ayant rien d'effectif & de solide à reprendre en eux, des termes vagues, inventés pour les décrier, vous suffisent pour en avoir, & pour en donner aux autres une méchante idée. Vous trouvez bon que l'on effraie le monde par les noms de Rigoristes, de Jansénistes, de gens du haut-sens, & vous paroissez vous-même en être effrayé. Les Ecclésiastiques les plus réglés & les plus pieux vous sont suspects, dès qu'ils ont la réputation d'être de ces gens-là. Cela seul, si on vous en croyoit, les devroit faire éloigner de tous emplois. C'est le plus important de tous les avis que vous donnez dans la suite, pour remédier à ces grands maux, dont vous avez fait d'abord une image si hideuse. Mais c'est sur quoi, Monsieur, vous me permettrez de vous faire une quatrieme Difficulté.

IV. DIFFICULTÉ.

NOus avons beau dissimuler, dites-vous, *nous ne pouvons nier que notre Eglise ne soit dans un grand trouble.* Cela est vrai en partie; mais il paroît, par la suite de votre Avis, que vous mettez ce trouble où

I. CLAS. N°. XIII.

il n'eſt pas, & que vous ne le mettez pas où il eſt. Le trouble eſt le renverſement de l'ordre; & l'ordre ne ſe maintient dans l'Egliſe que par l'obſervation de ſes loix, par une conduite conforme à ſon eſprit, & par l'équité de ſes jugements. C'eſt par-là qu'on doit juger qui ſont ceux à qui on peut imputer avec juſtice les troubles de vos Egliſes, & ceux qu'on n'en peut accuſer qu'injuſtement.

Vous convenez, comme on a vu dans la ſeconde Difficulté, que ce n'eſt pas obſerver les loix de l'Egliſe, mais les renverſer, que d'abſoudre indifféremment toutes ſortes de pécheurs, ſans avoir d'autre aſſurance qu'ils ſont diſpoſés à recevoir la grace du Sacrement, que des paroles & des promeſſes qu'ils ont ſouvent violées. Et vous n'ignorez pas qui ſont ceux qui ſe conduiſent de cette maniere dans l'adminiſtration du Sacrement de Pénitence, & qui ſont ceux au contraire que l'on décrie ſous le nom de Rigoriſtes; parce qu'ils ne croient pas qu'il leur ſoit permis d'avoir une fauſſe complaiſance pour leurs pénitents, en leur mettant des oreillers ſous les coudes, comme parlent les Conciles après le Prophete, par une indulgence pernicieuſe.

Vous concevez que c'eſt l'eſprit de l'Egliſe, comme nous en aſſure le dernier Concile, que les ſatisfactions impoſées par les Prêtres doivent être telles, qu'elles puiſſent contribuer à retirer les pécheurs de leurs déſordres; qu'elles ſoient comme un frein qui les arrête; qu'elles ſoient capables de détourner de deſſus les pécheurs la colere de Dieu, qui les menace; qu'elles ſervent à détruire les méchantes habitudes; qu'elles ſervent auſſi à venger & châtier les péchés, & qu'enfin elles rendent celui qui ſouffre, & ſatisfait pour ſes péchés conforme à J. C. & qu'elles lui ſoient un gage, que, s'il ſouffre avec lui, il ſera glorifié avec lui. D'où vous concluez avec grande raiſon; *que toute ſatisfaction, qui n'eſt point propre à produire ces bons effets dans le Pénitent, n'eſt pas la ſatisfaction convenable & ſalutaire que le Concile preſcrit. Quæcumque ergo ſatisfactio nata non eſt in pœnitente notabiles ejuſmodi effectus producere, non eſt illa conveniens & ſalutaris, quam Tridentinum & Rituale præſcribunt.*

Vous convenez, d'un autre côté, qu'il n'y en a que trop qui s'éloignent de cet eſprit de l'Egliſe dans une choſe ſi importante. Car, après avoir rapporté ces paroles du Rituel Romain: *que le Confeſſeur ait ſoin, autant qu'il ſe peut, d'impoſer des pénitences contraires aux péchés; en ordonnant, aux avares, des aumônes; aux voluptueux, des jeûnes, & autres mortifications de la chair; aux orgueilleux, des exercices humiliants; aux indévots, des pratiques de dévotion*; vous ajoutez, *alii aliter*: il y en a qui ſont d'un autre avis. Cette variété de pénitences n'eſt point à leur goût. *Ils disent (sinon de parole, au moins d'effet) qu'on peut ordonner à toutes sortes de pécheurs, trois* Pater *&* *trois* Ave. *Ils croient donc, que, par une si courte récitation, comme par un élixir bon à tout, ils peuvent guérir toutes les maladies de l'ame.* Ita *recitatione tam levi, ceu panace quâdam, morbos animi omnes sanare se credunt.*

I. CLAS. N°. XIII.

Enfin, pour *l'équité des jugements*, pouvez-vous ne pas convenir, qu'il n'y en a point de plus iniques & de plus capables de mettre le trouble dans l'Eglise & dans l'Etat, que de juger que des Prêtres de mœurs irréprochables, & d'une piété connue, doivent, autant que l'on peut, être exclus du Ministere ecclésiastique, sur des bruits vagues, sur des accusations sans preuve, & sur le seul nom de Rigoristes que leurs ennemis leur donnent; & d'envelopper, dans cette espece de proscription, une infinité de gens? Car les personnes du plus grand mérite, & qui devroient être le plus hors d'atteinte à la calomnie, y sont plus exposés que les autres. On les regarde comme les chefs de ce prétendu parti; & c'est assez d'avoir quelque union avec eux, & d'estimer leur vertu, pour être mis au nombre de ces suspects, dont on se doit défier, & qu'on pourroit même, avec raison, ne pas admettre aux Ordres sacrés, quelques bonnes qualités qu'ils aient d'ailleurs. Nous en avons un exemple bien remarquable dans une attestation donnée l'année derniere 1690. Mais comme elle mérite qu'on y fasse une attention particuliere, j'en fais une cinquieme Difficulté.

V. DIFFICULTÉ.

VOici, en propres termes, l'attestation dont je viens de parler.

Paulus le Conte S. T. B. in Majori Collegio Theologorum Lovanii, studio, indole, vitâ, moribus, peritiâ cantûs ecclesiastici, dignum se reddit qui ad SS. Ordines promoveatur. Ne tamen aliquid Superiores lateat, quod posteà infra-scripto imputetur, addictus idem est rigidiora sectantibus. Dabam Lovanii. 1690. *M. Steyaert. S. T. D. Profess.*

On ne peut dire plus de bien en peu de mots d'un jeune Théologien. Mais ce que vous ajoutez ensuite pour correctif, est ce qui mérite, comme j'ai dit, qu'on y fasse attention.

1°. Vous avez cru ce correctif si important, que vous avez témoigné appréhender qu'on ne vous en fît des reproches, si vous n'en aviez pas averti ses Supérieurs: *Ne quid tamen Superiores lateat, quod posteà infra-scripto imputetur*, &c.

2°. Vous avez donc cru qu'il pouvoit contrebalancer toutes ces bonnes qualités, & faire une telle impreſſion ſur l'eſprit de ſes Supérieurs, qu'ils pourroient juger à propos de ne le pas admettre aux Ordres, ou de ne l'y admettre qu'avec de grandes précautions.

3°. On ſait néanmoins que cela a eu un effet tout contraire, & que les Supérieurs de ce jeune homme ne l'ont que plus eſtimé, par l'endroit même par lequel vous avez cru affoiblir le témoignage avantageux que vous aviez rendu de lui.

4°. Mais on n'en doit pas juger par l'événement. Je me ſouviens d'une parole de S. Auguſtin, parlant de ceux qui donnent de mauvais exemples, capables de tuer les ames des ſimples, que Dieu néanmoins préſerve: *Et ille vivit, & tu homicida es.* On en peut dire de même ici. Votre correctif n'a point donné de mauvaiſe idée de ce jeune Théologien; mais l'ayant oppoſé au bien que vous en aviez dit, il étoit capable d'en donner & de faire avoir de beaucoup d'autres perſonnes cette même mauvaiſe idée.

5°. Car combien y en a-t-il dont les bonnes qualités, qu'on ſera contraint de louer, n'empêcheront pas de conclure qu'il faut ſe défier d'eux, & ne leur point donner d'emploi, en leur appliquant ce correctif: *Addictus idem eſt rigidiora ſectantibus?* Je ne le traduis pas, de peur que vous ne m'accuſiez de n'avoir pas bien pris votre ſens.

6°. Il n'y a rien en effet de plus équivoque que ces paroles. Etant détachées de votre atteſtation, on les pourroit prendre pour une louange. Car, quand on fait une ſérieuſe attention à ce que dit J. C. dans l'Evangile, avec une eſpece d'étonnement: *Quàm anguſta porta & arcta via eſt quæ ducit ad vitam! & pauci ſunt qui inveniunt eam!* Que *la porte de la vie eſt petite! & que le chemin qui y mene eſt étroit! & qu'il y en a peu qui le trouvent!* Et ce qu'il dit encore dans S. Luc, ſur ce que quelqu'un lui avoit demandé; *Seigneur, y en aura-t-il peu de ſauvés? Faites effort pour entrer par la porte. Car je vous aſſure, que pluſieurs chercheront le moyen d'y entrer & ne le pourront.* Quand on conſidere, dis-je, ces vérités effrayantes, peut-on ne pas prendre pour un éloge, de dire d'un Chrétien, qu'il préfere *rigidiora ſectantes*, à ceux qui entreprennent de ſauver les hommes, en les conduiſant par une voie plus large & moins rude? Mais on voit aſſez que ce n'a pas été votre intention, de faire prendre ces termes en un ſens ſi favorable, quoique ce fût le plus naturel: ç'auroit été une nouvelle louange que vous auriez ajoutée à celles que vous aviez données à ce Théologien; & c'eſt au contraire un avis que vous oppoſez au bien que vous aviez dit de lui. Il eſt donc clair, que vous avez voulu faire entendre par ces paroles, *rigidiora ſectantes*, ceux qu'on a voulu rendre odieux par le nom de *Ri-*

Matth. 7. 14.

Luc. 13. 24.

goristes. Et, cela étant, pouvois-je rien trouver de plus propre à confirmer ce que j'ai représenté comme une source féconde de vexations & d'injustices? N'est-ce pas, ai-je dit, une iniquité criante, qu'après que la calomnie a érigé en chefs de secte des personnes très-recommandables, & par leur piété, & par leur esprit, & par leur science, on veuille encore, que la contagion de cet artifice diabolique infecte toutes les personnes qui ont quelque union avec eux, & qui, n'ayant rien reconnu que de très-louable dans leurs mœurs, dans leur doctrine, & dans leur conduite, en ont l'estime qu'ils doivent? Or c'est assurément ce que cette attestation fait voir. Car il faut bien que l'on n'ait rien trouvé en ce jeune Théologien de ce que l'on se figure de mal dans le prétendu Rigorisme, puisque l'on atteste d'abord si absolument, que tout ce qu'on a reconnu en lui le fait juger digne de recevoir les Ordres sacrés. Le correctif que vous ajoutez est donc une marque, qu'il suffit d'avoir fréquenté ces prétendus Rigoristes, pour être regardé comme étant de ces gens-là, & exposé par-là à tous les mauvais traitements d'une puissante cabale. On n'en voit que trop d'exemples.

Voilà, Monsieur, en quoi il semble que vous deviez faire consister le trouble de vos Eglises, dont vous vous plaignez d'une maniere si tragique, & non dans des excès de rigueur, que vous avez reconnu vous-même n'être que des fables, quand vous avez écrit d'un sens plus rassis.

VI. DIFICULTÉ.

Vous n'ignorez pas, Monsieur, que c'est une des premieres maximes du droit naturel, aussi-bien que de l'Evangile, de ne pas faire à autrui ce que nous ne voudrions pas que l'on nous fît. Comment donc ne craignez-vous point d'employer, ou de souffrir que d'autres emploient des accusations vagues & appuyées seulement sur de certains noms odieux, pour décrier des Ecclésiastiques de mérite? Avez-vous oublié que vous n'avez pas trouvé bon qu'on en ait usé ainsi envers vous, & que l'on vous ait mis du nombre de ceux que l'on fit exclure de la Faculté étroite il y a quelques années sur de semblables préventions? Et présentement même, combien y a-t-il de gens qui se croiroient bien fondés de vous mettre en la classe des Rigoristes, malgré tout l'éloignement que vous témoignez avoir maintenant de leurs personnes?

On en trouvera assez de preuves dans vos écrits, & sur-tout dans votre grande These intitulée; *Theologia moralis emendata*. Je me conten-

I. CLAS. N°. XIII.

terai ici d'en rapporter ce passage de la troisieme conclusion, où vous parlez en ces termes du relâchement opposé à la rigueur, sous ce terme même de rigueur.

"Ces 110. Propositions, censurées par le S. Siege, font voir évidemment, qu'il y a dans l'Eglise des excès d'un pernicieux relâchement, „ quoique même, depuis ces Censures, il y ait peu de gens qui le veuillent croire. Car c'est sous ce nom de maximes relâchées que ces propositions ont été condamnées; & c'est par-là qu'Alexandre VII commence son Décret: *Notre Saint Pere le Pape a appris avec beaucoup „ de douleur qu'on renouvelloit, ou qu'on inventoit de nouveau, beaucoup „ d'opinions qui alloient au* Relâchement *de la discipline chrétienne, & à „ la perte des ames, & qu'on voyoit chaque jour croître de plus en plus „ la licence que se donnoient en cela des esprits hardis; d'où il arrivoit, „ qu'à l'égard des choses qui regardent la conscience, on introduisoit insen- „ siblement dans l'Eglise, une maniere de se former des opinions tout-à-fait „ éloignées de la simplicité chrétienne, & de la doctrine des Saints Peres, „ & qui est si dangereuse, que si les fideles la suivoient dans la pratique, „ on ne pourroit s'attendre que d'en voir naître une grande corruption „ dans leurs mœurs.* Que feroient, ou plutôt que ne feroient pas de „ certaines gens, s'ils avoient quelque chose de semblable à alléguer contre „ ceux dont ils blâment la rigueur? *Quid facerent? imò quid non face- „ rent, si tantumdem haberent adversùs* Rigorem *quod afferrent?*" Où il faut remarquer que le mot de *rigorem* a été mis en autre caractere, afin qu'on y fît attention. N'est-ce pas donner à ceux que vous aviez en vue le nom de *Relâchés*, & prendre pour vous celui de *Rigoriste?*

On a de quoi prouver la même chose à l'égard de l'administration du Sacrement de Pénitence, par votre grande These sur cette matiere, par rapport aux Rituels. Car il paroît que vous y réduisez les Théologiens à deux partis: l'un, attaché aux regles; l'autre, qui s'en éloigne pour user d'une conduite plus accommodante envers les pécheurs. En voici un passage convaincant. Après avoir rapporté ces paroles du Rituel Romain: *Videatque ne pro peccatis gravibus levissimas pœnitentias imponat, ne si fortè peccatis conniveat, alienorum peccatorum particeps efficiatur;* vous y faites cette réflexion très-judicieuse. *C'est ce qu'avoit dit le Concile de Trente, & c'est ce que tout le monde dit. Mais nous pouvons assurer, sans crainte de nous tromper, que tous ne l'observent pas. Car, si ordonner quelques dixaines d'un Rosaire pour des péchés mortels, n'est pas imposer une très-legere pénitence pour de grands péchés, quand est-ce qu'on sera censé avoir commis cette faute? Mais quand nous faisons cette objection à ceux qui sont dans cette pratique, nous n'avons pour réponse*

ponse que les contes fabuleux du foin, & des chemises mouillées, & d'autres semblables fadaises, qu'ils ont inventées, ou qu'ils ont cru trop légérement sur la foi des autres qui les ont controuvées. Cela est si important, qu'il est bon de le rapporter dans vos propres termes: *Idem dixerat Tridentinum: idem dicunt nunc omnes; sed quod fidenter affirmare liceat, non omnes observant. Pro aliquot enim peccatis mortalibus, nonnisi totidem fortè Rosarii decades, si non est levissima pœnitentia pro peccatis gravibus, quid verò tale erit? Atque hæc dum ab aliquibus practicantur; dum ipsis identidem à nobis objectantur; nihil habemus responsi præter fabulas de fœno, & indusio humido, vel si quid aliud fingunt ipsi, vel ab aliis fictum accipiunt.*

Vous appellez dans la suite ceux que vous réfutez en cet endroit, *qui benigniora profitentur.* Il est donc fort naturel que l'on vous mette entre ceux *qui rigidiora sectantur.* Car l'opposition est fort juste, entre *benigniora profiteri*, & *rigidiora sectari.*

Mais ce qui est plus considérable est, qu'il paroît par ce passage, qu'il n'y a point d'autres Rigoristes que ceux qui observent les regles de l'Eglise. Car s'il y en avoit, ils seroient sans doute connus de ceux à qui on reproche leur conduite accommodante, contraire à ces regles. Or vous nous assurez qu'ils n'ont point de véritables excès de rigueur à opposer à ceux qui leur font ces reproches, mais qu'ils ne se défendent que par des récriminations, uniquement fondées sur des fables, tels que sont les contes qu'on a fait courir, qu'on ordonne aux pénitents de manger du foin, & à des filles de prendre des chemises toutes moites; ce qui en a fait, dit-on, mourir quelques-unes. Vous reconnoissez que tout cela n'est que mensonge. Ce n'est donc que sur des mensonges qu'est fondé le décri que ceux que vous avouez ne point observer les loix de l'Eglise, font de ceux qui les observent, en les appellant Rigoristes.

Vous justifiez encore ces prétendus Rigoristes d'un excès qu'on leur impute; qui est, de vouloir rétablir toute la rigueur des anciennes pénitences prescrites par les Canons. Car ayant rapporté ces paroles du Concile de Malines sous l'Archevêque Hovius: *Infirmitas hominum jam non patitur, ut pœnitentiæ juxta veteris Ecclesiæ disciplinam imponantur;* vous ajoutez: *Neque ullus quod liqueat id hodie contendit. Il n'y a personne aussi, que l'on sache, qui ait ce dessein. Il y en a seulement qui tâchent de se conformer à ce que ce Concile ajoute:* Ad *quam tamen (disciplinam) quantùm fieri potest, redeundum est.*

Cette These sur les Rituels est de 1687, & elle fait voir bien clairement, que vous ne connoissiez point en ce temps-là de Rigorisme blâmable qui fût réel; mais seulement une accusation vague d'un prétendu

I. CLAS. N°XIII.

Rigorisme, qui n'étoit appuyé que sur des fables & de faux bruits, qu'il est si aisé de répandre parmi le peuple. Comment donc, Monsieur, vous êtes-vous avisé de parler, dans votre Avis, de ce même Rigorisme, comme de quelque chose de réel, ne le trouvant appuyé que sur les mêmes bruits, & sur les mêmes fables, comme nous verrons dans la suite?

VII. DIFFICULTÉ.

JE ne sais, Monsieur, si vous avez bien considéré devant Dieu le mal que peut faire dans l'Eglise, l'injuste décri que l'on fait des Directeurs que l'on prétend être trop séveres. Mais voici une histoire que je sais de bonne part, qui pourra peut-être vous en faire avoir du scrupule, & vous porter à réparer votre faute.

Il n'y a guere eu de Princesse en France, dans ce dernier siecle, qui ait été plus généralement estimée pour sa piété que feue Madame la Princesse de Conti. Elle étoit un jour au sermon d'un des Peres de la Compagnie, qui a de plus grands talents pour la prédication. Il prêchoit de la pénitence; &, dans le premier point, il parla avec beaucoup de force contre ceux qui entretenoient les pécheurs dans leurs habitudes criminelles par leur conduite relâchée. Mais dans le second, il n'eut pas moins de soin d'avertir ses auditeurs, de se garder de ceux qui conduisent les ames avec des sévérités excessives. Cette Princesse, dont toute la Cour a connu la justesse d'esprit, & la droiture de cœur, témoigna, par sa contenance, en être blessée; ce que ce Pere ayant remarqué, & n'étant pas bien aise d'être mal dans son esprit, il la vint voir pour justifier ce qu'il avoit dit. Mais elle lui parla d'une maniere admirable. Elle lui avoua que cette derniere partie de son sermon l'avoit fort scandalisée; qu'elle avoit peine à souffrir qu'on parlât dans des discours publics contre les Directeurs séveres; que cela donnoit occasion au peuple de fuir la conduite de tous ceux qui tâchent de faire marcher les ames par la voie étroite de l'Evangile, ce qui ne sauroit manquer de paroître sévere à bien des personnes; qu'on décrioit par-là les plus gens de bien dans l'esprit du commun du monde; qu'au reste, elle ne pouvoit deviner à qui on en vouloit, quand on déclamoit contre les Directeurs trop séveres; qu'elle connoissoit ceux qu'elle voyoit bien qu'il avoit voulu marquer par-là; mais que, bien loin de croire qu'ils le fussent trop, elle appréhendoit pour eux qu'ils ne le fussent pas assez, & qu'elle ne pouvoit s'ôter cette crainte de l'esprit, quand elle comparoit la conduite de ceux qui passent pour les plus rigoureux, avec l'esprit & les maximes de l'Evangile.

Rien n'est plus solide que ce discours; & il n'est que trop vrai, que ceux qui ont été engagés dans la conduite des ames ont plus de sujet d'appréhender d'avoir été trop indulgents, au jugement de Dieu, que d'avoir nui aux ames par une sévérité excessive. Ce n'est pas qu'on ne puisse pécher de ce côté-là, & que cette extrêmité ne soit à éviter; mais c'est qu'il est rare qu'on y tombe en ce temps-ci, où on n'a que trop de penchant à s'accommoder à la foiblesse des Chrétiens.

Quand les Regles canoniques étoient en vigueur, on n'avoit qu'à les suivre; & on n'avoit besoin pour cela que de la fermeté ordinaire qui attache les gens de bien à leur devoir. Mais comme aujourd'hui tout dépend de la prudence du Confesseur, dans le doute où il peut être, s'il doit user d'une plus grande ou d'une moindre rigueur, il y a bien plus de choses qui l'inclinent vers le dernier. On ne sauroit exercer ce ministere comme il faut, qu'on n'ait beaucoup de charité: la charité porte à la compassion, & la compassion à la douceur. Et quoiqu'il soit vrai que c'en soit une d'être sévere dans ces rencontres, c'est néanmoins une autre sorte de douceur, qui fait moins d'impression sur notre esprit, parce qu'elle est moins conforme à l'idée ordinaire qu'on a de cette vertu, que l'indulgence dont on useroit envers un pécheur en le réconciliant avec plus de facilité.

Il est certain de plus, que ceux qui, comme les Pasteurs, sont engagés à confesser toutes sortes de personnes, sont bien plus portés à la modération, qu'à un excès de sévérité. Car c'est un effet de notre foiblesse, que S. Augustin déplore, *de ce que nous n'avons d'horreur que des péchés extraordinaires, & que nous sommes peu touchés de ceux qui sont ordinaires, où qu'on nous découvre souvent à cause de notre ministere, quoiqu'ils soient grands, & qu'ils fassent fermer le Royaume du ciel à ceux qui y tombent;* ce qui est commun à tous les péchés mortels. *Malheur à nous*, ajoute ce Pere, *de ce que l'habitude de les voir & de les entendre, nous faisant perdre le sentiment que nous en devrions avoir, nous porte à les tolérer.... & Dieu veuille que ceux que nous aurions pu empêcher ne nous soient pas imputés.*

S. Aug. sur l'Ep. aux Gal. c. 36. & Enchir. c. 80.

De-là vient que ce n'est pas sans raison que l'on dit, que ceux qui sont dans la pratique jugent autrement des choses, que l'on ne fait dans la spéculation & dans les livres. Cela est vrai; & c'est pourquoi ceux qui sont appliqués à ces fonctions, n'allant pas d'ordinaire si loin que les livres, on n'a pas sujet de les rendre suspects au peuple, comme s'ils étoient dans un excès de sévérité. C'est lui faire grand tort que de lui en donner cette opinion ; car il est bien rare qu'ils pechent de ce côté-là. Cependant les choses sont telles qu'elles sont en elles-mêmes ; & les changements qui arrivent dans les jugements que les hommes en font en différents temps, ne les changent pas. Un péché qui tue l'ame & qui la livre à Satan, est toujours une chose horrible, & qui doit être plus haïe que tous les maux du monde, quoique les Confesseurs, à force d'en entendre de toutes sortes, s'accoutument insensiblement à en être moins touchés qu'ils ne devroient. L'ivrognerie est si commune en de certains pays, qu'à peine y passe-t-elle pour péché. Ce que S. Paul nous assure, que les ivrognes ne posséderont point le Royaume de Dieu, en est-il pour cela moins véritable ou moins terrible?

La difficulté que l'on trouve à traiter selon les regles ceux qui n'en connoissent point, & à qui on a toujours souffert de joindre des mœurs payennes aux exercices extérieurs de la Religion Chrétienne, ne donne que trop de pente à se contenter de conversions apparentes, qui n'ont rien de ferme & de stable. Il est donc fort commun que l'on s'en contente ; mais c'est une chose si extraordinaire que l'on passe à l'extrémité opposée, en traitant ces Chrétiens mal instruits de leurs devoirs avec des duretés rebutantes, que n'en trouvant point d'exemples réels, on a été réduit à en feindre de chimériques, comme vous l'avez avoué.

C'est donc un grand péché devant Dieu de faire courir de faux bruits, ou de les faire valoir quand d'autres les ont répandus, qui font soupçonner un grand nombre de pieux Ecclésiastiques de ne se pas contenter d'observer les regles, mais de passer beaucoup au-delà par des excès blâmables de dureté & de rigueur. Car, outre le jugement téméraire & la fausse accusation, qu'on ne peut nier être des crimes dans une matiere si importante, c'est porter les peuples à prendre l'observation des regles de l'Eglise pour une sévérité excessive, & leur faire préférer ceux qui les conduisent par la voie large qui mene à la perdition, selon l'Evangile, à ceux qui les conduiroient par la voie étroite, qui seule mene à la vie, comme J. C. lui-même nous en assure.

VIII. DIFFICULTÉ.

QUand Dieu parle par les bénédictions qu'il répand sur une conduite, peut-on écouter ceux qui entreprennent de la décrier ? C'est la voie la plus courte & la plus sûre pour juger de ce différent. Qu'on examine donc ce qui se passe dans toutes les Paroisses des Pays-bas. Que l'on considere celles qui sont conduites par des Pasteurs attachés à ceux que vous appellez *rigidiora sectantes*, & qu'on les compare à celles dont les Pasteurs font profession d'être opposés aux prétendus Rigoristes; & si c'est à peu près la même chose, on consent d'abandonner cette preuve. Mais s'il se trouve qu'il y a incomparablement plus de piété, plus de réglement, plus d'instruction, plus d'union, plus de charité, & plus de pratique de toutes sortes de vertus chrétiennes dans les premieres que dans les dernieres, qui ne déplorera la témérité de ceux qui, pires que Balaam, osent maudire ceux que Dieu bénit?

I. CLAS. N°. XIII.

Quelque jugement désavantageux que vous ayiez porté de la *Remontrance Justificative des Peres de l'Oratoire*, de quoi nous parlerons dans la suite, on ne croit pas que vous osiez contredire ce qui y est dit à la fin, pour justifier ces Peres contre l'accusation de Rigorisme. *Plut à Dieu que ceux qui s'imaginent, qu'une conduite exacte dans l'administration des Sacrements de la Pénitence & de l'Eucharistie en éloigne les fideles, voulussent considérer les Paroisses qui sont conduites de cette maniere. Ils y verroient des Pasteurs incessamment appliqués à leur devoir, qui, par leur patience & leur zele infatigable, par leurs instructions continuelles, & sur-tout par une douceur extrême, jointe à une fermeté qui n'a rien de rebutant, ont gagné le cœur de leurs peuples dont ils sont tendrement aimés, & qu'ils font marcher avec joie dans une grande fidélité à la loi de Dieu.*

Dieu a permis que nous en puissions plus librement apporter un exemple illustre. Il vient d'appeller à lui un de ces Pasteurs, le plus étroitement uni à ceux que l'on fait passer pour les Chefs du prétendu Rigorisme, jusques à faire tous les ans chez eux deux ou trois retraites, & qui a témoigné plus de fermeté à ne se point détourner ni à droit ni à gauche de la sainte sévérité de l'Evangile. On en peut parler avec plus de liberté, selon l'avis d'un ancien Pere, de louer peu les hommes pendant qu'ils vivent; mais d'attendre après leur mort à leur donner les justes louanges que Dieu leur a fait mériter par une vie sainte. *Lauda post mortem, lauda post consummationem.* Le public a été édifié de ce qu'on a dit de cet homme de Dieu dans son Eloge funebre: je crois le devoir répéter ici, comme étant digne de passer jusques à la postérité.

MEssire Louis Flemalle, natif d'Esneux, âgé de cinquante-quatre ans, Licentié en Théologie, Pasteur de Braine-l'Alleud au Diocese de Namur, & Doyen Rural, mourut le 30 d'Octobre de cette année 1690, après avoir reçu les Sacrements de l'Eglise.

Il avoit été premier de l'Université à Louvain, & avoit enseigné la Phi-

I. CLAS. N°. XIII.

losophie au College du Château. Il n'eut pas plutôt été chargé de la Cure de Braine, qu'animé du zele & de l'esprit d'un véritable Pasteur, il entreprit de dissiper les ténebres de l'ignorance par la lumiere de la vérité & de la science chrétienne, dont il éclaira le peuple qui lui avoit été confié. Il fit venir près de lui, tout au commencement, deux Vicaires qui avoient beaucoup de piété, & à qui Dieu avoit inspiré un zele semblable au sien. Il partagea avec eux le soin de sa Paroisse. Il ordonna que, tous les Dimanches & toutes les Fêtes, il y auroit deux prédications le matin. Il en faisoit une, & faisoit faire l'autre par un de ses Vicaires. L'après-midi, il faisoit le Cathéchisme dans son Eglise, en même-temps que ses deux Vicaires le faisoient dans des hameaux de la Paroisse. A ces instructions, il en ajoutoit de particulieres, sur-tout dans les confessions, qu'il entendoit presque tous les jours avec une application infatigable & un si grand fruit, que, quoiqu'il observât exactement les regles de l'Eglise dans l'administration du Sacrement de Pénitence, il ne laissoit pas d'y avoir un grand nombre de communiants les Dimanches & les Fêtes. A ceux de ses Paroissiens qui savoient lire, il fournissoit, à ses frais, des livres de piété, qui contenoient les principes de la foi & les regles de la vie chrétienne. De-là il est arrivé qu'en peu de temps, son peuple s'est trouvé très-instruit dans la doctrine du salut. Il travailla avec un succès égal à l'extirpation des vices. Il bannit les ivrogneries, les impudicités, les paroles déshonnêtes, de telle sorte que l'on n'en entend plus parler dans sa Paroisse. Il fit la guerre aux danses, aux assemblées de personnes de différents sexes, sources malheureuses de ces vices, avec tant de bonheur, qu'il y en a peu à qui il n'ait communiqué l'horreur & l'éloignement qu'il en avoit.

Ce ne fut pas assez à ce digne Pasteur de détourner ses brebis du mal; il voulut qu'elles fissent le bien. Il ne faut point de paroles pour exprimer combien il y a réussi; les œuvres parlent, le réglement de la Paroisse en fait foi. On y voit entr'autres choses un grand détachement des biens périssables, un amour ardent pour les biens éternels; une patience chrétienne & à l'épreuve parmi les adversités que les guerres, un incendie, & d'autres accidents ont rendu fréquentes; un soin mutuel de leur salut; &, ce qui est le principe & la cause de tout bien, une affection & une assiduité extraordinaire pour la priere. Tous les jours, de grand matin, ils se trouvent à l'Eglise pour la faire en commun pendant une demi-heure. Ceux qu'un empêchement ne permet pas d'y aller ont appris de leur Pasteur à s'y trouver en esprit, & à y suppléer, en faisant chez eux la priere en particulier, ou avec le reste de la famille. Pendant la journée ils interrompent fréquemment leur travail pour élever leurs cœurs à Dieu & pour prier. Le soir, quoique ce ne soit pas la coutume de faire la priere commune dans l'Eglise, il y en a toujours plusieurs qui prient Dieu jusqu'à la nuit fermée. Les Dimanches & les Fêtes, l'Eglise est remplie par le grand concours des hommes & des femmes, des garçons & des filles, qui prient Dieu avec beaucoup de modestie & de piété durant les Offices. Après même que les Offices sont achevés, on en voit plusieurs qui demeurent à l'Eglise, & qui persévérent dans leur dévotion.

Qui, après cela, oseroit révoquer en doute que la doctrine & la pratique dont cet excellent Pasteur s'est servi pour faire de tels miracles, n'aient été saines, irrépréhensibles & dignes d'être proposées pour exemple à tous les steurs? On ne sauroit ne point concevoir une haute idée d'un tel homme, r le ministere de qui Dieu a opéré toutes ces choses. Et certes il a été un rfait modele des vertus chrétiennes & pastorales. Il avoit, pour le salut de n peuple, un amour si ardent, que tout alloit bien pour lui, s'il le voyoit ancer dans la vertu; tout l'affligeoit, s'il le voyoit reculer. Le soin qu'il enoit de chaque particulier étoit tel, que quand il ne se seroit agi que porter une seule ame au bien, ou de la détourner du mal, ou de l'arraer à quelque péril, il n'y avoit rien qu'il ne fit, rien qu'il ne tentât, jusqu'à exposer soi-même avec tout ce qu'il avoit. Mais comme il étoit persuadé 'en vain le Ministre travaille si Dieu n'édifie, il imploroit son secours jour nuit par des prieres continuelles, qu'il faisoit durer souvent plusieurs heures. étoit si pénétré de son indigence, que, parlant à quelqu'un, il n'oublioit iere de le conjurer de prier Dieu pour le pauvre Curé de Braine, disoit-il, pour sa Paroisse. Il joignoit à la priere la mortification du corps. Il le traitoit idement, comme l'Apôtre, pour le réduire en servitude. Il pratiquoit la paucté d'une maniere si parfaite, que, quoique les revenus de sa Cure fussent fez considérables, à peine se retenoit-il le nécessaire. Dans l'incendie de tout Bourg, qui arriva peu de mois avant sa mort, il ne perdit que six sous n argent, parce qu'il n'en avoit pas davantage alors. C'est ainsi qu'il aimoit à ivre dans l'indigence, pour soulager la pauvreté de ses Paroissiens. L'amour e la pureté étoit tel en lui, que tout ce qui avoit la moindre apparence de al, sur-tout en ce genre, il l'évitoit avec soin.

Tant de vertus, qu'il possédoit en un si haut degré, l'ont fait appeller un omme Apostolique, par la bouche de ceux-là mêmes qui, en quelques renontres, lui avoit été opposés. Une telle vie ne pouvoit finir que par une ort semblable à celle des justes. Dans sa derniere maladie il soupiroit sans esse après cet heureux moment où il devoit passer au séjour des enfants de Dieu. Il ne pouvoit se lasser de considérer ce bonheur. Son troupeau se oyant sur le point d'être privé d'un si bon Pasteur & d'un pere si charitable, ublia cette force & cette égalité d'esprit qu'il avoit fait paroître dans toutes es adversités, & tout récemment dans l'incendie, & devint inconsolable. Parout on n'entendit plus que plaintes & que cris lamentables. Le peuple cout en foule à la maison du malade, pour recevoir la derniere benédiction de on Pasteur, & quelques paroles d'instruction. Son humilité, si naturelle & si econnue, qui le portoit à se croire indigne d'être Pasteur, lui faisoit répéter ouvent ces paroles : *Priez Dieu, mes enfants, afin que vous méritiez d'avoir n Pasteur plus vigilant & meilleur que moi.* Enfin, s'unissant à Jesus Christ uni à son Pere dans le Sacrifice de la croix, il consomma très-heureusement celui de toute sa vie, pour aller recevoir du Prince des Pasteurs la couronne le gloire qui ne se flétrira jamais. Que la charité vous porte à joindre vos prieres & vos sacrifices aux vœux que nous faisons, afin qu'il obtienne cette couronne sans délai.

Il n'y a rien dans cet éloge qui ne soit notoire & connu de toute une grande Paroisse, de toute l'Université de Louvain, d'un très-grand nombre de Pasteurs, qui le regardoient comme leur modele, en un mot,

I. CLAS. N°. XIII.

de tout le pays. Et on sait même que les plus gens de bien de ses Paroissiens ont dit, que ce n'étoit pas l'ombre de ce que leur bon Pasteur avoit fait de bien. Je vous supplie donc, Monsieur, de nous parler de bonne foi. Si tous les Pasteurs de vos quartiers ressembloient à ce Rigoriste, auriez-vous sujet de vous plaindre si tragiquement du trouble de vos Eglises, & de dire, comme vous faites: *turbatissimæ sunt res nostræ ecclesiasticæ?*

IX. DIFFICULTÉ.

MAis vous avez encore plus près de vous, de quoi vous convaincre des bons ou des mauvais effets du prétendu Rigorisme. L'Université de Louvain a toujours eu soin, non seulement de perfectionner dans les sciences ceux qui y viennent étudier, mais aussi de régler leurs mœurs. Cependant, comme l'application à ce dernier devoir peut être plus ou moins grande, les regles que l'on suit pour y réussir plus ou moins exactes, & le zele avec lequel on s'y emploie plus ou moins fervent, on n'a qu'à comparer l'état où elle étoit à l'égard de ce réglement des mœurs avant qu'on l'eût accusée de Rigorisme, avec celui où elle est présentement, pour juger si ce qu'on appelle de ce nom, est digne de blâme ou de louange; si c'est une mauvaise chose, dont il y ait sujet de craindre les suites, ou si c'en est une très-bonne, dont on ait lieu d'attendre de très-bons effets. On vous en prend à témoin, Monsieur. N'est-il pas vrai qu'il n'y eut jamais parmi les Etudiants de cette célebre Université, plus de piété, plus de modestie, plus d'éloignement des vices que l'on peut craindre pour la jeunesse, plus de véritable esprit ecclésiastique, plus d'affection à la priere & à la lecture de l'Ecriture Sainte, plus de fréquentation des Sacrements avec les dispositions requises pour en recevoir le fruit, plus de désintéressement, plus de résignation à suivre Dieu dans les occasions qu'il leur présentera de servir utilement l'Eglise?

En vérité il est bien étrange que l'on se bouche les oreilles pour ne pas entendre la voix de Dieu, qui parle si clairement par ces merveilles de sa grace, & qu'on les tienne si facilement ouvertes à des calomnies sans fondement, & à des accusations sans preuve. N'est-ce pas traiter des Prêtres de J. C. comme les payens ont traité les Chrétiens des premiers siecles? Ils admiroient la pureté de leur vie, leur fidélité, leur bonté, leur charité & leur union; mais l'aversion qu'ils avoient du nom de Chrétien, par de très-injustes préventions, effaçoit dans leur esprit l'estime

qu'ils

qu'ils auroient dû avoir de leur bonnes qualités. *Ils aimoient mieux*, dit Tertullien, *condamner le bien qu'ils voyoient en eux, par le mal qu'ils s'imaginoient y être caché, que de se servir de cette vertu éclatante, qu'ils voyoient de leurs propres yeux, pour juger favorablement de ce qui leur étoit inconnu.* Un tel, disoient-ils, au rapport du même Auteur, est un très-bon homme, mais il est Chrétien. Que cela est semblable à votre Attestation! Ce jeune homme a beaucoup de bonnes qualités, qui le rendent digne des saints Ordres; *sed addictus idem est rigidiora sectantibus.* Mais il est attaché à ceux qu'on appelle Rigoristes. Et ces Rigoristes, auxquels il est attaché, sont-ce de méchantes gens? ou plutôt, y a-t-il, dans tout le pays de meilleurs Prêtres, de plus réglés, de plus charitables, de plus craignants Dieu, & dont toute la conduite respire plus la piété? On ne croit pas que vous en connoissiez. Mais... Et quoi, mais? *Rigidiora sectantur.* Ils passent pour Rigoristes. Et c'est le mal que l'on s'imagine qui est caché dans ce nom, que l'on prétend qui doit obscurcir tout le bien que Dieu a mis dans ses serviteurs, & tout le bien qu'il fait par leur ministere. Et quel est donc ce mal, qui auroit un si étrange effet? Nous avons déja vu combien il est chimérique; & c'est ce que nous allons encore voir, en passant de votre préambule, à ce qui regarde le sujet particulier de votre commission.

I. CLAS. N°. XIII.

X. DIFFICULTÉ.

VOus avez été commis, Monsieur, par M. l'Archevêque de Cambrai, pour faire une information juridique sur une Etiquette, qui contenoit quarante chefs d'accusation contre les Prêtres de l'Oratoire de la ville de Mons, & de quelques autres de leurs maisons, qui ont un même Prevôt.

Je n'ai pas besoin de parler de ce qui a donné occasion de produire tant de sortes d'accusations, dont plusieurs sont si outrées & si peu croyables, contre une Congrégation d'Ecclésiastiques, dont la conduite a toujours été très-édifiante, & qui a rendu & rend encore de très-grands services à l'Eglise. On le peut apprendre plus en détail de la Remontrance justificative de l'Oratoire, dont j'aurai à parler dans la suite, pour vous sommer de nous y montrer les erreurs que vous dites y avoir trouvées.

Les plus outrées, & les plus hors d'apparence de ces accusations calomnieuses, sont celles qui regardent le culte de la Sainte Vierge. C'est par où je commencerai. Je n'en rapporterai que deux propositions, qui se trouvent dans la lettre que les Jésuites ont fait écrire par le Magistrat de Mons à MM. les Bourguemestres de Liege.

I. CLAS. N°. XIII.

Voici la premiere, qui est générale. *Quant au culte de la Sainte Vierge, les dits Ecclésiastiques ont dit, que les Peres de l'Oratoire sont ennemis d'icelui, & le bruit commun est tel.*

Je ne me donnerai pas la peine de réfuter une si horrible calomnie. On l'a fait suffisamment dans la *Rémontrance justificative* : il suffit d'y renvoyer. Mais je vous supplie, Monsieur, de nous dire quel étoit votre devoir dans cette rencontre. N'étiez-vous pas obligé de vous informer du Magistrat qui étoient ces Ecclésiastiques qui lui avoient dit, que les Prêtres de l'Oratoire étoient ennemis du culte de la Sainte Vierge? On ne peut presque douter que ce n'aient été les Jésuites, étant certain que ce sont eux qui ont donné au Chapitre de Liege un mémoire qui contenoit ce même mensonge, & encore pis. Mais la *Remontrance Justificative*, que vous avez lue quand vous avez dressé votre Avis, détruit de telle sorte cette fausseté, qu'il est impossible que vous n'ayiez été persuadé, que les auteurs d'une si atroce imposture contre une Congrégation de Prêtres qui édifient l'Eglise par leur piété, méritoient une punition exemplaire, afin d'arrêter le cours de ces diffamations scandaleuses si indignes de Chrétiens. N'est-ce donc pas une des principales choses que vous deviez représenter à M. l'Archevêque de Cambrai; & y avez-vous pu manquer sans violer ce commandement de Dieu, répété si souvent dans l'Ecriture: *Non accipies personam in judicio?* Mais si on n'a pas dû s'attendre que vous fussiez assez généreux pour dire des plus forts ce que la justice vouloit qu'on en dît, vous deviez au moins vous épargner la honte que mérite un procédé aussi lâche que le vôtre, lorsque, ne pouvant condamner les plus foibles sur des calomnies trop noires, vous n'avez pu néanmoins vous résoudre à les absoudre sans leur donner un coup de dent, pour faire plaisir à leurs ennemis.

On jugera, Monsieur, si je n'ai pas raison de me plaindre aussi fortement que je le fais, de ces deux lignes, qui est tout ce que vous dites sur ce premier chef des accusations contre les Peres de l'Oratoire. *Circa cultum beatæ Virginis saltem obloquiis dant materiam, fortè per modum loquendi non satis circumspectum.* A l'égard *du culte de la Sainte Vierge, ils donnent au moins occasion à ces discours désavantageux, peut-être par des manieres de parler non assez circonspectes.* Voilà ce que la prudence de la chair pouvoit trouver de plus malin & de plus artificieux pour favoriser les coupables aux dépens des innocents. Mais ce sont des paroles en l'air, dont les gens raisonnables ne se payent point. Ces mots, *au moins & peut-être (saltem, fortè)* sont des termes indignes d'un Commissaire, qui ne doit point deviner, sur-tout au désavantage d'une des parties; mais dire simplement ce qui résulte de ses informations. Or on ous soutient, Monsieur, que vous n'avez point trouvé dans vos informations, que les PP. de l'Oratoire aient donné lieu, ni par leurs paroles, ni autrement, d'être regardés & décriés par les lettres du Magistrat, *comme des ennemis du culte de la Sainte Vierge.* Car c'est de quoi s'agit. On vous défie de nous marquer ces prétendues paroles indiscretes, qui aient pu faire avoir d'eux cette opinion avec quelque sorte d'apparence. Je vous dis, *avec quelque sorte d'apparence*: car on ne croit pas que vous osiez prétendre, que, si on dit quelque chose sur cette matiere qui puisse être pris par des ignorants ou de faux dévots, sans aucune apparence de raison, pour une marque qu'on est ennemi du culte de la Sainte Vierge, ce fût un juste sujet de rejeter sur notre indiscrétion la témérité de ceux qui prendroient de-là occasion de nous décrier comme des ennemis de son culte. Ce seroit une très-méchante maxime, qui ôteroit aux Prédicateurs & aux Ecrivains Catholiques les plus éclairés, & les plus zélés pour le véritable honneur de la Sainte Vierge, la liberté de parler contre les abus & les superstitions populaires, qui deshonorent la Religion, & nuisent beaucoup à la piété. On verra mieux, par des exemples, combien cela seroit préjudiciable à l'honneur de l'Eglise & au salut des fideles.

On sait que bien des gens s'offensent dès qu'on parle de quelque abus dans la dévotion à la Sainte Vierge, s'imaginant qu'il n'y en a point, & que ceux qui en font appréhender sont les ennemis de son culte. Doit-on conclure de-là que ç'a été une grande indiscrétion à trois Evêques de France, dont deux vivent encore, & sont regardés par tout le Royaume comme d'excellents Prélats, très-appliqués à leur ministere, d'avoir mis ce titre à une des Leçons de leur Catéchisme; *Des abus qu'il faut éviter dans l'invocation des Saints, & dans la dévotion à la Sainte Vierge;* & après avoir fait cette demande: *N'y a-t-il point d'abus*, &c. d'y répondre ainsi: *Il y en a plusieurs, & qui ne sont que trop communs parmi les personnes mal instruites?*

Ont-ils eu tort de marquer, *que le plus grand de ces abus est de croire, comme font plusieurs personnes déréglées, qu'en pratiquant quelque dévotion à la Sainte Vierge, comme de dire son chapelet, ou de porter le scapulaire, on est assuré de n'être point damné; parce que la Sainte Vierge obtient infailliblement de Dieu, que tous ses dévots ne meurent point en état de damnation?*

Se sont-ils trompés lorsqu'ils ont dit, *que la grandeur de cet abus consiste, en ce qu'il est cause que ces personnes, au lieu de se faire la violence qu'ils devroient pour vivre chrétiennement, & pour mortifier les passions qui les entraînent dans le péché, continuent toute leur vie dans le désordre,*

I. CLAS. N. XIII.

parce qu'ils s'imaginent, qu'en disant le chapelet, ou en portant le scapulaire, ils ont trouvé un moyen facile & assuré de faire leur salut, sans être obligés de quitter leur vie criminelle? Mais c'est aussi ce qui fait que la Vierge & les Saints ont toutes leurs dévotions en horreur; parce que ceux qui ne plaisent pas à Dieu, à cause de leurs méchantes actions, ne peuvent plaire à la Vierge & aux Saints, qui mettent tout leur honneur dans celui que l'on rend à Dieu, & qui se croient deshonorés, quand Dieu est deshonoré.

Ont-ils mal connu la source de cet abus quand ils ont dit? *Que c'est la malheureuse attache que nous avons à tout ce qui flatte les inclinations corrompues de notre cœur. Car comme nonobstant tous nos déreglements, nous desirons d'être bienheureux après notre mort, quand on nous propose quelque moyen de nous sauver, qui a quelque apparence de piété, & qui ne nous empêche pas de satisfaire nos passions, nous l'embrassons avec plaisir, & nous nous persuadons aisément, que sans marcher par une voie si étroite, nous ne laisserons pas d'assurer notre salut.*

Ont-ils mal instruit leurs peuples quand ils les ont avertis; *que pour ne pas tomber dans cet abus; il faut se tenir ferme dans la foi de l'Eglise catholique, qui nous apprend, qu'il est pieux & utile d'invoquer les Saints; mais qu'il est absolument nécessaire de mettre toute notre confiance en Jesus Christ, parce que, selon l'Ecriture sainte, il n'y a point de salut par aucun autre que par lui; nul autre nom sous le ciel n'ayant été donné aux hommes par lequel nous devions être sauvés?*

Enfin, n'ont-ils pas eu raison de conclure de-là ces deux choses? 1°. *Que notre principale dévotion doit être pour Jesus Christ, qui après s'être livré à la mort pour nos péchés, a continué, & continue toujours, depuis qu'il est monté au ciel, d'intercéder pour nous auprès de son Pere.* 2°. *Que Jesus Christ nous déclarant lui-même, que quelque dévots que nous lui soyons en l'appellant Seigneur, Seigneur, néanmoins nous n'entrerons point au Royaume de Dieu, si nous ne faisons la volonté de son Pere: nous ne devons pas, à plus forte raison, espérer de faire notre salut, quoique nous soyons dévots à la Vierge & aux autres Saints, si nous ne faisons pénitence, ainsi que Dieu nous l'ordonne, & si nous ne quittons le péché pour vivre en vrais Chrétiens?*

M. le Cardinal le Camus marque en peu de mots ce même abus dans ses Ordonnances Synodales, en parlant de celui qu'on peut faire des indulgences, *lorsqu'on fait entendre aux pécheurs, que bien qu'ils demeurent dans leurs péchés, ou dans l'affection, ou occasion prochaine du péché, s'ils sont d'une confrairie où il y a des indulgences, ils ne seront jamais damnés, & auront toujours le temps & la grace pour faire un acte de contrition.* Car on sait assez quelles sont principalement les confrairies où on donne ces assurances.

I. CLAS. N°. XIII.

Je ne crois pas que l'on ose dire qu'il n'y a personne qui ait cette pensée; que, même en vivant mal, il peut s'assurer, que, pourvu qu'il soit dévot à la Vierge, il ne sera jamais damné, & que c'est scandaliser l'Eglise que de supposer qu'il y en a. Car, outre que ce seroit démentir ces Evêques & ce Cardinal, on n'a que trop de preuves qu'il y en a qui soutiennent cet abus, par un faux zele envers la Vierge.

On sait avec quelle hardiesse les Récollets ont soutenu dans Liege en 1676. cette horrible proposition. *Frequens confessio & communio, & cultus beatæ Virginis etiam in iis qui gentiliter vivunt, sunt signum prædestinationis. Quoiqu'un homme mene une vie de payen, s'il se confesse & communie souvent, & qu'il soit dévot à la Vierge, c'est un signe qu'il est prédestiné.* Vous avez remarqué, Monsieur, à la fin de votre grande These, *Theologia moralis emendata*, que ces mots, *gentiliter vivere*, signifient, dans cette proposition, mener la vie que meneroit un payen qui ne connoît ni la loi de Dieu, ni celles de l'Eglise, & qui lâcheroit la bride à toutes ses passions. M. l'Evêque de Namur leur avoit défendu de la soutenir à Namur. Mais ils se moquerent de son jugement, & la soutinrent à Liege avec encore plus d'éclat, sous les yeux des plus qualifiés Récollets de la Province.

Je ne dis rien du Livre du P. Barry Jésuite, qui a pour titre: *Le Paradis ouvert à Philagie, par cent dévotions à la Mere de Dieu, aisées à pratiquer.* On peut voir ce qui en est rapporté très-fidellement dans la neuvieme Provinciale.

Mais voici qui est encore bien plus considérable & plus exprès. Un célebre Jésuite de Portugal, nommé François de Mendoza, a fait un livre intitulé, *Viridarium sacræ & profanæ eruditionis*, imprimé d'abord à Lyon en 1631. avec l'approbation de trois Jésuites en Portugal, la permission du P. Etienne Binet Provincial de la Province de Lyon, & depuis à Cologne en 1632. avec la permission du P. Goswin Nickel, Provincial du bas-Rhin, qui a depuis été Général. Dans cet ouvrage si approuvé (livre 2. 9. Problême) il traite cette question: *S'il est tout-à-fait impossible qu'un dévot de la Vierge soit éternellement damné?* Utrum *B. Virginis cultorem in æternum damnari omninò impossibile sit?* La chose en soi lui paroît hors de doute, pour ce qui est de l'infaillibilité du salut de tous les dévots de la Vierge; mais il réduit la difficulté à accorder le mot d'impossible avec la liberté. *C'est néanmoins*, dit-il, *ce que l'on accordera facilement, si on considere d'où vient cette impossibilité. Je dis donc, qu'elle vient de ce que la Sainte Vierge obtient* toujours *de Dieu*, *par son intercession, des secours de grace congrue, par lesquels ses dévots,* quoiqu'ils soient des méchants & des scélérats, *se convertissent à Dieu.* Hæc *impossibilitas ex eo oritur, quòd B. Virgo suo patrocinio* Semper *impetrat à Deo auxilia gratiæ congruæ, quibus ejus cultores,* alioqui pravi ac scelerati, *ad Deum convertuntur.* Et c'est ce qui lui fait répéter ensuite, que les dévots de la Sainte Vierge, qu'il avoit supposé auparavant être *des méchants & des scélérats*, peuvent être appellés indamnabiles, *Indamnables*, ou *incapables d'être damnés; parce qu'il est infaillible, qu'ils ne persévéreront pas finalement dans le péché, à cause que la Vierge ne manquera pas de leur obtenir des secours congrus, par lesquels il arrivera infailliblement, qu'ils se convertiront à la fin, & seront sauvés.* Est-ce donc qu'il faudroit bien se garder de rien dire qui fît connoître qu'on n'approuve pas de si misérables sentiments, de peur de s'attirer, par une prétendue imprudence, le reproche d'être ennemi du culte de la Sainte Vierge ?

Faudroit-il, pour la même raison, ne rien dire du principe de cette erreur, qui est, comme les trois Evêques l'ont remarqué, *la fausse imagination où sont plusieurs personnes, que la Sainte Vierge a plus de douceur & de miséricorde que son Fils.* C'est pour confirmer le peuple dans cette pensée, que quelques Prédicateurs ont osé dire en chaire, ce qui se trouve aussi dans quelques livres; *que si les Vierges folles, au lieu de dire* Domine, Domine *aperi nobis, avoient dit* Domina, Domina, *on leur auroit ouvert la porte, & qu'elles seroient entrées aussi-bien que les sages dans la salle du festin des Nôces, qui est le ciel.*

On lit aussi dans un livre que l'on met dans ces pays-ci entre les mains de tout le monde. *Que le Pere a donné à son Fils le droit de justice, & à sa Sainte Mere le droit de douceur & de miséricorde.* D'où l'on fait tirer cette conclusion à ceux qui prient dans ce livre: *Montrez, ô Sainte Vierge, que vous avez ce droit, & ainsi sauvez-moi. Car, selon la rigueur & le droit de justice, je ne me puis sauver.* N'est-ce pas faire entendre que le sentiment qu'ont tous les fideles, & encore plus ceux qui ont commis de si grands péchés, qu'ils ne peuvent être sauvés que par la miséricorde de Dieu, les doit porter à ne pas s'adresser à J. C. qui a le droit de justice, mais à la Sainte Vierge, qui a le droit de miséricorde & de douceur? Or comment cela se peut-il accorder avec les vérités de notre foi ? Jesus Christ, comme Dieu, n'est-il pas la souveraine miséricorde, & le Dieu de toute consolation, à l'égard même des plus grands pécheurs qui veulent sincérement revenir à lui ? Et comme Homme-Dieu, n'est-il pas venu dans le monde pour sauver les pécheurs par sa grande miséricorde ? Y a-t-il pour eux, comme dit S. Paul, une parole plus consolante, & qui leur puisse donner plus de confiance de s'adresser à lui? Ne les invite-t-il pas dans l'Evangile, avec une si aimable douceur, de venir à lui, quelque accablés qu'ils soient du poids de leurs péchés en leur promettant qu'il les soulagera? Quelle fausse idée nous en donnent donc ceux qui, en le comparant à sa Sainte Mere, veulent que Dieu le Pere les ait partagés différemment; en donnant au Fils le droit de rigueur & de justice, & à la Mere, celui de miséricorde & de douceur? Croyez-vous, Monsieur, que de ne pas approuver un tel partage ni les suites qu'on en tire, ce soit au moins une imprudence, qui donne lieu d'être regardé comme ennemi du culte de la Sainte Vierge? Mais on vous prie, Monsieur, de considérer, qu'on peut appliquer à ces abus que quelques-uns commettent ou autorisent à l'égard de la dévotion à la Sainte Vierge, ce que vous dites dans votre *Théologie Morale corrigée*, à l'occasion de ce que vous avez raison d'appeller de très-vilaines erreurs contre l'obligation d'aimer Dieu: *Verentur quidam ne scandalizentur pusilli, & confirmentur hæretici, cùm in Ecclesia turpissimi arguuntur errores; ideòque potiùs tacendum existimant. Sed an fortè non magis confirmabuntur hi, & illi perverentur, si viderint hujusmodi errorum monstra, qualia in primis sunt hæc de obligatione charitatis, nemine contradicente in Ecclesia teneri.* " Quelques-uns appréhendent qu'on ne scandalise les foibles & qu'on ne fortifie les hérétiques, lorsque dans l'Eglise, on fait connoître de très-vilaines erreurs en les reprenant, & ils croient qu'il vaudroit mieux s'en taire. Mais n'y a-t-il pas plus à craindre que ceux-ci ne se fortifient, & que les autres ne se pervertissent s'ils voient que de tels monstres d'erreurs, comme sont principalement ceux-ci touchant l'obligation de la charité, se soutiennent dans l'Eglise sans que personne s'y oppose?

I. CLAS. N°. XIII.

Souffrez, Monsieur, que, pour conclure cette Difficulté, sur l'accusation que vos Echevins ont faite aux Peres de l'Oratoire, d'être *ennemis du culte de la Sainte Vierge*, je vous avertisse charitablement, que vous aurez à rendre à Dieu un plus grand compte que vous ne pensez; soit pour avoir dissimulé si lâchement le crime des calomniateurs, soit pour avoir jugé si peu équitablement, ou parlé si foiblement de l'innocence des calomniés.

XI. DIFFICULTÉ.

MAis voici le comble de la calomnie. Car y en peut-il avoir de plus criminelle, que d'imposer une hérésie détestable, qui anéantit l'incarna-

I. CLAS. N°.XIII.

tion du Fils de Dieu, en niant que sa Mere soit Mere de Dieu, à une Congrégation de Prêtres, que l'on fait faire une profession particuliere d'honorer la vérité contraire à cette erreur impie, par des fêtes qui lui sont propres: dont l'une est *des grandeurs de Marie*, fondée principalement sur ce qu'elle est Mere de Dieu?

Ecoutons donc la seconde Proposition sur le sujet de la Vierge, que les Jésuites ont fait écrire par le Magistrat de Mons aux Bourguemestres de Liege,

Nonobstant la défense de Rome, les Peres de l'Oratoire débitent à leurs confidents les livrets de Monita Salutaria, *aussi-bien que le Catéchisme de Malines, quoique censuré, à cause, en partie, de la qualité de Mere de Dieu, ne lui voulant donner que celle de Mere de Christ.*

On n'est pas en peine de justifier les Peres de l'Oratoire contre cette abominable calomnie, fondée sur deux faussetés manifestes; n'y ayant pas un seul mot de ce que les Jésuites ont fait écrire à ce Magistrat touchant la maternité de la Vierge, comme n'étant que Mere de Christ & non de Dieu, ni dans les Avis salutaires, ni dans aucun Catéchisme de Malines. Mais il est si clair que ce n'est point sur cela qu'on s'est appuyé pour attribuer aux Peres de l'Oratoire cette erreur impie, que, dans le 18. Article de l'Etiquete, sur quoi vous avez dû faire votre information, il est dit simplement: *Que les Peres de l'Oratoire ne veulent donner à la Sainte Vierge la qualité de Mere de Dieu, mais seulement de Mere de Christ.*

Il est donc plus important de remarquer les divers moyens que les auteurs de cette calomnie ont employés pour la répandre, & pour en empoisonner le monde, en faisant faire un jugement si téméraire & si criminel à ceux qui ajouteroient foi à leurs médisances.

On ne peut douter qu'elle ne soit née à Mons; mais étant passée de-là aux Jésuites de Liege, ce sont eux qui l'ont employée les premiers, pour empêcher que les Peres de l'Oratoire ne fussent reçus dans cette ville.

Pour traverser la résolution du Chapitre, qui avoit conclu à les admettre, ils fabriquerent un mémoire contre ces Peres, qu'ils feignirent leur avoir été apporté par une personne digne de créance; & ayant feint de délibérer de ce qu'ils en feroient, il fut résolu, que, ne pouvant en conscience négliger les avis qu'il contenoit, ils en devoient faire part au Chapitre. Et ce fut le P. D'Iserin qui fut chargé de le mettre, comme il fit, entre les mains de M. l'Ecolâtre.

On n'a jamais pu avoir communication de ce mémoire, quoique les Peres de l'Oratoire l'eussent demandé par deux Requêtes; l'une au Chapitre,

pitre, & l'autre à S. A. l'Evêque & Prince de Liege. Mais il est aisé de juger de ce qu'il contenoit par les lettres que les Jésuites engagerent le Chapitre & les Bourguemestres de Liege à écrire au Magistrat de Mons, comme parfaitement instruit de tous ces faits. Or on a entre les mains la lettre du Chapitre, à qui on fait dire d'abord : qu'ils avoient cru que les PP. de l'Oratoire, qu'on vouloit établir à Liege, étoient de l'institution de S. Philippe de Néri. Et voici ce qu'ils ajoutent ensuite. *Mais, tout à l'impourvu, il se répand un bruit, que les Peres qui étoient destinés pour venir ici sont du Pays-bas, sous l'obéissance d'un Général résidant à Paris, & pas du primitif Institut de S. Philippe de Néri; mais d'une Congrégation par après changée par feu son Eminence le Cardinal de Bérulle, & qu'iceux font profession de quelques particulieres & dangereuses opinions, enseignant diverses sentences réprouvées par la Sainte Eglise : que J. C. n'est pas mort pour tous les hommes : que la bienheureuse Vierge Marie est mere de J. C. mais pas de Dieu. Que là-dessus les Religieux, presque de tous les Ordres, en ont fait plainte à S. M. C. & que même l'on fait enquête contre eux dans votre ville de Mons : & comme nous trouvons le prémis de grande considération, desirant, même étant obligés, de préserver ce pays, afin qu'il ne fut pas infecté de semblables pernicieuses doctrines, nous avons avec juste raison suspendu notre consent à leur admission; vous priant, Messieurs, qu'il vous plaise bien d'avoir la bonté de nous éclaircir de la vérité ou falsité du prémis.*

Il est important de remarquer que ces Messieurs, suivant le mémoire des Jésuites, ayant dit en général, qu'ils avoient appris, par un *bruit impourvu*, que les PP. de l'Oratoire enseignoient diverses sentences réprouvées par la Sainte Eglise, ils n'en marquent que deux en particulier; que J. C. n'est pas mort pour tous les hommes, & que la Sainte Vierge n'étoit mere que de J. C. & non pas de Dieu. Or ils n'ont pu faire grand fond sur la premiere de ces accusations; puisque tout le monde avoue que J. C. est mort pour tous les hommes, & qu'il n'y a de différent que sur le sens de ces paroles. Ç'a donc été principalement la derniere de ces calomnies qui a fait espérer aux Jésuites de rendre ces Peres si odieux qu'on n'auroit garde de les admettre à Liege.

Le Pere D'Iserin vint à Mons aussi-tôt après, pour y achever ce qu'il avoit si bien commencé à Liege. Il y sollicita les réponses que les Echevins de Mons devoient faire aux lettres du Chapitre & des Bourguemestres de Liege, auxquelles on fait que les Jésuites ont eu grande part. Et il est certain, de l'aveu du Magistrat de Mons, que ces deux réponses étoient toutes semblables. Et ainsi la calomnie que *la Vierge n'est pas Mere de Dieu*, se trouvant dans la réponse aux Bourguemestres, dont on a eu la copie, elle étoit aussi dans la réponse au Chapitre, dont on n'a jamais pu avoir communication. On la trouve de plus dans l'Etiquette des quarante chefs d'accusation, sur lesquels M. l'Archevêque de Cambrai a donné commission d'informer. Et c'est, comme j'ai déja dit, le dix-huitieme, couché en ces termes : *Ils ne veulent donner à la Sainte Vierge la qualité de Mere de Dieu, mais seulement de Mere de* Christ.

Il résulte de tout cela, Monsieur, que, comme d'un côté, il est certain, par la conduite qu'a tenue le Chapitre de Liege en cette occasion, qu'il n'a pu se porter à révoquer la permission donnée à l'Oratoire pour s'établir dans la ville, que par l'impression qu'ont fait dans les esprits les calomnies du mémoire des Jésuites, confirmées par la réponse du Magistrat de Mons, il y a, d'un autre côté, tout sujet de croire, que celle qui concerne la maternité divine de la Sainte Vierge est, de toutes, celle qui leur a fait plus d'horreur, & qui a plus contribué à les déterminer à l'exclusion de ces Peres. Or vous avez été trop bien instruit de toute cette affaire pour le pouvoir ignorer ; & si vous voulez un peu rentrer en vous-même, votre conscience vous dira, que la charité & la justice que vous devez à votre prochain, & que vous deviez encore plus particulierement à l'Oratoire en cette occasion, par le titre de votre commission, vous engageoit à lever, autant qu'il étoit en vous, le scandale que cette calomnie avoit causé dans la ville de Liege ; à y établir l'honneur de cette Congrégation, qui y avoit été flétri, & à rendre au Chapitre de cette ville un témoignage si positif & si net de l'innocence de ces Peres, qu'il en demeurât convaincu, & se pût disposer à leur faire justice. L'avez-vous fait, Monsieur? C'est ma onzieme Difficulté.

XII. DIFFICULTÉ.

LES Jésuites ont tellement mis le fort de leurs accusations dans le Nestorianisme, qu'ils ont imputé au Peres de l'Oratoire, qu'il n'y a rien qu'ils n'aient fait pour confirmer cette calomnie & la répandre parmi le peuple, tant à Bruxelles qu'à Mons. Je commencerai par Bruxelles.

Le Pere Coemans, Jésuite, prêchant en flamand dans l'Eglise du Sablon pendant l'Octave de la Dédicace de cette Eglise, (qui se célebre le Dimanche d'avant la Pentecôte, qui étoit le 7 Mai dernier) employa une partie de ses sermons à irriter le peuple contre de prétendus Novateurs, qui, comme il l'assuroit, renouvelloient en ce temps l'hérésie de Nestorius, qui consistoit à nier que la Sainte Vierge soit Mere de Dieu. Tous ses Auditeurs furent étonnés d'un discours si surprenant, & plusieurs ayant temoigné à ceux qui n'y avoient pas assisté, combien ils en avoient été scandalisés, les Supérieurs trouverent la chose si importante, qu'il en fut fait une information juridique, dont je rapporterai seulement la déposition du premier témoin, qui avoit assisté au premier sermon, & du dernier, qui n'avoit assisté qu'aux suivants.

Déposition du premier témoin. „ Que le Dimanche avant la Pentecôte, jour de la Dédicace de l'Eglise du Sablon, il s'est trouvé en la dite Eglise au Sermon d'un P. Jésuite nommé Coemans, lequel, prêchant en flamand, expliqua l'hérésie de Nestorius, en quoi elle consistoit, & comment il la débita; que cette hérésie consistoit à nier que la Sainte Vierge fût la Mere de Dieu; qu'il la débita par des Prêtres, qui, du commencement ne prêchoient pas ouvertement cette hérésie; qu'elle étoit demeurée long-temps ensevelie, & que, passé environ 15 ans, elle avoit été recommencée dans ce pays, par des gens qui sont graves, & que l'on tient pour des gens pieux; & que récemment on avoit brûlé à Mons, par la main de la Justice, un livre qui contenoit la dite hérésie; qu'il y en avoit encore dans les Pays-bas, & même dans la ville de Bruxelles, qui tenoient la même doctrine, & la débitoient par de petits livrets & Catéchismes qu'ils donnoient à leurs confidents; & qu'il ne comprenoit pas comment Dieu permettoit semblables choses, & n'écrasoit pas ces personnes; mais que Dieu le permettoit, afin que l'honneur de la Mere de Dieu fût augmenté & publié.

Déposition du dernier témoin, qui est le Pasteur de Herents. Elle est en latin, hors un endroit qu'il a cru devoir rapporter en flamand. Mais la voici toute entiere en françois.

„ Le 7. de Mai, étant à Bruxelles, à l'occasion de la solemnité qui se fait ce jour-là, j'entendis dire dans une compagnie où je me trouvai, qu'un P. Jésuite avoit prêché ce matin dans l'Eglise de Sainte Marie du Sablon, de l'hérésie Nestorienne, & qu'il avoit assuré qu'il y avoit encore en ce temps de ces hérétiques Nestoriens; & que, depuis peu, le Magistrat de Mons en Hainaut avoit fait brûler un livre par la main du bourreau, parce qu'il contenoit des choses contraires au culte de la Vierge. Cela me fit prendre résolution d'assister aux autres sermons de ce Pere. Les jours suivants il poursuivit la même matiere. Il parla des moyens dont Nestorius s'étoit servi pour répandre son hérésie; & ayant remarqué les divers artifices qu'il avoit employés pour cela, il avertit ses Auditeurs d'y prendre garde; parce

I. CLAS, N°. XIII.

„ que les Neſtoriens de ce temps uſent des mêmes artifices, & des mêmes „ arguments. Il leur dit enſuite, que l'héréſie de Neſtorius ayant été „ condamnée, elle n'avoit pas laiſſé après ſa mort d'être ſoutenue par „ ſes diſciples, & que, de ce temps, elle avoit paſſé de la France dans „ les Pays-bas.

„ Le mécredi il confirma ce qu'il avoit dit auparavant : il aſſura que „ ce n'étoit pas des fables qu'il prêchoit, mais la pure vérité, & qu'il „ étoit prêt de donner des preuves de ce qu'il avoit dit de ce livre „ brûlé à Mons. Il ajouta que les Neſtoriens de ce temps-ci avoient „ tronqué l'*Ave Maria*, & en avoient retranché la derniere priere *Sancta* „ *Maria*; parce qu'ils ne croient pas qu'elle ſoit Mere de Dieu. Et il „ finit ſon ſermon par cette exclamation, pour exciter davantage l'in- „ dignation des auditeurs : *Et après cela qu'on nous vienne dire qu'il n'y* „ *a point en ce temps de tels hérétiques !*

„ Le Jendi il continua à vouloir prouver qu'il y a préſentement des „ hérétiques Neſtoriens; &, dès l'entrée de ſon ſermon, il entreprit de le „ montrer par cette hiſtoire que je rapporterai en Flamand (a). Une „ jeune fille, âgée de 17. à 18. ans, étant allé viſiter ſa tante, qui eſt „ une bonne & pieuſe Religieuſe, cette tante ayant beaucoup de piété „ entretint ſa niece de diſcours pieux, & entr'autres lui dit, qu'elle de- „ voit préſentement bien prier pour faire choix d'un bon état, & qu'à „ cet effet elle devoit avoir recours à Marie, la Sainte Mere de Dieu. „ Sur quoi cette jeune niece repartit : Comment, ma Tante, que dites- „ vous là? Vraiment la Sainte Vierge n'eſt pas la Mere de Dieu. Cela „ eſt une erreur contre la foi. Elle eſt bien la Mere de Chriſt, mais non „ pas la Mere de Dieu. Car il faudroit qu'elle fût la mere de la Divinité, „ ce qui eſt un blaſphême contre Dieu. La tante entendant ceci en fut „ toute ſurpriſe, & demanda à ſa niece où elle avoit entendu ſemblable „ choſe, & qui enſeignoit cela? A quoi la niece répondit, que c'étoient „ les plus braves, les plus pieux, & les plus ſavants hommes qui ſe „ puiſſent préſentement trouver. La tante tâcha, par toutes manieres, „ de retirer ſa niece de cette erreur; mais voyant qu'elle demeuroit opi- „ niâtre, elle lui dit toute en colere : allez, petite friponne, allez vous „ en d'ici. La fille étant venue à la maiſon raconta à ſon Papa, qui eſt „ Conſeiller du Conſeil ſouverain de Mons, tout ce qui s'étoit paſſé „ entre elle & ſa tante. Le Papa entendant ceci, prit ſon épée, & alla „ trouver ſa ſœur, & lui demanda ce qu'elle avoit contre ſa niece, di-

(a) *Ce flamand a été traduit en Walon dans la copie que j'ai de cette information.*

„ sant que ce que sa fille avoit dit étoit un point de notre foi, & qu'à „ moins qu'elle ne crût la même chose elle ne pouvoit être sauvée.

„ Après cela, ayant dit *l'Ave Maria*, il commença à déclamer contre „ l'Abbé de S. Cyran, dont il parla d'une maniere fort scandaleuse & im- „ pertinente, prétendant que c'étoit le Chef de ces gens-là, (c'est-à-dire, „ de ces nouveaux hérétiques Nestoriens.) Je ne pus entendre tout le „ sermon; & j'atteste que j'ai oui tout ce que je viens de dire, protestant „ que c'est le pur amour de la vérité & l'aversion que j'ai de la calomnie, „ qui m'ont porté à rendre ce témoignage, que je suis prêt de confirmer „ par serment toutes les fois que j'en serai requis. Ce 27. Mai 1690. *R.* „ *de Collarts Pastor in Herents.*"

Auroit-on jamais cru, que, dans des Eglises Catholiques, la chaire de vérité dût être profanée par de si horribles mensonges, & que cela se feroit par des Religieux qui se disent de la Compagnie de Jesus?

Forger, sans la moindre couleur, un chimérique renouvellement de l'hérésie Nestorienne, pour diffamer une Congrégation de pieux Ecclésiastiques! Feindre que cette hérésie est passée de France dans les Pays-bas, pour avoir lieu d'en étendre l'infamie à plus de personnes! Donner pour chef à ces nouveaux Nestoriens un Abbé de sainte mémoire, dont tous les écrits sont remplis de témoignages d'une tendre dévotion envers la Mere de Dieu! Assurer impudemment qu'un livre a été récemment brûlé à Mons, parce qu'il contenoit cette hérésie; & confirmer tout cela par le long narré d'une fable scandaleuse, dont on marque les personnages, les discours, les réponses, les repliques, sans qu'il y ait dans tout ce récit le moindre mot de vérité! C'est à quoi on ne sauroit trouver de nom qui donne une assez grande idée de l'énormité de cet excès.

Mais je crois devoir dire un mot en particulier de la déclamation outrageante du P. Coemans contre la mémoire du pieux Abbé de S. Cyran, qu'il a prétendu avoir été le Chef de ces nouveaux Nestoriens. Il y a cent passages dans ses lettres & dans ses autres ouvrages qui détruisent cette imposture; mais en voici un qui suffit pour couvrir ces calomniateurs de confusion. C'est dans ses Considérations sur les Dimanches & les fêtes des Mysteres, Consid. VII. sur la naissance de N. S. J. C. *Dieu est le Pere, & la Sainte Vierge est la Mere de Dieu. C'est ce qui lui donne un rang particulier & élevé au dessus de toutes les créatures, n'étant inférieure qu'à J. C; & cette grande dignité a été accompagnée en elle d'une éminence de grace qui lui étoit proportionnée.*

On me vient de mander, que le P. Coemans a été chassé du Diocese de Malines, à cause de ces sermons. Ç'a peut-être été par votre conseil, connoissant mieux que personne combien est faux & calomnieux ce qu'il

I. CLAS. N°. XIII.

a prêché de ce renouvellement de l'héréfie Neftorienne. Mais foit que vous ayiez part, ou non, à une fi légere punition de ce Jéfuite, j'ai fur cela une difficulté à propofer. Pouvez-vous croire que ce foit affez pour remédier à un tel fcandale? N'y avoit-il point une obligation indifpenfable de faire rétracter dans la même chaire de fi horribles menfonges, ou par celui qui les avoit avancés, ou par quelqu'autre de fa Compagnie? Une partie de fes auditeurs en avoit été fcandalifée. Mais beaucoup d'autres les avoient pris pour des vérités, ne pouvant s'imaginer, qu'un Religieux eût fi peu de confcience, que d'affurer de telles chofes fans en être lui-même bien affuré. Ils ne doutoient donc pas que ceux dont parloit ce Prédicateur ne fuffent de dangereux hérétiques, & comme cela ne pouvoit tomber que fur les Peres de l'Oratoire de Mons, dont les Jéfuites répandoient par-tout ces faux bruits, ils ne pouvoient qu'en avoir une très-méchante opinion. Quand fera-ce donc qu'on fera obligé par la loi de Dieu à réparer le tort qu'on a fait à l'honneur du prochain par une diffamation auffi publique qu'atroce, fi les Jéfuites ne le font pas en cette rencontre? C'eft fur quoi, Monfieur, on feroit bien aife d'avoir votre avis. Car on connoît trop bien ces bons Peres, pour en rien attendre. Quand ils fuppofent fauffement qu'on les a calomniés, il n'y a point de figure de Rhétorique qu'ils n'emploient, pour montrer qu'on eft obligé de leur faire amende honorable. Ils en ont fait un chapitre exprès de plus de 50. pages dans leur *Défenfe des nouveaux Chrétiens.* Mais comme ils ont des maximes qui leur donnent moyen de calomnier leurs adverfaires fans crainte de fe damner, il faut qu'ils en aient d'autres, qui les difpenfent de fe rétracter jamais de leurs calomnies, quelque abominables qu'elles puiffent être.

XIII. DIFFICULTÉ.

MAis le moyen, dira-t-on, que quand tout le refte de ce qu'a dit ce P. Coemans feroit faux, l'hiftoire de la Niece de la Religieufe Carmélite ne fût pas vraie? L'effronterie pourroit-elle aller jufques à controuver de telles chofes, & à les débiter en pleine chaire, contre l'honneur d'un Confeiller de Cour fouveraine & de toute fa famille? C'eft à quoi, Monfieur, vous pourriez fatisfaire mieux que perfonne, puifqu'on a des preuves irréprochables, que vous êtes demeuré convaincu que cette hiftoire prétendue, auffi-bien que tout le refte de cette accufation, eft un pur menfonge. Mais comme la politique vous pourroit bien porter à n'en vouloir rien dire, par les mêmes raifons qui vous ont fait refuser la justice qu'on vous demandoit, je veux bien vous en épargner la peine, en me contentant de rapporter deux ou trois pieces qui découvriront la malice de ce mystere d'iniquité.

Ce sera néanmoins après avoir remarqué quelques sottises dans le narré du Prédicateur, qui seroient seules capables de découvrir la fausseté de son conte.

On dit toujours dans le discours familier, *avoir recours à la Sainte Vierge*, ou *se recommander à la Sainte Vierge*. On voit donc que ce qu'on a fait dire à la tante, que sa niece devoit avoir recours à *Marie la Sainte Mere de Dieu*, est une affectation éloignée de toute apparence, pour donner occasion à la dispute sur la qualité de Mere de Dieu.

On n'a pu sans impertinence faire parler une fille de 15. à 16. ans d'une maniere si échauffée, ni lui mettre dans la bouche les arguments des Nestoriens.

On feint que la tante demande à sa niece, qui lui avoit enseigné cela, pour lui faire répondre, *que c'étoient les plus braves, les plus pieux, & les plus savants hommes qui se puissent présentement trouver.* Cela ressent-il la simplicité du discours d'une jeune fille? Mais cela étoit nécessaire pour confirmer la calomnie qu'on avoit avancée contre les Peres de l'Oratoire.

Au lieu qu'une bonne Religieuse, telle qu'on dit qu'est cette tante, auroit dû avoir pitié de sa niece qu'on auroit séduite, on la fait parler comme une harangere: *Allez, petite friponne, allez vous-en d'ici.*

On dit que *le Papa* ayant su ce qui s'étoit passé prit son épée, & alla trouver sa sœur. Pourquoi prendre une épée? Etoit-ce pour en frapper sa sœur? Mais le bon est que ce Conseiller ne porte jamais d'épée, pas même pour aller à la campagne.

Rien de plus extravagant que ce qu'on lui fait dire à sa sœur, que ce qu'a dit sa fille est un point de foi, & qu'à moins qu'elle ne crût la même chose, elle ne pourroit être sauvée. Car on ne peut feindre que ce Conseiller ignorât, que l'Eglise donne à la Sainte Vierge la qualité de Mere de Dieu dans les prieres les plus communes, comme dans le *Sancta Maria* & en une infinité d'autres rencontres. Il faudroit donc qu'il eût été fou, pour s'imaginer qu'on ne peut être sauvé si on ne croit qu'elle n'est pas Mere de Dieu. Quand on n'auroit pas d'autres preuves de la fausseté de ce conte ridicule, ne faudroit-il pas avouer qu'il se détruit de lui-même? Mais il est bon pour d'autres raisons de produire deux pieces, qui mettront le crime des calomniateurs dans la derniere évidence.

Ce sont deux lettres du pere de la fille calomniée, qui persuaderont d'autant plus, qu'elles sont plus simples, sans fard & sans artifice, &

qu'elles n'ont point d'autre ornement que celui de la vérité, de la droiture, de la générosité, & des sentiments vraiment chrétiens.

Lettre de M. Hennequines, Conseiller en la Cour souveraine de Mons, à la R. M. Supérieure des Carmélites.

Ma Révérende Mere,

J'Ai long-temps balancé, si je vous exposerois autrefois mes raisons de justification contre la calomnie qu'on a vomie contre la personne de ma fille aînée, touchant l'hérésie Nestorienne, parce que j'expérimente que plus je parle de justifier ma fille (à entendre par devant d'autres que votre Révérence) plus est-ce qu'on s'opiniâtre de la suspecter sur la dite hérésie; tant les esprits sont préoccupés par la force d'un coup de langue! Mais considérant que j'avois à parler à votre Révérence, fille de Sainte Thérese, & participant à sa ferveur de charité pour le soulagement du prochain, je me suis persuadé que vous recevriez cette lettre, quoique très-prolixe, pour la nécessité du cas, avec un esprit de patience, & non disposé à l'interprèter en un sens d'hypocrisie, comme font d'autres personnes (quoique très-judicieuses selon le monde). M'appuyant donc sur la confiance de votre bon cœur, je dirai, que, depuis vingt ans & plus que j'ai contracté mon mariage avec la sœur ainée de Monsieur le Pensionnaire le Roi, j'ai eu l'honneur & le bonheur de communiquer amiablement avec les Religieuses de votre Cloître, & de jouir de leurs entretiens spirituels & consolants, aussi-bien que ma famille, à l'occasion de Sœur Anne Thérese votre Consœur, & sœur de ma femme, sans que le diable ni le monde aient pu altérer la sincérité des bons & catholiques sentiments que nous nous sommes imprimés réciproquement l'un à l'autre, ainsi qu'à vrais Chrétiens appartient; & cela dura jusques à ces derniers orages, qui ont causé dans les esprits des nuages qui semblent avoir terni les lumieres de la raison & de la charité chrétienne; puisque, maintenant, on fait un point de conscience de ne pas suspecter son prochain régi spirituellement par les Peres de l'Oratoire de Mons, sur la croyance de la foi, spécialement sur ce que la Sainte Vierge est la Mere de Dieu. Je ne sais si l'Esprit Saint ou malin est moteur de ces troubles, l'homme n'est pas assuré dans ses jugements; mais je n'ignore pas, que, depuis lors, des parents & amis sont censés hideux les uns aux autres, des compagnies sont divisées, à qui néanmoins il appartient une bonne union pour s'acquitter, selon Dieu, du devoir auquel elles sont engagées par profession. Au reste, ma Révérende Mere, vous savez qu'on a suspecté & accusé, qu'on suspecte & accuse les Peres de l'Oratoire de cette ville, d'être contraires à la doctrine indubitable, que la Sainte Vierge est la Mere de Dieu. Et moi, à raison que je n'avois jamais entendu ni tiré aucuns sentiments directement ou indirectement contraires à cette doctrine de notre Mere la Sainte Eglise, pendant quantité d'années que j'ai engagé mon ame à la direction spirituelle du Picquery, j'ai cru, & je crois encore, qu'il étoit de mon devoir de charité vers mon prochain de déclamer intérieurement & extérieurement contre l'imputation de cette hérésie que le vulgaire

vulgaire faisoit aux dits Peres. Je l'ai donc fait avec le zele qu'il a plu à Dieu de m'inspirer, en toutes les occasions où l'on prétendoit noircir ces Peres, & spécialement dans votre Cloître, lorsque Sœur Anne Thérese, ma belle sœur, a témoigné, en diverses entrevues, qu'elle a eues, tant avec moi qu'avec ma fille ainée & ma servante, nommée Marie-Jeanne, qu'elle tenoit ou suspectoit, selon le bruit commun, que les Peres de l'Oratoire étoient dangereux, pour être infectés de l'hérésie Nestorienne; & ensuite, tenté par des impressions non pareilles, d'inspirer tant par elle que par ma servante, à l'esprit de ma fille une aversion pour le Pere Picquery son Confesseur, & l'obliger à quitter ce Directeur spirituel pour la remettre sous la direction du Pere Rahier, Jésuite, par qui elle avoit été conduite pendant un an & demi qu'elle fut Pensionnaire chez les Filles de Notre Dame de cette ville; & moi, marchant toujours sur ma science & expérience du contraire, j'ai dit & redit à ma dite sœur, qu'elle ne devoit ajouter foi au bruit commun; que, suivant ma propre expérience, je devois croire, & croyois fermement, qu'il n'étoit rien de vrai de l'hérésie prétendue contre les Peres de l'Oratoire, & qu'elle devoit s'abstenir de mauvais jugements, jusqu'à ce que leurs adversaires en auroient fait preuve, selon que Dieu, la raison, les loix humaines, civiles & ecclésiastiques l'ordonnent. Et même, ayant appris que ma sœur Religieuse, au lieu de s'arrêter à mon conseil, ne cessoit de fatiguer ma fille par des impressions d'une idée noire contre le Pere Picquery; (Dieu sait si quelque adversaire de ce Pere ne l'a point poussée à cela, pour envelopper ma fille dans quelque piege pour servir à ses intentions sinistres) jusqu'à ce qu'un jour ma fille étant par moi enquise du sujet, elle me répondit, que sa tante l'avoit tant étourdie sur les affaires de l'Oratoire, qu'elle l'avoit fait passer pour une hérétique, pour qu'elle ne vouloit abandonner l'estime du Pere Picquery, & traitoit de bagatelle ou d'extravagance les doutes que sa tante lui jettoit aux oreilles sur la conduite de ce Pere, dangereux au sens & dire de sa tante. Ce qu'ayant entendu, poussé d'une juste colere, j'ai dit à ma fille, pour la relever de son abattement d'esprit, qu'elle ne devoit se soucier du dire de sa tante; ains la mépriser quand elle lui parleroit encore sur ces points, & me suis transporté vers ma sœur, & lui ai reproché aigrement de ce qu'elle doutoit & harcelloit l'esprit de ma fille sur un point de notre foi, connu aux enfants dès qu'ils avancent en âge de discrétion, & qu'il n'appartenoit qu'aux foibles esprits de la suspecter en sa foi. Et ensuite j'ai protesté, que, si elle continuoit de marquer à son ordinaire une disposition à douter & questionner ma fille, je réputerois son procédé pour un affront, & que j'empêcherois ma famille de la pratiquer ultérieurement. Considérez en outre ma Révérende Mere, cette circonstance, que, lorsque ma sœur voulut aussi persuader à ma servante que la hantise avec le Pere Picquery étoit dangereuse pour l'hérésie, ma servante en fut fort scandalisée, & lui dit, qu'elle avoit tort de mépriser ce Pere; qu'elle le tenoit pour homme de bien, & qu'il n'y avoit rien à craindre pour ma fille, puisqu'elle ne remarquoit rien en ma maison qui ressentoit l'hérésie prétendue, & qu'au contraire, la maniere d'agir par les prieres domestiques donnoit assez à connoître que la Sainte Vierge y étoit reconnue pour Mere de Dieu. Ma Révérende Mere, je ne vous débite pas cela pour une fable; notre servante est prête de maintenir le tout en présence de ma sœur, aussi-bien que ma fille. Or un adversaire du Pere Picquery,

J. CLAS. N. XIII.

que je nommerai ci-après, ne pouvant souffrir le témoignage que je rendois en tous lieux de l'innocence de ce Pere sur la dite hérésie, a ajusté la tragédie que vous savez en gros, & que je vous répeterai en détail, pour vous marquer avec quelle légéreté & témérité on a taxé & on continue de taxer ma fille de la même hérésie. Il est donc que le Pere Rahier, Jésuite, étant en la maison de mes cousins Puirette, à l'occasion de la maladie derniere & mortelle de mon cousin Puirette l'aîné, leur déclara, que ma fille tenoit que la Sainte Vierge n'étoit pas Mere de Dieu, & contre leur protestation du contraire, il affirma que sa tante Carmélite le lui avoit ainsi dit. Cette calomnie n'en est pas là demeurée, ains est passée plus outre jusqu'aux parents du côté de ma femme, & autres non parents, & ce, avec tant d'impression, que, dès que ma fille fut partie pour aller résider au Cloître des Religieuses de Lorraine à Bruxelles, on prit sujet de se persuader que c'étoit pour que je la tenois atteinte de la dite hérésie, & pour la mettre à couvert de confusion & scandale; quoique néanmoins j'étois ignorant de la diffamation: & je jure devant Dieu que ni l'un ni l'autre ne m'avoit dit mot de ce que répandoit le Pere Rahier; du moins jusqu'à six à sept jours après le partement de ma fille, que lors une personne plus zélée que mes parents pour l'honneur de ma famille, m'a découvert la diffamation me délivrant un billet contenant ces termes qui avoient été prononcés dans une compagnie honorable de cette ville. *Une fille de Conseiller allant voir sa tante Religieuse, cette dite tante auroit dit à sa niece, soyez bien dévote à la Mere de Dieu, savez-vous ma niece: & que cette Damoiselle lui auroit répondu, je ne connois point la Mere de Dieu, ma tante, mais bien la Mere de Christ.* Et voyant bien qu'on en vouloit à ma fille, comme ceux de la compagnie avoient aussi interprété, je me suis transporté chez ma sœur Religieuse, lui ai montré ce billet, & demandé si ma fille lui avoit tenu pareils discours. Elle frappée d'étonnement répondit que non, & que jamais elle n'avoit conté à qui que ce soit aucune chose de sa niece marquant qu'elle étoit du sentiment de cette hérésie, me déclarant qu'un Religieux (sans le nommer) étoit venu, passé quelques semaines, lui représenter qu'il travailloit à recueillir des certificats pour convaincre de vérité les désordres dont on avoit accusé les Peres de l'Oratoire & plusieurs Pasteurs, & qu'il savoit bien que sa niece (savoir ma fille) avoit eu avec elle une conférence où elle avoit soutenu, que la Sainte Vierge n'étoit pas Mere de Dieu; qu'il lui en avoit demandé un acte attestatoire, & qu'elle avoit répondu qu'il n'y avoit pas de grace en sa demande, buttant à faire passer son frere & sa niece pour hérétiques; & d'ailleurs qu'il n'étoit pas vrai que sa niece auroit proféré tels discours, ni autres qui lui auroient donné matiere de croire qu'elle étoit de ce mauvais sentiment: ayant même ajouté que quand on la produiroit par devant Monsieur le Doyen Maes, elle ne déposeroit autrement. Suivant quoi, reconnoissant la fausseté du discours repris au dit billet, je me suis écrié fortement, & j'ai importuné ma sœur à me déclarer la personne de ce bon Religieux pour en avoir raison; mais elle en fit refus, disant que le lendemain il devoit encore venir chez elle, & qu'elle lui en parleroit pour me donner satisfaction. Quatre à cinq jours après, elle me fit appeller en la présence de Pere Rahier. Je me suis persuadé à l'abord que lui étoit l'auteur de la diffamation. Dissimulant néanmoins ma croyance, j'ai fait lecture de mon billet diffamatoire, & ai répété les interrogats de mot à autre en la même maniere que j'avois fait à ma sœur à notre entrevue précédente; auxquels elle a fait aussi réponse conforme à sa précédente, sans que le Pere Rahier y ait contredit. Ensuite je me suis écrié, traitant de calomniateur le Religieux, (que je feignois toujours d'ignorer) qui avoit causé le bruit de la diffamation. Le Pere Rahier me dit, pour adoucir mon aigreur, que le mal n'étoit pas si grand que je le représentois, vu que l'hérésie qu'on pouvoit m'imputer ne passeroit par ma famille que pour matérielle, & jamais pour formelle. Mais j'ai réfuté & taxé d'impertinence cette distinction d'hérésie, à sa grande confusion, par des arguments que j'ai avancés à la faveur des lumieres qu'il a plu à Dieu me donner pour connoître qu'au cas dont il s'agit, l'esprit du monde ne s'arrèteroit à la simple idée d'une hérésie matérielle, soit à mon égard, soit pour ma fille. Et après la contestation qui dura deux heures ou environ, ce Pere se retira; & à l'instant ma sœur m'a avoué que c'étoit le Pere Rahier qui lui avoit demandé le certificat susmentionné. Touchée d'un grand ressentiment pour la calomnie convaincue en sa présence, a protesté qu'elle ne se mêleroit jamais plus des intrigues contre les Peres de l'Oratoire; m'ayant même offert de contribuer à la réparation de l'honneur de ma fille par un acte d'attestation contraire à ce qu'avoit débité le Pere Rahier. Quelque peu de jours après je lui ai demandé cet acte: mais d'un ton rassuré, (je ne sais à quelle instigation) répondit qu'elle ne pouvoit me le délivrer sans la permission du Pere Provincial des Carmes, & que les brouilles contre ma fille procédoient de ce que je défendois les Peres de l'Oratoire, & qu'il m'arriveroit... si je poussois ma justification plus outre. Je vous laisse à juger, ma Révérende Mere, si cette réponse est digne d'une Religieuse. En effet, de me vouloir persuader de tenir silence par une vue de politique humaine, contre l'obligation indispensable que la charité m'impose de porter témoignage en faveur de l'innocence de mon prochain! Je suis assuré que l'industrie de l'homme, tant raffinée & captieuse qu'elle puisse être, ne me pourra jamais dérober le caractere de bon Catholique, Apostolique & Romain, que je puis & dois me vanter de posséder, par la grace de Dieu, aussi-bien que toute ma famille. Appuyé sur ce principe, j'ai insisté vers votre Révérence, pour obtenir le certificat demandé, lui ayant fait connoître que dans Bruxelles & dans Liege les Peres Jésuites répandoient la même calomnie; mais elle me l'a refusé par des défaites affectées, qui me font douter si je suis envisagé chez vous, soit pour ma personne ou celle de ma fille, moins innocents présentement que par avant. Tant y a que je viens pour la derniere fois requérir un acte de ma sœur, certifiant le soutenement qu'elle a fait en présence de Pere Rahier & de moi. Et si je suis assez malheureux que de me voir encore rebuté, j'aurai lieu de croire, Ma Révérende Mere, que vous aimez mieux qu'il n'y ait plus entre nous aucune correspondance, & que vous consentez que l'on porte par-tout comme véritable le témoignage faussement prétexté de ma sœur, pour autoriser la calomnie, plutôt que de faire la moindre chose pour étouffer les méchantes idées ja conçues, & arrêter la suite d'autres. Sur quoi j'attends d'être éclairci, & cependant je suis encore, en très-bon Ami,

Ma Révérende Mere,

Du... Juillet 1690. Votre très-humble & très-obéissant serviteur. M. Hennekinne.

Et la superscription contenoit: A la Rde. Rde. Mere Carmélite à Mons.

I. CLAS. N°. XIII.

A moins que de vouloir qu'il n'y ait rien d'assuré dans les choses humaines, il faut demeurer d'accord, qu'on ne peut soupçonner de faux un narré si simple, si naïf, si bien suivi, si circonstancié, & qui n'a point été contredit par les personnes que l'on prend à témoin des principales choses qui se sont passées avec elles, quoique plus portées à favoriser les Jésuites, qu'à laisser passer quelque chose qui ne fût pas vrai, dont la réputation de ces Peres auroit pu recevoir quelque préjudice. Voici donc ce que cette lettre doit faire tenir pour indubitable.

1°. Que l'on avoit imputé aux PP. de l'Oratoire de croire que la Sainte Vierge n'est pas Mere de Dieu, long-temps avant qu'on en eût accusé la fille du Conseiller; & qu'ainsi cette calomnie contre l'Oratoire n'avoit point eu d'autre fondement qu'une malice toute pure.

2°. Que les Carmélites étoient prévenues de cette fausse accusation contre les PP. de l'Oratoire. De quoi il ne faut pas s'étonner, puisque les Carmes déchaussés leurs Supérieurs & Directeurs, sont entrés sur cela dans la cabale des Jésuites, comme il paroît en ce que leur Prieur a signé l'infame Requête contre la sentence de M. l'Archevêque de Cambrai.

3°. Que c'est par cette prévention que la tante Religieuse parloit souvent à sa niece contre le P. Picquery, pour lui en donner de l'aversion, & la porter à aller à confesse au P. Rahier Jésuite, à qui elle s'étoit confessée pendant qu'elle étoit Pensionnaire chez les Filles de Notre Dame.

4°. Que cette bonne Religieuse tourmentoit aussi la servante du Conseiller sur cette hérésie Nestorienne, comme tenue par les Peres de l'Oratoire; contre quoi cette servante s'étoit fort récriée.

5°. Que la fille s'étoit plainte à son pere de ce que sa tante lui disoit sur ce sujet, en la voulant faire passer pour hérétique; parce qu'elle ne vouloit pas abandonner la conduite du P. Picquery, à qui sa tante imputoit de ne pas croire que la Vierge fût Mere de Dieu.

6°. Que le Conseiller reprit sa sœur de ce qu'elle parloit sans cesse à sa fille, d'un point de foi qui n'étoit pas ignoré des enfants mêmes, qui, à peine avoient l'usage de la raison, comme si sa fille en eût douté.

7°. Que ce fut le P. Rahier Jésuite, qui, étant chez des parents du Conseiller, leur assura que sa fille tenoit que la Vierge n'étoit pas Mere de Dieu; ce que ceux à qui il parloit lui soutinrent n'être pas vrai.

8°. Qu'en ce même temps le Conseiller, qui ne savoit rien de cela, envoya sa fille à Bruxelles pour y être pensionnaire dans le Monastere des Religieuses de Lorraine, & que ce ne fut que sept ou huit jours après qu'elle fut partie, qu'il apprit qu'on faisoit courir ce bruit de sa fille, & qu'on lui donna par écrit ce qu'on en avoit dit dans une compagnie.

9°. Que, sur cela, il alla voir sa sœur la Religieuse; qu'il lui montra ce papier, & lui demanda si elle avoit dit à quelqu'un ce qu'on publioit de sa fille; qu'elle assura que non, & que jamais elle n'avoit rien dit à qui que ce soit qui pût marquer que sa niece fût du sentiment de cette hérésie.

10°. Qu'elle lui avoua en même temps, qu'un Religieux (qu'elle ne nomma pas alors) lui ayant dit qu'il travailloit à recueillir des certificats contre les Peres de l'Oratoire, il lui en avoit demandé un, de ce que sa niece lui avoit dit que la Vierge n'étoit pas Mere de Dieu; mais qu'elle lui avoit répondu, que sa niece ne lui avoit jamais tenu de tels discours.

11°. Que, quatre ou cinq jours après, elle avoit envoyé querir son beau-frere, le P. Rahier étant au parloir : que, s'y étant trouvé, il avoit de nouveau montré son papier diffamatoire, & fait les mêmes questions à sa sœur, qui lui avoit répondu de la même sorte, sans que le P. Rahier eût rien dit au contraire.

12°. Mais que le Conseiller exagérant le crime de cette calomnie, ce Jésuite avoit soutenu que ce n'étoit pas si grand chose; parce que ce n'étoit accuser sa fille que d'une hérésie matérielle, & non pas d'une hérésie formelle. Nouvelle adresse, pour accuser d'hérésie avec moins de scrupule ceux que l'on voudra, & sur-tout les jeunes personnes.

13°. Après tout cela la Supérieure empêche que sa Religieuse n'atteste par écrit ce qu'elle avoit tant de fois reconnu de vive voix; parce que les Carmes déchaussés, étant ligués avec les Jésuites & d'autres Réguliers contre les Peres de l'Oratoire, ils ont appréhendé de soulever contre eux leurs associés, s'ils avoient souffert que leurs Religieuses donnassent un certificat, qui eût fait voir trop ouvertement l'iniquité de leur complot. Cependant on ne considere pas que c'est favoriser la calomnie, que d'empêcher ce qui peut servir à confondre les calomniateurs, & qu'il n'en faut pas davantage pour se perdre devant Dieu, quoique l'on jeûne, que l'on se mortifie, & que l'on se croie élevé à un haut degré d'Oraison.

Seconde Lettre de M. Hennekinne à un de ses amis, sur la même affaire.

MONSIEUR,

JE vous prie de m'excuser, que je viens un peu tard me donner l'honneur de vous remercier de tous les soins que vous avez bien voulu prendre dans ce qui regarde la justification de ma fille. J'ai souhaité avant de vous écrire, voir ce qui réussiroit de mon affaire avec les Messieurs Commissaires de l'Archevêque de Cambrai. Je vous dirai donc que je me suis trouvé chez eux,

& m'expurgé sur la conduite de ma fille & du reste de ma famille ; de quoi ils ont été fort satisfaits : mais je leur ai représenté que cette maniere d'agir pourroit donner à connoître ou croire que j'étois avant mon expurgation chargé de quelque présomption à mon désavantage, soit pour ma fille, soit pour moi ; pourquoi je leur ai présenté requête, & y joint l'aid de ma fille, & un double de la Lettre que j'avois adressée à la Révérende Mere des Carmélites, & ensuite courlu à faire preuve sur les points essentiels repris par ma requête & double de la lettre. Eux appercevants bien que tout pourroit redonder sur Pere Rahier Jésuite le premier diffamateur, & qu'il résulteroit preuve d'une calomnie à sa charge, ils n'ont pas voulu entendre à outrer les informations, sous prétexte qu'ils n'avoient commission assez ample à cet effet, quoique je leur ai avancé des raisons suffisantes (à mon avis) pour les convaincre du contraire : ils m'ont fort pressé de me contenter, pour toute réparation, d'un acte de ma sœur Religieuse, certifiant que sa niece avoit protesté en sa présence qu'elle reconnoissoit la Vierge pour Mere de Dieu, & ce d'une maniere étudiée & affectée ; lequel acte avoit été délivré à Monsieur Barery, après qu'il eut pris la peine de presser & represser la Révérende Mere des Carmélites à faire venir devant lui ma sœur, pour l'interroger sur la vérité de la chose, laquelle n'a pas voulu comparoître : de quoi étonné Monsieur Barery a protesté que le lendemain il comparoîtroit en forme pour l'obliger à parler. Enfin pour éviter ces vacarmes, la Révérende Mere a promis de procurer un certificat de ma sœur, lequel me fut présenté le lendemain par un Pere Carme Directeur des Religieuses. Mais voyant sa forme fardée, je l'ai rejeté ; & ce Religieux, un peu échauffé pour les reproches que je lui faisois de leur malhonnête conduite en mon égard, me dit hardiment que je n'en aurois pas d'autre, & qu'il étoit plus que je méritois ; & là-dessus il s'est retiré : ce qui m'a donné sujet de présenter requête itérative à Messieurs les Commissaires, afin d'être reçu à faire mes preuves de toutes circonstances par moi exposées par *intendit*, pour enfin voir si ma fille avoit été injustement ou justement diffamée, pour mon repos & du public, pris égard que ce Religieux avoit insinué, que c'étoit par grace que ma sœur avoit donné son certificat, & qu'il retenoit (sembloit-il) un grain de poivre sous la langue pour le sujet & matiere de la diffamation de ma fille. Mais Messieurs les Commissaires n'y ont pas voulu encore entendre, protestants qu'ils joindroient le certificat (que leur avoit reporté le Religieux) à ma requête, pour le tout être renvoyé à Mgr. de Cambrai ; & moi j'ai insisté au refus du certificat, & à établir mes enquêtes. Voilà où est réduit notre affaire. Les adversaires peuvent être appellés Seigneurs de haute puissance ; néanmoins Messieurs les Commissaires m'ont déclaré qu'il n'y a quoi que ce fût à la charge des Peres de l'Oratoire, ni d'autres leurs adhérants pour le point de l'hérésie Nestorienne, & que le bruit qu'on en a fait, leur paroît extravagant ; nul de leurs adversaires a osé paroître pour la soutenir & tenter des preuves : les Prédicateurs ont présentement la langue retranchée sur ce sujet. Nous verrons comme Monseigneur de Cambrai agira pour faire connoître à tout le monde le tort que le public a fait à l'honneur de ces Peres. J'attends aussi de prendre mes mesures pour moyenner quelque acte juridique, pour la réparation de l'honneur de ma famille, afin qu'à l'avenir la langue médiſante ne puiſſe mordre par raillerie ni autrement. Sur ce je ſuis,

I. CLAS. N°. XIII.

MONSIEUR,

Mons 11. Juillet 1690.

Votre très-humble & très-obéiſſant ſerviteur.
M. Hennekinne.

Je ne ferai que deux remarques ſur cette ſeconde Lettre, réſervant les autres à la Difficulté ſuivante.

La premiere eſt; que la Lettre à la Supérieure des Carmélites vous a été communiquée, & que l'on vous en a laiſſé copie, & que vous n'avez point douté que les faits qui y ſont rapportés ne fuſſent vrais; puiſque ç'a été ſur cela, que vous & vos Collegues avez témoigné au Conſeiller, que vous le teniez très-bien juſtifié de ce qu'on avoit dit de lui & de ſa famille touchant l'héréſie Neſtorienne.

La ſeconde; que ce n'a pas été ſeulement à Bruxelles, mais auſſi à Mons que les Jéſuites & leurs adhérants ont entretenu le peuple dans leurs ſermons du prétendu renouvellement de cette héréſie; puiſque ce Conſeiller remarque qu'ils n'ont ceſſé de répandre dans les chaires cette calomnie, que depuis les plaintes qu'il en avoit faites.

XIV. DIFFICULTÉ.

APrès ce qui vient d'être dit dans les Difficultés précédentes, c'eſt un fait inconteſtable, que les Jéſuites ont accuſé les Prêtres de l'Oratoire de Mons, tant par eux-mêmes, que par ceux des Echevins qui leur étoient tout dévoués, d'être de nouveaux Neſtoriens, qui nioient que la Sainte Vierge fût Mere de Dieu.

Vous m'avouerez, Monſieur, que dans toute votre Etiquette de 40. articles il n'y en avoit point de ſi important. Il n'y en avoit donc point auſſi à quoi vous ayiez dû vous appliquer avec plus de ſoin.

On ne peut douter que vous ne l'ayiez fait, ſi on s'arrête au témoignage que vous vous rendez à vous-même ſur l'exactitude avec laquelle vous vous êtes acquité de votre commiſſion. Je le rapporterai dans vos propres termes. *In hoc oppido Montenſi juxta formam quam potuimus maximè juridicam, probationes excepimus tam teſtimoniales, quàm litterales* quaſcumque ii quorum intererat *afferre voluerunt; idque ea cum in-*

I. CLAS. N°.XIII.

differentia ac æquitate, quæ & muneri noſtro congruere, ac partibus ſatiſfacere viſa fuerit.

Vous reconnoiſſez par-là qu'il a été de votre devoir, 1°. De faire les choſes dans la forme la plus juridique. 2°. De recevoir toutes les preuves, tant teſtimoniales que littérales, que voudroient vous produire ceux qui avoient intérêt dans l'affaire dont il s'agiſſoit. 3°. De vous conduire en tout cela, d'une maniere ſi équitable & ſi éloignée de toute partialité, que toutes les parties en fuſſent contentes.

C'eſt donc par ces regles que vous devez trouver bon que l'on vous juge, & vous attendre que ce ſera par elles que vous ſerez jugé de Dieu. Or avec quelle conſcience pourriez-vous dire que vous les avez obſervées, dans la plus importante de toutes les accuſations dont vous aviez commiſſion d'informer à charge & à décharge?

Il s'agiſſoit de ſavoir ſi les Peres de l'Oratoire ſont de nouveaux Neſtoriens, qui tiennent & enſeignent à ceux qui ſont ſous leur conduite que la Sainte Vierge n'eſt pas Mere de Dieu; ou ſi on leur a calomnieuſement imputé cette héréſie, & par des bruits répandus par-tout, & par des ſermons publics, & qui ſont ceux qui la leur ont imputée.

Quelle *forme juridique* avez-vous gardé pour faire une enquête qui pût donner moyen à l'Archevêque, qui vous avoit commis, ou de punir les Peres de l'Oratoire s'ils ſe fuſſent trouvés coupables d'une ſi damnable héréſie, ou s'ils s'en étoient trouvés innocents, de leur faire faire réparation d'honneur par ceux qui les en avoient fauſſement accuſés & ſoumettre leurs calomniateurs aux peines canoniques?

Mais c'eſt cette enquête même que vous n'avez jamais voulu faire dans aucune forme juridique; parce qu'on n'y auroit trouvé de coupable que les Jéſuites, & quelques Echevins de Mons, qui leur ont prêté leur nom pour confirmer ce que les Jéſuites de Liege avoient fait croire au Chapitre de cette ville; *que les Peres de l'Oratoire du Pays-bas, de l'Inſtitution du Cardinal de Bérulle, tenoient diverſes ſentences réprouvées par la Sainte Egliſe, & entr'autres, que la bienheureuſe Vierge n'eſt pas Mere de Dieu.*

Vous aſſurez, & vous vous faites honneur d'avoir reçu toutes les preuves, tant teſtimoniales que littérales, qu'ont voulu produire ceux qui y avoient intérêt: *Quaſcumque ii quorum intererat afferre voluerunt.* Si ce n'eſt pas un menſonge, c'eſt un grand défaut de mémoire. Car pouvez-vous nier que M. Hennekinnes, Conſeiller de la Cour ſouveraine de Mons, ne fût notablement intéreſſé dans cette accuſation; puiſque, pour trouver des preuves de cette héréſie, qui puſſent retomber ſur les Peres de l'Oratoire, on en avoit accuſé ſa fille, qui étoit conduite par le P. Picquery

Picquery. Etant donc de ceux *quorum intererat*, pouvez-vous nier qu'il ne vous ait pressé de le recevoir à preuve, afin qu'il pût être pleinement justifié par la découverte du premier auteur de cette diffamation calomnieuse? Pouvez-vous nier que vous ne l'ayiez refusé, en voulant qu'il se contentât de ce que vous lui aviez dit de vive voix; que les Commissaires étoient satisfaits de ce qu'il leur avoit dit pour sa justification? Pouvez-vous nier qu'il ne vous ait présenté requête pour vous obliger, par la voie ordinaire de la justice, à lui accorder ce que vous lui refusiez sans raison, & que, par cette requête, il vous a remontré, qu'il y alloit de son honneur & de celui de sa famille d'être justifié par une procédure juridique, où les preuves qu'il avoit à produire fussent examinées; parce qu'autrement on pourroit croire qu'il auroit été chargé de quelque présomption à son désavantage; soit pour sa fille, soit pour lui, & que vous n'avez point voulu y entendre, ni procéder à cette information, sous prétexte que vous n'aviez point une commission assez ample à cet effet; ce qui n'avoit pas la moindre ombre de raison; car votre commission étant d'informer des 40 articles de l'Etiquette, & le 18e. portant en propres termes: *Ils ne veulent pas donner à la Sainte Vierge la qualité de Mere de Dieu, mais seulement de Mere de Christ;* comment avez-vous pu dire, que votre commission n'étoit pas assez ample pour informer de cette accusation?

Quelque temps après ce Conseiller n'ayant pu tirer de la Religieuse qu'une attestation qui ne lui paroissoit pas assez claire, il vous présenta une seconde requête, afin d'être reçu à faire ses preuves de toutes les circonstances par lui exposées. Mais il ne put rien gagner cette fois, non plus que l'autre: & on a vu par sa lettre, que vous aviez prétendu qu'il devoit se payer de cette raison; *qu'il n'y avoit quoi que ce soit à la charge des Peres de l'Oratoire, ni d'autres de leurs adhérants pour le point de l'hérésie Nestorienne, & que le bruit qu'on en a fait leur paroissoit extravagant; nul de leurs adversaires n'ayant osé le soutenir, ni tenter des preuves.* Mais n'est-ce pas au contraire ce qui vous obligeoit davantage à recevoir les preuves que l'on s'offroit de vous produire; parce que, ne pouvant douter que ce ne fût une calomnie, il étoit de la justice de ne pas négliger un moyen qui en auroit pu découvrir le premier auteur; rien n'étant plus important pour la justification des Peres de l'Oratoire?

Le Conseiller ayant joint à sa seconde requête la copie de la lettre qu'il avoit écrite à la Supérieure des Carmélites, vous saviez par cette lettre qu'il prétendoit avoir de quoi prouver, que le premier auteur de cette diffamation scandaleuse étoit le P. Rahier Jésuite, destiné par ses Con-

I. CLAS. N°. XIII.

freres, comme il l'avoit lui-même avoué, *à recueillir des certificats pour convaincre de vérité les désordres dont on avoit accusé les Peres de l'Oratoire.* Or rien pouvoit-il être plus fort pour ôter toute créance à leurs accusations? Car les convaincre d'avoir été capables d'en faire une si horrible, sans avoir quoi que ce soit à produire pour la soutenir; c'étoit les réduire à passer pour des calomniateurs indignes qu'on les crût en rien.

Mais ce même Conseiller n'a pu s'empêcher de déclarer, dans la lettre à son ami, qu'il avoit bien vu que c'étoit cela même qui vous avoit porté à rejeter ses requêtes; parce que vous saviez bien que cela feroit retombé sur le P. Rahier, & qu'il feroit demeuré convaincu d'une insigne calomnie.

Est-ce là, Monsieur, de quoi vous vanter, que vous avez gardé dans cette affaire une si grande équité, & une égalité si parfaite, que les parties ont paru en être contentes?

Je ne sais au contraire s'il s'est jamais vu d'exemple d'une partialité plus grossiere; & c'est sur quoi vous me permettrez de faire un peu de réflexion.

Pour juger par quel esprit les Jésuites & les Religieux de Mons, qu'ils ont engagés dans leur cabale, ont agi contre les Peres de l'Oratoire, on n'a qu'à considérer l'infame requête qu'ils ont eu l'insolence de présenter à un Tribunal séculier, contre la sentence de leur Archevêque; parce qu'il avoit absous ceux qu'ils avoient calomniés. Le manquement de respect envers leur Prélat, ou plutôt la maniere outrageuse dont il y est traité lui & son Conseil; la continuation des déclamations calomnieuses contre des Prêtres d'une piété connue; l'injure faite à l'Eglise en remettant au jugement d'un Tribunal séculier, sans aucun prétexte qui pût avoir la moindre couleur, une cause purement ecclésiastique, renvoyée comme telle par le Conseil du Roi à son Juge naturel, & jugée après des informations qui ne leur pouvoient être suspectes, puisqu'ils n'ignoroient pas le soin qu'on y avoit eu de les épargner; sont des choses si indignes de Religieux & d'un caractere si turbulent & si emporté, qu'il faudroit s'aveugler soi-même pour ne pas voir à qui on doit attribuer les troubles de la ville de Mons.

Cependant c'est entre ces gens-là & les Prêtres de l'Oratoire que vous avez été établi Commissaire par M. l'Archevêque de Cambrai; & c'est sur les enquêtes que vous étiez obligé de faire pour bien connoître les uns & les autres, que vous avez dû former votre Avis. D'où vient donc qu'on n'y trouve pas un seul mot au désavantage de ces Réguliers, acharnés à déchirer la réputation d'une Congrégation de Prêtres d'une vie exemplaire? Est-ce que vous n'avez rien trouvé de répréhensible dans la conduite de ces Jésuites & de leurs adhérants? Est-ce qu'ils ont bien prouvé toutes leurs accusations? Il paroît au contraire que, de quarante, ils n'en ont prouvé aucune tant soit peu considérable. Car on vous fera voir plus bas, que les reproches qu'ils ont faits à ces bons Prêtres d'avoir lu de certains livres, ne sont que des bagatelles; & que c'est avoir eu peu de soin de votre honneur, que de leur en avoir fait des crimes aussi-bien que ces emportés. Mais arrêtons-nous à ce qui est de plus important & de plus incontestable.

Une accusation d'hérésie, & d'une hérésie aussi impie qu'est celle de Nestoriens, peut être une bonne chose & même nécessaire, quand elle est vraie & bien fondée; mais c'en est une abominable quand elle est fausse. Or étant pressé par un homme d'honneur de lui rendre justice sur cette accusation, que l'on faisoit retomber sur lui, vous lui avez dit, que cela n'étoit pas nécessaire, en l'assurant, *qu'il n'y avoit quoi que ce soit à la charge des Peres de l'Oratoire, ni de leurs adhérants pour le point de l'hérésie Nestorienne, & que le bruit qu'on en avoit fait vous paroissoit extravagant, nul de leurs adversaires n'ayant osé le soutenir, ni tenter d'en apporter des preuves.* Pourquoi donc ne trouve-t-on rien de cela dans votre Avis? Pourquoi n'y trouve-t-on point: *que vous avez reconnu que le 18e. article de l'Etiquette (qui est que les Peres de l'Oratoire ne veulent point donner à la Sainte Vierge la qualité de Mere de Dieu, mais seulement de Mere de Christ) est une manifeste calomnie contre ces Peres; nul de leurs adversaires n'ayant osé la soutenir, ni tenter d'en apporter des preuves?*

Vous n'avez pu nier qu'on n'ait fait un grand bruit de cette hérésie Nestorienne, en l'imputant aux Prêtres de l'Oratoire: & sachant bien que ce bruit étoit faux, vous vous êtes contenté de dire de vive voix à un particulier, *qu'il vous a paru extravagant.* Est-ce donc une simple extravagance, dont on n'ait qu'à se moquer, & non une malice diabolique, qu'il faille punir, de faire courir le bruit qu'une Congrégation de Prêtres croit une chose, qu'ils ne pourroient croire sans avoir perdu tout sentiment de Religion? Car il peut arriver que des Catholiques combattent des vérités de foi, parce qu'ils ignorent qu'elles ont été définies par l'Eglise; ou que, par aveuglement, ils donnent un autre sens à ses décisions. Mais quand une vérité de foi, telle qu'est celle de la qualité de Mere de Dieu, se trouve dans les prieres communes de l'Eglise; qu'il n'y a point de Catholique qui ne dise plusieurs fois chaque jour; quand elle se trouve encore en une infinité d'endroits de l'Office & de la Messe; faire courir le bruit que des Prêtres ne la tiennent pas, mais

I. CLAS. N°. XIII.

la regardent comme une erreur contraire à la foi, qui est ce que les Jésuites ont imputé aux Peres de l'Oratoire; c'est la même chose que de les faire passer dans le monde pour des impies, qui n'ont ni conscience ni Religion, reconnoissant de bouche vingt & trente fois par jour pour un article de foi de la Religion qu'ils professent, ce qu'ils condamnent dans le cœur, aussi-bien que les Sociniens, les plus damnables des hérétiques de ces derniers temps.

Cependant s'étant trouvé des gens assez méchants pour imputer, sans aucune preuve, une chose si peu croyable & si scandaleuse aux Peres de l'Oratoire, il étoit de la derniere importance, pour appaiser les troubles de la ville de Mons, & détromper le petit peuple de la méchante opinion qu'on lui avoit donnée de ces Peres, de découvrir les auteurs de cette calomnie diabolique, afin de les punir selon les Canons, & d'arrêter, par cette punition, ce débordement de médisance qui faisoit commettre tant de péchés. Pourquoi donc, étant sommé par des actes juridiques d'en faire l'information, comme la charge que vous aviez acceptée vous y obligeoit, l'avez-vous refusé? Pourquoi même, ne pouvant rien dire sur ce chef d'accusation, le plus important de tous, qui ne fût à l'avantage des Peres de l'Oratoire, & à la confusion des Jésuites, avez-vous pris le parti de n'en rien dire du tout dans votre Avis?

Voilà quelle a été votre droiture, & votre prétendue exemption de toute partialité, dans ce qui devoit être le principal point de votre commission. Mais ceux qui vous connoissent mieux que n'a fait M. l'Archevêque de Cambrai, quand il vous a choisi pour cet emploi, ne s'étoient pas attendu à autre chose. Ils savent que la politique & l'amour de votre honneur vous font jouer deux personnages bien différents. Vous vous croiriez deshonoré, si dans la place où vous êtes, vous ne souteniez la saine doctrine de votre Faculté contre les méchantes opinions de ses adversaires; & c'est ce que vous avez fait dans plusieurs de vos Theses. Mais l'appréhension de vous attirer de fâcheuses affaires, qui pourroient troubler votre repos, vous fait ramper devant ces mêmes personnes dont vous condamnez les sentiments; parce qu'ils vous peuvent nuire par leur crédit. Jamais cette politique n'a plus paru qu'en cette rencontre. Les Peres de l'Oratoire n'avoient ni le pouvoir ni la volonté de vous nuire; & vous ne pouviez leur rendre justice sans blesser ceux qui auroient eu l'un & l'autre si vous ne les aviez ménagés. Il falloit donc abandonner les plus foibles, pour ne se mettre pas mal auprès des plus forts. Il falloit affoiblir, ainsi que vous avez fait, les preuves de l'innocence des premiers, & favoriser les derniers, en dissimulant leurs plus horribles excès de médisance & de calomnie. C'est savoir vivre selon le monde. Mais ne craint-on point ce reproche du Dieu des juges : *Usquequò judicatis iniquitatem, & facies peccatorum sumitis ?* Jusques à quand jugerez-vous injustement ? Jusques à quand aurez-vous égard au crédit des pécheurs, en les faisant paroître innocents, lorsqu'ils sont les plus criminels ? C'est ce que signifie cet hébraïsme *facies peccatorum sumere* : & c'est cette *acception de personnes*, qui est si souvent & si sévérement condamnée dans l'Ecriture, quand par timidité, ou par quelqu'autre considération humaine, on fait pancher la balance du côté de la partie qui a le plus de pouvoir, quoique sa cause soit moins bonne, que celle de la partie qui est moins puissante.

I. Clas. N°. XIII. *Psal.* 81.

XV. DIFFICULTÉ.

VOus ayant parlé de la requête présentée au Conseil de Mons par les Jésuites & leurs adhérants, j'ai cru la devoir mettre ici toute entiere, afin d'en savoir votre avis, & que vous me disiez si j'ai eu tort de la regarder comme une très-forte présomption, que des gens d'un esprit si audacieux & si turbulent, sont les véritables causes des troubles de la ville de Mons, & qu'en accuser les Peres de l'Oratoire, est comme si les loups accusoient les brebis d'être la cause des troubles qui arrivent dans la campagne par la guerre qu'ils leur font.

REQUETE

Présentée au Conseil Souverain de Mons par les Jésuites & leurs adhérants, contre la Sentence de Monseigneur l'Archevêque de Cambrai, sur les accusations faites par eux aux Peres de l'Oratoire.

A LA COUR,

REmontrent très-humblement les Religieux de cette ville, qu'ils viennent d'apprendre, que le Vicariat de Cambrai, pendant la maladie dangereuse de Monseigneur l'Archevêque, a procédé à la vue d'une partie des informations tenues sur les désordres que commettent les Prêtres de l'Oratoire & leurs adhérants, par leurs opinions & conduites nouvelles, & contre les sentiments des Sieurs Commissaires, chargés expressément par Sa Sainteté & Sa Majesté, de reservir leurs avis, a formé une déclaration capable de produire un bruit & désordre général dans cette ville, tant entre les Ecclésiastiques que Séculiers, dans un temps aussi périlleux que celui-ci. Vu qu'il est tout à faveur desdits novateurs, on ne touche ni remédie aucunement au mal; il le flatte & le fomente: ce qui pourroit tourner au grand scandale de notre sainte foi, & même peut-être contre le service du Roi, lequel a dû & doit être informé d'une telle déclaration avant de la divulguer & publier, comme prétend faire le Sieur Doyen Maes, en conformité des Concordats faits & pratiqués tous notoires; notamment dans ces cas particuliers, qu'a fait & doit prendre tant de part pour le repos de ses fidelles sujets & maintènement de la pureté de la foi, que sa personne Royale a écrit avoir tant à cœur, & ordonné très-sérieusement d'y soigner avec exactitude; ayant même Sa Majesté délégué cette Cour, pour tenir lesdites informations, qu'on apprend n'avoir été lues de la part du dit Seigneur Archevêque, ni renvoyé à sa dite Majesté, quoique très-importante, & sans lequel le dit Vicariat, n'a pu bien ni entiérement juger de la cause; quelques-uns qui les composent ayant donné sujet de croire qu'ils ne sont pas tout-à-fait éloignés des mêmes sentiments & conduite, comme on a fait voir, & qu'on fera encore bien voir plus amplement par une information qu'on prétend faire tenir, pourvu en avoir le temps. Mais comme ledit Sieur Doyen travaille à les prévenir, & précipiter la chose sans qu'on y puisse avoir le temps d'informer Sa Majesté de ce qu'il s'a passé; faisant imprimer & prétendant publier & afficher la dite déclaration ad valvas, *sans permission ni communication à Sa Majesté, ni aucuns de ses Juges Royaux, les Remontrants s'adressent à cette Cour, qui est l'œil de Sa Majesté en cette Province, la suppliant très-humblement être servie pour la conservation des droits & Jurisdictions de Sa Majesté en faveur du bien & repos public, & pour éviter tous désordres & scandale, d'ordonner au dit Sieur Doyen Maes d'apporter au bureau de cette Cour copie authentique de la dite déclaration, & d'en donner communication aux Remontrants, & ensuite le temps d'en faire leurs très-humble représentation à Sa Majesté, & autre qu'il conviendra; ordonnant cependant au dit Sieur Doyen de surseoir la dite publication par copie ou affiche, pendant un temps moral & suffisant pour informer & représenter comme dit est, & avoir les ordres & volontés de Sa Majesté sur une matiere si importante. Qu'en faisant; &c.*

F. Bernard Maloux, Prieur des FF. Prêcheurs.

F. Albert Fasseau.

F. Bernabé Pelez, Vicaire des Récollets en l'absence du R. P. Gardien.

F. Fulgense Noteau, Lecteur en Théologie.

Bernard de la Waite, Recteur du College de la Compagnie de Jesus.

Léonard Destecbe, de la même Compagnie.

F. Cosmer de Saint Germain, Prieur des Carmes.
F. Philippes Joseph de Sainte Marie, Prieur des Carmes déchaux.
F. Herman Joseph de la Mere de Dieu, Carme déchaussé.
F. Louis de Mons, Vicaire des PP. Capucins de Mons en l'absence du Gardien.
F. Gilles Galliet, Minime en l'absence du Révérend P. Correcteur.

Je ne m'amuserai pas à remarquer en particulier tous les excès de cette requête. Ils sautent aux yeux. Je m'arrêterai seulement à une circonstance, qui fait voir combien l'entreprise de ces Religieux est insoutenable, à quelque Tribunal qu'ils se fussent adressés. C'est qu'ils ont toujours prétendu qu'ils n'étoient point parties contre les Peres de l'Oratoire; mais qu'en étant requis par le Magistrat, & depuis par les Commissaires de M. l'Archevêque, ils avoient dit seulement ce qu'ils en savoient. Ils n'étoient donc, selon eux-mêmes, que témoins dans cette cause. Or a-t-on jamais oui dire qu'un témoin soit partie capable de se pourvoir contre une sentence, dans laquelle on n'auroit ordonné quoi que ce soit contre lui, à cause seulement qu'on auroit absous ceux qu'il auroit voulu rendre criminels par son témoignage?

On n'a donc pas été peu surpris de voir qu'une Cour Souveraine n'ait pas rejeté cette requête comme impertinente. Car, outre ce que je viens de dire, elle est presque toute fondée sur cette fausseté manifeste; que les Ordonnances des Evêques du Pays-bas aient besoin, pour être publiées, du placet du Roi: ce qui n'est requis par les Placards de Sa Majesté que pour les expéditions de la Cour de Rome. Et cette prétention étoit d'autant plus étrange dans cette rencontre, que cette cause avoit été renvoyée par le Conseil Privé à M. l'Archevêque de Cambrai, comme à son juge naturel.

Mais ceux qui savent ce que les Jésuites avoient déja fait faire au Conseil de Mons dans cette affaire, n'ont pas été fort étonnés qu'ils aient eu le crédit d'y faire recevoir cette derniere requête. Dès le mois de Juin dernier ils engagerent ce Conseil à faire une Ordonnance pour empêcher le débit de plusieurs livres, sous prétexte que leur lecture pourroit nuire à la Religion & à la piété. Et les Jésuites y eurent tant de part, & se cacherent si peu, qu'au lieu de mettre au moins pour la forme quelque méchant livre contre les bonnes moeurs, il n'y en a aucun qui ne porte sur le front que c'est la Compagnie qui les a fait défendre, par l'intérêt qu'elle a que personne ne les lise. Ils n'en pouvoient donner de meilleure preuve qu'en faisant mettre de ce nombre; la nouvelle hérésie du Péché philosophique dénoncé à l'Eglise, qu'ils n'ont néanmoins osé nommer, ni

I. CLAS. N°. XIII.

en langue vulgaire ni par son vrai titre ; mais en cette maniere fort polie & fort congrue : *le Traité de Peccatum Philosophicum.* Ainsi les Jésuites ont persuadé à ces Messieurs qu'il étoit de l'intérêt de la Religion que la lecture de cet écrit ne fît pas prendre pour une erreur impie la doctrine du Péché Philosophique enseignée dans leurs Ecoles, quoique leurs Peres de Paris eussent été obligés, pour appaiser l'indignation publique, *de déclarer qu'ils la détestoient comme une hérésie & une impiété exécrable :* & que depuis elle ait été frappée par les anathêmes du Saint Siege.

Après cela on ne doit pas trouver étrange, que ces mêmes Religieux aient pu engager la Cour de Mons à mettre cette apostille sur leur Requête.

Les Gens du Conseil de Sa Majesté en sa dite Cour, ordonnent que la présente soit communiquée au Sr. Doyen Maes, pour avertir ce qu'il trouvera convenir en dedans tiers jours, surséant cependant les affiches & publications ci-mentionnées jusques à autre Ordonnance. Fait à Mons ce 13. Octobre 1690.

Ceux qui avoient présenté cette requête, & l'avoient fait recevoir, crurent par-là avoir rendu inutile une sentence qui ne pouvoit justifier les Peres de l'Oratoire qu'en condamnant leurs calomnies. Et c'est ce qui les porta à en répandre des copies avec l'apostille. Mais il arriva de-là tout le contraire de ce qu'ils prétendoient. Car tous ceux qui lurent cette requête en furent si scandalisés, que les plus modérés disoient, que M. l'Archevêque de Cambrai les devoit déclarer excommuniés, ou du moins les en menacer, si dans trois jours ils ne révoquoient une piece si insolente, si injurieuse à sa dignité, à sa personne & à son Conseil, & si préjudiciable aux droits de l'Eglise. On voit assez que c'est le temps de la guerre qui a été cause qu'on n'en a rien fait. Mais malheur à ceux que l'impunité entretient dans l'impénitence après une action si criminelle !

Pillardi.

Cependant celui qui tenoit alors à Bruxelles par *interim* la place d'Internonce de Sa Sainteté, crut ne devoir pas souffrir cette entreprise du Tribunal Séculier sur l'Ecclésiastique, & il présenta requête au Conseil privé pour s'en plaindre. Le Conseil mit sur la Requête : *Soit communiqué au Conseil de Mons, qui dira dans trois jours par quelle autorité il empêche la publication de la sentence d'un Archevêque dans une cause purement Ecclésiastique.* Cette question disoit tout. On n'y put rien répondre de raisonnable, & on fut obligé de faire dire à M. Maes qu'il avoit tout pouvoir de publier la Sentence ou Mandement de M. l'Archevêque de Cambrai.

Mais il y a dans cette requête des Jésuites & de leurs adhérants une

cho

chose qui vous regarde, Monsieur, en particulier, dont je n'ai encore rien dit. Il falloit qu'ils fussent bien informés de ce que porte votre Avis, & de la maniere dont vous y traitiez les Peres de l'Oratoire, en leur faisant des crimes de bagatelles, & affoiblissant autant que vous pouviez les preuves de leur innocence. Car un de leurs griefs est que la sentence n'est pas conforme aux sentiments de Messieurs les Commissaires. Ce grief suppose qu'ils ont su quel avoit été le sentiment de ces Messieurs, c'est-à-dire, le vôtre. Or ont-ils dû le savoir? On ne s'étonne pas néanmoins, que vous le leur ayiez fait connoître, parce que sans cela, ce n'auroit été les obliger qu'à demi. Mais on ne croit pas, Monsieur, que vous osiez approuver une plainte si déraisonnable. C'est sur les faits duement vérifiés par l'information, que le Juge doit former son jugement, & non pas sur les sentiments particuliers de celui qui l'auroit reçue. Or il paroît par votre Avis même, comme nous verrons dans la suite, que sur tous les points tant soit peu importants, ces accusateurs des Peres de l'Oratoire n'ont pu appuyer leurs calomnies d'aucune preuve valable. C'est donc à quoi Monsieur l'Archevêque de Cambrai a dû s'arrêter, & non aux tours artificieux que la politique vous a fait tirer de votre fond, pour charger les Peres de l'Oratoire, autant que vous avez pu, & décharger leurs accusateurs si évidemment convaincus de calomnie par les informations.

On me vient de mander que le Provincial des Jésuites du Pays Wallon a reçu lettre de son Général; & que ce Général lui ordonne d'écrire à M. l'Archevêque de Cambrai, qu'il a été fort surpris & mécontent de la témérité des Péres de Mons, pour la Requête qu'ils ont présentée à la Cour. Il veut qu'il la désavoue, & qu'il en laisse acte de désaveu entre les mains de mon dit Seigneur. Je n'ai pas appris que cela se soit encore exécuté. Ce sera un exemple rare: car ces Révérends Peres se résolvent difficilement à faire de semblables satisfactions.

I. CLAS. Nº. XIII.

EPISTOLA COMMISSARIORUM IN CAUSA CELEBRI MONTENSI DE SEDANDIS ECCLESIÆ BELGICÆ TURBIS

Ad Illustriss. & Reverendiss. Dominum

ARCHI-EPISCOPUM DUCEM CAMERACENSEM.

Pro omni Apologia adversus Libellum cui titulus:

DIFFICULTÉS PROPOSÉES A M. STEYAERT.

MARTINI STEYAERT PRÆLOQUIUM.

NOn mihi si centum linguæ sint oraque centum, non si ducentæ manus, sufficiam hodie ad respondendum legioni hominum solitâ charitate suâ undique in me insurgentium: quantò minùs sufficiam tantis nunc distentus occupationibus aliis, & in valetudine non admodum firma? Quapropter ne ultimo quidem libello in me edito ab hominibus istis, reponerem amplius quàm tot aliis (nempe verendum *illud quibusdam ipsorum* silentium*) nisi fieri posset sine negotio. Epistolam quam illi impetunt, & particulatim discerptam divulgant, totam edo. Notulis paucissimis in margine eam illustro, & ita Prudentum judicio permitto. Auctorem ejusdem esse me nego; nisi quatenùs manu meâ illam exaravi, sed ex mente Collegarum in eadem Commissione: qui etiam primâ vice descriptæ, seu ut vocant, minutatæ, mutationes admodùm notabiles attulerunt, quibuscum iteratò descripta, ab omnibus nobis subscripta, & ad Illustrissimum ac Reverendissimum Archiepiscopum missa est. Posita sunt in illa, quæ inter nos concorditer concludi potuerunt. Quæ vel ego vel alius nostrûm solus, imò vel duo sine tertio, voluissent; omissa sunt: Ut propterea nulla sit omissio, quæ ulli trium imputari singulariter possit. Atque interim de Omissionibus ego in primis accusor: quasi potuissem quidquid vellem. Nempe hæc de me apud istos Amicos meos est opinio, ut si quid uspiam sit in Belgio, fortè etiam Romæ ac Madriti, id totum ego faciam, vel saltem impedire si velim, possim. Nesciebam equidem ipse me tantæ esse efficaciæ. Quid plura? Sequatur ipsa Epistola; nulla in re immutata, nisi quòd nomina quorum expressio cuiquam detrimento esse posset, sint deleta.*

COPIA

Illustrissime & Reverendissime Domine.

PRovinciam nobis commissam, tametsi valde difficilem, in his præsertim turbis animorumque dissentionibus, libenter amplexi sumus; sperantes fore, ut hâc occasione Illustrissima & Reverendissima Dominatio Vestra, non minus quam Sanctissimus D. N. Papa, ipseque Rex noster potentissimus, præsentibus malis remedium afferant opportunum. Non sine divina providentia simul & clementia factum putavimus, ut in his Hannoniæ partibus præsentes turbæ ad summum venerint; quò sic Ecclesiæ & Reip. Rectores excitarentur tandem ad manum medicam seriò admovendam, non hic tantùm, sed passim per Belgium totum (*a*). Quidquid enim dissimulamus, turbatissimæ sunt res nostræ Ecclesiasticæ: nec jam Scholarum umbrâ coërcetur hoc malum, sed in publicam lucem non sine multorum scandalo & ruina erumpit. Quod quidem luculentiùs Illustrissimæ & Reverendissimæ Dominationi Vestræ ob oculos poneremus, ni sciremus hoc illi persuasissimum esse, & vel ideò ipsam voluisse hoc nobis oneris imponere. Quod ut exequeremur, primò in Oppido Montensi juxta formam quàm potuimus maximè juridicam, probationes excepimus tam testimoniales quàm litterales, quascumque ii quorum interérat adferre voluerunt (*b*); idque ea cum indifferentia ac æquitate, quæ & muneri nostro congruere, & partibus satisfacere visa fuit. Originalia omnia Illustrissimæ & Reverendissimæ Dominationi Vestræ, clausa, signata, & sigillata, ut ipsa voluit, his transmittimus; copiam authenticam pro majori securitate reservantes. Deinde, ut eadem quoque jussit, tenue judicium nostrum adjungimus, sed quod Archiepiscopali Vestræ censuræ quam altissimè subjicimus.

I. CLAS. N°. XIII.

(*c*) Multa iis Articulis contenta, quos Illustrissima & Reverendissima Dominatio Vestra nobis tradi fecit, nonnullis quidem testimoniis fulciuntur, ut Magistratus hujus Oppidi D D. Leodiensibus indicaverat: sed non omnia, attentis præsertim contrariis testimoniis, probari potuerunt, saltem ut inde Patres Oratorii Montensis rei certò haberi in iis debeant. Plurima siquidem nituntur testibus singularibus, ubi nulla præterea adminicula satis accedunt: multa in iis versantur, quæ cùm arcanum pœnitentiæ tribunal concernant, & à circumstantiis particularibus ac passim ignotis pendeant, nullo modo perspicuè dijudicari possunt. Plurima quoque non in ipsos Patres Oratorii, sed in alios qui ipsis adhærere dicuntur, cadunt: quæ utique adhæsio & negari ab ipsis facilè, & ab aliis difficilè probari possit. Denique nullus respondere cogitur pro facto omnium qui sibi quacumque ratione adhærent.

Illud satis probari videtur, reipsa Patres Oratorii Montensis, cæterosque ex Oratoriis illi conjunctis, ut Thudiniensi, Sonegiensi &c. magna ex parte sequi doctrinam & praxim quorundam qui hodie in Belgio & Galliis Jansenistarum vel Rigoristarum nomine vulgò audiunt, seque à communi Religiosorum, præsertim mendicantium, nec non aliorum qui antehac rexerant Sacerdotum, spiritu agendiq; & regendi modo segregant, pleraque omnia ad majorem austeritatem inflectentes: nec ipsi quidem hoc negare velle videntur; & si vellent, patere posset ex multiplicibus & positivis hic adductis testimoniis, item ex rumore communi, qui in talibus, dum tam constans & universalis est, non vanus esse solet. Nec obstant testimonia quædam in contrarium: quia vel plerumque negativa sunt, vel certè data à talibus, (probatissimæ utique vitæ hominibus) in quorum directione vix usu veniunt ea circa quæ est doctrinæ & praxeos differentia; ut sunt dilatio vel negatio absolutionis, & alia hujusmodi: denique quæ ipsimet Patres, Picquery, Bauduin, Delewarde, Maillart, aliique à nobis auditi admittunt; scripta item nobis exhibita & ab illis recognita (atque in primis ipsum scriptum publicum, *Remontrance justificative*, quod ipse P. N. per omnia suum fecit) abundè ejus rei fidem faciunt. Quidquid ergò excessuum in dictis Patribus notari posset, non iis singulare est, sed ferè commune cum cæteris istis: ut proinde idem sit tam pro his quàm illis remedium. Difficile id quidem, at aliqua ex parte non impossibile, si cum Illustriss. & Reverendiss. Dominatione Vestra, cæteri quoque quos diximus Ecclesiæ & Reip. Rectores manum admoverint.

Picquery.

Prima nimirùm cura adhibenda scholis, unde novi Ecclesiæ Ministri prodeunt, ut nihil in ALTERUTRAM PARTEM (*d*) excedens, palàm aut clam tradatur Juventuti, novorum plerumque avidæ: deinde non minor adhibenda cura receptioni ad munia Ecclesiastica, ut ne admittantur ulli de excessu & novitate suspecti; neve saltem tales aliis ferè præferantur, prout (jure an injuriâ) Magistratus Montensis, Binchiensis, Religiosi, aliique passim hic sunt conquesti, præsertim circa quemdam Magistrum N. nuper promotum, postquam ob

Bassecour.

(*a*) *Quod etiam in dies fieri videmus: ipso Illustrissimo D. Cameracensi per Decretum suum etiam Romæ probatum, non parùm eò conferente.*

(*b*) *Quòd plura admissa non sint à D. Consiliario N. (quamquam vix ullam ego in eo partem habui) ideò factum est, quia fuissent plusquam superflua.*

(*c*) *Non magis descenditur ad particularia, quia nostro judicio res nondum erat ad definitivam disposita: & quoad singula Illustrissimus D. Archiepiscopus habebat informationes: quas ipsi mittebamus.*

(*d*) *En ut non solùm in* Rigidiores, *sed &* Laxiores *animadverti desideravimus: specialiùs tamen de Rigidioribus actum est, quia causa instituta erat de his & non de aliis.*

I. CLAS. N°. XIII. *Binch.*

excessus N. fuisset dimissus. Alia remedia speciala esse possent (quæ tamen rursùs precamur ut Illustrissima & Reverendissima Dominatio Vestra non nisi tamquam humillimè sibi ad considerandum suggesta accipere dignetur) 1°. ut librorum Censores in singulis locis ubi Bibliopolæ sunt, strenuè invigilent, ne libri novi, sæpe prohibitæ aut damnatæ lectionis, sine delectu prostent aut in manibus hominum versentur: in primis autem ne ipsi qui ad hoc munus deliguntur, libris talibus faveant; *nam*, ut ait ille, *quis custodiet ipsos Custodes?* 2°. Ut per Superiores invigiletur in homines quosdam etsi non professione Bibliopolas (sed præsertim Sacerdotes & animarum directores) qui in distribuendis & evulgandis talibus libris liberiores sunt: qualis sine dubio ex suo & aliorum testimonio deprehenditur R. P. N. qui etiam circa lectionem librorum prohibitorum multùm aberrat, dum in responso proprio profitetur, libros ejusmodi occultè legi posse, si quis judicet injustè (*à tort*) damnatos, & nullum in illis errorem existere (*). Ut omittamus, tamdiu illum libros prohibitos passim legere absque permissione legitima quam exhibere etiam rogatus potuerit. Quam ob causam & alias ex testimoniis resultantes, in exemplum, potestas illi animas dirigendi, seu Prædicandi & Confessiones audiendi, revocari vel suspendi posset (*e*). Simile quidquam non malè forte statueretur in D. N. qui de libris prohibitis in responso suo etiam non rectè sentit, & in multis præterea aliis non infundatè accusatur, ut ex testimoniis constat. 3°. Rectè per diœcesim mandaretur prælegendus, in Scholis & Catechismis, solus Catechismus ipsius Diœcesis, exclusis omnibus aliis sive impressis sive manuscriptis: idque tum ob uniformitatem & pacem, tum ne nova & peregrina captumque vulgi excedentia per alios Catechismos irrepant. 4°. Meritò Illustrissima & Reverendissima Dominatio Vestra suppressit in oppido Binchiensi conventicula puellarum & fœminarum nova; adeòque periculosa, & ex initio spirituali in finem noxium desinere nata: meritòque curabit ne ampliùs talia etiam cum restrictione aliqua vel regulamento introducantur: vehementer interim rogant dictæ filiæ quæ ante hac conventicula ista egerunt, ut convenientibus modis liberari possint ab opprobrio quod modò sustinent; cùm processerint fide bonâ & quàm optimâ intentione. 5°. Prælectio etiam Scripturæ S. (cum, vel sine explicatione) per fœminas coram aliis fœminis vel puellis facta, meritissimè in hoc Oppido Montensi abolita est, nec minùs meritò curabitur ne resumatur. Sola novitas periculosa sufficit pro ratione. 6°. Quin & lectio promiscua Scripturæ S. vel solius Novi Testamenti in lingua vulgari, etiam inter viros, periculosa videtur, contra Regulam Indicis Tridentini olim receptam, ideòque rectè Pastores & alii rectores monerentur, ut non nisi juxta normam ab Illustrissima & Reverendissima Dominat. Vestra præscribendam, hanc lectionem suis indulgeant. 7°. (**). Versionem autem Novi Testamenti vulgò *Montensem*, pro cujus approbatione olim Illustrissimo *Nemio* turpiter sub & obreptum est, quæque sæpiùs Romæ damnata fuit; utilissimè Illustrissima & Reverendissima Dominatio Vestra Decreto publico è sua diœcesi eliminaret; cùm, ut ex Responsis Patris N. & Domini N. ac aliunde constat, plures eam legant eo prætextu quòd nihil ab Illustrissima & Reverendissima Dominat. Vestra hâc in parte sit decretum aut publicatum. Eodem quoque Decreto comprehendi possent libri quidam alii, & addi generalis monitio abstinendi à libris prohibitis, & scriptis famosis, qualia turbas præcipuè excitare solent; ut patet in *Morali Jesuitarum*, quæ à P. N. distributa, haud dubiè magna ex parte harum turbarum Montensium causa fuit. Fieri quoque mentio posset de Missali Gallico pridem damnato, quod invenimus hic inter manus versari, etsi per partes & sub alio nomine, *Année Chrétienne*.

Picquery, Oratorii Montensis Præpositus.

Picquery Michel.

Picquery.

Circa Patres Oratorii specialius remedium foret, vocare eorum Professores PP. N. & N. ac mandare ut magis sibi & Doctrinæ suæ attendant: inter alia circa notionem libertatis à necessitate, quæ secundùm omnes sufficit ad merendum & demerendum; quamque illi, præsertim ultimus, nimis extendunt; adeò ut hic non nisi difficilimè actus voluntatis indeliberatos à tali libertate excludat; deinde circa mortem Christi pro omnibus, quam N. N. (Oratorii, nominatim Picquery, à nobis examinati, & D. Michel) non satis ad *omnes omninò* extendunt. Circa damnationem 5. Propositionum non satis etiam se explicare audent, & circa cultum B. Virginis saltem obloquiis dant materiam fortè per modum loquendi non satis circumspectum: (*f*) denique

Bauduin & Grauwez.

(*) *Sic is haud dubiè animas dirigebat: postea tamen resipuit.*

(*e*) *Qua in re Illustrissimus Dominus non fecit quod dicebamus eum posse; sed maluit clementioribus uti remediis, quæ nos etiam ad nos ab illo perscripta, libenter probavimus.*

(**) *Hic pupillam oculi quorumdam tetigimus:* hinc illæ lacrymæ.

(*f*) *Dictum hoc est propter plures testes, qui dicebant se nescio qualia in istorum ser* melius foret si PP. Oratorii non admitterent secum Patres ex Gallia venientes, prout P. Piquery fatetur admissum esse Patrem Claret è Gallia profugum ob negotium Formularis.

Ultimum superest, sed non minimum: quod nuper exortum, non Oratorii solùm Patres, sed omnes passim suprà dictos pervasit, admittitque disertè à se non semel practicatum Pater N. nempe quod jam passim à pœnitentibus exigatur, per alios quidem mitiùs, per alios duriùs, ut complicem peccati carnis, præsertim Ecclesiasticum, Confessario revelent, veniamque dent eum Superiori denuntiandi: quod nusquam Pontifices vel Episcopi statuunt, nullibi Sancti aut Doctores tradunt, nisi in casu *sollicitationis* occasione Confessionis; ubi quidem adhuc non Confessarius, sed pœnitens jubetur denuntiare. Ita privatâ auctoritate hoc incipiunt jam multi: quod certe an fieri debeat aut possit, meritò Episcopi consulerentur, illique inter se statuerent, vel etiam consulerent S. Sedem. Magnum quidem malum est, & diu fuit; impuritas ista hominum Ecclesiasticorum, præsertim cum pœnitentibus: sed Ecclesia alia quidem statuit, ut quòd *sollicitans* denuntiari debeat, quòd *complex* complicem absolvere nequeat; sed nusquam saltem innuit, hoc medio, quod aliunde magna secum trahere mala potest, id curandum esse. Cogitari proinde etiam posset quid in P. N. statuendum foret, qui excessum suum etiam fassus est; & super quo sunt notabiles querelæ, ut præsertim patet ex depositione D. Pastoris S. Nicolaï.

I. CLAS. N°. XIII. *Maillard Oratorii Sonegiensis.*

Maillard.

His per provisionem constitutis (nam ad definitivam res nondum disposita apparet) non leve videtur accessurum præsentibus malis remedium (*g*). Placabuntur Patrum Oratorii adversarii, ipsaque plebs passim satis contra illos irritata; ipsi quoque prudentiores fient, aliique sapient illorum exemplo: & si non omnibus, præcipuis tamen incommodis in posterum obviabitur.

De supra citato libello cui titulus *Remonstrance justificative*, nihil specialiùs dicendum putavimus, etsi illum P. N. in responso suo adoptaverit, & alii approbaverint saltem in substantia; etsi etiam plura in eo sint sive quoad doctrinam sive quoad injurias in Magistratum Montensem, minimè appropanda. Ratio nostra fuit, quia liber ejusque errores in oculis omnium sunt; (*h*) deinde quia quantum ad excessus contra Magistratum; tulit liber cum Auctoribus pœnam quam meruisse videbatur.

Picquery.

Atque hæc sunt, Illustrissime & Reverendissime Domine, quæ jussu Vestro suggerere ausi sumus, super iis quæ ex præsentibus informationibus intelleximus. Quanto id fecimus candore animique simplicitate, tantâ rogamus ut Illustrissima & Reverendissima Dominatio Vestra suscipere eàdem velit benevolentiâ: rogaturi Deum, ut solitæ Vestræ prudentiæ, & in rebus etiam maximis strenuitati, adjicere velit pro rebus hisce non minimis vigorem adhuc singularem, quo tanti negotii in Belgio initium & exemplum ponat longè felicissimum. Quod exoptant cum omni præterea in utroque homine felicitate,

Illustrissime & Reverendissime Domine &c.

Montibus... Jul. 1690. N. N. MARTINUS STEYAERT.

CONCLUSIO.

Atque hæc sunt quæ modestè & breviter, hoc est pro otii mei ratione, reponenda duxi hominibus, quibus cum aliàs nullus erit scribendi finis. Sed & vicissim nullus mihi finis erit (scribant faciantque quod voluerint & potuerint) agendi quæ mihi agenda existimo, uti & patiendi quæ pati me interim ab illis voluerit Deus. Statuant in me exemplum, quid expectare debeat qui ipsis publicè & retectâ fronte obniti audet: statuam ego exemplum, quid per eum fieri possit, qui neque timendo ab ipsis contumelias, neque sperando ab aliis privatas utilitates, utrisque se superiorem, & ad rectè ac fortiter agendum, liberrimum, in Domino gloriatur. Vidit F. M. H. L. C.

---

monibus audivisse; quæ colligebamus malè intellecta, sed occasione modi loquendi non satis circumspecti. Saltem suspicionem Nestorianismi satis tollit, qui nonnisi modum non satis circumspectum suspicatur: fortè.

(*g*) *Esset hoc consilium politicum Pilati, si æquè ut Christus D. innocentes fuissent hi de quibus agitur. Nos verò longè aliud judicabamus, & judicamus modò.*

(*h*) *Id est, legi, & examinari possunt: ut propterea non caderent sub informationem nostram, de rebus ex testium depositione pendentibus.*

I. Clas. N°. XIII.

DIFFICULTÉS

PROPOSÉES À M. STEYAERT

SECONDE PARTIE.

Sur le dessein qu'a eu M. Steyaert de faire retomber les troubles de la ville de Mons sur les Prêtres de l'Oratoire, & d'en d'écharger les Echevins.

AVERTISSEMENT.

DAns la premiere partie de ces Difficultés j'ai parlé des héréfies fur le fujet de la Sainte Vierge, impofées aux Peres de l'Oratoire par les Echevins de Mons, qui eft le premier chef des accufations contre ces Peres que j'ai entrepris d'examiner.

J'ai cru en devoir parler d'abord, parce que j'avois befoin de quelques faits inconteftables, pour appuyer ce que j'avois à vous dire du deffein qu'il paroît que vous avez eu de rejeter fur ces Peres la caufe des troubles de la ville de Mons, & d'en décharger les Echevins, qui n'ont rien fait que de concert avec les Jéfuites leurs bons amis.

On ne peut douter que vous n'ayiez eu ce deffein, quand on confidere d'une part ce que vous dites contre la *Remontrance Juftificative* de ces Peres ; & de l'autre, le confeil que vous donnez à M. l'Archevêque de Cambrai, de ne point juger définitivement cette affaire, mais de punir provifionnellement les Peres de l'Oratoire; comme n'y ayant point de meilleur moyen de faire ceffer ces brouilleries que *d'appaifer leurs adverfaires.*

C'eft ce que je traiterai dans cette feconde Partie, en y ajoutant ce que vous dites en général de la qualité des preuves dont les Echevins ont dû appuyer leurs accufations, pour n'être pas regardés comme de faux accufateurs; parce que c'eft de-là qu'on peut juger s'ils ont eu un jufte fujet de fe plaindre de la *Remontrance.*

I. CLAS. N°.XIII.

XVI. DIFFICULTÉ.

AVant que d'examiner ce que vous dites des autres chefs d'accusation contre les Prêtres de l'Oratoire, je crois devoir parler du jugement que vous portez à la fin de votre Avis de l'écrit qu'ils ont adressé au Chapitre de Liege, pour se justifier des calomnies dont le Magistrat de Mons les avoit noircis, dans la lettre qu'il lui avoit écrite, à l'instigation des Jésuites.

Cet écrit a pour titre; *Remontrance Justificative des Prêtres de l'Oratoire de Jesus, à Messeigneurs du très-noble & très-illustre Chapitre de l'Eglise Cathédrale de Liege.*

Il y a long-temps qu'un écrit de cette nature n'a reçu une approbation plus générale, non seulement à Liege, où il parut d'abord, mais dans les Pays-bas, en France, & à Rome. Il dissipa tellement tous les nuages des fausses accusations touchant la doctrine & la conduite de ces Peres, sur lesquelles les Jésuites avoient fondé l'opposition qu'ils avoient fait faire à leur admission dans la ville de Liege, que ceux du Chapitre qui ne voulurent point révoquer la résolution qu'on y avoit déja prise de ne les point admettre, déclarerent plus expressément qu'ils n'avoient encore fait, que ce n'étoit point à cause des bruits désavantageux qu'on y avoit fait courir de leur doctrine & de leur conduite; mais seulement à cause du temps de la guerre, & des circonstances, qui ne souffroient pas que l'on pensât à aucun établissement nouveau.

Ceux qui ne s'étoient pas laissé prévenir par ces calomnies, ayant en main une piece qui les détruisoit avec tant de force & tant de lumiere, faisoient voir aux autres le tort qu'ils avoient eu de les croire si facilement. La plupart le reconnoissoient, & quelques-uns ne demeuroient dans le doute, que parce que les Jésuites les assuroient qu'on verroit bientôt la réfutation de la Remontrance, & qu'ils avoient de quoi prouver tout ce qu'on avoit dit des Prêtres de l'Oratoire. C'est en effet ce qui étoit nécessaire pour empêcher que cette Remontrance n'eût l'effet qu'elle a eu jusques ici, & que tout le monde ne demeurât persuadé que tout ce que vos Echevins ont avancé dans leurs lettres pour déchirer la réputation des Prêtres de l'Oratoire, ne sont ou que des reproches très-mal fondés; ou que des mensonges & des calomnies. Il falloit donc y répondre & apporter de bonnes preuves de ce qu'on avoit soutenu dans la Remontrance avoir été avancé sans preuves, afin que ceux qui

I. CLAS. N°. XIII.

l'auroient lue pussent changer de sentiment. Mais cette réponse ne paroissant point depuis dix mois qu'on la promet, n'est-ce point une forte présomption, qu'il n'y en a point à attendre, parce qu'il n'y eut jamais de cause plus déplorée que celle que l'on voudroit y soutenir?

Cependant vous avez trouvé un moyen qui ne vous a guere coûté, de mettre en poudre la Remontrance. Quatre ou cinq lignes vous ont suffi, & vous employez dans ces quatre ou cinq lignes quatre machines: un mépris dédaigneux, une accusation d'injures très-mal fondée, des erreurs imaginaires que vous supposez qui sautent aux yeux, & le bourreau des Echevins de Mons. L'invention est rare. Il faut que le public ait le plaisir de la voir en vos propres termes.

De supra citato libello, cui titulus Remontrance Justificative, *nihil specialius dicendum putavimus; & si illum P. Picquery in Responso suo adoptaverit, & alii approbaverint, saltem in substantia; & si etiam plura in eo sint, sive quoad doctrinam, sive quoad injurias in Magistratum Montensem, minimè approbanda. Ratio nostra fuit, quia liber ejusque errores in oculis omnium sunt; deinde quia quantùm ad excessum contra Magistratum, tulit liber cum auctoribus pœnam quam meruisse videbatur.*

« Nous n'avons pas cru devoir rien dire de particulier du libelle in-
„ titulé: *Remontrance Justificative*, quoique le Pere Picquery l'ait adoptée
„ dans sa Réponse, & que les autres l'aient approuvée, au moins quant
„ à la substance. Ce n'est pas qu'il n'y ait beaucoup de choses dans cet
„ écrit, & quant à la doctrine, & quant aux injures contre le Magistrat
„ de Mons, qu'on ne sauroit approuver. Mais la raison que nous avons
„ eue de n'en rien dire est; 1°. Que c'est un livre que chacun peut
„ lire, & dont les erreurs sautent aux yeux de tout le monde. 2°. Parce
„ qu'à l'égard des excès contre ce Magistrat, il a reçu avec ses Auteurs
„ la peine qu'il sembloit mériter ".

Permettez-nous de faire un peu de réflexion sur ces quatre ou cinq Oracles. Vous faites si peu d'état de cette Remontrance, *que vous n'avez pas daigné en rien dire de particulier.* Je ne sais si d'habiles gens qui en ont jugé d'une autre sorte seront assez humbles pour changer d'avis sur votre parole, en se rendant à ce mépris dédaigneux. C'est à quoi il n'y a guere d'apparence.

Vous paroissez étonné *que le Pere Picquery & ses confreres aient adopté ou approuvé* une si chétive piece. C'est qu'ils ne sont pas si degoûtés que M. Steyaert; & ils ne seront peut-être pas les seuls qui s'imagineront que les Jésuites vous seroient bien obligés si vous y vouliez faire

faire une réponse qui pût être aussi-bien reçue du public que l'a été cette Remontrance.

I. CLAS. N°.XIII.

Vous prétendez *qu'on ne sauroit approuver les injures qu'on y a dites au Magistrat de Mons.* On pourra bientôt vous faire voir qu'on peut encore moins approuver les louanges que vous leur donnez; & que vous aurez un plus grand compte à en rendre à Dieu, qu'on n'en aura de ce qu'on a dit de leur conduite si irréguliere & si peu chrétienne.

Vous supposez *qu'il y a aussi dans ce livre, plusieurs mauvaises choses quant à la doctrine.* Quatre ou cinq exemples de ces prétendues mauvaises doctrines auroient plus satisfait le public. Car quelque grand Docteur que vous pensiez être, je ne le vois pas disposé à se payer à votre égard de l'αὐτὸς ἔφα, dont les disciples de Pythagore se contentoient à l'égard de leur maître.

Il est vrai que vous ajoutez, *que cela n'étoit pas nécessaire, parce que chacun peut lire ce livre, & que ses erreurs sautent aux yeux de tout le monde.* Il faut donc que le proverbe, *plus vident oculi quàm oculus*, se soit trouvé faux dans cette rencontre. Car il y a bien des gens qui ont lu cette Remontrance avec deux bons yeux, qui n'y ont point vu ces erreurs, & qui seroient d'humeur à vous sommer de les leur montrer.

Enfin la plus forte des raisons qui vous ont fait croire que ce livre ne méritoit pas que vous en parlassiez, c'est que vos Echevins de Mons, qui disposent de leur bourreau comme il leur plaît, lui ont commandé de le brûler; & que par-là *le livre & son Auteur ont été suffisamment châtiés.* Rien n'est plus indigne d'un Docteur, que d'avoir allégué cette raison contre un livre aussi estimé que l'a été par-tout la *Remontrance Justificative.*

Quand un livre est déja décrié ou pour sa malignité, ou pour des maximes de libertinage, ou pour des infamies contraires aux bonnes mœurs, ou pour de méchantes opinions contraires à la saine doctrine qui est selon la piété, ou pour des erreurs qui blessent la foi, ces sortes de flétrissures peuvent servir à le décrier encore davantage, & à en donner plus d'aversion aux simples qui s'en pourroient empoisonner. Mais quand au contraire le jugement du public est pour un livre, & que le bruit qui s'est répandu dans le monde depuis qu'on l'a lu, est qu'ayant été entrepris par la nécessité d'une juste défense, il ne contient rien qui ne soit très-à-propos, très-solide & très-chrétien, c'est la derniere bassesse, d'alléguer contre un si fort préjugé, une misérable sentence de la partie intéressée qui s'est fait justice à elle-même en le condamnant au feu.

La maniere dont vous en parlez, ajoute à cette pauvreté une absurdité particuliere. Car qu'entendez-vous, en disant, que *le livre & ses Auteurs ont reçu par-là, la punition qu'ils sembloient mériter?* Est-ce qu'on auroit fait des hommes de paille qui représentoient ces Auteurs pour les brûler avec le livre, ou qu'on les brûloit en effigie pendant qu'on brûloit le livre en réalité? Ce n'est pas apparemment cela: c'est seulement que vous avez cru que l'Auteur de ce livre étoit perdu de réputation par cette belle sentence de vos Echevins. Et c'est en quoi vous vous trompez encore davantage. Mais pour vous guérir de cette erreur, il faut traiter cette matiere avec un peu plus d'étendue, & ce sera le sujet d'une nouvelle Difficulté.

XVII. DIFFICULTÉ.

N'Ayant pu rien alléguer de particulier contre *la Remontrance Justificative*, qui ait pu faire changer la bonne opinion que le public en avoit, en une mauvaise; je vous l'ai déja dit, & je vous le dis encore une fois, ç'a été une grande bassesse, d'apporter pour raison du mépris que vous en faisiez, & que vous vouliez qu'on en fît, que vos Echevins de Mons l'avoient condamnée au feu. Car il faut, pour avoir eu cette pensée, que vous ayiez raisonné en cette maniere.

Tout livre condamné à être brûlé par quelque Juge que ce soit peut être regardé comme un méchant livre, & on a droit d'en parler avec mépris, & de dire de l'Auteur qu'il a reçu par cette flétrissure de son livre la peine qu'il méritoit.

Or la Remontrance Justificative des Peres de l'Oratoire contre les accusations calomnieuses des Echevins de Mons, a été condamnée au feu par ces mêmes Echevins.

Donc j'ai eu droit de dire tout ce que j'ai dit & de ce livre & de son Auteur.

Mais comment est-il possible que vous ayiez pris pour vraie la premiere proposition de cet argument, & que vous n'ayiez pas vu que les circonstances particulieres du fait dont il s'agit, en découvrent clairement la fausseté? Ce sont deux points sur lesquels vous trouverez bon que l'on vous instruise, puisqu'il paroît que vous n'y avez pas fait assez d'attention. Quelques exemples suffiront pour le premier.

La peur que vous témoignez avoir de passer pour Janséniste, n'empêchera pas sans doute que vous n'approuviez ce qu'on a dit du Com-

mentaire de M. Jansénius sur les Evangiles: " Que c'est peut-être la
„ piece la plus achevée qui se soit faite en ce genre-là dans ces derniers
„ siecles, & la plus remplie dans sa briéveté d'explications solides, pieuses,
„ & naturelles, & qui inspirant encore davantage la piété que la science,
„ fait le plus entrer dans le vrai esprit de l'Evangile. Aussi quelque
„ chaleur qu'ait témoigné contre cet Evêque une Compagnie entiere,
„ elle s'est bien gardée d'attaquer un ouvrage si généralement approuvé,
„ ni d'en demander la condamnation". On ne croit pas aussi que vous
improuviez l'indignation qu'on a témoignée de l'attentat de M. Mallet
contre cet excellent livre, & qu'on en ait parlé en ces termes. " Tous
„ les gens de bien de Rouen virent avec gémissement, mais dans un
„ profond silence, tant la terreur de ce nouvel Inquisiteur de la foi
„ avoit saisi tous les esprits: ils virent, dis-je, l'infame main d'un bour-
„ reau jeter au feu, par l'ordre du Magistrat séculier, l'Evangile de
„ Jesus Christ, très-saintement expliqué par un Saint Evêque, sur la re-
„ quisition de ce Docteur, comme il est porté par la sentence même,
„ qui ne sera regardée dans la postérité, si elle passe jusqu'à elle, que
„ comme l'opprobre de notre siecle". Le Magistrat de Rouen, & M.
Mallet Docteur de Sorbonne, Vicaire Général, Chanoine & Archidiacre
de cette Eglise Métropolitaine, valent bien sans doute les Echevins de
Mons & les Jésuites leurs instigateurs, & ils avoient autant de droit de
vouloir qu'on les épargnât. Mais on a été plus sage à Rouen. Le Magistrat ne s'est point avisé d'ordonner que le livre où l'on parloit si
fortement de ce que le zele indiscret d'un Docteur si qualifié leur avoit
fait faire, fût brûlé par leur bourreau. Ils ont cru que le meilleur parti
qu'ils avoient à prendre étoit de se taire, & de réparer par-là la faute
qu'ils avoient commise par un méchant conseil. C'étoit au moins ce
que devoient faire vos Echevins à l'égard de la Remontrance; & non
pas se faire justice dans la plus méchante cause qui fut jamais. Quoi
qu'il en soit, cet exemple fait voir qu'il y a bien des gens qui trouveront aussi ridicule, que vous alléguiez ce que ces Echevins ont fait
faire par leur bourreau contre la Remontrance Justificative, comme une
bonne raison du mépris que vous en faites, que si quelque apologiste
de M. Mallet s'avisoit d'alléguer ce qui a été fait par le bourreau de
Rouen, contre le Commentaire de M. Jansénius sur les Evangiles, pour
montrer que ce Docteur a eu raison d'en parler comme d'un fort méchant livre.

I. CLAS. N°.XIII.

On sait, Monsieur, avec quel zele vous travaillâtes à Rome à faire
condamner le méchant livre que les Jésuites avoient opposé à celui de
Wendrock, sous le nom de Bernard Stubrock, qui fut en effet condamné.

I. CLAS. N°. XIII.

On a ignoré long-temps qui en étoit l'Auteur; mais on a su depuis que c'est le P. Honoré Fabry Jésuite, qui pour cette raison l'a inséré tout entier dans sa grande Apologie pour la Théologie Morale de sa Société, que tout le crédit de ce puissant corps n'a pu aussi empêcher qui ne fût condamné. Cela fait croire que vous avez pour le livre de Wendrock toute l'estime qu'en a le public, par où j'entends ceux qui en ont jugé sans prévention, & qui ont admiré dans ce livre, l'éloquence, la politesse, l'érudition, la justesse des raisonnements, la fidélité des citations, & sur-tout une lumiere non commune pour établir les vrais principes de la Morale Chrétienne, & une très-solide réfutation des principaux égarements de la morale relâchée. Croiriez-vous donc qu'il n'y auroit autre chose à faire pour décrier un si bel ouvrage, que d'alléguer une pareille brûlure procurée par le P. Annat, dans le dépit qu'il avoit de ne l'avoir pu faire condamner par le Parlement de Bordeaux?

On peut faire la même réflexion sur les *Lettres Provinciales.* Les Jésuites criaillerent tant d'abord, que la doctrine de leurs Auteurs y étoit infidellement rapportée, qu'il ne leur fut pas difficile d'engager la Cour de France à obtenir de celle de Rome qu'elles fussent mises dans l'*Index.* Mais Wendrock en ayant vérifié toutes les citations, & justifié tous les endroits où ils prétendoient qu'on les avoit calomniés, on n'a plus depuis voulu toucher à ces mêmes Lettres traduites en latin d'une maniere si exacte & si élégante, pas même quand on censura ce que le Pere Fabry avoit écrit contre Wendrock, sous le nom de Bernard Stubrock, ainsi que j'ai déja dit. Mais pour revenir aux Lettres originales, elles sont d'une beauté & d'une éloquence si naturelle & si achevée, qu'elles feront l'admiration de toute la postérité; sans parler du fruit que l'Eglise en a reçu, par l'horreur qu'elles ont fait avoir d'une infinité de déréglements dans la morale, à quoi peu de personnes avoient eu attention. Cependant les Jésuites sachant bien qu'il leur seroit impossible d'obtenir rien contre ces Lettres, des Magistrats de Paris qui les estimoient infiniment & en faisoient leurs délices, ils s'aviserent de s'en plaindre au Parlement d'Aix, où elles étoient à peine connues; & ils les y firent brûler sur l'assurance qu'ils donnerent, que la doctrine qu'on y blâmoit n'étoit point de leurs Auteurs, mais qu'on la leur avoit malicieusement attribuée par de fausses citations. Je vous supplie donc, Monsieur, de nous dire, si les Jésuites pourroient prétendre sans se faire moquer d'eux, qu'après l'Arrêt de ce Parlement contre les Provinciales, ils n'ont plus à se mettre en peine de répondre à ce qu'on y dit contre les excès de leurs Casuistes. Est-ce que l'Arrêt d'un Parlement est de moindre autorité que la sentence de vos Echevins?

Vous direz peut-être que cette sentence est mieux fondée. Et moi je vous dis qu'il n'y en eût jamais de plus mal fondée. C'est le second point qui nous reste à examiner.

On demeure d'accord que les Magistrats peuvent se faire justice à eux-mêmes pour soutenir leur autorité & leur jurisdiction, en punissant ceux qui y sont soumis, lorsqu'ils en auroient été traités injurieusement dans l'exercice de leurs charges.

Mais il n'y a rien de tout cela dans ce cas-ci. Car on vous soutient, 1°. Qu'il n'y a rien dans la Remontrance que vos Echevins aient pu prétendre leur être injurieux, puisqu'on n'y a dit que ce que le droit naturel & divin obligeoit des Prêtres de dire pour défendre leur honneur & leur réputation, contre des accusations de crimes atroces & même d'hérésie, en quoi il n'est pas permis d'être patient, selon les Saints Peres. 2°. Que les personnes qui se sont justifiés par la Remontrance contre leurs calomnies, ne sont point soumis à leur jurisdiction dans les choses dont il s'agit, qui est leur doctrine & leur conduite dans l'administration des Sacrements. 3°. De quelque sorte qu'ils aient été traités dans cet écrit, ce n'a point été à cause de ce qu'ils auroient fait dans l'exercice de leur charge, mais pour s'être mêlés de ce qui ne les regardoit pas, & qu'ils devoient renvoyer à leur Archevêque. Ils n'ont donc point eu de droit de venger comme fait contre leur Magistrature, ce qui n'avoit été écrit que contre leurs personnes.

On n'a besoin pour justifier tout cela que d'un seul passage de la Remontrance, qui étant le plus fort de tout ce qu'on a eu à dire contre les entreprises de ces Echevins, a pu être regardé comme le plus injurieux, par ceux qui les ont portés à s'en venger par la main de leur bourreau.

C'est dans le troisieme Article, où l'on parle *de l'entreprise du Magistrat de Mons dans son information.* On y déclare, avant que de traiter de ce point, ce que l'on entend par ce Magistrat, & on le fait en ces termes.

“ En parlant de ce Magistrat nous supplions vos Seigneuries, d'être „ averties que nous sommes bien éloignés d'y comprendre tous ceux „ qui le composent aujourd'hui. Il y a de ce nombre, qui est de huit „ ou dix, des personnes fort sages, & fort Chrétiennes, qui ont hor- „ reur de tout ce qui se fait sous leur nom en cette occasion, ayant „ résisté en face à ceux qui en sont les auteurs, & qui s'étant rendus „ maîtres des affaires emportent tout malgré l'opposition des gens de bien.

Afin que cela fût injurieux à ce Magistrat, il faudroit que cela ne fût pas vrai. Or on est bien assuré que les auteurs de cette informa-

I. CLAS. N°.XIII.

tion n'oseroient soutenir, que tout s'est passé dans cette affaire d'un commun consentement, sans qu'aucun de leur corps y ait trouvé à redire. Voici comme on parle ensuite de ceux qui s'en étoient rendu les maîtres.

„ Ils entreprirent donc, sans se mettre en peine de l'immunité ecclé-„ siastique, ni des droits de leur Archevêque, ni des Canons des Con-„ ciles, ni en particulier de celui de Cambrai de 1586, ni des Ordon-„ nances de Sa Majesté qui en appuyent l'exécution par son autorité „ royale: ils entreprirent, dis-je, l'information qui est irréguliere en „ toutes façons ".

On réfute ensuite l'illusion qu'ils ont employée dans leur lettre, pour se mettre à couvert de ce reproche qu'ils ont bien prévu qu'on leur feroit.

" Ils ont beau dire qu'ils se sont enquis de la vérité, *sans s'être „ émancipés par aucune information ni actes juridiques de connoître de „ leurs mœurs & doctrine, beaucoup moins les citer* (les Ecclésiastiques „ séculiers & réguliers) *devant nous; mais seulement de savoir d'eux la „ vérité pour s'en servir pour le bien & repos public; & rien plus.* „ C'est une pitoyable défaite. C'est ajouter l'insulte à l'attentat. C'est „ dépouiller leur Archevêque & l'Eglise de leurs droits naturels, en „ protestant qu'ils ne prétendent pas les en dépouiller. C'est une pro-„ testation contraire à leur action, & qui ne fait rien, selon le Droit. „ *Protestatio facto contraria, quæ nihil operatur.* Car qu'appellent-ils „ une information, sinon une enquête faite par l'autorité d'un Magistrat, „ en faisant comparoître certaines personnes devant eux ou leurs Officiers, „ en les requérant de dire la vérité, & en faisant recevoir les déposi-„ tions par un Greffier d'office assisté de deux adjoints, afin qu'il ne man-„ quât rien à la forme de l'ordre judiciaire? *Nous avons*, disent-ils, *appellé „ les Doyens, les Supérieurs des Ordres réguliers, & les principaux „ Théologiens d'entr'eux, & les avons requis de nous dire la vérité sur „ ces points.* Qu'auroit pu faire autre chose Monseigneur l'Archevêque? „ Et qu'y a-t-il là qui n'ait tout l'air & tous les caracteres d'une infor-„ mation juridique? Qu'y manque-t-il enfin sinon l'autorité, dont le „ seul défaut en fait une entreprise visible contre l'Eglise "?

On fait ensuite remarquer que vos Echevins n'ont pas été moins hardis à mépriser les ordres du Conseil du Roi, qu'à entreprendre sur les drois de l'Eglise.

" Ils prétendront peut-être s'excuser sur leur bonne foi. Mais com-„ ment le pourroient-ils faire, eux qui ont commis cet attentat; ou au „ moins qui en ont produit le fruit dans un acte signé de leur Greffier, „ après avoir reçu les ordres du Roi, qui les obligeoient à suspendre „ toutes choses? Car cet ordre est du 20. Février, & leur acte du 4.

„ Mars. Mais il paroît bien que leur foumiffion à l'autorité royale, & „ leur refpect pour celle de leur Archevêque vont à peu près de même pied". On a été obligé de repréfenter auffi de grands manquements de fincérité dans l'information de vos Echevins. C'eft ce qu'on fait en ces termes.

I. CLAS. N°. XIII.

" Outre l'irrégularité, & le vice de l'information dans fon principe, „ il fe trouve encore qu'ils y ont procédé de la maniere du monde la „ plus injufte, & qui découvre plus vifiblement la paffion & le deffein „ formé de perdre ceux dont ils informoient. Car au lieu que dans une „ information faite de bonne foi, avec équité & fans mauvais deffein, „ on reçoit auffi-bien les dépofitions favorables que celles qui ne le font „ pas, & qu'on doit également produire ce qui eft à la charge ou à „ la décharge; ces Meffieurs n'ont produit, autant que nous en pou- „ vons juger par leur réponfe, que ce qui alloit à noircir les Prêtres „ de l'Oratoire, & ont fupprimé tout ce qui les juftifioit au moins en „ quelques points. On fait par exemple que le P. Fafleau Dominicain, „ qui d'ailleurs ne leur eft pas trop favorable, a déclaré; *que fur la ma- „ tiere de la grace, les Prêtres de l'Oratoire n'ont point d'autre doctrine „ que les Dominicains*. Mais ils ont bien vu qu'un témoignage fi pofitif „ effaçoit toutes les calomnies fur les matieres de la grace, dont ils „ vouloient remplir le réfultat de leur information. On eft encore affuré „ que d'autres Eccléfiaftiques & réguliers, qui ont appréhendé de fe faire „ des affaires en ne fe préfentant pas devant le Greffier, ont dépofé „ d'une maniere favorable à l'Oratoire, ou au moins ont déclaré n'avoir „ rien à dire à leur charge. Tout cela fe paffe fous filence par cet équi- „ table Magiftrat: tant il y a peu de fûreté, Meffeigneurs, à fe fier à „ la bonne foi de ces gens-là: tant il paroît qu'ils n'ont eu en vue „ que de venir à bout du tragique deffein qu'ils méditoient contre l'O- „ ratoire. Leur fincérité dans le rapport de leur information eft fi grande, „ qu'il femble à les entendre, qu'il n'y a eu perfonne d'entre les Doyens, „ Curés, Eccléfiaftiques, ou Réguliers qui n'ait comparu & dépofé „ contre l'Oratoire. Cependant il eft certain, que le principal de tous „ n'y a eu aucune part; c'eft-à-dire M. Maes, Pafteur de Ste. Elifabeth, „ Doyen de la Chrétienté, & Commiffaire de M. l'Archevêque de Cam- „ brai dans le Hainaut. Car loin de comparoître devant les Officiers du „ Magiftrat, il a protefté contre cette affignation & convocation irré- „ guliere. Et fi on avoit communication des dépofitions, on trouveroit „ peut-être que quelques-autres s'en font auffi difpenfés, & que plufieurs „ de ceux qui ont comparu, portoient fur le front des caracteres vi- „ fibles de récufation & de reproche".

Enfin, ce qu'on n'a pu paffer fous filence, eft la maniere outrageufe

I. CLAS. N°. XIII.

dont ces Messieurs ont traité M. l'Archevêque de Cambrai. On sera bien aise, Monsieur, de savoir ce que vous aurez à dire pour excuser un si grand excès.

“ Mais ce qui rend encore plus insupportable l'attentat de ces Echevins, „ c'est que quelque protestation qu'ils fassent, & qu'ils aient faite à M. „ l'Internonce, après qu'on s'en est plaint publiquement, de n'avoir „ point voulu porter la main à l'encensoir, ils font connoître eux-mê- „ mes par leur écrit tout le contraire de ce qu'ils disent, & il est évi- „ dent qu'ils ont voulu opposer leur information à l'information de M. „ l'Archevêque. Car ils reconnoissent que ce Prélat avoit fait l'été der- „ nier (à l'occasion de l'affaire de Jeanne Thomas) des informations au „ sujet des Peres de l'Oratoire, & que ce Prélat avoit par devers lui ces „ informations: *Nous nous sentons obligés*, disent-ils, *d'ajouter que nous* „ *avons trouvé admirable* (c'est-à-dire fort étrange) *que le Seigneur Ar-* „ *chevêque de Cambrai leur ait donné le certificat, dont ils ne manqueront* „ *pas de se prévaloir en votre lieu, après avoir vu auparavant les dé-* „ *clarations que lui ont faites par ses ordres lesdits Ecclésiastiques.* Ils sa- „ voient donc ces Messieurs. 1°. Qu'il y avoit une information faite par „ M. l'Archevêque. 2°. Que les Ecclésiastiques de Mons, c'est-à-dire tous „ ceux qu'ils ont cités pour comparoître devant eux, avoient envoyé „ leurs dépositions à ce Prélat. 3°. Que ces informations regardoient „ l'Oratoire. 4°. Que M. l'Archevêque avoit par ce moyen été informé „ de tout ce qui se disoit de leur doctrine, de leurs mœurs & de leur „ conduite. 5°. Qu'enfin par cette connoissance pleine & juridique, „ après y avoir fait attention durant sept ou huit mois, après avoir con- „ sidéré sa conscience, & ce qu'il devoit à la vérité, ce Prélat s'est cru „ obligé *d'affirmer* & *d'attester* par un certificat en bonne forme, scellé „ de son sceau, souscrit de sa propre main, & au bas par son Secretaire: „ *Que les PP. de l'Oratoire, tant à Mons qu'à Maubeuge, servent fort* „ *utilement dans son Diocese; qu'il n'y a rien dans leurs mœurs & dans* „ *leur conduite dont on ait raison d'être blessé, & qu'ils font profession* „ *de n'avoir point d'autre doctrine que celle de l'Eglise.* Ils savoient tout „ cela ces Messieurs les Echevins, & ils en rendent eux-mêmes témoi- „ gnage. Et pourquoi donc, Messeigneurs, quand vous leur avez fait „ l'honneur de les consulter, n'ont-ils pas eu recours à M. l'Archevê- „ que, afin d'apprendre de la bouche de leur Pasteur, qui sans doute „ connoît ses brebis mieux qu'ils ne peuvent faire, & à qui rien de tout „ ce qui a été dit des Prêtres de l'Oratoire par ceux qui ont déposé de- „ vant les Echevins n'étoit inconnu; pourquoi n'ont-ils pas voulu aller „ à l'enquête de la vérité par ce canal si naturel, & qui leur est donné

de

„ de Dieu? Pourquoi, par un attentat schismatique, ont-ils foulé aux „ pieds son autorité & entrepris de faire par eux-mêmes une informa- „ tion? Vous le touchez au doigt, Messeigneurs, vous voyez bien que „ c'est parce qu'ils n'ont pas cru ce qu'avoit fait ce Prélat conforme à leur „ pernicieux dessein, qui étoit d'accabler l'Oratoire par leurs calomnies ".

Voilà ce qu'il y a de plus fort dans toute la Remontrance: & ce ne peut être que sur cela que vous avez fondé votre accusation d'injures. Mais afin qu'elle fût bien fondée, il faudroit que vous pussiez prétendre, ou que ce qu'on dit de ces Messieurs n'est pas vrai; ou que, quoique vrai dans le fait, il n'y a eu rien de blâmable dans leur conduite; ou qu'on n'étoit point obligé d'en parler; ou enfin que la dignité de ces Messieurs est si éminente, qu'il falloit chercher des termes plus doux pour représenter leurs excès.

On vous attend, Monsieur, sur les trois premiers points. Sur la vérité du fait; sur l'atrocité de l'injure qu'on a repoussée, & sur l'obligation qu'on a eue de le faire.

Mais pour le dernier, qui est qu'on a blessé leur dignité, ils se sont ôté eux-mêmes le moyen de s'en servir. Car sur la plainte que leur a faite M. l'Internonce qu'ils entreprenoient sur les droits de l'Eglise, ils ont répondu qu'ils ne faisoient point d'acte juridique. Ce n'est donc point, selon eux, comme Juges qu'ils ont agi dans cette affaire: ce n'est que comme personnes privées. Et par conséquent quoi qu'on ait dit d'eux, on n'a point blessé leur Magistrature annale, qui ne leur donne point de droit de se faire Inquisiteurs de la doctrine des Prêtres, & de contrôler leur conduite dans l'administration des Sacrements. A quoi on peut ajouter; qu'il leur sied fort mal de se plaindre qu'on a manqué de respect envers eux, lorsqu'ils ne se sont attirés ce qu'on a dit d'eux, que pour en avoir eux-mêmes manqué à leurs Supérieurs temporels & spirituels; leur Roi & leur Archevêque. Mais comme ce qui a rapport à M. l'Archevêque de Cambrai vous peut regarder en particulier, je crois le devoir traiter à part.

XVIII. DIFFICULTÉ.

ON n'a besoin ni d'adresse, ni d'éloquence, mais d'un simple récit du fait, pour mettre ce point dans tout son jour.

1°. Messieurs vos Echevins avouent que les dépositions sur lesquelles ils se sont fondés pour écrire tant de mal des Prêtres de l'Oratoire,

I. CLAS. N°.XIII.

avoient été mises long-temps auparavant entre les mains de M. l'Archevêque de Cambrai.

2°. Ils reconnoissent aussi que ces dépositions ayant été examinées par cet Archevêque, cela n'a pas empêché qu'il n'ait donné un certificat très-avantageux à ces Peres.

3°. Mais ce qu'ils concluent de ces deux faits, dans leurs lettres à Messieurs de Liege, est qu'il est bien étrange, que M. l'Archevêque ayant lu & examiné ces dépositions, au lieu d'en conclure comme eux, *qu'on doit regarder ces Peres comme des ennemis du culte de la Sainte Vierge, comme des Nestoriens qui ne lui veulent pas donner la qualité de Mere de Dieu, mais seulement de Mere de Christ, & comme étant justement suspects de révéler les confessions*, il ait témoigné & attesté, *qu'ils servent utilement dans son Diocese; qu'il n'y a rien dans leur doctrine, & dans leur conduite, dont on ait raison d'être blessé, & qu'ils font profession de n'avoir point d'autre doctrine que celle de l'Eglise.*

4°. Dans cette différence de sentiment touchant ces Peres, ensuite des mêmes dépositions lues également par celui qui les absout & par ceux qui les condamnent, ces Messieurs se sont si fortement persuadés que c'est le leur qui le doit emporter, qu'avertissant ces Messieurs de Liege à qui ils écrivent, que les *Peres de l'Oratoire ne manqueront pas de se prévaloir auprès d'eux du certificat de M. l'Archevêque en leur faveur*, ils font entendre par-là, qu'ils ne doivent pas s'y arrêter, sans doute parce que cet Archevêque l'ayant donné après avoir vu les mêmes dépositions sur lesquelles ils ont jugé en devoir dire beaucoup de mal, il ne devoit pas être cru lorsqu'il en dit du bien.

5°. Les Peres de l'Oratoire s'étant trouvés obligés, par toute sorte de droit divin & humain, de se défendre contre de si atroces calomnies, ç'auroit été trahir leur cause, de ne se pas prévaloir du certificat de leur Archevêque; & pour en tirer quelque avantage, ils ne pouvoient se dispenser de répondre à ce que leurs accusateurs avoient allégué pour le leur rendre inutile. Et c'est ce qui les engageoit nécessairement, à représenter à ceux devant qui on les avoit calomniés, que ce n'étoit pas une chose supportable, que dans une affaire où il s'agit de la doctrine d'une Congrégation de Prêtres, & de leur conduite dans l'administration des Sacrements, des Laïques aient l'audace de prétendre, qu'on doit préférer leur sentiment à celui de leur Archevêque, en même temps qu'ils avouent, qu'ils n'ont point d'autre fondement d'en dire beaucoup de mal, que les mêmes dépositions qui ont été vues par M. l'Archevêque. C'est ce qu'on a dit de plus fort dans la *Remontrance Justificative.*

6°. Mais loin que ces Laïques se soient repentis d'une prétention si déraisonnable, ils ont pris à injure qu'on les en eût avertis : & au lieu d'emprunter la plume de quelque Jésuite, pour justifier ce qu'on avoit repris dans leur conduite, n'en ayant point trouvé qui le voulût ou le pût entreprendre, ils ont jugé que le plus court & le plus facile étoit de s'adresser à leur bourreau, & de lui commander de brûler la *Remontrance*, en laissant le soin aux Jésuites leurs bons amis, de faire bien valoir cette exécution, pour décrier de plus en plus les Peres de l'Oratoire ; de quoi le Pere Coemans s'est fort bien acquité, lorsqu'il a donné pour preuve qu'il y avoit dans le pays de nouveaux Nestoriens, qui nioient que la Vierge fût Mere de Dieu, *qu'on avoit tout récemment brûlé à Mons, un livre qui contenoit cette héréfie.*

7°. Voilà, Monsieur, où en étoit cette affaire, lorsque vous avez accepté de M. l'Archevêque de Cambrai la commission d'en informer. Vous l'avez fait ; & vous témoignez que vous *avez reçu toutes les preuves, tant testimoniales que littérales, que qui que ce soit de ceux qui y avoient intérêt ont voulu produire.* Cela est vrai, au moins à l'égard de ce qui pouvoit être à la charge des PP. de l'Oratoire. On ne peut donc douter que les Echevins ne vous aient fait entendre tous les témoins qu'ils avoient ouis dans leur information, dont ils assurent que les dépositions ont été vues par M. l'Archevêque. Ainsi vous avez eu entre vos mains tout ce qui étoit nécessaire pour reconnoître, qui du Magistrat ou de M. l'Archevêque s'étoit trompé : le premier en jugeant sur ces dépositions que les Peres de l'Oratoire sont *ennemis du culte de la Sainte Vierge ; qu'ils ne veulent pas lui donner la qualité de Mere de Dieu ; & qu'ils révelent les confessions :* l'autre en jugeant, après avoir vu ces mêmes dépositions, *qu'ils le servent fort utilement dans son Diocese, & qu'il n'y a rien dans leurs mœurs ni dans leur doctrine dont on ait raison d'être blessé.* Or vous avez reconnu par votre information, que dans ces trois chefs capitaux, sans parler des autres, le Magistrat avoit eu grand tort de les imputer aux PP. de l'Oratoire, comme s'il avoit eu des dépositions suffisantes pour les en croire coupables. Car il paroît par votre Avis qu'il n'y en a point qui lui aient donné sujet de les décrier comme des ennemis du culte de la Sainte Vierge. Il paroît qu'il n'y a nulle preuve, ni valable, ni non valable, qui ait pu donner lieu de les diffamer comme des Nestoriens qui ne croient pas que la Sainte Vierge soit Mere de Dieu : & qu'il en est de même du scandale qu'on a causé parmi le peuple, en les faisant soupçonner de révéler les confessions.

Pouvez-vous donc nier que, selon toutes les maximes les plus cer-

I.re CLAS. N°.XIII.

taines de la morale de l'Evangile, vous n'ayiez dû conclure de-là trois ou quatre choses?

1°. Que le certificat de M. l'Archevêque de Cambrai étant certainement très-bien fondé à l'égard de ces trois accusations capitales contre les PP. de l'Oratoire, c'est une forte présomption qu'il l'est aussi à l'égard des autres.

2°. Que les accusations de vos Echevins de Mons étant fausses & calomnieuses à l'égard de ces trois chefs capitaux, cela suffit pour les regarder comme des calomniateurs indignes de créance dans tous les autres.

3°. Que l'évidence de ces trois faits & la présomption à l'égard des autres, ne suffisent que trop pour autoriser ce qui a été dit dans la Remontrance; que c'étoit un attentat à des Laïques, qui n'ont aucun caractere pour juger de la doctrine & de la conduite des Prêtres, d'avoir prétendu que les mêmes dépositions ayant été vues par eux & par leur Archevêque, le jugement qu'ils avoient porté ensuite au désavantage de ces Prêtres, devoit prévaloir à celui que leur Archevêque avoit porté en leur faveur par un certificat authentique.

4°. Que rien n'a jamais été plus juste que l'indignation qu'on a témoigné dans la Remontrance, par un zele très-louable de défendre les droits de l'Eglise contre la prétention si insoutenable de ces Laïques; & rien au contraire de plus injuste, & de plus capable d'irriter tous les gens de bien contre les Echevins, que d'avoir fait brûler par la main de leur bourreau la Remontrance Justificative d'une Congrégation de Prêtres; parce qu'on y avoit représenté avec quelque force le tort qu'ils avoient eu de s'élever d'une manière si injurieuse & si insolente au-dessus de leur Archevêque, dans une cause purement ecclésiastique.

On vous défie de trouver rien dans vos Aphorismes, qui ne vous oblige à tirer ces quatre conséquences des faits que votre information vous contraignoit d'avouer. Mais parce que les Jésuites ne manquent pas de maximes qui pourroient mettre dans un faux repos la conscience de ces Echevins leurs bons amis à l'égard de ces calomnies atroces, dont personne ne peut plus douter après votre information, n'étiez-vous point obligé, & ne l'êtes-vous pas encore, de leur donner pour contre-poison ce que vous enseignez de la calomnie contre la doctrine de ces Peres, dans la 60. Conclusion de votre grande These, *Theologia moralis emendata?* C'est sur ces deux propositions, dont l'une est la 43. & l'autre la 44. des 65. condamnées par Innocent XI. *Quidni nonnisi veniale sit detrahentis auctoritatem tibi noxiam falso crimine elidere. Probabile est non peccare mortaliter, qui imponit falsum crimen alicui, ut suam justitiam & honorem defendat. Ce n'est qu'un péché veniel de calomnier & d'imposer de faux crimes pour faire perdre toute créance à ceux qui parlent mal de nous. C'est une opinion probable qu'il n'y a point de péché mortel à imposer un faux crime à quelqu'un pour conserver son propre droit & son innocence.*

" Après cela, dites-vous, doit-on s'étonner qu'il y ait eu, & qu'il „ y ait encore des personnes, qui disent à tort & à travers tout ce qui „ leur vient dans l'esprit, contre tous ceux qu'ils s'imaginent apporter „ un grand préjudice à leur honneur, & à leur réputation? Mais c'est „ une bonne chose que ceux qui tiennent ces opinions n'en ont point „ fait de mystere, & qu'ils les ont publiquement soutenues. Car cette „ doctrine de la calomnie a cela de commun avec celle des restrictions „ mentales, qu'elle ne sert à ceux qui les mettent en pratique, que „ quand on ignore qu'ils sont dans ces sentiments. Si-tôt qu'on le sait, „ ce seroit être bien imprudent que de s'y laisser tromper. Et ils ne „ peuvent se prévaloir, de ce qu'ils semblent admettre au moins un „ péché véniel dans cette imposition d'un faux crime pour défendre son „ honneur. Car ce péché véniel se pourra facilement éviter par une „ restriction mentale, dont ces mêmes Auteurs soutiennent qu'on se peut „ servir toutes les fois qu'on en a besoin pour un intérêt considérable. „ Cette horrible licence de se calomnier, & de s'accuser faussement les „ uns les autres, étoit fondée sur les faux principes que nous avons „ renversés plusieurs fois: *Qu'il est permis d'user de compensation tacite,* „ *non-seulement à l'égard du bien, mais à l'égard aussi de l'honneur & de* „ *la réputation. Item; qu'il est permis d'employer tous les moyens qui* „ *sont nécessaires pour nous défendre, & pour empêcher qu'on ne nous fasse* „ *quelque tort.* A quoi il suffit d'opposer ce précepte divin & naturel: „ *Vous ne direz point de faux témoignage contre votre prochain;* qui est „ tel, que, quand la matiere est importante, il est sans doute qu'on ne „ peut faire ce qui y est défendu sans pécher mortellement. On y peut „ ajouter ce principe de toute la loi naturelle: ne faites pas à autrui ce „ que vous ne voudriez pas que l'on vous fit. Car je ne sais si les „ Auteurs qui sont dans ces sentiments, trouveroient bon qu'on agît ainsi „ envers eux: que si-tôt que quelqu'un croiroit qu'ils auroient mal parlé „ de lui, ou qu'ils lui auroient fait quelque autre injure, il usât de „ récrimination contr'eux, en les noircissant par les plus atroces calomnies".

Vous reconnoissez donc que toutes les chicaneries des Casuistes, ne peuvent excuser de péché mortel ceux qui imposent de faux crimes à leur prochain, quelques prétextes qu'ils puissent avoir. Or vous ne sauriez nier, que vos Echevins de Mons n'aient imposé de faux crimes aux Peres de l'Oratoire, en disant d'eux, sur la foi des dépositions qu'ils prétendoient qu'on leur avoit faites, *qu'ils étoient ennemis du culte de la Sainte Vierge, & qu'ils ne vouloient pas lui donner le titre de Mere de Dieu;* ce qui étoit leur imputer une damnable héréfie. Car vous faites affez entendre par votre Avis, ce que M. l'Archevêque déclare plus expreffément par fa fentence : *que par les informations qu'il avoit entre les mains*, qui étoient les mêmes que celles qu'avoient eues les Echevins, *il n'étoit point du tout apparu, que les Prêtres de l'Oratoire de la ville de Mons, aient fait ou enfeigné quelque chofe qui puiffe faire raifonnablement foupçonner, qu'ils font ennemis du culte de la Sainte Vierge, ayant au contraire pleinement vérifié, qu'ils célebrent fes fêtes avec beaucoup de folemnité, qu'ils prêchent au peuple fes grandeurs, & le pouvoir particulier qu'elle a auprès de Dieu, qu'ils l'invoquent dans leurs offices & dans leurs prieres, en lui donnant au fu & au vu de tout le monde le titre de Mere de Dieu, auffi-bien que celui de Mere de Miféricorde.* Vous avez auffi reconnu, comme on a vu dans la premiere Partie, *qu'il n'y avoit rien à la charge des PP. de l'Oratoire, ni de leurs adhérants fur le point de l'héréfie Neftorienne, & qu'aucun de leurs adverfaires n'avoit ofé le foutenir, ni tenté d'en apporter des preuves.* Les voilà donc ces Meffieurs les Echevins convaincus par vous-même d'avoir imputé une déteftable héréfie à une Congrégation de Prêtres, fans en avoir aucune preuve. D'où vous avez dû conclure, à moins d'avoir deux poids & deux mefures, ce que le Sage nous affure être abominable devant Dieu, qu'ils ont péché mortellement par cette fauffe accufation, quoi que puiffent dire les Jéfuites pour mettre leur confcience dans un faux repos. Car, comme vous dites fort bien, il fuffit d'oppofer à toutes les fauffes fubtilités de l'efprit humain, ce précepte naturel & divin : *Non loqueris contra proximum tuum falfum teftimonium :* Quod *utique in materia gravi femper* fub gravi & mortali *culpa ligat.*

Ce que ces Echevins ont fait depuis, n'a fervi qu'à aggraver leur crime. Car n'eft-ce pas un nouveau péché, qui ne peut auffi être que mortel, d'avoir voulu autorifer leurs calomnies d'une maniere éclatante, en faifant brûler par la main de leur bourreau l'écrit qui les avoit réfutées? Ils ont encore depuis cela endurci leur cœur contre la fentence même de leur Archevêque, qui leur mettoit leur péché devant les yeux en déclarant à toute l'Eglife, qu'il paroiffoit par les dépofitions, que ce qu'ils avoient dit de plus atroce contre les Peres de l'Oratoire, étoit faux & calomnieux. Car on fait qu'au lieu de fe rendre humblement au jugement de leur Pafteur, qui les avoit épargnés en ne parlant point d'eux, ils ont imité l'emportement des Jéfuites & d'autres Réguliers, en préfentant à fon Excellence une Requête auffi emportée que la leur, qui a demeuré supprimée, parce qu'on ne l'a pas jugée digne d'aucune réponse.

Enfin ces sortes de péchés ont une suite bien terrible; c'est qu'il ne suffit pas de s'en repentir, il faut encore réparer le mal qu'on a fait, ou renoncer à son salut. Car cette maxime de la Morale Chrétienne, que S. Augustin propose en ces termes, *non dimittitur peccatum, nisi restituatur ablatum*, n'est pas moins vraie à l'égard de la restitution de l'honneur, qu'à l'égard de celle de l'argent.

On ne croit pas, Monsieur, qu'il y ait rien en tout cela que vous osiez contester. Et ainsi on en peut conclure très-certainement, que selon vous-même les accusateurs des Prêtres de l'Oratoire doivent être en fort méchant état devant Dieu, & qu'il n'y a point de salut pour eux, s'ils ne se résolvent à réparer par une rétractation publique de leurs calomnies le scandale public qu'ils ont causé, en perdant d'honneur, autant qu'il étoit en eux, tant de pieux Ecclésiastiques.

XIX. DIFFICULTÉ.

Vous pourrez prétendre, que ce que je viens de dire de ces Messieurs les Echevins ne vous regarde pas; que vous n'êtes ni leur Confesseur, ni leur Directeur, & qu'ainsi vous n'avez point à répondre de leur conscience. C'est donc ce qui reste à examiner.

Quand vous avez accepté la commission de M. l'Archevêque de Cambrai, pour informer des troubles arrivés depuis quelque temps dans la ville de Mons, vous vous êtes engagé à y travailler comme sous les yeux de Dieu; en y faisant tout ce que la justice & la raison demandoient de vous, & en évitant cette acception de personnes, qui porte à favoriser ceux qui ont le plus de crédit contre ceux qui en ont le moins, ce que l'Ecriture nous apprend en divers endroits être la peste des jugements.

Vous y aviez deux choses à faire. L'une de recevoir les dépositions, sur quoi vous avez vous-même reconnu qu'il étoit de votre charge de recevoir toutes celles que ceux qui avoient intérêt dans cette affaire voudroient produire, avec une si entiere exemption de toute partialité, que tout le monde fût content de vous. Je vous ai déja parlé sur ce point: je ne vous en dirai rien ici davantage.

L'autre a été de donner votre Avis sur cette affaire. Car vous nous faites entendre que M. l'Archevêque a desiré cela de vous. Il est donc

I. CLAS. N°.XIII.

clair que vous ne pouviez vous bien acquitter de cette commission, qu'en recherchant avec soin les vraies causes de ces troubles, pour lui marquer ensuite les vrais moyens d'y remédier. Or le fondement des troubles de cette ville est, qu'on y a fait avoir une fort méchante opinion des Prêtres de l'Oratoire, en décriant parmi le peuple leur doctrine & leur conduite; ce qui a causé une allarme générale dans tous les lieux d'alentour. Pour savoir donc à qui on en devoit attribuer la cause, il n'étoit besoin que de savoir qui avoit tort des diffamateurs ou des diffamés, sur-tout à l'égard des choses qu'on a pu croire raisonnablement avoir causé une si grande émotion parmi le peuple; telles que sont, *être ennemi du culte de la Vierge, lui dénier la qualité de Mere de Dieu, révéler les Confessions, réduire les personnes au désespoir par des conduites outrées, imposer des pénitences impraticables*, & autres choses de cette nature. Car il n'y a guere d'apparence que le peuple s'irrite de ce qu'on lui permet de lire l'Ecriture en langue vulgaire; ou de ce qu'on lit plutôt la Traduction de Mons, que celle du P. Amelotte, ou quelqu'autre; ou de ce qu'on lit quelques livres nouveaux qui ne sont ni contre la Religion ni contre l'Etat. Si quelques-uns en ont parlé, c'est parce qu'on a mêlé ces dernieres accusations avec les premieres, & non que ces dernieres fussent d'elles-mêmes capables de les émouvoir. C'est donc sur ces grandes & importantes accusations qu'on a dû s'enquérir exactement qui avoit tort, comme j'ai déja dit, des diffamateurs, ou des diffamés: c'est-à-dire, si les diffamés étoient coupables des hérésies, erreurs, & conduites préjudiciables au salut des ames dont on les avoit accusés; ou si les diffamateurs les leur avoient faussement imputées, quoiqu'ils n'en fussent point coupables. Et c'est de-là qu'a dû dépendre le jugement de cette affaire, & le remede qu'il falloit apporter à ces troubles. Car si les diffamés se fussent trouvés coupables, la justice vouloit qu'on les obligeât d'abjurer leurs erreurs, & leurs hérésies, & de renoncer à leurs mauvaises pratiques. Que s'il se fût trouvé au contraire que leurs diffamateurs n'avoient point eu de raison de décrier leur doctrine & leur conduite, le seul moyen légitime, selon la loi de Dieu & de la nature, de faire cesser le trouble & le scandale, étoit d'obliger les accusateurs de rendre aux accusés, par une rétractation publique, l'honneur qu'ils leur avoient fait perdre dans l'esprit d'une infinité de personnes, par leurs fausses accusations.

De bonne foi, Monsieur, si on vous avoit proposé un cas semblable auquel vous n'eussiez point d'intérêt, l'auriez-vous pu résoudre dans la spéculation par d'autres regles que par celles que je viens de marquer? Voyons donc si vous les avez suivies dans la pratique.

Vous

Vous aviez à rendre compte à M. l'Archevêque de ce que vous aviez trouvé par votre information, tant à l'égard des accusés, que de leurs accusateurs. Vous avez donc dû lui dire, qu'à l'égard des accusations considérables, il n'y a point de preuves valables contre les accusés ; & qu'ainsi leurs accusateurs leur ayant imputé, sans preuves valables, des choses très-atroces & même des héréfies, il étoit juste que Sa Seigneurie Illustrissime les en reprît fortement, & leur fit sentir l'énormité du péché qu'ils avoient commis. L'avez-vous fait? Bien loin de cela, vous n'avez pas dit un seul mot dans tout votre Avis de la fausseté de leurs accusations ; ni de la punition qu'ils méritoient, selon les Canons, pour avoir avancé de si noires calomnies contre des Prêtres très-recommandables par leur piété & leurs bonnes moeurs. Vous y avez flatté ces diffamateurs, comme ayant eu raison de prendre à injure ce qu'on a été obligé de dire dans la Remontrance Justificative, de la maniere indigne dont ils avoient traité leur Archevêque. Et vous avez eu si peu de considération pour ce Prélat dont vous étiez Commissaire, que vous n'avez point rougi de lui déclarer en face, que ce qui avoit été dit avec quelque force pour défendre son autorité contre leurs insultes, leur avoit été un juste sujet de condamner cette Remontrance au feu. Voilà à quoi s'est réduit à l'égard de ces Echevins votre prétendue exemption de toute partialité. On sait même que vous avez dit, que sans examiner de si près ce qu'il y a d'irrégulier dans leur procédé, on devoit attribuer ce qu'ils ont fait, à un bon zele pour le maintien de la foi & de la Religion : comme s'il étoit nécessaire ou utile pour maintenir la Religion & la foi, de noircir une Congrégation de Prêtres par d'atroces calomnies. N'appréhendez-vous point que ces Echevins ne vous reprochent un jour au jugement de Dieu, que vous les avez séduits par vos flatteries, au lieu de leur représenter qu'ils se fermoient à eux-mêmes la porte de la miséricorde de Dieu, tant qu'ils ne travailleroient point à restituer l'honneur qu'ils avoient ravi à tant de pieux Ecclésiastiques, par leurs fausses accusations?

I. CLAS. N°. XIII.

XX. DIFFICULTÉ.

LA maniere dont vous avez parlé des accusés dans votre Avis ne vous fait pas plus d'honneur. On y trouve des marques éclatantes de leur innocence que vous n'avez pu entiérement dissimuler ; mais vous vous êtes bien gardé de déclarer nettement ce qui en étoit: les Jésui

I. CLAS. N°.XIII.

tes, que vous n'aimez guere, mais que vous craignez, n'en auroient pas été contents.

Au lieu donc de dire clairement, par exemple, qu'il n'y a rien dans les dépositions qui les puisse faire soupçonner d'être ennemis du culte de la Sainte Vierge, de ne croire pas qu'elle soit Mere de Dieu, ou de révéler les confessions, & que Sa Seigneurie Ill. devroit obliger leurs accusateurs de leur faire réparation d'honneur, vous vous êtes contenté de n'en point parler, quoique d'ailleurs ce que vous avez dit de vive voix mette leur justification hors de tout doute.

Mais voici le comble de l'injustice. Etant persuadé autant que vous l'êtes que les accusés sont innocents à l'égard de tout ce qu'il y a de considérable dans les faux bruits que l'on a fait courir d'eux, & que par conséquent ceux qui les ont fait courir sont coupables de médisance & de calomnie; rien n'est plus étrange que le conseil que vous donnez sur cela à M. l'Archevêque pour appaiser les troubles de la ville de Mons. Le droit divin & humain, la raison & la Loi de Dieu vouloient que ce fût en désabusant le peuple, & lui faisant perdre les mauvaises impressions qu'on lui avoit données des Peres de l'Oratoire; parce que les informations avoient fait voir que ce qu'on avoit dit d'eux étoit faux, & que ceux qui les avoient accusés ne pouvoient présentement le désavouer.

Mais vous faites tout le contraire dans les conseils que vous donnez à M. l'Archevêque de Cambrai, & la voie que vous y prenez est aussi favorable aux calomniateurs, que préjudiciable aux calomniés.

1°. Au lieu que les Peres de l'Oratoire n'ont cessé de prier leur Archevêque de les juger, dans la confiance qu'ils avoient en leur innocence, vous prétendez au contraire, en lui envoyant toutes vos informations, que cette affaire n'étoit pas encore en état d'être jugée & terminée quant au fond. *Nam ad definitionem*, dites-vous, *res nondum dispofita apparet.* C'étoit sans doute donner un beau moyen aux calomniateurs de fouler aux pieds les calomniés. Car si M. l'Archevêque, en suivant votre conseil, avoit fait un Mandement provisionnel, où il n'eût rien dit en faveur des Peres de l'Oratoire, leurs adversaires n'auroient-ils pas eu sujet d'en conclure avec quelque vraisemblance que ce Prélat les ayant trouvé coupables de toutes les choses dont on les avoit accusés, n'avoit pas voulu rendre de Sentence, ou pour les épargner, ou pour n'avoir pas la honte de se dédire du certificat avantageux qu'il leur avoit donné trop légérement?

2°. Ce que vous dites de leur Remontrance, qu'elle est injurieuse & pleine d'erreurs, & que c'est avec raison qu'on l'a condamnée au feu, joint au silence de M. l'Archevêque sur leur justification, auroit aussi merveilleusement confirmé ceux qui étoient déja prévenus contre ces Peres. Car qui ne seroit porté à croire qu'une cause doit être bien méchante, quand on ne la peut défendre que par des écrits qui méritent d'être brûlés ?

3°. La sentence provisionnelle que vous conseilliez à M. l'Archevêque de rendre, auroit été bien un autre coup pour accabler ces Peres, & les faire passer pour ennemis du culte de la Vierge, pour Nestoriens, & tout ce qu'il auroit plu à leurs ennemis. Car que n'auroit-on point cru d'eux si on avoit vu qu'ensuite des informations, M. l'Archevêque eût suspendu par une sentence le P. Picquery leur Prévôt, dont il connoît depuis long-temps la piété & le mérite, de tout pouvoir de prêcher, de confesser, & de diriger les ames? On auroit de la peine à croire que vous eussiez pu vous laisser aller jusqu'à cet excès d'injustice, si on ne rapportoit ici vos propres termes. Après donc avoir dit, que ce Pere n'avoit pas nié qu'il n'eût lu quelques livres défendus sans permission, de quoi nous aurons à parler en un autre endroit, vous ajoutez: *Quam ob causam, & alias ex testimoniis resultantes, potestas illi animas dirigendi, seu prædicandi & confessiones audiendi, revocari, vel suspendi posset.* „ *Pour* cette raison & pour d'autres résultantes „ des témoignages, on pourroit révoquer ou suspendre le pouvoir qu'il „ a de diriger les ames, de prêcher & de confesser ".

4°. Les raisons que vous donnez de cette punition provisionnelle de tous les Peres de l'Oratoire dans la personne de leur Supérieur, font assez connoître que votre dessein étoit, de porter M. l'Archevêque à les traiter d'une maniere qui les fît regarder comme coupables des excès dont on les avoit accusés; & leurs calomniateurs, comme de fort gens de bien, dont on n'auroit eu qu'à louer le zele: *His ita per provisionem constitutis (nam ad definitionem res nondum disposita apparet) non leve videtur accessurum præsentibus malis remedium. Placabuntur Patrum Oratorii adversarii, ipsaque plebs passim satis contra illos irritata: ipsi quoque prudentiores fient, & alii sapient illorum exemplo.* Ce que *j'ai dit ayant été ordonné par provision, (car il ne paroît pas que l'affaire soit en état d'être terminée par une sentence définitive) ce ne sera pas un petit remede aux maux présents. On appaisera par-là les adversaires des Peres de l'Oratoire, & la populace même qui paroît par-tout assez irritée contre eux. Eux-mêmes en deviendront plus sages, & les autres profiteront de leur exemple*; c'est-à-dire, du châtiment qu'on leur aura fait souffrir.

Vous attribuez deux effets à cette punition provisionnelle L'un, *d'appaiser les adversaires des Peres de l'Oratoire:* l'autre de *rendre ces Peres*

I. CLAS. N°.XIII.

plus sages. Et c'est ce qui vous fait dire que ce sera un grand remede pour les maux présents. Vous supposez donc qu'il n'y a présentement de maux considérables à Mons, que ceux auxquels vous prétendez remédier par-là, en châtiant provisionnellement les PP. de l'Oratoire pour les faire devenir plus sages. Y avez-vous bien pensé? La passion de favoriser ceux qui ont le plus de crédit, vous auroit-elle si fort aveuglé, que des calomnies aussi attroces que le sont celles dont vous êtes convaincu par vos propres informations, que les adversaires des PP. de l'Oratoire les ont noircis, vous auroient paru des maux moins considérables, & auxquels il fût moins nécessaire de remédier, que la lecture de quelques livres défendus? C'est assurément ce que vous n'oseriez dire. Vous étiez donc tout autrement obligé de conseiller à M. l'Archevêque de punir définitivement ceux qui ont imputé faussement & sans en avoir aucune preuve une damnable hérésie à une Congrégation de Prêtres, & qui les ont voulu faire passer pour des ennemis du culte de la Sainte Vierge, & pour justement soupçonnés de révéler les confessions. Ne l'avoir pas fait n'a-ce pas été, selon la parole de Jesus Christ, couler le moucheron, & avaler le chameau: *excolantes culicem, camelum autem glutientes?* Vous auriez eu bien plus de droit d'appliquer au chameau ce que vous dites du moucheron, en marquant en ces termes ce que ce Prélat avoit à faire pour appaiser les troubles de Mons. Il me semble, Monseigneur, que vous êtes principalement obligé de punir selon les Canons les calomniateurs outrés des Peres de l'Oratoire. Cela paroît nécessaire pour remédier à un des plus grands maux de ce temps-ci, où rien n'est plus commun que la licence qu'on se donne de calomnier les gens de bien, & rien plus rare que de voir que personne en fasse aucune satisfaction. Ces faux accusateurs en seront plus retenus à l'avenir, & les autres profiteront de leur exemple. Ceux qu'on a calomniés seront satisfaits, & la populace qu'on a irritée contr'eux par des mensonges, cessera de l'être, quand on lui aura fait connoître qu'ils ne sont point tels que des médisants les lui ont représentés. Oseriez-vous dire que ce conseil n'eût pas été mieux fondé, plus juste, plus nécessaire & plus chrétien que le vôtre?

5°. J'avoue néanmoins que vous pouviez appuyer celui que vous avez donné, d'un exemple illustre qui se trouve dans l'Evangile. Car il paroît que vous avez pris pour votre modele le jugement de Pilate. Ce Gouverneur étoit persuadé de l'innocence de Notre Seigneur; mais appréhendant qu'on ne le mît mal auprès de l'Empereur s'il le renvoyoit absous, il le fit fouetter par provision, pour satisfaire les Pontifes qui le lui avoient mis entre les mains, & croyant par-là appaiser la populace, qu'on avoit irritée contre lui. Y a-t-il rien de plus semblable à ce que vous avez conseillé à M. l'Archevêque de Cambrai? Mais comme cette politique de Pilate, au lieu d'appaiser le peuple, ne fit que l'irriter davantage, & le porta à demander la mort du Sauveur avec de plus grandes clameurs; c'est aussi ce qui seroit arrivé si on avoit suivi votre conseil. Un Prévôt de l'Oratoire privé par une sentence de tout pouvoir de prêcher, de confesser & de diriger les ames, auroit donné occasion aux ennemis de ces Peres, de faire remarquer à la populace déja prévenue, le changement si surprenant de M. l'Archevêque à leur égard, en lui faisant comparer cette sentence provisionnelle si infamante, avec le certificat si favorable qu'ils en avoient obtenu auparavant: & c'est ce qui lui auroit fait prendre pour une preuve certaine qu'on avoit reconnu par les informations, que ce qu'on avoit dit d'eux, étoit véritable. On n'auroit donc pu attendre de votre conseil, si on l'avoit suivi, qu'une nouvelle irritation de la populace contre les Peres de l'Oratoire, & par conséquent une nouvelle augmentation de troubles dans la ville de Mons, où vous prétendiez vouloir remettre la paix & le calme. Tant il est vrai qu'il n'y a que contradiction, confusion & désordre dans la fausse prudence de ceux qui s'écartent de la voie de la justice, pour favoriser les coupables aux dépens des innocents!

XXI. DIFFICULTÉ.

Ce même dessein de favoriser les Echevins & les Jésuites aux dépens de l'Oratoire paroît encore par la maniere dont vous parlez en général des preuves dont les accusateurs ont dû appuyer leurs accusations, afin de n'être pas pris pour de faux accusateurs; & c'est ce qui m'a porté à joindre à cette partie, les réflexions que j'ai à faire sur ce point.

La commission que vous aviez acceptée, vous engageoit à informer à charge & à décharge, à l'égard de l'une & de l'autre des deux parties. La justice naturelle, & encore plus la sincérité chrétienne vous obligeoient donc à ne point biaiser, mais à déclarer nettement, si ce grand nombre de faits, dont le Magistrat de Mons a rempli ses lettres à Messieurs de Liege, pour décrier les Peres de l'Oratoire, & les empêcher d'être reçus dans cette ville où on les avoit appellés, s'étoient trouvés par l'information appuyés de preuves suffisantes, ou si on avoit reconnu que les plus importants de ces faits étoient dénués de toutes preuves, & que les autres n'en avoient que de fort foibles, & sur lesquelles on n'avoit pu en conscience diffamer d'une maniere si scandaleuse une Congrégation de Prêtres, à qui leur Archevêque avoit rendu ce témoignage par un certificat authentique, qu'ils servoient *fort utilement dans son Diocese.*

Mais un procédé si honnête, & si conforme à toutes les loix divines & humaines, ne s'accordoit pas avec le dessein que vous aviez de faire passer les calomniés pour coupables, & les calomniateurs pour innocents. Vous aviez néanmoins d'un autre côté, un écueil à éviter, qui étoit de vous deshonorer vous-même, en disant des choses grossiérement fausses, ou tout-à-fait déraisonnables. C'est ce qui vous a engagé à chercher des manieres de parler entortillées, qui ne donnassent que des idées fort confuses de ce que vous craigniez de trop découvrir; parce que l'innocence de ceux que les Jésuites avoient entrepris d'accabler, y auroit paru trop clairement: & il est vrai qu'ayant ce dessein on ne pouvoit mieux l'exécuter. On en jugera par le discours suivant, dans lequel on peut considérer quatre membres, dont chacun a quelque chose de particulier pour aller à vos fins; ce qui n'empêchera pas que malgré vos artifices, on n'en tire des preuves convainquantes pour l'innocence des accusés.

I. Membre. *Multa iis articulis contenta quos Illustrissima ac Reverendissima Dominatio vestra nobis tradi fecit, nonnullis quidem testimoniis fulciuntur, ut Magistratus hujus oppidi Dominis Leodiensibus indicaverat.*

" Plusieurs des chefs d'accusation contenus dans les articles que Votre
„ Illustrissime & Révérendissime Seigneurie nous a fait mettre entre les
„ mains, sont appuyés de quelques témoignages, comme le Magistrat
„ de cette ville l'avoit indiqué à Messieurs de Liege ".

Réflex. C'est le meilleur tour que vous ayiez pu trouver pour faire croire que le Magistrat de Mons a agi de bonne foi. Mais rien n'est plus facile que de découvrir leur mauvaise foi, en démêlant vos équivoques.

Multa. Plusieurs des chefs d'accusation. Ce ne sont donc pas *tous.* Or que deviendra leur prétendue bonne foi, s'il y en a qui ne sont appuyés d'aucuns témoignages, & que ce soient les plus importants? Et c'est ce qui est indubitable, par vous-même, à l'égard de l'hérésie Nestorienne, qu'ils ont eu la hardiesse d'imputer aux Peres de l'Oratoire, sans en avoir pu produire aucune preuve, comme vous l'avez reconnu.

Nonnullis testimoniis fulciuntur. *Sont appuyés de quelques témoignages.* Que fait cela pour leur bonne foi, à moins qu'on n'ajoute; que ces témoignages ont été tels, qu'ils ont pu en bonne conscience s'y arrêter, pour décrier, comme ils font, ait une Congrégation de Prêtres? Car ce seroit une grande erreur de croire que toutes sortes de témoignages suffisent pour cela. Or vous nous faites assez entendre dans les deux membres suivants, que les témoignages que vos Echevins se sont vantés d'avoir, n'ont point été de cette nature; & qu'ils auroient été de très-mechants juges si, sur des témoignages semblables à ceux-là, ils avoient fait fouetter un Bourgeois de bonne réputation.

II. Membre. *Sed non omnia, attentis præsertim testimoniis contrariis probari potuerunt, ita saltem ut inde Patres Oratorii Montensis rei certò iis haberi debeant.*

" Mais ces chefs d'accusation, n'ont pu être tous prouvés de telle „ sorte, eu égard sur-tout aux témoignages contraires, que les Peres „ de l'Oratoire de Mons pussent par-là être regardés comme certaine- „ ment coupables ".

Réflex. Continuation d'embarras, d'ambiguité, & de figures malignes.

Non omnia. On n'a pu prouver tous ces faits, &c. Pourquoi ne pas dire s'il y en a eu peu ou beaucoup qu'on ait pu prouver suffisamment; & quels ils sont, & de quelle importance? C'est qu'il auroit fallu avouer, qu'on n'en auroit pu prouver aucun tant soit peu considérable.

Ita saltem ut inde Patres Oratorii Montensis rei certò haberi debeant. C'est ce que j'ai appellé une figure maligne. On n'a pas voulu dire, comme on auroit dû faire selon toutes les regles de la justice, que ces faits n'étant point prouvés autant qu'il auroit fallu pour faire foi, les Peres de l'Oratoire devoient être déclarés innocents, selon cette maxime de Droit: *Actore non probante absolvitur reus.* Ç'auroit été avouer tacitement que les Echevins & les Jésuites auroient été calomniateurs. On affoiblit donc cet aveu par deux restrictions: *Saltèm; certò rei*; pour faire croire que tout ce que les Peres de l'Oratoire ont gagné par ce défaut de preuves, est que l'on ne les peut pas tenir pour *certainement coupables.*

III. Membre. *Plurima siquidem nituntur testibus singularibus, ubi nulla præterea adminicula satis accedunt. Multa in iis versantur, quæ cùm arcanum Pœnitentiæ Tribunal concernant, & à circumstantiis particularibus passim ignotis pendeant, nullo modo perspicuè indicari possunt.*

" On n'a pu produire sur la plus grande partie de ces faits que des „ témoins singuliers, sans aucun adminicule qui puisse faire valoir leur „ témoignage. Et comme il y en a plusieurs qui regardent ce qui se „ passe dans le secret du Tribunal de la Pénitence, & qui dépendent de „ circonstances particulieres qui sont ordinairement inconnues, on n'en „ peut juger avec évidence ".

Cet aveu est plus ingénu que les autres. Mais tout cela ayant été représenté avec force & étendue dans le 7. §. de la Remontrance Justificative: pourquoi vos Echevins n'en ont-ils pas profité? Pourquoi n'ont-

I. CLAS. N°.XIII.

ils pas reconnu qu'ils avoient commis un grand péché devant Dieu, en diffamant des Prêtres d'une maniere si scandaleuse, ou sur des bruits vagues, ou sur des témoins singuliers, & à l'égard de faits qui sont d'une nature à pouvoir être facilement ou déguisés ou controuvés? Pourquoi au lieu de se rendre à la vérité, ont-ils aggravé leur crime en faisant brûler l'écrit qui les avertissoit de leur devoir? Cependant il est certain que ça été sur ces sortes de faits qui regardent le secret du Tribunal de la Pénitence, & dont le jugement dépend de circonstances particulieres qui sont ordinairement inconnues, qu'on a plus irrité la populace contre les Prêtres de l'Oratoire. Pourquoi donc vous aveugler vous-même pour ne pas tirer la conséquence naturelle de cet aveu, qui est que c'est à ceux qui se sont servis de ces sortes de faits pour irriter le peuple contre les Peres de l'Oratoire, que vous avez dû attribuer les brouilleries de Mons, & non les rejeter sur ces Peres, & vouloir qu'on les en *punisse par provision*, comme vous faites à la fin de votre Avis?

IV. Membre. *Plurima quoque non in ipsos Patres Oratorii, sed in alios qui ipsis adhærere dicuntur, cadunt: quæ utique adhæsio, & negari ab ipsis facilè & ab aliis difficilè probari posset. Denique nullus respondere cogitur pro facto omnium qui sibi quacumque ratione adhærent.*

„ Il y a aussi plusieurs de ces faits dont on n'accuse pas les Peres de l'Oratoire; mais leurs adhérents. Or cette adhérence se peut facilement nier, & „ difficilement prouver. Et de plus, personne n'est obligé de répondre „ de ce que font tous ceux qui ont quelque union avec lui.

C'est en abrégé ce qu'on a dit dans l'art. 4. de la Remontrance, où on se plaint de *cette nouvelle maniere d'accuser l'Oratoire, en lui imputant les faits des autres sous le nom d'adhérents.* Vous convenez que cela est injuste. Pourquoi donc ne faites-vous point remarquer à M. l'Archevêque, que c'est un effet de la passion avec laquelle les Echevins, & les Jésuites leurs instigateurs, ont agi dans cette affaire?

Voilà à quoi se réduit tout ce que vous avez pu tirer de votre information à l'égard des faits particuliers, que les Echevins de Mons ont allégués pour diffamer les Peres de l'Oratoire: hors deux articles dont je parlerai ci-après.

Il paroît que vous avez tâché d'abord de donner la meilleure idée que vous avez pu des accusations de ces Echevins, par cet éloge ambigu, que sinon toutes, au moins plusieurs sont appuyées de quelques témoignages. Mais ce prétendu éloge se trouve bien mal fondé aussitôt après. Car l'évidence du fait vous a contraint de faire entendre, que ces témoignages n'étoient pas tels qu'ils pussent faire foi, ni être pris pour

pour des preuves valables du mal qu'on avoit dit de l'Oratoire, furtout à l'égard de l'adminiftration du Sacrement de Pénitence, qui étoit le principal fujet du décri qu'on avoit fait de leur Congrégation.

On doit donc regarder comme des hiftoriettes, auffi fabuleufes que celles *du foin, & des chemifes moites*, ces contes dont vos Echevins ont rempli leurs lettres pour décrier l'Oratoire: *de perfonnes mifes dans des abattements, des renverfements, troubles, & défefpoirs, par des refus d'abfolution pour des péchés véniels. D'autres refus femblables, fous des prétextes qui n'ont point d'autre fondement que le Janfénifme. D'exemples fort circonftanciés de divers pénitents tombés pour la même caufe en faute d'efprit; d'autres en des maladies dont ils font morts peu après. D'une pauvre femme qui a montré la corde dont elle avoit été prête de s'étrangler, pour avoir été maltraitée par un de ces Peres ou de leurs adhérents, fi elle fût tombée à un Confeffeur qui eût agi de même avec elle:* D'autres *chargés de pénitences exorbitantes & impraticables, dont ils fe trouvent déconcertés:* D'autres *enfeignent leur doctrine en fecret comme des myfteres, faifant à cet effet des affemblées nocturnes.* C'eft affurément à quoi fe rapportent ces preuves infuffifantes qui ne font point de foi. Il faut bien que vous l'avouiez. Mais on en conclura malgré vous, que vos Echevins, qui ont rempli leurs lettres de ces fadaifes pour noircir des Prêtres de J. C., ne l'ont pu faire fans crime, ni faire brûler la Remontrance où on s'en plaignoit, fans un nouveau crime.

C'eft à vous à voir fi votre conduite, peu fincere & peu équitable, ne vous a point fait prendre part à ce double crime; quelle part elle vous y a fait avoir, & à quoi vous êtes obligé pour faire paroître à Dieu & aux hommes que vous en avez un fincere repentir.

Une autre preuve que vous n'avez pu rien trouver fur ces faits particuliers qui fût à la charge des Peres de l'Oratoire, c'eft, que vous les abandonnez auffi-tôt, pour vous jeter fur ce que ces Peres ont avoué de leur doctrine & de leur pratique dans l'adminiftration du Sacrement de Pénitence.

Mais comme c'eft fur cela que j'ai des Difficultés plus importantes à vous propofer, je les réferve pour une troifieme partie.

Fin de la feconde partie.

I. CLAS. N.XIII.

DIFFICULTÉS

PROPOSÉES À M. STEYAERT.

TROISIEME PARTIE,

Sur l'administration du Sacrement de Pénitence.

XXII. DIFFICULTÉ.

COmme l'endroit de votre Avis que je vas examiner, qui vous a paru convaincant pour la condamnation des Peres de l'Oratoire, me le paroît être pour leur justification, je rapporterai d'abord vos paroles en françois avec quelques courtes Réflexions, & nous verrons ensuite ce qu'il en faudra conclure.

Paroles de l'Avis. *Ce qui paroît assez prouvé est, que les Peres de l'Oratoire de Mons, & ceux des maisons qui sont jointes à celle-là, pour la plus grande partie, suivent la doctrine & la pratique de ceux qui présentement, dans les Pays-bas & dans la France, sont vulgairement appellés Jansénistes ou Rigoristes, & qu'ils s'éloignent par-là de l'esprit & de la conduite commune des Religieux, sur-tout des Mendiants, & des Prêtres qui ont autrefois gouverné les ames, portant presque toutes choses à une plus grande austérité ou sévérité.*

Réflexion. Cette fin est équivoque. Si par-là vous avez voulu faire entendre, qu'ils sont plus séveres que les Confesseurs & Directeurs de France & des Pays-bas, dont vous supposez qu'ils suivent la doctrine & la pratique, c'est un soupçon mal fondé, & un jugement téméraire. Mais si vous voulez dire seulement, qu'ils sont plus séveres que le commun de ces Religieux mendiants, qui font profession d'être opposés aux prétendus Rigoristes, on vous fera voir par vous-même, que ce doit être un sujet pour eux, non de blâme, mais de louange.

Paroles de l'Avis. *Eux-mêmes ne nient pas cela, & s'ils le vouloient nier, on le pourroit prouver par un grand nombre de témoignages positifs, qui sont rapportés dans les informations: & par le bruit commun, qui, lorsqu'il est constant & général, n'a pas accoutumé d'être faux.*

Réflexion. Ce seroit agir en Sophiste que de changer l'état de la question, & de nous alléguer vos témoignages positifs & votre bruit commun pour prouver autre chose que ce que vous avez posé d'abord, qui est, que les Peres de l'Oratoire suivent la doctrine & la pratique de ceux que les Jésuites font passer pour trop séveres en France & aux Pays-bas. Demeurez-en donc là, & on vous avouera que ces Peres n'ont garde de le nier.

Cependant vous ne pouviez guere avancer de maxime ni plus fausse ni plus pernicieuse que ce que vous dites : *Que le bruit commun, lorsqu'il est constant & général, n'a pas accoutumé d'être faux.* C'en est fait de la réputation des plus gens de bien & des innocents, si une fois on la fait dépendre du bruit commun, lors même qu'il est constant & général. On auroit donc eu raison de persécuter les premiers Chrétiens, & de les faire mourir, parce que le bruit commun, qui, selon votre belle maxime, n'a pas accoutumé d'être faux lorsqu'il est constant & général, les faisoit passer pour des gens si abominables en eux-mêmes, & si dangereux à la République, qu'il n'y avoit point de mort ni de supplice qu'ils ne méritassent de souffrir. Le bruit commun est le langage des sentiments communs, & ne fait que les exprimer. Les sentiments des méchants sont toujours les plus communs, parce qu'ils font le plus grand nombre. Ils n'auroient donc qu'à exprimer ce que l'envie ou quelqu'autre passion leur mettroit dans le cœur contre les gens de bien, pour faire un bruit constant & général, qui, si l'on vous en croit, n'ayant pas accoutumé d'être faux, seroit un témoignage suffisant contre l'innocence pour l'opprimer. C'est par-là qu'on s'y est pris de tout temps pour persécuter la vertu, lorsqu'elle est devenue incommode aux gens du monde. Il seroit aisé d'en produire des exemples fréquents, qui ne feroient pas voir seulement la fausseté de votre maxime, mais qui en donneroient de l'horreur. En voulez-vous un plus récent que ce que vos Echevins ont assuré ; Que c'étoit *le bruit commun que les PP. de l'Oratoire sont ennemis du culte de la Sainte Vierge;* ce que vous ne pouvez nier être un mensonge insigne ? Si le bruit commun, qualifié comme il vous plaira, méritoit seul quelque créance, ce seroit particuliérement à l'égard de ces sortes de faits, qui n'arrivent pas d'ordinaire sans bruit, & qui ont accoutumé de se répandre par-là, comme est la mort d'un Prince, la perte ou le gain d'une bataille. Cependant vous savez que rien n'est plus sujet à faillir, & qu'il faut autre chose qu'un bruit aux gens sages & prudents afin d'y ajouter foi. Mais de vouloir que dans la morale, & à l'égard des jugements qu'on peut faire du prochain, on suive le bruit commun constant & général tant que vous voudrez, c'est renverser toutes les regles de la justice, & mettre le trouble par-tout. Faites recevoir votre maxime, les Jésuites, par exemple, deviennent aussi-tôt les maîtres &

I. CLAS. N°.XIII.

les arbitres de la réputation & de la vie même des hommes : & vous leur mettez entre les mains un moyen sûr & facile de se venger de tous ceux qu'ils n'aiment point. Car, comme ils sont presque répandus par-tout, que presque par-tout ils ont le plus grand nombre à leur dévotion, & qu'ainsi ils ont mille bouches contre une de leurs adversaires, ils n'auroient qu'à souffler aux oreilles de leurs dévots & de leurs dévotes pour exciter tel bruit qu'il leur plairoit & contre qui il leur plairoit, pour le rendre commun en très-peu de temps, & aussi constant & général qu'ils voudroient. Je ne dis rien qui n'ait été confirmé par un grand nombre d'expériences. Et comme si ces expériences n'étoient pas assez fréquentes, vous travaillez, par votre maxime, si elle étoit reçue, à les rendre encore plus communes. Ne soyez donc pas si ami du bruit populaire : sachez que rien n'est plus bizarre, ni plus trompeur ; que les gens sages n'appuyent rien sur un fondement si peu sûr, & que, de le donner, comme vous faites, pour une bonne preuve qui n'a pas accoutumé d'être fausse, lorsqu'il est constant & général, c'est ouvrir la porte à la calomnie & autoriser la médisance. Il ne faut pas être Théologien pour être instruit de ces vérités, le sens commun les apprend à tous ceux qui en ont, & les Jurisconsultes n'ont pas eu besoin de consulter autre chose pour ordonner, par une loi expresse, qu'il ne faut pas avoir égard à ce que dit le peuple quand il s'agit de punir ou d'absoudre quelqu'un : *Vanæ voces populi non sunt audiendæ, cùm aliquem supplicio affici aut eximi postulant.*

Paroles de l'Avis. *Et il n'y a pas lieu de s'arrêter à des témoignages contraires, tant parce que la plupart sont négatifs, ou que, s'ils sont positifs, ils ont été donnés par des personnes qui, menant une vie très-chrétienne, ne donnent pas lieu de pratiquer envers eux le délai ou le refus de l'absolution, & autres choses semblables, en quoi consiste la différence de la doctrine & de la pratique de ces Peres d'avec celle de leurs adversaires.*

Réflexion. C'est à quoi je ne comprends rien, & ce ne peut être qu'une grande brouillerie. *Nec obstant*, dites-vous, *testimonia in contrarium.* Quel sens cela peut-il avoir ? Il s'agit de ce que vous dites que ces Peres avouent, qui est, qu'ils suivent la doctrine & la pratique de ceux qu'on a voulu décrier par le nom de Rigoristes ; ce qui consiste, comme vous le marquez vous-même, à refuser ou différer l'absolution en divers cas. Or il est bien certain que les témoins qu'ils vous ont produits n'ont pas été pour vous prouver le contraire, mais seulement pour vous faire voir, qu'ils n'ont point lieu d'être accusés de troubler les ames par des conduites extravagantes & impraticables. Pouvez-vous dire sur cela, que les dépositions des témoins qu'ils ont produits ne peuvent de rien servir pour les justifier ; parce que ce sont des personnes *probatissimæ vitæ*, d'une vie très-chrétienne? C'est, je pense, la premiere fois qu'on a fait peu d'état de la déposition d'un témoin, parce qu'il étoit trop homme de bien. Je ne les récuse pas, direz-vous : je prétends seulement que leur témoignage n'est pas considérable en cette rencontre ; parce que ce n'est pas à ces sortes de personnes qu'on differe l'absolution. Et c'est à quoi je vous réponds deux choses : l'une, que vos Echevins sont donc de faux accusateurs, puisqu'ils ont imputé à ces Peres de refuser l'absolution pour des péchés véniels, dont les personnes les plus chrétiennes ne sont pas exemptes : l'autre, que ces témoins n'ont point été produits pour justifier leur pratique du délai de l'absolution, mais pour faire connoître à ceux qui les devoient juger, par le témoignage des plus gens de bien de la ville de Mons, que la maniere sage & chrétienne dont ils conduisent les ames, doit éloigner d'eux tout soupçon des excès & des folies que leurs ennemis leur attribuoient.

Paroles de l'Avis. *Enfin, ce qu'admettent les Peres Picquery, Bauduin, Delwarde, Maillard & autres que nous avons ouis, & sur-tout l'écrit public intitulé* Remontrance Justificative, *que le P. Picquery a approuvé en tout, font abondamment foi de ce que j'ai dit.*

Réflexion. C'est-à-dire, que ces Peres suivent la doctrine & la pratique de ceux qu'on appelle vulgairement Rigoristes dans les Pays-bas, qui ne sont point différents des meilleurs Prêtres de France, qui observent les mêmes regles dans l'administration du Sacrement de Pénitence. Car c'est ce que vous aviez entrepris de prouver. Dieu soit loué! Cette affaire est en bon train, & il sera aisé de la décider. Vous ne voulez plus qu'on s'arrête aux faits particuliers : vous les avez abandonnés, parce que vous reconnoissiez qu'ils n'ont pas été suffisamment prouvés ; mais vous prétendez qu'on doit juger de la conduite des Prêtres de l'Oratoire par ce qu'ils en ont avoué, & par leur *Remontrance Justificative.* C'est de quoi on prend acte, aussi-bien que de ce que vous dites ensuite.

Paroles de l'Avis. *Tout ce qu'on peut donc remarquer d'excès dans ces Peres, ne leur est pas particulier, mais commun avec ces autres personnes dont nous avons parlé*, (c'est-à-dire, avec tous les autres Rigoristes de France & des Pays-bas) *& ainsi il faut se servir des mêmes remedes tant pour les uns que pour les autres.*

Réflexion. Vous ne vous bornez donc plus au Diocese de Cambrai. Votre charge d'Inquisiteur Général contre les Rigoristes ou Jansénistes, que vous vous êtes donnée vous-même, s'étend par tous les Pays-bas, & il ne tiendroit pas à vous qu'elle ne s'étendît aussi par toute la France.

I. CLAS. N°.XIII. Mais, Dieu soit béni encore une fois! vous faites grand plaisir aux bons Peres de l'Oratoire si maltraités par vos Echevins, de rendre leur cause commune avec celle de tant d'honnêtes gens. Vous pourriez bien vous en repentir. Mais, avant que de passer plus outre, il faut que je vous dise un mot des noms de *Rigoristes* & de *Jansénistes*, dont vous vous seriez fait plus d'honneur de ne point parler. Ce sera dans une nouvelle Difficulté. Il suffit pour celle-ci, que nous y ayions établi par vous-même l'état de la question.

XXIII. DIFFICULTÉ.

IL est peu digne d'un Théologien qui craint Dieu, de désigner des Catholiques dont il veut faire croire qu'il n'approuve pas les sentiments, par des noms odieux, ambigus & équivoques, qu'on a fait prendre au peuple en de mauvais sens, pour décrier des gens de bien. C'est néanmoins ce que vous faites lorsque vous dites, que les Peres de l'Oratoire de Mons suivent la doctrine & la pratique *quorumdam qui hodie in Belgio & Galliis Jansenistarum vel Rigoristarum nomine vulgò audiunt.*

Parlons premiérement de celui de Rigoristes. Il semble que vous supposiez qu'en France on donne aujourd'hui ce nom à ceux qui sont plus exacts dans l'administration du Sacrement de Pénitence, & qui font profession de suivre les regles de S. Charles, que tant d'Evêques ont appuyées par des Ordonnances particulieres, & qui croient devoir refuser ou différer l'absolution en plusieurs cas, qui ont été marqués par les plus illustres de ces Evêques. Mais vous vous trompez fort si vous avez cette pensée.

Il est vrai que, si-tôt que le livre *De la Fréquente Communion* parut, les Jésuites firent un vacarme horrible contre cette pratique, de différer l'absolution; & il n'y a point d'injures dont ils ne chargeassent l'Auteur de ce livre. Mais il trouva tant d'approbateurs; & tant de pieux Prêtres reconnurent par expérience combien cette pratique étoit utile & même nécessaire pour retirer les pécheurs de leurs méchantes habitudes, que les Jésuites ne furent pas long-temps sans changer, sinon de sentiment, au moins de langage. Le peuple s'accoutuma peu à peu à ne pouvoir plus souffrir que l'on parlât dans la chaire contre le délai de l'absolution. Il y a peu de Prédicateurs qui ne veuillent être suivis, & c'étoit le moyen de ne l'être pas que d'improuver cette pratique, & généralement de ne pas prêcher une morale exacte & conforme à l'esprit de l'Evangile.

Ne vous allez donc pas imaginer, que, présentement en France, on ait mauvaise opinion de ceux dont vous dites que les Peres de l'Oratoire de Mons suivent la doctrine & la pratique, & que, pour témoigner qu'on n'approuve pas leur conduite, on les appelle Rigoristes. C'est un songe qui n'a aucun fondement. En voici une preuve sensible. Les relâchés de votre pays se sont terriblement emportés contre trois livres sur la meilleure maniere d'administrer le Sacrement de Pénitence: celui de M. Huygens, Docteur en Théologie de la Faculté de Louvain, intitulé *Methodus dimittendi & retinendi peccata*, où il ne fait qu'expliquer & confirmer les regles de S. Charles: celui de M. Roucourt, Licencié de la même Faculté, & Pleban de Sainte Gudule à Bruxelles, intitulé *Instruction sur la Pénitence*, fait d'abord en flamand, & bientôt après traduit en Wallon: & celui de M. Felon, de la même Faculté, intitulé *Conversio peccatoris*, fait pour défendre l'*Instruction* de M. de Roucourt. Mais ces trois livres ayant été traduits en françois furent imprimés à Paris il y a treize ou quatorze ans, avec privilege du Roi & approbation des Docteurs, & parfaitement bien reçus du public, sans que les Jésuites, qui avoient autrefois tant crié contre la Fréquente Communion, aient dit ou écrit en France un seul mot contre ces ouvrages. Vous trompez donc ceux des Pays-bas, pour qui vous avez écrit votre Avis, en parlant des Rigoristes de France: car ils en prennent sujet de croire, que les Peres de l'Oratoire de Mons ne suivent dans leur conduite que ceux qui présentement, tant en France qu'aux Pays-bas, sont appellés Rigoristes, par où ils se forment une idée de Novateurs, qui troublent l'Eglise par leurs rigueurs indiscretes.

I. CLAS. N°. XIII.

Mais, pour montrer combien cette idée est fausse, il ne faut que rapporter ce que M. le Cardinal le Camus a dit à l'entrée de ses Ordonnances Synodales, pour marquer le dessein qu'il a eu en publiant les regles qu'il veut qu'on observe dans le Sacrement de Pénitence, qui, au jugement des Confesseurs relâchés, pourroient passer pour bien séveres. Il y parle aux Pasteurs de son Diocese.

„ Ces statuts ne sont que l'exécution, ou pour mieux dire, des adou-
„ cissements des regles que l'Esprit de Dieu a formées dans les anciens
„ & nouveaux Conciles, & que nous avons choisies & appliquées sui-
„ vant les divers besoins de notre Diocese, en les proportionnant, au-
„ tant que nous avons pu, à la foiblesse de ces derniers siecles.

„ La connoissance que vous avez de l'ancienne discipline de l'Eglise,
„ par la lecture de ses Conciles & de ses Canons, vous fera peut-être
„ considérer comme un relâchement prodigieux, les regles que nous
„ vous proposons; & peut-être que vous serez pénétrés d'une douleur

I. CLAS. N°.XIII.

„ profonde, en voyant la différence qu'il y a entre les affoibliſſements „ de ces derniers ſiecles, & cette noble vigueur dont tant de Saints „ Evêques étoient animés dans les premiers ſiecles de l'Egliſe.

„ Mais vous comprendrez en même temps, que, ſi la foibleſſe & la „ lâcheté des Chrétiens oblige maintenant les Evêques à ſe relâcher de „ cette ancienne ſévérité, qui a toujours été ſi utile & ſi ſalutaire à „ l'Egliſe, & dont elle conſerve encore l'eſprit au fond de ſon cœur, „ ce ſeroit une inſenſibilité prodigieuſe, & une étrange dureté de cœur, „ de ne vouloir pas ſe ſoumettre à des Ordonnances qui n'ont rien de „ dur & de ſévere; mais au contraire, qui ne ſont que des tempéra- „ ments des regles primitives, & des preuves ſenſibles de l'extrême „ condeſcendence dont les Evêques ſont obligés d'uſer, pour compatir à „ la foibleſſe de ceux dont ils ſont chargés. "

On voit par-là, Monſieur, que, laiſſant là le nom odieux de *Rigoriſtes*, vous deviez dire, pour être ſincere, & pour ne point donner de fauſſe idée des Peres de l'Oratoire de Mons; qu'ils ſuivent dans la direction des ames, & dans l'adminiſtration des Sacrements, les Eccléſiaſtiques de France & des Pays-bas les plus eſtimés, & qui y ſont le plus en réputation de piété.

Vous étiez encore plus obligé d'éviter le mot de *Janſéniſte*. C'eſt le mot du monde le plus équivoque, le plus captieux, & dont on abuſe le plus pour calomnier les plus gens de bien & les plus Catholiques, juſques à s'en être ſervi pour décrier le feu Pape, de ſainte mémoire. Il n'a point de rapport à la matiere dont vous parlez en cet endroit, qui eſt l'adminiſtration des Sacrements. Et enfin, dans le ſens que les Jéſuites prennent ce mot, pour rendre hérétiques tous les défenſeurs de la vraie grace de J. C., il ne tiendra qu'à eux de vous faire Janſéniſte quand il leur plaira, malgré que vous en ayiez. Car nous venons de voir un de leurs libelles, approuvé par votre ami Nicolas Dubois, où ils traitent d'hérétiques Janſéniſtes les Peres de l'Oratoire de Mons, parce qu'un de leurs Profeſſeurs enſeigne trois opinions contraires à leur Moliniſme, que vous tenez auſſi-bien que lui. La premiere; que l'exemption de contrainte ſuffit à la liberté eſſentielle & priſe en général. La ſeconde; que nous ſommes obligés de rapporter toutes nos actions à Dieu. La troiſieme; que la grace ſuffiſante n'eſt pas donnée à tous les hommes, & qu'elle n'eſt point néceſſaire pour pécher. Ils ont même encore une autre raiſon de vous rendre Janſéniſte. C'eſt le zele que vous avez eu à défendre les Cenſures de Louvain & de Douay, & à rendre ce témoignage, qu'étant un des trois Docteurs députés à Rome, vous aviez demandé qu'on les examinât; ce qui ayant été fait pendant pluſieurs mois, on vous les avoit rendues,

rendues, en vous déclarant qu'on n'y avoit rien trouvé qui ne se pût soutenir. Car ils ne se sont pas contentés, dans le livre le plus solemnellement avoué par toute la Compagnie, qui est leur *Défense des nouveaux Chrétiens*, de traiter cette déclaration de mensonge; mais il ont soutenu qu'elle ne peut être vraie, parce que ce seroit vouloir *que le Pape Innocent* XI. *eût approuvé la doctrine de ces Censures, trop conforme*, disent-ils, *à celle qu'Innocent* X. *& Alexandre* VII. *ont condamnée par leurs Bulles.* Et il n'y a pas long-temps que les Jésuites de Douay, renouvellant leurs déclamations contre ces Censures, n'ont point eu honte de dire, qu'elles ne pouvoient avoir de poids ni d'autorité que hors de l'Eglise. C'est donc, selon eux, être hors de l'Eglise, que de les tenir pour Catholiques.

Vous voyez, Monsieur, qu'il est de votre intérêt, aussi-bien que de celui de l'Eglise, de laisser ensevelir dans l'oubli ces Jansénistes imaginaires, qui ne sont que des loups-garou dont on effraie les simples, n'y ayant point de Catholique, graces à Dieu, qui ne rejette la doctrine condamnée dans les cinq Propositions.

XXIV. DIFFICULTÉ.

REvenons maintenant à ce que vous avez posé vous-même pour le vrai état de la question. Vous réduisez à deux points ce que vous trouvez de répréhensible & de punissable dans la conduite des Peres de l'Oratoire touchant le délai ou refus de l'absolution, & autres choses semblables, qui regardent l'administration du Sacrement de Pénitence.

L'un est, qu'ils suivent la doctrine & la pratique des prétendus Rigoristes de France & des Pays-bas. L'autre, qu'ils s'éloignent par-là de l'esprit & de la pratique des Religieux de Mons, sur-tout des Mendiants. Vous vous arrêtez, sur l'un & sur l'autre, à ce qu'ils ont avoué eux-mêmes dans leur Remontrance Justificative, sur laquelle ils vous ont fait entendre qu'ils vouloient bien qu'on les jugeât. C'est aussi à quoi je m'en tiens. Et ainsi, convenant du fait, & commençant par le premier point, je ne crains point, Monsieur, de vous dire, que ce qui vous paroît répréhensible & punissable dans la conduite de ces Peres, me paroît si chrétien & si digne de louanges, que je ne vois pas comment on le peut blâmer sans une extrême témérité. C'est ce que je tâcherai de vous prouver par trois ou quatre arguments, afin que notre dispute s'entende plus clairement.

I. CLAS. N. XIII.

Premier argument.

Vous demeurez d'accord de juger de la conduite des Peres de l'Oratoire, ſur le refus ou délai de l'abſolution, par ce qui en eſt dit dans la Remontrance Juſtificative.

Or il faut être, ce me ſemble, extrêmement téméraire pour condamner ce qui eſt dit ſur ce ſujet en deux endroits de cette Remontrance, p. 34. & 39. où l'on juſtifie la conduite de ces Peres par les maximes de M. l'Evêque d'Arras, comprovincial de M. l'Archevêque de Cambrai, approuvées par trente autres Evêques de France.

En s'en tenant donc à cette Remontrance, je ne vois pas que vous ayiez pu ſans une extrême témérité, condamner comme vous faites, la conduite de ces Peres touchant le refus & le délai de l'abſolution.

Je pourrois ajouter à cela ce qui eſt dit dans ce même écrit, p. 38. de la célebre Ordonnance du Cardinal de Grimaldi, & de ce qui fut fait en l'Aſſemblée du Clergé de 1676. Mais je le réſerve pour le ſecond argument.

Second argument.

Vous n'avez pû entendre par les Rigoriſtes de France, dont vous dites que les Peres de l'Oratoire de Mons ont ſuivi la doctrine & la pratique, que les Evêques & les Confeſſeurs de cette ſavante Egliſe, qui ont témoigné plus de zele pour travailler à la converſion des pécheurs par une rigueur ſalutaire, en leur refuſant ou différant l'abſolution lorſqu'ils jugeoient qu'ils la recevroient ſans fruit & à leur condamnation, s'ils n'y étoient mieux diſpoſés.

Or peut-on nier que ce ne fût une grande témérité, de condamner ce qu'ont fait ſur cela tant de Saints Evêques avec un fruit merveilleux, & une bénédiction toute particuliere de Dieu : MM. le Cardinal Grimaldi Archevêque d'Aix, Nicolas Pavillon Evêque d'Alet, François Caulet Evêque de Pamiers, Nicolas de Buzenval Evêque de Beauvais, Felix Vialart Evêque & Comte de Châlons, Antoine Godeau Evêque de Vence; ſans parler de ceux qui vivent encore, dont pluſieurs ont adopté la célebre Ordonnance du Cardinal Grimaldi, où ſont marqués les cas les plus ordinaires & qui arrivent ſouvent, où on doit refuſer ou différer l'abſolution ?

Combien y a-t-il auſſi de Curés, de Prêtres, de Religieux dans ce grand Royaume, qui ont été convaincus non ſeulement par les livres & par les Ordonnancs des Evêques, mais par leur propre expérience, qu'il n'y a rien de plus utile pour le ſalut des pénitents, que de les conduire par ces ſaintes regles, qui veulent qu'en beaucoup de cas on differe de les abſoudre, pour les admettre à la grace de la réconciliation lorſqu'ils y feront mieux diſpoſés, & qu'il y aura moins de ſujet de craindre, qu'ils ne retombent dans l'état dont le Prince des Apôtres a voulu donner tant d'horreur aux Chrétiens, en le leur repréſentant ſous les ſales idées d'un chien, qui reprend ce qu'il avoit vomi, & d'un pourceau, qui, après avoir été lavé, retourne à la boue pour s'y veautrer de nouveau.

Voilà ce que vous avez dû juger répréhenſible & puniſſable, pour avoir pu porter ce jugement de la conduite des Peres de l'Oratoire de Mons, que vous avouez n'en avoir point d'autre que celle de ces Evêques & Prêtres de France, à qui le nom de Rigoriſte ne conviendroit pas moins qu'à ceux à qui on le donne dans les Pays-bas, s'il n'étoit également injuſte de le donner aux uns & aux autres.

Troiſieme argument.

Ce troiſieme argument ne ſera que la confirmation du ſecond. Car, étant demeuré d'accord que le Rigoriſme, qui vous a paru répréhenſible & puniſſable dans les Peres de l'Oratoire de Mons, eſt le même que le Rigoriſme de France, on n'a beſoin, pour juger de l'équité de votre cenſure, que de ſavoir quel eſt celui de France, afin de juger enſuite s'il eſt répréhenſible & puniſſable. Or de qui le pouvons-nous mieux apprendre que d'un des plus pieux & plus ſavants Prélats de ce grand Royaume, où il y en a tant de très-eſtimables, & qui édifie ſi fort l'Egliſe par l'exemple qu'il donne d'une vie auſſi pénitente & auſſi mortifiée que feroit celle d'un parfait Anachorete; par ſon travail infatigable dans les fonctions de ſon miniſtere, par ſa vigilance paſtorale, & ſon attention continuelle aux beſoins des ames que Dieu lui a confiées? C'eſt par-là qu'un tel Prélat mérite bien ſans doute d'en être cru, quand il rend témoignage de ce qu'il a trouvé de plus important & de plus utile pour retirer les Chrétiens de la voie qui mene à la perdition, & les mettre en état de ſe ſauver.

Ecoutez donc ce que M. le Cardinal le Camus, Evêque de Grenoble enſeigne ſur ce ſujet, dans ſes Ordonnances Synodales, qu'il a données au public l'année derniere; & ſoyez aſſuré qu'il ne dit rien ſur cette matiere qu'il n'eût pû faire approuver, s'il avoit voulu, par plus de cinquante Evêques de France.

I. CLAS. N°. XIII.

Instruction sur la Pénitence, tirée des Ordonnances Synodales de Mgr. le Cardinal le Camus Evêque & Prince de Grenoble.

Des Confesseurs & de la Confession.

I. Les Confesseurs faisant attention au pouvoir tout divin, qu'ils ont de juger les hommes de la part de Dieu & par son autorité, s'appliqueront à être fidelles à la pratique de ces regles, comptant que leur jugement ne sera point ratifié dans le ciel, s'il n'est conforme à celui que Dieu prononce lui-même en secret sur le Pénitent qui se confesse. Ils doivent se considérer comme les Médecins & les Juges des cœurs, & en ces qualités s'appliquer avec une prudence & une charité singuliere à guérir le malade & à punir le coupable; à ne point le flatter dans ses déréglements, & à ne point entretenir la maladie, sous prétexte d'épargner le malade par une douceur cruelle. Ainsi au lieu de se conformer aux maximes du siecle corrompu, qui ne tend qu'à flatter l'amour propre & à excuser les péchés, ils s'attacheront, suivant les anciennes maximes des Saints Peres, à déraciner les méchantes habitudes, & à ne point abuser du pouvoir que Dieu leur a confié, en justifiant les impénitents, & en donnant l'absolution à ceux que Dieu condamne.

II. Afin que tous les Confesseurs soient fidelles dans l'administration du Sacrement de Pénitence, ils liront attentivement la session sixieme du Concile de Trente de la Justification, & la session quatorzieme de la Pénitence, où toute la doctrine qui concerne ce Sacrement est contenue; sur-tout ils se donneront bien de garde de réduire tout à la confession de bouche, sans examiner la douleur du Pénitent, ni considérer ses rechûtes & les occasions où il est encore engagé; &, comme dit S. François de Sales, ils se souviendront qu'il ne faut jamais qu'un Ministre de Jesus Christ s'abaisse par lâcheté ou par complaisance, jusques à donner l'absolution plutôt en valet qu'en Juge.

III. Nous les exhortons de s'appliquer sérieusement à l'étude des cas de conscience, dans des Auteurs qui ne soient point relâchés, afin que le Sacrement de Pénitence ne change point de nature entre leurs mains; & qu'au lieu qu'il doit être une planche pour sauver les pécheurs du naufrage, il ne devienne un écueil pour ceux qu'ils auront flattés & endormis dans leurs péchés, faute de les leur faire bien connoître.

Des Cas auxquels il faut différer ou refuser l'absolution.

I. Comme la trop grande facilité qu'ont quelques Confesseurs à donner précipitamment des absolutions, sans avoir considéré sérieusement si le Pénitent en est capable, est la principale cause de l'impénitence des pécheurs, & de leurs fréquentes rechûtes dans leurs premiers désordres; Nous leur enjoignons d'exécuter, avec application & fidélité, l'Ordonnance de Monseigneur *le Cardinal Grimaldi*, Archevêque d'Aix, reçue & autorisée pour notre Diocese dans le Synode tenu à Grenoble le 17. Mai 1674. & les Réglements ci-après touchant les cas auxquels ont doit différer ou refuser l'absolution: dont nous chargeons leur conscience pour en rendre compte au terrible jugement de Dieu.

II. Les Confesseurs, en vertu de la puissance qu'ils ont de retenir les péchés, auſſi-bien que de les remettre, ne doivent accorder, différer & refuſer l'abſolution que ſuivant les regles & l'eſprit de l'Egliſe; & ils n'entreprendront pas légérement d'abſoudre ceux à qui l'abſolution aura été refuſée ou différée par un autre; mais ils les renverront à leur premier Confeſſeur, à moins qu'il ne parût évidemment que le premier Confeſſeur en eût mal uſé. Ils ne changeront pas auſſi ſans de grandes raiſons, les pénitences que les premiers Confeſſeurs auroient impoſées, & que les Pénitents auroient acceptées; les uns ne devant pas détruire ce que les autres ont édifié. C'eſt pourquoi nous exhortons tous les Confeſſeurs d'agir dans ces rencontres de concert, & dans une ſainte correſpondance les uns avec les autres.

III. Les Confeſſeurs ne doivent point abſoudre ceux qui ſont dans l'habitude du péche, ſur-tout les concubinaires, les uſuriers, les blaſphémateurs, les ivrognes, qu'on n'ait lieu de croire qu'ils ſe ſont ſéparés des occaſions prochaines du péché mortel, & qu'ils ont fait des efforts conſidérables pour ſortir de leurs mauvaiſes habitudes, en ſe ſervant des remedes qu'on leur a preſcrits; ceux qui ignorent les principaux myſteres de la foi, & ceux dont la connoiſſance eſt néceſſaire pour le ſalut; les maris ſéparés de leurs femmes ſans autorité du Juge Eccléſiaſtique ou ſéculier; ceux qui ont du bien d'autrui & ne veulent pas reſtituer en tout ou en partie ſelon leur pouvoir; ceux qui ne veulent pas accomplir les ſatisfactions qu'on leur a impoſées, qui ne veulent pas acquiter les legs pies dont ils ſont chargés; ceux qui ont rendu faux témoignage en juſtice au préjudice d'un tiers, ſans avoir réparé le dommage, l'ayant pu faire; ceux qui ont des inimitiés & qui ne veulent pas ſe réconcilier même à l'article de la mort; ceux qui continuent de profaner les Dimanches & les fêtes par des travaux défendus; ceux qui négligent de faire venir leurs enfants & leurs domeſtiques aux Catéchiſmes pour les faire inſtruire des choſes néceſſaires à ſalut, après en avoir été avertis; les femmes qui s'habillent d'une maniere pompeuſe, magnifique & au-deſſus de leur condition, & qui cauſent à leurs maris des dépenſes exceſſives & diſproportionnées à leurs biens; celles qui ſont en coutume de mettre des mouches, du fard, ou qui découvrent leur ſein & leurs épaules avec une immodeſtie & une effronterie, dont les honnêtes Payennes auroient eu honte. Ils renverront auſſi ſans abſolution tous ceux en qui ils ne verront point des marques d'une véritable douleur ſurnaturelle, & d'une ſincere & forte réſolution de s'abſtenir de leurs péchés & d'en faire une ſolide pénitence.

IV. Pour les pécheurs publics & ceux qui retombent fréquemment dans les mêmes offenſes mortelles, ils ne les abſoudront point qu'après avoir vu leur amendement & l'accompliſſement des pénitences médicinales qu'ils leur auront impoſées, s'il n'y a péril de mort. Que ſi les Pénitents négligent de ſe repréſenter, les Confeſſeurs ne doivent point s'en inquiéter, ayant fait ce qu'ils ont pu pour les diſpoſer à revenir; mais ils doivent ſe contenter de prier Dieu pour eux, afin qu'il leur faſſe la grace de ſe reconnoître, & de ſe convertir.

V. Si quelqu'un ſe trouve dans une occaſion prochaine d'offenſer Dieu, ils l'obligeront de la quitter; que s'il ne le peut faire ſans ſe deshonorer ou ſon prochain, ils jugeront prudemment comme on ſe doit conduire dans ces extrémités, pour ne point faire connoître au dehors le péché de leurs Pénitents;

I. CLAS. N°.XIII.

& ne point profaner les Sacrements en les donnant à des personnes qui en soient indignes.

VI. Si les Pénitents se confessent d'avoir fait quelque tort au Confesseur, qui les oblige à restitution, n'étant pas juste qu'il soit juge en sa propre cause, il les renverra à un autre Confesseur; & s'il y a nécessité de les entendre, il se conduira de telle sorte qu'on ne puisse l'accuser d'avoir trop d'attache à ses propres intérêts.

VII. L'état des Ecclésiastiques étant un état de perfection, on ne doit point absoudre ceux dont la vie est toute séculiere, qui vivent d'une maniere plus dissolue & plus libertine que les Laïques; qui ne portent que rarement la soutane, & ne disent point d'Office étant bénéficiers, qui consument le bien de l'Eglise, qui appartient aux pauvres, en dépenses criminelles.

Ordonnance de Monseigneur le *Cardinal Grimaldi*, Archevêque d'Aix, touchant les Cas ordinaires auxquels les Confesseurs doivent refuser ou différer l'absolution.

Quorum retinueritis peccata, retenta sunt. Joan. 20. v. 23.

I. LOrsque le Pénitent ne donne aucune marque de douleur véritable & surnaturelle, & qu'il ne témoigne pas d'avoir de propos sincere de se corriger & de changer de vie.

II. Lorsqu'il détient injustement le bien d'autrui, ou si ayant causé quelque tort ou dommage au prochain, en son bien, ou en son honneur, ou en ses papiers, il ne veut pas réparer le dommage, & restituer ou satisfaire en tout ou en partie selon son pouvoir.

III. S'il a quelque inimitié & qu'il ne pardonne pas de cœur, & s'il ne veut pas faire de sa part ce qu'il doit pour se réconcilier avec ses ennemis.

IV. Quand le Pénitent est dans l'occasion prochaine de quelque péché mortel, s'il est en son pouvoir de la quitter, il ne doit pas être absous jusques à ce qu'il l'ait quittée; & s'il n'est pas en son pouvoir de la quitter, on doit suspendre l'absolution, jusqu'à-ce qu'on ait des marques de son amendement, & sujet de croire qu'il s'abstiendra à l'avenir de tomber dans le péché, selon les remedes salutaires que le Confesseur lui donnera.

V. Il ne faut pas aussi accorder l'absolution à ceux qui donnent aux autres occasion de péché, s'ils n'ôtent cette occasion, & ne remédient autant qu'il dépend d'eux au mal auquel ils ont donné lieu. Tels sont 1°. Ceux qui tiennent brelan; ou des assemblées dans lesquelles se commettent des impiétés, blasphêmes, débauches, libertés licencieuses, ou autres péchés.

2°. Ceux qui ont des tableaux & représentations lascives, & qui peuvent porter au péché, & ceux qui les font & qui les débitent.

3°. Ceux qui composent, impriment, ou débitent de mauvais livres, ou écrits qui contiennent des matieres contre la foi, contre la pureté, & contre les bonnes mœurs,

4°. Les femmes & les filles qui portent le sein découvert, lorsqu'elles ont été suffisamment averties du mal qu'il y a dans cette immodeste façon de se vêtir ; on ne doit pas non plus leur donner la sainte communion quand elles s'y présentent dans cet état.

VI. Ceux qui sont dans quelque profession ou métier, qu'ils reconnoissent par expérience leur être moralement impossible d'exercer & s'empêcher d'y offenser Dieu, s'ils ne promettent de le quitter.

VII. Il faut différer l'absolution à ceux qui sont engagés dans l'habitude de quelque péché mortel, jusques à ce qu'on reconnoisse en eux des marques de leur amendement.

VII. Il ne faut pas absoudre ceux qui ignorent les principaux mysteres de notre foi, le *Pater*, l'*Ave*, les Commandements de Dieu & de l'Eglise, lorsqu'on reconnoît que cette ignorance est une marque de leur peu d'affection pour leur salut, ou que ce sont des personnes si grossieres, qu'on ne peut les instruire sur le champ.

IX. Ceux aussi qui sont dans l'ignorance des choses nécessaires & qu'ils doivent savoir selon leur état & condition, ne doivent pas être absous ; ni ceux qui négligent notablement de s'en acquiter. Sur quoi (c'est-à-dire, sur les obligations particulieres de la condition & état d'un chacun) les Confesseurs doivent soigneusement interroger les Pénitents ; & pour cet effet en être eux-mêmes instruits.

X. On doit refuser l'absolution aux pécheurs publics, & à ceux qui ont donné publiquement scandale, jusques à ce qu'ils aient satisfait aussi publiquement & ôté le scandale autant qu'il est en eux.

XI. Les Confesseurs ne doivent pas absoudre ni entendre les Confessions des personnes, des péchés desquels ils ont été eux-mêmes participants ou complices.

XII. Les Ecclésiastiques qui, étant dans les Ordres sacrés ou possédant Bénéfice, ne portent la soutane & la tonsure ecclésiastique, ou qui sont mal pourvus de leurs Bénéfices, ou qui en ont d'incompatibles, ou qui ne résident point, sans cause légitime, doivent être renvoyés sans absolution.

XIII. On la refusera pareillement à ceux qui ne voudront pas quitter la pratique de prêter leur argent à intérêt, pour en avoir quelque chose par dessus le sort principal, même à des Marchands, soit sur un simple billet, ou par contract, ou autrement, & à tous ceux qui ne voudront pas s'abstenir de toute autre pratique usuraire, quelle que ce soit.

XIV. Les Chirurgiens & Barbiers, qui font le poil & la barbe les Dimanches & Fêtes de Commandement, ne doivent point être absous, s'ils ne promettent de ne le plus faire ; comme aussi toutes les personnes qui par habitude & sans juste nécessité, travaillent & vaquent à des œuvres serviles les Dimanches & Fêtes commandées par l'Eglise.

XV. Finalement nul Confesseur ne peut & ne doit absoudre des cas réservés à Nous, s'il n'en a reçu une faculté & licence spéciale de Nous, hormis en l'article de la mort.

Tous les susdits cas sont confirmés par les témoignages de l'Ecriture Sainte, des Conciles, des Papes, des Saints Peres & des Saints Docteurs ; comme il se voit dans le livre des Ordonnances du Diocese d'Aix. Que si l'on dit qu'on voit tous les jours que les Confesseurs pratiquent le contraire ; on répond, c'est tant-pis, & que ceux qui n'observent pas ces regles pechent très-griéve-

I. CLAS. N°. XIII.

ment : *Si autem cogitas quia tota die contrarium à multis Confessariis fieri videmus. Respondeo, tantò pejus, & qui hos Canones non servant, gravissimè peccant.* Bonav. *Confessional. c.* 4. *de usu clav. partic.* I. Car c'est pour lors que l'absolution du Prêtre est véritable, lorsqu'elle est conforme à la sentence du Juge éternel : *Tunc enim vera est absolutio præsidentis, cùm æterni arbitrium sequitur Judicis.* Greg. hom. 26. in Evang.

Des Pénitences & Satisfactions.

I. Il n'y a point d'abus sur lequel les Conciles & les Saints Evêques des derniers temps aient plus gémi, que sur celui du relâchement de la Pénitence, dont il ne reste presque plus que l'extérieur & le nom parmi les Chrétiens, y ayant très-peu de Prêtres qui en imposent de salutaires & convenables, ni de pécheurs qui les acceptent. C'est à ce déréglement que les Saints attribuent tous les maux & tous les scandales, qui sont entrés en foule dans la maison du Seigneur, & qui ont défiguré toute la beauté de son Epouse. Pour y remédier autant qu'il est en Nous, Nous exhortons les Confesseurs à avoir toujours devant les yeux les anciennes regles de l'Eglise, la pratique des Saints, les Réglements des Conciles, les Canons Pénitentiaux, & sur-tout ce que le Concile de Trente prescrit pour l'imposition des Pénitences. Et si la dureté des cœurs & la mollesse des Chrétiens ne permettent pas en ce temps d'imposer les Pénitences qui étoient si communes dans les premiers siecles, au moins qu'ils se souviennent de garder la regle prescrite par le Concile de Trente, & de n'imposer jamais des pénitences très-légeres pour des péchés très-griefs, de peur de se rendre eux-mêmes complices des péchés qu'ils traitent avec trop d'indulgence ; mais de s'appliquer avec toute la prudence, la charité & l'exactitude possible à imposer des pénitences proportionnées, convenables & salutaires, ayant égard d'un côté à la qualité des crimes, & de l'autre à ce que les Pénitents sont en état de faire par raport à leur âge, à leur sexe, à leurs forces & à leur condition : ils doivent faire une attention particuliere aux pénitences que nous avons marquées pour les péchés griefs, qui seront très-légeres si nous les comparons à celles qui sont prescrites par les Canons pénitentiaux de l'Eglise de Rome, qu'ils étudieront avec soin, & s'en serviront avec discretion, autant que le siecle où nous sommes le peut permettre, en avertissant les Pénitents de la pénitence qui est prescrite à chaque péché, afin qu'ils en comprennent l'énormité par la peine qui leur est due, & que l'Eglise modere, ayant égard à leur peu de force, de dévotion, & de ferveur.

II. Comme le Confesseur doit tâcher en même temps de guérir son malade, & obliger le coupable à satisfaire à la justice de Dieu, il doit toujours avoir devant les yeux l'instruction du Concile de Trente, qui veut qu'on impose des pénitences qui châtient, & qui guérissent les désordres de la vie passée ; qui satisfassent à la justice divine, & qui conservent l'état de la vie nouvelle, où le Pénitent commence d'entrer, & qui soient propres à l'empêcher de retomber dans ses premieres fautes, en l'obligeant de prendre des précautions pour l'avenir contre sa propre foiblesse, & les tentations ou occasions où il peut être exposé. Ainsi le Confesseur tâchera d'imposer des pénitences qui servent d'éponge pour effacer le passé, & de préservatif pour empêcher qu'on n'y retombe.

retombe. Par exemple, pour l'avarice, on imposera des aumônes proportionnées aux biens du pénitent, & à l'attache qu'il y a; pour les péchés de la chair, on imposera des pénitences qui macerent le corps, & qui humilient l'esprit; pour l'orgueil, la haine, l'envie, & les autres péchés de l'esprit, qu'on peut nommer la luxure spirituelle, & auxquels les Confesseurs & les Pénitents ne font guere d'attention, on imposera la priere, le silence, la retraite, la fréquentation des Sacrements, & les autres œuvres de piété; sur-tout, il faut que les pénitences, & les satisfactions qu'on imposera soient pratiquables, & qu'elles empêchent les pécheurs de retourner dans leur vomissement, sans les jeter dans le désespoir: *Compatiantur naturæ, æstiment possibilitatem.*

III. Il ne faut pas se contenter d'ordonner des jeûnes, des cilices, & des disciplines; de réciter des chapelets, & quelques autres prieres vocales, & de faire des aumônes, qui est le remede des remedes; mais il faut principalement ordonner des lectures spirituelles, des oraisons mentales, la retraite, l'éloignement du jeu, du luxe, des compagnies: il faut accoutumer les pécheurs à gémir devant Dieu de leurs miseres, à marcher en sa présence, à considérer l'état pitoyable où le péché les a réduits, & à se préparer à comparoître au jour de leur mort, devant le redoutable Tribunal de Jesus Christ.

Voilà en quoi consiste ce que vous appellez le Rigorisme de France, que vous demeurez d'accord être le même Rigorisme que vous blâmez dans les Peres de l'Oratoire de Mons.

Or on ne croit pas que vous soyez assez hardi, ou plutôt assez téméraire pour oser trouver rien de repréhensible & de punissable dans ces instructions très-solides & très-chrétiennes de ce Cardinal, d'un mérite si distingué, & pour l'esprit, & pour la piété & pour la science.

Avec quelle conscience avez-vous donc pu entreprendre de rendre odieux le prétendu Rigorisme des Peres de l'Oratoire, que vous dites ne leur être pas particulier, mais être répandu dans les Pays-bas aussi bien qu'en France, & de le faire regarder à M. l'Archevêque de Cambrai comme un mal pernicieux, contre lequel les deux puissances se doivent unir pour y apporter remede?

XXV. DIFFICULTÉ.

VOilà, ce me semble, les Peres de l'Oratoire suffisamment justifiés par les prétendus Rigoristes de France. Il ne sera pas plus mal-aisé de le faire par ceux des Pays-bas, avec qui vous dites aussi qu'ils conviennent de doctrine & de pratique. Il faut donc que vous ayiez supposé que M. l'Archevêque de Cambrai savoit bien de qui vous vouliez parler: car ce seroit une étrange absurdité de lui dire, que les Peres de l'Oratoire de son Diocese conviennent de doctrine & de pratique avec de certaines gens, dont il ne connoîtroit ni la doctrine ni la pratique.

Ainsi on ne peut douter que vous n'ayiez voulu marquer par-là ceux que, dans une certaine attestation qui lui étoit adressée, vous avez appellés *rigidiora sectantes;* c'est-à-dire, comme il ne fut pas difficile de le deviner à Cambrai, M. Huygens & ses amis, & un très-grand nombre de Théologiens, de Prêtres, de Pasteurs & de Religieux, qui font profession, par principe de conscience, & par le seul amour du salut de ceux qui s'adressent à eux, de les conduire par les regles de S. Charles, & par les principes de morale enseignés communément dans l'Université de Louvain.

Mais, afin de nous mieux entendre, je m'arrêterai à la derniere These de M. Hennebel, intitulée, *Systema Sacramenti Pœnitentiæ;* parce qu'il y traite fort exactement cette matiere, en marquant d'une part, en quoi vous convenez avec lui contre les relâchements des Casuistes modernes, & en quoi, de l'autre, vous prétendez que l'on va plus loin qu'il ne faudroit.

Comme les cas dans lesquels vous ne convenez pas sont plus rares, il se pourroit bien faire que la plupart des Peres de l'Oratoire, n'auroient mis en pratique que ceux dans lesquels vous convenez; qui est, qu'il y a beaucoup plus de rencontres que les Casuistes modernes ne se l'imaginent, où l'on doit refuser ou différer l'absolution. Vous vous êtes donc exposé, ne sachant pas ce qui en est, à agir contre vous-même, en vous joignant à ceux qui ont décrié avec tant d'emportements la conduite de tous ces Peres.

Mais je passe plus avant; & je veux bien supposer qu'ils sont tous pour cette These de M. Hennebel, & qu'ils y approuvent tout ce qui y est dit du délai de l'absolution & de l'imposition des pénitences: quand cela seroit, en auriez-vous pu prendre occasion de les traiter aussi durement que vous faites, pendant que vous n'avez su que répondre à votre Confrere, qui vous avoit invité si bonnement, & avec tant de douceur & d'honnêteté, à lui déclarer ce que vous trouveriez à reprendre dans ses sentiments?

Quelle bizarre conduite! Comment pouvez-vous la justifier? Il est de la profession d'un Docteur d'instruire & de réfuter les opinions qu'il croit mauvaises, pour ramener dans la bonne voie ceux qui s'en seroient écartés. Mais, porter les Evêques à persécuter leurs meilleurs Ecclésiastiques, en les privant de leurs emplois, autant qu'ils pourroient, sur des accusations vagues, sans fondement & sans preuve, c'est vouloir faire le métier de cette nation de délateurs, détestée par les Payens comme la peste du genre humain.

I. CLAS. N°.XIII.

XXVI. DIFFICULTÉ.

L'Autre point ſur lequel vous fondez le prétendu Rigoriſme des Peres de l'Oratoire, eſt, que leur doctrine & leur conduite ne s'accorde pas avec la doctrine & la conduite du commun des Religieux, ſur-tout des Mendiants & des Prêtres, qui ont autrefois gouverné les conſciences dans la ville de Mons.

Mais pourquoi diſſimulez-vous qu'on a répondu très-ſolidement à ce reproche, dans la Remontrance Juſtificative? On y a repréſenté; „ que „ c'étoit quelque choſe d'aſſez nouveau de renvoyer les Confeſſeurs les „ uns aux autres pour en recevoir la regle de leur conduite dans l'ad- „ miniſtration des Sacrements, & particuliérement de vouloir, que les „ ouvriers du corps du Clergé ſoient obligés de ſe conformer aux Re- „ ligieux qui ſont venus les derniers, & comme troupes auxiliaires, tra- „ vailler à la vigne du Seigneur. Mais que ce n'eſt ni les ſentiments des „ autres Confeſſeurs, ni leur conduite particuliere qu'il faut ſuivre, „ mais les regles & les Ordonnances des Evêques, que le Saint Eſprit „ a établis pour conduire & régir l'Egliſe de Dieu.

On y a rapporté cette ſixieme maxime de M. l'Evêque d'Arras, approuvée par trente Evêques: *Qu'il ſe faut bien garder de donner le nom d'uſage de l'Egliſe préſente, au relâchement que l'ignorance, la lecture des mauvais Auteurs, l'intérêt, & ſouvent même une molle & lâche complaiſance ne rendent que trop ordinaire à un grand nombre de Confeſſeurs.*

On peut voir encore ce qui eſt dit dans cette Remontrance, depuis la page 37. juſques à la 40e, qui ruine de telle ſorte la néceſſité prétendue qu'auroient eu les Peres de l'Oratoire de ſe conformer à la pratique des Religieux Mendiants, ou d'autres Prêtres qui ſe conduiroient par leurs maximes, qu'il eſt bien étrange, que vous ayiez encore inſiſté ſur une obligation ſi mal fondée, ſans repliquer un ſeul mot aux réponſes de la Remontrance que vous avez dû ſuppoſer être capable de perſuader à tout homme raiſonnable, qu'on ne pouvoit rien oppoſer de plus foible aux Peres de l'Oratoire. Eſt-ce que vous vous êtes imaginé que tous les exemplaires de cette piece ſe ſont évanouis, depuis que vos Echevins en ont fait brûler un par la main de leur bourreau?

Quoi qu'il en ſoit, on a d'autres moyens de juſtifier les Peres de l'Oratoire contre un ſi ridicule reproche: on n'a beſoin que de vous-même. Il s'agit de ſavoir ſi les Jéſuites & les Religieux Mendiants de la ville de Mons, qu'ils ont fait entrer dans leurs ſentiments, ſont bien fondés, de vouloir que les Peres de l'Oratoire se conforment à leur pratique pour ce qui est du refus & du délai de l'absolution, & de l'imposition des pénitences convenables. Car c'est de quoi il s'agit, comme il paroît par ce que vous dites, qu'on ne devoit pas s'arrêter aux dépositions des témoins produits par les Peres de l'Oratoire, parce que ce sont des gens de très-bonne vie; *probatissimæ vitæ in quorum directione non veniunt ea circa quæ est doctrinæ vel praxeos differentia, ut sunt dilatio vel negatio absolutionis, & alia hujusmodi.*

Ecoutons donc ce que vous enseignez sur ces deux points: délai de l'absolution: imposition des pénitences.

J'ai déja rapporté, dans la premiere Partie, ce que vous dites sur le premier dans votre *Theologia Moralis emendata.* (a) Concl. 79. Pertin. Vous nous faites entendre que dans ceux, qui sont relâchés sur cette matiere, du délai de l'absolution, on peut considérer la théorie & la pratique. Que l'une & l'autre est fort corrompue; mais que la pratique l'est encore d'avantage que la théorie; ce que vous nous faites voir en cette maniere. Il n'y a point de Casuiste si relâché qui n'admette qu'en plusieurs cas on doit refuser ou différer l'absolution. *Laxissimus quisque Casuistarum admittit non paucos dari casus, quibus neganda vel differenda sit absolutio.* C'est ce que vous appellez la théorie de ces relâchés. Et en quoi est-ce qu'elle est corrompue? En ce qu'il y a beaucoup d'autres cas dans lesquels ils n'admettent pas qu'on la doit différer, quoiqu'ils le dussent admettre. Vous passez de-là, à la pratique en ces termes: *Qui ergo fieri posse dicas, ut tot sint Confessarii promiscuè quibuslibet audiendis expositi, qui etiam in gloriæ suæ titulis ultrò ponant, se nunquam in vita quemquam sine absolutione dimisisse?* Comment *donc, direz-vous, y a-t-il* tant de Confesseurs *exposés à écouter généralement tous ceux qui se présentent à eux, qui tiennent à honneur, & se vantent de n'avoir jamais, en toute leur vie, renvoyé personne sans absolution?* Vous ne doutez point du fait; mais vous en concluez qu'il arrive assez souvent, que, dans les choses morales, la pratique est encore plus corrompue que la théorie: *Inde manifestum evadit praxim in re morali aliquantò corruptiorem esse quàm theoriam.*

Avouant, comme vous faites, qu'il y a un grand nombre de Confesseurs, *tot Confessarii*, qui sont dans cette méchante théorie, ou dans cette méchante pratique, quelle certitude avez-vous que les Jésuites de Mons, & les Religieux Mendiants de cette ville leurs adhérents, ne sont

(a) [Cet Ecrit est en forme de Theses, soutenues au palais Episcopal d'Ypres le 6. Août 1685.]

pas de ces gens-là ? S'ils n'en étoient pas, auroient-ils pris tant de soin de rendre odieux parmi le peuple le délai de l'absolution, pour donner de l'aversion des Peres de l'Oratoire ? N'est-ce pas une forte présomption, qu'ils s'engagent par-là à ne la point différer, de peur de passer pour des gens doubles, qui blâmeroient dans les autres ce qu'ils feroient eux-mêmes ?

Voilà donc, Monsieur, à quoi se réduit votre Avis. Je ne sais pas, Monseigneur, quelle est la doctrine & la pratique sur le sujet de la Pénitence de ces Religieux de Mons, ennemis des Peres de l'Oratoire. Je suis néanmoins d'avis, que, par provision, vous punissiez ces Peres, parce que leur doctrine ni leur pratique ne s'accordent pas avec celle de ces Religieux, que l'on peut juger probablement avoir une assez méchante théorie, & peut-être une pratique encore plus méchante.

J'abrégerai ce que j'ai à dire de l'autre point, qui est l'imposition des pénitences; parce qu'on voit aisément que ce doit être la même chose. On a déja vu, dans la seconde & la sixieme Difficulté, que vous partagez les Confesseurs en deux classes; dont la premiere, en laquelle vous vous mettez, est de ceux qui tâchent d'observer, à l'égard de ces pénitents, ce que le Concile de Trente a prescrit, & d'éviter sur-tout d'en imposer de très-légeres pour de grands péchés; telle que feroit la récitation de quelque *Pater*, ou de quelques dixaines d'un chapelet *pro aliquot peccatis mortalibus.* L'autre est de ceux qui n'y regardent pas de si près, & qui ne croient point que ces sortes de récitations, si courtes & si faciles, qu'ils imposent à toutes sortes de pécheurs, soient des pénitences trop légeres. Tout le monde sait que cette derniere pratique est très-commune parmi les Religieux Mendiants, si on en excepte un très-petit nombre que les autres accusent de Rigorisme. Or comme ceux de Mons n'ont pas donné lieu de croire qu'on les en doive excepter, & qu'il y a bien plus d'apparence qu'ils sont des plus zélés du méchant parti, jugez vous-même, si la conformité que l'on voudroit que les Peres de l'Oratoire eussent en cela avec ces Religieux, n'est pas aussi déraisonnable, que si l'on vouloit qu'une regle ne fût jugée droite que quand on la pourroit ajuster avec une regle tout-à-fait tortue.

XXVII. DIFFICULTÉ.

JE ne sais, Monsieur, d'où vous avez tiré les regles de votre Jurisprudence; mais il me paroît qu'il n'y en eut jamais de plus contraires

I. CLAS. N°.XIII.

au bon fens & à l'équité naturelle, ni de plus propres à opprimer des innocents, & à mettre par-tout la confufion & le trouble.

Ce n'eft point une exagération. On a de quoi le prouver démonftrativement, quand on aura fait voir de quoi il s'agit.

Tout ce que contient l'article que nous avons examiné dans les Difficultés précédentes, eft que les Peres de l'Oratoire de Mons n'ont point d'autre doctrine, ni d'autre pratique dans l'adminiftration du Sacrement de Pénitence, que ceux qu'on appelle Rigoriftes en France & aux Pays-bas; que cette doctrine, ni cette pratique ne s'accordent pas avec celles des Religieux Mendiants de Mons, & qu'ils ont approuvé en tout la Remontrance Juftificative. Or il eft plus clair que le jour que non feulement cela ne prouve pas que leur doctrine & leur pratique foient méchantes, mais même que cela ne le dit pas. Ainfi, fans avoir ni prouvé ni dit que ce qu'ils font foit méchant, voici la conclufion que vous en tirez. *Quidquid ergo* exceffuum *in dictis Patribus notari poffet, non his fingulare eft, fed ferè commune cum omnibus iftis : ut proinde idem fit tam pro his quàm illis remedium. Difficile id quidem ; at aliqua ex parte non impoffibile.* Tout *ce qu'on peut donc remarquer d'*excès *dans les dits Peres ne leur eft pas particulier, mais prefque commun avec tous ceux-là*, (c'eft-à-dire avec tous les Rigoriftes de France & des Pays-bas) *de forte que le rèmede qu'on y devroit apporter devroit être commun aux uns & aux autres. Ce remede eft difficile, mais il ne paroît pas néanmoins qu'il foit tout-à-fait impoffible.*

Concevez-vous maintenant combien votre conclufion eft déraifonnable? Vous y parlez *des excès* qu'on a pû remarquer dans les Peres de l'Oratoire, & votre antécédent ne marque point qu'ils foient coupables d'aucun excès. Vous dites dans cette conclufion, que ces excès leur font communs avec les Rigoriftes de France & des Pays-bas, & vous n'avez ofé dire dans votre antécédent, en quoi confiftent ces prétendus excès des Rigoriftes de France & des Pays-bas. Vous y parlez d'un mal qui a befoin d'un grand remede, & qui felon vous, peut être commun à une infinité de perfonnes, & vous n'avez point dit dans votre antécédent, ni qu'il y eût du mal dans ces perfonnes, ni quel eft ce mal, ni en quoi il confifte. Vous voulez donc recueillir ce que vous n'avez point femé: ou pour parler plus clairement, vous concluez ce que vous n'avez pu conclure qu'en vertu d'une propofition fous-entendue, que vous n'avez pu fous-entendre, ou qu'en fuppofant, par un fophifme groffier, ce qui eft en queftion, ou ce qui eft encore pis, en fuppofant ce qui n'a pas dû même être mis en queftion; parce qu'il eft fi évidemment faux, que l'on vous défie de le foutenir ouvertement.

Il eſt important de rendre cela ſi clair, que les eſprits les moins pénétrants, pour peu qu'ils aient de bon ſens, n'en puiſſent douter. Car il ne s'agit pas ici d'un raiſonnement ſpéculatif, qui pourroit être faux ſans qu'on s'en dût mettre beaucoup en peine, parce qu'on n'en concluroit rien où le public eût intérêt. Il s'agit d'un raiſonnement pratique, qui va, étant trouvé bon, à faire perſécuter les plus gens de bien, & à mettre la confuſion dans l'Egliſe & dans l'Etat, comme nous verrons dans la ſuite. On ne doit alors rien ſous-entendre que ce qui ſeroit plus clair que le jour: & faire le contraire, en ſous-entendant ce qui eſt très-faux, pour irriter l'une & l'autre puiſſance contre les plus pieux Eccléſiaſtiques, je ne ſais quel nom on doit donner à ce crime. Voyons donc, Monſieur, ſi vous n'en êtes point coupable.

Vous n'avez pu tirer la concluſion qui commence par ces paroles, que j'ai rapportées: *Quidquid ergò exceſſuum*, *&c.* qu'en vertu de deux propoſitions, dont vous n'avez exprimé que la premiere, & par conſéquent il faudra que vous diſiez que vous avez ſous-entendu la ſeconde. Car voici quel a dû être votre argument pour être entier.

Propoſition exprimée. Les Peres de l'Oratoire de Mons, n'ont point, ſur le ſujet de l'adminiſtration du Sacrement de Pénitence, de doctrine ni de pratique qui leur ſoient particulieres; mais ils ne tiennent & ne pratiquent que ce que tiennent & pratiquent ceux que l'on appelle vulgairement Rigoriſtes en France & aux Pays-bas.

Propoſition ſous-entendue. Or ce que tiennent & pratiquent ces Rigoriſtes de France & des Pays-bas, eſt un excès & un grand mal, auquel l'une & l'autre puiſſance doit s'appliquer pour y apporter remede.

Concluſion. On doit donc arrêter les excès remarqués dans ces Peres de l'Oratoire, par des remedes qui ne leur ſoient point particuliers; mais qu'on devra étendre à ces autres Rigoriſtes.

Vous ne nierez pas, Monſieur, que la ſeconde de ces trois propoſitions ne ſoit néceſſaire pour rendre votre argument concluant: & il faudra bien auſſi, que vous avouiez qu'elle ne ſe trouve point dans votre Avis. Il faudra donc que vous diſiez que vous l'avez ſous-entendue. Or c'eſt ce que je vous ai déja fait voir que vous n'avez pu ſous-entendre que par une témérité puniſſable.

Car, prétendre avoir droit, pour tirer des concluſions meurtrieres à l'égard de l'honneur des gens de bien, de ſous-entendre comme mauvais, ce qu'on ne daigne pas dire qui ſoit mauvais, c'eſt ſuppoſer qu'il l'eſt ſi inconteſtablement, qu'il n'y a pas lieu d'en douter.

C'eſt donc là le jugement que vous avez la hardieſſe de former, par votre ſeul caprice, ſans raiſon ni autorité, du prétendu Rigoriſme de

I. CLAS. N°.XIII.

l'Eglise Gallicane, qui n'est autre chose qu'une fidelle observation des regles de S. Charles, qu'une expérience de cinquante ans a fait juger si utile au salut des ames, qu'il n'y a plus présentement personne qui ose la décrier.

C'est le jugement que vous portez du prétendu Rigorisme de M. l'Evêque d'Arras, approuvé par trente autres Evêques.

C'est le jugement que vous portez de ce qu'a si saintement pratiqué pendant plus de quarante ans, le feu Evêque d'Alet de sainte mémoire, malgré les clameurs de plusieurs Gentilshommes de son Diocese, qui s'étoient ligués pour secouer le joug d'une discipline qui ne s'accommodoit pas à leurs passions, & à leurs injustices, dont les plaintes, qui rouloient principalement sur de trop fréquents refus ou délais d'absolution, adressées au P. Annat pour être présentées au Roi, furent rejetées, avec ordre à ces Gentilshommes de se soumettre aux Ordonnances de leur Prélat.

C'est le jugement que vous portez de la prétendue rigueur prescrite par les Ordonnances de tant d'autres Evêques les plus estimés de France pour leur piété, dont je vous ai marqué en particulier deux Cardinaux de l'Eglise Romaine, plus éminents encore par leur vertu & par leur zele pour le service de Dieu, que par leur dignité.

C'est le jugement que vous portez contre ce que nous a laissé par écrit sur cette pratique le très-pieux & très-savant Evêque de Castorie, qui a vécu & qui est mort dans une très-grande opinion de sainteté, & à qui, malgré tout le chagrin que vous témoignez contre lui, à votre deshonneur en toute rencontre, vous n'oseriez imputer d'avoir rien enseigné sur le délai de l'absolution qui ait besoin d'être corrigé ensuite du *donec corrigatur*, qu'on a arraché contre la premiere édition de son livre, & qui ne peut tomber que sur des choses de peu d'importance qui ont été éclaircies dans la seconde par l'Auteur même.

C'est le jugement que vous portez de ce qui s'est pratiqué depuis plusieurs années, & que pratiquent encore aujourd'hui à Louvain & ailleurs des Ecclésiastiques distingués par leur piété & leur science, avec tant de bénédiction & de fruit, qu'il faut vouloir fermer les yeux exprès, pour ne pas voir les heureux effets d'une pratique si salutaire.

Que pouvez-vous dire, pour vous tirer d'un si mauvais pas ? Direz-vous que ce n'est pas de ces personnes-là que vous avez voulu parler, quand vous avez déclaré que les Peres de l'Oratoire avoient tiré leur doctrine & leur pratique des Rigoristes de France ? Vous ne sauriez avoir recours à cette réponse, sans vous contredire vous-même, ou vous rendre coupable de calomnie envers ces Peres. Car vous voulez, que, laissant-

là

là les faits singuliers qui ne vous ont pas paru bien prouvés, M. l'Archevêque de Cambrai les juge sur ce qu'ils ont avoué eux-mêmes, & sur l'approbation qu'ils ont donnée à la Remontrance Justificative. Or on vous défie de rien trouver ou dans cette Remontrance, ou dans ce que ces Peres ont avoué de leur conduite, que vous puissiez prendre pour un excès de rigueur, qui ne se trouve aussi fortement, ou plus fortement encore, dans la Réponse de M. d'Alet aux plaintes des Gentilshommes révoltés contre son autorité, ou dans la Censure & les maximes de M. l'Evêque d'Arras, approuvées par trente Evêques, ou dans les Ordonnances Synodales de M. le Cardinal le Camus. Vous ne pouvez donc nier, que, quand vous dites que les prétendus excès de rigueur des Peres de l'Oratoire, leur sont communs avec les Rigoristes de France, ce ne soit dire qu'ils leur sont communs avec tous ces grands Evêques si zélés & si éclairés, & que, quand vous ajoutez que le remede qu'on doit apporter à ce mal doit être pour tous ceux à qui ce mal est commun, ce ne soit témoigner que vous voudriez qu'on usât des mêmes remedes anti-chrétiens, que vous proposez dans la suite, envers tous ceux qui approuvent la doctrine & la pratique de ces fidelles Ministres de Jesus-Christ, aussi-bien qu'envers les Peres de l'Oratoire de Mons. Car c'est ce que signifient ces paroles, *ut idem sit tam pro his quàm illis remedium.*

I. Clas. No. XIII.

Pardonnez-moi, Monsieur, si j'appelle ces remedes anti-chrétiens. C'est que je n'en ai jamais vu de plus contraires à l'esprit de l'Evangile. Car son esprit n'est que vérité & charité, & vos prétendus remedes, n'ont pour fondement que le mensonge, & pour fin que la destruction de la charité. Je réserve ce dernier pour la Difficulté suivante, & je finirai celle-ci en montrant que vos remedes n'ont pour fondement que le mensonge : ce qui sera bien facile.

Ce fondement de vos remedes est, qu'il y a un grand mal dans l'Eglise, auquel il est nécessaire d'apporter un prompt remede; & que ce grand mal est le Rigorisme, qui est le même, selon vous, dans les Peres de l'Oratoire de Mons, dans les Rigoristes de France & dans ceux des Pays-bas, de qui ces Peres ont tiré leur doctrine & leur pratique.

Or on vient de voir que ce prétendu Rigorisme de France, non seulement n'est pas un mal, mais est un très-grand bien, & on ne croit pas que vous osiez dire positivement le contraire. Puis donc que vous êtes demeuré d'accord que le prétendu Rigorisme de l'Oratoire de Mons, du Pays-bas, & de France, n'en font qu'un, & qu'il est le même par-tout, que croyez-vous que l'on pense de la peine où vous témoignez être de trouver un remede contre ce mal chimérique, & du gré que vous vous savez de

I. CLAS. N°.XIII.

l'avoir trouvé, par ces belles & graves paroles : *Difficile id quidem, at aliqua ex parte non impossibile ?* Il y en a qui se contenteront d'en rire, en vous traitant de visionnaire. Mais d'autres, plus sérieux & plus touchés des maux de l'Eglise, le prendront d'un autre ton. Ils s'étonneront qu'un Docteur qui paroît d'ailleurs avoir de l'esprit, ait pu tomber dans un tel aveuglement, que de prendre un si grand bien & approuvé par de si grands hommes, non seulement pour un mal, mais pour un mal si manifeste, qu'il s'est imaginé n'avoir pas besoin de prouver que c'en fût un, ni de dire en quoi il consistoit. Mais ils déploreront bien davantage les malheureuses suites que vous voudriez qu'eût votre bévue, en donnant pour remede à ce mal imaginaire ce qui ne pourroit que causer des brouilleries très-effectives dans l'Eglise & dans l'Etat, & des vexations très-réelles & très-injustes à l'égard des meilleurs Ecclésiastiques. Et c'est ce que j'ai dit que je traiterois dans la Difficulté suivante. (*a*)

XXVIII. DIFFICULTÉ.

IL s'agit d'examiner quels sont les remedes que vous voulez que l'on apporte à un mal, qui, comme vous le décrivez, n'est que dans votre tête. Il faut vous entendre parler.

Remede général. *Difficile id quidem (remedium) at aliqua ex parte non impossibile, si cum illustrissima Dominatione vestra cæteri quoque quos diximus Ecclesiæ & Reipublicæ Rectores manum admoverint.*

“ Il est difficile à la vérité d'apporter un remede à ce mal ; mais cela „ n'est pas tout-à-fait impossible, si avec Votre Seigneurie Illustrissime les „ autres Evêques, & les puissances temporelles y veulent mettre la main.

Réflexion. Rien n'est meilleur sans doute que d'inviter les Evêques à s'unir ensemble, & y joindre encore les puissances temporelles, quand ce n'est point une fausse imagination, mais une vérité certaine & bien prouvée, qu'il y a dans l'Eglise un mal considérable, capable de perdre les ames, dont il soit nécessaire d'arrêter le cours. Mais que, sur la fantaisie d'un Docteur qui se fait de fête, & qui prend pour un mal ce que les plus grands hommes de l'Eglise ont regardé & regardent encore comme un très-grand bien, on veuille que les Evêques s'unissent & conspirent ensemble pour se priver de leurs meilleurs Ecclésiastiques, si-tôt que quelque cabale, semblable à celle des Echevins de Mons de l'an 1690. les

(*a*) [Voyez deux nouvelles preuves de l'innocence des PP. de l'Oratoire de Mons, dans le *Procès de calomnie*, &c. V. Piece, §. IX. IV. Classe, IX. Part. N°. IX.]

aura fait passer pour suspects de ce mal imaginaire, & qu'on emploie aussi la puissance séculiere pour aider à les accabler, c'est assurément un fort beau moyen d'introduire dans l'Eglise & dans l'Etat la domination la plus irréguliere & la plus injuste qui fut jamais.

I. Remede particulier. *Prima nimirum cura adhibenda Scholis, unde novi Ecclesiæ Ministri prodeunt, ut nihil in illis in alterutram partem excedens tradatur juventuti novorum plerumque avidæ,* " Le premier soin „ que l'on doit avoir est des Ecoles, d'où sortent les Ministres de l'E„ glise, en prenant bien garde qu'il ne s'y enseigne rien à la Jeunesse, „ qui aime ordinairement la nouveauté, d'excessif de part ou d'autre. "

Reflexion. Est-ce-là ce remede dont on a dit d'abord, qu'il seroit difficile à trouver, *difficile id quidem*, pour en faire estimer davantage celui qui l'auroit proposé? C'est comme si un Médecin disoit gravement à son malade, Il sera difficile de trouver de bons remedes à votre maladie. Voici néanmoins le premier que je vous ordonne, c'est de ne rien prendre qui vous desseche trop, ou qui vous humecte trop. Ce malade, qui ne sait point ce qui desseche trop & ce qui humecte trop, lui seroit-il bien obligé de son avis? Et vos Evêques assemblés auroient-ils sujet de l'être davantage du vôtre? Car la question est de juger ce qui doit être pris ou pour un excès du côté du relâchement, ou pour un excès du côté de la rigueur? Il paroît que vous partagez les Théologiens en deux classes sur ce sujet, Vous appellez les uns, *rigidiora sectantes*, & les autres *benigniora profitentes.* Si on s'en rapporte aux premiers, ils diront qu'il n'y a point d'excès de rigueur dans la pratique des Peres de l'Oratoire; mais qu'il y a beaucoup d'excès de relâchement dans la pratique de leurs adversaires. Les derniers diront au contraire, qu'il y a des excès de rigueur dans la pratique de l'Oratoire, & qu'il n'y a rien de trop relâché dans ce qui se pratique communément par la plupart des Confesseurs. Quel usage pourront donc faire ces Evêques du conseil que vous leur donnez, de prendre garde qu'on n'enseigne rien dans leurs Séminaires *in alterutram partem excedens;* puisque vous ne leur donnez aucune voie certaine pour savoir ce que l'on doit prendre pour un excès d'un côté ou d'autre?

Vous direz peut-être que ce n'est que par bienséance & pour ne paroître pas si partial, que vous avez parlé *des excès de côté & d'autre*: mais que l'on voit assez que le conseil que vous donnez aux Evêques est seulement, de ne pas souffrir que l'on enseigne à ceux qu'on éleve pour servir l'Eglise, les excès des Rigoristes.

Il est vrai qu'on le voit assez par ce qui précede & par ce qui suit: & c'est cela même qui fait connoître combien le conseil que vous leur donnez est misérable, & contraire au bien de l'Eglise. Car si les Prélats doivent veiller à ce qu'on n'enseigne point d'excès sur cette matiere dans les Ecoles qui dépendent d'eux, ils sont bien plus obligés de s'appliquer à ne point souffrir les excès trop réels de relâchement, que les prétendus excès de rigueur. On en peut rapporter deux raisons incontestables.

La premiere est, que la vigilance épiscopale est bien mieux employée contre des excès & des abus très-réels & très-communs, que contre des excès & des abus imaginaires, ou qui sont au moins fort rares. Or que les excès de relâchement dans l'administration de la Pénitence ne soient très-réels & très-communs, selon vous-même, on n'en peut douter, après ce qu'on a rapporté de divers endroits de vos Theses : tel qu'est celui où vous dites, qu'il y a un grand nombre de Confesseurs *tot Confessarii* exposés à confesser tous ceux qui se présentent à eux, qui se vantent de n'avoir jamais en toute leur vie renvoyé personne sans absolution : ce que vous remarquez avec raison être une pratique plus corrompue que la théorie des plus relâchés Casuistes. Tel est un autre endroit, où vous vous plaignez de ces Confesseurs, qui, par une courte récitation de quelques *Pater*, ou de quelque dixaine d'un Rosaire, croient pouvoir guérir toutes les maladies des ames. Vous reconnoissez donc que les excès du côté du relâchement sont très-réels & très-communs.

Et on vous a fait voir dans les Difficultés précédentes, que les excès de rigueur que vous prétendez être communs aux Peres de l'Oratoire de Mons, aux Rigoristes de France, & à ceux des Pays-bas, sont chimériques ; & s'il arrive que quelque particulier en commette de cette sorte, cela est infiniment plus rare que les abus des Relâchés. On en trouve une très-forte preuve dans votre these sur les Rituels. (*a*) Car y ayant représenté un des grands abus de ces Confesseurs accommodants ; *lors*, dites-vous, *que nous leur objectons ces choses, ils ne nous répondent qu'en usant de récrimination, & se jettant sur les fables du foin & des chemises moites, & autres semblables badineries qu'ils inventent, ou qu'ils ont crues trop facilement sur la foi de ceux qui les ont controuvées.* Est-ce donc un conseil bien sage, d'allarmer les Evêques sur une chimere, & ne pas daigner exciter leur zele contre un mal très-effectif & très-répandu ?

(*a*) [Elle fut soutenue le 8. Janvier 1688. & il y en a eu trois éditions. On releva ce qu'il y avoit de relâché dans cette these par l'écrit intitulé : *Refutatio Conclusionum theologico-practicarum* &c.]

I. CLAS. N°. XIII.

La seconde raison n'est pas moins considérable. C'est que les excès de rigueur ne peuvent guere être préjudiciables aux ames; & si quelqu'un en avoit eu de la peine, il ne tiendroit qu'à lui de ne l'avoir pas long-temps; puisqu'il lui seroit facile de trouver dix Confesseurs pour un, qui lui donneroient l'absolution, si on la lui avoit refusée mal-à-propos, ou qui adouciroient sa pénitence, si on lui en avoit imposé une trop rude. Mais il n'en est pas de même des excès de relâchement, lorsqu'on absout les pécheurs qui ne sont point encore en état de recevoir avec fruit la grace de la réconciliation. D'une infinité de gens envers qui on use de cette conduite, il n'y a presque personne qui la regarde comme un mal & qui se croie obligé d'y chercher quelque remede. Ils s'en louent au contraire, & approuvent fort qu'on les traite d'une maniere qui ne les oblige point à se faire de ces saintes violences, qui sont nécessaires aux pécheurs pour se corriger de leurs mauvaises habitudes, ni à satisfaire à la justice de Dieu par des mortifications & des exercices de pénitence, dont notre nature corrompue ne s'accommode guere. C'est pourquoi nous voyons, que dans les Paroisses où l'on ne sait ce que c'est que différer l'absolution, tout est en paix de ce côté-là, & on ne fait point de plaintes contre ces Pasteurs accommodants, parce qu'il arrive alors ce que Jesus Christ a marqué dans l'Evangile; *Cùm fortis armatus custodit atrium suum, in pace sunt omnia quæ possidet.* Cependant si on veut savoir quels sont les méchants effets de cette méchante pratique, il ne faut que considérer de quelle maniere les Peres en ont parlé. Ils disent, que *c'est une peste douce & trompeuse, qui se couvre du nom de miséricorde & de pitié:* que c'est *une inutile & fausse paix, pernicieuse à ceux qui la donnent, & infructueuse à ceux qui la reçoivent.* Ils disent des Prêtres qui agissent de la sorte, qu'*au lieu de porter les hommes à la patience, qui leur est nécessaire pour guérir, & à rechercher les véritables remedes de leurs maux dans la satisfaction de la pénitence, ils bandent seulement les plaies des mourants, & leur empêchant d'en ressentir de la douleur, ils se contentent de couvrir une blessure mortelle qui pénetre jusques au fond des entrailles & des os.* Ils disent, que *par-là le Démon travaille à faire que les regrets cessent, que la douleur passe, que le souvenir du crime s'evanouisse, que les soupirs s'appaisent, que les larmes se sechent, & que l'on ne tâche point de fléchir Dieu par une longue & pleine pénitence après l'avoir offensé mortellement.* Ils disent de ces donneurs d'absolutions précipitées, *qu'ils sont aux misérables pécheurs ce que la grêle est aux grains, les mauvaises influences de l'air aux arbres, la peste aux troupeaux & la tempête aux navires.* Ils disent que *quiconque dissimule ces vérités à ses freres les trompe misérablement, & est*

S. Cyprien.

cause que ceux qui, faisant une véritable pénitence pourroient satisfaire à Dieu, qui est un Pere doux & clément, par leurs prieres & par leurs œuvres, sont séduits pour leur ruine, & qu'au lieu de se relever, ils tombent d'une chûte encore plus grande que la premiere.

Si les Saints de ces derniers temps n'ont pas usé de paroles si fortes pour exprimer les maux qui arrivent de la conduite indiscrete des Confesseurs, ils ne les ont pas marqué moins clairement. Un seul passage de S. Charles fait entendre tout ce qu'on en peut dire. *On ne doit point*, dit-il, *absoudre une personne, que l'on croit raisonnablement qui retournera aux mêmes péchés en demeurant dans les mêmes occasions; mais on doit prendre quelque temps pour éprouver si véritablement il se corrigera de ses fautes. Et il est d'autant plus important d'ouvrir les yeux en cette rencontre, que le défaut & la négligence des Confesseurs en ce point, fait que nous voyons aujourd'hui regner dans la plupart des arts & des conditions, une infinité d'abus & de péchés très-énormes, sans lesquels il semble que plusieurs ne peuvent plus maintenant exercer les emplois mêmes les plus justes.*

M. le Cardinal le Camus, digne imitateur de ce grand Saint, a parlé dans le même esprit, lorsqu'il a averti les Confesseurs de prendre bien garde *que le Sacrement de Pénitence ne change de nature entre leurs mains, & qu'au lieu qu'il doit être une planche pour sauver les pécheurs du naufrage, il ne devienne un écueil pour ceux qu'ils auront flattés & endormis dans leurs péchés, faute de les leur faire bien connoître.* Il témoigne plus bas, comme avoit fait S. Charles avant lui: *Que la trop grande facilité qu'ont quelques Confesseurs à donner précipitamment des absolutions sans avoir considéré sérieusement si le pénitent en est capable, est la principale cause de l'impénitence des pécheurs, & de leurs fréquentes rechûtes dans les premiers désordres.* Cependant il ne dissimule pas qu'il y a bien des Confesseurs, qui perdent les pécheurs par cette cruelle flatterie, qui les endort dans leurs péchés. Car à la fin des cas où on doit refuser ou différer l'absolution, il s'objecte ce qu'on a objecté à l'Oratoire de Mons, que la coutume communément reçue est contraire à ces réglements. *Si l'on dit*, ce sont ses paroles, qu'on *voit* tous les jours *que les Confesseurs pratiquent le contraire; je réponds, c'est tant pis, & que ceux qui n'observent pas ces regles pechent très-grievement*: ce qu'il confirme par ce passage de S. Bonaventure. *Si autem cogitas quia tota die contrarium à multis Confessariis fieri videmus, respondeo, tantò pejus, & qui hos canones non observant gravissimè peccant.*

On voit par-là quelle dépravation est capable de causer dans les mœurs des Chrétiens, ce grand nombre de Confesseurs accommodants, qui font presque les seuls qui gouvernent les consciences dans des nations entieres, ou en ne renvoyant personne sans absolution, pas même ceux qui sont dans des habitudes de crimes, ou en imposant de très-légeres pénitences pour de grands péchés, ou en se contentant de les absoudre après leur avoir imposé cette ombre de pénitence, sans leur rien dire qui leur puisse faire concevoir de l'horreur de leur méchant état & de leur vie criminelle.

Que l'on juge après cela, si c'est bien servir l'Eglise, que d'exhorter les Evêques à veiller avec grand soin sur le mal que pourroient faire les Confesseurs rigoureux, en laissant en grand repos ceux qui sont en un danger évident, & de damner les pécheurs, & de se damner eux-mêmes, par une conduite opposée à cette prétendue rigueur.

XXIX. DIFFICULTÉ.

Passons à un autre de vos remedes.

Second Remede. *Deinde non minor adhibenda cura receptioni ad munia ecclesiastica ut non admittantur ulli de excessu & novitate suspecti: neve saltem tales aliis ferè præferantur.* " On ne doit pas avoir moins de soin „ pour ce qui concerne les charges eccléliastiques, afin de n'y admettre „ personne qui soit suspect d'excès & de nouveauté, & empêcher au „ moins que ces suspects ne soient ordinairement préférés à d'autres."

Nouveau remede pire que l'autre, & qui contient en trois mots, trois *erreurs intolérables*, qui se trouveroient dans les jugements des Evêques, qui, en suivant votre conseil, ne voudroient point admettre de certaines personnes aux charges & aux emplois de l'Eglise. Ces trois mots sont. *Suspecti, de excessu, de novitate. Suspects, suspects d'excès, suspects de nouveauté.*

Premiere erreur intolérable. *Suspects.* Votre conseil va à porter les Evêques à prendre une résolution d'exclure, autant qu'il sera en eux, des charges & des emplois de l'Eglise, certaines personnes qu'ils sauroient être en fort grand nombre, & en réputation pour la plupart de suffisance & de piété, parce qu'ils seroient suspects d'une certaine chose que je n'explique pas encore, me réservant à examiner dans la suite la matiere de ce soupçon. Mais je soutiens qu'un jugement de cette nature, dans une matiere si importante, & qui regarde tant de personnes, étant uniquement fondé sur un pur soupçon, ne peut être approuvé, sans renverser les plus certaines regles de la morale chrétienne. Car c'est

I. CLAS. N°.XIII.

porter ces Evêques à juger mal, non d'une personne, mais de plusieurs, qu'on ne peut d'ailleurs douter qui n'aient de fort bonnes qualités, & à se mettre par-là en danger de priver l'Eglise de ses meilleurs ouvriers, sans en avoir d'autre raison que des soupçons. Or c'est ce qui ne se peut faire sans péché, selon tous les Théologiens, & sans un péché mortel quand la matiere est importante, & sur-tout quand ce jugement ne demeure pas dans l'esprit, mais qu'on le prend pour principe de beaucoup d'actions extérieures, qui peuvent contribuer à diffamer ces personnes : comme lorsque l'on se conduit de telle sorte, que tout le monde voit que c'est à cause de ces soupçons, qu'on les prive ou qu'on les exclut des charges & des emplois.

2. 2. qu. 60. art. 3.

Saint Thomas fait un article exprès dans sa Somme, qui porte pour titre; *Si le jugement qui procede de soupçon est licite?* Et il répond que non; & que c'est un péché mortel dans une matiere importante quand il est joint à quelque action extérieure. *Quia justitia, & injustitia est circa exteriores operationes, tunc judicium suspiciosum directè ad injustitiam pertinet, quando ad actum exteriorem procedit, & tunc est peccatum mortale.*

Rien n'est plus beau que ce que S. Augustin dit sur ce sujet, dans sa 50. Homélie. *Ce que l'Apôtre dit; que nous devons nous séparer des méchants n'est pas contraire à ce qu'il dit ailleurs : qui êtes-vous pour juger le serviteur d'autrui? S'il tombe ou s'il demeure ferme c'est pour son maître. Car il n'a pas voulu qu'un homme pût juger un autre homme sur des soupçons* (ex arbitrio suspicionis) *ni même en usurpant un jugement extraordinaire, mais plutôt selon l'ordre de Dieu, en gardant l'ordre de l'Eglise, ou après une confession volontaire, ou après avoir été accusé & convaincu.*

On voit par-là que S. Augustin fait voir deux choses. La premiere est, que, selon S. Paul, il est défendu généralement à tout Chrétien, tant Laïque qu'Ecclésiastique, tant particulier que Juge & Prélat, de juger leur frere sur des soupçons. La seconde, que les Prélats, non plus que les autres Chrétiens, ne doivent pas juger ceux que Dieu a soumis à leur conduite, sur des soupçons, *ex arbitrio suspicionis*, mais seulement ceux qui confessent ce que l'on blâme en eux, ou qui en sont accusés & convaincus. *Vel ultrò confessos, vel accusatos atque convictos.*

C'est donc un très-méchant conseil que vous donnez à des Evêques, de ne point admettre aux charges de l'Eglise ceux qu'on croiroit capables de la bien servir, sous prétexte qu'il y auroit une autre chose dont on les soupçonneroit, tant que ce ne seroit qu'un soupçon. Mais cette pensée paroîtra bien plus étrange, quand on considérera ce que vous entendez par ce soupçon; c'est-à-dire, de quoi vous voulez que ces Ecclé-

siastiques

siastiques soient suspects pour être exclus des charges de l'Eglise, quelques bonnes qualités qu'ils aient d'ailleurs. Il vous suffit qu'ils soient suspects *d'excès & de nouveauté*, qui sont deux mots vagues, ambigus, dont chacun se forme une idée telle qu'il lui plaît, & par-là très-propres à faire opprimer les plus foibles par les plus forts. C'est ce que nous allons faire voir.

Seconde erreur intolérable. *Suspects d'excès* Qu'entendez-vous par vos *suspects d'excès ?* Comment voulez-vous que M. l'Archevêque de Cambrai & les Evêques, avec qui vous souhaiteriez qu'il se joignît, suivent vos conseils, s'ils ne savent ce que vous voulez dire? Parlez-leur donc nettement. Car ils seroient bien imprudents, si, sur un mot aussi vague, aussi général, & aussi facile à être pris en des sens tout opposés qu'est celui *d'excès*, ils se formoient une regle pour juger de ceux qu'ils doivent admettre ou ne point admettre aux charges & aux emplois de l'Eglise, qui est une des plus importantes fonctions de leur ministere.

Nous venons de voir, qu'il n'est point permis de juger personne sur un soupçon; parce qu'il y a toujours de l'incertitude dans le soupçon. Ce seroit bien pis encore, s'il y avoit de l'incertitude dans la matiere même du soupçon: comme si je soupçonnois quelqu'un d'avoir tué sa femme, lorsque je n'aurois aucune assurance que cette femme fût morte; ou que je soupçonnasse quelqu'un d'avoir de méchantes opinions sur la matiere de la grace, lorsque je n'aurois aucune assurance qu'il eût quelques opinions particulieres sur cette matiere, ni que celles qu'il pourroit avoir fussent bonnes ou mauvaises. C'est ce que vous faites, en voulant qu'on prenne garde à de prétendus *Suspects d'excès*, sans expliquer de quels excès, y en pouvant avoir de bien des sortes.

Vous direz, sans doute, que ces Evêques seroient bien peu intelligents, s'ils ne comprennoient que vous avez entendu, par ces excès, les excès de rigueur que vous avez dit être communs aux Peres de l'Oratoire de Mons, aux Rigoristes de France, & à ceux des Pays-bas.

Vous le deviez donc dire plus expressément afin qu'ils ne s'y trompassent pas.

Mais il est vrai que vous n'en auriez été guere plus avancé pour cela. Car ces Evêques auroient toujours dû vous demander en quoi vous mettez ces excès de rigueur, dont ceux qui seroient suspects devroient être exclus des charges ecclésiastiques? Si c'est dans les regles de Saint Charles, & dans les Ordonnances de tant de pieux Evêques de France, qui les ont suivies dans leurs Dioceses; telles que sont celles des Cardinaux Grimaldi & le Camus?

Pour parler sincérement, vous devriez dire, que c'est en cela que vous mettez ces *excès*, puisque vous avez déclaré, que l'Oratoire de Mons

I. CLAS. N°. XIII.

n'a rien fur ce fujet de blâmable (à votre avis) que ce qu'il a de commun avec les Rigoriftes de France ; & que vous n'y fauriez trouver d'autres Rigoriftes qui foient connus, que ceux que je vous viens de marquer, ni imputer, fans calomnie, aux Peres de l'Oratoire de Mons d'autre prétendue rigueur, que celle qui eft approuvée par ces grands Evêques.

Expliquez-vous donc *catégoriquement*. Dites clairement, fi vous l'ofez, que les Evêques qui fe conduiront par vos avis doivent avoir foin d'exclure, autant qu'ils pourront, des charges de l'Eglife, tous ceux qui feront fufpects d'approuver les réglements de ces faints Prélats, & de les vouloir fuivre dans l'adminiftration des Sacrements.

Mais quel confeil donnerez-vous à ceux qui fe difpofent à fervir l'Eglife quand ils y feront appellés, afin d'éviter ce foupçon, qui leur en ôteroit le moyen ? Sera-ce d'imiter ces Confeffeurs qui fe vantent de n'avoir jamais, en toute leur vie, renvoyé perfonne fans abfolution ? Non, leur direz-vous. Cette pratique eft très-corrompue, & c'eft quelque chofe de pis que la théorie des Cafuiftes les plus relâchés. Sera-ce de ne la différer que quand il n'y a aucun Auteur grave qui n'enfeigne qu'on le doit faire ? Non, direz-vous encore; ce feroit un trop grand relâchement. Faudra-t-il, de plus, pour éviter qu'on ne me foupçonne d'être Rigorifte en impofant des pénitences trop rudes, que je m'accommode à la foibleffe de la plupart des pénitents d'aujourd'hui, qui font bien aifes qu'on ne les oblige, lors même qu'ils s'accufent de péchés mortels, qu'à la récitation de cinq *Pater*, ou de quelques dixaines d'un Rofaire ? Non ; ce feroit vous rendre coupable des péchés d'autrui, comme le Concile de Trente l'a déclaré. Que faire donc ? Car je ne vois pas que je puiffe aller plus loin fans être foupçonné de Rigorifme. Je vous le dirai; mais n'en faites pas de bruit. Prefque tous les Auteurs font trop relâchés ou trop féveres. Il n'y a prefque perfonne qui tienne le vrai milieu. Je penfe l'avoir trouvé. Lifez donc mes Thefes de la Pénitence; & prenez réfolution de vous y conformer fans vous détourner ni à droit ni à gauche : c'eft-à-dire, fans vous porter à une plus grande févérité, ni defcendre dans un plus grand relâchement. Vous pourrez par-là vous affurer qu'on ne vous exclurra point des charges de l'Eglife.

Mais je ne fais, Monfieur, fi vous avez prévu ce qu'on vous pourroit repliquer. Votre regne n'eft peut-être pas fi bien établi que vous vous imaginez. Les Jéfuites prétendent, auffi-bien que vous, engager les Evêques à avoir créance en eux. Quelques ménagements que vous gardiez avec leur Société, dans le fond ils ne vous aiment point, & ils feront bien aifes de vous fupplanter s'ils le peuvent. Vous faites leurs affaires en décriant le prétendu Rigorisme. Mais croyez-vous qu'il vous soit facile de ne le décrier que jusques à un certain point, & d'empêcher qu'on ne prenne pour rigueur, ce que vous avez de commun avec ceux que vous accusez d'être trop séveres? Vous imaginez-vous que ceux qui ont tant criaillé contre l'Oratoire de Mons, comme trop sévere, Echevins, Jésuites, Religieux Mendiants, s'accommoderont de votre tempérament, quand ils sauront, que vous enseignez (a) qu'il *n'y a que ceux qui aiment Dieu plus que toutes choses, à qui les péchés soient remis dans le Sacrement; & que l'on ne doit pas absoudre ceux que l'on ne sauroit ne se repentir de leurs crimes que par la crainte d'être damnés.*

I. CLAS. N°. XIII.

Que vous enseignez, *qu'il faut différer l'absolution aux pécheurs d'habitude, & à tous ceux qui n'ont point encore une forte volonté de quitter leur mauvaise vie.*

N. 35.

Que vous enseignez; *qu'on doit passer pour relâché, non seulement quand on ne differe jamais l'absolution, mais quand on le fait moins souvent que l'on ne doit; l'Eglise ayant toujours cru qu'il arrivoit très-fréquemment qu'on le devoit faire.*

Thes. 4 Febr. 1690.

Que vous enseignez; qu'*on doit imposer des pénitences salutaires selon la qualité des crimes, & qu'elles ne sont point censées telles si elles ne sont capables de produire les effets marqués par le Concile; qui est de servir de frein aux pécheurs, & de remede contre les rechûtes; de les rendre plus vigilants, & de corriger leurs habitudes vicieuses par des actes contraires.*

Thes. sur les Rituels n. 30.

Que vous enseignez; *que ces pénitences salutaires, telles que vous les avez décrites, ne se doivent point omettre, même sous prétexte des indulgences; si ce n'est que les œuvres prescrites pour gagner l'indulgence ne fussent capables de produire les mêmes effets.*

Ibid.

Que vous enseignez; *que, selon le même Concile, on doit parler aux pécheurs avec charité & avec force, de la multitude & de l'énormité de leurs crimes; afin de les leur faire avoir en horreur: ce que n'observent pas*, dites-vous, *ceux qui croient n'avoir autre chose à faire dans le Confessional, qu'à écouter un pénitent, qui leur conte les péchés selon leur espece & leur nombre, à peu-près, & les absoudre aussi-tôt, sans leur avoir parlé de quoi que ce soit, sinon de faire une telle chose pour leur pénitence.*

N. 21.

Enfin, que vous enseignez, ce que je n'ai appris que depuis peu de temps, par une déclaration que l'on m'a mandé que vous aviez faite en public. Vous avez déclaré, en parlant à un Docteur que vous prétendez aller trop loin sur le délai de l'absolution; que vous approuviez aussi-bien que lui qu'on la différât dans tous les cas marqués par

(a) *Dans la Thése sur les Rituels n. 33.*

S. Charles, par les Rituels, & par les Ordonnances des Evêques; mais que vous fouteniez, qu'on n'avoit pas droit de la différer à une perfonne qui n'auroit commis qu'une feule fois un péché énorme, quoiqu'il n'y eût que fort peu de temps. Et que ce Docteur, vous ayant demandé fi vous prétendiez que cela dût aller jufques à la donner le matin, à un homme qui auroit commis la nuit même d'auparavant une fornication, ou un adultere, que vous aviez répondu, que Oui. C'eft donc à ce cas que vous avez réduit la différence, qu'il y a entre vous & vos adverfaires touchant ce délai.

De bonne foi, Monfieur, croyez-vous qu'il en faille davantage que ce que vous avancez, pour être mis au nombre des Rigoriftes par les Antirigoriftes, tels que font les Jéfuites & leurs adhérents? Voici donc ce qui arriveroit, fi quelque Evêque s'étoit laiffé perfuader qu'il doit fe garder des Rigoriftes; & prendre pour cela les remedes que vous lui donnez. Les Jéfuites, qui font prefque par-tout, ne manqueroient pas de profiter de l'occafion, & de s'offrir pour feconder fon zele. Et lorfqu'ils croiroient être bien dans fon efprit, ils lui diroient en confiance; il y a deux fortes de Rigoriftes, de plus & de moins outrés: M. Steyaert eft de ces derniers; & comme il nous ménage, nous l'épargnons: mais dans le fond, les uns & les autres ne font propres qu'à troubler les confciences, & à mettre la divifion dans l'Eglife, en condamnant comme un grand abus, la pratique de tant de Confeffeurs, qui ne fervent pas moins utilement les ames, pour les traiter avec plus de charité & plus de condefcendance.

Ne vous y trompez pas, Monfieur, c'eft ce que les Jéfuites penfent de vous: & s'ils ne s'en déclarent pas ouvertement, c'eft qu'il eft de leur intérêt de vous ménager tant que vous les favoriferez, eux & leurs dévôts, comme vous avez fait d'une maniere fort baffe dans l'affaire de Mons. Mais pour peu que vous leur donnaffiez fujet de n'être pas contents de vous, foyez affuré, que, profitant de votre Avis, & de l'averfion générale que vous tâchez d'y donner d'une prétendue rigueur exceffive dans l'adminiftration du Sacrement de Pénitence, ils trouveront affez de cette rigueur dans vos Thefes, pour vous rendre *fufpect*, en vous appellant, *un ravaudeur du Rigorifme*, RIGORISMI MANGO, comme lorfque vous avez réfuté avec quelque force, les erreurs de leurs Ecoles touchant les péchés d'ignorance, ils n'ont pas fait de difficulté de vous donner le titre honorable, *de ravaudeur du Janfénifme*; JANSENII MANGO.

Quoi qu'il en foit; pour peu qu'on ait de jugement, on voit fans peine, que, de confeiller à des Evêques, comme vous faites, d'exclure des charges & des emplois de l'Eglise les suspects d'excès de rigueur, c'est les engager à n'y mettre que ceux du parti opposé, dont vous reconnoissez vous-même que la doctrine est très-condamnable, & très-pernicieuse aux ames. Car c'est une chimere de s'imaginer, qu'ils en trouveroient beaucoup qui ne seroient d'aucun de ces partis opposés, mais dans ce juste milieu, où votre vanité vous a fait croire que vous étiez.

XXX. DIFFICULTÉ.

AYant beaucoup de choses à dire de ce que j'ai appellé *la troisieme erreur intolérable*, je l'ai réservée pour une nouvelle Difficulté.

Troisieme erreur intolérable. *Suspects de nouveauté.* Ce qui me fait appeller cette erreur intolérable, c'est que le mot de *nouveauté* est encore plus vague & plus indéterminé que celui d'excès; de sorte qu'il n'y a point d'accusation plus mal fondée, que de dire d'un homme, qu'il est *suspect de nouveauté*, sans expliquer en quoi consiste cette nouveauté; comme s'il n'y avoit pas de bonnes & de mauvaises nouveautés.

Il en est de même des mots de *réformation*, de *trouble*, de *singularité*, de *coutume*.

Il y a de bonnes & de mauvaises réformations. Celle qu'a fait S. Charles dans son Diocese & dans sa Province a été fort bonne. Celle que les Protestants ont prétendu avoir fait en renversant la foi de l'Eglise, & en la déchirant par un funeste schisme, a été fort méchante.

Il y a de bons & de mauvais troubles. Celui que causent les fidelles Ministres de Jesus Christ, en ne souffrant pas que les pécheurs s'endorment dans une fausse paix, qui les damne, est très-bon. Celui que causent les faux zélés, en émouvant la populace contre les plus gens de bien, par leurs calomnies, est très-méchant.

Il y a de bonnes & de mauvaises singularités. Celles qui consistent à s'éloigner autant qu'il est possible, de ce que le monde a de peu conforme, ou dans ses sentiments ou dans ses manieres, à l'esprit de l'Evangile, sont très-bonnes; & un saint homme de ce dernier siecle les a appellées des *Singularités Apostoliques.* Celles que la vanité fait rechercher dans des opinions mal fondées ou des pratiques bizarres, pour attirer sur soi les yeux des hommes sont méchantes.

Il y a de bonnes & de mauvaises coutumes. Celles qui tirent leur origine ou de la pratique des Saints, ou des loix de l'Eglise, ou d'une sage condescendance, que l'on peut croire raisonnablement qu'elle ap-

I. CLAS. N°.XIII.

prouve, sont bonnes, ou ne doivent pas au moins être condamnées. Celles qui ne viennent que de la licence, que l'on a prise par un esprit de libertinage, de violer les réglements les mieux établis, telles que sont tant de pratiques vicieuses & abusives dans les Monasteres non réformés, sont mauvaises.

Rien n'est donc plus indigne de la sincérité d'un Chrétien, que de se servir de ces mots d'une signification douteuse, *dubiæ significationis*, pour rendre les gens de bien odieux dans l'esprit du peuple, ou de ceux qu'on auroit déja prévenus contre eux.

On est porté naturellement à prendre en mauvaise part le mot de *nouveauté* en matiere de Religion; parce qu'on y considere principalement la foi, qui en est l'essentiel, qui doit être invariable. Mais il n'en est pas de même à l'égard de la discipline & des mœurs, qui peuvent changer en bien & en mal.

Lors donc que les mœurs des Chrétiens se trouvent fort dépravées, & la discipline fort relâchée, comme on ne peut douter que cela ne soit arrivé dans ces derniers siecles, comment pourroit-on remédier à ces maux, sans établir des regles & des pratiques que le monde prendra pour nouvelles, & qui le sont en effet en un sens, quoiqu'elles ne le soient pas dans un autre? Car ces nouveautés ne doivent être, autant que l'on peut, que le rétablissement ou en tout ou en partie des anciennes regles de l'Eglise, que la négligence des Pasteurs, ou l'indocilité des peuples, ou le malheur des calamités publiques, telles que sont les irruptions des peuples barbares, auroient laissé abolir. Ç'a été la fin de tant de Conciles assemblés pour la réformation générale de l'Eglise; ce qui auroit été bien inutile, s'il falloit toujours laisser l'Eglise dans l'état où elle se trouve, sans y rien faire de nouveau.

Mais à quoi serviroient ces Ordonnances des Conciles, pour remédier aux abus qui seroient devenus communs dans l'Eglise, si les Evêques ne travailloient à les faire exécuter en les éclaircissant, & les appliquant aux besoins de leurs Dioceses? & si les Ministres inférieurs ne secondoient leur zele, chacun selon son pouvoir, en prenant garde sur-tout que l'observation de ces nouvelles loix ne serve pas seulement à la réformation extérieure, ou de l'ordre de l'Eglise, ou des mœurs des fideles; mais que cela contribue à l'augmention du culte spirituel, & des vertus vraiment chrétiennes, qui sont les deux seules choses dont Dieu puisse être vraiment honoré?

Or il est indubitable que cela ne se peut faire, sans que cette apparence de nouveauté ne cause des troubles & des murmures parmi les charnels & les mondains, dont il y aura toujours un très-grand nombre dans l'Eglise, jusques au jour que les Anges de Dieu sépareront le grain de la paille.

I. CLAS. N°.XIII.

Il arrive même souvent que bien d'autres personnes que le peuple & les gens du monde se révoltent contre les meilleures choses, parce qu'elles leur paroissent *nouvelles*. Nous en avons des exemples illustres dans la vie de S. Charles. Mais le plus surprenant est ce qui lui arriva à l'occasion de son quatrieme Concile Provincial. Lorsqu'il le voulut faire approuver par le Pape, il se trouva diverses personnes, tant du Clergé que des Ordres Religieux, qui exciterent contre lui un si grand tumulte, & formerent une telle cabale, pour empêcher qu'on ne l'approuvât, qu'ayant présenté contre ce Concile une effroyable quantité d'écrits, ceux qu'on avoit députés pour l'examiner, animés par leur faction, le censurerent, sans y laisser un seul Décret entier. Et les Cardinaux furent tellement surpris par leurs médisances, que la plupart étoient d'avis, ou de le changer en beaucoup d'endroits, ou de le supprimer entiérement. Etonné de ces nouvelles, il fut obligé de quitter toutes les affaires de son Diocese; & il se mit en chemin pour aller à Rome, passant de monastere en monastere, dans un exercice continuel de pénitence; demandant à Dieu sans cesse, comme remarque l'Auteur de sa vie, qu'il voulût secourir, contre les folles entreprises des hommes, son Eglise affligée. *Ut contra fatuas hominum mentes adesse laboranti Ecclesiæ vellet.* Mais étant arrivé à Rome, tous les esprits furent changés en un moment; & ses prieres avoient fait rompre le voile, dont S. Chrysostôme dit, que Dieu couvre quelquefois la vertu des Saints, de peur que les hommes ne la reconnoissent.

Ripamentius.

Il ne faut point douter, que ce ne fût une apparence de *rigueur* & de *nouveauté*, qui excita contre ce Saint une si terrible tempête. Car tous ceux qui ne pouvoient souffrir sa réforme, parce qu'ils vouloient toujours vivre à leur ordinaire, décrioient ces Ordonnances, comme DURES, NOUVELLES, *injustes & déraisonnables*, dit le même Auteur.

Vous voyez donc, Monsieur, combien ce mot de nouveauté, aussi-bien que celui de dureté, est capable d'imposer au monde, & de lui faire condamner ce qu'il devroit le plus estimer. Car si on s'arrête à ce que des vieillards diroient: *On fait des choses que nous n'avons jamais vu faire*, & qu'on prenne cela, sans examiner autre chose, pour une nouveauté blâmable, on vous accablera d'exemples qui vous feront voir combien cette imagination seroit fausse & pernicieuse.

Quand S. Jérôme entreprit, de lui-même, de traduire le Vieux Testament de l'hébreu en latin; parce que personne ne l'avoit fait avant lui, & que toutes les versions latines avoient été prises sur le grec des

I. CLAS. N°.XIII.

Septante, combien y eut-il de personnes que cette nouveauté choqua, comme il s'en plaint dans ses Préfaces ; & cependant oseriez-vous dire qu'elle fût blâmable ?

S. Augustin étant retourné en son pays depuis sa conversion, il fit de sa maison de campagne le premier monastere qui eût été vu en Afrique, qu'il transféra depuis à Hippone. Approuverez-vous que les Donatistes lui aient reproché cette *nouveauté*, en lui demandant ce que vouloit dire ce mot de *Moine?*

Quand ce même Saint étant Evêque, réduisit ses Clercs à la vie commune, ce qui n'avoit point encore été pratiqué dans ces pays-là, étoit-ce une nouveauté, que l'on eût droit de reprendre? Et eut-il tort de témoigner publiquement que, quiconque de ses Ecclésiastiques refuseroit d'observer ce vœu, il pourroit s'adresser à qui il voudroit, ou au-delà de la mer (on sait ce que cela veut dire) ou à tant de Conciles qu'il lui plairoit; que pour lui il espéroit que Dieu lui feroit la grace de ne point souffrir qu'un tel homme fît l'office de Prêtre dans son Eglise, tant qu'il y seroit Evêque.

Quand ce grand Saint, n'étant encore que Prêtre de l'Eglise d'Hippone, entreprit d'en déraciner la vieille coutume de faire des festins dans les Eglises, aux jours des solemnités des Martyrs, & qu'il s'exposa même pour cela à émouvoir contre lui tout le peuple, lorsqu'il prêchoit contre cet abus, s'arrêta-t-il aux reproches de nouveauté qu'on lui faisoit, pour arrêter son juste zele contre ces profanations, qu'ils appelloient *une réjouissance?* " Pourquoi, disoient-ils, faire maintenant ce „ changement? Est-ce que ceux qui, auparavant, ne l'ont pas fait n'é- „ toient pas Chétiens "? *Quare modò? non enim antea qui hæc non prohibuerunt, Christiani non erant?* C'est ce qu'on lit dans la Lettre 39. de ce Saint, donnée nouvellement par les RR. PP. Bénédictins de la Congrégation de S. Maur.

Pour passer à des exemples plus recents : quand le Saint homme Gérard Groot, à la fin du quatorzieme siecle, fit un renouvellement si merveilleux de la piété chrétienne dans la Province de Overisel, & porta une infinité de personnes, de l'un & de l'autre sexe, & de toutes sortes de conditions, à mener une vie toute céleste en communauté de biens, & dans la pratique de toutes les vertus chrétiennes ; cette œuvre si sainte, & où le doigt de Dieu paroissoit si visiblement, ne fut-elle pas prise pour une *nouveauté* condamnable, par des Religieux Mendiants, à cause principalement de la communauté de biens, & de l'observation des Conseils évangéliques; ce qu'ils prétendoient devoir être interdit aux séculiers, & n'être permis qu'aux Religieux ? Ce fut le prétexte qu'ils qu'ils prirent pour le déchirer en pleine chaire, comme un Novateur & un hérétique Bégard, condamné par les Clémentines. Croyez-vous qu'ils avoient raison, & que cet Homme de Dieu avoit tort?

Quand Sainte Thérese n'étant que simple Religieuse entreprit de réformer son Ordre, par l'établissement de plusieurs monasteres de filles & d'hommes, n'étoit-ce pas une nouveauté bien surprenante, & qui lui attira aussi d'horribles persécutions? Auroit-ce été un juste sujet aux Supérieurs de cet Ordre, de tourmenter ceux qui auroient été *suspects de favoriser cette nouveauté?*

Les Congrégations de S. Vannes, de S. Maur, & de Sainte Genevieve, qui ont causé des *nouveautés*, si considérables dans les Ordres de S. Benoît, & des Chanoines Réguliers de S. Augustin, se sont formées par le zele de quelques Religieux particuliers. Oseriez-vous dire, que l'on auroit bien fait de s'opposer à leur entreprise, comme *suspecte de nouveauté*?

N'est-ce point une nouveauté que ce que font les Abbés de la Trappe, d'Orval, & quelques autres de l'Ordre de Cîteaux à leur imitation? Dites-nous donc, ce que vous en pensez, vous qui conseillez aux Evêques de ne point admettre aux charges & aux emplois de l'Eglise, ceux qui seront suspects de nouveauté?

Une Abbesse élue par les Religieuses mêmes, pour gouverner une maison où il n'y a depuis long-temps aucune régularité, ni aucune volonté sincere d'observer ce que l'Eglise entend qui s'observe dans toutes les Religions, pour la pauvreté, pour la clôture, pour l'office divin, pour l'obéissance, peut-elle satisfaire à son devoir si elle ne tâche de remédier à ces désordres? Et comment y pourra-t-elle remédier, si ses Religieuses, résolues de ne point changer leur façon de vivre, trouvent des Religieux qui leur font passer les ordonnances mêmes de leur Supérieur dans sa carte de visite, pour des *nouveautés*, auxquelles elles ne sont pas obligées d'obéir, parce que le Pape même, leur ont-ils dit, ne les peut obliger qu'à ce qu'elles ont trouvé qui se pratiquoit dans le monastere lorsqu'elles y ont fait profession? Bel exemple du grand usage que l'on peut faire de votre mot de *nouveauté*, pour empêcher le bien & autoriser le mal.

Reconnoissez donc, Monsieur, que, puisqu'il y a tant de bonnes choses qu'on peut prendre pour des *nouveautés*, & qui le sont en un sens, vous ne pouviez donner un plus méchant conseil à des Evêques, que de leur recommander de ne point admettre aux charges de l'Eglise, ceux qui seroient *suspects de nouveauté*, sans leur marquer clairement en quoi vous la faites consister, cette nouveauté prétendue.

I. Clas. N°. XIII.

XXXI. DIFFICULTÉ.

IL ne reste plus qu'à dire un mot, de ce que vous ajoutez : *Qu'il ne faudroit pas au moins que ces suspects fussent presque toujours préférés à d'autres;* & de l'exemple que vous en donnez d'un Vice-pasteur de Binch. Cette queue ne vous est pas avantageuse. Car pourquoi ceux que vous appellez suspects sont-ils ordinairement préférés à d'autres, sinon parce qu'ils sont ordinairement plus habiles & plus pieux? On dit que cela est notoire à Louvain, les meilleurs esprits & les plus réglés dans leurs mœurs, trouvant quelque chose de plus raisonnable, & de plus chrétien dans la doctrine & la pratique de ceux *qui rigidiora sectantur*, pour me servir de vos termes. Voilà d'où il arrive qu'ils sont souvent préférés dans les concours; & vous ne pouviez donner un plus méchant conseil à des Evêques, que de vouloir qu'on leur préférât ceux qui auroient moins de science & moins de vertu, parce qu'ils ne seroient pas *Suspects d'excès & de nouveauté*, comme l'étoit, à votre avis, celui à qui vous donnâtes une attestation d'ailleurs très-avantageuse, mais qui finissoit par ces mots : *Addictus idem est rigidiora sectantibus.*

Mais rien n'est plus mal-à-propos que d'alléguer, pour exemple de cette préférence que vous blâmez, ce qui est arrivé au Vice-pasteur de Binch. Voici ce que vous en dites. *Prendre garde au moins qu'on ne préfere pas ordinairement ces suspects à d'autres, comme s'en plaignent justement ou injustement le Magistrat de Binch & de Mons, & plusieurs Religieux, à cause principalement qu'un certain Maître Bassecour a été depuis peu pourvu d'une Cure considérable par M. l'Archevêque de Cambrai, après avoir été renvoyé de Binch pour ses excès.*

Pardonnez-moi, Monsieur, si je vous dis que vous n'avez pu vous servir de cet exemple sans une grande faute de jugement, en rendant compte de votre commission à l'Archevêque même qui a donné une Cure à cet Ecclésiastique, accusé *d'excès* par des séculiers & des Religieux engagés dans la cabale des Jésuites. Car c'est faire entendre, que vous doutez, ou que vous voulez bien que l'on doute, si on ne doit point préférer au jugement avantageux qu'a fait ce Prélat de ce bon Prêtre, les plaintes déraisonnables qu'en ont faites quatre ou cinq bourgeois qui font le Magistrat de Binch, les Echevins de Mons convaincus de si affreuses médisances, & les Religieux qui leur en ont fourni la matiere.

Pour moi, j'ai voulu savoir ce que c'étoit que cette affaire. Et voici ce que m'en a écrit une personne de piété, qui en est très-bien informée,

I. CLAS. N°. XIII.

„ MOnsieur le Curé de Binch, ayant besoin d'un Vicaire, en écrivit à
„ Louvain à un de ses amis, & le pria de lui en procurer un qui ne fût pas trop
„ rigoureux. Celui-ci s'adressa à M. Scaille pour lors Président du grand College.
„ Cet homme de grand jugement, comme l'appelle quelque part M. Steyaert,
„ trouva bon que le Sieur Bassecour allât se présenter pour cette charge. Il
„ y alla, & fut très-bien reçu du Curé, qui le logea chez lui, & témoigna
„ d'être satisfait de sa conduite l'espace de quelque temps; & avec raison,
„ car ce jeune Vicaire étoit d'une vie exemplaire: il se comportoit avec une
„ modestie édifiante dans les fonctions de sa charge; visitoit les pauvres &
„ les malades avec assiduité, les consolant, les instruisant & leur administrant
„ les Sacrements. De sorte que le peuple glorifioit Dieu de leur avoir envoyé
„ un si bon Prêtre pour les conduire, & plusieurs se soumirent en effet à sa
„ conduite, & la louerent hautement dans les occasions. Il est vrai qu'il y
„ en eut aussi qui commencerent à lui susciter des affaires, sur-tout entre
„ les Prêtres, & ceux qui veulent être quelque chose au dessus du peuple: mais
„ n'est-ce pas ce qui arriva à Jesus Christ même? On est honteux de rap-
„ porter qu'un de ses crimes auprès de quelques autres Prêtres, étoit de
„ chanter trop lentement l'Epître, lorsqu'il faisoit la fonction de Sous Diacre.
„ C'en fut un autre bien plus grand, d'avoir entrepris de faire une exhorta-
„ tion familiere au peuple après l'office des Vêpres, quoiqu'il ne la fit qu'avec
„ le consentement de M. le Curé. On en vint jusques à ce point d'insolence,
„ que pour empêcher une si bonne action, on fit jouer de l'orgue lorsqu'il
„ étoit temps de faire l'exhortation. La Cour de Mons réprima ce désordre,
„ & c'étoit le vrai moyen d'appaiser bientôt les troubles de cette ville, que
„ de réprimer de la même maniere ceux qui s'opposoient au bien. Ce qui décria
„ le plus le bon Vicaire, ce fut un démêlé qu'il eut avec les PP. Récollets.
„ Ces Peres ont une Communauté assez nombreuse en cette petite ville, &
„ y ont acquis beaucoup de crédit. Ils étoient en possession d'être comme
„ les maîtres de la doctrine qui s'enseignoit dans la paroisse, parce que depuis
„ quelques années ils y font le Catéchisme, & y prêchent assez souvent. Ces
„ bons Peres ne purent souffrir que ce Vicaire y enseignât une doctrine plus
„ chrétienne que la leur. Ils commencerent donc à déclamer contre lui dans
„ leurs sermons, & sur-tout ils entreprirent de rendre odieuse la doctrine qu'il
„ avoit annoncée touchant l'obligation que nous avons d'aimer Dieu par dessus
„ toutes choses, lorsque nous voulons rentrer en grace avec lui par le Sa-
„ crement de Pénitence. J'ai vu son Sermon par écrit, & je puis assurer qu'il
„ n'y avoit rien d'outré sur ce point, mais la pure doctrine qu'il avoit apprise
„ de la Faculté de Louvain, & que M. Steyaert enseigne lui-même en plusieurs
„ endroits. Tout ceci fit grand bruit à Binch, à Mons, & à Cambrai; mais
„ jugez, Monsieur, qui en a été le véritable auteur. Cependant le Curé, qui
„ n'a pas beaucoup de fermeté pour soutenir dans les occasions, & qui d'ail-
„ leurs n'étoit pas fort content que plusieurs l'abandonnoient pour se soumettre
„ à la direction de son Vicaire, s'en dégoûta peu à peu, & chercha même à
„ s'en défaire. Mais la maniere bizarre dont il a agi avec lui, montre assez
„ qu'il n'avoit rien à dire de lui qui fût à sa charge. D'abord il lui donna
„ une attestation, par laquelle il assuroit qu'il pouvoit, avec son agrément, con-

I. CLAS. N°. XIII.

„ tinuer dans les fonctions de Vicaire. Peu de temps après il lui donna un „ billet, par lequel il le remercioit de son service, ajoutant qu'il en usoit ainsi „ y étant contraint par quelques-uns du Magistrat. Enfin il lui en envoya un „ troisieme, par lequel il le remercioit purement & simplement & sans con- „ trainte, mais sans alléguer d'autres raisons, sinon qu'il n'en avoit pas besoin, „ sur-tout en ce temps fâcheux de pauvreté & de guerre. Voilà comme le „ Sieur Bassecour est venu à Binch, comme il s'y est conduit, & comme il en „ est sorti. Peu de temps après il se présenta au concours à Cambrai, où on „ savoit beaucoup mieux que M. Steyaert ce qu'il avoit fait à Binch, & on „ lui donna la Cure d'une Paroisse assez considérable. Mais ce qui fait voir plus „ que toutes choses que M. Steyaert n'a pas eu raison de dire, que le Sieur „ Bassecour a *été renvoyé de Binch pour ses excès*, est, qu'y étant revenu prendre „ ses meubles après qu'il eût été pourvu d'une Cure au concours, comme s'il „ avoit prévu que quelque jour ses ennemis pourroient faire courir ce bruit „ de lui, il crut devoir demander à son Curé un témoignage de vie & de „ mœurs, de sa doctrine & de sa conduite pendant le séjour qu'il avoit fait „ à Binch en qualité de son Vicaire. Le Curé, ne croyant pas en conscience „ le lui pouvoir refuser, lui en donna un aussi avantageux qu'il pouvoit être, „ pour fermer la bouche à cette calomnie, qu'il auroit été renvoyé de Binch „ pour ses excès.

„ P. S. Depuis ma lettre écrite, j'ai appris que le Sieur Bassecour se servoit, „ étant à Binch, de toute sorte de moyens & d'industries, & de son crédit „ auprès des Riches pour procurer aux pauvres de quoi subsister, & qu'il faisoit „ faire chez lui des bouillons pour les malades. Certes je plains Monsieur „ Steyaert de prêter ainsi sa plume pour publier ce que l'envie & la calomnie „ avoient inventé contre un Ecclésiastique d'une vertu éprouvée & reconnue. „ Au reste il ne sied guere bien à Monsieur Steyaert de trouver mauvais qu'on „ ait avancé le Sieur Bassecour à une Cure, lui qui a employé son crédit il „ n'y a pas long-temps, pour en faire donner une à un Ecclésiastique notoi- „ rement indigne & incapable. Je n'en dis pas davantage. Cela suffit pour le „ rappeller à sa conscience; car il n'ignore pas ce qu'on veut dire; mais c'est, „ sans doute, qu'il n'y fait pas assez de réflexion.

On croit, Monsieur, se pouvoir arrêter à ce récit, tant que vous ne donnerez point de preuves qu'il soit faux. Car une grande présomption qu'il est véritable, & que les plaintes qu'on a faites de cet Ecclésiastique ont été mal fondées, est qu'il faut bien que M. l'Archevêque l'ait reconnu, puisqu'il l'a admis au concours, & l'a ensuite chargé du soin d'une paroisse considérable.

Vous direz peut-être que vous ne vous êtes pas obligé de contredire ce que je viens de rapporter; que vous n'en avez parlé qu'avec doute; & que vous ne vous êtes point rendu garant des plaintes qu'on avoit faites de ce Prêtre, vous étant même servi de ces paroles *jure an injuria?*

Mais c'est en quoi votre procédé paroît plus étrange. Car par quelles regles de conscience avez-vous trouvé, qu'on puisse, sur des doutes, diffamer un Prêtre : *Postquam* ob excessus *Binchio fuisset dimissus?* Et ce qui vous rend en cela plus inexcusable, est qu'il ne tenoit qu'à vous de vous informer de cette affaire, & que vous y étiez obligé par votre commission. Car elle regardoit les troubles de Binch, aussi-bien que ceux de Mons, comme il paroît, en ce que vous dites dans votre Avis des filles dévotes de cette premiere ville. N'a-t-on pas lieu de croire que vous n'avez pas voulu approfondir le sujet des plaintes qu'on a faites contre ce bon Prêtre, parce que vous avez eu peur de les trouver aussi mal-fondées, que celles de vos Echevins de Mons contre les Peres de l'Oratoire?

I. CLAS. N°. XIII.

Si vous aviez eu plus de conscience, vous auriez fait en cette rencontre, en faveur d'un Prêtre calomnié, ce que l'on vient de faire à Liege en faveur d'un Diacre, qui a été autrefois votre Disciple. C'est un exemple rare, en un temps où les semeurs de faux bruits & de calomnies se donnent d'autant plus de liberté de décrier parmi le peuple ceux qui prêchent une morale plus évangélique que la leur, qu'on n'a point accoutumé de rendre sur cela aucune justice à ceux qu'ils ont diffamés. Mais c'est ce que vient de faire S. A. l'Evêque & Prince de Liege, par cette Ordonnance qui mérite d'être répandue par-tout, & conservée à la postérité. Vous y verrez le seul moyen agréable à Dieu de calmer de semblables troubles, qui est de prendre publiquement le parti des calomniés contre les calomniateurs: au lieu que vous avez fait tout le contraire, n'ayant pas trouvé, non plus que Pilate, de meilleur moyen de faire cesser les troubles de Mons, que de châtier les innocents accusés, pour appaiser la fureur des accusateurs criminels.

SON ALTESSE,

AYant appris avec déplaisir les bruits scandaleux qui se sont répandus parmi sa Cité, à l'occasion de deux Sermons faits par le Diacre *J. de Gomzé*, dans l'Eglise de S. Foilien, les dernieres Fêtes de Noel & de la Circoncision; & étant de son devoir épiscopal d'arrêter les maux que semblables bruits causent aux ames, qui se rendent par-là coupables d'une infinité de jugements téméraires, détractions, mépris & injures, qui réjaillissent contre la parole de Dieu & le Ministere Ecclésiastique: Elle a jugé à propos de recevoir les témoignages authentiques de plusieurs personnes irréprochables, qui ayant assisté à ces deux Sermons, attestent hautement n'avoir rien entendu d'approchant de ce qu'on lui impute; ensuite desquels témoignages mûrement examinés, Sa dite ALTESSE a bien voulu rendre justice au dit *Gomzé*, en déclarant publiquement qu'il n'est pas coupable de ce dont on l'accuse; le confirmant & autorisant dans le ministere de la parole de Dieu pour son Diocese: Ordonnant en outre à tous & un chacun, de se garder à l'avenir de pareils bruits

I. CLAS. N°. XIII.

contre le dit *Gonzé*, ou autres personnes employées dans le Ministere Ecclésiastique; mais si quelqu'un croit avoir un juste sujet de se plaindre du premier, il lui est ordonné de la part de Sa dite ALTESSE, de le mettre par écrit entre ses mains, ou en celles de son Vicaire Général, en trois jours, sous peine d'être réputé & puni comme calomniateur. Donné dans son Palais, sous son Scel accoutumé le 25. de Janvier 1691.

JEAN LOUIS

Lieu (✠) du Scel.

HEN. MARTINI.

Fin de la troisieme Partie.

I. Clas. N°.XIII.

DIFFICULTÉS

PROPOSÉES À M. STEYAERT.

QUATRIEME PARTIE,

Sur la lecture de l'Ecriture Sainte.

AVERTISSEMENT.

De toutes les Difficultés que votre Avis, Monsieur, m'a donné occasion de vous proposer, je n'en trouve point de plus importantes que celles qui regardent le dessein que vous avez pris, d'empêcher qu'on ne lise plus l'Ecriture en langue vulgaire dans les Pays-bas Espagnols, qu'avec de très-grandes précautions. C'est ce qui m'a fait juger que je devois traiter cette matiere avec un peu plus d'étendue, & en faire deux parties de cet Ecrit, la quatrieme & la cinquieme.

Je réserve pour la cinquieme ce que vous dites dans vos Aphorismes, sur la quatrieme Regle de l'*Index*. Et je ne traiterai que ces deux questions dans celle-ci.

La premiere; si les Livres sacrés n'ont été écrits que pour les Prêtres & les Docteurs de la Synagogue & de l'Eglise; ou s'ils ont été écrits pour tous les fideles & pour ceux mêmes qui ne le feroient pas encore, mais qui se disposeroient à embrasser la véritable Religion, qui est contenue dans ces livres?

La seconde; si, quoiqu'écrits pour tous les fideles, il y en a un grand nombre à qui cette lecture est peu ou point utile; ou si au contraire elle doit être regardée comme très-utile en soi à toutes sortes de personnes, & aussi-bien aux filles & aux femmes qu'aux hommes; aux pauvres, aussi-bien qu'aux riches; aux gens sans étude, aussi-bien qu'à ceux qui auroient étudié?

I. Clas. N°. XIII.

XXXII. DIFFICULTÉ.

CE que nous avons à traiter ici n'eſt pas peu important. Il n'y a guere de queſtion de morale & de pratique qui le ſoit davantage. Il s'agit de ſavoir, ſi la lecture de l'Ecriture ſainte eſt tellement interdite à tous les Catholiques des Pays-bas qui ne ſavent pas le latin, c'eſt-à-dire à 39 de 40, que nul d'eux ne la puiſſe lire pour y apprendre la voie du ſalut, ſans pécher mortellement, à moins qu'il n'en ait une permiſſion par écrit.

C'eſt ce que vous ſoutenez. Mais parce que cela paroît ſi étrange, que vous pourriez chercher quelque échappatoire, pour n'en pas demeurer d'accord, il ſera bon de vous le prouver démonſtrativement, en n'y employant que les faits & les principes que vous établiſſez dans vos Aphoriſmes.

Vous prétendez que la quatrieme Regle de l'*Index*, qui défend de lire & d'avoir chez ſoi les verſions de la Bible en langue vulgaire, oblige dans les Pays-bas, & qu'elle y doit être exactement obſervée, y ayant été, à ce que vous dites, publiée & reçue.

Or vous enſeignez dans vos Aphoriſmes, 1. p. diſp. 9. qu'il eſt douteux ſi les loix que l'on fait à Rome, qui établiſſent un droit nouveau, ne doivent point être publiées dans les Provinces, & ſi c'eſt aſſez qu'elles le ſoient à Rome. Et en parlant de la défenſe des livres, vous traitez cette queſtion problématiquement pour ce qui eſt de la ſpéculation, ſi les prohibitions de livres ou de propoſitions qui n'auroient pas été publiées dans les Provinces, mais ſeulement à Rome, obligent ſous les peines & cenſures portées par ces Décrets. Il eſt important de mettre ici vos propres paroles. IX. *Prohibitiones Librorum vel Propoſitionum non publicatæ in Provinciis, an ſub cenſuris in iis expreſſis obligent, gravis eſt controverſia. (Ob quam ſolam, ut & ob jam dicta, timorati in praxi à talibus libris & propoſitionibus abſtinent; præſertim qui ſentiunt in dubiis tutiora eſſe eligenda. Iterum ex ore ſuo judicabuntur aliter facientes) Speculativè utrumlibet ſuſtinebimus.* Il s'enſuit de-là que ce qui eſt, ſelon vous, problématique dans la ſpéculation, quand ces prohibitions de livres n'ont été publiées qu'à Rome & non dans les Provinces, n'eſt point problématique, mais certain, quand elles ont été publiées & à Rome & dans les Provinces: c'eſt-à-dire qu'il eſt certain alors, ſelon M. Steyaert, que ceux qui liſent ces livres prohibés à Rome, encourent les peines & les cenſures portées par ces prohibitions.

Donc

Donc la quatrieme Regle de l'*Index* ayant été, à ce que vous dites, publiée & reçue dans les Pays-bas, tous ceux qui font ce qui a été défendu par cette Regle encourent les peines & les censures qu'encourent, selon l'*Index*, ceux qui lisent les livres défendus sans permission. Voici ce qui est porté à la fin de la Regle: *Si quis libros hæreticorum, vel cujusvis Auctoris scripta, ob hæresim, vel falsi dogmatis suspicionem damnata, atque prohibita legerit, statim in excommunicationis sententiam incurrat. Qui vel libros* alio nomine interdictos legerit, aut habuerit, præter peccati mortalis reatum, *quo afficitur, judicio Episcoporum severè puniatur.* Donc, selon vous, Monsieur Steyaert, on ne peut lire en votre pays la Bible en langue vulgaire, sans pécher mortellement, à moins qu'on n'en ait une permission par écrit. Et il faut remarquer que ce n'est pas seulement dans cette quatrieme Regle qu'il est parlé des versions de la Bible en langue vulgaire, mais que, dans le corps du livre intitulé *Index librorum prohibitorum, Innocentii XI. Pontificis maximi jussu editus*, on trouve à la lettre B. *Biblia vulgari quocumque idiomate conscripta.*

I. CLAS. N°.XIII.

Vous voyez bien qu'étant certain, qu'il n'y a point parmi les Catholiques des Pays-bas Espagnols, en comptant les hommes & les femmes, la trente-neuvieme partie de quarante qui puisse lire & entendre la Bible en latin, il s'ensuit de-là, que, selon vous, nul des autres ne la peut lire pour y apprendre à vivre en bon Chrétien, sans commettre un péché mortel, à moins qu'il n'en ait une permission par écrit.

C'est par où je finis cette premiere Difficulté. Si vous n'en êtes pas touché, vous le serez peut-être par les suivantes. Il me suffit dans celle-ci d'avoir fait entendre clairement de quoi il s'agit. Je ne veux point me prévaloir de la dureté apparente de ce que je viens de montrer que vous soutenez. Je consens que l'on demeure en suspens sans se prévenir contre personne, jusques à ce qu'on ait fait une attention sérieuse aux éclaircissements que je vas donner sur cette matiere, où je me promets de ne rien employer ni pour le dogme ni pour les faits, qui ne soit si clair & si certain, que nul homme de bon sens n'en pourra disconvenir.

XXXIII. DIFFICULTÉ.

POur bien juger si ce que vous entreprenez, qui est d'interdire à la plus grande partie du Peuple de Dieu la lecture des Livres sacrés, peut

I. CLAS. N°. XIII.

être juste, ou s'il est manifestement injuste, il semble qu'il est nécessaire d'examiner auparavant quelques questions, en considérant sur chacune ce que vous en dites, ou ce que l'on doit croire que vous en pensez, & les conséquences naturelles qu'on en peut tirer.

Premiere Question. Si l'intention de Dieu & des Ecrivains Canoniques a été que les Ecritures Saintes, tant de l'Ancien que du Nouveau Testament, ne fussent point lues par le peuple, mais seulement par les Prêtres & les Docteurs de la Synagogue & de l'Eglise, qui en donneroient au peuple telle connoissance qu'ils jugeroient à propos: ou si elles ont été dictées par le S. Esprit, afin qu'elles pussent être lues généralement par tous ceux qui appartiendroient au Peuple de Dieu dans l'une & l'autre Alliance, sans en excepter ni les femmes, ni les filles, ni les enfants capables de lire, ni les plus pauvres & de la plus basse condition, ni ceux qui n'auroient aucune étude, & qui ne sauroient que leur langue maternelle.

Voilà les deux différents sentiments qu'on peut avoir sur cela. M. Mallet est du premier, aussi-bien que quelques Auteurs avant lui, qui s'étoient entêtés contre toutes les versions en langue vulgaire, qui ont été recueillis en un volume, sous ce titre scandaleux: *Collectio Auctorum versiones vulgares damnantium*.

C'est à vous, Monsieur, à nous dire si vous êtes de cet avis, & si vous oseriez vous déclarer pour un sentiment, que ce Docteur de Sorbonne, après avoir vu tout ce qui avoit été dit par les Auteurs qui étoient dans cette pensée, n'a pu soutenir que par des faussetés énormes, & par des suppositions impies, & manifestement contraires à la parole de Dieu, comme M. Arnauld l'a fait voir dans la Réponse qu'il lui a faite.

On n'a garde de croire que ce soit-là votre sentiment. Il est trop indigne d'un homme qui a de l'érudition, & qui ne voudroit pas se deshonorer en s'engageant à défendre une si méchante cause. Mais cela étant, on a sujet de s'étonner de deux choses. L'une, que cette dispute ayant été si célebre, vous n'en ayiez rien dit en traitant expressément de cette maniere. Car certainement cela méritoit bien que vous vous déclarassiez positivement pour le bon parti contre le méchant, afin que tous ceux qui vous estiment fussent fortifiés dans l'aversion que tous les Catholiques doivent avoir de cette méchante opinion de M. Mallet.

L'autre chose qui surprend davantage est, que, loin de parler nettement contre le paradoxe impie de ce Docteur, la maniere dont vous vous expliquez sur cette matiere dans vos Aphorismes, semble le favoriser, & peut être un piege à beaucoup de gens pour leur faire croire que l'on ne doit pas s'étonner si on ne permet pas facilement aux Laïques de lire l'Ecriture Sainte; parce que c'est proprement pour les Prêtres & les Ministres de l'Eglise qu'elle a été écrite. La suite de votre discours porte naturellement à cette pensée. Je le rapporterai plus bas tout entier: j'en marquerai seulement ici la substance. Après avoir dit, que la lecture de l'Ecriture est très-utile & même nécessaire, vous demandez *à qui? quibus autem?* Et vous répondez, *aux Evêques & aux Prêtres.* Et ayant fait ensuite cette seconde demande. Et que dirons-nous des Laïques? *Sed quid de Laicis?* Vous répondez seulement, que c'est une calomnie des hérétiques que l'Eglise la leur ait défendue.

Cette grande différence que vous mettez entre les Prêtres & les Laïques sur le sujet de cette lecture, ne peut-elle pas au moins faire douter si ce que M. Mallet assure avec tant de confiance n'est point vrai, que les Livres Sacrés ont été écrits pour être lus par les Prêtres & non par le peuple?

Je ne vous attribue pas néanmoins, comme j'ai déja dit, cette pensée bizarre & extravagante de M. Mallet, que l'on a fait voir dans la réfutation de son livre, avoir été condamnée par l'Ecriture & par toute la Tradition.

Mais comme quelques-uns de vos disciples pourroient être tentés d'embrasser le paradoxe de ce Docteur, parce qu'il est plus avantageux pour votre dessein, qui est d'ôter l'Evangile & les Ecrits des Apôtres d'entre les mains de la plupart des fideles, vous trouverez bon que je propose ici un argument, auquel je ne saurois croire qu'il y ait aucun Catholique qui ne se rende.

Argument. Toute vérité appuyée sur l'Ecriture, & sur le consentement unanime de tous les Peres, doit passer pour incontestable parmi tous les Catholiques. J'évite exprès toute autre qualification que celle d'incontestable; afin d'ôter toute occasion de chicaner.

Or c'est une vérité appuyée sur l'Ecriture, & sur le consentement unanime de tous les Peres, que les Livres Saints ont été dictés par le S. Esprit, pour être lus, non seulement par les Prêtres & les Docteurs, mais par tous les fideles, jusques aux enfants, aux femmes, aux pauvres gens, & à ceux qui n'auroient pas étudié.

Il n'y a que cette proposition à prouver. On l'a fait par un volume entier. Il suffiroit d'y renvoyer. On mettra seulement ici ce qu'on y a mis de preuves tirées de l'Ecriture.

S. Paul loue Timothée de ce qu'il a appris les Lettres Saintes dès son enfance. N'est-ce pas reconnoître qu'elles ont été écrites pour être lues par les enfants mêmes?

I. CLAS. N°. XIII.

Le pere de S. Timothée étoit Gentil; mais sa mere & son ayeule étoient dans la vraie Religion. Ça donç été de l'une ou de l'autre de ces saintes femmes, ou de toutes les deux, qu'il tenoit ce qu'il avoit appris de l'Ecriture Sainte étant encore enfant. N'est-ce pas une preuve que ces Livres divins ont été écrits pour les femmes, aussi-bien que pour les hommes?

Le même S. Paul nous témoigne, qu'il y avoit peu de personnes puissantes, riches, savantes dans les premieres Eglises des Gentils convertis, & qu'ainsi elles étoient composées principalement de pauvres, de simples, & de personnes sans étude; ce qui lui fait dire, que *Dieu avoit choisi les moins sages selon le monde, pour confondre les sages; les foibles selon le monde, pour confondre les puissants; & les plus vils & plus méprisables, pour détruire ce qui étoit de plus grand.* Cependant c'est à tous ces gens-là sans exception qu'il écrivoit, comme il paroît par les commencements de ses Lettres. Rom. *à Vous* tous *qui êtes à Rome.* 1. Cor. *A l'Eglise de Dieu qui est à Corinthe .... &* à tous *ceux qui, en quelque lieu que ce soit, invoquent le nom de N. S. J. C.* 2. Cor. *A l'Eglise de Dieu qui est à Corinthe, &* à tous *les Saints qui sont dans toute l'Achaïe.* Eph. *A* tous *les Saints & fideles en J. C. qui sont à Ephese.* Philip. *A* tous *les Saints en J. C. qui sont à Philippes.* Col. *Aux Saints & fideles en J. C. qui sont à Colosses.* Il n'y a que celle aux Galates, & les deux aux Thessaloniciens, qui sont seulement adressées à ces Eglises. Mais ce qui est dans les autres fait assez voir qu'il entend par le mot d'*Eglises*, tous les fideles qui les composoient.

S. Pierre adresse aussi sa premiere Epître *aux fideles qui sont dispersés*, &c. Et la seconde *à ceux qui sont participants comme nous du précieux don de la foi*, &c. Ce qui comprend tous les Chrétiens. Et c'est de tous ces Chrétiens sans distinction qu'il dit dans le 1. Chap. *qu'ils font bien de s'arrêter aux Oracles des Prophetes, comme à une lampe qui luit dans un lieu obscur.*

Ce que nous apprenons par la Tradition, de l'occasion qui porta Saint Matthieu à écrire son Evangile, mérite bien aussi d'être rapporté en cet endroit. Voici ce qu'en dit Eusebe, dans le 3. Livre de son Histoire, ch. 18. *S. Matthieu ayant prêché la parole de Dieu aux Hébreux* (c'est ainsi qu'on appelloit les Juifs qui parloient l'hébreu vulgaire, pour les distinguer de ceux qui parloient grec, qu'on appelloit Hellénistes, comme il paroît par le 6. chap. des Actes) *& se disposant de l'aller prêcher aux nations éloignées, écrivit son Histoire en la langue du pays* (ce qu'on ne trouvera point qui ait jamais marqué autre chose qu'une langue vulgaire) *& supplea ainsi parfaitement, par le soin qu'il prit d'é-*

crire ce qu'il savoit du Sauveur, à ce qui leur pouvoit manquer par son absence. A quoi il faut ajouter ce que dit sur le même sujet l'Auteur de l'Œuvre imparfait sur S. Matthieu, au commencement de son Commentaire. „ Voici le sujet, à ce que l'on tient, qui a porté S. Matthieu „ à écrire son Evangile. S'étant élevé une fort grande persécution dans „ la Palestine, de sorte que tous les fideles appréhendoient d'être dispersés, ils prierent cet Apôtre de leur écrire l'Histoire des paroles & „ des actions de Jesus Christ, afin que, par-tout où ils pourroient être relégués, ayant avec eux CE LIVRE qui contiendroit le sommaire de leur „ foi, ils ne manquassent pas d'instruction, s'ils venoient à manquer „ de Docteurs qui les instruisissent ". Un livre écrit exprès en une langue non entendue du commun des Chrétiens, afin qu'ils n'y pussent rien comprendre que par l'entremise des Prêtres & des Docteurs (ce qui est l'hypothese de M. Mallet) auroit-il été propre à suppléer au défaut des Prêtres & des Docteurs, & à servir aux fideles d'instruction, lorsqu'il n'y auroit personne pour les instruire?

I. CLAS. N°. XIII.

Je n'ai pas besoin de rien rapporter des Saints Peres. On n'a qu'à lire le 3. Livre de la Réfutation de M. Mallet, pour être pleinement convaincu de ce qu'on y a fait voir; *que tous les Peres généralement ont trouvé bon que toutes sortes de personnes, sans distinction d'âge ni de sexe, de condition basse ou relevée, de simplicité ou d'habileté lussent les Ecritures Saintes, & principalement le Nouveau Testament. Et qu'on n'en sauroit alléguer un seul qui soit d'un avis contraire, & qui ait témoigné, par exemple, ne pas approuver que les ignorants & les femmes lussent l'Evangile & les Ecrits des Apôtres.*

De la Lecture de l'Ecriture Sainte. Liv. 3. c. 11.

C'est donc ce que je soutiens être une vérité incontestable, étant, comme elle est, appuyée sur l'Ecriture & sur le consentement unanime de tous les Peres.

XXXIV. DIFFICULTÉ.

SUpposant comme indubitable, quoiqu'en aient pu dire quelques entêtés contre les versions en langue vulgaire, que l'Ecriture Sainte a été dictée par le S. Esprit pour être lue généralement par tous ceux qui y chercheroient la voie du salut, voici quelques conséquences qui suivent naturellement de cette vérité.

Premiere Conséquence. C'est faire injure au Saint Esprit que de vouloir que les filles & les femmes ne lisent pas l'Ecriture Sainte, parce que cela est, dit-on, au dessus de leur portée.

I. CLAS. N°. XIII.

C'est cependant ce que veulent & ce que disent tous ceux qui sont entêtés de cette pensée, que l'Ecriture Sainte ne doit pas être lue indifféremment par toutes sortes de personnes. Quoi, des femmes se mêlent de lire l'Evangile & les Lettres de S. Paul! C'est bien à faire à elles! Pensées humaines, pensées charnelles, pensées indignes d'un Chrétien! Quoi ces Maîtres en Israël ont-ils oublié ce que dit S. Paul: *Qu'il n'y a en J. C. ni esclave ni libre, ni homme, ni femme?* Est-ce que J. C. ne préchoit pas devant les femmes aussi-bien que devant les hommes? Est-ce que ce n'est pas à une femme qu'il a découvert ce quil y a de plus grand dans la Religion qu'il étoit venu établir dans le monde, qui est de donner à son Pere des adorateurs en esprit & en vérité? Les Apôtres ne se sont point avisés de dire aux femmes qui le suivoient avec leurs enfants jusques dans les déserts, oubliant presque le besoin qu'elles avoient de manger, qu'elles eussent à se retirer, n'étant pas capables de rien comprendre aux divines paroles de ce divin Maître; & il se trouvera aujourd'hui de faux zélés, qui oseront dire à des femmes chrétiennes, qu'il ne leur appartient pas de lire dans l'Evangile ce que le Sauveur a trouvé très-bon que tant de femmes aient écouté de sa propre bouche?

Gal. 3. v. 28.

Cependant, Monsieur, à considérer les conseils que vous donnez sur ce sujet à M. l'Archevêque de Cambrai, il faut ou que vous ne sachiez ce que vous dites, ou que vous soyez du sentiment de ces faux zélés, qui prétendent que ce n'est pas à des filles & à des femmes de lire l'Evangile & les Ecrits des Apôtres. Car voici le fait. Quelques Bourgeois d'une petite ville, poussés par des Récollets, font un crime à de très-pieuses filles, de ce que, les Dimanches & les Fêtes, après avoir assisté au service de leur paroisse, elles se trouvoient plusieurs ensemble pour s'entretenir de discours de piété, & s'animer les unes les autres à servir Dieu avec plus de ferveur, & de ce que, dans ces assemblées, elles lisoient quelque chose du Nouveau Testament, dans un livre où le texte est joint à des Réflexions très-édifiantes. C'est sur quoi vous aviez à dire votre avis. Vous le faites en vous déclarant pour ces Bourgeois contre ces filles, & voulant comme eux qu'on leur défende de s'assembler pour parler de Dieu, sauf à elles, si bon leur sembloit, de s'assembler pour jouer aux cartes, ou pour lire des Romans. Car ces bons Bourgeois n'y auroient pas trouvé à redire. Mais c'est de quoi nous parlerons en un autre endroit. Il ne s'agit ici présentement que du conseil que vous donnez sur la lecture qu'elles faisoient de l'Evangile, ou de quelque endroit du Nouveau Testament. Il est bon de le rapporter dans vos propres termes.

Prælectio Sacræ Scripturæ (cum, vel sine explicatione) per fœminas coram aliis fœminis vel puellis facta, meritissimò in hoc oppido Montensi abo-

lita est; nec minùs meritò curabitur ne resumatur. Sola novitas periculosa sufficit pro ratione. Quin & lectio promiscua Scripturæ Sacræ, vel saltem Novi Testamenti, etiam inter viros *periculosa videtur.* " C'est avec grande
„ raison qu'il a été défendu dans cette ville de Mons (*par un tribunal séculier, à l'instigation des Jésuites*) „ que l'Ecriture Sainte, avec expli-
„ cation ou sans explication, fût lue par des femmes devant d'autres fem-
„ mes & filles. Et on doit bien prendre garde qu'on ne le souffre pas à
„ l'avenir. Il semble même périlleux de laisser lire indifféremment l'Ecri-
„ ture, même aux hommes, quand ce ne seroit que le Nouveau Testament.

On voit par-là, Monsieur, que vous distinguez les hommes des filles & des femmes; que, pour ces dernieres, vous n'hésitez pas de condamner comme une chose mauvaise qu'elles lisent entr'elles l'Ecriture, quand ce seroit avec des explications très-édifiantes. Vous nous alléguez sur cela comme une autorité bien considérable, le jugement d'un tribunal séculier gouverné par les Jésuites. Mais vous trouvez d'ailleurs cela si constant, que vous assurez qu'on n'a besoin pour improuver cet abus prétendu, que de considérer combien c'est une nouveauté périlleuse, que des filles ou des femmes osent lire entr'elles l'Evangile de J. C. & les Instructions des Apôtres. Pour les hommes, vous ne décidez pas si absolument, & vous vous contentez de dire, qu'il semble périlleux à leur égard même (*etiam inter viros*) de leur laisser lire indifféremment la parole de Dieu.

N'y a-t-il donc, Monsieur, qu'à se forger des distinctions imaginaires qui n'ont aucun fondement ni dans l'Ecriture ni dans les Peres? Car où avez-vous trouvé, ni dans l'une ni dans les autres, qu'il faille distinguer les hommes des femmes & des filles, en ce qui est de lire l'Ecriture Sainte? Où avez-vous trouvé que les femmes & les filles aient moins de droit à la lire que les hommes? Il est clair que vous ne pouvez juger, comme il paroît que vous faites, qu'il n'appartient pas aux filles & aux femmes de lire l'Ecriture Sainte, qu'en vous déclarant pour la folle opinion de M. Mallet, qu'elle n'a point été dictée par le Saint Esprit pour être lue par tous les fideles, mais seulement par les Prêtres & les Docteurs. Que si vous reconnoissez que cela est insoutenable, comment ne pas voir que c'est une conséquence nécessaire, qu'on ne peut dire ce que vous pensez des femmes, que cette lecture est au dessus de leur portée, & qu'elle leur doit être interdite, sans faire injure au S. Esprit? puisque c'est supposer qu'il ne connoissoit pas si bien que vous qu'elle étoit la portée de l'esprit des femmes, & qu'il ne savoit pas comme vous, que cette lecture ne leur étoit pas propre. Car si les idées que vous en donnez étoient véritables, il n'auroit pas dû faire entendre, & par l'Ecriture & par le confentement unanime des Saints Peres, que les Livres facrés ont été écrits pour tous les fideles; mais les filles & les femmes qui en font la moitié en auroient dû être exceptées, comme ayant trop peu d'efprit & d'intelligence pour cette divine lecture.

On n'en dit pas davantage ici. On aura une autre occafion de plaider la caufe de tant de faintes femmes & filles, qui fe font fanctifiées en lifant ce que vous fuppofez, dans votre injufte fentence, qu'elles ne doivent pas lire.

Seconde Conféquence. Ce que je viens de dire des filles & des femmes fe peut dire auffi des hommes qui n'ont point étudié, des pauvres gens, des artifans, des villageois, & autres perfonnes femblables, que le monde méprife comme ayant peu d'efprit & peu de capacité. Je foutiens que c'eft encore faire injure au Saint Efprit, de vouloir qu'ils foient exceptés du nombre de ceux qui ont droit de lire l'Ecriture, en même temps qu'on avoue qu'elle a été écrite pour tous les fideles.

Car, comme j'ai déja dit, Saint Paul nous témoigne que les premieres Eglifes, fur-tout des Gentils, n'étoient prefque compofées que de pauvres gens, qui n'avoient point étudié; & on étoit fi éloigné de donner moins d'avantage aux pauvres qu'aux riches dans les chofes de la Religion, comme eft la lecture des Livres Sacrés, que Saint Jacques condamne d'un grand péché ceux qui en auroient eu la penfée. Car ayant parlé d'une préférence bien moins confidérable que celle-là : *Ecoutez*, dit-il, *mes chers freres, Dieu n'a-t-il pas choifi ceux qui étoient pauvres dans ce monde pour être riches dans la foi, & héritiers du royaume qu'il a promis à ceux qui l'aiment? Et vous au contraire vous deshonorez le pauvre.*

On dira peut-être que ce n'eft pas pour rendre moins d'honneur aux pauvres qu'aux riches, qu'on ne juge pas à propos qu'ils lifent l'Ecriture; que c'eft feulement parce qu'ayant été moins bien élevés, & n'ayant pas d'étude, ils n'en font pas capables, & que cela eft trop au deffus d'eux. Mais outre ce que j'ai dit à l'égard des femmes, on fait ici une nouvelle injure au S. Efprit, qui eft de n'avoir pu faire écrire de telle forte les Ecrivains Canoniques, que leurs écrits puffent être lus avec fruit par toutes fortes de perfonnes, qui n'y chercheroient qu'à apprendre à fervir Dieu. Or c'eft cependant ce qu'il a fait, comme nous l'affurent les Saints Peres. Car ils ont remarqué, que ce que les livres écrits par les *Saints Hommes de Dieu infpirés par le Saint Efprit*, comme parle Saint Pierre, ont d'admirable, & de fingulier, & qui fait qu'ils paffent tous les écrits des hommes, eft qu'ils font propres aux favants & aux ignorants, aux grands & aux petits efprits, aux foibles & aux parfaits, à ceux qu'on doit nourrir de lait, & aux plus avancés qui ont befoin d'une nourriture plus folide.

Cette

Cette feule vérité renverfe tout ce que l'on voit affez que vous avez dans l'efprit, quoique vous ne le difiez pas fi ouvertement qu'a fait M. Mallet, que les petites gens qui font fans étude, ne doivent pas avoir la témérité de lire le Nouveau Teftament, & qu'on ne doit pas facilement le leur permettre.

Mais n'avez-vous point fujet de craindre, qu'on ne vous accufe vous-même de témérité, d'avoir écrit d'une matiere fi importante fans en être bien inftruit, & fans même avoir lu ce qui s'eft écrit fur ce fujet de part & d'autre?

Lifez donc préfentement la Réfutation de M. Mallet, livre II. ch. 6. & dites-nous, après l'avoir lue fi les paffages des Saints Peres que vous y trouverez fe peuvent accorder avec cette fauffe imagination, que les fimples & les ignorants ne doivent pas lire l'Ecriture Sainte?

Mais comme c'eft le capital de cette difpute, il eft bon de voir ici ce qu'en ont dit deux des plus grands Docteurs de l'Eglife; S. Auguftin & le Pape S. Grégoire.

S. Auguftin, dans fa feconde Lettre à Volufien, qu'il exhorte à lire l'Ecriture Sainte, quoiqu'il ne fût encore que Catéchumene. " Sa ma-
„ niere de parler, dit-il, eft fi admirable, qu'en même temps qu'elle
„ eft acceffible à tout le monde, il n'y a prefque perfonne qui la puiffe
„ pénétrer. Dans les chofes claires qu'elle contient, elle eft comme
„ un ami familier qui parle fans fard & fans artifice au cœur des favants
„ & des ignorants; & quand elle cache quelques vérités par des ex-
„ preffions myftérieufes, elle ne le fait pas avec un langage fuperbe, qui
„ foit capable de rebuter les efprits tardifs, & leur ôter la hardieffe
„ d'en approcher, comme les pauvres craignent d'approcher les riches.
„ Au contraire, elle invite tout le monde, par un difcours fimple, à y
„ venir chercher de quoi fe nourrir des vérités manifeftes, & de quoi
„ s'exercer à découvrir celles qui font cachées; n'ayant cependant dans
„ les unes & dans les autres que le même fond de fageffe & de lumiere.
„ Mais de peur qu'on y eût du dégoût fi toutes chofes s'y trouvoient fans
„ peine, on y en rencontre de difficiles à pénétrer, afin que cela excite
„ l'envie de les découvrir, & que les ayant découvertes on s'en renou-
„ velle la connoiffance, & on les goûte avec plus de plaifir. C'eft par-
„ là que fe corrigent les efprits déréglés, que fe nourriffent les efprits
„ fimples, & que s'entretiennent les plus grands efprits dans des dou-
„ ceurs ineffables ".

S. Grégoire nous enfeigne la même chofe que S. Auguftin, dans fa Lettre à S. Léandre, Archevêque de Séville, en lui envoyant fa Morale fur le Livre de Job. " Comme la parole de Dieu, dit-il, renferme

„ des mysteres capables d'exercer les esprits les plus éclairés, elle con-
„ tient aussi des vérités claires, & propres à nourrir les simples & les
„ moins savants. Elle porte à l'extérieur de quoi allaiter ses enfants,
„ & elle garde dans ses plus secrets replis de quoi ravir d'admiration
„ les esprits les plus sublimes : semblable à un fleuve dont l'eau seroit si
„ basse en certains endroits qu'un agneau y pourroit passer, & en d'au-
„ tres si profonde qu'un éléphant y nageroit ".

XXXV. DIFFICULTÉ.

SECONDE QUESTION. Si la lecture de l'Ecriture Sainte est utile seulement aux Prêtres & aux Docteurs, & si elle n'est que peu ou point utile aux Laïques & à tous ceux qui n'ont point étudié.

On ne peut douter, après ce qu'on vient de voir des Saints Peres dans la Difficulté précédente, de ce qu'il faut répondre à cette question. Mais on ne sauroit en même temps n'avoir pas de l'indignation contre ceux qui ont osé soutenir, nonobstant l'autorité de tous les Saints Peres, que cette lecture divine n'étoit utile qu'à un petit nombre de Chrétiens, & qu'à l'égard de tous les autres, elle leur est plus dommageable qu'utile.

C'est ce qu'a enseigné M. Mallet. Mais ce qui le rend peut-être un peu moins coupable est, que, par un aveuglement prodigieux, il s'est imaginé ne rien dire en cela qui ne fût conforme à la doctrine des Apôtres & des Saints Peres. Il l'assure avec une confiance qui ne peut être fondée que sur la plus grossiere ignorance qui fût jamais. *Voilà* dit-il, *qu'elle a été la conduite de l'Eglise naissante, que leurs successeurs ont observée religieusement bien au-delà des quatre premiers siecles. Ce sont donc ces savants Maîtres qui nous ont appris ce que nous observons, & ce sont ces illustres exemples que nous suivons. Après cela, si nos adversaires continuent encore à nous reprocher que nous ôtons aux enfants la connoissance du Testament de leur Pere, & au peuple famélique la nourriture de la parole de Dieu, nous avons droit de leur dire avec* (a) *le Pape Fabien : Les Apôtres n'ont point fait & ne nous ont point ordonné de faire ce que vous demandez : ou bien avec S. Augustin : nous faisons ce que les Apôtres nous ont enseigné par leur exemple, & ce que l'antiquité a observé.*

Il paroît qu'il croit ces faussetés énormes de très-bonne foi ; tant il

(a) *On a fait voir que ces deux passages pris de Gratien, l'un vrai & l'autre faux, sont très-impertinemment allégués sur cette matiere.*

est préoccupé de son erreur. Mais il n'en est pas de même de vous, Monsieur: vous n'avez eu garde de donner dans ces rêveries; elles sont trop grossieres. Vous reconnoissez que du temps des Peres, toutes sortes de personnes indifféremment lisoient l'Ecriture: *Eadem lectio olim promiscua, les Evêques mêmes les exhortant à cette lecture . . . . . comme on voit par les Saints Peres qui se servoient pour les y porter, de paroles qui leur en marquoient non seulement l'utilité, mais, à ce que l'on pourroit croire d'abord, une nécessité absolue.*

I. CLAS. N°.XIII.

Il n'est pas vrai que les Peres aient voulu que cela fût d'une *nécessité* ABSOLUE. Vous ne le dites pas aussi; mais seulement que leurs paroles pourroient d'abord être prises en ce sens. Ce qui fait voir qu'ils ont reconnu dans cette lecture permise à tout le monde une très-grande utilité; car c'est ce que l'on exprime souvent par le mot de *nécessité*, comme vous faites vous-même, ainsi que nous allons voir.

C'est donc un fait donc vous convenez, & que vous n'auriez pu nier, sans parler contre votre conscience, que tous les Peres ont reconnu que la lecture de l'Ecriture Sainte est très-utile à toutes sortes de personnes.

Cependant, comme il paroît par ce que vous avez dit des filles de Binch dans votre Avis, que vous regardez comme une nouveauté qui ne se doit pas souffrir, que des filles dévotes lisent l'Evangile ou quelqu'autre partie du Nouveau Testament, quand même ce seroit avec des explications (*cum, vel sine explicatione*) trouvez bon, Monsieur, que je vous fasse comparoître devant un Saint Concile, qui vous pourra faire revenir de votre erreur.

C'est le Concile assemblé à Aix-la-Chapelle par l'ordre de l'Empereur Louis le pieux. On y trouve un extrait des Saints Peres approuvé par tout le Concile, pour servir d'Instruction & de regle aux filles consacrées à Dieu, que ce pieux Empereur envoya ensuite à toutes les Métropoles de son Empire, afin que ce qui y avoit été réglé fût observé par-tout. Vous y apprendrez si ce sage Prince, & les Evêques assemblés par son ordre, ont cru que ce fût une nouveauté blâmable que des filles lussent l'Ecriture Sainte.

Ce sont les Peres qui parlent dans ce Concile. Ecoutez-les donc, & jugez vous-même si leur autorité, soutenue par tant d'Evêques, ne doit pas être plus considérée pour justifier les Religieuses ou les filles dévotes, qui croient ne point faire de mal en lisant l'Ecriture Sainte, que tout ce que vous pouvez dire pour les condamner.

Conc. Tom. 7. Col. 1410. E.

" S. Jérôme à Sainte Eustoquie. Lisez souvent; apprenez beaucoup " de choses par cœur. Que le sommeil vous surprenne en tenant dans

I. CLASS. N°. XIII. „ vos mains le livre de l'Ecriture. Que ce soit sur ces saintes pages, „ que le sommeil fasse tomber votre tête. Et plus bas. Vous savez „ qu'elles sont les diverses heures de prier. Tierce, sexte, none, le ma-
1411. D. E. „ tin, le soir. Il faut se lever deux ou trois fois la nuit, & répéter „ ce qu'on a appris par cœur de l'Ecriture.

1412. C. „ Le même Pere à Démétriade. Ce que je vous dois sur toutes cho- „ ses recommander, ma très-chere fille, & que je ne saurois trop vous „ répéter, est que vous ayiez un grand amour pour la lecture des Li- „ vres Saints;... de peur que, pendant que le Pere de famille, c'est- „ à-dire, votre esprit, qui doit toujours être attaché à Dieu, fera en- „ dormi, votre ennemi ne vienne, & ne seme de l'yvraie dans le bon
1413. D. „ champ de votre ame.... Ne manquez point de prier à tierce, à sex- „ te, à none, au soir, au milieu de la nuit, & au matin. Et fixez- „ vous à mettre tant d'heures tous les jours à apprendre l'Ecriture „ Sainte, & un autre temps à la lire, ne regardant pas cela comme „ un travail, mais comme un divertissement qui donnera à votre ame „ l'instruction dont elle a besoin.

1415. B. „ Le même S. Jérôme, à une jeune veuve nommée Furia. Quand „ vous prenez votre repos, songez quel il doit être quand on doit „ bientôt après prier Dieu & ensuite lire. Et ayez un nombre fixé de „ versets de l'Ecriture Sainte, que vous vous obligiez d'apprendre. Ne „ manquez point de rendre ce tribut à votre Seigneur, & ne vous „ laissez point aller au sommeil que vous ne vous en soyez acquittée.

1418. C. D. „ S. Césaire, dans un Sermon à des Vierges. Que la Vierge de Je- „ sus Christ puise des divines Ecritures les eaux vives du salut: qu'el- „ le se pare de ces fleurs du paradis, qui sont les sentences des Ecritu- „ res Saintes. Qu'elle se fasse des pendants d'oreille, de ces précieuses „ pierreries: qu'elle s'en fasse des anneaux & des brasselets, s'appliquant „ aux bonnes œuvres. C'est-là qu'elle doit chercher des remedes pour „ guérir ses plaies, des préservatifs contre la corruption du monde, „ pour conserver sa chasteté, & des motifs de componction qui feront „ que son ame s'offrira à Dieu comme un holocauste, pour être con- „ sumée par le feu d'une ardente charité.

1424. D. „ S. Athanase, à une Epouse de Jesus Christ. Après lui avoir recom- „ mandé la sobriété & l'abstinence. N'aimez les festins que de la divine „ lecture. Et ne desirez de vous remplir que de la nourriture spiri- „ tuelle, qui soutient l'esprit, au lieu que l'autre n'est que pour le „ corps.

1426. B. „ S. Césaire, pour l'instruction d'une Abbesse. Aussi-tôt que vous vous „ serez débarrassée des affaires temporelles, retournez à la priere, &

„ A LA LECTURE comme au sein de votre mere. Et étant destinée pour
„ annoncer à vos sœurs la parole de Dieu, prenez garde d'accomplir
„ par vos actions ce que votre bouche leur recommande, & de faire
„ la premiere ce que vous prêchez aux autres ".

I. CLAS. N°. XIII.

„ S. Jérôme à Lete, sur l'éducation de sa fille. Que l'Ecriture Sainte
„ tienne lieu à votre fille de diamants & de perles & d'habits somp-
„ tueux; qu'elle apprenne d'abord le Pseautier; qu'elle prenne dans
„ les Proverbes de Salomon des avis salutaires pour sa conduite; qu'el-
„ le s'accoutume avec l'Ecclésiaste à fouler aux pieds ce qui paroît de
„ plus grand dans le monde, comme n'étant que vanité; qu'elle trou-
„ ve dans Job un modele de vertu & de patience; qu'elle passe en-
„ suite au Saint Evangile, qu'elle aura toujours entre les mains; qu'elle
„ s'applique de toute l'affection de son cœur, à la lecture des Actes des
„ Apôtres & de leurs Epîtres, & ainsi de tous les autres livres du
„ Vieil & du Nouveau Testament".

1435.

Voilà ce que ce Saint Concile a jugé, après les Saints Peres, de ce qu'on ose aujourd'hui remettre en doute, s'il est à propos que des filles consacrées à Jesus Christ, Religieuses ou dévotes, lisent l'Ecriture Sainte, ou si de cela seul que ce sont des filles, cette lecture leur doit être interdite comme étant au dessus de leur portée. Nous apprenons par ce Concile ce qu'on en a cru pendant neuf siecles; & je ne crois pas qu'on ose dire, que les filles de ces neuf premiers siecles aient eu l'esprit autrement fait que les filles de ce temps-ci. Puis donc qu'on ne peut raisonnablement s'imaginer qu'il soit arrivé du changement du côté de ces servantes de Dieu, il ne peut y en avoir que du côté de ceux qui, se croyant plus sages & plus éclairés que tous les Saints de tant de siecles, veulent aujourd'hui que les Epouses de Jesus Christ, & la plus illustre portion de son troupeau, ne puissent sans témérité prétendre avoir droit de se nourrir du pain des enfants, en obéissant à ce qui leur est commandé par le Concile, de n'aimer rien tant que de lire l'Ecriture Sainte, & de s'appliquer de toute l'affection de leur cœur à la lecture de l'Evangile, des Actes des Apôtres, & de leurs Epîtres.

Il est vrai que vous prétendez que les Peres avoient une raison de recommander à tout le monde de lire l'Ecriture Sainte, qui étoit bonne pour leur temps, & qui n'est pas bonne pour celui-ci. Mais nous ferons voir en son lieu que cette prétendue différence est une pure rêverie; ne pouvant d'une part, être appuyée sur aucun de leurs passages, quoiqu'il y en ait une infinité sur cette matiere, & étant fondée de l'autre, sur des suppositions évidemment fausses. Ainsi j'ai droit de m'arrêter au seul fait que vous avouez. Et ce fait étant posé, on ne peut être sur cela d'un autre avis qu'eux, sans ôter aux Catholiques un des plus grands avantages qu'ils tirent de la Tradition, fondée sur le consentement constant & unanime des Saints Peres, pour soutenir plusieurs points de la doctrine catholique que les hérétiques nous contestent.

Voyons donc si vous ne vous écartez point de leur sentiment, & si vous ne faites point avoir, non seulement à vos disciples, mais à des personnes considérables qui vous consultent, une idée toute contraire à celle qu'ont eu ces grands Saints touchant l'utilité de la lecture des Livres Sacrés.

XXXVI. DIFFICULTÉ.

VOus traitez cette question, dans la seconde partie de vos Aphorismes, Disp. XII. qui a pour titre. *De Lectione & usu Scripturæ Sacræ.* Et il y a à la marge du 1. n. *Lectionis Scripturæ utilitas.* Utilité *de la lecture de l'Ecriture Sainte.* Voilà donc où on doit trouver ce que vous en pensez.

Vous dites d'abord deux choses que je passe, parce qu'elles ne regardent point notre dispute. Et vous entrez ensuite ainsi en matiere.

M. St. *Dicendum tamen magno Dei dono nobis Scripturam concessam esse, & ex quo concessa est, non solùm utilissimam, sed & necessariam esse illius lectionem & meditationem sedulam.*

" Nous devons dire, que ç'a été une singuliere grace de Dieu, de ce
„ qu'il nous a donné l'Ecriture : & que depuis qu'il nous l'a donnée il
„ est non seulement très-utile, mais même nécessaire de la lire & de la
„ méditer, avec grand soin.

℟ *Réflexion.* Ce *nécessaire* ne se doit pas entendre, non plus que dans les Saints Peres, d'une nécessité absolue, mais seulement d'une très-grande utilité. Quoi qu'il en soit, pour ne point détourner ailleurs le sujet de la dispute, arrêtons-nous à cette *grande utilité*, qui doit, selon vous, convenir à cette lecture considérée en elle-même. Car si je disois, par exemple : La Sainte Communion est une chose très-utile ; cela voudroit dire, qu'elle est très-utile en soi ; sauf à examiner qui sont ceux à qui elle est effectivement très-utile ; parce qu'ils ne la reçoivent qu'y étant bien disposés ; & à qui au contraire elle est dommageable & non utile, à cause de leur mauvaise disposition : comme S. Paul dit de l'Evangile, qu'étant très-saint en lui-même & très-capable de sauver les hommes, il est néanmoins aux uns *odor vitæ in vitam*, & aux autres *odor mortis in mortem.* Mais vous le prenez d'une autre sorte. Il faut vous entendre.

M. St. *Quibus autem ? Quis dubitat quin Ecclesiæ Præpositis & Sacerdotibus, quorum labia custodiunt scientiam, & legem requirent ex ore ipsorum ?*

" Mais à qui est-ce que cette lecture est très-utile ? C'est sans doute „ aux Prélats de l'Eglise & aux Prêtres, dont les levres sont dépositaires „ de la science, & de la bouche desquels on recherchera la connoissance „ de la Loi. "

Réflexion. Vous commencez par un détour, qui vous donne moyen de ne vous point déclarer pour le sentiment des Peres, qui est celui de l'Eglise. S'ils avoient eu à répondre à la question que vous vous proposez, *quibus autem ?* Ils auroient dit certainement ; ou que c'est à toutes sortes de personnes, jeunes & vieux, hommes & femmes, savants & ignorants ; où ils auroient ajouté, pour marquer la disposition qui fait qu'étant toujours très-utile en soi, elle l'est effectivement à quelques personnes plutôt qu'à d'autres ; *que c'est à tous ceux qui y ont recours avec la foi & la piété que la vraie Religion demande.* Mais à quoi que ce soit qu'on applique votre réponse, elle ne sauroit rien valoir. Car, s'il s'agit de *l'utilité* en soi, elle regarde tous ceux pour qui le Saint Esprit a fait écrire les Livres Sacrés. Or il est faux que ce n'ait pas été pour toutes sortes de personnes. Et si on considere l'utilité effective, il n'y a nulle raison de l'attribuer aux Prêtres & aux Evêques plutôt qu'à d'autres, puisqu'on ne peut nier qu'il n'y ait eu beaucoup de Prêtres & d'Evêques dans les premiers siecles de l'Eglise, aussi-bien que dans ces derniers, à qui la lecture de l'Ecriture Sainte a été très-dommageable ; parce que l'entendant mal, ils ont cru y avoir trouvé de quoi enfanter différentes hérésies, ou de quoi les confirmer.

Aug. de Utilit. cred. c. 6.

Si vous vouliez donc parler des Evêques & des Prêtres en répondant à la question que vous vous étiez proposée (*Quibus autem ?*) il falloit dire, selon l'esprit de l'Eglise & des Saints Peres, que cette lecture est très-utile & même nécessaire aux Prêtres & aux Evêques, de qui on doit rechercher la connoissance de la loi de Dieu ; mais qu'elle est aussi très-utile à tous les vrais Chrétiens, qui ne pouvoient mieux faire que de chercher dans ces divins livres de quoi fortifier leur foi, animer leur espérance, & donner plus d'ardeur à leur charité. Mais c'est ce que vous vous êtes bien gardé de faire. Vous avez mieux aimé répondre extravagamment à une nouvelle demande, que vous vous proposez ensuite, que dire quelque chose qui auroit pu nuire au dessein que vous avez pris, d'empêcher que la plupart des fideles ne lisent la parole de Dieu. C'est ce que nous allons voir.

M. St. *Sed quid de Laïcis ? Calumniantur hæretici dum clamant, his generatim in Ecclesia interdictum esse lectione Librorum Sacrorum.*

I. CLAS. N°. XIII.

" Mais que dirons-nous des Laïques? Les hérétiques nous calomnient ,, lorsqu'ils crient, que, dans notre Eglise il est défendu généralement à ,, tous les Laïques de lire les Livres Sacrés. ,, Et vous mettez à la marge, *non est interdicta.*

Réflexion. N'ai-je pas eu raison de dire que cette réponse est extravagante? Il s'agissoit de la lecture des Livres Sacrés. Vous aviez dit généralement qu'elle est très-utile. Mais ayant demandé *à qui?* Vous aviez répondu, aux Evêques & aux Prêtres. Vous faites ensuite une seconde demande, *sed quid de Laïcis?* N'est-il pas clair qu'à moins que d'extravaguer, il falloit répondre, ou qu'elle leur est aussi fort utile, ou qu'elle leur est peu utile, & même nuisible? Mais la premiere de ces deux réponses, qui est celle de tous les Peres, auroit ruiné votre dessein; la seconde, qui est celle de M. Mallet, vous auroit couvert de honte. Vous vous êtes donc jeté à quartier en trompant l'attente de vos Lecteurs par ce pitoyable coq-à-l'âne, *que l'Eglise n'a pas interdit généralement cette lecture aux Laïques.* Ce n'est pas de quoi il s'agissoit; mais de savoir seulement si elle leur est utile ou non. Et pour mieux couvrir ce détour, vous mettez les hérétiques en jeu, lorsque vos brouilleries ne peuvent servir qu'à fortifier les reproches qu'ils font à l'Eglise sur ce sujet.

Votre dissimulation n'en est pas demeurée-là. Car ayant entrepris d'expliquer & de confirmer par l'Ecriture, la grande utilité qu'il y a à la lire & à la méditer, pour faire croire qu'elle n'est utile qu'aux Prêtres & aux Docteurs, vous omettez les passages qui ne s'accommodoient pas, à votre dessein; & vous vous êtes arrêté à un seul, que vous avez cru qui s'y pourroit mieux accommoder. C'est de quoi nous avons à parler dans les Difficultés suivantes.

XXXVII. DIFFICULTÉ.

IL n'y a guere de passage qui marque mieux, quoiqu'en peu de mots, combien il est utile à tous les Chrétiens de lire l'Ecriture Sainte, que le vers. 4. du chap. 15. de l'Epître aux Romains: & nul ne peut être plus connu à tous les Ecclésiastiques, parce que l'Eglise l'a mis dans son Office du II. Dimanche de l'Avent, dans lequel on le répete quatre ou cinq fois; de sorte que ce ne peut être pour l'avoir ignoré que vous ne vous en êtes point servi pour prouver ce que vous aviez dit généralement, *que la lecture de l'Ecriture Sainte étoit très-utile.* Que ceux donc que vous pourriez avoir trompé par cette omission, écoutent ce que dit S. Paul, & qu'ils en profitent.

Quæcumque

Quæcumque scripta sunt, ad nostram doctrinam scripta sunt, ut per patientiam & consolationem Scripturarum spem habeamus. Tout *ce qui a été écrit l'a été pour notre instruction, afin que nous concevions une espérance ferme par la patience & la consolation que les Ecritures nous donnent.* Ou, si vous aimez mieux la traduction du P. Amelotte : *Il n'y a rien dans l'Ecriture qui ne soit écrit pour notre instruction, afin que notre espérance soit soutenue par la patience à laquelle la parole de Dieu nous excite, & par la consolation qu'elle nous donne.*

Je suis bien aise d'avoir cette occasion de rapporter ici ce qui est dit sur ce passage dans deux livres très-édifiants & très-solides, que vous avez entrepris d'ôter des mains des fideles, afin que le public puisse juger, par ces deux échantillons, de la qualité de votre zele.

Le premier est la Morale sur les Epîtres de S. Paul, qui est regardé avec estime par toutes les personnes pieuses & intelligentes. Voilà ce qui y est dit sur le verset que nous avons rapporté.

La patience est ce que l'Ecriture demande le plus de nous. La patience à attendre Dieu, sa grace, & ses moments; à supporter le prochain, ses foiblesses, & ses défauts; à souffrir ce qui nous arrive au dedans & au dehors de nous-mêmes; & la fidélité, à ne pas tant chercher les consolations humaines, que celles de la parole & des promesses divines. C'est à quoi se réduit toute l'Ecriture Sainte, & ce qui fonde l'espérance chrétienne. Patience, consolation, espérance, force & courage, fruits de la lecture de la parole de Dieu.

L'autre livre est l'Année Chrétienne. Et voici ce qui y est dit sur ce même verset, dans l'Explication de l'Epître du II. Dimanche de l'Avent.

“ *Tout ce qui est écrit l'a été pour notre instruction.* S. Paul venoit de „ recommander aux fideles cette charité qui fait que les forts supportent les foibles, & que chacun tâche de plaire aux autres pour leur „ édification, à l'exemple de J. C. qui, loin de chercher à se satisfaire „ lui-même, dit dans le Pseaume 68 : que toutes les injures qu'on a faites „ à son Pere sont retombées sur lui. A l'occasion de ce passage de l'Ecri- „ ture, S. Paul ajoute ces paroles : *Car tout ce qui a été écrit, l'a été pour* „ *notre instruction.* Comme s'il disoit. Ne me dites pas, que c'est David „ qui vous parle dans le passage que je vous cite; ce n'est pas en vain „ qu'il a parlé de la sorte, & que ces paroles sont écrites. Elles sont une „ prédiction de ce qui devoit arriver à J. C. dont il étoit la figure. Et „ non seulement ces paroles; mais généralement tout ce qui a été écrit „ l'a été pour notre instruction. Ce que nous y lisons des souffrances „ des Saints, & de la gloire dont Dieu a récompensé leur vertu, nous „ excite nous-mêmes à la patience, & nous console dans les maux que

I. CLAS. N°.XIII.

„ nous avons à souffrir, & notre espérance est fortifiée par cette patience „ & cette consolation. "

Comme cet Auteur finit cette explication, ainsi que toutes les autres, par une très-belle priere, on ne trouvera pas mauvais que je la mette ici. Ce sera encore un moyen de juger si ce seroit servir l'Eglise, que de ravir à une infinité de bonnes ames ce qu'elles ont trouvé si propre à édifier leur piété.

" C'est à vous, ô Esprit Saint, de nous donner cette ferme espérance „ que la paix & la joie entretiennent & forment dans le cœur; parce „ que c'est vous qui donnez cette joie, & cette paix, qui sont le soutien „ de cette espérance. Donnez-nous donc tout ce que votre Apôtre animé „ de vous souhaitoit aux fideles de Rome. Etouffez toutes les divisions „ qui partagent les Chrétiens, en étouffant l'orgueil, le pere de toutes „ les divisions.

„ Faites nous estimer comme nous le devons la grace de notre voca- „ tion, & faites-nous aimer dans les autres les dons de votre miséricorde, „ afin qu'ils deviennent les nôtres, par cette charité qui rend tout com- „ mun entre ceux dont elle ne fait qu'un seul cœur & une seule ame.

„ Faites-nous lire avec respect & avec docilité ce que vous avez dicté „ vous-même pour notre instruction. Ne nous laissez pas forcer & tor- „ dre vos paroles, pour leur faire dire ce que nous voulons, & ne per- „ mettez pas que cette lumiere devienne ténebres pour nous, par la „ fausse confiance en nos propres lumieres. Instruisez-nous donc par votre „ onction intérieure lorsque nous lisons votre Ecriture, afin que nous y „ trouvions la patience & la consolation que nous devons y chercher. "

Ne vous imaginez pas, Monsieur, que ce que j'ai rapporté de ces deux Auteurs soit pour prouver, contre le paradoxe de M. Mallet, que vous paroissez favoriser, que les Livres Sacrés ont été écrits pour être lus par tous les fideles généralement, & non seulement par les Prêtres & par les Docteurs. Je n'en avois pas besoin pour cela. C'est une vérité incontestable, comme je vous ai déja dit, étant appuyée sur l'Ecriture même, & sur la doctrine constante & unanime de tous les Saints Peres. Ce verset de S. Paul en seroit même une preuve suffisante. Car il est sans doute que, quand il dit que *tout ce qui a été écrit l'a été pour notre instruction*, cela veut dire pour l'instruction de nous tous qui croyons en J. C.

Je ne les ai donc cités, que parce qu'ils marquent fort bien quelles sont les utilités que Saint Paul nous apprend que nous pouvons tirer de la lecture des Saintes Lettres. Or ces utilités se répandent dans toute la vie, & elles regardent des vertus dont nous avons un besoin continuel pour satisfaire à ce que Dieu demande de nous. Car nous sommes sans cesse exposés à deux sortes de tentations que le diable emploie, comme dit S. Augustin en divers endroits, pour nous faire tomber dans ses pieges. La crainte des maux dont nous sommes menacés si nous demeurons fermes dans la voie de la justice; & l'attrait des plaisirs & des faux biens dont peuvent jouir ceux qui suivent l'esprit du monde. La *patience* chrétienne est nécessaire pour vaincre la premiere tentation, & c'est par *l'espérance* des biens éternels que nous surmontons la seconde, comme dit souvent le même Saint. Il y a encore une troisieme tentation, qui n'est pas moins périlleuse, qui est celle de l'ennui, qui nous abbat, & nous jette dans une langueur qui nous rend incapables de nous appliquer aux bonnes œuvres : mais qui fait encore pis en beaucoup de Chrétiens, de ceux mêmes qui se croient exempts des péchés les plus grossiers. Car c'est pour se délivrer de l'ennui qu'il y en a tant qui emploient une grande partie de leur vie à passer d'un divertissement à un autre; jeu, comédies, romans, bals, assemblées galantes, conversations enjouées dont le plus ordinaire assaisonnement est la médisance. Or quel remede plus propre à guérir ce mal, c'est-à-dire à empêcher les méchants effets de *l'ennui*, qui n'est pas une des moindres sources du déréglement des hommes, que de chercher dans la méditation de la parole de Dieu, ces consolations solides que les mondains cherchent en vain dans leurs amusements charnels? C'est ce que S. Paul apppelle *consolationem Scripturarum;* & ce que David semble avoir marqué dans le vers. 85. du Pseaume 118. *Narraverunt mihi iniqui fabulationes, sed non sicut lex tua, Domine.* S. Augustin lit *delectationes* au lieu de *fabulationes*: & il croit que le mot grec des 70. ἀδολεσχίας peut marquer le plaisir que l'on prend dans les entretiens du monde, qui, étant un des principaux amusements dont chacun tâche de charmer son ennui, peut être appliqué à tous les autres. Et ainsi le sens le plus naturel de ce verset, selon les 70., peut être celui-ci. Les méchants m'ont conté les amusements, & les badineries qui leur servent de consolation dans la misere de cette vie; mais tout cela est-il comparable aux consolations solides que l'on goûte en méditant votre Loi?

Ce même Saint nous donne un excellent avis sur ce sujet, dans son livre de la véritable Religion. " Oubliant, dit-il, & rejettant les folies „ & les amusements des théâtres & des Poëtes, nourrissons notre ame „ de la méditation & de l'étude des Ecritures divines. Et en éprouvant „ comme elle est fatiguée & tourmentée par la faim & la soif d'une „ vaine curiosité, & que c'est en vain qu'elle cherche à se rassasier & „ se contenter par des fantômes trompeurs, qui ne sont que comme des „ viandes peintes, rassasions-la, & desaltérons-la par cette viande & ce

Ch. 51.

I. CLAS. N°.XIII.

„ breuvage céleste que cette Ecriture nous présente. Instruisons-nous „ dans cette école si noble, & si digne des enfants de Dieu ".

Voici encore un autre passage du même S. Paul, que vous pouvez aussi peu restreindre aux Prélats & aux Prêtres. C'est dans le dernier chapitre de l'Epître aux Ephésiens, où l'Apôtre apprend à chaque fidele de quelles armes il a besoin pour se défendre des attaques du Démon, & le combattre avec avantage.

Enfin, mes freres, fortifiez-vous dans le Seigneur, & en sa vertu toute-puissante. Revêtez-vous de toutes les armes de Dieu, pour pouvoir vous défendre des embûches & des artifices du diable.... C'est pourquoi prenez toutes ces armes de Dieu pour pouvoir résister au jour mauvais & demeurer fermes étant munis de tout. Soyez donc fermes. Que la vérité soit la ceinture de vos reins; que la justice soit votre cuirasse; que vos pieds aient une chaussure spirituelle, pour être toujours préparés à annoncer l'Evangile de paix. Servez-vous sur-tout du bouclier de la foi pour pouvoir repousser & éteindre tous les traits enflammés du malin esprit. Prenez encore le casque, qui est l'espérance du salut, & l'épée spirituelle qui est LA PAROLE DE DIEU.

Vous ne direz pas, Monsieur, que cela ne regarde que les Prélats de l'Eglise & les Prêtres, n'étant pas les seuls qui soient obligés de combattre contre les ennemis de notre salut. Tous les Chrétiens sont soldats dans cette guerre spirituelle. Le sexe même le plus foible ne peut s'exempter de l'être. Il n'y a donc personne qui n'ait besoin de suivre les avis que S. Paul leur donne, pour n'y pas succomber. Il nous recommande par deux fois de prendre toutes les armes de Dieu τὴν πανοπλίαν τοῦ Θεοῦ, qu'il nous marque ensuite. Quel droit avez-vous donc de défendre à la plus grande partie de ces soldats, de se servir d'une des principales de ces armes, qui est *la parole de Dieu*, qu'il dit être leur *épée spirituelle: Et gladium spiritûs, quod est verbum Dei?* Y a-t-il rien de plus nécessaire à un soldat que son épée? L'Apôtre la leur met à la main, & vous prétendez la leur ôter. Ils ont à se défendre contre ces *Esprits de malice* sous la conduite de leur chef, qui leur a appris à les vaincre; & vous ne voulez pas qu'ils se mettent en état de le pouvoir imiter, en repoussant leurs tentations par des paroles de l'Ecriture, comme Jesus Christ fit dans le désert! On seroit bien simple de vous en croire plutôt que l'Esprit de Dieu qui a parlé par S. Paul, & les Saints Peres, qui, étant animés du même esprit, nous ont appris le besoin que nous avions de cette épée spirituelle pour repousser les attaques du Démon! Je me contenterai de rapporter ce qu'en dit Saint Chrysostôme.

Serm. 3. du Lazare.

" Notre ame est attaquée de tant de maux, qu'elle a continuelle-

„ ment besoin des remedes de l'assistance divine, non seulement pour „ guérir les plaies qu'elle a déja reçues, mais encore pour se précau- „ tionner contre celles auxquelles elle est exposée à l'avenir; & nous „ devons sans cesse travailler à repousser, PAR UNE LECTURE ASSIDUE „ DES ECRITURES DIVINES, les traits que nous lance continuellement le „ Démon ".

On pourroit ajouter ce que dit S. Pierre, dans sa 2. Epit. ch. 1. où il loue les fideles, *de s'arrêter à l'Ecriture comme à une lampe qui luit dans un lieu obscur.* Ce qui revient à ce que dit le Prophete Roi: *Lucerna pedibus meis verbum tuum, & lumen semitis meis.* Pourquoi avez-vous dissimulé ces passages, pour ne vous arrêter qu'à un seul que vous tronquez, afin de réduire l'usage que l'on peut faire de la lecture des Livres sacrés, à deux choses que vous faites entendre ne convenir qu'à ceux qui ont charge d'instruire les autres? C'est ce que nous avons à examiner.

XXXVIII. DIFFICULTÉ.

APrès avoir restreint l'utilité de lire l'Ecriture Sainte aux Evêques & aux Prêtres, vous réduisez cette utilité à deux choses; à enseigner & à reprendre, *ad docendum & arguendum:* ce que vous prouvez par un passage de S. Paul; & vous finissez, en déclarant qu'il ne faut pas mettre l'Ecriture entre les mains du peuple, mais les renvoyer à leurs Pasteurs. Trouvez bon, Monsieur, que nous vous proposions sur cela ce qui nous fait de la peine.

M. STEYAERT. *Porrò usum Scripturæ Sacræ Sanctus Apostolus ostendit, cùm ait: utilem esse ad docendum, ad arguendum, &c.*

REFLEXION. Pourquoi cet *& cætera*? Que ne mettiez-vous le passage entier? Pourquoi retranchez-vous les autres utilités de l'Ecriture, qui y sont marquées, & qui peuvent convenir à tous les Chrétiens, aussi bien que les deux premieres, comme nous ferons voir par ce que vous en dites? Voici donc ce passage en le prenant de plus haut.

Vous avez été élevé dès votre enfance dans la connoissance des Lettres Saintes, qui peuvent vous instruire pour le salut dans la foi qui est en Jesus Christ. Toute Ecriture qui est inspirée de Dieu est utile pour enseigner, pour reprendre, pour corriger, pour conduire à la piété & à la justice, afin que l'homme de Dieu soit parfait & parfaitement disposé à toutes sortes de bonnes œuvres.

I. CLAS. N°.XIII.

1°. Le commencement de ce passage ruine tout votre dessein. Vous voudriez que l'Ecriture ne fût pas lue par le peuple : *Non legenda ab omni plebe ;* mais qu'ils n'en sussent que ce que leurs Pasteurs leur en diroient, qui est la prétention de M. Mallet. Et S. Paul approuve que Timothée en eût été instruit dès son enfance, quoiqu'étant fils d'un Gentil il ne pouvoit les avoir apprises que de sa mere & de son ayeule, qui étoient Juives & Chrétiennes.

2°. Ces deux mots, *homo Dei*, homme de Dieu, sont différemment entendus par les Interpretes. S. Thomas, Cajétan, & Titelman les entendent de tout Chrétien. D'autres veulent que cela marque un Ministre de Jesus Christ, comme un Evêque & un Prêtre. Selon les premiers, ces diverses utilités que marque S. Paul regardent directement tous les Chrétiens ; ce qui renverse entiérement votre pensée. Selon les autres, elles ne les regardent pas si directement. Mais il est aisé de faire voir que ce sont des utilités qui peuvent convenir à tous les fideles. Théodoret les explique en peu de mots. *Ad docendum ;* parce que l'Ecriture nous enseigne les vérités de salut que nous ignorions. *Ad arguendum ;* elle nous découvre ce qu'il y a de vicieux dans notre vie. *Ad corrigendum ;* elle exhorte ceux qui se sont détournés de la bonne voie d'y revenir. *Ad erudiendum in justitia ;* elle nous forme à toute sortes de vertus.

Mais ce que S. Paul ajoute : *Afin que l'homme de Dieu soit parfait, & parfaitement disposé à toutes sortes de bonnes œuvres ;* quand cet homme de Dieu seroit l'Evêque, cela feroit toujours voir qu'il n'a pas seulement besoin de lire l'Ecriture pour la prêcher aux autres, mais aussi pour se former lui-même, & se rendre disposé à toutes sortes de bonnes œuvres. Pourquoi donc ne pourroit-elle pas, comme nous l'enseignent tous les Peres, avoir le même effet dans tous les Chrétiens qui la lisent ?

Mais à l'égard même de ces deux utilités, *ad docendum, ad arguendum*, pour enseigner & pour reprendre, qui vous a dit que cela ne regarde que les Prêtres & les Docteurs ? N'y a-t-il qu'eux qui enseignent & qui reprennent ? Un des meilleurs Prêtres de ce siecle jugeoit avec raison, qu'il n'y avoit guere de choses plus importantes dans l'Eglise que les Ecoles des Enfants de l'un & de l'autre sexe. Or vous reconnoissez après S. Paul, que l'Ecriture est utile pour bien enseigner & pour bien reprendre. Ceux qui tiennent ces Ecoles ont donc besoin de la lire, puisqu'ils sont destinés par l'Eglise à former l'esprit de ces jeunes enfants ; ce qu'ils ne sauroient faire, qu'en les enseignant & en les reprenant. Les Supérieures des monasteres de filles, ne doivent-elles pas aussi enseigner & reprendre leurs inférieures ? Or c'est à quoi l'Ecriture Sainte est utile, selon l'Apôtre. Elle est donc utile à d'autres qu'aux Prêtres & aux Docteurs. Les

Chefs de famille ne font-ils pas auffi obligés d'enfeigner & de reprendre leurs enfants & leurs domeftiques ? Et n'eft-ce pas un très-grand abus s'ils négligent de le faire, & fi leurs Directeurs négligent de les y porter ? Les Saints difent que chaque Pere de famille, doit avoir le même foin de fa famille, qu'un Curé de fa Paroiffe & un Evêque de fon Diocefe ; & S. Auguftin ne fait pas de difficulté de les avertir qu'ils doivent chacun fe regarder comme l'Evêque de fa petite Eglife, pour ce qui eft de la follicitude & de l'application.

Il s'enfuit de-là qu'il n'y a perfonne parmi les fideles de l'un & de l'autre fexe qui ne puiffe, & qui ne doive même, s'appliquer de bonne heure à la lecture de l'Ecriture Sainte. Car qui peut favoir à quoi il eft deftiné par la Providence ? Y a-t-il un garçon ou une fille qui ne puiffe devenir chef de famille, Maître ou Maîtreffe d'école, ou qui ne puiffe être en charge dans une Communauté Religieufe ? Eft-ce qu'il faut attendre à lire l'Ecriture Sainte qu'on foit obligé de s'en fervir pour enfeigner & pour reprendre ? Si cela eft, à quoi bon les Séminaires & les Colleges ? Que n'envoyez-vous dans les Cures des Prêtres qui n'ont pas encore étudié l'Ecriture Sainte fuffifamment pour être en état de s'en fervir *ad docendum & arguendum ?* Il eft vrai que vous l'avez fait depuis peu à l'égard d'une Cure du pays de Liege, où vous avez envoyé un ignorant, pour qui vous aviez été caution qu'il reviendroit à Louvain fe faire mieux inftruire, avant d'exercer les fonctions de fa charge : mais on dit qu'il vous a trompé, & que votre confcience ne vous permettra plus à l'avenir de répondre pour un autre dans des cas femblables. Pourquoi ne vous reproche-t-elle pas auffi, qu'en interdifant la lecture de l'Ecriture Sainte à tous ceux & celles qui ne favent pas le latin, vous les expofez à ne pouvoir pas fi bien s'acquitter quelque jour de cette partie des obligations de leur état ou de leur emploi, qui confifte à enfeigner & à reprendre ?

On peut encore vous combattre par vous-même. Car on trouve dans ce que vous dites pour recommander ces deux ufages de l'Ecriture, comme vous les appellez, de quoi vous convaincre qu'elle peut être très-utile aux Laïques, & non feulement aux Prêtres. C'eft ce que nous allons voir.

M. Steyaert. *Le premier ufage eft pour enfeigner. C'eft en quoi excelle le facré Texte, non feulement parce qu'il contient une doctrine très-utile, très-fainte, & très-exempte de toute fauffeté ; mais auffi parce que fes paroles ont cela de fingulier au deffus de celles des autres livres, qu'elles touchent le cœur, & répandent dans les ames une onction très-abondante, jufques-là que, felon quelques Peres, elles infpirent je ne fais quoi de faint,*

I. CLAS. N°.XIII.

lors même qu'on ne les entend pas. Ainsi les Prédicateurs doivent lire & méditer continuellement l'Ecriture, afin qu'ils en aient présentes à l'esprit beaucoup de sentences & de paroles qui puissent toucher le cœur de leurs Auditeurs. Tout cela est contre vous.

Car 1°. C'est un avantage incomparable d'avoir un livre dont on soit assuré que la doctrine est très-sainte, & que Dieu y a fait mettre des instructions excellentes pour toutes les différentes conditions des hommes, sans que l'on puisse craindre d'y trouver aucune fausseté ni aucune erreur. Comment donc pourroit-on faire comprendre à un homme raisonnable, que ce ne soit pas un grand bonheur, comme dit le Prophete Roi, de le pouvoir lire & méditer jour & nuit; c'est-à-dire très-souvent, de quelque état & condition que l'on puisse être ?

2°. Si les paroles de l'Ecriture ont une certaine force & énergie qui touche le cœur de ceux qui les écoutent, & les remplit d'une abondante onction, pourquoi n'auront-elles pas la même force dans ceux qui les lisent, & qui peuvent mieux les retenir, & y faire plus d'attention que s'ils les écoutoient seulement ?

3°. Ce que vous dites, que, selon quelques Peres, ces paroles inspirent je ne sais quoi de saint lors même qu'on ne les entend pas, fait voir que les Peres ont eu raison de conseiller aux plus simples la lecture des Livres sacrés. Car quoiqu'il y ait beaucoup d'endroits qu'ils ne peuvent pas entendre, le peu qu'ils entendroient, ne laisseroit pas de les édifier, & le respect qu'ils auroient pour ce qu'ils n'entendroient pas, auroit encore l'effet que vous dites, de leur inspirer je ne sais quoi de saint, en les faisant penser à Dieu avec un sentiment de vénération & d'amour.

M. Steyaert. *L'autre usage de l'Ecriture est de reprendre, ou de réfuter les erreurs des autres, soit dans la foi, soit dans les mœurs. En quoi l'Ecriture a une merveilleuse force. Et à cet égard non seulement les Prêtres qui ont à faire aux hérétiques la doivent bien savoir ; mais ceux aussi qui ont à combattre à droit & à gauche les erreurs dans la Morale, de quelque côté qu'elles viennent. Car le S. Esprit ayant prévu toutes les erreurs qui pourroient survenir, a pourvu aussi qu'il y eût dans divers endroits de l'Ecriture des antidotes contre ces erreurs.*

Reflexion. Vous devez craindre qu'on ne vous dise, que cette derniere proposition est un peu trop générale en l'étendant à toutes sortes d'erreurs. Car il y en a de spéculatives, que l'on ne peut bien combattre que par la Tradition. Mais on vous l'avoue à l'égard de celles qui vont à corrompre la pureté des mœurs: & cela se peut confirmer par cette parole de S. Augustin: " Il y a dans l'Ecriture des remedes pour tou-

In Psal. 36.

te

„ tes les maladies de nos ames". OMNIS *morbus animæ habet in scripturis medicamentum suum.*

Voyons donc ce que vous ajoutez, pour empêcher qu'on n'en conclue, qu'au moins à l'égard des erreurs contre la Morale, il est utile aux Laïques mêmes de lire l'Ecriture Sainte, pour ne s'en laisser pas séduire.

M. STEYAERT. *Il est donc vrai que l'Ecriture Sainte est le principal remede dans les troubles de ce temps ici touchant la doctrine (in turbis doctrinalibus) mais d'inférer de-là qu'on doit exhorter généralement le peuple à la lire, afin qu'ils jugent de ces questions, je ne sais comment on le pourroit faire, sans se rendre coupable de la même témérité avec laquelle, au siecle passé, on invitoit aussi le peuple à cette même lecture, pour le rendre juge des questions de la foi. Pour l'un & pour l'autre, les Laïques ont l'Eglise, ils ont leurs Pasteurs; & s'ils ne les écoutent pas, ils ne croiront pas, quand ils auroient lu toutes les Ecritures Saintes.*

REFLEXION. Jamais reproche ne fut plus déraisonnable ni plus chicaneur que celui que vous faites à vos adversaires.

1°. Il y grande différence entre les disputes touchant la foi, & les questions de morale sur lesquelles les Casuistes modernes sont tombés en tant d'erreurs. La discussion des premieres est souvent assez difficile, au lieu que celle des dernieres est souvent très-facile & très-aisée, quand on n'a point le cœur corrompu par le desir de complaire aux gens du monde en flattant leur cupidité.

2°. Si vous prétendez que vos adversaires invitent le peuple à lire l'Ecriture dans le même esprit que les hérétiques, en voulant, comme eux, qu'il s'arrête à ce qu'il s'imaginera y avoir trouvé, en préférant ses lumieres au jugement de l'Eglise, c'est une noire imposture. Et, si vous savez le contraire, pouvez-vous sans médisance, les soupçonner de la même témérité qu'on a eu sujet de reprocher aux hérétiques de ces derniers siecles?

3°. Mais c'est une grande illusion de supposer qu'il n'y a rien de si clair dans l'Ecriture, sur-tout à l'égard de la morale, sur quoi les Laïques ne soient obligés d'hésiter, quand quelque Auteur grave l'a combattu, & de suspendre leur jugement jusques à ce que l'Eglise ait parlé par quelque Décret. Est-ce donc que vous croyez, que, lorsqu'on lisoit à Paris les Lettres Provinciales, & qu'on y trouvoit tant d'horribles renversements de la Morale Chrétienne; le Probabilisme, qui donnoit moyen de violer sans péché en mille rencontres, les loix de Dieu & de l'Eglise; les vols domestiques autorisés; les meurtres permis pour conserver un écu, ou pour éviter un soufflet, ou pour empêcher qu'on ne fasse tort à notre honneur; les avortements justifiés; les calomnies les plus noires excusées de crime, & même de tout péché, quand c'est pour défendre notre réputation; le plus grand des commandements renversé, par cette doctrine impie, que, quant à l'acte intérieur de l'amour de Dieu, ce n'est qu'un commandement de douceur, pour l'omission duquel Dieu ne nous damnera point: est-ce, dis-je, qu'on devoit lire de sang froid ces détestables opinions, que vous appellez vous-même *opinionum portenta*, sans en porter aucun jugement, jusques à ce que l'Eglise leur eût appris ce qu'il en falloit croire? C'est assurément ce qu'on ne fit pas alors, & ce qu'on n'étoit pas obligé de faire. On ne l'a pas fait non plus, quand on a appris par des dénonciations publiques, ce qui s'étoit soutenu en de certaines Ecoles touchant le péché philosophique, & l'hérésie impie contre l'obligation d'aimer Dieu. Les Jésuites de Paris ont été contraints d'avouer, que tout le monde, la ville, la Cour, les Dames mêmes se sont soulevés contre ces erreurs pernicieuses, & ce qu'on a fait depuis à Rome pour les condamner, à peu augmenté la détestation qu'on en avoit. Mais ce qui est remarquable est, que cette détestation paroît avoir été plus générale & plus grande en France que par-tout ailleurs: ce qu'on ne peut guere attribuer qu'à deux causes. L'une, que ce qui regarde la pureté de la morale, y est plus connu; ce qu'on avoit écrit pour l'établir ayant été confirmé par les plaintes des Curés & les censures des Evêques. L'autre, parce qu'on y lit davantage l'Ecriture Sainte. Car si vous avez raison de dire qu'elle contient des antidotes contre toutes les erreurs qui corrompent la morale de Jesus Christ, c'est sans raison que vous ne voudriez pas reconnoître qu'une grande partie de ces antidotes s'y trouvent assez clairement, pour y être découverts, par une infinité de Laïques & par les femmes mêmes qui ont de la piété.

4°. Ce que vous dites à la fin est appuyé sur les mêmes suppositions, ou fausses ou calomnieuses: mais ce qu'il y a de particulier est l'allusion que vous faites à des paroles de l'Evangile, qui ne peuvent servir qu'à vous confondre. Voici vos paroles. *Habet in utrisque Plebs Ecclesiam; habet Pastores suos, quos si non audierint, neque si Scripturas omnes legerint, credent.*

Je dis premiérement, que l'on ne peut rien concevoir de ces paroles assez embrouillées, dont on puisse conclure ce que vous prétendez; que les Laïques ne doivent pas lire l'Ecriture Sainte, que sur des suppositions, ou fausses ou calomnieuses.

La supposition fausse est, qu'il n'y a pas mille endroits dans l'Ecriture à l'égard du réglement des mœurs, qui sont si faciles à entendre, que les Laïques & les femmes mêmes qui les lisent, n'ont pas besoin sur cela de consulter leurs Pasteurs. Et c'est de quoi S. Augustin étoit bien persuadé, puisqu'écrivant à un citoyen de Carthage, qui n'étoit pas encore baptisé, non seulement il l'exhorte à lire l'Ecriture Sainte, mais voici comment il finit sa lettre qu'il appelle un Livre, parce qu'elle est fort longue. *Voilà un livre où je me suis beaucoup étendu: j'espere néanmoins que vous n'y trouverez rien d'inutile. Mais ne vous en tenez pas-là. Accoutumez-vous* A LIRE LES SAINTES ECRITURES, *& il vous restera peu de choses sur quoi vous ayiez besoin de me consulter.*

I. CLAS. N°. XIII.

Epist. 140 *à Honoré*

Mais ce que dit S. Basile est encore plus exprès, contre cette imagination ridicule, que des Laïques & même des femmes ne peuvent rien trouver dans l'Ecriture pour ce qui regarde le réglement de leurs mœurs, sur quoi ils ne soient obligés de consulter leur Curé. Car, dans sa lettre 284. à une Dame de condition, qui lui avoit demandé des avis sur sa conduite, après lui avoir déclaré, que, par les avertissements que Dieu lui avoit donnés dans un songe, il paroissoit qu'il demandoit d'elle qu'elle s'appliquât à régler l'état de son ame, & à purifier les yeux avec lesquels elle devoit un jour voir Dieu, il ajoute. *Si vous cherchez votre consolation dans les Ecritures divines,* VOUS N'AUREZ BESOIN NI DE MOI NI DE TOUT AUTRE, *pour vous marquer ce qui sera propre pour votre conduite. Car le S. Esprit vous donnera tous les conseils qui vous seront nécessaires: il vous applanira le chemin par où vous devez marcher, & il vous y conduira par la main.*

La supposition calomnieuse est, que les filles & les femmes de piété à qui leurs Pasteurs ont conseillé de lire le Nouveau Testament, ne voudront plus écouter, après l'avoir lu, ni l'Eglise ni leurs Pasteurs. Quel droit avez-vous de faire un jugement si téméraire des servantes de J. C.? Si vous croyez avoir ce droit, c'est une erreur pernicieuse, contre laquelle *le S. Esprit n'a pas manqué*, comme vous dites, *de fournir des antidotes dans les Ecritures. Nolite judicare*, &c. *Tu quis es qui judicas servum alienum?* Pourquoi donc n'en avez-vous pas profité, vous qui voudriez qu'il n'y eût guere que ceux de votre profession qui les pussent lire?

Mais, pour justifier ceux que vous prenez pour vos adversaires, parce qu'ils ne croient pas, comme vous, que ce soit mal fait d'exhorter un grand nombre de bonnes ames qui ne savent que leur langue maternelle, à lire la parole de Dieu, on n'a qu'à considérer l'endroit de l'Ecriture auquel vous faites allusion. C'est ce que Notre Seigneur fait dire à Abraham, dans l'histoire ou la parabole du mauvais Riche. Ce malheureux, qui souffroit de grands tourments pour n'avoir pas fait un bon usage de ses richesses, ayant demandé une goutte d'eau qui lui fut refusée, dit à

Abraham. *Je vous prie donc, Pere Abraham, d'envoyer Lazare dans la maison de mon Pere, où j'ai encore cinq freres, afin qu'il les avertisse, de peur qu'ils ne viennent eux-mêmes dans ce lieu de tourments.* Abraham lui répondit. *Ils ont Moyse & les Prophetes, qu'ils les écoutent.* Habent Moysen & Prophetas, audiant illos. *Non, Pere Abraham; mais si quelqu'un des morts les va trouver, ils feront pénitence.* A quoi Abraham lui répondit: *S'ils n'écoutent ni Moyse ni les Prophetes, ils ne croiront pas non plus quand quelqu'un des morts ressusciteroit.* Si Moysen & *Prophetas non audiunt, neque si quis ex mortuis resurrexerit.* Voilà sur quoi vous avez formé votre belle période. *Habet Plebs Ecclesiam; habet Pastores suos: quos si non audierint, neque si Scripturas omnes legerit, credent.* C'est la même cadence sur une pensée toute contraire. Car de quoi s'agissoit-il dans cet endroit de l'Evangile? D'avertir les freres du mauvais Riche de ne pas vivre aussi mal qu'il avoit vécu; de n'être pas comme lui impitoyables envers les pauvres, & de faire pénitence de leurs désordres passés, pour n'être pas punis comme lui. Et à qui Notre Seigneur veut-il qu'on les renvoie? *A Moyse & aux Prophetes.* C'est-à-dire à l'Ecriture Sainte, où Dieu avoit parlé si fortement de la nécessité de l'aumône, & de la justice divine: & il ajoute, que, si cela ne leur suffisoit pas pour se convertir, ils ne le feroient pas à la prédication d'un homme ressuscité.

Remarquez, s'il vous plaît, qu'il s'agit ici des regles de la Morale Chrétienne, comme je vous ai déja dit, que vous ne niez pas avoir été beaucoup altérées par des Théologiens relâchés de ces derniers temps, dont plusieurs Pasteurs particuliers peuvent avoir embrassé les opinions, les ayant trouvées dans Escobar ou Busenbaum, & d'autres Auteurs estimés par une Compagnie qui a la réputation d'être savante. Arrêtons-nous à deux de ces regles. Les Gens riches sont obligés de faire beaucoup d'aumônes. Les pécheurs le sont aussi de faire de dignes fruits de pénitence, selon la qualité des péchés qu'ils auroient commis. Je suppose qu'une veuve fort riche, qui auroit mené long-temps une vie déréglée, se sentant touchée de Dieu, demande conseil sur ces deux choses: si c'étoit vous qu'elle consultât, voici ce que vous lui diriez, selon l'endroit de vos Aphorismes que j'examine ici. Il ne vous est pas permis de lire l'Ecriture, cela est hors de la portée des femmes. J'empêche même qu'on ne la laisse lire aux filles les plus pieuses. Mais vous avez un Pasteur qui est bon ami des Peres Jésuites, faites ce qu'il vous dira. Car si vous ne l'écoutez pas, quand vous auriez lu toutes les Ecritures Saintes, vous ne sauriez pas ce que Dieu demande de vous sur ces deux points.

Que si elle s'étoit adressée à quelque Ecclésiastique éclairé, ou à quelque pieux Pere de l'Oratoire; voici ce que l'un & l'autre lui auroit pu dire. Vous ne sauriez mieux faire que de lire & relire l'Evangile & les autres Ecrits des Apôtres ; vous y trouverez des instructions admirables & toutes divines sur ces deux points, l'aumône & la pénitence. Cela n'empêchera pas que vous n'écoutiez votre Pasteur. Mais j'ose vous dire, que si vous ne vous rendez pas à ce que vous trouverez sur ces deux matieres dans la parole de Dieu, vous ne vous rendrez pas non plus à ce que vous en dira votre Pasteur, ni même, comme disoit Abraham au mauvais riche, à ce que vous pourroit dire une personne que Dieu auroit ressuscitée, pour vous presser de vous convertir & de faire pénitence. Je laisse à juger à tous ceux qui liront ceci, qui, de vous ou de cet autre Ecclésiastique, auroit parlé plus conformément à ce que Notre Seigneur nous a voulu enseigner dans cette divine parabole.

I. CLAS. N°. XIII.

Il est au moins difficile de s'imaginer qu'un vrai Pasteur eût l'idée de lui-même que vous voudriez que le peuple eût de ces Pasteurs, & qu'il osât dire à de bonnes ames qui voudroient s'avancer dans la piété : contentez-vous de m'écouter, & gardez-vous bien de vouloir apprendre de la parole de Dieu ce que vous devez faire pour le bien servir. Vous profiterez plus de ce que je vous dirai, que de tout ce que vous pourriez lire dans toutes les Ecritures dictées par le S. Esprit.

Cela est bien éloigné de ce que S. Augustin veut que les Evêques disent à leur peuple. Il en donne un modele admirable dans un de ses sermons. Car, après avoir rapporté ce qui est dit dans Ezéchiel, que si le Pasteur qui est établi de Dieu comme devant être la sentinelle pour veiller sur la maison d'Israël, manque d'avertir ceux qui sont commis à sa charge, de ce qu'ils sont obligés de faire pour rendre à Dieu ce qu'ils lui doivent, ce Pasteur sera condamné pour sa négligence, & ceux qu'il n'a pas avertis, mourront dans leurs péchés ; voici ce qu'il en conclut. *Il est donc de notre devoir de ne nous pas taire ; mais il est du vôtre, si nous nous taisions ; d'écouter ce que dit le souverain Pasteur dans les Ecritures Saintes.* Ad nos *quidem pertinet non tacere. Ad vos autem etiam si taceamus de Scripturis Sanctis verba Pastoris audire.*

Serm. 46. *n.* 20.

Jugez, Monsieur, si cela s'accorde avec la doctrine de vos Aphorismes. Selon Saint Augustin, comme il y aura toujours dans l'Eglise de bons & de mauvais Pasteurs, il y en peut avoir qui manquent à avertir les fideles de ce qu'ils sont obligés de faire pour vivre chrétiennement : par exemple, qu'étant riches, ils sont obligés de donner l'aumône de leur superflu, & qu'on n'en est pas dispensé parce qu'on emploie tout son revenu à satisfaire son ambition. Qu'arrivera-t-il, selon ce Saint, si ce riche meurt sans avoir accompli ce commandement de Dieu, parce que son Pasteur ne l'en auroit pas averti ? Et le Riche & le Pasteur seront condamnés de Dieu. Mais qu'auroit dû faire le Riche pour éviter cette condamnation? Il auroit dû, dit ce Pere, s'informer de ses obligations en écoutant, dans les Ecritures Saintes, les paroles du souverain Pasteur.

Et voici au contraire ce que disent vos Aphorismes. Ce Riche n'étant que Laïque n'a point dû s'informer de ses obligations en lisant l'Ecriture: cela lui étoit défendu. Il avoit l'Eglise, il avoit son Pasteur, il les devoit écouter. Mais son Pasteur s'est trouvé prévenu des méchantes opinions des Casuistes, selon lesquelles il ne s'est point cru obligé de donner l'aumône. Cela lui a-t-il suffi pour n'être point damné avec le mauvais Riche, quoiqu'il n'ait point, non plus que lui, assisté les pauvres? C'est sur quoi on vous prie de vous expliquer, ou de nous dire s'il devoit encore écouter l'Eglise, & ce que vous entendez par l'Eglise en la distinguant de chaque Pasteur. Est-ce l'Evêque? Un Gentilhomme de campagne, ou un riche Fermier étoit-il obligé de l'aller trouver, n'ayant point de scrupule de ce qu'il avoit appris de son Pasteur, qui s'accommodoit fort bien à son avarice? Et peut-être que l'Evêque même, ayant étudié sous les Jésuites, auroit trouvé probable le sentiment du Curé; ce qui auroit suffi, selon les Probabilistes, pour mettre à couvert la conscience de cet avare. Est-ce l'Inquisition de Rome que vous entendez par cette Eglise qu'il auroit dû consulter? Cela seroit bien étrange, que ceux mêmes qui n'auroient aucun doute sur quelque mauvais conseil qu'on leur auroit donné, fussent obligés de la consulter. On vous prie donc de démêler cet embarras. Et on sera fort trompé si vous n'y êtes fort empêché, & si le conseil de S. Augustin que vous osez rejeter, ne se trouve pas cent fois plus sûr, plus facile, plus naturel, & le seul qui soit appuyé sur l'Ecriture & sur la Tradition.

XXXIX. DIFFICULTÉ.

J'Ai établi en général, par l'autorité de l'Ecriture & des Peres, qu'il est très-utile à toutes sortes de personnes de lire l'Ecriture Sainte, & principalement le Nouveau Testament. Mais j'ai cru qu'il étoit bon d'en marquer encore plusieurs utilités particulieres; parce que rien ne fera mieux voir la fausseté de cette imagination, que, pour profiter de cette divine lecture, il faut savoir du latin, & avoir plus de pénétration d'esprit que n'en a d'ordinaire le commun du monde; les filles, les femmes, les artisans, & les villageois, & toutes ces personnes, que, par un esprit très-opposé à l'esprit du Christianisme, on appelle de petites gens. Car cette pensée est fondée sur une autre qui n'est pas moins fausse, qui est, que ces Livres Sacrés sont si obscurs par-tout & si difficiles à entendre dans les choſes mêmes qui reglent les mœurs, que ces ſortes de gens ne peuvent croire ſans témérité, qu'en les liſant ſeuls ils en prennent le vrai ſens. Mais afin que vous ne changiez pas l'état de la queſtion, je vous déclare que je n'entends point parler ni des libertins, qui n'ont aucun ſoin de leur ſalut, ni de ceux qui auroient été ſi mal élevés, qu'ils ne ſauroient pas leur Catéchiſme ; mais que je me reſtreints à des Chrétiens qui n'auroient point étudié, mais qui, étant inſtruits des principaux articles de leur Religion, auroient un deſir ſincere de ſavoir ce qu'il faut faire pour vivre chrétiennement. Je prétends qu'on feroit fort bien de conſeiller à une perſonne de cette ſorte de lire le Nouveau Teſtament, & qu'elle y trouveroit de grands avantages.

I. CLAS. N°. XIII.

1°. Rien n'eſt plus important à un Chrétien que de ſavoir que Jeſus Chriſt, qui eſt la vérité même, s'eſt fait homme, pour être par ſes actions le guide que nous devons ſuivre ; ce qui a fait dire à un Apôtre ; *que celui qui prétend demeurer en J. C.* c'eſt-à-dire être membre de ſon corps, *doit marcher lui-même comme J. C. a marché.* Nous devons donc connoître la vie de J. C. pour y conformer la nôtre. Et où peut-on mieux l'apprendre que dans les Evangiles, où il a voulu qu'elle fût écrite, afin que tous ſes diſciples la puſſent prendre pour leur modele? Et on ne peut pas dire que les eſprits du commun ne ſont pas capables d'y rien comprendre, parce que ce ſont des choſes trop élevées. Car, quelque grande & quelque divine que ſoit cette hiſtoire, le Saint Eſprit l'a fait écrire d'une maniere ſi ſimple, ſi naturelle, & ſi proportionnée à l'intelligence de tout le monde, comme l'aſſurent les Peres, que c'eſt viſiblement s'oppoſer au deſſein de Dieu, que d'alléguer l'incapacité des perſonnes dont je parle, pour les détourner d'une ſi ſainte lecture.

2°. On peut dire la même choſe des faits rapportés dans les Actes des Apôtres. Il eſt très-facile de les entendre. Et rien n'eſt plus capable de nous confirmer dans la foi de la divinité de J. C. que l'accompliſſement ſi prompt de ces merveilles ſi hors d'apparence, que douze ou treize hommes deſtitués de tout appui iroient prêcher ſon Evangile par toute la terre, pour établir, par la vertu des miracles & l'efficace de la parole, les vérités les plus oppoſées aux erreurs dominantes parmi tant de nations, & à leurs inclinations corrompues.

3°. Rien n'eſt auſſi plus édifiant que ce qu'on lit dans ce même livre de la fermeté des Apôtres, ſi foibles auparavant, de leur conſtance contre les menaces, de leur joie dans les plus mauvais traitements, du plus excellent modele qu'on eût jamais vu d'union & de charité dans les premiers fideles de Jeruſalem, du changement admirable d'un Perſécuteur en un Apôtre, & de tout ce qu'il eut enſuite à ſouffrir pour

Jesus Christ, selon la prédiction qui lui en avoit été faite. Peut-on feindre, sans tromper le monde, de grandes difficultés à entendre ces faits historiques, afin de nous pouvoir dire qu'ils sont au dessus de la portée des filles, des femmes & des pauvres gens? Et si on n'oseroit se servir de ce faux prétexte, pourquoi ravir à de bonnes ames le fruit qu'elles peuvent tirer de tant d'exemples si édifiants, que Dieu a voulu qui fussent conservés dans ces Livres Saints, pour être jusques à la fin du monde la consolation de ses serviteurs, quand ils seroient du nombre de ces *vils, méprisables, & peu sages selon le monde* (stulta mundi) que S. Paul dit que Dieu a choisis pour confondre les sages & les puissants?

Il y a un fort beau passage de Saint Jean Chrysostôme sur ce sujet. " Qui est-ce, dit-il, qui lisant dans l'Evangile; *bienheureux ceux qui sont* ,, *doux*; *bienheureux ceux qui sont compatissants & charitables; bienheu-* ,, *reux ceux qui ont le cœur pur*, & autres choses semblables, croit avoir ,, besoin de maître pour les comprendre? Tout le monde peut aussi en- ,, tendre, sans beaucoup de peine les prodiges, les miracles & les histoi- ,, res. C'est donc un vain prétexte, & une fausse excuse pour justifier ,, sa paresse & sa négligence, que d'alléguer l'obscurité de l'Ecriture pour ,, se dispenser de la lire".

4°. Les exemples ne suffisent pas. Il y faut joindre les instructions. Les uns nous montrent le chemin, & les autres sont la lumiere qui nous est nécessaire pour y marcher. Or où pouvons-nous mieux trouver cette lumiere que dans l'Ecriture, que le Prophete Roi dit être la lampe qui conduit ses pas? *Lucerna pedibus meis verbum tuum.* Mais, comme j'ai déja dit, nous pouvons distinguer deux sortes d'instructions; dans l'Evangile, & dans les Ecrits des Apôtres. Les unes regardent les dogmes; & celles-là supposent qu'on en ait déja quelque connoissance d'ailleurs: mais cette connoissance s'augmente & se perfectionne dans les simples par la lecture qu'ils en font dans les Livres sacrés, avec la soumission qu'ils doivent à l'Eglise, qui leur en découvre le véritable sens, par les premieres instructions qu'ils reçoivent des Pasteurs. Les autres nous sont données pour régler nos mœurs, & pour nous apprendre ce que nous devons à Dieu, au prochain, & à nous-mêmes; & celles-là sont d'un côté pour la plupart faciles à entendre, & nous donnent de l'autre un grand moyen de satisfaire à nos obligations. L'un & l'autre se peut confirmer par ce passage de S. Basile, que j'ai déja rapporté, où il dit à une Dame. *Si vous cherchez votre consolation dans les Ecritures divines, vous n'aurez besoin ni de moi ni de tout autre pour vous marquer ce qui sera propre pour votre conduite.* (Lui pouvoit-il mieux marquer la facilité qu'elle trouveroit dans cette lecture, ni lui mieux faire entendre

la

la grande utilité qu'elle en recevroit, que par ce qui suit?) *Car le S. Esprit vous donnera tous les conseils qui vous seront nécessaires; il vous applanira le chemin par où vous devez marcher, & il vous y conduira par la main.* Est-ce donc servir les ames que de leur ôter ce secours?

5°. Passons à quelques devoirs particuliers. Rien ne nous est plus nécessaire pour bien vivre que la priere. C'est ce que les Payens ont ignoré; parce qu'ils vouloient ne devoir leur vertu qu'à eux-mêmes. Mais l'Ecriture nous apprend que nous n'en pouvons avoir qui ne soit un don de Dieu. Et en même temps elle nous enseigne, en des termes très-intelligibles, ce que nous devons demander à Dieu, & comment nous le lui devons demander. Elle emploie deux paraboles pour nous faire entendre que Dieu veut que nous l'importunions, & que nous le forcions en quelque sorte par nos instantes prieres, de nous accorder ce *bon esprit* sans lequel nous ne pouvons lui plaire, & que nous ne saurions avoir s'il ne nous le donne. On dira peut-être que ces paraboles renferment de grands mysteres, que le commun des fideles n'est pas capable de pénétrer. Cela peut être; mais nous apprenons des Saints Peres, que la pénétration de ces mysteres n'est que pour les grandes ames, qu'ils appellent des aigles, & que les autres, qu'ils appellent des colombes n'en ont pas besoin, parce que ce qui se présente d'abord à l'esprit dans ces paraboles, & dans une infinité d'autres endroits de l'Ecriture, leur suffit pour entrer dans le dessein principal du S. Esprit, qui est de leur faire comprendre, que Dieu veut que nous le pressions avec instance, avec ferveur, & avec persévérance, de nous donner ce que nous avons plus d'intérêt de recevoir, que n'en a le pauvre le plus affamé de recevoir un morceau de pain. Il y a peu de vérités dont les Chrétiens soient plus obligés d'être instruits, & dont la plupart le soient moins. Jesus Christ leur a laissé dans son Evangile un moyen très-simple, & très-naturel d'en être instruits. Ne craignez-vous point, Monsieur, d'avoir quelque jour un très-grand remords de conscience, pour en avoir voulu priver ce grand nombre de personnes à qui vous trouvez mauvais qu'on le laisse lire?

6°. Ce qu'on appelle méditation est une sorte de priere, ou au moins une préparation à la priere. Vous ne voudriez pas sans doute que l'on crût que vous l'improuvez. Elle est trop en usage parmi toutes les personnes de piété. Mais que méditera celui qui n'a rien dans l'esprit, ou qui n'y a que ses propres fantaisies, ou des pensées peu solides? Dieu supplée à cela quand il lui plaît, & il le fait en des ames choisies qu'il éclaire immédiatement par lui-même. Mais ceux qui ont eu la témérité de vouloir réduire en art ces voies extraordinaires, sous le nom de con-

I. CLAS. N°.XIII.

templation acquise, ont enfanté la nouvelle héréfie du Quiétifme, auffi infenfée que dangereufe. Il faut donc un fondement à la méditation ; & on n'en peut avoir un meilleur ni plus folide, que la parole de Dieu. C'eft par-là qu'on peut trouver la méditation dans les SS. Peres, comme l'Auteur du Traité de l'Oraifon divifé en 7. Livres l'a fort bien prouvé dans fon 2. livre, ch. 6, qui a pour titre ; *Que la maniere dont les Peres ont lu, & qu'ils prefcrivent de lire l'Ecriture autorife l'Oraifon mentale.* Vous le pouvez lire, Monfieur. J'en rapporterai feulement un paffage ou deux de S. Auguftin. " Il eft dit du jufte, qu'il médite la loi de Dieu „ jour & nuit. Vous ne mangez le pain de la terre qu'à certaines heu- „ res, & enfuite vous ceffez d'en manger, mais vous vous nourriffez „ du pain de la parole de Dieu le jour & la nuit. Vous le mangez, & „ quand vous l'écoutez, & quand vous la lifez. Vous le mangez en y „ penfant, & en la repaffant dans votre efprit, pour imiter les animaux „ purs, & n'être pas du nombre des animaux immondes ". Et en un autre endroit. " L'homme fe doit confidérer dans l'Ecriture comme dans „ un miroir, pour connoître quel il eft, & quelle eft fa fin. La lecture „ continuelle que l'on en fait purifie l'ame, frappe l'efprit par la crainte „ de l'enfer, & l'excite au defir des biens éternels. Pour être toujours „ avec Dieu il faut lire, & prier fouvent. Dieu nous parle dans l'Ecri- „ ture, & nous parlons à Dieu dans la priere. La lecture des Saintes „ Ecritures remplit l'ame de lumiere, & la féparant du monde l'éleve à „ l'amour de Dieu. Comme la chair fe nourrit de viandes terreftres, de „ même l'efprit fe nourrit & fe foutient par la parole de Dieu. C'eft „ pourquoi, mes freres, que tous ceux d'entre vous qui font capables „ de lire & d'entendre ce qu'ils lifent (ce qui comprend tous ceux qui „ ont appris à lire & qui ont le parfait ufage de la raifon) s'appliquent „ à la lecture de l'Ecriture Sainte, afin qu'ils la méditent fouvent ".

In Pfalm. 123.

Le P. Thomaffin enfeigne la même chofe dans fon Traité de l'Office divin. I. P. chapitre 12. 13. & 14. où il montre auffi, que c'étoit la pratique de tous les anciens Solitaires, dont plufieurs n'étoient que des gens groffiers & fans étude, de prier en méditant ce qu'ils avoient lu de l'Ecriture Sainte. On peut avoir maintenant d'autres méthodes de faire oraifon, & s'y fervir d'autres livres. Mais qui feroit affez hardi pour eftimer moins celle-ci, pratiquée par tant de Saints, & pour cenfurer une fille ou une femme dévote qui fe fentiroit portée à prendre, pour fujet de fa méditation, l'Epître ou l'Evangile de la femaine, ou quelque autre endroit du Nouveau Teftament qu'elle auroit lu ce jour-là ? Ce que je conclus de plus eft, qu'il faut bien que, quand on ne cherche dans l'Ecriture que fon édification, elle n'ait point toutes les obfcurités que l'on s'y figure pour en interdire la lecture à toutes les personnes qui n'ont point étudié; puisque, pendant tant de siecles, on la faisoit lire à une infinité de ces sortes de personnes, pour en faire le sujet de leurs méditations, sans les adresser à personne qui les leur interprétât.

I. CLAS. N°. XIII.

XL. DIFFICULTÉ.

JE vous ai promis, Monsieur, de satisfaire à ce que vous vous êtes imaginé pouvoir affoiblir l'autorité des Saints Peres, & empêcher qu'on n'en conclue, qu'on peut, encore aujourd'hui, aussi-bien que de leur temps, conseiller à toutes sortes de personnes de lire l'Ecriture Sainte.

Cela se réduit à prétendre, que les Peres les y ont exhortés par une raison qui étoit bonne de leur temps, & qui n'est pas bonne pour celui-ci; & vous êtes assez humble pour reconnoître que vous n'êtes pas l'auteur de cette rare observation, mais que vous la tenez d'un fameux Critique à qui la gloire en est due. On verra dans la suite si vous avez eu raison de croire être en assurance en marchant après un tel guide. Mais écoutons présentement de quelle sorte vous vous en faites honneur.

M. Steyaert. *Il est sans doute*, dites-vous, *qu'autrefois les Livres sacrés ont été écrits en une langue que le peuple même pouvoit lire, & qu'ils ont été lus long-temps par toutes sortes de personnes, non seulement sans qu'on en eût fait aucune défense; mais les Prélats de l'Eglise les y exhortant: comme il se voit trop clairement par S. Chrysostôme & autres. Mais, comme a remarqué l'Auteur que je viens de citer* (Richard Simon) *cela se faisoit alors sans péril, parce que les fideles étant soumis à leurs Pasteurs recevoient d'eux avec fidélité le sens des Ecritures, qu'ils lisoient avec respect, & avec toute sorte de déférence aux mandements de l'Eglise. C'étoit donc avec raison qu'en ces temps-là, non seulement on confioit au peuple cette lecture, mais qu'on le pressoit même de s'y appliquer.*

Réflexion. Afin que cette observation pût faire voir que ce que vous entreprenez présentement, qui est d'empêcher une infinité de bonnes ames de se nourrir de la parole de Dieu, n'est point contraire à l'esprit & à la doctrine des Saints, il faut que ce que vous supposez, quoique faussement, avoir été la vraie raison qui les a portés à exhorter tout le monde à lire l'Ecriture Sainte, ait été bonne de leur temps, & ne le soit point en ce temps-ci. Je dis en ce temps-ci, & non seulement au temps qu'on fit la regle de l'*Index.* Car, si depuis la Regle de l'*Index* il s'étoit fait un si grand changement, qu'on ne pût aujourd'hui raisonnablement alléguer

I. CLAS. N°.XIII.

que la raiſon des Peres n'eſt plus bonne, quoiqu'on l'eût pu au temps de la Regle, on vous prouvera en ſon lieu, par vos Aphoriſmes mêmes, que cette Regle de l'*Index* auroit ceſſé d'obliger, parce qu'elle auroit ceſſé d'être utile. Et c'eſt auſſi ce qui vous a contraint de ſoutenir, que, depuis la publication de cette Regle, il ne s'eſt fait à cet égard aucun changement.

On n'a donc, pour juger de la ſolidité de votre belle remarque, qu'à la réduire en argument, en l'appliquant à ce temps-ci. Et voici quel il doit être.

" La raiſon qui a porté les Saints Peres à confier à toutes ſortes de
„ perſonnes la lecture des Livres ſacrés, & même à les y exhorter com-
„ me leur étant très-utile, & en quelque ſorte néceſſaire eſt, qu'on le
„ pouvoit faire alors ſans péril (*tunc id tutò fiebat*) parce que les fideles
„ étant ſoumis à leurs Paſteurs, recevoient d'eux avec fidélité le ſens des
„ Ecritures, qu'ils liſoient avec reſpect, & avec toute ſorte de ſoumiſ-
„ ſion aux mandements de l'Egliſe. "

„ Mais cette raiſon, qui étoit bonne pour ce temps-là, n'eſt plus bonne
„ pour celui-ci; parce que les fideles n'ont pas préſentement la même
„ ſoumiſſion pour leurs Paſteurs qu'ils avoient alors, & ne ſont pas
„ diſpoſés à recevoir d'eux avec fidélité le ſens des Ecritures.

„ C'eſt donc abuſer de l'autorité des Peres, que de vouloir faire au-
„ jourd'hui ce qu'ils faiſoient dans leur temps; c'eſt-à-dire, permettre
„ comme eux aux filles, aux femmes, à des valets, à des ſervantes, à
„ des Savetiers, à des Cordonniers, & autres ſortes de petites gens, de
„ lire l'Ecriture Sainte. "

Voilà votre argument, que vous appuyez de l'autorité d'un grave Auteur, en ſuppoſant qu'il eſt, ou qu'il a été fort aimé de ceux qui conſeillent cette lecture.

C'eſt à quoi il faut répondre. Et pardonnez-moi, ſi je vous dis d'abord, qu'il ne ſe peut guere concevoir de plus pitoyable raiſonnement : que la premiere propoſition eſt fauſſe; que la ſeconde l'eſt encore plus évidemment; que la concluſion, par conſéquent, ne peut être que très-mal prouvée, & que M. Richard Simon, votre prétendu garant, condamne votre entrepriſe. C'eſt ce que nous allons traiter ſéparément.

Fauſſeté de la premiere propoſition.

Vous prétendez, après votre grand Critique, que les Peres ont pu confier aux fideles la lecture des Livres ſacrés; parce qu'alors cela ſe pouvoit faire ſans péril: *quia tunc id tutò fiebat;* tous les fideles étant ſoumis à leurs Pasteurs, & recevant d'eux avec fidélité le sens des Ecritures. Mais tout cela n'est fondé que sur quatre ou cinq fausses suppositions.

La premiere est; que les Peres ont cru qu'il dépendoit d'eux de permettre ou de ne pas permettre aux fideles de lire la parole de Dieu, & que c'étoit une grace qu'on leur faisoit quand on la leur laissoit lire. C'est ce que vous faites entendre par ces paroles: *Tutò illis fidebatur talis lectio.* Il n'y eut jamais rien de plus mal fondé, & on vous défie, & vous & votre grand Critique, de nous prouver par aucun des Peres qu'ils aient eu cette pensée, que les fideles en général n'avoient droit de lire l'Ecriture Sainte que par la concession des Pasteurs. Quelques-uns d'eux ont bien pu, par forme de conseil, porter un particulier à n'en lire point quelque partie, ou à ne la lire qu'à un certain âge, ou à lire plutôt le Nouveau Testament que l'Ancien, comme on peut conseiller à un particulier de certaines prieres plutôt que d'autres, des mentales plutôt que des vocales, ou des vocales plutôt que des mentales; mais on ne pourroit pas conclure de-là, qu'il dépend des Pasteurs de permettre ou de ne pas permettre de prier Dieu, à ceux qu'ils ont sous leur charge.

Il est vrai que ces Saints n'ont pas ignoré, que c'étoit le droit & l'obligation des Evêques & des Prêtres dépendamment d'eux, d'expliquer ces divins Livres, d'en découvrir les mysteres, d'en éclaircir les difficultés, & d'en tirer en prêchant de puissantes exhortations pour porter les fideles ou à se relever de leurs chûtes, ou à persévérer dans la vertu & dans l'exercice des bonnes œuvres. Il n'y avoit aussi que des personnes du Clergé qui la lussent dans l'Eglise. Mais outre qu'on n'empêchoit personne de l'entendre, ni les Pénitents, ni les Catéchumenes, ni même les infideles, les Peres n'ont jamais douté que chacun n'eût droit de la lire en son particulier, & qu'ils ne tinssent ce droit de Dieu même, qui l'avoit fait écrire pour eux: ce qui a fait dire à S. Augustin & à S. Grégoire après lui, que l'*Ecriture Sainte est une lettre que le Roi tout-puissant a eu la bonté d'écrire à sa créature;* d'ou ce Pape conclut, que ce Laïque à qui il écrit avoit grand tort de ne la pas lire.

La seconde fausse supposition est; que les Peres aient cru qu'ils devoient permettre cette lecture à tout le monde, parce qu'ils le pouvoient faire sans péril, à cause que tous les fideles étoient soumis à leurs Pasteurs. Il n'y eut jamais rien de plus évidemment faux que cette pensée. Car, afin que les Peres l'eussent eue, il auroit fallu qu'ils eussent été dans l'erreur des Donatistes, & qu'ils eussent supposé qu'il n'y avoit dans l'Eglise de leur temps que de bons Chrétiens: au lieu qu'ils ne savoient que trop qu'elle étoit composée, comme elle le sera toujours jusques à la fin du monde, de bons & de méchants, de dévots & d'indévots, de spirituels & de charnels, & que le nombre de ces derniers étoit beaucoup plus grand que celui des autres; comme il y a dans l'aire plus de paille que de froment. Et l'expérience leur faisoit assez connoître, que les méchants Chrétiens, les indévots, les charnels étoient peu soumis aux Pasteurs, & que souvent même ils ne se rendoient pas à ce qu'on leur faisoit voir être commandé par l'Ecriture, lorsque cela étoit contraire à leurs passions, comme S. Augustin le marque en divers endroits. Je me contenterai d'en rapporter un, qui est du premier Sermon sur le Ps. 48. " *Toutes les paroles de l'Ecriture sont utiles à ceux qui les* „ *entendent bien. Mais elles sont dangereuses pour les autres, qui aiment* „ *mieux les forcer, pour les accommoder au déréglement de leur cœur,* „ *que de redresser leur cœur pour le rendre conforme à ses regles* ".

Lors donc qu'ils ont recommandé, à toutes sortes de personnes sans distinction de lire l'Ecriture-Sainte, comme vous avouez qu'ils ont fait, ils ont bien su qu'il y en auroit un très-grand nombre qui n'en profiteroient pas. Et par conséquent il est très-faux qu'ils n'aient recommandé cette lecture à tout le monde; que parce qu'ils auroient été persuadés le pouvoir faire sans péril, *tutò;* c'est-à-dire, sans s'exposer au danger que cette lecture ne fût inutile & même nuisible à plusieurs de ceux qui la liroient. Car ils savoient certainement qu'ils s'exposoient à ce danger-là, & qu'ils s'y devoient exposer, parce qu'ils n'auroient pu l'éviter, ou qu'en distinguant les mauvais Chrétiens d'avec les bons, ce qui est moralement impossible pendant cette vie, ou par des défenses générales semblables à celles que vous voulez établir, ce qu'ils auroient trouvé fort injuste, parce que ç'auroit été priver les bons Chrétiens de leur nourriture spirituelle, que le S. Esprit leur a préparée, à cause que des méchants mêlés parmi eux en pourroient faire un mauvais usage.

La troisieme supposition que vous avez dû faire pour donner quelque couleur à votre observation, est que parmi cette infinité de passages des anciens Peres qui ont parlé de cette lecture, il y en a quelques-uns qui insinuent que la raison qu'ils ont eue de la recommander à toutes sortes de personnes, est celle que vous marquez, après votre Critique, *quia tunc tutò id fiebat.* Car s'il ne se trouve point de ces passages, vous êtes tous deux de plaisantes gens d'en vouloir être crus sur votre parole. Il n'y auroit rien par cette voie qu'on ne pût faire dire aux Peres, en leur attribuant tout ce que l'on voudroit par de semblables gloses. Or on vous défie donc d'en montrer aucun que vous puissiez dire avec la moindre couleur favoriser votre imagination. Cependant ces Saints se sont assez expliqués sur les raisons qu'ils avoient d'exhorter tous les fideles à lire l'Ecriture Sainte. Ils ont fait entendre que c'est que l'Esprit de Dieu l'avoit dictée pour être lue par toutes sortes de personnes; qu'elle étoit propre aux imparfaits pour les faire avancer, à ceux qui manquent de confiance & de courage pour les animer, aux plus parfaits pour leur montrer combien il y a loin de ce qu'ils sont à ce qu'ils doivent être pour être dans une sainteté digne de Dieu; à ceux qui sont engagés dans le monde & exposés à une infinité de tentations, pour leur donner moyen de les surmonter, & enfin à ceux qui sont les plus éloignés de Dieu, pour les faire entrer dans la voie du salut. Ils ont eu soin aussi de représenter aux ames simples & timides, qui se seroient crues indignes de lire des Livres si saints, que comme la parole de Dieu renferme des mysteres capables d'exercer les esprits les plus sublimes, elle contient aussi des vérités claires, propres à nourrir les simples & les moins savants; semblable à un fleuve, dont l'eau seroit si basse à certains endroits qu'un agneau y pourroit passer, & en d'autres si profonde, qu'un éléphant y nageroit.

Ce sont les principales raisons que les Peres ont apportées pour recommander cette lecture à tous les fideles, tant pécheurs que justes, tant ignorants que savants, tant femmes qu'hommes. Mais en trouverez-vous un seul qui leur ait dit: ce qui nous porte à vous exhorter à lire tous l'Ecriture Sainte, est que nous le pouvons faire sans péril, à cause de la parfaite soumission que vous avez pour vos Pasteurs, qui sera cause qu'elle ne sera nuisible à aucun de vous? Les faire parler ainsi, c'est leur faire dire la chose du monde la plus contraire au bon sens, à l'exemple de Jesus-Christ & des Apôtres, & à ce qu'ils faisoient eux-mêmes en cent rencontres.

Car rien est-il plus contraire au bon sens que de vouloir, qu'on ne puisse laisser à tout le monde l'usage d'un livre dicté par le S. Esprit, pour être la nourriture spirituelle de tous les fideles; à moins qu'on ne soit moralement assuré que tous ceux à qui on recommande de le lire, sont si bien disposés qu'ils n'en abuseront pas; & qu'il faudroit au contraire le défendre généralement aussi-bien à ceux qui en profiteroient, qu'à ceux qui n'en profiteroient pas, lorsqu'il est à craindre qu'il ne soit nuisible à quelques particuliers: dont vous ne nous donnez point d'autre preuve que ce vers de je ne sais quel Poëte.

Non prosit potiùs, si quid obesse potest.

Par cette belle regle, Jesus-Christ ne devoit parler qu'à ses Apôtres, & ne point prêcher aux Juifs, puisqu'il savoit bien que très-peu d'eux profiteroient de ses divines instructions, & qu'elles ne serviroient à la plupart, qu'à les endurcir davantage. Votre Poëte lui auroit donc dit.

I. CLAS. N°. XIII.

Non profit potiùs, si quid obesse potest.

S. Paul ne devoit point prêcher Jesus Christ dans les Synagogues, puisqu'il avoit été averti par Jesus Christ même, qu'il y feroit très-peu de fruit, & qu'ainsi cela ne serviroit à la plus grande partie qu'à les rendre plus coupables. Est-ce qu'il faisoit mal de ne pas suivre cette sentence de votre Poëte, que vous croyez qui a dû servir de regle à l'Eglise,

Non profit potiùs, si quid obesse potest?

Les Saints Peres ne devoient donc pas aussi jeter indifféremment sur tout le champ de leurs Eglises la semence de la parole de Dieu, puisqu'ils avoient appris de la parabole des semences, qu'il y a bien moins de personnes en qui elle fructifie, qu'il n'y en a, ou qui la laissent enlever par les démons, pour n'y être pas assez attentifs, ou en qui elle se seche par le vent brûlant de quelque persécution, ou qui la laissent étouffer par les épines; c'est-à-dire, par les différentes passions, l'amour des richesses, & les soins de cette vie. Comme donc ils n'ont pas cru que cela les dût empêcher de prêcher la parole de Dieu à tout le monde, ils n'avoient garde de croire qu'une semblable considération les dût détourner d'exhorter & de presser tout le monde de la lire.

La quatrieme supposition est ce que vous marquez par ces paroles, *ab illis fideliter hauriebant Scripturarum sensum.* Vous supposez deux choses par-là; l'une, que les Saints se tenoient moralement assurés que ceux à qui ils recommandoient de lire l'Ecriture n'y donneroient point d'autres sens que ceux de l'Eglise, ce que je vous ai déja fait voir être faux, par un passage exprès de Saint Augustin sur le Pseaume 48; l'autre, qu'on soit toujours obligé de recourir aux Pasteurs pour avoir la vraie intelligence de l'Ecriture, lors même qu'on ne la lit que pour son édification, & dans le dessein de ne s'arrêter qu'à ce qui peut servir au réglement des moeurs; au lieu que l'on vous a déja fait voir, qu'à cet egard, elle est souvent très-claire & très-facile à entendre, sans avoir besoin d'Interprete. Et c'est ce que les Peres mêmes nous assurent.

La derniere supposition est, cette parfaite soumission *aux mandements de l'Eglise*, que vous attribuez à tous ceux qui lisoient l'Ecriture au temps des Peres. Mais qu'entendez-vous par ces *mandements* auxquels vous prétendez qu'ils étoient soumis? Cela ne reviendroit à rien, s'ils ne regardoient la lecture des Livres Sacrés. Apprenez-nous donc, je vous prie, quels sont ces mandements que l'Eglise ait fait sur cela du temps des anciens Peres. Car s'il n'y en a point eu, comment les fideles y auroient-ils été

été soumis ? Nous attendrons que vous nous fassiez part de cette nouvelle découverte, & cependant nous passerons à la seconde proposition de votre argument.

Fausseté de la seconde proposition.

Elle consiste en ce que vous prétendez que les fideles, à qui les Peres conseilloient de lire l'Ecriture Sainte, étoient notablement plus soumis à leurs Pasteurs, & plus disposés à recevoir d'eux le vrai sens des Ecritures, que ceux de ce temps-ci, à qui on conseille de la lire.

Et c'est sur quoi, Monsieur, je ne crains point de vous dire que vous & votre Critique faites un jugement fort téméraire, sur-tout à l'égard des personnes que vous avez principalement en vue, pour ne leur pas laisser lire la parole de Dieu, qui sont les filles & les femmes, quelque dévotes qu'elles soient, & les hommes qui n'ont pas étudié. Car il est également contre la justice & contre la charité, de juger qu'un grand nombre de personnes ne sont pas dans les dispositions importantes où ils doivent être, à moins qu'on n'en ait de très-fortes preuves, quand ce sont des dispositions très-faciles à avoir, & qui se trouvent ordinairement dans tous les Catholiques, & dans ceux mêmes qui n'ont pas beaucoup de vertu, parce qu'elles ne choquent point l'amour propre. Or la disposition dont il s'agit ici, qui est d'être disposé à recevoir des Pasteurs de l'Eglise le vrai sens des passages difficiles & qui peuvent être controversés, est de ce genre-là. Les plus imparfaits s'y trouvent sans peine, parce que cela ne coûte guere à la nature; & tous ceux qui ont un peu de piété s'y trouvent aisément fort affermis, parce qu'il n'est pas besoin pour cela de se faire violence. Avec quelle conscience donc pouvez-vous imputer à tant de serviteurs & de servantes de J. C. le défaut d'une soumission si facile à avoir ? Et, ce qui leur doit causer plus de peine, vous ne leur faites cette injure par un pur caprice destitué de toute preuve, que pour leur en faire une autre plus sensible, qui est d'en prendre sujet de les priver d'un moyen aussi saint & aussi avantageux pour persévérer dans la voie du salut, & pour y rentrer quand on s'en est égaré, qu'est la lecture de la parole de Dieu, selon tous les Peres. Les cloîtres des Religieuses sont les plus exposés à cette injustice, parce qu'elles ont moins de pouvoir de s'en garantir. On leur ôte tout ce qu'on y peut trouver de ces livres, avec autant de soin que si c'étoient des livres capables d'inspirer de mauvaises passions à des Epouses de J. C.; & il y a même de ces ennemis de la lecture de la Bible, qui sont plus faciles à permettre la lecture des Romans.

Vous êtes cause que l'on trouble la conscience des filles dévotes, par des prédications séditieuses, où l'on traite de *chiens* à qui on ne doit pas *donner le pain des enfants*, tous ceux qui, n'ayant pas étudié, osent lire l'Evangile. Dites-nous donc devant Dieu qui nous doit juger, & qu'on ne trompe point par de fausses suppositions; oseriez-vous assurer, que ces Religieuses, ces filles dévotes, ces femmes pieuses, d'autres qui ne sont pas encore tout-à-fait dégagées de l'esprit du monde, mais qui sont très-fermes dans la Religion Catholique & qui se veulent sauver, & beaucoup de bonnes gens dans les paroisses conduites par des Pasteurs éclairés & zélés pour le bien des ames, n'ont pas de soumission pour leurs Pasteurs, ni toute la fidélité que doivent avoir des Catholiques, pour recevoir d'eux & de l'Eglise le vrai sens des Ecritures, dans les passages qui ont besoin d'explication; & que c'est ce qui fait qu'on les doit priver des consolations & des avantages pour leur avancement spirituel, qu'ils trouvoient dans la lecture du Nouveau Testament? On ne vous croit pas assez hardi pour vous faire fort de prouver une chose si hors d'apparence.

A quoi donc en êtes-vous réduit, vous & votre Critique? Vous trouvant accablés par l'autorité des Saints Peres, vous n'avez pu vous en tirer que par une imagination fondée sur plusieurs fausses suppositions, dont celle-ci est la plus palpable. Ainsi on n'a qu'à retourner votre argument contre vous, en prenant pour principe cette proposition que vous n'avez osé contester.

Tous les Peres ont enseigné unanimement, que c'est une très-bonne chose de lire l'Ecriture Sainte, & que tous les Chrétiens hommes & femmes, riches & pauvres, savants & ignorants en peuvent tirer de grands avantages pour satisfaire à l'obligation qu'ils ont, de vivre selon l'esprit & les maximes de l'Evangile. Et c'est la persuasion où ils étoient de la grande utilité de cette lecture qui les a portés à y exhorter tout le monde, & les filles autant que les hommes, comme il paroît par des Conciles très-nombreux qui ont suivi leur esprit.

Cela supposé, on vous demande premiérement, si ce n'est pas croire, & faire le contraire de ce qu'ont cru & fait les Saints Peres, que de prétendre, comme vous faites, que la lecture de l'Ecriture Sainte est *ordinairement* plus nuisible qu'utile aux filles, aux femmes & à toutes les personnes qui n'ont point étudié, & de vouloir ensuite qu'on leur défende de la lire, à moins qu'elles n'en aient une permission par écrit de l'Evêque ou du Pape, qu'on ne leur doit accorder *qu'avec de grandes précautions*, (ce sont vos propres termes?) Il faut bien que vous l'avouiez, puisque le blanc & le noir ne sont pas plus opposés que cette doctrine & cette pratique, que vous reconnoissez avoir été celle des Saints Peres.

On vous demande en second lieu, si croire & faire le contraire de ce qu'ils ont cru, & de ce qu'ils ont fait, dans une matiere de Religion, est leur rendre le respect que leur doivent rendre des Catholiques, qui ont toujours soutenu contre les hérétiques, que le consentement des Peres, quand il est constant & unanime, est une grande preuve de la vérité; parce qu'ils ont été le canal & les dépositaires de la Tradition, qui est un des deux fondements de notre foi?

Tout ce que vous pouvez répondre à cela est, que vous n'êtes pas contraire aux Peres, quoique ce que vous pensez & ce que vous faites touchant la lecture de l'Ecriture Sainte, soit contraire à ce qu'ils pensoient & qu'ils faisoient sur ce sujet; parce qu'ils pensoient & agissoient selon la disposition des fideles de leur temps (*ut solebant Patres in rebus suo tempori congruis*) & que les fideles de ce temps-ci ne sont plus dans la même disposition.

On vous demande en troisieme lieu, quelle est cette disposition dans laquelle vous supposez que les Peres ont cru qu'étoient les fideles de leur temps & dans laquelle vous prétendez que ne sont plus les fideles d'aujourd'hui? Et voici ce que vous répondez. C'est que les fideles de ces temps-là, étant soumis à leurs Pasteurs, recevoient d'eux avec fidélité le vrai sens des Ecritures; au lieu que les fideles d'aujourd'hui n'ont plus la soumission à leurs Pasteurs, ni la même fidélité à recevoir d'eux - même & de l'Eglise le vrai sens de l'Ecriture.

Voilà à quoi vous en êtes réduit; & c'est sur quoi on vous supplie de répondre à cet argument.

Le zele que vous témoignez avoir d'empêcher que les Religieuses, les filles dévotes, les femmes de piété, & toutes les personnes qui n'ont pas étudié, qui lisoient l'Ecriture Sainte, ne la lisent plus, ne sauroit être qu'un faux zele, contraire à la doctrine de tous les Saints Peres; à moins qu'il ne soit vrai, & que vous n'en soyez bien assuré, que la plus grande partie de ces personnes (car ce ne seroit pas assez qu'il y en eût quelques-unes) n'ont point assez de soumission pour leurs Pasteurs, & qu'elles ne sont point disposées à recevoir d'eux & de l'Eglise leur mere le vrai sens des Ecritures.

Or cette prétention est une fausseté manifeste, & vous ne pourriez avoir porté ce jugement de ces personnes, que par un soupçon très-téméraire & très-injuste, que vous ne sauriez appuyer d'aucune preuve raisonnable.

On a donc droit de vous dire, que ce que vous prétendez faire *présentement* (remarquez ce mot) n'est que l'effet d'un zele aveugle; puisque la fausse imagination de votre Critique, que vous avez adoptée, ne sauroit empêcher qu'on ne voie, que votre entreprise est directement op-

I. CLAS. N°.XIII.

posée à la lumiere & aux sentiments d'une infinité de Saints, que l'Eglise révere comme ses maîtres.

Je vous ai fait remarquer ce mot *présentement*, parce que j'ai de quoi vous convaincre, que la Regle de l'*Index*, faite il y a plus de six vingts ans, qui est tout votre fort, ne vous sauroit servir de rien, & que vous allez même au-delà de ce qu'elle porte. Outre que vous vous dispensez par votre seul caprice, de n'en pas observer d'autres sur la même matiere, qui, selon vous, ne devroient avoir ni moins d'autorité, ni moins de pouvoir d'obliger que celle-là.

Du Critique cité par M. Steyaert.

J'aurois bien des choses à vous dire de votre fameux Critique; mais cela me détourneroit trop. Je remarquerai seulement 1°. Que ce que vous en avez cité ne regarde que le temps où la Regle de l'*Index* fut faite, & non ce temps-ci.

2°. Qu'il prétend que c'est en pesant les raisons des sages Théologiens qui ont dressé la Regle de l'*Index*, qu'on se doit croire obligé, ou non, à l'observer, sans se mettre beaucoup en peine si elle est reçue en France ou non: ce qui diminueroit beaucoup l'autorité que vous lui voulez donner.

3°. Qu'il ne distingue point assez deux sortes de dangers très-differents: l'un, qui viendroit des versions faites par des hérétiques & qui ne seroient pas fideles: l'autre, de la prétendue incapacité de ceux qui liroient des versions très-bonnes & très-catholiques.

4°. Qu'il insiste presque toujours sur le premier danger, dont il ne s'agit point entre vous & vos adversaires, & qu'il ne dit presque rien du dernier, duquel seul il s'agit.

5°. Qu'il n'y a rien de plus foible que ce qu'il dit pour justifier l'entêtement contre toutes les versions en langue vulgaire, où ont été jusques en 1661. ceux qui dominoient dans la Faculté de Paris, de quoi elle est bien revenue présentement.

6°. Que vous vous trouvez condamné par celui même que vous avez pris pour votre garant à l'égard des troubles que vous causez dans les Eglises des Pays-bas, pour ravir aux personnes les plus pieuses le droit & la possession où elles étoient de pouvoir lire l'Ecriture Sainte. Ecoutez donc votre sentence, prononcée par celui à qui vous nous avez renvoyé. *Je ne voudrois pas néanmoins étendre cette défense* (*des versions*) *à toutes sortes de temps & à toutes sortes de personnes. Si on les permet aujourd'hui en France, en Allemagne*, EN FLANDRES (par où il entend les Pays-bas Espagnols) *& en quelques autres lieux, c'est qu'on ne les croit pas si dangereuses qu'elles ont été dans le dernier siecle. On suit même en cela l'exemple de quelques Papes, qui ont jugé à propos qu'on donnât au peuple la Bible traduite en sa langue, pourvu que ces traductions fussent faites sur la Vulgate par des Auteurs Catholiques. On lui ôte des mains par ce moyen les versions des hérétiques.*

7°. Enfin, qu'à l'égard même du temps de la Regle de l'*Index*, il ne dit point ce que vous lui faites dire, que la lecture de la Bible n'a été permise qu'avec de GRANDES *précautions*: " Ut quidam recte loquitur, „ non nisi cum *magnis præcautionibus* lectio Scripturæ permissa". Car voici ses propres paroles: *Depuis que quelques esprits séditieux ont abusé de cette lecture, pour introduire des nouveautés dans la Religion, il a été nécessaire d'user en cela de précaution, & de ne la permettre pas indifféremment à toutes sortes de personnes.* Il y a bien de la différence entre *user de précaution*, & *user de grandes précautions*. Ce dernier marque tout autrement le dessein que vous avez, de ne laisser lire la Bible en langue vulgaire que très-difficilement; ce qui est tout-à-fait contraire à toute l'antiquité, & ne peut être autorisé par la quatrieme Regle de l'*Index*.

XLI. DIFFICULTÉ.

APrès avoir établi le fait que vous avouez être incontestable, qui est que les Saints Peres ont exhorté toutes sortes de personnes à lire l'Ecriture Sainte, la conséquence générale qu'on en peut tirer est, que toutes les déclamations emportées des ennemis de cette divine lecture, uniquement fondées sur des choses qui n'ont pas empêché une infinité de Peres, & des Conciles entiers de la recommander à tout le monde, doivent être rejettées comme injurieuses à ces Saints, puisqu'on ne peut y avoir égard qu'en condamnant leur conduite d'imprudence & d'aveuglement.

Il faut bien, Monsieur, que vous en conveniez vous-même. Car auriez-vous assez de présomption pour croire que vous savez mieux ce qui est utile aux ames, que ne l'ont su les Cypriens, les Basiles, les Chrysostômes, les Ambroises, les Jérômes, les Augustins, les Grégoires, & tant d'autres grandes lumieres, que Dieu, pour me servir de l'expression de S. Paul, a mis dans son Eglise comme dans un ciel, pour éclairer non seulement les siecles où ils ont vécu, mais tous les âges

I. CLAS. N°.XIII.

suivants? On verra mieux quelle est la force de cette conséquence générale, en faisant attention à d'autres particulieres, qui en sont des suites nécessaires.

Premiere conséquence.

C'est fouler aux pieds l'autorité des Saints Peres, d'alléguer pour raison de ne pas laisser lire l'Ecriture aux filles, aux femmes, & à toutes les personnes qui n'ont pas étudié, de ce qu'ils ne la peuvent entendre en beaucoup d'endroits. Car nous avons déja vu que les Peres ont supposé, ce qui n'est pas moins vrai en ce temps-ci qu'en leur temps, que c'est une des merveilles de l'Ecriture; qu'elle est propre à toutes sortes de personnes; que c'est le lait des petits, & la viande solide des parfaits; que chacun en peut profiter, quoique les uns plus, & les autres moins; que cela a été figuré par ce qui est dit dans le Pseaume 103; que les plus petites bêtes & les plus grandes vont au courant des eaux pour y étancher leur soif; que ce que nous y trouvons de clair nous nourrit; que ce qui est obscur nous exerce; que l'un est pour remédier à la faim, & l'autre au dégoût.

Aug. Hier. Fulgent. Greg.

Aug. in Psalm. 103. *Serm.* 3. *Et Serm.* 71. *n.* 11.

Mais voici encore quelques endroits particuliers, différents de ceux que j'ai rapportés dans la 33e. Difficulté.

Un des plus beaux ouvrages d'Origene est la réfutation du livre de Celse contre la Religion Chrétienne. Ce Philosophe payen avoit témoigné du mépris pour les Livres sacrés, comme étant écrits d'un style simple, qui n'avoit rien de comparable à la beauté de celui des Philosophes. Mais c'est par-là qu'Origene releve les Ecritures Saintes au dessus des plus éloquents ouvrages des Grecs. Il soutient dans le quatrieme Livre, que c'est en quoi les Ecritures Saintes sont plus estimables, *de ce qu'elles s'accommodent à la portée des plus simples d'entre le peuple; ce que n'ont pu faire*, dit-il, *ces conteurs de fables, dont les Grecs font tant d'estime.* Et s'étendant plus au long sur cette matiere dans le Livre 7e. il y réfute cette objection en ces termes. " Si un Grec vouloit instruire „ les Egyptiens & les Syriens d'une doctrine qui pût guérir les maladies „ de leurs ames, il auroit soin d'apprendre leur langue, aimant mieux „ parler en barbare, ce qui paroit honteux aux Grecs, que parlant sa „ langue être inutile à ces peuples. Ainsi la Sagesse divine voulant pro„ fiter non seulement aux Savants Grecs, comme on les estime, mais à „ tous les hommes, elle s'est rabbaissée jusqu'à la portée des plus sim„ ples de la multitude infinie de personnes qu'elle a eu dessein d'instruire. „ Elle a voulu attirer par-là les ignorants mêmes, & s'en faire écouter „ en se servant de leur langue ordinaire; & elle a d'autant plus de sujet

„ d'user de cette conduite, qu'après cette premiere introduction dans les „ Ecritures Saintes, dont tout le monde est capable, on y peut rechercher des sens plus sublimes..... Il est donc certain que Jesus Christ „ a plus servi au genre humain par ce langage, que Celse appelle rustique, que n'a fait Platon par tous ses discours éloquents".

I. CLAS. N°. XIII.

S. Augustin, dans le sixieme Livre de ses Confessions, chapitre 5. " L'autorité de l'Ecriture Sainte me semble d'autant plus digne de foi, „ plus sainte & plus vénérable, que, d'une part, elle est simple pour le „ style, & proportionnée à l'intelligence des Lecteurs les plus simples, „ & les moins habiles; & que de l'autre, elle renferme sous l'écorce de „ la lettre, la sublime dignité de ses mysteres secrets: s'exposant ainsi „ aux yeux & à la lecture de tous les hommes par des termes très-clairs, „ & par des expressions très-basses & très-ordinaires, & exerçant en „ même temps tout l'esprit & toute la suffisance de ceux qui ont une „ plus haute lumiere, & une vue plus perçante. Ainsi, par un langage si „ populaire, comme par un chemin public & royal, elle reçoit tous les „ hommes dans son sein; & par la pénétration de ses vérités obscures, „ comme par des routes difficiles à trouver, & par des sentiers étroits, „ elle conduit vers vous quelques personnes particulieres. Et quoique le „ nombre de ces personnes soit assez petit, il ne seroit pas néanmoins „ si grand qu'il est, si elle n'étoit élevée à ce haut point d'autorité, qu'elle „ s'est acquise sur tous les peuples, & si elle n'attiroit à elle toutes les „ nations de la terre par l'humilité sainte de son langage.

Et dans le 5. de la Genese à la lettre, chap. 5. " Je vous exhorte de „ vous avancer en vous servant du secours que l'Ecriture vous présente, „ puisqu'elle n'abandonne jamais votre foiblesse, & qu'elle est à votre „ égard comme une mere qui marche lentement pour s'accommoder à „ son enfant, & le faire marcher avec elle. Elle parle de telle sorte selon „ les différents états des hommes, qu'elle se moque des superbes par sa „ hauteur, à laquelle ils ne peuvent atteindre; qu'elle épouvante par sa „ profondeur ceux qui s'efforcent de la pénétrer; qu'elle nourrit par les „ vérités dont elle est remplie les plus grandes ames, & qu'elle donne „ aux enfants la nourriture qui leur est proportionnée, par la familiarité „ avec laquelle elle leur parle."

S. Jean Chrysostôme ne parle pas avec moins de clarté, ni moins de force sur le même sujet. " Si on a soin de lire l'Evangile avec application, l'ame se trouve comme possédée d'un divin transport; & l'entretien qu'elle a avec Dieu par l'entremise de ces Livres sacrés, la purifie & la rend plus sainte. Mais, me dira-t-on, si on ne les entend „ pas? Je vous réponds que, quand même vous n'entendriez pas tout

Serm. 3. du Lazare.

I. CLAS. N°.XIII.

„ ce qu'il y a de plus caché, vous ne laisserez pas d'en tirer beaucoup „ de fruit & de bénédiction. Cependant *il est impossible que tout vous y soit* „ *caché*. Car le Saint Esprit qui l'a fait écrire, a eu soin qu'elle le fût „ d'une maniere que les publicains, les pécheurs, les faiseurs de tentes, „ les bergers, les autres gens rustiques, sans étude & sans lettres, puss„ sent être sauvés par ces livres. Afin donc que les plus simples ne pussent „ prendre la difficulté de les entendre pour excuse de ne les pas lire, „ les choses qui y sont dites sont accommodées à la portée de tout le „ monde; de sorte qu'un artisan, un valet, une pauvre femme, & les „ plus ignorants de tous les hommes peuvent profiter de cette lecture ".

J'ai déja rapporté ce qu'il dit en un autre endroit. „ Qui est-ce qui, „ lisant dans l'Evangile: Bienheureux ceux qui sont doux: bienheureux „ ceux qui sont compatissants & charitables: bienheureux ceux qui ont „ le cœur pur, & autres choses semblables, croit avoir besoin de maî„ tre pour les comprendre? Tout le monde peut aussi entendre, sans „ beaucoup de peine, les prodiges, les miracles, & les histoires. C'est „ donc un vain prétexte & une fausse excuse pour justifier sa négligence „ & sa paresse, que d'alléguer l'obscurité de l'Ecriture pour se dispenser „ de la lire."

Ce Pere a donc cru comme tous les autres, que quand on ne cherche qu'à s'édifier en lisant l'Ecriture Sainte, on y trouve assez de choses claires, sans avoir besoin de s'adresser à personne. Et c'est ce qu'il confirme encore en un autre endroit. " Comme un arbre planté sur le bord „ de l'eau en attire la fraicheur par ses racines, & que cette seve se com„ munique par les pores de son tronc & de ses branches pour lui faire „ porter son fruit; de même celui qui lit avec assiduité les Ecritures di„ vines, & qui est, pour le dire ainsi, planté sur le bord de ses eaux „ sacrées, *quoiqu'il n'ait personne pour les lui interpréter*, il est certain „ néanmoins que cette fréquente lecture lui tient lieu comme d'une „ racine nourrie dans une bonne terre, qui lui communique une très„ grande fécondité.

Seconde conséquence.

C'est une méchante raison pour empêcher les Laïques qui n'ont pas étudié de lire l'Ecriture Sainte, de dire qu'ils se doivent contenter d'en savoir ce que leurs Pasteurs ou les autres Prédicateurs leur en disent dans les sermons.

Reconnoissant comme vous faites, que tous les Peres ont exhorté toutes sortes de personnes à lire ce divin livre, il faut bien que vous avouiez qu'on ne peut, sans les condamner d'imprudence, alléguer cette raison, pour

pour autoriser le dessein que vous avez d'empêcher que les Laïques ne lisent l'Ecriture Sainte; puisque si elle étoit bonne, elle auroit dû avoir encore plutôt le même effet du temps des Peres. Car on lisoit de leur temps beaucoup plus de l'Ecriture Sainte dans le service de l'Eglise qu'on n'en lit présentement. Et tout le peuple pouvoit entendre ce qu'on en lisoit, parce que le service se faisoit en la langue vulgaire de chaque pays, comme on l'a prouvé dans la Réfutation de M. Mallet. Au lieu que présentement, ceux qui n'ont point étudié n'entendent rien de ce qui se dit de l'Ecriture dans le service de l'Eglise, à moins qu'ils n'en aient des versions en langue vulgaire, à quoi s'opposent aussi-bien que vous, ceux qui les voudroient réduire à n'en savoir que ce que leur en disent leurs Curés.

I. CLAS. N°. XIII.

La maniere de prêcher du temps des Peres étoit aussi bien plus capable d'instruire le peuple de ce qui est contenu dans ces Saints Livres, que celle qui est en usage présentement. Car presque tous leurs sermons étoient des explications de la parole de Dieu, tels que sont les Commentaires de Saint Augustin sur les Pseaumes; au lieu qu'à cette heure on en prend seulement un texte, & on en cite quelque passage dans la suite de la prédication. De sorte que ce seroit bien plutôt fait de dire, comme M. Mallet, que l'Ecriture n'a point été faite pour le peuple, que de le renvoyer à ces sortes de prédications pour en être instruit. Or je suppose que vous n'oseriez nier que la prétention de M. Mallet ne soit une erreur grossiere & insoutenable.

Les Saints Peres auroient donc eu bien plus de lieu de dire aux fideles, qu'ils se devoient contenter de savoir de l'Ecriture ce qu'ils en pourroient apprendre en assistant au service & en écoutant les sermons. Voyons donc si ç'a été leur pensée.

Origene, dans son Homélie 9. sur le Lévitique. " Nous vous prions „ de ne vous pas contenter d'écouter la parole de Dieu lorsqu'on la „ lit dans l'Eglise, mais de vous y appliquer aussi dans vos maisons, & „ d'y méditer jour & nuit la loi du Seigneur. Car Jesus Christ y est „ présent aussi-bien que dans l'Eglise, & ceux qui le cherchent le trou„ vent par-tout. C'est pourquoi il nous est ordonné dans la loi de mé„ diter la loi de Dieu, & quand nous marchons, & quand nous nous „ reposons dans notre maison, & quand nous sommes au lit, & quand „ nous nous levons. Il vous vient une pensée dans l'esprit; vous êtes „ tentés de consentir à un desir illicite; sachez que cela vous vient de „ votre ennemi. Chassez-le aussi-tôt de votre cœur. Et que faire pour „ cela? Vous avez besoin d'une main qui vous secoure. Que les Livres „ saints soient entre vos mains pour les lire. Que les commandements

I. CLAS. N°.XIII.

„ de Dieu soient devant vos yeux. Vous serez disposé par-là à rejetter „ tout ce qui vous viendra de votre ennemi".

S. Augustin dans son Sermon 341. n. 1. après avoir dit qu'on peut considérer Notre Seigneur Jesus Christ comme Dieu simplement, comme Dieu fait homme, & comme le Christ entier, le Chef & les membres: " Il y a, dit-il, un grand nombre de passages de l'Ecriture où il nous „ est représenté sous quelqu'une de ces trois considérations. Nous ne „ pourrons vous en rapporter que quelques-uns, parce que le temps „ que nous employons à vous parler est trop court. Mais cela „ vous suffira pour vous aider à trouver les autres en lisant vous-mêmes „ l'Ecriture".

On trouve la même chose dans deux autres sermons qui lui étoient autrefois attribués, mais que l'on croit être plutôt, l'un de S. Césaire, & l'autre d'Alcuin, ce qui ne fait qu'ajouter deux nouveaux témoins de différents temps qui confirment cette vérité, que l'on ne se contentoit pas que les fideles écoutassent l'Ecriture Sainte dans l'Eglise, mais qu'on les exhortoit encore à la lire dans leurs maisons.

Voilà ce qui est dit dans le Sermon de S. Césaire, qui est le 141. de l'Appendix dans la nouvelle édition des Sermons de S. Augustin. " Tenez pour certain, mes très-chers freres, que telle qu'est notre chair „ lorsqu'elle ne prend qu'une fois de la nourriture en plusieurs jours, „ telle est notre ame, quand elle ne se nourrit pas très-souvent de la pa- „ role de Dieu. Car comme la faim & le manquement de nourriture „ rend notre corps sec & atténué; ainsi l'ame qui néglige de se fortifier „ par le pain de la parole de Dieu, devient foible & aride, & n'est „ propre à aucune bonne œuvre..... Continuez donc d'écouter dans „ l'Eglise, comme vous avez accoutumé, la lecture de l'Ecriture Sainte, „ & LA RELISEZ ENCORE DANS VOS MAISONS. Que si quelqu'un est tel- „ lement occupé, qu'il ne puisse prendre de temps pour lire l'Ecriture „ Sainte avant son repas, qu'il ne néglige point en le prenant d'en lire „ quelque chose; afin qu'en même temps que le corps est nourri d'une „ viande matérielle, l'ame soit nourrie de la parole de Dieu, & que „ tout l'homme c'est-à-dire l'extérieur & l'intérieur, sorte de table ayant „ reçu une nourriture salutaire & sainte. Car si on ne donne de nour- „ riture qu'au seul corps, & que l'ame ne soit point nourrie de la pa- „ role de Dieu, c'est rassasier l'esclave, & laisser la maîtresse languir de „ faim. Et vous ne pouvez ignorer combien cela est injuste".

On peut voir aussi ce qui est dit dans le Sermon 302. du même Appendix, qui est pris du Livre d'Alcuin des Vertus & des Vices. J'y renvoie pour abréger.

S. Chryfoftôme, dans fa 1. Hom. fur S. Matth. " D'où vient que vos
,, bonnes réfolutions changent fi-tôt, finon de ce que votre vie eft re-
,, lâchée, & de ce que vous vous laiffez affoiblir par les entretiens em-
,, peftés des hommes vicieux? Car lorfque vous fortez de l'Eglife, vous
,, ne devriez point vous entretenir de chofes difproportionnées à ce que
,, vous y avez entendu. Et auffi-tôt que vous êtes retournés chez vous,
,, vous devriez prendre l'Ecriture Sainte, & affembler vos enfants avec
,, votre femme pour répéter enfemble ce qu'on vous a dit, & après
,, avoir bien profondément imprimé ces vérités dans votre efprit, re-
,, prendre le foin de vos affaires temporelles ".

Il donne un autre avis à fes auditeurs; dans fa 10. Homélie fur S. Jean, mais qui va au même but, de leur faire lire l'Ecriture Sainte dans leurs maifons, fans fe contenter de ce qu'on en lifoit dans l'Eglife. " Je
,, vous demande une chofe que je vous prie de ne me pas refufer.
,, Ce n'eft pas une chofe bien difficile, mais qui vous eft encore plus
,, avantageufe qu'à moi. Qu'un des jours de la femaine, & au moins le
,, famedi, vous ayiez foin de lire ce que je vous dois expliquer de
,, l'Evangile, que vous le répétiez fouvent dans votre logis, que vous
,, en recherchiez le fens, que vous remarquiez ce que vous trouverez
,, clair, ce qui vous paroîtra obfcur, & où vous remarquerez qu'il y
,, aura quelque chofe qui femblera fe contredire. Cela vous apportera
,, aux uns & aux autres un grand avantage. Car je n'aurai pas tant de
,, peine à vous faire entrer dans le fens de l'Evangile, lorfque dès vo-
,, tre logis vous vous le ferez rendu familier, au moins quant aux ter-
,, mes: & pour vous, non feulement vous aurez plus de facilité, & plus
,, d'ouverture à comprendre la doctrine évangélique, mais vous devien-
,, drez capables d'en inftruire les autres. Faute de cela il y en a qui tâ-
,, chent de retenir & les paroles de l'Ecriture, & l'explication que j'y
,, donne, fans qu'ils en tirent beaucoup de fruit, quand ils m'écoute-
,, roient des années entieres. Et pourquoi? Parce qu'ils le font négli-
,, gemment, & que ce n'eft pas vaquer avec affez de foin à cette fcience
,, du falut, que de n'y donner que le temps qu'on eft à l'Eglife".

Voici encore comme il parle dans le troifieme Sermon fur le Lazare.
" Je ne me lafferai jamais de vous exhorter à ne vous pas contenter de
,, faire attention aux inftructions qu'on vous donne ici, mais de vous
,, appliquer auffi avec un foin affidu, lorfque vous êtes dans vos maifons,
,, à la lecture des Ecritures divines. Et qu'on ne m'aille pas tenir ces dif-
,, cours ridicules, impertinents & infoutenables: je fuis occupé au bar-
,, reau: je fuis chargé des affaires publiques; j'ai un métier, j'ai une fa-
,, mille dont il faut que je prenne foin; je fuis un homme du monde:

I. CLAS. N°.XIII.

„ ce n'est pas à moi à lire l'Ecriture; c'est à faire à ceux qui ont renoncé „ au siecle. Que me dites-vous là? N'est-ce pas au contraire plutôt à „ vous qu'à ceux qui ont quitté le monde, à lire l'Ecriture Sainte? „ Car il est certain qu'ils n'ont pas tant besoin de ce secours pour se sou- „ tenir, que vous qui êtes exposé à toutes les affaires du monde, qui „ sont comme les flots d'une mer toujours agitée".

Vous voyez donc comme ce grand Saint témoigne, que le zele que Dieu lui avoit donné pour le salut des ames le pressoit d'exhorter sans cesse tous ceux de son troupeau, de quelque condition qu'ils fussent, Avocats, Magistrats, Marchands, Artisans, Peres de famille, de ne se pas contenter de faire attention aux instructions qu'on leur donnoit dans l'Eglise, mais de s'appliquer aussi avec un soin assidu lorsqu'ils étoient dans leurs maisons à la lecture des Ecritures divines.

Et il ne faut qu'un peu de bon sens pour juger, qu'ils n'ont pu avoir d'autre pensée en croyant comme ils faisoient, & ce qu'on ne peut nier sans erreur, que les Livres sacrés ont été écrits pour l'instruction de tout le monde: *Quæcumque scripta sunt ad nostram doctrinam scripta sunt*, comme dit S. Paul. Car si ces Livres ont été écrits pour l'instruction de tous les fideles, parce qu'ils y peuvent trouver des remedes à tous leurs maux, & des moyens très-avantageux de s'avancer dans la piété, n'est-il pas du devoir des Pasteurs de leur donner tous les secours nécessaires pour s'en bien instruire? Or pour juger si ce seroit satisfaire à ce devoir, que de vouloir qu'ils se contentassent d'écouter ce qu'on leur en voudroit dire dans les prédications, sans les pouvoir lire eux-mêmes, il ne faut que considérer ce qui se pratique à l'égard des choses dont on a besoin d'être instruit. Dites-nous donc je vous prie, Monsieur, croiriez-vous que vos Eleves fussent fort contents de vous, si vous leur aviez tenu ce langage: Pour être bon Théologien il faut être bien instruit de la doctrine de S. Thomas & de S. Augustin, qu'il a regardé comme son Maître. Mais il n'est pas à propos que vous lisiez les ouvrages ni de l'un ni de l'autre. Et il n'est pas non plus nécessaire que je vous dicte rien: contentez-vous de ce que je vous en dirai de vive voix une heure durant, deux ou trois fois la semaine. Vous serez par-là suffisamment instruits de la doctrine de ces deux Saints. Trouveroit-on bon aussi qu'un Maître de Rhétorique défendît à ses Ecoliers de lire ni Cicéron ni Virgile, en voulant aussi qu'ils se contentassent de ce qu'il leur liroit ou diroit de ces Auteurs, comme leur devant suffire pour parler fort bien latin, & pour faire de beaux vers à l'imitation de Virgile?

Comme tout le monde doit demeurer d'accord que ce que l'on propose dans ces deux exemples seroit fort nouveau, & tout-à-fait déraisonnable, il faut, Monsieur, que vous avouiez, que les Saints Peres ont eu très-grande raison de joindre ensemble ces deux choses : l'attention à la parole de Dieu lorsqu'on la leur prêchoit dans l'Église, & la lecture de cette même parole en particulier, pour mieux entendre & mieux retenir ce qu'on leur en avoit prêché, & pour être instruit par cette lecture de beaucoup de choses, dont ils n'auroient pu être instruits par les seuls sermons.

Ainsi on peut dire de la prédication & de la lecture ce que dit un Poëte :

Alterius sic
Altera poscit opem res & conjurat amicè.

La prédication, quand le Prédicateur fait ce que vous recommandez dans vos Aphorismes, a ses avantages. 1°. La parole de Dieu y est expliquée quand elle a besoin de l'être. 2°. Elle est appliquée aux besoins particuliers des ames ; comme lorsque, pour exhorter à la chasteté & détourner du vice contraire, on ramasse ce qui en est dit en divers endroits de l'Ecriture. 3°. Ces vérités peuvent plus toucher quand elles sont soutenues par la voix d'un Prédicateur zélé qui paroît en être touché lui-même.

La lecture a aussi ses avantages. 1°. Elle sert, comme j'ai dit, à mieux retenir ce qu'on a entendu. Car si on l'avoit déja lu, la prédication en renouvelle la mémoire, ce qui en rend le souvenir plus facile. Et si on observe ce que nous venons de voir que recommande S. Jean Chrysostôme, qui est de lire à la maison ce qu'on a oui à l'Eglise, on s'y applique de nouveau, & on s'y imprime si fortement ces vérités dans l'esprit, qu'on évite par-là ce que J. C. dit arriver à la partie de la semence qui tombe le long du chemin ; c'est-à-dire, que si après avoir écouté la vérité, on se dissipe aussi-tôt, & loin de s'entretenir avec elle, on se répand au dehors dans tous les objets qui se présentent, on est ce grand chemin où le grain est foulé aux pieds des passants, & d'où il est enlevé par les oiseaux.

2°. On entend mieux un passage, & on en prend mieux l'esprit, quand on sait ce qui le précede & ce qui le suit, & c'est ce qu'on apprend mieux par la lecture que par la prédication.

3°. Au lieu que l'on ne peut entendre ordinairement les prédications que les Dimanches & les Fêtes, & qu'il y a bien des lieux où il n'y en a que beaucoup plus rarement, on peut lire l'Ecriture tous les jours, & plusieurs fois en un même jour. On la peut lire, ou se la faire lire sain & malade : d'où il arrive, que l'on peut avoir cette nourriture spirituelle avec incomparablement plus d'abondance par la lecture que par les sermons.

4°. On peut trouver dans deux ou trois livres, ce que la prédication semble avoir de meilleur, qui est l'explication, & ce que la lecture a de plus avantageux, qui est la facilité de se nourrir de ce pain du ciel, & d'en tirer plus de profit. Tels sont les livres de l'Ancien Testament, qui sont déja imprimés avec des explications prises des Saints Peres, où on a eu pour principal but, de faire faire réflexion à ce qui est plus propre à édifier la piété. Tel est l'abrégé de la Morale de J. C. sur les Evangiles, sur les Epîtres des Apôtres, & sur les autres livres du N. T. Telle est aussi l'Année Chrétienne, où les Epîtres & les Evangiles sont expliqués d'une maniere très-littérale, & en même temps très-édifiante & très-solide. Ce sont des ouvrages qui sont généralement estimés, sur-tout par les personnes qui préferent ce qui peut contribuer à faire de bons Chrétiens, à ce qui seroit plus au goût des Critiques. Mais pour vous, Monsieur, vous trouvez si mauvais que de pieuses filles osent lire l'Ecriture, que vous voulez qu'on le leur défende, encore même qu'elle fût accompagnée de ces secours qui la peuvent faire lire avec plus de fruit. C'est la sentence impitoyable que vous prononcez contre les filles de Binch. " Qu'on se „ garde bien, dites-vous, de leur laisser lire la parole de Dieu, soit avec „ explication, soit sans explication : *cum, vel sine explicatione.* " Cela veut dire, qu'on leur ôte les livres que je viens de marquer. En effet ils sont trop bons pour vous plaire. Le Pseautier faussement attribué à S. Bonaventure est bien plus à votre goût, & vous le jugez bien plus propre à être mis entre les mains de toutes les filles dévotes.

Troisieme conséquence.

Il n'y a rien de plus opposé à l'esprit du Christianisme, que de vouloir que cette lecture soit défendue à tous ceux qu'on appelle de petites gens, parce qu'ils sont d'une condition méprisée des hommes. Peut-on être vraiment Chrétien & avoir cette pensée ? J'aimerois autant que l'on dît que ce n'est pas à de petites gens, à des valets, à des servantes, à des artisans, à des villageois d'avoir de la piété : que la piété est une vertu trop haute & trop estimable pour se trouver en des personnes d'une condition si abjecte. Il est bien certain que cela ne se pourroit dire sans hérésie. Et dès qu'on demeure d'accord que les plus vils & les plus méprisables selon le monde sont obligés d'être pieux ; parce qu'on ne sauroit être sauvé sans piété, comme nous le marque S. Paul, lorsqu'il dit, que *c'est à la piété que la vie éternelle a été promise*, ce seroit une injustice manifeste de prendre sujet de la bassesse de leur condition pour les priver de ce qui peut le plus contribuer, selon tous les Peres, à les faire devenir pieux, & à les entretenir ensuite dans la piété; qui est de lire & de méditer la parole de Dieu.

Mais c'est, dira-t-on, que ces sortes de gens ne sont pas ordinairement assez bien élevés pour être capables de cette divine lecture. Autre imagination, qui, sous une fausse apparence de respect, n'est pas moins contraire à l'Esprit de Dieu, qui a voulu que cette lecture, toute divine qu'elle est, pût être propre à toute sorte d'esprits, comme on vous l'a prouvé tant de fois par les Saints Peres.

Que pensez-vous donc, Monsieur, de ces Prédicateurs, qui, comme on l'écrit, pour seconder vos desseins ont osé dire en pleine chaire. *Quoi! que de petites gens, un valet, une servante, un Savetier, un Cordonnier, un Tanneur, un Corroyeur entreprennent de lire l'Ecriture Sainte, que S. Charles ne lisoit qu'à genoux! N'est-ce pas donner aux chiens le pain des enfants, contre la défense de Jesus Christ?* Que pensez-vous encore d'un autre Religieux, qui, dans un livre imprimé, & approuvé par votre bon ami Nicolas Dubois, a cru avoir prouvé invinciblement, que tous ceux qui ne savent pas le latin ne doivent pas lire la parole de Dieu, parce que N. S. ne veut pas qu'on jette les perles devant les pourceaux? Si vous n'approuvez pas ces abus horribles des paroles de J. C. auxquels vos conseils ont donné occasion, ne devriez-vous pas employer votre crédit pour en faire punir les Auteurs? C'est à quoi néanmoins on ne s'attend pas. On vous croit bien plus disposé à attribuer à un bon zele des emportements si scandaleux, comme vous l'avez fait à l'égard des médisances outrées de vos Echevins de Mons.

Quatrieme conséquence.

C'est une erreur intolérable de prétendre que c'est bien fait d'empêcher que des filles ne lisent l'Ecriture Sainte, par cette seule raison que ce sont des filles; qui est cependant à quoi se réduit ce que vous avez dit des filles de Binch sur le sujet de cette lecture. J'ai déja assez parlé de cette erreur, & ainsi je me contenterai d'en faire voir l'absurdité par deux nouveaux passages.

Le premier est de S. Basile, dans son livre de la Virginité. " Il ne „ faut pas, dit-il, que l'Epouse de la Sagesse soit ignorante, mais qu'elle „ se remplisse de la Sagesse de Dieu par la méditation continuelle de sa „ loi: & qu'elle prenne ses délices dans la lecture du Vieux & du Nou„ veau Testament, qui la conduiront par la main à son Epoux ".

Le second est de l'Auteur de la lettre à Célancie, que quelques-uns ont attribuée à S. Jérôme, & d'autres à S. Paulin, & qui est digne de l'un & de l'autre. " Le principal de vos soins, lui dit-il, doit être de „ bien savoir la loi de Dieu, afin que vous puissiez voir les exemples „ des Saints comme s'ils vous étoient présents, & y apprendre, par les „ conseils que vous y trouverez, ce que l'on doit faire, & ce que l'on „ doit éviter. Car c'est un très-grand secours pour faire des progrès dans „ la vertu, que de remplir son ame de la parole de Dieu, & de mé„ diter continuellement ce que l'on veut pratiquer..... Que l'Ecriture „ Sainte soit donc toujours entre vos mains, mais que ce soit pour la „ repasser continuellement dans votre esprit. Et ne croyez pas qu'il vous „ suffise de garder les préceptes divins en votre mémoire, si vous les ou„ bliez en ne les gardant pas dans vos actions..... Cette divine loi a „ une étendue, comme un champ large & vaste, étant pleine de di„ vers témoignages de la vérité, aussi-bien que de célestes fleurs & „ d'excellents fruits. Elle nourrit & rend vigoureuse l'ame de celui qui „ s'occupe à la lire, & lui donne un merveilleux plaisir ".

Cinquieme conséquence.

On ne doit pas restreindre, comme vous faites, l'utilité de l'Ecriture aux Prélats de l'Eglise & aux Prêtres, quand on y ajouteroit même ceux qui se sont retirés du monde pour ne s'occuper que de Dieu, mais on doit reconnoître avec les Peres, que les séculiers mêmes engagés dans les affaires, & les embarras du monde, & dans le soin d'un ménage, d'un emploi, d'une charge, d'un trafic, d'un métier, ont encore plus de besoin, pour vivre chrétiennement, de donner quelque temps à la lecture de cette divine parole.

Rien n'est plus beau que ce que Saint Chrysostôme dit sur ce sujet en divers endroits. Nous avons déja vu sur la seconde conséquence, que ce Saint ne peut souffrir qu'on allegue pour se dispenser de cette lecture: J'ai un métier; j'ai une famille, dont il faut que je prenne soin; je suis un homme du monde; ce n'est pas à moi à lire l'Ecriture, c'est à ceux qui ont renoncé au siecle: & qu'il appelle cela des discours ridicules, impertinents, & insoutenables, parce que les Moines n'ont pas tant de besoin de ce secours pour les soutenir, que ceux qui sont exposés à toutes les tentations du monde, qui sont comme les flots d'une mer toujours agitée.

C'est ce qu'il répete encore avec plus de force dans sa seconde Homélie sur S. Matthieu. " Comment s'excuse-t-on de la négligence qu'on „ a de lire l'Ecriture? Je ne suis pas Moine ni Solitaire, me disent-ils; „ j'ai une femme & des enfants, & je suis chargé du soin d'un ménage.

C'est-là

„ C'est-là ce qui perd tout, de ce que vous croyez qu'il n'y a que des „ Moines qui doivent lire l'Ecriture Sainte; au lieu que cette lecture „ vous est beaucoup plus nécessaire qu'à eux. Car ceux qui sont toujours „ exposés à tant de combats, & qui y reçoivent tant de blessures, ont „ beaucoup plus besoin de remedes. C'est donc une plus mauvaise chose „ de ne pas croire qu'on n'ait pas besoin de l'Ecriture, & de la regarder „ comme superflue, que de ne la point lire du tout. Il n'y a que le „ Diable qui puisse inspirer ces pensées..... L'Apôtre nous avertit, que „ les mauvais discours corrompent les bonnes mœurs. Nous avons con- „ tinuellement besoin pour nous garder de cette peste, d'être charmés, „ pour parler ainsi, par les puissants enchantements de l'Esprit de Dieu, „ qui sont les Ecritures divines. C'est la nourriture de notre ame; c'en „ est l'ornement, c'en est la sûreté. Que si voulez savoir combien la „ lecture de l'Ecriture Sainte vous apporteroit de profit... considérez „ que les paroles ont une force particuliere, pour porter notre ame „ au bien & au mal. Un mot l'enflamme de colere, & un mot l'appaise. „ Une parole deshonnête excite en elle une passion brutale; & une pa- „ role modeste & grave la porte à la chasteté. Que si les paroles com- „ munes ont cette force, pourquoi faites-vous si peu d'état des paroles „ de l'Ecriture? Ne comprenez-vous pas que si l'avertissement qu'un „ homme nous donne peut beaucoup pour nous redresser, ce doit être „ tout autre chose de ceux que Dieu nous donne par la grace du Saint „ Esprit? Car la parole de Dieu, qui se conserve dans les Ecritures, est „ comme un feu qui embrase l'ame de celui qui l'entend, & qui la pré- „ pare à toutes sortes de biens".

I. CLAS. N°.XIII.

Il étoit si plein de cette pensée, qu'il fait cette même plainte en divers lieux. En voici un fort bel endroit dans son Homélie 21. sur la Genese.

" Quand nous vous conjurons de travailler avec courage à l'acqui- „ sition de la vertu, & DE LIRE AVEC ASSIDUITÉ LA SAINTE ECRITURE, „ ne me répondez pas froidement: Je ne suis pas obligé à cette perfec- „ tion, je suis un homme du monde, je ne suis pas Moine. Comme s'il „ n'appartenoit qu'aux Moines de plaire à Dieu. Sachez donc que Dieu „ veut que tous les hommes travaillent à leur salut; qu'ils acquierent „ tous la connoissance de la vérité, & qu'ils ne négligent aucune vertu. „ Ne nous trompons pas nous-mêmes, & reconnoissons que plus nous „ sommes exposés aux périls & aux embarras du monde, & plus nous „ devons prendre soin de chercher des remedes & des secours dans la „ lecture des Ecritures divines".

I. CLAS. N°. XIII.

Sixieme conséquence.

Il y a des gens qui s'étant laissé corrompre par la contagion du monde, se trouvent engagés dans le vice par leurs méchantes habitudes, sans avoir la force de rompre leurs chaînes, en qui néanmoins tout sentiment de religion n'est pas éteint, & qui conservent dans leur cœur le desir de se sauver. Les ennemis de la lecture des Livres sacrés ne manquent pas de prouver par l'exemple de ces gens-là qu'on ne doit pas laisser lire l'Ecriture indifféremment à tout le monde. Mais ils se trompent, & les Saints Peres les condamnent.

C'est l'état où se trouvoit S. Augustin avant sa conversion, & Saint Ambroise ne l'ignoroit pas : car il en étoit sans doute averti par sa sainte mere. Cependant il raconte lui-même que ce saint Prélat lui conseilla de lire le Prophete Isaïe, & qu'il se mit de lui-même à lire les Epîtres de Saint Paul, d'où il tira de grands avantages pour se dégager peu à peu de la misérable servitude sous laquelle il languissoit. Il ne faut que l'écouter pour l'apprendre de lui-même. " Je commençai alors à lire l'Ecriture „ Sainte avec une ardeur extraordinaire, & à révérer ces paroles si véné- „ rables que votre Esprit Saint a dictées lui-même. Mais rien ne me tou- „ choit tant que les Epîtres de S. Paul ; & j'y vis évanouir en un mo- „ ment toutes ces difficultés qui me faisoient croire qu'en quelques en- „ droits il se contredisoit lui-même, & que ces paroles ne s'accordoient „ pas avec celles de l'ancienne Loi & des Prophetes. Je reconnus que „ ces Ecritures si pures & si simples ne sont animées que du même Es- „ prit, & ne contiennent que les mêmes sens ; & j'appris à les considé- „ rer avec une joie mêlée de respect & de crainte. " Mais ce qui est plus considérable est, que Dieu attacha la derniere grace qui acheva sa parfaite conversion à un passage du même Apôtre, qu'une voix du ciel l'engagea de lire. Nous ne pouvons donc douter que ces deux grands Docteurs de l'Eglise, S. Ambroise & S. Augustin, n'aient été persuadés, que c'est une très-bonne chose, que les pécheurs-mêmes lisent l'Ecriture Sainte, & que cette lecture leur peut être très-avantageuse, pour rentrer dans la voie de Dieu, s'ils s'en étoient égarés, ou pour y entrer s'ils n'y avoient pas encore marché.

Conf. l. 7. ch. 20.

Nous trouvons la même vérité dans S. Bernard, qui a toujours fait une profession si particuliere d'être disciple de ce Saint Docteur. " Que le pé- „ cheur, dit-il, écoute cette parole, & son ventre en sera troublé ; c'est- „ à-dire, qu'elle remplira l'ame charnelle d'une frayeur salutaire. Quand „ vous seriez mort dans le péché, si vous écoutez la voix du Fils de „ Dieu vous vivrez : car sa parole est esprit & vie. Si votre cœur est

Serm. 24. de Diversis.

„ endurci, souvenez-vous de ce qui est dit dans l'Ecriture. Il a envoyé sa
„ parole, & elle fera fondre la glace. Si vous êtes tiede & que vous
„ craigniez d'être vomi de la bouche de Dieu, ne cessez point de vous
„ appliquer à la parole du Seigneur, & elle vous enflammera; car sa pa-
„ role est toute de feu. Si vous êtes dans les ténebres de l'ignorance,
„ écoutez ce que le Seigneur vous dira, & sa parole sera une lampe qui
„ éclairera vos pas, & une lumiere qui luira dans le sentier où vous
„ marchez.... Quand vous seriez assiégé par une armée ennemie qui cam-
„ peroit à l'entour de vous, & quelle viendroit fondre sur vous pour
„ vous combattre, prenez l'épée spirituelle, qui est la parole de Dieu,
„ & elle vous fera triompher de vos ennemis. Que si, comme il arrive
„ quelquefois, vous êtes blessé dans ce combat, il vous enverra sa pa-
„ role, & vous serez guéri & il vous tirera de votre langueur. Que si
„ vous êtes chancelant, invoquez-le & lui criez; mes pieds ont telle-
„ ment chancelé qu'ils se sont presque détournés de la voie, & il vous
„ affermira par sa parole. Persévérez à vous nourrir de la parole de Dieu.
„ Exercez-vous y continuellement, jusqu'à ce que l'esprit vous dise de
„ vous reposer de vos travaux; c'est-à-dire jusqu'à la mort."

C'est aussi ce qu'enseigne S. Jean Chrysostôme, avec son zele & son éloquence ordinaire. " Mais quel fruit, me direz-vous, tirera de la pa-
„ role de Dieu celui qui l'entend & qui ne la pratique pas? Et moi je
„ vous dis, qu'il ne laisse pas d'en tirer du fruit. Car l'application qu'il
„ aura à cette divine parole, fera qu'il se reprendra souvent, qu'il aura
„ des remords de son mauvais état, qu'il en gémira; & il pourra enfin
„ parvenir jusqu'à vouloir aussi accomplir ce qu'il y aura appris. Mais
„ quelle espérance peut-on avoir qu'un homme se retirera de ses péchés,
„ qu'il les reconnoîtra, & qu'il tâchera de s'en corriger, lorsque, dans
„ l'ignorance où il est de la parole de Dieu, il ne sait pas seulement
„ qu'il peche? Ne négligeons donc point d'entendre lire l'Ecriture Sainte;
„ car c'est le diable qui en détourne les Chrétiens, parce qu'il ne peut
„ souffrir qu'ils aient de l'estime pour un trésor qui les peut rendre ri-
„ ches. C'est cet ennemi de notre salut qui leur persuade qu'ils n'ont pas
„ besoin de s'instruire des loix divines écrites dans les Livres sacrés, par
„ la peur qu'il a, que, les connoissant, ils ne les observent."

Hom. 2. sur S. Matth.

Septieme conséquence.

Nous venons de voir que les Saints Peres nous avertissent, que c'est le diable qui détourne les Chrétiens de lire l'Ecriture Sainte, & qu'il n'y a que lui qui leur puisse inspirer cette pensée, que ce n'est pas aux sécu-

I. CLAS. N°.XIII.

liers à la lire. N'eſt-ce donc pas, ſelon ces Peres, favoriſer le deſſein de cet ennemi de notre ſalut, que d'interdire cette divine lecture, non ſeulement aux pécheurs à qui elle pourroit être fort utile, mais aux ames même les plus pieuſes, qui y trouvoient leur conſolation & leur force ?

Huitieme conſéquence.

Quelques occupations que l'on ait, on devroit tous les jours prendre quelque temps pour lire quelque choſe de l'Ecriture.

Hom. 10. ſur St. Jean.

C'eſt un très-ſaint avis que donne Saint Jean Chryſoſtôme. Après avoir dit, que ce n'eſt pas vaquer à cette ſcience du ſalut que de n'y donner que le temps qu'on eſt à l'Egliſe, il ſe fait cette objection. " Je ſais bien „ que pluſieurs prétendent qu'ils n'en peuvent faire davantage, à cauſe „ des affaires publiques & particulieres qui les occupent. Mais c'eſt cela „ même qui les condamne, d'être ſi attachés aux affaires de ce monde, „ qu'ils ne puiſſent pas prendre du temps pour celles qui leur ſont ſi „ néceſſaires. Et de plus, cette excuſe eſt vaine, puiſqu'ils trouvent bien „ du temps parmi leurs occupations pour ſe divertir avec leurs amis, „ pour aller à la comédie, pour voir des courſes de chevaux, où ils paſſent „ ſouvent des journées entieres. Quoi ! quand il s'agit de vous occuper „ de ces folies, vous ne vous en excuſez point ſur l'accablement de vos „ affaires, & vous ne rougirez point de vous ſervir de cette excuſe, „ quand on vous preſſera de vous appliquer aux choſes qui vous ſont „ les plus néceſſaires ? "

Neuvieme conſéquence.

La doctrine de ces mêmes Saints nous doit faire regarder comme bien ſurprenant ce que vos conſeils viennent de nous faire voir. On parle des maux de l'Egliſe, comme ayant attiré ſur les Pays-bas Eſpagnols les calamités publiques qui les déſolent, & de l'obligation qu'on a d'y remédier; & voici ce que l'on repréſente, comme un des plus grands de ces maux, auquel on eſt plus preſſé d'apporter remede. C'eſt qu'il y a beaucoup de bonnes ames, qui, ſuivant le conſeil de leurs Paſteurs ou de leurs Confeſſeurs, liſent le Nouveau Teſtament ſans en avoir permiſſion par écrit de l'Evêque ou du Pape. Pour juger ſi cela eſt bien conforme à l'Eſprit de l'Egliſe, on n'a qu'à conſidérer ce qu'ont dit ſur ce ſujet ſes plus grands Docteurs.

Chryſ. Serm. 1. ſur Saint Matth.

" Il ne faut pas vous le celer. C'eſt de l'ignorance de l'Ecriture que ſont „ ſortis, *comme d'une miſérable ſource, une infinité de maux.* C'eſt de-là

„ qu'eſt venue cette foule d'héréſies, ce déreglement des mœurs, cette
„ inutilité de tant de travaux, & de tant d'occupations vaines & ſtériles,
„ où s'engagent les Chrétiens. Un aveugle qui ne voit point le jour ne
„ peut qu'il ne s'égare en marchant, & ceux qui n'ont pas les yeux arrêtés
„ ſur la lumiere de l'Ecriture, marchant comme dans les ténebres, tom-
„ bent néceſſairement dans beaucoup de fautes."

I. CLAS. N°. XIII.

Le même Saint, ſur ces paroles du chap. 3. aux Coloſſ. *Que la parole de Dieu habite en vous avec plénitude.* " Ecoutez vous qui êtes du monde,
„ & qui avez une femme & des enfants, comme l'Apôtre vous ordonne
„ de lire l'Ecriture; non légerement, ni par maniere d'acquit, mais avec
„ beaucoup d'affection & de ſoin. . . . . Vous n'avez pas beſoin de vous
„ appliquer à faire le diſcernement des remedes qui ſont dans ce divin
„ livre. Vous n'avez qu'à prendre tout ce qu'ils vous préſentent, & à le
„ conſerver dans votre eſprit. *L'ignorance de l'Ecriture Sainte eſt la cauſe*
„ *de tous nos maux.* Nous allons à la guerre ſans armes, comment pour-
„ rions-nous éviter d'y périr? C'eſt un grand bonheur de ſortir heureu-
„ ſement du combat étant bien armés: ſi donc nous ne le ſommes pas,
„ nous ne ſaurions nous défendre."

Hom. 9. in Ep. ad Coloſſ.

Dixieme conſéquence.

Ce que dit S. Pierre dans ſa ſeconde Epître, qu'il y avoit des gens ignorants & inconſtants qui détournoient en de mauvais ſens quelques endroits de S. Paul, & qui en abuſoient auſſi-bien que des autres Ecritures à leur propre ruine, n'eſt pas une raiſon d'empêcher que les ſimples fideles liſent l'Ecriture ſainte. Car ſi c'en étoit une, les Peres y auroient eu égard; & loin d'exhorter tout le monde à la lire, ils ne l'auroient permis qu'à peu de perſonnes & avec de grandes précautions. Or vous avouez qu'ils ont fait tout le contraire; (*Diu permiſſi Libri ſacri non ſolùm ſine* Prohibitione ulla, *ſed etiam Præpoſitis Eccleſiæ adhortantibus*) & avec très-grande raiſon; parce qu'ils étoient trop éclairés pour ne pas voir, que, n'y ayant aucune néceſſité de défendre par une loi poſitive ce qui l'étoit aſſez par le droit naturel & divin, il y avoit plus de mal que de bien à attendre de ce que cette loi auroit fait de plus que le droit divin. Car il y avoit, d'une part, lieu d'appréhender qu'elle ne causât des ſcrupules à beaucoup de bonnes ames, qu'elle n'auroit point regardées, parce que plus elles auroient été humbles, plus elles auroient été capables de ſe figurer de ſi grands dangers dans cette lecture, que cela les en auroit détournées, & les auroit privées par-là d'un grand avantage pour leur avancement dans la piété. Et il n'y avoit pas, d'autre part, ſujet de s'attendre que cette défense auroit retenu ces esprits mal disposés contre qui on l'auroit faite ; parce que le même orgueil & la même corruption qui les porte à changer en poison une nourriture si sainte & si salutaire d'elle-même, les aveugle de telle sorte, que, loin de craindre qu'ils n'en abusent, ils sont persuadés qu'ils en font le meilleur usage du monde. Or s'ils étoient passés jusqu'à cette impiété que de se moquer de l'Écriture, & d'y chercher exprès de quoi la combattre & la contredire, la défense de la lire n'auroit eu garde de les arrêter, & n'auroit fait au contraire qu'irriter leur esprit de libertinage, & augmenter la pente qu'ils auroient déja de se mettre au dessus de toutes les loix.

XLII. DIFFICULTÉ.

JE pense avoir bien prouvé par l'Ecriture & par la Tradition, que la lecture des Livres sacrés est une chose très-utile en soi à l'égard des fideles de toutes sortes de conditions, & qu'elle a été jugée telle par tous les Saints Peres.

Etant obligé de convenir de ce dernier fait, vous ne pouvez répondre que ce que vous avez déja dit, que cela étoit bon pour leur temps, mais que, par un événement singulier du seizieme siecle, cette lecture, qui étoit auparavant très-utile en soi, est devenue peu utile, & même nuisible à la plus grande partie des fideles.

C'est ce que vous prétendez qui a été jugé à Rome par les sages Théologiens qui ont dressé la quatrieme Regle de l'Index. Et c'est de quoi je vous ai déja averti que je réserverois à parler dans la cinquieme Partie de ces Difficultés ; ce qui vous donnera plus de loisir d'examiner la quatrieme, & plus de moyen au public de faire attention à beaucoup de belles choses qu'on y a rapportées de l'antiquité.

Cependant on croit avoir raison de s'attendre que tous les gens de bon sens en tireront cette conclusion, par laquelle je finis. Une chose aussi sainte & aussi utile en soi, que l'est, par le consentement de tous les Peres, la lecture des Livres sacrés dictés par le S. Esprit, pour apprendre aux hommes à adorer le vrai Dieu en esprit & en vérité, & à vivre conformément à ses loix, n'a pu être défendue au siecle passé à la plupart des vrais fideles, que par de très-grands inconvénients qu'on n'auroit pu éviter que par une telle défense ; & il faudroit que ces inconvénients subsistassent encore, afin que cette défense pût subsister.

C'eſt donc de ces trois choſes dont il me reſte à parler dans la partie ſuivante.

I. CLAS. N°. XIII.

1°. De la nouvelle loi ſur la lecture de l'Ecriture Sainte, qui eſt la quatrieme Regle de l'Index.

2°. Des inconvénients qui ont donné lieu à cette loi.

3°. De ce que vous ſuppoſez, que les choſes ſont encore dans le même état qu'elles étoient lorſque l'on fit cette Regle, & qu'ainſi on eſt auſſi obligé que jamais de s'y conformer.

Fin de la quatrieme Partie.

I. Clas. N°. XIII.

DIFFICULTÉS

PROPOSÉES À M. STEYAERT.

CINQUIEME PARTIE.

*De la quatrieme des Regles ajoutées à l'*Index*, touchant la lecture de l'Ecriture Sainte en langue vulgaire.*

XLIII. DIFFICULTÉ.

COmme je dois parler dans cette Partie de la IV. Regle de l'Index qui est tout votre fort, j'ai cru devoir commencer par rapporter l'histoire de cet Index, & des Regles qui y ont été ajoutées.

Dans la 18 Session du Concile de Trente, qui fut la 2. sous Pie IV. il fut proposé de faire un *Index* des livres pernicieux, & qui contiennent une méchante doctrine, & de choisir des députés qui y travailleroient, & rapporteroient au Concile ce qu'ils auroient fait.

Dans la Session 25. le dernier jour de la tenue du Concile, les Peres dirent, qu'ils avoient appris que cet *Index des livres pernicieux* avoit été achevé par les députés du Concile; mais que n'ayant pas le temps d'en juger, ils avoient ordonné que le tout fût remis au jugement du Pape, pour être publié par son autorité.

Ce fut donc Pie IV. qui fit examiner l'*Index* de ces méchants livres, dressé par les députés du Concile, & qui le fit publier par un Bref en 1564. avec les Regles qu'on y avoit ajoutées; comme il paroît par la Bulle du 24 Mars.

Sixte V. travailla depuis sur ce même *Index*, l'augmenta, & ajouta des observations sur les Regles. Mais il mourut avant que cela eût été publié.

Ce fut Clément VIII. qui fit de nouveau publier l'*Index*, avec les Regles & les additions de Sixte V. qu'il autorisa par sa Bulle du 7. Octobre 1595. à laquelle il joint celle de Pie IV. Et tout cela se trouve en diverses éditions imprimé sous ce titre. *Index Librorum prohibitorum; auctoritate Pii* IV. *primùm editus; postea verò à Sixto* V. *auctus;*

&

& nunc demum S. D. N. Clementis Papæ VIII. *jussu recognitus & publicatus. Additis Regulis de exequendæ prohibitionis ratione.*

I. CLAS. N°. XIII.

Voici donc ce qu'il y a dans ces Regles, & les additions de Sixte V. autorisées par Clément VIII. qui regardent la matiere dont nous avons à parler.

Quatrieme Regle de l'Index.

Etant évident par l'expérience, que si la Bible traduite en langue vulgaire étoit permise indifféremment à tout le monde, la témérité des hommes seroit cause qu'il en arriveroit plus de dommage que d'utilité; nous voulons qu'à cet égard on s'en rapporte au jugement de l'Evêque ou de l'Inquisiteur, qui, sur l'avis du Curé ou du Confesseur, pourront accorder la permission de lire la Bible traduite en langue vulgaire par des Auteurs Catholiques, à ceux à qui ils jugeront que cette lecture n'apportera point de dommage, mais qu'elle servira plutôt à augmenter en eux la foi & la piété; & il faudra qu'ils aient cette permission par écrit. Que s'il s'en trouve qui aient la présomption de la lire, ou de la retenir, sans cette permission par écrit, on ne les absoudra point qu'ils n'aient auparavant mis leur Bible entre les mains de l'Ordinaire. Et quant aux Libraires qui vendront de ces Bibles en langue vulgaire à ceux qui n'auront pas cette permission par écrit, ou qui en quelqu'autre maniere les leur auront mises entre les mains, ils perdront le prix de leurs livres que l'Evêque employera à des usages pieux, & seront punis d'autres peines arbitraires selon la qualité du délit. Les Réguliers ne pourront aussi lire ou acheter ces Bibles sans en avoir la permission de leurs Supérieurs.

Sixieme Regle.

On ne doit pas aussi permettre que les Livres de Controverse entre les Catholiques & les hérétiques de ce temps, écrits en langue vulgaire, soient lus indifféremment par tout le monde; mais on doit observer à cet égard tout ce qui a été dit de la Bible traduite en langue vulgaire.

Observation de Sixte V. sur la quatrieme Regle de l'*Index*, confirmée & autorisée par la Bulle de Clément VIII.

Il faut remarquer touchant la susdite quatrieme Regle de l'Index du Pape Pie IV. d'heureuse mémoire, que par l'impression & publication de cette Regle il n'est point donné de nouveau aux Evêques, ou aux Inquisiteurs, ou aux Supérieurs des Réguliers, le pouvoir d'accorder la licence

I. CLAS. N°. XIII.

d'acheter, de lire, ou de retenir les Bibles traduites en langue vulgaire; mais que jusques à cette heure, selon l'ordre & l'usage de la Sainte Inquisition Romaine & universelle, tout pouvoir leur est ôté d'accorder ces sortes de licences de lire & de retenir les Bibles en quelque langue vulgaire que ce soit, ou d'autres parties de la Sainte Ecriture, tant du Vieux que du Nouveau Testament, ou des sommaires & abrégés même historiques de ces mêmes Bibles; ce qui doit être observé inviolablement.

Voilà, Monsieur, trois Décrets, qui regardent la même matiere, & qui sont appuyés sur la même autorité.

Si on s'arrête à ce que vous enseignez dans vos Aphorismes avec une rigueur inflexible, touchant la déférence que l'on doit avoir pour tous les Décrets de Rome, vous devez croire qu'il n'y a rien dans ceux-ci qu'on ne doive *observer inviolablement*, comme il est porté dans le dernier. Cependant vous faites tout le contraire; & par un pouvoir despotique que vous vous donnez à vous-même, pour une chose que vous voulez faire observer sous de très-grieves peines, il y en a beaucoup d'autres, auxquelles vous prétendez que l'on n'est point obligé, ou par un pur caprice, ou par des raisons qui doivent autant avoir lieu à l'égard du point capital sur lequel vous avez entrepris de tourmenter tant de bonnes ames. C'est ce qui se prouvera dans la suite: je me contenterai seulement de marquer ici en peu de mots, en quoi vous dérogez à ces trois Décrets, en commençant par le troisieme.

1°. Vous y dérogez & vous donnez sujet de vous dire, selon l'esprit de vos Aphorismes, que vous foulez aux pieds l'autorité de deux Papes, Sixte V. & Clément VIII. lorsque vous portez les Evêques à déclarer qu'on ne peut lire l'Ecriture Sainte en langue vulgaire, à moins qu'on n'en ait d'eux la permission: au lieu que ces deux Papes ont déclaré positivement que les Evêques n'avoient pas le pouvoir de donner ces sortes de permissions.

2°. Vous y dérogez à l'égard des Supérieurs des Réguliers, que vous n'oseriez troubler dans la possession où on sait bien qu'ils se sont mis de donner à leurs Religieux ces licences d'acheter des Bibles en langue vulgaire & de les lire, quoiqu'il soit dit expressément dans ce troisieme Décret, qu'ils n'ont point le pouvoir de donner de telles licences.

3°. Vous y dérogez en ce que vous avez bien jugé que ç'auroit été une chose trop dure de défendre au peuple de lire en langue vulgaire les Epîtres & les Evangiles de la messe, & les histoires de la Passion de Notre Seigneur qui s'y disent dans la Semaine sainte, quoique ce soient des parties considérables de l'Ecriture: ce qui paroit défendu par ces paroles du troisieme Décret : *aut alias Sacræ Scripturæ, tam Novi, quàm Veteris Testamenti partes.*

4°. Vous y dérogez en ce qu'on ne croit pas que vous voulussiez arracher des mains des fideles un très-beau livre, & très-utile pour l'instruction des Enfants, intitulé : *l'Histoire du Vieux & du Nouveau Testament, avec des explications édifiantes tirées des Saints Peres, pour régler les mœurs dans toutes sortes de conditions; dédié à Monseigneur le Dauphin*; qui a été traduit du françois en flamand, & imprimé plusieurs fois en l'une & en l'autre langue : & cependant il semble aussi que cela est défendu par ces termes du Décret : *Ac insuper etiam summaria & compendia etiam historica eorumdem Bibliorum.*

5°. Vous y dérogez, en ce que vous reconnoissez qu'il ne faut ni permission, ni licence, pour lire les livres de Controverse écrits en langue vulgaire, tels que sont, par exemple, *l'Exposition de la Doctrine de l'Eglise Catholique par M. l'Evêque de Meaux*; son *Histoire des variations*; ses *Avertissements contre les Lettres Pastorales du Sieur Jurieu; la Perpétuité de la foi sur l'Eucharistie; les Préjugés légitimes contre les Calvinistes; l'Apologie pour les Catholiques*, & autres semblables, qui ne peuvent que fortifier les Catholiques dans la foi de l'Eglise. Et c'est néanmoins ce qui est défendu par la sixieme Regle, sous les mêmes peines qu'il est défendu dans la quatrieme de lire & de retenir la Bible en langue vulgaire.

6°. Vous dérogez à cette quatrieme Regle, en ce que vous n'oseriez prétendre que les Libraires soient obligés sous de grandes peines, à ne vendre ou prêter de Bibles en langue vulgaire, qu'à ceux qui auroient une permission par écrit de l'Evêque, ou plutôt du Pape, selon l'observation de Sixte V.

7°. Vous y dérogez enfin dans le point même capital dans lequel vous vous êtes mis en tête de la faire observer rigoureusement, qui est que personne ne puisse lire l'Ecriture Sainte en langue vulgaire sans en avoir une permission par écrit. Car vous avouez qu'on ne s'arrête point à cette Regle, & que la Bible en langue vulgaire est lue librement & sans avoir besoin d'aucune permission, dans les pays où les Catholiques sont mêlez avec les hérétiques : ce qui fait les deux tiers de l'Europe; la Pologne, la Hongrie, l'Allemagne, les Provinces-unies, l'Angleterre, l'Ecosse, l'Irlande, les Suisses, & toute la France, quoiqu'il n'y ait plus présentement d'hérétiques reconnus mêlez avec les Catholiques dans ce dernier Royaume.

Nous ferons voir dans son lieu que cette distinction est imaginaire, pour ce qui est de dispenser de cette Regle plutôt en ces lieux-là, qu'en d'autres que vous appellez purement Catholiques.

Mais pour finir ces remarques sur votre procédé inégal, en attendant que nous en tirions de bien plus grands avantages, je me souviens de ce que disoit S. Augustin aux Manichéens, qui se vouloient prévaloir de ce qui est dit en divers endroits dans les livres du Nouveau Testament, & qui les abandonnoient en d'autres endroits, en disant qu'ils avoient été falsifiés: " Vouloir que nous déférions à l'autorité de ces livres en ce qu'il „ vous plait, & que nous n'y déférions pas lorsque vous ne les trouvez „ pas favorables à vos erreurs, c'est vouloir que nous vous croyions & „ non pas ces livres". Je vous en dis de même, Monsieur. Prétendre nous asservir à un seul point de ces Regles, en même temps que vous convenez qu'on n'est pas obligé de les suivre en d'autres, ce n'est pas vouloir que nous nous soumettions à l'autorité des Papes, mais que nous suivions vos caprices.

XLIV. DIFFICULTÉ.

POur rendre cette dispute plus claire, j'ai cru devoir ajouter quelques questions aux deux que j'ai proposées dans la partie précédente. Ce sera donc ici la troisieme QUESTION. Si on doit attribuer au Concile de Trente la quatrieme des Regles qui sont au devant de l'*Index?*

Il paroît que vous n'êtes pas éloigné de la lui attribuer, puisque vous l'attribuez aux *Peres de Trente*, par où on entend naturellement les Evêques assemblés à Trente: comme quand on dit *Patres Nicæni*, on entend les Evêques assemblés à Nicée. C'est ce que vous faites en ces termes. " On sait, dites-vous, par expérience, comme ces Peres de Trente l'ont „ témoigné (*ut testati sunt Patres illi Tridentini*) que la lecture de la „ Bible en langue vulgaire fait plus de mal que de bien, à cause de „ la témérité des hommes. "

On ne prétend pas néanmoins dissimuler, que dans les dernieres éditions de l'*Index*, comme celles qui ont été publiées sous Clément X. & Innocent XI. on a mis pour titre à ces Regles: *Regulæ Indicis Sacrosanctæ Synodi Tridentinæ jussu editæ.* Et c'est peut-être sur cela que vous vous fondez, pour soutenir que vous avez eu raison d'attribuer ces Regles au Concile. Mais ce seroit en vain. Ces deux dernieres éditions n'ont point d'approbation particuliere ni de l'un ni de l'autre de ces deux Papes; & quand elles en auroient, ce titre ne laisseroit pas d'ailleurs d'être insoutenable, pour deux raisons.

Car 1°. on voit par les deux Bulles sur l'*Index* de Pie IV. & de Clément

VIII. que le Concile n'a eu soin que de faire faire l'*Index*, & qu'on n'a pensé aux Regles que depuis la dissolution du Concile.

2°. Le Concile ne parle de l'Index qu'en deux endroits. Dans la 18. Session, qui est la 2. sous Pie IV. & dans la 25. qui est la derniere de toutes. Or dans l'une & dans l'autre il est marqué expressément, que cet *Index* est pour discerner les livres pernicieux & suspects. Voici les propres paroles de la 18. Session. *Le nombre des livres suspects & pernicieux qui contiennent une doctrine impure qui par-là se répand de toutes parts, croissant chaque jour sans bornes..... le Concile a jugé qu'il falloit choisir d'entre les Peres des députés, qui considéreroient ce qu'il seroit à propos de faire touchant ces livres, & qui ensuite rapporteroient au Saint Concile ce qu'ils auroient fait, afin qu'il lui fût plus facile de séparer ces méchantes doctrines comme des yvraies, du froment de la vérité*, &c. Cela peut-il regarder la lecture des Livres sacrés dictés par le S. Esprit? Le pourroit-on dire sans blasphême, comme a remarqué le P. Veron?

L'autre endroit est tout à la fin du Concile, le jour même qu'il fut terminé, le 27. Fev. 1562. Il y est dit seulement que le Concile ayant appris que les députés, commis pour voir ce qu'il y avoit à faire touchant les livres *suspects & pernicieux*, avoient achevé leur travail, mais que le Concile n'ayant pas le temps d'en juger, à cause de la variété & multitude des livres, on avoit jugé à propos, *que le tout fût remis au jugement du Pape, pour être publié par son autorité.*

Il est donc constant, comme dit encore le P. Veron, *que le Concile de Trente n'a jamais fait cette défense de lire la Bible en langue vulgaire, ni commis aucun pour la faire.*

On en trouve une preuve non moins convaincante dans l'Histoire du Concile par le Card. Palavicin. Dans le 15. livre ch. 19. il reprend Fra Paolo d'avoir mal rapporté les sentiments des Peres du Concile touchant la composition de l'*Index*, qui fut proposée dans la 2. Session, sous Pie IV. l'an 1562. Pour montrer combien ce Protestant sous un froc s'étoit trompé, il rapporte dans un grand détail les différentes opinions des Peres du Concile sur ce sujet: d'où il sera aisé de juger qu'on n'y eut jamais la moindre pensée de défendre de lire l'Ecriture Sainte en langue vulgaire.

Marc Antoine Elius, Patriarche de Jerusalem, représenta l'utilité d'une part, & de l'autre la difficulté de ce travail; & tout ce qu'il dit sur le premier, est qu'il étoit fort utile, *ad conservandam pietatem libros sinceros à contaminatis secernere.* Cela peut-il regarder l'Ecriture Sainte?

Daniel Barbarus représenta que l'*Index* de Paul IV. devoit être beaucoup corrigé: *cum eodem modo proscriberet opus licentiæ juvenilis, & opus hæreticæ pravitatis.*

I. CLAS. N°. XIII.

L'Archevêque de Grenade fut d'avis que le Concile ne s'engageât point à travailler sur ce sujet.

Donat Laurent fut d'un avis contraire.

L'Evêque de Modene proposa les moyens de diminuer le travail.

Marc Laurent Evêque, dit qu'il ne falloit mettre dans cet *Index* que les livres où il y auroit des hérésies.

Le Général des Dominicains dit, qu'il ne falloit point mettre de Réguliers parmi ces députés.

Le Général des Augustins dit, qu'il ne falloit point faire de nouvel *Index*, mais réformer seulement celui de Paul IV.

Pierre Contarin, Evêque.... dit qu'il s'en falloit tenir à l'*Index* de Paul IV. & qu'il n'y avoit rien à y corriger.

Dans tous ces différents avis y a-t-il rien qui puisse avoir le moindre rapport à la défense de lire l'Ecriture Sainte en langue vulgaire?

Enfin on peut aussi remarquer que ç'a été sans doute contre le dessein des Souverains Pontifes, que dans les dernieres éditions de l'*Index*, dont j'ai déja parlé, on trouve à la lettre B. parmi toutes sortes de méchants livres: BIBLIA VULGARI QUOCUMQUE IDIOMATE CONSCRIPTA. *Les Bibles écrites en quelque langue vulgaire que ce soit.* On ne peut nier que cela ne soit fort choquant, & ne donne un grand sujet de scandale à toutes les personnes pieuses, qui ont le respect que l'on doit avoir pour ces divins Livres. Il est certain aussi que cela ne se trouve point dans les anciennes éditions de l'*Index*, sous Pie IV. & Clément VIII. & en d'autres peut-être que je n'ai pas vues. Mais cela fait voir quel est l'esprit de ceux qui ont soin présentement de ces éditions, & qu'il ne faut pas s'étonner de la prohibition particuliere de quelques versions de la Bible ou du N. T. en langue vulgaire, puisque les Censeurs de Rome font entendre par-là, qu'ils regardent comme défendues généralement toutes les versions de la Bible, en tout ou en partie, en quelque langue vulgaire que ce puisse être: *vulgari quocumque idiomate conscripta.* De sorte que s'il y en a qui ne le soient pas expressément, c'est, disent-ils, qu'on ne les leur a pas déférées.

XLV. DIFFICULTÉ.

POur mieux juger s'il peut y avoir la moindre apparence que le Concile de Trente ait donné aucune commission de défendre la lecture de l'Ecriture Sainte en langue vulgaire, il ne faut que considérer ce qui s'est passé dans ce Concile sur cette matiere, au rapport du Cardinal Palavicin, dont le témoignage ne peut pas être suspect, puisqu'il paroît lui-même assez prévenu contre cette lecture, comme on l'est ordinairement en Italie.

Ce Cardinal rapporte, dans sa 1. Partie, liv. 6. chap. 12., que l'on délibéra dans le Concile le 17. Mars 1546. sur les abus qui regardoient les Livres sacrés, auxquels il falloit apporter remede. 1°. La grande variété des versions, ce qui s'entendoit des versions latines. 2°. Le grand nombre de fautes qui s'étoient glissées dans les Bibles latines, grecques & hébraïques. 3°. Que chacun donnoit tel sens qu'il vouloit à l'Ecriture. 4°. Que les Imprimeurs les imprimoient comme il leur plaisoit. Il est bien remarquable que dans les Congrégations particulieres où cette matiere de l'Ecriture avoit été agitée, personne ne s'étoit avisé de regarder comme un abus, que les Ecritures étant traduites en langue vulgaire, puissent être lues par toutes sortes de personnes.

Ce fut Pierre Paceco Evêque de Gnesne, à qui l'Empereur Charles V. avoit fait donner le Chapeau de Cardinal, il n'y avoit guere, " qui
„ représenta comme un abus pernicieux, la coutume qu'on avoit prise
„ de traduire les Ecritures en langue vulgaire, & de les faire passer par-là
„ entre les mains du peuple ignorant. A quoi le Cardinal Madruce répondit
„ civilement, mais d'une maniere vive & pleine de zele & de chaleur:
„ Que l'Allemagne se tiendroit fort offensée, si elle apprenoit, que les
„ Peres du Concile voulussent priver le peuple de ces divins oracles,
„ que l'Apôtre nous témoigne devoir toujours être dans la bouche des
„ fideles. Paceco objecta, que cela avoit été défendu en Espagne avec
„ l'approbation de Paul II. mais Madruce repliqua: Que Paul II. & tout
„ autre Pape pouvoit se tromper, en jugeant qu'une loi étoit ou n'étoit
„ pas utile. Mais que S. Paul, qui ordonnoit le contraire de ce qu'on
„ attribuoit à Paul II. n'avoit pu se tromper. *Paulum* II. *& alium quem-*
„ *cumque Pontificem in judicanda lege conducibili vel non conducibili falli*
„ *potuisse; non verò Paulum Apostolum in adducto jam testimonio*". La chose en demeura-là, & l'assemblée se leva sans avoir rien ordonné sur ce sujet.

Il est donc constant 1°. que le Cardinal Madruce a soutenu en plein Concile, qu'on ne devoit point priver le peuple de la lecture des Livres sacrés, & qu'on ne le pouvoit faire sans contredire S. Paul. 2°. Qu'il a encore soutenu, sans qu'il en ait été repris de personne; qu'il n'y a point de Pape qui ne se puisse tromper, en jugeant qu'une loi qui défendroit cette lecture seroit utile; mais que S. Paul qui la recommandoit, ne s'étoit pu tromper. 3°. Que le Cardinal Paceco n'avoit eu rien à repliquer à cela; & qu'ainsi on pouvoit dire que le sentiment de Madruce avoit passé au moins pour très-raisonnable dans le Concile, quoiqu'on n'y eût rien

I. CLAS. N°. XIII.

décidé. C'en est toujours plus qu'il n'en faut pour en conclure, qu'il n'y a nulle apparence que le Concile, en députant des Prélats & des Théologiens pour travailler à un *Index* des livres pernicieux, leur ait donné aucune commission d'agir conformément à l'avis de Paceco, en défendant de lire l'Ecriture Sainte en langue vulgaire : ce qui avoit été si fortement combattu par le Cardinal Madruce, que ni Paceco ni aucun autre n'avoit pu lui rien opposer.

Ce que le Cardinal Palavicin dit ensuite ne doit être regardé que comme ses réflexions particulieres, quoiqu'il semble les attribuer à d'autres. Car s'il avoit trouvé dans ses mémoires sur le Concile, que d'autres eussent improuvé le sentiment de Madruce, & appuyé celui de Paceco, il n'auroit pas manqué de les nommer, pour soutenir ce qui s'est fait depuis à Rome par la quatrieme Regle de l'Index. C'est donc lui qui parle de son chef, & qui n'oppose rien que de très-foible à ce qu'avoit dit Madruce.

Il dissimule ce que ce Cardinal avoit soutenu, que Saint Paul avoit recommandé la lecture des Livres sacrés, qu'il assure avoir été écrits pour notre instruction, & qu'on étoit bien assuré qu'il ne s'étoit pas trompé en la croyant utile, au lieu qu'il n'y avoit point de Pape qui ne se pût tromper en croyant utile une loi qui la défendroit.

On ne sait ce que cet Historien entend, quand il dit que pendant bien du temps les Saintes Lettres n'ont point été écrites en une langue vulgaire, ni parmi les Israélites, ni parmi les Chrétiens. Si vous savez, Monsieur, ce qu'il a voulu dire, vous n'avez qu'à nous l'expliquer, & on y répondra.

Ce n'est pas néanmoins de quoi il s'agit; mais si on a jamais eu dessein que ces Livres sacrés fussent écrits en une langue que le peuple n'entendit pas, ou qu'on lui ait défendu de les lire en quelque langue qu'ils fussent écrits, quand il la pouvoit entendre.

Il dit ensuite, sans le prouver, que dans les circonstances du temps, il auroit été très-pernicieux de laisser lire l'Ecriture au peuple ignorant. C'est ce qu'avoit dit Paceco, & ce que Madruce avoit nié. Palavicin suppose donc ce qui est en question; ce que tout le monde avoue être un sophisme qui ne prouve rien.

Il emploie ensuite 14. ou 15. lignes pour montrer qu'on doit instruire le commun du peuple par des discours accommodés à sa portée. C'est ce que tous les Peres ont fait, mais ils ont soutenu en même temps, & qu'on devoit le disposer par ces discours à lire l'Ecriture sainte, & que l'ayant lue, il étoit plus en état de profiter de ces discours. Qu'ainsi l'utilité de l'un n'empêchoit pas l'utilité de l'autre.

Enfin

Enfin il finit par ce lieu commun : *Que les viandes très-bonnes de soi-même ne sont pas propres à toutes sortes de corps, & que celles qui sont trop fortes, étant prises par des corps foibles, leur causent souvent des crudités & même la mort.* Vous voyez bien, Monsieur, combien cette comparaison est défectueuse. Car il ne s'en est pu servir qu'en supposant, comme avoit fait le Cardinal Paceco, que la lecture des Livres sacrés, n'est utile qu'à ceux qui ont plus d'ouverture d'esprit que n'en a le *peuple ignorant ;* & qu'à l'égard des autres, des filles, des femmes & de toutes les personnes qui ne savent que la langue de leur nourrice, c'est une viande trop forte pour elles, capable de leur causer des maladies spirituelles, & la mort même. Or vous ne pouvez plus douter, après ce que l'on vous a dit en tant d'endroits de la Partie précédente, que cette pensée, qui est le grand argument de tous ceux qui ne veulent pas que le peuple de Dieu lise sa parole, est condamnée par tous les Saints Peres, qui nous ont enseigné, en tant de manieres différentes, que c'est une des merveilles de ces divins Livres, dictés par le S. Esprit, qu'ils sont tout ensemble le lait des enfants, & la nourriture solide des parfaits; que les ignorants en peuvent profiter aussi-bien que les savants ; & que la sagesse divine s'y est rabaissée jusqu'à la portée des plus simples de la multitude infinie de personnes qu'elle a eu dessein d'instruire.

XLVI. DIFFICULTÉ.

JE ne pense pas, Monsieur, que vous soyez scandalisé de cette parole du Cardinal Madruce, *Quemcumque Pontificum in judicanda lege conducibili vel non conducibili potuisse falli.* L'Historien du Concile ne dit point qu'elle ait été reprise comme trop hardie, ni par les Légats, ni par aucun autre des Peres. Et il faut que vous conveniez, que qui que ce soit n'auroit pu s'en offenser, à l'égard sur-tout de la loi dont il s'agissoit.

Car les loix ou les canons qui défendent de faire de certaines choses peuvent être de deux sortes. Il y en a qui pourroient défendre des choses mauvaises en elles-mêmes ; telles que sont, par exemple, les manieres simoniaques d'entrer dans les bénéfices & les charges de l'Eglise. Il est fort aisé de ne se pas tromper en jugeant, de celles-là, qu'elles sont fort utiles; ce qui est une condition nécessaire à une loi humaine pour avoir force de loi.

Il y en a d'autres qui sont plus rares. Ce sont celles par lesquelles on défendroit des choses bonnes en soi, ce qui ne se pourroit faire raisonnablement que parce que de certains inconvénients feroient caufe, qu'à l'égard d'une grande partie des perfonnes que ces loix regarderoient, ce bien qu'on leur défendroit leur feroit plutôt nuifible qu'utile. A quoi il faut ajouter (ce qui rendroit une telle loi plus difficile à faire) que les perfonnes que l'on voudroit priver de ce bien y auroient droit. Je ne veux point en chercher d'autre exemple que celui dont il s'agit. Nous favons par l'Ecriture & par la Tradition, que les Livres facrés ont été écrits pour l'inftruction de tous les fideles, & qu'ils ont tous droit de les lire, fans en excepter les fimples & les ignorants.

On n'a donc pu perfuader ou à Paul II ou à Pie IV. qu'on les devoit priver de ce droit, que pour quelque grand inconvénient. Et c'eft en effet ce qu'ont expofé, à la tête de la IV. Regle, ceux qui l'ont dreffée : *Cùm experimento*, difent-ils, *manifeftum fit, fi facra Biblia vulgari lingua paffim fine difcrimine permittantur, plus inde ob hominum temeritatem detrimenti quàm utilitatis oriri.* La Regle n'eft donc fondée que fur une expérience, comme vous-même le reconnoiffez, en diftinguant l'*expérience* de la *fcience*. *Quippe experientiæ*, dites-vous, *plus in talibus quàm fcientiæ deferendum.* Or l'expérience eft une connoiffance tirée de ce qu'on a reconnu par plufieurs faits & événements paticuliers. D'où il s'enfuit clairement que le Cardinal Madruce a eu raifon de dire, qu'il n'y a point de Pape qui ne pût être trompé, quand il s'agiffoit de juger fi une telle loi feroit utile ou non.

Car 1°. il n'y a point d'homme raifonnable qui croie que le Pape foit infaillible dans la connoiffance des faits particuliers. Il ne l'eft donc pas dans un jugement qui dépend de l'expérience, qui eft fi fouvent trompeufe dans les profeffions mêmes où il eft fi important de ne fe pas tromper, comme eft la Médecine : & c'eft ce qui a fait dire à Hippocrate, à la tête de fes Aphorifmes, le plus dogmatique de fes ouvrages : *Ars longa, vita brevis, experientia fallax.*

2°. L'expérience qui regarde les maladies des corps, peut être moins incertaine que celle qui feroit néceffaire pour bien juger des mauvaifes difpofitions des ames ; telle que feroit ce qu'on appelle dans la Regle, *temeritatem hominum*, à raifon de laquelle on veut fe perfuader, qu'il y auroit plus de mal à craindre, que de bien à efpérer, d'une chofe auffi bonne en foi qu'eft la lecture des Livres facrés, dictés par le S. Efprit pour l'inftruction de tous les fideles.

3°. Afin que cette expérience pût être alléguée pour un fujet raifonnable de faire une loi fi extraordinaire, & fi oppofée à la conduite de tous les Peres, il faudroit au moins qu'on eût reconnu que cette mauvaife difpofition fe trouvoit dans la plus grande partie des Catholiques qui ne favoient point de latin. C'eft une conféquence de ce que vous avez dit vous-même, lorfqu'en rendant raifon de l'innovation qu'on a faite, en ne permettant de lire la Bible qu'avec de grandes précautions, vous affurez que ce n'a été qu'à l'égard des langues vulgaires, & qu'on a laiffé tout le monde dans fon ancienne liberté à l'égard des langues de l'Eglife : par où vous entendez le latin, le grec & l'hébreu. Car vous prétendez que cette diftinction a été raifonnable, parce qu'au moins la plus grande partie de ceux qui entendent ces langues de l'Eglife, pouvoient profiter de cette lecture. *Relictis in ftatu priftino linguis Ecclefiæ, quas qui intelligunt, in pluribus faltem, ex lectione proficere poffe videbantur.* Je n'examine pas encore, fi ce que vous dites de ceux qui favent ces langues eft vrai ou faux : nous l'examinerons enfuite. Mais je vous foutiens, que, pour raifonner conféquemment, vous devez dire, qu'on n'auroit pas dû ôter à ceux qui ne favent que leur langue maternelle la liberté qu'ils avoient toujours eue de lire l'Ecriture Sainte, s'il y avoit lieu de préfumer que la plus grande partie au moins en pourroit profiter. Et que, par conféquent, on n'auroit point dû faire une loi qui dérogeât à cette ancienne liberté, fi on n'avoit fuppofé que cette lecture pourroit apporter plus de dommage que d'utilité, à la plus grande partie au moins de ceux qui ne fauroient que la langue de leur pays. Or oferiez-vous dire, Monfieur, que le Pape n'ait pas pu être trompé par ceux qui lui ont fait prendre cette fuppofition pour véritable, qui pouvoit être fauffe en ce temps-là même, & qui l'eft certainement en celui-ci ?

4°. Ce qui eft indubitable eft, que la préfomption étoit pour ces Catholiques fans étude, que l'on vouloit priver de cette lecture fainte, contre le fentiment de tous les Peres, & que ceux qui les en vouloient priver étoient au moins obligés de prouver, que la plus grande partie d'entr'eux étoit dans cette méchante difpofition, qui leur auroit fait tirer plus de dommage que d'utilité de la lecture de la parole de Dieu. Or quelle enquête auroit-il fallu faire par toutes les Eglifes Catholiques de la Chrétienté pour prouver une chofe fi peu vraifemblable ? Si on en avoit voulu faire une, ce n'auroit pu être que dans le Concile général. Or il eft bien certain qu'on ne l'y a pas faite ; & fi on l'y avoit faite, ce qui s'étoit paffé dès le commencement entre les Cardinaux Paceco & Madruce fait affez juger, que la plupart des Evêques ne feroient point convenus d'une fi étrange fuppofition, & fi injurieufe aux Catholiques.

5°. Quand le Cardinal Madruce auroit avoué, qu'il y avoit en ce temps-là beaucoup de Catholiques mal difpofés, à qui la lecture de la Bible faifoit plus de mal que de bien, il n'auroit pas été obligé pour cela de demeurer

I. CLAS. N°.XIII.

d'accord qu'il auroit été juste & utile de faire une loi générale, qui ne permettroit cette lecture qu'avec de grandes précautions à tous ceux qui ne sauroient que leur langue maternelle. Car combien y a-t-il de bonnes choses dont les méchants abusent, sans que pour cela on pût trouver bon que l'on restreignît par des loix générales, qui comprendroient tout le monde & bons & méchants, la liberté naturelle qu'on a d'en user? Il n'y a que trop de personnes qui s'enivrent: seroit-il juste pour cela de faire une loi par laquelle on ne permettroit de vendre du vin qu'à ceux qui auroient un billet du Magistrat, qui leur auroit permis d'en acheter, parce qu'on sauroit qu'ils ne seroient pas sujets à s'enivrer? Il y a lieu de gémir des irrévérences qui se commettent dans les Eglises: pourquoi donc ceux qui témoignent tant de zele pour empêcher qu'on n'abuse de la lecture de l'Ecriture sainte, en la laissant lire indifféremment à tout le monde, n'en ont-ils pas autant pour empêcher ces irrévérences? Que ne conseillent-ils de faire fermer toutes les Eglises, & de n'y laisser entrer que ceux qui en auroient une permission par écrit de l'Evêque, dans l'assurance qu'ils n'y vont que pour entendre la Messe avec attention & avec respect, ou simplement pour y prier Dieu? Ce moyen seroit bien plus sûr pour empêcher ces irrévérences, que celui que vous voudriez que l'on prît, pour empêcher que quelques esprits mal disposés n'abusent de la lecture de l'Ecriture sainte. Voici encore un autre exemple, que l'on vous supplie de considérer. Vous avez depuis trois semaines présidé à une These touchant la très-sainte Vierge & S. Joseph son Epoux. Il est parlé dans cette These fort avantageusement des Confreries érigées en l'honneur de la Vierge. Mais il y est dit en même temps, que c'est un abus de se promettre le salut, quoiqu'on vive mal, en observant quelqu'une des choses à quoi on s'est engagé en entrant dans ces confreries, comme est par exemple de porter le scapulaire. Cependant c'est une chose notoire qu'il y a un très-grand nombre de scélérats, qui, demeurant tels, se mettent de la confrerie du scapulaire, dans la confiance qu'ils ont qu'ils ne seront point damnés, parce que, portant cette marque de dévotion envers la Sainte Vierge, elle obtiendra infailliblement de son Fils, qu'ils ne mourront point sans confession. Demandez donc aux RR. PP. Carmes, s'ils trouveroient bon, que, pour empêcher un si grand abus, les Evêques fissent une Ordonnance par laquelle ils défendroient de se mettre de la confrerie du scapulaire, à moins qu'on n'en eût d'eux une permission par écrit, afin que personne n'y entrât qui ne fût auparavant désabusé de cette erreur condamnée dans votre These? Croyez-vous, Monsieur, qu'ils approuvassent une semblable proposition?

6°. Quand on délibere si on défendra une chose très-bonne en soi, pour éviter ce qu'on regarde comme un grand inconvénient, on doit bien considérer, si, pour en éviter un, on ne tombera pas en d'autres autant & plus considérables. Et c'est ce qu'on devoit bien prévoir qui arriveroit par ces défenses de lire l'Ecriture sainte en langue vulgaire. Car, quoique cette défense, selon qu'elle est portée par la Regle, ne paroisse pas absolue, puisqu'on y déclare qu'on la pourra lire pourvu qu'on en ait une permission par écrit, cependant l'expérience a fait voir, que, dans les pays où on l'exécute à la rigueur, comme en Espagne & en Italie, c'est la même chose que si elle étoit absolue, à l'égard de ceux qui ne pourroient lire l'Ecriture qu'en italien ou en espagnol; parce qu'il ne se trouve personne qui se mette en peine d'en avoir une permission par écrit. Et on devoit bien s'attendre que cela seroit ainsi. Dans tous ces pays d'Inquisition, on est prévenu, dès l'enfance, que la Bible, en langue vulgaire, est un livre défendu, & que cette lecture est plus nuisible qu'utile à tous ceux qui n'ont pas étudié. Ils n'ont donc garde de la vouloir lire: ils auroient scrupule d'en avoir la pensée. On leur a même dit qu'il y a péché mortel à la retenir chez soi sans en avoir une permission par écrit: & ils savent qu'il n'y a que Rome qui donne ces permissions, d'où on ne les peut avoir qu'il n'en coûte de l'argent, quand ce ne seroit que pour les frais de l'Expéditionnaire: & comme on ne donne ces permissions que pour cinq ans, c'est toujours à recommencer. En faut-il davantage pour refroidir ceux mêmes qui auroient quelque envie de lire l'Ecriture Sainte? Ç'a donc été une suite naturelle de cette Regle, que par-tout où elle est observée on ait perdu le goût de la parole de Dieu, & que presque personne n'ose la lire. Ce qui est, selon la remarque de S. Chrysostôme, attirer volontairement sur soi le mal même dont Dieu menace, comme d'un grand châtiment; ceux contre qui il est irrité, lorsqu'il fait dire par le Prophete: *J'enverrai la famine sur la terre; non la famine du pain, ni la soif de l'eau; mais la famine & la soif de la parole de Dieu.* Or c'est ce que vous n'oseriez dire n'être pas un grand mal, à moins que de prétendre que vous avez plus de lumiere pour connoître les maux des ames que tous les Saints Peres; puisque l'on vous a fait voir qu'ils ont tous regardé comme un très-grand mal, que les Chrétiens négligeassent de se nourrir de cette divine parole. Il faut donc avouer que ceux qui ont dressé cette Regle, ont pu se tromper, & tromper le Pape, pour avoir manqué de prévoir, qu'en voulant remédier à un mal, on en causeroit un autre, qui pourroit être plus considérable.

7°. Il y avoit encore un autre inconvénient à craindre, qui est l'avantage que les hérétiques pourroient prendre de cette défense. Mais je réserve à en parler en un autre endroit.

Après tout, je n'ai pas besoin de conclure absolument de toutes ces considérations, que cette Regle n'ait pu être utile pour le temps qu'elle a été faite; mais j'en conclus diverses choses, dont je ferai autant de nouvelles questions, afin que vous compreniez mieux à quoi vous aurez à répondre, si vous daignez en prendre la peine.

XLVII. DIFFICULTÉ.

JE n'examine pas encore si la loi contenue dans la IV. Regle a jamais eu force de loi dans les Pays-bas, ou si l'ayant eue pendant quelque temps, elle a cessé dans la suite de l'avoir. C'est ce que je réserve pour les dernieres questions. Mais celles qui les précéderont feront voir, que les explications que vous y donnez sont tout-à-fait déraisonnables, & contraires aux maximes les plus communes de l'équité naturelle.

Cinquieme question. Si la quatrieme Regle de l'Index n'est pas d'une nature à devoir être interprétée bénignement, en préférant les explications qui favorisent la liberté à celles qui la resserrent.

On n'en peut douter, Monsieur, après ce que j'ai fait voir dans la quatrieme Partie; que tous les fideles, pendant (*a*) quinze siecles, ont été en possession de lire l'Ecriture Sainte avec une entiere liberté; à quoi vous avouez vous-même que les Prélats de l'Eglise les exhortoient, comme à une chose qui leur étoit très-utile & très-avantageuse. Car rien n'est plus favorable dans le droit que l'union de ces trois choses; *liberté*, *possession*, *bien considérable auquel on a droit*. Et on y a toujours regardé comme odieux ce qui dépouille de la possession, ce qui restreint la liberté, & ce qui prive d'un bien auquel on a droit. Or personne n'ignore cette maxime aussi commune que raisonnable: *Favores ampliandi, odia restrigenda.* Supposant donc qu'il y ait eu une véritable nécessité de faire cette quatrieme Regle, il est indubitable, qu'à moins que de fouler aux pieds l'autorité des Saints Peres, on feroit obligé de l'expliquer d'une maniere qu'il y eût moins de personnes qui fussent privées de cette lecture, & que c'est agir contre l'Esprit de l'Eglise, & le bien des ames, que d'être cause, par des gloses déraisonnables, que la parole de Dieu ne se lise que très-difficilement, & qu'on vienne à la fin à ne la plus lire.

Considérez vous-même, Monsieur, si ce n'est point ce que vous faites

(*a*) *Ce qu'on peut objecter d'un Concile de Toulouse contre les Albigeois n'est pas considérable, & ne prouve rien, parce qu'il prouveroit trop.*

dans vos Aphorismes, & dans votre Avis. On en jugera par les Remarques suivantes.

Premiere Remarque. Après avoir rapporté la Regle, voici ce que vous en concluez. *La lecture de la Bible n'est donc pas défendue aux Laïques, ou à des personnes de quelque autre condition; mais, comme un certain Auteur dit fort bien, elle n'est permise qu'avec de grandes précautions.* Cet Auteur est M. Simon, à qui je vous ai déja fait voir que vous imposiez. Car au lieu qu'il dit seulement, *il a été nécessaire d'user en cela de précaution*, vous lui faites dire, qu'on ne permet plus cette lecture *qu'avec de* grandes *précautions*; ce qui est bien différent, & marque assez le dessein que vous avez, que les Laïques ne lisent que très-difficilement la parole de Dieu. Et c'est ce qui ne peut que donner une très-grande prise aux hérétiques, & vous mettre hors d'état de justifier le reproche que vous leur faites, que c'est une calomnie de dire, comme ils font, que nous défendons aux Laïques de lire l'Ecriture sainte. Car si tous les Prélats de l'Eglise & tous les Théologiens étoient aussi mal disposés que vous l'êtes sur ce sujet, vous auriez beau dire: *Calumniantur heretici, dum clamant, Laïcis generatim in Ecclesia interdictum esse lectione Librorum sacrorum;* vous seriez bien empêché de répondre à un Ministre, qui vous soutiendroit que c'est chicaner, que de ne pas prendre les choses moralement dans les choses morales. Or, en prenant les choses moralement, ne feroit-ce pas défendre généralement aux Laïques qui n'ont point étudié de lire l'Ecriture Sainte (car ce n'est que de ceux-là qu'il s'agit) que de ne permettre de la lire qu'avec de si *grandes précautions*, qu'il arriveroit de-là infailliblement, que, presque aucun d'eux ne la liroit? Et c'est ce qui se confirmera encore par la seconde Remarque.

Seconde Remarque. Vous ajoutez à ces *grandes précautions*, cette regle de prudence, autorisée par le vers d'un Poëte.

Non prosit potiùs si quid obesse potest.

Vous ne dites pas, *si quid obest* mais *si quid obesse potest.* Or jusqu'où ne peut-on point faire aller ces sortes de craintes d'un mal qui n'est pas, mais qui pourroit être; ce que vous croyez suffisant pour empêcher un aussi grand bien qu'est, selon tous les Peres, la lecture de l'Evangile, & des Ecrits des Apôtres? On en voit un grand exemple dans votre Avis. Vous n'y avez eu quoi que ce soit de mal à dire des filles dévotes de la ville de Binch. Vous ne pouvez nier que les conférences spirituelles qu'elles avoient entr'elles les Dimanches & les fêtes, ne fussent une chose très-bonne en soi. Vous avez été obligé outre cela de leur rendre témoignage,

I. CLAS. N°. XIII.

qu'elles n'ont rien fait dans ces pieux exercices qu'avec une très-bonne intention. Et cependant vous concluez, qu'on leur doit interdire ces assemblées de piété, non qu'il s'y soit rien passé que de très-bon, mais parce qu'il pourroit arriver qu'il s'y passeroit à la fin quelque chose de mauvais: *quia ex initio spiritali, in finem noxium desinere nata.* On voit par-là l'étendue que vous donnez au vers de votre Poëte; d'où l'on peut juger que vous ne manquerez jamais de raison pour faire refuser à qui il vous plaira la permission de lire l'Ecriture; puisque vous pourrez toujours lui faire dire, que, quoiqu'elle lui eût été utile jusques alors, elle pourroit dans la suite lui être nuisible, & lui appliquer ainsi votre chanson:

Non prosit potiùs si quid obesse potest.

Troisieme Remarque. Vous citez encore une fois votre fameux Critique. Et c'est pour faire voir que la raison qu'ont eu les Peres d'exhorter tout le monde à lire l'Ecriture étoit bonne pour leur temps, & n'est pas bonne pour celui-ci. J'ai prouvé dans la quatrieme Partie, que ce que vous dites l'un & l'autre sur ce sujet est très-mal fondé. Mais j'ai à montrer ici que vous rapportez encore infidellement les paroles de votre Auteur, pour trouver plus de différence entre le temps des Peres & celui-ci, & avoir par-là plus de prétexte d'empêcher qu'on ne lise les Livres sacrés. On n'a qu'à comparer ce que vous lui faites dire avec ce qu'il dit.

Voilà ce que vous lui faites dire. *Verùm, ut notat Auctor mox citatus, tunc id tutò fiebat, cùm fideles submissi Pastoribus, ab illis fideliter hauriebant Scripturarum sensum, quas legebant cum veneratione, omnique erga Ecclesiæ mandata submissione.*

Et voilà ce qu'il dit. *Les anciens Peres de l'Eglise ont eu raison d'exhorter les fideles de leur temps à la lecture des Livres sacrés; parce qu'en effet l'Ecriture sainte a été donnée pour l'instruction de tout le monde. On avoit alors du respect pour les traditions reçues dans l'Eglise. Les peuples étoient soumis à la direction de leurs Evêques & de leurs Pasteurs, qui leur faisoient entendre la parole de Dieu. Mais depuis que quelques Esprits séditieux ont abusé de cette lecture, pour introduire des nouveautés dans la Religion, il a été nécessaire d'user en cela de précaution, &c.*

Il est important de remarquer en combien de choses vous abandonnez cet Auteur que vous faites profession de suivre.

1°. Il donne, pour principale raison, de ce que les anciens Peres exhortoient tous les fideles de leur temps à lire les Livres sacrés, que c'est qu'*en effet l'Ecriture sainte a été donnée pour l'instruction de tout le monde,*

monde. Pourquoi n'en avez-vous pas dit autant? Pourquoi avez-vous dissimulé une vérité si certaine? C'est que vous avez bien prévu les conséquences naturelles qu'on pourroit tirer de-là. Mais qu'avez-vous gagné par cette dissimulation, puisqu'on vous a soutenu, & que l'on vous soutient encore, que vous n'oseriez nier cette proposition: *l'Ecriture sainte a été écrite pour l'instruction de tout le monde?* D'où il s'ensuit que les Pasteurs doivent exhorter tout le monde à la lire, comme ont fait les anciens Peres: & s'il y en a qui n'en soient pas capables, & à qui cela pourroit nuire, qui est le cas de la Regle, travailler à les en rendre capables: ce qu'il est bien étrange que vous ayiez osé reprendre comme mal dit. C'est de quoi l'on peut vous convaincre.

2°. Le Critique dit que du temps des Peres, on avoit du respect pour les traditions reçues dans l'Eglise. Pourquoi avez-vous omis cela? Car il est vrai que ce seroit une méchante disposition pour lire l'Ecriture avec fruit, que de n'avoir point de respect pour les traditions reçues dans l'Eglise; parce que ce seroit vouloir trouver toutes choses dans l'Ecriture seule, sans l'aide de la Tradition. Mais c'est qu'on voit bien que vous n'avez proposé ce que vous dites avoir été du temps des Peres, que pour l'opposer à ce que vous prétendez manquer à beaucoup de Catholiques en ce temps-ci. Or vous vous êtes bien apperçu que ce seroit une fausseté trop évidente, de vouloir faire entendre, que ceux que vous voulez présentement empêcher de lire l'Ecriture, n'ont pas autant de respect pour les traditions reçues dans l'Eglise, qu'en avoient ceux qui la lisoient du temps des Peres.

3°. Votre Critique parle fort clairement quand il ajoute, *que les Peuples étoient soumis à la direction de leurs Evêques & de leurs Pasteurs, qui leur faisoient entendre la parole de Dieu:* ce qu'il oppose aux esprits séditieux de ces derniers siecles, *qui ont abusé de cette lecture pour introduire des nouveautés dans la Religion.* Pourquoi, le citant, n'avez-vous pas dit la même chose avec la même simplicité: ce qui auroit fait entendre, que la *témérité* dont parle la Regle consiste, à vouloir que chacun puisse & doive trouver sa foi dans l'Ecriture, sans être obligé de se soumettre au jugement de l'Eglise, dans les endroits sur lesquels sont fondés les dogmes de notre sainte Religion. Que n'en demeuriez-vous là? Pourquoi ajouter cette queue énigmatique: *& cum omni erga Ecclesiæ mandata submissione;* & avec une entiere & parfaite soumission aux ordonnances & mandements de l'Eglise? Peut-ce être autre chose qu'une accroche, pour avoir un prétexte d'interdire cette lecture à ceux-mêmes que vous ne pourriez soupçonner de n'être pas très-sincérement disposés à recevoir de l'Eglise le vrai sens de l'Ecriture? Vous avez cru, que si

I. CLAS. N°.XIII.

des filles dévotes s'adressoient à vous pour avoir permission de lire l'Ecriture sainte, vous pourriez les embarrasser, en leur demandant si elles en ont grande envie. Car si elles vous disoient que non, & qu'elles sont disposées à faire ce que vous voudrez, vous leur pourriez répondre, qu'elles feront mieux de ne la pas lire, parce que cela est plus conforme à l'esprit de l'Eglise: & si elles vous répondoient qu'elles en ont un grand desir; vous leur pourriez dire, que c'est pour cela-même qu'elles ne la doivent pas lire, parce qu'elles n'ont pas assez de soumission aux ordonnances de l'Eglise, qui a jugé plus à propos qu'on ne lût point l'Ecriture en langue vulgaire. Vous pourrez vous plaindre que l'on devine votre pensée. Mais c'est vous qui nous y contraignez. Car on ne sait à quoi peut revenir cette *parfaite soumission aux ordonnances de l'Eglise*, que vous dites qu'avoient les fideles du temps des Peres; ce qui étoit cause, si on vous en croit, qu'on leur permettoit à tous de lire l'Ecriture Sainte. Est-ce qu'il n'y avoit aucunes loix de l'Eglise auxquelles les fideles de ce temps-là ne fussent parfaitement soumis? Cela seroit bien faux, puisque l'Eglise a toujours été mêlée de bons & de méchants, & par conséquent de personnes qui observoient les loix de Dieu & de l'Eglise, & d'autres qui les violoient. Et cependant les Peres ont toujours exhorté les uns & les autres à lire l'Ecriture; afin qu'elle servît aux bons à s'affermir dans la vertu, & aux méchants à se corriger de leurs vices. Est-ce quelque ordonnance particuliere que vous avez eu en vue? Dites-nous donc ce que c'est; autrement vous nous permettrez de prendre cela pour une chimere.

Quatrieme Remarque. La Regle ayant supposé que la *témérité* des hommes étoit cause que la lecture des Livres sacrés étoit souvent plus nuisible qu'utile, il est certain que le sens le plus vraisemblable de ces paroles est, d'entendre, par cette *témérité*, comme je viens de dire, l'esprit que les hérétiques inspiroient à ceux à qui ils recommandoient cette lecture, qui étoit de se rendre juges de tous les articles de la foi, sans en vouloir croire la Tradition, ni se soumettre à ce que l'Eglise Catholique en enseignoit. Mais parce que vous avez bien vu que, si vous vous en fussiez tenu-là, comme a fait votre Critique; il n'y auroit presque personne à qui vous pussiez interdire cette lecture, vous n'avez songé qu'à embrouiller cette matiere, & à substituer à cette raison, qui a pu avoir en ce temps-là quelque chose de vrai, d'autres prétextes embarrassés, conçus en des termes équivoques, & que vous pourriez étendre à tout ce qu'il vous plairoit. Voici vos paroles. *Manet hodieque libido illa à Pastoribus & Ecclesia dissentiendi, & tantò quidpiam amplectendi libentiùs, quò illud est novius & singularius.* " On a encore aujourd'hui cette inclination

„ vicieuse, d'être d'un sentiment opposé à celui des Pasteurs & de l'Eglise, „ & d'embrasser des sentiments avec d'autant plus d'ardeur qu'ils sont plus „ nouveaux & plus singuliers. "

Je ferai voir en un autre endroit que vous n'avez pu prendre ce qu'il y a de mauvais dans la disposition d'esprit que vous décrivez, pour la cause qui oblige encore aujourd'hui de ne point permettre de lire l'Ecriture à une infinité de personnes, sans faire d'elles un jugement très-injuste & très-téméraire. Je veux seulement montrer ici, combien ce que vous en dites est brouillé, & mêlé d'ambiguités & d'équivoques, que vous appliquerez à quoi il vous plaira. On sait quelle est votre hardiesse à faire passer pour contraires aux sentiments de l'Eglise les opinions qui ne vous agréent pas. Ainsi il vous sera bien facile de trouver en bien des gens ce que vous appellez *libidinem à Pastoribus & Ecclesia dissentiendi.* L'équivoque de ces mots *nouveauté, singularité, excès*, dont nous avons parlé dans la troisieme Partie, vous donnera encore plus de moyen d'interdire à qui vous voudrez la lecture des Livres sacrés. Car à qui ne pourrez-vous point attribuer *libidinem tantò quidpiam amplectendi libentiùs, quò illud est novius & singularius*; en prenant, comme vous faites, pour *nouveauté* & pour *singularité*, tout ce qui n'a pas le bonheur de vous plaire?

A quoi on peut ajouter, que vous n'avez pas accoutumé de restreindre vos sentences d'improbation à ceux que vous croyez coupables de ces prétendues *nouveautés & singularités;* mais que vous y comprenez encore leurs adhérents. De sorte qu'il y a lieu de s'attendre que, s'il y a des filles qui se présentent pour obtenir permission de lire le Nouveau Testament, la premiere chose qu'on fera pour juger si on la leur doit donner, sera de savoir à qui elles se confessent, & qu'on la leur refusera si c'est à des Prêtres suspects de ces prétendues *nouveautés & singularités*, à moins qu'elles ne promettent de se confesser à l'avenir ou aux Jésuites, ou aux Carmes, ou aux Cordeliers, ou à quelques autres bien déclarés contre ceux que vous prenez pour vos adversaires.

Cinquieme Remarque. La peur que vous avez eue que vos trois reproches généraux & équivoques; d'aimer à contredire l'Eglise, d'aimer la nouveauté, d'aimer la singularité, ne fussent pas suffisants pour faire refuser à autant de personnes que vous voudriez la permission de lire l'Ecriture en françois ou en flamand, vous en a fait ajouter d'autres que vous pussiez appliquer à plus de gens. Les voici.

Denique etsi rursus nihil speciatim designari posset, manet tamen experimentum, ex lectione promiscua Scripturæ Sacræ in linguis vulgaribus, vel tumidiores (præsertim in sequiore sexu) vel inquietiores, circaque fidem dubitantiores, & universim magis sciolos effici. " Enfin, quand on ne pour-

I. CLAS. N°. XIII.

„ roit désigner en particulier ce qui fait que la lecture de la Bible en langue vulgaire est plus nuisible qu'utile, il suffiroit de dire, qu'encore „ aujourd'hui les personnes qui la lisent dans ces langues, en deviennent pour la plupart ou plus orgueilleuses (principalement les femmes) ou plus inquietes, & plus chancelantes en la foi, ou plus savantes."

Rien n'est plus déraisonnable que le premier de ces trois prétextes. Il n'y a rien dont on ne puisse prendre occasion de devenir orgueilleux. Les meilleures actions, l'aumône, le jeûne, les austérités, le mépris même de la vanité peuvent être un sujet de vanité, comme l'a remarqué S. Augustin. Il faudroit donc défendre tout cela, aussi-bien que de lire l'Ecriture en langue vulgaire, parce qu'il y auroit lieu de craindre qu'on n'en devînt orgueilleux.

Mais ce vous a été un grand plaisir de pouvoir dire (*præsertim in sequiore sexu*) principalement dans les femmes. Car on voit bien que votre principal but est d'empêcher que les Religieuses, les filles dévotes, & les femmes qui font profession de piété, lisent la parole de Dieu; & il semble que vous les ayiez voulu avertir par-là, de ne se pas hasarder d'en demander permission, la réponse qu'on leur feroit étant toute prête, qui est que l'on ne peut le leur permettre, parce qu'il feroit à craindre qu'elles n'en devinssent bouffies d'orgueil, *tumidiores.*

Elles feront en effet bien à plaindre, lorsqu'elles rencontreront des Supérieurs instruits ou prévenus de vos maximes. Elles n'ont qu'à s'attendre à être rebutées & renvoyées à leur quenouille. Mais lorsqu'elles auront le bonheur de rencontrer des Supérieurs disciples des Saints Peres, imbus de leur doctrine, & imitateurs de leur conduite, elles en feront traitées comme vous avez vu dans la quatrieme Partie que ces Saints ont traité les filles & les femmes de leur temps. Je me contenterai de vous remettre sous les yeux ce que S. Jérome dit de Sainte Marcelle. " Lorsque j'étois à Rome, dit-il, elle se pressoit de me voir pour me faire „ toujours quelque question sur l'Ecriture. Et elle ne ressembloit pas aux „ Disciples de Pythagore, en demeurant satisfaite de ce que je lui disois (quel orgueil, diriez-vous, si vous osiez accuser les Saints) " & se payant „ d'une autorité sans raison: mais elle examinoit toutes choses, & pesoit „ tout avec beaucoup de jugement & de pénétration d'esprit, de sorte „ que je sentois bien que je n'avois pas tant à faire à un disciple qu'à „ un juge."

Est-ce que l'esprit des femmes étoit autrement fait du temps des Peres que de celui-ci, ou que S. Jérôme les connoissoit bien mal, lorsque non seulement il les louoit de ce qu'elles étudioient l'Ecriture Sainte, mais qu'il leur apprenoit l'hébreu, afin quelles pussent lire le Vieux Testament dans sa langue originale ; ce qui leur pouvoit être sans doute un bien plus grand sujet d'orgueil, qu'à une fille dévote des Pays-bas de lire le N. T. dans sa langue maternelle ? C'est par la charité & l'humilité qu'on doit combattre l'orgueil. Or un des plus grands moyens que Dieu nous ait donnés pour acquérir ces vertus, est la lecture & la méditation de sa parole. Empêcher donc qu'on ne la lise pour ne pas succomber à cette tentation, c'est, selon la pensée de S. Jean Chrysostôme, désarmer un homme en l'envoyant au combat. *L'ignorance de l'Ecriture Sainte*, dit-il, *est la cause de tous nos maux. Nous allons à la guerre sans armes, comment pouvons-nous éviter d'y périr ? C'est un grand bonheur de sortir heureusement du combat étant bien armés ; si donc nous ne le sommes pas, comment pourrons-nous nous défendre ?*

Vos autres prétextes ne sont pas mieux fondés. Ceux qui lisent l'Ecriture en langue vulgaire en deviennent, dites-vous, pour la plupart, *universim*, *inquietiores*, *& circa fidem dubitantiores*. Cela peut arriver à un entre mille ; ce qui n'est pas considérable : mais que cela arrive à la plupart, *universim* ; c'est ce que l'on vous nie, & on vous soutient que c'est une calomnie contre le peuple de Dieu.

Enfin, on ne sait ce que vous voulez dire en cette rencontre par votre mot de *sciolos*. C'est ce que l'on exprime en françois, par celui de *sçavantas*. Mais ni l'un ni l'autre ne s'est jamais dit de gens sans étude, tels que sont ceux qui ne savent que la langue de leur nourrice. On n'appelle *sciolos* ou *sçavantas*, que ceux qui ont mal profité de leurs études, de leur latin ou de leur grec, & qui n'en sont que plus impertinents, pour l'être en diverses langues.

Vous voyez donc bien, Monsieur, que ces termes, pris dans leur véritable sens, ne signifient rien qui puisse revenir à votre sujet. Cependant vous avez voulu dire quelque chose ; &, si je ne me trompe, voici ce que c'est.

Sixieme Remarque. Ces Laïques, hommes ou femmes, à qui vous interdisez la lecture de l'Ecriture sainte, pourroient en la lisant, y appercevoir bien des choses qui ne s'accordent ni avec les maximes, ni avec les pratiques que vous tenez ou que vous favorisez. Ils en pourroient devenir en effet plus inquiets (*inquietiores*) & entrer par ce trouble salutaire dans une juste défiance qui les feroit chanceler, non en la foi (*circa fidem dubitantiores*) mais à l'égard de certaines opinions peu sûres au moins pour le salut, dans lesquelles ils s'étoient laissé endormir à la faveur de leur ignorance. De-là naissent ensuite les scrupules à mesure qu'on devient plus instruit ; ce qui revient à ce que vous exprimez par ces termes : *magis sciolos effici*. Ces scrupules, on les propose natu-

II. CLASSE N°. XIII.

rellement aux Confesseurs, & en cela il n'y a rien que de fort bon lorsque ces Confesseurs sont habiles & pieux, instruits dans l'Ecriture sainte & la science des Saints, *scienter pii, & piè scientes*. Mais comme on a fait voir que tous ceux-là vous sont au moins suspects de rigorisme, ou adhérent à ceux qui en sont regardés comme les chefs, ce qui est auprès de vous un crime capital qui doit les éloigner de tous emplois, nous pouvons supposer que bien-tôt, sur-tout si l'on continue à s'y prendre comme on a commencé dans les Dioceses où vous vous êtes érigé en oracle, il n'y aura plus de Confesseurs que de votre façon ou de votre approbation. Or à l'égard de ceux-là, j'avoue qu'il y a de grands inconvénients à permettre aux Laïques de lire la Sainte Ecriture. Car comme on sait qu'ils ne la lisent guere eux-mêmes, il ne faudroit être que demi-savants (*scioli*) pour l'être davantage qu'eux, & pour leur faire des questions embarrassantes, & dont ils ne sauroient se tirer avec honneur. La plupart n'ont lu que Binsfeld, Busenbaum, ou quelqu'autre Casuiste semblable. Nous ajouterons, si vous voulez, Wiggers & vos Aphorismes. Interrogez-les sur quelque chose qu'ils n'y ont pas lu ou qu'ils ont oublié, ils demeurent court, aussi embarrassés que ce Prophete qui avoit laissé tomber dans l'eau la coignée avec quoi il coupoit du bois; & aussi prêt que lui à s'écrier *Heu, heu, mutuo acceperam.* On n'en a que trop d'expériences: & je ne m'étonne point après cela que l'on veuille défendre aux peuples la lecture de l'Ecriture sainte. Je me souviens qu'une personne de piété s'étant trouvée dans un Monastere de Religieuses, & en ayant exhorté quelques-unes à lire la Sainte Ecriture & à se nourrir de la parole de Dieu, le Confesseur, qui étoit un bon Religieux du crême que vous approuvez, le trouva très-mauvais par cette raison, que ces Religieuses deviendroient trop savantes & qu'elles l'embarrasseroient par les questions qu'elles pourroient lui proposer. Vous cussiez ri autrefois de ces inconvénients ridicules, loin de les croire suffisants pour interdire aux Laïques, qui ne savent que leur langue maternelle, une lecture aussi utile & nécessaire qu'est celle de la Sainte Ecriture. Cependant c'est à quoi il semble que vous en êtes réduit aujourd'hui, si l'on considere non seulement l'écorce de vos paroles, mais le sens que diverses circonstances font croire y être caché.

Les deux dernieres Remarques étant plus longues que les autres, je les ai réservées pour la Difficulté suivante.

XLVIII. DIFFICULTÉ.

VII. REMARQUE. La Regle a marqué en ces termes, qui sont ceux à qui il est à propos d'accorder la permission de lire l'Ecriture Sainte: *Cum consilio Parochi vel Confessarii Bibliorum à Catholicis Auctoribus versorum in vulgari lingua eis concedere possint, quos intellexerint ex hujusmodi lectione non damnum, sed fidei atque pietatis augmentum capere posse.* "On pourra accorder la permission de lire la Bible traduite en langue „ vulgaire par des Auteurs Catholiques à ceux à qui, en suivant le „ conseil de leur Curé ou de leur Confesseur, on jugera que cette lec„ ture n'apportera point de dommage, mais qu'elle leur pourra servir à „ augmenter en eux la foi & la piété".

Pour interpréter bénignement ces paroles en faveur d'une si ancienne liberté, comme on y est obligé selon la maxime *Favores ampliandi*, on les doit regarder comme opposées à la *témérité* qui faisoit craindre que cette lecture ne fût plus nuisible qu'utile. Car on a lieu de présumer en faveur de l'Auteur de la Regle, que son intention a été, que la cause cessant l'effet cessât. De sorte que ce qui y est ajouté, de l'accroissement de la foi & de la piété qu'on pourroit tirer de cette lecture, est seulement pour marquer ce qu'elle est de soi-même capable de produire dans les ames qui n'y mettent point d'empêchement par cette témérité.

Mais vous n'avez eu garde d'entrer dans cet esprit d'équité. Vous n'avez travaillé au contraire qu'à chercher de nouvelles gloses, qui allant bien au-delà de ce que dit la Regle, pourroient servir de prétexte pour refuser ces permissions à la plus grande partie des personnes qui les demanderoient. Il ne faut que vous écouter.

Omnes interim juxta Ecclesiæ suæ morem servent quod statutum est: non nisi magna cum discretione hanc potestatem selectioribus animabus dispensantes vel dispensari facientes, attenta maximè eorum quibus dispensanda est, pietate, humilitate, prudentiâ. Cela veut dire, "qu'on ne „ doit, selon vous, donner ou faire donner le pouvoir de lire l'Ecri„ ture Sainte en langue vulgaire, qu'avec un grand discernement & ré„ serve, en l'accordant seulement à des ames choisies & d'un mérite „ distingué, & en faisant une particuliere attention à leur piété, à leur „ humilité, & à leur prudence".

On vous soutient, Monsieur, que vous qui parlez tant contre le Rigorisme & les Rigoristes, vous l'êtes ici à outrance, & contre toute raison. Il s'agit d'une loi qui est odieuse de sa nature, selon les termes du Droit, & dont par conséquent on doit adoucir la rigueur, autant que l'on peut; & vous y ajoutez au contraire des rigueurs insupportables, qu'on ne peut prétendre être de la loi, sans expliquer ses paroles d'une maniere tout-à-fait déraisonnable. Car la Regle, que vous voulez que l'on observe, dit-elle qu'on ne donnera la permission de lire la parole de Dieu qu'avec grand discernement; *nonnisi magna cum discretione?* Ces paroles qui feroient entendre qu'on doit être fort réservé à l'accorder, y sont-elles? Pourquoi donc les y mettez-vous? Est-ce que vous êtes de l'humeur de ces mal avisés Conseillers de Roboam, qui firent dire à ce Prince: *Pater meus posuit super vos jugum grave; ego autem addam super jugum vestrum?* Pourquoi marquez-vous ensuite, que ce qui oblige à ne donner ces permissions qu'avec un grand discernement est, qu'on ne doit permettre cette lecture qu'aux ames choisies entre plusieurs, *selectioribus animabus?* C'est ce que vous n'avez pu faire trouver dans la Regle que par ce raisonnement pitoyable. On pourra donner cette permission à ceux à qui on jugera que cette lecture ne sera pas dommageable, mais pourra servir à faire croître leur foi & leur piété. Or il n'y a que des ames choisies entre plusieurs, *selectiores animæ*, & qui ont beaucoup de charité, d'humilité & de prudence, de qui l'on puisse juger que cette lecture ne leur sera pas nuisible, & qu'elle leur pourra servir à faire croître leur foi & leur piété. Donc &c.

Je dis que ce raisonnement est pitoyable; parce que la seconde proposition est la pensée du monde la plus fausse, & la plus contraire à tous les Peres. Car il y a toujours eu, & il y a encore parmi les Chrétiens un grand nombre de personnes, qui, bien loin d'être des ames choisies *selectiores animæ*, sont encore beaucoup audessous du commun des bonnes ames, parce que, se laissant dominer par leurs passions, elles ont seulement un desir sincere, mais très-foible de devenir vertueuses. Or on vous a fait voir dans la quatrieme Partie, que tous les Peres conviennent qu'il faut non seulement permettre à une personne qui est dans cet état de lire l'Ecriture sainte, mais qu'il faut l'en presser; parce que cette lecture, loin de lui être nuisible, peut lui être d'un grand secours. Car *l'application*, disent-ils, *qu'il aura à cette divine parole, fera qu'il se reprendra souvent, qu'il aura des remords de son mauvais état, qu'il en gémira, & il pourra enfin parvenir, jusqu'à vouloir efficacement accomplir ce qu'il y aura appris.* Qui vous a donc obligé de donner à cette Regle un faux sens, selon lequel il faudroit que ces grands Saints n'eussent été que des ignorants & des aveugles dans la conduite des ames?

Que si nous passons de ces personnes à ceux qui ne se laissent pas vaincre

vaincre par leurs passions jusqu'à commettre des crimes, mais qui en ressentent encore de rudes attaques, quoiqu'il y en ait entre ceux-là plusieurs de fort imparfaits, qu'on ne peut pas appeller *des ames choisies*, il est encore plus certain, que les Peres nous ont enseigné qu'ils ont plus de besoin de lire la parole de Dieu que les Moines séparés du monde. Je ne répete point ce que j'en ai déja dit. Il n'y a donc rien de plus contraire au sentiment de ces saints Docteurs, que ce que vous attribuez faussement à la Regle de l'Index, qu'on ne doit permettre cette divine nourriture qu'aux plus parfaits d'entre les Laïques, qui, ayant un mérite distingué, peuvent être considérés comme des ames *choisies* entre plusieurs, *selectiores animæ*, & qui par conséquent devroient avoir *une piété*, *une humilité* & *une prudence* non commune.

Voilà le vrai moyen d'étouffer dans de fort bonnes ames, mais simples & timides, le desir qu'elles auroient de se nourrir de ce pain de vie. Car plus elles seront humbles, moins elles oseront aspirer à ce que vous leur dites devoir être réservé à *des ames choisies*, du nombre desquelles elles n'ont garde de se mettre.

On ne peut douter que ce ne soit là votre pensée & votre dessein, après le jugement que vous avez porté des filles de Binch. J'en parle souvent, & je ne me lasserai point d'en parler, parce que rien ne fait mieux connoître le fond de votre cœur sur cette matiere. J'apprends d'ailleurs que ce sont de très-bonnes filles. Mais je n'ai besoin, pour être confirmé dans la bonne opinion que l'on doit avoir d'elles, que de votre propre témoignage. Quelque inclination que vous paroissiez avoir de favoriser des séculiers & des Religieux qui les ont très-injustement persécutées, vous vous êtes trouvé obligé d'avouer à M. l'Arch. de Cambrai, qu'elles n'ont rien fait de toutes les choses, desquelles on a pris occasion de les tourmenter, que de bonne foi & avec très-bonne intention; *fide bona & quàm optima intentione*. Ç'a donc été avec une très-bonne intention que, dans leurs conférences spirituelles, elles ont lu ensemble le Saint Evangile. Or vous savez, Monsieur, qu'il n'y a point de *bonne intention* que celle qui naît de la foi & de la charité, qui nous fait prendre Dieu pour notre derniere fin. Ce n'a donc été que pour plaire à Dieu & pour s'avancer dans la piété que ces bonnes filles lisoient l'Evangile, puisque vous reconnoissez qu'elles le lisoient avec une *très-bonne intention*. On peut juger par-là quelle espérance les filles & les femmes les plus pieuses peuvent avoir qu'on leur laisse lire l'Ecriture sainte, tant qu'on se conduira par vos avis, puisque vous prononcez contre celles-ci cette terrible sentence: *Que ç'a été avec grande raison que des Juges Laïques leur ont défendu cette lecture, & qu'on doit bien se donner de garde de leur laisser reprendre cette nouveauté périlleuse.*

Mais on n'a, pour vous confondre, qu'à vous rappeller à votre Regle. Ecoutez encore une fois ce qu'elle vous dit.

On pourra permettre cette lecture à ceux à qui l'on jugera qu'elle ne sera point nuisible, mais qu'elle pourra leur servir à faire croître leur foi & leur piété.

Or on a tout sujet de croire qu'elle aura cet effet en des filles qui font une profession particuliere de vivre dans la piété, & qui n'ont point d'autre intention dans cette lecture sainte, que d'y apprendre à servir Dieu avec encore plus de zele & plus de ferveur.

Vous n'avez donc pu la faire défendre *comme une nouveauté périlleuse*, à de très pieuses filles, à qui vous rendez vous-même un témoignage fort avantageux, sans combattre la Regle même, que vous voulez qu'on observe.

Huitieme Remarque. Ceux qui ont dressé la Regle ont voulu que ces permissions se donnassent sur le témoignage du Curé ou du Confesseur. On en pouvoit demeurer là, & on auroit pu croire que cela auroit suffi pour remédier aux inconvénients qu'on appréhendoit de cette lecture. Car à quoi pouvoient servir davantage ces permissions par écrit, qu'on ne refuse à personne, mais qu'il faut faire venir de 300 lieues, parce que l'observation sur la Regle ôte aux Evêques le pouvoir d'en donner? Les bonnes ames se seroient reposées sur cet avis de leur Confesseur, qui les auroit jugées capables de cette lecture. Une pancarte venue de si loin, ajoutée à cet avis, que personne n'examine & ne peut examiner, les en peut-elle rendre plus assurées? Quoi qu'il en soit, ce leur est toujours un avantage de dépendre en cela de l'avis de celui qui les peut mieux connoître.

Mais il paroît, Monsieur, que vous avez voulu leur ôter cet avantage dans le Diocese de Malines, en contrôlant la Regle en ce qu'elle avoit de favorable à la liberté de se nourrir de la parole de Dieu. Car au lieu que les Curés & les Confesseurs y étoient en possession de donner ces permissions, sans que vous puissiez dire qu'il en soit arrivé aucun mauvais effet, vous avez eu soin de faire mettre dans une Ordonnance qu'on vous attribue, que tous les pouvoirs ou de lire l'Ecriture en langue vulgaire, ou de la laisser lire à d'autres, étoient révoqués, jusques à ce que l'Archevêque en eût donné de nouveaux à ceux à qui il le jugeroit à propos. L'on sait que vous avez fait entendre que vous étiez de ceux-là, en déclarant à un de vos jeunes Théologiens, qu'il ne pouvoit plus lire la Bible en flamand, mais qu'il n'avoit qu'à vous en demander la permission, & que vous la lui donneriez.

Il vous auroit pourtant bien embarrassé, s'il vous avoit demandé comment vous pouviez donner ce que vous n'avez pas vous-même, contre la maxime commune: *Nemo dat quod non habet.* Car voulant nous faire observer exactement, vous auroit-il pu dire, ce qui a été ordonné à Rome sur ce sujet, comment avez-vous pu croire que M. l'Archevêque vous pouvoit donner un pouvoir qu'il n'a pas lui-même, le Pape se l'étant réservé par l'observation sur cette quatrieme Regle? J'ai droit par l'Ecriture & par la Tradition de lire ce qui a été écrit pour mon instruction, sans en demander permission à personne. Si le Pape a pu me priver de ce droit pour de certaines raisons, pourquoi n'auroit-il pas pu aussi se réserver le pouvoir de donner ces permissions, comme il s'en est réservé tant d'autres? Et si vous, ou les Evêques par votre conseil, lui contestent ce dernier pouvoir, pourquoi, vous dira-t-il, ne serois-je pas aussi-bien fondé de lui contester le premier?

Vous troublez donc tout un Diocese sur un fondement ruineux, selon la Jurisprudence Romaine, à laquelle vous voulez que les autres s'assujettissent, qui est, que les Evêques puissent donner ces permissions. Mais quand ils les pourroient donner, ils seroient au moins obligés de s'en tenir aux termes précis de la Regle, sans pouvoir appésantir le joug qu'elle impose, en voulant que ce ne soient pas les Curés & les Confesseurs, mais des gens qu'il leur plaira de nommer, qui soient maîtres de donner ou de ne pas donner ces permissions à qui ils voudront, & selon qu'ils trouveront bon, plutôt par caprice que par connoissance, de favoriser les uns & de ne pas favoriser les autres.

Est-ce que vous avez cru qu'on seroit assez simple pour ne pas voir à quoi cela tend? On découvre assez que vous avez eu en cela deux ou trois fins, toutes peu justes & peu honnêtes.

La premiere, de diminuer l'autorité des Pasteurs, & des plus gens de bien d'entre les Confesseurs Séculiers, pour augmenter le crédit des Réguliers, & fortifier par-là votre parti.

La seconde, de vous ériger à vous & à vos associés une espece de Tribunal, auquel vous vous êtes imaginé que les filles & les femmes dévotes seroient obligées d'avoir recours, pour pouvoir lire l'Ecriture sainte. En quoi vous pourriez bien vous être trompé. Car que savez-vous s'il n'y en aura point plusieurs qui aimeront mieux avoir cette permission du Pape, au cas qu'on en eût besoin, sur ce qu'elles auront appris qu'il est au moins fort douteux si leur Archevêque a le pouvoir d'en donner?

La troisieme fin est, d'augmenter la difficulté d'avoir ces permissions, parce que vous avez supposé que cela feroit perdre à bien des gens l'envie de lire l'Ecriture sainte; ce qu'on ne peut pas douter que vous ne regardiez comme un grand bien, puisqu'à l'égard même des meilleures ames, vous appellez cette lecture, *une nouveauté périlleuse*, qu'il faut, si on vous en croit, empêcher autant que l'on peut.

XLIX. DIFFICULTÉ.

VI. QUestion. Si le changement qui est arrivé depuis le temps des Peres touchant l'usage moins fréquent de l'Eucharistie, peut autoriser les rigueurs, que vous voudriez que l'on exerçât en ce temps-ci, pour interdire à la plus grande partie des Laïques la lecture de l'Ecriture sainte ?

Ce qui m'a porté à vous faire cette question, c'est que vous avez trouvé tant d'avantage dans cette comparaison, de la communion avec la lecture de la parole de Dieu, pour justifier qu'on peut bien aujourd'hui empêcher beaucoup de personnes de la lire, quoique tout le monde la pût lire du temps des Peres, que vous vous en servez deux fois dans la même dispute de vos Aphorismes, comme si c'étoit une preuve sans replique.

Vous dites au nombre IV, que l'ancienne liberté de lire l'Ecriture sainte ayant été laissée à l'égard des langues de l'Eglise, on a été plus réservé à le permettre dans les langues vulgaires. *En quoi*, ajoutez-vous, *il est arrivé la même chose qu'à l'égard de l'Eucharistie, qui est une autre parole de Dieu. Car la coutume de l'Eglise est maintenant plus resserrée pour la communion. Et à cause du changement des mœurs, & que la témérité s'est accrue, l'Eglise n'approuve plus cet usage si fréquent de prendre cette nourriture divine, au lieu qu'autrefois non seulement on l'approuvoit, mais on le recommandoit avec empressement.*

Vous vous êtes imaginé que cet argument étoit si fort, que vous le répétez au nombre VII, & vous prétendez qu'il résout tout ce que l'on pourroit vous opposer. *N'est-ce pas*, dites-vous, *pour une semblable raison de la témérité des hommes, que l'Eglise est passée de la communion si fréquente des Laïques dans les premiers siecles, à la pratique que nous voyons qui est aujourd'hui en usage? Et ceux qui depuis peu poussoient tout le monde en Espagne à communier tous les jours, parce que les Saints approuvoient que l'on le fît, avoient-ils raison ? On n'a qu'à suivre ce parallele, & on aura de quoi répondre à toutes les objections qu'on a faites & qu'on pourroit faire.*

Et moi je vous dis, Monsieur, qu'on n'a qu'à suivre ce parallele pour tourner cet argument contre vous-même, après qu'on aura remarqué les faussetés & les déguisements que vous y mêlez, pour rendre votre comparaison plus juste.

I. CLAS. N°.XIII.

1°. Parce que la Regle donne pour raison, de ne pas permettre à tout le monde de lire l'Ecriture en langue vulgaire, *que la témérité des hommes a rendu cette lecture plus nuisible qu'utile*. Pour rendre votre parallele plus juste, vous voulez aussi que ce soit à cause de *la témérité des hommes* que l'usage de la communion a été plus rare dans les derniers siecles : *Propter mores immutatos, auctamque passim temeritatem*. Et c'est justement tout le contraire. Car ce n'a pas été la témérité, mais la paresse & la négligence des fideles, qui a été cause qu'on a communié moins souvent en de certains temps, qu'on ne faisoit autrefois.

2°. Vous dites bien que l'Eglise a changé en cela de discipline; mais vous ne dites point en quoi a consisté ce changement, parce que cela eût renversé manifestement la conséquence que vous en voulez tirer, en faveur de la défense de lire l'Ecriture sainte. Afin que ce changement vous pût servir, il faudroit que l'Eglise ne se fût pas contentée de commander à tous les fideles de communier à Pâques, mais qu'elle leur eût défendu de communier plus souvent. Et c'est comme Calvin paroît avoir pris cette ordonnance de l'Eglise, pour avoir occasion de la chicaner, lorsqu'il dit, que *c'est par l'astuce du Diable qu'il a été ordonné que l'on communieroit une fois l'année*. Car cet hérétique avoue, comme on l'a fait voir dans l'Apologie pour les Catholiques; " qu'il n'y auroit rien que de bon dans „ cette ordonnance, pourvu que cela n'empêchât pas que la Cene ne fût pro- „ posée aux fideles toutes & quantes fois qu'ils s'assemblent, & que ceux „ qui se trouveroient bien disposés pour y participer, après s'être éprou- „ vés eux-mêmes, le pussent faire. Mais l'Auteur de l'Apologie a repré- „ senté au même lieu, que le commandement de communier à Pâques „ n'a jamais été pris autrement dans l'Eglise Catholique. On n'a jamais „ prétendu par-là porter les Chrétiens à ne communier qu'une fois l'an- „ née. On n'a jamais manqué depuis cette ordonnance d'offrir le corps „ de Notre Seigneur tous les jours que l'Eglise s'assemble, & de laisser „ la liberté d'y participer à tous ceux qui en auroient dévotion s'y étant „ bien disposés. " Qu'a donc cela de commun avec ce que vous voulez autoriser par-là, qui est, que l'on ne permette point à la plupart des Laïques de lire l'Ecriture sainte qu'avec de grandes précautions? Qui ne voit qu'afin que ce qui a été ordonné touchant la Communion Paschale eût quelque rapport à ce dernier, il faudroit que l'Eglise eût défendu de communier en un autre temps, à moins que l'Evêque, ou l'Inquisiteur, ou le Pape n'en eût donné une permission par écrit? Cela n'étant pas, ne serois-je pas ridicule de me plaindre qu'on ne me laisse pas assez de liberté de communier, lorsqu'on me commande de le faire à Pâques, puisque non

Apol. p. 2. c. 19.

I. CLAS. N°.XIII.

feulement on me permet, mais que l'on m'exhorte de le faire bien plus fouvent, pourvu que je m'y fois bien préparé ?

3°. Vous direz peut-être, que vous n'avez comparé que la plus fréquente communion du temps des anciens Peres avec la moins fréquente de ce temps-ci. Car il faut remarquer que c'eft de ce *temps-ci* dont vous parlez. *Non fecus ac*, dites-vous, *circa ipfam Euchariftiam mos Ecclefiæ reftrictio* jam eft. Et en l'autre endroit. *An non ob fimilem rationem Ecclefia à frequentiore illa Laicorum prifcis temporibus communione, ad hunc* quem cernimus *modum rediit?* On peut diftinguer deux fortes de perfonnes dans l'Eglife. Ceux qui font profeffion de piété, & qui vivent chrétiennement; & d'autres qui ont peu de foin de leur falut, & dont la vie eft peu réglée. A l'égard des premiers il n'y a point de loi qui leur défende de communier auffi fouvent que les bons Chrétiens qui vivoient du temps des Saints Peres. Car nous apprenons de S. Auguftin & de Gennade, qu'on leur laiffoit une grande liberté fur ce fujet; qu'on n'empêchoit point de communier ceux qui avoient dévotion de le faire fort fouvent & même tous les jours; mais qu'on ne blâmoit point ceux qui, par refpect, n'ofoient le faire fi fouvent. Or, l'Eglife eft encore aujourd'hui dans ce même efprit à l'égard des bons Chrétiens qui ne commettent point des ces péchés qui tuent l'ame d'un feul coup, comme parle S. Auguftin. Elle laiffe fur cela le foin de leur conduite à leurs Confeffeurs: en quoi il n'y a rien que de fort doux, & dont, bien loin de fe pouvoir plaindre, on ne peut que fe louer.

Aug. Ep. ad Januar. 54. olim. 118. Genn. de Dogm. Eccl.

Mais pour les Chrétiens coupables de crimes qui ne fe pouvoient expier que par cette pénitence, *à qua propriè*, dit le même Pere, *pœnitentes in Ecclefia appellantur*, tels qu'étoient certainement tous les péchés d'impureté, il faut renverfer votre hypothefe. Car loin qu'à l'égard de ces perfonnes l'Eglife fût alors plus facile à leur accorder l'ufage fréquent de l'Euchariftie, on fait qu'elle les en privoit pendant un très-long efpace de temps, qui alloit fouvent jufques à cinq, dix, quinze, vingt années: au lieu qu'aujourd'hui tant de Chrétiens, étant plus fujets & plus hardis à commettre ces fortes de crimes, ils font devenus fi lâches à en faire pénitence, que l'Eglife contrainte de s'accommoder à leur foibleffe, a été obligée de laiffer à la prudence des Confeffeurs, à l'égard même des plus criminels, le temps de cette féparation de l'Euchariftie, qui étoit inféparable de toutes les pénitences canoniques, de forte qu'à peine oferoit-on les en tenir féparés pour autant de mois qu'on les tenoit alors d'années féparés de ces facrés myfteres. Et il y a même peu de Confeffeurs qui ne cruffent avoir affez fait de féparer les plus coupables pour autant de femaines.

Vous voyez donc que votre comparaiſon n'eſt juſte en rien. Vous avez ſeulement conſidéré qu'en certains temps on a moins communié qu'en d'autres, mais vous deviez prendre garde, que ce n'a jamais été que l'Egliſe l'eût défendu, ſi ce n'eſt à ceux qui étoient coupables de crimes; & qu'à cet égard, il faut dire tout le contraire de ce que vous dites; que c'eſt la pratique de l'Egliſe du temps des Peres, qui étoit bien plus reſerrée que celle de l'Egliſe d'aujourd'hui: en mettant à part, (ce qu'on ne doit pas attribuer à l'Egliſe, mais qui fait honte à notre ſiecle) qu'il s'eſt trouvé des Auteurs *graves*, qui n'ont point rougi d'enſeigner, que l'on pouvoit, & que l'on devoit envoyer à la Sainte Table, après une confeſſion d'une demi-heure, pour y recevoir le Corps de Jeſus Chriſt ou même pour l'y conſacrer, ceux qui, ſept ou huit heures auparavant, auroient ſouillé leur ame & leur corps par d'exécrables impuretés.

4°. La diſcipline de l'ancienne Egliſe envers les pénitents nous fait voir qu'elle a cru, & avec raiſon, avoir droit de priver de la communion ceux qu'elle en jugeoit indignes, comme elle a fait par tant de Canons. Mais il ne paroît point qu'elle ait cru avoir le même droit, de reſſerrer par des loix générales la liberté qu'ont toujours eue tous les fideles de lire l'Ecriture Sainte. La raiſon qu'elle a eue de ſe conduire différemment à l'égard de ces deux choſes, vient ſans doute d'une différence eſſentielle entre la communion & la lecture de la parole de Dieu, qui a été très-bien marquée dans la Préface du Nouveau Teſtament de Mons. Quelque averſion que vous ayiez préſentement pour ce livre, que vous avez autrefois beaucoup eſtimé, je ne laiſſerai pas de vous en rapporter les paroles. " Ce qui eſt d'une grande conſolation „ pour nous, & qui nous doit donner une affection toute particuliere „ pour la parole de Jeſus Chriſt, c'eſt qu'en quelque état que nous ſoyons, „ elle nous peut toujours être ſalutaire, & nous pouvons toujours en „ tirer du fruit. Elle eſt en cela différente du corps de Jeſus Chriſt, „ qui étant le pain ſolide de l'ame, *il faut être guéri*, comme dit S. „ Ambroiſe, *pour le recevoir*. NEMO *cibum accipit Chriſti, niſi fuerit* „ *antè ſanatus*. Mais la parole de Jeſus Chriſt peut être lue très-utile„ment par ceux mêmes qui ſont encore dans le péché, pourvu qu'ils „ s'en ſervent à découvrir leurs plaies, à concevoir de la crainte des „ jugements de Dieu, à eſpérer en ſa miſéricorde, & à ſe jetter entre „ les bras de celui qui les doit guérir. Ainſi elle n'eſt pas ſeulement la „ nourriture des ames ſaines & établies en grace, comme le corps du „ Fils de Dieu; mais elle eſt encore la conſolation des pécheurs, la „ lumiere des aveugles, le remede des malades, & la vie des morts".

I. CLAS. N°. XIII.

Oseriez-vous nier que tout cela ne soit la doctrine même de tous le Saints Peres? Ainsi vouloir, comme vous faites, qu'à l'égard des per sonnes qui ne savent point de latin, on ne permette de lire l'Ecriture Sainte qu'à des ames choisies qui ont beaucoup de piété, d'humilité & de prudence; c'est prétendre que ce que Dieu a voulu qui fût un reme de pour les malades, & qui pût même contribuer à faire sortir les pé cheurs de la mort du péché, ne soit accordé qu'à ceux qui sont établi dans la vie de la grace, qui ne sont plus malades, mais qui se porten fort bien. Voilà à quoi vous faites servir votre parallele.

5°. Mais rien n'est plus capable de vous condamner, que ce qu vous alléguez de ceux qui, de notre temps, ont voulu établir en Espagn la communion de tous les jours. Il paroît par le Décret du 12. Févrie 1679. qu'il y avoit des personnes dans ce même Royaume qui se plai gnoient de ceux qui introduisoient cette pratique. Ils représenterent au S. Siege, les erreurs & les abus qu'ils y méloient, en prétendant que cette communion de tous les jours étoit de droit divin; ce qui étoi cause, que, pour en rendre la pratique plus facile, ils communioient leur dévots dans leurs maisons, & même au lit, quoiqu'ils n'eussent que de très-légeres indispositions; qu'ils leur portoient l'Eucharistie en cachette sans aucune cérémonie, & qu'ils ne vouloient pas en excepter le jou du Vendredi Saint. Mais les mauvaises probabilités des Casuistes, qu sont très-répandues par toute l'Espagne, (comme on en peut juger pa l'estime qu'on y a faite des disputes choisies de Jean Sancius, & du Li vre d'Escobar imprimé 48 fois) ont été cause sans doute que les per sonnes mêmes qui improuvoient cette communion de tous les jours ne se sont point plaints que ceux qui l'autorisoient, n'en excluoient pa ceux qui tomboient en des péchés mortels, & même énormes, tel que sont ceux d'impureté. C'est ce que l'on voit par Jean Sancius, & le Jésuite Mascarehnas, qui disent sur cela des choses si horribles, qu'o a honte de les écrire. Quoi qu'il en soit, cela ne fut point rapport à la Congrégation des Interpretes du Concile, qui jugea de cette pra tique; & ainsi ils n'examinerent que la chose en soi, sans rapport cette erreur. Afin donc que vous pussiez prendre avantage de ce Décret pour autoriser la défense que vous voulez que l'on fasse à presque tou les Laïques de lire l'Ecriture sainte, il faudroit au moins que ces Car dinaux eussent porté le Pape à faire une loi, qui eût défendu de per mettre une communion si fréquente à des Laïques, à des marchands à des pesonnes mariées, à moins qu'ils n'en eussent une permission pa écrit. Mais loin de penser à faire une telle loi, ils ont déclaré, qu'on n la pouvoit faire, & que ç'auroit été contre l'esprit de l'Eglise, & qu'

e

en falloit laisser le jugement à chaque fidele & à leurs Confesseurs, qui reconnoîtront, disent-ils, par la pureté de la conscience de leurs pénitents, par le fruit qu'ils tirent de ces fréquentes communions, & par leur avancement dans la piété, ce qu'il sera à propos qu'ils leur conseillent touchant la communion plus ou moins fréquente. *Frequens ad sacram alimoniam accessus, Confessariorum secreta cordis explorantium judicio est relinquendus, qui ex conscientiarum puritate, & frequentiæ fructu, & ad pietatem processu, quod prospicient eorum saluti profuturum, id illis præscribere debebunt.*

Vous voyez donc, Monsieur, combien il m'est facile de m'acquitter de la promesse que je vous ai faite, de tourner votre argument contre vous-même.

Vous prétendez qu'il doit y avoir eu un parallele fort juste entre la communion, moins fréquente en ce temps-ci, qu'elle ne l'étoit dans les premiers siecles, & la lecture de l'Ecriture sainte, permise présentement à moins de personnes, qu'elle ne l'étoit du temps des Peres.

Or l'Eglise de ces derniers siecles n'a point jugé à propos d'empêcher que ceux qui auroient dévotion de communier fort souvent, & même tous les jours, ne le pussent faire, & elle n'a point requis qu'ils en eussent une permission par écrit, soit de l'Inquisiteur, de l'Evêque ou du Pape.

Il faut donc que vous renonciez à votre parallele, ou que vous avouiez, qu'il n'a point été à propos, que l'Eglise resserrât la liberté entiere qu'avoient autrefois tous les fideles de lire la parole de Dieu, ni qu'elle en empêchât une très-grande partie de la lire, à moins qu'ils n'en eussent une permission par écrit, ou de l'Inquisiteur, ou de l'Evêque, ou du Pape.

Vous concluez votre parallele par ces paroles. *Exsequatur qui volet hoc parallelon; & objecta omnia, ac objicienda solvet.* On n'a *qu'à suivre ce parallele, pour résoudre tout ce que l'on a objecté, & tout ce qu'on pourra objecter à l'avenir contre la défense de lire l'Ecriture en langue vulgaire.* Trouvez bon que je fasse une conclusion qui revienne à la vôtre. Que Monsieur Steyaert réponde solidement à cet antiparallele, & on lui avouera qu'il n'y a point d'objection qu'on lui ait faite, ou qu'on lui puisse faire à l'avenir qu'il ne soit capable de résoudre.

L. DIFFICULTÉ.

VII. QUestion. Supposé qu'on ait dû présumer, que ceux qui entendent le latin, lisant la Bible en cette langue, en pourront profiter, n'a-t-on pas autant de lieu de présumer que ces mêmes personnes, la lisant en langue vulgaire, en pourront profiter aussi ?

Deux choses me donnent lieu de vous faire cette question. La premiere est, ce que vous dites dans vos Aphorismes : Qu'on a laissé aux fideles leur ancienne liberté de lire l'Ecriture sainte dans les langues de l'Eglise (c'est-à-dire en latin, en grec, en hébreu) parce qu'on a présumé que la plupart de ceux qui entendent ces langues-là, pourroient profiter de cette Lecture : *Relictæ sunt in statu pristino linguæ Ecclesiæ; quas qui intelligunt in pluribus saltem ex lectione proficere posse videbantur.*

La seconde est, ce que vous aviez dit à un de vos jeunes Théologiens, qu'il ne pourroit plus lire la Bible en flamand, à moins que vous ne lui donnassiez une permission par écrit. Vous avez donc supposé qu'il n'avoit pas besoin de permission pour la lire en latin, mais qu'il en avoit besoin pour la lire en flamand. La raison du premier, selon vos Aphorismes, est, que l'on présume, qu'en la lisant dans une des langues de l'Eglise, il en pourroit profiter. La raison du dernier doit donc être, qu'on n'auroit pas la même présomption s'il la lisoit en flamand. Et c'est sur quoi, Monsieur, je vous supplie de me dire comment on pourroit avoir raisonnablement ces deux présomptions opposées à l'égard de la même personne ? Car je ne saurois concevoir, que si l'intelligence de la langue latine donne lieu de présumer que celui qui l'entend, lisant la Bible en latin, profitera de cette lecture, on n'ait tout lieu de croire qu'il en profitera encore davantage en la lisant aussi en une autre langue, qu'il entend mieux que la latine.

Mais, pour vous ôter tout lieu de changer l'état de la question, je vous prie de considérer que votre propre Regle ne demande autre chose à l'égard des Bibles en langue vulgaire que l'on permettra de lire à ceux qu'on en jugera capables, sinon qu'elles soient traduites par des Auteurs Catholiques : *Bibliorum à Catholicis Auctoribus versorum lectionem in vulgari lingua concedere possint.* Vous ne nierez pas sans doute que les Docteurs de Louvain, qui ont fait dans le siecle passé deux versions de la Bible, l'une en françois & l'autre en flamand, ne soient des Auteurs Catholiques, & vous avouerez de plus, qu'on a toujours supposé que ces versions étoient assez fidelles & assez exactes, pour n'avoir aucun sujet d'appréhender qu'on n'y prît aucun mauvais sentiment contre la foi ou contre les bonnes mœurs. Or c'est ce que vous devez juger qui suffit pour pouvoir lire avec fruit l'Ecriture sainte. Car s'il étoit nécessaire pour cela, d'être assuré qu'il n'y a aucune faute dans une version, & qu'elle est en toutes choses conforme à l'original, il n'y en auroit aucune qu'on pût lire avec sûreté, pas même la Vulgate latine ; puisque vous avouez qu'elle n'est pas exempte de toutes fautes, & que vous vous contentez de dire qu'il n'y a rien qui puiſſe bleſſer la foi & les bonnes mœurs. *Nec dubium eſt*, dites-vous, *non pauca hodieque in Vulgata editione ſupereſſe quæ emendari poſſent, talia tamen quæ fidei & moribus nihil officiunt.*

Suppoſant donc que votre jeune Théologien n'eût lu le Nouveau Teſtament en flamand que dans la verſion de Louvain, & qu'un autre ne l'ait lu en françois que de la verſion du Pere Amelotte, que je ne crois pas que vous condamniez comme mauvaiſe, on vous ſoutient qu'il n'y a point d'homme raiſonnable, qui ne juge que l'un & l'autre aura pu profiter davantage en le liſant, l'un en latin & en flamand, & l'autre en latin & en françois, que ſi chacun d'eux ne l'avoit lu qu'en latin. Car lorſqu'un livre eſt très-ſaint en ſoi, & ne contient rien pour le ſens qui ne ſoit très-propre à nous édifier & à nous porter à Dieu, on peut d'autant mieux en profiter, qu'on en a plus d'intelligence & qu'on en prend mieux le ſens. Or il n'y a preſque perſonne qui n'entende mieux ſa langue maternelle que toute autre qu'il auroit appriſe par étude. Il eſt donc certain que ſi on a droit de préſumer, qu'un jeune homme profitera de la lecture du Nouveau Teſtament en le liſant en latin, on en a autant pour le moins de préſumer, qu'il en pourra profiter encore davantage en le liſant en une autre langue qu'il entend mieux, parce qu'il en a plus d'uſage.

Il n'eſt pas moins certain que ce qu'on lit en deux langues différentes, ſe comprend & ſe retient mieux, que ſi on ne le liſoit qu'en une ſeule. Car il arrive ſouvent que ce qui eſt obſcur dans l'une eſt plus clair dans l'autre; que ce qui eſt équivoque dans l'une ne l'eſt pas dans l'autre; & ce qui eſt tranſpoſé dans le latin, ne l'étant pas dans une verſion en langue vulgaire, on en a plus de facilité d'entrer dans le ſens de l'Ecriture.

C'eſt donc combattre le ſens commun, que de ne pas demeurer d'accord que chacun de ces jeunes Théologiens, liſant l'Ecriture en latin & en leur langue maternelle, ce leur ſeroit un moyen plus avantageux de profiter de cette lecture, que ſi chacun d'eux ne la liſoit qu'en latin. Or vous ne donnez point d'autre raiſon pourquoi on leur a laiſſé toute la liberté de la lire en latin, ſinon que l'on a jugé que la plupart de ceux qui entendent cette langue pourroient profiter de cette lecture. Pourquoi donc n'auroient-ils pas la même liberté de la lire auſſi dans leur langue maternelle, puiſque ce leur eſt certainement un plus grand avantage que de la lire ſeulement en une langue qu'ils ont appriſe par étude?

Cependant on ne demeure pas d'accord, de ce qu'on vous a laiſſé paſſer, pour ne pas interrompre le fil de la diſpute; que ceux qui ſavent les langues de l'Egliſe, le latin, le grec, l'hébreu, ſoient plus capables de profiter de la lecture des Livres sacrés, que ceux qui ne savent que leur langue maternelle. Ce qu'on doit considérer comme le fruit de cette lecture, n'est pas d'en devenir plus savant; mais d'en devenir plus pieux, plus humble, plus rempli de charité & de toutes les vertus chrétiennes. Or ce qui a été dicté par le S. Esprit pour nous instruire des vérités de cette divine morale, peut avoir cet effet en nous en quelque langue que nous le lisions. Et S. Antoine qui ne savoit que l'ancienne langue égyptienne, qui étoit la vulgaire de la Thebaïde, ne fut pas moins touché de ces paroles de l'Evangile: *Si tu veux être parfait va vendre tout ce que tu as, & le donne aux pauvres, & me suis*, qu'il avoit entendu lire dans cette langue coptique, que s'il les avoit lues en grec ou en la langue que Notre Seigneur parloit, qui étoit la syriaque.

Que si nous considérons les dispositions contraires à celles qui font qu'on lit avec fruit cette parole divine, c'est-à-dire *la témérité* dont se plaint la Regle, qui est cause que cette lecture est nuisible au lieu d'être utile, & si on y joint les autres que vous y avez ajoutées, l'inclination d'avoir des sentiments contraires à ceux de l'Eglise, l'amour des nouveautés dangereuses, l'orgueil, l'inquiétude, les doutes dans les choses de la foi, & ce qui rend les hommes de faux savants, pouvez-vous nier, ce qui est plus clair que le jour, que tout cela ne se soit trouvé beaucoup plus souvent en des personnes habiles dans les langues des savants, qu'en ceux qui n'entendoient que la langue de leur nourrice? Vous reconnoissez dans vos Aphorismes, qu'il y a eu dans ces derniers siecles, une foule de Sectaires, qui se sont imaginé avoir trouvé toutes leurs erreurs dans l'Ecriture: *Colluvies sectariorum nuper emersit, errores suos è Scripturis ipsis præcipuè propinantium.* A-ce été pour l'avoir lue dans des versions en langue vulgaire? Non certainement. Ils l'avoient lue en ces langues, que vous appellez les langues de l'Eglise. Puis donc qu'en comparant ceux qui la lisent en ces langues-là, & ceux qui ne la lisent qu'en des langues vulgaires, il y en a beaucoup plus des premiers que des derniers, à qui il arrive, par leur méchante disposition, ce que dit S. Pierre, *qu'ils la détournent en de mauvais sens, & qu'ils en abusent à leur propre ruine;* le v.a remede à ce mal étoit de corriger cette méchante disposition, & non de s'en prendre à des versions qui n'en étoient point la cause.

I. Clas. N°.XIII.

LI. DIFFICULTÉ.

VIII. QUESTION. Si les Pasteurs, & les autres Ecclésiastiques, qui lisent l'Ecriture sainte pour en instruire les peuples, ont besoin de permission par écrit pour la pouvoir lire en langue vulgaire?

Comme il paroît que votre dessein est de faire prendre à la rigueur, & même plus qu'à la rigueur, les termes de la Régle, on ne doute pas que vous ne répondiez que qui que ce soit, pas même les Evêques & les Cardinaux, ne peuvent lire l'Ecriture sainte en langue vulgaire, sans en avoir la permission du Pape. Et je sais une histoire qui fait voir que l'on le prétend à Rome. Un Evêque avoit fait demander le pouvoir de dispenser dans le troisieme ou le quatrieme degré à l'égard des pauvres. On le lui accorda, & on y ajouta un pouvoir de lire les livres défendus. On en fut surpris, & on demanda à l'Evêque s'il avoit fait demander une telle permission, comme s'il en eût eu besoin. Il répondit qu'il n'en avoit pas eu la moindre pensée, & qu'il n'avoit garde de croire en avoir besoin. Mais il faut bien qu'on le croie à Rome, & il y a de l'apparence que vous êtes de leur avis. Cependant laissons-là les Evêques, & arrêtons-nous aux Prêtres & à ceux qui lisent l'Ecriture pour en instruire les peuples. Vous croyez sans doute qu'ils ne peuvent, sans permission par écrit, la lire en langue vulgaire.

Or pour juger si vous pouvez raisonnablement avoir cette pensée, on n'a qu'à considérer ce que vous dites dans vos Aphorismes, & ce qui se trouve dans une Ordonnance qu'on vous attribue.

Vous dites dans vos Aphorismes, qu'*il est très-utile aux Prélats de l'Eglise & aux Prêtres, de lire & de méditer souvent l'Ecriture sainte, parce que leurs levres sont dépositaires de la science, & que le peuple doit rechercher la loi de leur bouche.* C'est donc principalement à cause que le peuple doit rechercher la loi de leur bouche; c'est à cause de l'obligation qu'ils ont de l'instruire, que, selon vous, la lecture de l'Ecriture sainte leur est très-utile & même nécessaire. Et cela paroît encore en ce qu'à la fin de cette dispute vous réduisez l'usage de l'Ecriture à instruire & à reprendre: *ad docendum & arguendum.* Et voici comme vous prouvez qu'elle est très-utile pour instruire. *C'est*, dites-vous, *que le sacré Texte, non seulement contient une doctrine très-utile, très-sainte, exempte de toute fausseté; mais que ses paroles mêmes touchent le cœur, & y répandent une onction très-abondante. De sorte que celui qui a à instruire le peuple, doit savoir par cœur beaucoup de sentences & de pa-*

roles de l'Ecriture, à quoi il est nécessaire qu'il la lise, & qu'il la médite beaucoup. Il faut que vous entendiez par ces sentences & ces paroles de l'Ecriture, que le Prédicateur doit avoir présentes dans l'esprit pour bien instruire le peuple, non les sons qui sont différents selon les diverses langues, mais les pensées & les choses marquées par ces sons. Car si c'étoit à ces sons que vous prétendissiez attribuer une force particuliere de toucher le cœur, ce devroient être les sons des langues dans lesquelles les Ecritures ont été dictées par le S. Esprit; c'est-à-dire les sons de l'hébreu pour le Vieux Testament, & les sons du grec pour le Nouveau. Car pour le latin, n'étant qu'une version, on ne voit pas pourquoi les sons de cette langue auroient plutôt cette force que ceux de la langue syriaque, armenienne, arabe, françoise, espagnole, italienne, allemande. Mais de plus on voit assez que les sons d'une langue ne sont pas propres à instruire ceux qui ne l'entendent pas. Il faut donc que les Pasteurs & les autres Ecclésiastiques, qui doivent se servir de l'Ecriture pour instruire le peuple, puissent expliquer ce qu'ils en auront appris, en une langue que le peuple entende; c'est-à-dire en une langue vulgaire.

L'Ordonnance dont on vous croit Auteur, étend cela encore plus loin. Car voici ce qu'on dit d'abord de la lecture de l'Ecriture sainte: *Nous exhortons, & même enjoignons, tant aux Prêtres, à qui le soin & la direction des ames est commise, qu'à ceux qui se préparent par l'étude à ces fonctions, de s'appliquer avec une vigilance continuelle, à ce divin trésor de sagesse, afin d'en pouvoir tirer de quoi nourrir ceux qui ont besoin de cette viande céleste: & nous recommandons à nos Examinateurs, qu'ils aient beaucoup d'égard à cela dans l'examen qu'ils feront de ces personnes.* On ajoute ensuite, *que, quant aux autres,* QUOAD CÆTEROS (ce qui comprend tous ceux qui ne sont point Prêtres ayant charge d'ames, ou qui ne se disposent point à l'avoir) *on observera la quatrieme Regle de l'Index, qui défend de lire la Bible en langue vulgaire, à moins qu'on n'en ait une permission par écrit.*

Il y a bien de la brouillerie dans cette opposition. Car 1°. On ne parle que des Prêtres qui ont charge d'ames, ou qui se disposent à l'avoir un jour. Est-ce qu'on ne doit point se mettre en peine que les autres Prêtres & les autres Bénéficiers lisent l'Ecriture sainte, ou qu'on s'imagine, que cette lecture ne leur feroit bonne à rien, parce qu'ils ne sont chargés de l'instruction de personne?

2°. On ne dit point en quelle langue les Prêtres ayant charge d'ames pourront lire l'Ecriture; si c'est seulement en latin, ou s'ils pourront la lire aussi en langue vulgaire?

3°. A l'égard DES AUTRES, qu'on oppose à ces Prêtres, on dit bien u'ils ne pourront lire la Bible en langue vulgaire; mais on ne dit point ils la pourront lire en latin, & du moins on ne les exhorte point à le faire, n quoi on n'a pas mauvaise raison, selon vos principes. Car, supposé que e leur fût une chose dangereuse de la lire en françois ou en flamand dans es traductions approuvées, on ne voit pas comment il leur seroit moins angereux de la lire en latin; ce que vous avouez néanmoins qu'ils peuvent aire.

Cela sans doute pouvoit être plus éclairci. Mais c'est peut être à dessein ue vous n'avez pas voulu vous expliquer davantage, parce que vous avez ppréhendé de faire trop envisager, ce qu'il n'y a point d'homme d'esprit ui ne trouvât étrange. C'est qu'un Ecolier de 18. ans a toute liberté de lire 'Ecriture sainte en latin, sans que personne y trouve à redire, & qu'un Avocat ou un Conseiller de 30 ou 40 ans, qui se sentira plus édifié en la isant en françois, ne le pourra faire sans une permission par écrit, qu'il ne pourra se résoudre de demander, parce qu'il ne voudra pas se soumettre à ce nouveau joug, qui lui peut paroître tout-à-fait déraisonnable.

Mais, vous laissant le soin de nous démêler ces brouilleries, je m'arrête présentement à ce qui est dit des Prêtres, *quibus animarum cura commissa est*, ou de ceux *qui ad eam per studia præparantur;* ce qui s'étend à bien des gens. Car cela comprend tous les jeunes Ecclésiastiques qui étudient dans les Séminaires ou dans les Colleges. Vous les faites exhorter à lire beaucoup l'Ecriture sainte; & la raison qu'on en donne est, afin qu'ils puissent en nourrir les peuples *ut ex eo (sapientiæ Thesauro) dent esurientibus escam in tempore.* Or ce n'est pas en une langue que le peuple n'entend point qu'ils lui pourront donner cette nourriture. Ce seroit lui donner une pierre au lieu de pain. Il faudra donc qu'ils se servent des versions en langue vulgaire, qui en ont été faites par des Auteurs Catholiques; & que, par conséquent, ils les lisent & les étudient. Car rien ne seroit plus déraisonnable que de les obliger à en faire eux-mêmes, comme si tous les Prêtres qui ont charge d'ames, & tous les Etudiants qui se préparent à l'être un jour, étoient capables de faire de bonnes versions de l'Ecriture, & que ce ne fût pas à la plupart une grande témérité de l'entreprendre. C'est donc un droit & une liberté que personne n'a pu ôter aux Pasteurs, parce qu'elle est essentiellement annexée à leur charge, & à l'obligation qu'ils ont de distribuer aux fideles la nourriture de la parole de Dieu, de la lire, & de l'étudier dans les langues que le peuple entende, en se servant pour cela du travail des habiles gens à qui Dieu a donné la pensée de faire ces versions pour le bien commun de l'Eglise. Or vous avez fait joindre aux Pasteurs, dans l'Ordonnance dont je parle, ceux qui étudient pour être capables de l'être, quand Dieu les y appellera. On ne fait donc fur quoi vous vous êtes pu fonder, pour dire à un de vos jeunes Théologiens, qu'il ne pourroit plus à l'avenir lire l'Ecriture fainte en flamand, fans en avoir une permiffion par écrit. Car il femble que l'Ordonnance, que tout le monde vous attribue, lui donnoit lieu de vous foutenir, qu'il n'y avoit point de raifon de l'affujettir à cette nouvelle fervitude.

LII. DIFFICULTÉ.

IX. QUeftion. Si, quand la Regle feroit obfervée, les Pafteurs & les Prédicateurs ne feroient pas bien de difpofer les peuples à fe rendre capables de lire l'Ecriture fainte, & de les y exhorter.

Vous n'avez garde d'être de ce fentiment, puifqu'on voit au contraire, que vous regardez comme un bien, qu'il n'y ait prefque point de Laïques qui lifent l'Ecriture fainte, n'en exceptant que *quelques ames choifies.*

Et cependant il eft aifé de vous prouver, que vous agiffez en cela contre l'efprit même de votre Regle. Car ceux qui l'ont dreffée, n'ont pas nié que ce ne fût une très-bonne chofe en foi que de lire l'Ecriture, en quelque langue qu'elle foit traduite par des Auteurs Catholiques. Mais ils n'ont pas jugé à propos que tout le monde la pût lire en langue vulgaire, *à caufe de la témérité des hommes*, qui faifoit que cette lecture étoit nuifible à plufieurs.

Cela étant, qui ne voit qu'il eft du devoir des Pafteurs de regarder cette témérité comme un mal, qui prive les fideles de ce qu'on ne peut nier qui ne foit un très-grand bien? Et puifque c'eft un mal, ils y doivent remédier autant qu'ils peuvent: ce qui les oblige de repréfenter fortement, comme ont fait les Peres, le fruit que les fideles peuvent retirer de la lecture de la parole de Dieu, afin qu'ils travaillent avec plus d'ardeur à fe délivrer d'une mauvaife difpofition, qui les empêcheroit de jouir d'un fi grand bien.

C'eft ce qu'un exemple fera mieux comprendre. Un bon Prêtre, fort éclairé & fort zélé pour le bien des ames, eft fait Curé d'une paroiffe, où prefque tous les paroiffiens font accoutumés depuis long-temps à ne communier qu'à Pâques, non par refpect, mais par pareffe, & par une grande négligence des chofes de leur falut. Ce nouveau Pafteur ne feroit-il pas obligé de les difpofer à fe rendre capables de communier plus fouvent, en leur repréfentant, d'une part, le grand bien dont ils fe privent

par

par leur négligence, & en travaillant, de l'autre, à les guérir de cette négligence? Pourroit-on lui reprocher que c'est exhorter à communier plus d'une fois l'année des personnes qui ne sont pas disposées à le faire plus souvent? Ce seroit un reproche très-mal fondé. Car, quand on exhorte à ce qui est bon en soi, & qui n'est empêché que par un mal, on suppose que ceux que l'on exhorte feront tout ce qui est nécessaire pour ôter les empêchements qui seroient cause qu'ils ne feroient pas un bon usage de ce bien. Je ne prétends donc pas, dira ce Pasteur, qu'ils communient y étant mal disposés, ni qu'ils le fassent sans que leur Confesseur le juge à propos; mais je travaille à les rendre dignes d'une communion plus fréquente, & à la leur faire envisager comme un grand bien, afin qu'ils aient plus d'ardeur à s'y bien disposer.

C'est ce que vous pourroient dire tout ce qu'il y a de bons Pasteurs dans le Diocese de Malines. Vous nous avez fait, diroient-ils, représenter par notre Archevêque, comme un désordre capable d'avoir attiré sur le pays les calamités publiques dont il est affligé, de ce que les Laïques y lisent l'Ecriture sainte. Il est vrai que nous les y avons exhortés, à l'exemple des Saints Peres; mais ç'a été en leur recommandant d'en adorer les obscurités mystérieuses, & de ne s'arrêter qu'à ce que le Saint Esprit a voulu qui fût le lait des Enfants. Si nous ne leur avons point parlé de permissions par écrit, qu'ils dussent avoir, c'est que nous n'en avons point trouvé l'usage établi. Et quant à la raison que l'on apporte pour l'établir, qui est, que l'expérience fait voir encore aujourd'hui que cette lecture est plus nuisible qu'utile, il semble que c'étoit à nous autres principalement que l'on devoit s'adresser pour savoir si cela étoit vrai, ou non. Car qu'en peuvent dire au vrai ceux qui ne se sont jamais appliqués à la conduite des ames; ou qui, comme la plupart des Religieux Mendiants, ont pour maxime de ne permettre jamais cette lecture à ceux qu'ils conduisent? C'est comme si on consultoit, sur l'effet des eaux minérales, des Médecins sans expérience & sans pratique, ou qui n'auroient jamais traité de malades qui auroient pris de ces eaux. C'est donc aux Pasteurs qui ont cru devoir conseiller, à l'exemple des Saints, cette divine lecture, de rendre témoignage, s'il est vrai, comme on le suppose, qu'elle nuise plus qu'elle ne profite; & nous sommes assurés, que, si on les en veut prendre à serment, il n'y en aura pas de trente un, qui ose attester avoir reconnu, par sa propre expérience, que ce qui est dit sur cela dans l'Ordonnance soit vrai. Sur quoi donc, Monsieur, vous êtes-vous pu fonder, pour nous faire condamner sans nous ouir? Car si c'est un désordre capable d'attirer la colere de Dieu sur ce pays-ci, de ce que des Laïques, des filles, des femmes, lisent l'Ecriture sainte, c'est nous qui en sommes coupables, puisqu'ils ne l'ont fait que parce que nous les y avons exhortés. Tirez-nous donc de l'erreur, si nous y sommes, en nous communiquant vos lumieres. Mais il faut bien que vous n'en ayiez point, puisque vous avez eu, ou la dureté, ou la lâcheté de refuser à un de nos confreres, d'entrer en conférence avec lui, pour appaiser les peines de sa conscience.

On sait bien, Monsieur, que ces bons Curés auront beau se plaindre, cela ne vous embarrassera pas. Il vous suffit de vous être mis du côté des plus forts, & que les conseils violents, que vous donnez aux Evêques, s'exécutent par voie de fait & par des dénis de justice. C'est le sujet de vos triomphes. Vous en concluez, comme faisoit Dioclétien à l'égard des Chrétiens, que les Jansénistes & Rigoristes sont aux abois, & qu'étant prêts d'expirer, ce qui leur reste de voix est le *chant du cigne*. Ce sont vos paroles. Vous avez poussé jusques-là la sotte confiance en votre prétendue bonne fortune. C'est juger de la vérité comme les Mahométans, qui s'imaginent que leur Religion est bonne, parce qu'ils ont fait par les armes de grandes conquêtes. A Dieu ne plaise que nous raisonnions de même touchant les contestations qui arrivent dans l'Eglise sur divers points de sa discipline, de sa morale, ou de sa Théologie; en jugeant que la cause de ceux qui ont plus d'appui dans le monde, & qui y ont assez de crédit pour y faire maltraiter leurs adversaires, est la meilleure. C'est souvent tout le contraire. Dieu se plaît d'exercer la patience de ses serviteurs par ces mauvais traitements: c'est par-là même qu'il fait ensuite triompher la vérité, pour laquelle il a permis qu'ils aient été persécutés. C'est une grande consolation aux gens de bien, d'avoir vu, dans ce siecle, un grand nombre de ces exemples, que l'on peut voir ramassés dans la troisieme des Lettres de l'Hérésie imaginaire. Il y a tout lieu de croire qu'il en sera de même de cette nouvelle tempête, & que, sans être Prophete, on peut dire avec confiance: *Quod exemplis tuemur, inter exempla erit.*

LIII. DIFFICULTÉ.

X. QUESTION. Si on est bien fondé de dire que la Regle de l'Index n'a point été reçue en plusieurs pays Catholiques, & qu'ainsi elle n'a jamais eu de force de loi en ces pays-là?

Il ne paroît pas, Monsieur, que vous le puissiez nier, après ce que vous avez dit dans vos Aphorismes. *Recepta est lex, & huc usque servata (cum varietate tamen quadam pro genio regionum) in parte orbis Catholici multò maxima, imò in orbe merè Catholico toto. Solùm ubi*

inter hæreticos degendum fuit, plus indultum est. " Cette loi a été reçue
„ & observée jusques ici, dans la plus grande partie des pays Catholi-
„ ques. On peut dire qu'elle l'a été dans tous les pays purement Ca-
„ tholiques : mais on a usé d'une plus grande indulgence dans les pays
„ où les Catholiques sont mêlés avec les hérétiques".

Vous avouez donc, qu'il y a des pays où cette Regle n'a été ni reçue ni observée, & où, par conséquent, elle n'a point eu force de loi. Car tout le monde demeure d'accord qu'une loi *prohibitive*, pour parler ainsi, & qui est purement humaine, en ce qu'elle défend une chose qui n'est défendue ni par le droit divin ni par le droit naturel, n'oblige point, & n'a point de force de loi, quand elle n'est ni reçue ni observée. Or il n'y eut jamais de loi qui fût plus de cette nature que celle dont il s'agit; puisque, bien loin que la lecture de l'Ecriture sainte, en quelque langue que ce soit, soit défendue par aucune loi ou divine ou naturelle, elle est au contraire recommandée à tous les fideles par les Saints Peres & par les Apôtres même, comme le Cardinal Madruce le reconnut à Trente en plein Concile, sans en être repris de personne. Il a donc suffi que les fideles de plusieurs pays, aient voulu demeurer dans leur ancienne liberté, de lire ce qui avoit été écrit pour eux, comme S. Paul le témoigne, pour y être demeurés en toute sûreté de conscience.

C'est pourquoi rien n'est plus déraisonnable, ni plus mal fondé, que ce que dit sur ce sujet votre grand Critique, qui aime fort à se signaler par des pensées singulieres, peu conformes au bon sens. Il venoit de dire, que *le P. Véron avoit soutenu, avec beaucoup de chaleur, qu'on devoit donner au peuple la Bible traduite en sa langue par des personnes Catholiques;* & parce qu'une des raisons que ce célebre Controversiste apporte est, que la Regle qui le défend, n'a jamais été reçue en France, le Critique entreprend de faire voir que cette raison ne vaut rien: & voici comme il s'y prend.

" Il importe fort peu de savoir que la Regle de l'Indice, qui défend
„ aux particuliers de lire l'Ecriture en leur langue, qu'ils n'en aient
„ auparavant obtenu la permission, n'est point reçue en France. C'est
„ assez que l'on sache que les Théologiens qui ont composé cette Re-
„ gle, assurent qu'ils n'ont fait leur défense, qu'après avoir reconnu par
„ expérience, que les Bibles en langue vulgaire, étant mises entre les
„ mains de tout le monde, apportent ordinairement plus de domma-
„ ge que d'utilité aux affaires de la Religion. On doit peser les raisons
„ de ces sages Théologiens, sans se mettre beaucoup en peine si leur
„ Regle est reçue en France, ou non".

Un homme judicieux auroit dit tout le contraire. Il suffit de savoir,

I. CLAS. N°. XIII.

que cette Regle n'a point été reçue en France, pour être assuré qu'elle n'y oblige point, & qu'elle n'y a point force de loi; sans qu'il soit besoin de peser les raisons qu'ont eues les sages Théologiens qui l'ont dressée. Car d'où ce Critique a-t-il appris qu'il suffise qu'une loi, de la nature de celle-ci, soit raisonnable, pour avoir force de loi, sans qu'elle ait été ni publiée ni reçue? Et, dans ce cas particulier, qui lui a dit que les raisons de ces sages Théologiens le doivent emporter sur celles des Saints Peres, qu'il avoue lui-même, dans la page précédente, *avoir eu raison d'exhorter les fideles de leur temps à la lecture des Livres sacrés; parce qu'en effet l'Ecriture sainte a été donnée pour l'instruction de tout le monde?*

Il faut bien que vous, & votre Critique, demeuriez d'accord, qu'il a suffi que cette Regle n'ait point été reçue en beaucoup de lieux, afin qu'on n'ait point été obligé de l'observer en ces lieux-là. Car que pouvez-vous dire l'un & l'autre de la sixieme Regle du même *Index*, touchant les livres de Controverse écrits en langue vulgaire? Elle a été dressée par les mêmes Théologiens, & pour les mêmes raisons; c'est-à-dire, parce qu'on a cru, que ces livres étant entre les mains de tout le monde, apporteroient plus de dommage que d'utilité aux affaires de la Religion. Car ils n'ont fait qu'étendre à ces livres de Controverse ce qui est dit dans la quatrieme Regle des livres de l'Ecriture. Pourquoi donc cette sixieme Regle n'oblige-t-elle point, & qu'on ne sauroit faire voir qu'elle ait jamais obligé? Il y a près de cent ans que le Cardinal du Perron a fait des livres de Controverse en françois. N'étoient-ils pas d'abord entre les mains de tout le monde, & s'est-on jamais avisé d'exiger, pour les acheter ou pour les lire, des permissions par écrit? Est-ce que Rome a révoqué cette loi? Nullement. Trente ans depuis la publication de ces Regles de l'*Index*, cette sixieme se trouve expressément autorisée par un Concile Provincial d'Avignon en ces termes: *De libris autem qui inter Catholicos & Hæreticos controversis communi item linguâ conscripti sunt, ea diligens cautio adhibeatur, ut illorum usus iis tantùm concedatur quibus Episcopus aut Inquisitor de consilio Parochi aut Confessarii committendum judicarit.* On a toujours aussi continué à mettre cette sixieme Regle dans toutes les éditions de l'*Index*; & elle ne manque pas de se trouver dans les deux dernieres, sous Clement X. & Innocent XI. Il ne paroît donc point qu'on ait changé à Rome de volonté pour l'observation de cette sixieme Regle plutôt que de la quatrieme. Et vous n'avez nulle preuve du consentement tacite que vous alléguez, à moins que vous ne l'expliquiez de telle sorte, qu'on pourra aussi-bien l'admettre pour la quatrieme que pour celle-là.

Ainsi la vraie raison pourquoi l'une n'oblige nulle part, & que l'autre n'oblige point, au moins en beaucoup de lieux, est, que l'une n'a été reçue nulle part, hors peut-être en Italie, & qu'il y a beaucoup de pays où l'autre n'a point été reçue; les fideles s'étant maintenus dans la possession où ils étoient, de lire des livres, qui leur étoient avantageux, ou pour s'avancer dans la piété, ou pour défendre leur foi contre les objections des hérétiques.

Cependant il faut remarquer, que cette raison est tout autrement forte pour les livres de l'Ecriture en langue vulgaire, que pour les livres de Controverse. Car on a bien plus de besoin de s'instruire de ses devoirs dans la parole de Dieu, que de savoir répondre à ce qu'on nous objecte contre notre foi; & il y auroit quelquefois du danger à lire des livres où on ne répondroit que foiblement aux objections des hérétiques, comme cela peut arriver par le peu d'habileté des Controversistes. Si donc, nonobstant cela, on a jugé qu'il falloit chercher d'autres remedes à ces dangers particuliers, sans gêner le monde par des loix générales, qui pourroient empêcher le fruit des bons livres qui servent beaucoup à l'affermissement des Catholiques, & à la conversion des Hérétiques; qui ne voit qu'on a incomparablement plus de droit de porter le même jugement des versions de l'Ecriture en langue vulgaire, & sur-tout de celle du Nouveau Testament?

Et c'est aussi ce qui est arrivé en beaucoup plus de pays, que vous ne faites entendre par votre discours embarrassé.

Car vous demeurez tacitement d'accord, que votre quatrieme Regle n'est point observée dans tous les pays où les Catholiques sont mêlés avec les hérétiques. Ce qui comprend la Pologne, la Transilvanie, la Hongrie, l'Allemagne, les Provinces Unies, l'Angleterre, l'Ecosse, l'Irlande, la France; ce qui fait la plus grande partie de l'Europe: & c'est ce que vous passez légérement en ces mots. *Solùm ubi inter hæreticos degendum fuit plus indultum est.* Que veut dire *plus indultum est?* Où est-elle cette indulgence qu'on a faite aux Catholiques mêlés avec les hérétiques? Qui la leur a faite? Et qu'elle raison auroit-on de la leur faire plutôt qu'à tous les autres Catholiques? Ce devroit être le contraire. Car on n'a pu avoir de prétexte, qui eût quelque couleur pour interdire cette lecture, que la crainte, bien ou mal fondée, qu'en lisant la parole de Dieu dans le même esprit que les hérétiques, ce ne fût une tentation à beaucoup de gens de se faire hérétiques. Or cette tentation est plus à craindre dans les pays mêlés d'hérétiques, que dans ceux où il n'y en a point. Il n'est donc point vrai que ce soit par aucune indulgence, que les Catholiques lisent librement l'Ecriture en langue vulgaire, dans les pays où ils sont mêlés avec les hérétiques; mais c'est qu'ils ont eu plus de soin de se maintenir dans leur possession: ce qui est venu de diverses causes, qu'il n'est pas nécessaire de rechercher en cet endroit; parce que nous aurons lieu d'en parler en un autre avec plus d'étendue. Il suffit que le fait soit constant, par votre propre aveu, que les Catholiques ne se croient point obligés à l'observation de votre Regle dans les pays où ils sont mêlés avec les hérétiques. D'où il est aisé d'inférer, qu'on ne peut avoir de motif raisonnable d'ôter aux Catholiques des autres pays la même liberté de lire l'Ecriture sainte. Que s'il y en a, comme en Espagne & en Italie, qui s'en trouvent privés sans s'en plaindre, c'est qu'ils sont prévenus dès l'enfance, qu'une Bible italienne ou espagnole est un livre défendu, qu'il n'est pas même permis d'avoir chez soi; de sorte que n'en ayant jamais vu, il s'accoutument de bonne heure à ne pas desirer ce qu'ils ne connoissent pas, & à regarder ensuite comme fort inutile pour la piété de lire l'Evangile & les Ecrits des Apôtres: ce qui est néanmoins une proposition condamnée par tous les Peres.

Cependant, Monsieur, vous n'avez pas songé, qu'à l'égard du temps où votre Regle auroit dû avoir été reçue dans le pays dans lequel, & pour lequel vous écrivez, ce pays n'étoit point de ceux que vous appellez purement Catholiques. Car, dans le temps que cette Regle fut dressée, vers les années 1565 & 66. les Religionnaires, sous le nom de Gueux, se déchaînerent par tout le pays. Ils commencerent à tenir des assemblées, à briser tout ce que les Catholiques estimoient de plus sacré; & à se saisir de quelques villes. Et ce mélange fut cause qu'en 1577. on fut obligé de faire à Gand un traité, où on permettroit l'exercice des deux Religions. C'étoit donc pendant tout ce temps-là un pays mêlé de Catholiques & d'Hérétiques, tel que ceux où vous avouez que la Regle n'a pas été reçue. Ce n'est pas néanmoins à quoi on s'arrête; car on vous a déja dit que ce n'est pas une raison d'ôter aux Catholiques le droit qu'ils ont de lire l'Ecriture sainte, de ce qu'ils ne sont pas mêlés avec les hérétiques: c'en est plutôt une de les laisser dans la possession de ce droit; puisqu'ils en sont plus éloignés de la vouloir lire autrement que dans l'esprit de l'Eglise, n'ayant point d'hérétiques parmi eux qui leur en puissent inspirer un autre.

Laissant donc cette vaine distinction de pays purement Catholiques, ou de pays mêlés de Catholiques & d'Hérétiques, voyons si vous êtes bien fondé d'assurer, aussi positivement que vous faites, que la Regle de l'*Index*, qui défend de lire l'Ecriture sainte en langue vulgaire, a été reçue & observée, *in parte orbis Catholici multò maxima.*

Cette nouvelle loi a eu besoin de deux choses pour avoir force de loi: l'une, d'être publiée où elle l'a dû être; l'autre, d'y être reçue. C'est ce que vous reconnoissez dans vos Aphorismes, au moins quant aux loix qui établissent un droit nouveau. Or rien ne peut être plus nouveau que de défendre aux Chrétiens de lire ce que Dieu a fait écrire pour leur instruction.

Il faut donc que cette loi ait été publiée dans tous les Dioceses de la plus grande partie de la Chrétienté, pour avoir eu force de loi: & comme cette défense regardoit une infinité de personnes, il n'est pas vraisemblable que, s'étant tenu un grand nombre de Conciles depuis le Concile de Trente, on n'y eût rien dit de cette Regle, si l'intention des Evêques assemblés dans ces Conciles, eût été de la faire observer dans leurs Dioceses. C'est donc ce que vous deviez avoir examiné, avant que de parler si affirmativement. On a eu grand soin, dans la derniere édition des Conciles qui s'est faite à Paris, de ramasser ceux qui se sont faits depuis le Concile de Trente. Il y en a 23. en comptant les six de Milan sous S. Charles; dans l'un desquels, qui est le troisieme, cette Regle est confirmée: mais il y est aussi défendu de vendre des Heures de la Vierge, ni en italien, ni en espagnol, ni en françois, ni en allemand, quand même elles seroient aussi en latin. Or on ne croit pas que vous osiez soutenir que cette loi se doive encore observer en ce temps-ci. Il est clair que rien ne seroit plus contraire au véritable bien des ames & de l'Eglise. Cependant ce Saint n'avoit fait en cela que suivre une Constitution de Pie V, dont on ne peut dire autre chose, sinon qu'elle étoit fondée sur des raisons qu'on a cru bonnes en ce temps-là, & qui ne subsistent plus; & c'est, ce que l'on vous fera voir plus bas, que l'on peut dire avec encore plus de raison de la Regle IV. de l'*Index*.

Quoi qu'il en soit, ce Concile est d'Italie, où l'on ne nie point que cette Regle n'ait été reçue & observée. Mais pour les autres Conciles tenus ailleurs, il n'y est rien dit des Bibles en langue vulgaire, sinon en deux; celui de Bourges, de l'an 1584, sous M. de Beaune, l'un des plus savants Prélats de ce temps-là; & celui de Narbonne, de 1609. sous M. de Vervins. Et ce qui en est dit est tout-à-fait contraire à votre prétention. Car les Evêques, assemblés dans l'un ou l'autre de ces deux Conciles, n'ont pas sans doute ignoré la quatrieme Regle de l'*Index*. Ils n'auroient donc eu qu'à la publier & à la confirmer, s'ils avoient approuvé que l'on défendît la lecture de l'Ecriture sainte traduite en langue vulgaire par des Auteurs Catholiques. Mais c'est sans doute ce qu'ils n'ont pas jugé qui fût du bien de l'Eglise, puisqu'ils se sont contentés de restreindre cette défense aux versions que l'Eglise n'approuve point; telles que sont celles qui ont été faites par les hérétiques.

Voilà tout ce que l'on trouve sur ce sujet dans le Concile de Bourges

I. CLAS. N°. XIII.

de l'an 1584. Tit. 4. Can. 2. *Omnia Biblia Sacra, & quivis alii libri de fide & Religione vernaculâ linguâ scripti respuantur nisi quos Ecclesiæ Catholicæ & Ordinarii auctoritas probaverit.* Ce n'est donc point la lecture des Bibles traduites en langue vulgaire que l'on défend, non plus que la lecture des autres livres de la foi & de la Religion, écrits en langue vulgaire; ce sont les livres mêmes, quand ils ne sont point tels qu'ils puissent être approuvés par l'Eglise & par l'Ordinaire. Ainsi la lecture de la Bible, & de ces autres livres est également permise, quand les versions, en ayant été faites par des Catholiques, elles sont approuvées dans l'Eglise par l'autorité des Ordinaires.

Le Concile de Narbonne de l'an 1609: *Cap. 3. de Libris vetitis* semble d'abord avoir dessein d'autoriser la quatrieme Regle; mais il la restreint aussi-tôt aux seules Bibles Huguenottes. Car voici son Décret entier. *Biblia verò sacra idiomate gallico conscripta legere aut domi retinere nemini liceat, nisi ab Episcopo aut ejus Vicario generali expressa in scripto obtenta licentia, quam non concedent nisi eisdem visis, lectis, & approbatis, ne venenum ab hæreticis sparsum in permultis versionibus leniter serpens animas alioquin pias inficiat.* Il est donc clair, que la licence que ce Concile veut qu'on obtienne pour pouvoir lire la Bible en françois, ne regarde pas la disposition des personnes qui la voudroient lire, mais la qualité des versions, qui, étant faites par les Hérétiques, contiendroient des choses qui pourroient corrompre les ames pieuses. Or ce n'est point de quoi il s'agit présentement. On sait fort bien, que, quand on se plaint comme d'un grand mal, de ce que les Laïques lisent la Bible en langue vulgaire, on ne suppose point qu'ils lisent des versions faites par des Hérétiques, & qui contiennent un venin capable de les corrompre. Mais on prétend, que la lecture des meilleures versions, & des Auteurs les plus certainement Catholiques, est plus nuisible qu'utile à la plus grande partie des Laïques, & qu'on ne la doit permettre qu'avec de *grandes précautions*, & seulement à des *ames choisies*. Et c'est ce qu'on voit manifestement être tout-à-fait opposé au sentiment de ce Concile.

Cependant il faut remarquer, que ce Concile de Narbonne de 1609. n'a été imprimé qu'après avoir été envoyé à Rome, & approuvé par le Pape Paul V: ce qui fait voir que ce Pape n'a pas désapprouvé que les Evêques de ce Concile eussent restreint, aux versions faites par les Hérétiques, la défense de lire l'Ecriture sainte en langue vulgaire. Prenez ce même tempérament, & on verra bientôt le calme où vous avez mis le trouble. Voilà tout ce qu'on trouve sur ce sujet dans les Conciles Provinciaux tenus depuis le Concile de Trente, qui sont dans le xv. tome de la derniere édition des Conciles.

LIV.

LIV. DIFFICULTÉ.

J'Ai tâché de favoir ce qui s'étoit paffé touchant cette Regle dans les Pays-bas Efpagnols ; & voici ce que j'en ai pu apprendre.

Il eft certain que cette Regle n'a jamais été ni publiée ni autorifée par aucun Placard des Rois Catholiques, ni par aucune Ordonnance de leurs Confeils. C'eft cependant un des droits du Pays (*jus Belgarum*,) que toutes ces loix Romaines n'y ont point force de loi que quand elles ont ce qu'on appelle *le placet du Roi.*

Il eft vrai que le P. Harney votre bon ami, foutient le contraire de ce que l'on pofe en fait. Car il prétend que le Roi Philippe II. a ordonné, que cette Regle fût obfervée dans les Pays-bas, par fon Placard ou Ordonnance du 15. Fevrier 1569. Mais il ne faut que la lire pour voir qu'il n'y eft fait aucune défenfe de lire l'Ecriture fainte en langue vulgaire.

Philippe, par la grace de Dieu, Roi de Caftille, &c. Comme par tous moyens poffibles nous procurons d'extirper toutes fectes & héréfies contraires à notre fainte foi Catholique, & notre Mere la Sainte Eglife Romaine, depuis quelques années paffées tant pullulées en nos pays de par deça. Et que, pour remédier aux fomens & nutritifs d'icelles, il nous a femblé devoir entre autres donner ordre fur le fait des livres réprouvés & défendus, auquel avons depuis fait ajouter un appendice, par l'avis d'aucuns Evêques, Prélats, Docteurs, & autres gens lettrés & notables, contenant les livres qui n'étoient connus au dit Concile, ou alors non venus encore en lumiere. Pour ce eft-il, que ce confidéré, & afin que chacun puiffe favoir comment il fe devra dorénavant régler & conduire, endroit les livres réprouvés & défendus, avons, par l'avis & délibération de notre très-cher & très-amé Coufin .... le Duc d'Alve, &c. ftatué & ordonné, ftatuons & ordonnons pour Edit par ces préfentes, que tous les livres réprouvés & défendus par le Catalogue fait au dit Concile de Trente, & l'appendice dreffé par notre dite Ordonnance, *& annexé à icelui, foient brûlés en dedans trois mois après la publication de cette, fans que dorénavant on les puiffe ou pourra imprimer, vendre, diftribuer ou tenir chez foi. Et que les autres livres, qui, reftent & font encore à corriger & purger, foient endeans le temps fufdit exhibés & rapportés ès mains du Magiftrat du lieu, avec l'inventaire & fpécification d'iceux : dont le dit Magiftrat fera tenu avertir notre dit Coufin le Duc d'Alve, ou lefdits de notre Confeil ordonné lez icelui, afin de commettre perfonne idoine & qualifiée pour les repurger, le tout fous les peines contenues ès Placards & Ordonnances de feu de très-haute*

I. CLAS. N°. XIII.

mémoire l'Empereur Charles le quint, Monseigneur & Pere, que Dieu absoille, dressées sur le fait de la Religion, & depuis par nous confirmées; ou autres que pourrions sur ce faire ci-après.

Y a-t-il un seul mot dans tout ce Placart, par lequel on puisse dire qu'il soit défendu de lire l'Ecriture sainte en langue vulgaire? Ne voit-on pas le contraire par toute la suite?

1°. Ce Prince témoigne le desir qu'il a toujours eu d'extirper toutes sectes & hérésies contraires à notre sainte foi Catholique. A-t-il supposé que ces hérésies étoient dans la Bible?

2°. Il dit, que, pour remédier à ce qui peut nourrir & entretenir ces hérésies, il lui a semblé devoir donner ordre sur le fait des livres en suivant le catalogue des livres réprouvés & défendus fait au Concile général de Trente. Or nous avons fait voir ci-dessus, que le Concile de Trente n'a eu garde de mettre la Sainte Bible au rang des livres réprouvés & défendus, & que les Regles ajoutées depuis à l'*Index* que le Concile avoit fait faire, ne sont point certainement du Concile.

3°. Il dit qu'il a fait ajouter au Catalogue du Concile un appendice d'autres livres, non connus du Concile, ou qui n'étoient encore venus en lumiere. Cela ne peut donc pas regarder les Bibles traduites en françois & en flamand par les Docteurs de Louvain avec un privilege de Charles V. dès l'année 1546.

4°. Ce Prince ordonne, que tous les livres réprouvés & défendus par le Catalogue fait au Concile de Trente, & par l'appendice annexé à icelui soient brûlés dans trois mois après la publication de cette Ordonnance. Cela peut-il regarder les Bibles françoises & flamandes des Docteurs de Louvain, imprimées par l'autorité de l'Empereur son Pere?

5°. Il parle ensuite des livres qui étoient à corriger & à purger. On ne dira pas non plus que cela regardât les Bibles.

6°. On voit encore la même chose par le privilege donné à Plantin pour l'impression de ce Placard, que le P. Harney a pris la peine de faire imprimer, afin qu'on eût encore cette piece pour le convaincre: car il y est dit, qu'il pourra seul vendre, &c. *Les Lettres Patentes de l'Edit & Ordonnance de Sa Majesté en date du 15. Févr. dépêchées* sur le fait des Livres réprouvés & défendus. *Ensuite le Catalogue sur ce fait au Saint Concile de Trente, & l'appendice depuis dressé.*

7°. On peut enfin remarquer que ce Roi veut que son Ordonnance soit exécutée sous les peines contenues ès Placards & Ordonnances de l'Empereur Charles V. sur le fait de la Religion. Or une des plus belles choses que cet Empereur ait fait sur le sujet de la Religion, est l'Ecrit intitulé: *Formula Reformationis per sacram Cæsaream Majestatem, &c.*

proposée à la Diette d'Augsbourg de 1548. & approuvée par le Concile de Cambrai de 1550, & par beaucoup d'autres. Et voici ce qui y est dit, au titre *de Disciplina populi.* " On doit empêcher que le peuple „ ne lise des livres pernicieux, suspects d'une fausse Religion, & où, à „ l'exemple de Lucien, on tourne en raillerie Dieu, les Saints, la Re- „ ligion & les choses saintes. Car cela ne peut que nuire à la piété & „ aux bonnes moeurs. Que l'on défende aussi les images deshonnêtes, „ &c. Mais *que le peuple lise les Livres sacrés*, les Saints Peres, les „ vies des Saints, & qu'on ne présente devant ses yeux que des images „ qui le puissent porter à la piété & à la vertu". Ce grand Empereur veut donc que le peuple lise les Livres sacrés: *Legat autem populus Libros sacros.*

Mais il est bon de remarquer, que lorsque l'Empereur Charles V. vouloit que le peuple *lût les Livres sacrés*, c'étoit en 1548, lorsque les nouvelles héréfies de Luther, de Zuingle, des Anabaptistes faisoient de plus grands ravages dans l'Allemagne. Il ne croyoit donc pas, comme vous & votre Critique, *que parce que quelques esprits séditieux abusoient de cette lecture pour introduire des nouveautés dans la Religion, il fût nécessaire d'user en cela de précaution, & de ne la permettre pas indifféremment à toutes sortes de personnes.* Et on voudroit aujourd'hui faire dire au Roi son Fils, sans qu'il y en ait un seul mot dans son Placard, *que le peuple se garde bien de lire les Livres sacrés.*

Il est donc constant, que cette Regle quatrieme, qui défend la lecture de la Bible en langue vulgaire, n'a jamais été publiée dans les Pays-bas par l'autorité des Rois Catholiques. Or cela étoit nécessaire, selon les loix du Pays, afin qu'elle y eût force de loi, y ayant sur-tout beaucoup de choses dans cette Regle, qui dépendent de l'autorité temporelle, & qui concernent une police extérieure, qui ne se peut exécuter que par l'ordre des Conseils de S. M.; comme ce qui regarde les Libraires. C'est à quoi vous aviez dû penser avant que de faire faire une Ordonnance qui a troublé, à ce que j'apprends, tout un Diocese, & qui par le seul défaut que je viens de remarquer, est tout-à-fait nulle.

Je veux bien néanmoins rapporter ce que j'ai appris avoir été fait sur cela par la Puissance Ecclésiastique.

Le Concile de Cambrai fut assemblé un an après que ces Regles de *l'Index* eurent été approuvées par le Pape. Elles ne pouvoient donc pas être inconnues aux Evêques de ce Concile. Cependant la premiere chose qu'on y fit, fut de donner ordre aux méchants livres, qui pouvoient corrompre les fideles, sans qu'on y dise un seul mot, ni de cette quatrieme Regle, ni de la sixieme: car on n'y ordonne autre chose, pour empêcher les méchants effets de ces livres pernicieux, que l'exécution de l'Edit de Charles V. Ce Concile est divisé par titres; & le premier est, *de Libris Hæreticorum suspectis & vetitis.* Et en voici le premier Décret. *Afin de mieux satisfaire au Décret du Concile de Trente, qui ordonne qu'on ne laisse point répandre parmi les Catholiques des livres défendus & suspects, dont la lecture peut facilement corrompre les simples; le Concile enjoint aux Evêques de porter les Magistrats à faire observer exactement l'Edit de l'Empereur Charles* V. Ce qui n'avoit garde de comprendre la lecture de l'Ecriture sainte; puisqu'il n'y avoit que quinze ans que les Evêques de cette Province, dans un Concile antérieur, avoient approuvé le Projet de Réformation de cet Empereur; dans lequel, comme nous avons déja remarqué, il est dit expressément, que le peuple doit lire les Livres sacrés. *Populus legat Libros Sacros.*

Le premier Concile Provincial de Malines, depuis le Concile de Trente, se tint au mois de Juillet de l'an 1570, en l'absence du Cardinal Granvelle, par l'Evêque d'Ypres, le plus ancien des Evêques conprovinciaux: & il n'y est rien dit du tout contre la liberté, que les Catholiques avoient eue jusques alors, de lire l'Ecriture sainte traduite par les Docteurs de Louvain.

Il se tint à Malines un second Concile Provincial depuis le Concile de Trente, sous l'Archevêque Hovius en 1607, lorsqu'il y avoit déja plus de quarante ans que les Regles dont il s'agit avoient été autorisées par le Pape Pie IV. Et voici ce qui est dit des livres défendus, dans le Tit. 1. ch. 7. *Que les Pasteurs aient grand soin d'avertir leurs Paroissiens de ne point lire, ni retenir chez eux, les livres hérétiques & deshonnêtes, & qu'ils les avertissent des prohibitions qui sont dans les Catalogues des livres défendus, publiés depuis le Concile par l'autorité du S. Siege.* Il est certain que ces paroles ne regardent que les Catalogues des livres défendus, & non pas les Regles qui y ont été ajoutées. Car le Placard de Philippe II. ni le premier Concile de Malines de 1570. n'ayant pas dit un seul mot de ces Regles, si on avoit voulu commencer à en parler, on les auroit marquées exprès, & non d'une maniere si obscure & si générale, qu'il auroit été impossible que les Pasteurs y eussent rien compris. Car comment se seroient-ils imaginés que les Livres sacrés dictés par le S. Esprit, eussent été mis dans le Catalogue des méchants livres qu'il se faut bien garder de lire?

Il est vrai, que, depuis ce temps-là, cette quatrieme Regle se trouve autorisée par quelques Synodes Diocésains; l'un, de Malines en 1609, & d'autres de Gand, de Namur & d'Ypres. Ç'a été peut-être à la sollicitation des Nonces ou des Internonces. Mais il ne paroît pas que cela ait été obfervé. J'ai vu une lettre où on mande ce qui fuit. *Decretum Gandenfe anni 1650. juffu Moderni Epifcopi nuper publicatum fuit. Cæterum quantum tunc ex D. N. aliifque fenioribus intelligere potui, Decretum illud anni 1650. nunquam hic obfervatum ufuque receptum fuerat. Quantum intelligere potui, plerifque Flandris perfuafum fuit hactenus, quod Scripturam Sacram lingua vulgari legere poffint fi à Parocho aut alio Confeffario ad hoc idonei judicentur.* " M. l'Evêque de Gand a fait „ publier depuis peu de temps le Décret de l'an 1650. (contre la „ lecture de la Bible en langue vulgaire, à moins qu'on en ait une per„ miffion par écrit.) J'en parlai alors à M. N. & à d'autres anciens Ec„ cléfiaftiques, qui m'ont affuré que ce Décret de 1650. n'avoit été „ obfervé ni reçu par l'ufage. L'opinion commune de ce pays-ci, au„ tant que je l'ai pu apprendre, eft, qu'ils croient pouvoir lire l'Ecri„ ture en langue vulgaire, pourvu que leur Curé ou leur Confeffeur „ les en jugent capables ". C'eft ce qui peut être confirmé par le Décret du Diocefe de Namur de 1659, qui a voulu introduire l'obfervation de la Regle. Car on y reconnoît, que les féculiers étoient dans ce fentiment, qu'ils pouvoient lire l'Ecriture fainte en langue vulgaire, pourvu qu'ils en euffent la permiffion de leurs Confeffeurs. Et il paroît que quelques Evêques ont voulu, de temps en temps, les affujettir à plus que cela: mais qu'ils n'en ont pu venir à bout. Il refte donc à voir fi les Laïques ont eu raifon d'en demeurer-là, & de ne fe point foumettre à un joug qui leur auroit infenfiblement fait perdre l'envie de lire l'Ecriture fainte; ce qui leur eft fi recommandé par l'Ecriture même, & par les Saints Peres.

Il fe tint à Cambrai un fecond Concile Provincial en 1586, où préfida, avec l'Archevêque, & avant l'Archevêque, un Evêque de Verceil, Nonce du Pape, avec le pouvoir de Légat *à latere*. C'eft pourquoi on n'a pas fujet de s'étonner qu'il y ait fait mettre un article touchant la défenfe de lire l'Ecriture en langue vulgaire, dont on n'avoit pas dit un feul mot: dans le premier Concile de cette Province en 1565. Mais comme il ne fuffit pas qu'une loi contenant un nouveau droit, qui n'eft ni naturel ni divin, foit publiée, mais qu'il faut encore quelle foit reçue & obfervée pour avoir force de loi, ce feroit à vous à montrer que cette quatrieme Regle a été reçue, enfuite de ce Concile, dans la Province Eccléfiaftique de Cambrai. Or il paroît, par un Synode Diocéfain de Tournay, qu'en 1589, trois ans après ce Concile Provincial, elle n'avoit été ni reçue ni obfervée, & que le Peuple avoit toujours continué à lire l'Ecriture en une langue qu'il entendoit. L'Evêque de Tournay de ce temps-là s'en plaint dans ce Synode; mais c'eft fa plainte même qui fait voir la vérité du fait : & on ne croit pas que l'on puisse prouver qu'on l'eût mieux observée depuis. C'est cependant de quoi il s'agit. Car plusieurs choses étant nécessaires, afin qu'une loi humaine ait force de loi, comme deux entre autres (ainsi que je l'ai déja marqué :) l'une; qu'elle soit publiée où elle le doit être selon les coutumes des lieux: l'autre, qu'elle soit réçue & observée, lors sur-tout que ceux à qui on la veut imposer, peuvent avoir de bonnes raisons pour ne la pas recevoir : c'est bien raisonner que de dire ; cette loi n'a pas été publiée où elle l'a dû être, donc elle n'oblige pas. Mais c'est mal raisonner que d'inférer qu'elle a force de loi, de ce qu'elle a été publiée : il reste encore à prouver qu'elle a été reçue & observée. C'est pourquoi si le peuple de Tournay & des autres Dioceses de la Métropole de Cambrai, étoit demeuré depuis ce Synode Diocésain dans la même disposition où il avoit été pendant les trois ans qui s'étoient passés depuis le second Concile de Cambrai; c'est-à-dire, s'il avoit toujours eu peine à se soumettre à cette nouvelle servitude, inconnue à toute l'antiquité, de demander une permission par écrit pour une chose aussi sainte en soi qu'est la lecture de l'Ecriture sainte, il est indubitable que ce qu'en dit l'Evêque de Tournay dans ce Synode, n'auroit pas fait que cette Regle y eût force de loi.

LV. DIFFICULTÉ.

XI. QUESTION. Si les raisons qui ont porté à faire la IV. Regle de l'Index subsistent encore?

Vous proposez, Monsieur, cette difficulté, comme le principal Argument de vos adversaires, mais vous affoiblissez l'objection, autant que vous pouvez, & vous y répondez fort mal. On ne doute point que vous n'ayiez vu la *Défense des Versions*. On y a fait voir d'une maniere démonstrative, non seulement que toutes les raisons qu'on a cru avoir autrefois d'ôter les versions de l'Ecriture d'entre les mains du peuple, ne subsistent plus; mais qu'on en a de toutes contraires. On a réduit à divers chefs ce qu'on alléguoit en ce temps-là, pour rendre les versions odieuses; & voici ce qu'on a dit du dernier.

La derniere raison a eu en son temps plus de vraisemblance; mais maintenant elle n'en a pas davantage: car elle n'avoit alors quelque ombre de vérité, qu'à cause de diverses choses qui ne sont plus dans le même état. C'étoit principalement les Hérétiques qui recommandoient au peuple de lire l'Ecriture en langue vulgaire. On avoit pour suspect tout ce qui venoit de leur part; & il arrive assez souvent, que, dans la premiere chaleur des disputes de Religion, on est porté à improuver ce qui est fort approuvé par ceux du parti contraire. C'est sur cela qu'étoit fondé ce que dit M. Despence, qu'on étoit suspect d'héréfie quand on savoit le grec, & que c'étoit encore pis quand on savoit l'hébreu. Cela venoit de ce que les premiers Novateurs se prévaloient de la connoissance qu'ils avoient des langues originales de l'Ecriture. Mais comme il seroit ridicule de demeurer encore dans cette ancienne prévention contre ceux qui savent le grec & l'hébreu, il ne le seroit pas moins de faire valoir encore cette mauvaise raison, dont Pierre Soto, d'ailleurs fort habile, se sert contre les versions de l'Ecriture en langue vulgaire, qu'il n'y en a point qui les aient tant recommandées que les hérétiques.

Ce qu'il faut avouer, & qui est plus considérable, est, que les hérétiques y méloient un venin secret en les donnant aux simples. Car, outre que celles qu'ils avoient traduites étoient altérées en beaucoup d'endroits, & qu'elles étoient presque toujours accompagnées d'arguments & de notes qui portoient à l'erreur, l'esprit qu'ils inspiroient en recommandant cette lecture, étoit de se rendre juge de tous les articles de la foi, sans en vouloir croire la Tradition, ni se soumettre à ce qu'en enseignoit l'Eglise. Or il faut confesser que l'Ecriture, lue avec cet esprit en quelque langue que ce soit, ne peut être qu'une occasion à des hommes également pleins de présomption & de ténebres, *de se faire de l'Evangile de J. C. l'Evangile du diable*, comme dit S. Jérôme, & de trouver une infinité d'erreurs & d'héréfies dans les livres mêmes de la vérité. Jamais cela n'a tant paru que dans ces derniers siecles. Ceux mêmes qui avoient commencé de chercher leur foi dans l'Ecriture, & de ne s'arrêter qu'à ce qu'ils s'imaginoient y avoir trouvé, sans se soumettre à l'autorite de l'Eglise Catholique, ont vu bientôt leurs nouvelles Eglises divisées par de nouveaux Sectaires, qui, suivant la même regle, de ne croire que l'Ecriture, ne se sont pas arrêtés où en étoient demeurés les premiers Réformateurs; mais ont fait un ravage entier dans la Religion, en renversant les principaux articles de la foi, auxquels les autres n'avoient pas osé toucher.

Mais que ces maux soient si grands que l'on voudra, comme en effet ils sont très-grands, ç'a été une illusion de s'en prendre aux versions de l'Ecriture en langue vulgaire, au lieu qu'on n'a dû les attribuer qu'à la méchante disposition de ceux qui les lisoient avec l'esprit de présomption que leur inspiroient les hérétiques. C'étoit donc cette méchante disposition qu'il falloit penser à corriger, & non pas vouloir abolir ou empécher

I. CLAS. N°. XIII.

ces versions qui n'en étoient point la véritable cause : comme la célébration de la Messe n'est point la cause des irrévérences qui s'y commettent par tant de mauvais Chrétiens ; & on ne s'est point encore avisé de proposer de ne plus dire la Messe, ou de ne la dire que très-rarement, pour arrêter ces irrévérences. Pourquoi donc voudroit-on que l'Eglise eût privé la plupart de ses enfants de la lecture des Livres sacrés, pour empêcher que quelques-uns n'en fissent un mauvais usage ? C'étoit un moyen trop violent pour aller au devant des maux qu'on pouvoit craindre des versions de l'Ecriture en langue vulgaire, quand on les lit sans soumission à l'autorité de l'Eglise, que de les retrancher de l'usage commun des fideles. Il étoit plus chrétien de s'appliquer à la véritable cause du mal, en travaillant à les faire entrer dans la disposition où ils doivent être pour profiter d'une si sainte lecture. Non seulement cela est plus raisonnable ; mais l'expérience a fait voir que c'étoit le plus facile : car on ne feroit jamais venu à bout d'ôter la consolation de lire la parole de Dieu à tous ceux qui ne savent que la langue de leurs nourrices. Cela n'étoit ni juste ni possible ; & ç'auroit été en exposer plusieurs à la tentation de lire plutôt les Bibles huguenotes, que de n'en lire aucune. Mais l'hérésie ayant perdu ce premier attrait que lui donnoit la nouveauté, & la multitude des sectes qu'avoit enfanté le droit que chacun se donnoit de se faire une Religion à sa fantaisie, quoiqu'ils la fondassent tous sur l'Ecriture, ayant fait assez juger combien la liberté que s'attribuoient les particuliers de se rendre juges du sens de la parole de Dieu étoit dangereuse, il a été bien facile de faire rentrer les peuples en eux-mêmes sur ce sujet. Il n'y a guere présentement de point controversé entre les Catholiques & les hérétiques sur lequel les Catholiques soient plus forts, que celui *du Juge des Controverses*, où l'on fait voir que ce doit être l'Eglise ; & que la parole de Dieu, tant écrite que non écrite, est la regle selon laquelle l'Eglise juge. On a fait depuis peu des livres en langue vulgaire, où on a prouvé, d'une maniere démonstrative, que cette voie de s'assurer de toutes les vérités de la Religion, par la lecture de l'Ecriture sainte, est absolument impossible au commun des Chrétiens. Aussi faut-il avouer, que, présentement, le commun des Catholiques est fort bien disposé à l'égard de cette vérité : qu'ils n'ont point de peine de s'en tenir, au regard des dogmes de la foi, à ce que l'Eglise leur en enseigne, & qu'ils ne croient point les devoir chercher eux-mêmes dans l'Ecriture sainte. Or tous les maux que les ennemis des versions exagerent tant, n'ont pu venir que d'une disposition contraire à celle-là. On peut donc dire avec assurance, qu'aujourd'hui ces maux sont imaginaires : qu'ainsi, quand les ennemis de ces versions

versions auroient pu autrefois avoir quelque raison, ils n'en peuvent plus avoir aujourd'hui.

Voilà, Monsieur, à quoi vous aviez à répondre nettement & solidement, si vous vouliez qu'on vous en crût, quand vous assurez, avec tant de confiance, qu'il n'est point arrivé de changement depuis le temps que la Regle fut dressée, qui ait pu faire cesser la raison de la loi. Mais vous vous en acquittez d'une maniere pitoyable; & rien n'est plus brouillé que ce que vous répondez. Ce sont cinq réponses qui s'entretiennent fort mal ensemble.

I. Réponse. *Quand on ne pourroit dire autre chose, il suffiroit que les Peres de Trente assurent, qu'on a reconnu, par expérience, que cette lecture est plus nuisible qu'utile. Car, à l'égard de ces sortes de choses, il faut plus déférer à l'expérience qu'à la science.*

Replique. On a fait voir ci-devant combien cette expérience a pu être trompeuse. Mais c'est inutilement que vous en parlez ici; puisqu'elle n'a pu regarder que le temps dans lequel la Regle a été dressée. Car, prétendant, comme vous faites, que les esprits étoient autrement disposés en ce temps-là qu'ils ne l'avoient été du temps des Peres; pourquoi ne le pourroient-ils pas être autrement en ce temps-ci, qu'ils ne l'étoient du temps de la Regle? S'il faut donc s'en rapporter à l'expérience, c'est à celle que nous pouvons faire en ce temps-ci, & non pas à celle qu'on a prétendu avoir faite il y a plus de six vingts ans.

II. Réponse. *Quant au changement qu'ils disent être arrivé depuis le temps du Concile de Trente, qui a fait que la raison de cette Loi n'est plus la même: je dis premiérement, qu'on n'est point hors de danger du côté des mauvaises versions; puisqu'on met entre les mains de tout le monde la version de Mons, qui a si fort déplu à l'Eglise Romaine & à tant d'autres.*

Replique. On réserve à la partie suivante à justifier cette version contre vos déclamations. Cependant, sachez qu'on a des témoins dignes de foi, qui rendront témoignage, que vous leur avez parlé de cette version avec grande estime, quoique ce que vous dites du *jugement de ces Eglises* fût déja arrivé. Cela fait voir que si vous en parlez si mal aujourd'hui, ce n'est pas qu'elle soit mauvaise; mais c'est que la passion, qui a depuis troublé votre esprit, vous fait juger des mêmes choses tout autrement que vous ne faisiez auparavant. Quoi qu'il en soit, ce n'est point de cela qu'il s'agit présentement; mais si des versions hors de tout soupçon, telles que sont celles des Docteurs de Louvain, peuvent être laissées entre les mains des fideles. Quand on sera convenu de ce point-là, on vous écoutera sur ce que vous avez à dire pour rendre suspecte celle de Mons.

III. Réponse. *L'autre raison subsiste encore aujourd'hui, qui est une inclination vicieuse* (libido) *de contredire les Pasteurs & l'Eglise, & d'embrasser quelque sentiment que ce soit, avec d'autant plus d'ardeur, qu'il est plus nouveau & plus singulier.*

Replique. J'ai déja fait voir la malignité de cette proposition, où vous employez, à votre ordinaire, des termes équivoques & ambigus, pour calomnier qui il vous plaît. Il ne me reste qu'à vous convaincre que ce que vous dites ici n'est qu'une fuite, & non pas une réponse. Il ne faut pour cela que vous faire souvenir du vrai état de la question.

La Regle ne donne, pour raison de ne pas laisser lire à tout le monde l'Ecriture en langue vulgaire, que *la témérité des hommes*, qui est cause que cette lecture est plus nuisible qu'utile. Il s'agit donc de savoir si cette *témérité*, qu'on croyoit alors se trouver en plusieurs personnes, s'y trouve encore présentement. Ce seroit extravaguer que d'alléguer sur cela toute sorte de témérité: car il est clair que celle dont il s'agit doit regarder l'Ecriture sainte, & non autre chose qui n'y auroit point de rapport. Et on vous soutient qu'il n'y en peut avoir d'autre, à qui on puisse raisonnablement attribuer le mauvais effet de cette lecture, que celle qu'on a remarqué dans le passage de la Défense des versions que je viens de rapporter; qui est, de lire l'Ecriture sainte, comme les hérétiques vouloient que l'on fit, dans la pensée qu'il n'y a de foi que ce qu'on y trouve (ce qui portoit à rejeter toutes les Traditions non écrites) & qu'on l'y trouve si clairement, qu'on n'est pas obligé de s'en rapporter à l'autorité de qui que ce soit; non pas même de l'Eglise Universelle, ni des Conciles œcuméniques. Pouvez-vous nier que ce ne fût-là une méchante disposition, & qui pourroit beaucoup nuire à ceux qui liroient l'Ecriture, s'étant laissés prévenir de ces erreurs? Pouvez-vous nier que les Hérétiques de ces derniers temps ne la fissent lire dans cet esprit? On ne peut donc mieux expliquer la témérité dont parle la Regle, que de cette fausse persuasion qu'inspiroient les Protestants, en mettant la Bible entre les mains du peuple. Afin donc que vous puissiez soutenir qu'il n'est point arrivé de changement depuis le temps du Concile, qui ait fait cesser la raison de la loi, il faut que vous prétendiez, qu'il est encore aujourd'hui très-ordinaire aux Catholiques qui n'ont point étudié, de lire la Bible dans cette méchante disposition que je vous viens de marquer. Mais parce que vous n'oseriez dire une chose si évidemment fausse, vous nous payez de ces termes généraux & captieux; *Manet hodieque libido illa à Pastoribus & Ecclesia dissentiendi.* Quoi que ce soit que vous entendiez par cette *inclination de contredire les Pasteurs & l'Eglise*, si vous la mettez en plusieurs des fideles de ce temps-ci, ce qui seroit néçessaire afin de pouvoir servir de raison à une loi générale, c'eſt une calomnie contre le peuple de Dieu. Mais c'eſt une calomnie extravagante ſi cela regarde autre choſe que la lecture de l'Ecriture ſainte. Car ne ſeroit-ce pas extravaguer que de dire: dans une telle Paroiſſe ils ont une méchante inclination à conſulter les Devinereſſes, quoique leur Paſteur leur en ait pu dire; il ne faut donc pas leur laiſſer lire l'Ecriture. Il faut au contraire la leur faire lire, afin qu'ils y voient la condamnation de cette ſuperſtition damnable. On reconnoîtroit que c'eſt comme vous raiſonnez, ſi on vous avoit obligé de démêler les équivoques de vos termes généraux. Car on ſait, par exemple, que vous avez reproché à vos confreres, de faire une Egliſe à part comme les Donatiſtes, & par conſéquent de contredire la vraie Egliſe; parce qu'ils ne croient pas que l'on doive abſoudre les pécheurs en de certains cas, dans leſquels vous croyez qu'on le doit faire. Il ne vous en faut pas davantage pour pouvoir dire, *Manet hodieque libido ab Eccleſia diſſentiendi.* Mais ſeriez-vous ſage d'en conclure; donc il ne faut point laiſſer lire l'Ecriture ſainte en langue vulgaire à ceux qui prennent direction de ces Docteurs. On ſait que vous appellez *nouveauté*, *ſingularité*, *excès* tout ce que font ceux que vous nommez Rigoriſtes. Vous pourrez donc encore dire: *Manet hodieque libido tantò quidpiam amplectendi libentiùs, quò illud eſt novius & ſingulariùs.* Cela eſt fort ridicule; mais il le ſeroit encore plus d'en conclure, qu'on a encore la même raiſon qu'on avoit du temps de la Regle, de ne laiſſer lire l'Ecriture ſainte en langue vulgaire, qu'avec de grandes précautions. Pouvez-vous nier que cela ne fût impertinent? Car quelque prévenu que vous ſoyez de vos penſées ſur tout cela, ſeroit-il poſſible que vous ne compriſſiez pas, combien il ſeroit déraiſonnable de prendre ces ſortes de reproches pour une raiſon de défendre à ceux à qui vous les faites, de lire l'Ecriture ſainte en françois ou en flamand? Ceſſez donc de tromper le monde par vos diſcours ambigus, & répondez, ſi vous pouvez, à cet argument.

I. CLAS. N°. XIII.

La raiſon qu'on a eue de faire la Regle, a dû regarder la lecture de l'Ecriture ſainte, & avoir quelque choſe de particulier au temps qu'on l'a faite, qui n'a point été ſi commun du temps des Peres. Et tout cela ne peut convenir qu'à la témérité qu'inſpiroient les nouveaux Sectaires aux Catholiques qu'ils ſéduiſoient, en leur promettant de ne leur rien propoſer à croire que ce qui ſe trouvoit évidemment dans l'Ecriture, & que chacun d'eux en ſeroit le juge.

Or il faut avouer, d'une part, qu'un des moyens qui a été d'un grand uſage aux Proteſtants pour ſéduire les peuples, & les engager dans leur ſchiſme, a été cette magnifique promeſſe, qu'ils leur ont faite, de ne leur enſeigner que la pure parole de Dieu, en leur déclarant, que, quoi qu'ils leur diſſent, ils ne vouloient point qu'ils le cruſſent, qu'après l'avoir examiné par l'Ecriture ſainte, & l'y avoir trouvé conforme.

I. CLAS. N°.XIII. Mais il est certain, de l'autre, que, depuis que l'on a tourné ce moyen contre eux-mêmes, & qu'on en a fait voir l'absurdité, il n'y en a point qui ait plus servi à la conversion des Hérétiques, bien loin d'être un sujet de tentation aux Catholiques.

C'est donc nier qu'il soit jour en plein midi, que de soutenir, comme vous faites dans cette troisieme réponse, qu'il n'est point arrivé de changement depuis le temps du Concile de Trente, qui ait pu faire cesser la raison de la loi.

IV. Réponse. " Quand on ne pourroit rien assigner de particulier, il „ suffit que l'on reconnoisse, par expérience, *ex lectione promiscua Scrip-* „ *turæ sacræ in linguis vulgaribus: vel tumidiores (præsertim in sequiore* „ *sexu) vel inquietiores, circaque fidem dubitantiores & universim magis* „ *sciolos effici*".

Réplique. C'est fuir, & non pas répondre. Car il n'y a rien en cela qu'on n'eût pu dire du temps des Peres. Or vous avouez que les Peres ont bien fait d'exhorter tout le monde à lire l'Ecriture sainte. Donc ces sujets de crainte n'ont jamais pu être une raison légitime, d'empêcher la plus grande partie des fideles de lire les Livres sacrés. On peut voir ce que j'ai dit sur cette pitoyable réponse dans la 46. *Difficulté*, 5. *Remarque*. Mais on a oublié d'y remarquer une grande absurdité: c'est que vous tombez vous-même dans le défaut que vous voulez qu'on évite: car vous n'attribuez pas ce sujet de vanité & d'orgueil, que vous faites appréhender, sur-tout dans les femmes, à la simple lecture de l'Ecriture sainte en langue vulgaire; mais à cette lecture, en tant que permise indifféremment à tout le monde. *Ex lectione* PROMISCUA *Scripturæ Sacræ in linguis vulgaribus*. Et c'est justement tout le contraire. Ce qui est singulier, & convient à peu de personnes, est bien plus un sujet de vanité, que ce qui est commun à tout le monde. On ne dira pas, par exemple, que ce soit un sujet de vanité à une femme pieuse d'entendre tous les jours la Messe; parce qu'il n'y a rien en cela que de fort ordinaire aux personnes de piété. C'en pourroit être plutôt un sujet, de communier tous les jours; parce que cela est plus rare. C'est donc ce qui seroit plus à craindre dans la conduite que vous voulez que l'on tienne pour la lecture de la parole de Dieu en langue vulgaire. Vous prétendez qu'on ne la doit laisser lire qu'avec de grandes précautions, & un grand discernement, & seulement à des ames choisies entre plusieurs: *nonnisi magna cum discretione hanc potestatem selectioribus animabus dispensantes.* Ne seroit-ce donc pas donner plus de lieu à tous ceux à qui on donneroit cette permission, de se croire *des ames choisies*, & de devenir par là *tumidiores*, que si cette lecture étoit permise à tout le monde?

Votre derniere réponse mérite d'être traitée en particulier.

LVI. DIFFICULTÉ.

C'Est un méchant signe quand on saute de réponse en réponse, sans savoir à quoi s'arrêter. Vous avez bien senti la foiblesse de vos quatre premieres; & c'est ce qui vous a fait avoir recours à une cinquieme, où vous les abandonnez toutes. Car, dans la peur que vous aviez que le changement dont vos adversaires inféroient l'abrogation d'une loi qui ne pouvoit au plus avoir été bonne que pour un temps, ne fût trop manifeste pour pouvoir être nié, vous prétendez, que, quelque changement qui soit arrivé, il n'est point vrai que cela ait suffi pour faire que la loi dont on dispute, n'ait plus force de loi. C'est ce que vous exprimez en ces termes.

V. Réponse. *Après tout cela, quand il seroit arrivé quelque changement, il seroit toujours nécessaire, qu'il fût intervenu un consentement de l'Eglise, au moins tacite, comme il semble qu'il en est intervenu un pour les pays mêlés d'hérétiques; & encore plus pour la lecture des livres de Controverse, écrits en langue vulgaire, qui est défendue par la sixieme Regle de l'Index, de la même sorte que celle de l'Ecriture par la quatrieme.*

Réplique. Ces deux exemples renversent votre Réponse. Car qu'entendez-vous par ce consentement tacite de l'Eglise, que vous dites être intervenu à l'égard de la sixieme Regle de l'*Index*, pour toutes sortes de pays, & à l'égard de la quatrieme pour les pays où les Catholiques sont mêlés avec les Hérétiques? Est-ce qu'on a fait à Rome quelque déclaration sur l'une & sur l'autre? Ce ne seroit plus un consentement tacite; c'en seroit un exprès. Est-ce qu'on a au moins laissé dans l'oubli cette sixieme Regle, & qu'on ne l'a plus renouvellée? Cela n'est pas vrai. On a fait, de temps en temps de nouvelles éditions de l'*Index*, & cette sixieme Regle y a toujours été mise, aussi-bien que la quatrieme. Et dans les dernieres, on trouve dans le corps de l'*Index*, à la lettre L. *Libri idiomate vulgari de controversiis inter Catholicos & Hæreticos nostri temporis differentes, non passim permittantur*, qui sont les propres mots du commencement de cette sixieme Regle.

Où est donc ce consentement, au moins tacite? Si ce n'est que vous

I. CLAS. N°.XIII.

preniez pour tel un consentement présumé; parce que, jugeant équitablement de l'Auteur d'une loi, on présume qu'il ne refuseroit pas de consentir à ce qu'on ne se tînt plus obligé à l'observer, si on lui avoit bien fait comprendre qu'elle ne causeroit que du dommage étant observée? C'est-à-dire, que l'on présume que le Supérieur consent, quand il est clair qu'il ne pourroit ne pas consentir sans agir contre la raison. Mais quoi que vous entendiez par votre consentement tacite, & par le besoin que vous prétendez qu'on en a pour l'abrogation d'une loi, il est aisé de vous faire voir, que vous ne sauriez vous dispenser de dire de la quatrieme Regle, ce que vous dites de la sixieme, à moins que vous n'ayiez deux poids & deux mesures, & qu'après avoir établi des maximes très-judicieuses & très-constantes, touchant les changements qui peuvent arriver aux loix humaines, vous ne les renversiez en cette rencontre, pour ne vouloir pas reconnoître, que cela est effectivement arrivé à celle-ci.

Dans la 1. Partie de vos Aphorismes, Dispute 10, du changement des loix, vous marquez trois différentes manieres dont une loi publiée peut ne point obliger, & être abrogée.

La premiere est, celle que vous appellez de *connivence. Cùm populus legem non observat, & princeps cedit huic resistentiæ, & dissimulando quasi legem retrahit.* C'est ce que vous appellez, en traitant des Regles de l'*Index*, *un consentement tacite.*

La seconde est, celle que vous nommez *la voie de prescription*, qui consiste en ce qu'une loi humaine peut être abrogée par une coutume contraire.

La troisieme est, *la cessation de la fin de la loi.* Cessat *lex cessante fine.*

Je ne dirai rien de la *voie de connivence*, afin de vous ôter tout lieu de chicaner sur le *consentement tacite*, que cette *voie* semble desirer, & que vous diriez n'être pas intervenu; sur quoi je vous ai déja assez réfuté par l'exemple de la sixieme Regle, où il n'est pas intervenu davantage.

Je ne m'arrêterai donc qu'aux deux dernieres voies, où vous ne marquez point que ce consentement tacite soit nécessaire; ce qui est sur-tout indubitable à l'égard de la derniere. Commençons par la voie de prescription. Vous l'expliquez en ces termes.

“ Une autre maniere, qui peut faire qu'une loi cesse d'être loi; c'est-à-
„ dire, d'obliger, est la voie de Prescription, par laquelle la coutume
„ peut abroger une loi humaine. Je dis humaine; parce que la coutume
„ des hommes ne peut rien contre une loi, ou divine ou naturelle. Que
„ si une loi contient quelque chose qui soit de droit divin ou naturel,
„ & quelque autre chose de droit positif humain, il n'y a que ce der-
„ nier qui pourra être abrogé par la coutume ”.

Vous vous étendez ensuite à bien établir cette *voie de prescription*, par une coutume contraire à la loi : & vous parlez même avec chaleur contre des personnes qui la vouloient trop resserrer, & la confondre avec la derniere, par un passage de S. Thomas, que vous prétendez qu'ils n'ont pas bien entendu. Et vous appellez leur opinion, *un paradoxe qui ne plait à quelques personnes que par sa nouveauté & par sa rigueur.* Je ne sais point quel a été le sujet de cette dispute : mais vous en êtes d'autant plus engagé à maintenir la force de cette voie de prescription. Et il faut bien remarquer ce que vous dites ; *qu'il y a un très-grand nombre de loix des Etats, de l'Eglise, des Dioceses, des Villes, des Chapitres, des Colleges, qu'il seroit sans doute plus utile que l'on observât encore, & que personne néanmoins ne se croit obligé d'observer. Quæ sine dubio utiliùs adhuc observarentur : & quas tamen nemo sibi observandas ducit.*

J'ai donc eu raison de vous dire, que ce seroit avoir deux poids & deux mesures, que de ne vouloir pas que l'on juge de votre loi par cette maxime, en vous soutenant, qu'elle a été légitimement prescrite par la coutume, si, pendant un temps considérable, comme de 20. 30. ou 40. ans, on a cessé de l'observer ; c'est-à-dire, si le peuple est demeuré en possession de lire l'Ecriture sainte en flamand ou en françois, sans en demander de permission par écrit.

Vous alléguez, que, de temps à autre, quelques Evêques ont publié cette Regle. Cela ne fait rien contre cette voie de Prescription. Car il ne s'agit pas de ce que les Evêques ont publié ; mais de ce qui a été observé par les peuples. C'est le manquement d'observation, dans un assez long temps, qui fait qu'une loi humaine peut être prescrite par une coutume contraire. Vous avez donc à prouver, ce qui seroit très-facile s'il étoit vrai, que, depuis, par exemple, que cette Regle a été publiée, il y a environ 40 ans, par l'Archevêque de Malines, à ce que vous dites, & par celui de Gand, on a introduit & observé l'usage de donner des permissions par écrit à tous ceux qui vouloient lire l'Ecriture en langue vulgaire. On peut savoir des plus anciens Libraires, si on a vendu moins de Nouveaux Testaments depuis ce temps-là, qu'on n'en vendoit auparavant. Et comme il y a bien de l'apparence qu'on n'en a pas moins vendu, il faudroit que ces permissions par écrit eussent été très-fréquentes ; & ainsi, il vous seroit aisé de donner des preuves de ce prétendu usage, sans lequel votre loi n'auroit point été observée.

Que si vous n'en trouvez point, vous serez réduit à prétendre, que votre loi n'est pas de la nature de celles contre qui la coutume puisse prescrire. Mais c'est ce qui seroit tout-à-fait insoutenable. Car vous étendez votre maxime à toutes les loix humaines, & vous n'en exceptez que les

I. CLAS. N°. XIII. loix naturelles & divines, & les mixtes, en ce qu'elles auroient de droit naturel & divin. Mais ne vous a-t-on pas fait voir plusieurs fois, que cette quatrieme Regle n'est point une loi qui contienne rien, quant à sa généralité, ni de droit divin, ni de droit naturel.

La Réponse que vous faites à une objection que vous vous proposez, montre de plus, qu'il n'y eut jamais de loi, à qui la voie de prescription puisse être mieux appliquée qu'à cette quatrieme Regle. *On demande*, dites-vous, *comment il se peut faire, que la coutume déroge à la loi; puisque, d'une part, on suppose que la loi est raisonnable & juste, & de l'autre, que la coutume par laquelle on déroge à la loi doit aussi être raisonnable. Mais la réponse est facile. C'est qu'il arrive souvent, que deux choses contraires sont toutes deux raisonnables, selon les divers biais qu'on les regarde & les diverses fins qu'on s'y propose. Il se peut donc faire que la loi soit juste à l'égard d'une de ces fins, & que la coutume soit raisonnable à l'égard d'une autre fin.*

Cela s'applique de soi-même à votre quatrieme Regle. Ceux qui l'ont dressée l'ont cru juste; parce qu'ils ont eu pour fin, d'empêcher qu'on n'abusât de cette lecture. Et ce qu'ont fait ceux, qui, par une coutume contraire, ont dérogé à la loi, a été encore plus raisonnable; parce qu'ils ont eu pour fin de se conserver une chose aussi sainte, & aussi avantageuse pour s'avancer dans la piété, qu'est la lecture de la parole de Dieu.

Votre Regle n'est donc point d'une nature à n'avoir pu être abrogée par une coutume contraire. Il faut que vous en demeuriez d'accord. Et une preuve qu'une coutume contraire a prévalu dans les Pays-bas, est qu'il y a long-temps qu'on les met, aussi-bien que l'Allemagne & la France, entre ceux où cette loi n'est point observée. Si on veut être sincere on avouera qu'il y a bien du temps qu'on en a pu dire ce que Serrarius, très-savant Jésuite dit de l'Allemagne dans ses Prolegomenes sur l'Ecriture p. 136. *Nous voyons*, dit-il, *que les Evêques, les Curés & les Confesseurs, non seulement ne blâment pas ceux qui lisent les versions allemandes du Nouveau Testament d'Eckius ou de Dictembergius sans avoir demandé la permission, mais qu'ils trouvent très-bon qu'ils le fassent & qu'ils les en louent.*

Je suis assuré que Grotius dit la même chose des Pays-bas, en quelqu'une de ses lettres; mais je n'ai pu trouver l'endroit.

Thomas Hurtado Espagnol, Supérieur général des Clercs Mineurs, qui devoit bien savoir ce qui passoit pour constant en Espagne, touchant les usages des pays soumis à la domination du Roi Catholique, dans son livre *de Residentiâ Episcoporum lib.* 5. *Resolut.* 7. reconnoît comme une chose notoire, qu'en France & aux Pays-bas, on avoit la même liberté qu'en Allemagne, de lire l'Ecriture en langue vulgaire.

On

On ne peut pas dire que ce qui le fait parler de la sorte est une prévention pour la lecture de ces versions : car il avoue au même lieu, que cela n'est point permis en Espagne ; & son scrupule va si loin, qu'il condamne de péché mortel celui qui diroit son Bréviaire en espagnol.

Ce même fait, de la liberté de lire l'Ecriture sainte en langue vulgaire dans le Pays-bas, est encore attesté par votre Critique, dont l'autorité vous paroît d'un si grand poids. Je vous l'ai déja rapporté : mais il est bon de le voir encore ici. *Je ne voudrois pas néanmoins étendre cette défense de lire l'Ecriture en langue vulgaire, à toutes sortes de temps, & à toutes sortes de personnes. Si on le permet en France, en Allemagne,* EN FLANDRES *& en quelques autres lieux, c'est qu'on ne les croit pas si dangereuses qu'elles ont été dans le dernier siecle. On suit même en cela l'exemple de quelques Papes, qui ont jugé à propos qu'on donnât au peuple la Bible traduite en sa langue, pourvu que ces traductions fussent faites sur la Vulgate par des Auteurs Catholiques. On lui ôte des mains par ce moyen les versions des hérétiques.*

Ce qu'il dit de ces Papes qui ont approuvé qu'on donnât au peuple la Bible traduite en sa langue, ce qui est contraire à votre quatrieme Regle, a rapport à ce qu'il avoit dit dans le feuillet d'auparavant. Car après avoir parlé de la Bible traduite en polonois par des Sociniens, il ajoute ce qui suit, qu'il a pris de Possevin, dans son Apparat : *Comme le dessein des Unitaires, en publiant ces versions polonoises, étoit de semer leurs erreurs dans la Pologne, Jacques Wieki Jésuite de ce pays-là, eut ordre du Pape Grégoire* XIII. *de travailler à une traduction de toute l'Ecriture en cette langue, pour opposer à celle des Anti-Trinitaires. Il la fit sur l'ancienne édition latine : elle fut ensuite imprimée à Cracovie en* 1599. *avec l'approbation de Clément* VIII. *Possevin assure que cette nouvelle Bible Polonoise vint fort à propos pour éteindre les erreurs des nouveaux Ariens, qui se répandoient dans ce Royaume.* Les paroles de Possevin sont fort considérables. ET *ea quidem versio fuit* PERUTILIS ET NECESSARIA *restinguendis eorum erroribus, qui ex falsa novorum Arianorum & aliorum Hæreticorum versione passim serpebant.*

Ce que Possevin rapporte du P. Wiecki est confirmé par le Catalogue des Auteurs de la Société, où il est marqué que cette Traduction fut faite sur la Vulgate, *mandante Gregorio* XIII. *Pontifice Maximo, approbante Clemente* VIII. & qu'après la mort du Traducteur, elle fut imprimée par le commandement & aux frais de l'Archevéque de Gnesne Primat de Pologne. Il paroît de plus par ce Catalogue, que le P. Wiecki étoit fort habile, d'une grande piété, & fort appliqué à défendre l'Eglise & sa doctrine contre les Lutheriens, les Calvinistes & les Sociniens, n'ayant fait aucuns livres, quoiqu'il en ait fait un grand nombre, que pour réfuter ces Hérétiques, ou pour affermir les Catholiques contre leurs erreurs : ce qui l'a rendu assurément plus capable que M. Steyaert, de juger quels moyens sont les plus propres pour combattre les hérétiques, & pour conserver la foi & la piété dans les Catholiques. Or il paroît qu'il n'en a point connu de plus propre, que de mettre entre les mains du peuple de bonnes versions de l'Ecriture en langue vulgaire, avec des livres de prieres & des ouvrages de Controverse dans la même langue. C'est pourquoi il fit imprimer en polonois beaucoup de livres de ce dernier genre : *Multa scripsit maternâ linguâ ad refutandos hæreticos, & Catholicos in fide confirmandos.* Il fit aussi imprimer de deux sortes d'explications ou de notes ; les unes courtes, les autres plus étendues, sur les Evangiles des Dimanches & des Fêtes de toute l'année : *& par ce moyen,* disent les Jésuites, *il fit tomber en peu de temps des mains toutes celles des Hérétiques :* His *duabus Postillis brevi excussit omnibus Postillas Hæreticas è manibus.* Il donna aussi en polonois *les Heures, ou l'Office de la S. Vierge ; les Evangiles & les Epîtres de la Messe pour toute l'année ; les quatre Evangiles selon l'ordre de la Concorde de Jansénius de Gand ; le Nouveau Testament* entier, dans son ordre naturel, *avec des arguments des Chapitres, des notes marginales,* &c. *le Pseautier de David avec de semblables arguments & explications* contre les Hérétiques ; & enfin *la Bible entiere en polonois.* Sur quoi les Jésuites font cette réflexion judicieuse, semblable à celle de Possevin. " Par ce moyen il rendit inutiles les artifices des Hérétiques, à qui rien „ n'est plus ordinaire que d'empoisonner les Saintes Ecritures, qui sont „ les fontaines communes & publiques de l'Eglise, & de les corrompre „ par des versions mauvaises, afin que ceux qui puiseront dans ces sour- „ ces, n'en puissent boire sans s'empoisonner eux-mêmes". Sic *obviam ivit Hæreticis, qui nihil habent antiquius quàm ut Sacras Scripturas, tamquam communes Ecclesiæ fontes, inficiant, depravatisque translationibus corrumpant, ut qui ex illis biberint, venenum hauriant.*

On a cru les versions catholiques de la Bible si nécessaires en ce même Royaume, qu'un autre Jésuite nommé *Justus Rabus* dans le Catalogue, en fit encore une autre traduction en polonois : & comme ce Jésuite étoit Confesseur, Prédicateur & Théologien du Cardinal Marciciovitz Archevêque de Gnesne, on a sujet de croire que ce ne fut pas sans sa participation qu'il entreprit cette version. Il est bon d'ajouter encore ici, qu'un Jésuite Hongrois, nommé George Kaldi, fit imprimer à Vienne en 1626. la traduction qu'il avoit faite de la Bible entiere en langue hongroise ; & trois ans après il y fit aussi imprimer, en la même langue, les Evangiles & les Meſſes de toute l'année: &, ce qui eſt remarquable ce fut ſans y mettre ſon nom. *Evangelia & Miſſas per annum legi ſolitas convertit in linguam hungaricam & tacito nomine impreſſit Viennæ* A. 1629. Ils attribuent encore d'autres verſions de l'Ecriture à d'autres de leurs Peres; comme une verſion de l'Ancien Teſtament en anglois à un Jeſuite Anglois; celles de l'Evangile en perſan, & en chinois, & une verſion du Nouveau Teſtament entier en éthiopien. Cette derniere eſt d'un P. Louis de Azevedo Portugais, qui a auſſi traduit en chaldéen, pour l'uſage des peuples qui parlent cette langue, *les Commentaires du Cardinal Tolet ſur l'Epître aux Romains, & de Ribera ſur l'Epître aux Hébreux. Les Heures Canoniales;* HORAS CANONICAS (je ne ſais pas ſi ce n'eſt point le Bréviaire entier) *& les Heures de la Vierge.*

I. CLAS. N°.XIII.

Il y auroit beaucoup de réflexions à faire ſur tout cela. Je me contenterai, Monſieur, de vous en faire faire quatre ſur ce que j'ai rapporté des verſions polonoiſes. La premiere, que c'eſt avec grande raiſon, que, dans les paroles tirées du Catalogue des Ecrivains Jéſuites, ces Peres appellent les ſaintes Ecritures, *les ſources communes, & les fontaines publiques de l'Egliſe:* ce qui donne une idée bien contraire à celle que vous voulez nous donner de la Parole de Dieu, comme d'une ſource & une fontaine particuliere, qui doit être réſervée à quelques *ames choiſies.*

La ſeconde, que ces verſions ont été faites dans le temps où les héréſies étoient dans leur plus grande vigueur, & où il y avoit plus de danger que les Catholiques ne luſſent l'Ecriture avec l'eſprit & les diſpoſitions que les hérétiques inſpiroient par-tout.

La troiſieme, qu'il faut être aſſuré que tout ce que j'ai tiré du Catalogue des Ecrivains Jéſuites touchant les verſions faites par les Jéſuites de Pologne; l'approbation qu'y ont donnée les ſouverains Pontifes, & les avantages que l'Egliſe en reçut alors, & qu'elle en doit recevoir encore aujourd'hui, a été examiné & autoriſé à Rome par ceux qui y ſont les plus difficiles, & les plus attachés aux Regles même de l'*Index.* Je ne veux pas ſeulement parler de l'approbation du Général de la Société & de ſes Théologiens, ni de celle du Maître du ſacré Palais, qui étoit alors, & qui eſt aujourd'hui M. le Cardinal Capiſucchi; mais de celle de la Congrégation des Rites, & même du Pape Urbain VIII, qui ne voulut donner la permiſſion d'imprimer le Catalogue d'Alegambe, dont le dernier n'eſt qu'une continuation, qu'après un examen de huit mois, fait par trois Prélats que S. S. nomma à cet effet; ſavoir M. M. Cincio Secretaire de la Congrégation des Rites, Albizi Aſſeſſeur du S. Office & depuis Cardinal, & Roſpiglioſi Secretaire des Brefs & depuis Cardinal & Pape ſous le nom de Clément IX.

I. CLAS. N°. XIII. Quatriemement enfin, rien ne fut plus sage que la conduite de ces deux Papes, Grégoire XIII. & Clément VIII. Ils jugerent bien que ç'auroit été un moyen bien foible pour empêcher les méchants effets de ces versions hérétiques, de se contenter d'en défendre la lecture. Cela n'auroit fait qu'irriter la curiosité de beaucoup de gens, mais que le vrai moyen étoit d'opposer à ces méchantes versions, des versions catholiques, que tout le peuple pût lire; & cela eut l'effet qu'on avoit lieu d'en espérer. Après une expérience qui a si bien réussi, peut-on ne pas être convaincu, que c'est un avantage incomparablement plus grand de mettre de bonnes versions de l'Ecriture sainte entre les mains du peuple, que de le condamner sans raison à ne la pas lire, d'où l'expérience ne fait que trop voir, qu'il ne peut arriver que de très-grands maux, comme les Peres ont pris tant de soin de nous en avertir? Ce que ce Jésuite zélé pour le salut des Polonois a fait en Pologne, à la fin du dernier siecle, Dieu l'a fait faire en France par des gens de bien, dont il a béni le travail, & le dessein qu'ils ont eu d'édifier sur-tout la piété des fideles, & de les préserver ou retirer de l'esprit du monde & de ses maximes, en leur faisant faire plus d'attention à l'esprit de J. C. & aux maximes de l'Evangile. Que pensez-vous donc faire en leur enviant le bien que Dieu leur envoie, & en prenant contre eux le parti de leur ennemi? Je prie Notre Seigneur qu'il vous détourne d'un si malheureux dessein, & qu'il vous rende docile à ce qu'on a encore à vous représenter sur ce sujet.

LVII. DIFFICULTÉ.

L'Autre maniere qui fait qu'une loi cesse d'obliger est, quand la fin qu'on a eue en faisant une loi a cessé. Ce que vous exprimez en ces termes; *Cessat lex cessante fine.* Et *il est bien certain*, dites-vous, *que la loi cesse d'être loi, quand la fin totale cesse généralement*, in universali: *parce qu'alors, n'ayant plus aucune utilité, elle perd la principale condition d'une loi, qui est d'être utile.*

Vous convenez donc, comme d'une chose incontestable, que, comme une loi n'auroit jamais été loi si elle n'avoit jamais eu d'utilité, parce que c'est une condition essentielle à une loi d'être utile, il faut aussi qu'elle cesse d'être loi quand elle cesse entiérement d'être utile.

Vous ajoutez aussi-tôt après, que cela est encore plus indubitable quand elle cesse d'être utile, non seulement *contradictoriè & negativè*, mais méme *contrarié ;* c'eſt-à-dire, quand ſon obſervation non ſeulement ne feroit pas utile, mais qu'elle feroit dommageable.

Il faut donc que vous renonciez à vos propres maximes, ou que vous reconnoiſſiez, que la quatrieme Regle de l'*Index* n'eſt plus une loi qui oblige, s'il eſt manifeſte qu'elle n'eſt plus utile, quand elle l'auroit été autrefois, & que même elle eſt dommageable, & qu'on ne peut préſentement vouloir qu'on l'obſerve ſans faire un très-grand mal à l'Egliſe & à la Religion. La conſéquence eſt claire, & la ſuppoſition ne l'eſt pas moins, qui eſt, que cette loi n'eſt point utile préſentement, & qu'elle eſt même dommageable. On n'aura pas de peine à le comprendre. On n'a qu'à ſe ſouvenir de ce qu'on a déja repréſenté : que ce qu'on a défendu par cette loi, qui eſt de lire l'Ecriture ſainte en langue vulgaire, eſt très-bon en ſoi, & d'une très-grande utilité. C'eſt ce qu'on ne peut nier ſans contredire tous les Peres & l'Ecriture même. Auſſi la défenſe qu'on en a faite dans la quatrieme Regle n'eſt pas abſolue, mais conditionelle, & fondée ſur l'expérience qu'on prétend avoir eue en ce temps-là, *qu'à cauſe de la témérité des hommes, cette lecture étoit devenue plus nuiſible qu'utile* Cette témérité ceſſant, cette loi devenoit donc inutile, & elle n'étoit plus capable que de faire du mal, en empêchant, ſans raiſon, le fruit qu'un grand nombre de bonnes ames pouvoit tirer d'une ſi ſainte lecture. Il faut bien que vous en ayiez été convaincu, puiſque vous n'avez oſé faire renouveller cette défenſe, qu'en ſuppoſant qu'on a préſentement la même expérience, que l'on diſoit avoir eue du temps de la Regle *Cùm* non minus hodie, *quàm ſuperiore ſæculo, experimento manifeſtum ſit ſi ſacra Biblia vulgari lingua paſſim ſine diſcrimine permittantur, plus inde, ob hominum temeritatem, detrimenti quàm utilitatis oriri.*

C'eſt donc ſur le fondement de cette expérience, que vous avez fait regarder comme un grand mal que beaucoup de perſonnes luſſent l'Ecriture ſainte en langue vulgaire, ſans en avoir de permiſſion par écrit. Or vous devez vous ſouvenir, que, dans vos Aphoriſmes, vous avez diſtingué l'*expérience* de la *ſcience*, lorſque vous avez dit, qu'*en ces ſortes de choſes on doit plus croire l'expérience que la ſcience.* Ce qu'on appelle ſcience peut être l'effet de nos ſpéculations, & bien ſouvent de nos conjectures, qui peuvent n'être pas trop ſolides ; comme eſt l'imagination que vous avez qu'on en devient plus orgueilleux, en liſant l'Ecriture ſainte. Mais l'*expérience*, que vous diſtinguez de la *ſcience*, ne s'acquiert que par la connoiſſance de beaucoup de faits ſinguliers, dont on doit être bien certain pour pouvoir dire qu'on ſait une choſe par expérience. Et il faut que ces faits ſoient en grand nombre, pour ſervir de fondement à une loi générale, qui reſtreint une liberté naturelle par une fâcheuſe ſervitude.

I. CLAS. N°. XIII. Dites-nous donc, Monsieur, où, quand, & comment, vous avez pu avoir la connoissance de beaucoup de personnes particulieres à qui une lecture aussi sainte en soi, qu'est celle de la parole de Dieu, a été plus nuisible qu'utile. Je dis de beaucoup de personnes. Car il seroit ridicule, de ce que cela seroit arrivé à quelques esprits mal faits, d'en faire une proposition indéfinie, qui fait entendre que cela arrive ordinairement.

Il ne faut que considérer les divers états des personnes à qui on avoit laissé, jusqu'à votre nouvelle Ordonnance, la liberté de lire le Nouveau Testament en langue vulgaire, pour juger combien votre expérience est fausse.

On l'a laissé lire aux Religieuses. Oseriez-vous dire que l'on fait, par expérience, que cette sainte lecture leur a été plus nuisible qu'utile? Nommez-nous donc les personnes qui ont fait cette expérience, & celles sur qui on l'a faite.

Des filles dévotes en faisoient leurs plus pieux entretiens. Vous l'avez trouvé mauvais, & vous avez été d'avis qu'on devoit bien prendre garde qu'elles ne prissent plus cette liberté. Est-ce qu'on a fait aussi à leur égard cette même expérience?

On seroit bien aise de savoir si on a fait la même épreuve à l'égard de beaucoup de femmes de piété, que leurs Confesseurs avoient exhortées, comme ont fait tous les Saints Peres, à se nourrir de cette divine parole?

Plus les Pasteurs de la ville & de la campagne sont zélés pour le bien des ames, plus ils ont favorisé cette pieuse coutume. Ce seroit donc eux qui devroient avoir fait cette expérience si elle étoit véritable. Et on est bien assuré, que, si on les en prenoit à serment, ils témoigneroient qu'ils en ont fait une expérience toute contraire.

Il n'y eut donc jamais de plus grande illusion que cette prétendue expérience. Et si on vous pressoit d'en donner des preuves, vous seriez réduit ou à nous alléguer quelques contes ridicules, semblables à ceux du foin & des chemises moites, dont vous vous moquez avec raison dans vos Theses; ou à nous renvoyer à quelques Jésuites, Cordeliers, Carmes & autres, qui ont pour maxime de ne point laisser lire les traductions de l'Ecriture à ceux qu'ils conduisent, de sorte que tout le témoignage qu'ils pourroient rendre est, que les personnes qui ne lisent point l'Ecriture n'en profitent point.

Est-ce avoir de la Religion de fonder une Ordonnance, qui trouble tout un Diocese, sur une supposition chimérique, qu'on ne sauroit appuyer sur la moindre preuve raisonnable? Il falloit bien cependant que vous l'appuyassiez sur cela. Car ce qui est ordonné par votre Regle, n'étant fondé que sur cette supposition, quand elle auroit été vraie lorsqu'on la fit, si elle est fausse présentement, cette Regle ne peut plus être d'aucune utilité ni par conséquent demeurer loi, selon votre doctrine; *Certum est cessare legem, cùm utilitatem omnem, adeòque præcipuam aliquam legis conditionem amittit.*

Il nous reste à prouver, que, dans l'état où sont aujourd'hui les choses, non seulement elle a cessé d'être utile, mais qu'elle est dommageable, & qu'on n'en peut presser l'exécution sans faire beaucoup de tort à la Religion & à l'Eglise.

Je n'insiste plus sur le tort que cela feroit aux ames en particulier, en les privant, sans raison, d'une si excellente nourriture. J'en ai assez parlé en divers endroits pour le rendre sensible à tous ceux à qui la piété fait desirer l'avancement du regne de Dieu dans les ames des fideles. Mais l'intérêt de l'Eglise & de la Religion les doit-il moins toucher? Peut-on avoir quelque sentiment de charité, & voir, d'un œil indifférent, la perte de tant d'ames, que le schisme & l'hérésie a retranchées du corps de Jesus Christ qui est l'Eglise, hors lequel il n'y a point de salut? Ce seroit bien pis, si on mettoit volontairement, à leur retour & à leur conversion, un grand obstacle qu'il fût facile de lever. Or ce n'est point une supposition imaginaire, comme la vôtre, mais une vérité très-réelle, que les choses sont présentement en l'état que je m'en vas dire. Au lieu qu'on a cru il y a six vingts ans, qu'il étoit à craindre que les Catholiques ne se pervertissent, si on laissoit l'Ecriture sainte entre les mains de tout le monde, il est certain, depuis long-temps, que d'une part, cela n'est point à craindre, & de l'autre, que ce seroit mettre un très-grand obstacle à la conversion des Hérétiques, que de s'opiniâtrer à vouloir que ces défenses subsistent.

On ne peut douter du premier membre de ce changement; qui est, qu'on n'a plus lieu de craindre que la lecture de la parole de Dieu ne porte des Catholiques à quitter l'Eglise, puisqu'il y en a même peu qui se pervertissent, & que ce sont plutôt des Moines & des Prêtres que des Laïques. On en sait la raison.

Mais pour le second membre, qui est, que ces défenses de lire l'Ecriture sainte sont un grand obstacle à la conversion des Protestants, on n'en peut desirer de preuve plus authentique, que ce que dit sur cela l'homme qui avoit le plus lu les Livres des Hérétiques, & plus assisté à leurs Prêches, & qui savoit le mieux ce qui leur servoit davantage à retenir les peuples dans leur parti. C'est le P. Véron, qui étant Jésuite, sortit de leur Société, par la permission de ses Supérieurs, pour travailler avec plus de liberté à l'étude de la Controverse & à la conversion des

I. CLAS. N°. XIII.

Huguenots. Voici ce qu'il dit dans le troisieme Avant-propos sur sa traduction du Nouveau Testament, qui a pour titre: *la Lecture de la Bible en françois non défendue à aucun.*

Il y propose cette question. *S'il est besoin de quelque congé, permission, ou faculté particuliere, au moins aux artisans & aux femmes, ou autres simples fideles pour lire la Bible? Ou si le simple peuple, même les femmes la peuvent lire sans demander ce congé de l'Evêque, ni même de son Curé ou Confesseur.* Et voici comme il la résout.

" Les Ministres n'ont attiré & ne maintiennent présentement en leur „ parti en France plusieurs milliers du simple peuple, par autre prétexte „ plus spécieux qu'en leur disant & redisant, tant en leur prêches qu'en leurs „ livres, avec grandes exagérations, que la Bible est un livre défendu parmi „ les Catholiques; que le Concile de Trente, & un certain *Index* expurgatif, défendent la lecture d'icelle: c'est-à-dire, crient-ils, ils cachent „ aux enfants le testament de leur Pere; que c'est ôter la lumiere qui „ dresse nos actions, nous soustraire le livre de vie: bref, que c'est un „ signe évident que la Bible est contraire aux Papistes, & que l'Eglise „ Romaine & les Docteurs le savent bien, puisqu'ils font inhibition de „ cette lecture. J'entends ces reproches journellement aux prêches de „ Charenton; & si nos Docteurs s'y trouvoient, ou lisoient les livres de „ nos adversaires, ils tâcheroient d'ôter cette pierre d'achoppement au „ pauvre peuple: au moins ne l'affermiroient-ils pas, ou ne la grossiroient-ils pas en leurs livres, & quelquefois en leurs prônes, pour „ n'être pas occasion de la perte de tant d'ames, & pour ne faire pas „ tant de préjudice à l'Eglise, laquelle ils pensent servir par leurs sentiments scrupuleux, qui ne se peuvent soutenir en bonne Théologie.

„ Mais je m'étonne de ces gens; &, porté d'un juste zele pour la „ Religion Catholique, & pour la conversion de tant de milliers de „ simples abusés, je dis 1°. Qu'il est certain que le Concile de Trente „ n'a jamais défendu la Bible, ni requis telle permission pour la lire, ni „ donné aucune commission pour faire telle défense ou pour en traiter.

„ Je dis 2°. Que nul Docteur, sans enfreindre tous les principes de „ la Théologie, ne peut soutenir qu'il y ait aucune défense en France „ de cette lecture, ni nécessité aucune d'avoir permission de lire la Bible „ par aucune loi, statut ou regle qui nous oblige. Je le prouve irréfragablement. Car c'est un principe certain en nos Ecoles de Théologie, „ de Driedo, Medina, bref de tous nos Théologiens scholastiques & „ moraux, qu'une loi, fût-elle même d'un Pape ou d'un Concile, beaucoup moins une regle de Députés, qui n'a été ni promulguée aux „ Provinces, ni reçue, ains rejetée par pratique & coutume contraire, même

„ même de plusieurs années, n'oblige pas. Ce principe est certain, &
„ n'y a Théologien qui ose dire le contraire : autrement naîtroient mille
„ inconvénients, & eux-mêmes seroient transgresseurs de mille loix. Or
„ la loi ou Regle quatrieme de l'*Indice*, n'a jamais été ni promulguée ni
„ reçue en France, & y a toujours été, & est rejetée par pratique &
„ coutume contraire, & de bien longues années. Donc, &c.

„ La sixieme Regle du même Indice porte : *Le même qui est ordonné*
„ *des Bibles en langue vulgaire, sera observé ès livres de Controverse en*
„ *langue vulgaire.* Or il est constant qu'il n'est requis en France aucune
„ permission pour lire les controverses en françois de du Perron, de
„ Coton & d'autres, & qu'il n'y a aucune défense de les lire. Donc
„ il est certain aussi, qu'il n'est requis aucune permission pour lire la
„ Bible en françois, & qu'il n'y a aucune défense de la lire."

„ La Regle quatrieme porte; *que les Libraires qui vendront ces livres*
„ *à ceux qui n'ont pas la dite faculté de les lire, perdent le prix de leurs*
„ *livres & seront châtiés.* Cela s'observe-t-il, & est-il, reçu en France?"

„ 3°. L'observation sur cette même Regle porte ainsi : *Par cette Regle*
„ *quatrieme n'est donnée aucune faculté de nouveau aux Evêques ou aux*
„ *Supérieurs des Réguliers, de donner licence d'acheter, de lire, ou de*
„ *retenir les Bibles imprimées en langue vulgaire.* Cela est-il reçu? Et
„ se pratique-t-il en France même par les Docteurs les plus scrupuleux?"

„ Cette Regle, comme plusieurs autres de direction, est comme une
„ médaille à deux faces : elle est bonne & utile en quelques lieux; mais
„ le scandale qu'en prennent nos séparés, & la séparation qui en naît
„ en partie en tant de milliers du simple peuple, séduits par les Ministres,
„ peut être préférable; &, comme dit fort bien Vasquez, la coutume
„ peut même abroger une loi."

„ Il est aisé de remédier au danger qui peut naître de cette lecture, par
„ de petites notes sur les passages obscurs, ou en avertissant le lecteur
„ simple, de ne s'arrêter qu'à ce qui est aisé; & quant à ce qui est obscur,
„ s'en remettre aux Docteurs, ou demander leur avis sur les textes
„ difficiles. OR LA FIN DE LA LOI CESSANT EN GÉNÉRAL, LA LOI PERD
„ SA FORCE."

„ Je conclus donc derechef de tout ce que dessus : *Que chacun du*
„ *peuple peut lire la Bible françoise d'une version catholique en France,*
„ *sans être obligé à demander aucune permission, par aucune loi ou Regle*
„ *ecclésiastique qui y oblige.* Je dis, *par aucune loi ecclésiastique;* car le
„ dire de S. Pierre demeure en son entier : *entre les Epîtres de notre*
„ *frere Paul,* dit ce Saint, *il y a quelques choses difficiles à entendre,*
„ *& que les ignorants & peu fermes tordent, comme aussi les autres*

„ *Ecritures, à leur propre perdition.* Ces ignorants & peu fermes ou „ infirmes en la foi, doivent sans doute prendre garde à eux, & pour „ cela suivre la direction de leurs Supérieurs.... Hors ce cas de péril, „ ignorance, instabilité, ou infirmité en la foi, QUI N'EST PAS GÉNÉRAL, „ & auquel les Ecritures & le raisonnement naturel nous enseignent „ de devoir pourvoir par la sus dite direction, *il n'y a aucune obligation* „ *de demander congé, permission ou direction pour lire la Sainte Bible* „ *d'une traduction catholique; comme est, par exemple, celle des Docteurs* „ *de Louvain, de Besse, de Frison, & la présente*: à la lecture desquelles „ tout fidele est exhorté, & même dès sa premiere jeunesse. L'exemple „ de Timothée, rapporté avec approbation & louange par S. Paul, y convie „ un chacun."

Ce passage du P. Véron me paroît si important, que je crois y devoir faire quelques Réflexions, & aller au devant de ce que vous y pourriez répondre."

1°. Ce qui l'a fait parler avec tant de force contre ceux qui trouvent mauvais que le peuple lise l'Ecriture sainte en langue vulgaire, & l'entêtement où étoient alors la plus grande partie des Docteurs de Sorbonne contre ces versions de l'Ecriture. On peut voir ce qui en a été dit dans la *Défense des versions 4e. Nullité* §. 1. Et on reconnoîtra qu'ils n'étoient alors même presque suivis de personne; & que, présentement, cette célebre Faculté est dans des sentiments tout opposés.

2°. Le P. Véron dédia aux Evêques de l'Assemblée du Clergé de 1646. sa traduction du Nouveau Testament, où est cet Avant-propos, & il est certain qu'ils n'y trouverent point à redire.

3°. Ce célebre Controversiste étoit fort brouillé avec M. Hallier, Docteur & Professeur de Sorbonne, & on croit que ce fut lui qui fit censurer à Rome, où il avoit beaucoup de crédit, le Traité du P. Véron, de la Primauté du Pape; parce qu'il n'y disoit pas tout ce qu'on eût desiré. Cependant cet Avant-propos de sa traduction, où il parle avec tant de force de la Regle de l'*Index*, n'y a point été censuré.

4°. Vous direz peut-être que cet Avant-propos ne regarde que la France, où vous avez assez fait entendre que cette Regle n'étoit pas observée. Mais on doit considérer ses raisons en elles-mêmes. Et il faut reconnoître, que, hors la publication, qu'il dit n'avoir point été faite en France, & que vous prétendez avoir été faite par quelques Evêques des Pays-bas, tout ce qu'il dit de la non-reception, & de ce qu'une loi peut être abrogée par une coutume contraire, & des avantages qu'il tire de ce que la sixieme Regle, touchant les livres de Controverse en langue vulgaire, n'est observée nulle part; & du dommage que l'observation de cette Regle peut faire à la Religion : tout cela, dis-je, eſt auſſi fort pour les Pays-bas que pour la France.

5°. Ce n'eſt pas néanmoins à quoi je m'arrête davantage : c'eſt principalement au témoignage de cet Auteur, qu'on ne peut ſoupçonner de faux. Il atteſte ce qu'il a lu dans les livres des Miniſtres, & ce qu'il a très-ſouvent entendu dans leurs prêches : car il y aſſiſtoit très-fréquemment, pour les pouvoir mieux réfuter, ayant accepté pour ce ſujet la Cure de Charenton près de Paris, où étoit alors le principal Temple des Huguenots. Quel intérêt avoit-il de dire, ſi cela n'eût pas été vrai ; *que les Miniſtres n'avoient attiré, & ne maintenoient dans leur parti pluſieurs milliers du ſimple peuple, par autre prétexte plus ſpécieux, qu'en leur diſant & rediſant, tant en leurs prêches qu'en leurs livres, avec grandes exagérations, que la Bible eſt un livre défendu parmi les Catholiques, & que le Concile de Trente en a défendu la lecture ?* Etoit-ce un hypocrite, qui mentoit pour ſe faire valoir, quand il aſſure, qu'il *ne combat* ces ſcrupules mal fondés, *que par un juſte zele pour la Religion Catholique, & pour la converſion de milliers de ſimples abuſés ?* C'eſt certainement ce que l'on n'oſera dire. Le fait eſt donc conſtant, & ne regarde pas la France ſeule : car tous les Proteſtants généralement, & en quelque pays que ce ſoit, ſont horriblement ſcandaliſés de cette défenſe, & en conçoivent un très-grand éloignement de notre ſainte Religion. On en voit très-ſouvent l'expérience dans les barques de Hollande, où les Catholiques ſe trouvent avec les Proteſtants. Si on y diſpute par rencontre de la Religion, les Proteſtants ſe jettent auſſi-tôt ſur cette défenſe : comme étant une des choſes qui leur rend notre Egliſe plus odieuſe : & on n'a point d'autre moyen de ſatisfaire des gens raiſonnables qu'en prenant la voie du P. Véron. Un brouillon s'aviſa, il y a quelques années, de ſoutenir, comme vous, par un livre flamand, ces prétendues défenſes de lire l'Ecriture ſainte. Cela fit grand tort aux Catholiques, & on n'y remédia qu'en le réfutant. Ce ſont des faits certains, qu'on ne peut révoquer en doute. Mais ce feu étant éteint, vous êtes cauſe que ces mêmes brouillons l'ont rallumé. Ils ont traduit en flamand la nouvelle Ordonnance dont tout le monde vous fait Auteur, & l'ont répandue par-tout. Ce qui a fait dire aux plus gens de bien, qu'il ne falloit plus parler de converſions, à moins qu'on ne trouvât quelque moyen d'arrêter ce ſcandale. Peut-on aimer la Religion & n'être pas plus touché d'un mal ſi réel, que d'une frayeur imaginaire, que les Catholiques ne ſe pervertiſſent en liſant l'Ecriture ſainte ?

Laiſſons-là le temps paſſé. Il y avoit peut-être quelque ſujet de craindre dans le dernier ſiecle, lors ſur-tout que les hérétiques, après avoir

I. CLAS. N°. XIII.

employé d'autres moyens pour rendre l'Eglise odieuse; leurs déclamations emportées contre la dépravation des mœurs du Clergé; les déguisements artificieux, dont ils représentoient notre doctrine & notre culte; l'équivoque dangereuse du mot de *Réformation*, faisant passer leur fausse réformation des articles de la foi pour la réformation de la discipline & des mœurs, que l'on avoit demandée en tant de Conciles; lors, dis-je, qu'après avoir disposé par-là les esprits du peuple à secouer l'autorité de leurs légitimes Pasteurs, ils leur mettoient entre les mains leurs versions de l'Ecriture, en leur faisant croire, qu'il n'y a personne, pour simple qu'il soit, qui n'y puisse trouver toute la doctrine de la foi, qui ne doit être, disoient-ils, appuyée que sur l'autorité de Dieu parlant dans l'Ecriture. Oseriez-vous dire qu'il n'est point sur cela arrivé de changement? Le Démon de l'erreur entretenoit les peuples entiers hors de l'Eglise dans le dernier siecle. Est-ce encore la même chose? N'est-ce pas tout le contraire? N'y a-t-il pas incomparablement plus de Protestants qui se convertissent, que de Catholiques qui se pervertissent? Et pour nous arrêter à ceux que votre Ordonnance regarde, y a-t-il présentement, dans toute l'Europe, de peuple plus Catholique & plus ferme dans la foi? au lieu qu'il s'en trouva un très-grand nombre dans l'autre siecle, qui, ayant la légéreté de la paille, furent emportés hors de l'aire par le vent de l'hérésie.

Vous jugez bien mal de l'état de l'Eglise, que vous voulez vous mêler de conduire par vos conseils, & vous en connoissez peu les véritables besoins. Il y a cent ans & plus qu'on avoit sujet de craindre que les peuples ne se perdissent en perdant la foi, & en se laissant séduire par ces faux Docteurs, qui se vantoient d'avoir reçu de Dieu une mission extraordinaire pour redresser, par l'Ecriture, l'Eglise tombée en ruine. Ce qu'on a maintenant à appréhender est, que plusieurs, demeurant dans l'Eglise, dont ils ne sont point tentés de sortir, ne se perdent par une foi morte dont ils se flattent, qui ne peut sauver personne tant qu'elle est sans bonnes œuvres & sans piété. Et à l'égard de ceux des Provinces voisines, qui ont eu le malheur de naître dans l'hérésie, le soin des Pasteurs doit être, de contribuer, autant qu'ils peuvent, à leur retour, & au moins à n'y pas mettre d'obstacle. Or rien n'étoit plus propre pour l'un & pour l'autre, que de laisser les Catholiques dans la possession où ils étoient de lire l'Ecriture sainte dans des versions catholiques. Car, d'une part, c'étoit le vrai moyen de leur faire connoître leurs devoirs, & concevoir le desir de mener une vie conforme à tant de divines instructions. Et, de l'autre, on ôtoit par-là cette pierre d'achoppement, qui retient hors de l'Eglise tant de milliers d'ames, comme nous l'assurent ceux qui ont travaillé toute leur vie à la conversion de ces pauvres abusés. Vous blessez donc doublement la charité par votre nouvelle Ordonnance. Vous ôtez le pain aux enfants obéissants ; & vous êtes cause, par cette dureté mal entendue, que ceux qui se trouvent hors la maison de leur véritable mere, n'y veulent point retourner, de peur d'y être privés de ce pain de vie. Et par conséquent, par votre axiome, *cessat lex cessante fine*, il y a long-temps que votre Regle a cessé d'être une loi qui oblige. Car elle n'a pu avoir pour fin que le bien des ames & de la Religion. Or il est arrivé tant de changement depuis qu'elle a été faite, que, présentement, son observation ne sauroit être que dommageable, & au bien des ames, & au progrès de la Religion.

LVIII. DIFFICULTÉ.

En relisant ce que je viens de rapporter du P. Véron, il m'est venu dans la pensée, que vous pourriez lui opposer le fameux Critique M. Richard Simon, que vous citez trois fois en traitant cette matiere dans vos Aphorismes. Cela m'a fait croire qu'on ne seroit pas fâché de voir ici une réponse exacte à tout ce qu'il a dit sur ce sujet, dans les quatre dernieres pages de son Histoire Critique des versions du Nouveau Testament.

Mais, avant que rapporter ses paroles, pour n'être pas trop surpris de la brouillerie qu'on y trouvera, il faut remarquer qu'il confond, dans un même discours, trois questions différentes, qui devoient être traitées séparément. La premiere : s'il est à propos de ne point traduire l'Ecriture en langue vulgaire ; ce que la Sorbonne a cru fort long-temps. La seconde : si l'Ecriture étant traduite par des Auteurs Catholiques, on doit la laisser lire à tout le monde. La troisieme : si on doit laisser lire aux Catholiques les versions des Hérétiques.

M. Simon. *Les anciens Peres de l'Eglise ont eu raison d'exhorter les fideles de leur temps à la lecture des Livres sacrés ; parce qu'en effet l'Ecriture sainte a été donnée pour l'instruction de tout le monde.*

Réflexion. On voit par-là, que ce qu'il avoit dessein d'examiner est ; s'il est à propos de faire encore aujourd'hui ce qu'il avoue que les Peres faisoient de leur temps ; qui est, de laisser lire l'Ecriture sainte à tout le monde, parce qu'elle a été donnée pour l'instruction de tout le monde.

M. Simon. *On avoit alors du respect pour les traditions reçues. Les peuples étoient soumis à la direction de leurs Evêques & de leurs Pasteurs, qui leur faisoient entendre la parole de Dieu.*

Réflexion. C'est par-là qu'il se dispose à soutenir qu'on ne doit pas faire aujourd'hui ce que faisoient les Saints Peres. Mais c'est contre toute raison ; car les Catholiques sont présentement dans cette même disposition où étoient les fideles du temps des Peres. Ils ont du respect pour les traditions reçues, & ils sont soumis à la direction de leurs Evêques & de leurs Pasteurs, qui leur font entendre la parole de Dieu. On doit donc les exhorter tous à lire la parole de Dieu, comme les Saints y exhortoient les fideles de leur temps.

M. Simon. *Mais, depuis que quelques esprits séditieux ont abusé de cette lecture, pour introduire des nouveautés dans la Religion, il a été nécessaire d'user en cela de précaution, & de ne la permettre pas indifféremment à toutes sortes de personnes.*

Réflexion. Ce ne sont pas seulement les Hérétiques de ces derniers siecles qui ont abusé de l'Ecriture, pour introduire des nouveautés dans la Religion : ils l'ont fait dès le commencement de l'Église. Et c'est ce qui a porté Tertullien à écrire son livre des Prescriptions, & qui a fait dire à S. Jérôme, dans son Dialogue contre les Lucifériens, qu'en voulant expliquer l'Ecriture à leur fantaisie, ils faisoient de l'Evangile de J. C. l'Evangile du Diable. Or les Peres n'ont pas cru pour cela, qu'il fût nécessaire de ne pas permettre à toutes sortes de personnes de lire l'Ecriture sainte.

Il ne s'ensuit pas, de plus, que cela fût nécessaire présentement, quand on l'auroit cru nécessaire dans le plus grand feu de l'hérésie. On avoit alors ébranlé dans beaucoup d'esprits la créance des traditions reçues, & l'obligation de recevoir, des Evêques & des Pasteurs, le vrai sens des Ecritures. Or il faudroit s'aveugler soi-même, pour ne pas reconnoître, que, de dix mille Catholiques à qui on ne veut pas permettre de lire l'Ecriture sainte, il n'y en a pas deux qui aient le moindre doute sur ces deux points-là. Etant donc dans la même disposition où étoient les fideles du temps des Peres, quelle nécessité y a-t-il de leur ôter une lecture que les Peres ont pris tant de soin de recommander aux fideles de leur temps ?

M. Simon. *C'est sur ce pied-là qu'on doit juger des sentiments de quelques Papes, de plusieurs de nos Conciles de France, & de quelques savants Docteurs, qui ont improuvé les traductions de la Bible en langue vulgaire. Ils ont eu égard aux désordres que ces versions causoient dans l'Eglise & dans l'Etat.*

Réflexion. Il n'y a ni raison ni jugement dans cette suite ; & c'est un amas confus de faits vrais & de faits faux. Il s'agissoit de savoir s'il a été nécessaire de ne pas laisser lire l'Ecriture sainte indifféremment à tout le monde : & on nous vient dire que c'est *sur ce pied-là*, que des Papes, des Conciles, & de savants hommes ont improuvé les traductions en langue vulgaire: comme si improuver ces versions, & ne les pas laisser lire à tout le monde étoit la même chose; ou que cette improbation générale des traductions de la Bible en langue vulgaire, ne fût pas la chose du monde la plus insoutenable; & le livre, qu'on a fait imprimer sous ce titre scandaleux: *Collectio Auctorum versiones vulgares damnantium*, le plus chétif livre qui fut jamais?

Ce sont donc là ces *savants hommes* qui ont improuvé ces versions. Mais, pour les Papes & plusieurs de nos Conciles, à qui on les fait improuver aussi, on nous obligera de nous les marquer. Il faut bien que le Cardinal Bellarmin ne les connût pas; puisqu'il soutient que c'est un mensonge impudent à Kemnitius d'attribuer ce sentiment à l'Eglise Catholique. *Catholica Christi Ecclesia non prohibet omnino vulgares translationes, ut Kemnitius* IMPUDENTER MENTITUR. *Nam in Indice librorum probibitorum à Pio* IV. *edito, Reg.* 4. *videmus concedi lectionem ejusmodi librorum iis qui utiliter & cum fructu eâ uti possunt, id est eis qui facultatem ab Ordinario habuerint.* En quoi certainement il a raison, & rien n'est plus concluant. Car ce sont visiblement deux choses contradictoires; de trouver mauvais qu'il y ait de ces versions dans l'Eglise, & de trouver bon qu'elles soient lues par ceux à qui on aura permis de les lire.

M. Simon. *On ne peut aussi blâmer là-dessus la conduite de la Faculté de Paris, qui a condamné généralement toutes les traductions de l'Ecriture en langue vulgaire; soit qu'elles eussent été faites par des Protestants ou par des Catholiques. Cette défense étoit alors nécessaire; parce que ces Bibles nuisoient plus aux particuliers, qu'elles ne servoient à leur instruction.*

Réflexion. Il continue dans son égarement, en substituant la condamnation de toutes les versions de la Bible en langue vulgaire, dont il ne s'agissoit point au commencement de son discours, à cette autre question; s'il est à propos de laisser lire ces versions à tout le monde, de quoi seul il s'agissoit?

On n'a pas besoin de défendre la Faculté de Théologie de Paris dans l'état où elle est présentement: car elle est bien revenue de l'entêtement où elle a été autrefois. Mais rien n'est plus pauvre, que ce que dit ce Critique pour justifier cet entêtement, qui a duré jusques en 1661, lorsqu'elle fit dire à l'Assemblée du Clergé par ses Députés; *que la Faculté n'approuvoit pas de telles versions, qu'au contraire elle avoit en horreur toutes les traductions de l'Ecriture Sainte, des Offices ecclésiastiques & des Peres; & qu'elle les avoit de tout temps rejetées & desapprouvées.* C'est, dit cet Apologiste de la Faculté de Paris, *que cette défense étoit alors nécessaire; parce que ces Bibles nuisoient plus aux particuliers qu'elles ne servoient à leur instruction.* Quelle pitié! Ce Critique nous en peut conter de belles du Pays des Rabbins, puisqu'il nous en conte de si évidem-

I. CLAS. N°.XIII.

ment fausses de son propre pays. Depuis le commencement de ce siecle jusques en 1661, toute la France étoit pleine de Bibles françoises de la traduction des Docteurs de Louvain, sans parler de celle du Nouveau Testament par l'Abbé de Marolles, & par le P. Véron, & de celle des Pseaumes par M. de Beaunes Archevêque de Bourges. C'étoit-là où des millions de Catholiques s'étoient instruits des vérités de la Religion, & des maximes de l'Evangile. Et il nous vient dire gravement, que ces bons Docteurs avoient eu raison de prétendre, en 1607. 1641. 1660. 1661, qu'il falloit supprimer toutes ces versions; parce qu'elles nuisoient plus aux particuliers qu'elles ne leur servoient. Mais on n'a qu'à le suivre; il se va refuter lui-même, & dire tout le contraire, tant il est judicieux.

M. Simon. *Je ne voudrois pas néanmoins étendre cette défense à toutes sortes de temps & à toutes sortes de personnes. Si on les permet aujourd'hui en France, en Allemagne, en Flandre, & en quelques autres lieux, c'est qu'on ne les croit pas si dangereuses qu'elles ont été dans le dernier siecle.*

Réflexion. On a toujours permis en France, à toutes sortes de personnes, de lire la Bible en françois. On ne croyoit donc pas qu'il fût nécessaire de leur défendre cette lecture comme leur étant plus nuisible qu'utile. Or c'étoit dans le même temps qu'on la laissoit lire à tout le monde, que ces bons Docteurs parloient si rudement contre toutes les versions de la Bible. C'est donc une très-fausse supposition qu'ils n'aient improuvé ces versions, que lorsqu'il étoit nécessaire de les condamner, parce qu'elles nuisoient plus qu'elles ne servoient. Mais ce qu'il ajoute est encore bien plus fort, non seulement contre ceux qui improuvent ces versions, mais même contre ceux qui trouvent mauvais qu'on les mette entre les mains du peuple.

M. Simon. *On suit même en cela* (c'est-à-dire en laissant lire l'Ecriture à tout le monde) *l'exemple de quelques Papes, qui ont jugé à propos qu'on donnât au peuple la Bible traduite en sa langue; pourvu que ces traductions fussent faites sur la Vulgate par des Auteurs Catholiques. On lui ôte des mains, par ce moyen, les versions des hérétiques.*

Réflexion. C'est tout ce que l'on demande; qu'on laisse au peuple la liberté de lire la Bible traduite sur la Vulgate par des Auteurs Catholiques. Pourquoi donc la lui veut-on ôter, puisqu'on suit en cela le jugement de ces Papes, selon ce Critique même, qui avoit commencé à plaider la cause de ceux qui lui veulent ravir cette liberté? Mais c'est son vrai caractere, d'être chancelant & confus, d'établir & de renverser la même chose dans la même page.

M. Simon. *Il est vrai que les disputes sur la Religion ne sont plus si*

dangereuses.

dangereuses, qu'elles ont été au commencement de l'héréſie. Mais, après tout, le danger n'a pas ceſſé entiérement.

Réflexion. Ne pouvoit-on s'expliquer plus nettement? Il ne s'agit point de ſavoir en général ſi les diſputes de la Religion ſont moins dangereuſes préſentement qu'elles n'étoient au commencement de l'héréſie. Il eſt ſi certain qu'elles le ſont moins, que les Miniſtres les fuient aujourd'hui autant qu'ils les recherchoient autrefois. Il s'agit d'un danger particulier, qui eſt celui que quelques-uns ſe figurent à laiſſer lire au ſimple peuple la Bible traduite ſur la Vulgate par un Auteur Catholique. C'eſt de ce danger qu'on a dû dire, qu'il n'eſt pas ceſſé entierement. Voyons donc quelles preuves on en apporte. On en donne deux. Voici la premiere.

M. Simon. *Les raiſons qu'on a eues de ſe défier des verſions des Proteſtants ſubſiſtent encore préſentement.*

Réflexion. Jamais Catholique a-t-il eu deſſein de mettre entre les mains du ſimple peuple les Bibles des Hérétiques? Ce n'eſt donc pas cela que l'on avoit à prouver: mais qu'il y a préſentement quelque danger de lui laiſſer lire, ſans une permiſſion par écrit, ces mêmes Bibles Catholiques, qu'on peut lire ſelon la Regle, quand on en a permiſſion. Cette premiere preuve eſt donc un ſophiſme fort groſſier. Voyons ſi l'autre ſera meilleure.

M. Simon. *Le P. Véron, qui a ſoutenu avec beaucoup de chaleur qu'on devoit donner au peuple la Bible traduite en ſa langue par des perſonnes Catholiques, avertit les ignorants & les infirmes en la foi, de ſuivre là-deſſus la direction de leurs Supérieurs. Il importe fort peu de ſavoir que la Regle de l'Indice, qui défend aux particuliers de lire l'Ecriture en leur langue, qu'ils n'en aient auparavant obtenu la permiſſion, n'eſt point reçue en France. C'eſt aſſez qu'on ſache que les Théologiens qui ont compoſé cette Regle, aſſurent qu'ils n'ont fait leur défenſe, qu'après avoir reconnu par expérience, que les Bibles en langue vulgaire, étant miſes entre les mains de tout le monde, apportent ordinairement plus de dommage que d'utilité aux affaires de la Religion. On doit peſer les raiſons de ces ſages Théologiens, ſans ſe mettre beaucoup en peine ſi leur Regle eſt reçue en France, ou non.*

Réflexion. J'ai mis enſemble toute cette ſuite: parce que tout cela regarde le P. Véron. Le Critique avoit à prouver, que le danger que courroient les particuliers en liſant l'Ecriture en leur langue, dans des verſions catholiques, n'étoit pas entiérement ceſſé, quoiqu'il fût moindre qu'au commencement de l'héréſie; d'où il a voulu que l'on conclût, qu'il eſt encore à propos d'obſerver la quatrieme Regle de l'*Index*. C'eſt ſur cela qu'il dit deux choſes de ce célebre Controverſiſte. L'une,

I. CLAS. N°.XIII.

que, quoiqu'il ait soutenu avec beaucoup de chaleur, qu'on doit laisser lire au peuple la Bible traduite en sa langue par des Auteurs Catholiques, il n'a pas laissé d'avertir les ignorants & infirmes dans la foi, de suivre la direction de leurs Supérieurs. L'autre, que c'est en vain qu'il s'est mis en peine de prouver que la Regle de l'*Index* n'étoit pas reçue en France. Mais rien n'est moins solide que ces deux observations.

On a vu la foiblesse de la premiere dans le passage du P. Véron. Il y parle de ceux dont parle S. Pierre à la fin de sa 2. Epître, qui, *étant ignorants & peu fermes dans la foi, détournent l'Ecriture à de mauvais sens pour leur propre condamnation.* Ce sont ces gens-là qu'*il avertit de suivre la direction de leurs Supérieurs.* Mais il a raison de soutenir en même temps, que ce cas étant singulier & très rare parmi le peuple Catholique, ce n'est pas une raison de le priver, par une loi positive & générale, de la liberté de lire les Livres sacrés, comme ce n'en a pas été une aux SS. Peres, qui n'ignoroient pas cette parole de S. Pierre. Où est donc le jugement de ce grand Critique, d'opposer au P. Véron ce qu'il dit de ces peu fermes en la foi, qu'ils doivent suivre la direction de leurs Supérieurs, comme s'accordant mal avec ce qu'il soutient avec chaleur, *que chacun peut lire en France la Bible françoise d'une version catholique, sans être obligé à demander aucune permission par aucune loi ou regle ecclésiastique qui y oblige.*

La seconde observation du Critique est encore pire. Sur ce que le P. Véron prétend *que la quatrieme Regle de l'Index n'a point été reçue en France, & que, par conséquent, elle n'y oblige point, selon tous les Théologiens scholastiques & moraux*, notre Critique prétend, que cette raison ne vaut rien: & voici comme il le prouve. *Il importe fort peu de savoir que cette Regle n'est point reçue en France: on doit peser les raisons des sages Théologiens qui l'ont composée, sans se mettre en peine si elle a été reçue en France, ou non.* J'ai déja fait voir en peu de mots, dans la LIII. Difficulté, combien cette pensée étoit fausse. Mais je me sens obligé de le prouver encore ici avec plus d'étendue.

Ce Critique déclare souvent, qu'il ne fait profession ni d'être Théologien, ni d'être Controversiste; mais seulement d'être Critique. Il pouvoit aussi ajouter qu'il se contente de cette qualité de Critique, qui fait toute sa gloire, sans se mettre en peine s'il raisonne contre le bon sens, s'il se contredit d'une page à l'autre, & s'il paroît ignorer les plus communes maximes du Droit. Car il fait tout cela ici.

Il raisonne contre le bon Sens: lorsqu'ayant à prouver que cette Regle oblige encore, contre ce qu'a soutenu le P. Véron, il prétend qu'il suffit, pour en être persuadé, que les sages Théologiens qui l'ont composée, assurent qu'ils n'ont fait cette défense qu'après avoir reconnu, par expérience, que la lecture des Bibles en langue vulgaire étoit ordinairement plus nuisible qu'utile. C'est assurément raisonner contre le bon sens, pour bien des raisons. 1°. Ces Théologiens peuvent s'être fondés sur une expérience qu'ils ont cru vraie, & qui ne l'étoit peut-être pas. 2°. On ne l'avoit peut-être faite que sur ceux qui avoient lu les versions des hérétiques. 3°. Il est dit, dans la Regle, ce que le Critique a omis, que la lecture de ces versions n'étoit nuisible qu'*à cause de la témérité des hommes.* On auroit donc peut-être mieux fait de s'appliquer à corriger cette témérité des hommes, que de défendre une chose aussi bonne & aussi sainte en soi qu'est la lecture des Livres sacrés. 4°. Quand les raisons de ces Théologiens auroient été bonnes pour le temps qu'ils firent la Regle, il faut bien que le Critique demeure d'accord, qu'elles peuvent n'être pas bonnes pour celui-ci; puisqu'il avoue, que l'on permet présentement en France, en Allemagne, en Flandres, & en quelques autres lieux ce qu'ils ne vouloient pas que l'on permît; *parce qu'on ne croit pas*, dit-il, *cette lecture si dangereuse qu'elle a été dans le dernier siecle:* ou plutôt, ce qu'il devoit dire; parce qu'on a reconnu, que cette lecture étoit ordinairement fort utile, & qu'au contraire cette défense *apportoit plus de dommage que d'utilité aux affaires de la Religion*, par l'avantage que les Ministres en prenoient, pour retenir les peuples dans leur secte.

Il se contredit d'une page à l'autre. Car comment accorder ce qu'il dit ici, que, pour se croire obligé d'observer cette Regle, il suffit de savoir ce que ces *Théologiens assurent, que cette lecture apporte plus de dommage que d'utilité aux affaires de la Religion*, avec ce qu'il venoit de dire dans la colonne précédente; qu'en permettant à tout le monde, comme on fait en France, en Allemagne, en Flandre, de lire les Livres sacrés, *on suit l'exemple de quelques Papes, qui ont jugé à propos qu'on donnât au peuple la Bible traduite en sa langue, pourvu que ces traductions fussent faites sur la Vulgate par des Auteurs Catholiques?* Le jugement de ces Papes est contradictoirement opposé à celui de ces sages Théologiens. A quoi veut-il donc qu'on s'arrête? Si on fait bien de suivre le jugement de ces Papes (comme on fait, selon lui-même, en France, en Allemagne & en Flandre) on n'est donc pas obligé de suivre le jugement de ces sages Théologiens, qui ont dressé la Regle; ce qu'il assure néanmoins aussi-tôt après, quand il a voulu chicaner le P. Véron.

Enfin, son ignorance est extrême, quand il prétend, contre le même Controversiste, que, pour savoir si on étoit obligé en France d'observer cette Regle de l'*Index*, il étoit fort peu important de savoir si elle y avoit été reçue ou non; comme si ce n'étoit pas une des plus constantes maximes du Droit, qu'une loi humaine n'oblige point en un lieu où elle n'a point été reçue pendant un temps considérable. Et, ce qui est un autre exemple de ses contradictions, il venoit lui-même de reconnoître la vérité de ce qu'avoit soutenu le P. Véron; que l'on ne se croyoit point obligé en France, non plus qu'en Allemagne & en Flandre, d'observer cette Regle; mais qu'on y laissoit lire l'Ecriture sainte en françois à toutes sortes de personnes. Rien n'est donc plus mal fondé que la décision de ce grand Critique: *Qu'il faut peser les raisons de ces sages Théologiens, sans se mettre en peine si leur Regle est reçue en France ou non.* Le P. Véron n'a-t-il pas eu droit de dire au contraire: Pour être assuré qu'on n'est point obligé en France de s'assujettir à cette nouvelle Regle, il suffit de savoir qu'elle n'y a point été reçue, sans se mettre en peine de peser les raisons des sages Théologiens qui l'ont composée.

M. Simon. *Grotius, qui étoit persuadé que les Livres sacrés avoient été écrits pour tout le monde, assure néanmoins, que les versions qu'on en fait sont dangereuses, & que Rivet même, son adversaire, qui étoit un Calviniste outré, ne le pouvoit nier.*

Réflexion. Nouveau changement de scene, & nouvelle preuve que le caractere de ce nouveau genre de Critique est de brouiller & confondre tout; de ne rien traiter solidement; de sautiller de question en question, & de passer de ce qui peut être contesté à ce qui ne le sauroit être. Il s'agissoit de savoir, s'il est à propos de laisser aux Catholiques la liberté de lire l'Ecriture sainte dans des versions faites par des Auteurs Catholiques; & il quitte cela tout d'un coup pour nous venir dire, que Grotius, qui croyoit que les Livres sacrés avoient été écrits pour tout le monde, *assure néanmoins, que les versions qu'on en fait peuvent être dangereuses.* Qui en doute? & à quoi revient ce *néanmoins?* Y a-t-il quelque ombre d'opposition entre ces deux choses, *que les* Livres sacrés sont écrits pour tout le monde, & que les versions infidelles, qu'on en feroit, feroient dangereuses? car la suite fait voir que Grotius ne met ce danger que dans les versions qui ne feroient pas fidelles.

Toute cette brouillerie ne vient que de ce que le Critique à mal rapporté le passage de Grotius. Car il en a ôté le commencement, qui faisoit voir qu'il y parle de la lecture de l'Ecriture sainte, & non seulement des bonnes ou mauvaises versions. Pour le mieux comprendre, il faut remarquer, que ce qu'il en cite est de son livre posthume, intitulé: *Rivetiani Apologetici pro schismate, contra votum Pacis facti; discussio.* Or il y a au commencement de ce passage de la page 728. *Legendas Sacras Scripturas dixit cum Patribus veteribus Grotius.* Et c'est de quoi il s'agissoit dans la quatrieme Regle, que le P. Véron soutenoit qu'on n'étoit point obligé d'obſerver en France. Car on ne peut douter que Grotius n'entende par-là, que l'Ecriture ſainte doit être lue indifféremment par toutes ſortes de perſonnes. Cela ſe voit par la ſuite de tous les endroits où il a parlé de cette matiere. La premiere fois a été dans ſes notes ſur la Conſultation de Caſſander, page 628. *An omnibus permittenda lectio?* Ce qu'il réſout en ces termes (*a*). *Tous les Juifs liſent le Vieux Teſtament hors quelques endroits plus obſcurs, qu'on ne leur permet de lire que dans un âge plus avancé. S. Chryſoſtôme exhorte tous les Chrétiens à lire l'Ecriture Sainte..... S. Proſper dit de l'Ecriture*, quæ nullis animis, nullis non convenit annis: *qu'elle eſt propre à toutes ſortes d'eſprits, & à toutes ſortes d'âges. Qu'ils la liſent donc; mais dans de bonnes verſions: qu'ils en prennent ce qui eſt néceſſaire & qui leur convient, & qu'ils ne s'attribuent pas le droit de l'expliquer par-tout; mais qu'ils conſultent les perſonnes plus habiles. Qu'ils ne la liſent point par curioſité, ni avec orgueil; mais avec une humilité, qui ſoit aidée par la priere, & accompagnée d'un ſincere deſir d'y apprendre à vivre ſelon la piété.* Rivet l'ayant chicané ſur cela, il le répete de nouveau dans *ſon Vœu pour la paix*, en ces termes, page 674 (*b*). *Les Livres ſacrés ont été écrits pour tout le monde. Il peut y avoir du danger dans les verſions, & ſi on négligeoit d'obſerver ce que j'ai marqué. Si on a fait des Décrets pour empêcher que le peuple ne liſe l'Ecriture, ils ſont contraires à l'Ecriture, & aux Canons; & c'eſt avec raiſon qu'on ne les obſerve point en France & ailleurs.* C'eſt pour ſoutenir cet endroit contre Rivet qu'il dit ce que le Critique rapporte de ſon dernier livre, page 728. *Legendas Sacras Scripturas dixit cum Patribus veteribus Grotius. Si Luſitani id nolunt pati, ſicut de eis dicit D. Rivetus, eſtne Grotii id præſtare? In verſionibus eſſe periculum nec D. Rivetus neget*, &c. Pourquoi le Critique, qui rapporte ce paſſage en latin ne le commence-t-il que par ces paroles. *In verſionibus eſſe periculum*, &c. & qu'il omet celles ci: *Legendas Scripturas dixit cum Patribus veteribus Grotius*, qui étoient bien plus importantes, & qui revenoient bien mieux à ce qu'il venoit de dire contre le P. Véron

(*a*) Judæi omnes Vetus Teſtamentum legunt, exceptis capitulis quibuſdam obſcurioribus, quæ ad maturiorem ætatem reſervantur. Chryſoſtomus ſæpe Chriſtianos quoſvis ad legendam Scripturam hortatur... Proſper de Scriptura ait: *Quæ nullis animis, nullis non convenit annis.* Legant itaque, ſed probabiliter verſas, & hauriant quantum neceſſe eſt ac tutum eſt. Minimè verò de locis omnibus jus ſibi ſumant interpretandi. Abſit curioſitas, abſit arrogantia; adſit humilitas, adjuta precibus, & piæ vitæ propoſito.

(*b*) Sacræ Scripturæ omnibus ſcriptæ ſunt. Periculum eſt in verſionibus, & in neglectu earum cautionum de quibus puto me rectè monuiſſe. Decreta ſi quæ unquam facta ſunt, ne Scriptura legatur à populo, ſunt contra Scripturam & contra Canones; & propterea meritò & in Galliis & alibi negliguntur.

sur la quatrieme Regle de l'*Index*: *qu'il importoit peu de savoir si elle avoit été reçue en France ou non.*

M. Simon. *Ce savant homme approuve la conduite de ceux qui, étant chargés du soin des Eglises, tâchent de remédier à ce mal. Ce qu'on ne peut faire, dit-il, qu'en substituant de bonnes traductions en la place de celles qui sont suspectes.*

Réflexion. Il y a dans le latin: *Si ei* fidas *versiones substituant.* Il ne mettoit donc le mal, auquel il falloit remédier, que dans les versions qui ne seroient pas fidelles.

M. Simon. *Et il prétend même qu'on travailloit à cela de son temps en France. Il a apparemment voulu parler du Cardinal de Richelieu, qui avoit engagé quelques Docteurs à faire une nouvelle Traduction de la Bible en françois: mais cela ne réussit point.*

Réflexion. Le Critique a pu apprendre cela de ce qui en est dit dans la Défense des Versions. On se souvient que ces Docteurs étoient M. Emeyré, M. Dautruy, M. Habert Théologal de Paris & depuis Evêque de Vabre, & un quatrieme dont on a oublié le nom. Ce dessein ne pouvoit guere bien réussir; parce qu'il n'y en avoit aucun qui sût assez bien le françois pour pouvoir faire une traduction raisonnable de la Bible. Ce ne fut pas néanmoins cela qui le fit échouer: ce fut la mort du Cardinal, qui arriva bientôt après, lorsqu'ils avoient à peine commencé d'y travailler. Mais rien n'est plus capable de ruiner ce que ce Critique paroît avoir voulu établir en faveur de la quatrieme Regle de l'*Index*, que ce qu'il dit de ce Cardinal.

M. Simon. *Comme ce sage Cardinal s'appliquoit avec beaucoup de soin & de prudence à faire rentrer dans l'Eglise les Protestants de France, il jugea qu'il falloit ôter ce qui pouvoit les scandaliser. Or il est certain qu'ils ne pouvoient souffrir qu'on défendît au peuple la lecture de l'Ecriture sainte en langue vulgaire. Il fut donc nécessaire de lever cet obstacle. Ce fut la principale raison qui le porta à insister fortement sur une nouvelle traduction de la Bible en françois, nonobstant l'opposition de la Faculté de Théologie de Paris.*

Réflexion. Ce que ce Critique dit de ce sage Cardinal est non seulement véritable dans le fait, mais incontestable dans le droit; c'est-à-dire, que rien n'étoit plus solide, & d'une nécessité plus indispensable que ce qu'il avoit jugé être nécessaire pour travailler avec fruit à la conversion des Protestants. C'est donc une confirmation authentique de ce qu'a dit depuis le P. Véron; qu'étant certain qu'ils ne pouvoient souffrir qu'on défendît au peuple de lire l'Ecriture sainte en sa langue, c'étoit contribuer à la perte de plusieurs milliers d'ames que de ne pas lever cet obstacle, en leur ôtant tout prétexte d'accuser l'Eglise Catholique de cacher aux enfants le Testament de leur Pere.

Mais qui n'admirera encore ici la contradiction de notre Critique? Il avoue que ces mêmes Docteurs de Sorbonne, qu'il avoit dit auparavant qu'on ne devoit pas blâmer, s'opppofoient de tout leur pouvoir à ce sage Cardinal, & que, loin de trouver bon, comme il faisoit, que le peuple lût l'Ecriture en sa langue, ils en improuvoient toutes les versions, quoique faites par des Catholiques. Si cette opposition étoit bien fondée, ce Cardinal avoit tort. Et s'il avoit certainement raison, comme ce Critique fait assez entendre qu'il l'avoit, y eut-il jamais un jugement plus bizarre que celui qu'il porte de ces bons Docteurs, en soutenant, qu'on ne doit point blâmer l'opposition qu'ils faisoient aux versions de la Bible, cela étant alors nécessaire, parce qu'elles nuisoient plus qu'elles ne servoient? Il faut remarquer que cet *alors*, est l'année 1641, dans laquelle ils écrivirent à ce Cardinal une grande lettre, pour lui persuader que *toutes ces versions de la Bible devoient être supprimées & ensevelies sous le sable; afin qu'il n'en parût aucun vestige, comme Moyse y enterra l'Egyptien dont il se défit.* Qu'on nous dise donc quel est ce grand mal, que ce Critique dit, aussi-bien que ces Docteurs, que faisoient les versions catholiques de la Bible en 1641? Et on est bien assuré qu'on n'en pourra marquer que de chimérique. Mais n'étoit-ce pas un mal très-réel, que de vouloir empêcher qu'on ôtât un obstacle capable de détourner une infinité de personnes engagées dans l'héréfie de rentrer dans l'Eglise? Or c'est ce que faisoient ces Docteurs en s'opposant à ce Cardinal, qui jugeoit fort bien, que les Protestants, qu'il tâchoit de convertir, *ne pourroient jamais souffrir qu'on défendît au peuple la lecture de l'Ecriture sainte en sa langue.*

M. Simon. *Le Cardinal de Richelieu avoit devant les yeux l'exemple de quelques Papes, qui ont approuvé, de notre temps, ces versions en langue vulgaire.*

Réflexion. Autre brouillerie. Pourquoi ne parler que de *ces versions en langue vulgaire*, comme ayant été approuvées par quelques Papes de notre temps, lorsqu'il s'agit principalement de la lecture de ces versions? Ne sont-ce que quelques Papes qui ont approuvé ces versions en langue vulgaire? Y en a-t-il qui les aient improuvées? C'est donc, je le dis encore une fois, de la lecture de ces versions dont il falloit parler. Et en effet il y revient aussi-tôt.

M. Simon. *La sagesse de ces Papes, & de ces plus habiles Théologiens de l'Eglise Romaine paroît, en ce qu'ils n'ont point voulu que le peuple lût d'autres versions de la Bible que celles qui auroient été faites sur l'ancienne édition latine.*

Réflexion. Le Critique suppose cette restriction sans aucune preuve.

I. CLAS. N°.XIII.

On demeure d'accord qu'on aime mieux à Rome les versions faites sur le latin. Mais où a-t-il trouvé qu'on y ait fait des défenses particulieres de lire les versions faites sur l'hébreu ou sur le grec, plutôt que celles qui seroient faites sur le latin? On n'y a point défendu de lire la version des Pseaumes sur l'hébreu, qui a été tant de fois imprimée à Paris par le Petit & ailleurs; ni celle de M. de Beaune, Archevêque de Bourges. La quatrieme Regle dit, qu'on pourra permettre la lecture des versions de la Bible faites par des Auteurs Catholiques: mais elle n'ajoute point, que ce sera seulement celles qui auront été faites sur le latin. Quel droit a-t-il de restreindre ce que les Auteurs de cette Regle n'ont point restreint; ce qui est tout-à-fait contraire à cette Regle de Droit: *Favores ampliandi, odia restringenda.*

Mais laissons-là cet incident, & venons à la question principale. Le Critique ne peut pas douter, que le dessein du Cardinal de Richelieu ne fût de laisser lire à tout le monde la nouvelle traduction qu'il faisoit faire de l'Ecriture: & Grotius remarque expressément, que c'étoit pour l'usage du peuple; *ad usum populi.* Car sans cela il n'auroit pas satisfait les Protestants, *à la conversion* desquels il s'appliquoit avec autant de soin que de prudence. Or il dit qu'il avoit sur cela devant les yeux l'exemple de quelques Papes. Il faut qu'il ait entendu par-là ces Papes dont il avoit dit au feuillet d'auparavant, *qu'ils avoient trouvé bon qu'on donnât au peuple la Bible traduite en sa langue, pourvu que ces traductions fussent faites sur la Vulgate.* Et il faut bien qu'il entende que cette lecture leur fût libre, sans avoir besoin de permission, puisqu'il n'apporte l'exemple de ces Papes que pour autoriser la liberté qu'on avoit en France, en Allemagne & en Flandre de la lire de cette sorte. C'est donc une seconde fois qu'il avoue, que l'on suit l'exemple de quelques Papes de notre temps, quand on laisse lire l'Ecriture sainte à toutes sortes de personnes dans des versions catholiques.

Voilà à quoi s'est réduit toute l'habileté de ce grand Critique sur cette importante question: s'il est à propos de laisser présentement au peuple Catholique une entiere liberté de lire l'Ecriture sainte. Il conclut d'abord pour la négative, sans se mettre en peine de l'autorité de tous les Saints Peres, dont il se tire en deux mots par une fausse différence entre leur temps & ce temps-ci. Il se déclare le protecteur de ceux qui se sont emportés jusques à cet excès, que de condamner toutes les traductions de la Bible en langue vulgaire. Il avoue que le danger de cette lecture n'est pas maintenant si grand qu'il étoit au commencement de l'hérésie. Mais il prétend qu'il n'est pas cessé entiérement, & il fait entendre, quoique sans raison, qu'il est encore assez grand, pour obliger

les

les Catholiques à se soumettre à la quatrieme Regle dans les pays mêmes où elle n'auroit pas été reçue. Cela semble décisif pour ceux qui veulent à toute force qu'on ne laisse lire au peuple la parole de Dieu qu'avec de grandes précautions. Mais ceux qui sont d'un avis contraire y trouvent aussi de quoi soutenir leur sentiment, tant ce Critique est Pyrrhonien, & a peu de fermeté dans ce qu'il avance. Il les favorise plus qu'ils ne voudroient, en ne considérant cette quatrieme Regle que comme un avis de sages Théologiens dont on doit peser les raisons. Il renverse ce qu'il avoit dit pour nous obliger à observer cette Regle, quand il reconnoît qu'on laisse lire à tout le monde les versions de l'Ecriture en France, en Allemagne, en Flandre, & que l'on suit en cela l'exemple de quelques Papes de notre temps; & il paroît enfin conclure absolument pour l'affirmative, par ce qu'il dit à l'occasion du Cardinal de Richelieu, que c'est mettre un grand obstacle à la conversion des Protestants, que de ne pas laisser au peuple une entiere liberté de lire l'Ecriture sainte.

Mais je viens de trouver un autre passage, de M. Simon, dans sa *Réponse au livre intitulé: Sentiments de quelques Théologiens de Hollande*, &c. p. 182, qui renverse, Monsieur, tout ce qu'il sembloit avoir dit en votre faveur, dans l'endroit que je viens d'examiner. Car un de ces Protestants lui ayant reproché, *que l'Eglise Romaine, pour préoccuper le peuple en sa faveur, ne permet pas indifféremment à tout le monde de lire l'Ecriture en langue vulgaire*: voici ce qu'il lui répond. *En quel Concile général a-t-il trouvé que l'Eglise Romaine ne permette pas la lecture des Livres sacrés indifféremment à toutes sortes de personnes? S'il y a eu là-dessus quelques défenses des Evêques & des Académies, elles n'ont été données que par provision, &* NON PAS POUR TOUJOURS; *& cela dans des temps de désordre, où des fanatiques, sous prétexte de réformer la Religion sur la pure parole de Dieu, troubloient le repos de l'Eglise.*

Nous voici donc revenus où nous en étions demeurés; & on vous supplie, Monsieur notre Maître, de répondre à cet argument.

Une loi humaine cesse d'être loi quand on reconnoît que son observation apporteroit plus de dommage que d'utilité au bien public. C'est ce que vous avez vous-même reconnu dans vos Aphorismes.

Donc une loi de police ecclésiastique, qui auroit défendu une chose très-bonne & très-utile en soi, pour des inconvénients qu'on auroit appréhendé dans le temps qu'on l'auroit faite, cesse d'être loi, quand on reconnoît que son observation apporteroit plus de dommage que d'utilité aux affaires de la Religion.

Or une des plus grandes affaires de la Religion Catholique, est la conversion de tant d'ames, que le schisme & l'hérésie ont arraché de son sein. S'il est donc certain, comme on n'en peut douter, que l'observation de la quatrieme Regle de l'*Index* feroit un très-grand obstacle à cette conversion des Protestants, il s'ensuit évidemment, que, quelque raison qu'on ait pu avoir de la faire, elle n'a plus présentement force de loi.

C'est donc rendre un grand service à l'Eglise que d'en juger de cette sorte; & c'est au contraire apporter un notable préjudice à la Religion, que de s'opiniâtrer, comme vous faites, à vouloir, à toute force, qu'on l'observe dans un pays où vous ne sauriez prouver qu'elle ait jamais été observée, & où toutes sortes de raisons devoient porter présentement à la laisser abolir, quand on s'y feroit soumis autrefois. Car quel sujet y avoit-il de troubler un peuple aussi catholique que celui-là, dans la possession où il étoit de lire avec fruit les Ecritures divines? Pourquoi falloit-il qu'il fût seul, entre tous les peuples qui l'environnent, privé de cette liberté, contre ce que témoignent des Auteurs de diverses nations, qu'il en jouit aussi-bien que les autres? Pourquoi falloit-il prendre, pour fondement du tort qu'on lui vouloit faire, cette fausseté manifeste, qu'on reconnoît encore aujourd'hui par expérience, que les Religieuses, les filles dévotes, les femmes pieuses, & tant d'autres personnes, qui tâchent de se nourrir de la parole de Dieu, que leurs Pasteurs leur on appris être le vrai pain de nos ames, sont pour la plupart de ces *téméraires*, à qui cette lecture est plus nuisible qu'utile? Quel besoin y avoit-il de mettre le trouble & la division dans un Diocese, & de jeter les fideles dans cette fâcheuse nécessité, ou de condamner la conduite de leurs Pasteurs, ou d'être scandalisés de l'Ordonnance de leur Prélat; les premiers les ayant exhortés à faire, comme une chose agréable à Dieu, ce que l'autre leur représente comme un abus capable d'attirer sur eux les fléaux de Dieu? Et enfin, ne deviez-vous pas considérer, que, n'y ayant jamais eu plus de Protestants dans les Pays-bas Espagnols qu'il y en a présentement, & y tenant publiquement leurs assemblées en divers lieux, c'étoit une grande imprudence, de donner à leurs Ministres cette nouvelle occasion de déclamer contre l'Eglise Romaine, & de les empêcher par-là de penser à se convertir; au lieu qu'on tient pour assuré, que, dans l'autre guerre, il s'en est converti beaucoup?

I. CLAS. N°.XIII.

LIX. DIFFICULTÉ.

CE que le Cardinal de Richelieu avoit eu dessein de faire sous le regne de Louis XIII. pour la conversion des Hérétiques, a été exécuté sous le regne de son successeur. Mais ne faudroit-il pas se crever les yeux pour ne pas voir quel obstacle on auroit mis à cette conversion, si on avoit voulu leur faire observer votre quatrieme Regle, en ne laissant lire l'Ecriture en langue vulgaire qu'à ceux qui en auroient des permissions par écrit?

Il ne faut pas croire ce qu'en disent les Gazettes des Protestants; que tous ceux qui ont paru embrasser la Religion Catholique ne l'aient fait que par force, étant demeurés Calvinistes dans le cœur. Il y en a un très-grand nombre de sincérement convertis, & plusieurs entre ceux-là, qui ont trouvé dans l'Eglise non seulement la vraie foi, mais des motifs de dévotion, dont Dieu leur a fait la grace d'être si touchés, que leur exemple a été un sujet d'admiration aux anciens Catholiques.

Auroit-il fallu dire à toutes ces personnes, qu'ils avoient eu toute liberté de lire l'Ecriture sainte dans leur Religion; mais que ce ne seroit pas la même chose dans la Religion Catholique: qu'on usoit en cela *de grandes précautions*, & qu'on ne la laissoit pas lire indifféremment à toutes sortes de personnes? Ç'auroit été les renverser, & faire avorter toutes les pensées qu'ils auroient eues de se convertir. On n'a eu garde aussi de leur donner une idée si choquante de la Religion qu'on les convioit d'embrasser. On a pris une voie toute opposée. En leur ôtant leurs Bibles huguenotes, on leur en a donné de catholiques, & sur-tout des Nouveaux Testaments, & des Pseautiers, le Roi ayant dépensé des sommes immenses pour leur faire avoir de ces livres, qu'il a fait imprimer à ses dépens. Et c'est ce que vous pouvez voir, Monsieur, dans la Défense des Versions p. 294. & 388. Je n'ai pas besoin de le répeter ici.

Mais ce que l'on fit dans le même temps à l'égard des Heures latines & françoises, dont on fit imprimer une infinité d'exemplaires, afin que tous les nouveaux Convertis en pussent avoir, mérite une réflexion particuliere.

J'ai déja remarqué qu'il se trouve deux Décrets de S. Charles dans le troisieme Concile de Milan, sur lesquels on vous prie de nous dire votre avis.

Il confirme, par le premier, la quatrieme & la sixieme Regle de l'*Index* en ces termes. *De Bibliis autem vulgariter redditis, de Testamento Novo etiam in vulgarem sermonem converso; de libris præterea qui de rebus inter Catholicos & hæreticos controversis communi item lingua conscripti sunt, ea diligens cautio adhibeatur, ut illorum usus iis tantùm concedatur, quibus Episcopus aut Inquisitor de consilio Parochi aut Confessarii permittendum judicarit.*

Il fait encore plus dans le second au regard des Heures de la Vierge; car il ne veut point qu'on en vende ou qu'on en retienne chez soi: en quoi il dit qu'il ne fait que suivre une Constitution de Pie V. du 15 Mars 1670. *Libri de Officio & precibus B. Mariæ Virginis vulgariter, vel italicè, vel hispanicè, vel gallicè, vel germanicè, vel partim latino partim vulgari sermone expressi, venales ne proponantur neque vendantur. Si qui verò eos adhuc habent, ad Sacræ Inquisitionis Officium statim deferre compellantur, ut edita à Pio V. Constitutione sancitum est.*

Nous trouvons la même chose & en mêmes termes, pour ce qui est des livres de Controverse & des Heures de la Vierge, dans le Concile Provincial d'Avignon de l'an 1594.

On vous supplie de nous dire ce que vous pensez de ces trois sortes de Défenses. Les deux premieres sont prises des Regles autorisées par une Bulle de Pie IV, & la troisieme par une Constitution du S. Pape Pie V. Cette derniere, qui regarde les Heures latines & françoises, a été confirmée par deux Conciles Provinciaux, de Milan & d'Avignon. Dites-nous donc; croyez-vous qu'il soit défendu d'avoir des Heures ou toutes françoises, ou latines & françoises; toutes flamandes, ou latines & flamandes, & que c'est un abus & une transgression des loix de l'Eglise de ce qu'on les souffre dans les Pays-bas, & qu'on a mal fait en France d'en avoir fait tant imprimer, pour les mettre entre les mains des nouveaux Convertis, sans en avoir obtenu la permission du Pape?

On ne pense pas que vous osiez prendre ce parti. Mais s'il vous en prenoit envie, vous auriez à répondre à ce qu'on a dit ailleurs, pour faire voir le juste sujet qu'auroient eu de s'en plaindre, non seulement les nouveaux Convertis, mais tous les autres Catholiques. J'en rapporterai ici quelque chose, afin que vous vous disposiez à y satisfaire, si vous entreprenez de soutenir ce paradoxe.

C'est une chose très-louable, & autorisée par l'exemple de tous les siecles, que les Laïques fassent par dévotion, ce que les Ecclésiastiques font par obligation; c'est-à-dire, qu'ils prient Dieu à diverses heures selon un certain ordre de Pseaumes, de Leçons, & d'Oraisons; ce qui s'appelle dire le Bréviaire, ou l'Office de la Vierge. Ce doit être aussi une action de charité d'aider les Laïques & même les femmes, qui, pour ne savoir que le françois, n'en ont pas moins de piété, à imiter tant de Saints, à qui cette dévotion a pu servir de moyen pour devenir Saints; comme il est marqué dans la vie de S. Eloy. Or rien ne peut être plus propre à cela que les traductions françoises du Bréviaire, ou des Heures de la Vierge. Car il y en a une partie, comme les leçons, qu'il vaut mieux sans doute, lorsqu'on le dit en particulier, lire en françois qu'en latin quand on ne l'entend pas; puisque ce sont des instructions qu'il faut entendre pour en profiter. Pour les Pseaumes, quoiqu'on les puisse réciter sans les entendre, en élevant son cœur à Dieu, & se joignant en esprit à l'Eglise qui les entend, il est certain néanmoins, qu'il est plus facile d'y être attentif quand on en a l'intelligence, & que la piété y trouve plus de quoi se nourrir. C'est ce que S. Thomas reconnoît en expliquant ces paroles de la 1. aux Cor. ch. 14. *Si orem linguâ, spiritus meus orat, mens autem mea sine fructu est.* Il dit que, par ces mots, *orare linguâ*, l'Apôtre a voulu marquer celui qui, en priant, se sert de paroles qu'il n'entend pas en particulier, quoiqu'il sache en général qu'elles ne contiennent rien que de bon. Et alors, dit-il, *mon esprit*, c'est-à-dire, ou l'Esprit Saint qui m'a été donné de Dieu, *prie*, parce que c'est lui qui me porte à prier; ou *ma raison*, qui me persuade que ce que je dis est bon, lors même que je ne me sers pas pour m'exprimer de paroles que j'entende; mais des paroles des Saints: mais mon entendement, *mens mea*, est sans fruit; parce que je n'entends pas ce que je dis en priant. Sur quoi S. Thomas se fait cette objection. Est-ce donc que la priere de celui qui n'entend pas les paroles qu'il récite est sans aucun fruit? A quoi il répond, qu'il faut distinguer deux sortes de fruit & d'avantage dans la priere. L'un est le mérite, dont il montre que n'est pas privé celui qui, en priant, n'entend pas le sens des paroles qu'il récite, & y a seulement une attention générale. L'autre est le fruit de la consolation spirituelle, & de la dévotion que nous sentons qui s'excite en nous en priant Dieu. Et pour ce qui est du fruit de la consolation spirituelle, on en est privé quand on n'entend pas ce que l'on dit en priant. Mais que S. Paul conclut-il de-là? *Quid ergò est? Orabo spiritu: orabo & mente; psallam spiritu, psallam & mente.* Que ferai-je donc? Je prierai de cœur; mais je prierai aussi avec intelligence. Je chanterai de cœur les louanges de Dieu; mais je les chanterai aussi avec intelligence. Saint Paul exhorte donc les Chrétiens de prier & de chanter les louanges de Dieu autant qu'ils pourront, non seulement de cœur, mais aussi avec intelligence, afin qu'ils ne soient pas privés du fruit de la consolation spirituelle, & de la dévotion que l'on ressent davantage en sachant ce que l'on dit dans la psalmodie & dans

I. CLAS. N°. XIII.

la priere. Quand donc les Laïques, qui n'entendent pas le latin, ont la dévotion de dire le Bréviaire, ou les Heures de la Vierge; s'ils le disent en latin, ils peuvent bien prier de cœur & avec mérite; mais priant sans intelligence, ils sont privés du fruit de la consolation spirituelle, & de la dévotion que l'on ressent en priant lorsque l'on entend ce que l'on dit: au lieu que, le récitant dans une traduction françoise, on a l'un & l'autre fruit: ce que l'on ne peut nier leur être plus avantageux, & ce qui les peut aussi beaucoup plus attirer à prendre une sainte coutume de prier Dieu aux heures que l'Eglise, dans tous les siecles, a consacrées à la priere. Et quand même ils ne le pourroient pas faire tous les jours à cause de leurs occupations; lorsqu'ils assistent aux Offices divins les Dimanches & les Fêtes, ce leur est une consolation qu'on ne leur doit pas envier, d'avoir des livres qui leur font entendre ce qui se chante dans l'Eglise. On doit conclure de tout cela, que c'est une injustice manifeste de priver de ce secours une infinité de personnes, qui, pour n'avoir pas étudié, n'en sont pas moins capables de profiter de tout ce que l'Eglise dit dans son Office de consolant, d'édifiant, & de propre à nourrir & à entretenir la piété.

Cela se peut confirmer par ce que dit S. Augustin de la priere vocale, dans son excellente lettre *de orando Deo*, à la Sainte Veuve Proba. *Pourquoi Dieu veut-il que nous le priions, lui qui sait ce qui nous est nécessaire sans que nous le lui demandions? Ce n'est pas qu'il ait besoin de nos prieres pour connoître nos desirs, puisque nous ne saurions les lui cacher; mais c'est afin que nos desirs se réveillent & s'enflamment par l'exercice de la priere, & nous rendent capables de recevoir ce qu'il nous prépare. Un desir continuel formé par la charité, & soutenu par la foi & par l'espérance, est donc une priere continuelle. Mais nous ne laissons pas de prier même* VOCALEMENT *à de certaines heures réglées, afin que les paroles nous rappellent à ce que nous devons desirer, & que, rentrant en nous-mêmes, nous puissions connoître si nous profitons, & si nos desirs vont en augmentant, & qu'enfin nous travaillions sans cesse à les rendre plus vifs & plus ardents.* Et un peu plus bas. *Ce n'est donc qu'à nous-mêmes que les paroles sont nécessaires dans la priere, pour nous remettre dans l'esprit ce que nous avons à demander, & non pour fléchir Dieu, ni pour lui apprendre ce que nous desirons.*

On ne peut douter que S. Augustin n'entende par cette *priere vocale*, qui se faisoit à de certaines heures réglées, les prieres que faisoient en ce temps-là tant les Séculiers que les Ecclésiastiques, ou dans l'Eglise, ou chacun dans sa maison, à trois différentes heures du jour: Tierce, Sexte & None, & à trois différentes heures de la nuit; Vespres, les Nocturnes & Laudes. Et il est certain aussi, qu'il n'attribue à cette priere vocale les effets qu'il marque, qu'en suppofant que ceux qui prient entendent le fens des paroles dont ils fe fervent, *pour fe remettre dans l'efprit ce qu'ils ont à demander à Dieu & en augmenter le defir, en le rendant plus vif & plus ardent.* Et c'eft ce qu'a reconnu Ledefma ancien Jéfuite, lorfque, voulant renfermer en peu de mots ce que S. Auguftin a dit plus au long dans cette lettre à Proba, il s'exprime en ces termes. *Qui verbis orare cupit, verba quæ intelligit convenienter adhibet, ut fe ipfum ad orationem internam excitet.*

Cela paroît fi convaincant, qu'il y a lieu de s'attendre que vous ne vous engagerez pas à improuver les traductions du Bréviaire & de l'Office de la Vierge. Et en effet, il feroit bien étrange que vous trouvaffiez mauvais qu'on eût traduit en françois, pour l'ufage de ceux qui n'entendent pas le latin, l'Office de la Sainte Vierge approuvé par l'Eglife, & qui confifte prefque tout en des Pfeaumes dictés par le S. Efprit, pour élever notre cœur à Dieu, & nous apprendre à le louer & à implorer fa bonté dans tous nos befoins, en même temps que vous vous déclarez le Protecteur des Jéfuites, qui ont traduit en françois le Pfeautier de la Vierge fauffement attribué à Saint Bonaventure, pour le mettre entre les mains de leurs dévotes, en les exhortant, par des amplifications fi outrées, à mettre leur confiance en la Vierge, que ce qui en arrive ordinairement eft, qu'elles oublient Jesus Christ pour ne penfer qu'à la Vierge, ou qu'au moins elles font cent fois plus occupées de la Vierge que de Jesus Christ.

Mais fi l'autorité du S. Pape Pie V, qui a défendu les traductions de l'Office de la Sainte Vierge, n'empêche pas que vous ne les approuviez, & que vous ne permettiez aux filles dévotes d'en faire leur livre de dévotion, pourquoi voulez-vous que tout le monde ait une obéiffance plus aveugle pour une Regle autorifée par Pie IV? Ne feroit-il pas bien plus jufte de porter le même jugement de l'un & de l'autre, en laiffant la même liberté à tous les fideles, de lire en françois l'Ecriture fainte, que vous leur laiffez de lire des Heures françoifes, qui contiennent une partie de cette Ecriture?

Vous pourriez dire de Saint Pie V. & de Saint Charles, qu'ils peuvent avoir eu de bonnes raifons de défendre ces Heures en langue vulgaire, & qu'on n'en a plus de telles en ce temps-ci. Mais n'auroit-on pas droit de dire la même chofe de la quatrieme Regle de l'*Index*, comme vous êtes vous-même obligé de le dire de la fixieme, par laquelle il eft ordonné, que ce qui eft dit des livres de la Sainte Ecriture dans la quatrieme, s'obfervera à l'égard des livres de Controverfe écrits en langue vulgaire? De trois loix femblables, il y en a deux certainement qui font abrogées avec grand ſujet : quelle raiſon y auroit-il que celle qu'il importe plus qui le ſoit pour le bien de la Religion, ne le fût pas?

LX. DIFFICULTÉ.

TOut conſidéré, Monſieur, voici peut-être tout ce qu'on peut dire ſur cela de plus raiſonnable : & c'eſt par où je finirai.

Ces loix de police ne ſe font que ſur des faits & des expériences, dont les Papes, les plus gens de bien peuvent avoir été mal informés. Mais outre cela il me ſemble qu'il y a deux cauſes qui ont pu contribuer à faire ces Décrets, il y a plus de ſix vingts ans, contre la lecture de l'Ecriture ſainte en langue vulgaire, & contre les verſions en ces mêmes langues de l'Office de la Vierge.

La premiere eſt; qu'une des pratiques de l'Egliſe que les Hérétiques condamnoient le plus eſt, qu'on y faiſoit le ſervice divin en une langue que le peuple n'entendoit pas. On avoit de bonnes raiſons pour juſtifier cette coutume ; & il eſt aiſé de faire voir que cela étoit arrivé par le changement des nouvelles langues, qui ne s'étoit fait que peu à peu, & non par aucun deſſein de cacher au peuple ce qui ſe diſoit à l'Egliſe. Néanmoins, comme on paſſe aiſément d'une extrêmité à l'autre, & que, dans la premiere chaleur des diſputes de Religion, on eſt porté à ſoutenir ce qui eſt improuvé par ceux du parti contraire, au lieu de renfermer l'uſage de la langue latine dans les ſeules prieres publiques de l'Egliſe, on l'étendit à toutes ſortes de prieres : & parce que les Hérétiques ne vouloient prier qu'en françois, on crut ſe mieux diſtinguer d'eux en ne priant qu'en latin, même en particulier. Cela alla ſi loin qu'il y en avoit qui ne croyoient pas qu'on dût apprendre aux enfants le *Pater* & le *Credo* autrement qu'en latin. Je me ſouviens même d'avoir été autrefois bien ſurpris en liſant Navarre, de voir qu'il ſe propoſe ſérieuſement cette queſtion; ſi on doit apprendre aux Enfants le *Pater*, l'*Ave*, le *Credo* & le Décalogue en langue vulgaire. Il eſt vrai qu'il conclut pour l'affirmative. Mais il fait entendre, autant que je m'en puis ſouvenir, qu'il y en avoit qui tenoient pour la négative; ce qui eſt aſſurément bien étrange. Il faut croire qu'ils étoient en petit nombre. Mais la plupart en demeuroient-là, & croyoient que preſque toutes les autres prieres ſe devoient faire en latin, afin de ſe mieux diſtinguer des Hérétiques. Voilà ce qui a pu contribuer à faire que des Théologiens aient porté Pie V. à défendre, par une Conſtitution expreſſe, tout Office de la Vierge en italien, en eſpagnol, en françois, en en allemand, & en toute autre langue vulgaire, quand même le latin seroit à côté. I. Clas. N°. XIII.

La seconde cause a pu être; que les plus habiles gens de ce temps-là n'avoient pas une si grande connoissance de l'Histoire & des pratiques de l'ancienne Eglise qu'on en a présentement. On a depuis plus étudié les Saints Peres, & les Auteurs ecclésiastiques, & on a éclairci & démêlé beaucoup de choses dont on n'avoit alors que des idées fort confuses.

On en peut juger par ce qu'ont dit, sur cette matiere des versions & des langues dans lesquelles s'est fait autrefois le service de l'Eglise, les deux savants Cardinaux Bellarmin & du Perron, lorsqu'ils ont eu à répondre au reproche que les Protestants font à l'Eglise, de célébrer le service divin dans une langue inconnue au peuple.

La maniere que prend le Cardinal du Perron, pour justifier sur cela l'Eglise Catholique, est certainement très-raisonnable. Il soutient *que ce n'a point été le dessein de l'Eglise d'ôter au peuple la connoissance de ce qui se dit dans le service public, & qu'on ne peut aussi accuser l'Eglise Romaine d'avoir introduit exprès une langue étrangere au service chrétien; mais qu'elle a jugé, par de très-bonnes raisons, qu'elle devoit conserver la langue dans laquelle il avoit été d'abord institué, quoique, par la succession du temps, elle eût cessé d'être vulgaire.* Et c'est ce qu'il fait voir être arrivé à toutes les diverses Communions Chrétiennes, & même à toutes les Religions, tant vraies que fausses.

Il n'en falloit pas davantage pour répondre à l'objection des Protestants, & toutes les personnes raisonnables en auroient été satisfaites. Mais il a cru, aussi-bien que le Cardinal Bellarmin, devoir faire plus. Ils se sont l'un & l'autre engagés à prouver, que, du temps des Peres, le service public & la lecture des Livres sacrés se faisoient, en beaucoup de lieux, dans une langue inconnue au peuple. Et, pour le montrer, ils ont posé ces trois ou quatre faits, qui leur ont paru fort certains.

Le premier; que, par le témoignage de toute l'ancienne Eglise, jamais le service, du temps des anciens Peres, ne s'est fait en la Religion Chrétienne, qu'en deux langues; à savoir, en la langue grecque & en la langue latine.

Le second; que le grec n'étoit point la langue vulgaire en plusieurs des pays où le service se faisoit en grec, ni le latin en plusieurs de ceux où il se faisoit en latin.

Le troisieme; que, du temps des Saints Peres, on ne lisoit la Bible qu'en hébreu, en grec & en latin, & que nul Auteur ancien n'a parlé d'aucune autre traduction. *Nec ullus antiquus Auctor meminit alicujus alterius translationis.* Bellar. de Verbo Dei, lib. 2. c. 15.

I. CLAS. N°.XIII. Le quatrieme; que les Peres étoient partagés sur la lecture de l'Ecriture sainte : les uns exhortant tous leurs auditeurs à la lire, & les autres au contraire se plaignant qu'on la lisoit trop universellement & indifféremment.

Voilà ce que les Théologiens, même habiles, tels qu'étoient sans doute ces deux Cardinaux, croyoient communément en ce temps-là. D'où il étoit fort naturel de tirer ces conséquences.

1°. Qu'il y avoit un très-grand nombre de Chrétiens, du temps des Peres, qui n'entendoient point ce qui se disoit au service public de l'Eglise.

2°. Qu'ils ne pouvoient lire aussi l'Ecriture sainte, parce qu'elle n'étoit alors qu'en ces trois langues, hébreu, grec & latin, qui, selon ces hypotheses, étoient toutes trois inconnues à bien des gens.

3°. Qu'on ne devoit donc pas trouver étrange que les Catholiques, qui n'avoient pas étudié, fussent dans le même état que beaucoup de Chrétiens de ces siecles-là, & qu'il n'étoit point à propos de remédier à leur ignorance, en leur mettant entre les mains des versions de l'Ecriture en langue vulgaire, puisqu'on ne l'avoit pas fait du temps des Peres.

4°. Qu'on ne devoit pas s'arrêter à l'autorité des Saints Peres, parce qu'ils étoient partagés sur ce sujet.

C'est comme on raisonnoit en ce temps-là, & comme a raisonné M. Mallet, dans son Livre de la Lecture de l'Ecriture sainte en langue vulgaire, en supposant, que ce que ces deux Cardinaux avoient établi, étoit *de notoriété publique.*

Mais on a fait voir, en réfutant ce Docteur, que le dernier de ces quatre faits, sur lequel le Cardinal du Perron a plus insisté, qui est que les Peres ont été partagés sur ce sujet, est une pure illusion; étant certain au contraire, que tous les Peres généralement ont trouvé bon, que toutes sortes de personnes, sans distinction d'âge ni de sexe, de condition basse ou relevée, de simplicité ou d'habileté, lussent l'Ecriture sainte, & principalement le Nouveau Testament. C'est ce qu'on trouvera prouvé d'une maniere très-convaincante, dans le livre de M. Arnauld, de la Lecture de l'Ecriture sainte, livre 3. chap. 11.

On trouvera dans le même ouvrage, que les trois premiers de ces quatre faits sont si évidemment faux, qu'il est surprenant que de si habiles gens aient pu les avancer.

Car on a fait voir dans le liv. 2. ch. 9, par des témoignages authentiques, qu'il n'est point vrai que, du temps des Peres, on ne fît le service public, dans toute l'Eglise, qu'en grec & en latin.

Et dans le chap. 10, qu'il n'est point vrai non plus, que, du même emps des Peres, le grec ne fût pas la langue vulgaire en beaucoup de ays, où le service ne se faisoit qu'en grec; ni le latin, en beaucoup de eux où il ne se faisoit qu'en latin.

Le troisieme fait, qui regarde les versions, est réfuté de telle sorte ans le ch. 8, qu'on ne comprend pas comment Bellarmin a pu dire, ue nul ancien Auteur n'avoit parlé d'aucune version que de la grecue & de la latine: car on y détruit ce paradoxe par S. Basile, S. Chryostôme, S. Jérôme, S. Augustin, Théodoret, Socrate, Sozomene, de ui ces savants hommes devoient avoir appris en combien de diverses angues l'Ecriture sainte se trouvoit traduite du temps des Peres; au lieu u'ils se sont imaginé qu'elle ne l'étoit qu'en grec & en latin.

Mais il est encore plus important de savoir ce qu'on a fait des ces raductions en ces anciennes langues, lorsqu'elles ont cessé d'être vulaires; comme, depuis cinq ou six siecles, le latin a cessé de l'être dans 'Occident. Et voici ce qu'on en trouve dans ce chap. 8, où l'Auteur apporte ce qu'il avoit appris d'un Ecclésiastique de grand mérite, fort avant dans les langues Orientales.

C'est une chose constante, que tous les Chrétiens du Levant ont trauit d'abord les Ecritures saintes en la langue qui leur étoit alors vulaire; & que, quand ces premieres langues ont cessé de l'être, ils ont etenu leur ancienne version dans la Liturgie; mais ils en ont ajouté ne nouvelle, qui la pût rendre intelligible au peuple. Par exemple, es Syriens ont fait en leur langue des traductions de l'Ecriture dès le ommencement de l'Eglise, en faisant seulement quelques changements à a version chaldaïque de l'Ancien Testament, faite par les Juifs, & en traduisant le Nouveau. Mais lorsque le syriaque, dont on a encore les verions, a cessé d'être vulgaire, & que l'arabe l'est devenu, ils ont conservé la traduction syriaque de l'Ecriture sainte, & ont continué de célébrer la liturgie dans cette ancienne langue; mais ils ont depuis ajouté aux Leçons des Epîtres & des Evangiles, la traduction arabesque, afin que le peuple les pût entendre; & il ont fait aussi des traductions de toute l'Ecriture sainte en arabe sur le syriaque. Les Coptes ont fait la même chose: car les savants en cette langue croient que la version coptique du Vieux Testament, qui est sur les Septante, & celle du Nouveau, ont été faites dans le même temps que les peuples de la Thébaïde, qui seuls en avoient l'usage, reçurent la Religion Chrétienne. Il y a des exemplaires de cette version coptique dans la Bibliotheque du Roi, & entr'autres un des quatre Evangiles, écrit il y a environ six cents ans sur du vélin, par un Evêque de Damiette, qui est d'une beauté singuliere. Mais aussi-tôt que cette langue a cessé d'être vulgaire, on a fait en ce

I. CLAS. N°. XIII.

pays-là ce que je viens de dire s'être fait au regard du syriaque. On a retenu les traductions coptiques pour le service divin, & on en a fait d'autres en arabe, qui se trouvent presque toujours vis-à-vis de ces anciennes coptiques. Et la même chose a été faite par les autres nations Orientales. Votre Critique n'a rien eu de considérable à ajouter à cela dans son Histoire Critique des versions du Nouveau Testament. Mais, débitant les mêmes choses touchant ces traductions Orientales, il se garde bien de faire entendre, qu'il n'est pas le premier qui les a découvertes.

On savoit bien, lorsque l'on fit les Regles de l'*Index*, que ces peuples du Levant faisoient leur service public en une langue qui n'étoit plus entendue du peuple, & on se servoit avec raison de ces exemples pour justifier la pratique de l'Eglise Romaine; mais on ignoroit la maniere dont cela étoit arrivé, & le soin qu'avoient eu ces Eglises, en conservant leurs anciennes versions, d'en substituer d'autres en la langue qui étoit devenue vulgaire, pour rendre les anciennes intelligibles au peuple. Cela s'étant fait de la même sorte, par divers peuples fort éloignés les uns des autres, on ne peut douter que ce ne soit le bon sens qui les en a fait convenir, & que, par conséquent, on a dû faire aussi la même chose dans l'Eglise latine. Car on a eu de bonnes raisons pour ne pas changer l'ancienne langue dans laquelle on avoit fait, pendant long-temps, le service public; mais, puisque l'on n'y avoit fait d'abord le service divin, que parce qu'elle étoit alors entendue de tout le monde, pourquoi ne pas joindre ensemble ces deux choses, si cela se pouvoit? L'une, ne point faire d'innovation dans la Liturgie, en la célébrant toujours dans la langue qui avoit cessé d'être vulgaire: l'autre, de la rendre intelligible au peuple par le moyen des versions en ces nouvelles langues, qu'on lui mettroit entre les mains, comme ont fait les Eglises d'Orient: & ce que, depuis l'impression, on auroit fait bien plus facilement dans l'Eglise Latine. C'est sans doute l'ignorance qu'on avoit de ces choses il y a cent ans, qui a fait qu'on n'a pas songé à suivre des exemples si raisonnables, & qu'on s'est imaginé se conformer à l'esprit de l'ancienne Eglise, lorsqu'on s'en éloignoit beaucoup.

Si on avoit été mieux instruit, on se seroit contenté de s'opposer à l'innovation des Hérétiques, en continuant le service public dans la langue latine, dans laquelle on l'avoit fait, lorsqu'elle étoit vulgaire & entendue de tout le peuple. Mais comme ce qui a porté l'Eglise à ne la point changer, lorsqu'elle a cessé d'être vulgaire, n'a pas été le dessein d'ôter au peuple la connoissance de ce qui se dit dans le service divin, ou de ce qui se lit des Ecritures saintes, mais seulement d'éviter des changements trop fréquents, & qui auroient pu avoir de fâcheuses suites, peut-on douter qu'on n'ait très-bien fait en France, en Allemagne, aux Pays-bas & ailleurs, d'entrer insensiblement dans l'expédient des nations orientales, en mettant entre les mains de tous les fideles, en chacune des nouvelles langues, des versions, qui, étant lues en particulier, leur fissent entendre, autant qu'ils en sont capables, les Livres sacrés, que le Saint Esprit a fait écrire pour leur instruction, & les prieres de la Liturgie, qui se font au nom de tout le corps de l'Eglise, & non pas du Prêtre seul?

Ne craignez-vous donc point, Monsieur, d'attirer la colere de Dieu sur vous & sur le pays, en vous opposant à une chose si sainte, & en mettant, par cette opposition, un très-grand obstacle tant au retour des Hérétiques dans le sein de l'Eglise, qu'à l'avancement des Catholiques dans la piété?

FIN DU TOME VIII.

Texte détérioré — reliure défectueuse

NF Z 43-120-11

Contraste insuffisant

NF Z 43-120-14

Imprimé en France
FRHW011150080222
29870FR00007B/42

9 782012 846258